U0918006

国家出版基金项目
NATIONAL PUBLICATION FOUNDATION

# 東北古代長城考古调查与研究

DONGBEI GUDAI CHANGCHENG KAOGU DIAOCHA YU YANJIU

上

冯永谦 著

辽宁教育出版社
·沈阳·

图书在版编目（CIP）数据

东北古代长城考古调查与研究 / 冯永谦著. --沈阳：辽宁教育出版社，2022.12
ISBN 978-7-5549-3668-9

Ⅰ. ①东… Ⅱ. ①冯… Ⅲ. ①长城－考古调查－调查研究－东北地区－古代 Ⅳ. ①K878.05

中国版本图书馆CIP数据核字（2022）第240414号

东北古代长城考古调查与研究
DONGBEI GUDAI CHANGCHENG KAOGU DIAOCHA YU YANJIU

出 品 人：张　领
出版发行：辽宁教育出版社（地址：沈阳市和平区十一纬路25号　邮编：110003）
电话：024-23284410（总编室）　024-23284652（购书）
http: // www.lep.com.cn
印　　刷：辽宁新华印务有限公司

责任编辑：严中联　赵姝玲　张国库
技术编辑：王　俊
封面设计：刘佳鑫　熊　飞
版式设计：刘佳鑫　熊　飞
责任校对：黄　鲲　王　静
幅面尺寸：185mm × 260mm
印　　张：118.75
插　　页：10
字　　数：640千字
出版时间：2022年12月第1版
印刷时间：2023年1月第1次印刷

书　　号：ISBN 978-7-5549-3668-9
审 图 号：GS（2023）1238号
定　　价：500.00元（上、中、下三册）

东北古代长城

谭其骧

**谭其骧**（1911—1992），中国历史学家、历史地理学家，中国历史地理学科的主要奠基人和开拓者，曾任复旦大学历史系主任、教授，中国历史地理研究所所长。1986年4月11日参加《东北历史地理》书稿『上海审稿会』期间，谭其骧先生获悉冯永谦先生打算撰写《东北古代长城考古调查与研究》一书，欣然为其题字。

## 作者简介

冯永谦，1935年12月生，辽宁沈阳人，现为辽宁省文物考古研究院研究员；1954年进入东北区考古训练班学习，结业后即在由部分学员组建成立的东北文物工作队从事东北六省文物考古工作，其重点为中国历代考古、历史地理、古代长城、古代陶瓷、古代玉器、古代铁器等古器学研究，发表各类文章200余篇，出版专著20部，主编图书多种，还主编学术期刊3种，曾获多项学术研究优秀成果奖，有的论著被译成外文在国外发表，其《东北历史地理》（国家“七·五”社科规划重点项目）、《东北古代长城考古调查与研究》《辽代铁器考古研究》《辽阳壁画墓》等著作入选国家出版基金项目。在60多年的学术生涯中，他曾任中国长城学会理事、中国民族史学会理事、中国辽金及契丹女真史学会秘书长、中国民族史学会辽金契丹女真史分会会长、辽宁大学客座教授、吉林省社会科学院特邀研究员，以及《北方史地资料》编委会副主编、《东亚文库》编委会常务副主编、《中国考古集成》编委会主编、《辽海文物学刊》主编等。冯先生是辽宁考古学界最早从事长城考古调查和研究的学者之一，从事长城考古调查与研究60多年。不管是辽宁本省的、东北地区的还是国内其他省、自治区、直辖市的，为了调查、研究长城，至少是为了解情况，他都要深入实地去看各地的长城。经过60多年的长城考古调查研究工作实践，他不仅积累了详细、完整的文字记录，还有相当多的调查绘图和研究成果，发表《东北古代长城考辨》等20余篇长城研究论文。尤其难得的是，由于擅长摄影，对所调查的不同时代、不同构筑形式的长城，他都拍照存据。他所拍摄的长城照片，从学术研究需要角度出发，兼顾艺术效果，视角适宜，构图科学，形象具体，画面清晰、自然，真实地记录和保留了历代长城的现存状况，为长城研究存留宝贵的图像史料。特别值得一提的是，冯先生通过深入实地的考古调查，不仅区分出历来都不清晰的各地长城的不同年代，使人们了解了各地都有哪些时代的长城——这是过去出版的长城论著所没有的，而且还经国家文物局批准，主持发掘了明代长城九门口遗址和虎山遗址，为其修复提供了大量可靠的考古发掘成果；他关于明万里长城东端起点在辽宁丹东宽甸虎山的重要发现，为明万里长城东端起点问题的解决画上了一个圆满的句号，恢复了历史原貌。

# 目　录



# 上　卷

# 东北地区历代长城考古调查 / 1

# 下　卷 /1419

# 东北地区历代长城考证研究

# 前　言

## 我是怎样调查寻找到东北古代长城遗迹并对其进行研究的?



历史留下的遗迹，恐怕“长城”是最为知名的了!

此言不虚，确是如此!中国古代的长城，独步世界，冠绝中外，知名度极高。尤其是同中国古代最知名的“千古一帝”秦始皇结下不解之缘后，它就更加非同一般。从历史中走出来的“孟姜女哭长城”的故事，流传不仅久远，而且非常广泛，可以说是达到了“家喻户晓，妇孺皆知”的地步。要说不知道孟姜女哭倒秦始皇长城的故事，大概是没有人会这样去想的。

在一般人的认知中，长城是秦始皇修的。但是，长城只是秦始皇修的吗?事实远非如此。根据现在的考古调查发现和研究成果可知，早在两千多年前的春秋时期，楚国就首先开始修筑长城了，到战国时期，秦国、赵国、燕国等诸侯国也都修筑了长城。秦始皇灭六国后修筑的长城，也并非其独自所修。秦长城的修筑，实际上是将战国时期北方与匈奴为邻的秦、赵、燕三国的长城连接起来，未衔接者予以补筑使其连接，颓坏者予以增筑加固。因为其长度超过万里，是我国古代第一道这么长的长城，所以它最为知名，号称“万里长城”!历史上长度超过万里的长城，并不只有秦长城，后世相继有之，且更为人所乐道。就东北地区的长城来说，燕之后有秦;秦之后，还有前汉、后汉、西晋、北齐、北周、隋、高句丽、渤海、东夏、辽、金直到明代等王朝或政权，也都修筑过长城，并且还有多道贯通全国、长度超过万里的长城。在两千多年时间里，东北地区共计有十余个时期修筑过长城，并且不仅是汉族修筑长城，而且少数民族也修筑长城，如高句丽、渤海、契丹、女真诸族也都修筑过长城。由此可知，我国古代修筑长城，并非一时一地之事，不是一个朝代修，也不是一个民族修，而是在漫长的时间里、在广阔的地域上，多个朝代、多个民族都在修筑，并成为当时动用民力最大、最为精彩的历史活动。

既然中国古代长城有这么多，那我们现在见到的情况又如何？可以说能具体分辨出来和了解的实在甚少，且常有误识，如现在能见到的长城多是明长城，可人们却以为它们是秦始皇的万里长城，因为人们并未忘记孟姜女哭长城的故事，而且现在还有孟姜女的遗迹，在山海关外的姜女庙，其南面海中的“姜女坟”，都是证据，不容置疑；可是它不在秦长城旁，而是在明长城所在的山海关下。人们就是这样认识的。明万历二十二年（1594年）修姜女庙。清乾隆皇帝在木兰（今河北省围场县）发现古长城，曾写《古长城说》刊石立于其地，其文说：“夫蒙恬起临洮而属之辽东者，今其城犹存，乃去此数百里而南，且东西又不若是其辽也。”这是明确指山海关、喜峰口明蓟镇长城为秦长城了。他又对山海关的明长城写诗，称“不似秦皇关竟海，空留遗迹障幽燕”，这也是以明长城为秦长城。这些都代表了人们对秦长城的认识——竟然毫不怀疑地将山海关明长城当作了秦长城。

出现这种情况完全可以理解。一是由于历史文献对古代长城记载很少，并没有具体记述，多是片言只语，语焉不详，人们无从深入了解；二是时间久远，古代长城长时间地经受自然风雨剥蚀，颓倒残坏，或是当年战争或后世人为有意无意间的毁损，今天有的古代长城已经很不明显，若非专业人员，一般人是不易辨识出来的。

如此说来，那东北地区的古代长城是怎样的情况呢？其状况更是难以尽述。简单地说，好像东北没有长城似的，偶见文献记载，今人的研究分歧也很大，难以确定其行经线路。早期的如燕长城，司马迁在《史记》中记载：“燕亦筑长城，自造阳至襄平。”仅十一个字，就将几千里长的燕长城全部说完了。它在什么位置？怎样走向的？谁都不知道，并且在研究中研究者们的认识也有分歧。比如有研究者说燕长城“至襄平”，就是“把长城修到当时辽东郡的郡治襄平城的西门”。这显然是不对的，因为当时应该是沿辽东郡北境边缘向东修长城，以保卫辽东郡全境，而不应把长城修到位于辽东郡中心地区的襄平城西门为止。如果是那样的话，长城还能保卫整个辽东郡吗？岂非将辽东郡大半弃置于长城之外吗？再如北齐、北周的长城，人们根本就不知道有，还何谈在什么地方？再有辽代长城，人们虽然注意到了，但其所在地点找不到，研究者只作推测，其结论与实际情况相去甚远。还有金长城，有研究者认为，金代有的是界壕，因此只能称之为“界壕”，而不是“长城”。总之，诸如此类的问题不少，但这也正是东北古代长城需要研究的地方。

下面谈一点儿笔者是怎样调查和寻找东北古代长城的遗存或遗迹的以及笔者对东北古代长城的研究。

## 一、调查和寻找东北古代长城

笔者第一次看见长城是在 1956 年 11 月，那是笔者去辽宁省建平县调查张家营子辽墓和朱碌科辽墓的时候。此前笔者知道长城，但并没有身临其境近距离地见过长城。笔者对长城，不是一般地知道，所知道的长城完全不是普通人所了解到的长城，而是一个让人耳目一新的“考古学”长城——吾师李文信先生讲授“考古学”课时，讲到了遥远的、不同样貌的长城，后来他受邀在北京大学举办的全国考古训练班讲课时，曾讲《东北地区发现战国以来的遗迹遗物》课程，回来之后他把此次授课的讲义给了笔者，其中就讲到他调查长城的发现和长城的状态。由此笔者知道了什么是长城！如今回忆起笔者第一次见到长城的情景，虽然岁月荏苒，至今过去了六十多年，但依然难忘：初次见到长城，令笔者心潮澎湃，笔者也像吾师当年那样，在山间奔走，见而兴奋！但当时所处的时节，已是初冬农历十月，笔者在冷风吹面之中面向肃杀的四野，看到处在苍茫大山下面的坡地上衰草之中的长城，其情景特别令人难忘。虽然它不像笔者当初想象的那样高大雄伟，但也正因为如此，它才让笔者印象深刻，肃然起敬！因此，当笔者真的看到那蜿蜒起伏于苍茫大地之上的长城时，那种心情真是难以言说的——笔者非常兴奋，不知不觉就沿着长城走了下去。当时正是北方寒冷冬季来临之际，金风已起，寒气袭人，衰草断折，鸟兽潜踪，走上长城残墙，笔者突然想，这不是千年之后“登芜城”吗？于是笔者不禁念起南北朝鲍照的《芜城赋》来：“北走紫塞雁门，……是以板筑雉堞之殷，井干烽橹之勤，格高五岳，袤广三坟，……边风急兮城上寒，井径灭兮丘陇残，千龄兮万代，共尽兮何言。”此时四野无人，笔者复述着赋文，走了好远，而长城还在前头。自此之后，笔者在考古工作中就多关注了一些关于长城的问题。六十多年来，笔者将国内不同时代、不同地域的长城都较详细地看过了，尤其是东北地区的长城，看得更多，但那不是消闲旅游，而是作为研究需要进行的考古调查。

调查长城，简单地说，就是寻找古代王朝或政权在其统辖区域的边地上修筑的一道不闭合的长城墙体，它是一种军事防御工事。因此，调查者就要了解这个王朝或政权当时的管辖范围，然后去其边地寻找。长城有土筑的，也有石砌的，其修筑都是就地取材——平地皆土因以土筑，在山多石而以石砌之。土筑长城是在防线外侧挖沟取土，在里侧叠土成墙，因此形成的落差，可以增强防守能力。

调查长城是很困难的，调查早期长城更是如此。即使是后世修筑的长城，调查起来也非易事。其所以难，首先是因为长城修筑的时间距离现在都较久，它们既经过古代战争的摧残，又经过千百年的风雨剥蚀和人为损坏，早已没有昔日高大壮观的雄伟形象，大都颓毁坍塌，残缺不全，甚至于荡然无存，没有一点儿痕迹。在许多地方，我们不仅没有看到高耸的城墙，就连其遗迹也无处寻找。有时候，调查就像大海捞针。我们如织机上的梭子一样，在茫茫大地上来回往复地走着，察看地形的变化，看地面上有无城墙的迹象，看到迹象再去分析、辨别，然后确定它是否为长城遗迹。其次，关于长城的记载，过去的文献中很少，都是在记录某人和某事时附带提及，只言片语，一笔带过，没有具体描述，不知其在何处！最后，无论是石砌的长城还是夯土打造的长城，都是修筑在当年的边地；无论是在平地，抑或是在沙漠，还是在山区，为了防守都是选择枢要之地修筑，所以其地形无不逶迤险要，今天也大都处在荒野之中，多数是在山岭间通过，有的地方甚至人迹罕至！

调查长城时，除了掌握相关文献材料外，我们每到一地，主要都是访问当地阅历丰富、关心历史文化的老年人，因为他们熟悉本地情况，可以提供许多重要线索。我们在调查中有一个体会，那就是当你询问被访的人“长城在哪里”时，他们大多会说“不知道！”可是当你问他们所认知的“长城”情况时，他们就会滔滔不绝地告诉你想要知道的东西。因为长城遗迹在各地都有不同的习惯叫法——石砌长城的遗迹叫“石龙”，土筑长城的遗迹叫“土龙”，也有地方叫黑色的长城遗迹为“黑土龙”或“黑地龙”的，还有叫长城遗迹“旱龙道”的。所以当你用他们当地的长城遗迹俗称进行询问时，他们都会爽快地告诉你，哪里有“石龙”“土龙”或“黑土龙”之类，他们甚至主动领你到现地去看。而当你跟他们一起走到现地去看时，凭你在调查中所获得的认识就会发现，他们说的果然就是长城遗迹！有好多地方的长城遗迹，笔者都是在这样询问后到现地发现的。

古代修筑长城，都是就地取材，没有在远处造好材料再长途搬运来的。因此，凡长城在山区的，除土山外，都是石砌城墙——就地开山凿石，以自然石块垒砌(图－前言－1)。凡长城在平原地带的，无论是一般田野还是沙漠、草原，以至于土山、丘岗等，都是就地挖土筑墙——在防守一侧的外面挖土，在其里面用土筑墙，这样一来，在城墙外侧就形成一道深沟（图－前言－2），高下相差，沟的深度相应地增加了城墙外侧的高度，从而增强了长城的防御能力，因此，这种做法都为土筑长城所采用。

在山岭间的长城，是用石块砌筑的。这样的长城调查起来相对来说比较容易些，因为经过人工砌筑的石块，无论怎样损坏，总会保留一些人工痕迹，只要有几块砌石未动，就知它们不是自然形成的状态，调查中前后关联，就可确定其是否为长城遗存。一般来说，颓毁坍塌后的石砌长城，大都成为一道长长的石岗，较易辨认（图－前言－3）。石砌的长城，望之森然，高低错落，婉转灵动，当地群众称之为“石龙”，颇为形象（图－前言－4）。在长城调查中，调查石砌长城较为容易，因为纵使它颓塌倒毁，也有石块在（图－前言－5）；有的颓塌之后还保持原状，未有大的变动，极好辨认（图－前言－6）。一般远在荒僻处，少有人到的地段，长城遗存都保存较好，一望便知（图－前言－7）。但在靠近村落处，废弃长城上的石块容易被人搬走，用作建房或修砌院墙的石料。不过

图－前言－1　辽宁省建平县烧锅营子乡化匠沟村蛤蟆沟垴屯北山上的燕北内长城石砌城墙遗存

图－前言－2　辽宁省阜新蒙古族自治县（下文简称“阜新县”）平安地镇石场村柳官印子屯南山上的燕北外长城土筑城墙遗存

图－前言－3　辽宁省建平县烧锅营子乡化匠沟村蛤蟆沟埫屯北山的燕北内长城石岗遗存

图－前言－4　辽宁省建平县烧锅营子乡化匠沟村蛤蟆沟埫屯北山上的燕北内长城遗存“石龙”

图－前言－5　辽宁省建平县烧锅营子乡化匠沟村蛤蟆沟堖屯北山上燕北内长城的石砌城墙遗存

图－前言－6　辽宁省建平县烧锅营子乡化匠沟村蛤蟆沟垴屯北山上燕北内长城的石砌城墙遗存

图－前言－7　辽宁省建平县烧锅营子乡化匠沟村蛤蟆沟垴屯北山上燕北内长城的石砌城墙遗存

由于被人搬走的都是大块砌石，小石块因无用而散落在附近，因此长城还略存痕迹（图 – 前言 –8）。有的地段由于各种原因，长城受到严重损坏以至于消失，导致调查时毫无所见。

土筑的长城，今天存留的情况就比较复杂了，有各种不同存在形式。有的地段保存较好，长城仅是颓坍，还保存着墙体的基本形态，辨认较为容易（图 – 前言 –9、图 – 前言 –10）。在调查中，只要确认了已经调查过的地段上的遗存是长城遗存，如本段遗存与其相接，就可以确定其也为长城遗存。有的地段中间尚有间隔，未能与本段发现的长城遗存和其前或其后的长城遗存连接起来，形成一道墙体，但走向一致，再根据所发现本段长城遗存附近的地理环境与遗存自身的结构特点，也可以确定其为长城遗存。当我们在辽宁省北票市调查到北塔乡（今北塔镇）赵家店屯时，当地群众说他们村有“龙脉”，坟埋在“龙脉”上会让家族兴旺。我们在现地看到，在一条不十分明显的土岗的南端，果然埋有土坟（图 – 前言 –11）。顺岗走去，折东走，几里路后，来到山岗北坡，那里的土岗就很明显，它连续不断地向东屈曲延伸。这道长城遗存在北票市境内延伸了三十多公里，但我们最初发现它，就是因为当地群众称其为“龙脉”。

但情况是复杂的，几乎所有显露出来的长城存在的现象都各不相同，不能用一种方式来解决问题。笔者在调查土筑长城的过程中，遇到过很多种情况。每当遇到在地面上有颓坍后的长城遗存时，笔者都是很谨慎的，如有条件，都要考虑借助其他条件一起确定。尽管最后证实这些遗存都是长城遗存，但其依据只能是对现地看到的情况进行具体的分析、判断，没有现成的统一模式来解决问题。辽宁省阜新县八家子乡（今八家子镇）三家子村，地处乌兰木头山东面一条东西走向的山谷中，该村南面的山东西走向，山体很长，在其北坡上能看到的全是梯田，上下多道田埂里面肯定有长城遗存，但情况很复杂，一眼望去，眼中都是梯田的田埂，哪一道田埂是长城遗存，真的很难辨别，一时不好确定。于是我们就找村里的生产队长和年纪大的人，先向他们解释长城调查的事。笔者还告诉他们：“我们调查长城是从山的西面调查过来到这里的，那面有，你们村附近也应该有古代的长城。”当他们听明白了我们要调查的是什么东西后，就领我们到南山北坡上，说：“你们看，南山上有梯田坝埂子，道数多了，还有老壕。梯田是我们村在‘农业学大寨’时修的，我们都亲自参加修的，活儿是谁干的，我们都知道，这才几十年，我们还能忘记？老壕早就有了。最早这里没人，刚搬来时只有三家人，因此叫三家子。现在住户多了。爷爷那辈来这里时老壕就有，不知道是谁修的。老壕和梯田埂不同。老壕长得很，还高大。修梯田是为了种地，要一个平整地面，是从上面高处取土往下面低处垫，垫土省力，在边上砌一下，就成了梯田。梯田的坝埂子，没有修得太高的，而且梯田埂没有墙顶。可老壕不是这样，它是从下边取土往上边扔，底下越是取土，这个墙面就越高，顶上在山坡上形成墙，挺宽的，人都能在上边走。再有，梯田都比较短小，不是修得很长很长才

图 – 前言 –8　辽宁省北票市北塔镇北广富营子村北黑大山上燕北内长城的石砌城墙遗迹

图 – 前言 –9　辽宁省阜新县扎兰营子镇老哈达营子村南山西坡上燕北内长城的土筑城墙遗存

图－前言－10　黑龙江省甘南县长山乡向阳山村金岭南长城的土筑城墙遗存

图－前言－11　辽宁省北票市北塔镇房身村赵家店屯的燕北内长城遗存——埋有土坟的土岗

围过来的，没有梯田从这头到那头走通山的，都是走一段就围回来。你看有梯田从山岗这头直修到那头的吗？梯田坝埂子也不高。因人们常年种地，梯田埂上的荒草也少。老壕就不一样了，它不仅高大，而且现在上面全是蒿草，没人管理。再看这老壕有多长吧，从南山北坡的西头一直向东去，到东山就拐过去，向北一直走，几个山连在一起。哪有这样修田的？再说，有的地方根本就没种地，修梯田埂子干啥？你看老壕，上下两面的地也不找平呀！”笔者一边听一边看，明白了老壕不同于梯田埂的地方：梯田埂都短，还弯，为找平，就随山转，老壕就不是这样。根据村里老人所说，再看现场的实际情况诚如其言（图－前言－12），我们立刻明白，此处他们称作“老壕”的土岗子，是长城遗存确凿无疑。

我们在调查长城时，发现长城断了是经常的事，这时我们就不要着急，更要静下心来，在心绪平稳后，慢慢寻找，仔细观察地形，看相关地段有无地貌上的变化，比如有无凸起，有无凹陷，这些现象可能都与长城有关。在辽宁省阜新县红帽子乡（现红帽子镇）调查时，我们从西红帽子村过来向东去，从山上走下来到了平地后，长城消失了。我们在这里遇到一条自北向南流的河，它因经过王府（清代的蒙古族王府）村村西，被当地人称为王府西河。因我们调查长城时是在深秋，所以河道无水，但很宽，有百余米。当笔者正在此环境下思索如何找到长城时，突然发现在人们不注意的河道东岸断崖上面，平整的地面上显示出一个馒头状突起（图－前言－13），马上意识到这是长城被河水冲断后在河岸上遗留下来的——测得的结果是横向坍宽十六点七米，地表上存高一点六米。看过这个现象后，我们马上去河的东岸进行调查。有这个遗存做依据，我们在河东的南山北坡上找到延续很远、过去不为人知的东红帽子村村东的长城遗存。

经过千百年地面的变化，长城遗存的现状各不相同，在调查长城的过程中什么意想不到的情况都会遇到，我们只能当场进行分析、判断。在辽宁省阜新县平安地乡（现平安地镇）腰胡节村南，我们在调查长城时看到这样一个现象：在平整的地面上形成左右两条车道，而在两条车道的中间有一道土岗没有被占用——这颇为少见。根据我们一路调查走过来发现的长城走向，这道土岗正可与其相接，它就是长城遗存（图－前言－14）。因此我们可知，车道最早是在长城一侧通过，因土岗（长城遗存）未被用做车道，后来又在土岗的另一侧走车，形成一条新车道，遂出现了今日所见两条车道中间夹一道土岗（现在的土岗已经很低矮了）的情况，这也恰好证明这道平地上的土岗正是长城遗存。

土筑长城的另一种情况，我们也是借助遗迹现象在当地走访后确认的。在我们调查到辽宁省彰武县丰田乡鄢家窝堡时，从南向北走去，看到耕地中有一条土垄隆起，其右侧就是现在的村路。我们沿该土垄向北走去，直到鄢家窝堡村南，和它衔接的是两边有土棱、当中较平的地面，其北与之相接的部分是土埂，再向北入村后即为农家院落，土埂消失不见。见此情况，我们就访问村中的老年人，向他们说明我们调查的目的。他们说:

图－前言－12　辽宁省阜新县八家子镇三家子村南山北坡和东山坡上可见东折北转的燕北外长城遗存

图－前言－13　辽宁省阜新县红帽子镇东红帽子村南王府西河东岸断崖上的燕北内长城遗存断面（自西向东拍摄）

图－前言－14　辽宁省阜新县平安地镇腰胡节村南因燕北内长城遗存的存在形成左右两条车道

“你们从南边来的时候，不是看到地里的垄台高起来了吗？原来那是一道岗子，挺高的，我最初看到时差不点儿就有一人多高，村里人家用土，就去那里往回拉，逐渐就把它取平了，后来就种地了，但现在还能看出来它比两边的地高，村头还剩下土埂被取土后留下的碴口，后边接着还有一段土岗子呢！”（图－前言－15）　我们将现地看到的迹象同村中老人所说联系起来，就可确定这段土垄和土埂是长城遗存无疑了。

在东北地区，将古代长城或古代城址的墙作为后世至今仍通行的车道，是很常见的，笔者在调查中就在多地见到这种情况，既有城址，也有长城遗存——其他省份也有这种情况。我们在辽西调查长城时，在彰武县丰田乡鄢家窝堡村就有这种发现。鄢家窝堡村往北是前孔家窝堡村，两村之间有乡道相通。此处的长城仍是南北走向。我们出鄢家窝堡村后向北走去，就看到了高出地面的车道，这个车道就是前面所说自南而来的长城遗存出村之后的状态。在长城遗存作为车道的路面上，留下了明显的车辙痕迹，但前行不久，车道就下了长城遗存，在长城东侧与之并行，直到前孔家窝堡村（图－前言－16）。而在前孔家窝堡村南，长城遗存的墙体很高，非常明显。因长城城墙系土筑，距离民宅又很近，所以村民用土即来长城城墙上挖取，结果将城墙东半侧的土都取走了，还深入地下，现在留下了长城被取土之后的痕迹（图－前言－17）。由于被任意取土，说明它没人管，这可证明此墙体非当今设施。加上它可与其前后我们调查发现的长城遗存相互衔接，故其亦为长城遗存毫无疑问。

图－前言－15　辽宁省彰武县丰田乡鄢家窝堡村南的燕北外长城遗存

图－前言－16　辽宁省彰武县丰田乡鄢家窝堡村北至前孔家窝堡村南燕北内长城遗存南段被辟为车道，后车道又改行在长城遗存右（东）侧

图－前言－17　辽宁省彰武县丰田乡前孔家窝堡村南的燕北内长城遗存，因该城墙的东（左边）半侧被取土破坏，仅存西半侧部分残墙

这种因地理环境和相关现象及其自身特点而被确定为长城遗存的事物，还有我们在辽宁省阜新县化石戈乡（今化石戈镇）魏家沟村调查长城时遇到的情况。魏家沟村村西是平缓的坡地，南面的坡高，北边的坡低，我们从西面调查过来，发现此地有一道自西而来的土岗，其两边都是农田，它成了荒芜的地隔，上面长满了草和树。该土岗西边可以和我们已调查过的长城遗存相衔接。根据这道土岗所呈现出来的特征，我们认为它就是战国燕北长城遗存（图－前言－18）。之所以确定其为长城遗存，我们有以下几点考虑：一是这道土岗很早就有，两边种地都没有触及它，各自在一侧耕种，这种情况和其他地段长城遗存与后世耕地并存的现象相同。二是这道土岗不是新修的，在近村处，有南北通行的车道碾过这道土岗横穿通过，可知它不是近期新建的农业设施，如果是的话，有关部门是不会允许车道压过而毁坏它的。三是如果车道早年就有，新建土岗设施时必定适当留出车道通行的地方，不会将路堵死，致使车道再碾过土岗，造成车辆通行困难和农田设施损毁的问题。四是在我们访问村中老年人时，他们一致说："这个老壕早年就有，不知是谁修的。"据此，即可确知此道土岗是长城遗存。

类似情况有很多。下面笔者再讲一种因一个村名引起笔者的注意，经过现地调查后，发现该地也有长城遗存的情况。笔者在一张当时通用的彰武县地图上，看到有一个村庄的名字叫"壕外屯"，感到它可能与长城有关。按通行的解释，"壕"应该是指沟。可是在

图－前言－18　辽宁省阜新县化石戈镇魏家沟村西、山北坡上的燕北内长城遗存（现为车道碾过）

东北地区某些地方的方言里，壕不是沟，而是堆土较长的土棱子或土埂之类的东西。如在笔者家乡距笔者家不远的郭姓人家房舍北边，就有一道一人多高的土棱子，村人都叫它为“郭大壕”。再如前文所说我们在调查辽宁省阜新县八家子乡三家子村长城时村民所说的“老壕”，实际上就是指高出地面的土埂。因此，笔者认为彰武县地图上所标村名“壕外屯”，就有可能是处在长城外面的一个村庄，村名源自他们把长城土岗遗存视为“壕”。因此，我们在调查到辽宁省彰武县四堡子乡（今四堡子镇）先锋村壕外屯后，首先找村中的老年人询问情况：“你们村叫壕外屯，壕在什么地方？还有吗？”他们说：“老壕呀？有哇！过去老壕可高了，被扒平几十年了，早就种地了，就在村子的南面，现在你往村东去，在地里还能见到痕迹。”于是我们在村民的引领下，出村在田地里向东走去，边走边回过头来看，走出有二里多路，田地中的“老壕”已很明显——其所在位置虽经耕种，仍然高于两边的地面（图－前言－19）。看过现场的这些迹象，我们就知它就是早期燕秦汉晋长城遗迹，只是近年将其平整后种地了。同时我们也理解了村名“壕外屯”获得之由——因为村子在“壕”的北面，即外面，因此称“壕外屯”。此村名也证实了此地有长城。加上它与我们的来路——其南面的长城遗存相接，因此，其为长城遗迹已无可怀疑！

还有一次，在调查长城的过程中，当地人告诉笔者，“黑土龙”就在村外，清晰可见。当我们走到现地后，果然看到土地上有一道黑色的线从远处过来，又向远处延伸而去，而且这道黑土线的方向也完全可以和我们调查过的长城衔接上，因此它就是长城遗迹了！

图－前言－19　辽宁省彰武县四堡子镇先锋村壕外屯东的燕秦汉晋长城遗迹（田垄地表仍有隆起）

根据调查积累的知识和经验，我们知道土筑长城的修筑方法是在外侧挖沟取土，在里侧叠土成墙，周围地表的黑色腐殖土，被雨水冲进挖土筑墙形成的深沟中淤积，年深日久，逐渐将其淤平，于是就形成我们现在看到的黑土线，当地人不了解其成因，就把这种迹象称为“黑土龙”。在此之前，我们从未见过“黑土龙”一词，因过去未做长城全线调查，没有遇到过这种情况，故未记录在以前的调查报告中。笔者在调查长城的过程中遇到这种现象，进行分析研究，意识到这是古代长城在今天的一种遗迹形态，不能轻易放过，应该还原其本来面目，说明其成因，确定其为古代长城遗迹。在笔者调查长城的过程中，遇到很多这样的长城遗迹，辽宁省北票市北塔乡的“黑土龙”长城遗迹（图－前言－20）、娄家店乡他拉皋村的“黑土龙”长城遗迹（图－前言－21），阜新县化石戈镇嘎岔沟村的“黑土龙”长城遗迹（图－前言－22）、大五家子镇张吉营子的“黑土龙”长城遗迹（图－前言－23），以及彰武县东六家子镇大六家子村的“黑土龙”长城遗迹等，都是在地表上只能看到黑土线这种形态，它是取土修筑长城墙体形成的深沟被黑色腐殖土淤平后在现地表上反映出来的长城遗迹现象。

但在有的地段，地面缺乏腐殖土，被雨水冲进壕沟中的土的颜色与沟外无大区别，地面上就没有形成“黑土龙”，在地面上就不易寻找长城遗迹。有的地段可能有黑土，但在地表上没有反映出来，长城遗迹也不易发现。不过有其他情况的，也可借以发现长城遗迹，但这种情况不是随地都有，只有偶然有机会遇见具备的条件才能被发现。下面讲两个笔者

图－前言－20　辽宁省北票市北塔镇的燕北外长城遗迹“黑土龙”隐现于耕地中

图－前言－21　辽宁省北票市娄家店乡他拉皋村的燕北内长城遗迹“黑土龙”

图－前言－22　辽宁省阜新县化石戈镇嘎岔沟村的燕北内长城遗迹“黑土龙”

图－前言－23　考古工作者在调查阜新县大五家子镇张吉营子村的燕北外长城遗迹“黑土龙”

意外发现埋在地下的断面上的长城遗迹的例子，它们是“黑土龙”的另一种表现形态，也是很有意思的，并且更能证明确定地面上的“黑土龙”是长城遗迹是有根据的。

在北票市调查长城期间，我们从北塔乡赵家店村走来，一路上经当地的老年人介绍情况，寻找长城虽然也有困难，但还算顺利。当我们走到广富营子村后，在村东看到长城从山的南坡上山，延伸到山顶，虽然现在城墙已经颓坍，散落一地石块，大块石头已被村人搬走，用以修建庭院院墙等，但还可以看出长城遗迹（图－前言－24）。长城在山上转向，延伸到山的东坡，从东坡下山后，墙体为土墙，也很明显。再往东去就到赵户沟村，我们在村头看到长城墙体。再向东去，长城进入耕地之中。由于耕种，村民已将其犁平，长城痕迹不显，我们找不到长城了，不知其向何方延伸。我们试着往东走，来到一条大沟前面。这是一条南北向、由山坡上流下来的水所冲出的深沟，宽有一里多，深达四五米，很是惊人。沟底很平坦，现在沟中有一条南北通行的车道。沟崖很高且陡。我们小心翼翼地从沟崖上面下到沟底，笔者想："既然修筑长城时是挖沟取土筑墙，那我们就在沟里观察土崖的断面，看一下在沟崖的土层中有没有留下什么长城痕迹。"此时已将近傍晚，夕阳西下，我们逆着阳光沿沟崖来回走着观察，突然笔者眼前一亮，修长城时挖土形成的壕沟的断面在沟崖上露出来，上面的开口很大，沟也较深，沟外冲刷下来的泥土，填满了整条沟，淤积成层（图－前言－25），显然是沟被挖出后，历年雨水将土冲刷进沟内，淤土逐年增加形成的。一般来说，有军队驻守时，沟中淤土应是被按时清理的，但当长城被弃用后，无人管理，淤土最终将沟填满，成为我们今天看到的样子（图－前言－26）。在这个地方，地上完全是泥土，整个地势是北面较高而南面较低，因远处有山，山坡平缓而长，因此山坡上流下来的水才能冲出这道从北向南的大沟。而东西走向的长城被山水冲毁后，长城墙体及其外侧深沟的断面就被留在沟崖上。此外，山水沟的东西两侧是很平展的农田，没有东西横向的冲沟，其地有沟就是南北向的。日久天长，山坡上流下来的水把沟冲得越来越深、越来越宽。南北向的沟是不会被雨水冲刷下来的泥土填平的。同时我们看到，这种山水冲沟的形状和现在看到的当年修长城取土挖的深沟不同。今天我们看到的是，山水沟将长城墙体横向冲断，但当年修长城时，此处应该是没有现在这样又宽又深的山水沟的，这条大沟应是长城被弃用后山坡上流下来的水冲刷形成的。纵向，冲出如此又宽又深的南北山水沟；横向，雨水携带泥沙流入修长城时挖的沟内，逐渐将其填平，如果具备相应条件，冲入沟内的是黑色腐殖土或沟未遭到破坏，反映到地上来就是"黑土龙"。调查至此，这段长城的走向、位置及结构就被弄清楚了。

在阜新县八家子镇八家子村，也有以这种深沟断面形式存在的长城遗迹。那里土地平衍，都是耕地，北面远处是辽宁西北部最高山乌兰木头山。当笔者在调查阜新县境内长城的过程中，走到八家子镇八家子村时，长城不见了，失去踪迹。因为调查时笔者是在地面上行走，没有看到长城颓坍后形成的土岗，那就意味着长城消失了，其在何处，难以确定，就需仔细查找了。经过在其地反复多次寻找，笔者也未见任何长城踪迹，即使伏卧在地上察看地面有无隆起迹象，也未获得任何线索。后来笔者走到由公官营子村至八家子村的路上。这条路是近年新修的公路，为通行方便，降低路基，挖掉岗地上的土层，开出了一条沟槽，在公路两侧形成陡崖。笔者在路上无论乘车还是步行，都很注意留心

图－前言－24　北票市北塔镇广富营子村丁跳子山上的燕北内长城遗迹

图－前言－25　北票市台吉营乡生金沟村北洼屯西的南北向大沟西侧，考古工作者在观察断崖上露出的东西走向长城外取土筑墙所形成的深沟被流入沟中的淤土填平后形成的断面情况

图－前言－26　北票市台吉营乡生金沟村北洼屯西的南北向大沟西侧断崖上露出的东西走向的长城壕沟断面被冲入沟中的淤土填平的情况

观察周围的环境、山川道路、地面变化。在经过这个路段时，笔者忽然发现在公路东侧的断崖上，土层的颜色有变化，有一个明显的半圆形深沟的断面，于是停下车来进行调查。结果这是一条很宽的东西向深沟，它已被泥土淤平（图－前言－27）。在其地笔者发现，这种深沟不止一道，在向北百余米的地段中，共有三道，可见当时为了加强防御，在长城北面又设了两条沟。这种多重防御措施，在其他地方历代修筑的长城中也常见，符合长城防御的举措安排。

长城遗迹被称为“黑土龙”的情况我们已经知道很多了，还有和“黑土龙”不同的情况，是长城遗迹被称为“旱龙道”——这个称呼也很新颖。当我们到阜新县于寺镇牤牛洼村套尺营子屯进行调查时，长城遗迹呈现的情况与往常又有不同。为了说明我们在此地的调查经过，现在将当年调查时笔者写的日记摘录于下，以便读者了解。日记时间为 1998 年 5 月 24 日，此处只摘录当天有关长城遗迹“旱龙道”“地龙”调查经过的记录：

在套尺营子屯，我们向村民了解古代长城，他们皆说不知道。后来我们找到苏云峰老人，八十一岁；卢清林老人，七十一岁。我们向他们讲了各种长城现象和代名词，他们也说不知道。后来又经解释，他们说：“你们是不是要找旱龙道？”我们一听，马上说：“对！我们就是要找旱龙道。你们这里旱龙道是什么样的？”他们说：“我们这条旱龙道是从现在的内蒙古奈曼旗来的，就打我们这村的东边向南去，到什么地方说不清。

图－前言－27　阜新县南北向的公官营子村至八家子村公路东侧土崖上露出的在东西走向的长城外侧取土筑城挖出的壕沟被后世淤土填平的横断面情况

这条旱龙道宽有五六米，一到夏天，尤其天旱时，凡是在旱龙道上的庄稼就都打蔫，它两旁的就不这样，因此大家都管它叫旱龙道。”说完，二位老人就领我们去屯子东部，指点旱龙道的走向。卢清林老人还指着他家种的小麦——小麦已经抽穗，长得很好——说：“你们看，这条子小麦的叶子都耷拉下来了，也蔫了，两旁的就不这样，多精神！”我们往他手指处一看，可不是，那一条子小麦和两旁的小麦的确不一样。时值中午，在强烈的阳光下，旱龙道显示出它的特点了。

离开套尺营子，因旱龙道——长城向牤牛西洼走去，我们就去西洼。西洼屯属牤牛洼村，在其西南二里多处。经西洼屯，又南行二里，至南梁屯，亦属牤牛洼村。在南梁屯我们找到村委王学民家，在他家吃午饭，受到盛情接待，吃得很好。饭后，他送我们去看当地的旱龙道。当地旱龙道由西洼屯西南来，在南梁屯西三百米处经过，在村南八百米处，过南梁屯与陈家梁村间乡道南去，在田地中延伸。在未过乡道前，它在树林中穿行。我们发现，此处的长城遗存（旱龙道）为双行，即两条线，中有间隔，作土埂状隆起，每条宽六米，存高零点四米，两条线之间相距约五米。

由此南去，我们在陈家梁村北发现一座烽燧址，它东距长城五十米。又南去四百米，我们发现另一座烽燧址，它东距长城一百米。再向南四百米，即陈家梁村东一百米处，我们发现第三座烽燧址，它东距长城约一百米。这三座烽燧址都在现在的乡道旁边、长城的内侧，明显易见，北望很远。

长城径直到下窑屯（属下官营子村）西，在屯后田地中作两条并行的黑土线，当地人又称之为“地龙”，由北面农田中并行而来。经实测，两条黑土线的宽度均为六米，中间的黄土宽七米，总宽十九米。黑土线紧邻村西向南而去，约有一里，即到官营子河。官营子河自北向南流来，经上官营子、下官营子（裕泉隆村村委会驻地），向南流去。我们到河边土崖上寻找长城遗迹。此处为山水沟，我们发现长城墙体的土质非常坚硬，而长城墙体外的土质十分松软，因此极易被水冲成沟，河崖边的长城被毁。我们从下窑屯沿村中车道西去，至下官营子村折而南去，过官营子河，河谷很宽，水流很窄，过谷后车道爬上山坡，逐渐升高，在上行百余米后，长城遗迹由东侧树林中出来斜过车道，转入西侧，然后径直爬向山顶。在下窑屯西部南望，这段长城遗迹看得十分清楚，是双行黑土线，他们称之为“地龙”。

我们从东部绕上山顶，这里是北洼屯，属他本陶力改村。从屯中我们转向北山，在当地人称为‘头道沟夹信子’的北山北坡找到长城遗迹，它和下窑屯的长城遗迹相同，总宽也约为二十米，两边黑土线各宽六米。山坡为农田，土色异常明显。由于常年耕种，地表已平，没有长城墙体；山坡顶部未被耕种，现为松林，在松林中略见长城痕迹，一直在山坡顶部延伸，从北洼屯中穿过，然后在屯南东侧山的西坡上南去。临回来时，我们遇见北洼屯村民委员会委员李振广，他说在这两条黑土线东南的山坡上，还有两条黑土线，它们都是单线，相距约二百米。但天色已晚，我们不得查见，便返回住地大五家子，到旅店时已经七点半多钟了。（图 – 前言 –28、图 – 前言 –29）

上面所录的日记是关于我们调查长城遗迹“旱龙道”与“地龙”情况的。其所以为“旱龙道”，就是因为长城墙体经过夯打，土质结块，紧密而坚实，渗水性差，涵水量小，不利于农作物根须发育，不适宜农作物生长，所以种在上面的庄稼就长不好，天热就打蔫，遇天旱尤甚。由于这条干旱带很长，犹似长龙，村民就习惯性地称之为“旱龙道”，这个名称也是很形象的。“地龙”是当地对长城遗迹的叫法，和前面讲的“黑土龙”是一样的，只是不同地方有不同的称呼而已。

在彰武县双庙乡前小五家子屯、后小五家子屯南，土筑长城遗存（土岗）保存较好，还很明显，我们一路调查过来，都有发现，而且与其衔接地段的长城遗存也很清楚，因此这道土岗确为长城遗存已无可疑。但为了说明我们在此地见到的土岗有其自身的特点，从而也可证明其为长城遗存，故亦略为说明我们确定其为长城的依据。一是这道土岗为东西走向，隆起于地面很高，可与西面已调查的长城遗存相接；二是这道土岗早已颓坍，坡度平缓，延长很远，上面长满荒草，形态自然；三是这道土岗两边都已被辟为农田，耕种虽侵及岗体，但土岗中心基本未动，说明此土岗早就存在，不是近年新修的；四是

图－前言－28　笔者调查阜新县于寺镇套尺营子屯、北洼屯等地的长城遗迹“旱龙道”的日记（一）

图－前言－29　笔者调查阜新县于寺镇套尺营子屯、北洼屯等地的长城遗迹“旱龙道”的日记（二）

这道土岗上有的地段已被耕种，说明此土岗是早年就存在的，因此现在才没人管理，可以耕种，如果它是近年新修筑的具有农田保护功能的设施，就不会被人任意开荒耕种而无人干涉。据此，我们在调查中就确定此土岗就是我国燕秦汉时代的长城遗存。

在我们调查长城到阜新县于寺镇沙力土村时，时间已将近傍晚，不过六月的夏日天长，太阳还远挂西天。我们走到该村的东南方，眼前的农田里长城还有遗存可寻，城墙颓坍后形成的土岗仍然很高，占地很宽，其上长满荒草，并有一些小树，两边都是农田。我们沿着土岗向北走，当走到岗地尽头时，农田变成东西垄的苞米地，长城消失不见了，唯有半人多高的苞米秧，其微曲下垂的叶子遮挡住地面，让我们什么也看不到，我们就在苞米地中拨叶寻找，却不见长城的半点儿踪影。就在笔者向东走出苞米地后，偶然回头向西一望，只见夕阳之下，阳光照射在苞米叶上，较高处的苞米叶都闪出亮亮的白光，而较低处的苞米叶因阳光照射不到，就没有白色的亮光，形成一条暗影。笔者仔细看后，发现在两侧高处的苞米叶上闪出的白光中间，夹了一道无光的黑条。笔者忽然明白了：修长城不是要挖土筑墙，在城墙外边形成深沟吗？这种做法相对增加了城墙外侧的高度，达到了加强防御的目的。这道无光的黑条不正是那道长城深沟的反映吗？于是笔者就进行调查，发现这道无光的黑条的地面确实较低，而且走向一致，能接续上我们在前面见到的那道长城墙体。傍晚进入村中，笔者询问村中的年长者，他们说：“你们说的那个地方，早先有条土棱子，还有沟，近几年为了种地，把它给平了。你们说的长城，我们没看见。”从村民的谈话中我们已经知道，沟中的填土经雨水浸泡后自然下沉，就出现其地面低于两边的情况。经过这样的调查，这段长城遗迹就被我们发现了。

上面，笔者具体地列出几种在调查长城时所经历的情况，说明我们是怎么寻找到长城遗迹的。读者可能会觉得，怎么古代长城竟是这样残破不堪？其实也不是，保存比较好的长城线段还是很多的。但我们不能只看见容易见到的长城，因为光是容易见到的长城还不能构成长城整体，时代要求我们现在必须找到那些渐渐消失或已经消失的长城，它们才是重要的，必须找到的，不然，过若干年之后，恐怕就更难找到它们了！因此，寻找一段过去并不了解、也不知情并久埋于陈封历史中的长城，能没有一定的难度吗？但是，今天的寻找是必然的，难找也自不必说，找到是幸事，找不到也在意料之中，毕竟是时间太久了。你想，经过千百年历史风雨的洗礼，长期处在荒山野岭的长城哪能不凋残？我们调查现在的一些事物有时都挺难，何况是古代的长城？遥远的、已经消失的金戈铁马时代修筑的长城，就如一个早已退出历史舞台的“高龄老人”，你还想让它依然如昔日一样风光，这可能吗？笔者觉得，今天呈现在我们面前的长城有这么丰富多彩的面貌，本身就是一个奇迹！它千姿百态，若隐若现，一面对它，就会有无限遐想，它引人思绪飞扬，这多难得啊，千古长城！

应该说，长城在许多地段还是保存得比较好的，专业考古工作者一看到，就可将其辨识出来。这是一个方面。但是在很多地方，长城都不是这种情况，某些地段的长城损毁殆尽，地面上已无踪迹。笔者在调查中遇到的这种情况是很多的，上面举出的仅是几例。不同时代、不同地域的长城，都有它不同的地理环境和各不相同的保存状况，在调查中我们每向前走一段，都会有不同的发现、经历和据以进行分析判断得出的结论，如果将这些都写出来，那真的是不能尽述。应该这样说，由于历史久远，文献记载得又很少，久已不为人知，加之被弃用后处于山间野地的长城，经过长年的风雨摧残和人为破坏，早非原貌，甚至有的地段长城由于各种原因日渐消失，没有了踪迹，殊难寻找。因此，调查长城是很困难的，关于长城的每一个发现，都有其各自的特点，不管现在保存得好坏与否，在不同的地理环境中，长城的存在状况也不相同。笔者从事考古工作至今，已经六十多年了，调查是经常的，其中很少有到指定地点那里“按图索骥”找到现成的遗迹的，一般都是在不知道遗迹的情况下发现的；如是文物普查，一县一市或一个地区的普查，范围广，一个村屯都不漏查，走到哪里见到什么就采集什么，没有选择，凡发现皆记录；但是长城调查这种专题调查就不同了。如果只做长城调查，就有专题要求了——在调查中只寻找长城及其相关遗存，不涉及其他。调查长城是走线，不是面的普查，因此这种调查可以说是有目的、无明显目标物的追索。调查人员从上一处走过来，如果长城的遗迹不明显了，或是根本就不见了，那调查就困难了，并且调查人员也不能走了，不能舍此而去，只能在相应的地段，漫山遍野地寻找，直到找到为止；或是根本找不到了，得出结论也行。在考古生涯中，笔者用了很大一部分时间调查长城，不但是辽宁本地的、东北地区的，还有国内其他省、自治区、直辖市的。为了研究长城，至少是为了解情况，笔者也都要去深入地看各地的长城。这样笔者陆续坚持了几十年，经验和教训都积累于头脑中，至今难忘，往日的调查情景，依然清晰，历历在目——跋山涉水，日晒风吹，食宿无时。为了找到长城，有时在一个地方转一两天也是常有的事。调查要有结果，有时为了验证看到的长城遗迹是否准确，往复来回不知要走多少路，耗费多少时间。沟里坎下、山顶崖边，不管交通怎样不便，笔者也总是要把那里长城的情况弄个清楚明白。现在各地的长城笔者都调查过了，从过去不知，到现在已较清晰地掌握了它们的基本情况，这是非常重要的。各地的长城都调查过之后，笔者深刻地体会到，长城调查值得很好地去总结，并深入进行研究，然后将调查和研究的成果公诸世人。

笔者想说的是：长城这个世界著名的历史遗迹和其他文物不同，它的建筑用材非常普通，一般的泥土或是砖石，都是很容易改变形状的，因此极易遭到破坏；而长城又是处在山野之中的遗迹，暴露在自然环境里，不易管理，也很难维护，不仅有人为破坏因素存在，光是自然风雨就足以将其摧毁。而事实就是这样，长城确实在被逐渐毁坏，早年笔者调查过的长城，过若干年后再去，就已经没有它当年的样貌了。我们知道，长城是我国古代巨大的军事防御工程，不能让它无闻于世。在这么多年的长城调查工作中，笔者保存下来一些来之不易的资料。因此，尽管笔者已经退休二十多年了，但还是想将它们整理出来，介绍出去，于今人有益，尤其是对不能亲履其地的人，可借此了解长城，而于后世则有存史之用，后人研究长城历史就有据可凭了。

## 二、笔者对东北古代长城的研究

谈起东北古代长城，笔者感觉有几大特点：一是文献记载少，偶见记载也大都是片言只语，不是在“本纪”中就是在“列传”中，在述及某些行事时，说到“长城”，但一笔带过，比较零星，不见头尾，没有专论，构不成系统的研究资料，因此很少有人研究。二是东北有哪些长城，过去没人知道，都什么朝代有，在什么地方，更鲜为人知，给人的感觉，好像东北没有长城似的，无人论证。三是基于上述原因，过去很少有人研究东北长城，史家多未涉及，几成空白。上述情况，导致人们对东北地区的古代长城不甚了解，这大概就是较长时间以来的一个基本情况。

若说东北古代长城被关注的话，也就是近百年的事，但议者均一般概论，或引录文献，加以推断，然未亲历现地，叙述不具体，甚少纪实。如论影响大者，1927 年国学大师王国维先生从历史研究角度写过《金界壕考》一文，论证北方金长城，然并非专述东北，因未至实地调查，盼以日后目验。而在东北对长城进行考古调查者，是吾师李文信先生，最早在 1939 年调查了金代临潢路的长城，后写成《金临潢路界壕边堡址》一文，详细记述调查所见，从考古学的角度进行分析考证，使金长城第一次被人具体了解。而对于早期长城，调查者亦是吾师，在笔者所写的《辽宁古长城》一书中，对此曾有记述：

他在一九四一年到内蒙古东部进行考古调查时，从一位蒙古族友人那苏图那里了解到建平县北部黑水村附近有一座土城址，在老哈河东西两岸有很长的“老边”。他认为这很可能就是历史上失踪的燕、秦古长城。自此以后，李先生每在野外考古调查时，就于苍山如海的群山中进行寻找。一年后，他与佟柱臣先生到赤峰一带进行考古调查时，在撒水坡听当地群众说，村外山岗上有“土龙”，觉得这是长城的可能性很大。到现场勘察后，他们果然发现了在英金河北岸的这道长城和数座城堡与烽台遗址。当时他们对长城进行调查的地段，有撒水坡、老爷庙、五里岔等地五十余里的线路。这一发现非同小可，不仅纠正了人们的误解，而且将人们印象里的长城向北直线推移了五百多里。这是一个多么重要的发现啊！李文信先生曾记下他发现这道久无人知的长城和调查时的兴奋心情，写道：长城“连山跨谷，一望无际，十分雄伟，并且沿长城壁内，每隔二三十里就有一座连壁的小城。长城内外都是利用高山建筑烽台，星罗棋布，有很近的，也有十里二十里以上较远的。河口、山空也都筑有小型城堡。这样一来，我们就毫不迟疑地知道这确是古代长城遗址无疑了。当时我们的喜悦激动，是无法形容的。从此，辽宁省内秦、汉长城址以前那种‘只在此山中、云深不知处’的状态，已成过去了”。

这是东北最早调查发现的战国长城，使司马迁在《史记》中记述的燕长城第一次在考古学上得到落实，让人们知道了燕长城在何处。以后师友佟柱臣先生也写有《赤峰附近新发现之汉前土城址与古长城》一文，对调查发现进行报道。

中华人民共和国成立后，东北地区各省都成立文物考古部门，进行考古调查、发掘和文物保护工作，长城的调查也是其中的重点工作内容之一。大家开展了不同层次的调查，获得了许多重要发现。由于自古以来经济、文化上密不可分的关系，属于东北地区的辽宁、吉林、黑龙江三省以及内蒙古自治区东部地区与河北省东北部，在长城调查上也是紧密相连，各省区虽然独立调查，但结果必须考虑互相衔接，因为有很多长城不受地域限制，是跨省区的。故研究东北地区的长城，不能以一个省或自治区来进行，必须是在一个大范围中来考虑，不仅长城在本省区的走向要对，而且要和相邻省区去对接，如果接不上，那就说明有问题了——古代长城可不会是这个样子。这时就需要审视考古调查的准确性了。因此，各省区都注意这个问题，相互进行沟通并交流调查成果，甚至进行联合调查或人员交流，努力使其调查得到最佳效果。

东北地区的古代长城，笔者从早年就开始注意，以后陆续对各省区的长城都有过不同程度的调查。通过几十年的实践，笔者对东北地区的长城有了较为深入的了解，于是就有一些想法，对各地的长城也就产生了一些认识。下面就将笔者对东北地区古代长城的研究体会进行简要的说明，以便读者了解。

东北地区修筑长城，最早是在战国时期的燕国。据史载，燕国有两道长城，即燕南长城和燕北长城。燕南长城在易水流域，荆轲刺秦时临行前唱“风萧萧兮易水寒”的告别处。燕北长城以前不知道在何处，吾师李文信先生经考古调查，发现在今内蒙古赤峰市南面英金河北岸不远处有一道长城，当时调查的线段有几十公里，认为这一道长城是战国燕长城，并为学术界所承认。1949年以后，随着考古工作的开展，这道长城的东西两端都陆续有所发现，其西端进入今河北省，东端进入今辽宁省。在后来的调查中，调查者在赤峰市北面的较远处又发现一道长城，根据该长城的自身特点，结合在其附近发现属于燕秦汉时期的墓葬、遗址和相关文物，确定这道长城的时代也为燕和秦汉时期。由于被发现的这两道长城的年代都为燕秦汉时期，为了能将其区分开，便对这两道长城分别给予命名。因为最早发现的那道长城在赤峰市的南面，就称之为“赤南长城”，而后发现的那道长城，因为在赤峰市的北面，遂被称为“赤北长城”。对于这两道长城的年代，调查者认为“赤南长城”为燕北长城，而“赤北长城”为秦长城，将辽宁省建平县的烽燧址及老虎山上的长城指为汉长城，但没有进一步指明其具体年代。关于这些长城，有调查者发表的调查报告和考证意见，结论如上所述。

笔者对上述地区的长城也进行过调查，感觉上述观点尚有待商榷之处，不能笼统称之。笔者经研究认为，这些长城应有所区分。如赤峰市南边这道长城，应为燕昭王时“秦开却胡”所筑。燕昭王即位后即图强，其国力逐渐强盛，因而有北逐之举，而其在位时间也较长，有三十三年，为确保边地安宁，防北族侵扰，加强防御纵深，再次北拓长城，就修筑了第二道长城，这是完全可以实现的；对于这一推论，是有考古发现支持的，因为在这道长城附近发现的墓葬、遗址及出土文物的年代，都是属于燕和秦时期的，而非单一年代，它们也可证明这道长城是燕、秦共有的。此外，笔者对“赤南长城”“赤北长城”的定名，也提出不同意见，因为这两道长城并不仅限于赤峰这一个地域，而是西入今河北省，东进今辽宁省，线路更远，何以称之？若用赤峰名之，其他地方已经远离，不属于赤峰，实为不便；若各以当地地名称之，则更混乱。一道长城，无论多远，都应有一个统一名称。于是笔者提出可共用的名称，在赤峰南面的一道为“燕北内线长城”或“燕北内长城”，在赤峰北面的一道为“燕北外线长城”或“燕北外长城”。这样定名，则全线皆可通用，概念明确，非常方便。现在这些名称已为学术界所采用，见于各种论著中。对于现在经过考古调查所见的东北地区西南部三道长城的年代，笔者认为，燕北外长城是燕在“秦开却胡”后防守北进时所筑，后为秦统一六国后连接北方秦、赵、燕三国长城而成的“始皇长城”所沿用，秦短祚，前汉因秦之旧，变化不大，故此道长城也为前汉初年长城（图 – 前言 –30）；燕北内长城，为燕昭王初年“秦开却胡”所筑，燕国筑燕北外长城后它则被弃用，但到前汉武帝时，由于“弃上谷之斗辟县造阳地以予胡”，辖境向内回缩，就复用了燕北内长城（图 – 前言 –31）；到了后汉初年，国力更弱，地亦不保，长城不能再用旧线，今考古调查所见由河北经内蒙古到辽宁建平，以烽台为特点，用墙、壕相连接的长城，以及老虎山上的长城（图 – 前言 –32），就是后汉长城。由于后汉国力不逮，因此如今所见后汉长城也很卑微，不复有前述所见长城之气势。这正是其国力不足的反映。

西晋时期，东北地区的长城未见明确记载，因而不为人知，过去也很少见研究。笔者通过考古调查，结合文献记载，认为西晋长城沿用的就是后汉的长城，西部由今河北经内蒙古到辽宁，东端达于涓水。

北齐在东北也有长城，但在何地却不明确。笔者通过在各相关地域进行考古调查，对自然环境有了充足的了解，根据各处的地理环境、山川走势，结合文献记载与出土遗物进行综合考虑，提出新的论点，认为北齐长城西部利用了燕北内长城，而“东至于海”则应是到今锦州之南的海滨。

图 - 前言 -30　辽宁省阜新县于寺镇团山子村东的燕北外长城遗存

图 - 前言 -31　辽宁省建平县烧锅营子乡化匠沟村蛤蟆沟脑北山上的燕北内长城遗存

图 - 前言 -32　辽宁省建平县老虎山上的后汉长城遗迹

北周长城的考古研究，也是近年因考古发现才有进展。秦皇岛调查发现，在车厂河张赵庄明长城西来北折处，有一道长城径直东去，至山海关北面，越过明长城，继续东去。其墙为土筑，颜色较红，为与用青砖修筑的明长城——“青城子”相区别，当地人称之为“红墙子”。笔者几次到其地进行考古调查，发现此红墙子离开明长城后，向东去，经边墙村，出河北省，进入辽宁省绥中县，又东去，经墙子里村。笔者曾几次在此村住宿，究其得名，应是在一道墙的里面，故名墙子里。那这是什么墙呢？笔者认为就是这道长城。建村时村子处在城墙里侧，故得名墙子里。由此再向东去，笔者调查到止锚湾海边，在此地还可见到城墙遗址。

隋代在东北修筑长城，史有明文，当时是为保隋境平州（今河北卢龙）等处，防北齐亡后不曾臣周而据守营州（今辽宁朝阳）的高宝宁。因此笔者认为，隋之长城亦应是沿用北周之长城，因为两者防守的方向与进犯者相同。

在唐代，东北地区的东南部还有地方民族政权高句丽，它也修筑有长城。过去的研究，因了解得不多，没有很明确的认识，直到近几年发表的文章，还有“高句丽没有长城，两《唐书》所载长城，实际上就是山城联防线”等观点。笔者认为，这些说法不正确，明确指出高句丽长城从今辽宁海城起，经鞍山、辽阳、灯塔、辽中、沈阳、铁岭，直到开原，这么长的长城线路，被后世明代的辽东镇长城所沿用，因明长城覆盖其上，故其名不显，现在研究找不到其行经路线。笔者又经考古调查，在营口市大石桥市沟沿镇八家子村北发现了高句丽长城遗迹（图－前言－33），终于使这一道长城的存在问题得到解决。

渤海长城，在今黑龙江省牡丹江市，过去不知其有长城，为近年考古调查所发现。在渤海长城附近，出土有唐代花鸟纹铜镜和属于东夏国的“古州之印”铜官印。笔者曾至其地调查，出土遗物年代明确。这道位于今牡丹江市北面山岭中的长城（图－前言－34），应是渤海长城，后为东夏时期所沿用。

10世纪在中国北方及其更辽远的广大地区建立的辽朝，于东北也修筑了长城。辽王朝虽很强盛，修长城事，却因记载简略而难得其实，《辽史》仅在《太祖本纪》中说“冬十月，筑长城于镇东海口”，遂使后世无处可寻，过去的研究都属推论。笔者经过考古调查，在辽宁南端金州湾和大连湾地岬，发现了辽长城遗存（图－前言－35），遂使久悬未决的辽长城有了明确的地理位置。

金代是一个很注重修筑长城的时期，其长城总里程超过万里，可以和秦长城、明长城相媲美，并且是在地理上位于最北的长城。过去的研究，对金长城的认识也有不足，不知金长城是什么状态，案头研究较多，故有许多实际问题未得解决。比如《金史》中将长城称为“界壕”，于是有研究者说：“界壕者，掘地为沟堑以限戎马之足。”这就是说，金界壕就是挖条沟以阻止游牧的蒙古骑兵越过。在这个思路的指引下，近年就有“金界壕不是长城”的观点出来，曾引起学术界的热烈讨论。笔者参与其中，前后写了四篇文章，

图－前言－33　辽宁省营口市大石桥市沟沿镇八家子村北的高句丽长城遗迹

图－前言－34　黑龙江省牡丹江市蛤蟆塘南沟的渤海、东夏长城遗存

图－前言－35　辽宁省大连市甘井子区大连湾街道后关屯的辽长城遗存

近十万字，力辩金界壕是长城，最终获得学术界的认可，将金界壕“归队”，纳入到长城中来。实际上，研究金长城最大的问题，是金长城到底怎样？都在什么地方？这些才是探讨金长城的核心所在。经过考古调查得知，金代长城实际上有两道：一道起于今内蒙古额尔古纳市上库力村西南库力河西岸，西行，经拉布达林，至额尔古纳河，折而西南，越河进入今俄罗斯境内，回满洲里后，在我国境内复西去，进入今蒙古国，终止于温都尔汗之北的乌勒吉河源与鄂嫩河源之间的沼泽地中（图－前言－36）。这道长城过去不为人知，发现后对其年代分歧很大，有认为是辽代的，也有说是成吉思汗边堡的，实际上两种说法都不正确。笔者曾经对此长城进行过调查，经过研究，否定了上述说法，认为它是金代的，写有调查与考证文章。因这道长城位于兴安岭北部，为区别于另一道在其南面的长城，将其命名为“岭北长城”。另一道长城在其南面，我们也给其命名，称“岭南长城”。这道长城起于今内蒙古莫力达瓦旗尼尔基镇七家子村，西南行，至兴安盟扎赉特旗过绰尔河后，分成多道，主要为南北两线，中间有支线，其中北线东部一道进入今蒙古国，达于贝尔湖西南方，而北线中间有一段进入今蒙古国境内后，又复出回归内蒙古，线路较为复杂，又西南行，最终在今武川县上庙沟终止；南线长城东端起点亦在今莫力达瓦旗尼尔基镇七家子村南，然后西行（图－前言－37），即与原西南行之北线长城相合，终点亦是今武川县上庙沟。

明代长城，在东北主要是辽东镇长城，它为明九边重镇之首，长度达两千多里，此

图－前言－36　内蒙古额尔古纳市拉布达林镇西的金岭北长城遗存

图－前言－37　黑龙江省甘南县后大河段金岭南长城遗存

外还有一部分蓟镇长城，也应是在东北范围。东北地区的明代长城全线，笔者都调查过，对于明代其他地区的长城，西到今甘肃嘉峪关，笔者都在不同线段进行过调查。明代的辽东镇长城，结构形式比较复杂，墙有石砌，也有土筑，还有劈山墙、山险墙、木栅墙等，但以石墙和土墙为多，一般以石墙保存较好，至今在高山上蜿蜒如龙（图－前言－38），虽有颓坍，仍然气势恢宏（图－前言－39），至有高大壮观者，遗世独立，风采不减当年，令人惊叹！

笔者在明长城上的工作，除了全线的考古调查外，有两件事于此说一下：一是对蓟镇长城九门口遗址进行考古发掘，二是对明万里长城东端起点丹东虎山长城遗址进行考古发掘。

九门口长城，位于今辽宁省绥中县李家堡乡九江河上，砖石构筑，城墙在宽阔的河上通过，设有拱券宽大、可开关的水门，因其数有九，故称九门口。修复之前，城桥颓塌已久，砖石成堆，阻断河水，漫滩乱流，河上一片狼藉。1986 年，辽宁省群众赞助修复九门口长城，但修复工作必须在考古发掘后方可进行，故按《文物法》规定申报。经文化部文物局批准，由笔者任领队，主持对明代长城九门口遗址进行考古发掘（图－前言－40）。这次也是第一次对明万里长城进行如此大规模的考古发掘，发掘工作由 1986 年至 1989 年连续进行了四年，最终完成，获得大量的第一手考古资料，既了解了明长城的防守理念、九门口长城移建搬迁的原因和过程，也清楚了明长城的修建技术，更为难得的是体会到了九门口水门的设计思想以及考古发掘所看到的地上地下的结构遗迹——超出想象的构思，罕见而精细。这些都是极为难得的宝贵资料。发掘的结果，为九门口长城的修复设计提供了内涵丰富的考古依据，也为施工提出了符合长城修复规律和要求的指导性意见，使修复工程顺利，符合设计标准。修复后的九门口长城恢复旧观，原有桥墩保存（图－前言－41），水门上的城墙一如往日。现在九江河上的城桥，九门洞开，河水汤汤，汪洋恣肆，城列雉堞，居高临下，巍峨壮观，是为万里长城上独有的水上长城（图－前言－42）。

虎山长城，在今辽宁省丹东市宽甸满族自治县（下文简称“宽甸县”）虎山村鸭绿江右岸江边，距丹东市区很近，目视可见。明代万里长城俗谓“东起山海关，西至嘉峪关”，但《明史》说，明长城“东起鸭绿，西至嘉峪，绵亘万里，分地守御”，并列出守边的九军镇，首镇为“辽东镇”，而明代精于边务的许论所绘《九边图》，画幅式地图上的首镇也是“辽东镇”，这些都说明明万里长城的起点在首镇辽东。但明万里长城的东端起点具体在何处？不得而知。笔者经过研究，认为明万里长城的东端起点是在今丹东宽甸虎山。但虎山上的长城坍毁已久，迹象不明显，难以确定。丹东市欲修复虎山起点长城，此事非常重要。明万里长城东端起点久湮，如能修复，意义重大，因此得到中国长城学会的大力支持，遂进行申报。

图－前言－38　辽宁省阜新县四台子明长城遗存

图－前言－39　辽宁省阜新县新民镇红台沟烽火台遗址

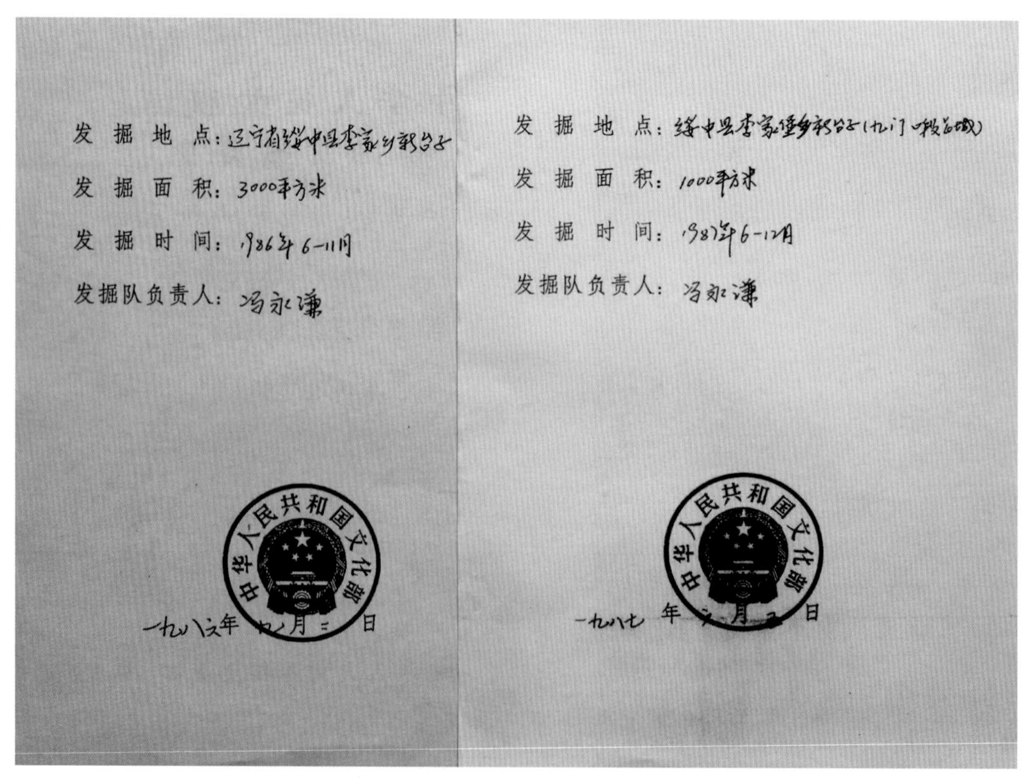

发 掘 地 点：辽宁省绥中县李家乡新台子
发 掘 面 积：3000平方米
发 掘 时 间：1986年6-11月
发掘队负责人：冯永谦

中华人民共和国文化部
一九八六年 [illegible]月三日

发 掘 地 点：绥中县李家堡乡新台子（九门口段长城）
发 掘 面 积：1000平方米
发 掘 时 间：1987年6-12月
发掘队负责人：冯永谦

中华人民共和国文化部
一九八七年 [illegible]月[illegible]日

图－前言－40　笔者经文化部文物局批准发掘绥中县明长城九门口遗址，1986—1989年连续四年考古发掘证照（四证选二）

图－前言－41　绥中县九门口长城遗址去掉高达七米土层后露出的明代过河城桥的两个桥墩，桥墩四周即为著名的“一片石”铺石

图－前言－42　经考古发掘后修复的明蓟镇九门口长城

经国家文物局批准，由笔者任领队，主持对明长城虎山遗址进行考古发掘（图－前言－43）。自 1990 年至 1994 年，又是连续五年的发掘，我们在虎山上发现了不同时期的历史文化遗迹（图－前言－44）。这里原来有青铜时代遗址、高句丽泊汋城、辽代遗址、金代遗物等。更重要的是，发掘出土遗迹证实，虎山南麓、鸭绿江边的土筑大台址就是明长城第一个台址，史书所载之“邦山台”。长城由此上虎山，越岭而去，逶迤西行，最终抵达嘉峪关。由此更正了人们对明长城的误解，改变了人们对明长城历史的认识。随后，根据考古发掘结果，由中国长城学会主持，著名长城学者罗哲文、朱希元负责设计，将丹东虎山长城修复起来，屹立在虎山之上，蜿蜒于岗岭之巅（图－前言－45）。从此，明万里长城东端又有了起点。这是一个标志，再不是空幻虚无，而是有了真切的实体，事件重大，意义非凡！

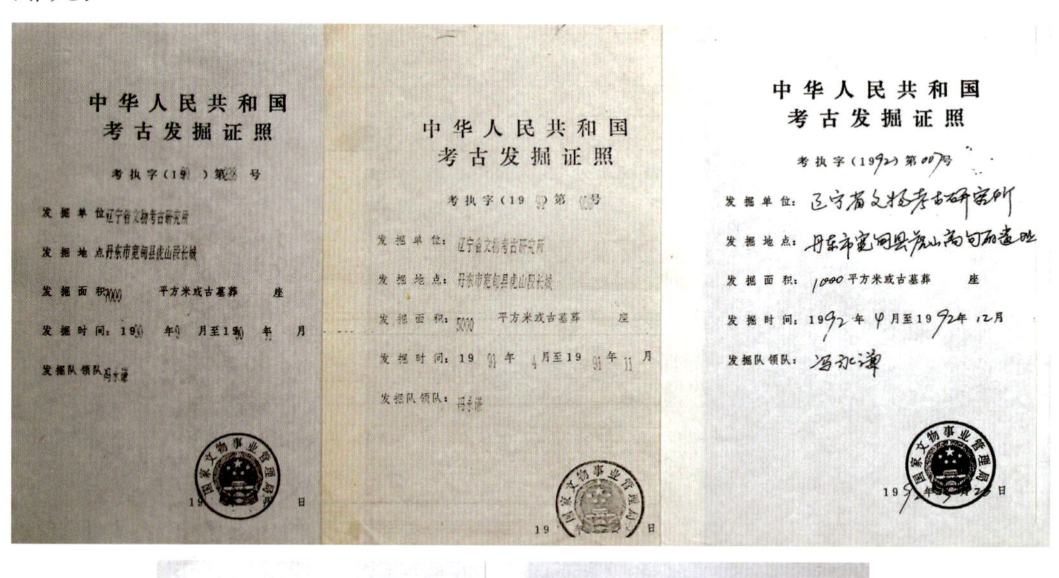

中华人民共和国
考古发掘证照
考执字（19　）第　号
发掘单位：辽宁省文物考古研究所
发掘地点：丹东市宽甸县虎山段长城
发掘面积：　平方米或古墓葬　座
发掘时间：19　年　月至19　年　月
发掘队领队：冯永谦
19　年　月　日

中华人民共和国
考古发掘证照
考执字（19 91）第　号
发掘单位：辽宁省文物考古研究所
发掘地点：丹东市宽甸县虎山段长城
发掘面积：5000 平方米或古墓葬　座
发掘时间：19 91 年 4 月至19 91 年 11 月
发掘队领队：冯永谦
19　年　月　日

中华人民共和国
考古发掘证照
考执字（1992）第07号
发掘单位：辽宁省文物考古研究所
发掘地点：丹东市宽甸县虎山高句丽遗址
发掘面积：1000 平方米或古墓葬　座
发掘时间：1992 年 4 月至1992 年 12 月
发掘队领队：冯永谦

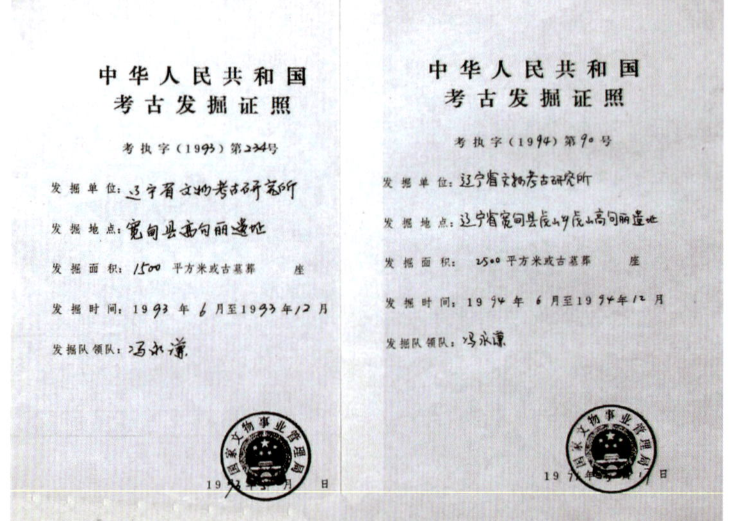

中华人民共和国
考古发掘证照
考执字（1993）第234号
发掘单位：辽宁省文物考古研究所
发掘地点：宽甸县高句丽遗址
发掘面积：1500 平方米或古墓葬　座
发掘时间：1993 年 6 月至1993 年 12 月
发掘队领队：冯永谦

中华人民共和国
考古发掘证照
考执字（1994）第90号
发掘单位：辽宁省文物考古研究所
发掘地点：辽宁省宽甸县虎山乡虎山高句丽遗址
发掘面积：2500 平方米或古墓葬　座
发掘时间：1994 年 6 月至1994 年 12 月
发掘队领队：冯永谦

图－前言－43　笔者经国家文物局批准发掘丹东虎山高句丽泊汋城址、明长城东端起点遗址 1990—1994 年连续五年考古发掘证照

图－前言－44　丹东虎山明长城东端起点遗址墙体在考古发掘中

图－前言－45　经考古发掘后修复的明万里长城东端起点丹东虎山长城

九门口长城、虎山长城，这两处明万里长城中的重要线段，经过考古发掘并修复之后，已成为我国著名的景区，九门口长城还被联合国教科文组织列入《世界文化遗产名录》。现在，这两处长城更是闻名中外，无论寒暑，都游人不断，四面八方的游人纷至沓来。它们不仅丰富了人们的文化生活，也推动了当地的经济发展，提高了人民群众的生活水平。

清代柳条边，不是长城，因它不具备军事防御功能，对外也不防守，恰恰相反，它是防内的。清朝统治者为保护其“龙兴之地”，不让其他民族的人进入满族兴起的地方进行挖参、樵采等活动，破坏其“风水”，因此修了柳条边。所谓柳条边，就是在外侧挖沟取土，在里侧叠土，于其上插柳条，用绳联结，结果柳枝成活，形成以柳树为特点的柳壕，遂被称为“柳条边”（图－前言－46）。柳条边有老边和新边之分，全线设有边门，置官管理，凭官府“通行证”出入。但柳条边有时也被误解，因其处在盛京地区，也称“盛京边墙”，而辽东明长城被称为“辽东边墙”，故被混淆而不察，过去出版的《辞海》即有此误。至于有人将柳条边也认为是长城，那就更错了。这一点是必须清楚的。

本书以考古调查和发掘的资料，记录和研究东北地区的历代长城。它以笔者实地所见为准，笔者没去过的长城不写，写即亲履其地；文字论述也不以先入之见和推论为主，做到实事求是，言论要有根据。因此，本书所采用照片极多，用以佐证。书中收录的照片有一千九百多幅，从20世纪50年代初至今，历时六十余年。照片可能有参差，但岁月已逝，当年遗迹还较好，现在可能残破甚或消失，因此姑且用之，以存史迹，以志沧桑。

由于我国长城是由古代不同王朝或地方民族政权在不同地域修筑的，因此其起、迄点便有所不同。如《史记》中说：“燕亦筑长城，自造阳至襄平，置上谷、渔阳、右北平、辽西、辽东郡以拒胡。”“秦已并天下，乃使蒙恬将三十万众北逐戎狄，收河南。筑长城，因地形，用制险塞，起临洮，至辽东，延袤万余里。”《北齐书》载北齐“先是自西河总秦戍筑长城，东至于海，前后所筑东西凡三千余里”。 还有同书《斛律金子羡传》亦说：“羡以北虏屡犯边，须备不虞，自库堆戍东拒于海，随山屈曲，二千余里。”关于北周长城，《周书·于翼传》中说他“征拜大司徒，诏翼巡长城，立亭障，西自雁门，东至碣石，创新改旧，咸得其要害云”。这些时期的长城都是从西向东记录的。到明代，对其万里长城的记述，则与古代不同。《明史·兵志》说：“终明之世，边防甚重。东起鸭绿，西抵嘉峪，绵亘万里，分地守御。”这是由东向西记述的。其他时代长城的起、迄点记述也有不同。因此我们今天记述古代长城时，自当遵从历史文献的记法，这样读者读来也觉方便，否则如拂逆鳞，和往日读史留下的印象不同，终觉不顺畅。所以本书对早期燕、秦、汉、晋等长城均自西向东记述，对明长城则自东向西叙述，其他不同时代的长城，亦分别遵从文献记载叙述，俾使其与史文相符。

今天，从笔者个人的考古工作经历来说，调查长城从起初至现在已有六十多年的时

图－前言－46　辽宁省法库县秀水河子镇秀水河子村北的清柳条边遗存（左边是沟，右边是插柳结绳的土岗）

间了，从历史来说时间不长，但对一个人来说，这可是个不短的历程，因此，回忆起来感到特别值得回味，因为这里边有太多的辛勤与汗水，也有更多的观察与细辨，更有说不尽的各地同行的支持与帮助——这些都是令人难以忘怀的！既往时日，在调查过程中，食宿无定时，长城不知在哪里。如依《史记》，司马迁用“燕亦筑长城，自造阳至襄平”，区区十一个字，就讲完了几千里长的燕国长城，落到实地，长城在哪里？无怪最初长城研究者说，燕国长城修到襄平城的西门。如果真的按这个理解找下去，恐怕永远也找不到燕国的长城。后来的研究，领悟了这句话的含义——原来是以其郡治的身份代表辽东郡的辖境，因此，燕国的长城是修筑在距襄平城外很远的地方。既是如此，那就只能到远方的茫茫山野中去寻了。可是对调查者来说，这种不知目标所在的寻找工作是很艰难的，路径不熟，道途崎岖，不管阴晴，风里雨里，日晒风吹，在山原野地，疑似之物很多，并非所见即是，需要仔细辨别，才能最后认定。这样走下来，每一处的发现都是很不容易的。因此，调查几百里、上千里、上万里的长城，绝非一人之力所能完成，而是各省区市众多文物考古工作者共同的汗水与心智的成果，也是同每个参与者的努力分不开的，每个参与者都用一己之力，众志成城，成就了长城调查这项伟大事业！

在笔者多年的长城考古调查中，同行者为笔者拍摄了一些影像记录，现在选取几幅照片（图－前言－47~ 图－前言－62）附后，雪泥鸿爪，既反映笔者调查长城的经历，也可让读者从某个侧面了解考古工作者的工作和生活。

图－前言－47　笔者调查辽宁省建平县战国时期燕北内长城遗存

图－前言－48　笔者在内蒙古敖汉旗调查战国时期燕北外长城遗存

图 - 前言 -49　笔者在内蒙古敖汉旗调查战国时期燕北外长城遗存

图 - 前言 -50　笔者在内蒙古敖汉旗调查战国时期燕北外长城遗存

图－前言－51　笔者在辽宁省宽甸县虎山发掘明万里长城东端起点遗址

图－前言－52　笔者在进行考古调查

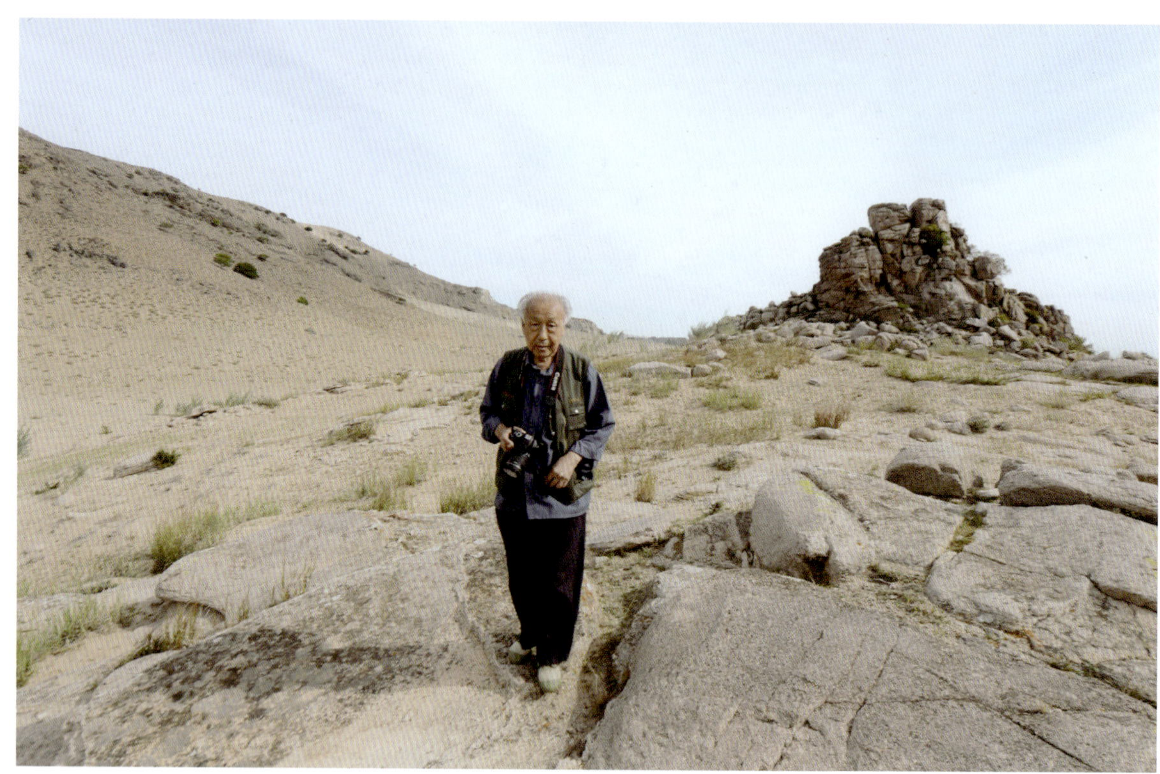

图 - 前言 -53　笔者在内蒙古巴林左旗进行考古调查

图 - 前言 -54　笔者在内蒙古巴林右旗进行考古调查

图－前言－55　笔者在辽宁省北票市进行考古调查

图－前言－56　笔者在辽宁省北镇市进行考古调查

图 - 前言 -57　笔者在辽宁省阜新县进行考古调查

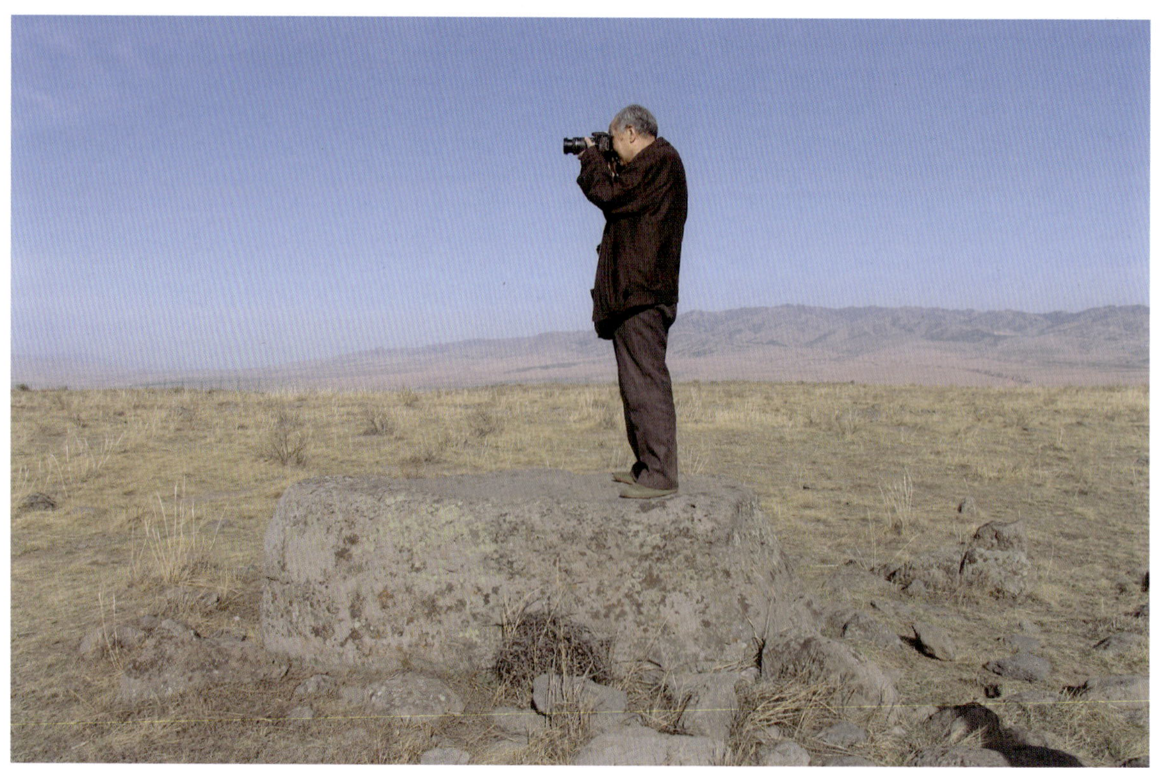

图 - 前言 -58　笔者在辽宁省北票市进行考古调查

图 - 前言 -59　笔者在内蒙古敖汉旗进行考古调查

图 - 前言 -60　笔者在内蒙古巴林左旗进行考古调查

图－前言－61　笔者在辽宁省朝阳县进行考古调查

图－前言－62　笔者在辽宁省北票市进行考古调查

# 上　卷

# 东北地区
# 历代长城考古调查

中国古代修筑长城，世人皆知。从春秋战国时期以来，直到明代，各个时期都在不断修筑，至今在不少地区尚有遗迹存留，人们犹能见到。因此，长城对于很多人来说，并不陌生。但是，我国古代长城修筑了两千多年，分布在各地，由于所处环境千差万别，受自然和人为因素的影响各异，保存到今天的长城也是各有不同，很多形态出人意料。现在我们对长城的认识，不外乎通过两种途径：一是查阅文献记载，二是到现地见到遗迹，舍此便无他途。但能做到这两点的人，毕竟是很少的了。

记载东北地区的长城，最早的是司马迁，他在《史记》中记载战国时期在东北的燕国修筑长城，仅用十一个字“燕亦筑长城，自造阳至襄平”，就写完了几千里长的燕国长城，并且是用两端并非指实的地名来说明其行经地域，今天如何去寻找？就以其东端来看，燕国长城明显是保护其辽东郡的，但他却说长城修“至襄平”。“襄平”是辽东郡的郡治，深居郡内的中心地区，不在边境上，燕国如何能使长城修至襄平城？显然他是以“襄平”指代辽东郡。如此一来，则在地域广阔、辖境遥远的辽东郡，长城的起、迄点何在，其间又经过哪些地方，确实无法从其记载中得知。

从这我们即可看出寻找东北地区长城的机会渺茫，更显示出这种情况的真实和薄弱。长城研究者都有同感：一是文献记载很少，缺乏专章，或有也只是片言只语，多欠详细明确，不知所云，无从着手；二是地域广漠，山川迢遥，不知从何处探寻；三是遗迹颓败，已非原貌，即或相遇，也可能并不认识。因此，即便长城确实存在，也不免有“只在此山中，云深不知处”的喟叹！

东北地区古代长城被认识，是在20世纪40年代，首起于老一辈考古学家、吾师李文信先生。他去内蒙古进行考古调查，听朋友说起当地有“土龙”，觉得那可能是长城，后来他又去赤峰调查，邀当时在凌源工作的佟柱臣先生同往，在英金河畔的村外山间，经过调查，确认过去所说的“土龙”就是长城遗存。从此，在东北“有了”前无人知的我国古代长城。再如金长城，我们对它也是毫无所知。早年王国维先生写过《金界壕考》，但他是用文献材料进行梳理，未至现地调查，究竟是什么情况不得而知，所以他在文中说：“塞外多风沙，以湮塞为患，……今其遗迹虽湮没，而见于载籍者，尚可参稽而得其概略。”

他又说："非经目验，固有不能遽信者。"[①]可见王国维先生也深知实地考古调查的必要性。其后在20世纪40年代，李文信先生在内蒙古进行考古调查，步履金长城，后来写出《金临潢路界壕边堡址》鸿篇，这是关于金长城考古调查的第一篇报告[②]，它使学术界知道了金长城并未湮灭，还有遗迹可寻。由此人们逐渐知道，经过考古调查，是可以发现不同时期的长城遗址的，从而认识了东北地区的古代长城。

我国北方各省、自治区，在中华人民共和国成立之后的20世纪50年代，陆续开始在各地开展了大规模的考古调查和发掘工作，在其发现的各种遗迹里，也包括了各地区不同时代的长城在内。

笔者从1954年开始从事文物考古工作后，先是从文献中知道了长城，随着野外工作的开展，陆续接触到长城。无论是在高山，还是在原野，苍穹之下，只要看到一道长城远去，无尽地延伸，都令人感到振奋！不仅因为其辽远让人产生遐想，而且每次看到它的时候，都是一种新发现，都是过去的书中所未记载过的，也是外界所不知道的！因为这个发现是重要的，它将填补历史之空白，所以焉有不兴奋之理？

在笔者从事文物考古工作至今六十多年的时间里，虽然专业范围的内容很多，长城只是一部分，但是笔者很关注它，很想多了解一些地上保存下来或好或残的长城遗存，将它们记录下来，以补于史。早些年，许多时候笔者是在有意或无意间遇到长城，但地域广泛，差不多北方各省、自治区都有涉及，随时做了相应的记录。不过，真正对长城做有安排的系统了解在时间上来说是不多的，如果说有，那也是在比较晚近的一些年。如果说笔者最集中了解长城的时候，那是经国家文物局批准，由笔者任领队，用九年时间，先后主持发掘了辽宁省绥中县九江河上的明九门口长城遗址、宽甸县虎山明万里长城东端起点遗址。这两处经考古发掘的长城遗址都依据其地下遗迹进行了修复，现在这两处长城都成为当地的著名景区，促进了当地的经济发展，而且它们都成为国家重点文物保护单位，其中九门口长城还被联合国教科文组织列入《世界文化遗产名录》中——这是特别值得记述的。另外，在退休后的二十多年里，因为没有其他工作负担，又由于研究的需要，笔者也用了几年时间，对许多地方的长城进行了调查。总之，几十年来，笔者关于长城的野外调查资料逐渐积累起来，最终形成今天这样的成果。

在此应当说明一点，那就是本书收录的这些长城资料，都是笔者亲自调查过的，没有去过现地、没见过长城实物、没拍摄过长城照片的，笔者就没有收入本书。因此，有两个问题：一个是笔者早年调查过许多地方的长城，但现在笔者手中没有了它们的照片，依本书所定的以照片记录为准、用照片的形式保存长城的原则，它们虽经笔者调查，但

① 王国维：《金界壕考》，《燕京学报》第1期，民国十六年（1927）6月版。
② 李文信：《金临潢路界壕边堡址》，《辽海引年集》，北京：北京和记印书馆1947年7月版。

无照片，也就无法写入，遂成一定遗憾。不过笔者也做了一些补救工作，就是如笔者前面所说，在退休之后的二十多年时间里，由于各种缘由，笔者调查了许多地方的长城，其中有过去曾经去过的，也有过去没去过的新地方，这让笔者补充了大量的照片，内容也充实不少。另一个是东北地区的各时代长城，虽然笔者都曾亲履其地，依次走过，但也未能做到从头至尾一步不落地全部调查，因此书中所写，都是笔者亲自调查过的，有的是其中的一些线段。这是要说明的。但笔者调查长城之后的一些心得体会，则是笔者看过长城之后产生的感想，有所发现，有所思索，结论或与以前的说法不同，或提出自己的新见解，都是笔者在实地进行调查之后产生的认识。

本书上卷是记录笔者调查的东北历代长城，以文字作些说明，其中也记录了长城遗迹是怎样被发现的，发现一些遗迹后为什么确定它们是长城遗迹，笔者是怎样判断的。因本书上卷是关于东北历代长城调查的，所以笔者除了用文字记录调查长城发现的情况外，主要是以照片的形式记录长城遗迹的状况，不管它们现在保存下来的是什么形态，都能让人更直观地看到长城遗迹，从而认识长城、了解长城。除此之外，笔者还认识到，在野外的长城无论怎样保护，都在不同的原因下改变面貌，随着时光消逝，它们将逐渐颓残，甚或消失不存。因此，今天笔者用大量的照片，尽可能多地存留一些直观材料，以保存历史。其实这样做，也是为保护长城做一些文献的传承工作，使人们在未来的时间里，仍能看到长城在历史上的这个时间，其存在的状态是什么样子，让其成为一个时代的标示物。

根据传统的历史记载和人们的认知习惯，本书在对长城进行记述的地域次序上，遵从约定俗成规则，也为方便读者阅读。其记述，因《史记》称“燕亦筑长城，自造阳至襄平”，故战国、秦、汉长城等早期长城，皆自西而东依次记述；《明史》谓“终明之世，边防甚重。东起鸭绿，西抵嘉峪，绵亘万里，分地守御”，则明代长城即以此为次第自东而西记述；其他各代长城，或南北或东西，均按史书记载的长城走向依次记述。因此，尽管笔者当年调查的时间早晚与地域先后与此有差异，但现在整理材料时一律按此更改过来，以省眉目。

东北地区的长城分布面广，年代从战国时期到明代，各个时期都有，范围几乎涵盖了东北全域，在国内大概没有一个地区可以与之相比（其分布详情参见第1395页～1418页本卷附录各图）。经过调查，各时期长城都有发现，尤其是早期战国燕、秦、汉、西晋长城，历史文献记载很少，全系考古发现所知，因此非常重要。在东北地区西南部，发现有三道早期长城，其距离不等，约略平行延伸，并各有特点，形成南、中、北三道长城。以前对此三道长城，在年代上未做区分，只约略言之，使人无法确知这些长城到底属于何代。对此，本书即根据发现这三道长城的情况，分章进行记述，对其加以考证，以明原委，以后各章即按朝代先后，依次分别进行记述。

# 第一章
# 西部中线长城——燕北内长城（前汉武帝长城）考古调查发现

在东北地区的西南部，包括今河北省东北部（承德市）、内蒙古自治区东南部（赤峰市）、辽宁省西南部（朝阳市、阜新市），经多年考古调查人们发现，有三道早期长城并存（见第1395页的图1–附录–1和第1399页图1–附录–5），即南面一道、中间一道、北边一道，它们屈曲并行，看来并非为同一时代所修筑，其中有的可能为某一时代所修筑，也有的系其后不同时代沿用，由于时空关系，其经行线路比较复杂，很难说清楚情况。如何认识它们，是需要根据调查发现结果进行深入研究加以区分的。

考古调查发现，当两道长城由西向东分别进入辽宁阜新东部地区以后，合并到一起，成为一道长城，从今辽宁阜新东部开始，经沈阳、铁岭、抚顺，延伸到本溪、丹东地区，遗迹明显。在这些地方，并无西部多道长城并存的情况，考古调查未见有不同线路存在，说明在这些地方当是不同时期共用一道长城的。因此，在这些地方，调查发现一处长城遗迹，即是几个时代共用的长城遗迹，由于其被沿用而无法分离，只能在一起说明其分布、走向与时代。故本书在东北历代长城考古调查发现的叙述上，即根据考古调查发现，斟酌情况，各朝代长城的考古调查发现，分别独立章节予以叙述，而不同时代共用的一道长城，则以考古调查所见情况一起进行记述。对于这些长城的考古调查发现，在其时代研究部分相应说明其应属之时代。

西部中线长城，就是东北地区西南部三道长城中的中间一道，位于南、北两道长城的中间，其遗迹/遗存分别发现于今河北省、内蒙古自治区和辽宁省，它们相互衔接，成东西一线，是一道时代较早的长城。

下面以考古调查发现情况依次说明这道长城的行经线路。

## 一、西部中线长城考古调查发现

此道西部中线长城，西面自今河北省东来，在承德市丰宁县森吉图乡向东延伸，进入围场县，经夹皮川乡的边墙村东去，进入今内蒙古自治区喀喇沁旗。

在今内蒙古自治区，它进入喀喇沁旗后，即从十家满族乡起，经楼子店乡，进入赤峰市元宝山区，经小五家回族乡、山前乡（今山前镇）至美丽河镇，在冷水塘村向东北延伸，横过老哈河，进入今辽宁省建平县。

在今辽宁省，此道长城自西向东跨过老哈河进入建平县后，即从老官地乡（今老官地镇）太平庄屯起，一直向东去，经老官地乡、烧锅营子乡至二十家子乡（今北二十家子回族镇），最后在程家沟村出境，进入今内蒙古自治区敖汉旗。

在今内蒙古自治区，此道长城进入敖汉旗后，由四德堂乡向东延伸，经新惠镇、新地乡、丰收乡、克力代乡、贝子府乡到王家营子乡，之后在不远处中断，向东南方去。经调查发现，它是进入了今辽宁省北票市境内，与北票市经考古调查发现的长城相接。

在今辽宁省，进入北票市的这道长城从北塔乡（今北塔镇）起，向东南延伸，经台吉营镇六合城村，抵牤牛河西岸，过河后进入阜新县。在阜新县，此道长城基本向东北延伸，经化石戈乡、大五家子乡、红帽子乡、平安地乡到哈达户稍乡，在满汉营子村，后来修筑的燕北外长城与其会合，本道长城由此进入彰武县。在彰武县，此道长城经四堡子乡、满堂红乡、丰田乡、双庙乡、彰武镇、二道河子乡、东六家子乡，进入沈阳市法库县。

这道长城的走向情况，在三省区衔接较好，基本都有遗迹可见（见第 1395 页图 1–附录 –1）。下面将各地考古调查的发现情况与年代辨析分别记述。

## （一）西部中线长城在河北省围场县的考古调查发现

在河北省东北部发现的中间这道长城：“发现于围场县之边墙村，……在村南顺山势横跨西路嘎河，呈东南、西北走向，蜿蜒于山岭之间，以石为基，土筑，东面依去向推定可能与昭盟赤峰南之燕北长城（冯按：即今赤峰市原昭乌达盟之第二道长城‘赤南长城’）相连。”①

## （二）西部中线长城在内蒙古自治区喀喇沁旗和赤峰市元宝山区的考古调查发现

在内蒙古自治区喀喇沁旗这道长城的调查发现情况是：西接河北省围场县长城，“在本（喀喇沁）旗十家满族乡姜家湾村东，始见明显遗迹，东行经槟榔沟、上烧锅村、半截沟，再东行经刘家店村东伸入赤峰市元宝山区境内，全长约二十一公里。墙体有用土夯筑和石块垒砌两种，残宽三至六米，高零点二至一点五米”。然后它“西自喀喇沁旗楼子店

① 郑绍宗：《河北省战国、秦、汉时期古长城和城障遗址》，《中国长城遗迹调查报告集》，北京：文物出版社 1981 年 2 月版。

乡进入本（元宝山）区小五家乡，向东北伸延，经上窑沟村北，再经山前镇砖瓦窑村北，美丽河镇朝阳沟村北、冷水塘村，向东北伸入辽宁省建平县境内，全长约三十公里。长城有夯筑土墙和石块砌墙两种，残基宽三至六米，高零点三至二米”①。

## （三）西部中线长城在辽宁省建平县的考古调查发现

这道长城由今内蒙古自治区赤峰市东境越过老哈河，即进入今辽宁省朝阳市建平县。建平县的北部是山地，有较高的大山东西横亘，成为屏障，这道长城进入建平县境后，即在大山的南坡或其附近的丘陵或较低矮的山岗顶部延伸，有土筑城墙，也有石砌城墙。在长城于建平县境西部越过蹦河后，东去，即进入今内蒙古自治区敖汉旗，东行，复入今辽宁省（见第 1397 页图 1– 附录 –3）。

这道长城横越老哈河进入今辽宁省后，在建平县北部山间东西通过，其情况是：长城由今赤峰市美丽河镇黑山头北梁向东延伸，越过老哈河，进入今建平县老官地镇太平庄屯南（图 1–1–1、图 1–1–2），经热水村马家湾子（下湾子）屯（图 1–1–3 ~ 图 1–1–10），在山岗上屈曲东去，在嘎岔沟与三道沟两村之间的山岭上通过（图 1–1–11 ~ 图 1–1–15），然后东去，经上羊草沟屯北山、梨树沟屯东山梁，折向东北，经小黄杖子村（图 1–1–16），随山势蜿蜒延伸，进入烧锅营子乡，经霍家沟、姜家沟，转向东去，经封山、下霍家地（图 1–1–17 ~ 图 1–1–22）、张家湾（菜园子）、王家店（图 1–1–23）、蛤蟆沟塪（图 1–1–24 ~ 图 1–1–49）等村屯，进入北二十家子镇，又东去，经九间房、蓝旗营子、小陶窝铺，至小五家子村，过蹦河。蹦河两岸虽然也属丘陵，但地势较平，长城到了这里，又和修筑在高山深谷中不同，其势如一道长墙，径直东去，经北洼、小四家子（下城子）、王苏地等村，至程家沟村后，便出了建平县境。

这段长城，自笔者 1956 年调查过部分地区的遗迹后，已匆匆过去六十多年，在此后的时间里，笔者多次来建平县调查过各处的长城，每次都拍摄过照片，每次所见长城都有变化，故本书选择笔者前后不同时间拍的照片，以记录不同时期长城的风貌。

① 项春松：《昭乌达盟燕秦长城遗址调查报告》，《中国长城遗迹调查报告集》，北京：文物出版社 1981 年 2 月版。

图 1-1-1　建平县老官地镇太平庄屯东南敖包山上的烽燧址

图 1-1-2　建平县老官地镇太平庄屯东南敖包山上的烽燧址

图 1-1-3　建平县老官地镇热水村马家湾子屯山上的西部中线长城遗迹

图 1-1-4　建平县老官地镇热水村马家湾子屯山上的西部中线长城遗迹

图 1-1-5　建平县老官地镇热水村马家湾子屯山上的西部中线长城遗迹

图 1-1-6　建平县老官地镇热水村马家湾子屯山上的西部中线长城遗迹

图 1-1-7　建平县老官地镇热水村马家湾子屯山上的西部中线长城遗迹

图 1-1-8　建平县老官地镇热水村马家湾子屯山上西部中线长城遗迹的一般状态

图 1-1-9　建平县老官地镇热水村马家湾子屯山上的西部中线长城遗迹：现在仅能在地表上见到还算明显的散乱石块遗迹

图 1-1-10　建平县老官地镇热水村马家湾子屯北 2 里的长城瞭望台遗存

图 1-1-11　建平县老官地镇嘎岔沟村山上的西部中线长城遗迹

图 1-1-12　建平县老官地镇嘎岔沟村山上的西部中线长城遗迹

图 1-1-13　建平县老官地镇嘎岔沟村山上的西部中线长城遗迹

图 1-1-14　在建平县老官地镇嘎岔沟村山上，考古工作者沿西部中线长城遗迹走上山顶

图 1-1-15　建平县老官地镇嘎岔沟村北山梁上的西部中线长城遗迹

图 1-1-16　建平县老官地镇小黄杖子村平顶山上的西部中线长城遗迹

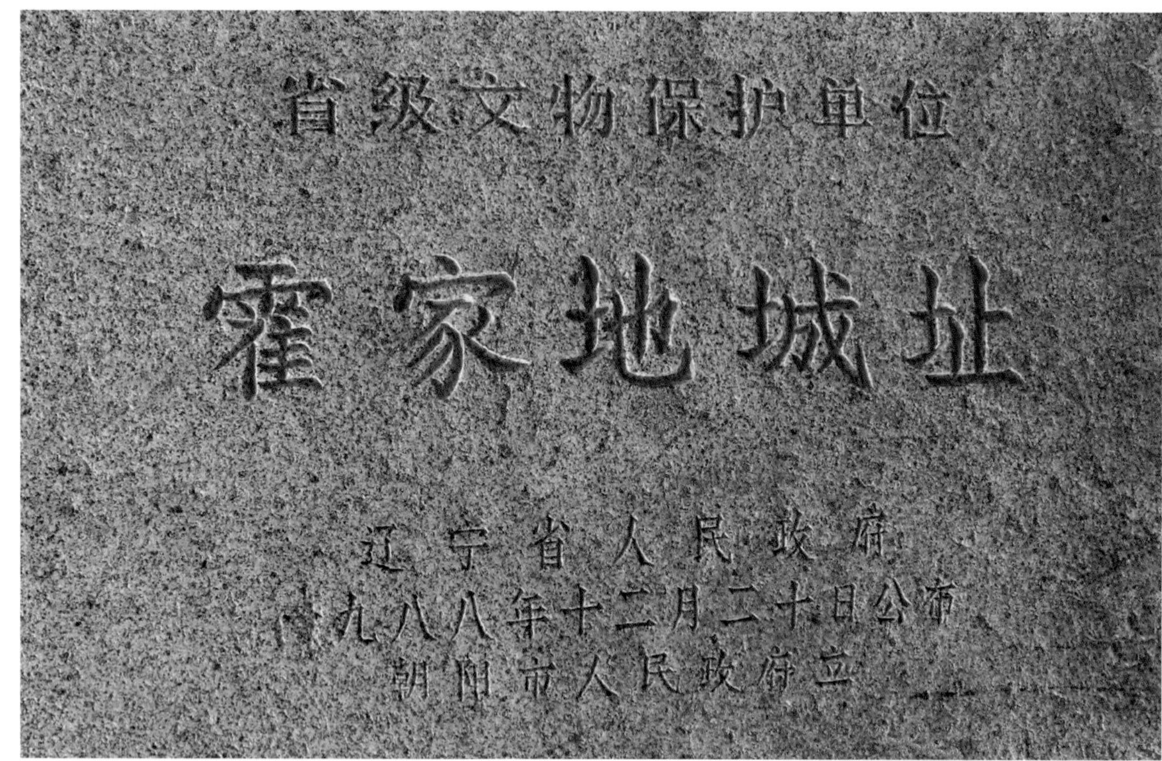


图 1-1-17　建平县烧锅营子乡下霍家地屯南山下的西部中线长城附壁城址文物保护单位标志碑

图 1-1-18　在建平县烧锅营子乡下霍家地屯南的西部中线长城接壁城址远望（自北向南拍摄）

图 1-1-19　建平县烧锅营子乡下霍家地屯南的西部中线长城接壁城址（自北向南拍摄）

图 1-1-20　建平县烧锅营子乡下霍家地屯南的西部中线长城接壁城址南城墙遗存（自东向西拍摄）

图 1-1-21　建平县烧锅营子乡下霍家地屯南的西部中线长城接壁城址南城墙遗存近照（自东向西拍摄）

图 1-1-22　建平县烧锅营子乡下霍家地屯南的西部中线长城接壁城址南城墙遗存的保存状况（自北向南拍摄）

图 1-1-23　建平县烧锅营子乡王家店村东山（碾盘山）上的西部中线长城遗迹

图 1-1-24　建平县烧锅营子乡化匠沟村蛤蟆沟垴屯北山上的西部中线长城遗迹

图 1-1-25　建平县烧锅营子乡化匠沟村蛤蟆沟垴屯北山上的西部中线长城遗迹

图 1-1-26　考古工作者对建平县烧锅营子乡化匠沟村蛤蟆沟垴屯北山上的西部中线长城遗迹进行考古调查

图 1-1-27　考古工作者对建平县烧锅营子乡化匠沟村蛤蟆沟垴屯北山上的西部中线长城遗迹进行考古调查

图 1-1-28　考古工作者对建平县烧锅营子乡化匠沟村蛤蟆沟垴屯北山上的西部中线长城遗迹进行测量

图 1-1-29　建平县烧锅营子乡化匠沟村蛤蟆沟堖屯北山上的西部中线长城遗迹保存状况（存高一点四米）

图 1-1-30 建平县烧锅营子乡化匠沟村蛤蟆沟坳屯北山上的西部中线长城前墙体构造的保存状况

图 1-1-31　建平县烧锅营子乡化匠沟村蛤蟆沟城屯北山上西部中线长城遗迹的分布走向

图 1-1-32 建平县烧锅营子乡化匠沟村蛤蟆沟垴屯北山上的西部中线长城遗迹直上远处山峰

图 1-1-33　建平县烧锅营子乡化匠沟村蛤蟆沟垴屯北山上的西部中线长城遗迹蜿蜒在山顶

图 1-1-34　考古工作者对建平县烧锅营子乡化匠沟村蛤蟆沟垴屯北山上的西部中线长城遗迹西段进行考古调查

图 1-1-35　建平县烧锅营子乡化匠沟村蛤蟆沟垴屯北山上的西部中线长城遗迹西段

图 1-1-36　建平县烧锅营子乡化匠沟村蛤蟆沟埫屯北山上的西部中线长城遗迹

图 1-1-37　建平县烧锅营子乡化匠沟村蛤蟆沟坳屯北山上的西部中线长城遗迹在山岗顶部向远方延伸

图 1-1-38　建平县烧锅营子乡化匠沟村蛤蟆沟垴屯北山上的西部中线长城遗迹西段

图 1-1-39　建平县烧锅营子乡化匠沟村蛤蟆沟垴屯北山上的西部中线长城遗迹西段

图 1-1-40　在建平县烧锅营子乡化匠沟村蛤蟆沟堖屯北山上的西部中线长城遗迹中段（远望）

图 1-1-41　建平县烧锅营子乡化匠沟村蛤蟆沟堖屯北山上的西部中线长城遗迹中段东端北面

图 1-1-42　建平县烧锅营子乡化匠沟村蛤蟆沟塄屯北山上的西部中线长城遗迹中段北面城墙结构保存状况

图 1-1-43　建平县烧锅营子乡化匠沟村蛤蟆沟坳屯北山上的西部中线长城遗迹中段南面城墙走向

图 1-1-44　建平县烧锅营子乡化匠沟村蛤蟆沟垴屯北山上的西部中线长城遗迹状况

图 1-1-45　建平县烧锅营子乡化匠沟村蛤蟆沟垴屯北山上随山势转弯的西部中线长城遗迹中段

图 1-1-46 建平县烧锅营子乡化匠沟村蛤蟆沟坳屯北山上的西部中线长城遗迹东段

图 1-1-47　考古工作者对建平县烧锅营子乡化匠沟村蛤蟆沟垴屯北山上的西部中线长城遗迹东段进行考古调查

图 1-1-48　建平县烧锅营子乡化匠沟村蛤蟆沟垴屯北山上的西部中线长城墙体遗迹保持原建宽度

图 1-1-49　建平县烧锅营子乡化匠沟村蛤蟆沟垴屯北山上的西部中线长城墙体遗迹的现存高度

## （四）西部中线长城在内蒙古自治区敖汉旗的考古调查发现

这道长城出今辽宁省建平县境后，延伸于今内蒙古自治区敖汉旗，其情况是：“西自辽宁省建平县二十家子村进入本（敖汉）旗四德堂乡境内，向东经新惠乡（今新惠镇）陈家沟村（图 1-1-50 ~ 图 1-1-56）、新地乡、丰收乡陈杖子村（图 1-1-57 ~ 图 1-1-68）、克力代乡、贝子府镇，再东经王家营子乡十二连山、石砬子山，至石灰窑子村东山中断，全长约一百公里。东南方与辽宁省北票市北部的长城遥接。长城有石块砌墙和夯土筑墙两种，石块砌墙残基宽三至四米，高零点五至二米。”[①]

图 1-1-50　内蒙古自治区敖汉旗新惠镇陈家沟村的燕长城遗址文物保护单位标志碑

① 国家文物局主编：《中国文物地图集 • 内蒙古自治区分册》下册，西安：西安地图出版社 2003 年 11 月版，第 400 页。

图 1-1-51　内蒙古自治区敖汉旗新惠镇陈家沟村段西部中线长城遗迹

图 1-1-52　内蒙古自治区敖汉旗新惠镇陈家沟村山坡上的西部中线长城遗迹

图 1-1-53　内蒙古自治区敖汉旗新惠镇陈家沟村山坡上滚落的长城墙体石块

图 1-1-54　内蒙古自治区敖汉旗新惠镇陈家沟村掩埋在草丛中的西部中线长城遗迹

图 1-1-55　内蒙古自治区敖汉旗新惠镇陈家沟村段西部中线长城墙体基部结构遗存

图 1-1-56　内蒙古自治区敖汉旗新惠镇陈家沟村西部中线长城遗存在山顶的走向

图 1-1-57　内蒙古自治区敖汉旗丰收乡陈杖子村山下平地段西部中线长城遗存( 自北向南拍摄 )

图 1-1-58　内蒙古自治区敖汉旗丰收乡陈杖子村的西部中线长城遗存（山下平地向北上山段）（自南向北拍摄）

图 1-1-59　内蒙古自治区敖汉旗丰收乡陈杖子村北山上的西部中线长城遗存（南段）

图 1-1-60　内蒙古自治区敖汉旗丰收乡陈杖子村北山上的西部中线长城遗存走向

图 1-1-61　内蒙古自治区敖汉旗丰收乡陈杖子村北山上的西部中线长城南段城墙遗存

图 1-1-62　内蒙古自治区敖汉旗丰收乡陈杖子村北山上的西部中线长城南段墙基遗存状况

图 1-1-63　内蒙古自治区敖汉旗丰收乡陈杖子村北山上的西部中线长城中段遗存

图 1-1-64　内蒙古自治区敖汉旗丰收乡陈杖子村北山上的西部中线长城遗存（自南向北拍摄）

图 1-1-65　内蒙古自治区敖汉旗丰收乡陈杖子村北山上的西部中线长城遗存（自北向南拍摄）

图 1-1-66　内蒙古自治区敖汉旗丰收乡陈杖子村北山上的西部中线长城中段遗存

图 1-1-67 内蒙古自治区敖汉旗丰收乡陈杖子村北第二岗顶部的西部中线长城遗存

图 1-1-68　内蒙古自治区敖汉旗丰收乡陈杖子村北西部中线长城墙底砌石结构遗存

## （五）西部中线长城在辽宁省北票市的考古调查发现

进入今辽宁省北票市的长城，过去虽有调查，但没有详细的调查报告，不知其具体走向。自 1998 年以来，笔者对其做了一些调查工作，经过几年的实地调查，收获很大，有些地区过去不知道的长城也被发现了。

下面，笔者再稍为详细地说明一下自己调查所发现的长城的情况（其分布情况见第 1398 页图 1– 附录 –4）。

北票市境内的这道长城，北面对应的是今内蒙古敖汉旗宝国吐乡范杖子村。在北票市，我们先到北塔乡（今北塔镇）房身村干沟子屯，其屯北是北大河。此河有二源，俱发源于内蒙古敖汉旗境内：南源在石头井子，因此叫石头井子河；北源在宝国吐，因此叫宝国吐河。二河在干沟子屯北汇合，当地人称之为北河，也叫北大河，它向东南流至北票市黑城子，就称黑城子河。它是一条季节性河流，河宽达二里，夏季降雨，水量很大，枯水期河道很窄，水流很小，甚至河中无水。考虑到内蒙古敖汉旗调查发现的长城位置，我们在北票寻找长城时，即从北大河的南岸起，由此向南去。在几经了解情况后，长城终于被我们发现了：在干沟子屯外的平地上向南去，这里的土质为黄沙土，很松软，因此长城颓坍较为严重，但可看出遗迹。城墙为土筑，坍宽存有七米，残高零点五米（图 1–1–69、图 1–1–70）。在城墙西面有一座烽燧址，坍后直径存有十米，存高零点七米（图 1–1–71）。其南又有一座城址，其东城墙因修水渠已被毁，门开辟在南墙中间，城址内两墙相距七十五米（图 1–1–72）。干沟子村在北大河南岸一里处，长城之西，由此向南去约二里，至赵家店屯。

赵家店屯属北塔乡（今北塔镇）房身村，在长城东面。至此，长城的遗迹更加明显。但在调查时，我们在屯南长城坍塌形成的土岗上，看到埋有多座起有很高封土的现代坟墓，十分刺眼，于是就进一步访问村民，问其埋坟的原因。村民们说："这是什么长城我们不知道，我们叫它'沙土龙'，它是老的，是很早就有的，现在没那么明显了。它是风水线，坟埋在它上边，子孙发达，家庭能走好运！"（图 1–1–73）原来他们是这样认识长城的——龙脉！这种话，笔者在别处调查长城时也曾听到过，因此知道他们所说实际上指的就是长城。此处长城在屯西侧通过（图 1–1–74），附近还有一座烽燧址（图 1–1–75）。

长城过赵家店屯后，又二里许至古山子。古山子是当地的一座土丘，我们调查时经过观察，发现它原是一处夏家店下层文化遗址，文化层厚达五米，但当地人以这里的土与别处的土不同，称之为"磷灰土"，就拉此土去积肥，将土丘毁去，现只残存边缘部分。古山子的南面是二龙畜川，它是一条季节性河流，河道宽约一里，当时河中也无水。二龙畜川南岸二里余就是北塔子乡政府驻地翟家营子村。长城由古山子北边向东去，在一个不甚高的山岗北坡上延伸。此山岗经过近年治理，栽有松树，长城处在松林间（图 1–1–76）。

图 1-1-69　北票市北塔镇房身村干沟子屯西部中线长城遗迹

图 1-1-70　北票市北塔镇房身村干沟子屯的西部中线长城遗迹

图 1-1-71　北票市北塔镇房身村干沟子屯的西部中线长城烽燧址

图 1-1-72　北票市北塔镇房身村干沟子屯的西部中线长城城址

图 1-1-73　北票市北塔镇房身村赵家店屯的西部中线长城遗迹

图 1-1-74　北票市北塔镇房身村赵家店屯西的西部中线长城遗迹

图 1-1-75　北票市北塔镇房身村赵家店屯的西部中线长城烽燧址

图 1-1-76　考古工作者在北票市北塔镇房身村树林中寻找长城遗迹

长城由古山子屯东去，至姜家营子屯，该屯在北塔乡（今北塔镇）政府驻地台吉营子村之西二里许。在屯南约二里的小南山的北坡上，长城继续东去，保存较好，坍宽八米，存高一点五米（图 1-1-77）。长城向东经过一漫岗，向另一座小山岗延伸，然后转向东北，延伸到山岗北端（图 1-1-78 ~ 图 1-1-80）。山岗下是田地，长城不见。这是由于在耕种之中，地表被平整所导致。经过田地，我们爬上小东山去调查。在小东山山脚下有一个土石堆，在平整的土地上非常明显，是人工所为。我们询问当地村民，他们说："这个土堆不知什么人修的，从来就有，现在没人管，我们把它叫作敖包，因此这个山也叫敖包山。"我们登上敖包山顶，发现这又是一处夏家店下层文化遗址，它将山顶做成两级，地面上的遗物很丰富。

从姜家营子屯又向东去，至广富营子村，它属于北塔乡。我们在广富营子村西发现一处遗址，主要为夏家店下层文化遗物，也发现前汉三翼式铜镞，它们应与长城有关，还有铜镜等。在广富营子村东有一座名为"黑大山"的较高的山，因其比附近的山颜色偏黑，故名，系石质原因造成。长城延伸至此山后，从其南坡上山，城墙为石砌，现已颓圮，石块散落，因山坡较陡峭，滚至山下者甚多，被村民拿去建宅院使用，现山上有一条颓坍的石墙遗迹，仍较明显（图 1-1-81）。长城从黑大山南坡直上山顶（图 1-1-82、图 1-1-83），然后从黑大山东北面山坡下山。此山坡较长，石墙保存较好，宽两米，两侧用大石块砌出整齐墙面，中间填较小石块。至山脚，石墙不见。

图 1-1-77　北票市北塔镇房身村姜家营子屯南山上的西部中线长城遗迹

图 1-1-78　北票市北塔镇房身村姜家营子屯南山上的西部中线长城遗迹

图 1-1-79　北票市北塔镇房身村姜家营子屯南山上的西部中线长城遗迹

图 1-1-80　北票市北塔镇房身村姜家营子屯南山上的西部中线长城遗迹

图 1-1-81　北票市北塔镇广富营子村黑大山上的西部中线长城遗迹

图 1-1-82　北票市北塔镇广富营子村黑大山上的西部中线长城遗迹

图 1-1-83　北票市北塔镇广富营子村黑大山上的西部中线长城遗迹

长城下黑大山后，东去，进入台吉营乡生金沟村赵户沟屯。长城由黑大山的东面向前延伸，从该山的东北面下山坡后，过一个山水沟，在一个山坡上延伸。该山坡上挖了很多“育林坑”，长城在育林坑间通过（图 1–1–84）。在赵户沟屯西的山岗上，长城遗迹仍清晰可见（图 1–1–85），下山岗后不见。北望是大汉沟屯，相距约二里。然后长城又东去，此时在耕地中接着的是一条黑色土线，宽五米（图 1–1–86）。转弯向南去，黑土线向东面的又一个小山包延伸（图 1–1–87），再向东是赵户沟屯。

长城从山岗下的赵户沟屯中通过，由该屯再向东去，延伸到一条南北向的宽大山水沟的西侧。在此条大沟的东侧，是北洼屯。

北洼屯属于台吉营乡生金沟村，为村委会驻地。在屯西的这条南北向的宽大山水沟的北面是高山，山的南面是很长的小坡度平缓坡地，水是从此山坡上流下来的。沟被冲得很宽，有二百余米，沟深可达五米，沟底平坦，有南北通行的农村车道，也是沟两边的村民外出的道路。当地人称此沟为“大北沟”。东西走向的长城延伸至此，被南北向的大北沟截断，但在其西侧的崖壁上，留下了断面遗迹（图 1–1–88）。当年修筑长城是在北侧挖沟取土、在沟的南沿上叠土筑墙，现在我们所见的是长城墙体及其北侧深沟的遗迹断面，它们清晰地显示在沟崖上：沟已被填平，城墙颓倒落入的土和从北面山坡上流下来的雨水冲入沟中的泥土在其中形成淤土层（图 1–1–89），迹象都十分明显，由此我们可确知古代长城的建造方法和结构。此长城所挖的深沟，现存上口宽十一点五米，平底，深三点一米（图 1–1–90）。在取土筑长城所挖的沟中，南侧有城墙颓倒落入的五花土，北半部则是其后形成的淤土层，层次分明（图 1–1–91）。由此可知，我们在此处看到的是长城城墙外深沟的断面：当年修筑长城时，就地取材，于外侧挖沟取土，在内侧叠土成墙，这样既省工省力省时间，又由于深沟和高墙的落差，提高了城墙的防御效果，能更加有效地阻止进攻人马的跨越。

我们调查长城时在地面上遇到的黑土线，就是修筑长城时取土形成的沟被雨水冲入的黑色腐殖土填平后留下的现象，当地村民称其为“黑土龙”或“黑地龙”。了解此情况后，就更容易理解我们在调查长城时遇到当地人所称的这种“黑地龙”（黑土线），一般就确认它是长城遗迹的原因了。

长城过北大沟后，斜向东北行，过一片低矮的坡地，延伸至生金沟村陈家沟屯正北二里余处，因其东面是山，又有一条略呈东西走向的山水沟——当地人称之为“大陈家沟”，修筑长城所挖的沟又在它南、北两侧的沟壁上清楚地显现出来，不过它的宽、深均不及大北沟，因其所处山坡上水土流失严重，地面上的表土层被冲刷较重，此处剩下的是长城的底部，所以其沟显得小些。从所存部分看，沟宽两米，深一米。

图 1-1-84　北票市台吉营乡生金沟村赵户沟屯西山岗上的西部中线长城遗迹

图 1-1-85　北票市台吉营乡金沟村赵户沟屯西山岗上的西部中线长城遗迹

图 1-1-86　北票市台吉营乡金沟村赵户沟屯西的西部中线长城黑土线遗迹

图 1-1-87　北票市台吉营乡金沟村赵户沟屯西的西部中线长城黑土线遗迹

图 1-1-88　在北票市台吉营乡生金沟村北洼屯西，考古工作者观察南北向的大北沟西侧断崖上露出的东西走向长城取土深沟被流入沟中的淤土填平的断面情况

图 1-1-89　北票市台吉营乡生金沟村北洼屯北山南坡下大北沟西侧断崖上露出的长城外侧深沟被淤平的断面

图 1-1-90　北票市台吉营乡生金沟村北洼屯北山南坡下大北沟西侧断崖上露出的长城外侧深沟被淤平的断面

图 1-1-91　北票市台吉营乡生金沟村北洼屯北山南坡下大北沟西侧断崖上露出的长城外侧深沟被淤平断面中的淤土层

过此沟后，仍是山坡，上面长满松树，当地人称其为“松树山”，长城在松树林中延伸。出松树林后，东面是一个浑圆如馒头的山岗，岗顶甚平，在其北端有一石堆，石块较大，基部为人工砌筑，四周散落很多同样的石块，在此下望，可见数十里——这是一个石砌烽燧址。由此东去，是一座南北走向的高山，突兀险峻，南北无法逾越。

过高山后，东面是台吉营乡政府驻地台吉营村。在其西北十里，即大山东侧，有一个低矮的山岗，当地人称之为磨盘山，其南面是台吉营村他拉皋屯，北面为红山嘴村。在磨盘山东面有一条耕种和上山用的东西向车道，长城就在此车道的南面与之并行，其西端在山下距车道十米，东端距车道三十米。在长城的南面，有两座相距很近的土筑烽燧址：一座因耕种已被平毁，仅残存基部在原处（图 1–1–92）；另一座土筑烽燧址为圆形，直径十米，存高零点八米（图 1–1–93）。由此往东去是农田，因为早已耕种，地面平整，所以长城的遗迹为黑土线，十分明显（图 1–1–94、图 1–1–95）。长城继续向东南方延伸（图 1–1–96），经过农田和一个山楂园后，仍向东南方去，由屯中穿过宝善堂屯，出屯后又向南行，经六家子屯，向南至原二合城屯。因二合城屯农户都已迁至其北面的六家子屯，该屯所在处现已改为农田。

长城由此又南去，至生金窝堡屯，由屯西向东南延伸，到五合兴屯（图 1–1–97、图 1–1–98），穿屯而过，过五合兴屯至四合城屯之间的乡路，延伸到四合城屯，在该屯南面向东南方延伸至陈家窝堡屯南（图 1–1–99 ~ 图 1–1–101）。由二合城屯至四合城屯间，长城为黑土线。四合城屯因在其东北部有一座辽代城址而得名。此城址过去不为人知，是我们这次调查长城时发现的，笔者随即作了记录。

在四合城屯至陈家窝堡屯之间，仍是丘陵岗地，现在也均为农田，此段长城保存较好，虽然城墙两侧均已被耕种，但长城墙体犹存，上面长满野草，只不过由于多年耕种，地垄都在侵蚀长城墙体，使其逐渐缩小（图 1–1–102）。

当长城从四合城屯延伸至陈家窝堡屯南时，墙体上出现一座城址。它北距陈家窝堡屯西南二里，平面为横长五边形，形制为：北城墙长九十八米；西城墙近中间有折角，呈两段城墙，直墙长三十米，斜墙长二十米，总长五十米；南城墙为直壁，但受西城墙折角影响，长为八十四米；东城墙长三十六米。在南城墙内中间近墙处有一方形土台，它向内延出六米，宽十二米，应是城门所在。城址的方向为南偏东二十五度（图 1–1–103、图 1–1–104）。城址东面的长城接筑在东城墙的近北端，城址西面的长城接筑于西城墙的折角处。

在城址西面十八米处、长城的北侧有一座烽燧址，土筑，圆形，直径八点五米，存高零点八米（图 1–1–105）。在城址东面长城之北、陈家窝堡屯东南一里余，有两座烽燧址，东西并列，相距很近，间隔十九米（图 1–1–106），土筑，圆形，西边烽燧址直径十七米，存高一点八米（图 1–1–107）；东边烽燧址直径十米，存高零点六米。

图 1-1-92　北票市台吉营乡台吉营村他拉皋屯西北的西部中线长城烽燧址

图 1-1-93　北票市台吉营乡台吉营村他拉皋屯西北的西部中线长城烽燧址

图 1-1-94　北票市台吉营乡台吉营村他拉皋屯的西部中线长城的黑土线遗迹

图 1-1-95　北票市台吉营乡台吉营村他拉皋屯的西部中线长城的黑土线遗迹

图 1-1-96　在北票市台吉营乡调查长城时，考古工作者们请当地了解长城情况的人介绍其早年所见城墙状况及其后来因耕种被逐年侵蚀的情况

图 1-1-97　北票市台吉营乡四合城村五合兴屯的西部中线长城遗存

图 1-1-98　北票市台吉营乡四合城村五合兴屯的西部中线长城遗存

图 1-1-99　北票市台吉营乡四合城村四合城屯南的西部中线长城遗存

图 1-1-100　北票市台吉营乡四合城村四合城屯的西部中线长城遗存

图 1-1-101　北票市台吉营乡四合城村四合城屯的西部中线长城遗存

图 1-1-102　北票市台吉营乡四合城村四合城屯至陈家窝堡屯南之间的西部中线长城遗存，墙体因多年耕种侵蚀变成低矮细小弯曲的形态

图 1-1-103　北票市台吉营乡四合城村陈家窝堡屯南的西部中线长城遗存与城址

图 1-1-104　考古工作者在北票市台吉营乡四合城村陈家窝堡屯南的西部中线长城城址中进行调查

图 1-1-105　北票市台吉营乡四合城村陈家窝堡屯南的西部中线长城城址北侧的烽燧址

图 1-1-106　北票市台吉营乡四合城村陈家窝堡屯南的两个烽燧址

图 1-1-107　北票市台吉营乡四合城村六合城屯的烽燧址

长城以较好的墙体，在陈家窝堡屯南（图 1–1–108），向东南方的六合城屯延伸（图 1–1–109），在接近六合城屯北边耕种多年的农田中，墙体已无，地面有黑土线。在接近六合城屯牤牛河岸边的城址处，长城墙体因处于山岗上而得以保存，长城接城址西城墙的北端，两者衔接得非常自然（图 1–1–110）。

六合城屯城址，东面紧临牤牛河。此地是丘陵岗地，村庄就处在低矮起伏的丘陵上，在村东北有个山岗，当地人称之为“东山”，城址就建在东山的顶部。经测量，城址平面呈六边形，这使我想到村名“六合城”应是由此而来。城墙北面有一座烽燧址（图 1–1–111）。

城址的情况：南城墙较短，平直，长五十七米；东城墙因地势有两个曲折，构成三段城墙，总长九十一米；北城墙平直，长八十九米；西城墙平直，长九十五米，中间辟有一门。城址的东面是河，西面的山坡较缓，故城门开在西城墙上。城墙总体保存较好，墙体明显，高度不一，如西城墙在山顶西部边缘，城内墙存高一米，外部处于山坡，其高度看起来可达四米，因此北城墙可代表全城的情况，其墙坍宽十三米，存高零点九米。城址内遗物很多，遍地都是，有夹砂红陶和褐陶片、鬲足等，数量最多的是各种灰陶片、汉代陶盆口沿、细泥绳纹灰陶片等，可知此地不仅是一处夏家店下层文化遗址，而且是一座战国时期和汉代的城址。

城址的东边是牤牛河，隔河为阜新县，东望可见化石戈乡的鸡冠山（图 1–1–112）。

## （六）西部中线长城在辽宁省阜新县的考古调查发现

南北流向的牤牛河东岸，与北票市六合城屯长城遗迹相对的是阜新县化石戈乡西老二色村嘎岔沟屯。该屯在化石戈乡的西北，长城在该屯北面。由于岸边险峻，丘陵岗地无人耕种，常年荒置，没有动土，因此长城在岸边还存有墙体遗存，恰与牤牛河西岸六合城屯的长城遗存相对应。牤牛河东岸边的长城为土筑，墙体尚存，虽然颓坍，但仍高高隆起（图 1–1–113）。在牤牛河东岸有一座烽燧址（图 1–1–114）。在长城上发现有铁铤三棱铜镞（图 1–1–115）。

长城离开牤牛河岸向东延伸，越过南北通行的村路后，进入农田中，向东北方延伸到鸡冠山上。在过村路之后这一段在农田中的长城为土筑，因多年耕种，墙体已被犁平，现只在较平整的农田里留下一道十分明显的黑土线，其宽为七米（图 1–1–116）。

由此向东北去四里有一山沟，其屯名为胡头沟，在屯南三里有两个低矮的山包，现已辟为农田，长城即由这两个山包上通过，抵达鸡冠山脚下。这段长城遗迹亦为黑土线。

在鸡冠山西端山坡上，接黑土线长城遗迹的石砌长城沿坡上山，直抵山上石砬处。石砌城墙宽三米，存高零点四米。鸡冠山是一座东西走向的大山，东、西两端的山坡长而平缓，但山顶则岩石裸露，峰如排嶂，陡直壁立，其势如墙。山顶的岩石不仅颜色呈红色，而且其形状也似鸡冠，遂以“鸡冠”命名该山。古人借用这种山势，将长城修建到山峰两端的山坡上，在山顶没有修筑城墙。

在鸡冠山东端，我们调查时于其偏南坡处，可明显看见长城由山下蜿蜒上山，虽然颓残后的墙体的石块被人搬走，但还剩下很明显的微微凸起的土痕（图 1–1–117）。鸡冠山东麓是一条南北走向的山谷，谷底宽阔平坦，谷中有一个小村庄，为西老二色村所属上新秋屯。

在鸡冠山东端山坡的南面，上新秋屯南面山谷的西侧，有一个南北走向的低矮山岗，此岗与鸡冠山并不相连，较为独立。在此山岗上，我们发现有一座城址，其城墙为石砌，沿山岗顶部边缘砌墙，偏近下坡；北城墙保存最好，西城墙次之（图 1–1–118），南城墙与东城墙保存较差（图 1–1–119）。城址平面南北略长，东、西两城墙较直，南、北城墙因山形略有弧度。城址南北长一百零五米，东西宽八十二米，墙宽一米，存高零点八米。在城址内地表散布的遗物很多，有打制石斧、亚腰形石锄，陶片为夹砂红陶——说明它为青铜时代遗址，也有泥质灰陶片——可见此城址汉代也曾沿用。该城址紧临长城，北距鸡冠山东端山坡下的长城城墙仅十五米。在山谷中由上新秋屯向南去，为老二色村。

上新秋屯所在山谷的东面，是一个较低矮的山岗，它向东延伸很长，当地人称其为“长脖梁”。长城由鸡冠山东端下坡，越过上新秋屯所在的山谷后，爬上上新秋屯东侧的长脖梁，然后向东延伸。这一段长城为石砌（图 1–1–120 ~ 图 1–1–123）。长脖梁的顶部较平坦，坡度不甚大，有车道向东通至长脖梁坡下。在长脖梁顶部的车道南边是西老二色村的二队。长城由此再向东延伸，下长脖梁后，是较平缓的大面积山坡，与长脖梁顶部相同，均为耕地，其间的土筑长城已成村间的车道，向下直通到西老二色村的三队。这段山坡长城长有二里余。

从西老二色村三队再向东去，是宽阔的东西向河谷，其间山坡平缓，坡地均为农田，南边较远处也是山岭。长城从西老二色村三队出村后，在农田中延伸，出村二里即老二色屯，再过新立屯后，长城继续向东延伸，至北八里营子村。

在去北八里营子村的途中，在第二条南北向大山水沟的边上，我们发现了更为明显的长城遗迹。此地有化石戈乡至于寺（原称“于喇嘛寺”）镇、东西通行的公路，长城在公路以北一百米处，与公路平行向东延伸（图 1–1–124），过一条南北向的山水沟后，有一座烽燧址，它现在是一个大土堆，呈馒头状，直径十二米，存高两米（图 1–1–125）。又向东去，长城颓坍后形成的土岗虽受耕种影响，但仍很高大，存宽两米，存高一米（图 1–1–126、图 1–1–127）。此段土岗两侧，都系多年耕种的农田，虽然耕种侵及土岗，但始终没有将其全部犁平，这说明此土岗的确是长城墙体遗存（图 1–1–128、图 1–1–129）。当地农民有逐渐开荒的习惯，对早年就有之土岗，开荒也是选择隙地小面积耕种，在土岗旁侧进行，因此留在中间的土岗没有被平毁（图 1–1–130）。

图 1-1-108　北票市台吉营乡四合城村陈家窝堡屯南的西部中线长城遗存

图 1-1-109　北票市台吉营乡四合城村陈家窝堡屯南向六合城屯延伸的西部中线长城遗存

图 1-1-110　北票市台吉营乡四合城村六合城屯东山上西部中线长城上的城址西城墙遗存

图 1-1-111　北票市台吉营乡四合城村六合城屯东山上的战汉烽燧址（远望）

图 1-1-112　自北票市台吉营乡四合城村六合城屯东山战汉城址上向东远望阜新县鸡冠山

图 1-1-113 阜新县化石戈乡西老二色村嘎岔沟屯北牤牛河东岸的西部中线长城遗存

图 1-1-114　阜新县化石戈乡西老二色村嘎岔沟屯北牤牛河东岸的西部中线长城烽燧址

图 1-1-115　阜新县化石戈乡西老二色村嘎岔沟屯西部中线长城出土的铁铤三棱铜镞

图 1-1-116　阜新县化石戈乡西老二色村嘎岔沟屯北农田中的西部中线长城黑土线遗迹

图 1-1-117 阜新县化石戈乡西老二色村上新秋屯西鸡冠山东端南侧山坡下的西部中线长城遗存（考古工作者行走处自东向西拍摄）

图 1-1-118　阜新县化石戈乡西老二色村上新秋屯西山岗上城址的西城墙遗存

图 1-1-119　阜新县化石戈乡西老二色村上新秋屯西山岗上城址的东城墙遗存

图 1-1-120　考古工作者对阜新县化石戈乡西老二色村西（上新秋屯东）长脖梁上的西部中线长城遗存进行考古调查

图 1-1-121　阜新县化石戈乡西老二色村西（上新秋屯东）长脖梁上的西部中线长城遗迹

图 1-1-122　阜新县化石戈乡西老二色村西（上新秋屯东）长脖梁上的西部中线长城遗迹

图 1-1-123　阜新县化石戈乡西老二色村西（上新秋屯东）长脖梁上的西部中线长城遗迹

图 1-1-124　阜新县化石戈乡北八里营子村西的西部中线长城遗迹（自西向东拍摄）

图 1-1-125　阜新县化石戈乡北八里营子村西的西部中线长城烽燧址

图 1-1-126　阜新县化石戈乡北八里营子村西的西部中线长城遗迹（自东向西拍摄）

图 1-1-127　阜新县化石戈乡北八里营子村西的西部中线长城遗迹（自西向东拍摄）

图 1-1-128　阜新县化石戈乡北八里营子村西的西部中线长城遗迹（自西向东拍摄）

图 1-1-129 阜新县化石戈乡北八里营子村西的西部中线长城遗迹（自西向东拍摄）

图 1-1-130　阜新县化石戈乡北八里营子村西的西部中线长城遗迹（左侧为烽燧址）

此后长城以微微隆起的黑土线向东延伸，至北八里营子村。在村西一百米处的山岗坡地上，有一座土筑烽燧址，南北存长七米，东西存宽七米，存高一点一米（图 1-1-131）。

长城由北八里营子村中由西向东穿过，在东面出村后，即抵化石戈乡至于寺镇公路北侧的土崖边，与公路交会，延伸至青草沟桥，桥下有一条自北而南的大沟，青草沟桥为一座水泥桥。过了青草沟，长城沿沟崖向东延伸，北距上八里营子屯仅一百米。再向东行，就是由北而来，至此转向西去，即我们来时路上遇到过的宽阔河谷。长城又向东延伸，至杖房沟村郝家窝堡屯西部——此处的长城遗迹为黑土线，在该屯刘俊玉、姜瑞良宅院前通过，然后向东进入村子中，不存。出村后，长城在车道北侧向东北延伸，进入村东的耕地中，以黑土线形态，奔向枣林山。枣林山是一道南北走向的较高山岭，过去生长有很多枣树，故称枣林山。

长城从郝家窝堡屯东出来后，由西南方延伸过来奔向枣林山，当其到达枣林山的上半部，即接近山顶的缓坡处，开始在西山坡上部向北延伸（图 1-1-132）。这段在枣林山山坡上的长城为石砌，石块顶面已埋于土层下（图 1-1-133）。调查至此，我们颇费周折，因在此山坡上近年植有松树，为防水土流失，山坡上也挖了沟，被挖开的土层中也有石块，如何将其区别于长城遗存？我们只好往复盘桓、上下奔走进行调查，对所见现象一一鉴别，最后区别开来：近年挖的沟，土质疏松，露出的石块未经砌筑，比较散乱，而且石块表面亦较新，没有历史陈旧感；而长城遗存与此都不相同，石块埋在土中，与周边泥土严密结合，间无空隙，不易搬动，而且长城的石块经过砌筑，稳定牢固，边缘整齐，望之成墙，尤其是其表面长满苔藓，去之不易脱落，充满历史的陈旧沧桑感。而此处除了近年有过治山之外，若非千百年前修筑有长城，何来此长大石墙遗存？因此，经过现场分析和鉴别，我们确定了枣林山上的长城遗迹。当长城北行至枣林山的北端时，一条东西向的大沟横在前面，将南、北两个山岗分开，长城到此中断，原应有墙，系被山水冲毁，长城由此向北面的山岗延伸过去。

为了到北面山岗，我们离开枣林山回到上八里营子屯（杖房沟村村委会驻地），向东北去，到东杖房沟屯，由此东去。在丘陵地上有一座小山，当地人称之为“城子山”，山上有一座城址，我们即上山调查。城墙为石砌，现已颓坍，虽仍保持有城墙形状，但散落了满山石块。城址平面如一牛角形，弯曲，一端平，一端尖，中间有一道横隔墙。城址总长一百一十五米，宽三十五米。城内遗物为夹砂红褐陶片（图 1-1-134）。

东杖房沟屯东城址：从上述城址处下山后，在丘陵坡地上向东去二里，在四周有山岗的平地上，我们发现一座城址。此城址为五边形，无角台、马面，城墙为五至二十厘米长灰白色花岗岩石块与土混筑，现坍宽七米，存高最高为两米，有的墙段较矮。总体来说，此城址保存较好。城址东南角为抹角，筑出短墙，长二十米，中间开有一门，宽四米，门左侧的城墙长十米，门右侧的城墙长六米，门向东南；东、南两城墙各长

图 1-1-131　阜新县化石戈乡北八里营子村西的西部中线长城烽燧址，左侧远方为另一座烽燧址（台址这一侧被取土破坏）

图 1-1-132　阜新县化石戈乡杖房沟村郝家窝堡屯东枣林山西坡上的西部中线长城遗迹（自北向南拍摄）

图 1-1-133　阜新县化石戈乡杖房沟村郝家窝堡屯东枣林山西坡上的西部中线长城遗迹（自南向北拍摄）

图 1-1-134　阜新县化石戈乡杖房沟村郝家窝堡屯南城子山顶部的石城址

九十六米，西、北两城墙各长一百零七米；方向以南、北两城墙计算，为东偏南三十五度。城址内的遗物为夹砂红褐陶片（图 1-1-135）。此城在长城内侧。

在上述城址南面一座山岗近南部的西坡上，有一座城址，其构筑情况等与上述城址大致相同（图 1-1-136）。

由此城址返回，来到我们之前在枣林山南端调查的截断长城的大沟北边，那里是又一个山岗。在山岗顶部偏西处，有石砌长城遗存，其北端靠近上述两山岗间的大沟，隔沟同枣林山西坡的长城遥相衔接。长城由此向东北斜行，奔向一个较高的山岗，至山岗顶部后，径直北去，爬向更高的大林山，在其西坡一直延伸到大林山北端（图 1-1-137），然后下山去，爬上一道南北走向的山岗的西坡，又向北延伸，即到了紫都台乡南昌营子村南昌西沟屯的南山。

长城沿南昌西沟屯南山的西坡北去，延伸到南山的北坡，至其东北部向东北方下山。现在南昌西沟屯南山的西坡和北坡均栽植了松树，也有治山挖的沟，其情况和枣林山西坡相似，我们在调查中仔细区分长城遗迹与现代沟壕：新翻的土松软，陈年地表一体无锐沟，其差别很大，我们辨别后确认出长城遗迹。下山后，长城越过一条小山沟，爬上其东面又一个山岗的西北坡，由那里向东延伸，在山岗的北端下山，向北进入南昌西沟屯中，转向东去。在屯子东部一条南北向街道的东侧土崖上，我们看到长城遗迹的断面，其南面为城墙，北面为黑土淤积填平的修筑长城所挖出的壕沟（图 1-1-138）。上崖后，

图 1-1-135　阜新县化石戈乡杖房沟村郝家窝堡屯东的城址

图 1-1-136　阜新县化石戈乡杖房沟村东杖房沟屯城址

图 1-1-137　阜新县紫都台乡南昌营子村南昌西沟屯南大林山北端的西部中线长城遗迹

图 1-1-138　阜新县紫都台乡南昌营子村南昌西沟屯中东部南北向街道东侧土崖上的西部中线长城遗迹断面

地表平缓，长城向东延伸，在屯子的东边出屯，于其地可见高起于地面的土筑城墙遗存，其下部还有基石，上部已经被耕种（图 1–1–139）。长城由此在农田中向东北方向延伸，其前段墙体已被扒平种地，成了农田，并有一条车道横过它。越过车道后，长城墙体断面可见，长城依旧向东北方延伸，墙体两侧虽已被耕种，墙体也被侵蚀，但城墙还在，没有被犁平，它在农田中蜿蜒延伸（图 1–1–140）。在接近南昌营子村时，长城被平毁，变成农田，但农田中仍有隆起的土棱，可以明显看出形状。从此现象看，此处长城城墙是在近年被犁平的，因年限较短，故仍有形迹可寻。长城在南昌营子村北一里余处经过。在南昌营子村东北部，有大体为南北向的紫都台乡至于寺镇的公路通过，在“12 公里”路标以南一百五十米处公路西侧的土崖上，有黑土淤积形成的长城壕沟断面，宽四米，下边上至地表为一点五米；公路东侧仍为农田。长城由此继续向东北延伸，二百余米后，到一宽阔的河套边中断。河套宽有一里余，河套边的土崖高三至五米。在这片农田中，遗物有细绳纹泥质灰陶片，为前汉时代。过河，为紫都台乡下甸子村南的河岸土崖。

这一道长城，由大林山北端，经一山岗西坡，延伸至南昌西沟屯南山，在其西坡向北延伸至其北坡，在其东北部下山，过沟又上山岗，再下山岗，进入南昌西沟屯，遗迹有四里长。从进入南昌西沟屯至下甸子村南的河岸断崖，长城遗迹有五里长。

长城从下甸子村南河岸土崖开始（图 1–1–141），向北延伸进入村子中，并逐渐向东、

图 1–1–139　阜新县紫都台乡南昌营子村南昌西沟屯东的西部中线长城墙体基部遗存

图 1-1-140 阜新县紫都台乡南昌营子村南昌西沟屯东田地中的西部中线长城墙体前段被耕种并开辟出车道，后段墙体仍存

图 1-1-141 阜新县紫都台乡下甸子村南河岸上的西部中线长城遗迹

向北去，在村子东部穿村而过，出村后向北延伸，村东有一条南北向车道就走在长城遗存上。从下甸子村南河岸上至下甸子村东车道处，长城为土筑。长城再向北延伸，爬上小北山的西坡，这一段遗存现在也为车道。下坡后，为平地农田，长城在其中径直向北延伸，至沙力土村东南，为一道南北走向的土岗（图 1-1-142）。这段长城的保存状况不一，有的地方保存较好（图 1-1-143），有的地方保存很差，城墙已因耕种变成平地，有的地段仅有黑土线，有的地段存有小土岗——由此可知这段长城为土筑。

沙力土村，地势较平，其东南部的地势稍高，也只略显隆起，而且范围也不大。可能是因为有长城，沙力土村东南的土岗没有被耕种，上面长满荒草杂树。长城爬上该土岗后，进入其西坡的松林中继续向北延伸，遗存保存较好，墙体明显（图 1-1-144），系为土筑，城墙宽四米，存高一点五米（图 1-1-145）。在松林中，长城墙体逐渐变得低矮，最后变成略能辨认的土棱，向东北方延伸。松林内的这一段长城遗存长有一里余。

出松林后是农田，其中不见长城踪迹。我们进行调查时，正值 5 月下旬，农田里种植的玉米秧已长得很高，覆盖了地面，我们看不清楚。我们在农田中反复寻找，也没见到长城遗迹。我们向东走出很远，已经到了沙力土村所属东山屯北面的农田里，还是不见长城踪影。此时已是下午五点多钟了，我们从东山屯转过身来往回走。夕阳西下，阳光从西边照过来，在玉米叶上反射出一片亮光。走在玉米地中的笔者偶然抬头往远处一看，映入眼帘的除了一片由玉米叶反射的亮光之外，它的中间还有一条不甚亮的暗影，

图 1-1-142　考古工作者对阜新县紫都台乡沙力土村东南方的西部中线长城（南段）遗迹进行考古调查

图 1-1-143　阜新县紫都台乡沙力土村东南方的西部中线长城（南段）遗迹

图 1-1-144　阜新县紫都台乡沙力土村东南方的西部中线长城（北段）遗迹

图 1-1-145　阜新县紫都台乡沙力土村东南方的西部中线长城墙体颓坍后的状况

它形成一条沟，由西南斜插过来。之前我们在找长城遗迹的时候，只顾看地面上有没有土岗，没注意别的现象，此刻笔者发现，玉米叶反射所形成的亮暗分明的光带，的确显示出两边亮光对应的地势高，当中暗影对应的地势低。笔者立刻明白了：长城墙体因为耕种被扒平了，但当初筑城取土挖的沟虽然也被填平，但其填土被雨水浸泡之后发生沉降，导致其地势还是比两边低，所以就出现了这种现象。暗影带对应的就是长城遗迹！于是，此地的长城遗迹就被发现了。

沙力土村东南长城遗迹的发现至关重要，它为寻找和连接下一个村子的长城遗迹提供了可靠的依据。我们遂沿着这条线向东北方走去。走出农田，又穿过一片树林，长城继续东去，向西距东山屯二里余，再向东延伸，就到了大家生村西营子屯。

我们的调查进入大五家子镇大家生村地域后，长城遗迹仍很明显。在大家生村，我们的调查最先到的是西营子屯。长城抵西营子屯西一条南北走向的季节性河流的崖边，过河后，继续向东延伸。这里的情况是，长城在东南距大家生辽代城址西北角五十米、距战国城址西北角一百米处，由西南向东北方向延伸，进入林地中。这处林地东西长、南北狭，地势平坦，其中杨树稀疏，树干高大，长城遗存保存较好（图 1–1–146），在树间自西向东延伸（图 1–1–147、图 1–1–148），在地表上仍可看到突起的土岗——宽四米，高零点四米（图 1–1–149），明显，易辨识。

图 1–1–146　阜新县大五家子镇大家生村西营子屯的西部中线长城遗迹（自东南向西北拍摄）

在大家生村西营子屯西南一点五公里的农田中有两座城址，二城系在一处，里面是一小城，为战国城址；外面为一大城，为辽代城址。

战国城址，平面方形，以西城墙测量，方向为北偏东十五度，城墙为土筑，平直，无马面，东、西两城墙各长一百一十四米，南、北两城墙各长一百一十米。现墙体均已颓坍，其中东城墙最矮，西城墙稍好，南、北两城墙最为完整（图 1-1-150），以北城墙为例，坍宽达三十米，存高四米。城址的东城墙辟有一门，其他三面城墙均无城门。城墙外有护城河，河道宽七点五米，内侧距城墙三十米。城址内遗物很多，有绳纹抹沟灰板瓦片、细绳纹立领折唇灰黑色大陶瓮片、细绳纹灰陶大陶瓮片、直腹折唇粗绳纹夹砂红陶釜片、短柄灰陶豆柱、短柄竹节式灰陶豆柱、折唇绳纹灰陶盆片、双面刃起脊长铁剑残段等。

在战国城址外围，辽代又筑有一座城，城内多有建筑，并使用了战国城址为其内城。因本章系研究战国、汉长城的，故辽代城址的情况于此不录。

长城由林地中出来后，继续向东去，经过大家生村南（图 1-1-151），在一片东西成垄的农田中穿过。在调查中我们从当地村民那里了解到，这里原先有一道土岗，它的两边是农田，为了方便春种秋收，就在土岗的南边建成了一条农用车道（图 1-1-152），1958 年，为了扩大耕地面积，多打粮食，就将土岗扒了。我们在调查时也看到，被扒毁的土岗在地表上仍留有一条高于两边农田的土棱子存在，而其西端恰与已经调查的

图 1-1-147　阜新县大五家子镇大家生村西营子屯西的西部中线长城遗迹

图 1-1-148　阜新县大五家子镇大家生村西营子屯南的西部中线长城遗迹

图 1-1-149 阜新县大五家子镇大家生村西营子屯东的西部中线长城遗迹

图 1-1-150　阜新县大五家子镇大家生村西营子屯西南战国城址的西城墙与南城墙遗存

图 1-1-151　阜新县大五家子镇大家生村南的西部中线长城遗迹

图 1-1-152 阜新县大五家子镇大家生村南之西部中线长城遗迹（西段，自东向西拍摄）

长城遗迹相衔接（图 1-1-153）。因此我们确定，这道农田里存在的土棱子就是长城遗迹。

由大家生村向东去，是小东洼屯。长城在小东洼屯的北面东西向通过（图 1-1-154），再向东去，横过时由大五家子镇南去的车道（图 1-1-155），继续东去，进入新丘村。

新丘村属于红帽子镇（镇政府驻西红帽子村），位于一条东西走向的山谷北面山岗的南坡底下较平坦的地面上——山谷南、北两面都是东西走向的连绵低矮山岗，当中有一条因季节关系我们在调查时没有见到水的季节性河流的干河套，河道很宽。由西延伸而来的长城，在新丘村南山岗北坡的半山腰上作东西分布（图 1-1-156）。再具体点儿说，长城在当地较为突出并被当地人称为“砬子山”的北面呈东西走向的山岗北坡上（图 1-1-157 ~ 图 1-1-159），遗迹明显（图 1-1-160 ~ 图 1-1-161），直过几个山岗。长城在山岗上东去，中间经过西两家子（也称“上两家子”）屯（图 1-1-162 ~ 图 1-1-165）、腰两家子屯（图 1-1-166、图 1-1-167）、两家子村（图 1-1-168 ~ 图 1-1-170）、西红帽子村（图 1-1-171）、麦地村（村委会驻下麦地屯）麦地屯。在此山谷中，长城所在的东西走向的山岗，都向北延伸出很长的山坡，形成当地人所称的“鸡爪子”式岗梁。站在长城上向北山或河套两端望，宽阔的河谷，缓坡的山岗，一览无遗，可以看出十几里远，可见长城占有的地理位置非常重要。但现在长城所在的山岗上，山水冲出的大沟极多，它们既深又长，将长城截断。虽然这种冲沟都不是近代以来出现的，是陈旧老沟，但它们应是在长城建成后冲刷出来的。这段在山岗上的长城，在长达五六里的山岗东部都保存较好，俱在松林中，

图 1-1-153　阜新县大五家子镇大家生村南之西部中线长城遗迹（东段，自东向西拍摄）

图 1-1-154　阜新县大五家子镇大家生村小东洼屯的西部中线长城遗迹（东端被大五家子村南去的乡路切断，自东向西拍摄）

图 1-1-155 阜新县大五家子镇大家生村小东洼屯的西部中线长城遗迹（被大五家子村南去的乡路切断，自东向西拍摄）

图 1-1-156　阜新县红帽子镇新丘村西南方南山北坡上的西部中线长城遗迹（远望，自北向南拍摄）

图 1-1-157　阜新县红帽子镇新丘村南山北坡上的西部中线长城遗迹远望

图1-1-158 阜新县红帽子镇新丘村南山北坡上的西部中线长城遗迹（自北向南拍摄）

图 1-1-159　阜新县红帽子镇新丘村南山北坡上的西部中线长城遗迹（此段长城墙体很高，从左边松树仅露树冠上部可知）

图 1-1-160　考古工作者对阜新县红帽子镇新丘村南山北坡上的西部中线长城遗迹进行考古调查

图 1-1-161　阜新县红帽子镇新丘村南山北坡上的西部中线长城遗迹（自西向东拍摄）

图 1-1-162　阜新县红帽子镇两家子村西两家子屯南山西段的西部中线长城遗迹

图 1-1-163　阜新县红帽子镇两家子村西两家子屯南山中段的西部中线长城遗迹（自西向东拍摄）

图 1-1-164　阜新县红帽子镇两家子村西两家子屯南山东段的西部中线长城遗迹

图 1-1-165　阜新县红帽子镇两家子村西两家子屯南山西段的西部中线长城遗迹

图 1-1-166 阜新县红帽子镇两家子村腰两家子屯南山东段的西部中线长城遗迹

图 1-1-167　阜新县红帽子镇两家子村腰两家子屯南山西段的西部中线长城遗迹

图 1-1-168　阜新县红帽子镇两家子村南山中段的西部中线长城遗迹（现被改为车道）

图 1-1-169　阜新县红帽子镇两家子村南山东段的西部中线长城遗迹

图 1-1-170　阜新县红帽子镇两家子村南山上的西部中线长城遗迹

图 1-1-171　阜新县红帽子镇西红帽子村的西部中线长城遗迹

在山岗西部多处被山水沟截断，保存得不如东部好。

在这山谷中调查长城时，我们曾访问过各村的年老村民，他们都说："这道山上的土棱子，从来就有，不知是哪年修的，现在这道土棱子小多了，以前它很高大，让雨水给冲矮了。它不是我们修的。我们治山是挖育林坑栽树，也不修这样的土棱子。再说治山是各村搞各村的，也没有统一修一条东西这么长的土棱子的。修这么长，又是一道直土墙，干什么用呀？如果说是我们修的，也不能让山水给冲得一段一段的，成了废物。"村民从他们的角度所说的这些情况，帮助我们分析了这种遗迹是否为长城，其所言在理。调查时，我们在山上曾发现泥质细绳纹灰陶片，故可确知此地为早期的战国、汉代长城遗迹。

在东西向山谷的东端尽头，是一条很宽的南北向山谷，它的中间有一条河，平地上是西红帽子村。这里地势开阔，村庄很大，为红帽子镇政府驻地。长城在新丘村山谷的南山岗上东去，经过几个村屯后，至麦地梁屯时，在一个被当地人称为"麦地梁"的较低矮的山岗东坡下去（图 1-1-172），来到西红帽子村南。长城由"麦地梁"下来，出山谷后，仍有存留，但再往东去，进入田地之中，就不见了。我们询问当地一位老者，他说："原来这里从山上下来一道土棱子，很长，在大田地里，两边种地，后来这道土棱子在修整土地时被平了。"他把情况说得很明白了，我们就由此往东调查过去。

由此往东，是西红帽子村所在的南北向的宽阔山谷，其间有一条自北向南流的王府

图 1-1-172　阜新县红帽子镇西红帽子村南王府西河东岸断崖上的西部中线长城遗迹断面（远望）

西河（此河上有二源，向南流，过西红帽子村后，经王府村西，该村有清朝时期的蒙古王府，故当地称此河为王府西河），河道很宽，河的东岸上是东红帽子村。河的东岸是高起的丘陵，由于河水冲刷，东岸的土崖很高。在三米多高的断崖上，我们在调查时看到了长城的横断面，非常明显。此地在西红帽子村南一百余米处，东岸原地表上面仍存有土筑长城城墙断面（图 1–1–173），至今城墙筑土的痕迹分明。现在颓坍城墙断面呈丘岗状，坍宽十六点七米，存高一点六米（图 1–1–174）。这是长城遗迹最好的证明。另外，在长城墙体南面的原地表下面，即长城之内侧，现已被压在墙体颓坍土层之下，有一处红烧土，这是用火的遗迹，当与当时的长城有关。

有此发现，我们随即转赴河的东岸去调查，那里属于东红帽子村，长城在村南山岗的北坡上屈曲东去（图 1–1–175）。为了区分田地里的复杂情况，我们在调查当中访问过东沟屯当地的村民，他们给指了出来，说：“在梯田田埂中的这道老壕，就不是我们修的。”在此我们接续找到了长城遗迹。

梁家沟屯，在东红帽子村东面的山脚下，只有几户人家，也称东红帽子南沟。长城接东红帽子村南的山岗向东去，即东红帽子村东大山下边的低矮山岗东去，为一道土岗形态（图 1–1–176）。又东去，至敖包山下缓坡，长城延伸至丁家沟屯的南山。

丁家沟屯，也称东红帽子东沟屯，此地的长城遗存非常明显，在其东部有一条为方

图 1–1–173　阜新县红帽子镇西红帽子村南王府西河东岸断崖上的西部中线长城遗迹断面状态（自西向东拍摄）

图 1-1-174　考古工作者正在调查阜新县红帽子镇西红帽子村东大山北坡上的西部中线长城遗存（自西向东拍摄）

图 1-1-175　阜新县红帽子镇东红帽子村南山岗北坡上的西部中线长城遗存

图 1-1-176 阜新县红帽子镇东红帽子村梁家沟屯南山北坡上的西部中线长城遗存（已成车道）

便人们春种秋收使用的车道靠长城北面与之并行，然后长城越过车道爬上山坡，又向东延伸，山坡逐渐变成平地（图 1-1-177 ~ 图 1-1-180），有一条南北向的季节性河流北通丁家沟，西折后注入王府西河。过此河套，山岗又起，向东北去，即为苏木皋村村委会驻地小苏木皋屯。

过丁家沟后，在干河套东面的山上就有明显的长城遗存，它径直延伸到小苏木皋屯（图 1-1-181、图 1-1-182），进屯后，在村民吴刚家宅院外五米处通过（图 1-1-183、图 1-1-184），随即在吴占广家的宅院中通过。他家的院墙建在长城城墙外面，其宅院就将长城包括进院内来，结果在其宅院内就出现了一道土岗，这是一个颇为少见的现象。出吴占广家院墙后，长城成为车道（图 1-1-185），但不久后车道离开长城，长城继续向东北方向延伸（图 1-1-186），复前行（图 1-1-187、图 1-1-188），奔好四家子村的宫家沟屯而去。

由小苏木皋屯过来的长城遗存非常明显，在宫家沟屯边上有近代形成的村路横压过长城遗存——一道土岗（图 1-1-189、图 1-1-190）。车道横穿碾过此土岗，说明它不是现代设施，而是早年的废弃物，这亦可证明它是长城遗迹。长城在宫家沟屯东南山岗的半山腰向东北方延伸（图 1-1-191、图 1-1-192），在好四家子村的南山上又向东北去。

由宫家沟屯东去，依次是好四家子村的南沟屯（图 1-1-193）、东沟屯（图 1-1-194），长城从其屯侧通过，继续向东北方延伸，然后在温头营子和大坝营子两村之间经过。

在他本扎兰乡大坝营子村南的水库东面，有近年新修的阜新至八家子乡的公路。

图 1-1-177　阜新县红帽子镇东红帽子村东沟屯南山北坡上的西部中线长城遗存

图 1-1-178　阜新县红帽子镇东红帽子村东沟屯南山北坡上的西部中线长城遗存（车道部分占用长城遗存，右侧为长城遗存）

图 1-1-179　阜新县红帽子镇东红帽子村东沟屯南山北坡上的西部中线长城遗存（部分地段已成为车道）

图 1-1-180　阜新县红帽子镇东红帽子村东沟屯南山上，考古工作者在落日余晖中调查西部中线长城遗存

图 1-1-181　阜新县红帽子镇苏木皋村小苏木皋屯西之东段西部中线长城遗存

图 1-1-182　阜新县红帽子镇苏木皋村小苏木皋屯西的西部中线长城遗存（被利用为车道，但仍保持一定长城形态）

图 1-1-183　阜新县红帽子镇苏木皋村小苏木皋屯吴刚宅院东墙外的西部中线长城遗存（南段）

图 1-1-184　阜新县红帽子镇苏木皋村小苏木皋屯吴刚宅院东墙外的西部中线长城遗存

图 1-1-185　阜新县红帽子镇苏木皋村小苏木皋屯南的西部中线长城遗存

图 1-1-186　阜新县红帽子镇苏木皋村小苏木皋屯南的西部中线长城遗存

图 1-1-187　阜新县红帽子镇苏木皋村小苏木皋屯东的西部中线长城遗迹

图 1-1-188　阜新县红帽子镇苏木皋村小苏木皋屯东的西部中线长城遗迹

图 1-1-189　阜新县红帽子镇苏木皋村官家沟屯南的西部中线长城遗迹远望（山岗北坡上的一道直长土棱为长城遗迹，自北向南拍摄）

图 1-1-190　阜新县红帽子镇苏木皋村宫家沟屯西的西部中线长城遗迹（农村车道横过长城遗迹）

图 1-1-191　阜新县红帽子镇好四家子村宫家沟屯东南山岗上的西部中线长城遗迹

图 1-1-192　阜新县红帽子镇好四家子村宫家沟屯东山岗上的西部中线长城遗迹

图 1-1-193　阜新县红帽子镇好四家子村南沟屯南山上的西部中线长城遗迹

图 1-1-194　阜新县红帽子镇好四家子村东沟屯南山上的西部中线长城遗迹

在一个北高南低的山岗处，当年修公路时为降低路面坡度，就挖开了山岗。在公路的东侧，当年修路挖开的土崖断面上，露出了修长城时挖土筑墙留下的三道土沟的横断面痕迹。虽然现在长城城墙因耕种已被扒平，但地下的土沟却在横断面上显示出来（图 1-1-195~图 1-1-197）。它已被随雨水流入的腐殖土填满，因腐殖土色黑，故其颜色发黑。

在大坝营子村南的低矮小山包上，有一座城址，为土石混筑，位置在长城南侧，即长城内侧。此城址的修筑时间应当是在战国中期之前，但修长城后，燕国可能沿用了此城址，因未发掘，不能确定。

长城由大坝营子公路东去，经来草沟屯，仍向东北延伸，至三道沟屯。

三道沟屯在大坝营子村公路东北侧不远处，属于八家子乡七家子村。此地又有一道略作南北走向并逐渐向东北斜行的山岗，长城由此山岗在三道沟屯东作西南至东北方向延伸，到位于他本扎兰乡大坝营子村来草沟屯之东的山岗西坡上，向东北延伸至七家子村七家子屯（图 1-1-198、1-1-199）、刘家沟屯（图 1-1-200），然后东行，至哈达户稍乡的石金皋村西沟屯。

长城过西沟屯（图 1-1-201）之后，到石金皋村（图 1-1-202），继续向东北延伸。石金皋村的山岗不高，皆为缓坡。长城经石金皋水库东面的山岗，由水库大坝南侧东去（图 1-1-203），到南侧山岗上即见长城，山岗顶部还有土石混筑的烽燧址一座，现已颓坍，坍宽十米，存高零点五米（图 1-1-204）。长城由此东去，一直到哈达户稍乡泊力各秋村白家湾子屯。

图 1-1-195　考古工作者正在测量阜新县他本扎兰乡大坝营子村东南阜（新）八（家子乡）公路东侧筑路时挖车道形成的断崖上露出的被淤平的西部中线长城壕沟断面

图 1-1-196　阜新县他本扎兰乡大坝营子村东南阜（新）八（家子乡）公路东侧断崖上露出的被淤平的西部中线长城壕沟断面

图 1-1-197　阜新县他本扎兰乡大坝营子村东南阜（新）八（家子乡）公路东侧断崖上露出的西部中线长城三条沟中的第二条沟断面

图 1-1-198　考古工作者在调查测量阜新县八家子乡七家子村七家子屯南的西部中线长城遗迹

图 1-1-199　阜新县八家子乡七家子村七家子屯南的西部中线长城遗迹

图 1-1-200 阜新县八家子乡七家子村刘家沟屯东南的西部中线长城遗迹

图 1-1-201　阜新县哈达户稍乡石金皋村西沟屯西南山上的西部中线长城遗存

图 1-1-202　阜新县哈达户稍乡石金皋水库西南山梁北坡上的西部中线长城遗存

图 1-1-203　阜新县哈达户稍乡石金皋水库拦洪大坝南的西部中线长城遗存

图 1-1-204　阜新县哈达户稍乡石金皋水库南山顶上的西部中线长城烽燧址

自西沟屯延伸过来的长城，经白家湾子屯南（图 1-1-205、图 1-1-206），向哈达户稍乡隋河营子屯延伸。

长城在隋河营子屯南山的北坡上东去，作东西走向，先后从该屯西南（图 1-1-207、图 1-1-208）、该屯东南（图 1-1-209 ~ 图 1-1-213）、该屯东（图 1-1-214）经过，过阜新县至旧庙镇的公路，来到东骆驼山北端的山脚下。骆驼山海拔八百二十四点六米，在他本扎兰乡平安地村牌楼屯东南。

长城在东骆驼山下北面的缓坡上(图 1-1-215),东骆驼山的西面是较为广阔的开阔地，可以看出很远，因此这在古代防守上是很好的选择。长城随山势向北延伸，至新丘屯东山。

新丘屯属于扎兰营子乡新丘村。长城在该屯东南山岗的西坡上先向东北延伸，遗迹清楚。由于山岗向东回缩，长城延伸至上四方庙子屯后，在屯东山岗的西坡上延伸。

上四方庙子屯，属于哈达户稍乡四方庙子村（村委会驻他不拉营子屯）。由新丘屯延伸过来的长城，至此逐渐转为北行。从新丘屯至上四方庙子屯的这一段长城，因山水沟出现断线。在越过一个向西延伸的山岗后，长城在上四方庙子屯东山岗上保存较好（图 1-1-216），它从松林中延伸出来，然后北去。现在长城两侧都已被开垦耕种，导致有的地段长城被扒平（图 1-1-217）。虽然地面经过平整，但仍有有别于两侧田地的土棱子隆起（图 1-1-218）。从上四方庙子屯向东越过土岗去干支庙的村路，横压长城遗存

图 1-1-205　阜新县哈达户稍乡泊力各秋村白家湾子屯南山梁北坡上的西部中线长城遗存

图 1-1-206 阜新县哈达户稍乡泊力各秋村白家湾子屯东南、把石沟东北漫岗北坡上的西部中线长城遗存

而过（图 1–1–219）。车道是后世出现的，这说明这道被毁的土岗很早就有，不是近现代所修筑的，而其两端连接田地中的长城遗迹，可见这道明显的土棱子即为长城遗存。

下四方庙子屯，属于哈达户稍乡四方庙子村。长城由上四方庙子屯北去，延伸至下四方庙子屯东山岗西面的缓坡上（图 1–1–220），其南段墙体在修村路时被扒开一段（图 1–1–221），其余墙体保存较好，其外侧有的地段已被开垦耕种，至北部墙体被扒平（图 1–1–222），并种上了庄稼。由此再往北，过一道东西向的大沟后，长城遗迹在沟北面的一个山岗上出现（图 1–1–223）。再向北去，在一条山水沟旁，长城城墙西侧被山水冲毁一半（图 1–1–224）。北段墙体则已成农用车道，由于多年走车，城墙已渐低平，但还可见高于地表的墙体遗存。在长城上面，即内侧二百余米处，有一座烽燧址，为土石混筑，现已颓坍，坍宽达十五米，存高零点八米（图 1–1–225）。

扎兰营子屯，属于哈达户稍乡四方庙子村。长城由下四方庙子屯北去，即到扎兰营子屯，在该屯东山岗的西坡上延伸（图 1–1–226 ~ 图 1–1–229），南边与下四方庙子屯的长城相接，中间由于被山水冲毁，有几处断缺。长城继续向北，即向那四板营子屯延伸。

那四板营子屯，属于哈达户稍乡四方庙子村。在该屯东山岗西坡上的松树林西侧，就是长城遗址。长城继续向北延伸，进入田地中（图 1–1–230）。田地虽已被耕种多年，但就地表观察，长城所在位置仍高出两边的土垄。再往北，长城遗迹仍以土棱形态出现，上面长有大树，保存较好（图 1–1–231）。又向北，长城遗迹仍是明显的土棱（图 1–1–232）。再向北，长城遗迹仍是土棱，我们调查时它因农民放火烧荒露出地表，看得更加清楚。再往北去，长城遗迹为荒地隔，墙体仍很高，上面长有大树。再往北，到达满汉营子屯南的山岗上，那里的长城已因耕种被扒平（图 1–1–233），但长城所在位置仍然高出两侧的地垄。这段长城，从南到北，没有间断，除了部分被山水冲毁，墙体或明显存在，或可被辨识出来。

满汉营子屯，属于哈达户稍乡白音昌营子村。长城从那四板营子屯东山西坡向北延伸至满汉营子屯南的山岗上（图 1–1–234），在接近该屯之处，长城遗迹不清。我们向北走去，过满汉营子屯后，看到其北面是山，西边是阿哈来大河，河道被河水冲得很宽。由于河道的存在，长城遗迹未现。过河后，东面是山，在山的西坡下面，我们又看见长城墙体，它略作西北方向向郎家窝堡延伸。

西部中线长城在今辽宁省阜新县的具体分布情况可参见图 1– 附录 –5（第 1399 页）。

图 1-1-207　阜新县哈达户稍乡泊力各秋村隋河营子屯西南的西部中线长城遗存

图 1-1-208　阜新县哈达户稍乡泊力各秋村隋河营子屯西南的西部中线长城遗存

图 1-1-209　阜新县哈达户稍乡泊力各秋村隋河营子屯东南的西部中线长城遗存

图 1-1-210　阜新县哈达户稍乡泊力各秋村隋河营子屯东南的西部中线长城遗存

图 1-1-211　阜新县哈达户稍乡泊力各秋村隋河营子屯东南的西部中线长城遗存

图 1-1-212　阜新县哈达户稍乡泊力各秋村隋河营子屯东南的西部中线长城遗存

图 1-1-213　阜新县哈达户稍乡泊力各秋村隋河营子屯东南的西部中线长城遗存

图 1-1-214　阜新县哈达户稍乡泊力各秋村隋河营子屯东的西部中线长城遗存（车道从被扒开的长城遗存缺口处通过）

图 1-1-215　阜新县他本扎兰乡平安地村牌楼屯东南林地中的西部中线长城遗存

图 1-1-216　阜新县哈达户稍乡四方庙子村上四方庙子屯东山西坡上的西部中线长城遗存

图 1-1-217　阜新县哈达户稍乡四方庙子村上四方庙子屯东山西坡上的西部中线长城遗存

图 1-1-218　阜新县哈达户稍乡四方庙子村上四方庙子屯东山西坡上的西部中线长城遗存

图 1-1-219　阜新县哈达户稍乡四方庙子村上四方庙子屯东山西坡上的西部中线长城遗存（车道横压过长城遗存）

图 1-1-220　阜新县哈达户稍乡四方庙子村下四方庙子屯东山西坡上的西部中线长城遗存（其两侧被耕种，自北向南拍摄）

图 1-1-221　阜新县哈达户稍乡四方庙子村下四方庙子屯东山西坡上的西部中线长城遗存（车道从长城遗存被挖开处通过）

图 1-1-222　阜新县哈达户稍乡四方庙子村下四方庙子屯东山西坡上的西部中线长城遗存（车道从长城遗存被挖开处通过）

图 1-1-223　阜新县哈达户稍乡四方庙子村下四方庙子屯东山西坡上的西部中线长城遗存

图 1-1-224　阜新县哈达户稍乡四方庙子村下四方庙子屯东山西坡上的西部中线长城遗存

图 1-1-225　阜新县哈达户稍乡四方庙子村下四方庙子屯东山西坡上的西部中线长城烽燧址

图 1-1-226　阜新县哈达户稍乡四方庙子村扎兰营子屯东的西部中线长城遗存

图 1-1-227　阜新县哈达户稍乡四方庙子村扎兰营子屯东的西部中线长城遗存（被用作车道）

图 1-1-228　阜新县哈达户稍乡四方庙子村扎兰营子屯东北的西部中线长城遗存

图 1-1-229　阜新县哈达户稍乡四方庙子村扎兰营子屯东北的西部中线长城遗存

图 1-1-230　阜新县哈达户稍乡四方庙子村那四板营子屯沙土梁西坡上的西部中线长城遗迹（北段）

图 1-1-231　阜新县哈达户稍乡四方庙子村那四板营子屯沙土梁西坡上的西部中线长城遗存（南段）

图 1-1-232　阜新县哈达户稍乡四方庙子村那四板营子屯沙土梁西坡上的西部中线长城遗存（自北向南拍摄）

图 1-1-233　阜新县哈达户稍乡四方庙子村那四板营子屯沙土梁西坡上的西部中线长城遗存（中段）

图 1-1-234　阜新县哈达户稍乡白音昌营子村满汉营子屯南山梁西坡上的西部中线长城遗迹

## 二、西部中线长城建置年代辨析

在东北地区修筑时间最早的长城，是战国时期的燕北长城。

根据文献记载，燕国长城有南、北两道，分别被称为燕南长城、燕北长城。《史记》载，张仪进行连横游说于燕国时，向刚即位的燕昭王说："今大王不事秦，秦下甲云中、九原，驱赵而攻燕，则易水、长城，非大王之有也。"他说的长城是燕南长城，这说明在燕昭王即位之前，燕南长城就已经修筑完了。燕南长城在今河北省易水流域，不在东北地区，在此不作讨论。在东北地区的长城，《史记》说："燕亦筑长城，自造阳至襄平。"这说的是燕北长城。

但今天在东北地区经过考古调查发现的早期长城并不止一道，而是多道，比较复杂，我们将在东北地区西南部发现的三道长城中的中线长城和北线长城分别定名为燕北内线长城（燕北内长城）、燕北外线长城（燕北外长城）。燕北内线长城即"秦开却胡"后燕国在北方第一次修筑的长城，笔者在《东北古代长城考辨》一文（见下卷）中已经作过探讨，下面只略为说明一下这道长城的年代。

关于东北地区西南部这道中线长城的年代，各地调查后的意见较为一致，都认为它应是战国时期燕国所筑的长城，已见于此前各省、自治区发表的长城调查报告中。不过笔者认为，确定这个年代，只是讨论了问题的一半，如果再深入一步研究，笔者认为它还应该是前汉武帝时期的长城。这个意见是过去无人提及的。

经过调查，认为这道长城是战国时期燕国所修筑的，河北省在调查后得出结论说：“第二道长城，发现于围场县之边墙村，为战国时期燕国所筑。……围场县边墙村一带之长城可能为燕北长城。”[①]内蒙古自治区的调查报告说：“因此我们认为，今昭盟赤南长城应是燕北长城遗址，它修造于燕昭王中、晚期。”[②]辽宁省对西部长城调查后的意见是：“南线长城为燕国的遗迹。”“辽宁所发现的即燕北长城。”[③]将这道长城定为燕北长城是准确的，它是秦开为质于胡、返回燕国却胡千余里后修筑的。

上面所确定的年代，都属于前期的事。但到后来，即前汉时，《史记》明确记载：“汉亦弃上谷之斗辟县造阳地以予胡。是岁，汉之元朔二年也。”[④]汉武帝既“弃斗辟县造阳地以予胡”，长城亦应随弃地没入胡中，而前汉在北边不能失去防御，不能没有屏障。前汉弃地后，边境向南回缩，恰在燕国所修筑的这道中线长城线附近，因此，武帝弃造阳地后的北边防御，应是利用了秦开却胡之后在燕国北方初次所筑的这一道燕北长城。关于这个观点，过去笔者在《东北古代长城考辨》一文中曾提出过[⑤]。另外，根据考古调查所见，这道长城至今保存仍然较好，并未见其遭到秦朝毁坏的迹象：秦始皇统一六国后，曾下令平毁六国的长城，而此长城虽在秦长城之南，位置明显，却没遭毁坏，被完整地保留。如果没有后来汉武帝时期的利用和修缮，那么这就是不可理解的事了，而武帝时利用此长城的时间是在秦统一六国之后。因此，这道长城应该是战国时期燕国名将秦开第一次却东胡千余里之后在燕国北方修筑的燕北长城，即燕北内线长城，也是前汉武帝弃造阳地后所修缮使用的长城，即武帝长城。此事虽史无明文记载，但笔者根据对历史事实的了解，认为应是如此，否则无法还原当时状况，故此提出并加以说明。

附带说一点：过去也有称此道长城为“赤南长城”的。考虑到“赤南”仅是一个地方的点，即“赤峰南面”之意，而长城是很长的，在任何一个地方都可以有这样的点，如果各地都根据自己所在的位置定名，这样叫起来，那就会很乱了。因此，笔者过去在《东北古代长城考辨》一文中提出，应称其为“燕北内线长城”或“燕北内长城”，表明其北还有“燕北外线长城”。这样定名可以让处在长区段的长城皆可用一个称谓，并且概念明确。2003 年出版的《中国文物地图集 · 内蒙古自治区分册》就没有采用此前内蒙古有关调查报告所使用的“赤南长城”“赤北长城”这两个地名坐标来称谓，而是用了“燕北内长城”一词。笔者觉得，这样定名更确切一些，也易于理解。

---

① 郑绍宗：《河北省战国、秦、汉时期古长城和城障遗址》，《中国长城遗迹调查报告集》，北京：文物出版社 1981 年 2 月版。

② 项春松：《昭乌达盟燕秦长城遗址调查报告》，《中国长城遗迹调查报告集》，北京：文物出版社 1981 年 2 月版。

③ 此处称南线长城实即中线，见李庆发、张克举：《辽西地区燕秦长城调查报告》，《辽海文物学刊》1991 年第 2 期。

④ 司马迁：《史记》卷一一〇《匈奴列传》，北京：中华书局 1959 年 9 月版。

⑤ 冯永谦：《东北古代长城考辨》，《东北亚历史与文化》，沈阳：辽沈书社 1991 年 12 月版。

# 第二章
# 西部北线长城——燕北外长城（秦、前汉初年长城）考古调查发现



如前所述，经过多年的考古调查，在东北地区西南部已发现三道东西走向、略作并行的长城，前文已记述了其中的中线长城——燕北内长城（前汉武帝长城），现记述其北线长城，它也有较完整的全线发现，相邻三省区对此道长城的走向与相互衔接关系，也取得了调查上的认识，有了过去所没有的全新了解（见第 1395 页图 1– 附录 –1）。

## 一、西部北线长城考古调查发现

西部北线长城，在没有考古发现之前，人们是完全不了解的，可以说对其是一片茫然，根本就不知道它是怎样的一种存在情况。此前，相关各省、自治区经过对这道长城的考古调查，有所发现，相关各省、自治区对这道长城调查情况的报告，让我们对它有所认识。现将相关发现简单说明一下。

### （一）西部北线长城在河北省围场县的考古调查发现

河北省对这道长城的调查发现情况是："这道长城的东面，由内蒙古昭盟赤峰县之二龙库进入河北省围场县北部的山湾子公社半壁店前梁、殷家店后山，西行到新拨，又南行到岱尹梁、十八号、十五号、棋盘山水泉。又西行……。围场北道长城计在境内行经一百九十余公里，存遗迹三十余段，若断若续。"①

① 郑绍宗：《河北省战国、秦、汉时期古长城和城障遗址》，《中国古代长城遗迹调查报告集》北京：文物出版社 1981 年 2 月版。
并见布尼阿林：《河北省围场县燕秦长城调查报告》，同上调查报告集。

## （二）西部北线长城在内蒙古自治区赤峰市松山区、敖汉旗、奈曼旗、库伦旗的考古调查发现

内蒙古自治区对这道长城的调查发现情况：“西自河北省围场县进入本（赤峰市松山）区西部，东西横亘大山区，未见明显遗迹。自西庄头营子乡曹家营子村东始见长城遗迹，蜿蜒在英金河北岸山地上，向东行经当铺地镇、王家店乡、水地乡，至安庆沟乡折向东南伸入敖汉旗境内，全长约六十公里。墙体有用土夯筑和石块垒砌两种，残基宽三至六米，高零点二至二点五米。”

“西自赤峰市松山区进入本（敖汉）旗四道湾子镇白斯朗营子村，东行经黑土营子村、齐大窝铺村、新惠乡南、龙凤沟、南塔乡东城子村、大敖吉村、刁家营子村、古鲁板蒿村，至敖音勿苏乡荷也村伸入奈曼旗境内，全长约一百二十公里。夯筑土墙，残基宽约五米，高零点五至一米。”

“西自敖汉旗进入本（奈曼）旗土城子乡境内，向东行经西岗岗、伊马钦沟，至牤牛河西岸中断；再在其北约十余公里牤牛河东岸牤石沟再现，向东北行，经大榆树沟、扣根，至朝阳沟村南伸入库伦旗境内，全长约四十五公里。夯筑土墙，基宽五至六米，高零点五至二米，夯层厚约十厘米。”

“西自奈曼旗朝阳沟进入本（库伦）旗平安乡下洼村，折向东南行，经水泉乡、白音花苏木，至先进乡东南进入辽宁省阜新县境，全长约四十五公里。夯筑土墙，残宽三至四米，高零点五至一点五米。”①

笔者也曾调查过西部中线长城部分地段，现存资料有内蒙古宁城县②和敖汉旗的。

宁城县甸子乡黑城子村，有三座古城址，处在统一位置，互相衔接，上自战国、秦、汉，下迄辽、明，历时千余年。在此城址北面不远处就有头道营子镇至甸子乡长城。这里地理位置重要，是南去中原、北达漠北的交通要道。三座城址分别是：

在北面的城址，为南北方向，长方形，因其在大城址北面，犹如“后花园”，故当地人称其为“花城”，其时代是战国时期燕国早期的城址（图 1–2–1、图 1–2–2）。

在此城址南面有一座大城址，其北城墙西端借用“花城”的南城墙，其平面也为长方形，东西方向。由于在此城址之内还有一城，此大城在其外面，故当地人称此城址为“外罗城”（图 1–2–3）。这座城址非常有名，是汉右北平郡郡治平刚县所在地，汉朝名将李广曾驻守于此，北防游牧民族南下，《史记》所说李广夜晚巡边时见卧石，误认为虎，引弓射之，箭入石中，传说中的“虎石”今仍在此城址不远处（图 1–2–4）。此城址出土遗物丰富（图 1–2–5~ 图 1–2–7）。直到新莽时期，此城址仍在沿用，城址中出土了很多王莽时期的钱范（图 1–2–8）。汉时郡国可以铸钱，这是此城址当是郡治所在的明证。

① 国家文物局主编：《中国文物地图集·内蒙古自治区分册》（下册），西安：西安地图出版社 2003 年 11 月版，第 452 页。

② 冯永谦、姜念思：《宁城黑城古城址调查》，《考古》1982 年第 2 期。

图 1-2-1 内蒙古宁城县甸子乡黑城子村战国城址『花城』的西城墙遗存（内侧，自北向南拍摄）

图 1-2-2　内蒙古宁城县甸子乡黑城子村战国城址『花城』西城墙北端遗存的夯层结构

图 1-2-3　内蒙古宁城县甸子乡黑城子村汉右北平郡郡治平刚县“外罗城”址西南角城墙遗存

图 1-2-4　内蒙古宁城县甸子乡打虎石村汉李广射虎之打虎石

图 1-2-5　内蒙古宁城县甸子乡黑城子村汉右北平郡郡治平刚县城址出土的云纹瓦当

图 1-2-6　内蒙古宁城县甸子乡黑城子村汉右北平郡郡治平刚县城址出土的封泥

图 1-2-7　内蒙古宁城县甸子乡黑城子村汉右北平郡郡治平刚县城址出土的铁权

图 1-2-8　内蒙古宁城县甸子乡黑城子村汉右北平郡郡治平刚县城址出土的王莽“始建国元年三月”钱范

在“外罗城”内的城址，因筑城是用城内人们生活用过的土，其中含有文化遗物，土色较黑，故当地人称此城为“黑城”。此城址的时代为辽代和明代。

在敖汉旗，笔者调查了其中部敖吉乡大敖吉村长城。这段长城为土筑，现已颓坍，所存土棱明显(图 1-2-9~ 图 1-2-13)。在村外东北部半里许有一座城址，位于长城北侧，方形，土筑城墙，边长一百九十五米，遗物有绳纹陶片等（图 1-2-14）。

## （三）西部北线长城在辽宁省阜新县的考古调查发现

西部北线长城，经过考古调查，在辽宁省境内都有所发现。内蒙古自治区的报告说，这道长城东端在库伦旗“先进乡东南进入辽宁省阜新县境”。

关于这道长城，笔者在辽宁西北部的北票市、阜新县各地花了较长时间对其进行仔细调查，范围较大，但各地都没有发现，最终在阜新县西北部见到，遗迹明显，现将调查情况记述于下（参见第 1399 页图 1- 附录 -5）。

阜新县西北部于寺镇套尺营子屯，是辽宁境内发现西部北线长城遗迹的起点。调查时，笔者是在套尺营子屯见到这道长城的遗迹，该村北面为内蒙古奈曼旗善宝营子村。

我们向北出套尺营子屯后，首先见到的是一座保存较好、规模很大的城址，这引起了我们的注意。此城址为奈曼旗南湾子乡善宝营子（也称沙巴营子）古城（图 1-2-15），

图 1-2-9　考古工作者在内蒙古敖汉旗大敖吉乡大敖吉村调查西部北线长城遗迹

图 1-2-10　内蒙古敖汉旗大敖吉乡大敖吉村的西部北线长城遗存

图 1-2-11　内蒙古敖汉旗大敖吉乡大敖吉村的“燕长城遗址”文物保护单位标志碑

图 1-2-12　内蒙古敖汉旗大敖吉乡大敖吉村的西部北线长城遗存

图 1-2-13　内蒙古敖汉旗大敖吉乡大敖吉村的西部北线长城遗存

图 1-2-14　内蒙古敖汉旗大敖吉乡大敖吉村西部北线长城遗址出土的陶片

它是前汉辽西郡西安平县址，过去吉林省文物考古研究所发掘过。我们在对该城址周围进行调查后，回到套尺营子屯，它紧临阜新县界，距城址不远，但是否有长城是需要在现地认真了解的。

回到套尺营子屯后，我们向村民打听当地有没有长城，他们都说不知道。后来我们找到几位年老村民了解情况，其中有当时八十一岁的苏云峰、七十一岁的卢清林等人。我们说找长城、找黑土龙，他们也说不知道。后来又经过我们解释，他们说："你们是不是找旱龙道？"我们听后，感到这可能就是长城，就回答说："是！但你们这里的旱龙道是什么样的？"他们说："我们这条旱龙道是从现在的内蒙古奈曼旗来的，就从我们村的东边向南去，到什么地方说不清。这条旱龙道宽有五六米，一到夏天，尤其天旱时，凡是在旱龙道上的庄稼就都打蔫了，它两旁的就不这样，因此大家都管它叫旱龙道。"说完，他们就领我们去屯子东部，走了有二里路，指点旱龙道的走向。那里正是卢清林家的地，种的小麦长得很好，此时已经抽穗。他指着麦地说："你们看，这条子小麦的叶子都耷拉下来了，也蔫了，两旁的就不这样，多精神！"我们往他所指的地方一看，可不是吗，那一条子小麦和两旁的小麦的确不一样。时值中午，在晴朗的阳光下，旱龙道显示出它的特点了。这是什么原因造成的？我们知道，修筑长城是用夯土筑墙的，城墙经过夯打，土质密实坚硬，又经过一千多年的沉积，现在扒平种地，墙基部分土质坚实，

图 1-2-15　内蒙古奈曼旗南湾子乡善宝营子村前汉辽西郡西安平县城址的东城墙与南城墙遗存（自北向南拍摄）

吸水性仍然很差，庄稼长不起来，遇到旱天，作物得不到水分，就更不行了，于是就出现了旱龙道现象。因此，这种旱龙道就是古代长城的遗迹。

离开套尺营子村，我们沿着旱龙道的走向，往东南去西洼屯。西洼屯属于于寺镇牤牛洼村（村委会驻腰洼屯），在牤牛洼村西南二里多处。旱龙道从屯子的西面经过西洼屯，又向东南行二里，至南梁屯。

南梁屯在牤牛洼村之南，也属于牤牛洼村。由西洼屯过来的旱龙道，在南梁屯西边三百米处通过，在屯南八百米处穿过南梁屯与陈家梁屯之间的乡道向南去，进入农田中。在未过乡道前，旱龙道穿行在树林中（图 1–2–16）。在农田中向前延伸的长城遗迹，仍是旱龙道，作微微隆起的土岗状，但却是双行，即两条土岗，中间有间隔。每条土岗宽六米，存高零点四米，其间相距五米。

由南梁屯往南去，是于寺镇裕泉隆村（村委会驻下官营子屯）的陈家梁屯。在陈家梁屯北边，我们发现一座烽燧址，它东距长城五十米（图 1–2–17）。再往南去四百米，我们发现了又一座烽燧址，它东距长城一百米（图 1–2–18）。再往南去四百米，就是陈家梁屯。在屯东一百米，我们发现了第三座烽燧址。这三座烽燧址都在今乡道旁边，即长城的内侧，明显易见。由烽燧处向北望，可以看得很远。

长城由陈家梁屯向东去，径直延伸到下窑屯（属于官营子村）西，在屯后田地中作

图 1–2–16　阜新县于寺镇牤牛洼村南梁屯南的西部北线长城遗迹——旱龙道

图 1-2-17　阜新县于寺镇裕泉隆村陈家梁屯北的西部北线长城一号烽燧址（自北向南拍摄）

图 1-2-18　阜新县于寺镇裕泉隆村陈家梁屯北的西部北线长城二号烽燧址（自北向南拍摄）

两条并行的黑土线，由北面农田中并行而来，当地人又称其为“黑地龙”。经实测，两条黑土线的宽度均为六米，中间宽七米，总宽十九米。黑土线紧邻屯西，傍村向南而去，约有一里，即到官营子河边。官营子河自北向南流来，经上官营子屯、下官营子屯（系裕泉隆村村委会驻地），向南流去。我们就到河边土崖上查看、寻找，看有无长城墙体断面，结果看到长城两边的山水沟，原因是长城墙体经过夯打，土质很坚硬，而墙体两边的土质却很松软，修筑长城时在墙外边挖土形成的壕沟被淤平后，土质也较疏松，因此极易被山上流下来的雨水冲刷成沟。

因要进行下一步调查，我们必须过官营子河，于是我们就沿着从下窑屯中出来的车道向西去，至下官营子屯折而南去，过官营子河，河道被冲刷得很宽。过河后是一上坡，很长，车道随山坡逐渐升高。我们在山坡上前行一百余米后，发现长城由东面树林中出来，斜着穿过车道，在车道西侧向前延伸，然后爬向山顶。这段长城遗迹是两条黑土线，在下窑屯西部向南望，因是从平地向山坡上望，所以看得十分清楚。我们沿长城“黑土线”遗迹爬上山顶，到达北洼屯，它属于东边山下的他本陶力改村。山顶西边下部未被耕种，现为松林，长城从山的西坡进入松林中，遗迹略呈土棱状，直到山的顶部，然后穿过北洼屯，从屯子的南边出来后，爬向北面山坡，此坡较我们来时的西坡更陡，当地人称其为“头道沟夹信子”。我们在这里见到的长城遗迹和下窑屯相同，也为两条黑土线，总宽二十米，两条黑土线各宽六米（图 1–2–19、图 1–2–20）。此地的山坡也为农田，土色异常明显。

我们从山上的北洼屯下来，向东去，是属于他本陶力改村的西湾子屯，于喇嘛寺河在此自东向西流去，河道被冲刷得很宽，河崖很陡。长城以黑土线的形式在河北岸的田地中向东延伸（图 1–2–21、图 1–2–22）。过他本陶力改村后，村路变成较宽的沙石路，长城穿过村路后继续向东延伸，在接近小虎掌沟屯时，又向东去，距离约一里，在路北与村路并行，村路通往西营子屯。

长城由西营子屯中斜行通过，然后转弯向南去，至于寺村中。该村为于寺镇政府驻地，很大，东西长二里余，村里有清代寺庙佑安寺，所以过去称之为于喇嘛寺，今为于寺镇。

长城出于寺村后向东延伸，在村东于寺镇至大五家子镇的公路边的于寺河干河沟断崖下，我们发现两条黑土线的断面，这是长城出于寺村后的遗迹。由此往东，在田地里和土崖断面上我们都看到了两条灰土线，它们向东北斜行至于寺村东二里的平安地村。

长城由于寺村向东北去，至平安地村北一里、南距于寺镇至大五家子镇的公路二里处，弯曲向南，出田地，过干沟河，到干沟河南。这里是一片树林，长城在树林中继续东行，去往桂林束台村，墙体隆起，高出地面半米。

长城在平安地村之东出树林后，延伸至桂林束台村西北一里处，折向东北，过干沟河，进入农田中，径直向东北方向的下杖子屯、老窑屯而去。

图 1-2-19　阜新县于寺镇他本陶力改村北洼屯小北山头道沟夹信子的西部北线长城双黑土线遗迹（自北向南拍摄）

图 1-2-20　阜新县于寺镇他本陶力改村北洼屯小北山头道沟夹信子的西部北线长城双黑土线遗迹（自北向南拍摄）

图 1-2-21　阜新县于寺镇他本陶力改村西湾子屯南山西坡下的西部北线长城双黑土线遗迹（自西向东拍摄）

图 1-2-22　阜新县于寺镇他本陶力改村西湾子屯南山西坡下的西部北线长城双黑土线遗迹（自西向东拍摄）

下杖子屯，在桂林东台村的东北。长城由桂林东台村延伸过来，至下杖子屯，沿线痕迹明显，墙体隆起，而在下杖子屯西南角的沟崖上和农户院墙里，它是以土色与其他东西相区别的——土色灰黑，非常明显。长城至此，长约七里。长城继续向东北延伸，经柳条沟村（村委会驻西哈尔套屯），至张吉营子村。

长城由柳条沟村延伸过来，经张吉营子村西向北延伸。村外都是农田，在农田中的长城，南段墙体已颓坍，但还保存有相对较高的土岗，两侧因多年耕种，逐渐遭到侵蚀（图 1-2-23、图 1-2-24）；向东北去，长城状况不一，有黑土线（图 1-2-25），也有较高的土岗形态（图 1-2-26）。

长城从下杖子屯向东北延伸，经张吉营子村，进入其下属的毕家沟屯（图 1-2-27）。此地有一条从东北向西南流的季节性河流，两侧是宽阔的山谷。在毕家沟屯，这条河流略呈东西流向，河道两侧都有山，长城就在河道南山的北坡上，居高临下，向北可以望得很远，利于防守，把长城修在这样的地理环境下是很适宜的。毕家沟屯南小山上有一座青铜时代的城址。长城再向东北延伸，至张吉营子村北沟屯南山岗的北坡上。

小五家子村，在北沟屯北，其东北为其下属的王大营子屯和王大营子东沟屯。长城过小五家子村、王大营子屯及王大营子东沟屯时，俱在村南山岗北坡的半山腰上，遗迹很明显。它沿山岗向东延伸，有时在农田中，有时在松林里（图 1-2-28~ 图 1-2-31）。

图 1-2-23　阜新县大五家子镇张吉营子村南的西部北线长城遗存

图 1-2-24　阜新县大五家子镇张吉营子村南的西部北线长城遗存

图 1-2-25　考古工作者在阜新县大五家子镇张吉营子村调查西部北线长城黑土线遗迹

图 1-2-26　阜新县大五家子镇张吉营子村南的西部北线长城土岗遗存

图 1-2-27　在阜新县大五家子镇张吉营子村毕家沟屯远望山上的西部北线长城遗迹

图 1-2-28　阜新县大五家子镇小五家子村王大营子屯南山上的西部北线长城遗迹

图 1-2-29　阜新县大五家子镇小五家子村王大营子屯南山上的西部北线长城遗迹

图 1-2-30　阜新县大五家子镇小五家子村王大营子屯南山上的西部北线长城遗迹

图 1-2-31　阜新县大五家子镇小五家子村王大营子屯东山上的西部北线长城遗迹

在王大营子屯东山上的松林中，有一条山水冲沟，我们在它的崖壁上，看到了长城墙体的断面（图 1–2–32）。长城经王大营子东沟屯往东延伸，有一段墙体现在被用作车道，在山岗顶部向东延伸。该山岗的东面就是一条南北向的河套，很宽，长城在河套中不存。向北，为宅山土村。

过王大营子东沟屯山岗东面的河套之后，长城在宅山土村与铁匠营子屯之间的山岗上继续向东北延伸，至八家子乡宅山土村赵家窝堡屯。

赵家窝堡屯在阜新北部最著名的大山乌兰木图山的西面，长城在这里有过两次修筑和一次改线。我们通过考古调查发现，乌兰木图山是一座南北走向的大山，东西较窄而南北甚长，长城从乌兰木图山西侧向东延伸，现在山顶有土石混筑、呈东西走向的长城墙体（图 1–2–33 ~ 图 1–2–38），并有四座石砌烽燧址（图 1–2–39 ~ 图 1–2–42），有的烽燧址的石块有人为搬动痕迹，他们似乎在寻找什么物品。长城由乌兰木图山东面下山，山下为果树村村委会驻地解家烧锅屯。长城由此东去，进入一条东西走向的山沟中，沟内有个三家子屯，该屯南山的北坡上有长城。

战国时期燕国在此修筑了长城，经过一段时间后，这里的长城进行了改线，我们调查时发现有长城改线和维修等情况。改线的原因，可能是因由长城爬上较为陡峭的乌兰木图山甚是费力，防守军官兵上山下山不方便。

改线后的长城，在赵家窝堡屯西由从乌兰木图山的西边向东延伸改为从乌兰木图山的西边向北延伸（图 1–2–43），至大山村（村委会驻牛家沟屯）团山子屯（图 1–2–44 ~ 图 1–2–47）。此处的长城遗迹最为明显，墙体高起于地表。

离开团山子屯后，长城北去，至大山村东沟屯（图 1–2–48、图 1–2–49），然后绕到乌兰木图山的北端，在牛家沟屯（此牛家沟屯非大山村村委会驻地牛家沟屯）南（图 1–2–50 ~ 图 1–2–52）翻过乌兰木图山（在半山腰通过，现被改为车道）之后，再转弯向南，就进入乌兰木图山的东侧，在山下的坡地上南去，就到了果树村村委会驻地解家烧锅屯。此处的长城墙体还较明显，土棱清晰（图 1–2–53、图 1–2–54）。

过解家烧锅屯后，有一条南北走向的山谷，同时向东也伸出另一条山谷，谷中是果树村所属的三家子屯。长城过解家烧锅后，延伸到三家子屯所在的那条东西向山谷南山的北坡上，接原来由乌兰木图山东坡下来的长城。

在果树村西侧不远处，有一座突起的独立山岗，很高，山顶较尖，当地人称之为“尖山”。山顶上有一座城址，墙为石砌，平面呈不规则的椭圆形，城内所见遗物俱为夹砂红陶片，说明它是一座青铜时代的山城址。因尖山北面最近的村子为杨家洼屯，所以可称该城址为杨家洼屯尖山石城址。

图 1-2-32　阜新县大五家子镇小五家子村王大营子屯东山上的西部北线长城墙体遗存断面

图 1-2-33　阜新县八家子乡宅山土村赵家窝堡屯西乌兰木图山上的西部北线长城遗迹

图 1-2-34　阜新县八家子乡宅山土村赵家窝堡屯西乌兰木图山上的西部北线长城遗迹

图 1-2-35　阜新县八家子乡宅山土村赵家窝堡屯西乌兰木图山上的西部北线长城遗迹

图 1-2-36　阜新县八家子乡宅山土村赵家窝堡屯西乌兰木图山上的西部北线长城遗迹

图 1-2-37　阜新县八家子乡果树村梯子庙屯乌兰木图山上的西部北线长城遗迹（自东向西拍摄）

图 1-2-38　阜新县八家子乡宅山土村赵家窝堡屯西乌兰木图山东侧的西部北线长城遗迹

图 1-2-39　阜新县八家子乡宅山土村赵家窝堡屯西乌兰木图山山顶上的西部北线长城一号烽燧址

图 1-2-40　阜新县八家子乡宅山土村赵家窝堡屯西乌兰木图山山顶上的西部北线长城二号烽隧址

图 1-2-41　阜新县八家子乡宅山土村赵家窝堡屯西乌兰木图山山顶上的西部北线长城三号烽燧址

图 1-2-42　阜新县八家子乡宅山土村赵家窝堡屯西乌兰木图山山顶上的西部北线长城四号烽燧址

图 1-2-43　阜新县八家子乡宅山土村赵家窝堡屯西山岗上的西部北线长城烽燧址

图 1-2-44　阜新县八家子乡大山村团山子屯东山上的西部北线长城遗存（远望）

图 1-2-45　阜新县八家子乡大山村团山子屯东山西坡下的西部北线长城遗存（远望）

图 1-2-46　阜新县八家子乡大山村团山子屯东山西坡上的西部北线长城遗存（自南向北拍摄）

图 1-2-47　阜新县八家子乡大山村团山子屯东山西坡上的西部北线长城遗存

图 1-2-48　阜新县八家子乡大山村东沟屯东山上的西部北线长城遗存

图 1-2-49　考古工作者在阜新县八家子乡大山村东沟屯南山西坡下调查西部北线长城遗存（自北向南拍摄）

图 1-2-50　阜新县八家子乡大山村牛家沟屯南的西部北线长城遗存

图 1-2-51　阜新县八家子乡大山村牛家沟屯南的西部北线长城遗存

图 1-2-52　阜新县八家子乡大山村牛家沟屯南的西部北线长城城墙遗存断面

图 1-2-53　阜新县八家子乡果树村解家烧锅屯西部北线外长城遗存

图 1-2-54 阜新县八家子乡果树村解家烧锅屯北的西部北线长城遗存

三家子屯的住户不多，房子都建在较陡峭的山谷北侧山脚下，山谷南面的山岗坡度较平缓，其西坡、北坡都已修了梯田，是三家子屯的耕地。我们从乌兰木图山北端调查过来，经解家烧锅屯，向东转至三家子屯所在的山谷中，长城应该在该屯南面山岗的北坡上，但满山都是高低错落、大小不等的梯田，我们不知长城遗迹在哪里，调查了很长时间也确定不下来。后来，我们见到了住在三家子屯的果树村党支部书记张学明。他说："你们调查长城，问当地人，他们不一定知道。你若问这里的'老坝堰子'，他们都能知道。老坝堰子和梯田埂子的区别，我知道，我领你们去。"于是我们就跟着他到三家子屯南面的山岗上去。这里治山治水修梯田，张学明都参加了，因此他非常熟悉这里的情况。到了山上，他指着一道隆起的土埂说："山坡上的这一道土埂就是老坝堰子，打我记事的时候就有，不是我们修的，我们修的梯田埂子我都知道。这些老坝堰子和我们修的梯田埂子不一样。"他还给我们介绍了许多具体情况，说："我们修梯田是为了种地，要保持水土，也要增加土地面积，修的时候是削高补低，就是从上边取土垫平下面，边上差不多都有田埂，但都不是很高大。梯田一般都是环山修的，都是根据地形修的，没有面积太大的，其田埂一般都不是直的，也很窄小。你们要找的长城，就是这个老坝堰子，修它时是从下边往上扔土，下边撤了土，地势就低下去了，扔上去的土就把上边的墙顶增高了。这个老坝堰子的顶上都挺宽，都很直，上面能走人。梯田埂子就不是这样，它弯弯曲曲的，还都挺窄小。"我们一边走，一边听他说，再看山上的那些梯田埂子和老坝堰子，它们真的不一样。了解了这些，我们就明白了哪条土埂是梯田埂子，哪条土埂是老坝堰子。同时我们在调查中还看到一个现象，它也是判断老坝堰子是否为长城遗迹的一个重要依据，那就是在山上雨水冲出的山水沟旁，梯田埂子都不到沟边，不与沟壁平齐，而是相差一定距离；而老坝堰子则与其不同，与沟壁平齐。这说明修梯田时山水沟已经有了，因此梯田埂子就没有修到沟边，而老坝堰子在山水沟出现之前就有了，当山上的雨水冲出山水沟时，也把老坝堰子冲垮了，它与山上的土一同劈落，所以残存的老坝堰子与山水沟的沟壁平齐。因此我们确定，这种与沟壁平齐的老坝堰子就是长城遗存。

在三家子屯南面山岗北坡的半山腰，我们看到了张学明说的老坝堰子（图 1–2–55 ~ 图 1–2–57），它不仅高大，而且顶上很宽，可以走人，有被人踩出来的人行道（图 1–2–58）；它还又长又直（图 1–2–59），不随山体转弯（图 1–2–60），径直向前延伸，从三家子屯南面山岗北坡的西端起，一直向东延伸（图 1–2–61 ~ 图 1–2–64），和随山弯曲的梯田埂绝对不同。在三家子屯南面山岗北坡的尽头，有一条山水沟，那里的老坝堰子被山上流下来的雨水冲坏，沟边露出了它土石混筑的结构（图 1–2–65）。

过了这条山水沟，是一道南北走向的山岭，在它下面，原东西走向的山谷变成了南北走向的山谷。长城抵达这道山岭的西坡后，直接在其半山腰上径直向北延伸，也无弯曲形态（图 1–2–66 ~ 图 1–2–69）。

在这段长城中，有多道山水沟冲断长城，尤其是当长城在南北走向山谷东山的西坡上向北延伸后，北行不远处就有一条很大的山水沟，那里的长城墙体被冲断，在沟崖断面上露出明显的夯层（图 1–2–70），而且在此土层下有很多夹砂红陶片，器形是陶罐的残片，属于夏家店下层文化遗物，其时代早于修筑长城的时间，所以被压在长城底部。过此沟后，长城仍向北延伸（图 1–2–71），直至山谷转成东西向，在山的北坡转向东去，随山势延伸，其远处为田家沟屯。

田家沟屯属于新丘村，这里有一条宽阔的山谷，山谷南北两边的山坡均较平缓，谷中平地很宽，有一条季节性河流。站在长城线上向北望去，可以看得很远，可见这里适宜防守，是古代天然的南北分界线。长城转弯东行后，攀上一座较高山岗的北坡，那里现在长有很多松树，长城就在树林中延伸（图 1–2–72），有的松树就栽于长城遗存上。长城从山岗北坡延伸到东坡后，南行，爬上另一座山岗。一连过了三座山岗的北坡后，长城作东西走向，为西偏北四十度，然后就到了田家沟屯，该屯的北边是新丘村。

图 1-2-55　阜新县八家子乡果树村三家子屯南山北坡西端的西部北线长城遗存老坝堰子

图 1-2-56　阜新县八家子乡果树村三家子屯南山北坡西端的西部北线长城遗存（自西向东拍摄）

图 1-2-57　阜新县八家子乡果树村三家子屯南山北坡西端的西部北线长城遗存

图 1-2-58　考古工作者在测量阜新县八家子乡果树村三家子屯南山北坡东段西部北线长城遗存（自西向东拍摄），远处为在东山西坡转向之后的长城遗存（箭头所指处）

图 1-2-59　阜新县八家子乡果树村三家子屯南山北坡的西部北线长城遗存

图 1-2-60　阜新县八家子乡果树村三家子屯南山北坡上的西部北线长城遗存

图 1-2-61 阜新县八家子乡果树村三家子屯南山北坡上的西部北线长城东段遗存（自西向东拍摄），远处为在东山西坡转向之后的长城遗存（箭头所指处）

图 1-2-62 西部北线长城遗存在阜新县八家子乡果树村三家子屯由南山北坡上的向东延伸转为在东山西坡上的向北延伸

图 1-2-63 在阜新县八家子乡果树村三家子屯南山北坡的西部北线长城遗存上望其东北转向之长城遗存

图 1-2-64　考古工作者在调查阜新县八家子乡果树村三家子屯南山北坡中段的西部北线长城遗存

图 1-2-65　阜新县八家子乡果树村三家子屯南山北坡西部北线长城城墙遗存的土石混筑结构（自北向南拍摄）

图 1-2-66　阜新县八家子乡果树村三家子屯南山北坡上的西部北线长城遗存延伸至东山西坡后北转之遗存

图 1-2-67　阜新县八家子乡果树村三家子屯东山西坡南段的西部北线长城遗存（自南向北拍摄）

图 1-2-68　考古工作者调查阜新县八家子乡果树村三家子屯东山西坡中段的西部北线长城遗存（自南向北拍摄）

图 1-2-69　阜新县八家子乡果树村三家子屯东山西坡中段的西部北线长城遗存

图 1-2-70 阜新县八家子乡果树村三家子屯东山西坡中段西部北线长城的夯土城墙遗存（自西向东拍摄）

图 1-2-71 阜新县八家子乡果树村三家子屯东山西坡北端的西部北线长城遗存

图 1-2-72　阜新县八家子乡新丘村田家沟屯山岗北坡树林中的西部北线长城遗存

长城在田家沟屯北面横过南北走向的田家沟屯至新丘村的车道后，爬上一座山岗（当地人称其为“转山子”），在它上面向北延伸。这段长城特别明显，宽五点八米，存高一米，方向为北偏东二十五度。到了山岗北坡（图 1-2-73），长城随之转向东去（图 1-2-74），到了东山坡（图 1-2-75 ~ 图 1-2-79），又转向一个东西向山岗的北坡。因为此山岗较矮，当地人称之为“黄土梁子”（图 1-2-80 ~ 图 1-2-85）。这一段长城很长（图 1-2-86 ~ 图 1-2-90）。再向东去，就到了八家子乡至旧庙镇的公路边（图 1-2-91、图 1-2-92），它的南边是大板营子村北桥，桥下有一条季节性河流，它向东流，汇入自新丘村流来的季节性河流中。

小乌拉罕营子屯，属于旧庙镇海力板村。长城从黄土梁子延伸过来，跨过公路东面的季节性河流后，就爬上刘家沟屯西面的山岗，沿山岗西坡北去，爬上岗顶，转向小乌拉罕营子屯南山的北坡（图 1-2-93 ~ 图 1-2-96），沿北坡东去。在一山岗上有一条山水沟，那里的长城被水冲断，可以看到长城墙体的断面（图 1-2-97）。长城又向东去，至大乌拉罕营子屯南，那里的山坡上有一个农家院，其北墙垛在长城上，院里有拉场的车道。该车道从院子西面出来后，与长城并行。从院子东面向东半里余，有一条南北行车道将长城切断，但长城墙体仍很高，遗存明显。对此情况，我们在调查时曾询问过当地村民，他们说：“这里很早就有这个土棱子，老长了。它在这里很碍事，没法通车，扒个豁口就为了走车。”

图 1-2-73　阜新县八家子乡新丘村转山子北坡上的西部北线长城遗存（远望）

图 1-2-74　阜新县八家子乡新丘村转山子北坡上的西部北线长城城墙遗存断面

图 1-2-75　阜新县八家子乡新丘村转山子东坡上的西部北线长城遗存（远望）

图 1-2-76　阜新县八家子乡新丘村转山子东坡上的西部北线长城遗存（远望）

图 1-2-77　阜新县八家子乡新丘村转山子东坡上的西部北线长城遗存

图 1-2-78　阜新县八家子乡新丘村转山子东坡上的西部北线长城遗存（远望）

图 1-2-79　阜新县八家子乡新丘村转山子东坡上的西部北线长城遗迹

图 1-2-80　阜新县八家子乡新丘村黄土梁子北坡上的西部北线长城遗存

图 1-2-81　阜新县八家子乡新丘村黄土梁子北坡上的西部北线长城遗存

图 1-2-82 阜新县八家子乡新丘村黄土梁子北坡上的西部北线长城遗存

图 1-2-83 阜新县八家子乡新丘村黄土梁子北坡上的西部北线长城遗存

图 1-2-84　阜新县八家子乡新丘村黄土梁子北坡上的西部北线长城遗存

图 1-2-85　阜新县八家子乡新丘村黄土梁子北坡上的西部北线长城遗存

图 1-2-86 阜新县八家子乡新丘村黄土梁子北坡上的西部北线长城遗存

图 1-2-87　阜新县八家子乡新丘村黄土梁子北坡上的西部北线长城遗存

图 1-2-88　阜新县八家子乡新丘村黄土梁子北坡上的西部北线长城遗存

图 1-2-89 阜新县八家子乡新丘村黄土梁子北坡上的西部北线长城遗存

图 1-2-90　阜新县八家子乡新丘村黄土梁子北坡上的西部北线长城遗存

图 1-2-91　阜新县八家子乡新丘村黄土梁子北坡上的西部北线长城遗存

图 1-2-92　阜新县八家子乡新丘村黄土梁子北坡上的西部北线长城遗存

图 1-2-93　考古工作者在阜新县旧庙镇海力板村小乌拉罕营子屯南山北坡进行西部北线长城考古调查

图 1-2-94 阜新县旧庙镇海力板村小乌拉罕营子屯南山北坡西部北线长城遗存被车道截断（自东向西拍摄）

图 1-2-95 阜新县旧庙镇海力板村小乌拉罕营子屯南山北坡上的西部北线长城遗存，车道沿长城遗存外侧通行

图 1-2-96　阜新县旧庙镇海力板村小乌拉罕营子屯南山北坡农田中的西部北线长城遗存（自东向西拍摄）

图 1-2-97　阜新县旧庙镇海力板村小乌拉罕营子屯南山北坡西部北线长城墙体遗存断面（自北向南拍摄）

海力板村处在一条很宽阔的东西向山谷中，那里有一条河道被冲刷得很宽的季节性河流，两侧的山坡很大。山谷中有几个自然屯，长城即在这些屯子南面低矮的山坡上向东延伸。长城由西面的大乌拉罕营子屯往东，即进入海力板村地界，村南平缓的山坡地俱为农田，处在农田中的长城，两侧虽因种地被侵蚀，但墙体仍都留存，未遭较大破坏。在未被耕种处或在树林中，长城遗存均保存较好，其外坡宽达四米，存高二点五米（图1-2-98 ~ 图 1-2-104）。在有的地段，长城墙体上长有大树，树龄均有几十年或百余年。

冷家洼子屯，在海力板村之东。长城从海力板村沿河套南岸的山坡上东去，延伸至冷家洼子屯西的山岗，也就是海力板村东北的山岗北坡上。这里已修梯田，上下多道土埂，我们经仔细辨认，将长城遗存从梯田田埂中区别出来：此地的长城遗存，墙体宽大，高度较高，坡度较大，土质坚实，上面长满矮草；而梯田田埂比较矮小，土质疏松，易于辨认。在这里有一段三十余米长的山岗，被雨水冲出三道很深的大沟，那里的土埂被横向冲断，在所有沟壁上都有残留的土埂断面。这些深沟至少已形成几十年或几百年，显然这条土埂是长城遗存无疑；而在大沟附近，梯田田埂都没修到沟边，留有一定距离——我们调查所见，大都距沟一两米不等，可知这样的田埂是在有深沟之后所修，为近年治山所为，而不是长城遗存。过沟后，长城遗存土埂仍在田地中延伸，此处未修梯田。延伸五十余米后，土埂被扒平，种上了玉米，但地面相应位置的隆起仍很明显。又向东去，经过一个地段后，又有梯田，至冷家洼子屯南，然后向东下了山坡，农田的地垄改为南北向。至平地，长城遗迹不显。再往东，是宽达三百多米的河套，河中有水，不见长城遗迹。过河后，我们登上东岸的山岗，在山岗北坡上有个村庄——南山屯。

南山屯，属于其北的阿哈来村。屯南的山头很多，当地人称之为“九头山”。那里到处都是梯田，布满山岗。我们在众多田埂中仔细辨认，最后认出其间一道是长城遗存，它向东延伸出去，长达三里余——这个长度不是梯田田埂所能达到的，只有长城遗存才能有此现象。长城东去，直至孟家窝堡屯。

孟家窝堡屯，属于旧庙镇阿哈来村。阿哈来村在阿哈来河北岸，河上有旧庙镇至阜新的公路——由该村向南过阿哈来河大桥。孟家窝堡屯在公路东边，从该屯出来，过一条季节性河流（此河是从新丘村、四方庙子村下来的那条河，它向北流，在阿哈来村汇入西来的季节性河流中）后，在孟家窝堡屯东北方，有一道山岗，距该屯不到二里。在山岗西坡上即有土棱状长城遗存，它南接南山屯方向的长城遗存。此山岗上下均有松树，长城遗存在树林南端不甚明显，北去较为清晰（图 1-2-105 ~ 图 1-2-107），延伸至山岗北端随山岗转向东去，其地属于阿哈来村。

图 1-2-98　阜新县旧庙镇海力板村南山北坡上的西部北线长城遗存（自东向西拍摄）

图 1-2-99　阜新县旧庙镇海力板村南山北坡上的西部北线长城遗存

图 1-2-100　阜新县旧庙镇海力板村南山北坡上的西部北线长城遗存

图 1-2-101　阜新县旧庙镇海力板村南山北坡上的西部北线长城遗存

图 1-2-102　阜新县旧庙镇海力板村南山北坡上的西部北线长城遗存

图 1-2-103　阜新县旧庙镇海力板村东之南山北坡上的西部北线长城遗存

图 1-2-104 阜新县旧庙镇海力板村东之南山北坡上的西部北线长城墙体遗存断面

图 1-2-105 阜新县旧庙镇阿哈来村孟家窝堡屯东山西坡上的西部北线长城遗存（南段，自北向南拍摄）

图 1-2-106　阜新县旧庙镇阿哈来村孟家窝堡屯东山西坡上的西部北线长城遗存（中段）

图 1-2-107 阜新县旧庙镇阿哈来村孟家窝堡屯东山西坡上的西部北线长城遗存（北段，已被耕种扒平）

长城过孟家窝堡屯后到阿哈来村东南，在过一个山岗（图 1-2-108 ~ 图 1-2-110）后，又上另一山岗。我们在此山岗北边发现一座城址，长城在城址北面东西向通过，南距北城墙五十米。山岗顶部较为平坦，上面有三棵老榆树，树龄至少有百余年，树干粗大，枝叶茂密，很是特别，因此当地人称此山为“三棵树山”。此处的长城上下都是松树。由此往东，山坡较缓，山岗也向南退缩，山坡都已被耕种，长城在山岗上向东延伸，过锅底山后，长城的走向还很明显。再往东，至邵家窝堡屯南。

阿哈来村东南三棵树山城址，平面呈不等边五边形，北城墙长六十米，南城墙长七十米，东城墙长一百二十米（图 1-2-111），东北角城墙长二十八米，西城墙长八十五米——在东城墙北端折角处，另筑出一道弯墙。城址内遗物有夹砂陶鬲足，因此这应是一座青铜时代城址。

邵家窝堡屯，西南是阿哈来村，东南是满汉营子。在邵家窝堡屯西南有座山岗，当地人称之为“锅底山”。长城过锅底山后，走向平地，那里有一座土筑烽燧址，再往东，俱为耕地，再向东，即为由南边新丘村、四方庙子村流过来的那条季节性河流。河西这面由于多年耕种，地面较平，长城遗迹不甚明显，但河东就是由新丘村、四方庙子村至满汉营子村的长城，则此长城当在此与其会合，成为一道长城了。

发现两道长城，即燕北外线长城与内线长城在阜新县满汉营子村会合后，笔者又在当地进行了扩展考古调查，于其他地方再无长城发现。由此可知，长城自此以一道形态向东延伸。

笔者将在《第四章　东部同线长城——战国燕、秦、汉、西晋长城考古调查发现（一）》中，记述自满汉营子村起，经平安地村至后二十家子屯的东线长城在今阜新县的走向，然后该长城进入今彰武县。其后，笔者将继续记述这道长城在今彰武县境内的走向，以及战国燕、秦、汉、西晋各时期共用的长城线段的考古调查发现情况。

图 1-2-108　阜新县旧庙镇阿哈来村东南山岗北坡上的西部北线长城遗存

图 1-2-109　考古工作者在阜新县旧庙镇阿哈来村南山北坡上进行西部北线长城考古调查

图 1-2-110　阜新县旧庙镇阿哈来村南山北坡上的西部北线长城遗存及城墙遗存被切开露出的断面

图 1-2-111　阜新县旧庙镇阿哈来村东南三棵树山城址的东城墙遗存

## 二、西部北线长城建置年代辨析

关于东北地区西南部最北的这道长城——西部北线长城的年代，各家调查的结论，基本上都认为它是秦代的，即秦始皇时修筑的长城。

河北省的调查报告的意见是："第一道长城，也是我省最北面的一道长城，和赤峰北面的一道长城相衔接，是秦始皇统一六国时（公元前221年）蒙恬所筑，一些地段为晚期缮治。""关于第一道长城之时代主要是秦。"①

内蒙古自治区的调查报告关于这道长城的年代的说法是："赤北长城可能是秦统一以后的建筑。"②

辽宁省的调查报告对这道长城的意见是："北线长城的时代：在北线长城沿线采集到的文物标本，多为战国与秦代的文物。……这些都说明北线长城沿线均遗留有秦代文物。由此可以看出，秦灭燕后，其势力迅速向北推移。辽西、右北平郡仍是当时北方重镇，故统一的度量衡很快就在这里得到实行。所以北线长城应是秦统一后修筑的。""有不少学者认为秦长城大抵因秦昭王、赵、燕长城之旧，加以修缮，连接为一，其实不然。由于军事上的胜利，领地不断扩张，秦长城的某些地段大大向北推进。"③

实际上对于这道长城的年代，只认为它是秦代，即在秦始皇统一六国、势力迅速扩张后所修筑的这种意见，是值得商榷的。这道长城是考古调查发现的，在发现长城的同时，各地普遍都在这道长城沿线附近及其以内地区，发现了战国时期燕国的遗迹、遗物，从20世纪40年代发现这道长城时起直到现在，各省、自治区进行的考古调查，所有的调查者都曾亲身经历过，并都写进他们所发表的调查报告里。既然这道长城沿线是燕、秦文物并存，那么为什么在有燕国遗迹和文物的情况下，就说这道长城只是秦代修筑的呢？它与燕国无关吗？我们知道，确定一个本身没有明确年代标示的遗迹时，主要不是要依靠和其共生或伴存的有时代特点的遗物吗？燕、秦文物共同标志着这道长城的年代，若说它不是燕国修筑的，恐怕也讲不通吧！以前笔者曾提出过这个问题，并详加论述，认为它首先是燕国修筑的，秦始皇统一六国后修筑长城时加以利用（详情见笔者过去发

① 郑绍宗：《河北省战国、秦、汉时期古长城和城障遗址》，《中国古代长城遗迹调查报告集》，北京：文物出版社1981年2月版。

并见布尼阿林：《河北省围场县燕秦长城调查报告》，同上调查报告集。

② 项春松：《昭乌达盟燕秦长城遗址调查报告》，《中国古代长城遗迹调查报告集》，北京：文物出版社1981年2月版。

③ 李庆发、张克举：《辽西地区燕秦长城调查报告》，《辽海文物学刊》1991年第2期。

表的《东北古代长城考辨》[①]一文，于此不再重述）。因此，笔者对其结论是：这道长城，应为燕将秦开却东胡筑长城之后，国力强盛，拓展领土，由于防御需要所修筑的；秦始皇统一六国后，缮治秦、赵、燕三国长城，就对燕国这道位于最北的长城加以修缮和利用，因而这道长城也是秦始皇长城。2003年出版的《中国文物地图集·内蒙古自治区分册》在确定这道长城的年代时，采纳了笔者的意见，将其定为“燕北外长城”，并在其条目的最后说：“秦代沿用。”[②]这个意见是对的，表明了它最初的修筑年代及后来的沿用情况。

汉代继秦立国，疆域无大变化，并且汉代也有长城。但由于在楚汉相争时，匈奴强大起来，东破东胡，“既归，西击走月氏，南并楼烦、白羊河南王，悉复收秦所使蒙恬所夺匈奴地者，与汉关故河南塞，至朝那、肤施，遂侵燕、代”[③]。这说明汉代长城仍是旧线[④]。后匈奴破败，汉代的“北边塞至辽东”，当为旧线，又“汉承秦制”——此语对长城亦如是。秦建三十六郡，前汉时无增减，尤其是在前汉初年更是如此。因此可知，在东北地区西部，前汉初期的长城，就是沿用秦长城，也就是燕北外长城。

① 冯永谦：《东北古代长城考辨》，《东北亚历史文化》，沈阳：辽沈书社1991年12月版。

② 国家文物局主编：《中国文物地图集·内蒙古自治区分册》，西安：西安地图出版社2003年11月版。

③ 班固：《汉书》卷九十四上《匈奴传上》，北京：中华书局点校本1962年6月版，第3750页。

④ 班固：《汉书》卷九十四上《匈奴传上》载：“是后韩信为匈奴将，及赵利、王黄等数背约，侵盗代、雁门、云中。居无几何，陈豨反，与韩信合谋击代。汉使樊哙往击之，复收代、雁门、云中郡县，不出塞。”（北京：中华书局点校本1962年6月版，第3754页）这是在汉初的情况，说明其有长城，且军不出塞，即不出长城。此长城当为燕秦长城旧线，不是汉初自筑的长城。

# 第三章

# 西部南线长城——后汉、西晋长城考古调查发现

在东北地区西南部，各省、自治区在不同地段进行的考古调查，都发现有一道很明显的长城与上述中线长城、北线长城的调查发现有所不同，不仅其位置在它们的南面，自成一线，而且其结构特点亦甚突出，形制似较简单，以墩台和沟、墙为主，遂引起考古工作者的注意，认为这是一道过去所不知道、新发现的长城。

## 一、西部南线长城考古调查发现

这道长城，是东北地区西南部三道早期长城中最南边的一道，在今河北省、内蒙古自治区、辽宁省都有发现，线路比较清楚，遗迹明显（见第 1395 页图 1– 附录 –1）。

### （一）西部南线长城在河北省丰宁县、滦平县、隆化县、承德县的考古调查发现

此道长城在今河北省自西向东延伸，考古调查在承德地区发现两个分支：西支，由今丰宁县化吉营乡、凤山乡东去；南支，由今滦平县小营乡、哈巴气乡北去。它们俱进入今隆化县，在隆化县十八里汰乡相会，合为一道，然后以稍偏东南方向向前延伸，经韩麻营乡、中关乡，进入今承德县。进入承德县后，这道长城转向东北去，经头沟、前庙、三家、志云、三道沟门各乡，进入今内蒙古自治区宁城县。

具体说来，这道长城河北省段的考古调查发现，如果说从今隆化县起，其遗存情况是有的地段有长城墙体，有的地段未见墙体，仅存墩台。考古调查发现的情况是："此长城东面自内蒙古宁城县大营子一带进入河北省承德县三道沟门公社獾子沟车子梁，西南行至志云公社双庙梁，高一点五米，宽八至十米，存长约十五公里，大部为土筑，有的地方以石为基，上为夯土，长城附近有墩台。从志云西行，长城变为墩台形式，即不筑城墙，而是相距两公里筑墩台一座。墩台西行经三家公社北山包、雹神庙后山……步古沟公社柳官营，在隆化西部的小滦河川自北而南又出现墩台。南行经二道营，至三道

营复出现长城三点五公里，然后又仅有墩台，南行到郭家屯河北……”①

## （二）西部南线长城在内蒙古自治区宁城县、喀喇沁旗的考古调查发现

这道长城进入今内蒙古自治区宁城县后，在该县西境基本作东西走向，经黑里河、西泉、头道营子各乡，方向未改变，及至甸子乡后，转向北行，经热水乡至八里罕镇，然后又转向东北行，经存金沟、三座店、大城子、小城子各乡镇，进入今喀喇沁旗。这道长城自南而北进入今喀喇沁旗西桥乡后，复转向东去，不久又折向东北，经乃林乡至昌盛远乡，然后过老哈河，进入今辽宁省建平县。

内蒙古自治区对这道长城调查的结果是：“西自河北省承德县进入本（宁城）县黑里河乡境内，自大松树沟西大山沿黑里河向东伸延，经西泉乡、头道营子乡，至甸子乡黑城子村西山坡折向北行，经热水乡、八里罕镇，翻越山梁进入存金沟乡，再沿坤都伦河右岸向东北伸延，经三座店乡、大城子镇、小城子镇进入喀喇沁旗西桥乡境内，全长约一百二十五公里。另有支线一条，南起自三座店乡敖汉营子村北，先向西北行，在大城子镇折向东北行，至小城子镇与主线会合，全长约十五公里。城墙大部分为夯筑土墙，局部为土石混筑，基宽六至七米，高零点五至一点五米。部分地段墙外侧有壕沟，宽约三米，深约一米。”

这道长城出今宁城县后又向东延伸，进入今喀喇沁旗：“西南自宁城县小城子镇小五家村进入本（喀喇沁）旗西桥乡二道营子村境内，自坤都营子折向东行，经火石山村、乃林镇折向北，经柳灌村再折向东，经昌盛远乡甸子村南进入辽宁省建平县境内，全长约三十公里。夯筑土墙，残基宽六至七米，高零点五至一米。墙外侧有壕，残宽六至十米，深一至一点五米。”②

## （三）西部南线长城在辽宁省建平县的考古调查发现

这道长城由今内蒙古自治区喀喇沁旗进入今辽宁省建平县后，考古工作者在建平县境内发现存有前、后两段长城：前段从山根村起，至朱碌科村止；后段则在老虎山上，然后进入今内蒙古敖汉旗（见第 1397 页图 1– 附录 –3）。

### 1. 山根村至朱碌科村的长城

长城由今内蒙古喀喇沁旗跨过北流的老哈河进入今辽宁省建平县后，从昌隆永镇（原八家子建平县国营农场）山根村起，向东南方向延伸，经昌隆永镇、奎德素镇、张家营子镇，

① 郑绍宗：《河北省战国、秦、汉时期古长城和城障遗址》，《中国长城遗迹调查报告集》，北京：文物出版社 1981 年 2 月版。

② 项春松：《昭乌达盟燕秦长城遗址调查报告》，《中国长城遗迹调查报告集》，北京：文物出版社 1981 年 2 月版。

至榆树林子镇的炮手营子村，在将要进入朱碌科镇朱碌科村的地方，遗迹不见。

经过调查发现，这道长城由今内蒙古喀喇沁旗进入今辽宁省建平县后，在建平县分布的长度有一百三十余里，有五十座烽燧址。这些烽燧址为土筑，现在均已颓坍，从其颓坍形状呈馒头状土丘看，原烽燧址应该是圆形。在烽燧址上或其周围地面，均发现有灰色绳纹瓦片和各种陶器片，其年代均为汉代。在烽燧址间有土墙，墙外有深沟，这是取土筑墙的遗留物。深沟与高墙相叠加，增强了防守的能力。有的地段烽燧址并不在墙体上，而是离开墙体单独存在。

这道长城过老哈河后在东岸今辽宁省建平县内的具体走向是，从建平县昌隆永镇山根村起，向东南延伸，依次为：

（1）小五家子屯南烽燧址，在昌隆永镇山根村小五家子屯南一百五十米处，台址现已颓坍，存高三点五米，底部坍宽直径十八米。

（2）从家湾屯东南烽燧址，在昌隆永镇山根村从家湾子屯东南一百五十米山岗顶部，台址现已颓坍，存高三米，底部坍宽直径十二米。

（3）从家湾屯东南烽燧址，在昌隆永镇山根村从家湾子屯东南一千米，台址现已颓坍，存高二点五米，底部坍宽直径十二米。

（4）平房子村东北烽燧址，在昌隆永镇平房子村（村委会驻机房沟屯）东北五百米，台址现已颓坍，存高三点五米，底部坍宽直径十五米（图 1-3-1）。

（5）平房子村东北烽燧址，在昌隆永镇平房子村东北一千五百米，台址现已颓坍，存高四米，底部坍宽直径十二米。

（6）机房沟屯西北烽燧址，在昌隆永镇平房子村机房沟屯西北八百米，台址现已颓坍，存高四米，底部坍宽直径十八米。

（7）四家子屯东南烽燧址，在昌隆永镇平房子村四家子屯东南一百五十米，台址现已颓坍，存高一点五米，底部坍宽直径十四米。

（8）单家窝铺屯东烽燧址，在昌隆永镇平房子村单家窝铺屯东七百五十米，台址现已颓坍，存高二点五米，底部坍宽直径十四米。

（9）龙台号屯南烽燧址，在昌隆永镇平房子村龙台号屯南一千五百米，台址现已颓坍，存高二点六米，底部坍宽直径十七米。

（10）哈塘沟屯西北烽燧址，在奎德素镇土木营子村哈塘沟屯西北七百五十米，台址现已颓坍，存高三米，底部坍宽直径十六米。

（11）东五家子东北烽燧址，在奎德素镇大三家子村东五家子屯东北二百米，台址现已颓坍，存高二点四米，底部坍宽直径十八米（图 1-3-2）。

（12）东五家子屯东烽燧址，在奎德素镇大三家子村东五家子屯东六百米，台址现

图 1-3-1　建平县昌隆永镇平房村北的西部南线长城烽燧址

图 1-3-2　建平县奎德素镇大三家子村东五家子屯东北的西部南线长城烽燧址

已颓坍，存高三点二米，底部坍宽直径十五米。

（13）程家湾子屯东南烽燧址，在奎德素镇大三家子村程家湾子屯东南五百米，台址现已颓坍，存高二点九米，底部坍宽直径十五米。

（14）岳家洼子屯东南烽燧址，在奎德素镇那立奈村岳家洼子屯东南七百五十米，台址现已颓坍，存高三点五米，底部坍宽直径十四米。

（15）油房地屯西北烽燧址，在奎德素镇大窝铺村油房地屯西北一千二百米，台址现已颓坍，存高二米，底部坍宽直径十五米。

（16）油房地屯内烽燧址，在奎德素镇大窝铺村油房地屯内，台址现已颓坍，存高两米，底部坍宽直径八米。

（17）油房地屯东南烽燧址，在奎德素镇大窝铺村油房地屯东南一千五百米，台址现已颓坍，存高三米，底部坍宽直径十六米。

（18）高家洼子屯北烽燧址，在奎德素镇大窝铺村高家洼子屯北五百米，台址现已颓坍，存高二点六米，底部坍宽直径十七米。

高家洼子屯，现存长城墙体，从村西北距村五百米处起，向东南延伸，中间经屯北烽燧址。此地处于山坡下边，坡度较缓，现已辟为农田，耕种侵及长城，墙体被蚕食，仅存一道较窄土棱（图 1–3–3），渐至山岗坡下，墙体保存较好，上山岗后，墙体更为完整（图 1–3–4 ~图 1–3–6），仅是颓坍，形体高大，呈丘垄状，坍宽八米，存高两米（图 1–3–7、图 1–3–8）。在山岗上，于长城墙体中间有一墙台址，为高大圆丘（图 1–3–9）。此山岗不高，是地面隆起的丘陵岗地，其顶部较平，没有耕种，遍栽松树，但长城墙体上未栽，只在长城两侧有树，因此长城得到保护。长城上山后，继续向东南方向去，走下山岗东坡（图 1–3–10），继续向前延伸（图 1–3–11），山岗下的平地均为农田，长城遭到平毁，其北面有沟。我们调查时，在一村民家中见到在长城上捡到的一件汉代铜镞（图 1–3–12）。

（19）高家洼子屯东北烽燧址，在奎德素镇大窝铺村高家洼子屯东北五百米，即在有长城墙体的山岗上，台址在长城北面/外侧，现已颓坍，存高四米，底部坍宽直径十米（图 1–3–13、图 1–3–14）。

（20）高家洼子屯北烽燧址，在奎德素镇大窝铺村高家洼子屯北一千五百米，台址现已颓坍，存高三点五米，底部坍宽直径十七米（图 1–3–15）。

（21）南山屯南烽燧址，在张家营子镇姚家窝铺村南山屯南一千五百米，台址现已颓坍，存高三米，底部坍宽直径十二米（图 1–3–16）。

（22）徐家沟屯西南烽燧址，在张家营子镇海棠村徐家沟屯西南七百米，台址现已颓坍，存高三点五米，底部坍宽直径十米。

（23）徐家沟屯南烽燧址，在张家营子镇海棠村徐家沟屯南一千米，台址现已颓坍，

图 1-3-3　建平县奎德素镇大窝铺村高家洼子屯北的西部南线长城遗存

图 1-3-4　考古工作者在建平县奎德素镇大窝铺村高家洼子屯西北山岗东部进行西部南线长城遗址考古调查

图 1-3-5 考古工作者在建平县奎德素镇大窝铺村高家洼子屯西北进行西部南线长城考古调查

图 1-3-6　建平县奎德素镇大窝铺村高家洼子屯西北山岗上的西部南线长城遗存

图 1-3-7 建平县奎德素镇大窝铺村高家洼子屯西北的西部南线长城遗存

图 1-3-8　建平县奎德素镇大窝铺村高家洼子屯西北山岗顶部的西部南线长城遗存

图 1-3-9　建平县奎德素镇大窝铺村高家洼子屯西北的西部南线长城墙台址

图 1-3-10　建平县奎德素镇大窝铺村高家洼子屯西北山岗东坡下的西部南线长城遗存

图 1-3-11　建平县奎德素镇大窝铺村高家洼子屯西北的西部南线长城遗存

图 1-3-12　在建平县奎德素镇大窝铺村高家洼子屯东北烽燧址出土、保存在村民家中的汉代铜镞

图 1-3-13　建平县奎德素镇大窝铺村高家洼子屯东北、西部南线长城遗存北侧的烽燧址（1978年拍摄）

图 1-3-14　建平县奎德素镇大窝铺村高家洼子屯东北的西部南线长城烽燧址（2013 年拍摄）

图 1-3-15 建平县奎德素镇大窝铺村高家洼子屯北的西部南线长城北侧烽燧址（从长城上向北拍摄，烽燧址在树林外）

图 1-3-16　建平县张家营子镇姚家窝铺村南山屯南山坡上的西部南线长城烽燧址

存高四米，底部坍宽直径六米。

（24）徐家沟东南烽燧址，在张家营子镇海棠村徐家沟屯东南七百五十米，台址现已颓坍，存高三米，底部坍宽直径十二米。

（25）徐家沟屯东南烽燧址，在张家营子镇海棠村徐家沟屯东南一千米，台址现已颓坍，存高二点二米，底部坍宽直径十米。

（26）孟家窝铺屯北烽燧址，在张家营子镇下七家子村孟家窝铺屯北四百米，台址现已颓坍，存高三点二米，底部坍宽现存直径五米。

（27）孟家窝铺屯东北烽燧址，在张家营子镇下七家子村孟家窝铺屯东北五百米，台址现已颓坍，存高三米，底部坍宽现存直径四点五米。

（28）孟家窝铺屯东北烽燧址，在张家营子镇下七家子村孟家窝铺屯东北两千米，台址现已颓坍，存高四米，底部坍宽直径十二米。

（29）孟家窝铺屯东北烽燧址，在张家营子镇下七家子村孟家窝铺屯东北两千五百米，台址现已颓坍，存高四点五米，底部坍宽直径十米。

（30）孟家窝铺屯东北烽燧址，在张家营子镇下七家子村孟家窝铺屯东北三千米，台址现已颓坍，存高三米，底部坍宽直径十三米。

（31）上七家子屯北烽燧址，在张家营子镇下七家子村上七家子屯北一千三百米，台址现已颓坍，存高三米，底部坍宽直径十八米（图 1-3-17）。

（32）西张家营子屯北烽燧址，在张家营子镇西张家营子屯北一千米，台址现已颓坍，存高三米，底部坍宽直径十八米（图 1–3–18）。在此烽燧址的东、西两侧均有长城墙体，其西边两百余米处，有一大深沟横断墙体，在沟崖壁面上留有长城外侧掘土形成的壕沟被土淤平的断面痕迹。

（33）张家营子镇张家营子村现残存一座战国、汉代城址（图 1–3–19）。在村北一千五百米松树山山顶，有长城和烽燧址。此烽燧址保存完整，结构也非常明显，是这道长城中最典型的烽燧址。烽燧址所在的山不是高山，而是一个略比周围地面突起的平缓山丘，因其顶部没有被耕种，而是遍植松树，故当地人称之为“松树山”。在松树山的西面，是前述西张家营子屯北烽燧址。由此烽燧址东去，是耕地，在地表可见微微隆起的土埂，直奔松树山，在其西坡的松林中，有现已颓坍、呈高大土岗状的长城墙体（图 1–3–20），坍宽七点五米，存高二点七米（图 1–3–21、图 1–3–22）。此墙体向上延伸，至松树山山顶，那里地面较平，而且宽敞，四处张望，可以看得很远。在此处有一座圆形烽燧址，保存较好（图 1–3–23、图 1–3–24），在台址四周有一道圆形围墙，成为屏障，将烽燧址掩护起来（图 1–3–25）。现台址与围墙均已颓坍，但其结构、形状仍很明显呈现出来（图 1–3–26）。在围墙东侧接壁筑起的长城墙体（图 1–3–27），一直向东延伸（图 1–3–28），至山顶中部，转弯向南，此处有一座烽燧址（图 1–3–29）。至山坡下边，因为耕种，长城墙体早已被扒平，长城迹象不显，只可见原壕沟处地面微凹。在长城南面，为前苏州营子东北烽燧址（图 1–3–30）。

（34）前苏州营子屯东烽燧址，在张家营子镇七官营子村前苏州营子屯东五百米，台址现已颓坍，存高五米，底部坍宽直径十六米（图 1–3–31）。

（35）前苏州营子屯东北烽燧址，在张家营子镇七官营子村前苏州营子屯东北五百米，台址现已颓坍，存高四米，底部坍宽直径十六米（图 1–3–32 ~ 图 1–3–34）。

（36）七官营子村东烽燧址，在张家营子镇七官营子村东一千五百米，台址现已颓坍，存高四点七米，底部坍宽直径十五米。

（37）瓦匠沟屯南烽燧址，在张家营子镇七官营子村瓦匠沟屯南，台址现已颓坍，存高四点五米，底部坍宽直径十四米。

（38）窑东屯东北烽燧址，在张家营子镇七官营子村窑东屯东北三百米，台址现已颓坍，存高四米，底部坍宽直径十四米。

（39）西营子屯西北烽燧址，在张家营子镇勿心吐鲁村西营子屯西北两百米，台址现已颓坍，存高三点五米，底部坍宽直径十三米。

（40）草帽山屯北烽燧址，在张家营子镇青山村草帽山屯北草帽山顶部，台址现已颓坍，存高三点八米，底部坍宽直径十五米。

图 1-3-17 建平县张家营子镇下七家子村上七家子屯北的西部南线长城烽燧址

图 1-3-18　建平县张家营子镇西张家营子屯北的西部南线长城烽燧址

图 1-3-19　建平县张家营子镇张家营子村战国燕、汉代城址的东城墙和北城墙遗存

（41）东沟屯西烽燧址，在张家营子镇青山村东沟屯西一千米，台址现已颓坍，存高四米，底部坍宽直径十六米。

（42）东沟屯西南烽燧址，在张家营子镇青山村东沟屯西南五百米，台址现已颓坍，存高三点五米，底部坍宽直径十五米。

（43）毛大坝屯东烽燧址，在张家营子镇青山村毛大坝屯东一千米，台址现已颓坍，存高两米，底部坍宽直径十五米。

（44）大石佛沟屯北烽燧址，在榆树林子镇大石佛沟屯北一千五百米，台址现已颓坍，存高两米，底部坍宽直径二十米。

（45）疙瘩窝铺屯西烽燧址，在榆树林子镇房身村疙瘩窝铺屯西五百米，台址现已颓坍，存高一点八米，底部坍宽直径十二米。

（46）窑上屯东北烽燧址，在榆树林子镇郝家杖子村窑上屯东北三百米，台址现已颓坍，存高三米，底部坍宽直径十五米。

（47）窑上屯东烽燧址，在榆树林子镇郝家杖子村窑上屯东八百米，台址现已颓坍，存高一米，底部坍宽直径二十三米。

（48）小桃吐屯东南烽燧址，在榆树林子镇郝家杖子村小桃吐屯东南三百米，台址现已颓坍，存高三米，底部坍宽直径十五米。

（49）大西营子屯东烽燧址，在榆树林子镇榆树林子村大西营子屯东三十米，台址

图 1-3-20　建平县张家营子镇张家营子村北松树山山顶烽燧址西面的西部南线长城遗存

图 1-3-21　建平县张家营子镇张家营子村北松树山西坡上的西部南线长城遗存

图 1-3-22　建平县张家营子镇张家营子村北松树山山顶烽燧址西面的西部南线长城遗存

图 1-3-23　建平县张家营子镇张家营子村北松树山山顶的西部南线长城烽燧址

图 1-3-24　建平县张家营子镇张家营子村北松树山山顶的西部南线长城烽燧址

图 1-3-25　建平县张家营子镇张家营子村北松树山山顶的西部南线长城烽燧址及其外部围墙遗存

图 1-3-26　建平县张家营子镇张家营子村北松树山山顶的西部南线长城烽燧址及其外部围墙遗存

图 1-3-27　建平县张家营子镇张家营子村北松树山南坡上在烽燧址围墙东侧接壁修筑的西部南线长城遗存

图 1-3-28　建平县张家营子镇张家营子村北松树山南坡上东西走向的西部南线长城遗存

图 1-3-29　建平县张家营子镇张家营子村北松树山山顶的西部南线长城烽燧址

图 1-3-30　建平县张家营子镇七官营子村前苏州营子屯东北的西部南线长城一号、二号烽燧址（1978 年拍摄）

图 1-3-31　建平县张家营子镇七官营子村前苏州营子屯东的西部南线长城烽一号烽燧址

图 1-3-32　考古工作者在建平县张家营子镇七官营子村前苏州营子屯东北对西部南线长城二号烽燧址进行考古调查

图 1-3-33　建平县张家营子镇前苏州营子屯东北的西部南线长城二号烽燧址

图 1-3-34　建平县张家营子镇前苏州营子屯东北的西部南线长城二号烽燧址盗洞，在那里可见烽燧址夯层结构

现已颓坍，存高两米，底部坍宽直径十米。

（50）榆树林子镇政府东北烽燧址，在榆树林子镇政府东北一百米，台址现已颓坍，存高三米，底部坍宽直径十六米。

这道以突出墩台为特点的长城在建平县的总体走向情况是：由昌隆永镇山根村向东南方向延伸，经平房子村进入奎德素镇，经土木营子村、大三家子村、那立奈村、大窝铺村进入张家营子镇，经姚家窝铺村、海棠村、下七家子村、七官营子村、勿心吐鲁村、青山村，进入榆树林子镇，经大佛沟村、孤山子村、郝家杖子村、榆树林子村至炮手营子村，在即将进入朱碌科镇朱碌科村的地方，遗迹不见了。这一道长城在建平境内共发现墩台五十座。这些墩台都已颓坍了，存高二到五米。在地面上，原来各墩台之间有沟和墙相连接，但现在大部分沟已被淤平，只是还略有形迹可见。张家营子镇七官营子村前苏州营子屯东墩台北部的沟壕清晰，张家营子村北山顶上现在还有城墙保存[①]，高家洼子屯的长城墙体是最明显的。

这道长城的建筑结构非常有特点，尤其是现存于建平县境内的这一段，更具有代表性。首先，它的“墩台”非常突出，有点儿类似于河北省隆化县长城的情况，但也有区别，即在墩台之间有沟壕相连接，这又有点儿像内蒙古宁城县、喀喇沁旗长城的结构。

近年，当笔者在二十多年后再次去建平考古调查长城时，原来在张家营子镇七官营子村前苏州营子屯东南、北两座台址之间很清晰的沟壕遗迹，看不见了。经过多年耕种和前些年进行的土地深翻与土地平整，那条沟已经被填平了。仅过了二十多年时间，就发生了沧海桑田般变化，令人不无感叹。可见调查长城如不抓紧进行，实在堪忧。不过，笔者在此次调查中有了新的发现：在过去未曾注意的张家营子村北的山坡上很长的地段，发现了在墩台之间挖的沟和修建的墙，也就是外侧有沟，内侧筑墙，并且在山顶墩台的四周修有围墙，长城的墙就接筑于围墙上。据此可知，这道长城并非仅由墩台构成，而是在墩台之间有城墙与壕沟相连接。掘土筑墙，在筑成墙体的同时，在墙体外侧也就留下了深沟。但在经历千百年后，至今墙体颓坍、被毁，壕沟渐被淤平，遗迹不显，就只有墩台突出了，以至于给人造成这道长城是由墩台构成的误解。

2. 老虎山上的长城遗迹

在朱碌科镇朱碌科村东北不远处的老虎山上，在喀喇沁镇之东，即建平县、敖汉旗和朝阳县三县旗的交界处（地属敖汉旗），发现一段长城。修筑在山上的这段长城，因山脊地形关系，作西南至东北走向，其所在地的东北面今归属敖汉旗四家子乡。长城前端发现于老虎山上（图 1-3-35），山体连绵，分布很长，有多个山头（图 1-3-36 ~ 图 1-3-39）。此山在当地很突出，长城由山坡爬上山头，再从山头下去，经一段山岗后，又爬上另一座

① 冯永谦、何溥滢：《辽宁古长城》，沈阳：辽宁人民出版社 1986 年 3 月版，第 54 页。

图 1–3–35　考古工作者在建平县喀喇沁镇老虎山上调查西部南线长城遗迹

山头，如此行下奔上，蜿蜒起伏，很有气势（图 1–3–40 ～图 1–3–43）。长城墙体为石砌，现在虽已颓毁，仅余残存石块，但其在山上的走势，仍很壮观（图 1–3–44 ～图 1–3–47）。下老虎山后，长城又奔上羊山。但在羊山之后，长城遗迹不清，经过多次调查都没有再发现长城遗迹。根据当地的地理环境，长城下山后，应该是至平地了，而在其北面和东面不远处，就是燕北内长城和同线汉武帝长城，则老虎山上的这段长城可能向东北方延伸，最后与燕北内长城合并为一道，然后东去。

这道作东西向分布于今河北、内蒙古和辽宁三省区的东北地区西部南线长城，实际上是属于不同时代、可以连接起来的一道长城。这道长城在今内蒙古宁城县、喀喇沁旗和辽宁省建平县的区段，历年来相关省区文物考古工作者都作过调查，笔者前后也曾多次在不同线段调查过，但关于它的年代辨识，笔者认为既往的结论不够确切，因此还需深入研究。现将笔者的考证意见，说明于下。

图 1-3-36　建平县喀喇沁镇老虎山上的西部南线长城遗迹屈曲直上山顶

图 1-3-37　考古工作者在调查记录建平县喀喇沁镇老虎山上的西部南线长城遗迹

图 1-3-38　建平县喀喇沁镇老虎山上的西部南线长城遗迹（半山有人处）

图 1-3-39　建平县喀喇沁镇老虎山上的西部南线长城遗迹（从眼前起上左侧山顶）

图 1-3-40　建平县喀喇沁镇老虎山上的西部南线长城遗迹（左侧半山有人处）

图 1-3-41　建平县喀喇沁镇老虎山上的西部南线长城遗迹

图 1-3-42　建平县喀喇沁镇老虎山上的西部南线长城遗迹

图 1-3-43　建平县喀喇沁镇老虎山上的西部南线长城遗迹

图 1-3-44　建平县喀喇沁镇老虎山上的西部南线长城遗迹

图 1-3-45　建平县喀喇沁镇老虎山上的西部南线长城遗迹

图 1-3-46　建平县喀喇沁镇老虎山上的西部南线长城遗迹

图 1-3-47　建平县喀喇沁镇老虎山上的西部南线长城遗迹

## 二、西部南线长城的结构特点与建置年代辨析

西部南线长城问题的探讨，有二事需要明确：一是该长城的结构是什么样的，二是其建置年代，即修筑时间和沿用问题。

### （一）西部南线长城的结构特点

关于西部南线长城的结构特点，过去笔者就曾提出过不同的看法：它不是如调查者所说的由“墩台组成的长城”，而是由墩台和墙体、深沟相互衔接构成的长城。这一观点在笔者此前出版的《辽宁古长城》一书中有过记述①。但随着调查的深入，陆续有新的发现，笔者对其结构的认识也更加明晰起来：这道长城并非只由单一墩台组成，而是有墙体连接墩台的；墩台很高大，因此保存较好，即使颓坍，仍很明显；墙体颓坍后其外侧的沟被填平，因此后世不显。修筑长城，挖沟取土筑墙是很方便、较易完成的，因此多用此法。并且挖沟筑墙，一举两得——一方面筑墙，另一方面挖出的深沟也增强了城墙的防御能力。

这道墩台线的走向虽是向东南延伸的，但其基本方向是东西横向分布的，不具备向内地指挥机关或向朝廷传烽报警的功能，即它没有由长城边防向内地分布的烽燧台址的特征，而是与东西走向的长城作平行分布。因此，这道墩台线就不能被认为是向内地传烽报警的设施，而应是防御侵扰的长城结构。

再次，燕秦汉时期修筑长城，目的是防止北方游牧民族的入侵和骚扰，因此长城作东西走向。长城的这种布局同当年它的防守对象有关。这道墩台线的排列也是这种情况，故它应是长城。

最后，长城的功能是军事防御，可仅由两两相距数里的墩台是构不成防线的，墩台间的空隙太大，谁都可随意在其间进出，使其无法御敌，这样的墩台结构如何能成为边塞？因此，只有在其间挖沟取土筑成墙体，才可能进行防守，才能构成具有防御功能的长城。所以我们不可只看表面现象而忽略了本质。因此笔者说，在建平县发现的这一道长城很重要，它关系到认识长城结构和形式的问题。

至于老虎山上的长城，虽然经考古调查，没有发现它同存在于建平县、从山根村至朱碌科的这道长城遗迹可以直接连接在一起，但笔者经过到老虎山现地进行调查，认为老虎山上的长城和建平县境内的长城是同一道长城。其理由就是：它和这一地区的长城结构相同，特别是在地域上，它和其他各道长城相距甚远，不能衔接，但却与建平的朱碌科村相距很近，而在城墙走向上，老虎山长城为西南至东北走向，其西端恰好与朱碌

① 冯永谦、何溥滢：《辽宁古长城》说：“原来各墩台之间有沟壕相连接，但现在沟壕大部淤平，只是还有形迹可见。张家营子乡苏州营子村东墩台北部沟壕现在还较明显。”（沈阳：辽宁人民出版社1986年3月版，第54页）

科村的长城相接。此外，在老虎山周围，其他地方再无任何长城遗迹，它如不与建平长城相连接，就再无其他长城可以同其相连接了，是一个孤立存在，而这样一小段孤立的长城是无法单独存在的。再者，从老虎山长城的走向看，其东端为向东北方延伸，如它再继续向前延伸，就可同存在于其东面的燕北内长城相衔接，构成一道完整的长城——从调查发现的遗迹看，也确是这种趋势。

## （二）关于西部南线长城的年代问题

关于东北地区西南部最南面的这道长城的年代，过去都认为是汉代。

河北省的考古调查报告说，这道“长城时代较晚，时代属汉，但和西汉武帝太初三年所筑长城似无关系”[①]。

内蒙古的考古调查报告说：“关于老虎山长城，我们推测，老虎山的长城在秦时是继续沿用的。”[②]那么这就提出一个问题：既然此段长城“在秦时是继续沿用的”，那它就应是秦以前修筑的，就应该是战国时期燕国修筑的长城了。这与上述河北省关于此一线上的长城年代“属汉”的结论就不同了，它们不是同一时代的遗迹，就无法衔接了。

辽宁省的考古调查报告说：“通过对采集到的文物和长城结构、形制的分析，确认是一道汉代长城障塞遗存。”[③] 这也是一句很含混的话。将其年代定为“汉代”，是泛指，而“长城障塞”是两个同义词相叠，就让人看不明白了。汉代不同时期均修筑有长城，变化很大。辽宁省的考古调查报告没有说明它是汉代什么时期的，还是没有解决问题，并且又提出它是“长城障塞遗存”，好像它与长城有别，是“障塞”。

笔者以为，这道长城是后汉所筑。后汉时期因国力衰弱，辽西、辽东两郡各失去多个县，辖境退缩，原来的长城没入胡地，新筑长城亦应南退，故形成此道后汉长城。

因此，对西部南线长城的年代问题，我们确实应该进行很好的研究，即使确认它是汉代，也要深入分析，因为汉代存在的历史时间很长，王朝本身也有变化。前汉末年的战乱让生产力遭到破坏，民生困苦，北方民族强大，后汉建国，其实际统治地域、管辖范围在不同时期也有伸缩，尤其是它和北方游牧民族的关系，不同时期也多有不同策略。现在经过考古调查，在这些地区发现多道长城后，其年代问题就更加明显了。各道长城是分别独立存在的，但它们究竟各建于何时，具体到某一道长城为哪个王朝所建，这就不能不让我们慎重考虑了。

---

① 郑绍宗：《河北省战国、秦、汉时期古长城和城障遗址》，《中国古代长城遗迹调查报告集》，北京：文物出版社 1981 年 2 月版。

② 项春松：《昭乌达盟燕秦长城遗址调查报告》，《中国古代长城遗迹调查报告集》，北京：文物出版社 1981 年 2 月版。

③ 李庆发、张克举：《辽宁西部汉代长城调查报告》，《北方文物》1987 年第 2 期。

通过实地考古调查，笔者认为，东北地区西南部最南面的这一道长城是后汉修筑的。因为国力不强，后汉在北方继承前代的郡县至修筑这道长城时已被放弃不少，管辖范围回缩，北方游牧民族南下，其长城也不应还是前代的旧线。如果我们仔细看一下后汉的实际情况，就更清楚了。即使在后汉最强盛时，其北边的土地也丢失得相当多，如位于今河北省东北部、内蒙古自治区东部和辽宁省西部的上谷、渔阳、右北平、辽西诸郡：上谷郡，前汉时辖十五县，后汉时辖八县，少了七县；渔阳郡，前汉时辖十二县，后汉时辖九县，少了三县；右北平郡，前汉时辖十县，后汉时仅辖四县，少了六县；辽西郡，前汉辖十四县，后汉时辖五县，少了九县。每个郡都少了这么多县，可见后汉时北部各边郡的实际辖地是多么狭小，其边界回缩多大了。尤其是处于今承德、赤峰和朝阳地区的右北平郡和辽西郡，边界回缩如此之大，前代长城肯定不能继续利用了，只得另修新线。因此，现在所见东北地区西南部最南边的这一道长城，就应是后汉所筑。而且，由于后汉国力不足，这道长城和其他长城也有所不同——它的结构较为简陋，是用墩台和沟、墙连接而成。这是其最明显之处。另外，在长城上出现墩台，并且这种墩台成为墙体的结构，应是在长城发展史中比较晚的时候才出现的，它当是过去长期战争的经验积累使然，是由于在长期的军事防御体验中，守边将士感到其需要它才可能出现，这也是笔者说它是后汉长城的理由之一。再有更重要的一点，那就是经过多年的考古调查，在这道长城北面，至今还没有发现属于后汉时期的遗存，所见都是燕、秦和前汉时期的，这恐怕是最能说明问题的了——正是因后汉辖地范围的回缩，其势力没有超出这道长城之北，在其北面才没有发现后汉的遗存。因此，分布于今河北、内蒙古和辽宁三省区的三道长城中最南面的这一道长城，应为后汉时期所修筑。

另外，前面说到的老虎山长城，因其长度过短，仅约十里，而且自身不是一道独立的长城，所以笔者认为它应是由今辽宁省建平县昌隆永镇山根村至朱碌科镇朱碌科村的这道长城在朱碌科村东部的接续；又由于老虎山上的长城城墙两端再无其他长城与其相连，以其如此短小的墙体，不可能自成一道独立长城，只能是向东去与燕北内长城相接，因此它当是最南这道长城的组成部分。至于老虎山长城的年代，认为它“在秦时是继续沿用的”，这种说法是不确切的。当时调查者考定其年代的理由，是因为在老虎山北面山下发现有秦代铁权等遗物，于是就认为该长城是秦代的了。我们应该认识到，出有秦代铁权等遗物的这处遗址，是在这道长城之北的小八盖子村，其中有很多战国时期燕国的遗物，因此，这处遗址的时代应属燕、秦时期，不能只称秦代；另外，我们还必须注意到，这处遗址是在这道长城防守的外（北）面，而不是在长城里（南）面，这恰好说明这道长城以北是早年燕、秦的管辖范围，而这与这道长城属于后汉并不矛盾。我们还可以从另一方面来证明：此道长城是后汉时期所修筑的，在它南面是后汉的辖地，在它北面早年是燕、秦的领土，在其北还有两道燕、秦长城，此时后汉已不管理此道长城以北地区，故其统治范围没有到达燕、秦遗址处。因此，在这道长城之北发现秦代铁权，也不能证明这道长城是秦代的。倒是在这道长城之北没有发现后汉时期的遗物，说明将其年代确定为后汉是有依据和无可怀疑的。

西晋起于三国之末，当时的战乱使北方民族较之前代更加强盛，因而其辖境随着南移，故西晋于东北筑长城之事不显。

西晋长城仅见于《晋书·唐彬传》的记载。其文为：太康二年（公元281年）“北虏侵掠北平，以彬为使持节监幽州诸军事，领护乌丸校尉右将军。彬既至镇，训卒利兵，……遂并拓旧境，却地千里，复秦长城塞。自温城洎于碣石，绵亘山谷，且三千里，分军屯守，烽堠相望，由是边境获安”。西晋长城到底怎样，现在还不明了。不过笔者以为，《晋书·唐彬传》所记的长城，其位置还应是在东北的。

李文信先生对西晋的这道长城进行过研究，但对其构筑及起、止点颇有怀疑，认为“‘自温城洎于碣石，绵亘山谷，且三千里，分军屯守，烽堠相望’，看来很像一条烽台、堡障连接三千里的防御工程，但不是修建一道新长城，也不像重修秦代长城，因秦长城由幽州辖境东过辽东，达于浿水，不止三千里。可知这‘洎于碣石’的碣石，当是毛泽东词‘东临碣石有遗篇’的碣石，在今河北省昌黎一带，但此地绝非秦汉长城起、止的地点，这在文献上和遗迹文物上都证明了这点”[①]。

对于这个问题怎么认识，研究者目前还不能很好地解决。

笔者个人不成熟的意见，认为唐彬所“复秦长城塞”，还是到达浿水的，因为唐彬是去幽州，西晋时北平郡治徐无，其地在今河北省玉田县东境，如唐彬确实是却地“三千里”，当即达秦汉长城地域。还有，西晋时在东北地区设有北平郡，辖四县；辽西郡，辖三县；乐浪郡所辖六县仍在大同江流域，西晋末年才迁至辽西；带方郡在西晋时仍设于朝鲜半岛南部汉江流域，晋惠帝元康二年（公元292年）犹存，其地发生自然灾害，按行政管辖，当地的朝廷派遣官员需上报朝廷[②]。在西晋愍帝司马邺建兴元年（公元313年），乐浪郡西迁时，带方郡亦随同迁往辽西，但唐彬“复秦长城塞”，是在西晋建国十七年后（晋武帝太康二年，公元281年），此时乐浪郡、带方郡均未西迁，而辽东国及玄菟等郡正是西晋统治较为稳固的地区，因此唐彬“复秦长城塞”至浿水是没有问题的。唐彬当时用兵“并拓旧境，却地千里”，当在今河北省东北部。假若上述推断不错

① 李文信：《中国北部长城沿革考》，《社会科学辑刊》1979年创刊号、第2期。

② 沈约：《宋书》卷三十四《五行志》载：“晋惠帝元康二年九月，带方、含资、提奚、南新、长岑、海冥、列口虫食禾叶荡尽。”

的话，自温城至碣石，恰好为三千里。并且我们还应该看到，西晋时在今河北省东北部有幽州所属的北平郡、辽西郡，在东北地区和鸭绿江以南有平州所属的昌黎郡、玄菟郡、辽东国和乐浪郡等；如果不是这样，从西到东修一道长城经今河北昌黎与秦皇岛东到辽宁锦州海滨的“碣石”处，就将自己上述这些建置弃置在长城之外了，这是绝对不可能的，而且在自己辖境的腹地内修筑长城是为了防谁呢？这样的长城没有防御作用。因此笔者认为，西晋初年修复的长城，是从今河北省东北部到朝鲜半岛大同江入海口北岸的碣石山，亦大体为秦汉时期的长城旧线。进一步来说，这道长城的线路，在今辽西的地段上，即从今内蒙古赤峰市南境到辽宁省建平县这一段，很可能沿用了后汉的长城，正如李文信先生所说，“看来很像一条烽台、堡障连接三千里的防御工程”，而碣石的位置在大同江，则是确定无疑的。

# 第四章 东部同线长城——战国燕、秦、汉、西晋长城考古调查发现（一）

在东北地区西南部，虽然古代长城的分布较为复杂，发现有三道，但其发现较早，走向明确。

在东北地区中部，早期战国燕、秦、汉、西晋长城的考古调查发现，就远较东北地区西部的考古调查发现为差，不仅在过去长时间里没有进行调查，而且长城遗迹的保存状况也不好，地面变化很大，发现长城遗迹非常困难，因而至今还在调查与研究之中，没有全线清晰明确的发现和研究结论。

在东北地区中部，西部中线长城——燕北内长城（前汉武帝长城）向东延伸至今辽宁省阜新县满汉营子村后，在满汉营子村北同自西而来、作东西走向的西部北线长城——燕北外长城（秦、前汉初年长城）相汇合，合并成一道长城，本章和第五、第六章所讲述的东部同线长城，就是指从今阜新县东北部往东的早期长城分布地域的考古调查发现情况（参见第 1395 页图 1- 附录 -1）。

笔者曾经和有关地区的文物考古工作者一起，花了较长时间在较大范围内进行过考古调查，陆续有所发现，逐渐形成一些认识。现将有关调查发现情况论述于后。

## 一、东部同线长城在辽宁省阜新县境内的考古调查发现

东北地区西部的中线长城——燕北内长城（前汉武帝长城）向东延伸至今辽宁省阜新县哈达户稍乡白音昌营子村满汉营子屯后，在满汉营子屯北同自西而来、作东西走向的东北地区西部北线长城——燕北外长城（秦、前汉初年长城）相会合，合并成一道长城，即归为原来的燕北长城（东北地区西部中线长城——燕北内长城）旧线。它由南向北去，首先到的是满汉营子屯北面的旧庙镇阿哈来村邵家窝堡屯，以一道土岗的形式继续向北延伸（图 1–4–1）。

在当地，我们经过向村民了解得知：“这道土岗子不是近年修的，时间可就早了，不

图 1-4-1　阜新县旧庙镇阿哈来村邵家窝堡屯南锅底山北坡上的东部同线长城遗存（自东向西拍摄）

知什么时修的。” 我们在现场看到的迹象，也是年代久远。附近还有一座烽燧址（图1–4–2）。于是我们沿此土岗向北去，到达哈达营子村。

哈达营子村也属于旧庙镇。向北来的长城经其村东（图1–4–3~图1–4–7）向北去，延伸到老哈达营子屯，经该屯（图1–4–8）继续向北延伸。在此屯之南，有一条自东向西的山水沟。此沟很宽，我们在沟崖上看见了一个土岗断面，由其形态所反映出的特点，可知此道土岗即为长城遗存。

刘家沟屯，在老哈达营子屯北，属于旧庙镇后查台村。长城在刘家沟屯以土岗形态向北延伸，接近后查台村。

后查台村属于旧庙镇，村子作西南至东北走向，很长，分布的民居长达三里。在村西南端山岗北坡上，由老哈达营子屯延伸而来的长城与刘家沟屯长城相接，然后继续向东北方去，过岗，下沟，又过一山岗，下边又是一条大沟，然后延伸到后查台村东部山岗的北坡上。这段长城遗存都可明显看到土岗的形态（图1–4–9）。长城一直向北延伸，至一个低矮山岗的顶部，仍继续延伸，到了岗边，过沟，在松林中穿过（图1–4–10、图1–4–11），又过一道山岗，其下面是松林，上边是田地，已被耕种，土垄明显。在松林这面，因是下坡，长城墙体较高，上面耕种的土垄已到城墙边，部分庄稼已被种到城墙上。这段长城遗存的剖面很清晰，城墙外侧存高一点二米，外侧坡度长二点五米，城墙顶宽一点六米，墙体内

图1–4–2 阜新县旧庙镇阿哈来村邵家窝堡屯南锅底山北坡上的东部同线长城烽燧址

侧因已被耕种（图 1-4-12、图 1-4-13），水平宽度为三点五米，六条土垄。这段长城延伸到山岗近边处，那里地势较低，种植了柏树，地面破坏较甚，长城遗迹不明显。山岗的下边是一条大沟，很宽，深有十米，沟崖上有长城墙体断面痕迹，这说明长城墙体的修筑当早于此沟的形成。过沟后，又是一道山岗，在这道山岗上的长城遗存（图 1-4-14）可以与之前所见的长城遗存相接续（图 1-4-15）。此处为后查台村东部山岗的北坡。由此往北，即为水泉屯。

水泉屯属于旧庙镇哈力嘎土村（村委会驻小八楼子屯），它的东北方是八楼子山。在八楼子山的南面，还有一座低矮的山岗，因它在水泉屯之南，当地人称之为“水泉南岗梁”。长城在水泉南岗梁北坡上作西南至东北走向，经测量，方向为北偏东三十度，遗存更加明显（图 1-4-16），墙体宽厚高大，近年因妨碍通行，被扒开豁口，供车辆通行，其断面上显示有夯层（图 1-4-17 ~ 图 1-4-19）。在水泉屯的这一段长城遗存，保存状态不一，但沿线均可见到（图 1-4-20、图 1-4-21）。在水泉南岗梁西端，有一条山水冲出的沟，它有三米多深，沟崖上面的土层厚二十到五十厘米不等，下面是花岗岩。山水能将花岗岩山体冲出三米多深的沟，可知这非一日之功，应不止百十年吧，而在沟崖上有墙体夯层断面，可见它为长城遗存是确凿无疑的。在水泉南岗梁上还有一条深达八米多的山水大沟，其沟崖上也留有长城墙体的断面（图 1-4-22）。

图 1-4-3　考古工作者在阜新县旧庙镇哈达营子村南对东部同线长城烽燧址北台进行考古调查

图 1-4-4　阜新县旧庙镇哈达营子村南的东部同线长城烽燧址『北台』

图 1-4-5 阜新县旧庙镇哈达营子村东的东部同线长城遗存（其前端已被取土）

图 1-4-6　阜新县旧庙镇哈达营子村东的东部同线长城墙体遗存已被扒平耕种，还被扒开豁口让车道通过

图 1-4-7　阜新县旧庙镇哈达营子村东的东部同线长城墙体遗存已被扒平耕种，还有车道横压墙体遗存通过

图 1-4-8　阜新县旧庙镇哈达营子村老哈达营子屯南山西坡上的东部同线长城遗存（自北向南拍摄）

图 1-4-9　阜新县旧庙镇后查台村西南端山岗北坡上的东部同线长城遗存

图 1-4-10　阜新县旧庙镇后查台村山岗北坡松林中的东部同线长城遗存

图 1-4-11　阜新县旧庙镇后查台村山岗北坡松林中的东部同线长城遗存

图 1-4-12　阜新县旧庙镇后查台村山岗北坡松林中的东部同线长城遗存

图 1-4-13　阜新县旧庙镇后查台村山岗北坡松林中的东部同线长城遗存

图 1-4-14　阜新县旧庙镇后查台村山岗北坡松林中的东部同线长城遗存

图 1-4-15 从阜新县旧庙镇后查台村山岗北坡松林中的东部同线长城遗存远望（长焦镜头拍摄）

图 1-4-16　阜新县旧庙镇哈力嘎土村水泉屯南岗梁北坡上的东部同线长城遗存

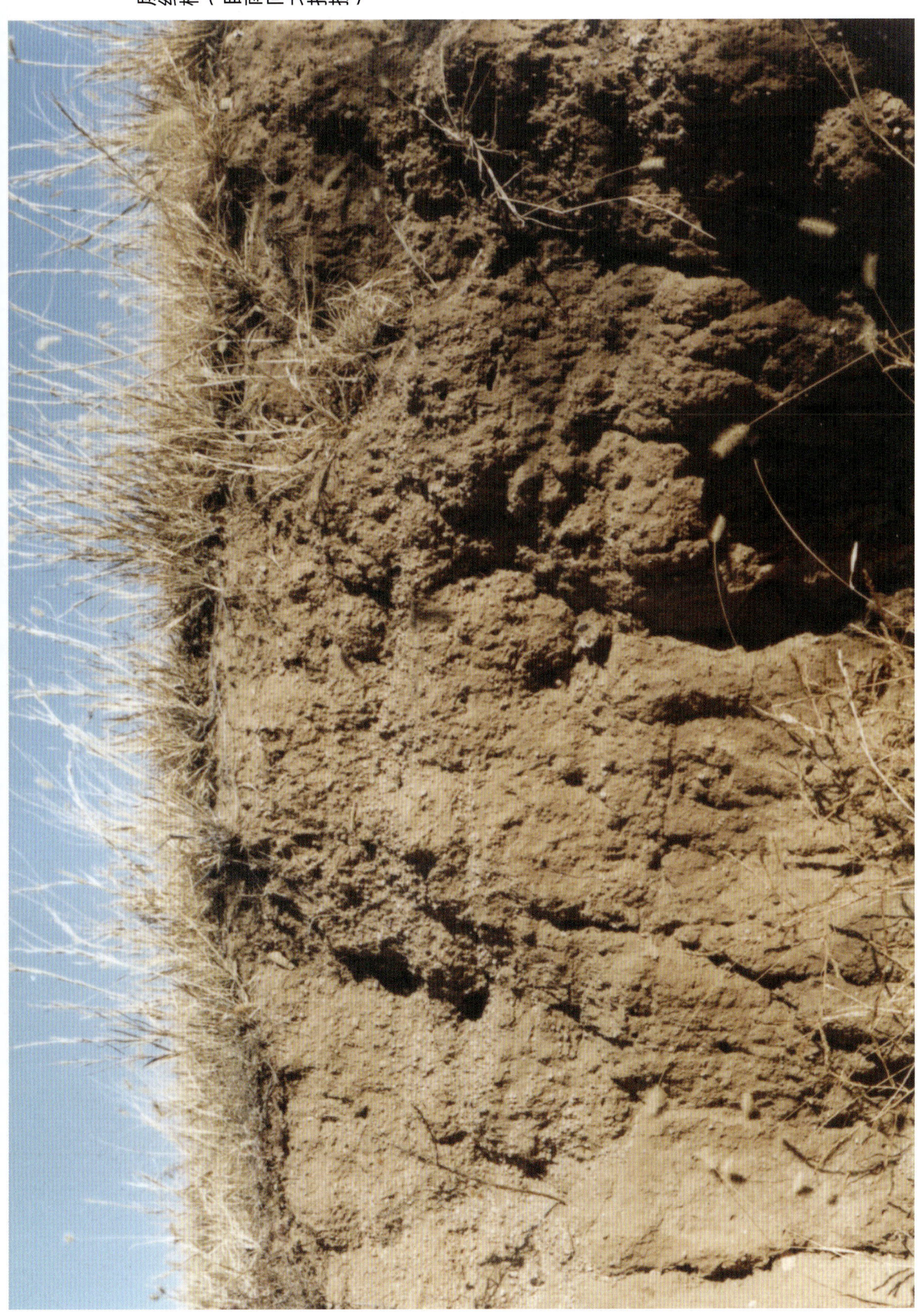

图 1-4-17 阜新县旧庙镇哈力嘎土村水泉屯南岗梁北坡上，东部同线长城墙体遗存断面露出夯层结构（自南向北拍摄）

图 1-4-18　阜新县旧庙镇哈力嘎土村水泉屯南岗梁西北坡上，东部同线长城墙体遗存被挖断，现代车道从中通过

图 1-4-19　阜新县旧庙镇哈力嘎土村水泉屯南岗梁西北坡上，东部同线长城墙体遗存被挖断，现代车道从中通过（自北向南拍摄）

图 1-4-20　阜新县旧庙镇哈力嘎土村水泉屯南岗梁西北坡上的东部同线长城遗存

图 1-4-21　阜新县旧庙镇哈力嘎土村水泉屯南岗梁东北下坡坡地上的东部同线长城遗存

图 1-4-22　阜新县旧庙镇哈力嘎土村水泉屯南岗梁西北坡山水大沟崖壁上的东部同线长城土沟遗迹断面情况

调查时我们发现，由水泉屯延伸过来的长城，西由水泉屯南岗梁东北坡起，沿八楼子山北坡向东北方去，方向大致为东西向，经测量，方向为东偏北二十度。这段长城所在的山坡比较平缓（图 1-4-23），故都已被开垦耕种，全为农田。在长城遗存土岗的上方有一条车道，这更加证明这道土岗确实为长城，因为农村一般不在梯田埂边上修车道。在一条深达十米多的大沟边断崖上，还有长城墙体遗迹。再往东，由于多年耕种，长城墙体早已被扒平，只略存痕迹，稍高于两边地面。过了这一地段再往东去，长城墙体遗存又变得明显（图 1-4-24），存高一点三米，保存较好，直到沟边。过沟后，长城的方向为东偏北三十度（图 1-4-25），在另一山岗的西坡上转弯向东北，以北偏东十度的方向向三家子屯延伸，墙体存高零点六米（图 1-4-26）。在此山岗的北段，长城被修整利用，成为拦水壕，在上侧沿墙体边缘挖出水沟，至岗地北端，长城墙体遗存出现一段缺口，然后长城转向东北去，抵石场村三家子屯西南八楼子山北坡的东端（图 1-4-27），向东延伸，以东西向通过三家子屯。在该屯西部最靠南的地方有一个农家院，其北面的院墙就建在长城墙体上。出三家子屯后，东面是一条南北向的季节性河流的河沟，过沟，长城爬上三家子屯东山（图 1-4-28），在其北坡上由西向东延伸（图 1-4-29）。在这段长城的内侧，有一座烽燧址，坍宽直径十五米，存高一米（图 1-4-30）。

由三家子屯东山向东去，过一条沟，在其东面又有一道山岗，其南面就是石场村，

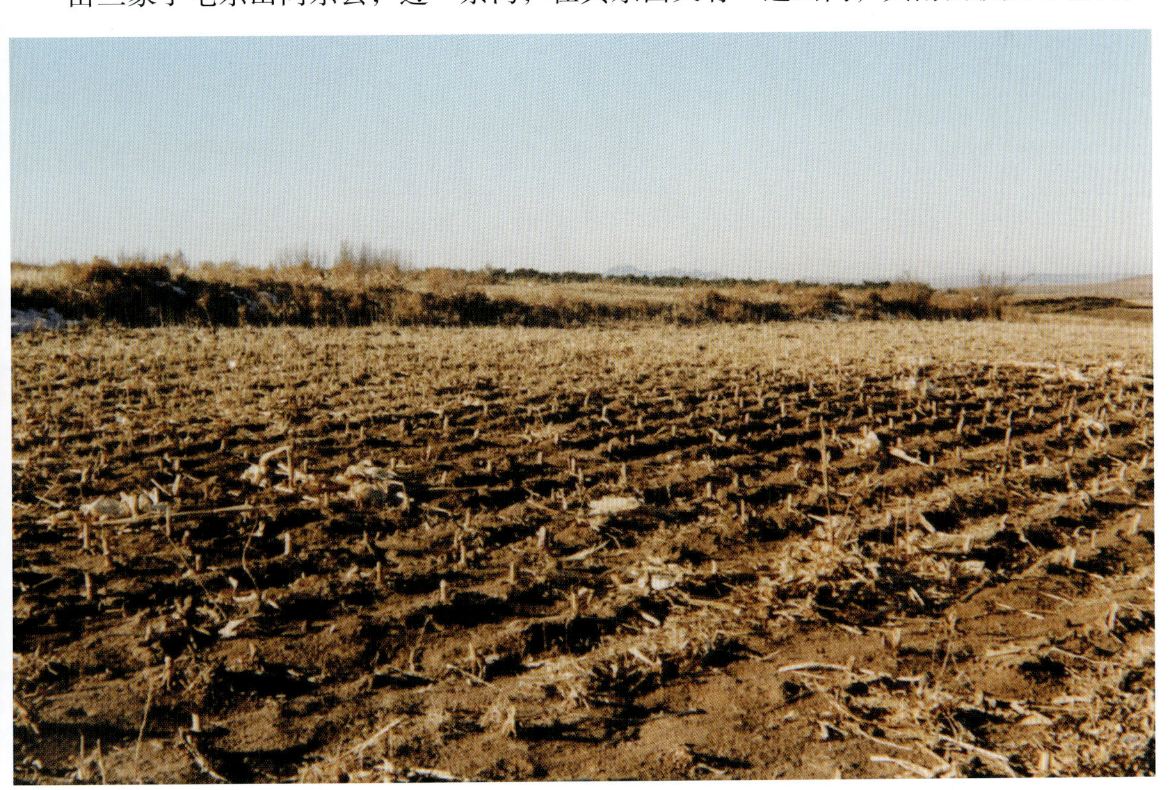

图 1-4-23 阜新县平安地镇石场村三家子屯西南八楼子山北坡上的东部同线长城遗存

长城在村北山岗的北坡上东西向延伸。此地有一座烽燧址（图 1-4-31）。在长城内侧，有一座城址，城墙为土石混筑，其中南城墙最明显。从全城遗址看，其结构很特殊——东城墙长出各墙，并向北伸出很多，然后屈曲折回，又伸入城内，其余城墙作圆角方形；西城墙长七十米，南城墙长一百米，东城墙半段长一百一十五米，屈曲折墙长九十米，北城墙半段长三十五米。该城址东城墙北距长城二十米，北城墙距长城六十米。城址所在山岗，当地人称之为“石场山”。

由石场村往东，是该村下属的柳官印子屯。长城过一条沟后，又爬上一座较高的山岗，在它北坡上东西向通过（图 1-4-32），向东和柳官印子屯南松林中的长城相接（图 1-4-33），然后继续向东延伸（图 1-4-34），横过一条车道，延伸至魏家沟屯。

魏家沟屯属于平安地镇少冷村（村委会驻大少冷屯）。长城由西边的柳官印子屯过来，以土岗形式在田地中延伸，其上、下两侧都已被耕种，俱为农田，独留土岗未毁，上面长满草和树（图 1-4-35）。在土岗即将抵达魏家沟屯西边之处，有一车道直接在它上面横向穿过，虽然它被往来车辆碾压得很矮，但仍然明显（图 1-4-36）。由此现象可得出如下认识：首先，这道土岗是很早就存在的，因此，虽然其两侧均被开垦耕种，但人们都没有平毁它，使其得以保存下来。其次，当地人任由车道在土岗上通过，将其碾压于下，说明这道土岗不是近年修的，且已无用处。如果它是近年修的农田设施，那当地人是绝

图 1-4-24　阜新县平安地镇石场村三家子屯西南八楼子山北坡上的东部同线长城遗存

图 1-4-25　阜新县平安地镇石场村三家子屯西南小山岗西坡上的东部同线长城遗存

不允许破坏它，让车道在其上通过的。最后，如果车道形成于土岗存在之前，那么在修筑土岗时就会修至车道边即停止，以留出车道的位置，不能堵截车道。因此，这道土岗应是长城遗存。过魏家沟屯后，长城继续向前延伸（图 1–4–37），至上押京屯。

上押京屯在魏家沟屯之北，属于平安地镇腰押京村。长城爬上同魏家沟屯东山南北相对的上押京屯东山，在其西端就有一道南北向的土岗，它在松林间延伸，虽已较低矮，但形态古老自然（图 1–4–38），不是近年新修，而且它的两端延伸很长，一直延伸到山坡下边，可知它不是为挡水所修的土壕塄，而是早期长城的遗存。由上押京屯北去，是水泉村（按：阜新有很多以“水泉”为名的村屯，此为平安地镇的水泉村）。

当我们在调查中爬上水泉村东山的西坡时，在松林中发现一道土岗，它虽然已经坍平，但还很明显（图 1–4–39）。沿此土岗南去，出松林，在大土城子屯西北的山坡下，由平安地镇至旧庙镇的东西向公路切断土岗横穿通过。此地的土岗向南去，一直延伸到山岗南端，与上押京屯东山西坡上的土岗相接。在公路北面的长城，向北延伸，随山坡走势逐渐转向东去。由此向东，是前平安地村西胡节屯。

在西胡节屯南山的北坡上，我们继续发现长城土岗遗存，东西向。再向东去，在平安地镇至旧庙镇公路向北分出去腰胡节屯的村路之处，长城土岗遗存转向北去，与该村路并行，有时村路也走在土岗顶部，还有一段土岗在中间，它的两侧都是村路。此段土岗未被村路沿用，还保留着明显的长城遗迹（图 1–4–40）。此地村路为何会有这种情况？应该是

图 1-4-26 阜新县平安地镇石场村三家子屯东山上的东部同线长城遗存

图 1-4-27 阜新县平安地镇石场村三家子屯东山上的东部同线长城遗存

图 1-4-28　阜新县平安地镇石场村三家子屯东山上的东部同线长城遗存

图 1-4-29　阜新县平安地镇石场村三家子屯东山上的东部同线长城遗存

图 1-4-30　阜新县平安地镇石场村三家子屯东山上的东部同线长城烽燧址

图 1-4-31　阜新县平安地镇石场村北山岗上的东部同线长城石砌烽燧址

图 1-4-32　阜新县平安地镇石场村柳官印子屯南山松林中的东部同线长城遗存

图 1-4-33　阜新县平安地镇石场村柳官印子屯南山松林中的东部同线长城遗存

图 1-4-34　阜新县平安地镇石场村柳官印子屯东南山上的东部同线长城遗存

图 1-4-35　阜新县平安地镇少冷村魏家沟屯西山北坡上的东部同线长城遗存（远望）

图 1-4-36　阜新县平安地镇少冷村魏家沟屯现代车道横穿东部同线长城遗存而过（自东向西拍摄）

图 1-4-37　阜新县平安地镇少冷村魏家沟屯西山北坡上的东部同线长城遗存

图 1-4-38　阜新县平安地镇腰押京村上押京屯东山西坡上的东部同线长城遗存（自北向南拍摄）

图 1–4–39　阜新县平安地镇水泉村东山西坡上的东部同线长城遗存

该土岗就是长城遗存，它原来很高，村路就在它的侧面通行，而在下雨等情况下，这边的乡村土路不好走，就改到了土岗的另一侧，久而久之，土岗两边就都成了村路，将土岗留在村路中间了。至腰胡节屯，因民宅建设的扰乱，长城在近屯之处遗迹不清，在屯中也看不见。过屯后是一座山岗。登上山岗后，我们向东北望去，发现长城向后平安地村延伸过去。

后平安地村属于平安地镇。长城自腰胡节屯北出屯后，向东北方延伸。由于腰胡节屯和后平安地村之间俱为农田，经过多年耕种，长城城墙已被扒平，但在农田中还能看见一道较高的土岗在地垄中屈曲隆起。至后平安地村后，长城城墙遗存没有被扒平耕种，还有保存，从该村西北边过去（图 1–4–41），延伸至该村后面山岗的西坡上（图 1–4–42）。在山坡上向北延伸的长城，在当地治山过程中被破坏，有痕迹一直向北延伸，在山坡北端爬上一座较低矮的山岗，又向东北去，延伸至前八家子屯。

前八家子屯属于平安地镇八家子村（村委会驻后八家子屯）。长城延伸至前八家子屯，是在当地一片没有被耕种的荒地上，因村民取土等原因已经被扒平，但还能看出一些迹象，微有隆起的土棱上面长有大树（图 1–4–43）。然后长城向东北去，延伸至平安地镇八家子村前二十家子屯，从屯北经过，那里有一座烽燧址（图 1–4–44、图 1–4–45）。长城又向前延伸，在后二十家子屯北距屯四百米处，以东偏北四十度方向向东北延伸（图 1–4–46），至今阜新和彰武两县的分界处，以南北方向进入彰武县。这段长城很明显，是突起于地表的土岗，较为宽厚。

图 1-4-40　**阜新县平安地镇前平安地村腰胡节屯南，东部同线长城遗存在中间，其左右两侧形成两条车道**

在前后不同时间修筑的两道燕北长城——燕北内长城和燕北外长城在阜新县哈达户稍乡白音昌营子村满汉营子屯会合后，合并为一道长城向东延伸。燕北外长城是燕北内长城后来外展的线路，因此它们在满汉营子屯会合衔接后，即成一道长城。而自此东去的长城，实为燕国所筑的第一道燕北长城——燕北内长城旧线，即燕国向北扩展所修的燕北外长城并非全线外扩，其东部地段沿用了燕北内长城旧线，这段长城在较长时间内都被沿用，即燕国始筑后，又为秦、汉以及西晋等几个朝代所共用（它在阜新县境内的分布情况参见第 1399 页图 1- 附录 -5）。笔者将在此后各章节中，继续记述这道东部同线长城的考古调查发现情况。

图 1-4-41　阜新县平安地镇后平安地村西北山岗西坡下的东部同线长城遗存（自西南向东北拍摄）

图 1-4-42　阜新县平安地镇后平安地村后山岗西坡上的东部同线长城遗存

图 1-4-43　阜新县平安地镇八家子村南前八家子屯南荒地上的东部同线长城遗存——上面长有大树的土棱

图 1-4-44 阜新县平安地镇八家子村前二十家子屯北的东部同线长城烽燧址（自北向南拍摄）

图 1-4-45　阜新县平安地镇八家子村前二十家子屯北的东部同线长城烽燧址

图 1-4-46　阜新县平安地镇八家子村后二十家子屯东北的东部同线长城遗存

## 二、东部同线长城在辽宁省彰武县境内的考古调查发现

分布在今辽宁省阜新蒙古族自治县东北部的东北地区东部同线长城的考古调查发现情况，已于上节记述清楚，并已记述到它在今阜新县平安地镇八家子村后二十家子屯北距屯四百米处，以东偏北四十度方向，向东北延伸至今阜新和彰武两县的分界处，以南北方向进入彰武县。下面笔者将记述它进入彰武县后的考古调查发现情况（参见第 1400 页图 1– 附录 –6）。

1. 在彰武县西部四堡子乡自南向北转东的东部同线长城考古调查发现

在东部同线长城由今阜新县进入彰武县之处，当地挖有一条土沟，作为两县在那里的分界。该土沟基本为东西走向，而长城在此地是南北走向，因此长城遗存被土沟截断。过此土沟后，长城进入今彰武县境内，在彰武县四堡子乡兴隆沟村林家窝堡屯西（图 1–4–47~ 图 1–4–53）和屯西北二里处（图 1–4–54、图 1–4–55）通过，然后继续向东北延伸。这段长城墙体保存较好，坍宽达十六米，存高仍有一米。

由林家窝堡屯北去，为兴隆沟村，长城遗迹至此就不清楚了，原因是此处的地形变化较大。

又向北行，在兴隆沟村何兴隆沟屯西北又见长城墙体遗存（图 1–4–56、图 1–4–57），它由此北去，经小南洼屯西（图 1–4–58~ 图 1–4–62），延伸至朝阳村村委会驻地朝阳沟屯西，遗存为一道土岗（图 1–4–63、图 1–4–64）。再向北，就到了今彰武县与内蒙古库伦旗分界的北大河东岸，向北延伸的长城在此转向东去，延伸至一座山岗西边，有一条车道在长城遗存土岗南侧与其并行。过山岗后向东走，又向北去，就是朝阳村他力盖屯。又向东北去，是二道房身村（村委会驻新窝堡屯）前王家店屯，长城在该屯西面南北通过。又向北去，长城延伸至后王家店屯，在该屯东面以土岗形态由南向北延伸（图 1–4–65、图 1–4–66）。继续向北去，有去先锋村腰吴家店屯的村路和长城并行，一直到腰吴家店屯，长城在该屯西面通过（图 1–4–67、图 1–4–68），然后向东转弯，向先锋村的壕外屯延伸。

到壕外屯，经村民指引，我们出屯向南，那里都是田地和林带。我们在田地中向东走去，看到在土垄之中，长城墙体虽因多年耕作已被犁铧铲平，但还有明显隆起的遗迹（图 1–4–69~ 图 1–4–71），它向东一直延伸至沙河子水库西岸边。

沙河子水库位于四堡子乡先锋村。在水库东岸，我们见到的长城遗存为东西走向的土岗，它经西大公主屯北面（图 1–4–72~ 图 1–4–74）向东去，过先锋村北，向东延伸，在东大公主屯北通过（图 1–4–75），再向东去，从大林家屯中穿过，屯子中的东西向道路就是城墙遗存。出大林家屯后，是二道房身村至十家子村乡路的“8 公里”标桩处。在该乡路的“9 公里”标桩处，公路向南偏东的方向转弯，离开长城遗存，此处的长城遗存在林地之中（图 1–4–76）。在“10 公里”标桩处，公路转弯向北去，横过长城遗存。

图 1-4-47　彰武县四堡子乡兴隆沟村林家窝堡屯西的东部同线长城遗存（南段）

图 1-4-48　彰武县四堡子乡兴隆沟村林家窝堡屯西的东部同线长城遗存

图 1-4-49　彰武县四堡子乡兴隆沟村林家窝堡屯西的东部回线长城遗存

图 1-4-50　彰武县四堡子乡兴隆沟村林家窝堡屯西的东部同线长城遗存

图 1-4-51　彰武县四堡子乡兴隆沟村林家窝堡屯西的东部同线长城遗存（南段）

图 1-4-52　彰武县四堡子乡兴隆沟村林家窝堡屯西的东部回线长城遗存

图 1-4-53 彰武县四堡子乡兴隆沟村林家窝堡屯西的东部同线长城遗存（北段）

图 1-4-54 彰武县四堡子乡兴隆沟村林家窝堡屯西北的东部同线长城遗存

图 1-4-55　彰武县四堡子乡兴隆沟村林家窝堡屯西北的东部同线长城遗存

图 1-4-56　彰武县四堡子乡兴隆沟村何兴隆沟屯西北的东部同线长城遗存

图 1-4-57　彰武县四堡子乡兴隆沟村何兴隆沟屯西北的东部同线长城遗存（自北向南拍摄）

图 1-4-58　彰武县四堡子乡兴隆沟村小南洼屯南的东部同线长城遗存

图 1-4-59　彰武县四堡子乡兴隆沟村小南洼屯南的东部同线长城遗存（自北向南拍摄）

图 1-4-60　彰武县四堡子乡兴隆沟村小南洼屯西的东部同线长城遗存（南段）

图 1-4-61　彰武县四堡子乡兴隆沟村小南洼屯西的东部同线长城遗存（北段）

图 1-4-62　彰武县四堡子乡兴隆沟村小南洼屯北的东部同线长城遗存

图 1-4-63 彰武县四堡子乡朝阳村朝阳沟屯西北的东部同线长城遗存（自北向南拍摄）

图 1-4-64　彰武县四堡子乡朝阳沟村西北的东部同线长城遗存

图 1-4-65　彰武县四堡子乡二道房身村后王家店屯北的东部同线长城遗存

图 1-4-66　彰武县四堡子乡二道房身村后王家店屯北的东部同线长城遗存（自北向南拍摄）

图 1-4-67　彰武县四堡子乡先锋村腰吴家店屯南的东部同线长城遗存

图 1-4-68　彰武县四堡子乡先锋村腰吴家店屯南的东部同线长城遗存（自北向南拍摄）

图 1-4-69　彰武县四堡子乡先锋村壕外屯的东部同线长城遗存

图 1-4-70　彰武县四堡子乡先锋村壕外屯的东部同线长城遗存

图 1-4-71　彰武县四堡子乡壕外屯东地垄隆起的东部同线长城遗存（自东向西拍摄，右侧远方树林处为壕外屯）

图 1-4-72　彰武县四堡子乡先锋村西大公主屯后的东部同线长城遗存

图 1-4-73　彰武县四堡子乡先锋村西大公主屯后的东部同线长城遗存

图 1-4-74　彰武县四堡子乡先锋村西大公主屯后的东部同线长城遗存

图 1-4-75　彰武县四堡子乡先锋村东大公主屯北的东部同线长城遗存

图 1-4-76　彰武县四堡子乡先锋村大林家屯靠近满堂红乡的林地之中的东部同线长城遗存

2. 彰武县中部满堂红乡、丰田乡自北向南的长城考古调查发现

出四堡子乡后，就是满堂红乡。长城由此改变方向，逐渐转弯向南。

长城出四堡子乡先锋村大林家屯后，向东延伸至二道房身村至十家子村乡路“10公里”标桩处中断，不见遗迹。此地已在满堂红乡境内。经过调查，我们在其东五公里处又见长城遗迹，那里是满堂红乡二道沟子村姜家店屯。长城遗迹由大林家屯延伸至此，中间虽有一段空缺，但基本上可以说是衔接上了。

在南距公路一百五十米处，有一座略近方形的台址，它东西宽四十二米，南北长五十六米，存高二点五米（图 1–4–77）。这个台址应是长城烽燧址。

长城由姜家店屯往东去，在进入十家子村后，墙体不存，遗址成为该村的街道。出村后，长城向东稍偏南方向延伸，从十家子村前季家店屯之北、后季家店屯之南经过，遗迹明显，极易辨识。

由后季家店屯南延伸过来的长城，经十家子村韩家杖子屯南，向东南方延伸，经石砬子山东侧，延伸至满堂红乡沙家村茴菜沟屯（图 1–4–78、图 1–4–79）。石砬子山虽不甚高，海拔只有二百三十一点五米，但在当地很是突出，自然地理条件很好。

长城由茴菜沟屯东二里处向南去，延伸至丰田乡杏山村，走向为东南。到杏山村后，我们在村中找到当时七十四岁的王树棠老人，他对当地情况很了解，说：“我们这里过

图 1–4–77　彰武县满堂红乡二道沟子村姜家店屯的东部同线长城烽燧址

图 1-4-78　彰武县满堂红乡沙家村茴菜沟屯的东部同线长城遗存

去有边壕，就在我们村的东边过去。我小的时候边壕老高了，能有一房高，我们常到那里去玩，从东南到西北，老远了。这个边壕，里边不高外边高。小的时候听老人说，这个边壕是什么时代挡兵的，壕这边叫边里，壕那边叫边外。今天北王家窝堡、杨家窝堡、杏山都是边里。这个边壕在杏山村东边有二里多地，现在还有些痕迹能看得出来。这个边壕往西北去，在满堂红乡的茴菜沟屯东、陈家窝堡屯西，再向北到韩家杖子屯南，你们到那里再一打听就知道了。”

说完，王树棠老人就带领我们到现地去看。他说的边壕在村东二里多处南北通过，方向为北偏西二十度，现在那里已被开垦为农田，边壕已经被扒平，但在一些地段还断续残留有土岗（图 1-4-80），高有两米多，宽有十米，有的地方更宽。根据我们在现地所见，这里的土地皆为沙土，因其靠近内蒙古科尔沁沙地，每年风沙很大。由西北吹来的风沙，被南北走向的长城高墙阻挡，落到地上堆积在城墙的里侧，正如王树棠老人小时候所看到的那样，城墙很高，而且很宽，但因其里边堆积沙土后，就墙里不高墙外高了。

长城从杏山村南延伸到杨家窝堡屯，出屯后向东南延伸（图 1-4-81），方向为南偏东二十度。这里有一条车道在当地人所说的边壕上走。边壕的顶面两边较高，当中下凹，是多年车辆通行造成的。在杨家窝堡屯东一里余有一座小土山，我们调查至此，走上去，在山上没有看到长城遗迹。在山的东面山坡下，有一道土岗（图 1-4-82），它才是长城遗存。由此再向南去（图 1-4-83），长城由原来的北偏东转为正南北走向，向南延

图 1-4-79　彰武县满堂红乡沙家村茴菜沟屯东的东部同线长城遗存

图 1-4-80　彰武县丰田乡杏山村东的东部同线长城遗存

图 1-4-81　彰武县丰田乡杏山村杨家窝堡屯东北的东部同线长城遗存（傍长城遗存右侧成了现代车道）

图 1-4-82　彰武县丰田乡杏山村杨家窝堡屯东小山东坡下的东部同线长城遗存

图 1-4-83　彰武县丰田乡杏山村杨家窝堡屯南的东部同线长城遗存

伸至北王家窝堡屯。

北王家窝堡屯在王家村村委会驻地侯家窝堡屯北面。我们在北王家窝堡屯中找到当时七十六岁的刘青山，他是个医生，对于“边大道”有较深的理解。他说：“边大道，南边在彰武，从高山台山北边过来，一直向西，在纪家街转向西北来。我们这边从北王家窝堡向北到杨家窝堡，在屯东一里多处通过，再向北去到杏山村。由我们屯向北去，在屯东有一座小山，边大道在小山东边，距离有一里多。这条边大道怎么叫起的？原来有壕，这个壕很高大，后来人就在壕上走，壕的下边沿壕有车道，有时车道也上壕。这个壕实际上是边界线，外边是蒙古人的牧场，不许人去种地。因为车道就在壕上，人们就都叫它边大道。”　听他说完后，我们更清楚了，这里的人真是众口一词，对“边大道”的认识真是出奇一致。

在北王家窝堡屯，我们还找到当时八十二岁的初万义老人，他家几辈都在此地居住，也很了解当地的事情。他跟我们说：“我们王家窝堡这边叫壕里，东边就叫壕外。这条边大道是边壕，它的具体地点，由这里向南去是北王家屯，在北王家屯东一里多地就有。在几十年前，这个边大道是一趟岗子，从南边过来，由我们这奔西北，到杨家窝堡屯东向北去，离村有二三里路吧。杨家窝堡屯东有一座小山，边壕就在小山东坡过，往北到杏山，再往北就是满堂红乡的茴菜沟。”

根据刘青山、初万义两位老人所说，我们到北王家窝堡屯东去调查，在小山东面找到了他所说的边壕，现在边壕上已长满了大树。在北王家窝堡屯的东边，边壕由西北向东南方延伸过去（图 1-4-84），到侯家窝堡屯。

由北王家窝堡向南来的长城，以南偏西二十度的方向，由侯家窝堡屯东向南去（图 1-4-85），奔向后孔家窝堡屯。

后孔家窝堡屯属于丰田乡王家村（村委会驻侯家窝堡屯）。从侯家窝堡屯向南延伸过来的长城，方向为北偏东二十度，在距后孔家窝堡屯一百五十米处转向南，在屯子东边向南去。在屯东与屯东北这段，长城遗迹非常明显，屯外的农用车道就在其东侧与之并行。调查时，我们在农田中看见，长城墙体虽已被耕种犁平，但其遗存还是高出其两侧农田，一望便知它是长城遗存。尤其是在屯东北，有一条从屯里出来的车道越过长城遗存，与在长城遗存东面并行而来的车道相会合，在其越过长城遗存处，长城遗存（土岗）更为明显，知其非近代建设农田设施，更可知其为长城遗存无疑。然后长城向前孔家窝堡屯延伸。

前孔家窝堡屯属于丰田乡双龙山村。在后孔家窝堡屯东，长城被村路利用。当长城向南延伸到前孔家窝堡屯北的农田中后，其墙体已被耕种犁平，但在地表上还能明显看到一条较两侧农田隆起很高的土棱。在接近前孔家窝堡屯西侧之处，有一道南北向的土岗，该屯最西边的那户人家就建在土岗之上，此土岗就是长城遗存。

图 1-4-84　彰武县丰田乡王家村北王家窝堡屯东的东部同线长城遗存（上面长满了树）

长城从前孔家窝堡屯向南去，从屯中出来的车道在其东侧与之并行，长城墙体遗存的东半部分，因过去村民经常挖土拉回家中使用而被毁，但还留有挖墙取土的痕迹，当中挖深了，边缘残存墙体的颓土，其西边还留下部分墙体未被挖土（图 1–4–86）。由此往南，长城两侧都被耕种，只有部分地段因地上有树还没有被开垦（图 1–4–87）。再往南去，长城被开垦耕种（图 1–4–88）。车道南去不远，横过长城，改在其西面并行。走过一段路后，车道又横过长城，改在其东面并行（图 1–4–89），后车道又转过去，在长城西边向南，二者一起来到一条现代挖的东西向水沟边，长城遗存被水沟截断，在沟崖上留有墙体遗迹断面（图 1–4–90）。过沟后，车道又在长城东边与之并行。又向南行，在宝山村（村委会驻老道窝堡屯）鄢家窝堡屯北二里处、长城的西侧有一座烽燧址，坍宽二十米，存高一点四米（图 1–4–91）。又向南去，车道在鄢家窝堡屯东边入村，长城向南进入鄢家窝堡屯，在农家宅院中消失。在前孔家窝堡屯和鄢家窝堡屯之间的这段长城，现存形态是一道隆起的土岗，部分段落已经被耕种，虽成田垄，但隆起于地面，仍比较明显。车道虽与土岗并行，但因耕种关系，车道不时与其变换位置，凡有耕地的地段，车道即横过土岗，到它另一侧通行。这恰可证明这道与车道并行的土岗就是长城遗存。

我们到鄢家窝堡屯调查长城时，在村中找到当时七十三岁的李子中，他很了解附近村屯的掌故，向我们介绍说："边大道原来就在鄢家窝堡东边过去，道东没有人家，现在已经

图 1–4–85　彰武县丰田乡王家村村委会驻地侯家窝堡屯东北，现代车道从东部同线长城遗存上通过

图 1-4-86　彰武县丰田乡双龙山村前孔家窝堡屯南的东部同线长城遗存（左半侧被村民取土，留下明显的痕迹，右侧部分墙体还在；现代车道在长城遗存左侧依之而行。自北向南拍摄）

图 1-4-87　彰武县丰田乡双龙山村前孔家窝堡屯南的东部同线长城遗存（其两侧均被耕种，但它依然明显高出两侧农田，未耕种处有树。自北向南拍摄）

图 1-4-88　彰武县丰田乡双龙山村前孔家窝堡屯与宝山村鄢家窝堡屯间的东部同线长城遗存被开垦耕种的情况（自南向北拍摄）

图 1-4-89　彰武县丰田乡宝山村鄢家窝堡屯北至双龙山村前孔家窝堡屯南的东部同线长城遗存南段被辟为车道（北段车道改在长城遗存东侧通行。自南向北拍摄）

图 1-4-90　彰武县丰田乡宝山村鄢家窝堡屯北与双龙山村前孔家窝堡屯南间的东部同线长城遗存被现代挖的水沟截断，露出墙体遗存断面（自南向北拍摄）

图 1-4-91　彰武县丰田乡宝山村鄢家窝堡屯北的东部同线长城烽燧址（自北向南拍摄）

有人家在道东边盖了房子。在我小的时候，这里人家不多，也就二十来户，边大道在村东很远处。现在我们村子已有八十多户人家，村庄向东发展已有一里多地，房子早就盖到道东去了。我们说的这个边大道，很多村子都有，向北去很远。我说一下情况：它是从前孔家窝堡屯西边过去，再向北去，从后孔家窝堡屯东过，再向北在侯家窝堡屯东过，又过北王家窝堡屯东，再向北是杨家窝堡，然后就是杏山村，也在村东过。边大道，也是边壕，是蒙汉分界线，它的西边是汉人住，东边是蒙古人住，东边的村子是蒙古地名，什么前喇嘛山、后喇嘛山、安达窝堡，住的都是蒙古人。”他说完之后，我们一起去调查他所说的“边大道”的去向（图 1–4–92）。向南去，是西天兴阜屯。

西天兴阜屯也属于丰田乡宝山村，位于鄢家窝堡屯东南。我们在西天兴阜屯调查时，找到屯中当时七十九岁的初万福老人，他告诉我们：“边大道就在西天兴阜的西边向北去，到鄢家窝堡。西天兴阜西边有一座山岗，不高，边大道就在这个山岗东边过去（图 1–4–93），往北直到鄢家窝堡。村头有一棵几百年的大榆树，在这个位置往北去，瞄准这棵大榆树走，就能找到边大道。”我们在他的带领下，来到西天兴阜屯西的山岗，在它的东坡上，果然发现颓坍已久的长城遗存。因这段长城在山坡上，车道在下边，未利用长城，所以颓坍后的长城被保存下来。从山岗北端下山坡后，向北去是鄢家窝堡屯。山岗的北面和东面都是南北成垄的农田，初万福老人指着农田对我们说：“你们看，这

图 1–4–92　彰武县丰田乡宝山村鄢家窝堡屯南的东部同线长城遗存（近年已被辟为农田耕种，两侧还存有城墙两边的残土，显得较高。自南向北拍摄）

图 1-4-93　彰武县丰田乡宝山村西天兴阜屯西小山岗上的东部同线长城遗存

几根垄是不是高起来了，和两边的地垄不一样？这就是边大道。”我们看向他所指的地垄，它们果然与众不同，正是长城被扒平改为农田后的状态，地貌还是明显地显示出来。这些地垄一直往北去，直到鄢家窝堡屯南。

老道窝堡屯，现为宝山村村委会驻地，在西天兴阜屯东南。我们在老道窝堡屯找到当时七十五岁的张凤池老人，他跟我们说：“这条边大道老年人都知道，从东南到西北。从南边看，在十里堡屯西、大王家西、小王家西、三姓屯西、小宝山西、老道窝堡西。这条边大道当年是分界线，这边是汉人，道东是蒙古人。”他所说的边大道，经我们在现地调查，在老道窝堡屯西，北面从西天兴阜屯过来，从西北向东南方通过。其南面是宝山窝堡屯。

宝山窝堡屯也属于宝山村。长城由老道窝堡屯西延伸过来，为一条车道，向南偏东方向去，到宝山窝堡屯西边。此后车道由宝山窝堡屯径直向南去，至三姓屯。这条车道就是以长城遗存为基形成的。

三姓屯也属于宝山村，在宝山窝堡屯之南。我们到三姓屯后，找到当时七十四岁的李贺方老人，他告诉我们：“村外的车道，就是边大道，向北通到宝山窝堡。”我们到现地调查时，明显看到这条“边大道”保存得还较好，在屯西以正南北方向通过。

小王家窝堡屯也属于宝山村，在三姓屯南。我们到小王家窝堡屯，找到屯中当时七十岁的老人何奎，他介绍“边大道”的情况说：“这条边大道，上了年纪的人都知道，现在的年轻人有的也知道，不过他们大都不能找到位置。边大道在小王家窝堡的情况：北边从三姓屯过来，南边到大王家窝堡，都挺明显。从大王家窝堡屯后的树林中过来，现在两屯之间的车道就是原来的边大道，从东南进入树林中，出树林子，在屯中通过，出屯后向西北去，到三姓屯。”我们按何奎说的情况到现地去看，沿车道走进树林，长城遗存的走向是很清楚的，它一直延伸到大王家窝堡屯。

大王家窝堡屯也属于宝山村，在小王家窝堡屯东南。我们在大王家窝堡屯中找到了解“边大道”情况的崔占福老人，他向我们说：“原来这里的边大道，在三十多年前还走车，后来废了，前些年为了种地方便，把它扒了，已经改成耕地，不过现在在地中还能看到凸起。这条边大道也是土壕，所以无论怎样平整成耕地，都能在地面上看出来。”他带领我们到现地，我们果然看到了农田中凸起的土岗。随后他又指出：“这道土岗高出两边田地，后成为车道，过村北这片树林后，就到小王家窝堡屯。”说完他就带领我们去调查。走到屯北，我们见到了明显高于地表的土岗——边大道，它的旁边有车道（图1-4-94），有的地段被扒平耕种（图1-4-95）。向南去是十里堡屯，我们沿着边大道一直走到十里堡屯东北，进入屯中。

十里堡屯在丰田乡最南部，属于四间房村（村委会驻前四间房屯）。到该屯后，我们找到村中的会计王方，他当时五十五岁，对当地的情况比较熟悉。我们问土岗子的情

图1-4-94 彰武县丰田乡宝山村大王家窝堡屯北的东部同线长城遗存边大道（照片右侧高起处）

图 1-4-95　彰武县丰田乡宝山村大王家窝堡屯北被扒平耕种的东部同线长城遗存

况，他说："我们这有很长的土岗子，叫边大道。这个事，我们这儿上岁数的人都知道，它就在屯东北不远。"随后他就带领我们到现地去，出十里堡屯后向东北走，现在那里全是农田。在距村约三百米处，有一条水沟，王方指着水沟旁边的一道土岗告诉我们："这就是边大道，从东南向西北走，北边是大王家窝堡。边大道比两边的地面都高，前些年高出地面有一米多。1966 年我们在这里开水田，原来边大道外边有一条沟，比较浅，我们就用原来的沟开了一条泄水沟，排出稻田中的水。由我们屯往东南去，到双庙乡的靠边屯、壕外屯。以前，清代的时候，王家窝堡以北的人去彰武，都在这条边大道上走。"王方说得很清楚，也很明确，对我们这些调查者来说，他说的这些情况很有帮助。我们就在他的带领下，调查了这段长城。它遗存明显，由北面来（图 1-4-96），过村东，向东南去（图 1-4-97），然后进入双庙乡。

3. 彰武县境内由双庙乡、城郊乡向东至东六家子镇的东部同线长城考古调查发现

在彰武县中部的满堂红乡、丰田乡南北走向的这段长城，在丰田乡四间房村十里堡屯向东南延伸，进入了双庙乡的靠边屯。

在未讲长城之前，笔者要先说明此地的一个情况：在靠边屯南边的东、西两面，长城的内侧，在不同的位置有四座呈东西一线排列的烽燧址（另外，在其东、县城彰武镇西边的高山台山上还有一座），它们应是附属于长城防御系统、传烽报警的设施；对于这些烽燧址的年代，过去不甚明晰，笔者的认识可能与成说相左，故在此需要简略地讨

图 1-4-96　彰武县丰田乡四间房村十里堡屯东的东部同线长城遗存

图 1-4-97　彰武县丰田乡四间房村十里堡屯南的东部同线长城遗存

论一下，明确其年代，以便进行叙述。

笔者经研究认为，彰武县这几座呈东西一线排列的烽燧址，是附属于战汉长城的，除了战汉时期，它们不可能属于其他时代。为何如此确定？第一，因为没有其他长城经过这里，最可能的，譬如说是明代，但明代长城是在东面距此遥远的今铁岭、开原一线南北通过的，与此地相隔两百多里，因此不可能在这个同任何防御设施都不衔接的地方孤立地建几座烽火台，这不符合军事部署，达不到防御效果，而且建了之后也不安全。第二，如果说它们是路台，那它们必在道路之侧，不能远离道路，可是在古代，有烽燧址的这一线没有形成这样一条东西干道。道路本来是有继承性的，但即使在今天，这些烽燧址所在的地方也没有与其相联系的道路，而它们却与战国、秦、汉长城相近。第三，这些烽燧址颓坍过甚，有的仅存基部，若是明代所建，今彰武所处地理位置，原是牧区，建县很晚，台址的保存应该较好，而不是现在这种情况，因此其时代应比明代早。第四，我们调查时在烽燧址处，说是包砖，但未见有砖块，以前的调查，只有一个台址记录见有砖块，但未说明是何时代，亦未说砖块是否砌在烽火台上，不能证明它外面砌砖，但在彰武县城西面高山台山上的烽火台外面包砖，笔者调查所见，台外砌的砖俱是小砖，时代很晚，与明代城墙砖迥然不同，应是后世在原烽燧址上所砌，已不是军事性质的构筑了。第五，如果说这些烽火台是清代所建，则更不可能。满族建立清朝，就是依靠和蒙古联姻而成事，此处是清朝明确划归蒙古的牧地，设烽火台防蒙古与清廷的政策不符，绝不能做。再说，清朝在其他地方均无此例，独于此地孤立地建这几座烽火台，何意？另外，清代柳条边也不在这里，而是在此之南几十里外，再说，清代柳条边也不沿边修烽火台。因此，清代也不会只在此地建这几座烽火台。谈到这里，笔者还要说明一点，那就是我们在长城考古调查中，于战汉时期的长城沿线都发现了烽燧址，远处不谈，较近的阜新县和彰武县境内都发现有同时期的烽燧址，距此地不远的丰田乡宝山村鄢家窝堡屯北就有一座烽燧址。因此，在靠边屯这一线的烽燧址，也是属于战汉长城的。现将其具体分布列下：

石佛沟屯烽燧址：位于彰武县平安乡梨树村石佛沟屯东南一里的山上（图 1-4-98），台址平面为方形，为当地黄色黏土杂小碎石颗粒夯筑而成，夯层厚十三到十九厘米，边长五点七米，坍宽二十六米，存高四点二米（图 1-4-99），现外边不见包砖。台址外有两道围墙，方形，方向为南偏西三十五度，内围墙边长四十二米，坍宽十二米，存高一点七米；外围墙边长六十六米，坍宽七米，存高零点八米；两围墙间相距十一米，中间有沟，内围墙距台址中心均为二十八米；在两围墙的南围墙中间设有门，内围墙门宽二点一米，外围墙门宽四米。

四台子村烽燧址：位于彰武县平安乡四台子村北一里的山岗上，西北距石佛沟屯烽燧址十里。台址平面为方形，黑色土夯筑，每两层夹一层小碎石，夯层厚十二到二十二

图 1-4-98　彰武县平安乡梨树村石佛沟屯东南山岗上的东部同线长城烽燧址

图 1-4-99　彰武县平安乡梨树村石佛沟屯东南山岗上的东部同线长城烽燧址

厘米（图 1–4–100），台外侧未见砖砌，只在台址附近见有青砖块。台址外面有一道围墙（图 1–4–101），平面为长方形，方向为南偏西十五度，东、西围墙各长四十米，南、北围墙各长三十四米，围墙坍宽九米，存高零点九米，南围墙中间有门址。

三台子屯烽燧址：位于彰武县双庙乡三台子村（村委会驻北台子屯）三台子屯西的岗地上，西距四台子村烽燧址十五里。台址平面为方形，为沙土夯筑，台面未见包砌青砖，夯土层厚十七到二十厘米，台址坍宽二十米，存高三点五米（图 1–4–102）。台址外有围墙（图 1–4–103），平面为方形，正南北方向，边长四十四米，坍宽六米，存高四米。

二台子屯烽燧址：位于彰武县双庙乡二台子村（村委会驻王花窝堡屯）二台子屯东南一里处，西与三台子屯烽燧址相距六里，当地人称之为南台子（图 1–4–104）。台址平面为方形，沙土夯筑，台外未见砌砖。土台存宽七点八米，坍宽十五米，存高一点六米。台址外面有围墙，方向为南偏西二十度，边长三十七米，坍宽二十四米，存高三点三米，南围墙中间有门址，宽二点五米。

在彰武镇西南高山台山上还有一座烽燧址，在后面相应地段叙述。下边，接着记述长城考古调查发现。

靠边屯属于双庙乡杜家村（村委会驻大杜家屯），在丰田乡四间房村十里堡屯南偏东处。被当地人称为“边大道”的长城遗存，由十里堡屯东向东南方向延伸，至靠边屯

图 1–4–100　彰武县平安乡四台子村北山岗上的东部同线长城烽燧址

图 1-4-101　彰武县平安乡四台子村北山岗上的东部同线长城烽燧址

图 1-4-102　彰武县双庙乡三台子村三台子屯西岗地上的东部同线长城烽燧址（自南向北拍摄）

图 1-4-103　彰武县双庙乡三台子村三台子屯西岗地上的东部同线长城烽燧址（自北向南拍摄）

图 1-4-104　彰武县双庙乡二台子屯东南的东部同线长城烽燧址——南台子（自南向北拍摄）

东边、小岗子屯西边，即在两屯中间通过（图 1–4–105~ 图 1–4–107）。所谓“靠边屯”，实际上就是因其靠近长城遗存——当地人称之为“边大道”而得名。在小岗子屯南一里余处（图 1–4–108），长城遗存以东偏南四十五度向东南方延伸，至后小五家子屯。

后小五家子屯属于双庙乡任家村（村委会驻任家甸子屯）。长城延伸至后小五家子，遗存特别明显，为一道突出于地面较高的土岗（图 1–4–109），方向仍为东偏南四十五度。在后小五家子屯南一里，长城遗存土岗坍宽十米，顶宽一米，存高一点三米（图 1–4–110~ 图 1–4–112）。在后小五家子屯南一里余处，通向小杜家屯（在长城南约一里）的车道横穿过长城遗存，将其切断（图 1–4–113），露出墙体遗存断面，这对调查长城的结构很有帮助。

前小五家子屯在后小五家子屯东面。长城由后小五家子屯向东南方延伸，在前小五家子屯和杜家村小杜家子屯之间通过（图 1–4–114），在前小五家子屯南一里处（小杜家子屯北四百米），长城的方向为东偏南三十度，城墙顶部已被当地村民开荒耕种。在前小五家子屯西二里处，长城北侧有一条车道与之并行，还有一条车道横穿长城，将城墙遗存切断。在前小五家子屯南，有一段长城从东偏南四十度向南转为南偏东三十度。

长城从前小五家子屯向东南延伸，到双庙乡任家村村委会驻地任家甸子屯南一里处，有车道横过长城遗存土岗（图 1–4–115）。长城遗存土岗在路东继续向东延伸，其北侧已经被开荒耕种，土垄侵蚀了坍塌的长城城墙，城墙顶上也被开垦耕种（图 1–4–116）。此段长城的方向为东偏南四十度。

从小岗子屯往东，长城一直在近年新挖的沙子河北岸与河并行。

这段长城遗存有几个特点值得注意，它们也是我们调查之后考虑确定其为长城遗存的原因。

（1）这道当地人称为“老壕”的岗子为什么是长城遗存？我们在调查长城至后小五家子屯南之长城线上时，遇到在此地树林中拾柴、当时六十九岁的小五家子屯人方耀利，我们向他了解这里老壕的情况，他说：“我们站的这个地方就是老壕，这是很早就有的，过去都把它叫边大道。说是边大道，它上边也不走车，不是车道，实际上就是一个土壕。当年有车道在它旁边走，有的地方车也在它上边走，因为平坦，人在上边走的时候多，人们就叫它边大道，过去到岁数的人都知道，现在已经废了，往东去还能看得很清楚。”方耀利说它是“老壕”，上边也不全走车，不是车道，却叫“边大道”。这就比较明确了，而且他对边大道也有了更进一步的解释。这个早就有的所谓“老壕”或“边大道”，就是古代长城的遗存。

（2）这道老壕靠近沙子河，在其北岸，是否为河堤？这个问题我们在调查中特别给予了注意。此老壕在河的北岸三十到五十米处，距离不等，而在老壕之南，即距河边十

图 1-4-105　彰武县双庙乡杜家村靠边屯东的东部同线长城遗存

图 1-4-106　彰武县双庙乡杜家村靠边屯北、小岗子屯南的东部同线长城遗存

图 1-4-107　彰武县双庙乡杜家村靠边屯北、小岗子屯南的东部同线长城遗存

图 1-4-108　彰武县双庙乡杜家村小岗子屯南的长城遗存（左侧是车道）

图 1-4-109 彰武县双庙乡任家村后小五家子屯西南的东部同线长城遗存（颓坍的长城墙体被逐渐开荒耕种）

图 1-4-110　彰武县双庙乡任家村后小五家子屯南的东部同线长城遗存

图 1-4-111　彰武县双庙乡任家村后小五家子屯南的东部同线长城遗存

图 1-4-112　彰武县双庙乡任家村后小五家子屯南的东部回线长城遗存（自西向东拍摄）

图 1-4-113　彰武县双庙乡任家村后小五家子屯南的东部同线长城遗存（它被扒开豁口，现代车道横穿长城从中通过。自西向东拍摄）

图 1-4-114　彰武县双庙乡杜家村小杜家子屯与任家村前小五家子屯间的东部同线长城遗迹

图 1-4-115　彰武县双庙乡任家村村委会驻地任家甸子屯南的东部同线长城遗存被耕种和开辟成车道

图 1-4-116　彰武县双庙乡任家村村委会驻地任家甸子屯东南的东部同线长城遗存已被耕种

余米处，还有一道土堤，它才是挖河槽时在其两旁叠土形成的河堤。调查时，我们在河堤上看到其土色发黄，土质疏松，不细密坚致，用力一踩即颓；但老壕则与此不同，其地表土色黝黑，并长出黑色地衣式土层，土层致密，很坚硬，不能轻易取下土块。因此，可知此老壕不是河堤。

（3）这道老壕年代久远，不是近年修筑的。这一点，在老壕所在地，尤其是前小五家子屯、后小五家子屯可得到证实。从这两个屯子往南去都有车道横过老壕，甚至切断老壕，扒出豁口，以使行车方便。我们调查时得知，这些村子都形成很久了，各村之间的道路早已形成。如果这道老壕是近代修筑的，则必定要留出车道，不能将车道堵死，再将新修的老壕扒开，让车道通行，这是普通常识。还有，如果是现代新修的工程，当地有关部门也不会允许将其扒开，而且当地人也不会去扒开新建的工程设施。这些均能证明，此老壕是历史留下的遗迹。

（4）在很多地段，老壕都被开垦耕种，如果它是现代新修的设施，诸如河堤等，则有关部门是绝对不允许将其毁坏的，更不能将其扒平进行耕种。只有它是早年的长城遗迹，因为没人管理，才会被附近村民开荒耕种。

（5）在任家村村委会驻地任家甸子屯南的乡路上，老壕靠近河堤，但两者均各自独立存在，河堤是河堤，老壕是老壕，没有相互取代的情况，这说明它们各有自己的特点，不能混为一谈，尤其是河堤没有被扒平，而相同地段的老壕却有被开荒耕种的情况。

（6）沙河是20世纪50年代初为防涝泄洪新挖掘的，从西北方的丰田乡过来，向南流，在小岗子屯西面向东南流，挖断老壕从中穿过，然后与老壕不等距并行，过任家甸子屯后，向南流，进入五峰镇，而老壕则继续向东延伸，进入彰武县城北面，可见二者无任何关系。

根据上述各点，我们认为在彰武县境存在的以“老壕”或“边大道”相称的土岗，实为战国、秦、汉、西晋时期的早期长城遗存。

壕外屯（此壕外屯与四堡子乡的壕外屯同名）属于双庙乡二台子村。长城遗存由任家甸子屯南向东延伸过来，一路上都是农田，耕种对长城遗存的影响很大，现在城墙均已坍平，但在地表有一条很宽的隆起，还很明显。往东去，在没被耕种的地段，长城遗存仍为一道土岗，上面长满荒草。向东去三里多，即到壕外屯西面山岗的西坡上，那里已经被开垦耕种，长城墙体已被犁平，但长城所在位置地表仍有隆起，土色很黑，能看见一条黑土线，异常明显，它的两边是黄沙土。这是我们在彰武县所仅见的“黑土线”长城遗迹。长城再向东越过一座南北走向的山岗，即到壕外屯。

在壕外屯，我们访问了当时八十岁的王清源老人。他说：“这条边大道，也叫老边壕，什么时候修的，我们都不知道，但从我小时候记事时起就有，我常去壕上玩。它是从西北过来的，很远，从大王家窝堡、十里堡过来，沙河将它切断，到我们这边，从屯南的小山上过来，经我们屯南，往东去，到大六家子，穿过二台子，奔马帐房西，从高山台山北面过去，再往东走，过彰武县城北。这条老边壕是土的，有五六尺宽，一人多高，后来还有膝盖高。早年顺着这条壕走车，也叫边大道。有这个老边壕，是因为它的南边是民地，这边不种地，是放牧的。老边壕南面的沙河，过去没有。以前这里的水乱流，新中国成立后，1952 年对水土进行治理，才挖了这条从西北向东南流的河，让水都流入河中，不再乱流。原来老边壕旁边没有河，这条河出现还不到五十年呢！”

听完王清源老人的介绍，我们知道了很多情况，它们都很重要，对调查和研究长城，是不可多得的材料。随即他带领我们去实地调查。壕外屯在“老壕”的北边，相距二里——它因此而得其名，这个得名是符合它实际在“壕外”这一特点的。长城从壕外屯南边东、西两个山岗中的西山岗延伸过来后，下到平地，然后又爬上东面的山岗，在其南端附近下山（图 1–4–117），向东南延伸二里，至二台子村大六家子屯北。此处皆为农田，长城被扒平，但在农田中仍能看到很高的隆起（图 1–4–118）。随后长城进入屯中，在一个农家院中南北通过（图 1–4–119）。出此农家院后，因屯中房舍基本上都是在平整土地后修建的，地貌变化很大，长城遗迹不清。

长城出大六家子屯后，向东去，延伸至二台子屯，在屯北东西通过，延伸至五峰乡马帐房村（村委会驻腰马帐房屯）纪家街屯南，在此它为正东西走向。

图 1–4–117　彰武县双庙乡二台子村壕外屯东山岗上的东部同线长城遗存

图 1-4-118　彰武县双庙乡二台子村大六家子屯北农田中的东部同线长城遗存（右边凸起条带处已被耕种）

图 1-4-119　彰武县双庙乡二台子村大六家子屯农家院内南北通过的东部同线长城遗存

长城由纪家街屯南向东延伸过来，经腰马帐房屯北（图 1–4–120）东去，方向为东偏北三十度，其遗存状况是：有的地段被耕种，有的地段上面有树。长城延伸至柳河边，形迹不清。河滩很宽，中有沙洲。

由柳河东岸起，可见长城遗存——土壕向东延伸，经城郊乡怀仁村（村委会驻怀仁岘屯）纪家窑屯南，继续以东偏北三十度的方向向东延伸，至怀仁岘屯。土壕上长有大树，其南侧为车道。在近屯处，土壕已被耕种。为了耕种方便，当地村民已将土运出，土壕变成平地（图 1–4–121、图 1–4–122）。

高山台山，在彰武县城彰武镇西南四点五公里处，柳河西岸，五峰乡高山台村王家屯东北，东西通过的长城之内，纪家窑屯在它的北侧。高山台山地理位置重要，站在山上远望，四野俱在视线之中。在高山台山山顶有一座烽火台（图 1–4–123），方形，原已残坏，1997 年彰武县将其修复，基本复原。台址外面包砖，底边长九点四米，上边长八点一六米，高九点六米。台址西侧外设铁楼梯，游人可以爬楼梯登上台顶（图 1–4–124）。过去人们认为，此台址和其西边从二台子村二台子屯至梨树村石佛沟屯的四座烽燧址，同为明代长城的外路台。现在看来，此说很难认定，因为明代长城至此地并无东西走向的道路。既然没有道路，怎么会有路台？再说，由它们西去，要与哪里相通？西面正是需要防御的兀良哈三卫蒙古一方，正因为要防它，所以明代才在其

图 1–4–120　彰武县五峰乡马帐房村村委会驻地腰马帐房屯的东部同线长城遗存（前段已被取土铲平）

图1-4-121 彰武县城郊乡怀仁村纪家窑屯西的东部同线长城遗存（其左侧和前部已被铲成平地，后部仍存墙体遗存）

图 1-4-122　彰武县城郊乡怀仁村纪家窑屯西的东部同线长城遗存（长城墙体土被拉走，耕种地段的地面土层也被取走部分，因此土层下切痕迹明显）

图 1-4-123　彰武县五峰乡高山台村王家屯东北高山台山上的东部同线长城烽燧址（经清代及现代维修）

图 1-4-124　彰武县五峰乡高山台村王家屯东北高山台山上的东部同线长城烽燧址（经清代和现代维修）

东面修筑南北走向的长城，焉能为其修路以便其前来进行侵扰？没有道路，明代怎么会在远离长城、地理隔绝、孤立无援的地方修建几座路台？事实上这是不可能的。那么这几座烽燧是何时所建？答案只能是战国、秦、汉时期修筑长城时修筑的，并且今天看，这几座烽燧址都在战汉长城线上。至于高山台山上的烽燧址，也不例外，为战国、汉时期所建，但为后世所沿用，沿用时间为清代。根据文献记载，清代初年在高山台山的下边建有都尔鼻城；城名原意，过去无人解析，不知其所来之由。（按：“都尔鼻”为蒙语，系“四方”之意。）笔者推测，清初建此城后，欲定名时，因见旁边高山台山上有一座四方形的土垒，是古代之物，虽已颓圮，但特点突出，便以其为据，名之曰“都尔鼻”城。这个推测应是合理的。后来想利用此台址进行瞭望等，遂进行补修，在其外侧包砖，就成为近年维修前所见之状。维修后，台外原砌包砖部分保留。笔者观察，其砖色较灰黄，而形状等也均与明城砖迥异。因此可知，这座台址原为战汉长城烽燧，至清代后加以修缮利用，而非明代的路台。

在怀仁村村委会驻地怀仁岘屯，我们访问了当时七十四岁的管永荃老人，他跟我们说：“这个壕就在我们村南边，解放前就有，后来在这个壕上栽了树。这个壕向东去到彰武县城北的壕北村，向西到纪家窑，然后到柳河。过柳河，那边是双庙乡的腰马帐房屯。”听过管永荃老人的介绍，我们到现地调查。长城由纪家窑屯东延伸过来，至怀仁岘屯，在屯南一百米处东西通过，方向为东偏南三十度，形态为一条土壕，比较高，高度有零点八到一点四米（图 1-4-125）。壕上的树都已长成了大树，南边傍壕的是一条车道。又向东去，在彰武镇的西边有一条南北走向的铁路，长城至铁路西侧被中断。铁路东侧为从彰武镇向北去的公路，铁路和公路都占地较宽。

壕北屯，在彰武县城彰武镇的北面，铁路、公路的东边，现在紧临县城居民住宅，属于城郊乡前郑家村。我们来此调查，是因其地名引起了笔者的注意。彰武县出现的“老壕”“边大道”，还有“壕外屯”“靠边屯”等名称，我们调查后都证明是长城经过之地。因此，我们认为在县城北面的“壕北屯”的南面也应有长城，于是我们开始在彰武镇进行调查。

在壕北屯，我们分别访问了当时年龄在六十六到七十五岁之间的刘学广、李林、王忠三位老人，他们的说法一致，都承认有老壕：“村南有一道老壕，很高，存在有年头了，要比村子早，没有村子的时候就有这道老壕，村子也有上百年了。村子因为在壕北，所以才叫壕北屯。”我们在壕北屯调查时，在屯南见到一条大水沟，很深、很宽，从县城出来的公路、向北通行的铁路，在此沟上都设有涵洞，以通流水。在水沟的南侧，有一道与沟并行的土岗。

这里笔者要谈一下彰武县城名称的沿革问题，它对破解此地的长城问题会有所帮助。

图 1-4-125 彰武县城郊乡怀仁村村委会驻地怀仁岘屯的东部同线长城遗存（在车道左侧）

今天的彰武县城彰武镇，最初名为“横道子村”[①]。这个名字颇有含义，过去无人论及，也无人考证其来源，不知其来历。笔者调查长城至此，始觉其奥秘，故今于此提出。依笔者所见，此名称的由来，当与长城有关，即当初此地形成村庄时，因有一道土岗子（人们称之为“老壕”或“边大道”。“老壕”者，今壕北屯、壕外屯可证。“边大道”者，彰武县各地对长城遗存的称谓，是当地百姓对长城遗存的民间认识、通俗的说法，已见于前面笔者调查访问所记。）在此间东西向通过，因其特点突出，为村取名时就以它为标示物，取名为“横道子”（在我们的生活中，俗以南北为顺，东西曰横，谓为“横道子”者，必有东西走向的“道”，而彰武县境内的边大道就是由北至南走向又转为由西至东走向的），后来它成为彰武县设治时选用的地点。另外，从彰武县城看，城内至今缺少横道，即没有东西通行的大干道，设县时它隶属新民府，也是南北直道。即使今天彰武有铁路了，有高速公路了，它们也都是南北向的，而不是东西向的。何来“横道子”？所谓“横道子”，就因为燕、秦、汉、晋的早期长城遗存——时人俗称“边大道”在此地东西横向通过，遂名今彰武镇为“横道子”。除此，别无其他合理解释。既然如此，在今彰武地面既有

①《清史稿》卷五五《地理二·奉天》载：“彰武，（新民）府北百十里。……康熙三十一年，设养息牧厂于此。光绪二十八年，以养息牧垦地，设治横道子，置县隶（新民）府。县境居彰武台边门外。”由此可知，由于其地在“彰武台边门外”，在清光绪间设县时，取名“彰武”，而将县治置于横道子村，此村即今彰武县城彰武镇。由是可知，彰武镇初名“横道子村”。

实地调查所见的“老壕”“土壕”“边大道”诸称谓，又有文献记载在，则燕、秦、汉、晋长城即在今彰武县城彰武镇北面东西通过，就是毫无疑问的。简括说来，就因有此长城遗存，村庄形成时即名为“横道子”，也因有此长城遗存，在其北面形成的村庄就取名为“壕北屯”。毋庸置疑，当地存在的长城遗存很自然地成为这些村庄取名的依据。

我们调查时从壕北屯沿土岗向东去，遇到一条深沟，它的两旁是高大土岗。土岗一直向东延伸，后微偏向东南，延伸至城郊乡前郑家村后郑家窝堡屯，在屯北向东延伸。

长城由后郑家窝堡屯的北面向东延伸到兴隆山乡老虎村村委会驻地腰中合堡屯，我们在屯中遇到一位年长者，他很熟悉当地情况，向我们介绍说：“这种土壕，在老虎坨子村学校的后面有一道，是东西走向，而且很长，现在能见到的至少还有十多里的样子。”我们听后，立即请他一同前往。走了几里路后，我们到了老虎坨子村小学，在学校后边二十余米处，果然见到一道土岗，宽为八米，存高一点二米——确实是“老壕”。离开学校，我们沿土岗向东走去，看不到土岗的尽头（图 1–4–126），它的两侧都已耕种，无现代修筑迹象。于是我们继续沿土岗向东走去，到老虎村西老虎坨子屯。称“坨子”者，是因当地有很多独立的小山岗，它们不甚高大，当地人均以“坨子”相称。我们从该屯后面走到屯东，那里有一条南北流向的河。我们一路所经地段，长城遗迹清楚。过河后，是二道河子乡的蓝家村（村委会驻大太平庄）蓝家窝堡屯、小太平庄屯等，为沼泽地，

图 1–4–126　彰武县兴隆山乡老虎村西老虎坨子屯西北的东部同线长城遗存（自西向东拍摄）

长城迹象不清，而且此后长城所经二道河子乡地段，由于开发较甚，俱是农田，长城遗迹不显。从其走向看，长城应是向东南方延伸，经蓝家窝堡屯、万宝成村、二道河子村、西门洞村，进入东六家子镇。

东六家子村，为东六家子镇政府驻地。我们在此地调查长城，在村西发现长城墙体，它向东延伸，在村东官山北坡通过。从我们在这里发现的长城遗迹的对接关系看，长城应是从二道河子乡西门洞村延伸过来的。官山海拔一百四十九点二米，不大，是一座孤立的尖山，但在平地上却很突出。

官山东边有一个小村子，人户不多，称官山东屯，它属于东六家子村。长城过官山后，就在官山东屯北面通过。在屯北的农田里，因多年耕种，长城已被犁平，但在地面上仍可看出较高的隆起，它一直向东延伸，进入一片树林中，变成更高的土岗，但被当地村民取土挖掉很多（图 1–4–127），残存的土岗宽六米，高一点五米，岗上长有上百年的大树（图 1–4–128~ 图 1–4–130）。土岗颓坍成坡状，断面上有夯层，这也是我们确定它为长城遗存的一个根据。再向东去，是东六家子镇双山子村孤店屯。

长城由官山东屯延伸过来，至孤店屯西面，形态为土岗，上面有树。虽然土岗颓坍，但其形状还可看出（图 1–4–131、图 1–4–132）。土岗的位置，在孤店屯南半里余。从其位置上看，它与官山东屯的长城遗存成一条直线，是衔接的。在孤店屯东北有一座小山，长城延伸到它的西边后，从山的北坡向东去，在东西向土垄的田地中延伸，直到双山子村。

双山子村北有一座独立小山，称双山，该村因此山而得名。长城从孤店屯径直向东延伸至双山，在双山北坡下面向东延伸，过双山东面后，又向东延伸，穿过一条南北走向的乡路后，继续向东延伸（图 1–4–133），即到石头人屯。

石头人屯属于东六家子镇长沟沿村（村委会驻小坨子屯），靠近法库县界。长城由双山子村延伸过来后，从石头人屯北面经过，由那向东延伸，至东六家子镇太平山村王家窝堡屯南，遗存呈土岗状，较为明显（图 1–4–134）。向东出石头人屯二里处，长城遗存被从南面而来向东去的乡路所占用（图 1–4–135），墙体顶面留有较深的车辙痕迹，可知它变成车道已有很多年。

在王家窝堡屯南，长城遗存呈一道土岗形态，可见墙体中的条石块夯层（图 1–4–136），其两侧均已被开垦耕种，成为田垄（图 1–4–137），耕种侵及长城墙体（图 1–4–138），还有农用车道横穿过长城遗存（图 1–4–139、图 1–4–140）。长城又径直向东延伸，至 101 国道（沈阳至承德公路）在叶茂台村北山北面南折之后的路段，穿过公路向东延伸，即到法库县叶茂台镇叶茂台村的北山北坡。

图 1-4-127　考古工作者在彰武县东六家子镇东六家子村官山东屯调查测量东部同线长城遗存

图 1-4-128　彰武县东六家子镇东六家子村官山东屯的东部同线长城遗存

图 1-4-129　彰武县东六家子镇东六家子村官山东屯的东部同线长城遗存

图 1-4-130　彰武县东六家子镇东六家子村官山东屯的东部同线长城遗存（墙体遗存上面已被耕种，并有现代车道横过，远处墙体遗存的痕迹仍很明显）

图 1-4-131　彰武县东六家子镇双山子村孤店屯的东部同线长城遗存（为耕地中间的土岗，已成现代车道）

图 1-4-132　彰武县东六家子镇双山子村孤店屯的东部同线长城遗存（右侧土岗）

图 1-4-133　彰武县东六家子镇双山子村的东部同线长城遗存（有现代车道横过）

图 1-4-134　彰武县东六家子镇长沟沿村石头人屯东的东部同线长城遗存

图 1-4-135　彰武县东六家子镇长沟沿村石头人屯东被乡路占用的东部同线长城遗存

图 1-4-136　彰武县东六家子镇太平山村王家窝堡屯南的东部同线长城遗存断面

图 1-4-137　彰武县东六家子镇太平山村王家窝堡屯南的东部同线长城遗存

图 1-4-138　彰武县东六家子镇太平山村王家窝堡屯南的东部同线长城遗存

图 1-4-139　彰武县东六家子镇太平山村王家窝堡屯南被农用车道穿过的东部同线长城遗存

图 1-4-140　彰武县东六家子镇太平山村王家窝堡屯南被农用车道穿过的东部同线长城遗迹

# 第五章 东部同线长城——战国燕、秦、汉、西晋长城考古调查发现（二）

东北地区东部同线长城，自今辽宁省阜新县东北部开始，延伸至彰武县，考古调查发现的长城遗迹虽有中断，但大都明确，前后接续。然而，在其进入今法库县境内后，长城遗迹在法库西部地段保存较好，线路清晰，而在其东部地段则保存较差。因此，当论及东部同线长城中段的考古调查发现时，就远较其西段的考古调查发现为逊。这不仅是因为长时间以来很少进行长城调查，而且因为这一地区是辽河冲积平原，居住的人口较多，耕种普遍，甚至开发过度，地面变化很大，加上这段长城为土筑，不易保存，且常被利用，长城遗迹的保存状况不好，发现较难，至今还没有一道完整的长城被发现，仍处在调查与研究之中，没有确切的考古发现结论。近些年，笔者从考古调查入手，在较大范围内进行探寻，陆续有所发现，逐渐形成一些认识，但仍然很不完整，现只将这些考古调查发现情况记述于后。

笔者将辽宁省法库县、开原市、铁岭县境内的早期长城考古调查发现情况，拟成此篇，以记前所未知的长城（其分布情况见第 1395 页图 1– 附录 –1）。

## 一、东部同线长城在辽宁省法库县境内的考古调查发现

此道长城由今彰武县东南境的东六家子镇太平山村王家窝堡屯延伸进入今法库县叶茂台镇叶茂台村范围。叶茂台村的北山比较大，东西绵延数里。长城延伸进入今法库县境内后，在东西走向的 101 国道（沈阳至承德公路）南侧不远处，以土岗形态出现。在公路从西边过来要向南转弯进入叶茂台村北山谷口之处，长城横过转弯之后呈南北走向的公路，爬上北山的北坡，其遗存土岗清楚（图 1–5–1 ~ 图 1–5–4）。北山北坡近年已植树，长城遗存即在树林中延伸（图 1–5–5 ~ 图 1–5–9）。在此长城遗存的北面，还有一道也呈东西走向的土岗，经笔者调查辨认，它实为清代柳条边遗存，但由于人们分不清长城和柳条边，当地人就称此土岗为“二道边”。在北山北坡，有的地段因有石料，长城城

图 1-5-1　法库县叶茂台镇叶茂台村北山北坡下的东部同线长城遗存

墙即为石砌（图 1-5-10、图 1-5-11）。在北山长城遗存上，我们还发现有属于汉代的遗物（图 1-5-12、图 1-5-13），它们也能证明此道长城的年代。从今彰武县延伸至法库县的长城，其城墙主要是土筑的。过北山到平地上后，在法库县境内向东延伸之长城，均为土筑（图 1-5-14 ~ 图 1-5-15）。长城过叶茂台村北山，向东延伸，至榛子街村。

榛子街村属于叶茂台镇，在 101 国道北侧。土筑长城由叶茂台村北山下延伸过来，在榛子街村北二里处东西向通过，在獾子洞水库南岸（图 1-5-16 ~ 图 1-5-18）向东延伸，至杨家堡子村。

杨家堡子村属于秀水河子镇，在 101 国道北侧，村北三里是獾子洞水库。长城由榛子街村延伸过来，在村子与水库之间东西向通过，墙体明显（图 1-5-19 ~ 图 1-5-22）。

顺边屯属于秀水河子镇秀水河子村。所谓"顺边"，道出此地的长城最有地理环境特点：长城由杨家堡子村北向东延伸，至顺边屯，转弯之后的公路恰好与长城遗存重合，即公路是以长城遗存为路基，在它之上修成的。调查时我们看到，压在长城遗存上的这一段公路有一百多米长。此处原本为平地，但如果你站到公路西边往东看，就会发现在公路与长城遗存相遇处，公路的路基被明显抬高了，这是因为修路时不知遇到长城墙体遗存，没有撤土，结果路面就被抬高。过了一百多米后，公路向沈阳方向东去，就离开了长城遗存（图 1-5-23 ~ 图 1-5-25）。

图 1-5-2　法库县叶茂台镇叶茂台村北山北坡下的东部同线长城遗存

图 1-5-3　法库县叶茂台镇叶茂台村北山北坡下的东部同线长城遗存

图 1-5-4　法库县叶茂台镇叶茂台村北山北坡下的东部同线长城遗存

图 1-5-5　法库县叶茂台镇叶茂台村北山北坡树林中的东部同线长城遗存

图 1-5-6 法库县叶茂台镇叶茂台村北山北坡树林中的东部同线长城遗存

图 1-5-7　法库县叶茂台镇叶茂台村北山北坡树林中的东部同线长城遗存

图 1-5-8　法库县叶茂台镇叶茂台村北山北坡上残存的东部同线长城土筑城墙遗存断面

图 1-5-9　法库县叶茂台镇叶茂台村北山北坡树林中的东部同线长城遗存

图 1-5-10　法库县叶茂台镇叶茂台村北山北坡上的东部同线石砌城墙长城遗存

图 1-5-11　法库县叶茂台镇叶茂台村北山北坡上的东部同线长城石砌城墙遗存

图 1-5-12　法库县叶茂台镇叶茂台村北山北坡的东部同线长城遗存上出土的汉代铁铤铜镞

图 1-5-13　法库县叶茂台镇叶茂台村北山北坡的东部同线长城遗存上出土的汉代铁䦆

图 1-5-14　法库县叶茂台镇叶茂台村东北的东部同线长城遗存（自东向西拍摄）

图 1-5-15　法库县叶茂台镇叶茂台村东北的东部回线长城遗存（自东向西拍摄）

图 1-5-16　法库县叶茂台镇榛子街村北的东部同线长城遗存（自东向西拍摄）

图 1-5-17　法库县叶茂台镇榛子街村北的东部同线长城遗存（自东向西拍摄）

图 1-5-18　法库县叶茂台镇榛子街村北的东部同线长城遗存（自东向西拍摄）

图 1-5-19　法库县秀水河子镇杨家堡子村西的东部同线长城遗存（自东向西拍摄）

图 1-5-20　法库县秀水河子镇杨家堡子村北的东部同线长城遗存（自东向西拍摄）

图 1-5-21　法库县秀水河子镇杨家堡子村北的东部同线长城遗存已成简易车道（自东向西拍摄）

图 1-5-22　法库县秀水河子镇杨家堡子村东的东部同线长城遗存（自东向西拍摄）

图 1-5-23 法库县秀水河子镇秀水河子村顺边屯西 101 国道（左侧树林处）北侧的东部同线长城遗存（自东向西拍摄）

图 1-5-24　法库秀水河子镇秀水河子村顺边屯西的东部同线长城遗存自西向东延伸，101 国道于此与之相会，然后国道以长城遗存为路基向东延伸（自西向东拍摄）

图 1-5-25　法库县秀水河子镇秀水河子村顺边屯（左侧村庄）南 101 国道至秀水河子镇敬老院段以长城墙体遗存为路基，修筑在它之上，在此路段上可见路基被明显抬高。国道于秀水河子镇敬老院处转弯后向东偏南去，长城则继续向东北延伸，过秀水河子村北（自西向东拍摄）

秀水河子村属于秀水河子镇。公路在顺边屯西离开长城遗存后，长城延伸的大方向未变，由顺边屯继续向东延伸，在秀水河子村北一里处东西通过。

由秀水河子村往东北方去，即双台子村。我们调查至此，虽然多方寻找，也未发现长城遗迹。

长城在此突然消失不见，使笔者思考许多问题。在法库县境内，有许多村庄是以“台”命名的。为什么会出现这种情况？笔者以为在出现村庄之前，当地很早就应有这种“土台子”，由于其形象很突出，于是在命名村庄时，人们就以“台”相称。在法库县，这些以“台”命名的村庄，在地理分布上是呈一条线的——从西南向东北去，然后又折向东去，非常连贯自然。为什么会有这种现象？这透露出一个还不为人们所认知的问题，请看下面笔者的认识。

我们先看法库县境内这些以“台”命名的村庄。从“顺边屯” 起——已经有“边”了，“边”即长城在当地的俗称，在“边”上，还有“台”，前有叶茂台，然后从秀水河子村往东北去，依次是双台子村、五台子村、四台子村，即到法库县城，再往东去，是东二台子村。此处亦有“边”，不仅是长城，还有柳条边，二者相沿，今存其迹（图 1–5–26、图 1–5–27）。由东二台子村往东，是东头台子村，再往东出县境，进入开原市。如果看地图，你也会发现，这一系列以“台”命名的村子，是在一条线上的，而且今天这一条线都是公路。这条从西南到东北、贯穿全县的公路，应该是在原来以长城遗存为行车道后形成的旧路基上修筑而成的。原来的旧路是怎样形成的呢？从笔者多年进行长城考古调查的发现看，这个路就与战国燕、秦、汉、西晋的长城有关了，它也和许多地方人们在“老壕”“边大道”上走车一样，后世利用了前代的长城遗存，在当时，车自然是在地势较高而又顺畅的土岗上通行的，于是人们在无意的行为中，将长城遗存变为车道，日久年深，就不知其为长城遗存，只有一条通车的大道了。这种将长城遗存变为车道的情况很常见，如战汉长城辽宁省阜新、彰武段，高句丽长城吉林省德惠市、农安县、公主岭市、梨树县、四平市段①，辽宁省营口段②，明长城辽河流域段③等，都有将长城墙体遗存用作车道的情况。在平原地区，将古代城址的城墙遗存作为车道的也很常见，而长城墙体更长，其遗存是现成的地基，不用修筑，因而在将长城变为车道后，逐渐就形成了正式道路，但在道边存留的一系列烽燧址，其外观是一个个大土台子，人们就借用它为村庄命名了，如在笔者家乡沈阳市西北郊万金台村所在的明长城线上，北从辽河南岸向南，村名依次

① 张福有等：《高句丽千里长城》，长春：吉林人民出版社 2010 年 10 月版。并见布尼阿林：《河北省围场县燕秦长城调查报告》，《中国长城遗迹调查报告集》，北京：文物出版社 1981 年 2 月版。

② 冯永谦、崔艳茹：《高句丽千里长城西南至海段考古调查报告》，《辽宁长城》第四辑，辽宁省长城学会 2002 年 7 月版。

③ 冯永谦：《高句丽千里长城建置辨》，《社会科学战线》2001 年第 1 期。

图 1-5-26　法库县柏家沟镇东二台子村的东部同线长城遗存（左侧土岗）与清柳条边遗存相沿（自东向西摄）

图 1-5-27 法库县柏家沟镇东二台子村的东部同线长城遗存与清柳条边遗存（自东向西摄）

为盘古台、四台子、三台子、万金台、于金台、白虎台（读为“簸合台”）、四方台（现改称“解放村”）等，它们都是由于在明长城边上有土台子，进而因台址而得村名的。这是笔者童年的生活经历，为笔者亲身所见。故法库县这一系列村名用序号排列的村庄，如双台子、四台子、五台子等，都应是由于当地有古代长城的烽燧台址，在村庄形成时借以命名形成的一种特有现象。

那么法库县境内的长城何在？笔者调查长城多年，在其西面的彰武县发现有长城遗迹，在其东面的开原市发现有长城遗迹，并且学术界也有共识，战汉时期的长城在此地通过，那为什么在法库县这些地方没有发现长城遗迹呢？这个问题，过去无解，现在笔者经过在法库县进行多年考古调查，百般思索，突然明白，经过这些以“台”命名的村庄的公路，就是原来战汉长城的线路。长城遗存被今日公路所掩盖，就是尽管笔者在这些地方多方调查，也没有发现长城遗迹的原因，很简单，奥秘也在这里。

法库县的早期东部同线长城只有以上述线路在该县东北部出境后，才有可能和经过考古调查在开原市的前施家堡子、铁岭县的山头堡等地所发现的长城遗迹衔接起来。法库长城与在开原市前施家堡子发现的“土龙”相衔接，这在地理位置上是非常适宜的，也符合长城在该处的走向。如此，则东部同线长城在法库与开原、铁岭的长城连接起来了（详情参见第 1401 页图 1- 附录 -7）。

但是，还有一个问题，在此也要说明一下。过去有人认为，法库县村名含有“台”

字的村子，无论是“双台子”还是“五台子”，其地应该确实有台子，但法库有柳条边，它很是有名，这些台子应该是设柳条边时修筑的。笔者以为，这种认识是不对的。首先，这种台址在古代是烽火台，是进行防御和传烽报警的军事设施，与长城相关——在明代也有为“路台”的，但路台都在相应的驿道旁边。柳条边不是军事防御设施，仅是为保护清代“龙兴之地”，不让他人进入，以免挖参、放牧、樵采、伐木等破坏“王气”，影响其统治者的皇权安危所修的一道“柳条篱笆幛”而已，而且清代在柳条边还分别设有边门，人们凭官牒可以在边门出入，因此，无须筑台防御。其次，综观清代柳条边，无论老边还是新边，都没有设置台址，为何要在法库修筑这种台子呢？最后，笔者根据调查发现，柳条边和长城在法库虽有交叉和重合，但并非完全是同一线路，如在叶茂台的北山上，长城从今彰武县东六家子镇向东延伸过来，进入法库县境后，径直爬上叶茂台村北山的北坡，然后延伸至秀水河子村之北，而柳条边从今彰武县六大门村向东延伸来，原本在长城南面，但在接近法库县境之处横过长城，向东北方延伸，后转向东去，到双台子村北的靠边屯，然后再向东北延伸，靠近长城，两者在双台子村北重合，此后在相当长的地段为同一线路——经法库镇，到东二台子村，仅此而已。因此，谓法库的台址为柳条边所设，是没有根据的。

## 二、东部同线长城在辽宁省开原市境内的考古调查发现

早期东部同线长城，从其走势看，西从今法库县东境柏家沟镇进入今开原市庆云堡镇。笔者在开原市进行长城考古调查时，走的地点很多，但因这个地区人户较多，居住年久，农田开发遍及山野，致使地貌变化较大，所以许多地方长城遗迹不清。

在开原市调查长城的过程中，我们到辽河东岸的业民镇清辽村后，恰好遇到来龙湾山的当地人崔长荣，当时他五十一岁。谈起考古调查的事，他很了解当地情况，我们就请他讲一下这一地区我们即将调查的长城的事。他说：“我是开原市董孤家子人。在我们村东南有一个大土台子，在拐弯后的辽河西岸，叫南台子，早就有，辽河发大水时也冲不走，我们都跑到台子上去玩。在它上面种庄稼，庄稼也不爱长，就都不种了。这地方还有土龙，在辽河西岸，往西去。原来的董孤家子村前些年由于辽河发大水，咱们政府让全村都往北搬迁了，在现在的新董孤家子村北，向西到前施家堡子，有七八里长，原来就是土龙，后来走成了车道。”我们听后，随即由东岸摆渡过辽河，来到原董孤家子村的“南台子”。董孤家子村原在辽河西岸不远处，十多年前因辽河涨水将村庄冲毁，遂向西北迁移了三里，建了新董孤家子村。此台址在原董孤家子村之南，我们调查时，它已颓坍，四周都已经被耕种，现存情况是，台址东西宽二十米，南北长二十八点五米，存高三米（图 1–5–28）。台址东面距辽河岸边四十米（图 1–5–29）。

图 1-5-28　开原市庆云堡镇原董孤家子村南的东部同线长城烽燧址南台子（自西南向东北拍摄）

图 1-5-29　从辽河南岸龙湾山上望辽河北岸的东部同线长城烽燧址南台子（自南向北拍摄）

从南台子往北走，过两截地，有一车道，由此折向西去，是通往新董孤家子村的乡路，经一里余到达辽河大堤。这道河堤是近十多年来新修筑的，很宽厚高大，顶面现为车道。过堤，已近村庄。我们在新董孤家子村找到年纪大又了解情况的村民，当时八十六岁的董士亮、八十一岁的陈喜达和六十八岁的赵清廉，向他们说明我们要调查古代长城的事。他们说：“在原董孤家子村北，有土龙，就是一道大土岗子，东南至西北走向，很长，我们见到的有八九里地长，朝村西北的前施家堡子方向走。当时这个土龙有半人多高（老人比量有一点五米），宽有一丈多（约有五米），顶上能走人（约有一米多宽），在赵家台南一里地向西去。另外还有几个台子，西大台、小台子。我们村子搬来后，就把这道土龙占用了，把它平了，在它上面盖了房子，今天看不到它了，村外种地也把它平了。南边有段土龙，做车道了。在我们村后边东头杨普家还有迹象——这个土龙从南面过来，穿过杨普家的院子，然后向西北去。土龙由村西北边出去，到前施家堡子村南。这条土龙很明显，村里人都知道。”我们按他们的介绍到现地去看，果然都如他们所说，有的地段长城墙体遗存变了形态（图 1–5–30），四地里的遗迹虽不明显，但烽燧台址还保存着。新董孤家子村村民杨普家的宅院因是后建的，被划定在村后边东头，范围恰在这道土岗的位置上。他家为了建房，扒平了处在其宅院内的土岗。当笔者与铁岭市博物馆的许治国等人调查至杨普家时，不仅听到他们的讲述，而且还在其宅院中看到，从院外南边过来在院中已经被扒平的土岗原来所在的位置上，虽然他们时常修整，地面还是有一些残留隆起，与两边的地面不同。在其宅院外的土岗，因耕种和平整土地，也被扒平。在他家院子里的土岗向西北斜穿过去，向村外延伸。

清辽村，属于开原市业民镇，原称“大高力屯”，因位于清河汇入辽河处的东岸，近年改名为清辽村（图 1–5–31）。我们到清辽村后，找到当时七十九岁的关富山老人，向他了解情况，问他此地有无土龙和烽火台。他说：“我们这里土龙、烽火台都有，就在村后山上。”我们就请他一起前去调查。我们一起由村中街道向北走，来到村后的山岗下。山岗的西边有一条道路，向北通往富强村（原称“小高力屯”）。我们在山岗下看到，四周均为土质丘陵，只在村西北有一个不高的山岗，上面的覆土不厚，下面为岩石，因此这个山岗曾经被开采过石头，现在留下一个很大很深的采石坑，在东面坑壁上部可见到土墙的断面（图 1–5–32、图 1–5–33），从而得知该山岗顶上是有土墙的（图 1–5–34），但因山岗南端西部被采石毁坏，向西去辽河岸边的那段土墙没有了。过河后，在辽河西岸向西北方向延伸，就是前面所记的原董孤家子村。而在东边坑壁上面的地表，可明显看到土墙遗存（图 1–5–35），它在低矮的山岗上向东北方延伸，两侧均已被开辟为农田，在一些墙体遗存随地势弯曲的地段，两边的地垄在耕种过程中不等距地侵蚀了墙体遗存，有的地段是这一边的墙体遗存被多侵蚀一些，在下一地段另一边的墙体遗存被多侵蚀一些，

图 1-5-30 开原市庆云堡镇董孤家子村的东部同线长城遗存（现已成为车道）

造成如今土墙遗存蜿蜒屈曲的形态（图 1-5-36）。我们在调查中经过测量得知，土墙遗存宽四点八米，高一到一点四米（图 1-5-37）。由其北端再往东斜插过去，就到了老爷庙。

在土墙遗存南端东侧，有一高大台址，圆形，土筑，现已颓坍，底径十五米，存高三点七米（图 1-5-38）。在土台周围及其顶部，我们见有布纹瓦、大卷沿水波纹灰陶片、沟纹砖等，还有许多青铜时代的夹砂褐陶片、陶器耳等残片。该台址的时代应是汉代，辽代沿用过。我们还调查了北小台烽燧址（图 1-5-39）。

在这个地段，根据我们调查所见，从前施家堡子到原董孤家子村，这一道长十余里、被称为“土龙”的土岗，应是战国燕、秦、汉、西晋时代的长城遗存。主要依据有以下几点：

（1）这道土岗在此地总体上是东西走向的，从法库到开原，符合战国燕、秦、汉、西晋时代长城在此地的线路方向。

（2）这道土岗不是明长城。开原境内的明辽东镇西线长城，在从今铁岭到昌图线段的中间，已在距此地不远的西面南北通过，其城墙遗存仍在。这道土岗与明长城遗存作“十”字交叉，因此它不是明长城。

（3）这道土岗向东延伸又横跨辽河，行经清河之东，不在明长城分布之地，因此它不应是明长城。

（4）在这道土岗附近有台址，也发现有汉代遗物，这些都是确定它为早期长城的重要依据。

（5）文献记载。《水经注》说：“辽水亦言出砥石山，自塞外东流，直辽东之望平县西，屈而西南流，迳襄平县故城西。”[①]辽水，即今辽河。这段文字对西辽河的记述非常准确：西辽河自西面流来，过今吉林双辽后，始转折向东南流，在康平县与昌图县北境交界处同东辽河汇合后，称辽河，继续向南流，到开原市南境，即清河汇入辽河处。长城西由前施家堡子村、董孤家子村向东来，在此地由西向东过辽河后，经清辽村向东延伸。此前辽河由西向东、转南，都是在“塞（即长城）外”流，转而南流，穿过长城之后，辽河即在长城内流。辽河进入长城之内后为今铁岭市的北境，距铁岭市仅十五公里。过铁岭南二十五公里为邱台子村，那里有汉代城址，为汉代望平县址。辽河“直辽东之望平县西”的记载，同它与邱台子汉城址的关系准确无误。然后辽河“屈而西南流”，过沈阳到辽阳。辽阳古称“襄平”，为辽东郡郡治。今辽河的流经之地亦与辽河“迳襄平县故城西”的记载相同，可见辽河的流向自古及今未改。因而可以确知，长城是在今铁岭与开原交界的清河汇入辽河处，即董孤家子村与清辽村间横过辽河。这是考古调查中发现有遗迹存在的长城行经线路的准确地点。

我们在中固镇沙河堡村小河南屯调查时，找到村民王书勤、王德权两位老人了解情况。

---

① 郦道元：《水经注》卷十四《大辽水》。

图 1-5-31　开原市业民镇的清辽村（右为清河，左及远方为辽河）

图 1-5-32　开原市业民镇清辽村北山岗南土崖上露出的东部同线长城遗存断面（右侧山坡下斜，长城遗存断面明显）

图 1-5-33　开原市业民镇清辽村北山岗南端山崖上的东部同线长城墙基遗存断面

图 1-5-34　开原市业民镇清辽村北山岗南端的东部同线长城遗存（夹在玉米地中间者）

图 1-5-35　开原市业民镇清辽村北山岗上的东部同线长城遗存（玉米地中间长青草处）

图 1-5-36　开原市业民镇清辽村北山岗上的东部回线长城遗存（因受两侧耕地侵蚀，长城墙体遗存变窄。由于两侧耕地侵蚀不一，长城遗存变得弯曲）

图 1-5-37 开原市业民镇清辽村北山岗上的东部同线长城遗存与烽燧址（长城遗存因两侧被不同程度侵蚀而变窄变弯曲）

图 1-5-38　开原市业民镇清辽村北山岗上的东部回线长城烽燧址

图 1-5-39　开原市业民镇清辽村北的东部同线长城烽燧址——北小台

他们说："在我们村西头有一道老壕，南边叫壕里，北边叫壕外。"我们在他们的带领下到现地去察看，确实看到了他们说的老壕，但它已被扒平，种上了庄稼，不过它上面的庄稼长得并不好，叶子发黄，不像它两侧的庄稼那样青绿。王书勤说："四十多年前，这个老壕可高了，有多半人高。壕颓了，底宽有两丈，顶宽也有五尺，有的地方高些，有的地方低些，我们就叫它龙腰地。"

然后，我们即去小河南屯东边的后沟村山后屯调查，那里也有老壕。屯里当时六十六岁的刘绍臣、七十二岁的朱国明老人，都很了解情况。他们跟我说："我们这里叫老壕，在山后屯与孟家寨村之间，从沙河南岸向东南去。这个老壕过去可高了，在这边看不到那边的人，人若想上去，得爬上去。"我们和二位老人一起到现地去，看见老壕虽然已颓坍，却还存在。

小河南屯与山后屯的这两段"老壕"，虽有相当距离，但从方位看，可以衔接起来。如果向西南延伸，则它们可与清辽村后山上的长城向此方向延伸而来的墙体遗存衔接起来。从我们在现场的调查情况看，这几段"老壕"可以衔接成一条线路，它们应是战国燕、秦、汉、西晋的长城遗存。

在中固镇进行调查时，根据村民提供的线索，我们还到展家沟村去做了实地调查。展家沟村的东面是山，山坡较平缓，被开垦为田地，当中有一条农用车道（图 1-5-40 ~ 图 1-5-42）。村民说："这里原来有老壕。"现在看，车道确实高于两侧田地，上面车辙

图 1-5-40　开原市中固镇展家沟村的东部同线长城遗存（东段，由西向东拍摄）

明显，轧有很深的辙印（图 1-5-43 ～图 1-5-45）。在此山岗上部，还有一座烽燧址（图 1-5-46 ～图 1-5-48）。

经过实地考古调查，我们在这里发现的长城遗存，其走向是从法库过来之后，经前施家堡子，过辽河，向东去，还存有一段遗存，当地人称之为“土龙”“老壕”，到了山区，遗迹不显，经行线路不清楚，但笔者根据在现地调查所见到的地理环境、山川走势，对其行经线路有一个初步推测，即这道长城在今开原市中固镇已调查发现其遗存的地方，接续向东去，进入山区。这里有几条东西向的大山谷，是东西通道，从防御的角度看，长城应向孟家寨延伸，经松山堡、果子园、山槐村，到老边村，在老边村转折向南，经靠山镇阎家窝堡、彭家堡子、尹家堡子，进入今铁岭县大甸子镇，经上三道沟村、老边台村、英树沟村、二道沟村、小椴木冲村、大椴木冲村、三岔子村，进入今抚顺县。（参见第 1406 页图 1- 附录 -12）在这个线路中，南转的地段，也是后世明长城行经的线路——早期长城为明辽东镇长城所沿用，被它所掩盖，因而不显。在今抚顺县境内的早期长城，将在抚顺的长城考古调查中接续说明。

## 三、东部同线长城在辽宁省铁岭县境内的考古调查发现

早期东部同线长城在今铁岭县境内的分布，根据笔者的调查，是在县城的北部，即今开原市的南境，即清辽村东西通过的，在今铁岭县境内没有长城，但却发现了这一时

图 1-5-41　开原市中固镇展家沟村的东部同线长城遗存——中间有条农用车道（东段，由西向东拍摄）

期的烽燧址，现将情况记述于下（参见第 1406 页图 1- 附录 -12）。

山头堡村，属于铁岭县平顶堡镇。当我们在调查过程中得知在山头堡村北有“北大壕”的信息时，认为这个民间认识很重要，遂去调查。到现地后我们看到，此处西北为清辽村后山上的长城，东北为小河南屯长城，此地如有长城，可以将它们衔接起来。当地人所称的“北大壕”在山头堡东北四里处，它是一条在农田中偏向东北斜行的土岗子，虽已坍平，但仍然有很高的隆起。它不是近现代修筑的。在农田中，一条农用车道最为明显。我们调查时，农田里种的是玉米，土岗也被平整，种了与两侧一样的玉米，但在土岗上种的玉米，叶子都“打蔫”了，看着非常明显。我们就沿着玉米叶萎蔫的地方找过去，横垄前行，在一块种豆子的地中，矮小的豆秧让地表隆起的现象更加明显。我们一直向东面的山岗走过去。它是从东边较高的山岗上延伸下来的，在山脚突然陡起，但山岗顶部却很平坦，已被开垦耕种。在山岗正中间，有一条东西走向的较高土岗，它比两侧地面都高，现在成为村民种地往来走车的车道。它与山岗下的“北大壕”可以衔接，颇有相同之处，应当有一定关系。因这段长城在历史上曾是多个朝代共用的线段，历时较长，中间可能会有重修，有可能选择新地段新修，所以在线路选择上可能有所变动，出现差异。在开原南境和铁岭北境的这几道长城遗迹，应该是不同时期修筑长城选择不同地段造成的。

在山头堡村，现公路东侧的山岗上，存有一座烽燧址（图 1-5-49）。经过调查我们确定，

图 1-5-42　开原市中固镇展家沟村的东部同线长城遗存（东段）

图 1-5-43　开原市中固镇展家沟村南山岗顶部的东部同线长城遗存（现为农用车道）

图 1-5-44　开原市中固镇展家沟村的东部同线长城遗存（西段，由西向东拍摄）

图 1-5-45　开原市中固镇展家沟村的东部同线长城遗存（西段，由西向东拍摄）

图 1-5-46　开原市中固镇展家沟村南山岗上的东部同线长城烽燧址

图 1-5-47　开原市中固镇展家沟村南山岗上的东部同线长城烽燧址

图 1-5-48　开原市中固镇展家沟村南山岗上的东部回线长城烽燧址

此烽燧址是属于早期长城的，除了所见遗物外，其保存现状也具有早期长城烽燧址的特点：它颓坍严重，若是明代所修，则一般是用砖、石材修筑的较多，而此台址不是；再者，即或土台，明代距今较近，夯层明显，颓坍也不会有如此之严重，笔者调查过很多明代烽火台址，都没有如此颓坍；另外，明长城在其西面的很远处南北通过，不会在此修筑一座台址。故山头堡烽燧址应是早期长城的遗存。

龙湾山烽燧址，在铁岭县镇西堡镇杜蒋窝棚村北五百米的龙湾山上。龙湾山烽燧址是崔长荣发现的，在地面上有很多汉代细绳纹灰陶片，可知其年代为汉代（图 1-5-50）。另外，此山上还见有辽代沟纹砖、宋仁宗朝“天圣通宝”小平钱（应是章献太后未称制时铸）、瓷罐片等，可知此遗址在辽代曾被沿用过。

在调查开原、铁岭接近东部山区的这段早期长城的过程中，我们发现长城遗迹不够完整，有的地段无明确的长城遗迹，因此对其走向还不十分明确。笔者在上面曾作过推测，这是经过实地考古调查后，以所见山川形势，结合文献记载，产生的认识，感到有此可能。

首先，文献多记载辽东有长城。《史记》说：“燕亦筑长城，自造阳至襄平。”襄平为辽东郡郡治，此说法表示燕国长城修筑到辽东郡的边境，而非指具体地点襄平城。假如长城果真只修到襄平城，那就失去其防御的作用了。同书《匈奴传》也说，长城“起临洮至辽东万余里”。同书《朝鲜传》也说，汉兴，“复修辽东故塞”。这些记载，分别是燕、秦、汉时期，都说“辽东”筑有长城，并非虚语，说明在辽东地区确实筑有长城。

其次，在实地考古调查中，早期长城遗址被大量发现，在其前后线路上都有长城遗存，岂能只有此处没有？这不可能。但如果深究为何出现这种情况，那大概只有两种可能：一是开原、铁岭东部接近山区，其实并不偏僻，人类活动较早，居住人口较多，在一条山谷中，由于生产等原因，地表变化较大，长城遗迹不存，今日调查未见；二是我们的调查还不够深入，植被丰富，覆盖地表，以致至今没有发现长城遗迹。

最后，推测这段过今开原市中固镇后东西走向的长城延伸至今开原市松山堡乡老边村后，南折至今抚顺，除了在现地观察地形地貌的认识外，还有其转折后南行的线路，正是明辽东东路长城行经之地。明长城为什么要选择与战汉长城相同的这一地段？应是如下的原因：明代在辽东地区东边要防的民族地域，基本上和战国、秦、汉时期在辽东所要防的民族地域相同，因此确定修筑长城的位置也就基本一致。于是我们可以看到，明长城沿用了从今开原市松山堡乡老边村起向南转折而延伸至今抚顺的战汉长城。正如明毕恭《辽东志》所说，蒙恬所筑长城，“本朝时加修筑”。因此，现在所见开原市松山堡乡老边村至抚顺北的明长城遗迹，也即是燕、秦、汉、西晋时期的长城遗迹。

图 1-5-49　铁岭县平顶堡镇山头堡村东山岗上的东部同线长城烽燧址

图 1-5-50 铁岭县镇西堡镇杜蒋窝棚村北龙湾山上的烽燧址（自辽河北岸向南拍摄）

在今辽宁中部平原接近东部山区的早期长城情况，就不像前面所述西部长城那样，而是从来就存在较多问题，至今还不十分明确。燕、秦、汉、西晋长城所行经的中部地区，是指辽河下游的今沈阳、铁岭地区，这里土地平衍，没有高山，居住人口密集，自然环境改变较快，土筑长城自然较难保存。另外，此前学术界注意不多，没有进行较为深入的调查，缺乏了解。因而直到现在，关于这里的早期长城的情况，还不能被全部明确地指出来，故学术界很少见有对这段长城的讨论。

此前对于中部早期长城的研究，多属推论，没有足够的科学资料，缺乏依据。如有人认为“燕长城的位置”是由今彰武、法库至辽河，“再沿辽河北上至河之上游，又东北折至今吉林市北，东向至珲春滨海一带”[①]。从其所叙述的这个长城走向看，似乎离实际太远，不易令人信服。近年由于在吉林省发现二龙湖战国城址，于是就有将燕秦长城置于吉林省的意见，认为它可延伸到梨树县[②]。这些论点，未免失之过北，并且也没有得到更强有力的考古学支持。还有的研究者将燕秦汉长城同样置于此地，如为考证汉代襄平县、望平县的今地，欲辨其襄平县为今铁岭、望平县为今昌图县老城镇，就将燕秦长城置于今辽宁省昌图县之北和吉林省梨树县之北，将汉长城置于今吉林省梨树县境内东西通过[③]。这同样是臆断，的确是偏离史实太多。由此可见，燕秦汉长城的确定，对学术研究是多么重要！同时我们也因此可以知道，对长城的调查与研究，在当前是多么迫切的需要！

近几年，笔者在沈阳、铁岭对中部地区的古代长城进行了考古调查，到目前为止，在相关地段已发现若干遗迹，虽然还不能全部衔接起来，但已可知其基本走向，不再像以前那样处于朦胧的状态。

---

① 张博泉：《东北地方史稿》，长春：吉林大学出版社 1985 年 11 月版，第 48 页。

② 阎忠：《燕北长城考》，《社会科学战线》1995 年第 2 期。

③ 李奉佐、金鑫：《曹雪芹家世新证》，沈阳：春风文艺出版社 2001 年 2 月版，第 110 页《燕秦汉辽东郡北部长城及诸县地理位置图》、第 111 页《前后汉襄平地理位置图》。

# 第六章

# 东部同线长城——战国燕、秦、汉、西晋长城考古调查发现（三）

我国早期的战国燕、秦、汉、西晋长城同线线段的东段，在今辽宁省抚顺市、本溪市、丹东市的辖境内，经考古调查，在相应地段也都有所发现，对这些地区过去最不明显的早期长城走向，终于有了较为明确的认识（参见第1395页图1–附录–1）。

## 一、东部同线长城在辽宁省抚顺市境内的考古调查发现

抚顺地区的长城，笔者前后多次调查过，在1999年以后，曾集中时间进行过考古调查，现可记述的发现可分为两部分：一部分为北路去吉林省通化市方向，被误认为长城的汉武帝时期交通道路烽燧址（详见本书第七章），一部分为西路去本溪市方向的长城考古调查发现（参见第1406页图1–附录–12）。

早期长城在抚顺的行经线路比较模糊，遗迹不明显，笔者根据明代毕恭《辽东志》等书的记载，曾就明代修筑辽东镇东部长城时沿用早期燕秦汉长城的线段进行过推测[①]，认为早期长城没有被考古调查明确区分出来，原因就在这里。所说抚顺早期长城没有被发现，主要是指长城墙体而言，因其被明代沿用，其墙体和行经的线路被掩盖了，于是不显，但除此之外的其他遗存还是有许多发现的。

笔者在抚顺调查长城选择这条线路，是因为在这一带已知有战汉时期的遗存，它又靠近抚顺西部，与在抚顺市区东面南北通过的明长城相距较远，所以没有被明代长城所沿用，而是各自形成线路，这就区别开了，解决了早期长城的地域分布问题。此外，笔者还在地图上看到于抚顺市区西南部有“老边岭”名称的标注，当即考虑它是否与长城有关，因为长城在很多地方被称为“老边”，如此，则“老边岭”不应是无缘由叫起的，尤其是这样具体的名称，当有所本，很可能就是由于有长城在其地而得名的，于是笔者专程前往调查。

① 冯永谦：《东北古代长城考辨》，《东北亚历史与文化》，沈阳：辽沈书社1991年版。
冯永谦：《高句丽千里长城建置辨》，《社会科学战线》2001年第1期。

现将笔者在抚顺地区考古调查早期长城所发现的有关遗址，记录于下。

根据在开原、铁岭的考古调查发现，早期长城在抚顺应该是在市区的西部地区南北通过的，因此，笔者对这一地区的早期长城调查是从石文镇养树村开始的。

养树村位于抚顺市区西南，属于抚顺市南郊的抚顺县石文镇（镇政府驻大石头沟村），在该镇西南方，距镇政府三点五公里，地形为丘陵山地。在养树村西有一座南北走向的山岭，被冠以“老边岭”名称，笔者的调查就是从此山岭上开始的。这座南北走向的山岭很长，我们在去调查时发现，为了修一条东西走向的公路，位于养树村西的山岭被从中间切断。我们去调查时，就是从切断山岭的路过去，登上公路北面的山岗的。爬上老边岭后，我们向北展开调查，在山岭顶部发现有石块如砌石颓倒状，半露地面，并且隆起，斑苔很多，石色黯然，说明时间很久。继续向北去，我们发现一道土岗，延续很长（图 1–6–1），一直向北去（图 1–6–2），在山岭上面随山就势延伸，没有中断（图 1–6–3、图 1–6–4）。土岗两侧为农田，地垄已及土岗（图 1–6–5、图 1–6–6）。在有的地段，土岗的东面（外侧）还有沟可见，它与土岗相并而行，我们观测的结果是，二者为一体。我们从养树村路西的老边岭由南向北去，直到北庙沟村南山岗尽头。下此山岗以后，则是平地，已被辟为农田，经多年耕种。我们是在 9 月去调查的，当时遍野庄稼尚未收割，覆盖农田，土岗的走向不清。老边岭上的土岗，因两边农田耕种侵及边缘，

图 1–6–1　抚顺县石文镇养树村西老边岭上的东部同线长城遗存

图 1-6-2　抚顺县石文镇养树村西老边岭上的东部同线长城遗存

图 1-6-3　抚顺县石文镇养树村西老边岭上的东部同线长城遗存

图 1-6-4　抚顺县石文镇养树村西老边岭上的东部同线长城遗存

图 1-6-5　抚顺县石文镇养树村西老边岭上的东部同线长城遗存

图 1-6-6　抚顺县石文镇养树村西老边岭上的东部同线长城遗存

现存宽一般在一点五米，有的达二点五米，存高零点五到零点八米（图 1-6-7）。总的来说，这段土岗及其西面南北分布的烽燧址，我们前后调查的线路约有二十余里。

抚顺县石文镇养树村的长城考古调查发现，过去未见报道，也不为学术界所知，这次我们调查，才在现地得以了解，没有成说可依。因此，应有个意见以便进一步研究。

笔者经过调查，认为我们在老边岭上所发现的这道土岗，应是早期的战汉长城。为什么？主要有以下几点依据：首先，养树村西的这道山岭被称为“老边岭”之名　，应该不是没有原因的，一定是在这个山岭上有“老边”，不然它不会被叫作“老边岭”。“老边”是什么意思？就是边墙，是长城的另一种叫法。其次，这座山岭基本为南北走向，稍偏于西北，符合此地战汉时期长城行经的线路。再次，在这道山岭上发现的那道土岗的西面，即在抚顺市西境，南从海浪乡起，北到拉古乡，经考古调查，发现有二十座烽燧址，向北去，如海浪乡的南沟、前堡、下海浪、上海浪、前陡山子、康大房、安家峪、安家东沟，拉古乡的松树堡子、大甸子、拉古峪、刘山堡等村屯的烽燧址，恰在此道土岗之西侧并与之并行，二者应该关系密切，不会没有联系。如果在此地没有长城相依托，单独存在一系列烽燧址做什么？最后，根据此发现，确定养树村老边岭上这段土岗为长城遗存，也是符合历史实际的——长城由此北去，经今抚顺市西部向北，经顺城区会元乡东，出境向东北去，到今铁岭县的边墙子、椴木冲、英树沟等村，这里现存有明代长城，再向北为开原市东部山区的西侧，再转向西去，即为清辽村、施家堡子等村的早期长城。

图 1-6-7 抚顺县石文镇养树村西老边岭上的东部同线长城遗存

在这一地段，明长城沿用了早期战汉长城，从而构成了东部山区战国燕、秦、汉、西晋长城的走向。

以上是笔者根据调查发现的实际状况得出的这道长城走向的意见。下面记述我们调查的几座烽燧址，它们亦可证明这道长城的走向不误。

这一列南北走向的烽燧址，处在这道长城遗存的西面，即它的内侧，其地点如上面所说，南起于海浪乡的南沟，北到拉古乡的松树堡，计有二十座。在其北面，即老边岭长城遗存处，还有如下几座烽燧址，它们也是与长城相依存的。

鄂家沟烽燧址，当地人称之为“北台子”，位于抚顺市望花区李石寨镇鄂家沟村西一公里的一个山岗上（图 1–6–8），为土筑，现已颓坍，圆形，底部直径十二米，存高三点五米（图 1–6–9）。

在鄂家沟村北台子之南一公里外的另一座不大的山岗上，亦有一座较大的烽燧址，当地人称之为“南台子”，为夹杂黄色小石块的本山泥土筑成。台址为圆形，顶面较平，底部直径十五米，顶宽九米，存高三米（图 1–6–10）。

鄂家沟村的两座烽燧址，其时代是战汉时期，因为在它的南面，从海浪乡到拉古乡，已发现二十座烽燧址，皆为战汉时期。此二台址在其北面，南北呈一列分布，所以也当是战汉时期，不能否认其为早期遗存。

刘山堡烽燧址，位于抚顺县拉古乡刘山堡村西一点五公里处（图 1–6–11），当地人称之为“西台山烽火台”。此台址较大（图 1–6–12），结构也比较特殊，除了当中有烽燧台址（图 1–6–13、图 1–6–14），在台址外还筑有一道围墙，其平面呈圆形（图 1–6–15），直径五十八米，围墙内侧距台址地面四米，外侧有一条沟围绕，沟较深，围墙遗存顶至沟顶八米，沟底距台址地面一到两米，沟的外面还有一周较矮的墙；在围墙上有一门，面向西南，方向为南偏西四十度。烽燧台址在围墙内中间略偏东处，东面顶部距围墙二十四米，西面顶部距围墙二十五米，台址顶面直径九米（图 1–6–16）。在烽燧址的周围，见有时代特点明确、属于战汉时期的夹滑石粒大陶瓮片、红陶釜片、泥质细绳纹灰陶片、灰陶盆片、陶豆座等，还有不少细绳纹灰陶片，晚期的遗物未见，因此，此处烽燧址的年代当为战汉时期。

从其布局结构看，刘山堡烽燧址与笔者在建平县张家营子村北山南坡上发现的汉代烽燧址的形制特点基本相同，也是内有高台，外筑围墙，台址高大，围墙宽厚，皆是圆形，甚为相近，而在这座台址见到的遗物，最晚是汉代的灰陶片，如此，则可以进一步定其为战汉时期的烽燧址了。

赵家堡子烽燧址，位于抚顺县拉古乡赵家堡子村（在刘山堡村西南二点五公里，东南至拉古峪村五公里）东南一公里的山岗上（图 1–6–17）。该山岗为漫岗，在抚顺至白

图 1-6-8 抚顺市望花区李石寨镇鄂家沟村西的东部同线长城烽燧址北台子（远望）

图 1-6-9　抚顺市望花区李石寨镇鄂家沟村西的东部同线长城烽燧址北台子

图 1-6-10　抚顺市望花区李石寨镇鄂家沟村西的东部同线长城烽燧址南台子

图 1-6-11　抚顺县拉古乡刘山堡村西的东部同线长城烽燧址西台山烽火台（远望）

图 1-6-12　抚顺县拉古乡刘山堡村西的东部同线长城烽燧址西台山烽火台（外侧直观）

图 1-6-13　抚顺县拉古乡刘山堡村西的东部同线长城烽燧台址西台山烽火台

图 1-6-14　抚顺县拉古乡刘山堡村西的东部同线长城烽燧台址西台山烽火台（近景）

图 1-6-15　考古工作者在抚顺县拉古乡刘山堡村西的东部同线长城烽燧址西台山烽火台（左侧高起处为烽燧址外侧四周的围墙遗存）进行考古调查（自西南向东北摄）

图 1-6-16 抚顺县拉古乡刘山堡村西的东部同线长城烽燧址西台山烽火台及其外面的围墙遗存（自西向东摄）

清寨公路的东侧，该公路在赵家堡子村中南北通过。台址不大，为土夹山石块混筑。台址颓坍，底部直径九米，顶面直径三米，存高两米（图 1–6–18）。在台址附近未见遗物。

拉古峪烽燧址，位于抚顺县拉古乡乡政府驻地拉古峪村北的山岗上（图 1–6–19），距该村七百米。拉古峪村原名为“喇蛄峪”，因其所在山谷中产喇蛄（别称“大头虾”“鳌虾”等）而得名。烽燧址所在的山岗，东边本是一座南北走向的山岗，在其西侧向西伸出一座东西走向的山岗，其平面遂呈横“丁”字形。在横向山岗的西侧顶部，地面较平，烽燧址即坐落在它中部，台址东、西两侧均有较平坦的地面（图 1–6–20）。台址为土筑，圆形，外部砌石，为自然石块，未经修整，现只在台址的东、西两侧底部有保存（图 1–6–21）。台址顶面较平，圆形，直径五米，中心处有一凹坑，直径二米，深零点八米。台址底部直径十一米，存高四点五米。在台址外面有圆形围墙，墙内侧距台边七米，墙厚一点五米，存高一点三米（图 1–6–22）。在台址东侧地面上，见有辽代厚布纹瓦、灰白釉碗片、酱色釉碗片、茶末绿釉缸片等。此台址的结构，与建平县张家营子村北山南坡上的汉代烽燧址相同，故其时代也应相近，也应为修筑早期长城时所设。

东徐家屯烽燧址，位于抚顺县拉古乡拉古峪村东南方的东徐家屯北山岗上（图 1–6–23），与拉古峪烽燧址中间隔两道山岗，相距两公里。此烽燧址为圆形，土筑，土中夹杂有小石块，为本山岗土质，现已颓坍，顶面较平，当中有一小圆坑。烽燧址顶面直径四点五米，底部坍宽十三点五米，存高五米（图 1–6–24）。我们的调查时值 9 月，蒿草茂盛，覆盖地面，我们在台址附近未见到遗物。

现将笔者在抚顺市区西部调查发现的烽燧址列举如下，以便读者了解：

（1）鄂家沟村烽燧址（北台子）：抚顺市望花区李石寨镇鄂家沟村西山岗上

（2）鄂家沟村烽燧址（南台子）：抚顺市望花区李石寨镇鄂家沟村西南丘岗上

（3）刘山堡烽燧址：抚顺县拉古乡刘山堡村西的西台山上

（4）赵家堡子村烽燧址：抚顺县拉古乡赵家堡子村东南台地上

（5）拉古峪村烽燧址：抚顺县拉古乡拉古峪村北的北大台子山上

（6）东徐家屯烽燧址：抚顺县拉古乡拉古峪村东徐家屯北山岗上

（7）大甸子村烽燧址：抚顺县拉古乡大甸子村西的西砬子山上

（8）强达沟村烽燧址：抚顺县拉古乡骚达沟村东南小台沟东山上

（9）房身屯烽燧址：抚顺县拉古乡松岗村房身屯西南山岗上

（10）安家峪村烽燧址：抚顺县海浪乡安家峪村北城子山上

（11）康大房屯烽燧址：抚顺县海浪乡安家峪村康大房屯北的北大阳山上

（12）康大房屯烽燧址：抚顺县海浪乡安家峪村康大房屯南台地上

（13）前陡山子村烽燧址：抚顺县海浪乡前陡山子村北的北沟山上

图 1-6-17　抚顺县拉古乡赵家堡子村的东部同线长城烽燧址

图 1-6-18　抚顺县拉古乡赵家堡子村的东部同线长城烽燧址

图 1-6-19 抚顺县拉古乡拉古峪村北山岗上的东部同线长城烽燧址（远望）

图 1-6-20　考古工作者在抚顺县拉古乡拉古峪村北山岗上的东部同线长城烽燧址进行考古调查

图 1-6-21 抚顺县拉古乡拉古峪村北山岗上的东部同线长城烽燧址

图 1-6-22　抚顺县拉古乡拉古峪村北山岗上的东部同线长城烽燧址

图 1-6-23　抚顺县拉古乡拉古峪村东徐家屯北山岗上的东部同线长城烽燧址（远望）

图 1-6-24　抚顺县拉古乡拉古峪村东徐家屯北山岗上的东部同线长城烽燧址

甸方向来的牛毛生河和从西面凤城来的旧帽山河汇合后，从此山谷中流出，都有通道。岔沟村西边接近凤城市界，向西走二十余里就到今叆阳城村，可达原辽东郡首府襄平，向东南去六十里是宽甸县城，北面是桓仁满族自治县（下文简称“桓仁县”），南来有东、西两条路可到此。这种地理位置让岔沟村炮台子屯的交通非常方便，在古代它也是处在通道上。我们调查后认为，可排除此处的深沟和石墙为后世设施，因明长城、清柳条边都不在这里，而是分别在其西面二十余里的叆阳城（明长城）、叆阳边门（清柳条边）一带南北一线通过，和此地的短石墙距离很远，根本不相接，也无交集，它们之间没有关系，所以此处深沟和石墙的时代应是燕秦汉晋时期，现存的遗址就是当时东部地区的防守设施——长城。

## （四）通过考古调查产生的对宽甸县境内长城的认识

宽甸县的燕秦汉晋长城，学术界一直都很重视，每有发现，都引人注意。由于过去长城遗迹发现很少，在人们的想象中，宽甸县应有墙体高大的长城。可是在近年对宽甸县境内长城进行的考古调查中，各地所发现的情况竟然不是这样。现在已经掌握的所有调查发现都是短墙，一般为几百米，没有一道是墙体较长的，而且它们各自独立，不能互相衔接；再有，过去认为是长城的发现，得不到事实的支持，如秋果碧村和腰岭子村的发现就是这样；还有，过去认为有长城的地方，经过调查，实际上也不存在长城，如从宽甸县城到长甸河河口的“长城”，就属此种情况。宽甸县各地没有可以互相衔接起来的长城遗迹。

但从历年来对宽甸县的考古调查发现来看，这些短墙遗存在结构和防御上值得我们注意。我们可以明显看出，这些短墙遗存防御两个方向：一个是对南面鸭绿江江口通道的防御，在山谷中筑横墙；一个是对东面浑江通道的防御。宽甸县的南面是鸭绿江，东面是浑江。宽甸县境内的中、东部地理形势，山岭都作横向分布，因此主要河流都是向东流的。山川的走势，决定其通道主要是东西走向。因此，若修筑南北走向的长城，就必须横跨大山，极为艰巨，实际上无法修筑。而宽甸县的南面和东面又各有两条大江做天险，调查时笔者和同行人员多次沿这两条大江进行调查，临江的一面，山高壁陡，很难攀越，不必修筑长城就可防御——事实上是无法修筑长城。但沿江较大支流的江口处，却是通道口，可以通过它们进入内地，是必须防守的重要地方。因此，只要在通道所在的山谷和江边谷口筑墙，就可收到事半功倍的效果。我们调查时，在鸭绿江北岸，有大泉眼、车道岭、边壕屯、白菜地村等地方，都发现了横断山谷、可阻隔通道、使来者无法越过的墙，它们就起到了抵挡和防守的作用。为了加强防御，有几个地点在一条山谷中前后筑墙三道，如现在当地村民给冠名的“头道边壕”“二道边壕”“三道边壕”即是。在浑江西岸的浑江口、通江村河口等处，也都在可通行的地方筑了墙，以阻逾越。

古代修筑长城，经常利用天险。在宽甸县各地山谷和河（江）口发现的这些墙、沟，都是充分利用天险的实际例证。在古代，在今宽甸县这个山高水深的边远地区，利用天险修筑防守设施，恐怕也是很自然的事情——在当时，就是在接近其统治中心地区的长城防御，尚且知道利用地形地物，辽远如宽甸之地，岂可弃而不用？考古发现证明，燕、秦、汉的统治势力已经到达今宽甸县的东部，此前在宽甸县东部发现的燕、秦、汉遗迹和遗物就是明证。如在双山乡黎明村牛毛生屯燕国窖藏出土的“明”刀币、铁镬、双孔铁把刀等，太平哨乡小挂房屯燕秦时代遗址出土的“明”刀币、铜戈、“一化”圆钱等，其中一件铜戈铭文有“元年丞相斯造”等字，说明此戈为秦代初年丞相李斯所监造的兵器，秦统一六国后此地亦为秦军戍守之地；下露河乡通江村燕窖藏出土的“明”刀币有两百余斤；还有红石砬子乡等处，都有十分重要的发现，耳熟能详，已为文物考古和历史学界所公认，其发现地点已临近鸭绿江和浑江。尤其是在 1965 年发现七十余斤燕国“明”刀币和秦代圆钱的连江村老地沟屯，就在浑江岸边，倚靠天险，以江为防，恐怕是最好的说明了。

笔者在宽甸县调查长城时，在通江口村至浑江口村一带调查，是从西面上山，向东至浑江方向察看。由于事先没有看过浑江岸边的山势情况，我们爬到山上后就在山顶上往东走去，边走边查找长城迹象，虽然没有发现，但仍不想放弃。当我们走了一段距离后，发现山坡太陡，人站不住，欲往山上攀登回去，却发现已势不可能，只好往下坠，沿坡坠下很长一段距离，幸有几棵大树阻挡，乘机抱住，没有坠崖。后来到山下浑江边看到山势陡峭的情况，我们吓出一身冷汗——幸好没掉下去，否则必粉身碎骨！近年在半山腰处修建了公路，断崖高有几十米。如果人由此坠下，后果不堪设想（图 1-6-85）。这是笔者的亲身经历。因此我们也可想象得到，既然山势如此陡峭，人、马都无法攀登而上，何必再修长城？修筑长城也会利用天险，在此地不必沿山修筑长城，只要堵住山谷河口，来人就无法通过了。因此，燕、秦、汉、晋长城在宽甸县，既以鸭绿江、浑江临江高山天险为屏障，又在一些外通江口的山谷通道中筑墙以为防御，这种做法可能就是我们在这个地区进行考古调查发现早期长城的结构与防御形式如上述情况的原因了。

上面是笔者对丹东东部山区宽甸县的早期长城进行考古调查后产生的一些思路和想法，写出来供研究者参考。同时笔者还看到，宽甸境内主要是东西走向的山谷，如北股河谷，宽阔而绵长，两侧山高林密，东通浑江，西达宽甸，再向西去即到宽甸、凤城交界处的明长城所在山岭，这一线从来都是东西交通的重要通道。长城即使不修在这一线上，仅凭借山岭优势，东面各河口通道筑墙防守，堵住通道，也可达到防御目的。因此，这一地区的长城，是研究长城结构、形式非常重要的地段。

## 四、调查东部同线长城东段之后的思考

战国燕、秦、汉、西晋长城的东段，即在今抚顺、本溪、丹东地区的同线长城，经

图 1-6-25　本溪县碱厂镇黄家堡子村东部同线长城烽燧址的地理环境

图 1-6-26　本溪县碱厂镇黄家堡子村的东部同线长城烽燧址

图 1-6-27　本溪县碱厂镇黄家堡子村东部同线长城烽燧址的结构情况

图 1-6-28　本溪县碱厂镇黄家堡子村的东部同线长城烽燧址

图 1-6-29　考古工作者对凤城市凤山乡利民村刘家堡子屯的汉辽东郡东部都尉治所武次县城址进行考古发掘

图 1-6-30　凤城市凤山乡利民村刘家堡子屯汉辽东郡东部都尉治所武次县城址发掘出土房址

图 1-6-31　凤城市凤山乡利民村刘家堡子屯汉辽东郡东部都尉治所武次县城址发掘出土云纹瓦当

村一带南折，经南甸子乡二道河子村、碱厂镇桦皮峪、东营坊乡红土甸子村一线。在今本溪县南甸子乡二道河子村，长城横过北太子河。此河发源于新宾县，河水向西南流。此一地理正符合文献记载。《水经注》说，大梁“水出北塞外，西南流至辽阳入小辽水，故《地理志》曰：大梁水西南至辽阳入辽”[①]。大梁水即今太子河，“水出北塞外”中的“塞”即长城。这段记载便将郦道元以前的长城给定位了：大梁水北源发源于新宾县，进入长城，然后向“西南流”去。这正是今日太子河的流向。因此，早期战国、秦、汉、西晋长城，当在今本溪县富家楼子村附近南折，向南延伸后于二道河子村横过太子河(“水由此入塞”)后，进入今凤城市辖境内。

根据燕、秦、汉、西晋等当时的政治、经济、军事的实际状况，特别是依据今天考古发现的遗迹、遗物所表明的它们所达到的实际统治地域，就可大致确定其长城的所在位置。本溪地区在燕、秦、汉时期属辽东郡，辽东郡最盛时辖十八县，就其地理分布看，各县所在地今天基本上都已考证出来，设在今抚顺、本溪地区的县不是少，而是没有，由此可知长城在今抚顺、本溪地区是向南回缩的。我们知道，长城是在辽东郡的外缘修筑，因此长城只能是包容辽东郡，而不包括其北部更大的范围，当时辽东郡的北面还没设有什么郡，如后来前汉武帝时的乐浪、玄菟等四郡所达到的地域，故

① 郦道元：《水经注》卷十四《小辽水》。

此长城不会在辽东郡的东部往北、往东过远。关于这一点，我们从在今辽宁中、东部的近边各县的分布与地理位置就可看出来：望平县在今铁岭南的新台子，候城县在今沈阳市内旧城区，高显县在今沈阳东南魏家楼子，武次县在今凤城市南的刘家堡子，西安平县在今丹东叆河上尖村，番汗县在今朝鲜博陵城，这些县已是辽东郡的北部边缘，长城应在这些县的北面沿边修筑。根据铁岭的考古调查发现，长城是由今铁岭市区北部、开原市南部向东南方延伸的，在进入东部山区地带后向南延伸，至今抚顺市区西部北边入境，然后经抚顺市城区之西，即到今拉古乡至海浪乡一线，再往南就进入今本溪市境内，东转过威宁营，在本溪县碱厂镇有明代长城遗迹，此后两者相合，明长城的线路就是战国燕、秦、汉、西晋长城的线路。因早期长城被明长城沿用，故现在只见有明长城遗迹。被沿用的早期长城线段，主要在今本溪县和凤城市，过凤城市后，进入今宽甸县。笔者经考古调查发现，长城在今宽甸县以另一种形态出现，与此前所见长城不同。

上述关于长城沿用的想法，是笔者经长时间考古调查和思考后得出的。不过，我们应当注意明代毕恭《辽东志》在《古迹》下的说法：“古长城，即秦将蒙恬所筑，其在辽东界者，东西千馀里，东汉以来，城皆湮没，本朝时加修筑。”其后李辅《全辽志》所载亦同。明人是了解情况的，我们不能忽视这个明确的文献记载！

## 三、东部同线长城在辽宁省宽甸县境内的考古调查发现

丹东地区的战国燕、秦、汉、西晋长城，根据文献记载、地理环境与实际考古调查发现，是在宽甸县境内的。但由于这里的长城的结构、形制特点等原因，学术界对其认识不同，甚至产生了误解。笔者在宽甸县进行了多年考古调查工作，取得了一定认识，现将了解到与调查获得的情况分别记述于后。

### （一）燕秦汉文化的分布范围

早期战国燕、秦、汉、西晋长城，在丹东地区的表现是最不清晰的，尤其是在长城经过的宽甸县，调查发现较少，而且比较零散，没有明确的遗迹，因此其走向、行经线路就没有落实。为解决这个问题，我们先探讨燕、秦、汉文化在辽宁东部地区的分布范围，从而研究早期长城的走向，再用实地考古调查发现情况，解决问题。

辽东地区历史悠久，进入战国时期，有了更大发展。战国时期燕国开始设郡筑长城时，这里正是辽东郡的管辖范围。经过文物考古工作者多年的辛勤努力，相当于这一历史时期的遗存在这里有很多发现①。在历史文献记载中有关辽东的材料比较少的情况下，这是

① 冯永谦：《辽东地区燕秦汉文化与古长城考》，《辽宁省本溪丹东地区考古学术讨论会文集》，辽宁省考古博物馆学会 1985 年 9 月版。

非常重要的，是我们今天赖以恢复这一地区历史面貌的唯一可靠的材料。

1974 年 6 月，在宽甸县双山乡黎明村牛毛生河西房后山，发现一处战国时期燕国的窖藏，出土两种形制、三十多种不同背文的“明”刀币和数种形式的铁镢与双孔铁把刀①。除此之外，在宽甸县红石砬子乡、下露河乡（图 1–6–32、图 1–6–33）、太平哨乡以及东港市的新力乡、长安乡、合隆乡等，也都发现了这一时期的燕国“明”刀币和铁农具。

1975 年，在宽甸县太平哨乡小挂房村东的山脚下，发现一处秦代遗存，出土有两件铜戈和“明”刀币与“一化”字圆钱等②，其中一件完整的铜戈上，在内与栏旁分别刻有“元年丞相斯造洛阳左工去疾工上□□”与“石邑”“武库”等字。这件铜戈的发现，是辽东地区第一次出土明确为秦代的遗物。

在上述这些发现中有一个特点，那就是未见有其他晚期遗物伴存。最能表明遗存年代的，刀币等是当时社会上流通的货币，但在这些戈等兵器出土的共存物中，却未见有晚于这一时期的钱币，凡有钱币伴存的，也都是属于同一时期的钱币。这一情况很值得注意。它说明这些遗址，特别是这些兵器，都是属于战国时期燕或秦统一六国过程中及在其之后秦兵戍守辽东时的遗存。尤其值得注意的是，在宽甸县发现的这些遗址，它们出土的文物的内涵，竟和辽东郡内发达地区的发现完全相同，这反映了它们在文化和时代上的一致性，同时也说明它们大约都曾有过相同的经历。这种启示，对我们了解辽东地区的历史发展过程，不仅有理性材料作依据，并且也给我们以感性的体会。值得注意的是，这些遗址的地点，已远达宽甸县的东境，在浑江的岸边，说明燕、秦的管辖范围已到达浑江。因此，燕、秦的长城也应到达这些地方。

前汉时期，在辽东郡的十八县中，主要有两个县在这一地区，即西平安县和武次县，后者还是辽东郡东部都尉治所。

1961 年，辽宁省文物干部训练班在田野实习时，根据线索到叆河与鸭绿江汇合处的九连城乡叆河上尖村去调查，发现了一座古城址。城址内的地层关系明确，地表上则散布大量残器片，所见遗物有汉代灰色绳纹陶片、瓦片、铁铧，有前汉时期特点的“穿上一横”“穿下半星”的“五铢”钱，高句丽红色绳纹与斜方格纹瓦片、莲瓣纹瓦当和辽金时代的陶瓷片等。李文信先生根据《汉书·地理志》“马訾水（即今鸭绿江）……西南至西安平入海”的记载，第一次提出叆河上尖村古城“很可能是汉西安平县城”址，并将此意见写进他在当年所主编的《辽宁史迹资料》一书中。1976 年 10 月，在该城址中发现一件“安平乐未央”五字铭文瓦当（图 1–6–34）。这就从出土遗物的角度证明了李文信先生当时推断的正确性。笔者在 1964 年为文物保护单位做“四有”档案调查时，曾到现地对该古城址进行过详细

① 许玉林：《辽宁宽甸发现战国时期燕国的明刀币和铁农具》，《文物资料丛刊》第 3 辑，1979 年。

② 许玉林、王连春：《辽宁宽甸县发现秦石邑戈》，《考古与文物》1983 年 3 期。

图 1-6-32　宽甸县下露河乡连江村老地沟屯战国时期燕国与秦朝遗址出土的“明”刀币

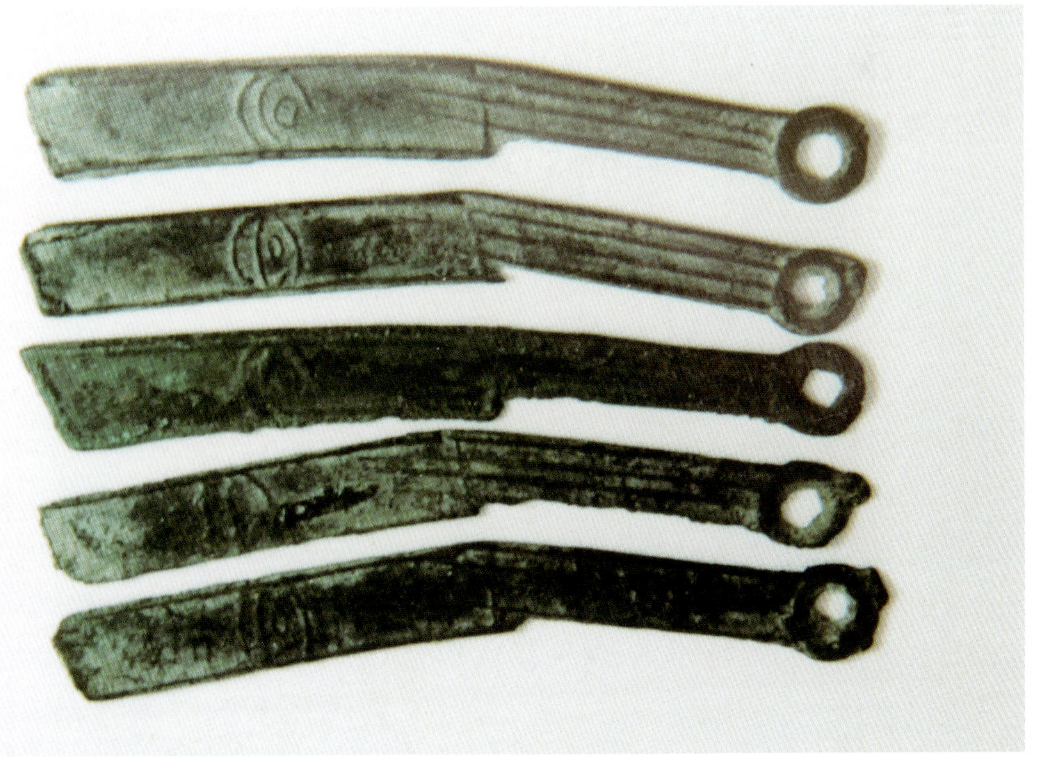

图 1-6-33　宽甸县下露河乡通江村（原漏河口村）战国时期遗址出土的“明”刀币

的调查和测量，又做了试掘，有了直观印象——它是完全符合历史文献记载的西安平县的。从出土遗物（图 1–6–35、图 1–6–36）的内涵分析，这座城址建于前汉，但以后又为高句丽和辽、金及明代所沿用过，因而在其上部有它们的文化层叠压。这座城址地处鸭绿江和叆河附近，其管辖范围当已包括今宽甸县境，在其东部外缘当有长城。

前汉在辽东郡设有东部都尉，按其职守，应在辽东郡的东部地区，治所在武次县。此县因是都尉治所所在，应该驻有军队，是一处很重要的城址。虽然多年来学术界推定辽东郡之武次县在今辽宁省东部地区，但一直无法确指。近年通过考古调查，在凤城市凤山乡刘家堡子村发现一座古城址，从地表上看，遗迹还很明显，散布有大量战国燕和汉代遗物，灰色绳纹陶片、瓦片俯拾皆是，并出土有大量“明”刀币、云纹圆瓦当等。1995 年 10 月，笔者对此城址进行了考古发掘，根据城址所在的地理位置、范围和出土遗物等考察，这座城址就是汉辽东郡东部都尉治所武次县城址①。1960 年，在此城址西南三十余公里的沙里寨乡蔡家堡子后山，出土一枚汉代鎏金龟钮“关内侯印”铜印。这是很重要的发现②。关内侯，为汉代二十等爵中的第十九级，是仅次于列侯的高级侯爵，一般封有食邑，有按规定户数征收租税之特权，地位很高。这枚印章很可能与东部都尉有某种联系，它从侧面反映出凤城市凤山乡刘家堡子汉城址的重要地位，为考订该城址为武次县址，提供了一个可资参考的地下出土材料，同时它也说明了这一地区的重要性——朝廷派中央官员到地方巡察，了解情况，也包括边境安全，长城当然也应该在其内。

由上述考古发现，我们可以了解长城在宽甸县境内的大致分布。

### （二）几处经复核了解的“长城”地点的情况

丹东地区的早期长城，存在的问题就是至今未发现较完整的长城遗存。据笔者在丹东地区多年的考古调查和发掘所知，除凤城、宽甸两市县交界处的明长城和清柳条边之外，再未见类此长度的遗迹，只发现有少量不能互相衔接的墙体，它们还构不成一个体系。因此，丹东地区早期长城的存在情况，一直困扰着研究者们，燕秦汉长城的具体存在情况无法确凿指实，研究也难以深入。近年为修复虎山明长城东端起点及其后辽宁省长城学会的安排，笔者在丹东地区除了用五年时间对明长城东端起点虎山长城进行考古调查和发掘外，还对早期长城进行了两次较为深入细致的考古调查。

这两次长城考古调查，规模较大，时间较长，同时笔者也想较好地解决问题，故对以前发现的各地点的遗迹进行了复核，以便履其踪迹，接续进行，做到有始有终，同

① 冯永谦、崔玉宽：《凤城刘家堡子前汉遗址发掘报告——兼论汉代东部都尉治武次县址之地望》，《辽宁考古文集》第二辑，北京：科学出版社 2010 年 7 月版。

② 王连春、许玉林：《丹东地区出土的一批古代官印》，《黑龙江文物丛刊》1983 年第 3 期。

图 1-6-34　丹东市振安区九连城镇叆河上尖村前汉西安平县城址出土的“安平乐未央”铭文瓦当

图 1-6-35　丹东市振安区九连城镇叆河上尖村前汉西安平县城址中出土的划“安平”款陶片

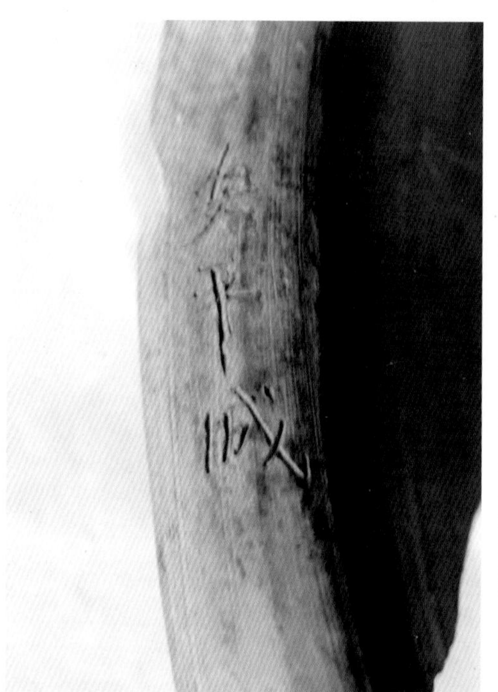

图 1-6-36 丹东市振安区九连城镇叆河上尖村前汉西安平县城址中出土的划『安平城』款陶盆口片

时又拓展新的调查区域，使其完整。但在调查中所出现的结果，有的地方很让人意外，即此前所谓发现的长城，实际上有的不是长城，有的则根本就不存在长城。下面就将我们在丹东市宽甸县进行长城调查所见，记述于后。

此前辽宁省文物考古研究所曾有人对宽甸县长城进行过调查，并对其考古发现形成了报道："考古工作者最近确认辽宁省宽甸县城到长甸河口北部山区中的一条石砌墙，为燕秦汉长城东段遗迹，这是辽东地区早期长城的首次发现，为以后的研究提供了新的资料。这条石墙共约五段，东端始于鸭绿江畔的酋果壁的腰岭子，经大西岔乡临江村（瓦房沟门）时家街屯的东山坡、大西岔乡白菜地村陈家沟西山坡、金家大院村（北江村）的何家大院屯北山，直到红石砬子乡上蒿子沟（林家堡子）止，基本成一线。其中以何家大院段保存最好，呈东西向，长约两百米，高约四米，沿山脊用乱砟石单面筑成，当地群众称为鸡冠砬子。此次新发现的长城因在明代李成梁展拓六堡之东北方向的外侧，可初步定其年代为燕秦汉时期。值得一提的是，这段长城东端始于鸭绿江畔的酋果壁。此地与新近发现的朝鲜平安北道的大宁江——昌城江（昌城郡北境）间长城的北端东仓郡隔江相望。这段长城也可以与朝鲜境内的长城连为一线，而朝鲜境内的长城南端在清川江畔。因此，这次发现更有深层次的意义。"①

我们进行调查时，首先去了鸭绿江边的秋果碧村，原因是笔者过去见有一幅百年前印行的《宽甸县地图》，上面将今天写作"秋果碧"的村名标为"酋国壁"，它似乎给人透露出一种信息，很可能那里就有长城。当时是笔者会同丹东市文物管理办公室的任

① 王德柱：《鸭绿江畔发现燕秦汉长城东段遗迹》，《中国文物报》1991 年 5 月 19 日。

鸿魁主任、丹东市文物考古研究所的王海所长，一起去调查宽甸县境内燕秦汉晋长城的。到达该村后，我们向当地多位熟悉本地事物的高龄老人了解情况，向他们说明我们的意图。他们听后一致说：“我们这里根本没有长城，别的什么城也没有。若是有的话，没有我们不知道的。山上有大石砬子，像墙一样，挺陡的，但是山上自己长的，也不长，就是山石劈的，我们连这个还都看不出吗？”我们听后，就到现场去深入调查，仍一无所获。这里没有，我们还想看别处，不能就这样轻易地放弃，于是我们就到村外各处仔细查找，并爬到村外的山顶上去查找。经过在村子周围进行详尽调查，我们未见任何长城遗迹。当我们调查走过一遍之后，看到这里山高岭峻，林木茂盛，峰峦阻隔，山谷狭窄，山崖陡立，觉得在这样的地貌条件下，早期长城是不可能在这里修筑的。说得再清楚一点儿，就是此地山高岭峻，无法修筑长城，也用不着修筑长城。因此，经过调查之后，我们可以确定在秋果碧村一带根本没有任何长城迹象，过去发表的调查发现长城的文章确实是可以否定了——此地根本就没有长城。

随后，我们由此向西去进行调查，又到此前《中国文物报》报道过发现长城的腰岭子村。我们到达那里后，向当地熟悉情况的人进行了解，听他们详细介绍之后，又到村外进行田野调查，最后得出的结论更是让人感到意外：过去报道文章所说的“长城”遗存，根本不是长城！实际情况是什么样呢？我们现场调查发现，在其地确有一道石墙，如果不认真查看和深入了解，肯定会把这道南北走向的石墙当成长城的。原因很简单，就是这道石墙很明显，容易认识，只要时间合适，凡是去过的人都能看到，但如果不深入了解，也肯定会误认。当地上年纪的村民也都知道此石墙的原委。我们到腰岭子村进行考古调查时，没有一见到石墙就确定它是长城遗存，而是找村中年纪大的村民了解石墙的情况。真是不问不知道，一问全知道。村民说出此石墙的来龙去脉。村民说：“你们不能只看到有石墙，再仔细看看，在这道石墙的左侧，还有三面土墙呢！土墙已经颓了，形状不怎么明显，但不明显也是有土墙。你们看到的只是这道石墙吧？那是啥？你们知道吗？”听村民这样一说，我们看出来了，确实还有三面土墙。我们也明白了，如果只看到石墙就下结论，那肯定是错的。于是我们理解了此前调查者就是因这种情况而误认为它是“长城”的。当地村民还告诉我们：“这个东西是日本人在过去占领东北时，到我们这里来实行并屯修的围子。先砌了石墙，后来因为时间关系，嫌砌石墙太慢，需要打石头，再砌墙，太费事，他们就仅砌了一面石墙就不再砌了，其余三面的围墙就打土墙了。围子修好后，村里的人都搬进去住了。后来过了几年，这里修了水库（笔者注：指 1941 年修筑的鸭绿江水丰水库），人又搬出来了，房子拆了，在我们现在这个村子盖房子，东西也都搬出来了，就住到现在。水库里的水位上升，这个围子就被淹在水里了。水少时，这道石墙就露出来了，看得也就清楚了。在我们腰岭子鸭绿江对岸的朝鲜那边，人称‘炮台沟'的地方，也有这个东西。当年在这边修围子并屯时，那边也修有石头墙的围子，四角还有炮台，因此我们这里的人就管江那边叫'炮台沟'，还把它那个围子叫作'衙门'，因为当时那边是管这边的。现在鸭绿江两岸当年用石头建的围墙，在水丰水库建成后也就都被淹没在水中了，水少的时候还都能看到。”听完当地村民介绍的这些情况后，我们知道，以前的调查报道失误了，这里的石墙不是长城遗存。但我们对当地的调查，还是不能轻易放弃，于是就对腰岭子村周围的山岗和地面进行了仔细的调查，结果确实是除了这道当年并屯修围子遗存的石墙外，没有任何长城迹象。至此，经过这样了解，问题弄清楚了，过去所谓发现的“长城”，实是误认，将日本侵占东北时期并屯时修围子修筑的一面石墙当作了长城。这是应当予以订正的。

再有，过去《中国文物报》报道中提到和腰岭子长城相关的临江村所发现的长城，我们也前去进行了调查。临江村是一个处在鸭绿江北岸一条又深又长的较宽山谷中的一个小村庄，东、西两侧俱是高山，没有通路，交通不甚方便。我们到临江村后，在村委会的安排下，找来几位熟悉当地情况的高龄老人，其中有几位在此前调查长城时曾被征询过情况并做过向导，当时七十五岁高龄的石本禄即是其中之一。石本禄在过去曾经是该村的生产队长，对当地情况十分熟悉。他说：“在十来年前，省里有人来调查长城，也找的我们。当时参加的人有我，还有今天来的韩文起、时本福、石宝玉、赵振卓。今天你问我们这里有没有古代长城，我们说这里没有长城。你们所说的东山坡，不仅东山坡，就是西山，你们都可以看，这样的大山哪来的长城？山这么陡，能修长城吗？这里有一段石头墙，是因为几十年前这里有个铁匠炉，当时为防止山上滚落石头砸到铁匠炉，就贴山脚砌了一道石墙，在东山坡，那是为了安全，挡滚落石头的，不是长城。以前来人调查时也到那里看过。我也跟他们说过。”石本禄等人说完之后，就带领我们到现地去看。这处山很陡峭，人无法攀登上去。在这样陡直的高山脚下，墙不是横断山谷修的，而是和山谷的南北走向相同、在靠近山根处沿山根南北向修的。如果说是为了挡山上坠落的石块，那倒是很有作用。我们经过认真查看、分析，认为此处石墙确实不是长城。根据在现场实地了解的情况，过去所报道的这段“长城”，实际上也是不存在的。

上述这段长城的调查，是笔者所在单位为绘制由国家文物局主编的《中国文物地图集·辽宁省分册》中关于长城的地图，派笔者进行的。调查后，笔者写出《东北燕秦汉长城的考古调查与研究》一文，后来收入单位编辑的《辽宁考古文集》第二辑中[①]。关于宽甸县这段长城的调查情况，笔者在该文中指出了《中国文物报》发表的文章不准确的事实，给予纠正。笔者未曾想到，这段说明真实情况的文字竟被文集的编者给删掉了，遂使读者无从了解此地长城的真实情况。这个后果的影响很大，此后的长城研究者写的文章，

① 辽宁省文物考古研究所编：《辽宁考古文集》第二辑，北京：科学出版社 2010 年 7 月版。

据笔者所见，都以此前《中国文物报》发表的报道材料为依据，从而得出了不符合实际的研究结论。故笔者今于此澄清此事，并作上述补充说明。

宽甸县境内的长城遗迹，确实需要仔细辨别，否则会出现极大误解。到过现地的人都会知道，如果像此前报道中所说“考古工作者最近确认辽宁省宽甸县城到长甸河口北部山区中的一条石砌墙，为燕秦汉长城东段遗迹，这是辽东地区早期长城的首次发现”，那将是一个什么概念？要知道，这个距离是罕见的：宽甸县城到长甸河口相距五十公里。如果有长城，那在这个地段上就应该有长达五十公里的石墙！这确实是从来没听说过的，当地人也没有看见过。调查者怎么会编造出当地有这么长的一道长城呢？为了保证《中国文物地图集·辽宁省分册》中绘制的长城地图的准确性和科学性，笔者奉派对此前的调查进行复核，因此对此前的报道所说在这一地段“发现的长城”进行了深入了解。我们对从宽甸县城到长甸河口这一地段，作了范围较为宽广的实地调查，结果在这里根本没有发现报道中所说的那样一道石墙。而且调查时，我们除了实地查看，还向当地群众进行了解，并向宽甸县地方志办公室、宽甸县地名办公室等单位熟悉情况的研究者进行了咨询，并同他们一起研究。他们也都一致地说：“经过我们多少年的工作，在这个地段从来没有发现过古代的石墙。”因此，此前由《中国文物报》所报道在这里发现有古代长城的说法，不是事实，这里的长城是不存在的。而其报道中说：“东端始于鸭绿江畔的酉果壁的腰岭子，经大西岔乡临江村时家街屯的东山坡、大西岔乡白菜地村陈家沟西山坡、金家大院村的何家大院屯北山，直到红石砬子乡上蒿子沟（林家堡子）止，基本成一线。”经过复查，这更是没有的事情。不去现地的人根本不知道，只有去过的人才会明白，文中所说的这五个地点，是错落分布的，根本不在一条线上，它们分别在互不相连的山沟中，各个地点之间都分别隔有大山，相距十几里或几十里；像白菜地村有石墙，但很短，仅一百多米，横堵一条山谷，两端抵山，独立存在，这样的地方跟谁连成“一线”？鸡冠砬子在一个山顶上，石墙长两百多米，也是四处无依，单独存在，附近并无长城；它们都是各自封堵当地山谷的，和哪里相连？因此，连成一线的长城是不存在的。再说，此前调查者所列的各个地点，都是在鸭绿江北岸很近的地方，如果把这几个地点连接起来，则是沿着鸭绿江边一侧排列的，各个地点和江的距离都很近，其间没有多少空地。这样和鸭绿江成平行线的长城，防谁？尤其不能忽视的是，各地点间隔有大山，它们无法连成“一线”。还有，宽甸段的长城，必须是向北去接本溪、抚顺段长城的，这是早期长城的走向。若按上述各个地点的分布，则是东西走向的，如何能与南北走向的本溪、抚顺段长城衔接起来？因此，宽甸段长城在此沿鸭绿江走向作东西分布，就是一个不可能的事情。而且我们还要认识到，鸭绿江本身就是一道天险，何必还沿江修筑一道并行的长城？笔者在上述五个地方的鸭绿江边调查时，发现沿江一面的山都是高峻陡直、无法攀越的，古代能在这样的山上修筑长城吗？事实是这五个地点是各自单独存在的，相互之间远隔群山，互不相通，无法相连，没有衔接的可能。我们只要到现地就会看清楚，其地山高谷深，长城难以横越陡山峻岭，若修筑长城，实际上是办不到的，即使在今天，这些地方的交通都不可能直线到达，公路都是沿河谷绕山修建的，更何况是古代修筑长城！白菜地村的石墙很多人都去看过，大家很熟悉，它是横着修筑在一条两侧都是高山的山谷中，有百余米长，墙虽颓倒，但两端都很完整，没有缺失，它和谁也不相连，独立存在，只是横向堵住几十米宽的一条山谷而已，让它怎么和外面相连？实际上它是“飞越”不出去的。其他几个地点，有的根本无墙。因此，这道所谓“成一线”的长城，实际上是不存在的。经过此次反复仔细的调查后，我们在其地没有发现任何长城迹象，此事不需再辩，实际的地理环境是最有力的说明。

### （三）宽甸县境内调查发现的长城

直到目前为止，经过前后多年的考古调查，在宽甸县究竟发现了哪些长城，其情况是怎样的，都为研究长城者所关注。

总的来说，在宽甸县境内发现了几处被当地村民称作“老边墙”或“边壕”的遗存。这些“老边墙”或“边壕”，为石砌或土石混筑，都是横断山谷修建的，即从一侧山根修筑到对面另一侧山根，因山很陡峭，墙体并不修到山上，其作用非常明显，是仅为封堵一条山谷的通行，它们和其外面的任何一座山或一条山谷都无联系，墙体两端也无接续的结构。因此，每条山谷中的这种“城墙”，都是独立存在的，它们分散在各处不同的山谷中，各自封堵或东西向或南北向的山谷，相互之间错落很大，不成一线，无法使之连贯成一体，并且所有山谷中的墙体均不长，仅为百余米或二三百米，是一堵建在两山之间的山谷中的横墙，不是想象中的长城形态。但这些遗存还是很重要的，是目前在宽甸县境内仅知的类似长城的历史遗迹，因此，我们对其进行了较为详细的调查和了解。

这些横断山谷通道的短墙，全部都在宽甸县的东部，明长城在其西边很远的地方，并且还在后来李成梁向外拓地所建“宽甸六堡”之东很远的地方。明朝既设“宽甸六堡”防御女真，在六堡外面远近各处，经笔者多次考古调查，也没有发现修建有一道连续的长城，间断的短墙也没有。按当时的情况，建宽甸六堡，即以堡屯兵而防女真，其外侧并没有修筑长城。实际上此时明朝在辽东已难修筑长城了，文献上对此也无记载。我们还可知，明代修宽甸六堡现存有各种资料，如在修筑完六堡之后又修筑长城，如此之大的事岂能漏载？通过调查，现在所发现的这些山谷中的横墙，都远在宽甸县东境浑江西岸和鸭绿江北岸的山谷中，明六堡绝不会在孤悬远地修筑这些长城，因为不仅无法防守，而且更重要的是，明六堡的实际控制范围也没达到今天宽甸县的东境，这也和明时女真的生活地域不符。再者，文献记载燕秦汉晋时期的长城都远达鸭绿江南，根据各王朝当时的统治范围，应在今宽甸过鸭绿江，但直到今天，除了已发现的这些横断山谷的短墙之外，再未发现任何古代城墙。因此，我们今天调查所发现的这些短墙，它们虽然是孤立存在的，不能互相连接，但却是建在重要通道的山谷中或河口间，阻断交通的，他处无法飞越，这正是修筑长城时利用山岭以山阻隔的做法。而且已知在宽甸县的东部早已发现多处燕秦时期的遗址，出土有“明”刀币、“丞相李斯”铜戈等遗物，在这一地带发现有很多时代明确的燕秦时期文化遗存（图 1–6–37）。在了解上述各种情况后，我们就不能不考虑这些横断山谷的短墙是早期长城的问题。

图 1–6–37　宽甸县鸭绿江左岸出土的战国铜剑

于此，笔者即将过去已知并经复查和最近几次考古调查所发现的早期长城遗迹列之于后。目前，在宽甸县境内所见到的早期长城遗存就是这些，在别无其他发现的情况下，这些遗存应为宽甸县境内的燕秦汉晋长城遗存了。

下面，笔者将各处调查发现的早期长城遗存，从西往东按所处地点为序，分别记述于后（参见第 1402 页图 1– 附录 –8）。

1. 边壕沟屯的“头道边壕”山谷墙

边壕沟屯山谷墙，在宽甸县红石砬子镇中蒿子沟村边壕沟屯之南三百米处，当地村民称此遗迹为“头道边壕”。这里是一条略作南北走向的山谷，呈东北至西南方向，墙修在两侧的山脚下，横断山谷平地，现在自宽甸县东部过来经红石砬子镇到西部宽甸县城的公路由此通过。墙的西端因有南北走向的河流与公路通过，约有五十米遭到一定程度破坏，现存较好的墙体有两百余米，墙体方向为北偏西四十度。墙体为土石混筑，其北面墙外有沟，因此从防御角度来看，它防的是北面。这是此墙的一个特殊之点，值得注意。现存墙体宽五米，存高零点七米；沟存宽二点五米，存深零点九米（图 1–6–38）。在边壕沟屯北面的山岗上，有一座石砌烽燧址，已被破坏。

2. 周家堡子屯的“二道边壕”山谷墙

周家堡子屯山谷墙，在宽甸县红石砬子镇上蒿子沟村（村委会驻林家堡子屯）的周

图 1-6-38 宽甸县红石砬子镇中蒿子沟村边壕沟屯南的“头道边壕”遗存

家堡子屯，当地村民称此遗迹为“二道边壕”。我们在周家堡子见到当时八十岁的村民周德文老人，他给我们介绍了很多情况，并说：“这里的边壕在以前很高，现在小多了。过去上蒿子沟村本名叫二道边壕，现在改名叫上蒿子沟，近边壕的村庄也改名叫周家堡子了，是个自然屯。”在上蒿子沟之南是中蒿子沟，那里的山谷墙叫“头道边壕”，因当地的两条道路交叉后作“十”字形，过去其村名就叫“石岔口”，也称“十岔口”。由于山脉走向有变，山谷随势弯曲，“二道边壕”所在的山谷呈东西向，墙筑于南北两侧的山脚间，横断山谷，为正南北方向。墙体为石砌，长两百米，存宽两米，存高零点九米（图 1-6-39）。山谷中有宽（甸）集（安）公路通过。

以上两道“边壕”，处在同一条山谷中，相距不远，“头道边壕”在南，“二道边壕”在北，二者共堵同一山谷通道。这两道“边壕”位于红石砬子村（镇）之西，所在山谷向南可抵鸭绿江，与鸭绿江原来有河谷通道，因为水丰水库蓄水，前段山谷进水，现已成库区。此“边壕”与后面的两处“三道边壕”没有衔接关系，与其东面隔山相邻的大泉眼屯“边壕”系东西走向，并在另一条山谷，二者并不衔接。因此，这两道“边壕”仅是为防守一条南通鸭绿江的山谷而设，确为一处独立的遗存。

3. 大泉眼屯的“头道边壕”山谷墙

大泉眼屯山谷墙，在宽甸县红石砬子镇雁脖子沟村大泉眼屯东两百米处，当地村民称此遗迹为“头道边壕”。这里是一条东西走向的山谷，此“边壕”可阻断在此山谷中

图 1-6-39　宽甸县红石砬子镇上蒿子沟村周家堡子屯的“二道边壕”遗存

东西通行的道路。墙体为石块砌筑，南北走向，方向为北偏东四十五度，长一百米，宽五米，存高一点一米（图 1-6-40）。

4. 二泉眼屯的“二道边壕”山谷墙

二泉眼屯山谷墙，在宽甸县红石砬子镇雁脖子沟村二泉眼屯东三百米处（其东五百米为龙井屯），当地人称此遗迹为“二道边壕”。这里的山谷为东西向，墙为南北方向砌筑，横断山谷，方向为北偏东三十度。我们在现地调查时看到，此墙为土石混筑，长度为二百五十米，南北两端抵山，南端因有河中断，又被公路毁去二十余米（图 1-6-41）。

5. 龙井屯的“三道边壕”山谷墙

龙井屯山谷墙，在宽甸县红石砬子镇雁脖子沟村龙井屯，当地村民称此遗迹为“三道边壕”。此处山谷呈东西走向，墙为南北修筑，横断山谷，方向为北偏西四十度，墙体为土石混筑，墙体遭耕种破坏，现仅可见带有石头的隆起土脊。我们调查时所见的结构，坍宽七米，存高零点六米（图 1-6-42）。墙体两端抵山，上面虽有草木生长，遗迹仍很明显，一条道路从墙体切断处通行。

以上所记的大泉眼屯、二泉眼屯和龙井屯，均属于红石砬子镇雁脖子沟村，在宽甸县中部的南面，靠近鸭绿江。三道“边壕”位于红石砬子村（镇）之东，所在的山谷为东西向，“头道边壕”在东端，“二道边壕”“三道边壕”依次向西。我们经过调查得知，这三道“边壕”分别处在同一条山谷中前后三个不同地段，它们防守的是一条东西向的

图 1-6-40　宽甸县红石砬子镇雁脖子沟村大泉眼屯的“头道边壕”遗存

图 1-6-41　宽甸县红石砬子镇雁脖子沟村二泉眼屯的“二道边壕”遗存

图 1-6-42　宽甸县红石砬子镇雁脖子沟村龙井屯的“三道边壕”遗存

山谷，应是一个纵深防御的设置。龙井屯的这道“边壕”与其他两处“边壕”不相连属，没有衔接关系，仅是此地的一个独立山谷的遗存。

6. 范家大院屯的“头道边壕”山谷墙

范家大院屯山谷墙，在宽甸县红石砬子镇腰岭子村范家大院屯车道岭下，当地村民称此遗迹为“头道边壕”。此处为南北走向的山谷，墙为东西横筑，方向为东偏南二十度，其西面的山岗被称为“车道岭”，东面的山岗无名，但有一条短小的山沟称“老宋沟”，墙就建在东西两侧山岗之间。山谷中是平地，当中有鸭绿江的一条小支流蒲石河（按：此蒲石河不同于宽甸县西部贯穿南北的鸭绿江支流蒲石河，仅是名同而已）从北向南流过。此墙长三百米，东西两端抵山（图 1-6-43）。它所在的位置，是中朝边境水丰水库的淹没区，我们去调查时为枯水期，水位下降，露出了“边壕”墙体，明显可见，我们这次调查才得以见到其具体结构。

7. 西下洼子屯的“二道边壕”山谷墙

西下洼子屯山谷墙，在宽甸县红石砬子镇腰岭子村西下洼子屯北二百米、范家大院屯南五百米处，当地村民称此遗迹为“二道边壕”。此地山谷为南北向，墙为东西向横筑，方向为东偏北三十五度。此墙建于两山之间平地上，墙体为石砌，长三百五十米，存宽

图 1-6-43　宽甸县红石砬子镇腰岭子村范家大院屯车道岭下的“头道边壕”遗存

一点八米，存高一点四米，石墙上面有颓坍土层，坍宽五点三米（图 1-6-44）。

8. 高家堡子的“三道边壕”山谷墙

高家堡子山谷墙，在宽甸县红石砬子镇腰岭子村高家堡子屯南、腰岭子后屯之北，当地村民称此遗迹为“三道边壕”。此地为南北向山谷，墙为东西横向，两边直抵山下，方向为东偏北三十度。墙体为土筑，现已颓坍，坍宽五米，存高零点六米（图 1-6-45）。它是腰岭子村三道“边壕”中最北边的一道。

以上所记西下洼子屯、范家大院屯和高家堡子屯，均属于红石砬子镇腰岭子村，在宽甸县中部的南面，靠近鸭绿江。其地在红石砬子村（镇）之东和雁脖子沟村的“边壕”之东，山谷为南北走向，南可通鸭绿江。如果讲防御，这三道“边壕”应是防南面由鸭绿江边山口前来的通道。我们调查发现的这三道“边壕”，系在同一山谷中前后不同位置分布的三道，由于此山谷向北可到宽甸，向南可直通鸭绿江，可见其防御的方向是南面，即鸭绿江方面，防止从江上来人。但这三道“边壕”与前述蒿子沟、雁脖子沟两山沟的 “边壕”没有衔接关系，前两处“边壕”亦是各自独立存在，因此这三处“边壕”都是各自独立的遗存。

9. 白菜地村黄家大院屯横堵山谷石墙

白菜地村山谷墙，发现较早，学术界多知此道石墙的存在，其所在地属于宽甸县大

图 1-6-44　宽甸县红石砬子镇腰岭子村西下洼子屯北的“二道边壕”遗存

图 1-6-45　宽甸县红石砬子镇腰岭子村高家堡子屯南的『三道边壕』遗存

西岔乡白菜地村（村委会驻小东沟屯）黄家大院屯（现称第三居民组），在村委会驻地之西面和乡政府所在地大西岔村隔一座陡峭大山的东北面。白菜地村因早年建村时有居民种白菜，遂名为白菜地村。它处在一条略作东西走向、两侧山体不宽但却很长的屈曲狭窄山谷中，谷中的平地不多，有的地段山谷的宽度仅有三四十米，两侧都是高山。尤其是山谷墙所在地南侧所临的大西岔村后山，非常陡峭，山崖几乎直立，很难从下向上攀登，而此山的南面，山谷较宽，地势平衍，大西岔乡政府驻地大西岔村就在那里。从黄家大院屯向东去，经白菜地村村部，到山的东端再南折，可通大西岔乡。山谷墙北面的山较高大，但坡度较缓。当地村民称此石墙遗存为“老边墙”（图 1–6–46）。此石墙略作南北向，方向为北偏东三十度，横断山谷，全部用石块砌筑，全长一百八十米，现坍宽达十二米，存高四米（图 1–6–47）。此墙南端，因为现在傍山根有一条小山水沟和一条东西通行的车道，占去很宽的地面，抵山崖的墙体已被拆除不存，被破坏掉的石墙长度有三十余米，地面上仍可见相应隆起（图 1–6–48）。我们这次所见石墙为其北段（图 1–6–49），存长一百五十余米，向北侧山上延伸（图 1–6–50），墙体也因山势增高而逐渐矮平，未至半山腰处即止。在此墙北侧山顶上，有一座石砌烽燧址，圆形，底部直径七米，存高一点五米（图 1–6–51）。由此台址沿山脊往西走约两百米，是此山的最高峰，当地人称之为窑沟山，峰顶亦有一座烽燧址，圆形，土筑，四周砌石，底部直径九米，存高一点四米（图 1–6–52）。山下沟谷中的这道石墙，明显是横在白菜地村这条山谷中的。我们经调查得知，这条山谷很长，向东去可到吉林省集安市与宽甸县的界河——浑江，西达宽甸县城，如果堵住此山谷，则可阻断鸭绿江北岸附近东西道路的通行。

10. 北江村金家大院屯“鸡冠砬子”石墙

北江村石墙，发现得也较早，过去被称为“鸡冠砬子”石墙。石墙所在地为宽甸县大西岔乡北江村，位于大西岔村西南。这段石墙与白菜地村黄家大院屯的“老边墙”遥遥相对，但两者相距十余里。北江村一带山岗相连，石墙完整时长度只有两百米，两边山岗上均无接续石墙遗迹。北江村村委会驻地名为金家大院屯，下辖数个自然屯，1949 年以后集附近各屯改为今名，总称北江村。石墙在金家大院屯西的鸡冠山上，山的西南方是何家大院屯。此山在当地较为高大，与四周其他山不相连属，山脊作南北走向，偏东三十度，其北端向东弯曲，方向为东偏北三十度，山体平面略作曲尺形，山顶长度约有五里。石墙修筑在南北走向的山顶上，用石块砌筑，其长有一百三十余米（图 1–6–53）。现在这道石墙变化很大，墙体已经被破坏不存，仅有残基，有的地方连墙基下面都被掘翻了。看到这个现象，我们询问给我们带路、一起上山的村民，他们说：“这个石墙就是我们去年拆的，在这之前总有人来察看，村里就有人说，他们是来找宝的，墙底下埋有金子，于是大伙就都拿着锹镐上山，说拆就将石墙给拆毁了，拆到最后，墙都底朝上

图 1-6-46　宽甸县大西岔乡白菜地村“白菜地边墙”文物保护单位标志碑

图 1-6-47　宽甸县大西岔乡白菜地村的边墙遗存（1984 年拍摄）

图 1-6-48　宽甸县大西岔乡白菜地村的边墙遗存（南段）

图 1-6-49　宽甸县大西岔乡白菜地村的边墙遗存（2001 年拍摄）

图 1-6-50　宽甸县大西岔乡白菜地村的边墙遗存

图 1-6-51　宽甸县大西岔乡白菜地村北山上的一号烽燧址

图 1-6-52　宽甸县大西岔乡白菜地村窑沟山顶上的烽燧址

了，结果什么也没见到，我们当时都非常扫兴。”带路村民说的让我们知道了石墙是因何被破坏不存的（图 1-6-54）。这道石墙修筑在山脊顶上，如果从防守的角度看，应当是防东边的。这道石墙未被拆时，较完整的墙体还有三十余米长，其他地方，有的段落山势较陡，不见接修石墙，因此从全山来看，当时可能不是修筑一道完整的连续的长墙。我们在山岭上调查时，还见到几处有砌石的地方，它们虽然不连贯，也没有形成墙体，但也可见此处地貌是经过人工加工的。另外，每走一段路，我们在山上就发现一处平台，它们都是自然山石，无人工痕迹，还不能说与石墙有关。为了弄清楚这处遗存的性质，我们在此山的四周也都进行了详细的调查，但无论是地面还是附近与其不相连属的其他山岭，都没有发现与其相接续的石墙。因此，目前可知鸡冠山上的石墙是一处孤立存在的石墙。为了弄清楚它能否和其最近的白菜地村石墙相衔接，我们特地到山下调查。山下北面是平地，即大西岔村所在，现已是农田。我们又访问当地村民，他们都说在平地上过去从未发现任何城墙的可疑迹象。因此，这两处石墙都是单独存在，至少可以确定白菜地村的石墙是无法和任何一个地点的石墙相连接的。

11. 腰岭子村烽燧址

腰岭子村烽燧址，在宽甸县振江镇腰岭子村，其地南面是鸭绿江，位于水丰水库上游。村北有一条小河，名叫秋果碧河，另一条由北向南流的小河叫大荒沟河，由于是在水库库区，河口均变得很宽，腰岭子村正对大荒沟河河口，就在村北山岗上，有一座石砌的

图 1-6-53　宽甸县大西岔乡北江村金家大院屯鸡冠山上的石墙遗存

图 1-6-54　宽甸县大西岔乡北江村金家大院屯鸡冠山上的石墙残坏情况

烽燧址（图 1-6-55、图 1-6-56）。

12. 浑江口村谷口墙

浑江口村谷口墙，在宽甸县振江镇浑江口村，位于自北流来的浑江注入鸭绿江汇合处的浑江右岸。浑江两岸俱为高山，无法攀越，地理位置险要，只在浑江口村一带，略见平地。村南临近鸭绿江有一座独立的小山，当地人称之为“孤山”，山体陡直壁立，山的南面就是鸭绿江。发现的石墙，南从孤山的北山根起（图 1-6-57、图 1-6-58），在村外沿江岸台地边缘一直向北延伸（图 1-6-59），将低矮的山下岗地包围在内（图 1-6-60），直至北面浑江岸边高山的陡峭石壁上。墙体为石砌，宽二点五米，存高零点六米，长约三里。此段石墙可防止从鸭绿江、浑江登岸的人进入内地，具有重要的防守意义。

13. 通江村谷口墙

通江村谷口墙，在通江村浑江西岸村口处。通江村属于宽甸县下露河乡，位于漏河汇入浑江的河口，这里有西去宽甸县城的通道。漏河自西向东流入浑江，南北两侧是高山，中间土地平坦开阔，河口外面沿浑江西岸，南北两边的山都非常陡峭，从江上过来无法攀越。调查中，我们在南、北两山间的河口处平地上发现一道土墙，它位于通江村外，临近河口处。此墙起自南侧高山的北山根处，与山体相接，向北延伸（图 1-6-61），直到北侧高山的山脚下。其南段墙体保存较好，中间线段保存较差，因 20 世纪 70 年代当地在漏河河口处修建了一座小型水库，破坏了地貌，相关地段的墙体也被损毁，只有部分段落还能断续见到颓坍的

图 1-6-55　宽甸县振江镇腰岭子村（大荒沟河河口、秋果碧河南岸、鸭绿江北岸）村北山岗上的烽燧址

图 1-6-56　宽甸县振江镇腰岭子村（大荒沟河河口、秋果碧河南岸、鸭绿江北岸）村北山岗上的烽燧址

图 1-6-57　宽甸县振江镇浑江口村村外鸭绿江右岸的谷口石墙

图 1-6-58　宽甸县振江镇浑江口村村外鸭绿江右岸的谷口石墙

图 1-6-59　宽甸县振江镇浑江口村村北鸭绿江右岸的石墙

图 1-6-60　宽甸县振江镇浑江口村北山坡上的石墙遗存

图 1-6-61　宽甸县下露河乡通江村南北两山之山谷口间的石墙遗存

土岗，北端在近年由于修筑道路凿削山坡，现仅存山脚下部分（图 1-6-62）。墙体为土筑，坍宽四点五米，存高一米，全长约两里余。这段土墙恰好堵住山口，阻断由浑江上岸后向西通往今宽甸县城方向的交通。调查时我们了解到，该村编写的《通江村史》中记有发现刀币事。据《通江村史》记载，在这道土墙的里（西）面，“1958 年修梯田时，村民李崇明在北面山根前发现钱币，所见只有刀币一种，当时是埋着的，发现后卖给了村供销社，共有二百多斤。”（图 1-6-33）《通江村史》记载的这个重要发现情况，是我们此次调查时见到此书才得知的。对于了解战国时期燕国遗物的分布范围、研究早期长城，这是很重要的材料。

14. 小挂房屯的山谷墙

小挂房屯，笔者在此次调查之前来过两次，本次即第三次考古调查，是受宽甸县文化局时任局长王晓轩邀请，于 2008 年 4 月来的，一起调查的人除了王晓轩局长外，还有宽甸县文物管理所时任所长宁景鹏、丹东市文物考古研究所时任所长王海和该所的关寒等人。到小挂房屯调查时，我们先访问了当地的几位村民，首先见到的是当时七十三岁的王化堂老人，他给我们介绍了很多情况，使我们得知了小挂房屯一些难得的事。他说：“挂房的村名，得来很有意思，那时这里的住户很少，其中有人种瓜，为方便人们来买瓜，就在路边盖了个窝棚，顺口就叫瓜房，叫来叫去叫白了，就叫成‘挂房’了。房子怎么能挂？现在我们村叫挂房子村（村委会驻道东屯——笔者注），在西面；东边的村子小，

图 1-6-62　宽甸县下露河乡通江村北山南坡下平地上的石墙遗存（被近代宅院占用）

就叫小挂房，都属于挂房子村。在小挂房屯的东边、山砬子头公路的下边、半拉江的北岸，就是前些年有铜戈出土的地方。”然后我们又见到当年发现燕刀币与秦铜戈的当事人崔永德。当年发现文物的是两个人，一个是崔永德，我们去调查时他六十岁；另一个是郭明君，已逝，当年四十岁。访问村民后，我们请几位村民做向导，到现地去调查。在现场，崔永德说：“铜戈是在 1973 年 4 月间，生产队取土时发现的。当时是大干，生产队的劳动力晚间也不休息，都来干活。我在这山根下挖土和搬石头，上边也有人。山坡上有石头随着土块滚落下来，一起滚落下来的还有别的东西，我和郭明君在下边干活正好看见。当时因为是晚间干活，看不清楚，我就用打火机照亮，一看有个铜的，后来县里来人说，我们才知道它叫铜戈，大量的就是刀形的钱，还有小的圆钱，后来听说叫‘一化’钱。这些铜钱都是用绳穿着的，绳子能看出样子，但已朽坏，不能用了。这些钱当时用车上的草袋子装了两草袋子，后来由生产队将这些东西都交到县里，还给我们奖励，每人都发了《毛泽东选集》《金光大道》的书。当时这里从山根向下有一道石墙，有三米多高，从山根到半拉江边，墙的长度他们量过，有五十多米。石墙就从这个山根直到江边，过江还有，不过矮了，没有江这边高大。当时我们生产队里要用石头，就把这道石墙给拆了，用车把石头拉走了，现在你们看脚下，还能看到有点儿墙根。”

小挂房屯属于宽甸县太平哨镇挂房村，在浑江支流半拉江的北面，半拉江东流汇入浑江。半拉江在流经小挂房屯时呈西南至东北流向，其东面有山，直抵半拉江边，现在新修的由宽甸县青山沟乡至太平哨乡公路在半山腰由西北来，向东南去，恰好经过半拉江北岸。山下坡地上发现有燕秦文物的埋藏，出土有“明”刀币、有“元年丞相斯造”铭文的铜戈、“一化”圆钱等（图 1–6–63）。这里的山谷墙为石块砌筑，起于半拉江北岸的山脚下（图 1–6–64），向南至半拉江边，现存长三十六米，宽八米，存高一点二米（图 1–6–65、图 1–6–66），方向为北偏东二十度。现在地表土层下还存有石砌墙基部分（图 1–6–67）。

然后我们就乘船过半拉江，到江南岸去调查。此处江宽可达百米。半拉江南岸是农田，这里是挂房村镰刀湾屯（图 1–6–68、图 1–6–69），再前行两里余，南面是一道山岗，农田东边是茧场沟村小茧场沟屯。在相对于半拉江北岸墙体的南岸，也有墙体保存，其位置在镰刀湾屯东、小茧场沟屯西一里余处（图 1–6–70）。在农田中，由于多年耕种，墙体遗存被分为三段，仍呈一条线分布（图 1–6–71），只是由于不同地块耕种侵蚀墙体程度不同，互有伸入，使整个墙体变得屈曲不直。在江边沙滩坡地上，墙基隆起，存长四十米，距江约一百米，与江北墙体方向相同，为北偏西二十度，可以与之衔接。在此墙之南一百米处，有一石砌墙址，宽达十米，石块砌筑明显。这是一座台址（图 1–6–72、图 1–6–73）。又向南走一百五十米，存有墙体，再向南去，墙体西侧存有水沟，南面山岗流下来的水可流入此水沟中，沟边墙体还存在，墙基地面仍然较高。由此再向南是一个山坡，我们在山坡脚下的树林边发现连续石块（图 1–6–74）。上山坡后，我们发现的石墙保存较好（图 1–6–75），墙基砌筑仍为原状（图 1–6–76）。石墙在山坡上继续向前延伸，直至山顶处（图 1–6–77）才终止。这段石墙长有三里余。

调查至此，由于 1973 年 4 月在江北墙体处发现有燕国“明”刀币、秦“元年丞相斯造”铭文铜戈、“一化”圆钱等遗物，可以明确地说，小挂房屯半拉江南北两岸发现的石墙，是宽甸县保存最好并名副其实的燕秦古长城遗存。这道长城的特点，就是横断半拉江，堵住由浑江进入半拉江口通道的防御设施。只要堵住江口的山谷通道，外面的人是无法进入内地的。

15. 岔沟村的谷沟与谷墙

岔沟村属于宽甸县灌水镇（镇政府驻轱辘泡村），在宽甸县城西北方，临近凤城市界。岔沟村辖有十个自然屯。我们调查时到了炮台子屯（现称第八居民组），在屯东山岗南坡发现一条大沟，它为人工挖掘，从山下平地上开始，一直延伸到山顶，非常明显（图 1–6–78）。我们询问当地村民，他们俱说：“不知道是谁挖的，从来就有，也不知道是干什么用的。”

我们登上山顶，发现山顶也有人工挖的沟，它从山顶沿南坡而下，中部略为弯曲，宽大处沟宽七米，深三米（图 1–6–79），向南直到一砬子头，沟从其西侧下山，直到山根。

图 1-6-63　宽甸县太平哨乡挂房村小挂房屯东、半拉江北石墙所处的地理环境（由北向南拍摄）

图 1-6-64　宽甸县太平哨镇挂房村小挂房屯东、半拉江北山坡下石墙起处遗址（从南向北拍摄）

图 1-6-65　宽甸县太平哨镇挂房村小挂房屯东、半拉江北岸山脚下（秦“石邑武库”戈出土地）的石墙遗存

图 1-6-66　宽甸县太平哨镇挂房村小挂房屯东、半拉江北岸的石墙遗存（自南向北拍摄）

图 1-6-67　宽甸县太平哨镇挂房村小挂房屯东、半拉江北土崖下露出的石墙墙体遗存

图 1-6-68　宽甸县太平哨镇挂房村镰刀湾屯西的石墙遗存（自北向南拍摄）

图 1-6-69 宽甸县太平哨镇挂房村半拉江南岸镰刀湾屯西至茧场沟村小茧场沟屯东山坡上的石墙遗存（自北向南拍摄）

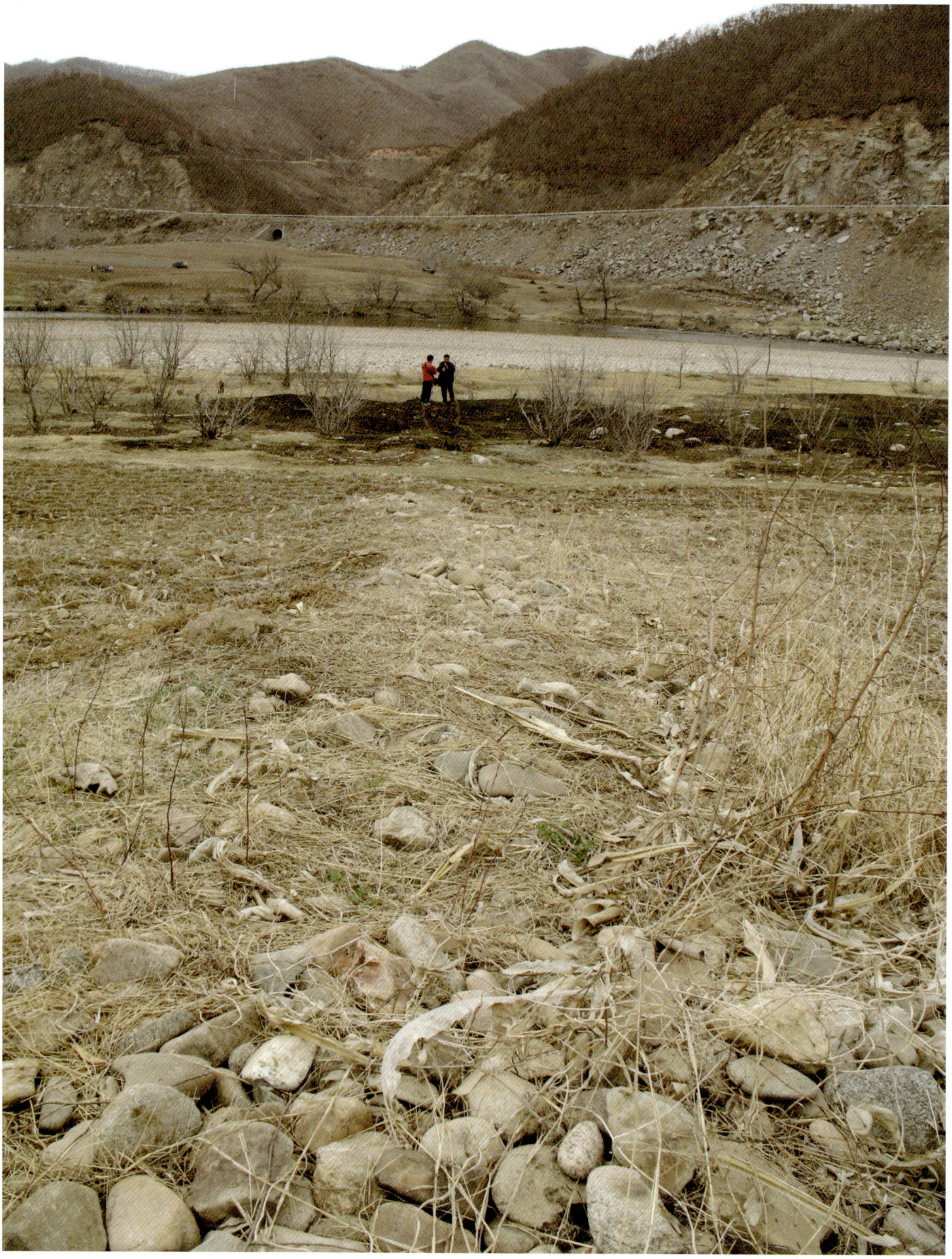

图 1-6-70　宽甸县太平哨镇挂房村半拉江南岸镰刀湾屯、西至茧场沟村小茧场沟屯东山北坡上的石墙遗存

图 1-6-71　宽甸县太平哨镇半拉江南岸茧场沟村小茧场沟屯东的石墙遗存及附墙台址（自北向南拍摄）

图 1-6-72　考古工作者在调查宽甸县太平哨镇半拉江南岸茧场沟村小茧场沟屯东的石砌附墙台址（自北向南拍摄）

图 1-6-73　宽甸县太平哨镇半拉江南岸茧场沟村小茧场沟屯东的石砌附墙台址(自北向南拍摄)

图 1-6-74　宽甸县太平哨镇半拉江南岸茧场沟村小茧场沟屯东山坡上的石墙遗存(自南向北拍摄)

图 1-6-75　宽甸县太平哨镇半拉江南岸茧场沟村小茧场沟屯东山坡上的石墙遗存（自西向东拍摄）

图 1-6-76　宽甸县太平哨镇半拉江南岸茧场沟村小茧场沟屯东山坡上的石墙遗存（自西向东拍摄）

图 1-6-77　宽甸县太平哨镇半拉江南岸茧场沟村小茧场沟屯东山坡上的石墙遗存（从山上向下拍摄，远处地上土岗为近半拉江段石墙）

图 1-6-78　考古工作者在宽甸县灌水镇岔沟村炮台子屯调查屯东山岗南坡壕沟时测量壕沟的宽度（沟中人举皮尺）

图 1-6-79　考古工作者在宽甸县灌水镇岔沟村炮台子屯调查屯东山岗南坡壕沟时测量壕沟的深度（中立者擎树枝量沟深）

山下就是一条老河套，石头遍地，很宽，可达五十余米，现在已经形成林带。

下山之后，我们在此沟东面的山坡上，发现一道石墙，它从半山坡开始向下延伸（图1-6-80），直到河套。石墙的石头已被当地村民陆续取走使用，近年在石墙地基上形成了农用车道，现在剩余的石块不多，但保存下来的墙体明显，有的段落石块砌筑还是原状（图1-6-81）。此石墙一直延伸到南面的山岗上。

在河套南面的西边，是三道沟屯，现称第六村民组。在屯西平地上也有一道石墙，它向南延伸至河道，向北延伸至山岗脚下。石块砌筑规整，北段墙体的方向为北偏东四十五度，近山时石墙弯曲，方向变为正南北。河套北面山下的石墙与河套南面平地上的石墙，是相接的。

在沟的东面较平坦的山顶上，有一道沟，现在虽然不甚明显，但还可以看出（图1-6-82），其下有一道石墙，颓坍拆毁较甚（图1-6-83）。在其东面山岗顶部有一座烽燧址，圆形，现已颓坍，底部直径十六米。该烽燧址在沟、墙的内侧，在它上面四望较远，适宜瞭望（图1-6-84）。

我们在岔沟村炮台子屯发现的深沟和石墙，再一次证实宽甸县的早期长城，大概就是这种形式，不是长墙，而是用这种两端不与其他设施相连接、单体存在的短墙或深沟，堵住沟谷平地，止于山上。岔沟村炮台子屯的地理位置重要，它处在一条山谷中，从宽

图1-6-80　考古工作者在宽甸县灌水镇岔沟村炮台子屯调查时测量已被拆毁的石墙的宽度

图 1-6-81 宽甸县灌水镇岔沟村炮台子屯横堵东西向山谷的石墙被拆毁，改成村外通向山上的农用车道

图 1-6-82　宽甸县灌水镇岔沟村炮台子屯东山岗上的石墙遗存

图 1-6-83　宽甸县灌水镇岔沟村炮台子屯东山岗上石墙遗存与壕沟相衔接的情况

图 1-6-84　宽甸县灌水镇岔沟村炮台子屯东山岗上的烽燧址，该屯亦因此得名

（14）前陡山子村烽燧址：抚顺县海浪乡前陡山子村西台子沟山上

（15）上海浪村烽燧址：抚顺县海浪乡上海浪村西北样子沟山上

（16）上海浪村烽燧址：抚顺县海浪乡上海浪村东北大北沟西山上

（17）上海浪村烽燧址：抚顺县海浪乡上海浪村南河过台地上

（18）下海浪村烽燧址：抚顺县海浪乡下海浪村南的南台山上

（19）前堡村烽燧址：抚顺县海浪乡前堡村西南台地上

（20）南沟屯烽燧址：抚顺县海浪乡转山子村南沟屯西南的西台子山上

## 二、东部同线长城在辽宁省本溪市境内的考古调查发现

在东段接续抚顺市所要记述的东部同线长城，是在今本溪市辖境内的战国燕、秦、汉、西晋时期的早期长城。

现接抚顺长城调查，记述其向前延伸的本溪长城的调查发现情况（参见第 1405 页图 1- 附录 -11）。不过本溪地区的早期长城可能是因为保存得不太好，或是其他原因，没有留下更多表明其时代的遗迹，调查发现很少，因此笔者还不能明确指出战国燕、秦、汉、西晋长城在本溪的具体走向来。

考古调查在本溪市明山区高台子镇太子河南岸的威宁营村发现一座战汉时代城址，它后为明代所沿用，称为威宁营。由于它被后世明代沿用，因此人们只知此城址是明代城址，它是早期城址的情况不为外界所知，但此城址很有特点。笔者在 1958 年曾经调查过此城址，那时它保存较好，还有城墙存在，早期遗物为战国时期和汉代的。由此城址的存在看，今本溪市区在战国时期和汉代已经成为燕国和汉朝的统辖区域。

东部同线长城在今抚顺西南部由海浪乡向南延伸，出抚顺辖境后，就进入今本溪地区，但在相应地段，尚未发现长城遗址，其走向不明，不过抚顺县海浪乡下海浪村南边就是威宁营村城址，长城应将该城址保护在其内侧。因此，当东部同线长城由今海浪乡向南延伸，在未到本溪威宁营之前，即在今本溪市明山区高台子镇高台子村附近折向东去，即在威宁营北面一定距离东西通过，然后延伸至清河城之南相应地段 [ 或今本溪满族自治县（下文简称“本溪县”）富家楼子村 ] 东西通过，再向东即至今新宾满族自治县（下文简称“新宾县”）界，长城在那转向南去，经今本溪县南甸子镇二道河子村，碱厂镇赵家堡子、桦皮峪、洋地沟，东营坊乡红土甸子村，再向南延伸，进入今凤城市境。

笔者为什么确定在今本溪境内的东部同线长城为如此走向？这里边有几个参考依据：

（1）威宁营村城址，是战汉时代城址，修筑长城时，一定会将此城址保护在长城内，即长城要在其北面修筑。在今抚顺县海浪乡的长城向南延伸，过今本溪市明山区高台子镇高台子村后，就是威宁营，长城在此东转，恰好将威宁营村城址保护在长城之内，因此笔者认定长城应在此地东转。另外，高台子村名为“高台”，当初是否因该村有“高台”

才如此命名，此高台是否与长城的构筑有关，现已不得而知。如有关系，则可为长城走向添一依据。

（2）在长城于高台子村转折东去后，有地名可能透露出一些长城的信息。研究者提出两个地名，即“赛梨寨”和“一堵墙堡”二村名①。“赛梨”即“塞里”之意，“塞”是长城，“塞里”即“长城里边”之意。“一堵墙”当是早已有墙，建村时借用而为村名。笔者觉得这个推测很值得注意，如绥中的“墙子里村”，其墙现在已经不见，而该村为何叫此名，人均未识，笔者却因调查古代长城，在该村的东、西两面都发现有长城遗迹，借此解读出它为北周时期长城经过此地所致。因此，知其说近理，故为引申之。

（3）早期长城到今本溪县东部后，再向东即是今抚顺县东南境与新宾县西南境，明长城恰由此地进入今本溪县，然后南去今凤城市，到今宽甸县。明长城遗迹在此地段大量存在，而早期长城也已到达此地，但早期长城却没有任何遗迹，它是否为明长城所沿用呢？

（4）明长城由今抚顺市、新宾县进入今本溪县东部后，即向东延伸，再转向南去今凤城市，正符合文献记载。《辽东志》说：“古长城，即秦将蒙恬所筑，其在辽东界者，东西千馀里，东汉以来，城皆湮没，本朝时加修筑。”②这说明，到明代，人们对我国古代的长城还是有很清晰的认识的，并且“本朝时加修筑”，说明在辽东，明代是沿用了早期长城的。正是由于这种原因，今天在本溪地区才只见明长城遗迹，不见燕秦汉长城的遗踪——这是明长城沿用它们的结果，明长城将早期长城的踪迹给掩盖了。本溪的早期长城，在今抚顺市的南境、新宾县的西境转折后向南去今凤城市，恰好是明长城经今抚顺市区东部碾盘乡关口村、营城子村，抚顺县马圈子乡上马村、后安村，进入今新宾县苇子峪乡、下夹河乡，再进入本溪县南甸子乡二道河子村，经碱厂镇黄家堡子村、桦皮峪村、洋地沟村等［在黄家堡子村有一座汉代烽燧址（图 1–6–25 ～图 1–6–28），在其九龙山坡地上有一座城址，亦是一座汉代城址］，再向南到东营坊乡红土甸子村，这是考古调查发现的明长城线路。其向南去出本溪县境后，明长城（也即此地的早期长城）进入今凤城市。在凤城市，我们于凤山乡利民村刘家堡子屯发掘了一座战汉时期的城址，它系汉代辽东郡东部都尉治所武次县址③。对于了解东部地区早期长城的情况，它是一个很重要的地点（图 1–6–29 ～图 1–6–31）。

现在具体说明一下早期长城在今本溪市的行经线路：它从今抚顺县海浪乡向南延伸进入本溪地区后，大约在高台子村或其附近东折，在太子河南面向东延伸，至富家楼子

① 梁志龙、王俊辉：《关于早期长城行经本溪地区的推论》，《辽宁长城》第四辑，辽宁省长城学会 2002 年 7 月版。

② 毕恭：《辽东志》卷一《地理志·古迹》，《辽海丛书》集二，沈阳：辽沈书社 1985 年 3 月版。
李辅：《全辽志》卷四《故迹志》所载与《辽东志》基本相同，其文云：“古长城，即秦将蒙恬所筑，在北平、辽东界者，东西千余里，东汉以来，城皆湮没，本朝时加修筑。”

③ 冯永谦、崔玉宽：《凤城刘家堡子前汉遗址发掘报告——兼论汉代东部都尉治武次县址之地望》，《辽宁考古文集》第二辑，北京：科学出版社 2010 年 7 月版。

图 1-6-85　宽甸县振江镇浑江口村北面浑江西岸的高山陡坡悬崖峭壁。笔者一行在山上调查时未知下临无地，险些坠崖，亲身经历感受真切。由此可知，利用山险、不修长城人马亦无法攀登。（山半腰处有近年修建的公路）

过多年的考古调查，陆续有所发现，使我们逐渐有了明确的认识，但还有许多问题需要研究、探讨。笔者在此略谈一些调查后的思考，提供给读者参考。

## （一）燕秦汉长城走向、形式之推测

从近年的考古发现，我们可看到丹东地区战国时期至汉代文化分布的一个大体轮廓，特别是出土刀币、铁农具和秦戈等文物的红石砬子村、下露河村、太平哨村、双山村等地，全在宽甸县的东境和北境，也是丹东市辖区的最东面。这些考古发现可以确定战国时期至汉代的文化在该地区的分布范围，这对了解和研究尚在探索中的战国燕、秦、汉长城的走向和位置，是极为重要的。

《史记·匈奴传》说："燕亦筑长城，自造阳至襄平，置上谷、渔阳、右北平、辽西、辽东郡以拒胡。"由此可知，燕国在其北方设五郡并筑长城"以拒胡"。但其所谓"自造阳至襄平"，并非是说燕国长城之东端止于襄平城下。李文信先生在《中国北部长城沿革考》中已明确指出了这一点。他说："是不是说长城筑到襄平城西门而止呢？我们认为不是的。司马迁是以辽东郡治襄平城来代表辽东郡全境，和说长城到辽东一样，不是长城止点的小地名。这段长城应画在辽东郡辖境的外围。秦代的长城，郦道元《水经注·河水注》中说：'始皇令太子扶苏与蒙恬筑长城，起自临洮，至于碣石。'看来比燕的长城又有所发展。这里所指的碣石，是汉时乐浪郡遂成县之碣石山。《太康地记》说：'乐浪遂成县有碣石山，长城所起。’因而《晋书·地理志》就据以说：遂成‘秦筑长城之所起’。这个碣石山，在今朝鲜平壤之西南，即龙岗。前汉时期的长城，据《史记·朝鲜传》载：‘朝鲜王满者，故燕人也。自始全燕时，尝略属真番、朝鲜，为置吏，筑鄣塞，秦灭燕，属辽东外徼。汉兴，以其远难守，复修辽东故塞，至浿水为界，属燕。燕王卢绾反，入匈奴，满亡命，聚党千余人，魋结、蛮夷服，而东走出塞，渡浿水，居秦故空地上下鄣，稍役属真番、朝鲜蛮夷及故燕、齐亡命者，王之，都王险’。”①

据此可知，前汉初因“以其远难守”，修复辽东故塞，至浿水为界。秦汉时期的浿水，即今朝鲜之大同江。由这段记载进而可知，秦时所修鄣塞已至浿水以南，因而卫满亡命东走时，出塞渡过浿水，才居于秦故空地上下鄣。至此，战国燕、秦、汉长城东端的起点就比较清楚了。这说明在丹东地区，具体地说是在宽甸县，有战国燕、秦、汉时期的长城。

关于这段长城的线路，根据在宽甸县考古调查的发现，结合战国燕、秦、汉时期遗存的出土情况，我们认为它在宽甸县的走向是这样的：因有浑江天险，又因其地山高路险，通道受限，交通不便，根据自然环境地形，就没有修筑长线路的长城，而是改为在山谷中横向筑墙，扼守交通道路，同样达到防守的目的。

辽东因是山区，自然环境多山，且多深谷，那里的长城可能与他处有所不同，但那里有长城是毫无疑问的。除了考古发现外，文献材料也可证明这一点。《水经注·小辽水注》记载，大梁“水出北塞外，西南流至辽阳入小辽水（即今浑河）”。古之大梁水，为现在的太子河，它发源于本溪县东部与桓仁县接界处。“水出北塞外”中的“塞”即长城。据此，即可大致将长城定位在今本溪县东部太子河上游。这和长城自南来过鸭绿江后，经今宽甸县下露河村、太平哨村至本溪县的走向恰是一致的。长城由此北去。《汉书·地理志》载，玄菟高句丽县，“有南苏水，西北经塞外”。其中的“塞”也是长城。南苏水是今苏子河，为浑河支流，发源于新宾县东南部山中，向西北流，过永陵镇，此地有高句丽县遗址，然后向西流，汇入浑河。战国燕、秦、汉长城在今抚顺市区西侧越过浑河，向南通过。这里有一点必须说明，即“南苏水，西北经塞外”的记载，一般研究者都以为南苏水流入长城。这样理解是不对的。南苏水为苏子河，在今抚顺县的东境没有到长城之处就注入浑河了，因此它没有流入长城。“南苏水，西北经塞外”是说南苏水是在长城外边流的。笔者经过实地调查，对于地理方位非常熟悉。高句丽县，今新宾县永陵镇砖厂城址；南苏水（苏子河）流经新宾县永陵镇，至抚顺市东境入浑河；战国燕、秦、汉长城在今抚顺市区西部南北通过。只有搞清楚了这三者的关系，才能有正确的理解。只有如上的理解才合乎实际，也符合文献记载。

讨论辽东长城，根据考古调查的结果并征之以文献记载，笔者以为其东段大概不再

① 李文信：《中国北部长城沿革考》，《社会科学辑刊》1979年创刊号、第2期。

像其西段那样，采用修筑连续的高大城墙这种形式了，因为当年若是修筑了连续的高大城墙，今天它已全部被破坏不存，恐怕也是不可能的。《史记·朝鲜传》说："自始全燕时，尝略属真番、朝鲜，为置吏，筑鄣塞。"《史记·匈奴传》也说，秦修长城"因边山险，堑谿谷，可缮者治之，起临洮至辽东万余里"。《史记·朝鲜传》又说，汉兴"复修辽东故塞"。 其中的"鄣"或"塞"，好像并非连成一体的高大城墙，很可能是独立存在的短墙等建筑。关于这一点，《汉书·匈奴传》里有一段对长城构成情况的记述文字可供分析、思考。它说："起塞以来，百有余年，非皆以土垣也，或因山岩石、木柴僵落、溪谷水门"，若有"鄣塞破坏，亭燧灭绝，当更发屯缮治"。这就是说，长城是利用一切可以利用的山川形势，或加以人工，或纯系自然，土垣、石墙、山岩陡壁、枯木倒树、溪谷河流，皆可为之，并且坏了更需进行修整。因此，辽东长城东段是否为这种鄣塞呢？联系宽甸县太平哨乡小挂房屯出土铜戈附近就有相当规模的石墙、土台，这种遗存不似一般建筑，笔者认为它们就是辽东长城东段的构成形式。但这只是笔者经考古调查后产生的一个思考与意见。

末了，笔者再谈一点想法，那就是辽东长城东段的位置，根据文献记载并结合出土文物考察，已基本确定其走向，估计不会有太大出入，但是，至今还未见任何一种有文字记载的材料，证明那些已被发现的短墙和深沟是长城遗址，希望将来能在这方面有所发现。

### （二）明代沿用了哪些古代长城

对早期长城的研究，是依靠既往的考古调查发现来进行的，因此必须十分清楚它的分布和走向，具体到每一地区的行经线路，但现在还有一些缺失，而且有的地方即或有发现，也不能完全衔接。我们需要进一步调查、研究，把它们搞清楚，理出一个脉络，尤其是要搞清楚不同时代的长城，是自行线路，还是有沿用关系。这些都是长城研究的课题，而且是长城研究的基础。

早期长城，在东北地区西部发现较多，看似问题不大，实则不然，那里的问题仍然不少。由于政治势力消长，各个时期的统治地域总有伸缩，作为军事防御工程的长城也会随之有所进退，故战国燕、秦、汉、西晋长城，有自行线路，也有后世沿用的问题。这些尚需进一步进行研究，笔者前面已谈过这方面的情况，于此不再赘述。而东北地区中、东部的早期长城，至今还有不少问题没有得到解决，相关的调查发现也很零星，这些区域的早期长城究竟是何面貌，尚不完全清楚。因此，今后应当投入更大力量，力争取得理想成果。早期长城在东北地区中、东部的线路究竟是怎样一种状态，现在还很朦胧。笔者根据自己进行长城考古调查的体会，感到在有的地段它应是被后世长城所沿用，因而如今它的遗迹不清。

早期长城在东北地区中、东部被后世沿用，应该是在明代。从文献记载看，明人还是认识早期长城的，而且也知道它的具体存在。如果不是这样，明人也不会空穴来风，将自己联系到古代长城上。明代成书、反映东北状况的《辽东志》一书，就记载了古代长城及其沿用的有关情况，其后的《全辽志》也作了相同的记载，该书在有关“古长城”项下的记载说：

“古长城，即秦将蒙恬所筑，在北平、辽东界者，东西千余里。东汉以来，城皆湮没，本朝时加修筑。”①

这何止是一般了解？这是非常熟悉情况！其作者不仅知道文献记载，而且熟悉实地存在；不仅知道哪里有古长城，而且还知道古长城为什么朝代什么人所修筑，后来的情况怎么样，并且还说本朝长城就是在其基础上加以修筑的。这样的记载，何等明确？如果实际情况不是这样，该书能写得这么具体和真切吗？

明代修筑的“万里长城”，根据地域划分管辖区段，建有相应的九镇，因此明长城被称为“九边”。而为“九边”之首的“辽东镇长城”，即在今辽宁省境内。古代修筑长城沿用前代的事例，屡见不鲜，并为我们今天所熟知，无需详举；明代修筑辽东镇长城时，对古长城可沿用的地方即加以沿用，也是很正常的事情。不过我们根据其记载可知，明代沿用前代长城修筑长城，不止一次，而是在不同地段多次修筑，并且还经常修缮，所以《辽东志》就说古长城“东汉以来，城皆湮没，本朝时加修筑”。

这些记载也反映出一个问题，那就是早期战国燕、秦、汉长城，到了明代，不仅形体明显，而且还有利用价值，不是残破不堪到不可利用。如果此时早期长城已被毁坏不存，或虽可识出，但无多大利用价值，而明代此时的统治地域与早期长城的走向和范围亦不尽相同，明朝为何还要利用早期长城？就是因为其时早期长城还有较高大的墙体存在，有利用价值，明朝才加以利用。假如其时早期长城已被完全毁坏，没有相当的墙体，恐怕明朝也不会在其旧址上继续加以修筑的。

但明朝利用了哪些段落的早期长城，也有讨论一下的必要。

笔者在通过实地考古调查了解相关情况后，认为明代长城沿用了不同时代的长城，即早期的战国燕、秦、汉长城和后来的高句丽长城。

关于明代长城沿用高句丽长城的情况，笔者根据实地调查的结果提出的研究意见是，明代长城沿用了南北走向的高句丽“千里长城”的中间线段，其具体线路，即从今辽宁省海城市牛庄镇以北、太子河入辽河处开始，向北去，经海城、鞍山、辽阳、辽中、沈阳、铁岭、开原至昌图。明代长城为什么要沿用高句丽长城？这就要从明代修筑辽东镇长城的

① 李辅：《全辽志》卷四《故迹志》，《辽海丛书》集二，沈阳：辽沈书社1985年3月版。

过程讲起：明代统领东北地区南部的辽东都指挥使司设在今辽阳，在明朝建国后，兀良哈三卫蒙古在今辽阳的西边，不时前来进犯，为保卫都司的安全，明代最早修筑了辽河流域长城，以为屏障。修筑辽河流域长城时，因有高句丽长城恰好在这个位置，如果加以沿用，可以省去许多财力、物力、人力，明朝遂加以利用，变高句丽长城为明长城。以后为加强防卫兀良哈三卫蒙古和建州女真，明朝又修筑了辽西长城和辽东东部长城。辽河流域长城从今辽宁省海城市牛庄镇以北、太子河入辽河处起，向北去，至今昌图县泉头镇，才离开高句丽长城，转向东去，自辟新线，然后又向南去，复折向今开原市，经今西丰县转向南去，至今开原、铁岭、抚顺等地。明长城在今海城市至昌图县这一地段利用高句丽长城旧有城墙进行修筑，造成我们今天看到的明辽东镇长城的整体走向成了一个“M”字形，在全线中部内缩很多，以致丢掉辽河河套的大片土地，而且拉长了防线。①

明代长城沿用战国燕、秦、汉长城，虽然文献有记载，但从考古调查的发现来看，当时只是在相应地段有选择地加以利用，并非全线如此。如在今辽宁西部，虽然有战国燕、秦、汉多道长城作并行分布，并且均为东西走向，本可利用，但明代却未沿用。因此我们可知，所谓沿用当在今辽宁中、东部。现在辽宁中、东部这一地段，调查发现的战国燕、秦、汉长城遗迹，只有一道，且还不够完整，常有缺空。因此，究竟明长城在哪个地段沿用，没有明确的标志。这也恰好从另一方面说明战国燕、秦、汉长城为明代所沿用，故其遗迹也为明长城所掩盖，导致如今除了明长城遗迹外，其余不为人知。

笔者认为，从辽东地区的地理环境看，明代沿用战国燕、秦、汉长城是没有问题的，但它沿用了哪些地段的战国燕、秦、汉长城，则应该通过考古调查发现来确认。从长城走势观察，大约是从今开原市中固镇老边村明东路长城起，往南经今铁岭至抚顺这段长城被沿用。早期长城在今抚顺地区径直南去，经抚顺市区西部，向南经刘山村到海浪乡出境，进入今本溪市境内。明长城在今抚顺市区北面则没有沿用早期战国燕、秦、汉长城，而是向东偏转，从今抚顺市区东部南去，出抚顺境后进入今新宾县，再到今本溪县，此后明长城又与早期长城会合，延伸至今凤城市，到今宽甸县北境高山处。在这段早期长城行经线路中，明长城是沿用了战国燕、秦、汉长城的。

战国燕、秦、汉长城被明长城沿用后，其本体即不明显，因此在考古调查中，战国燕、秦、汉长城的辽东段几乎没有遗迹被发现，这也证明其被沿用。如高句丽长城被明长城沿用后，人们就只知道明长城，而不知其为高句丽长城。

战国燕、秦、汉长城在进入今宽甸县境后，由于该地山高路险，地形复杂，没法修筑长城墙体，加上有浑江、鸭绿江为天险，早期长城的修筑就采用了修筑短墙堵住江口

① 关于明长城沿用高句丽长城的情况，可参见笔者的另一篇文章《高句丽千里长城建置辨》（载《社会科学战线》2001 年第 1 期），它对此问题有较详细论述，此不复论。

山谷通道的方式，不再修筑连续的高墙。经过几年实地调查，笔者发现宽甸县境内都是采取在山谷中横向修筑两边抵山的短墙阻断通道这种设计方式修筑早期长城的。因各条山谷位置不一，短墙之间互相支离，不相连属，不成整体，无法利用，而且明朝也因女真兴起，管辖范围退缩，没有沿用早期长城，而是改在今凤城市、宽甸县交界处的山岭上修筑长城，向南延伸至虎山。

另外，清代的柳条边在今法库县境内也有一部分线段沿用了战国燕、秦、汉长城，如五台子以北、经今法库镇到东头台子，本是早期长城线路，由于被柳条边沿用，现在人们只认其为柳条边，而不认为它是战国燕、秦、汉长城。道理是一样的。明长城东路从今开原、铁岭到抚顺以及本溪、凤城这一段，既是明长城，也应是战国燕、秦、汉长城。

战国燕、秦、汉长城被明长城沿用，是笔者首次提出的意见，作为一种研究心得，可以供有志于长城的研究者参考。

# 第七章
# 汉武帝设四郡开通道路的烽燧址考古调查发现

通过长城考古调查，考古工作者发现了很多早期战国燕、秦、汉长城遗迹和相关遗迹，填补了许多空白，其中在辽宁朝阳、阜新、沈阳发现的遗迹较多，在抚顺、本溪、丹东也有一定收获。但也还有一些地段由于各种原因，我们至今尚不了解早期长城的具体存在情况。

在早期长城调查中，考古工作者于沈阳、抚顺间发现的一些烽燧址，也曾有人认为它们是列燧长城。为了解决这个问题，辽宁省长城学会和抚顺市博物馆沟通，在 2001 年 5 月间联合召开了“辽宁省长城考古调查座谈会”。其间，大家谈得比较广泛，提出了一些解决问题的设想。座谈会后，笔者与抚顺市博物馆时任馆长萧景全对沈抚间的汉代烽燧址进行了一次较全面的实地考古调查。我们调查的结果是：在抚顺发现的烽燧址很多，但它们并非同一线路，亦各属不同的时代。

根据前后多次调查的发现，笔者认为，抚顺的烽燧址可以分为三条线路，不能混为一谈，其情况是：一条线路在抚顺市区东部，南北走向，当地有明长城南北通过，因此可知它们是明长城所属的烽火台。另一条线路是在抚顺市区西部，邻近沈阳市东境，南北走向，就其发现，从沈阳市浑南区深井子镇李靠山村鄂家沟屯，经抚顺县拉古乡刘山堡村到海浪乡转山子村南沟屯。在这一线路上，笔者经考古调查，也发现有战国、汉代长城，因此可知这一线路的烽燧址当是早期战汉长城所属的烽燧址，其北可接铁岭、开原被明长城沿用的早期战汉长城。第三条线路是在抚顺市区北部发现的烽燧址，西由沈阳市起，东至抚顺市区北境，向东沿浑河河谷分布，其后向东进入新宾县，又沿浑河的支流苏子河河谷东去，直抵富尔江，然后向东去，进入吉林省通化县。（参见第 1406 页图 1– 附录 –12）这一线路，在古代是一条交通通道。古代沿这条通道修筑烽燧，当是为保证道路畅通、护卫行旅和辖境安全而采取的有力措施。这一线路，应是从战国时期至汉代的辽东郡郡治襄平（今辽阳）开始，向北至辽东郡中部都尉治候城县（今沈阳市旧城区）南，然后转向东走，如从今沈阳南境转去东境算起，经抚顺直至新宾县东境，现在共发现烽燧址六十五座，其东、西两端仍有烽燧址发现，其西端从辽阳至沈阳——辽阳是战、汉时期辽东郡郡治襄平城所在，沈阳是辽东郡所属之候城县[①]；其东端则进入吉林省通化县——笔者与萧景全进行考古调查时，在通化县三棵榆树乡就发现了四座烽燧址，如从今通化县县城算起，近处有通化县快大茂镇赤柏松村前汉玄菟郡上殷台县古城址[②]，向东去较远处则有集安市区内高句丽城址下的汉玄菟郡西盖马县古城址[③]，在当时各县城之间是有道路相通的。这种在交通道路上设烽燧的事，过去国内多有发现，如汉代从内地去西域有道路相通，至今在西北地区如新疆等地的道路上仍存有烽燧址，它们的情况和沈抚地区的这一路烽燧址是一样的，具有相同的性质。但这种列燧不是长城。有研究者说，这种烽燧址是“列燧长城”。笔者认为此说欠妥。烽燧和长城应有区别：长城是军士据以防守、战斗的建筑，而烽燧是传烽报警的建筑，可以将警报由边境一直传送至内地，怎么也能称为长城？应不能如此称谓。至于“路台”，早期见于战国时期、汉代的有，明代晚期更多。路台是沿交通道路而建的，是为保护交通行旅安全而设，通“西域”者是，今位于沈阳、抚顺者亦是。因此，列燧就是“列燧”，是道路交通线上的烽燧址。烽燧址中有一种是为守卫长城者传送信息的设施，或是为保护行旅及交通安全在道路上修筑的，它们都不应被称为长城。长城应有墙体，这是最基本的标志。如果仅是烽燧，没有城墙，如何算是长城？怎么能被称为“长城”？烽燧的功能，具有传烽报警、保护交通两种特质。这是应该被注意到的。

沈阳、抚顺地区的这一路烽燧址，究其时代，笔者研究后认为，它们是建于汉武帝设立乐浪、玄菟、临屯、真番四郡之时，因此，它们是在这条道路上为传递信息、保护交通行旅安全所建设的设施，是不能被冠以“长城”之名的，称之为“列燧”则应是很准确的。笔者因见它们在研究长城中产生歧义，故辩说如上。

现将今沈阳、抚顺境内这条道路上经考古调查发现的烽燧址，逐次加以说明，同时附上有关照片，以便未至其地目睹者了解，也可作为研究者进行研究时之参考。

笔者调查汉代长城时，对今沈阳境内烽燧址的了解，是由沈阳之南转而至东陵开始的，东陵以西原来亦应有烽燧，但因那里现在已是沈阳市区，由于各种原因，如耕种或城市扩建，烽燧遗址保存不多。在抚顺，烽燧址则由西向东依次排列。为方便读者了解它们的分布线路，现将笔者前后多次调查发现的沈阳和抚顺地区的烽燧址一并记述，且自西向东分别说明，使沈抚两地的烽燧址能够完整地衔接起来。

红宝山村烽燧址：在沈阳市苏家屯区十里河镇红宝山村西北一里，为土筑，圆形，

① 冯永谦：《汉候城、高显考辨》，《沈阳地方志资料丛刊》第6辑，1986年3月版。

② 孙进己、冯永谦总纂：《东北历史地理》第一卷第三编第三章“上殷台县”条，哈尔滨：黑龙江人民出版社2013年7月版，上册第222页。

③ 孙进己、冯永谦总纂：《东北历史地理》第一卷第三编第三章“西盖马县”条，哈尔滨：黑龙江人民出版社2013年7月版，上册第223页。

现已颓坍，直径六米。烽燧址上存有汉代绳纹陶片。

魏家楼子烽燧址：位于沈阳市苏家屯区沙河铺镇魏家楼子村西平地上，在魏家楼子村北古城址之西南部，相距一里余。魏家楼子村北古城址，为汉代辽东郡之高显县①。此烽燧址为夯土筑成，台址已颓，呈馒头状，下部向外扩展很大，直径达十八米，存高三点四米（图 1–7–1 ~图 1–7–3）。此烽燧址笔者前后来过三次，最早是在 1958 年，当时它保存较完好，台址外没有耕种；1997 年笔者又来一次，环境已有变化，台址南面与东面的道路已改建为柏油路，道路两侧的树木已蔚然成林，近处古城与其相互映衬，风景秀丽；2019 年笔者再来时，烽燧址已遭到破坏，其南部不知被何人取土，已缺失约三分之一，从下到上，壁立如削。此烽燧址已延续两千余年，处在大都市旁，应被保存下来。

陵前堡烽燧址：在沈阳市浑南区高坎镇陵前堡村东一座较高的山岗上。此山岗在沈抚公路（北线）之北，公路即在此山岗的南坡下东西通过，山岗的南坡比较陡直。此烽燧址保存较好，虽有颓坍，但仍保存很高大的土堆，底部直径十四米，存高三点五米。烽隧址四周的地面及烽燧址上都长有树木，烽燧址也因此得以保存（图 1–7–4）。在此次考察中，我们在烽燧址上发现有汉代灰色细泥陶盆片多件。这实为难得，对于我们了解此烽燧址的年代非常重要。据此可知，此烽燧址当为前汉时期所建。

七间房烽燧址：在陵前堡之东，沈阳市浑南区高坎镇七间房村东一座被当地人称为“大架子山”的山岗上，该山岗的东面即为烟台村，该村当系因此烽燧台址而得名——烽燧俗称“狼烟台”。沈抚公路（北线）在大架子山的南麓通过，由于山体向南突出，它在此处转了一个弯，绕山而行，公路的南面是浑河。此烽燧址就位于大架子山向南突出的山岗的顶部，底部直径十二米，存高四米。山岗顶部及烽燧址上均长满了树木，十分茂盛，林荫蔽天，台址全为树木遮掩（图 1–7–5）。在台址上我们发现有汉代细泥灰陶片。

植物园烽燧址：在七间房村之东，沈阳植物园（世博园）门前沈抚公路（北线）南侧，东北距植物园（世博园）门约三百米，东南距下马村约两公里，现处于一个果园内，四周均为果树。此烽燧址保存较好，仍很高大，底部直径约十五米，存高三点五米（图 1–7–6）。在烽燧址四周，我们发现有汉代细泥灰陶片。

中马村烽燧址：在植物园之东、沈阳市浑南区高坎镇中马村北一座山岗顶部的近东端处，地处沈抚公路（北线）之南侧，在山岗北面同沈吉铁路并行东西通过的沈抚公路，在此自西向东跨过铁路，在铁路北面与其并行，中马村南有浑河。

三家子烽燧址：位于沈阳市浑南区高坎镇三家子村北偏西约一公里一处丘陵岗地的顶部，岗南有沈抚公路（北线）和沈吉铁路东西通过，岗东是乡村公路。这处丘陵岗地全被耕种，就连烽燧址周围也被部分开垦，使其遭到一定程度的破坏（图 1–7–7）。

① 冯永谦：《汉候城、高显考辨》，《沈阳地方志资料丛刊》第 6 辑，1986 年 3 月版。

图 1-7-1　沈阳市苏家屯区沙河铺镇魏家楼子村的汉代烽燧址（自北向南拍摄）

图 1-7-2　沈阳市苏家屯区沙河铺镇魏家楼子村的汉代烽燧址（自南向北拍摄）

图 1-7-3　沈阳市苏家屯区沙河铺镇魏家楼子村汉代烽燧址出土的陶片

图 1-7-4　沈阳市浑南区高坎镇陵前堡村东山岗上的汉代烽燧址

图 1-7-5　沈阳市浑南区高坎镇七间房村大架子山上的汉代烽燧址

图 1-7-6　沈阳市浑南区沈阳植物园（世博园）门前的汉代烽燧址

图 1-7-7　沈阳市浑南区高坎镇三家子村西北岗地上的汉代烽燧址

此烽燧址四周大面积散布有各种遗物，数量很多，有青铜时代的红褐色夹砂陶鬲足、鼎足，汉代的细泥灰色陶豆柱（有长豆柱与短豆柱）和灰陶盆口沿、陶片，有外绳纹、内菱格纹、网状纹、布纹板瓦，还有辽代陶片与瓦片等。

此烽燧址的地理位置很重要，它南距上柏官屯约二点五公里（上柏官屯有汉代城址与墓葬），视野辽阔，是古代军事防守要地。

这处丘岗的下部是风化山岩，颗粒适中，适于铺路，我们去调查时它正被当作为修整道路提供铺路石的采石场，已经掘进很多，烽燧址遭到破坏，台址的保存受到威胁。

晓仁境烽燧址：在沈阳市浑南区高坎镇晓仁境村东北约一点五公里丘岗上，当地人称之为“北大台子”，其东一里余就是抚顺市辖境。岗地现为农田，只有烽燧址没有被耕种，上面长满草和树。此烽燧址底径约十米，存高三点五米（图 1–7–8、图 1–7–9）。地面上散布有汉代细泥灰陶片，也有辽代陶、瓦片。由于此烽燧址保存较好，比较高大，近年可能有人认为它是一座大墓，因此对其进行了盗掘。我们调查时，在台址的东面看到一条被人挖开的深沟，它从顶部一直挖到地表之下很深处，露出了台址的内部结构，显示它为土筑，夯层很厚，层与层之间清楚，夯层厚度一般为二十厘米，夯土内夹杂有大量辽代陶、瓦片，由此可知，此台址在明代曾经进行过重修补筑。

另据了解，在此台址之西，约在大仁境村之北的岗地上，也有一座烽燧址，因近年遭到破坏，现已不存。

小泗水烽燧址：在晓仁境烽燧址的西北，相距约两公里，其东北一里余为抚顺市顺城区河北乡小泗水村。此烽燧址所在的岗地现在为农田，四周均已耕种，但台址保存较好，底部坍宽达十五米，顶部直径约六米，存高四米（图 1–7–10）。在台址上我们发现有汉代细泥灰色陶片、瓦片等。瓦片外有绳纹，内有菱格纹、圆圈纹。同时我们在台址发现了辽代灰瓦片。此台址存有汉代与辽代两个历史时期的遗物。

滴台烽燧址：在抚顺市顺城区河北乡小滴台村西山岗的顶部，山岗南面是浑河，西面一点五公里是沈吉铁路滴台火车站。此烽燧址保存较好，附近长满了草和树，台址顶部竖有测量点三脚架标志（图 1–7–11）。在台址上，我们发现有汉代陶片与板瓦、筒瓦残片等。山下西边的村子名为滴台，当是因此烽燧址而得名——汉代称其为烽燧，而后世多称其为烽火台，“滴台”应缘于此，原为“敌台”之意，书而为“滴台”。

西戈布街烽燧址：在抚顺市顺城区河北乡西戈布街西的“月牙山”上，山下东面是抚顺市第七中学，南面是浑河。

前戈布街烽燧址：现已不存，原在抚顺市顺城区河北乡前戈布街靠近浑河北岸的一座山岗上。山岗西侧，有一座横跨浑河、通往河南沈抚线大官屯火车站方向的现代公路大桥。我们在调查途中，看到此烽燧址所在的山岗因建房用地当时已被削去大半，

图 1-7-8　远望沈阳市浑南区高坎镇晓仁境村的汉代烽燧址北大台子（远望）

图 1-7-9　沈阳市浑南区高坎镇晓仁境村的汉代烽燧址北大台子

图 1-7-10　抚顺市顺城区河北乡小泗水村的汉代烽燧址

山岗顶上的烽燧址已在近期施工中被毁掉，去那里调查已没必要。

大甲邦汉代遗址：在抚顺市顺城区前甸镇小甲邦村北抚顺市矿务局林场院内，其西面是东洲河，北面是浑河。此遗址近年曾经发掘过，范围很大，出土了大量汉代遗物，并有很多“千秋万岁”瓦当等遗物。从其重要性看，曾估计其为一座汉代城址，但经探查，在发掘时打了很多条探沟，加上其时林场本身建设为埋管线等挖的大沟，这种遍及遗址范围的探查，均未发现有城墙遗迹，因此迄今未肯定下来。但此地随处可见很多汉代陶器与砖、瓦残片，因此可知此遗址确非一般，值得重视。

阿金沟烽燧址：在抚顺市顺城区碾盘乡阿金沟村北山岗上，这里地势高敞，四野在望，位置优越。此烽燧址保存较好，现已颓坍，顶部竖有测量点三脚架，外围有树木，近年有些已被砍伐。由此山岗向南，众多山岗相连，只是稍为低矮，约两公里即到小台沟烽燧址。

在此山岗东面的山坡下，有明长城遗址自北向南通过，虽然其土筑城墙已颓坍，但遗存明显，现呈土岗状。再向南去，即走上与阿金沟烽燧址所在山岗相连的较低矮的山岗。又向南行，到小台沟村北山岗时，长城作沟槽状，即当中是沟，东、西两边均为土墙，现土墙东面较低，西面较高。这道长城为明代辽东镇长城。

小台沟烽燧址：在抚顺市顺城区碾盘乡小台沟屯南山顶上。此烽燧址保存较好，其所在是一个较为独立的小山头，上面长满了草和树，山的西面与北面是小台沟屯，山的东面有明代长城作南北向通过。

营城子烽燧址：在抚顺市顺城区碾盘乡营城子村南一里公路西侧的山岗顶部。该山

图 1-7-11　抚顺市顺城区河北乡小滴台村西山岗顶部的汉代烽燧址

岗顶部较宽平，烽燧址早已颓坍，占地面积很大，其长、宽均达二十米，存高一点五米。根据这种情况看，此烽燧址原来非常高大，它的外面有围墙，只有这样才可能出现台址颓坍后遗迹如此庞大的现象。我们在台址上发现有属于青铜时代的夹砂红褐陶片，但更多的则是汉代细泥灰色陶片与瓦片。其时代为前汉时期。

元龙山汉代遗址：由营城子村西山上的烽燧址向西南去，俱在山岗上行走，没有道路，约行三里余，在一道略作东西横长的山岗（当地人称之为“元龙山”）顶部，有一处汉代遗址。这里遗物很多，灰色绳纹陶片、瓦片随处可见。此遗址有一个特点，那就是只见汉代遗物，没有其他时期的遗存。

元龙山烽燧址：在元龙山汉代遗址所在山岗东面并且与之相连的另一座山岗上。此烽燧址保存较差，颓坍严重。在台址上，我们发现的俱为汉代遗物。

两家子烽燧址：在元龙山烽燧址之南。考察时我们没有到两家子烽燧址现场，只在元龙山烽燧址上照了一张照片，远望该烽燧址隆起在山岗上，还是较为明显的。

五味冲烽隧址：在两家子烽燧址之南，五味冲村西面的山岗上，现虽已颓坍，保存还比较好，仍很明显。

苍什伙洛岭烽燧址：在抚顺县上马镇苍什伙洛村南苍什伙洛岭上。此烽燧址为土筑，虽已颓坍，但外形明显，保存较好，底径为十四米，存高四米，顶部中间有一凹坑（图1-7-12、图 1-7-13）。在现地我们发现很多汉代陶片、瓦片，其中有细泥灰陶器片、绳纹灰陶片、外展唇灰陶盆片以及外绳纹、内方格纹灰瓦片等。在此烽隧址我们没发现其

图 1-7-12　抚顺县上马镇苍什伙洛村南苍什伙洛岭上的汉代烽燧址

他时代的陶片。根据所见遗物鉴定，其时代为前汉。

苍什伙洛村烽燧址：在苍什伙洛岭烽燧址之北，苍什伙洛村南，距村约一公里的公路东侧山岗顶部。

哈塘村烽燧址：由苍什伙洛村往东走，到哈塘村，在抚顺至新宾公路南侧的山岗上，有一座烽燧址，即哈塘村烽燧址。由此往东走，过岭，即进入新宾县界。

河西村烽燧址：进入新宾县，第一个村庄叫河西村，此处不在浑河流域，而在苏子河流域。自东向西流的苏子河在此转了一个弯，变成由东南向西北流，村子在苏子河西岸，因此叫河西村。在村西公路南侧的山上，有一座烽燧址。

到河西村后，进入苏子河河谷，它为东西走向，南、北两侧山岭连绵，中间地势宽阔而又平坦，地理环境优越，是自古以来重要的东西通道。

古楼子村天桥岭烽燧址：从河西村往东去，由公路过苏子河，到古楼子村。在村北的山岗上，有一座烽燧址。因原来的公路在山岗上东西通过，势如天桥，此山岗被称为天桥岭。近年公路改在山岗南坡下面的平地上修建，已不从山岗上通过了，但此山岗“天桥岭”的名称却被保留下来。烽燧址上现竖有测量点三脚架。

胜利村烽燧址：由古楼子村往东，到胜利村。此村过去称小夹河村，因其位于二道河与苏子河的汇合处，夹在两河之间，而两河之间相距甚近，延伸又很长，所夹地面形

图 1-7-13　抚顺县上马镇苍什伙洛村南苍什伙洛岭汉代烽燧址出土的灰陶瓦片

成一个很长的锐角三角形，故建村后称“小夹河”。此地有一座烽燧址。小夹河村改名为胜利村后，过去曾经发现有石棚，称“胜利石棚”，它在考古界也是很有名的。

上夹河烽燧址：由小夹河村再往东去，到上夹河村，在村南有一座烽燧址。

得胜堡烽燧址：由上夹河村向东，到得胜堡屯，屯东公路北面的山谷中有一个得胜堡水库，在公路南边的山岗上有一座烽燧址，保存较好（图 1–7–14、图 1–7–15），出土有大量汉代细泥灰陶片、绳纹瓦片等。

我们在抚顺和新宾进行考古调查时，于烽隧址上及其周围，都采集到汉代各种灰色泥质抹沟纹和外展沿陶盆片、绳纹板瓦片或瓦当及其他各类陶器残片等，它们的时代特征明显，俱为前汉时期遗物。像我们在新宾县上夹河镇老和尚背烽燧址采集的陶片、瓦片，在新宾县永陵镇四道沟烽燧址采集的陶片、瓦片（图 1–7–16），都是非常典型的前汉时期遗物。它们证实了这些烽燧址都是前汉时期修筑的。

此外，在这条东西走向的交通通道上，我们还发现了三座城址，它们也不容忽视，笔者对其也有一些认识，现说明有关情况。

永陵镇汉城址：在新宾县永陵镇西南、抚（顺）新（宾）公路南侧田地中有两座城址，根据过去省、市考古工作者的多次调查，一座较大的城址在南边，即现今永陵砖厂处，已被砖厂多年取土烧砖破坏，但抚顺市博物馆在此进行考古调查的过程中，考古人员于砖厂

图 1–7–14　新宾县上夹河镇上夹河村得胜堡屯东山岗上的汉代烽燧址（远望）

图 1-7-15　新宾县上夹河镇上夹河村得胜堡屯东山岗上的汉代烽燧址

图 1-7-16　新宾县永陵镇四道沟烽燧址出土的汉代陶片、瓦片

取土场内，发现了各种陶片、瓦片等，数量极多，俯拾即是，并有很多云纹瓦当等，然后又进行考古勘探，有确凿地下遗存发现，颇为引人注意；笔者也曾来此调查过（图 1-7-17），了解很多情况。根据考古发现，推断此城址为汉代玄菟郡一迁郡治址[①]。在此大型城址之北，紧临苏子河南岸河边，有一座较小的城址，保存较好，近年进行过考古发掘[②]，已出版发掘报告，结论确认此城址“为汉武帝时期所设高句丽县”[③]。其实，定此城址为高句丽县是不准确的。按《汉书·地理志》载，前汉时玄菟郡辖三县，高句丽县是其首县[④]，为玄菟郡治，因此这座城址就不能只称是高句丽县，而应称为玄菟郡，高句丽县是其倚郭县。但到后汉时，玄菟郡有变化。《后汉书·郡国志》载，此时玄菟郡西迁，辖六县，高句丽县仍为首县[⑤]，还是郡治，因此高句丽县亦随玄菟郡一起西迁至今抚顺市区东部的劳动公园汉城址[⑥]。由于西迁，后汉时高句丽县就已不在今新宾县永陵镇苏子河南岸河边了。再者说，这座城址很小，不可能是汉武帝所建郡的一迁郡治址。玄菟郡之所以落脚此地，城一定是较大的，能同时适应郡、县两级建置之用。从汉武帝到前汉末，历时一百多年，在这一百多年的时间里，郡、县岂能一同在这样一座小城中？在此小城遗址之南、永陵砖厂处经抚顺市博物馆调查发现并行勘探的大城址[⑦]是何性质？笔者认为，此小城址为玄菟郡交通道路上的一处驿站城址。后汉玄菟郡及高句丽县西迁后，因道路仍然存在，故此驿站

① 徐家国：《汉玄菟郡二迁址考略》，《社会科学辑刊》1984 年 3 期。

② 据考古发掘时测量城墙长度及保存情况：“一 东城墙……存长八十三米、基宽二十四点三米、高出地面一点七米。……二 南城墙为保存最为完整的墙体，长一百三十六、基宽二十三米，土埂高出地面一点四到一点九米。……三 西城墙……存长一百七十九米、宽二十四米，土埂高出地面一点五米。南部保存稍好，北部被水冲毁。……四 北城墙已完全毁于水患。”［见辽宁省文物考古研究所：《永陵南城址发掘披告》（上），北京：文物出版社 2017 年 11 月版，第 9 页］

③ 辽宁省文物考古研究所：《永陵南城址发掘报告》（上），北京：文物出版社 2017 年 11 月版，第 519 页。

④ 班固：《汉书》卷二八下《地理志下》，北京：中华书局 1962 年 6 月版，第 624 页。

⑤ 范晔：《后汉书》卷二三《郡国志五》，北京：中华书局 1965 年 5 月版，第 3528 页。

⑥ 孙进己、冯永谦总纂：《东北历史地理》（上），哈尔滨：黑龙江人民出版社 2013 年 7 月版，第 221 页、265 页。

⑦ 徐家国：《汉玄菟郡二迁址考略》（载《社会科学辑刊》1984 年 3 期）。关于永陵两处汉城址的调查钻探情况，“第一座古城址位于新宾县县城西四十华里，永陵公社永陵街南一里许，浑河支流苏子河畔。城址筑在高出地面一米余的台地上，1979 年 9—10 月间抚顺博物馆请了安阳考古钻探工人对城址进行了全面考古钻探，探出南墙长一百零四米、东墙长两百米、西墙长一百四十七米，北墙毁于苏子河支流水患，长度不详，南墙中间有一缺口，宽八米，应是城门。……第二座古城址位于第一座古城址南面二百一十米。由于近邻砖厂，在城址上取土烧砖，致使城址遭受严重破坏，经钻探与实测得知：东墙残长三百四十五米，西墙残长七十五米，北墙残长三百一十五米，南墙遭破坏，长度不详。城址平面略呈长方形，南北向，城址上遍布汉式绳纹筒瓦、板瓦，卷云纹瓦当残片，并采集到一件完整无缺的汉式绳纹筒瓦，长三十八厘米，汉陶器残片、汉五铢钱、铁器残段、建筑卵石、红侥土等。”这个大型汉代城址，其所处地理位置，南面有连绵山岭围屏，北面是苏子河宽阔的河谷平地，并有东西交通道路。此城址出土遗物如此丰富和典型，充分显示出它非常重要，因此，不可忽视！

图 1-7-17　新宾县永陵镇砖厂的大型汉代城址（远望）

也没有被废弃，仍在使用（图 1–7–18、图 1–7–19），符合考古发掘所见结果。考古发掘所见后代文化层，也证实了它没有被废弃这一事实①。因此，定此城址为汉高句丽县是不对的。

在此小城址之东，新宾县红升乡白旗村西一台地上，还有一城址。该台地面积不大，东西宽一百五十米，南北长两百米，因此城址亦较小。虽然此城址因耕种被毁，但在台地上出土了很多汉代遗物，如灰陶片、瓦片以及云纹瓦当等。这个白旗城址与永陵南小城址一样，亦是一座汉代所建城址，所不同者，乃后未沿用。

由于上述这两座城址与道路交通、路边烽燧密切相关，三位一体，组成一条古代交通道路的结构内涵，因此笔者在此特别将这两座城址提出来，并作一些简单考证，以便读者了解。

由新宾县东境旺清门镇东去，过富尔江，就是吉林省通化县三棵榆树乡，再往前即为快大茂子镇的赤柏松村、快大茂子村等地。在调查汉代烽燧址时，接续新宾县的发现，我们过富尔江后，在通化县三棵榆树乡的一段路中，发现四座烽燧址，其中在欢喜岭小东山上有一座（图 1–7–20、图 1–7–21），在快大茂子镇快大茂子村北山上有一座（图 1–7–22）。汉代时，因设郡县而开辟交通道路，又因有道路而建烽燧，所以我们还调查了与交通道路和烽燧有关、在其附近的前汉玄菟郡上殷台县——今赤柏松村汉城址（图 1–7–23、图 1–7–24）。

我们通过上述这些调查，在沈阳、抚顺地区以及吉林省通化县取得的发现，使我们进一步了解了在此线路上的早期烽燧址在辽宁和吉林两省的分布地域，对其内涵和性质有了新的认识，并在调查中发现，它们所在地并没有长城，它们是为保证道路畅通、护卫行旅和辖境安全而修筑的烽燧址。这样一来，我们就对其结构、形式有了更进一步的深入了解，这对东北地区古代长城的调查与研究工作，将起到积极的推动作用。

为便于了解前汉武帝时期开设四郡后为护卫交通道路安全所设的东西走向烽燧址，下面由西至东将它们分别依次列下：

（1）红宝山村烽燧址：沈阳市苏家屯区十里河镇红宝山村西北一里。

（2）魏家楼子烽燧址：沈阳市苏家屯区沙河子乡魏家楼子村西平地上。

（3）陵前堡烽燧址：沈阳市浑南区高坎镇陵前堡村东山岗上。

（4）七间房烽燧址：陵前堡之东，沈阳市浑南区高坎镇七间房村东山岗上。

（5）植物园烽燧址：七间房村东，沈阳植物园（世博园）门前东北距植物园门约三百米。

（6）中马村烽燧址：植物园之东，沈阳市浑南区高坎镇中马村北山岗上。

（7）三家子烽隧址：沈阳市浑南区高坎镇三家子村北丘陵岗地顶部。

（8）晓仁境烽燧址：沈阳市浑南区高坎镇晓仁境村东北丘岗上。

① 辽宁省文物考古研究所：《永陵南城址发掘报告》（上），北京：文物出版社 2017 年 11 月版。

图 1-7-18 新宾县永陵镇苏子河南岸河边永陵南汉代小城址的东城墙和南城墙遗存（自北向南拍摄）

图 1-7-19　新宾县永陵镇苏子河南岸河边永陵南汉代小城址东南城角与东城墙外现状（自南向北拍摄）

图 1-7-20　吉林省通化县三棵榆树乡欢喜岭小东山上的烽燧址（远望）

图 1-7-21　吉林省三棵榆树乡欢喜岭小东山上的烽燧址

图 1-7-22　吉林省通化县快大茂子镇快大茂子村北山上的烽燧址（远望）

图 1-7-23　在吉林省通化县快大茂子镇快大茂子村北山烽燧址上南望赤柏松村汉上殷台县城址

图 1-7-24　吉林省通化县快大茂子镇赤柏松村北汉代上殷台县城址的北城墙遗存（自东南向西北拍摄）

（9）大仁境烽燧址：沈阳市浑南区高坎镇大仁境村北的岗地上，近年遭到破坏，现已不存在。

（10）高湾农场烽燧址：抚顺县高湾农场西山上。

（11）小泗水烽燧址：抚顺市顺城区河北乡小泗水村西南岗地上。

（12）高湾烽燧址：抚顺县高湾农场东山头。

（13）滴台村烽燧址：抚顺市顺城区河北乡小滴台村西山岗顶部。

（14）下房身烽燧址：抚顺市顺城区河北乡下房身村。

（15）二道沟西烽燧址：抚顺市顺城区河北乡二道沟村西山上。

（16）二道沟东烽燧址：抚顺市顺城区河北乡二道沟村东山上。

（17）英石沟村烽燧址：抚顺市顺城区河北乡英石沟村南山上。

（18）西戈布街烽燧址：抚顺市顺城区河北乡西戈布街西的月牙山上。

（19）前戈布街烽燧址：抚顺市顺城区河北乡前戈布街桥头北山上。

（20）将军堡烽燧址：抚顺市顺城区将军堡村北山上。

（21）肉联厂烽燧址：抚顺市顺城区抚顺市肉联厂后山上。

（22）高尔山烽燧址：抚顺市顺城区高尔山上。

（23）施家沟村烽燧址：抚顺市顺城区施家沟村西山上。

（24）果树村烽燧址：抚顺市顺城区前甸镇果树村北山上。

（25）鲍家村烽燧址：抚顺市顺城区前甸镇鲍家村北山上。

（26）詹家村烽燧址：抚顺市顺城区前甸镇詹家村北山上。

（27）靠山屯烽燧址：顺城区前甸镇靠山屯北山上。

（28）白家坟烽燧址：抚顺市顺城区前甸镇白家坟。

（29）大甲邦烽燧址：抚顺市顺城区前甸镇大甲邦村。

（30）台沟村烽燧址：抚顺县上马镇台沟村。

（31）坎木沟村烽燧址：抚顺县上马镇坎木沟村。

（32）三道沟村烽燧址：抚顺县上马镇三道沟村北。

（33）竖碑村烽燧址：抚顺县上马镇竖碑村。

（34）苍什伙洛岭烽燧址：抚顺县上马镇苍什伙洛岭上。

（35）苍什伙洛村烽燧址：抚顺县上马镇苍什伙洛村。

（36）河西村烽燧址：新宾县上夹河镇河西村。

（37）古楼子村砬子头烽燧址：新宾县上夹河镇古楼子村砬子头。

（38）古楼子村天桥岭烽燧址：新宾县上夹河镇古楼子村天桥岭上。

（39）胜利村烽燧址：新宾县上夹河镇胜利村龙头山上。

（40）腰站村烽燧址：新宾县上夹河镇腰站村东。

（41）上夹河烽燧址：新宾县上夹河镇上夹河村南。

（42）得胜堡烽燧址：新宾县上夹河镇得胜堡屯老和尚背山岗上。

（43）下岗村烽燧址：新宾县上夹河镇下岗村油库岭上。

（44）洪店烽燧址：新宾县上夹河镇马尔墩洪店。

（45）马尔墩岭烽燧址：新宾县上夹河镇马尔墩岭上。

（46）水手村烽燧址：新宾县木奇镇水手村。

（47）木奇村烽燧址：新宾县木奇镇木奇村团山子上。

（48）木奇岭烽燧址：新宾县木奇镇木奇岭上。

（49）大和睦村烽燧址：新宾县木奇镇大和睦村北山上。

（50）大和睦村烽燧址：新宾县木奇镇大和睦村河南。

（51）四道沟村烽燧址：新宾县木奇镇四道沟村羊祭台岭上。

（52）羊祭台村烽燧址：新宾县永陵镇羊祭台村。

（53）永陵镇烽燧址：新宾县永陵镇启运山上。

（54）温家村烽燧址：新宾县永陵镇温家村窄碰子头。

（55）网户村烽燧址：新宾县城郊乡网户村南石场。

（56）东拨堡烽燧址：新宾县城郊乡东拨堡沟。

（57）南茶棚村烽燧址：新宾县城郊乡南茶棚村黄花山上。

（58）新宾镇烽燧址：新宾县新宾镇南山上。

（59）白旗堡烽燧址：新宾县红升乡白旗堡村。

（60）东昌台村烽燧址：新宾县红升乡东昌台村。

（61）旧门村烽燧址：新宾县红升乡旧门村。

（62）旧门村烽燧址：新宾县红升乡旧门村高台山上。

（63）江东村烽燧址：新宾县旺清门镇江东村龙头山上。

（64）旺清门镇烽燧址：新宾县旺清门镇北山上。

（65）旺清门烽燧址：新宾县旺清门镇旺清门村孤脚山上。

（66）欢喜岭小东山烽燧址：通化县三棵榆树乡欢喜岭小东山上。

（67）快大茂子北山烽燧址：通化县快大茂子镇快大茂子村北山上。

（68）赤柏松村玄菟郡上殷台县城址：通化县快大茂子镇赤柏松村北。

## 附：北三道关高句丽长城、前燕慕容皝长城和后金长城考古调查发现

行文至此，笔者还要另记一项在此地的调查——北三道关墙。

在这条古代开辟，经抚顺、新宾，东西走向的早期交通道路上，还有后世的一些古代类似遗存，虽然其时代较晚，不属于战汉时期，但因其在一条交通道路上，我们在考古调查时遂一并做了调查。其中有三处遗迹，即学术界所认为的后金时期北三道关遗址。笔者考虑，也可以认为它们是长城，因其和其他长城有相同之处：俱在山岭上建墙，而且翻山越岭，短者几里，长者几十里。辽代“镇东海口长城”的长度也仅有十五里，作用是扼守通道。此地有如此规模的建筑遗存，虽然学术界尚未称其为长城，似也不能忽略。由于笔者认为我们调查发现的这些城墙可能不属于一个时代，且其数量较少，不好单独设立章节，故附于此交通道路上叙述，较为简便。现将有关调查和认识简要记述于下。

在新宾县调查烽燧址时，笔者与抚顺市博物馆时任馆长萧景全一起调查了在这条东西交通线上的北三道关城墙，它们是处在明长城之外的独体建筑，也具有长城性质，并且也是有一定长度的城墙，具有军事防御功能，故也可进行调查了解。所谓北三道关城墙，就分布在此交通路段上，这条东西通道在北三道关处是从西北向东南方向走的，如从北面谈起（其分布走向参见第 1407 页图 1– 附录 –13）：

“头道关”在今新宾县上夹河镇上夹河村得胜堡东南，亦称“扎喀关”，这是满语名字。在此处的山岗上筑有一座山城，在山城南、北两侧，向外接筑有城墙，向两侧延伸，横堵山谷（图 1–7–25），形势险要。此“关”的始筑年代，笔者认为还是比较明显的，因为有高句丽山城，所以此城址与城墙自应是始建于魏晋时期，是高句丽所筑长城的关城和城墙。

在“头道关”之南，是上夹河镇马尔敦村，在村东南的马尔敦岭上，为“二道关”，亦称“代珉关”，此亦是满语名称。在三道关的城墙中，马尔墩岭“二道关”的城墙最长，墙体为土筑，现代在古路基上修建的公路，由山谷中通过，路面较宽，切断山脚城墙，其余城墙在公路两侧山岗顶部向外延伸。在公路南侧延伸的城墙（图 1–7–26），墙体两侧均有沟（图 1–7–27）。城墙现在虽已颓坍，但仍是墙高沟宽（图 1–7–28），规模很大（图 1–7–29），总的走向是向南去，过苏子河后，在穆家村东山上向南延伸，然后转向西去，经章京村南沟屯南（图 1–7–30、图 1–7–31）、王家沟屯北和章京村，过棒棰砬子村，越过下营子村向西去汤图村的乡村公路，直到上夹河镇吕家村（图 1–7–32），在村东沿山修筑，城墙遗存明显（图 1–7–33），经月亮沟村（图 1–7–34、图 1–7–35），最后至该村南边山上终止（图 1–7–36、图 1–7–37），长度有四十余里，其间城墙有些段落为石块砌筑。在道路北侧山岗上的城墙，一直向上延伸至山顶。山较高峻，坡甚陡，直到山顶，城墙仍有遗存。此道城墙的始筑时代，笔者认为，应是十六国时期前燕慕容皝所修筑的。笔者为何如此认为？根据《晋书载纪·慕容皝》之文载：“咸康七年（公元 341 年），皝迁都龙城。率劲卒四万，入自南陕，以伐宇文、高句丽，又使翰及子垂为前锋，……翰与钊战于木底，大败之，乘胜遂入丸都，钊单马而遁。”[①]同书还记：“慕容恪攻高句丽南苏，克之，置戍而还。”[②]《资治通鉴·晋纪》亦载：穆帝永和元年（公元 345 年）“冬，十月，燕王皝使慕容恪攻高句丽，拔南苏，置戍而还。”[③]前燕既能入丸都，又进行置戍，可无屏障之设？因此，“二道关”城墙就应考虑其始建于前燕慕容皝时代，是前燕修筑的长城。

在“二道关”之南，去往新宾县城方向的木奇镇水手村，现有一个三道关屯，其侧有“三道关”，亦称“雅尔哈关”，它也是满语名字。城墙在公路两侧的山岗上横向延伸，墙体为石块垒砌，其长为一里余，公路北侧尚有墙体，公路南侧的城墙已被拆毁不存。此关墙的时代，笔者认为应是后金时期。

在短距离内即设三关，建三道关墙，此种情况很少见，并且如此部署也不符合军事防御的要求，故不可能三道关墙都是后金所建。这三道“关”墙究竟是谁所建，笔者虽在上面提出意见，亦有进一步深入研究的必要。笔者认为：后金是不会同时修筑这三关的。在没起事之前，努尔哈赤没有必要修筑这三关，他如连建三关，势必引起明朝的注意，而在起事后不久，他就离开了赫图阿拉城，迁都辽阳和沈阳，这三关成为内地，应即废弃。正是由于努尔哈赤在起事后在今新宾住的时间不长，因此这三关不可能都是后金时期所修筑。后金修筑的，只有木奇镇水手村的三道关，即雅尔哈关。此段城墙不长，只有一里余，石砌，符合后金社会情况。再有，此地距赫图阿拉城较近，而后金初兴时，不会将关墙修得离都城太远。如果修得远了，距离明长城就较近了，也不合适，并且这样做还会被明朝注意，努尔哈赤是不会这样做的。因此，可以得出结论：上夹河镇马尔敦岭的二道关（代珉关），为前燕慕容皝所修；上夹河镇上夹河村得胜堡的头道关（扎喀关），为高句丽所修；后金只修筑了木奇镇水手村的三道关。但后金在势大以后，统治范围向前延伸，逐步向二道关、头道关前推，它们或可为后金所沿用，但因未发掘它们，无确凿证物，这种情况尚不能肯定。不过同一时期在几乎是同一通道前后连续修筑三道关墙，是不符合后金时期的军事部署的，一道关墙就足以防御了，何必连设三关？再说，这“三关”的城墙，两侧的延长墙大都很短，如果是后金所修建的，如何能挡住明朝的进攻？笔者以为，此“三关”虽均有满语名，但未必都是后金所修，恐怕因有这些“关”址遗存在（这些历史遗迹，我们今天看到的尚且如此清楚，那后金时期人们看到的应该更为高大完整），所以当时就给以满语命名并将其作为地名使用了。我们今天也还有这个习惯，常因有古迹而给某个地方叫个今名，就如同现在分别叫“头道关”“二道关”“三道关”或总称“三道关”等，不也是我们后人叫的新名吗？现在不用满语名而换今名，随时代变更，是常有的事。由此可以推知，后金时期人们给各个不同历史遗迹取个当时的名称，并用满语称之，所以我们今天并不难理解今古三道关的存在了。

① 房玄龄等：《晋书》卷一〇九《载记第九·慕容皝》，北京：中华书局 1974 年 11 月版，第 2822 页。
② 房玄龄等：《晋书》卷一〇九《载记第九·慕容皝》，北京：中华书局 1974 年 11 月版，第 2826 页。
③ 司马光：《资治通鉴》卷九七《晋纪十九》，北京：中华书局 1956 年 6 月版，第 3067 页。

图 1-7-25　新宾县上夹河镇上夹河村得胜堡东南的“头道关”扎喀关城墙北段遗存

图 1-7-26　考古工作者在调查新宾县上夹河镇马尔敦村东南马尔敦岭上的“二道关”代珉关公路右侧关墙遗存

图 1-7-27　新宾县上夹河镇马尔敦村东南马尔敦岭上的『二道关』代珉关城墙遗存

图 1-7-28　新宾县上夹河镇马尔敦村东南马尔敦岭上的『二道关』代珉关城墙遗存

图 1-7-29　新宾县上夹河镇马尔敦村东南马尔敦岭上的『二道关』代珉关南段城墙遗存

图 1-7-30　新宾县木奇镇章京村南沟屯南山上的『二道关』代现关城墙遗存

图 1-7-31　新宾县木奇镇章京村南沟屯南山上的『二道关』代珉关城墙遗存

图 1-7-32　新宾县上夹河镇吕家村北山岭上的“二道关”代珉关城墙遗存

图 1-7-33　新宾县上夹河镇吕家村东山岭上的“二道关”代珉关城墙遗存

图 1-7-34 新宾县上夹河镇月亮沟村的“二道关”代珉关城墙遗存断面

图 1-7-35 新宾县上夹河镇月亮沟村的“二道关”代珉关城墙遗存

图 1-7-36　新宾县上夹河镇月亮沟村南山上的『二道关』代珉关城墙遗存

图 1-7-37　新宾县上夹河镇月亮沟村南山上的『二道关』代珉关城墙遗存

617819
617818

# 東北古代長城考古调查与研究

中

DONGBEI GUDAI CHANGCHENG KAOGU DIAOCHA YU YANJIU

冯永谦 著

辽宁教育出版社
·沈阳·

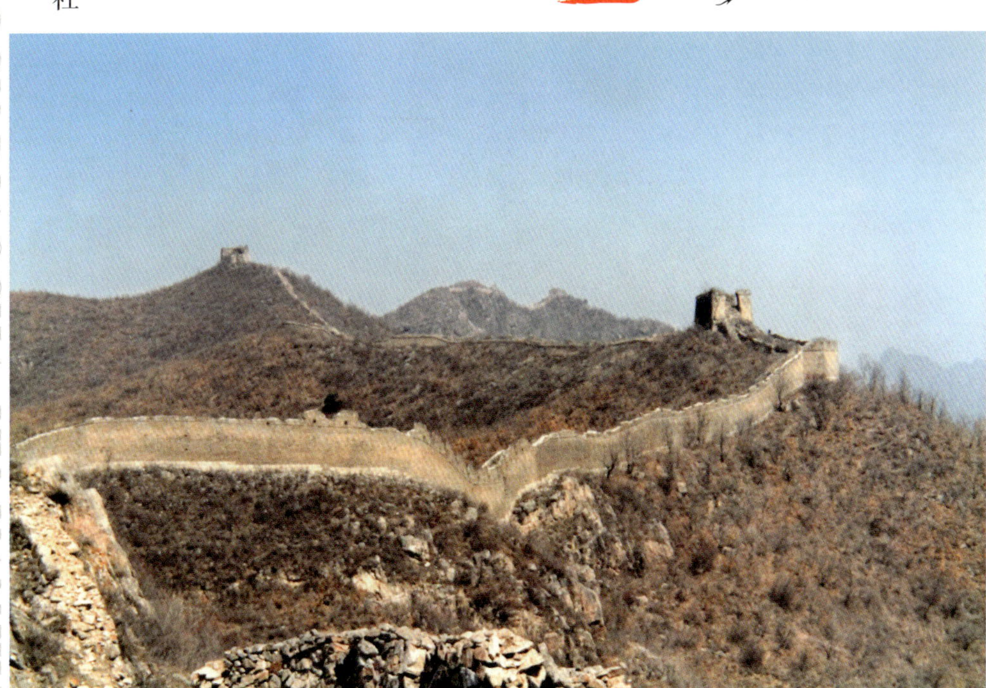

# 第八章 北齐长城考古调查发现

北齐是我国南北朝时期北朝接东魏政权，在其建国后，也曾多次修筑长城。但北齐修筑的长城主要是在其北方，与今东北地区有关系的不多。不过，从已有的记载中还是可以找到一些北齐在其东北方修筑长城的线索的。

《北齐书》载：天保七年（556年）十二月，“先是自西河总秦戍筑长城，东至于海，前后所筑东西凡三千余里。率十里一戍，其要害置州镇，凡二十五所”[①]。在这次修长城八年以后，《北齐书》又记录了一次修长城的情况。《北齐书·斛律金附子羡传》说：“羡以北虏屡犯边，须备不虞，自库堆戍东拒于海，随山屈曲，二千余里，其间二百里中，凡有险要，或斩山筑城，或断谷起障，并置立戍逻五十余所。”

在这两条记载中，北齐长城东端都至“于海”。当时北齐在东北方的辖境，有平州和营州。按其时建置，平州辖北平、辽西二郡，北平郡领新昌、朝鲜二县，后省朝鲜入新昌，新昌在今河北省卢龙县；辽西郡辖海阳、肥如二县，当在今河北卢龙地。营州辖冀阳、建德二郡。营州治黄龙，即今辽宁朝阳[②]。冀阳郡领平刚、柳城、永乐、带方、龙城等县，其中：平刚在今内蒙古宁城黑城子，柳城并入龙城地在今辽宁朝阳，永乐在今辽宁义县大凌河东，带方在今义县大凌河西。建德郡领大兴县，地为今辽宁省喀喇沁左翼蒙古族自治县（下文简称“喀左县”）。北齐长城，应在这些领县之外侧，即在今辽宁朝阳北、义县大凌河东。了解了这一线的地点，即可知北齐长城在今东北地区的走向。

在这里应当特别指出的是，营州，直到北齐灭亡之后，都未归属北周。《北齐书》载：“高保宁，代人也。不知其所从来。武平末，为营州刺史，镇黄龙，夷夏重其威信。周师将至邺，……保宁引绍义集夷夏兵数万来救之，至潞河，知周将宇文神举已屠范阳，还据黄龙，竟不臣周。”[③]由此可知，北齐自建国至灭亡，营州黄龙（今辽宁省朝阳市）始终为北齐高保宁所管辖，北齐被灭之后也未曾归属北周。北齐在这一地区有长城，自

① 李百药：《北齐书》卷四《文宣帝纪》，北京：中华书局1972年11月版，第63页。

② 孙进己、冯永谦总纂：《东北历史地理》（第一卷），哈尔滨：黑龙江人民出版社1989年9月版。

③ 李百药：《北齐书》卷四十一《高宝宁传》，北京：中华书局1972年11月版，第547页。

应在今朝阳的北面，也是为保护其营州在内的领土安全的。

但关于北齐在今东北地区的这段长城，过去没人进行研究。直到近年，研究北齐长城都没考虑到上面所说的情况，认为北齐文宣帝天保七年（556 年）所修“西河总秦戍至海长城”，是由“幽州夏口东北至于海的一段长城可能没有利用河北、内蒙古交界的战国、秦、汉长城旧基，而是沿燕山南麓至今抚宁县一带海滨”[①]。同时，更进一步说：“总体言之，北齐长城经过多次营建修缮，终于连成两条主线，其一为北方的外边，自今山西西北芦芽山、管涔山向东北延伸，经大同、阳高、天镇北境入河北省张家口、赤城县境，再沿燕山山脉东南行至抚宁县榆关镇一带海滨。”[②]

这样推定北齐长城东端至今河北省秦皇岛市抚宁区南部榆关镇一带海滨，就会有一个问题，那就是笔者前面所说的，北齐如在这个地段修筑长城，就会将其统治稳固的营州（今辽宁朝阳）置于长城之外，实际上变成了在自己辖境内部修了一道长城，将自己的许多地方隔断于长城之外——这种情况是绝对不会发生的。因此，北齐的长城不应修筑至渤海岸边的榆关镇一带。北齐长城的东段，应是远在今辽宁朝阳的北面，并应将今义县大凌河以东地区包括在内——北齐不会将自己的辖地弃置于长城外。因此，北齐长城东段向北推，要超过今辽宁朝阳；向东推，要包括今辽宁锦州——这才是北齐长城东段的所在位置。

我们还应看到，北齐王峻也曾在今辽宁朝阳以北“远设斥候”。《北齐书》载：“王峻……除营州刺史。营州地接边城，贼数为民患。峻至州，远设斥候，广置疑兵，每有贼发，常出其不意要击之，贼不敢发，合境获安。”[③]可知北齐在营州北建长城、设烽候，其防御是未曾放松的。北齐时期，居住在大凌河东的契丹和居住在今河北东北部的库莫奚时常犯塞，辽东则有高句丽，北齐自应防之；在此形势下，北齐长城东段就应修筑在上述它所管辖地域东部的这些郡县外缘，设在应防御地方的边沿。

简要来说，从北齐在今东北地区的建置看，平州所辖的北平、辽西二郡，在今河北省卢龙县一带，而营州所辖的冀阳、建德二郡，其地以今辽宁省朝阳市为中心，包括今喀左、建平、北票和义县等大凌河以东地，由此再往东，无北齐建置。因此，北齐在今东北地区所筑长城，即应在今辽宁朝阳之北，然后向东去，再折而转向南，包括今辽宁锦州在内，东面就应在此辖境外缘，即大凌河下游及其支流细河流域。

还有一个情况也应注意，即东魏的建置冀阳郡领有平刚县，其地在今内蒙古宁城县黑城子村，北齐是继东魏而立，其建置不会立即改变，事实上也没改变，平刚县仍是其

① 中国长城学会：《长城百科》“北齐长城”条，长春：吉林人民出版社 1994 年 8 月版，第 81 页。

② 中国长城学会：《长城百科》“北齐长城”条，长春：吉林人民出版社 1994 年 8 月版，第 82 页。

③ 李百药：《北齐书》卷二十五《王峻传》，北京：中华书局 1972 年 11 月版，第 363 页。

所辖地域，则北齐在其北方和东北方边地修筑长城，一定是在此外边。因此，根据笔者的实地考古调查和研究，在此地有前朝长城旧线，而且它恰好在其管辖范围边缘，于是北齐就利用了前代长城的旧线（见第 1395 页图 1– 附录 –1）。

笔者在此所指的前代长城旧线，即后汉和西晋长城。这道长城从今河北承德延伸过来，经隆化西部小滦河川，东去到步古沟乡，经三家乡东行，不筑城墙，以墩台形式，相距两公里筑一墩台，到志云乡双庙梁，又向东去，到今内蒙古自治区宁城县黑里河乡境内，自大松树沟西大山沿黑里河向东延伸，经西泉乡、头道营子乡，至甸子乡黑城子村西山折向北行，经热水乡、八里罕镇，翻越山梁进入存金沟乡，再沿昆都仑河右岸向东北伸延，经三座店乡、大城子镇、小城子镇进入喀喇沁旗西桥乡境内，自昆都营子折向东行，经火石山村、乃林镇折向北，经柳灌村再折向东，经昌盛远乡甸子村南进入今辽宁省建平县境内。

经考古调查，考古工作者在辽宁省建平县发现五十座烽燧址，有的地段也有长城墙体遗存，均为土筑，现已颓坍。墙体遗存是在烽燧址间，墙外有深沟——这是取土筑墙形成的。过老哈河后，烽燧址在老哈河东岸从西北向东南方排列，错落有致。这道长城在建平县的具体走向是：由昌隆永镇山根村起，向东南去，经昌隆永镇山根村小五家子屯、丛家湾屯、平房子村（图 1–8–1）、平房子村机房沟屯、四家子屯、单家窝铺屯、龙台号屯，奎德素镇土木营子村哈塘沟屯（图 1–8–2）、大三家子村东五家子屯、程家湾子屯、那立

图 1–8–1　建平县昌隆永镇平房子村（村委会驻机房沟屯）北的后汉西晋北齐长城烽燧址

图 1-8-2　建平县奎德素镇土木营子村哈唐沟屯东北的后汉西晋北齐长城烽燧址

奈村岳家洼子屯、大窝铺村油房地屯、大窝铺村高家洼子屯[此处长城有墙体遗存，形体高大（图 1-8-3、图 1-8-4），烽燧址保存亦较好（图 1-8-5、图 1-8-6）]，然后延伸至张家营子镇姚家窝铺村南山屯、海棠村徐家沟屯、下七家子村孟家窝铺屯、上七家子屯（图 1-8-7）、西张家营子村[有烽燧址（图 1-8-8）]、张家营子村[有保存完好的长城墙体遗存（图 1-8-9、图 1-8-10），现已颓坍，呈土岗状，并有一座带围墙的圆形烽燧址，保存很好（图 1-8-11）]、七官营子村前苏州营子屯（图 1-8-12、图 1-8-13）、七官营子村、七官营子村瓦匠屯、窑东屯、勿心吐鲁村西营子屯、青山村草帽山屯、东沟屯、青山村、青山村毛大坝屯，榆树林子镇榆树林子村大石佛沟屯、房身村疙瘩窝铺屯、郝家杖子村窑上屯、小桃吐屯、大西营子屯至榆树林子镇政府东北，再往前即不见长城遗迹，可能是在历史长河里被破坏不存，原应有长城。

不过，考古调查在建平县朱碌科镇朱碌科村东北不远处的老虎山上发现有长城遗迹，它地处建平县喀喇沁镇之东，即建平县、敖汉旗和朝阳县三旗县交界处，地属内蒙古赤峰市敖汉旗，在东北面归属敖汉旗四家子乡。老虎山上的长城，为西南至东北走向，前端见于老虎山西南端山上（图 1-8-14），可以与上记烽燧长城相衔接，连续在几个山头上延伸（图 1-8-15、图 1-8-16），随山体起伏，墙体为石砌，仍很壮观（图 1-8-17、图 1-8-18）。其后下山，又奔上羊山，但此后遗迹不清。（参见第 1397 页图 1-附录 -3）在羊山的北面和东面稍远处，有燕北内长城（亦即前汉武帝长城），则此老

图 1-8-3　建平县奎德素镇大窝铺村高家洼子屯西北山岗东部南侧的后汉西晋北齐长城遗存

图 1-8-4　建平县奎德素镇大窝铺村高家洼子屯西北山岗上的后汉西晋北齐长城遗存

图 1-8-5　建平县奎德素镇大窝铺村高家洼子屯东北后汉西晋北齐长城遗存北侧的烽燧址（1978年拍摄）

虎山长城可能与燕北内长城同为一道，也可能没有借用。但不管它借用与否，老虎山长城都应向东去，北齐长城一定是在今朝阳北边东西通过，这是由北齐建置的管辖范围所决定的。尽管在这一地段还未发现长城遗迹，但其行经线路还是可以推测的。笔者以为，老虎山长城东去后，经敖汉旗，由北塔子乡进入今北票市境，此后就有燕北内长城由此东去，此段即应借用燕北内长城；当其延伸到北票市东境时，因燕北内长城东去过牤牛河进入今阜新县，北齐长城即离开燕北内长城转向南去，然后经今义县东境，在大凌河东面南去，进入今凌海市（原锦县），在今锦州市东面的大凌河河口附近终止。

在今锦州东面、凌海市（原锦县）南面的渤海辽东湾，就是史书所载北齐长城"东至于海"的海，即北齐长城东端终点之海。笔者之所以这样推定北齐长城至海线路，是根据北齐的辖境来谈的，除此海之外，北齐长城无海可至。但在这一线，过去没有进行相应的专题调查，情况不明，是有遗迹可考，还是在千余年的历史进程中被破坏不存，有待于未来进行考察。不过根据笔者对文献的研究，它应是如此走向。笔者于今姑且提出来，以为将来进一步考古调查发现所验证。

图 1-8-6　建平县奎德素镇大窝铺村高家洼子屯东北后汉西晋北齐长城遗存北侧的烽燧址（2013年拍摄）

图 1-8-7　建平县张家营子镇下七家子村上七家子屯的后汉西晋北齐长城烽燧址

图 1-8-8　建平县张家营子镇西张家营子村北的后汉西晋北齐长城烽燧址

图 1-8-9　建平县张家营子镇张家营子村北岗梁烽燧址西边的后汉西晋北齐长城遗存

图 1-8-10　建平县张家营子镇张家营子村北山岗南坡上东西走向的后汉西晋北齐长城遗存

图 1-8-11　建平县张家营子镇张家营子村北岗梁上的后汉西晋北齐长城烽燧址

图 1-8-12　建平县张家营子镇七官营子村前苏州营子屯东南的后汉西晋北齐长城一、二号烽燧址（1978 年拍摄）

图 1-8-13　建平县张家营子镇七官营子村前苏州营子屯的后汉西晋北齐长城二号烽燧址

图 1-8-14 建平县喀喇沁镇老虎山上的后汉西晋北齐长城遗存

图 1-8-15　建平县喀喇沁镇老虎山上的后汉西晋北齐长城遗存

图 1-8-16　建平县喀喇沁镇老虎山上后汉西晋北齐长城遗存屈曲直上山顶

图 1-8-17　考古工作者在建平县喀喇沁镇老虎山上调查长城遗存

图 1-8-18　建平县喀喇沁镇老虎山上的后汉西晋北齐长城遗存

# 第九章 北周长城考古调查发现

东北地区的北周长城，过去是最不明显的，有人甚至认为，北周在今东北地区没有行政建置，当然也就谈不上修筑长城了。

其实不然。东北地区的北周长城，还是有迹可循的。据《周书·宣帝纪》载：大象元年（579年）六月，“发山东诸州民修长城”。所修长城在何地，因其所记语焉不详，就不知道了。而《周书·于翼传》对此事的记载则颇为明确：于翼在“大象初，征拜大司徒，诏翼巡长城，立亭障，西自雁门，东至碣石，创新改旧，咸得其要害云”。对于东北地区的北周长城在何处，李文信先生认为，“大体是接修北齐长城的”，即修北齐“直东到渤海，可能就是山海关一带”的长城[①]。此推论接近事实。

笔者在上一章中已经谈过，北齐长城东端不在今山海关一带，其西段沿用后汉西晋长城，东段则在今辽宁朝阳的北边向东去，经今内蒙古敖汉旗后，再向东去，进入今辽宁省北票市，沿用一段燕北内长城，东去不远后即南折，向前延伸至今辽宁省凌海市（原锦县）南面之渤海岸边。既然是这样，那北周长城就不会在今山海关一带接修北齐长城了。

那么东北地区的北周长城在何处？1990年，康群在调查河北省抚宁县石河一带的古长城时，发现了一道长城，它西自今抚宁县上庄坨乡张赵庄西山起，沿石河支流车厂河南岸东去，至石门寨乡鸭水河村东的老龙台，再延伸到石河西岸的危崖险峰，方向基本上是东西走向，墙为石砌，坍毁较甚；与其相接的另一段长城在其东边，两者中间有一段出现间断，没见石墙，但从其所在位置看，两者是衔接的；再向西去，即在今山海关城的北边东西通过，与南北走向的明长城成“十”字相交，在明长城东面由长城乡的馒头山起，延伸到八里堡村，再经边墙子村，又到姜女庙所在的望夫石村，然后到南窑河乡小毛山，再逶迤西南行，到今秦皇岛市山海关区渤海乡杨庄东南，再向前去，进入今辽宁省界。在山海关北面的这段长城，总体呈西北至东南走向，其墙为土筑。由于其土色发红，与青砖所筑长城不同，当地人称其为“红墙子”——这也是为将其区别于用青

① 李文信：《中国北部长城沿革考》，《社会科学辑刊》1979年创刊号、第2期。

砖修筑的南北走向明长城为“青城子”之名，而给此长城的特有称呼[①]。

在山海关明长城东面的这段长城，是笔者调查发现的。笔者过去曾至其地进行过调查，在八里堡、边墙子村（图 1–9–1）、望夫石村（图 1–9–2）、小毛山、杨庄等地，至今仍有长城遗迹；如果现在从山海关城区出发向北去悬阳洞，在公路两侧即可看到这道长城东西横向而过，公路将长城遗存打开了一个缺口。

在调查北周长城向东过山海关后的情况时，我们采访了边墙子村很了解当地情况、其时年届八十八岁的安恩波老人。他跟我们说：“这个地方的红墙子，过去看得很清楚，是一道土岗，从里边过来。我们这里把用砖修的长城叫青城子，把这条土墙叫红墙子。现在这两个房子中间的夹空，原来就是土岗，现在盖房子给挤没了，就剩这个夹空了。”安恩波在现场给我们指出了土岗的具体位置（图 1–9–3）。我们看到了红墙子的走向（图 1–9–4），现在两座房子中间即为原来北周长城所在的地方（图 1–9–5）。这道城墙为土筑，其色发红，因此当地村民称其为“红墙子”。在笔者进行调查时，当地村民都是这样称呼它的，而对山海关长城，他们就称“青城子”。这里因“红墙子”而被称为“边墙子村”，与其东面的村子因有长城而得名“墙子里村”，两者的得名原因可获得相同的印证。

笔者在调查中还有一个发现是过去所不知的。从这段长城南端所在的村子杨庄向东南去，中间经过一个叫“墙子里”（图 1–9–6）的村庄，它属于辽宁省绥中县万家镇。

图 1–9–1　因自石河北岸东来横过明长城的山海关外“红墙子”而得名的边墙子村

① 康群：《秦皇岛市境内古长城考》，《辽海文物学刊》1990 年第 2 期。

图 1-9-2　北周长城从姜女庙所在望夫石村北边东去

图 1-9-3　在 2014 年第三次前往山海关调查北周、隋长城时，笔者得见当地时年八十八岁的安恩波老人，他给我们指出了“红墙子”土岗在边墙子村的位置和形状

图 1-9-4　秦皇岛市山海关区渤海乡边墙子村的北周、隋长城『红墙子』遗存状况

在该村南面的海岸边，有一处秦汉时期大型建筑遗址，辽宁省文物考古研究所曾在此发掘，出土遗物很多，颇为重要。它南面的海中矗立有四块礁石，传说为古代哭倒秦始皇万里长城的孟姜女死后葬于此地的“姜女坟”遗迹，过去也因被命名为“山海关八景”中的“姜坟雁阵”胜景而有名于时。现在经考古发掘的岸边建筑遗址，就是目前为人所熟知的绥中姜女坟秦汉遗址。笔者在这里要说的是在此遗址北面的村庄——“墙子里村”的名称问题。笔者曾多次来此，经过实地考察，认为这个村名应和这道长城有关，即长城在此村的北面通过——在人们眼中，长城是一道长“墙”，由于这个村庄是在这道长墙的南面，即内侧形成的，因此在给村子取名时就叫它“墙子里”了。

图1-9-5 最初边墙子村村民在“红墙子”两侧建房，后来建房侵占了“红墙子”墙体，它逐渐被毁，现在变得更窄了，仅剩两房之间的一狭窄空隙

图 1-9-6　北周长城自西来，由山海关北面横过明长城后，向东延伸，在其南侧形成的村庄因有此城墙而被取名为“墙子里”，表明此村庄是在这道长墙的里边的，村中的饭店即名为“墙里农家院”

这种村子因指示物而得名的现象是很普遍的，正如在此村西北不远处的一个村庄因靠近当年这道保存还较好的北周长城而得名“边墙子村”一样。无论何代长城，当地群众都常称其为“边”或“边墙”，现在类似这样靠近古代长城的村庄得此类名称的很多。据此可知，这道长城当在墙子里村的北面通过，东去而达于海边。那么历史文献中所记载的这个“海”在何处？笔者经调查发现，由墙子里村向东南去，是止锚湾村海边（图 1–9–7）。在止锚湾村，笔者经考古调查，于村边发现有长城墙体遗存（图 1–9–8），现存为土棱状，它虽因开垦耕种变得低矮，但仍很明显（图 1–9–9），并且很长，一直向西面的山海关方向蜿蜒而去。

总的来说，这道在山海关关城北面与明长城成“十”字相交的长城，虽有遗迹存在，但它为何代所筑，仍未能为学术界所认识。过去一般都认为它建于北齐。如有人研究说：“据《北史》记载，北齐天保三年（公元 552 年），自西河总秦戍（大同西北）筑长城，东至于渤海（今河北山海关）。”[①]“北齐长城自西河总秦戍（今山西临汾西北）起，经北夏口（今南口），东达渤海（今山海关），东西长三千里。”[②]笔者在上一章中已谈过，北齐长城东端不在山海关一带，而是在今辽宁省朝阳市北面东西通过，然后转向南行，

① 罗哲文：《长城》，北京：北京旅游出版社 1988 年 9 月版。

② 秦皇岛市地名办：《秦皇岛市地名志》，1986 年版。

图 1-9-7　北周长城东至于海，即今绥中县万家镇止锚湾村南之海

图 1-9-8　北周长城在山海关关城北边横过明长城，又从墙子里村北边向东去，到止锚湾村海边，现在该村边仍存长城残迹

图 1-9-9　绥中县万家镇止锚湾村边的北周长城遗迹

到今凌海市（原锦县）渤海辽东湾海滨。因此，现在在山海关北面的这道长城，只能是北周长城。康群在调查这道长城后下结论说，北周“于翼督修的长城线路采取‘创新改旧’的办法。‘改旧’，主要指在北齐长城基础上补修，地段当是今山西北部至北京东北；‘创新’，指根据边防需要而改变线路，主要是平州境内新修的亭障、烽堠、戍所和边墙。今秦皇岛市、唐山市和天津市境内的古长城，当始筑于此时”[①]。其说颇为精审。

因此，笔者结合往年的考古调查发现，认为在山海关之北与南北走向的明长城作“十”字相交而呈东西走向，经边墙子、墙子里等村至止锚湾村海边的这道长城，就是北周时期所筑的长城（参见第 1395 页图 1- 附录 -1）。

北周长城的行经线路，是根据当时其疆域范围，在其北部边缘修筑的。东端这段，西从今河北省秦皇岛市向东来，由山海关北边再向东去，明长城在修筑时向北横过此长城。北周长城进入今辽宁省后，在今绥中县万家镇墙子里村和止锚湾村留下了遗迹。经考古调查发现，北周长城还有遗迹可循，可以得到确证。

① 康群：《秦皇岛市境内古长城考》，《辽海文物学刊》1990 年 2 期。

# 第十章 隋长城考古调查发现

隋代，杨坚在581年称帝，建元开皇。立国后，隋王朝就面临北方游牧民族的侵扰，不得不注重防御，因此即有连年修筑长城之举。特别是在隋朝东北方，边患严重，不但有原北齐守将、据守营州而不曾臣周的高宝宁存在，而且他还引突厥进犯。文献明文指出，隋因此而修筑长城。《资治通鉴》称："隋主既立，待突厥礼薄，突厥大怨。……乃与故齐营州刺史高宝宁合兵为寇。隋主患之，敕缘边修保（堡）障，峻（竣）长城。"①

因此，笔者以为：隋代北周，政权继续，只是换了一个皇帝，隋朝初年的统治范围，同原北周的统治范围相比没有变化，隋朝为防御占据营州（今辽宁朝阳）的高宝宁所竣之长城，也就是原北周为同样目的而修筑的长城，所以隋所用长城，即应是原北周为防高宝宁所修筑的长城，两者的目的都是为了保平州（今河北省卢龙县）等地，所防备的目标都是占据营州的高宝宁，完全一致（参见第1395页图1-附录-1）。

开皇二年（582年）"五月，己未，高宝宁引突厥寇隋平州，突厥悉发五可汗控弦之士四十万入长城"②。此处历史文献明文记载的高宝宁等率军入长城的这个长城，即应在今辽宁朝阳之南，隋为防营州、保平州所竣之长城，亦即原北周所筑之长城。

笔者过去曾几至其地对这段隋长城进行过考古调查，发现此地只有"红墙子"一道长城（图1-10-1），亦即北周时所筑"东至海"的长城，因此，此长城即为隋初在其东北部所修筑的长城。这道长城由西来，经今河北省秦皇岛市山海关区渤海乡八里堡、边墙子村、望夫石村、小毛山、杨庄等地（这些地方至今仍有长城遗迹），向东去，延伸至今辽宁省绥中县万家镇墙子里村，再向东南去，即到止锚湾村海边。在止锚湾村，笔者经考古调查，于村边发现有长城墙体（图1-10-2），现存为土棱状，虽因开垦耕种变得低矮，但仍很明显。

① 司马光：《资治通鉴》卷一七五《陈纪九》，北京：中华书局1956年6月版，第5450页。

② 司马光：《资治通鉴》卷一七五《陈纪九》，北京：中华书局1956年6月版，第5456页。
魏征等：《隋书》卷三九《阴寿传》亦载："时有高宝宁者，……在齐久镇黄龙。……开皇初，又引突厥攻围北平。"（北京：中华书局1973年8月版，第1148页）

图 1-10-1 在秦皇岛市山海关区渤海乡边墙子村东的隋长城『红墙子』遗存状况

图 1-10-2　绥中县万家镇止锚湾村海边的隋长城终点遗存

总的起来说，隋长城除西段外，其东边这段就是北周所始修，沿石河经今山海关之北，由边墙子、墙子里等村延伸至止锚湾村海边的这道长城。隋朝在以后还曾修筑过长城，但均不在今东北地区，故于此不论。

# 第十一章 高句丽长城考古调查发现

古代生活在东北地区东部山区的少数民族高句丽，在唐代时也曾修筑过长城。但因其遗迹在历史发展至今后不甚明显，加之文献记载较少，故过去研究长城者对高句丽长城多未论及。近年学术界开始注意高句丽长城，陆续有人撰写相关文章，但其中却存在很多问题，甚至达到否定的程度，认为高句丽只修筑有山城，没有修筑长城，因此有所谓“高句丽长城”只是“山城联防线”[①]“山城防御组群”[②] 等这样一些说法。笔者不同意上述观点，认为高句丽修筑长城是有文献明确记载的，是肯定的，不能否定，因此，只有通过考古调查，以发现遗迹为依据来加以解决。

## 一、高句丽长城因被明辽河流域长城沿用而被掩盖

高句丽长城，近年由于考古调查才又被人注意。此前所记录或偶有谈及的，仅为所见的一些零散现象，并未明确提出这些遗迹就是高句丽长城遗迹，早些年甚至有人认为“此边为明代与蒙古之界”[③]。

1987 年，李健才推定，将辽、吉地区中部以“边岗”命名的村庄等连接起来，就是

① 李宴春:《怀德县志》卷十载:“此边在四区戳子街西南入境，至五区大青山南入长春界，斜亘境内七十馀里，凡境内诸屯，以边岗、小边名者，均以此。”同时即指“此边为明代与蒙古之界”。

② 王健群:《高句丽千里长城》（载《博物馆研究》1987 年第 3 期）谓：“根据史料和调查分析，这条长城并不是筑在边境城堡之外的防御线，而是用它把各个边境城堡连接起来，连同边境城堡一起组成一道防御线。……高句丽的西部前沿军事重镇，明确见于记载的有扶余、新城、玄菟、辽东、沙卑、盖牟、安市、建安诸城，成南北一线排列。……这些城正好是按东北、西南方向排列着。农安在北，盖平在南，在营口东侧，临近渤海湾。高句丽修筑千里长城把这些地方连接起来，变成以边境军事重镇为主要据点的西部防卫线，用它来抵御唐朝军队的进攻。”

③ 陈大为：《辽宁境内高句丽遗迹》（载《辽海文物学刊》1989 年第 1 期）谓：“大型山城多分布在辽河以东不甚远的沿河一线，即在山区与平原交接地带，中型山城多在辽河以东较远的较大河流的孔道中，位居第二线。至于小型山城，则多分布在大中型山城的周围，……应属山城的完善阶段。直到贞观五年，‘发其国，举筑长城，东北自扶余城，西南至海，千有余里’这一全国行动，才最后形成了高句丽山城的现有体系。从而在高句丽西界的前沿边界上，最终形成了一条南北长达千余里的山城联防线。”

高句丽长城行经线路："吉林、辽宁两省有关老边岗或边岗的地名连起来看，也可以推知它的基本走向。尤其从吉林省怀德县境内的实地考古调查资料和营口市郊区的老边村、老边站等地名连起来看，可以推知这一长城的起止点和走向。这一边岗，东北从今农安起，西南到营口海滨止。"[①]这个问题的提出，尽管他所用材料不足——主要依据1985年编著的《怀德县文物志》[②]，以及远在千里之外的营口的两个地名（按：这两个地名在营口实际上是一个地方，老边站是由于火车站设在老边村而得名，二者并非两地），中间缺环太多，无法衔接，但这无疑会将高句丽长城的研究向前推进一步。

李健才的这个推断，中间断开的距离太大，无法画出高句丽长城的行经线路，其起点是扶余（他认为是今吉林省农安），由那向南到今怀德县，在怀德县境内发现五十余华里的"边岗"，此后直到营口市，仅发现有营口的"老边"地名，中间这么大的距离，实在太不清楚了。

下面介绍笔者结合调查明长城所获得的对高句丽长城的认识。过去笔者曾注意过古代的长城，在六十多年的野外考古工作中逐渐积累起来的经验，帮助笔者认识了这个问题。对高句丽长城的认识，不妨从笔者的故乡说起。

笔者的出生地在沈阳市西北郊，现在属于沈阳市于洪区光辉街道万金台村，笔者的童年就是在那里度过的。万金台村东二里是大尚义林村，即明辽东长城中的"上榆林堡"。在万金台的村南、村北各有一个大土台，分别被称为"南大台""北大台"——实际上它们是长城线上的烽燧址。在台址东边有一条南北大道，在万金台村中通过，在早年还没有公路时，这条大道就已经很有规模了，两端通得很远。在村北、村南这条大道的西侧，有一条很长、很高的土岗。在村中，它因被宅院占用而不存。在村外，土岗两侧都是田地，不过土岗未被耕种，岗上树木蓊郁。在村北的土岗被称作"北边岗"，它向北通往三台子村、四台子村。出村向西去，只要过"北边岗"这一线，就说是去"边外"。老人告诉我们说："这是高丽的长城。"村中的这条南北向大道，向南、向北通得很远，

① 李健才：《东北地区中部的边岗和延边长城》，《辽海文物学刊》1987年第1期。

② 怀德县文物志编写组：《怀德县文物志》（吉林省文物志编委会1985年12月版）记载了调查所见情况："此边在本县境内横跨秦家屯、双榆树、四道岗、育林等四乡，经平安堡、老城堡、榆树堡、东黄花甸子、陈家窝堡、边岗屯、八岔沟子西、梁家炉、姜德屯、边岗四队、幸福村后东北向直入农安县境，全长五十余华里。边岗为夯土筑成，由于年代较久，现在大部已为耕地或辟作乡道，残存的地段也凸凹不平。此边岗自秦家屯乡戥子街村入境处，因早已成为大车道，遗迹已不甚明显，有的地段尚高于地表。榆树堡至边岗屯一线是遗迹较为明显的的地段。其中又以三皇庙村东和黄花甸子北保存较好。三皇庙村东边岗基宽约六米，顶宽约三米，高约一米，一条乡道跨岗而过。据当地群众讲述，四十年前，此岗超过屋脊，有五米余高。东黄花甸子向北，与陈家窝堡边岗屯中间，有两华里保存较好的地段，岗基宽约六米，顶宽约三米，高约两米，如一条长龙伏地而卧。现在，这条边岗已是一条笔直的乡道，在乡道旁和岗边露出的断层中，可以清楚地看到修筑边坝夯层的痕迹。"

在这条大道上的村庄，均以“台”为名，北边如从辽河南岸起，往南依次为石佛寺（即明长城的十方寺堡）、边墙子、盘古台、四台子、三台子、万金台、于金台、白虎（读“簸合”）台、四方台（现改为解放村）、开龙社、老边（边，即因长城而得名）、三台子、高台子、门台、后边台、前边台、皮台、七公台、胡台、潘建台、静安堡（即明长城的静远堡）等，向南进入辽中。在这些村庄间，都保留有高大的夯土台址，只是近代以来，因取土和平整土地，有的台址被铲平不存。笔者童年时就知道这些村名，当时还引起笔者的好奇，因此笔者记得很牢，及至后来参加工作进行考古调查，方了解这些村庄都是因在长城线上而得的村名。高句丽长城难觅踪迹时，笔者想起童年时听到村中长辈对村外的这道土岗的称呼，再加上了解了文献上所说古长城被后世修缮的时况，立刻产生高句丽长城为明代长城所沿用的想法。

上面所述在沈阳西面的这道村名称“台”的村庄沿线，笔者经过调查，证明是明代长城行经线路，在这些台址的西边，正是明辽东镇长城的辽河流域长城。后来笔者在做明长城的全线调查时，发现从今海城市三汊（岔）关转向东胜堡（今海城市西北的开河城）后，一直北上，经鞍山至辽阳、辽中、沈阳、铁岭、开原、昌图等市、县的西境，到今昌图县泉头镇红山村的这一大段基本上是南北走向、长达五百余里的明辽河流域长城，也正是高句丽长城的行经线路。

此段南北走向长城的两端，南面由今海城的开河城村南去，过海城市牛庄镇后，向南进入大石桥市境，又向南经过二道边、高坎、老边、后岗子等村，抵淤泥河北岸，那里距海滨已经较近，长城在那终止。所谓高句丽长城“西南至海”，实际上它是无法修到海边的，海边有很宽的滩涂，如何修筑长城？东西流向入海的河也是天险，将长城修至河岸，更利于防守。而河岸又距海很近，故称“至海”也是很准确的。高句丽长城北面由今昌图县泉头镇红山村继续向北去，经今吉林省四平市、梨树县、怀德县，就到松花江边了。明长城沿用高句丽长城这一发现，不仅使高句丽长城具体了，而且也使其完整了，不似以前无法判断其行经线路；因明辽东镇长城的走向，征诸文献是清楚的[①]，其遗迹至今仍大部分存在，在考古调查中也都被发现，在此情况下，我们对高句丽长城的地理分布就了如指掌了。

至此，笔者想起一个问题，反过来说，它也可证明高句丽长城的实体存在。这个问题，就是明代修筑辽东镇长城为什么要在中间回缩，修成一个“M”字形？为什么辽河流域长城不从今北镇向东北延伸，径直延伸到开原？这样做不仅缩短了防线，而且提高了长城的防御能力。明朝不这样做，反而要做一个迂回曲折，这样一来，不仅丢掉了辽河河套的大片土地，而且多耗资财、拉长了防线，从而削弱了防御能力。这是为什么？过去

① 李辅：《全辽志》卷二《边防志》，《辽海丛书》集二，沈阳：辽沈书社 1985 年 3 月版。

从来无人谈起，因此，至今还没有答案。关于这个问题，笔者以为，就是由于存在高句丽长城造成的，因为在明代，兀良哈蒙古三卫的活动范围已到今辽阳、沈阳的西面，明朝修筑辽河流域长城主要是为了护卫辽东都司（今辽阳），因高句丽长城恰好挡在辽阳的西面，有其旧墙可用，于是明朝就在其基础上修筑了辽河东岸长达五百余里的明长城，其南端从三汊（岔）关（今辽宁省海城市西北马圈子村）开始向北去，沿用了高句丽长城，北端到今昌图县泉头镇离开高句丽长城东去，止于镇北关（今开原市东北镇北堡）。高句丽长城南北两端，由于当时所处形势，明长城未继续沿用。

## 二、高句丽长城西南至海段考古调查发现

高句丽修筑“千里长城”，文献记载明确，但过去未经调查，不知其在何处，尤其是其南段最不明了。为此，辽宁省长城学会对高句丽千里长城的重要线段进行了考古调查，以期通过实地调查发现，解决这一历史遗留问题。2002年4月1日，笔者和吉昌盛前往营口，与营口市博物馆的崔艳茹、王辉、崔德文一起，对营口地区的高句丽千里长城进行调查。经过我们实地深入了解，确有重大发现，使我们对原本不知道在营口地区的高句丽长城，有了明确的走向及保存现状的了解。

我们这次在营口地区调查高句丽长城，是依据《旧唐书》《新唐书》与《三国史记》等文献中记载高句丽长城“东北首夫余，西南属之海”所示的地理位置进行的。我们认为，根据隋唐之际高句丽的势力范围，当时的高句丽千里长城“西南属之海”只能在今营口地区，除此之外，没有更符合历史条件的合适地点。为了便于寻找遗迹，我们先到营口海滨进行调查，这里应有高句丽长城“西南属之海”的遗迹。我们调查要去的地方，首先是那些地名让人注意的地方，如前岗子村、后岗子村、小边村等，而且它们又处于南北一条线上，尤其是在海滨。那里原本地势平坦，怎么会有包含“岗子”“边”等字样的地名？这不能不让人联想到它们可能与古代长城有关，因为今天在很多靠近古代长城的地方，都有相同或类似的地名。我们到现地后，通过走访当地老年人进行仔细了解。在他们的具体指点下，我们终于对已经湮灭一千多年的高句丽长城“西南属之海”段有了调查发现。我们这次调查是从营口海滨开始，由南向北调查的。为了叙述的方便，也为了说明高句丽长城往北去为明长城所沿用的关系，本文即由高句丽长城的南部终点开始，依次向北逐项进行记述。

我们在营口地区调查时，发现了一道长城遗迹。根据我国历代修筑长城的实际情况，除了高句丽长城能修筑到这里外，历史上没有任何一个时代在营口地区修筑过长城，故我们可以确定，这道自南而北的长城遗迹，就是高句丽在唐初费时十六年所修筑的“东北首夫余，西南属之海”的“千里长城”南端近海段的遗迹。

我们经过调查得知，这道长城南起于今营口市老边区柳树镇前岗子村淤泥河北岸，

由那向北延伸，经后岗子、小边、小平山、老爷庙、赵平房、老边、孙家岗子、周家岗子、下土台、前高坎、后铺子、滚子泡、腰屯、长屯子、旗口、前老墙头、后老墙头、腰会、小边西、二道边等村屯，出营口市界，进入今鞍山市所属的海城市南境，经西四方台、牛庄等地，即与后世明长城相接；明长城在三岔河（即辽河、浑河、太子河三河汇合处）南，转到太子河东岸，自那向北，延伸至今昌图县泉头镇塔东村离开高句丽长城，长达五百余里，然后明长城折而东去复转南，而高句丽长城却仍径直向北延伸，经今昌图县进入今吉林省，延伸至松花江南岸止。从今营口市老边区柳树镇前岗子村淤泥河北岸至松花江南岸，高句丽长城全长一千余里（参见第 1396 页图 1– 附录 –2、第 1408 图 1– 附录 –14~第 1413 页图 1– 附录 –19）。

下面笔者将营口地区高句丽长城考古调查发现情况逐次说明。

1. 前岗子村，属于营口市老边区柳树镇，北距柳树镇五公里，在营口市区东南部，靠近渤海辽东湾海滨，附近地势平坦，其西南是后世形成的海边滩涂，现在基本上是营口盐场晒盐的盐池。村南有一条河，称淤泥河，它发源于大石桥市泉眼沟屯附近山中，自西向东流，经过金牛山，注入渤海。从当地的地理环境看，前岗子村西附近就是公元 7 世纪时淤泥河的入海口，高句丽千里长城即起筑于距海边不远的淤泥河的北岸，此地当时确实属于海滨（图 1–11–1）。高句丽长城由此向北去，经今前岗子村。在前岗子村北部路旁，有营口市政府地名办公室立的石质村名碑，碑阳刻“前岗子”三字，碑阴刻：“清初，孙姓十八户，由山东登州府蓬莱县迁此定居，南北各住几户，家北有一土岗，故名前孙家岗子。一九五八年改为前岗子。”据此可知，前岗子村（前孙家岗子）得名是因村北有一道土岗。这说明在孙姓人家于清初由山东前来此地居住之前，这里就有一道土岗，它不是他们所修，而是前代遗存，并且十分明显，所以他们来此居住后，即以“岗子”名村。如果这道土岗是一般的土岗，就不会引起他们的注意，更不会以“岗子”名村。正因为在当地十分平坦的地面上有这样一道非常有特点的突出土岗，他们才将它用作村名的标志物，按照我国传统的村庄命名习惯，将这道土岗作为村庄取名的基本条件，把“南北各住几户”的村子，在南面的称为“前孙家岗子”，在北面的称为“后孙家岗子”。高句丽长城就在他们村旁由南向北而去，前岗子村就是最靠近高句丽长城“西南属之海”终点的村子。

2. 后岗子村，南距前岗子村一公里，属于柳树镇，距该镇四公里。在后岗子村中南北通过的公路东侧，有营口市政府地名办公室立的石质村名碑（图 1–11–2）。其后我们曾经去营口市地名办公室查找了《营口市地名资料成果表》，表中记载：“后岗子，清初十八户孙姓，由山东登州府蓬莱县迁此定居，南北各住几户人家，家南有一条土岗子，故名后孙家岗子。1958 年改为后岗子，1964 年后岗子（因村庄发展扩大）划分为西岗子

图 1-11-1　高句丽长城南端至海之终点，今营口市老边区柳树镇前岗子村海边之淤泥河北岸

图 1-11-2　营口市老边区柳树镇后岗子村路边的村名碑

和东岗子。”[①] 我们在考古调查中，经向前岗子村和后岗子村里的老年人了解，得知在两村南北通过的土岗子，南端原来抵于淤泥河边，向北经过两村，后因住户增多，逐渐被夷平，现在该土岗的位置还可以被指出，只是遗迹不明显了。

3. 小边村。从后岗子村向北去，走两公里，就到了小边村。在小边村的村名碑上，前面刻有“小边”二字，后面刻有：“清初，两户夏姓由山东登州府迁此定居，故名夏家堡子，一九五七年改名为小边。”我们在村里调查时，找到当时九十岁高龄、身体健康的夏廷俭老人，他对当地的情况非常熟悉，也很注意历史情况。当我们向其询问该村是怎样得名的时，他说：“我们这个堡子原来叫小边，也叫西边，因为在村子的西边有条南北向的土岗子，往北通得挺远，南边到前孙家岗子。由于人家已经叫‘岗子’了，我们就叫‘边’。当时的住家少，就叫小边，也叫西边。因堡子里的住户都姓夏，后来人们也顺便叫‘夏家堡子’，这样也叫出去了。不过‘小边’这个名是最早的。解放以后，别的名都不用了，咱们就用‘小边’这一个名了。”经过这次走访，我们对小边村的历史沿革有了进一步的了解。随后，由老人指点，村里派人陪我们一同去村西进行实地调查。在村西约一公里处的农田中，我们见到了夏廷俭老人所说的那条南北走向的土岗子，虽已颓坍，顶部也被耕种多年，但土岗子仍很明显，现存宽六米，存高零点七米（图 1-11-3、图 1-11-4）。陪我们去调查的当地村民说，这条土岗原来挺高，没法耕种，后来逐渐变矮了，才有人开荒种了庄稼。我们调查时发现，这条土岗由小边村西边一直向北延伸到小平山村、老爷庙村，遗迹可见。

4. 小平山村，在小边村略偏西北两公里余，因村东原有一座海拔二十一点八米、山顶较平坦的小山，故名小平山村。当我们调查到小平山村，向村民了解当地土岗的情况时，老年农民田立家讲：“小平山有一道土岗子，从西北那面过来，在小平山西边山根底下通过，然后向南去小边。”我们在现地看到，小平山位于土岗子内侧，非常有利于瞭望、防守。选择优越地势亦是修筑长城的重要前提。然后他又带领我们来到小平山村南，在农田中我们确实看到一条土岗子。经测量，土岗子的方向为南偏东三十二度，宽窄不一，高低不等，两端渐次低矮，现存坍宽七到二十二米，存高零点九米左右，南北长达二点五公里，土质褐色。

5. 老爷庙村。从小平山村向北走三点五公里，就到了老爷庙村，该村属于老边区路南镇。我们在老爷庙村调查高句丽长城时，该村的老年农民韩忠发向我们介绍：“我们村东原来就有一条土岗子，年轻时搞民兵训练，经常到村东这条土岗子去打靶，这样就不用修靶场。土岗的位置在我们老爷庙村和赵平房村两村的中间，离我们这边近点儿。

① 后岗子村中公路东侧立的石质村名碑，文字与此基本相同，碑阳为：“后岗子”三字，碑阴文字为：“清初十八户孙姓由山东登州府蓬莱县迁此定居南北各住几户人家家（南）有条土岗子故名（后）孙家岗子一九五八年改名为后岗子。”（见图1-11-2）碑文书写时漏掉一“南”字和一“后”字，是写碑文时疏忽所致。

图 1-11-3　营口市老边区柳树镇小边村西的高句丽长城遗存土岗

图 1-11-4　营口市老边区柳树镇小边村西的高句丽长城遗存土岗

土岗子为东南至西北走向，当时还有一人来高。后来因我们这里开水田，地面高低不平，影响我们种地，就将这条土岗子给平掉了。今天你们看不到它的迹象了，但它的位置我们还能认出来。”我们到现地看到，由于开水田需地表特别平整，不然难以放水，因此现在于当地确实见不到土岗子了，而在原来土岗的位置上，我们做了一下测量，它的方向还是能和南面小平山村的土岗相衔接的。

6. 老边村，南距老爷庙村二点五公里，属于老边区老边镇。我们在该地调查时，当时八十五岁的杨春相老人讲：“我们老边这里过去有一道土岗子，位置在今天由大石桥到营口市的铁路的老边火车站后（北）边，方向从东南向西北。”另据张宝堂老人讲：“土岗子就在我家房西，距离有一百米左右，通往现在的老边火车站西侧，再往东南去，就到现在营（口）大（连）路路边的加油站，再向东南，就到老爷庙村了。这一条线，也叫老大道，现在都被扒平了。”营口市地名资料记载：“老边，清初，由山东登州马蹄营迁此一户马姓定居，因家西有一边沟，故名老边。”根据了解到的这些情况，我们可以确知，在老边一带过去存有一道土岗子，南北很长，与各村土岗相连，有的地段形成车道，称为老大道，它实为长城遗存。

7. 孙家岗子村，在老边村北三点五公里，属于老边区老边镇。当时五十三岁的孙家岗子村民孙朝献跟我们介绍：“听老人讲，还是在清朝初年的时候，有从山东来的几户姓孙的人家到此种地，搭了几个窝棚，那时也没名字，后来人家多了，因为窝棚旁边有条土岗子，就叫孙家岗子了。我年轻的时候，在村北三百米的地方还能看到岗子，它高出地面很多，现在经过平整，地上已经没有什么痕迹了。”我们通过实地调查，发现长城颓坍后形成的土岗子，在过老边村后到孙家岗子这段，方向由偏向西北转为偏向东北了。

8. 下土台村，在孙家岗子北边，相距三点五公里，属于老边区高坎镇。1981 年营口市进行文物普查时，在下土台村西部孙永宝家的宅院旁发现一个高土台，存高一点七米，在其附近未见任何遗物，其时代不可考。下土台村即因此而得名。此次我们来调查时，十余年前调查人员所见情况已有所改变，土台现存高度仅有零点五米。

9. 周家岗子。我们在现地调查得知，在孙家岗子村与下土台村之间，过去还有一个村庄叫周家岗子，近几年根据当地规划，这个村庄与其他村子进行了合并，其住户现在已全部迁走，该村已不存在。但从该村的村名看，它也是因其附近有土岗而得名。这说明那里过去也有长城遗存。

10. 前高坎村，属于老边区高坎镇。我们在该村调查时，当时九十三岁的鲍武林、七十二岁的鲍庆祯老人介绍说：“我们这个村子在高坎镇的南面，叫前高坎村。高坎村的得名，是因为这里有一道土坎子，最清楚的地方是在现在高坎镇医院那个地方。过去上到这道坎子上，往北可以一直通到海城的牛庄。还有，在下土台村的南面，姚家堡子西北，有个小村子叫周家岗子。这个村子不大，就几户人家，后来这几户人家被迁走了，这个村子也就被取消了。在周家岗子也有条高岗，他们村子也是因这个叫周家岗子的。”这两位老人介绍的情况，对我们了解高句丽长城很有帮助。实际上人们对高句丽长城颓坍后形成的土岗子的认识是很清楚的，感觉到它很特殊，虽然不一定知道它是高句丽长城遗存，但却知道它不是自然形成之物，因此对它就很注意，把它视为具有相当标志性的独特之物来看待，用它来命名村庄，称为“××岗子”。

长城颓坍后形成的土岗，在辽宁地区有不同名称，有的称“岗子”，有的称“边”，或称“土棱子”，或称“坎子”，都表示它是地上人工形成的凸起物。尤其是在东北地区，将长城顶部改为车道的现象很普遍，但有的地段因耕种被逐渐犁平——这种情况也是普遍存在的。我们在前高坎村听鲍家两位老人介绍，当年只要上到该村的这道坎子上，往北可直通海城牛庄。显然这是长城遗存被用作车道才会有的情况，而“高坎”也是因古代长城遗迹的又一种叫法而得名。这也反映出过去在高坎村确实存在古代长城遗迹。

由高坎镇向北可直通牛庄的这道土坎，现在已见不到什么痕迹，只有一条大道。这条道路经过近年加宽，已是一条很好的公路。前高坎村鲍家老人所说的车道，就是这条公路的前身，这条公路向北确实到牛庄。在这条路上，从前高坎村往北，经后铺子、滚子泡、腰屯、长屯子到旗口镇。1981 年营口市进行文物普查时，在长屯子村东还发现一条隆起于地面的土岗，但不见任何遗物，年代无考①。过旗口镇往北，是前老墙头村。

11. 老墙头村，属于大石桥市旗口镇。老墙头村，分前老墙头村与后老墙头村，前者在南，后者在北。老墙头村这个名字，应该说是有来历的，如果没有一个缘由，是不会叫这个名字的。既然叫“墙头”，就一定要有“墙”，而且这堵墙还“老”。“老墙头”说明当时人们就认为这堵墙是早年的墙，并且因其已颓坍、不完整，故称其为“墙头”。在我们的生活经验中，一堵刚打起来的墙是不叫“老墙头”的，这是一个很普通的习惯认识。另外，一堵新打的墙也不会那么特殊，会引起人们的注意和重视，并用它来命名村庄。因此，我们认为这个“老墙头”就是已经颓坏但还保存有一定墙的形状的长城遗存。人们认为它是“老墙”，给村庄命名时，就用这个最有代表性的指示物作为村庄命名的根据，就把该村叫作“老墙头”了。我们在该村调查时，果然证实了我们的推测。当时七十五岁的村民傅秉礼跟我们说：“我们这里原来有条老边道，很长。过去北边黑龙江、吉林到营口卖大豆的车，都是走这条老边道的。”由此可知，村庄形成之初，长城遗存尚能看出“墙”的形状，因此以墙名村；后来墙逐渐坍平，成了车道，就像我们在高坎镇了解到的情况那样，上了“高坎”可直通牛庄。现在这个老墙头村东的公路，就是南从高坎来、北通牛庄的；在这个地段不见长城遗迹，只有公路，而这段公路上的村庄之得名（如坎、

① 载《营口县文物普查档案》下卷，1981 年。

墙头、边等），都与长城有关，它们从地名学上给我们传递出了长城在这一地段曾经存在的信息。此外，1981 年营口市进行文物普查时，于老墙头村有所发现。当时的调查记录记载，在“村南发现一个土岗，甚高，但在附近未见任何遗物，时代不可考，当地俗称西台子、墩台”[①]。这个土岗即应是长城的残存或与长城有关的遗存。

由老墙头村往北，分东、西两条线：一条线在东，经二道边村，直通海城市牛庄；一条线在西，经腰会村、小边西屯，到海城市的西四镇（镇政府驻西四台子村）的八家子村。

12. 二道边村，属于大石桥市旗口镇，在后老墙头村之北。我们在该村调查时，很多村民都向我们反映：“我们村叫二道边，就因为在我们村东、村西各有一条边道。”村东这条“边道”，由于村庄的发展扩大，在道的另一侧也修建了房舍，现在已处在村中，成为南北通过的公路了。该公路向南到高坎、老边，向北到海城牛庄，再向北就往鞍山、辽阳、沈阳方向去了。村西的这条“边道”，在小边西屯的东面。

13. 小边西屯，属于大石桥市旗口镇腰会村，在后老墙头村之北，经腰会村即到。在小边西屯，年纪较大而又熟悉情况的村民龙凤舟向我们介绍：“原来我们这个屯有一条边道，位置在我们村的东边，就是现在腰会村小学校处，是南北向的。我们屯因在这条‘边道’的西面，村子又小，就叫‘小边西’了。过去听老人讲，这条边道北通海城西四镇八家子村，往南经后老墙头、前老墙头、高坎，直到老边。这条边道原来比两旁的地要高一些，后来经过修整，现在已被改建成宽阔平坦的乡道了。”听了他的介绍，我们又到实地调查。现在后老墙头村至腰会村的乡道，不仅位于已知南北两面长城线段的中间，可以与之衔接，而且该段路虽然经过拓修，其高出地面等情况，同当地其他村子间的乡路有所不同，由此可知，此地现在的这条乡路，是在早年原已被改作道路的长城遗存上拓建而成的。

14. 后会村，属于大石桥市旗口镇，在腰会村之北。从后会村往南到腰会村新修的车道，就是以高句丽长城遗存为路基修筑而成的（图 1–11–5），由此再向北，就是海城市界。1981 年营口市进行文物普查时，在后会村“东发现一个大土岗，当地俗称烽火台。在其附近未见遗物，年代无考”[②]。这个土岗今已不存，它也可能与长城有关。前此调查的长城，自后老墙头村北去分出的西边一道，即经后会村而达海城市西四镇八家子村北的辽河岸边。

15. 八家子村，属于海城市西四镇，在后会村之北，辽河、浑河、太子河汇合处之南。我们调查至此，过村后直到河边。在太子河右（西）岸，我们见到一座明代城址，砖筑城墙，其东北角已被河水冲毁，在岸边断崖上，暴露出砖筑城墙断面，河边地面上，散布有大量砖块、缸片与陶瓷片等。这是明代辽东镇长城的三汊（岔）关城址。

在该城址的东面，有一道南北向的土岗，颓毁较甚，已经漫平，坍宽达三十多米，两

---

① 载《营口县文物普查档案》下卷，1981 年。

② 载《营口县文物普查档案》下卷，1981 年。

图 1-11-5　由大石桥市旗口镇腰会村至后会村的车道就是在高句丽长城遗存基础上改建的

边的地垄已经延伸到了它的顶面；在岗顶中间，有一条农用车道（图 1–11–6）。此土岗向南，断续可延伸到后会村（图 1–11–7）、小边西屯和后老墙头村等营口地区的村庄。据此可知，这道土岗就是古代长城的遗存，后世对其加以利用，恰恰说明它是长城遗存。如果它是近现代修筑的堤坝等工程设施，则是不准许破坏的，不能将其开垦为田地进行耕种的。

根据文献记载，高句丽千里长城是“西南属之海”的。按其文意看，“西南属之海”的长城应到海边，但到海边的什么地方，文献记载没有说明，但一般理解，它距海不会太远。今经我们实际调查，高句丽长城止于接近海边的今前岗子村南的淤泥河北岸，离真正到海边还有一段距离。但在调查后，我们感到高句丽长城修到淤泥河边是符合当时的地理条件的（海岸线的变迁，造成高句丽长城南端不在今日的海边），并且是和高句丽修筑千里长城的整体规划相一致的，因其主要是防止从西面来的唐军的进攻——将其修到淤泥河北岸，恰好堵住从西面来的唐军，防止他们从附近任何一地进入辽东地区。另外，修筑长城选择线路，在整体上是一致的。高句丽长城南端终于淤泥河北岸，同其北端起于向西北流的松花江岸边的做法相同——两端分别在海边和江边，两端之外，就利用自然地理条件进行防守，不必再向外修长城。在此一线筑起长城，恰可横挡走辽西，即从今朝阳方面进军至辽东的唐军，达到阻止唐军进入辽东地区的目的。

经过吉林省的考古调查，“东北首夫余”的高句丽长城北端起点已经明确，是在今德惠市松花江镇镇政府驻地松花江村北自东南向西北流的松花江南岸山岗北端（图 1–11–8），然后高句丽长城向西南方向延伸（图 1–11–9）。在今德惠市的高句丽长城起点段，城墙还有保存，只是状况不一，有的地段墙体被改建为车道（图 1–11–10），有的地段墙体保存较好（图 1–11–11），有的地段墙体仍存（图 1–11–12）。

高句丽长城从今德惠市向西南方向延伸，经农安县到公主岭市（图 1–11–13 ~ 图 1–11–16），再过梨树县、四平市，又向南行，进入今辽宁省，经昌图县（图 1–11–17）再往南去（图 1–11–18），在昌图县泉头镇红山村和明长城相会，这是从今开原市镇北堡延伸过来的明辽东镇长城内凹后的东线长城。由此开始，明长城沿用高句丽长城，随即沿高句丽长城转而南去，成为明辽东镇长城的辽河流域长城。由于这两个前后不同时期的长城在此段落是同一线路，因此后世就只知它是明长城，而不见在其下面被掩盖的高句丽长城。这段被沿用的高句丽长城，由今昌图县泉头镇红山村起，向南至开原，再向南去，经铁岭、沈阳（图 1–11–19 ~ 图 1–11–22）、辽中（图 1–11–23、图 1–11–24），至海城市三汉河止。这一段长达五百余里的长城，起初实际上皆为高句丽长城，只是后来为明辽东镇长城所沿用，才不为人知。但过了三汊（岔）关后，高句丽长城没有被明辽东镇长城所沿用，它由那南去，接今海城市八家子村的高句丽长城；再向南去，即本章前面所介绍的我们调查发现的高句丽长城“西南属之海”段，即至今营口市老边区柳树镇前岗子村淤泥河北岸的辽东湾海滨。

图 1-11-6 海城市西四镇八家子村北高句丽长城遗存两侧已被耕种，其顶部中间已成农用车道

图 1-11-7　海城市西四镇八家子村的高句丽长城遗存大部分被耕种，其遗存土岗向南可延伸到后会村等村庄

图 1-11-8　高句丽千里长城『东北首夫余』在今吉林省德惠市松花江镇松花江村北松花江南岸起点处的遗存

图 1-11-9　德惠市松花江镇松花江村北松花江南岸高句丽千里长城起点处的墙体遗存断面

图 1-11-10　德惠市松花江镇松花江村的高句丽长城遗存为现代公路所利用

图 1-11-11　德惠市边岗乡春林堂村的高句丽长城遗迹（前端被取土破坏）

图 1-11-12　德惠市同太乡杨木铺村的高句丽长城遗存（前部左侧墙体被取土）

图 1-11-13　公主岭市双城堡镇西边岗屯的高句丽长城遗存被改为农用车道

图 1-11-14　公主岭市怀德镇陈家村边岗屯的高句丽长城墙体遗存状况

图 1-11-15　公主岭市怀德镇陈家村边岗屯的高句丽长城遗存

图 1-11-16　公主岭市怀德镇陈家村边岗屯的高句丽长城墙体遗存状况

图 1-11-17　昌图县双庙子镇样子村吴树壕屯的高句丽长城遗存

图 1-11-18　昌图县泉头镇塔东村的高句丽长城遗存

图 1-11-19　沈阳市于洪区光辉街道万金台村北的长城遗存“北边岗”，在 1958 年前仍较完好，虽有颓坍，但墙体遗存高大隆起。它既是高句丽长城，又为明长城所续修沿用（1957 年自南向北拍摄）

图 1-11-20　沈阳市于洪区光辉街道万金台村北的长城遗存“北边岗”南段，墙体被取土平整后耕种

图 1-11-21 沈阳市于洪区光辉街道万金台村北的『北边岗』南段长城遗迹，墙体被取土平整后耕种

图 1-11-22　沈阳市于洪区光辉街道万金台村北的长城遗存“北边岗”北段，近年于其上埋了很多土坟

图 1-11-23　沈阳市辽中区茨榆坨镇茨榆坨村的高句丽长城（明长城曾沿用）遗存

图 1-11-24　沈阳市辽中区茨榆坨镇茨南村的高句丽长城（明长城曾沿用）遗存

# 第十二章
# 渤海、东夏长城考古调查发现

在黑龙江省牡丹江市之北的山间发现一道长城，这是过去所不知的新发现，它是我国所有长城中远在东北地区最东北部的一道长城，因此十分重要。此道长城是牡丹江市文物管理站从 1979 年至 1984 年经五次考古调查后，方始报告，不仅有保存较好的长城遗址，而且在长城附近还出土了许多文物，有的文物时代特征显著，很是重要。因长城是修筑在无人居住的边境的，不会有很多遗物存在，因此在长城附近发现遗物，对长城年代的确定是具有非常重要的价值的。

此道长城发现后不久，笔者因工作赴黑龙江，遂去调查了这道新发现的长城。在牡丹江市文物管理站时任站长樊万象的安排下，笔者与他一起再次去调查了这道长城。在这次调查中，值得记述的是我们调查了牡丹江市范围内的许多遗迹，包括一些近代史迹。我们不但去了镜泊湖，他还带笔者去了奶头山，它是曲波小说《林海雪原》中“座山雕”盘踞的地方，在山下有杨子荣的墓园。顺便一览，笔者颇增见闻，对几十年前在这里发生的斗智斗勇的战争故事有了直观了解。笔者在那里也留下了身影和足迹。

在此笔者将牡丹江长城的调查情况记述如下：

牡丹江向北流入松花江，在其东、西两面都有山岭，牡丹江市位于河谷盆地中较宽阔的左岸平地上，在江的东面是老爷岭，它距市区较远；在江的西岸是张广才岭，其余脉靠近牡丹江，在江西的这面山岭较高，近江处稍低，因此，这边山中的所有山水皆向东流，注入牡丹江。长城即处在牡丹江市区北面牡丹江西岸的山岭间，距离市区二十五公里。

牡丹江的这段长城，东起于牡丹江西岸山岭上今牡丹江市爱民区北安乡江西村西沟北岭东端，然后从东南向西北延伸，止于半拉窝集村西大砬子北坡，全长五十八公里。这道长城之所在，当地人称为“边墙岭”。在起始段，长城作东西走向，中间段为东南至西北走向，西端基本也为东西走向。跨山越谷的长城全线，经调查可分为四个城墙段，即新丰（图 1–12–1 ~ 图 1–12–3）、蛤蟆塘（图 1–12–4 ~ 图 1–12–13）、三道关（图 1–12–14 ~ 图 1–12–19）以及半拉窝集（图 1–12–20）等四个沟谷。长城的具体走向，根据当地的村庄分布，在其东端南面山下有江西村，长城即从江西村西沟北岭东端起，然后向西延伸，途中有一山峰，海拔五百八十七米，在其北面山下有个新丰村，长城在此地折向北去，经过两座山峰，南边一座海拔七百零六米，北边一座海拔六百四十米，在长城西面的山下有个蛤蟆塘村，此后长城屈曲向西北延伸，至一座海拔四百一十五米的山峰，其西面有个三道关村，此后长城基本呈东西走向，途经一座山峰，海拔五百八十七米，在其北面山下有个半拉窝集村，最后在长城终点处的山峰海拔为七百三十六米。长城经过的主要峰岭有新丰南岭、蛤蟆塘砬子、馒头砬子、城墙砬子、岱王砬子、二人石、后草帽顶子等。除了在山上修筑外，长城从山岗上面下到山谷后，即横跨山谷筑墙。长城墙体随山就势，附壁断谷，高低错落，蜿蜒曲折，颇为壮观。

图 1–12–1　牡丹江市四道车岭子上的土筑长城遗迹

图 1-12-2　生长在牡丹江市四道车岭子土筑长城墙体遗存上的树

图 1-12-3　牡丹江长城的土筑城墙遗存

图 1-12-4　牡丹江市蛤蟆塘南沟的石砌长城遗存

图 1-12-5　牡丹江市蛤蟆塘山谷中的土筑长城城墙遗存

图 1-12-6　牡丹江市蛤蟆塘山谷中的土筑长城城墙遗存近景

图 1-12-7　牡丹江市蛤蟆塘砬子东南长城石墙外侧的马面遗存

图 1-12-8　牡丹江市蛤蟆塘砬子东南接石壁的长城墙体遗存

图 1-12-9　牡丹江市蛤蟆塘砬子隘口的长城石墙遗存

图 1-12-10　牡丹江长城的石墙遗存与山险墙

图 1-12-11　牡丹江市蛤蟆塘砬子长城墙体外侧的大型马面遗存

图 1-12-12　牡丹江市蛤蟆塘砬子西北长城石墙遗存外侧

图 1-12-13　牡丹江市蛤蟆塘砬子西北长城石墙遗存内侧

图 1-12-14　牡丹江市三道关东北的土筑长城遗存

图 1-12-15　牡丹江市三道关东北的土筑长城城墙遗存

图 1-12-16　牡丹江长城的石砌城墙遗存

图 1-12-17　牡丹江长城城墙中的小型石砌马面遗存

图 1-12-18　牡丹江长城石墙遗存中的箭眼

长城的修筑，系就地取材，有土筑、石砌和土石混筑——两端取土方便，多为土墙；石材多的地段，便以石材为原料砌筑城墙；其余就为土石混筑。

在这道长城上，墙基一般宽五到七米，顶宽一米，存高两米，有的地段较矮；城墙上有马面——共发现土筑马面十个，石砌马面三个；在石墙上至今还保存有箭孔；在土墙内侧有半地穴坑，还有石砌圆坑。

在长城附近出土有文物，其中最重要的有两件：一件为鸾凤花鸟纹铜镜（图 1-12-21），镜边錾“泰州录判”及押记（图 1-12-22）；一件为“古州之印”铜印（图 1-12-23），印背錾“天泰二年二月廿五日”“应办所造”诸字（图 1-12-24）。

关于这道长城的年代，文献上没有记载，不知它为何时所筑，只因考古调查发现，它才为学术界所知，完全是新材料，因此我们只得依据考古发现的相关资料进行研究，得出其年代结论。

首先，从地理位置看，这道长城在今牡丹江市之北，位置僻远。长城在古代是重要的军事防御设施，什么时代可能在此处修筑长城？古代在这一地区建立政权的有渤海、东丹、东夏，因此对这三个时期都应当考虑。辽灭渤海后，太子耶律倍被封为东丹王，管理这一地域，但为时很短，仅三年时间，即南迁东京（今辽宁辽阳），不可能筑此长城。因此，渤海国筑长城是最有可能的，其都城上京龙泉府就在今牡丹江市南边不远的宁安市东京城，它的北方有黑水靺鞨，牡丹江是南来的交通要道，为保卫都城的安全，完全

图 1-12-19　牡丹江市山顶的石砬子与长城城墙遗存

图 1-12-20　牡丹江市半拉窝集的土石混筑长城城墙遗存

有必要在此地修筑一道防守的长城。

其次，长城附近出土的文物，对确定长城年代也有一定帮助。先看鸾凤花鸟纹铜镜，它虽有錾字，表明它为金代錾款，但它却不是金代铸造的铜镜，而应为辽镜。从其特点看，这面铜镜的花纹铸造得很精美，为仿唐镜花纹；铜质亦很好，锈蚀不多；但镜体较薄，辽仿唐镜基本上是这种情况；如果它是唐镜，就不会在中间隔了辽代两百多年，到金代建国后才因为其所有而錾款，中间必经人使用才会传到金。因此，可以确定此镜为辽镜，入金后为金官府登记验视后錾刻边款，可视其为金镜，但为辽代铸造，亦即辽时铸的镜为金代沿用。铜镜虽然入金，但这道长城应与金关系不大，因其地原本即为女真旧居，金未建国前不会筑长城，金建国后又举族南下，进入中原，都城也不在此地，无后顾之忧，因此不

图 1–12–21 在牡丹江市蛤蟆塘长城附近出土的鸾凤花鸟纹铜镜拓片

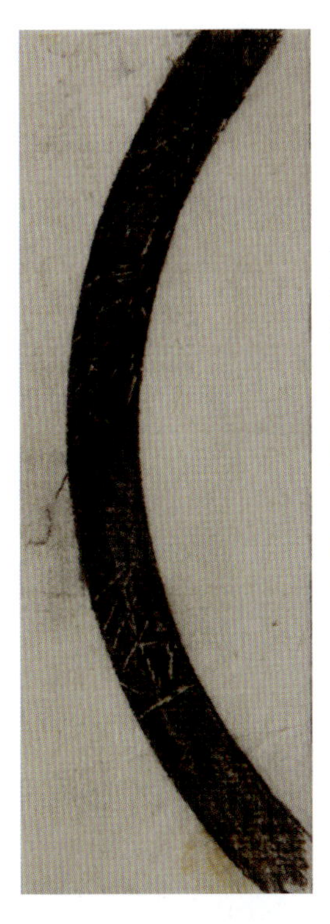

图 1–12–22 在牡丹江市蛤蟆塘长城附近出土的鸾凤花鸟纹铜镜边的金刻款錾文拓片

图 1–12–23 牡丹江长城附近出土的东夏国官印『古州之印』印模

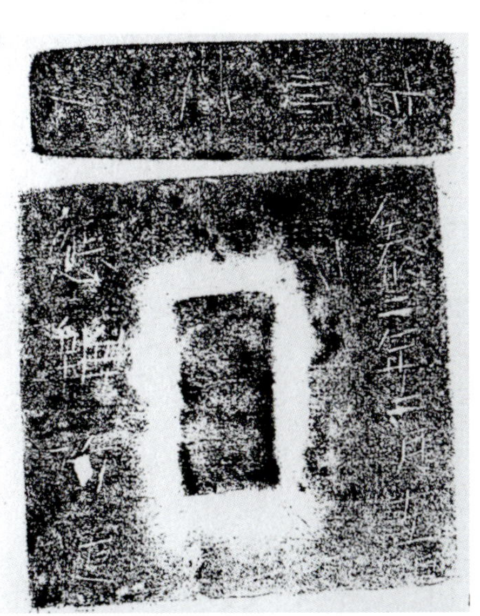

图 1–12–24 牡丹江长城附近发现的『古州之印』印背刻款拓片

会依靠长城来进行防守。“古州之印”铜印，因印背有明确的錾款——“天泰二年”，而“天泰”为东夏国蒲鲜万奴在金末（1215 年）据辽东叛金自立后所建的年号，其政权存在了十九年，北部疆界已到达此地，因此这道长城在东夏国时当被沿用，遂于长城上有东夏时期的器物遗存。

据此，牡丹江长城被考证为渤海国始筑、后为东夏国所沿用之长城。

# 第十三章 辽长城考古调查发现

辽长城，过去人们了解得不多，学术界对其也少有探讨，通常都不大理会它，因此，辽代长城在何处更是颇难解答的问题。通过考古调查，笔者对辽代长城有了一个全新的了解。现将辽代长城的考古调查发现情况分述于后。

## 一、大连南关岭的辽代长城遗存

辽代长城，过去很少有人论说，好像没人知道辽代长城。笔者读《辽史》时知道辽代长城，但也未曾进行过调查和深入了解。1958 年笔者去金县（今大连市金州区）征集文物资料时，曾到南关岭调查横断黄、渤二海地岬处的一道土筑城墙，并发现有辽代铁镞等遗物，可惜调查记录在 1966 年损失，遂成遗憾。此后笔者虽对这道土筑城墙始终未能忘怀，但也未能抽出时间再次前往，直到退休六年之后，于 2001 年 4 月 16 日得遂夙愿，当时笔者和辽宁省长城学会的吉昌盛专程去大连调查这道城墙。抵大连后，我们得到大连市文物管理委员会办公室时任主任吴青云的接待和大力支持，在大连市文物考古研究所时任所长刘俊勇的陪同下前往实地进行调查。

长城的墙体不是闭合的。大连市南关岭的这道长墙，南起于黄海岸边，北抵渤海岸边，横断二海之间的地岬，长约十二华里，因此可以称其为长城。

这道长城的具体位置，在今大连市区之北、金州城区之南，黄海大连湾与渤海金州湾即辽东半岛南端最狭处（参见第 1396 页图 1– 附录 –2）。调查时，我们从大连市区出发后，沿沈（阳）大（连）高速公路北行去金州，经南关岭，行至大连市甘井子区大连湾镇后关屯村的西面，南北向的沈大高速公路在此处向东转弯，变成东西走向，由此东行的沈大高速公路即横穿长城遗存而过，然后又向北转弯，至土城子村，再北行九公里，即到金州。

在沈大高速公路东西通行的路段，长城遗存所在地是一片岗地，现在均已被辟为农田，我们在那里调查时正值春耕，农田中新起的南北向地垄与长城遗存并行，土质疏松，坍毁的长城城墙遗存上也已经被耕种。在沈大高速公路之南两百余米处，长城墙体被犁平，地表已不存在城墙痕迹，而笔者在1958年调查时，该城墙遗存还较明显。现在相应位置地面隆起较高，当是在“大跃进”和“农业学大寨”的年代里，人们平整土地时将长城城墙彻底摧毁。在此平整的田地之南，现在还保存有城墙遗存，它虽已颓坍，但仍很高大明确。城墙遗存顶部竖有近年不同时间立的三通文物保护单位标志碑，说明其为市级文物保护单位，其中一通石质保护碑上刻有“市级文物保护单位·哈斯罕关址”等字。这处城墙遗址，虽经千年的风雨剥蚀和人为毁坏，颓坍严重，但还很高大。经测量，它现存底部宽达十六米，顶部宽十二米，存高二点五米，可见当年这段城墙确实是很雄伟的（图1–13–1）。长城由此南去，经今后关屯村东、前关屯村，至盐岛村之东，即达黄海的大连湾海边。前关屯村和后关屯村当与世传本地为“哈斯罕关”有关——因有此关，故村庄形成后时人皆以“关”字名之。按照中国方位命名惯例，在南者称前关屯，在北者曰后关屯。

在东西向横过“哈斯罕关”关门（今关门及关墙早已不存）的那段公路之北，地势较公路之南稍高，是较为明显的岗地，上面的长城城墙已被人为坍平，变成了耕地。不过，虽然经过多年耕种，但原来城墙所在位置的隆起还很明显，高于其两侧的农田——城墙坍宽达二十一米，比东、西两侧地表高一点二米（图1–13–2）。这段长城城墙遗存长一里余，其南端的墙体更加突出，并有一段城墙遗存未被耕种，留有部分墙体，成为一条地隔，作为两户人家的耕地界线。

在公路北面，即土城子村南，有一个四周有围墙的工厂，长城在该工厂院中南北通过，墙体遭到破坏。在土城子村南调查时，我们遇到一位当地的老年农民，他叫周大湖。我们问他：“土城子村有没有古城？”他说：“我们村没有古城。我们村叫土城子，是因为在村子边上的这道老城岗子。这道老城岗子很长，南头在前关屯，顶海边，北边在我们村西。现在村里的房子都快盖到老城岗子的边上了，它往北也到海边。”我们调查过工厂围墙后，就到了土城子村。在那里，我们又访问了几位当地村民，他们为我们指出了老城岗子的位置。

我们从土城子村来到村西的长城遗存所在处，它距离村子仅有五十余米，城墙略作南北走向。我们沿长城遗存向北走去，直到渤海岸边（图1–13–3）。土城子村西的这段长城，东侧是一条南北向的村边车道，西面是一个山岗，长城即建在山岗下边较为平缓的坡地上。虽然墙体遭到一些自然和人为因素的破坏，尤其是人为因素的破坏较大，如城墙西边的耕种、东边的道路修筑等，都波及了城墙，使之受损，但城墙并没有完全颓坍平毁，还是有很长的段落保存下来。这段保存较好的城墙遗存，长度有一里余，存宽三米，存高一米。在这段城墙遗存的北段，有一处被当地村民取土挖开，可见劈落下来的城墙夯土和城墙断面上露出的夯打痕迹（图1–13–4），这说明修筑长城的人还是比较

图 1-13-1　大连市甘井子区大连湾镇后关屯村的辽代长城遗存（上面立的是哈斯罕关文物保护单位标志碑）

图 1-13-2 大连市甘井子区大连湾镇土城子村南的辽代长城遗迹（因多年耕种，城墙被扒平，但从地面上仍可看出原来城墙所在处较两侧地面高）

图 1-13-3　大连市甘井子区大连湾镇土城子村西的辽代长城遗存

图 1-13-4　大连市甘井子区大连湾镇土城子村西辽代长城遗存北段被取土处，有夯层露出

讲究质量的。城墙用土为略带红色的泥土，其中含有小石头颗粒。现在土城子村北面靠近海边处，有一个新的开发区，其中建有多座别墅式小楼，其西面已靠近长城遗存，中间只隔一条村路。

从我们这次调查所见的情况看，有的地段长城墙体遗存保存得较差，有的地段甚至墙体已经不存，尽管如此，在大连地区发现的这道古代长城，无疑是非常重要的，值得珍视与保护。

## 二、开原市业民镇清辽村的辽代烽燧址

在开原市调查早期长城时，当由辽河西侧的前施家堡子村向东南去，过原董孤家子村，再往东南去，就到了辽河西岸。这里是自东北向西南流的清河与辽河的汇合处。在距离辽河西岸约一百米处有一座烽燧址，当地人称之为“南台”。当地有三座烽燧址，除了“南台”在辽河西岸之外，另一座在辽河东边，再一座在辽河南边。过辽河，东岸为清辽村（此村原称大高力屯，因其地处清河与辽河汇合之处，故改今名），它属于开原市业民镇。在清辽村北，有一道高出平地十余米的山岗屈曲向东北行，虽然山岗上面已全部被耕种，但在岗顶耕地中间，仍保存了一道土墙，它沿山岗一直向东北延伸，直到富强村（原小高力屯）。这道土墙为早期长城遗存。最值得注意的是，在清辽村北山岗南端、土墙的内侧即南面，有一座高大的烽燧址，在其顶部和周围地面上，分布有许多辽代砖瓦和陶瓷残片，但不见其他时代的遗物。在山岗偏西端处，即清河与辽河汇合处的辽河南岸，铁岭县镇西堡镇杜蒋窝棚村北靠近辽河处，有一个平地突起的山头，在辽河岸边的平原上显得十分突兀，地理位置重要。在此山头上有一座烽燧址，在那采集有汉代泥质绳纹灰陶片等遗物，特征突出，时代明确。

这三座在山岗顶部和平地上的烽燧址，都位于长城内侧，从年代上看，它们就在燕、秦、汉长城线上，在有的烽燧址上还见有相应时代的遗物，确认其为早期长城的烽燧址是没有问题的。但对清辽村北山岗上的那座烽燧址，则当有另一种考虑，即或它曾是早期长城烽燧址，后世也曾被沿用，并为辽代烽燧址（图 1-13-5）。笔者之所以有此想法，一是因为在此烽燧址未见其他时代遗物，所见皆为辽代遗物；二是因为在与此相距不远的法库县境内，就有独立存在的烽燧址。此台址形体高大，保存较好，至今仍无严重颓坍，而其遗物都是辽代的。因此，这座烽燧址应是辽代的遗存。

## 三、法库县柏家沟镇前山村辽代烽燧址

法库这座烽燧址是新发现的，它位于法库县城东北二十一公里柏家沟镇前山村西二点五公里的磨盘山顶部，东距辽河十二公里，南距柳条边遗存四公里，位置在北纬

图 1-13-5　开原市业民镇清辽村北山岗上的辽代烽燧址（自北向南拍摄）

四十二度三十三分五十九点四秒，东经一百二十三度三十一分四十八点六秒，海拔二百二十九米。

磨盘山所在地是一个丘陵地区，山岗连绵起伏，南面较为开阔。磨盘山是一座较为独立的小山，四周山岗环绕，远近不一。它东西较长，南北略狭，南面山下为平地，东边与一座南北走向的山岗相连，北面和西面的山岗距离稍远。磨盘山顶部平坦，当中有一座大型烽燧址。从远处看，较平的山顶上凸起一个颓坍的台址，其形状恰如农村中常见的石磨，所以人们称其为磨盘山。

现在的磨盘山除了顶部无树之外，四周山坡上皆长满茂密树木，它们覆盖山岗，蔚然成林：西、北两面为松树，东面缓坡，系上山必经之处，树木较稀少，南面山坡下为杂树林。磨盘山附近，辽代遗迹较多，西南二点五公里为前山村西南辽遗址，北面四百米为前山村北房身地辽遗址，东北四点五公里为辽北府宰相萧袍鲁墓，东三点五公里为蔡家沟村鸡架山辽遗址等。

磨盘山顶部平坦，平面东西宽五十米，南北长三十五米，面积较大，未植树木，地面为杂草所覆盖。烽燧址所在位置略偏近于山顶西部。

烽燧址平面呈圆形，为土石夯筑，现已颓坍，略呈馒头状，底径较大，顶作圆形，底部直径十五米，存高三米（图 1–13–6）。

在烽燧址的外面筑有两道围墙，均为沿山环筑：一道在山岗顶面的周边，即沿山岗的折下处起筑围墙；另一道在其下，即在半山腰处。两道围墙均为土筑，现已颓坍，但基址明显，坍宽两米，存高零点八米。

我们这次在前山村磨盘山调查，仅在烽燧址周围作地面了解，遗物俱为地表采集，数量很多，遍地可见。我们在遗址中所见的遗物，多为砖瓦，另见白瓷片，其分布范围较广，在烽燧址顶部见有灰布纹厚瓦，在台址外面山顶围墙内见有白瓷片、布纹厚瓦及水波纹滴水板瓦，在山坡上尤其是南坡半山腰处，见有大青砖、厚布纹瓦、水波纹滴水板瓦等建筑材料（图 1–13–7）。

现场散布的遗物很多，我们不能全部采集，只选择少量有代表性的遗物取回，存于法库县文物管理所保存，供研究使用。我们采集的遗物主要有如下数种：

水波纹滴水板瓦，四块。这些瓦为青灰色，质较纯净，火候较高，凹曲面存有清晰布纹，前端皆有瓦唇，唇面压印花纹，唇面纹饰为戳点纹与连续方格纹，唇面底边压印绳状水波纹，整体瓦唇纹饰均为辽代常见纹样，特征明显。一块完整，长二十二厘米、宽二十六厘米、厚两厘米。一块残，存长十七厘米、宽十四厘米、厚三厘米。一块亦残，存长十五厘米、宽十三厘米、厚三厘米。

布纹瓦，多块。这些瓦为青灰色或灰黄色，胎较纯净，火候较高，凹曲面存有清晰布纹，

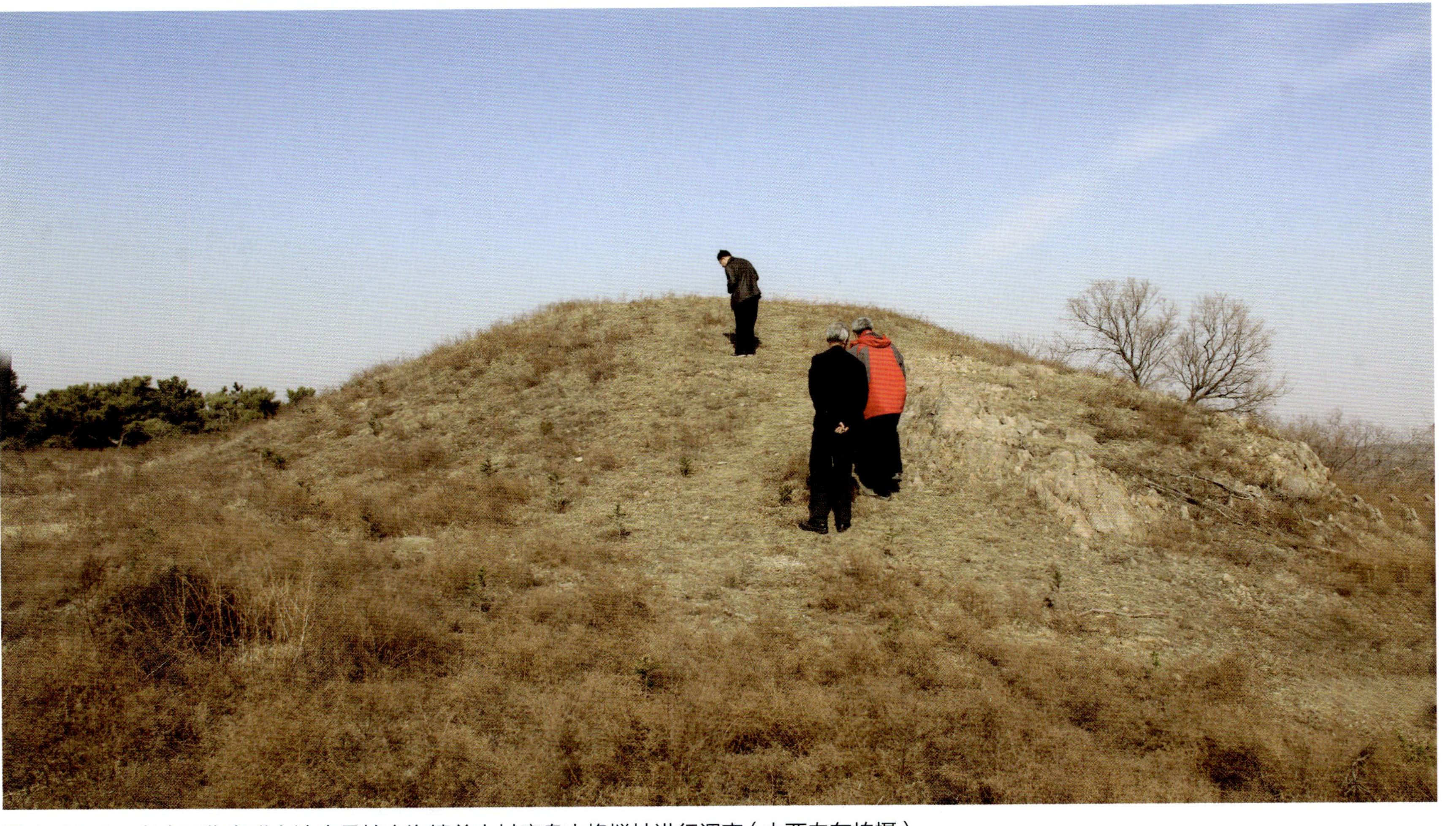

图 1-13-6　考古工作者登上法库县柏家沟镇前山村磨盘山烽燧址进行调查（由西向东拍摄）

瓦体较厚重，具有一般辽瓦特征。一块存长十九厘米、宽十一厘米、厚三厘米（图 1-13-8）。另外三块：一块存长十八厘米、宽十厘米、厚三厘米，一块存长十六厘米、宽十厘米、厚三厘米，一块存长二十厘米、宽十三厘米、厚三厘米。

沟纹砖，四块。砖体较厚重，色呈青灰或黑灰色，胎含杂质，有小石块和沙粒，火候较高，

图 1-13-7　法库县柏家沟镇前山村磨盘山烽燧址地面上散布的遗物

图 1-13-8　法库县柏家沟镇前山村磨盘山烽燧址采集的辽代布纹瓦

砖身一面饰有长直沟纹和短斜沟纹，沟纹较细而浅，这一特点和其附近辽北府宰相萧袍鲁墓的用砖相同。一块存长十三厘米、宽十点五厘米、厚四点五厘米。一块存长十四点五厘米、宽九点五厘米、厚五厘米。一块存长七点五厘米、宽七厘米、厚四点五厘米。一块存长十三厘米、宽九厘米、厚四点五厘米。

雕砖，三块。皆为建筑装饰部件，砖体青灰色，质较纯，火候较高，砖面雕有花纹，俱为浅浮雕。一块存长九厘米、宽八厘米、厚四厘米。一块存长十三厘米、宽七厘米、厚八厘米。一块存长十七厘米、宽十二厘米、厚六厘米。

螺髻状纹雕砖，一块。青灰色，质较纯，火候较高，作发髻挽结状。此物原件应较大，它是一立体高浮雕头部之一部分。存长十二厘米、宽七厘米、厚两厘米。

鬃鬣状纹雕砖，一块。泥质较细，胎色灰黄，表面黑色，花纹作鬃鬣状飞扬，体量较大，应是建筑上之构件，近似兽头或螭吻部分。存长十七厘米、宽八点五厘米、厚三厘米。

陶盆片，两件。为陶盆口沿部，胎色青灰，质较纯，火候较高，外部盆沿下饰有平行弦沟纹。原件是典型辽代陶盆。一件存长十一厘米、宽五厘米、厚一厘米，另一件存长七厘米、宽六厘米、厚一点五厘米。

陶罐片，一件。为陶罐口沿部。存长十厘米、宽五点五厘米、厚一厘米。

白瓷碗片，一件。现存为白瓷碗底部，有圈足。胎质较粗，含有沙粒，火候较高。圈足镟削规整，挖足较深，足壁直立，上施白陶衣，挂无色透明玻璃釉，外部釉至腹下，不到底，内底因装烧关系，镟去一圈无釉。此碗的形制与制作方式均具有典型的辽代瓷器特点。存长十二厘米、宽十厘米、厚零点五厘米（图 1-13-9）。

在山顶烽燧址的东南面有一个庙址，它前面靠近山顶边缘，后面有烽燧址。由于地

图 1-13-9　法库县柏家沟镇前山村磨盘山烽燧址采集的辽代白瓷碗底部

面较狭，该庙宇体量不大，系单体建筑，没有形成院落，现已倒毁不存，地上散落有清代小型青砖与灰色小瓦。从遗物看，其年代为清代晚期。

前山村磨盘山烽燧址，不见文献记载，其为何时所建，过去不知。因无现成材料可供参考，故只能从其自身特点、所处地理位置以及出土遗物等方面加以考察，从而得出结论。

根据此次调查发现，笔者认为应可确认磨盘山烽燧址的年代为辽代，理由是：这处烽燧址比较单纯，附近没有其他时代的文化遗存，特别是台址所在的山岗上，除了台址南面偏东处有一座清代庙址外，不见其他遗迹，在台址所在山岗上下坡及台顶面所见遗物，除了辽代外，亦无其他时代遗物。另外，在台址北面、前山村东北，过去曾发掘过辽北府宰相萧袍鲁墓，它也为辽代遗存。

## 四、吉林省舒兰市、蛟河市的辽代长城遗存

辽代修筑长城，还见有记载。《辽史》明确说，在圣宗太平六年（1026年）“二月己酉，以迷离己同知枢密院，黄翩为兵马都部署，达骨只副之，赫石为都监，引军城混同江、疏木河之间，黄龙府请建堡障三、烽台十，诏以农隙筑之”[①]。这是关于辽代在今黑龙江、吉林地区建长城堡障烽燧的记载。到了金灭辽之际，金兵曾多次越过辽代设障之地，其兵锋损毁长城，当在意料之中。经过一百年之后，至宣和乙巳年，即天祚帝保大五年（1125年）辽亡之时，还能看到。宋人许亢宗出使金国，曾路过其地，见到了辽国当年修筑的长城遗迹。许亢宗记录了他旅途所见的情况：

“第三十五程，自漫七离一百里至和里间寨。漫七离行六十里，即古乌舍寨，寨枕混同江湄，……过江四十里，宿和里间寨。

“第三十六程，自和里间寨九十里至句孤孛堇寨。自和里间寨东行五里，即有溃堰断堑，自北而南，莫知远近，界隔甚明，乃契丹昔与女真两国古界也。八十里直至来流河，行终日之内，山无一寸木，地不产泉，人携水以行，岂天地以此限两国也！”[②]

其中有几处文字记录值得注意：

首先，“混同江”，即今松花江。许亢宗在第三十五程，过松花江四十里，宿于和里间寨。

其次，其中的“溃堰断堑”记录的是什么？按文字本意，堰是土堤，堑是壕沟。综合起来看，就是一侧挖沟取土，一边用挖出的土筑墙。这是什么？这恰是我国历代修筑长城的方法。许亢宗看到的这种景象，“自北而南，莫知远近”，也就是说它自北边过来，向南延伸很远，看不到头。这不也正是长城的形态吗？更为形象的是，许亢宗看到

① 脱脱等：《辽史》卷十七《圣宗本纪》八，北京：中华书局1974年版。

② 许亢宗：《宣和乙巳奉使行程录》，《三朝北盟会编·政宣上》帙二十。

的是“溃堰断堑”。设想一下，自辽圣宗太平六年修筑堡障烽台，到许亢宗使金之时——天祚帝保大五年（1125年），已历时一百年，再加上其间金兵多次攻辽，必然对其有所损毁，等到许亢宗使金时，看到的长城自然是“溃堰断堑”了，但其遗迹还是很明显的，许亢宗看到它“自北而南，莫知远近”。

再次，“八十里直至来流河”。来流河今为拉林河，发源于张广才岭西麓，自东南向西北流，过今舒兰市、五常市后，为现在吉林和黑龙江两省的界河，再向西过扶余市、双城市后，转向北流，注入松花江。许亢宗使金是向北去金上京，即今阿城市上京城址的，它最后的路程，一定是过松花江并过拉林河的。

第四，这种堰堑的功能，许亢宗非常明了，认为它“界隔甚明，乃契丹昔与女真两国古界也”。这句话道出其真实身份——“乃契丹昔与女真两国古界”。既是古界，以何谓之？在古代中国，自然是长城了。

辽代在今黑龙江、吉林地区修筑有长城，从文献记载上已经梳理出来，那么考古调查中是否也有发现呢？征诸现代考古学的调查，在吉林省舒兰市、蛟河市都发现有辽代的长城遗迹。按《辽史》记载，辽代此次修筑的长城是在其黄龙府，辽时黄龙府今为吉林省农安县，舒兰、蛟河在其东面，相距很近，为黄龙府辖境，而今二市的东面，当时为女真族的活动范围，地域亦合。下面将在此二市调查发现的辽代长城遗迹情况，分别记述于后。

舒兰市发现的辽代长城遗迹：“界壕分布在第二松花江右岸的溪河乡，呈东南至西北走向。它在舒兰县境内的起止是：从溪河乡双印通古城起，经敖花东山头、孔屯与二道村中间的山岭，到溪河与二道乡交界处止。全长计十二公里许。”（图1–13–10）“烽台即烽火台。在舒兰县境内共有两个，与界壕分布在一条线上，当地老乡称其为‘墩台’。一为敖花墩台，一为敖花东山头墩台。” 关于这道长城与烽燧的年代：“自辽朝中期以后，周边各部族的叛乱事件与日俱增。为了维护契丹贵族的统治，辽朝对这些部族用兵的同时，

图1–13–10 吉林省舒兰市溪河乡的辽代长城遗迹

又在边境地区修筑城堡壕堑以御之。”①

蛟河市发现的辽代长城遗迹：“1985年夏，吉林地区文物普查队，在蛟河县北部地区发现古界壕一条。界壕分布在新站镇六家子村与吉祥村交界处，呈东西走向。它的起止是：西起吉祥村巨贤屯，横跨拉法河、拉滨铁路和蛟舒公路，东至六家子村南山顶。全长一公里许。群众俗称此界壕为边墙子。现在这条界壕的西半部，约零点五公里长，由六家子南山脚下至巨贤屯西北山岗，已被夷为耕地。据当地群众介绍，1953年前这段界壕遗迹还清晰可见。现存东半部界壕，约零点五公里长，从六家子南山南端山脚到山项，基本上可见当初面貌。远望这条界壕，犹如一条巨蟒在山岭上伏卧。……在11世纪下半叶，为了防御女真人，辽朝曾在第二松花江以北修筑一道边壕。据考，与蛟河县相邻的舒兰县境内从溪河乡双印通古城起，经敖花东山头、孔屯与二道村中间的山岭，到溪河乡与二道乡交界处的溪河界壕（长十二公里许），即是其中的一段。这道界壕的构筑方法、形制、走向与新站界壕大体相同，因而推断新站界壕亦是辽朝在第二松花江以北修筑的、用以防御拉林河流域生女真人——主要是完颜部入侵辽内地的军事设施的须成部分。”②

吉林省舒兰市、蛟河市的考古调查，都发现有长城遗迹，并且一致认为在两地发现的长城遗迹都为辽长城遗迹，是为防御女真族所修筑的军事防御设施。这两地的辽长城遗迹，也和前面所记的长城与烽隧一样，在学术界从未见研究过，都是过去所不知道的，因此是现代考古学很重要的发现，可补文献记载之不足。这些发现，对于今后关于中国古代的长城研究、辽史研究，都将提供非常宝贵的新资料。

① 舒兰县文物志编写组：《舒兰县文物志》的《界壕与边墙》节“溪河界壕与烽台”条，吉林省文物志编委会1985年12月版。

② 蛟河县文物志编写组：《蛟河县文物志》的《新站界壕》节，吉林省文物志编委会1986年5月版。

# 第十四章 金长城考古调查发现

在历史上，由于对长城没有形成一个统一的名称，历朝修筑长城，都各自用不同的称谓名之，导致长城的名称各异。金代亦如此，它将其修筑的长城叫作界壕等名称。界壕为何物？因此，金长城被尘封于历史数百年，荒寂无闻。今天我们对金长城能够有整体和形象的了解，完全是考古调查发现的结果。如果不是这样，恐怕直到现在我们对金长城也是一无所知，或知之甚少。通过考古调查发现，金代长城遗迹实地存在，它们将金长城的具体走向、分布与结构形态等，都真实地呈现出来，也就成为我们现在以至未来研究金长城的基础。

关于金长城，文献中也曾有记载，不过都不是专门记述，而且名称不一，因此，长期以来人们对金长城谈不上了解，更不用说研究了。近世王国维先生写的《金界壕考》一文，是金亡后第一次提出和研究金长城，但文中未明确指出它是长城，而是以“界壕”立项，遂致后来演变出“界壕”不是“长城”的学术观点。在此之后，李文信先生写出《金临潢路界壕边堡址》考古调查报告。这是用科学的考古学方法进行调查后写出的较为详细的考古调查报告，它让人们从实物遗迹的角度来认识金代长城。

金长城的修筑时间较长，线路复杂，有多道，并有复线。为了概念明确，印象清晰，笔者在过去的研究中，根据其所处地理位置——在兴安岭南端和北部的情况，将其分别命名为“岭南长城”“岭北长城”（其分布情况参见第 1625 页图 2–10–1）。几十年来，笔者在吉林、黑龙江、内蒙古考古界朋友的支持与协助下，对这两道长城的相应线段都做了实地考古调查，取得了较为详细的考古调查材料，拍摄了大量照片。下面就分别介绍这两道长城的考古调查发现情况。

## 一、金岭南长城考古调查发现

金岭南长城，从现代考古学角度进行调查，出现的时间较早，虽然不是全线，仅为一些区段，但却发表有较详尽、系统的关于金长城考古调查发现情况的报告。

从1939年至1944年，我国老一辈考古学家、吾师李文信先生，在内蒙古赤峰地区（原昭乌达盟）前后三次调查了金临潢路境内的长城。李文信先生说：“作全线遗址之专门研究者，至今尚无其人。”同时又说：“余调查时对界壕之构造，壕垒之距离，边堡之分布，要隘之支壕散堡，谷之山坡之防水设施，以及遗物性质，附近旧迹、山川、道路等，均曾加以测量、采集、记录、绘图。”①由于李文信先生在调查中，对金临潢路境内的长城行经线路、走向、结构以及相关城堡与出土文物等，都做了详细记录，因此其《金临潢路界壕边堡址》考古调查报告让人耳目一新，学术界从此知道了金长城的具体存在形式。这是我们从考古学的角度了解、认识金长城的开始。李文信先生调查的金长城线段，在今内蒙古自治区赤峰市境内，属金长城东北路段，其调查范围东自今阿鲁科尔沁旗北境嘎巴契梭木北的大兴安岭高峰乌蓝坝起，由东北向西南去，经今巴林左旗的巴颜得利根坝、庞家湾、兴隆庄，巴林右旗的骆驼井子、会通河、白塔子，林西县的边墙屯、新林镇、板石房子，至克什克腾旗的木石匣村；在林西县，他还发现了长城南侧另筑的一道支线，当地人称之为边墙梁子；同时，他还调查了长城沿线的接壁小城和附近堡城，并对长城与堡城的构造，较大范围的城址、山川、交通道路等，都做了较为详细的考察。在长城及堡城遗址内，他采集有各类遗物，包括石柱础、石臼、石磨、青砖、板瓦、兽面瓦当、灰陶片、釉陶器、黑白釉瓷片以及宋钱“元丰通宝”“祥符元宝”等。他所写《金临潢路界壕边堡址》一文，对于了解和研究金长城是非常重要的，它为以后调查金长城起到了示范作用，成为金长城调查的经典之作。我们可以明显地看到，后来关于金长城的考古调查报告的题目，都采用了“界壕边堡”这一名称。

1939年秋开始，俄人包诺索夫分几次调查了金岭南长城起点段的相关部分，并分别于1941年与1944年前后发表两篇文章，报告了调查发现的情况。他说：“另一段成吉思汗边墙，一端邻近诺敏河岸，在布西城（本文笔者按：即今尼尔基镇）北部，城墙向西南延伸，跨过成吉思汗边墙和碾子山之间的铁路线，到达索伦城，走向大致与兴安岭平行。据说，边墙在索伦城深处消失，而后又在蒙古达尔汉瓦出现，延伸一段距离后，再度消失，直到蒙古拜林出现后，又在林西消失，在达赉湖和长城北部又有断墙出现。连同零星出现的断墙，整个边墙共是一千多公里。”

从中我们可以看出，他对这道长城全线的走向，还是比较了解的，但他调查的主要是今东北从雅尔根楚河向西南延伸到库图尔河的长城线段，即今内蒙古自治区扎兰屯市（原布特哈旗）境内雅鲁河与济沁河间的金岭南长城，另调查有该段长城内侧今属于黑龙江省齐齐哈尔市碾子山区的几座城址②。1942年他又说：“文章发表以后，我又成功

① 李文信：《金临潢路界壕边堡址》，《辽海引年集》，北京：北京和记印书馆1947年7月版。

② 包诺索夫著：《成吉思汗边墙初步调查》，《大陆科学院通报》第五卷第一期，1942年，胡秀杰译，载于吴文衔主编《黑龙江考古民族资料译文集》第一辑，哈尔滨：北方文物杂志社1991年1月版。

地在布西邻近的边墙最北端进行了调查。此外，我又从边墙最北端到稍南处的阿伦河和音河南部地区考察了两次。”包诺索夫记录了他调查今尼尔基镇北的金岭南长城起点段情况：“布西城坐落在嫩江右岸，北纬四十八度三十一分。边墙在此处转弯近九十度。距布西城不远，边墙在北部和西部环绕。”他又记：“有趣的是，在我考察嫩江近处的边墙时，又发现另一道边墙，比第一道稍往北一些。第二道边墙开始于嫩江，但比第一道更靠近河岸。我们可以看到一道泥墙在跨过嫩江的低谷后，便向西部最近的山峦延伸。”“与第一道边墙相比，第二道边墙建筑比较简单，没有马面，也没有前面的小城墙，只在边墙外面有一条壕沟。”[①]应该说，包诺索夫此次调查的这道长城线路不长，但他确实将金岭南长城起点段的情况了解得比较清楚，提供了20世纪40年代这段长城的保存状况，材料是比较可贵的。

1959年和1960年，黑龙江省博物馆的孙秀仁、干志耿等前后三次调查了金东北路长城起点段四百余里。他们的调查将金东北路长城起点的情况完全弄清楚了，为此后研究金岭南长城提供了考古学依据，非常重要。

金东北路长城起于嫩江西岸、今内蒙古莫力达瓦达斡尔族自治旗政府驻地尼尔基镇北面的前七家子村和后七家子村，开始一段分为北、南两道：北（外）线起于后七家子村东北五里的嫩江西岸浅水沼泽中，南（内）线在前七家子村东北一百余米、距嫩江西岸约二百米处，南线长城的壕、墙较北线深阔、高大，北、南两道长城在起点相距七里，它们均向西去，但却相互逐渐靠拢，北线长城在北边壕村南一点五里处并入南线长城，然后又向西行，在冷家沟村东北三里处转向西南延伸。

在金东北路长城起点处还有一个重要发现，即在尼尔基镇西北十六里的后宜卧奇村北的一座城址，它北距前七家子村北的南（内）线长城四里。这座方形堡城，就应是《金史》中所载的“达里带石堡子”城址，它是金岭南长城北端起点的第一座堡城。

金东北路长城在冷家沟村转向后，在内兴安岭东麓向西南延伸，和兴安岭主脉走向大致平行。金东北路长城出莫力达瓦达斡尔族自治旗后，即为今黑龙江省和内蒙古自治区的分界线，东面是今黑龙江省的甘南县、龙江县，西面是今内蒙古自治区的阿荣旗、布特哈旗[②]（扎兰屯市）。此后长城仍向西南延伸，出省、区界后，即进入今内蒙古自治区扎赉特旗。

1975年，吉林省在进行全省文物普查期间，曾对当时划归吉林省管辖的哲里木盟（包括今内蒙古兴安盟与哲里木盟）境内各旗、县的金长城做了全面调查。他们的调查发现，其东北端衔接黑龙江省于1959年和1960年调查过的长城线段，由扎赉特旗向南，经科尔沁右翼前旗、突泉县、科尔沁右翼中旗至扎鲁特旗，其报告称“发现三道界壕”，“依自

① 包诺索夫著：《北部乌尔科古代边墙》，《大陆科学院通报》第七卷第二期，1944年4月，胡秀杰译，载于吴文衔主编：《黑龙江考古民族资料译文集》第一辑，哈尔滨：北方文物杂志社1991年1月版。

② 黑龙江省博物馆：《金东北路界壕边堡调查》，《考古》1961年第5期。

东向西的顺序，命名为第一壕堑、第二壕堑和第三壕堑”。其中第二道长城（第二壕堑）东北接黑龙江省此前调查之长城，但这道长城在科尔沁右翼前旗乌兰毛都乡的满族屯又分为东、西两支，分别向西南延伸，其中东支经突泉县、科尔沁右翼中旗到扎鲁特旗，出境，进入阿鲁科尔沁旗，即西南接李文信调查之长城；西支经科尔沁右翼中旗到扎鲁特旗，出境，进入东乌珠穆沁旗。在第二道长城之东，还有第一道长城（第一壕堑），它在东北从扎赉特旗延伸过来，进入科尔沁右翼前旗好仁乡太平山村，向西南延伸到突泉县境内，长约二百里。在第二道长城的西面，还有一道长城，它在东北从扎赉特旗进入，延伸到科尔沁右翼前旗索伦军马场小黑牛圈，然后向西南行，复转向西去，进入东乌珠穆沁旗①。这几道长城，尤其是第一道长城和第三道长城，是新的发现，过去未见文献记载，也无调查论述。因此，这次普查的发现非常重要，它使学术界第一次了解到金长城的分布，更使研究者认识到金长城如此复杂的分布状况。

1978年和1982年，河北省有关地、县对其境内的金长城进行了调查。根据发表的报告，河北省存在金长城的县有丰宁县、沽源县和康保县。河北省内的金长城并非在各县之间直线衔接，而是同与其犬牙交错的内蒙古自治区所辖旗、县的长城一起，在两省、区的旗、县间相互衔接，故今对河北省的金长城以县分段由东向西说明。

河北省丰宁县境内的金长城，东从今内蒙古自治区赤峰地区进入，经东边墙沟村、骆驼场村向西延伸，出县境至今内蒙古多伦县。

河北省沽源县境内的金长城，东由今内蒙古多伦县进入，向西北延伸，经东米地沟村、西米地沟村，从马点村北出境，进入今内蒙古太仆寺旗。

河北省康保县境内的金长城，自今内蒙古太仆寺旗贾家地村北进入，向西延伸，经二喇嘛村、大土城、小兰城、大青沟、姚家湾村等，至胡毛庆村北出境，进入今内蒙古化德县特布乌拉②。

河北省境内的金长城，过去是最不明了的。因其经过线路短，又有早期燕秦汉长城经过，常不为人所注意，故在长时间里，河北省境内的金长城遗迹不显。在1978年和1982年的考古调查中发现的金长城遗迹行经线路明确，为金长城分布于河北省提供了可靠的依据。

内蒙古自治区境内的金长城，各地在文物普查期间大都做过调查工作，也有所发现，但还有需要深入了解的地方，解决一些存在的问题。1996年与1997年间，因《中国文物地图集·内蒙古自治区分册》编绘长城地图的需要，李逸友对内蒙古境内的各时代长城进行了复查。他在对金岭南长城进行复查后，将各条线路分别定名为北线长城、南线

① 庞志国：《金东北路、临潢路吉林省段界壕边堡调查》，《中国长城遗迹调查报告集》，北京：文物出版社1981年版。

② 刘建华：《河北省金代长城》，《北方文物》1990年第4期，

长城、北线西支、南线东支以及南线 A 段、南线 B 段。他在复查后也有一些新的意见，其调查报告说："经实地考察得知，界壕南线自林西县新林镇西南行，经过凌家营子村北与 A 段交汇时，壕墙并未中断，而是继续向西南方伸延；而且 A 段的东北端起点并不与 B 段壕墙相连接，说明 B 段兴筑和修缮时在 A 段兴筑以后。"[①]

金长城南线 B 段，自今林西县进入克什克腾旗，经宇宙地、杨家营子、天顺成、水地、边墙沟垴，至"南店乡大黑山西南伸入翁牛特旗灯笼河子牧场西北部，再西南行，经赤峰市松山区东山乡二龙库（二龙窝铺梁）伸入河北省围场县境内"。内蒙古的调查发现，金长城由今赤峰进入今河北省围场县境内。在前面所列河北省的调查发现中，金长城是从今内蒙古丰宁县进入河北省的，而不是从围场县进入的。金长城在这两省、区的衔接还存在问题。

内蒙古的调查认为："经过这次考察，完全证实了上述论断，即金界壕南线 B 段自赤峰二龙库入围场县境后，在桃山以东基本上利用燕秦长城改造，桃山以西则另挖有壕堑，西行经小卡拉进入丰宁县境。"

"在丰宁县考察时，曾两次到达草原乡，确认它是东自围场县进入，经过草原乡，再西北伸入多伦县西干沟乡境，为金界壕南线的 B 段。"

"在丰宁县草原乡政府西北方进入内蒙古多伦县西干沟乡南沟村境，上述调查已经证实它不是进入多伦县石门沟，它自南沟村西北行，经耗来沟旧边墙村北，再西北行，经大北沟乡花塘沟，至下滩羊场西，进入正蓝旗黑城子种畜场三分场境内。"

但随后又说："经过复查，这段长城自丰宁县乌孙吐鲁坝西北麓，西偏北方向经万盛永乡境，再西北进入内蒙古多伦县十五号乡十六号村南，西北行，经十五号村，至下五号村西折，向北偏西方向延伸，自此点至马点之间长约十公里地段，沽源县与多伦县以此长城为界。这段长城再向北伸延，至正蓝旗黑城子种畜场场部南小山坡中断，为北魏长城东段。它自此中断处向西延伸，至闪电河西岸骆驼山南麓再现，再西行约两公里，即可见与金界壕南线相合。自此以西至商都县二吉淖尔之间的界壕，皆为将北魏长城改筑而成。"

金长城在太仆寺旗的走向："界壕南线 B 段自正蓝旗进入太仆寺旗骆驼山乡郭家营子折向西行，至中和乡千家营子又折向西南行，经宋家营子乡、城郊乡境，至贡宝拉嘎苏木包日浩特折向西行，往东井子乡贾家地村西，伸入河北省康保县境内。"

金长城在河北省康保县的行经线路，内蒙古和河北省的调查基本相同："金界壕南线 B 段自太仆寺旗进入河北省康保县阎油坊乡境内，大致呈东西走向，横贯康保县中部，西至李家地乡毛胡庆村西北，再进入内蒙古化德县土城子乡境内。"

---

① 李逸友：《中国北方长城考述》，《内蒙古文物考古》2001 年第 1 期。本文下面引文皆出此文。

化德县境内金长城的走向情况："南线 B 段自康保县进入化德县土城子乡境后，先向西方伸延，至白土卜（本文笔者按：应为"堡"）子乡的白土卜（堡）子村折向西北行，经杨家营子、二吉淖尔村东，再西北行至边墙梁村西，伸入商都县境内。自二吉淖尔至边墙梁之间的界壕，为商都县与化德县的分界线。"

金长城在商都县的走向："南线 B 段自商都县与化德县交界的边墙梁村进入商都县卯都乡境内，折向西偏北方向伸延，至八股地乡冯家村南山坡与 A 段相会合。界壕南线从此会合点继续向西延伸，经格化司台乡伸入察右后旗土牧尔台乡境内。我们到这两道界壕相会处考察，只见 B 段自东向西伸延，壕墙上无豁口或两道合并兴筑痕迹。"由此往西："金界壕南线自察右后旗向西北方向伸延，经苏尼特右旗南部，复入察右后旗，再向西北伸延至四子王旗境，再折向西南行，经达茂联合旗，再南行至武川县境"，再东南行，至上庙沟村西南的大青山南麓，金长城至此终止。

笔者在各地调查长城时，也曾对各地金长城做过调查。对金岭南长城的调查，笔者是其从起点开始的。根据调查发现，笔者逐渐确定，金岭南长城的起点是在嫩江西岸今尼尔基镇北面的前七家子村、后七家子村之间地带，学术界对此亦无异议。尤其是在长城内侧发现的城址被确定为见于文献记载的金长城起点上的"达里带石堡子"，就更让其起点确定无疑了。在起点处，金岭南长城在前七家子村、后七家子村的分布是南北并行的两道。这说明它们是前后两次修筑的，在时间上应有早晚之分。这是不见历史文献记载的，对金长城修筑时间的研究非常重要。

再有，经过近年对金岭南长城的深入调查，以前调查不清之处，也得到了补充和纠正。这是非常可贵的。如以前调查，在林西县新林镇发现有一道长城向南延伸，那时的认识和掌握的材料，都认为它是一条"支线"。笔者在 20 世纪 70 年代到昭乌达盟（今赤峰市）进行考古调查时，在几个旗、县都调查过金长城，也作了一定的了解。现在得知，这道长城已和河北省的金长城衔接起来，成为完整的一道。这就将金长城的分布形态搞清楚了。此外，经内蒙古李逸友复查，此前调查认为从今克什克腾旗西去，在正蓝旗汉克拉分线南去，经敦达浩特到闪电河东岸，然后折而西去，入太仆寺旗骆驼山的这段作南北走向的长城，实际上是不存在的。过去出版的《中国大百科全书·考古学》卷中的"金长城"条目及其所附的金长城走向图等[①]，用的都是这条线路，现在看来完全错了，实际上从今林西县凌家营子分线南去，然后西折，转入今河北省围场县，才是它正确的线路。通过实地考古调查，将不易解决的问题，以最有说服力的发现材料展现出来，从而使错讹得到纠正。

经过前后长达几十年的考古调查，过去知之较少的金长城的分布与走向，现在可以说基本上弄清了。这将促进对金长城的深入研究。

① 中国大百科全书编委会：《中国大百科全书·考古学》，北京：中国大百科全书出版社 1986 年版。

在前后几十年的时间里，笔者陆续对东北一些地区的金长城做过调查，至今存有一些照片，现在择其要者，说明于后。

金岭南长城起于今和黑龙江省相邻的内蒙古自治区莫力达瓦达斡尔族自治旗政府驻地尼尔基镇北八公里的七家子村后宜卧奇堡子，然后由那向西南行，即为今内蒙古自治区和黑龙江省的分界线，在呼伦贝尔市（原呼伦贝尔盟）阿荣旗和齐齐哈尔市甘南县交界处向西南延伸。这一段金长城虽已颓坍，但其高大形态依然完整存在，保存得相当完好。

如果从黑龙江省齐齐哈尔市甘南县说起，金岭南长城向南，依次经过今甘南县兴隆乡的五里坑村（图 1–14–1）、双龙村、向阳山村，宏建乡的后大河村、欢喜村和中兴乡的兴久村。在五里坑村，可见金长城的墙体遗存及其夯层（图 1–14–2）。向阳山村不仅金长城遗存保存得很好（图 1–14–3、图 1–14–4），而且长城内侧的城址同样保存较好（图 1–14–5）。后大河村金长城遗存在甘南镇西北音河水库的北面，保存亦好（图 1–14–6 ~ 图 1–14–10）。欢喜村的金长城遗存很有特点（图 1–14–11 ~ 图 1–14–18）。兴久村在甘南县西境最南部，但其地也有与北段各村相同的长城遗存（图 1–14–19 ~ 图 1–14–23）。在上述一线长城墙体遗存两侧都有林带，大树长势良好，起到了保护长城遗存的作用，因此长城遗存很少受到破坏。

由兴久村再往南，就是齐齐哈尔市的碾子山区，此区在甘南县与龙江县之间，与市区相隔甚远，因有工业，直属齐齐哈尔市。金长城进入该区辖境后，即是富强街道的丰荣村。在此村，连接黑龙江和内蒙古的宽阔公路从长城城墙遗存的豁口通过。在该豁口处，墙体被石块包砌，上面标明“金长城”，其侧分别立有两个省、区的界标（图 1–14–24、图 1–14–25）——内蒙古和黑龙江以金长城遗存为其分界线。此处的长城为东北至西南走向，在公路北侧的长城保存有相当高的墙体遗存，望不到尽头，非常壮观（图 1–14–26 ~ 图 1–14–30）。在公路南侧，长城依然蜿蜒前行（图 1–14–31、图 1–14–32），在它内侧有一座方形城址，每面城墙长一百七十米（图 1–14–33、图 1–14–34），东城墙中间有一瓮城门，现城址外立有文物保护单位标志碑（图 1–14–35）。

在内蒙古自治区兴安盟扎赉特旗境内，金长城遗存保存完好，它自东北来，斜贯全境，并有分支。我们在新林镇岗岗屯调查时发现，金长城遗存在许多方面都展示出了它的特点：城墙遗存连续不断，延伸遥远（图 1–14–36），一眼望不到头，极为壮观（图 1–14–37）。其墙体现在虽已颓坍，但仍保持宽厚形态，显示出金长城并非随便堆土而成的，而是浩大的军事防御工程（图 1–14–38）。有的地段城墙遗存被扒出豁口，在其断面上可见墙体形态（图 1–14–39），有的断面上可见墙体夯层（图 1–14–40）——这些都是很难得的考古调查发现。

图 1-14-1　齐齐哈尔市甘南县兴隆乡五里坑村金岭南长城上的瓮城门遗址（现有车道通行）

图 1-14-2　齐齐哈尔市甘南县兴隆乡五里坑村的金岭南长城城墙遗存高七米，其中夯层明显

图 1-14-3　齐齐哈尔市甘南县兴隆乡向阳山村的金岭南长城遗存

图 1-14-4 齐齐哈尔市甘南县兴隆乡向阳山村西金岭南长城遗存

图1-14-5 齐齐哈尔市甘南县兴隆乡向阳山村金岭南长城遗存（右侧土岗）、堡城遗存（左侧土岗）及其中间的道路

图 1-14-6　齐齐哈尔市甘南县宏建乡后大河村金岭南长城遗存

图 1-14-7　齐齐哈尔市甘南县宏建乡后大河村金岭南长城上的马面遗存（右侧突起土包）

图 1-14-8　齐齐哈尔市甘南县宏建乡后大河村金岭南长城的墙体及马面遗存（右侧土包）

图 1-14-9　齐齐哈尔市甘南县宏建乡后大河村金岭南长城的三道城墙结构遗存

图 1-14-10　齐齐哈尔市甘南县宏建乡后大河村金岭南长城墙体遗存断面情况

图 1-14-11　齐齐哈尔市甘南县宏建乡欢喜村的金岭南长城遗存

图 1-14-12　齐齐哈尔市甘南县宏建乡欢喜村的金岭南长城遗存

图 1-14-13　齐齐哈尔市甘南县宏建乡欢喜村金岭南长城遗存的三道墙结构

图 1-14-14　齐齐哈尔市甘南县宏建乡欢喜村的金岭南长城遗存

图 1-14-15　齐齐哈尔市甘南县宏建乡欢喜村的金岭南长城遗存

图 1-14-16　齐齐哈尔市甘南县宏建乡欢喜村的金岭南长城遗存

图 1-14-17　齐齐哈尔市甘南县宏建乡欢喜村的金岭南长城遗存

图 1-14-18　齐齐哈尔市甘南县宏建乡欢喜村的金岭南长城遗存

图 1-14-19　齐齐哈尔市甘南县中兴乡兴久村北的金岭南长城及其副墙遗存（左侧土楼）

图 1-14-20　齐齐哈尔市甘南县中兴乡兴久村南金岭南长城的双墙结构（主墙驸马面）遗存

图 1-14-21　齐齐哈尔市甘南县中兴乡兴久村南金岭南长城的双墙结构（主墙附马面）遗存

图 1-14-22　齐齐哈尔市甘南县中兴乡兴久村南金岭南长城遗存

图 1-14-23　齐齐哈尔市甘南县中兴乡兴久村南金岭南长城遗存

图 1-14-24　齐齐哈尔市碾子山区富强街道丰荣村的金岭南长城遗存（长城左边为内蒙古自治区）

图 1-14-25　齐齐哈尔市碾子山区富强街道丰荣村的金岭南长城遗存（长城右边为黑龙江省）

图 1-14-26　齐齐哈尔市碾子山区富强街道丰荣村金岭南长城遗存（自南向北拍摄）

图 1-14-27　齐齐哈尔市碾子山区富强街道丰荣村的金岭南长城遗存

图 1-14-28　齐齐哈尔市碾子山区富强街道丰荣村的金岭南长城遗存

图 1-14-29　齐齐哈尔市碾子山区富强街道丰荣村的金岭南长城遗存

图 1-14-30 齐齐哈尔市碾子山区富强街道丰荣村的金岭南长城遗存

图 1-14-31　齐齐哈尔市碾子山区富强街道丰荣村的金岭南长城遗存（公路以南段，自北向南拍摄）

图 1-14-32　齐齐哈尔市碾子山区富强街道丰荣村的金岭南长城遗存（公路以南段）

图 1-14-33　齐齐哈尔市碾子山区富强街道丰荣村金岭南长城堡城的北城墙与西城墙遗存（自东向西拍摄）

图 1-14-34　齐齐哈尔市碾子山区富强街道丰荣村金岭南长城堡城的东瓮城门遗址及东城墙与南城墙遗存（自北向南拍摄）

图 1-14-35　齐齐哈尔市碾子山区富强街道丰荣村金岭南长城堡城的东城门遗址及文物保护单位标志碑（自东向西拍摄）

图 1-14-36　内蒙古兴安盟扎赉特旗新林镇岗岗屯的金岭南长城遗存

图 1-14-37　内蒙古兴安盟扎赉特旗新林镇岗岗屯的金岭南长城遗存

图 1-14-38　内蒙古兴安盟扎赉特旗新林镇岗岗屯西沟金岭南长城遗存的状况（从三位调查者所在位置可见其高度和宽度）

图 1-14-39　内蒙古兴安盟扎赉特旗新林镇岗岗屯金岭南长城墙体遗存断面情况

图 1-14-40　内蒙古兴安盟扎赉特旗新林镇岗岗屯金岭南长城墙体遗存断面上露出夯层

金长城由东北方自今扎赉特旗延伸过来，进入科尔沁右翼前旗，一般都保存较好，现为自然状态。在坤都冷村，有的地段金长城遗存比较低矮，但无人工损坏，均属自然颓坍（图 1–14–41）。此地的金长城都有三道城墙，即在主墙北侧外均有两道副墙（图 1–14–42）。在一河道东岸的断崖上，三道城墙遗迹亦清晰可见（图 1–14–43），从中可看到墙体遗存的剖面，上面露出早期修筑城墙和后又加宽加高的增筑补修情况（图 1–14–44）。当遇到河流时，长城城墙修到河岸边即止（图 1–14–45），然后在对岸接续修筑。

巴林左旗在辽时为上京临潢府所在地，金时沿用。金长城通过临潢府，留下了许多遗迹。在巴林左旗碧流台镇沙布台嘎查，金长城蜿蜒而去，遗迹明显（图 1–14–46），除了有的地段城墙遗存被车道切开（图 1–14–47 ~ 图 1–14–49）之外，一般人为破坏较少，都是自然风沙侵蚀的颓坍状态（图 1–14–50 ~ 图 1–14–54），呈现出沙漠草地景观。

金长城自东从今巴林左旗延伸过来，贯穿巴林右旗，遗存保存较好。在巴林右旗北境索博日嘎镇白塔子村北，金长城蜿蜒通过，除自然风沙侵蚀外，城墙遗存保存较好（图 1–14–55 ~ 图 1–14–58），墙体遗存明显，城墙所附筑的马面异常高，虽已颓坍，仍很壮观（图 1–14–59）。有的地段长城墙体遗存在早年被破坏，现在竖有文物保护单位标志碑（图 1–14–60 ~ 图 1–14–63），以防止破坏。

金长城在今克什克腾旗也有分布，它东西横贯该旗，在达里诺尔湖北岸通过。蟠行于辽阔的沙漠草原深处的金长城，多为受自然风沙雨雪的侵蚀所损坏，但其遗迹仍很明显（图 1–14–64 ~ 图 1–14–67），保存了它的历史风貌。

由于金岭南长城的线路较为复杂，有许多支线，各条线路的相互关系，现在的认识还不一致，但这些线路走向的划分，是一个很重要的问题，因为它关系到一道长城是否完整，同时也表明各道长城的相互关系，更是确定各道长城修筑年代的依据。因此，对金代长城的研究，还需更深入一些。

图 1-14-41　内蒙古兴安盟科尔沁右翼前旗坤都冷村的金岭南长城遗存（右侧有副墙）

图 1-14-42　内蒙古兴安盟科尔沁右翼前旗坤都冷村金岭南长城的三道城墙结构遗存（在主墙右边马面外侧）

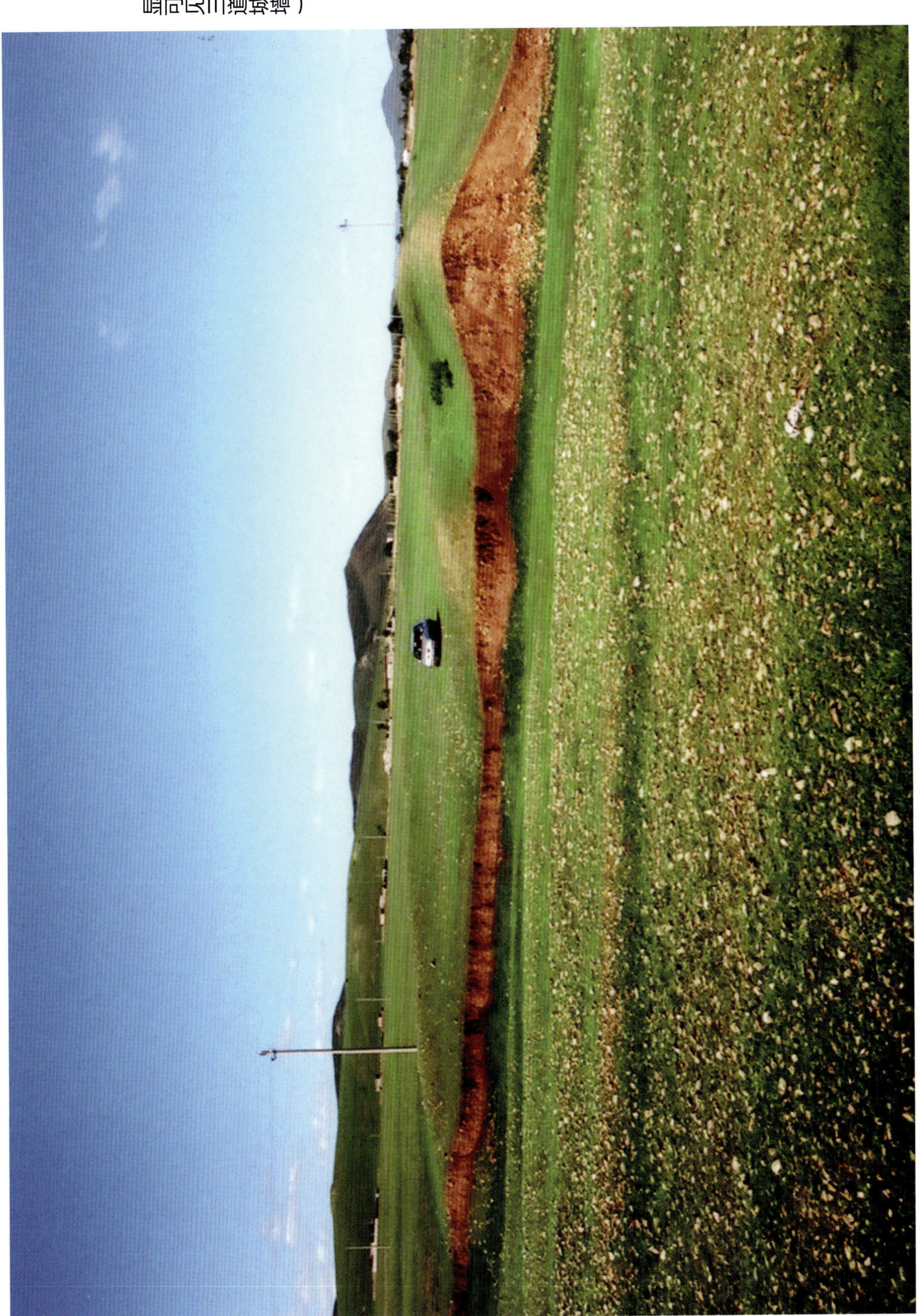

图 1-14-43 内蒙古兴安盟科尔沁右翼前旗坤都冷村段金岭南长城遗存在河道东岸的断面（明显可见三道城墙）

图 1-14-44 内蒙古兴安盟科尔沁右翼前旗坤都冷村金岭南长城遗存断面上明显露出原筑城墙和后来补筑加高的情况

图 1-14-45 在内蒙古兴安盟科尔沁右翼前旗坤都冷村的遗存反映出金岭南长城修筑至坤都冷河河边

图 1-14-46　赤峰市巴林左旗碧流台镇沙布台嘎查的金岭南长城遗存

图 1-14-47　赤峰市巴林左旗碧流台镇沙布台嘎查的金岭南长城遗存（现代车道从墙体遗存被切开处穿过它）

图 1-14-48　赤峰市巴林左旗碧流台镇沙布台嘎查的金岭南长城遗存被前后两条近现代车道穿墙而过

图 1-14-49　赤峰市巴林左旗碧流台镇沙布台嘎查车道东侧可见金岭南长城墙体遗存剖面与夯层

图 1-14-50　赤峰市巴林左旗碧流台镇沙布台嘎查金岭南长城墙体外（北）侧的马面遗存

图 1-14-51　在赤峰市巴林左旗碧流台镇沙布台嘎查，金岭南长城遗存遇河中断，逶迤奔过山岗

图 1-14-52　赤峰市巴林左旗碧流台镇沙布台嘎查金岭南长城遗存（远望）

图 1-14-53　赤峰市巴林左旗碧流台镇沙布台嘎查金岭南长城墙体北面（外侧）的马面遗存

图 1-14-54　赤峰市巴林左旗碧流台镇沙布台嘎查金岭南长城墙体北面（外侧）的马面遗存

图 1-14-55　赤峰市巴林右旗索博日嘎镇白塔子村北的金岭南长城遗存（路东段，自西向东拍摄）

图 1-14-56　赤峰市巴林右旗索博日嘎镇白塔子村北的金岭南长城遗存（路东段，自西向东拍摄）

图 1-14-57　赤峰市巴林右旗索博日嘎镇白塔子村北的金岭南长城遗存（路西段，自东向西拍摄）

图 1-14-58　赤峰市巴林右旗索博日嘎镇白塔子村北的金岭南长城遗存（路东段，自西向东拍摄）

图 1-14-59　在赤峰市巴林右旗索博日嘎镇白塔子村北金岭南长城外侧看城墙与马面遗存

图 1-14-60　赤峰市巴林右旗索博日嘎镇白塔子村北的金岭南长城遗存（路东段，自西向东拍摄）

图 1-14-61　赤峰市巴林右旗索博日嘎镇白塔子村北的金岭南长城遗存（路东段，自西向东拍摄）

图 1-14-62　赤峰市巴林右旗索博日嘎镇白塔子村北的金岭南长城遗存与文物保护单位标志碑

图 1-14-63　赤峰市巴林右旗索博日嘎镇白塔子村北，文物保护单位标志碑立在金岭南长城遗存上

图 1-14-64 赤峰市克什克腾旗达里诺尔湖北岸的金岭南长城遗存（自东向西拍摄）

图 1-14-65　赤峰市克什克腾旗达里诺尔湖北岸的金岭南长城遗存

图 1-14-66　赤峰市克什克腾旗达里诺尔湖北岸的金岭南长城遗存

图 1-14-67　赤峰市克什克腾旗达里诺尔湖北岸的金岭南长城遗存

## 二、金岭北长城考古调查发现

金代岭北长城，由于地处僻远，过去不为人所知，因此很少被人谈到。即使1852年俄人克鲁泡特金探险发现了它，他也没有按考古学的调查要求去做，仅是一般记述，不足以反映出这道长城的具体走向、结构、保存状况以及形成的防御体系等，故还不能说他是科学的考古调查。其后，虽从晚清到民国年间，如编绘地图等，对其进行过调查了解，但因那不是当时的主要工作，所获得的情况仍不详尽，也无精确记录，对于这道长城的研究，还是不够深入。

根据过去发表的材料可知，俄国人包诺索夫在1934年去调查过这道长城，但他不是专门去做的，而是因去一个地方工作，顺便而为，故他只是调查了一小段，且未见他发表正式报告，只是在一篇文章中提到。他说："满洲还有上文提及的两边墙：'成吉思汗边墙'。其中一段边墙，开始于兴安北省沃和库里村附近。从这儿沿根河左岸向西直到河口，然后转向西南，近乎沿额尔古纳河的走向，一直到接近满洲里车站的地方，河向东转，城墙大致向西延伸，最后消失在外蒙古。1934年，我去巴尔加考古调查时，有机会调查了这一边墙。"[①]这就是历史上叙述其状况较详的一次调查和报告材料。

关于这道长城的研究，近年颇见关注，时有研究者从不同角度着眼写的文章发表，但调查则进行得不多。由于其所处地理位置的关系，自20世纪70年代以来，内蒙古自治区呼伦贝尔盟(呼伦贝尔市)文物工作站的考古工作者，对这道长城做了很多调查工作，米文平、白劲松、赵越、吴树海、王成等人，在内蒙古自治区境内不同地段进行了多次调查和复查。

1987年7月，笔者去黑龙江和内蒙古参加两个学术讨论会。会后，我们几位研究长城的学者，组织了一次对呼伦贝尔这道素有争议的长城位于我国境内的线段进行了全线调查。我们的调查从额尔古纳右旗（今额尔古纳市）上库力乡（今上库力街道）上库力村西南、库力河西岸沼泽地中的长城东端起点起，向西沿处于根河南岸的长城线路并旁及两侧的相关城堡，逐次进行。在调查途中，我们于额尔古纳右旗政府驻地拉布达林镇之东看到，有一处城墙遗存因修路被推土机推出一道豁口，在露出的城墙断面上，可看出墙体遗存的结构（图1-14-68）。这道长城经额尔古纳右旗政府驻地拉布达林镇，一直向西延伸（图1-14-69、图1-14-70），经行一百二十余里（图1-14-71），至额尔古纳河东岸的四卡处。在这一地段，金岭北长城留有许多遗迹，墙体遗存明显（图1-14-72、图1-14-73）。这道长城延伸至黑山头镇后，傍额尔古纳河转向南去（图1-14-74、图1-14-75），又向西南延伸（图1-14-76～图1-14-79），过八大关村后，在呼列也吐越

① 包诺索夫著：《成吉思汗边墙初步调查》，《大陆科学院通报》第五卷第一期，1942年，胡秀杰译，载吴文衔主编：《黑龙江考古民族资料译文集》第一辑，哈尔滨：北方文物杂志社1991年1月版。

额尔古纳河西去，进入今俄罗斯境内。出俄境后，又进入我国，我们追踪至满洲里，对复入我国境内的长城线段进行了调查。在此长城线上，还有许多堡城，如小孤山即有两个堡城遗址（图 1-14-80），保存仍很完整。

这次调查，可以说凡是能够调查的地区，只要能进行，我们就都设法到实地去，仔细、认真地测绘、记录、照相，因而取得了较为全面、翔实的第一手考古材料。随后笔者与米文平将这次调查的收获与研究成果，写成《岭北长城考》发表[①]。为使概念明确，我们在该文中首次将这道长城定名为“岭北长城”，并在文中进行了较为深入的考证，尤其是关于其修筑年代的问题，提出了我们的学术观点。调查时拍摄的照片已收入本文中，详细调查情况，此不备述，可参见该文。

图 1-14-68　呼伦贝尔市（原呼伦贝尔盟）额尔古纳市（原额尔古纳右旗）拉布达林镇东之金长城墙体遗存断面（由东向西拍摄）



① 米文平、冯永谦：《岭北长城考》，《辽海文物学刊》1990 年第 1 期。

图 1-14-69 考古工作者在呼伦贝尔市额尔古纳市拉布达林镇西调查金岭北长城遗存（自西向东拍摄）

图 1-14-70 呼伦贝尔市额尔古纳市拉布达林镇西的金岭北长城遗存

图 1-14-71　呼伦贝尔市额尔古纳市拉布达林镇西的金岭北长城遗存

图 1-14-72　呼伦贝尔市额尔古纳市尖山子上的金岭北长城遗存

图 1-14-73　呼伦贝尔市额尔古纳市尖山子上的金岭北长城遗存（自西向东拍摄）

图 1-14-74　呼伦贝尔市额尔古纳市四卡的金岭北长城遗存

图 1-14-75　呼伦贝尔市额尔古纳市拉布达林镇西额尔古纳河八大关北之金岭北长城遗存（由东北向西南拍摄）

图 1-14-76 考古工作者在呼伦贝尔市额尔古纳市拉布达林镇西调查金岭北长城遗存

图 1-14-77 考古工作者在呼伦贝尔市额尔古纳市拉布达林镇西调查金岭北长城遗存

图 1-14-78　考古工作者在呼伦贝尔市额尔古纳市拉布达林镇西调查金岭北长城遗存

图 1-14-79 考古工作者在呼伦贝尔市额尔古纳市拉布达林镇西调查金岭北长城遗存

图 1-14-80　呼伦贝尔市额尔古纳市金岭北长城小孤山城堡中之北堡遗存（由东向西拍摄）

# 第十五章 明长城考古调查发现

明长城，修筑在明朝统治区域的北方，东西一线，蔚为壮观！今天人们所说最为驰名的“万里长城”，就是指明长城而言。

当明之世，朝廷虽然在北方相继设有兀良哈蒙古三卫朵颜、泰宁、福余和海西、建州女真各卫，但明朝北方的边防仍然很重。举一个最明显的例子，就是在土木之变中，明朝的皇帝都成了蒙古人的俘虏，可见北方民族势力的强大。为了加强防御，使北方边境得到安宁，明王朝不得不以举国之力大规模地修筑长城。

明代修筑长城，是我国修筑长城历史的尾声，但明代长城却可以说是我国修筑长城的集大成之作。它规模宏伟，从东到西，长达一万三千多里，是我国历代修筑的长城都无法比拟的名副其实的“万里长城”；其建筑质量极高，工程难度亦最大，而防御体系更加完备。尽管明长城的修筑时间距今最近，它又最为人们所熟悉，但人们对明长城的了解却还是存在着很大问题的，并且主要问题还是出在东北地区。

号称“万里长城”的明长城，本来由东到西被划为九个军事防守区，由九个军镇分别管辖，因此它也被称为“九边”。《明史·兵志》记载：“终明之世，边防甚重。东起鸭绿，西抵嘉峪，绵亘万里，分地守御。初设辽东、宣府、大同、延绥四镇，继设宁夏、甘肃、蓟州三镇，而太原总兵治偏头，三边制府驻固原，亦称二镇，是为九边。”[①]起于鸭绿江边的明万里长城，经过几百年传到今天，结果被丢掉了辽东镇，变成了人们认知中“东起山海关，西到嘉峪关”的万里长城。不仅一般人这样认识，在学术界也多有这种看法，甚至一些权威性著作也持这种观点——1989年出版的《辞海》在“长城”条下就如此注释[②]，可见这个问题是何等严重！

另一方面，在少数对明长城有较深入研究的著作中，也有指出它“东起鸭绿江”的，

① 张廷玉等：《明史》卷九一《兵志三》，北京：中华书局1974年4月版，第2235页。

② 辞海编委会：《辞海》上册“长城”条释文为：“明代为了防御鞑靼、瓦剌族的侵扰，自洪武至万历时，前后修筑长城达十八次，西起嘉峪关，东至山海关，称为‘边墙’。”（上海：上海辞书出版社1989年9月版，第69页）

但具体定点在何处，却无从谈起；能够对其起点做出判断并进行定点的，前后出现过如下几种推定，差别很大：早年有推定其起点在今凤城、在今丹东九连城、在今宽甸老边墙诸说，近年笔者提出其起点在今宽甸虎山，此后又出现不同意见，认为其起点应是今宽甸古楼子。由于诸多说法分歧较大，论点各异，未能统一，不知“东起鸭绿”的明长城的东端起点在今鸭绿江什么地方。由此可知，雄伟壮观的明代万里长城，在辽宁地段还真有可研究的地方。

## 一、文献记载的明辽东镇长城与今地

长城，其性质是军事防御设施，本身就是一个完整的系统，包括很多内容，明长城亦如是。就明长城而言，其组织非常严密，从指挥中心到边地，如一张蛛网般分布，层层有接应，表现出强大的防御能力。比如辽东镇，其构成有镇城、路城、卫城、所城、堡城，还有交通道路、接火台、路台以及马市、木市等，如此繁多的单位，都是明长城系统内的结构。但这些都是以长城墙体为显著标志的。如果没有墙体，上述内涵再多，也不能称其为长城。即或长城墙体不多，只存有木柞墙、劈山墙、山险墙等，也能称得上是长城。

现在所谈的明代长城，修筑时间距我们较近，其建筑质量又很高，所以今天大部分都还有保存，人们去游览观光的长城也主要是以明长城为主。很多人都曾去过不同地段的长城，各有领略体会。笔者对明长城全线都调查过，它实在太过庞杂，下面想结合文献记载，对辽东镇长城做一些梳理——主要是以明代成书的毕恭《辽东志》和李辅《全辽志》为架构，列出辽东镇长城沿线的堡城。因长城就修筑在堡城的外边，所以虽其距离远近不一，但它们却是长城走向的重要依托，所以有了这些堡城的准确位置，我们也就大体知道了明辽东镇长城的分布和走向。

明代《辽东志》是明正统八年（1443 年）辽东都指挥使司都指挥佥事毕恭所修，该书只录有辽东镇长城沿线的堡城等，而于长城竟只字未提。它未录入长城，并不表明此时辽东镇没有长城①。《全辽志》则是《辽东志》的第三次续修本，为明嘉靖四十四年（1565 年）巡按御史李辅所修。该书录有全线长城，说明其具体走向，并标明各段长城的长度②，但书里依明人习惯称长城为“障塞”，而不用“长城”这一词语。今摘录两书中各相关部分，依其顺序，附以今地，比较简明，用以了解明辽东镇长城的分布与走向情况。

① 毕恭：《辽东志》卷首所附地图，第一幅为《辽东河东地方总图》，在此幅地图中是绘有长城的，且为全线长城，而形体非常明显；第二幅为《辽东河西地方总图》，在此幅图中也是绘有长城的，也是全线长城，但此幅图中有的地方长城不如第一幅图中的表现充分。

② 李辅：《全辽志》卷首亦附有一幅地图，题为《全辽总图》，图中所绘长城亦同《辽东志》所附地图中之长城。此二书所绘长城的表现形式，同精于边务的许论所绘、反映明代九镇长城、著名的设色《九边图》中的长城形象相一致。

## （一）明《辽东志》中记载的辽东镇城堡墩台

### 南路宁远等处城堡墩空操守

#### 前屯城堡墩台操守

广宁前屯卫本城（今辽宁省绥中县前卫镇）、中前所（今绥中县前所镇前所村）、中后所（今绥中县城）。

边墩

铁场堡（今绥中县李家堡子乡铁厂堡子村）：辖有吾名口台等共八台。

永安堡［今绥中县永安堡乡（乡政府驻大甸子村）永安堡村］：辖有石狭口台等共十九台。

三山营堡　（今绥中县前卫镇三山营村南石子河南岸杨家屯）：辖有长岭儿台等共十五台。

平川营堡（今绥中县范家乡平川营子村）：辖有石河口台等共二十五台。

瑞昌堡（今绥中县高甸子乡顺昌堡村）：堡东山口原有关城，称“毛刺关”。

高台营堡（今绥中县高台堡乡高台堡村）：辖有甘泉儿台等共十八台。

三道沟堡（今绥中县高台堡乡三道沟村土城子屯）：辖有架子山台等共九台。

新兴营堡［原属绥中县，因在六股河东，今属兴城市大寨乡（乡政府驻新立屯村）牛彦章村］：辖有平坡台等共十二台。

锦川营堡［原属绥中县，因在六股河东，今属兴城市大寨乡花营村］：辖有镇口台等共十二台。

背荫障堡（今绥中县前卫镇背荫障村）。

腹里接火墩　计二十座。

#### 宁远城堡墩空操守

宁远卫本城（今兴城市城区）、中左所（今葫芦岛市连山区塔山乡塔山村）、中右所（今兴城市沙后所镇沙后所村）。

边墩

黑庄窠堡（今兴城市望海乡大黑庄科村）：辖有河湾台等共十一台。

仙灵寺堡（今兴城市沙后所镇仙灵寺村）：辖有镇边空等九空、寺儿山墩等二墩、河身台等四台。

小团山堡（今兴城县红崖子乡团山子村）：辖有中架空等十四空、小团山墩等二墩。

兴水县堡（今兴城市白塔子乡清水岘村）：辖有安边台等十七台、后山墩等三墩。

白塔峪堡（今兴城市白塔子乡白塔峪村）：辖有新架台等共十八台。

寨儿山堡（今兴城市元台子乡寨儿山村）：辖有接架台等十二台、平山墩。

灰山堡（今兴城市元台子乡灰山堡村）：辖有石嘴台等八台、双山墩。

松山寺堡（今葫芦岛市连山区寺儿堡乡寺儿堡村）：辖有何晟空等十二空、寺儿山墩等二墩、荆条山台。

沙河儿堡（今葫芦岛市连山区沙河营子乡沙河营子村）：辖有新架台等三台、镇冲空等六空、孤山墩。

长岭山堡（今葫芦岛市连山区塔山乡长岭子村）：辖有镇远空等六空、安得台等三台、长岭墩。

椴木冲堡（今芦葫岛市连山区塔山乡椴木丛村）：辖有安定空等十六空、椴木冲墩等二墩、锦峰岭。

腹里接火墩　　计二十五座。

## 西路义州等处城堡墩空操守

义州卫本城（今义县县城）。

边墩

大兴堡（今葫芦岛市南票区大兴乡大兴堡村）：辖有安静台等四台、定远墩等九墩、半边山空等二空、小虹螺山等未名者五。

大福堡（今葫芦岛市南票区金星屯镇土城子村）：辖有黑鹰山墩等七墩、卧佛寺南空等八空、新台。

大镇堡（今锦州市太和区山河营子村）：辖有长山空等九空、驼儿山墩等三墩、镇静台等四台、龙潭山。

大胜堡（今凌海市温滴楼满族镇大胜堡村）：辖有新石台等十台、小河口北空等八空、安宁墩等三墩、镇远山。

大茂堡（今凌海市温滴楼满族镇大茂堡村）：辖有韭菜新台等五台、韭菜山南空等五空、韭菜山墩等三墩、松岭儿等未名者四。

腹里接火墩　　二十七座。

## 义州城堡墩空操守

义州卫本城（今义县县城）。

边墩

大定堡（今义县大定堡乡大定堡村）：辖有石安空等五空、便视台等五台、陡岭墩等三墩、戎华营等三营、碌山界。

大安堡（今义县头道河子乡砖城子村）：辖有安远空等八空、寨儿山新台等四台、平寇营等二营、赛儿山墩、锁家冲。

大康堡（今义县头道河子乡二道河子村大康堡屯）：辖有青阳台等三台、寺儿墩等二墩、王志营等四营、双山空等二空、凌河西崖。

大平堡（今义县头台子乡三台子村）：辖有凌河空等八空、凌河小台等八台、顾安营等四营、塔牙山墩、黄泥沟。

大宁堡（今义县头台子乡石头堡子村）：辖有清水台等七台、清水墩等四墩、石门空等三空、分水岭等二岭、石门冲、安泰沟。

大静堡（今义县高台子镇北砖城子村）：辖有中路台等九台、侯良营等二营、镇北墩、姚华营、尖山门。

大清堡（今阜新市清河门区清河门镇）：辖有镇安台等七台、广平墩等二墩、胡林空等五空、谢得营等二营、白土场、白土沟。

腹里接火墩　　计三十五座。

## 中路广宁地方城堡墩空操守

广宁卫本城（今北镇市驻地广宁镇）

边墩

镇夷堡［今阜新市清河门区乌龙坝镇（镇政府驻朱家屯）细河堡村］：辖有接界台等十台、镇口墩。

镇边堡（今北镇市大市堡镇大市堡村）：辖有孛罗林台等共十四台。

镇静堡（今黑山县白厂门镇白土厂门村）：辖有长岭儿台等十五台、缸窑空等二空。

镇安堡（今黑山县八道壕镇苇城子村）：辖有双台西新台等十台、古城空等三空。

镇远堡（今黑山县城黑山镇）：辖有歪头山台等八台、小黑山西空等四空。

镇宁堡（今黑山县大虎山镇望山堡村）：辖有野猪湖北小台等六台、大黑山南空等六空、大黑山南空墩。

镇武堡（盘山县高升乡高升村）：辖有邢百户大台等四台、邢百户南空等五空。

腹里接火墩　　计三十六座。

正安堡（今北镇市正安镇正安村）。

魏家岭关（今北镇市大市堡镇医巫闾山魏家岭）。

## 右屯城架操守

广宁右屯卫本城（今凌海市右卫镇右卫村）
墩架（按：其下未标出墩架名，只注瞭守官军四十四员名）。

## 东路辽阳等处城堡墩空操守

### 海州城堡墩空操守

海州卫本城（今海城市城区）。
边墩
西兴堡（今台安县富家庄镇）：辖有莲子湖空等十一空、朱四堡烟墩等二墩、西空台。
西平堡（今盘山县沙岭镇山河营子村）：辖有石桥空等共十空。
西宁堡［今盘山县古城子镇（镇政府驻拉拉屯）西牛古城子村］：辖有高墩空等六空、镇虏台等三台、珠子河烟墩。
东昌堡（今海城市西镇八家子村）：辖有月河空等七空、杨桥烟墩。
东胜堡（今海城市腾鳌镇西开河城村）：辖有勇宁空等十二空、南沙窝烟墩等三墩。
归州堡［今盖州市归州镇（镇政府驻槐树房村）归州村］。
腹里接火墩　　计一十五座。

### 辽阳城堡墩空操守

辽阳本城（今辽阳市老城区）
边墩
长静堡（今辽阳县唐马寨镇老墙头村）：辖有月河小墩等六墩、铁池泊大墩。
长宁堡（今辽阳县唐马寨镇唐马寨村）：辖有喜鹊窝墩等三墩、清泥湖小墩等八墩、塔麻大墩。
长定堡［今辽阳县柳壕镇（镇政府驻刘柳壕村）高力城子村］：辖有菱角泊小墩等十墩、袋儿沟大墩等二墩。
长安堡（今灯塔市黄泥洼镇黄泥洼村）：辖有袋儿湾南空等三空、袋儿湾大墩等三墩、菱角泊小墩等十二墩、虎伯南空墩、段家桥。
长胜堡（今沈阳市辽中区茨榆坨镇茨榆坨村）：辖有南界小墩等十四墩、刺榆坨大墩等三墩、新台、郝家墩。
长勇堡（今沈阳市于洪区彰驿站镇彰驿站村）：辖有月河南空等十六空、月河大空墩等二墩、獐驿站大墩等三墩、胡家锅小墩。

长营堡（今沈阳市于洪区沙岭镇沙岭村）：辖有马鞍山大墩等四墩、马鞍山北小墩等七墩、马鞍山北空墩等六墩。

武静营堡（今沈阳市苏家屯区八一镇大武靖营村）：本堡系腹里，无边台。

奉集堡（今沈阳市苏家屯区陈相屯镇奉集堡村）：本堡系腹里，无边台。

东州堡（今抚顺市东洲区东洲村）：浑河空等十空、浑河口墩等七墩、靖安小墩。

抚顺关（今抚顺市顺城区前甸镇关岭村）。

马根单堡（今抚顺县救兵乡马群郸村）：辖有靖镇墩等三墩、靖宁空等二空、靖宁小空。

散羊峪堡（今抚顺县救兵乡三龙峪村）。

一堵墙堡［今本溪县南甸子镇（镇政府驻沟口村）马家城子村］。

威宁营（今本溪市明山区高台子镇威宁营村）。

甜水站堡（今辽阳县甜水站乡甜水站村）。

青苔峪堡（今凤城市青城子镇园艺村）。

镇夷堡（今凤城市通远堡镇老堡村）。

镇东堡（今凤城市鸡冠山镇薛礼站村）。

凤凰城堡（今凤城市驻地凤城镇）：辖有威远台等三台。

汤站堡（原属凤城市今丹东市振安区汤山城镇汤山城村）：辖有双岭台等八台。

险山堡（今凤城市东汤镇民生村河西屯）。

宁东堡（今凤城市东汤镇土城子村围子里屯）。

江沿台堡（今丹东市振安区楼房镇石城村）。

旧江沿台堡（今丹东市振安区九连城镇叆河上尖村）。

宽甸堡（今宽甸县驻地宽甸镇）。

新奠堡（今宽甸县青椅山镇赫甸城村）。

大奠堡（今宽甸县永甸镇坦甸村）：有《创建大奠堡记》碑。

永奠堡（今宽甸县永甸镇永甸村）。

长甸堡（今宽甸县长甸镇长甸村）。

大佃子堡（今宽甸县杨木川镇土城子村）。

腹里接火墩　　计七十七座。

## 叆阳城堡墩空操守

### 边墩

新安堡（今凤城市石城镇石城村）：辖有古城台等三台。

草河堡（今本溪县草河口镇草河口村）：本堡原无边墩。

叆阳堡（今凤城市叆阳城镇叆阳城村）：辖有乃木空等三空、解独墩等十四墩。
洒马吉堡（今凤城市赛马镇赛马村城子里屯）：辖有石洞台等四台。
碱场堡（今本溪县碱厂镇碱厂村）：辖有孤山墩等十六墩、小岭空。
清河堡（今本溪县清河城镇清河城村）：辖有靖镇空等三空、靖镇墩等九墩。
腹里接火墩　　计四十七座。
鸦鹘关（今新宾县苇子峪镇三道关堡村）。
孤山堡（今本溪县兰河峪乡新城子村）。
镇朔关（今凤城市叆阳镇叆阳城村）。

### 抚顺城堡墩空操守

抚顺本城（今抚顺市顺城区）
边墩
新添浑河口小墩等八墩、土台大墩等二墩。
会安堡（今抚顺市顺城区会元堡乡会元堡村）：辖有平安大墩等二墩、旧营小墩等七墩。
腹里接火墩　　计十二座。

### 沈阳城堡墩空操守

沈阳本城（今沈阳市沈河区）
边墩
静远堡（今沈阳市于洪区马三家子镇静安堡村）：辖有远服小台等十台、远得大墩。
平虏堡（沈阳市于洪区平罗堡镇平罗堡村）：辖有静长小台等六台、林静大墩。
上榆林堡（今沈阳市于洪区光辉街道大尚义林村）：辖有上乐小台等十台、上永大台。
腹里接火墩　　计十七座。

### 蒲河城堡墩空操守

蒲河本城（今沈阳市沈北新区蒲河镇蒲河村）。
边墩
十方寺堡（今沈阳市沈北新区石佛寺乡石佛寺村）：辖有龙湾小台等十二台、平安坡小墩、十方寺大台、新添中台。
腹里接火墩　　计七座。

## 北路开原等处城堡墩空操守

### 懿路城堡墩空操守

懿路本城（今铁岭县新台子镇懿路村）。

边墩

丁字泊堡（今沈阳市沈北新区黄家乡小丁字泡村）：辖有夏塔儿敦等三墩、夏塔儿南空等七空、新台、傅家沟。

三岔儿堡（今铁岭县横道河子乡三岔子村）：辖有镇安墩等二墩、黄泥洼空等四空。

腹里接火墩　　计五座。

### 汎河城堡墩空操守

汎河本城［今铁岭县凡河镇大凡河村］。

边墩

宋家泊堡（今铁岭县凡河镇宋家泡村）：辖有尖山墩等五墩、古岭南空等五空、南界台等二台。

腹里接火墩　　计三座。

### 铁岭城堡墩空操守

本城（今铁岭市西部旧城区）

边墩

曾迟堡（今铁岭县蔡牛堡子乡曾盛堡村）：辖有汎河口等二口、喜鹊窝南空等十一空、红泊墩等八墩、辽河南岸等二岸。

抚安堡（今铁岭县大甸子镇抚安堡村）：辖有石柱子空等六空、界首山墩等八墩。

腹里接火墩　　计二十二座。

### 中固城城堡墩空操守

中固本城（今开原市中固镇）。

边墩

定远堡（今开原市庆云堡镇西古城子村）：辖有逍遥台等十一台、镇虏墩等二墩。

柴河堡（今开原市靠山屯镇柴河堡村）：辖有王伏台等十四台。

腹里接火墩　　计一座。

### 开原城堡墩空操守

开原本城（今开原市老城镇）

边墩

庆云堡（今开原市庆云堡镇庆云堡河东村）：辖有新添台等八台、黑林墩等二墩、新安关（今开原市双楼台村）。

古城堡（今开原市八宝屯镇古城堡村）：辖有王六儿台等八台。

镇夷堡（今昌图县马仲河镇砖城子村）：辖有陈宽台等十一台、汉州墩等二墩。

清阳堡（今昌图县昌图镇青羊堡村）：辖有白塔空台等十二台、白塔墩。

镇北堡（今开原市威远堡镇镇北堡村）：辖有光山墩等二墩、灰窑儿台等十五台、镇北关（在镇北堡城南边，此处长城南北走向，长城位于堡城、关城的东边）。

威远堡（今开原市威远堡镇威远堡村）：辖有新添台等十八台、黑山墩。

靖安堡（今铁岭市清河区尚阳堡村）：辖有何奇台等十六台、夹河墩、广顺关。

松山堡（今开原市松山堡乡松山堡村）：辖有长岭台等十二台、松山墩。

腹里接火墩　　计七十座。

## 沿海城堡墩架

### 金州城堡墩架操守

金州本城［今大连市金州区（原金县）政府驻地金州镇］。

旅顺口城（今大连市旅顺口区）。

望海埚堡（今大连市金州区亮甲店镇赵王屯）。

红嘴堡（今普兰店市皮口镇西城村）。

黄骨岛堡（今庄河市黑岛镇黄贵村城街屯）。

墩架　　计七十三座。

### 复州城堡墩架操守

复州本城（今瓦房店市复州镇）。

杨官寨堡（今瓦房店市仙浴湾镇羊官堡村）。

栾古驿堡（今普兰店市岚崮山东坡）

墩架　　计十六座。

### 盖州城堡墩架操守

盖州本城［今营口市盖州区（原盖县）政府驻地盖州镇］。

熊岳驿堡（今盖州市熊岳城村）。

五十寨驿堡（今大连市金州区五十里堡村）。

墩架　　计二十五座。

## （二）明《全辽志》中记载的辽东镇长城

### 前屯城堡墩台障塞操守

障塞

铁场堡吾名口台起，至锦川营小河口台止，共二万五千二百丈。土墙九千五百二十丈，石墙九千二百五十丈，木柞河口二千八百七十丈，山险无墙三千五百六十丈。

（按：此段长城长度核为一百六十八里）

### 宁远城堡墩台障塞操守

障塞

黑庄窠西古路口台起，至椴木冲堡小虹螺山台止，共二万九千四百二十一丈。土墙一万一千二百三十丈，石墙八千九百六十五丈，木柞河口三千四百二十丈，山险无墙五千八百六丈。

（按：此段长城长度核为一百九十六点一四里）

### 锦州城堡墩台障塞操守

障塞

大兴堡西接宁远椴木冲界起，至义州大定堡界止。石墙八千八百六十丈，土墙一万二千六百三十丈六尺，共二万一千五百三十六丈，原坍塌今已修完。

（按：此段长城长度核为一百四十三点五七里）

### 义州城堡墩台障塞操守

障塞

义州迤西，大定堡西接锦州所辖大茂堡界起，至广宁所辖镇夷堡界止，石墙一万一百三十三丈，土墙一万七千五百六十六丈五尺，共二万七千六百十九丈五尺。

（按：此段长城长度核为一百八十四点一三里）

## 镇静等堡墩台障塞操守

障塞

镇夷堡西自义州大清堡界起，东至镇边堡界止，计路五十里，俱土墙，高一丈二尺，河口三处，阔二丈。

镇边堡至镇静堡界止，计路四十八里，石墙二十三里八十四步，土墙二十四里二百二十六步，高一丈二尺。

镇静堡至镇安堡东界止，计路四十五里，石墙七里一百一十一步，土墙三十七里一百五十步，高一丈二尺。

镇安堡东至镇远堡界止，计路四十二里，俱土墙。

镇远堡东至镇宁堡界止，计路四十三里，石墙五里一十四步，土墙三十七里一十四步。

（按：此段长城共长二百二十八里）

## 镇武等堡墩台障塞操守

障塞

自镇武堡西界起，至西宁堡东界止，共土墙一万七千七百五十二丈五尺，计路一百五里。

（按：此段长城长度核为一百一十八点三五里）

## 海州等处城堡墩台障塞操守

障塞

自西宁堡起，至东胜堡止，土墙一道，高一丈二尺，共七千一百三十丈。

（按：此段长城长度核为四十七点五三里）

## 长安堡等处墩台障塞操守

## 长勇堡等处墩台障塞操守

障塞

自东胜堡界起，至沈阳静远堡界止，土墙一道，计一百七十里，嘉靖三十六七等年（1557、1558 年）大水坍塌，嘉靖四十四年（1565 年）巡按御使李辅题请修筑。

（按：此段长城长一百七十里）

## 抚顺所城堡墩台障塞操守

障塞

北自懿路三岔儿堡界起，南至辽阳东州堡界止，土墙一道，六千四百九十九丈。

（按：此段长城长度核为四十三点三二里）

## 清河堡等处墩台障塞操守

障塞

自东州起，至马根单（堡）南界止，劈山边墙一道，八千四百九十二丈一尺（按：此段长城长度核为五十六点六里），木柞五空、虎牢一空，共一百八十七丈（按：此段长城长度核为一点二五里）。

自马根单（堡）起，至孤山（堡）南界止，木柞墙五千四百四十七丈（按：此段长城长度核为三十六点三一里），内外虎牢十五空，共二千一百一十丈（按：此段长城其长度核为十四里），版筑墙八百丈（按：此段长城长度核为五点三里）。

（按：此段长城共长一百一十三点四六里）。

## 沈阳卫城堡墩台障塞操守

障塞

沈阳迤西，自静远堡接辽阳长营堡界起，北至上榆林（堡）接十方寺（堡）界止，土墙一道，长九千七百五十二丈。

（按：此段长城长度核为六十五里）。

## 蒲河所城堡墩台障塞操守

障塞

蒲河迤西，南自沈阳上榆林堡界起，至懿路丁字泊堡界止，土墙一道，长五千四百丈。

（按：此段长城长度核为三十六里）

## 懿路城堡墩台障塞操守

障塞

迤西土墙三十五里，迤东三岔儿堡劈山及土墙顺长三十一里。

（按：此段长城长六十六里）

## 汎河城堡墩台障塞操守

障塞

迤西宋家泊堡，南自懿路丁字泊堡界起，北至铁岭曾迟堡界止，土墙一道，顺长二十五里。

迤东，北自铁岭平顶堡界起，南至懿路三岔儿堡界止，劈山墙一道，顺长六里。

（按：此段长城共长三十一里）

## 铁岭城堡墩台障塞操守

障塞

迤西，南自汎河宋家泊（堡）界起，北至开原庆云堡界止，土墙一道，四十六里。

迤东抚安堡，北自中固柴河堡界起，南至汎河白家冲界止，劈山土墙一道，顺长六里。

（按：此段长城共长五十二里）

## 中固城堡墩台障塞操守

障塞

迤西，南自铁岭平定堡界起，北至开原庆云堡界止，土墙一道，顺长三十里。

迤东，柴河堡，北自开原，南至铁岭抚安堡界止，劈山墙顺长三十里。

（按：此段长城共长六十里）

## 开原城堡墩台障塞操守

障塞

迤西，自中固城定远堡界起，历庆云、古城、永宁三堡，土墙一道，共六十里。

迤北，镇夷堡，土墙，清阳、镇北二堡，劈山为墙，共一百一十六里。

迤东，自威远、靖安、松山三堡，至中固城柴河堡界止，劈山为墙，顺长九十五里。

（按：此段长城共长二百七十一里）

## 险山等处墩台障塞操守

障塞

自孤山南界，至江沿台西界止，木柞墙共六千八百一十七丈（按：此段长城的长度核为四十五点四五里），虎牢柞四十一空，共五千四百七十三丈（按：此段长城的长度核为三十六点四九里）。石垛墙八空，共八百五丈（按：此段长城的长度核为五点四里）。

（按：此段长城共长八十七点三四里）

（按：《全辽志》所载辽东镇长城全长两千零八十点八四里）

上述关于明九边长城中的首镇辽东镇长城情况的记载，是历史上记载最详细、最系统的文献资料了。辽东镇长城的长度，据《全辽志》所记，为两千零八十点八四里。但经今天的考古调查发现，这些记载还是有相当大的出入，不能作为完全的依据。因为上记二书虽然成书于明朝当代，当时的人记载当时的事，应是最翔实可靠的了，然而，它不是最后年代的记载，在其成书后，明长城又有多次的补筑或增修，所以其记载并不完全准确，如"自孤山南界，至江沿台西界止，木柞墙共六千八百一十七丈、虎牢柞四十一空共五千四百七十三丈、石垛墙八空共八百五丈"的记载，核为里程八十七点三四里，是一个很长的线段，但考古调查发现，实际上完全不是记载中的这种情况，在这些地方，很多长城线段都是有石砌墙体的。这段长近九十里的长城，其地从孤山堡即今本溪县兰河峪乡新城子村起，至江沿台西界即今丹东市九连城镇石城村西面山岭向南去的虎山村虎山南麓鸭绿江边止，不仅在山岭上调查发现是石墙，而且在虎山上的城墙，除了石墙外还有砖墙，1990 年笔者进行考古调查时，还在虎山村旁发现有明代为修长城烧砖而建的砖窑遗址。这些皆可证明辽东镇长城有一个创修后又维修的过程，最后的长城还是比较完整的。

## 二、明辽东镇长城的分布和走向

辽东镇长城，是明代北方九镇长城之首。明长城东起于辽东，由鸭绿江边开始，一路翻山越岭，向西延伸，直至嘉峪关，是名副其实的万里长城。其建筑规模之巨大，结构之完美，在我国历代长城中是无与伦比的，也为世界长城史中之最！

从其建国开始，几乎至终明之世，明朝都在修筑长城。辽东镇长城也是在明朝建国后不久就开始修筑的，因为它西面的朵颜、泰宁、福余兀良哈三卫蒙古人和东面的海西、建州二卫女真人，经常骚扰边地，进行抢掠，所以其沿边防御任务繁重。即使如此严防，建州卫女真最终还是突破长城防线，夺取了明朝的全国统治政权，可见当年以长城为依凭的防守任务之紧要！今天我们看，在明九镇长城中，辽东镇长城最有特点。它行经高山大河、平原丘陵，迂回曲折，绕走遥远。它充分利用地理条件与自然环境，不避高山，直上峰顶，低处沮洳，挖沟蓄水。尤其是在结构形制上，那更是多种多样，有石砌墙、土筑墙、劈山墙、劈土墙、木板墙、木柞墙，并且将简易的木板墙等改换成坚固的土墙或石墙，亦常有之。因此，同其他几镇长城相比，辽东镇长城是有很大的地域性特点的。

辽东镇长城的行经线路，几乎覆盖了今天辽宁省内各市、县。辽东镇长城东起于鸭绿江边，即今丹东市宽甸县虎山镇（镇政府驻红石砬子村）虎山村鸭绿江北岸的虎山南麓，然后长城越山向北延伸，经今宽甸县、凤城市两县、市交界的山岭地带，延伸到今本溪市之本溪县，再经今抚顺市之新宾县、抚顺县、东洲区、顺城区，延伸到今铁岭市之铁岭县、清河区、开原市、西丰县、昌图县，转向南后，长城再延伸到开原市、铁岭县，以及今沈阳市之法库县、沈北新区（原新城子区）、于洪区、辽中区（原辽中县），今辽阳市之辽阳县，再向南去，延伸到今鞍山市之海城市，然后西转，横过辽河，北行，延伸到今盘锦市之盘山县、鞍山市之台安县，西北行，延伸到今锦州市之黑山县，继续前行，经今北镇市（原北镇县）北侧，延伸到今阜新市之阜新县、清河门区，再辗转延伸到今锦州市之义县、凌海市（原锦县），再西南行，延伸至今葫芦岛市，经连山区、兴城市到绥中县，止于永安堡乡（乡政府驻大甸子村）锥山沟屯之北的锥子山东侧山峰石壁上（参见第 1396 页图 1– 附录 –2）。

由于各种原因，明代长城从其完成修筑起直到现在，都遭到不同程度的损坏，今天其状况各有不同，笔者对其进行过考古调查，对此颇有体会：有的地段保存较好，不仅墙体尚存，而且其上的垛口墙、女墙、铺房等仍都在，虽有无尽沧桑之感，但昔日风采依旧；有的地段则保存较差，剩有遗址，但还可见残垣断壁；有的地段则损坏严重，甚至不见任何墙体踪影，只有零落的土块和砖石；有的地段由于没有明显的墙体遗存，就被忽略，甚至遭到否认。就以明长城东端起点来说，因其保存较差，表面上看不到明显的长城踪迹，长时间以来流传下来的明长城“东起山海关”的认识，几乎没有人怀疑，可见其影响之巨。此外，即或有认识的，知道明长城是“东起鸭绿江”，但它起在何处，人们也是各执一词，出现了多种说法，定点都不在一地，而且其距离相差很远。这样的问题，长时间以来，一直存在着而没有得到解决，不知以何者为是。就以笔者的感受来说，经历诸说纷纭，不得不关注此事，排除不符实际之论，提出自己的观点，最后的解决是靠考古调查发现来证实。这里应当说的是 1990 年，笔者受丹东市政府之邀，从考古调查入手，解决了明长城的东端起点问题。这也是笔者调查历代长城的一部分。从调查开始，我们就对过去所说作为明长城东端起点的各个地点逐一进行调查，不轻视任何一个曾被提出为明长城东端起点的地点，仔细认真地在田野中寻找蛛丝马迹。在逐一否定其他地点之后，我们最后发现、证明明长城东端起点确实是在丹东鸭绿江畔的虎山南麓。

虎山长城的调查经过是怎么样的？为了说明情况，下面录出笔者在 1990 年考古调查明长城东端起点遗址时所写的考古日记。其他地点的调查篇幅太长，又被否定是明长城东端起点，因此现只摘录几天我们在虎山进行考古调查的日记，读者从中略可看出丹东明长城东端起点遗址的调查发现情况。

5月11日　星期五　多云

去虎山调查。早晨大雾，出门后在街上看不见十米外的人，白茫茫一片。我们八点乘车去虎山时，雾似乎小了一些，但路两侧的景物一概不见，只是一片混沌，车行很慢，跑不起来。到虎山后，浓雾逐渐散去。我们先到虎山前，即虎山南坡下边。

我们在山前大土台上研究了下一步发掘计划，然后让车返回。我们开始上山，登上虎山之背，发现一座墩台。又向虎头进发，发现一段石砌墙。我们沿山寻找，发现很长段落，证明确为城墙。我认为这段城墙是高句丽的泊汋城。然后我们又向山上去，到了山顶，上面是一个很大的平台，这在山上是一个很好的地方。我们又由山顶向西下去，那是一个石砬子，下了石砬子，就是山洼梁，两边草木葱茏，当中一条人行道。下到北坡上，我们发现草丛中有石块，于是我们动手拨开枝条，拔去蒿草，露出整齐石墙，大家欢呼雀跃："这里发现城墙啦！"这是多么令人兴奋的事啊！记录、照相、测量依次进行。墙基南部已残缺，存宽四米，原来应有五米，至少也有四点五米宽，存高一米。有了新发现城墙，我们更有了劲头，开始向山上找，结果还有城墙，一直到山顶墩台处，这段石墙长七十八米。这道城墙是上接墩台的。

从墩台下来，我们三人（金光远、任鸿魁和我）向山南坡下去，看它与江边的台址是如何接法。从山顶南下，坡度较陡，过了一处石砬子，下到一个较平的岗顶，在这里又发现一座墩台，散布有很多石块。此台很重要，（因为有了）它（，山顶墩台就）和江边的大土台连起来了。以它的位置，我们将其编为二号台。从二号台再下去，山坡又较陡，而且石砬子也多，我们感到长城由此下去也较困难，于是横向往东寻找，希冀在此有城墙能够发现。但越往东，越是陡立石崖，直达山下，此时虽然明知不会有城墙，但我们还是一直找过去，直到确认不可能有城墙时才终止。我们在东面山坡上发现一个石臼，它是用一块很大的山岩制成的，岩石未经加工，仅在石面上凿了一个圆窠，很小，和山岩的体积不相称。窠直径二十二厘米，深二十三厘米，窠中凿上下竖条齿沟，沟的宽度不一，但较细小，从测量五条沟（即四个台）看，为六厘米宽。石臼为花岗岩制成。

到了山下，我们又向东沿山脚走去，南面是鸭绿江，水极清澈。山距江水三四十米，其间地势平坦，绿草如茵。山上岩石裸露，是题字石刻最好的地方，面积特大，他处少见。石崖间有很大裂隙，可能是山洞，因时间关系，我们未能上去。我们要探明究竟，如是山洞，则此处更为难得。

回来后我们和老吉、连春、老薛会合，天色已很晚了，未调查处有待明日。

## 5月12日　星期六　小阵雨

继续在虎山调查。我们仍是早晨从丹东市出发，直接到虎山。我们先到北坡，寻找长城走向。经过认真分析，我们在已发现长城遗迹的基础上，确定了北坡的长城走向。在接近虎山的低平山岗顶部发现的四号墩台往南，直到接虎山石砬处，我们发现确有城墙遗迹，原长城即应修到此。为便于旅游，可将长城移接到西面的石砬上，这样基本不改变长城线路，又可解决旅游登临问题。然后我们就上山，测量山上长城的具体行经路线，并测出其长度来。由山上墩台至西面山头顶部，为一百二十三米，向南而下，八十五米到二号墩台，再下是山险墙，为一百五十余米，至一石砬上，陡峭壁立，其下三十八米至江边台址，结果我们走近石砬处发现砌有石墙，这是明长城修筑的铁证，看来江边台址也要名正言顺地恢复起来。

下午我们在一起测量，从虎山这面山脚石砬处，经二号墩台至前台子墩台，直达公路边，约六百五十八米。前台子是一个墩台，方形，每边长八米，存高一米。为修复长城，第一期工程可先修到这里。其去向，是向北到“城岗”上。

从前台子下来，我们到村里，看到该村的周书记、王村长等人，初步研究了将来发掘的安排。而在村中，我们发现了两处窑址，砖筑窑室，红色烧土很厚。这个发现很重要，它可能与长城用砖有关。这是应该注意的。

我们回来的路上，天下起了雨来，直到深夜未停。

## 5月16日　星期三　晴

继续调查虎山村北长城。

前两天我们已将虎山南、北两坡上的长城调查完，向北走到虎山村，发现了当地人称为“前台子”的第五号墙台。今天我们进入虎山村中，以便与前天发现遗迹衔接起来。我们经过找人了解，并在现场调查，发现长城墙体从五号墙台折向西边，越过今丹（东）宽（甸）公路，走向又一山岗。在山岗顶部，也有一墙台，其上已辟为耕地，台被拆毁，但其处至今地势仍较高。由此台向北，在山岗顶部现为一条车道，两边俱为耕地，而这条车道恰是原来的长城，因辟耕地较早，后来石砌的长城被毁，并被改为车道。我们在此车道径直北去，一直走到村边，最后一家就是虎山村周书记家，其家房后紧临山岗南端。刚一踏上山坡，我们就发现了长城遗址，有的石块已被拆去，但还存有一部分，长城墙体明显，隆起较高，存长八十余米，存宽还有两米。发现长城，大家都很高兴。我们登上山岗北去，这里是青盖沟西岗梁。我们到了头一个岗顶，那里有一墙台遗址，长城由此稍向东北斜，沿山岗北去，延伸到另一山岗顶，那里又有一墙台，再继续北去，在一山岗顶部我们又发现了一座墙台。我们就沿山岗向北走，前面是一座较高的山，长城到此处，即青盖沟底，是一较低的岗洼梁，南面是青盖沟，梁北是栗子园村高力道沟。岗洼梁是东西向的，长城由此折向东。就在这岗洼梁东、西两端，各有一座墙台，岗洼梁上长城基础砌石明显。由此一直东去，过两个山峰，长城折向北去，即爬上栗子园村东山。由此向北望去，即为老边墙村，该村炮台山顶上的墩台，十分明显。我们沿山脊向北走去，现在山是越走越高，我们下了一个高峰，到一个低洼的岗梁，西面是砬子沟，东面是栗子园黄家沟，这里是一个山口。调查至此，我们又明白了一个问题，即前次调查时，我们在大安平河、大蒲石河以及东阳河谷上发现的横墙，长城外面的山谷或宽甸六堡拓建后的外部屏障，并不是有人说的沿江长城。这个问题的解决，有助于辽东镇长城起点、行经路线的考定。这是一个很重要的发现。这个发现，只有到了现地，只有走到这座山上，而且需要具有对长城的深刻了解，才能做到，否则是提不出这个论点的。

我们走到砬子沟与黄家沟的临界岗洼梁时，发现长城墙体保存仍很好，宽可达四米，高者有一点二米，低者也有一米，都为石块砌筑，现有颓坍，两侧向外延面很宽。这段长城的保存，对判断长城向北去直达老边墙村，是绝对可靠的依据。

到此时，天色已晚，来接我们的汽车该已来了，我们遂入山口西去下山。由虎山村后边到此，长城的长度有十五华里，都为石墙。这对记载不足、更不具体明确的文献来说，是非常重要的补充。

由此下山，山坡很长，中有一条溪水，潺潺流下，清澈已极，溪水北侧至山坡前，地势较平，有很多砌石建筑址，都已颓倒，其中有的可能与长城有关。再向下走，沟中逐渐有了人家，只七八户，也属栗子园村。当我们走到村中时，接我们的汽车已来，这时有一村人向我们反映，该村王校长还知道山上有石碑。此时天虽已晚，我们还是走到学校找到了王校长，他说："石碑确有，在东面的半山腰处，什么时候的不知道，可能是一座庙碑。"

因天色已晚，我们不能上山，就先辞别王校长返回市内。

### 5月17日　星期四　傍晚雨

早晨听辽宁电台的天气预报说，今天大连、丹东有大雨，全省有小到中雨。这样，我们就改变了行程，不再上山继续调查长城了，因为在山上遇大雨，会很不好办，于是就改拓已发现的石碑。

我们乘车先去老边墙村。这里前次发现一通石碑，村里答应运回村委会。等我们到现地一看，石碑仍在田地中。原拟用汽车运回，结果因石碑太大，面包车装运困难，于是找人抬进距离较近的该村丝织厂。我们开始拓碑。从早晨开始，天就阴得很沉，宣纸不干，无法着墨。碑两面皆有字，直到午间我们才拓完。碑即存在该厂，村里安排了保护。我们即乘车去栗子园村。到该村后，我们吃了自己随车带来的午饭，然后就分两拨同时进行工作：一拨拓制在前次发现的栗子园墩台出土的石碑，一拨到学校找王校长，一起到山上挖石碑。

我和老吉等在这边拓碑。碑的前后两面都有字，可惜风化严重，字都被蚀，无法辨读。老薛、小任都在半山腰挖石碑。碑为一通，断为两段，埋在地下，因此人们说有二碑。在我们进行工作时，天下起雨来，两边都是坚持在雨中完成的。那边碑已被挖出，可惜不能拓了；这边是在雨中将碑文拓出。

在满天阴雨里，我们离开栗子园村返回市里。

从以上所录考古日记原文中，读者可以看出笔者调查丹东明长城东端起点遗址的经历和过程，包括它是如何被调查发现的，我们在调查中还发现了什么，是怎样进行区别的。这些都可以让人有一个较为直观的印象。

经过多年的考古调查，明辽东镇长城的走向、分布已经被弄清楚。下面笔者简要列出这道长城经过的主要地点，以便读者了解。由于明长城以辽东镇为首镇，《明史》等文献亦均自东向西记述，故笔者也依成例，自起点开始，由东向西讲述辽东镇长城经过地点。

明长城东端起点，在今丹东市宽甸县虎山镇虎山村的虎山南麓，然后向北去，进入山岭，先在今宽甸县境内的山岗顶部通过，其后总体上是在今宽甸县和凤城市交界的山岭上北去（参见第 1402 页图 1– 附录 –8）。

在今丹东市宽甸县，明长城从虎山镇虎山村鸭绿江北岸的虎山南麓“邦山台”（图 1–15–1）起，北去，横过虎山，在其最高山峰上通过（图 1–15–2），北去，经过虎山村山岗，继续向北延伸，在丹东振安区九连城镇庙岭村炮台顶子长城内侧有个烽燧址（图 1–15–3）。明长城从庙岭村西的山岭上往北去，在连绵群山之上，经栗子园村到庙沟屯。此地有个过岭道，称老李丫口，那里有明长城台址（图 1–15–4），在其东侧石壁上，有摩崖题字，阴刻一楷书“忠”字，与之相对的还有摩崖图画，山顶上还有一座烽燧址（图 1–15–5）。

在这里笔者要说明一个情况，那就是在记述长城经过某村或某屯时，在有的村屯，是长城在其附近通过，但在很多村屯，长城并不在其近旁，而是距离很远，尤其是在山区，长城修筑在山岭间，附近并无村屯，居民点远至十余里甚或更远，为取一个地名做参照物，就取距离较近的村屯作为其定点，这样做是便于读者有一个地域概念。在我们的实际调查中，有的村屯距离长城较近，但有的村屯实际上距离长城很远，从一条沟到山顶，少则三五里，多则十余里。因此，关于村屯与长城距离远近这一点，是需要说明的。

图 1-15-1 宽甸县虎山镇虎山村虎山南麓鸭绿江边明长城东端起点『邦山台』遗址（自北向南拍摄）

图 1-15-2　宽甸县虎山镇虎山村南的虎山形如一只卧虎静伏在鸭绿江边

图 1-15-3　丹东市振安区九连城镇庙岭村炮台顶子明长城内侧的烽燧址

图 1-15-4　宽甸县虎山镇庙沟屯老李丫口明长城烽燧址

图 1-15-5　宽甸县虎山镇庙沟屯老李丫口明长城烽燧址（自北向南拍摄）

在下面的记述中，有的地方就是这种情况，读者不能误解。

现在接续上面说：明长城由庙沟屯过北沟屯延伸到马圈岭，墙体遗存形态明显，保存很好（图 1–15–6），马圈岭上还有一座土筑圆形烽燧址。再向北去，是老边墙村，在该村西侧的山谷平地上，横向修筑了两道城墙，其东西两端抵山脚（图 1–15–7 ~ 图 1–15–9），山很陡峭，沿山根亦修筑有墙。这是一座城址。南城墙遗存在今老边墙村小学校的房后，现呈一条土岗状。此城址不见于以往的记载。在该村东山上，明长城为石砌墙体，还保存着一定的墙体形态（图 1–15–10 ~ 图 1–15–12），山上还有一座石砌台址（图 1–15–13）。调查时，我们在山顶发现一块较大的平整岩石，石面上刻有棋盘沟纹。再向北行，依次为下岭路屯、边墙岭下屯、上岭路屯，长城沿山岭向西延伸。此山较高，当地人称之为“榛柴顶子”，上有一墩台，当地村民称之为“老墩台”（图 1–15–14）。由此西行，明长城经豺狼沟屯延伸至叆河北边的夹河口村，村北高山上有一个墩台，当地人称之为“千墩台”（图 1–15–15）。在对面的叆河南岸，今是丹东市振安区楼房镇石城村，该村至今尚有一座石城，是明代的新江沿台堡遗址（图 1–15–16 ~ 图 1–15–18），它是明长城东端统领起点段长城的第一座堡城，最初堡城原本建在叆河尖村，后移此建城，后来该堡城又南移回归，重新修建堡城的地点仍在旧江沿台堡处，在今丹东市振安区九连城镇叆河上尖村原前汉辽东郡西安平县城址上，是为明长城江沿台旧堡（图 1–15–19）。明长城又向西北延伸，沿叆河北侧山岭继续前行，直到今宽甸、凤城交界处的丹（东）宽（甸）公路（北线）与南大岭的交叉点。南大岭上有一座墩台，当地人称之为“万墩台”（图 1–15–20）。至此所述的老墩台、千墩台、万墩台这三座墩台，从东南向西北成一条直线分布。

明长城继续向北延伸，基本处在今宽甸县和凤城市交界的山岭上，过今宽甸县虎山镇大桦树村（村委会驻姜家堡子）荒沟屯、长岗子村（村委会驻鞠家堡子）石洞沟屯——屯南有一座墩台（图 1–15–21），向北去，东边是今宽甸县杨木川镇，东北有个土城子村，那里有明代初建的险山堡城遗址（图 1–15–22、图 1–15–23），西边属于今凤城市，有东汤镇土城子村围子屯，那里有明代宁东堡城遗址（图 1–15–24），其北为民生村河西堡子屯，那里有明汤半城险山堡遗址（图 1–15–25）。明长城又经今凤城市东汤镇兴隆村纪家堡子屯、咸家村艾家店屯、北楼房村初家堡子屯，过石城镇孟家村袁家堡子屯、边沟，北去，东边为今宽甸县杨木川镇。明长城继续北去，延伸至金厂村（村委会驻罗圈限子）黄家堡子屯，那里有一墩台，当地人称之为“大炮台”。明长城继续北行，经高家堡子屯（图 1–15–26）、苗家堡子屯（图 1–15–27），过丛家街至蚂蚁岭。在蚂蚁岭上，明长城有一转折，至蚂蚁岭山顶，然后依次延伸至边沟村的南石槽子屯、正石槽子屯、北石槽子屯（图 1–15–28 ~ 图 1–15–31）。这段长城处在连绵不断的崇山峻岭间，山高坡陡，地势险要，山险墙较多，只有部分地段为石砌城墙。

图 1-15-6 宽甸县虎山镇马圈岭北边岗的明长城土筑城墙遗存（自南向北拍摄）

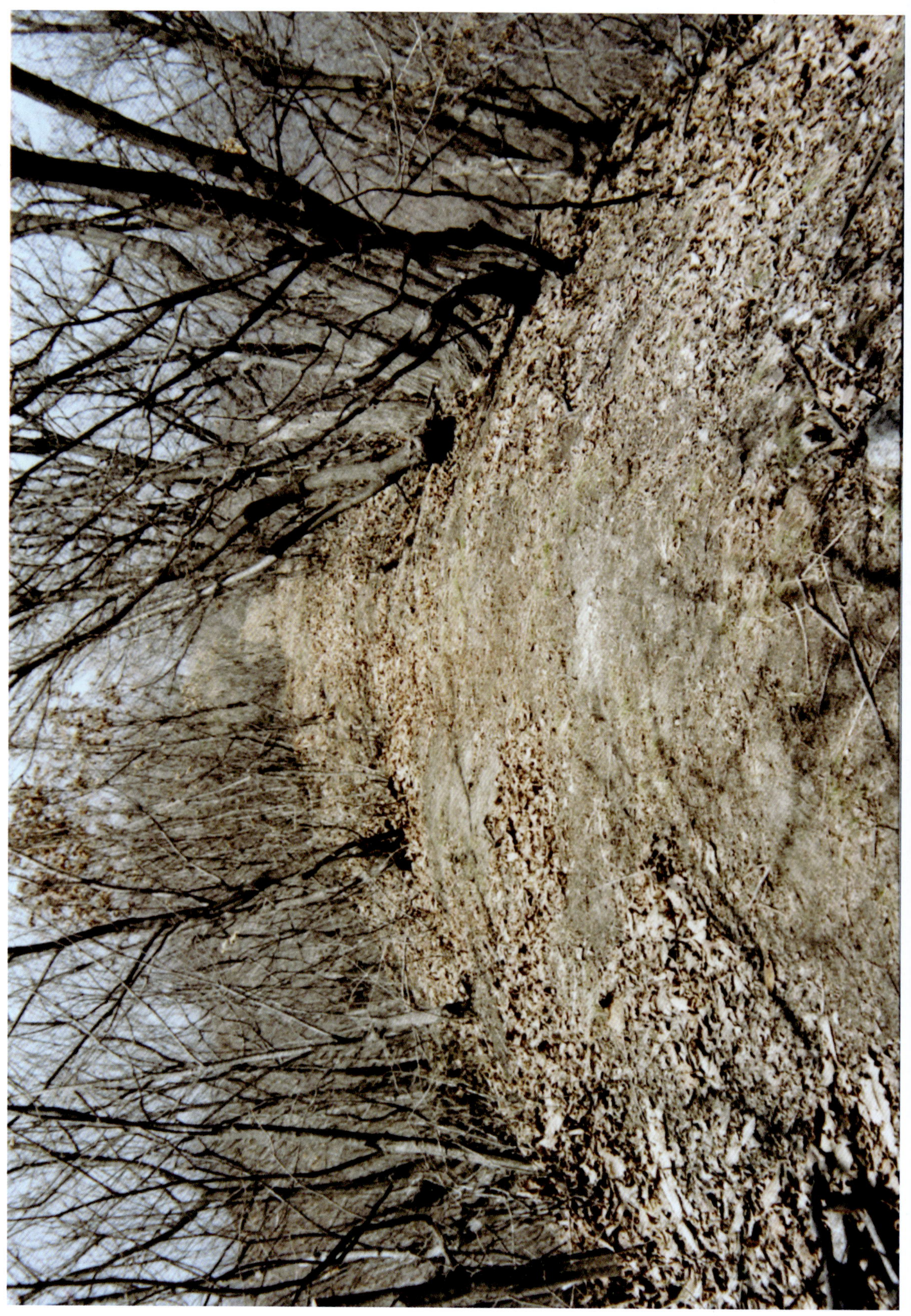

图 1-15-7　宽甸县虎山镇老边墙村小学校北侧明城址南城墙东端遗存（1985 年拍摄）

图 1-15-8　宽甸县虎山镇老边墙村明城址南城墙遗存（2016 年拍摄）

图 1-15-9　宽甸县虎山镇老边墙村明城址北城墙遗存

图 1-15-10　宽甸县虎山镇老边墙村东山上的明长城石砌城墙遗存

图 1-15-11　宽甸县虎山镇老边墙村东山上的明长城石砌城墙遗存（东南向西北拍摄）

图 1-15-12　宽甸县虎山镇老边墙村上东山上的明长城石砌城墙遗存

图 1-15-13　宽甸县虎山镇老边墙村东山上的石砌台址

图 1-15-14　宽甸县虎山镇老边墙村西北榛柴顶子上的明长城“老墩台”台址

图 1-15-15　宽甸县虎山镇夹河口村北高山上的明长城“千墩台”台址

图 1-15-16　丹东市振安区楼房镇石城村的明长城江新沿台堡西城墙遗存

图 1-15-17　丹东市振安区楼房镇石城村的明长城江新沿台堡东北角城墙遗存

图 1-15-18　丹东市振安区楼房镇石城村新沿江台堡北城墙西段遗存

瑷河尖古城址

图 1-15-19 丹东市振安区九连城镇瑷河上尖村的明长城旧江沿台堡瑷河尖古城址文物保护单位标志碑

图 1-15-20 宽甸县虎山镇南大岭上的明长城“万墩台”台址

图 1-15-21　宽甸县虎山镇长岗子村石洞沟屯南的明长城烽燧址

图 1-15-22　宽甸县杨木川镇土城子村的明长城早期险山堡城址南城墙遗存

图 1-15-23　宽甸县杨木川镇土城子村的明长城早期险山堡城址北城墙遗存的夯土层

图 1-15-24　凤城市东汤镇土城子村围子屯的明宁东堡南城墙与西城墙遗存

图 1-15-25　凤城市东汤镇民生村河西堡子屯的明长城险山堡西城墙遗存

图 1-15-26　宽甸县杨木川镇高家堡子屯南的明长城石墙遗存（自东向西拍摄）

图 1-15-27　宽甸县杨木川镇苗家堡子屯陡岭沟的明长城遗存

图 1-15-28　宽甸县杨木川镇边沟村北石槽子屯的明长城石砌城墙遗存（自南向北拍摄）

图 1-15-29　宽甸县杨木川镇边沟村北石槽子屯的明长城石砌城墙遗存

图 1-15-30　宽甸县杨木川镇边沟村北石槽子屯的明长城石砌城墙遗存（自南向北拍摄）

图 1-15-31　宽甸县杨木川镇边沟村北石槽子屯的明长城石砌城墙遗存

明长城经今宽甸县杨木川镇边沟村（凤城一侧是东汤镇咸家堡子村四道沟屯）向北去，延伸到杨木川村。在这里，明长城为石墙，保存较好（图 1-15-32）。继续向北，明长城经罗圈背村松树沟屯，进入今毛甸子乡，经二道岗子村（村委会驻任家堡子）抻沟门屯（图 1-15-33、图 1-15-34），延伸至裕太村边杖子屯，经蜂蜜砬子村（村委会驻黄隈子）棉花套子屯北行，进入今凤城市石城镇石城村，那里有明新安堡城址（图 1-15-35 ~ 图 1-15-37）。然后明长城经今凤城市石城镇东高家堡子村（图 1-15-38）、车头峪村、孟家村（村委会驻边沟屯）大太阳沟屯（图 1-15-39），延伸至西隈子村大阳沟屯（图 1-15-40、图 1-15-41），其西面山岗上有一墩台。在此地段中，明长城有山险墙，更多的是挖沟取土叠墙。明长城又向前延伸，到今叆阳镇（镇政府驻宫家堡子），其东叆阳城村有明叆阳城遗址，至今犹存（图 1-15-42 ~ 图 1-15-44），并遗有“靉阳城”门额，为“成化柒年捌月中秋日立”刻款（图 1-15-45）——成化七年为公元 1471 年。此地长城的西面今是宽甸县灌水镇，在该镇柏林川村存有一块成化五年（1469 年）石碑，上面镌有“成化五年五月铭记”诸字。该石碑高二点六米，上部损坏，远望如人站立，故称“人形石”（图 1-15-46）。由柏林川村北去，有个八里村胖顶子屯，山上有烽燧址（图 1-15-47）。在灌水镇之北，明长城在今凤城、宽甸两市县间的山岭中延伸，经今凤城市叆阳镇丛家村、龙道村，宽甸县边门岭、胖顶子山、牡丹顶，达老木垛子岭，即今本溪、宽甸、凤城三市县的交界处，然后进入今本溪市辖境。在此地，至今还有当年由宽甸通

图 1–15–32　宽甸县杨木川镇杨木川村八队大西沟山上的明长城石墙遗存（自东向西拍摄）

往本溪的古道（图 1–15–48）。（参见第 1404 页图 1– 附录 –10）

研究宽甸县的明长城，不能不谈“宽甸六堡”，因为它们的既往研究也牵涉到明长城。“宽甸六堡”是万历时期张学颜、李成梁等为防御计，在原明长城的东面建设的专为驻军防守的六座堡城，分别为：在今宽甸县政府驻地宽甸镇的宽甸堡（图 1–15–49）；原称“散等”、在今永甸镇坦甸村的大奠堡（图 1–15–50、图 1–15–51），现还存有《创筑大奠堡记》碑（图 1–15–52）；原称“双堆儿”、在今永甸镇永甸城村的永奠堡（图 1–15–53、图 1–15–54）；原称“长佃子”、在今长甸镇长甸城村的长奠堡（图 1–15–55、图 1–15–56）；原称“长岭”、在今青椅山镇赫甸城村的新奠堡（图 1–15–57、图 1–15–58）；孤山堡，位于宽甸县西北部即今本溪县境内孤山子村，系与上述五堡同时所建堡城，后拟移建至张其哈喇甸子，但由于主其事者王维屏“畏虏惮劳，伪呈不便”，移动不远，将堡城修筑在今本溪县兰河峪乡新城子村，即今所称之孤山新堡（图见后文）。

这里有一个问题，即现在很多长城研究者在其论著中都说，明朝在建设六堡之后筑有新的长城，有的文章中还附有地图，在其上画出该长城线路，蜿蜒分布，连成一线，都无间断，甚是壮观——这真是完全出于想象的凭空捏造，是根本就没有的事。笔者对宽甸县全境的长城反复进行过多次考古调查，重点地区的调查次数尤多，都没有发现任何明朝新修筑长城的遗迹，可知其不存在。为什么没有修筑长城？这个问题我们如果这样看，就会清楚了：明朝在今宽甸境内修筑长城，是为了防御建州女真，而从宽甸县的

图 1-15-33　宽甸县毛甸子乡二道岗子村抻沟门屯南的明长城石墙遗存

图 1-15-34　宽甸县毛甸子乡二道岗子村抻沟门屯北的明长城石墙遗存（自西向东拍摄）

图 1-15-35　凤城市石城镇石城村明新安堡城址的西城墙遗存

图 1-15-36　凤城市石城镇石城村明新安堡城址的西北角台和西城墙遗存

地理形势看，对于建州女真来说，主要是东西通道；该县南境有东西流向的鸭绿江天险，北边有东西横亘的高山，女真人的居住地在东，如果进犯，也都是从南面的江和北面的山之间的东西通道自东边进来——常见文献记载的女真人来路，都是走“石（十）岔口”“短错江”，其他无通途可进；明朝专为驻军所建的六堡，是在当时的通道上修筑的，分别阻断了陆路和鸭绿江水路（如长甸河口有长奠堡防守），将防守地域由原长城沿线向东推进了一段；明代在今宽甸境内的防守很单一，就是针对建州女真修筑长城和堡城，尤其是后来修筑的堡城，只要把守住要道，女真人就无法进入；再有，六座堡城前后错落分布，具有相当的防御纵深，无须再修长城堵住无路空间；还有，修建六堡时，已经到万历时期，如以万历元年计，距明朝开国已经过去了两百零五年，距明亡也只有七十一年，此时已是明朝晚期，国力衰弱，能修六堡已是尽最大努力，再接续修筑需要大量人力、物力和财力的长城，恐亦无法获得朝廷批准；如果是去宽甸县实地走过、看过的人，就会了解宽甸的实际地理情况——从宽甸镇往东就是山区，县境最东边有浑江，中间的通道是半拉江，北面是桓仁到本溪的大山，中间乱山纵横，在这种地理环境下，如何修筑长城？因此，在宽甸六堡封路的地段，明朝就没有必要为了防御东面的女真人再修筑南北走向的长城了。这是长城研究者必须清楚的，不能凭想象在地图上面画出长城来。

本溪市辖境内的明长城：明长城由今凤城市叆阳镇向北延伸，进入今本溪县兰河峪乡，

图 1-15-37　凤城市石城镇石城村明新安堡城址的北城墙遗存

图 1–15–38　凤城市石城镇东高家堡子村的明长城烽燧址

其新城子村有明孤山新堡遗址（图 1–15–59、图 1–15–60）。明长城由那向南延伸，进入今东营坊乡，经红土甸子村、南营房村、塔耙沟村、岔路沟村、阳地沟村，至碱厂镇，经李家堡子村（图 1–15–61 ~ 图 1–15–63）、碱厂村、桦皮峪村（图 1–15–64 ~ 图 1–15–69）、桦皮峪四道沟、东山坡屯、黄家堡子村谢家崴子屯（图 1–15–70）、胡家堡子（图 1–15–71），进入南甸子镇，其马城子村有明一堵墙堡遗址（图 1–15–72、图 1–15–73）。明长城从二道河子村后（图 1–15–74、图 1–15–75）北去，进入今抚顺市下辖的新宾县境。二道河子村西今是清河城镇，其清河城村有明清之际非常有名的明代清河城遗址（图 1–15–76 ~ 图 1–15–78）。

在今岫岩满族自治县（下文简称“岫岩县”）龙潭乡卫东村蔡家屯，有明代烽燧址（图 1–15–79），这是明代在沿海地区所设的台址。

明长城由今本溪县南甸子镇向北延伸，进入今抚顺市新宾县，经下夹河镇小夹河屯、双河村、下夹河镇政府驻地岗东村、松树口村，继续向北延伸，进入今抚顺市抚顺县境内。（参见第 1405 页图 1– 附录 –11）

在新宾县苇子峪镇三道关村有个历史遗迹——鸦鹘关（即南三道关，另有北三道关在其北，在今新宾县上夹河镇和木奇镇，详见本书第七章）遗址，因其很重要，并且最近时有研究意见认为它不是明朝所修，而是后金遗构，所以关于鸦鹘关遗址问题，在此应该提一下，不能对此不关注。

图 1-15-39　凤城市石城镇孟家村大太阳沟屯杨树趟子老于后沟的明长城遗存（自南向北拍摄）

图 1-15-40　凤城市石城镇西隈子村大阳沟屯南的明长城遗存

图 1-15-41　凤城市石城镇西隈子村大阳沟屯北的明长城遗存

图 1-15-42　凤城市叆阳镇叆阳城村明叆阳城遗存（远望）

图 1-15-43　凤城市叆阳镇叆阳城村的明叆阳城址

图 1-15-44　凤城市叆阳镇叆阳城村明叆阳城址的西北角城墙遗存

图 1-15-45　凤城市叆阳镇叆阳城村的明“靉阳城”石门额

图 1-15-46　宽甸县灌水镇柏林川村的明『人形石』碑

图 1-15-47　宽甸县灌水镇八里村胖顶子屯山上的明长城烽燧址

图 1-15-48　宽甸县灌水镇秃顶子皇木道通往碱厂堡的古道

图 1-15-49 宽甸县政府驻地宽甸镇的明宽甸堡城北城门遗存

图 1-15-50 宽甸县永甸镇坦甸村的明大奠堡城南城墙遗存

图 1-15-51　宽甸县永甸镇坦甸村的明大奠堡城南城墙遗存

图 1-15-52　宽甸县永甸镇坦甸村的明《创筑大奠堡记》碑

图 1-15-53　宽甸县永甸镇永甸城村的明永甸堡城址

图 1-15-54　宽甸县永甸镇永甸城村的明永甸堡城址

图 1-15-55　宽甸县长甸镇长甸城村的明长甸堡城南城墙遗存

图 1-15-56　宽甸县长甸镇长甸城村的明长甸堡城西城墙遗存

图 1-15-57　宽甸县青椅山镇赫甸城村的明新奠堡城址全貌

图 1-15-58　宽甸县青椅山镇赫甸城村的明新奠堡城南城墙遗存

图 1-15-59　本溪县兰河峪乡新城子村的明孤山新堡城址（远望）

图 1-15-60　本溪县兰河峪乡新城子村的明孤山新堡城址

图 1-15-61　本溪县碱厂镇李家堡子村洋地沟山上的明长城遗存（自南向北拍摄）

图 1-15-62　本溪县碱厂镇李家堡子村洋地沟山上的明长城遗存（自南向北拍摄）

图 1-15-63　本溪县碱厂镇李家堡子村洋地沟山上的明长城遗存

图 1-15-64　本溪县碱厂镇桦皮峪村的明长城遗存（远望）

图 1-15-65　本溪县碱厂镇桦皮峪村南山上的明长城城墙与劈山墙遗存

图 1-15-66　本溪县碱厂镇桦皮峪村南山上的明长城遗存（自北向南拍摄）

图 1-15-67　本溪县碱厂镇桦皮峪村南山上的明长城遗存

图 1-15-68　考古工作者在本溪县碱厂镇桦皮峪村南山上调查测量明长城遗存（自西向东拍摄）

图 1-15-69　本溪县碱厂镇桦皮峪奶头山上的明长城山险墙（远望）

图 1-15-70　本溪县碱厂镇黄家堡子村谢家崴子屯西北的明长城烽燧址

图 1-15-71　本溪县碱厂镇胡家堡子村的明长城烽燧址

图 1-15-72　本溪县南甸子镇马家城子村的明一堵墙堡城址

图 1-15-73　本溪县南甸子镇马城子村的明一堵墙堡城北城墙遗存北侧（自东向西拍摄）

图 1-15-74　本溪县南甸子镇二道河子村东北李王沟的明长城遗存

图 1-15-75　本溪县南甸子镇二道河子村东北李王沟的明长城遗存

图 1-15-76　本溪县清河城镇清河城村明清河城（明末与后金的“清河城之战”就是在此城进行的）南城墙东段及其外侧马面遗存（自东向西拍摄）

图 1-15-77　本溪县清河城镇清河城村明清河城的北城墙遗存（自西向东拍摄）

图 1-15-78　本溪县清河城镇清河城村明清河城的北城墙及墙外马面遗存（自西向东拍摄）

图 1-15-79　岫岩县龙潭镇卫东村蔡家屯的明长城烽燧址

鸦鹘关为明朝所建，虽不在明长城墙体上，但与明长城有密切关系。过去根据文献记载对鸦鹘关的研究，认为在今新宾县苇子峪镇三道关村的三道关墙，即是明代鸦鹘关遗址。近期又有人经过研究提出不同意见，认为此处的三道关墙不是明代鸦鹘关遗址，而是后金时期所建，修此三道关墙是为了防御明朝。笔者认为，此说值得商榷，苇子峪镇三道关村的三道关遗址还应是明朝所修的鸦鹘关遗址。因篇幅所限，笔者在此不展开讨论，只简单说明几点理由，即可判明。

第一，从防御角度看，此三道关在太子河支流的河谷中，河谷的两边是山，沿河谷有路，向西通向明代辽东镇腹地。明朝为防建州女真，修此鸦鹘关，用关墙横断河谷，就堵住了由赫图阿拉走南路西出清河城去辽阳的通道。

第二，此处三道关墙的安排，头道墙在北，二道墙在中间，三道墙在南面，这种在河谷平地上修筑横墙的现象，在明代长城附近是常见的，如笔者在宽甸县老边墙村调查时，发现在长城附近一处南北走向的山谷平地上，修筑了两道横墙，两端抵山，山谷间就形成一座城址，其做法与此地情况基本相同，称为“关城”是可以的。我们现在在此地看到的是以山谷河边独立的“石柱子”为象征的（图 1-15-80），这里的地理环境确实还是有一点儿“特点”的。

第三，《建州私志》记到一种情况，说明鸦鹘关为明朝所修：“万历三十三年（1605年）春，李成梁议徙宽甸新疆居民入内地，并新疆为瓯脱。于是将鸦鹘关外、鸭绿以西、宽甸以东张其哈喇甸子等处地数百里，掷之建人。……复于清河地方设立城堡，置守御兵六百余员。又建鸦鹘关，限奴出入，去奴寨八九十里，地界稍宽。”① 这段记载至少告诉我们四件事：一是三道墙中最北边的那道墙的北面就是“鸦鹘关外”。这就说明了它们的防御方向是北边。二是此地“去奴寨八九十里”。现在苇子峪镇三道关村的三道关遗址距离新宾后金所居城址里数与之相符。三是“于清河地方设立城堡，置守御兵六百余员”，很明确地说明在鸦鹘关之西、长城内侧建有城堡，并驻有六百多名守军，其地即今本溪县清河城村清河城城址，由此城址可证，鸦鹘关的位置就在今苇子峪镇三道关村。四是“建鸦鹘关，限奴出入”说明明代修鸦鹘关的目的就是“限奴出入”。这是因为在鸦鹘关的西面既有长城，又有清河城，防守甚严，但后金在此却还有通道可出，这是可虑的。如在后金南面出路的山谷中修筑横墙，就可堵住其通行道路，防止其犯边入境。同书还有一条记载：万历四十六年（1618年）“七月，建兵从鸦鹘关入，二十六日晨围清河，参将郭储贤拒守，援辽游击张旆请战不从”②。建州兵围清河城，是“从

① 海滨野史：《建州私志》，《清入关前史料选辑》第一辑，北京：中国人民大学出版社 1984 年 11 月版，第 266 页。

② 海滨野史：《建州私志》，《清入关前史料选辑》第一辑，北京：中国人民大学出版社 1984 年 11 月版，第 270 页。

图 1-15-80　新宾县苇子峪镇三道关村明鸦鹘关遗址的“石柱子”

鸦鹘关入”，这说明鸦鹘关是明朝修的，如果它是后金修的，就应该说是“从鸦鹘关出”；建州兵入鸦鹘关后就“围清河”城，说明鸦鹘关就在清河城旁，从如今的实地调查看，三道关村的三道关遗址符合鸦鹘关与清河城在地域上的分布。

第四，明代修筑鸦鹘关时，建州女真还是明朝的臣民，明朝在此横断山谷筑墙，挡住通道不让其行走通过，女真人即使反对，也是无可奈何，因此明朝在此地修城墙是可行的。因其目的很简单，只是限制女真人出入，所以此墙修得也比较简单，只要能阻断通道、达到“限奴出入”的目的即可，但其处称“鸦鹘关”是可以的。尽管“鸦鹘关”这个名字很有气魄，但实际上它仅具威慑力，没有多少军队驻守（因其西面既有长城防守，又有清河城驻军），因此我们才看到，当后金军真的打来时，他们轻易就“从鸦鹘关入”，随即“围清河”城了。

第五，抚顺县马圈子乡的明长城遗址，东距新宾县苇子峪镇三道关村很近，后金能在三道关村修关城吗？此时女真人尚未起事，明朝能允许他们修吗？

第六，此时后金女真人是要出来，不是要将自己锁在建州；他们要从很远的建州出来，到距离明长城很近的地方修筑关墙防御明朝，那他们在此修筑关城为何？阻挡自己出山的通道？没有必要！因此，在今新宾县苇子峪镇三道关村的三道关不是后金所修筑。

第七，考古调查发现，在头（北）道关墙的南面“发现房址一处，位于关墙南侧一方”，二道关墙“山岗上有四处房址”[1]。如果关墙是后金所修，那房屋应该在关墙里面，即在关墙北侧，而不是像现在这样把它们修建在关墙南侧属于明朝的地界上，这样于防守不利。因此，此关墙为明朝所修。

第八，有一个问题要弄清楚，那就是谁防谁的问题。在明代的时空下，是明朝防女真，还是女真防明？这个问题不要弄颠倒了。明代修长城不就是最好的说明吗？是明朝防女真，而不是女真防明。在明代，只有女真出来抢掠，经常犯边，明朝为防其进犯，才修筑长城、城堡。因此，说三道墙的“鸦鹘关”是女真人为了防明修的，是不可能有的事情。在三道关那里，有一条女真人由南面西出进入今辽沈地区的重要通道，其地理位置十分重要，因此，虽然在三道关西面已经有了长城，但为加强防御，明朝廷又在其西修筑了清河城。后来的事实证明，后金与明王朝的清河城一战，就是明朝失国的开端。可见这个地方非常重要，明朝才不得不加强防御，修筑鸦鹘关，在长城外面堵住山谷中的通道。

关于鸦鹘关问题仅记于上。下面接着叙述抚顺市辖境内的明长城（参见第 1407 页图 1-附录 -13）。

明长城由今本溪县进入今抚顺市抚顺县马圈子乡后，经东沟村延伸至马圈子村——在它西面的救兵镇五牛村东山上有围墙烽燧址（图 1-15-81、图 1-15-82），从马圈子村向北延伸，经后安镇王家店村、四道河子村、五龙村、下马古村延伸到后安镇政府所在

**图 1-15-81　抚顺县救兵镇五牛村东山顶上的明长城烽燧址**

① 萧景全等：《新宾满足自治县文物志》，沈阳：辽宁民族出版社 2018 年 10 月版，第 270 页。

图 1-15-82　抚顺县救兵镇五牛村东山顶上的明长城烽燧址近景

地后安村，然后经上马镇抄道村、小台沟村（图 1-15-83、图 1-15-84），兰山乡簸箕沟村、兰山乡政府驻地金家沟村、五味冲村，进入今抚顺市东洲区，经碾盘乡吴家堡，东洲街道关口村、营城子村（图 1-15-85、图 1-15-86）、阿金沟村（图 1-15-87 ~ 图 1-15-90）进入顺城区。在东洲区碾盘乡吴家堡，明长城与烽燧址保存得还很好，从南到北分布（图 1-15-91 ~ 图 1-15-99）。在顺城区，明长城经前甸镇关岭村（明长城抚顺关所在地）再次进入今抚顺县，经章党镇营盘村（图 1-15-100）、李其村（图 1-15-101）、边墙村（图 1-15-102、图 1-15-103）、上头村（图 1-15-104）、公家村（图 1-15-105）、山城堡村、张木匠村（图 1-15-106、图 1-15-107），哈达镇富尔哈村、青石岭村（图 1-15-108），向北延伸，进入今铁岭市铁岭县。

铁岭市辖境内的明长城，分布较为特殊。由于辽东镇长城在中部向北边凸出，走向出了一个弯环，呈一倒“U”字形，因此明长城在今铁岭市呈东线、西线分布（参见第 1408 页图 1- 附录 -14）：东线长城由今抚顺市抚顺县哈达镇青石岭村向北延伸，进入今铁岭市铁岭县，经大甸子镇边墙子村、小椴木冲村、英树沟村、老边台村、上三道沟村向北延伸，进入今开原市靠山屯镇。在铁岭县横道河子乡西三岔子村，有明三岔子堡遗址（图 1-15-109）。明长城在今开原市经靠山屯镇靠山屯村（图 1-15-110、图 1-15-111）、尹家窝堡村彭家堡子屯（图 1-15-112）、阎家堡子屯、萧家崴子村老边屯、郭蒋屯村板石沟屯，松山堡乡古砬子沟村、山槐村平房屯、二道沟村，进入今铁岭市清河区，经聂

图 1-15-83　抚顺县上马镇小台沟村北和村南山上的明长城烽燧址

家乡腰堡村苇子沟屯（图 1-15-113）、广东山村、聂家村，杨木林子乡石人沟村、柴家岭村、关家屯村，进入今西丰县，经成平乡清井村、兴德村（图 1-15-114）、中和屯村、石祥村巨祥屯，部家店镇下永兴村乱柴屯、下永兴村，再进入开原市，经威远堡镇南城子村北沟屯（图 1-15-115），莲花镇茶棚村、罗家屯村、石龙村（图 1-15-116）、糖房街村学房沟屯、糠房街村，转弯向西延伸，进入今昌图县，经泉头镇大台子山（图 1-15-117）西去，经农林村穷棒子沟屯、于家屯、石虎子村、石虎子村胡家屯、孙家窑屯、八家子村朝阳堡屯、高台庙村延伸至红山村，由此开始利用南北走向的高句丽长城旧线，转弯成自北向南延伸，成为明长城西线，其经行线路为：由今昌图县泉头镇红山村开始，经老城镇河信村金山堡屯、长青堡村、张家店村、大台庙村，亮中桥镇杨木村孤家子屯、十间房村瓦盆窑屯，进入通江口镇，经前四方台村、孙家窝棚村，依然向南延伸，进入今开原市庆云堡镇双楼台村，这里有一座关城址，即明长城上有名的新安关城址，目前关门已毁，只剩下城门左右两侧城台的两个夯土堆（图 1-15-118 ~ 图 1-15-123），俗称“双楼台”，遂以之名村。此地的明长城遗存保存亦较好，有的地段虽耕种年久，但仍可辨认（图 1-15-124 ~ 图 1-15-133）。双楼台村的南面有个兴隆台村（图 1-15-134），明长城由那再向南延伸，进入今铁岭市铁岭县。在铁岭县，明长城经镇西堡镇西果子园村、泉眼沟村、西营盘村延伸至镇西堡村，那里的长城遗存保存较好（图 1-15-135 ~ 图 1-15-138），还有烽燧址（图 1-15-139 ~ 图 1-15-141）。明长城由镇西堡村向南延伸，

图 1-15-84　抚顺县上马镇小台沟山上的明长城烽燧址

经蔡牛乡东贝河村、新台子镇索龙岗子村（图 1-15-142 ~ 图 1-15-144）延伸至珠尔山村，那里的长城遗存（图 1-15-145 ~ 图 1-15-148）和烽燧址（图 1-15-149、图 1-15-150）均很典型，其西边就是辽河（图 1-15-151），其西南为阿吉镇陈平堡村（图 1-15-152、图 1-15-153）。明长城由珠尔山村向南延伸，进入今沈阳市法库县。

沈阳市辖境内的明长城（参见第 1409 页图 1- 附录 -15、第 1410 页图 1- 附录 -16）：明长城由今铁岭县阿吉镇陈平堡村进入今沈阳市法库县依牛堡子镇，经戴家荒地村——其东石家荒地屯有一座城址，它的侧面有一座烽燧址（图 1-15-154）南去，过辽河，进入今沈阳市沈北新区石佛寺街道石佛寺村，那里有一座古城址——明长城十方寺堡（图 1-15-155），因此该村也由堡名讹称为石佛寺村——以及苏家台烽燧址（图 1-15-156）和白家台烽燧址（图 1-15-157）。明长城由石佛寺村一路向南延伸，经马门子村（图 1-15-158 ~ 图 1-15-161）、边墙子村、四龙湾村，进入于洪区光辉街道，经盘古台村、四台子村、三台子村至万金台村，村东二里是大尚义林村，那里原来是明长城的上榆林堡，村名因堡名讹音为尚义林。在万金台村，高句丽长城遗存非常明显，明长城沿用其基修筑（图 1-15-162 ~ 图 1-15-165），在 1958 年之前保存得很好，城墙高大，后来有的地段因取土被逐渐铲平。明长城由万金台村继续向南，经于金台村、白虎台村（当地人读为“簸合台村”）、四方台村（现改名为解放村）、开隆社村、老边村、三台子村（该村有沈山铁路三台子站）、高台子村、门台村、边台村至皮台村，皆在各村西侧通过，

图 1-15-85　抚顺市东洲区东洲街道营城子村的明长城烽燧址

其内侧有一条南北向的道路，各村农户宅院均建在该路的东、西两侧，在各村的南北两端、路的西边，原来建有成一条线分布的烽燧址，这也是各村称“台”的根据。明长城由皮台村南去，经沙岭镇沙岭村、大潘建台镇潘建台村，由彰驿站镇彰驿站村进入今沈阳市辽中区（原辽中县），经新民屯乡三台子村，四方台镇八音台村、四方台村，茨榆坨镇后边外村、前边外村、偏堡子村（图 1-15-166 ~ 图 1-15-168）、茨榆坨村（图 1-15-169 ~ 图 1-15-176），萧寨门镇妈妈街村，向南过浑河，进入今辽阳县。

辽阳市辖境内的明长城（参见第 1411 页图 1- 附录 -17）：明长城由今沈阳市辽中区萧寨门镇妈妈街村向南过浑河，进入今辽阳市所属辽阳县，向南经小北河镇兴胜台村，过太子河，至黄泥洼镇，经黄泥洼村、六弓台村、八弓台村向南延伸至柳壕镇，经边墙子村、高丽城村延伸至唐马寨镇，由大台子村南去，进入今鞍山市所属的海城市。

鞍山市辖境内的明长城（参见第 1412 页图 1- 附录 -18）：明长城由今辽阳县唐马寨镇大台子村向南延伸进入今海城市，经新台子镇老墙头村、吴家台延伸至望台镇，经望台西村、刘家台村延伸至牛庄镇牛庄西村，折向西去，延伸至西四方台镇，仍向西去，过辽河，转向北去，进入今盘锦市盘山县。

在营口市大石桥市（原营口县）大石桥镇前砬山村有一座明烽燧址（图 1-15-177），在盖州市青石岭镇青石岭村亦有一座烽燧址。这种没路的台址皆为路台。

盘锦市辖境内明长城（参见第 1412 页图 1- 附录 -18、第 1413 页图 1- 附录 -19）：

图 1-15-86　在抚顺市东洲区东洲街道营城子村明长城烽燧址上向南远望南面的烽燧址

明长城由今海城市西四方台镇向西延伸，过辽河，转向北去，进入今盘锦市盘山县古城子镇，那里有明长城的三汊（岔）关遗址，然后是西牛古城子村，原来是明长城西宁堡。明长城在辽河西面继续向北延伸，经七台子村、五台子村过沙岭镇（在此地明长城的西边原来有个西平堡），向北过双台子河，进入今鞍山市所属台安县。

1991 年，盘锦市议定要修复大洼县前进农场兴隆台村的明代烽燧址，为了保证质量，在修复前进行考古发掘，因此，笔者在 1991 年 5 月受盘锦市政府邀请，发掘了位于大洼县兴隆台村（现属盘锦市兴隆台区）的明长城烽燧址（图 1-15-178）。经过发掘，发现该台址为砖构方形（图 1-15-179 ~ 图 1-15-181），每面底边长 11.2 米，台内夯土，外砌包砖，底部砖基在地下（图 1-15-182），至地面时砌石，石上再砌砖（图 1-15-183、图 1-15-184），为台之四面，出土文物中有个小石磨（图 1-15-185）。后经曹汛修设计，由全县开展赞助活动，将该烽燧址修复起来。笔者近年又去盘锦，还到这座当年曾经发掘的烽燧址去过，但有两点没想到：一是此台原为实体，现在改为台内中空，下面设有门，上部有窗，成为一座小楼，完全没有遵照修复文物“修旧如旧”的原则，改变了它的历史性质，已经不是“烽燧址”了，但在台址外面立有石质卧碑，详细讲述该烽燧址的历史沿革（图 1-15-186）。这样做合适吗？二是在笔者进行考古发掘时，烽燧址四周没有永久性建筑，地方很空旷，有很大的广场，现在烽燧址处在楼群之中（图 1-15-187），四周没留余地，从外观已看不出烽燧址的历史雄姿了！这值得深思。

图 1-15-87　抚顺市东洲区东洲街道阿金沟村的明长城遗存

图 1-15-88　抚顺市东洲区东洲街道阿金沟村东南山上的明长城遗存

图 1-15-89　在抚顺市东洲区东洲街道阿金沟村的明长城烽燧址上南望小台沟村山上的烽燧址与营城子村烽燧址

图 1-15-90　抚顺市东洲区东洲街道阿金沟村东南山岗上的明长城遗存

图 1-15-91　抚顺市东洲区碾盘乡吴家堡的明长城遗存及其内侧（右边）的一个烽燧址（自北向南拍摄）

图 1-15-92　远望抚顺市东洲区碾盘乡吴家堡的明长城烽燧址（自东北向西南拍摄）

图 1-15-93　考古工作者在抚顺市东洲区碾盘乡吴家堡考古调查明长城遗存（自北向南拍摄）

图 1-15-94　抚顺市东洲区碾盘乡吴家堡的明长城遗存（自北向南拍摄）

图 1-15-95　抚顺市东洲区碾盘乡吴家堡的明长城遗存与烽燧址（自北向南拍摄）

图 1-15-96　抚顺市东洲区碾盘乡吴家堡的明长城北段遗存远望（自北向南拍摄）

图 1-15-97 抚顺市东洲区碾盘乡吴家堡的明长城北段遗存及其地理环境（自东南向西北拍摄）

图 1-15-98 抚顺市东洲区碾盘乡吴家堡的明长城北段遗存（自东南向西北拍摄）

图 1-15-99　抚顺市东洲区碾盘乡吴家堡的明长城北段遗存（自东向西拍摄）

图 1-15-100　抚顺县章党镇营盘村出土的明箍式小铁炮

图 1-15-101　抚顺县章党镇李其村的明长城烽燧址

图 1-15-102　抚顺县章党镇边墙村西大台子的明长城烽燧址

图 1-15-103　抚顺县章党镇边墙村的明长城遗存

图 1-15-104　抚顺县章党镇上头村二荒顶子的明长城烽燧址

图 1-15-105　抚顺县章党镇公家村公家水库东山上的明长城烽燧址

图 1-15-106　抚顺县章党镇张木匠村神树沟里屯的明长城烽燧址近观

图 1-15-107　抚顺县章党镇张木匠村神树沟里屯的明长城烽燧址

图 1-15-108　抚顺县章党镇青石岭村边墙沟里屯西大台子的明长城烽燧址

图 1-15-109　铁岭县横道河子乡西三岔子村明三岔子堡的东城墙遗存（自南向北拍摄）

图 1-15-110　开原市靠山屯镇靠山屯村的明长城烽燧址

图 1-15-111　开原市靠山屯镇靠山屯村的明长城烽燧址

图 1-15-112　开原市靠山镇尹家窝堡村彭家堡子屯明长城石墙遗存

图 1-15-113　铁岭市清河区聂家乡腰堡村苇子沟屯明长城石墙遗存

图 1-15-114　西丰县成平乡兴德村明长城石墙遗存

图 1-15-115　开原市威远堡镇南城子村北沟屯明长城墙体遗存

图 1-15-116　开原市莲花镇石龙村明长城墙体遗存

图 1-15-117　昌图县泉头镇大台子山明长城墙体遗存

图 1-15-118　开原市庆云堡镇双楼台村南的明长城新安关城址门台遗存（1964 年拍摄）

图 1-15-119　开原市庆云堡镇双楼台村南的明长城新安关城址门台遗存远望

图 1-15-120　开原市庆云堡镇双楼台村南的明长城新安关城址门台遗存

图 1-15-121　开原市庆云堡镇双楼台村南的明长城新安关城址门台遗存

图 1-15-122　开原市庆云堡镇双楼台村南的明长城遗存与新安关城遗址（右侧远方）

图 1-15-123　开原市庆云堡镇双楼台村南的明长城遗存与新安关城门遗址

图 1-15-124　开原市庆云堡镇双楼台村南的明长城城墙遗存因被取土下凹并被耕种

图 1-15-125　开原市庆云堡镇双楼台村南的明长城城墙遗存被扒平耕种

图 1-15-126　开原市庆云堡镇双楼台村南的明长城城墙遗存被扒平，仅存基部

图 1-15-127　开原市庆云堡镇双楼台村南的明长城城墙遗存一侧被扒平耕种

图 1-15-128 开原市庆云堡镇双楼台村南的明长城城墙遗存被取土、耕种

图 1-15-129 开原市庆云堡镇双楼台村南的明长城城墙遗存一侧被取土、耕种

图 1-15-130　开原市庆云堡镇双楼台村南的明长城城墙遗存被取土、耕种

图 1-15-131　开原市庆云堡镇双楼台村南的明长城城墙遗存被取土、耕种

图 1-15-132　开原市庆云堡镇双楼台村南的明长城城墙遗存顶部被耕种

图 1-15-133　开原市庆云堡镇双楼台村南的明长城城墙遗存顶部被耕种

图 1-15-134　开原市庆云堡镇兴隆台村的明长城烽燧址（1964 年拍摄）

图 1-15-135　铁岭县镇西堡镇镇西堡村的明长城遗存（1958 年拍摄）

图 1-15-136　铁岭县镇西堡镇镇西堡村的明长城遗存（1964 年拍摄）

图 1-15-137　铁岭县镇西堡镇镇西堡村西的明长城遗存（1964 年拍摄）

图 1-15-138　铁岭县镇西堡镇镇西堡村的明长城遗存（自南向北拍摄）

图 1-15-139　铁岭县镇西堡镇大台山上的明长城烽燧址

图 1-15-140　铁岭县镇西堡镇大台山上的明长城烽燧址

图 1-15-141　铁岭县镇西堡镇大台山下的明长城烽燧址

图 1-15-142　铁岭县新台子镇索龙岗子村的明长城城墙遗存被取土后的情况

图 1-15-143　铁岭县新台子镇索龙岗子村的明长城城墙遗存被取土后的情况

图 1-15-144　铁岭县新台子镇索龙岗子村的明长城遗存延伸至朱尔山村

图 1-15-145　铁岭县新台子镇朱尔山村的明长城有两道城墙

图 1-15-146　铁岭县新台子镇朱尔山村的明长城城墙遗存被当地村民取土

图 1-15-147　铁岭县新台子镇朱尔山村朱尔山西南坡的明长城遗存

图 1-15-148　铁岭县新台子镇朱尔山村朱尔山北坡的明长城遗存

图 1-15-149　铁岭县新台子镇朱尔山村朱尔山上的明长城烽燧址

图 1-15-150　铁岭县新台子镇朱尔山村朱尔山上的明长城烽燧址盗洞

图 1-15-151　铁岭县新台子镇朱尔山村明长城遗址西面即辽河

图 1-15-152　铁岭县阿吉镇陈平堡村的明长城烽燧址远望

图 1-15-153　铁岭县阿吉镇陈平堡村的明长城烽燧址

图 1-15-154　法库县依牛堡子镇石家荒地屯的明长城烽燧址

图 1-15-155　沈阳市沈北新区石佛寺街道石佛寺村明长城十方寺堡城西南角的城墙遗存（自南向北拍摄）

图 1-15-156　沈阳市沈北新区石佛寺街道石佛寺村的明长城苏家台烽燧址

图 1-15-157　沈阳市沈北新区石佛寺街道石佛寺村的明长城白家台烽燧址

图 1-15-158　考古工作者在沈阳市沈北新区石佛寺街道马门子村进行明长城考古调查

图 1-15-159　沈阳市沈北新区石佛寺街道马门子村的明长城遗存

图 1-15-160　沈阳市沈北新区石佛寺街道马门子村的明长城城墙遗存被取土后仅存基部

图 1-15-161　沈阳市沈北新区石佛寺街道马门子村的明长城城墙遗存剖面

图 1-15-162　沈阳市于洪区光辉街道万金台村北的“北边岗”——在高句丽长城上修筑的明长城，1957 年墙体遗存仍较完好，高大隆起（1957 年拍摄）

图 1-15-163　沈阳市于洪区光辉街道万金台村北的明长城城墙遗存『北边岗』1958 年以后被取土，前端还被耕种

图 1-15-164　沈阳市于洪区光辉街道万金台村北的明长城城墙遗存“北边岗”1958 年以后被取土，前端还被耕种

图 1-15-165　沈阳市于洪区光辉街道万金台村北的“北边岗”明长城城墙遗存 1958 年以后被取土，前端还被耕种，北部还被取土埋坟

图 1-15-166　沈阳市辽中区（原辽中县）茨榆坨镇偏堡子村的明长城烽燧址（自南向北拍摄）

图 1-15-167　沈阳市辽中区茨榆坨镇偏堡子村的明长城烽燧址（自北向南拍摄）

图 1-15-168　沈阳市辽中区茨榆坨镇偏堡子村的明长城烽燧址（自东向西拍摄）

图 1-15-169　沈阳市辽中区茨榆坨镇茨榆坨村的明长城遗存

图 1-15-170　沈阳市辽中区茨榆坨镇茨榆坨村的明长城遗存

图 1-15-171　沈阳市辽中区茨榆坨镇茨榆坨村的明长城文物保护单位标志碑

图 1-15-172　沈阳市辽中区茨榆坨镇茨榆坨村的明长城烽燧址

图 1-15-173　沈阳市辽中区茨榆坨镇茨榆坨村，明长城文物保护单位标志碑被置于烽燧址顶部

图 1-15-174　沈阳市辽中区茨榆坨镇茨榆坨村明长城烽燧址东南端结构

图 1-15-175　沈阳市辽中区茨榆坨镇茨榆坨村的明长城烽燧址南端东侧面

图 1-15-176　沈阳市辽中区茨榆坨镇茨榆坨村的明长城烽燧址南端

图 1-15-177　营口市大石桥市大石桥镇前砬山村的明长城组成路台

图 1-15-178　盘锦市大洼县前进农场兴隆台村（今兴隆台区兴隆台镇泰山路）明长城烽燧址在笔者发掘前的颓坍状态

图 1-15-179　笔者在 1991 年 5—6 月对盘锦市兴隆台明长城烽燧址进行考古发掘的现场之一

图 1-15-180　笔者在 1991 年 5—6 月对盘锦市兴隆台明长城烽燧址进行考古发掘的现场之二

图 1-15-181　笔者在 1991 年 5—6 月对盘锦市兴隆台明长城烽燧址进行考古发掘的现场之三

图 1-15-182　盘锦市兴隆台明长城烽燧址考古发掘出土的地下底部砖基

图 1-15-183　笔者在 1991 年 5—6 月对盘锦市兴隆台明长城烽燧址进行考古发掘发现的台址结构青砖之一

图 1-15-184　笔者在 1991 年 5—6 月对盘锦市兴隆台明长城烽燧址进行考古发掘发现的台址结构青砖之二

图 1-15-185　笔者在 1991 年 5—6 月对盘锦市兴隆台明长城烽燧址进行考古发掘出土的石磨

图 1-15-186　盘锦市兴隆台明长城烽燧址修复后的说明碑

图 1-15-187　盘锦市兴隆台区修复后的明长城烽燧址

笔者还调查了盘山县高升镇高升村城址，它是明代修筑的镇武堡城。城址尚存城墙（图 1-15-188）和护城河（图 1-15-189），城墙为内夯土（图 1-15-190），外面包砖，现城砖被居民拆用（图 1-15-191）。城址内出土小铜炮两件，一件炮身錾“勝字玖拾柒號”六字（图 1-15-192），一件炮身铸“大明弘治年製”六字、錾“飛電肆百玖拾號”七字（图 1-15-193、图 1-15-194）；铜铳两件（图 1-15-195），一件铳身錾“天字柒萬捌佰柒拾伍號　宣德元年拾壹月　日造”十九字，一件铳身錾“天字柒萬捌千叁百玖拾陆號　正统玖年正月　　日造”二十字（图 1-15-196）；还出土有酱釉瓷雷（图 1-15-197）。它们均是难得的遗物。

明长城经今台安县富家镇龙凤村北去，经新台子镇德生村六台子屯西、南台子村西、大台子村以及台安县城西，过老边村，经桑林子镇马杖子村、双台子村、圆台子村（图 1-15-198 ~ 图 1-15-200）、柴家窝堡村，折向西北，由蒋坨子村西进入今锦州市黑山县。

锦州市辖境内的明长城（参见第 1414 页图 1- 附录 -20、第 1415 页图 1- 附录 -21）：明长城由今盘锦市台安县蒋坨子村西延伸进入今锦州市所属黑山县，经四家子镇马圈子村前李家屯、四家子北去，延伸到大虎山镇——其望山堡村原为明长城镇宁堡，经连城村康家屯、七台子、五台子、四台子、三台子、二台子延伸至头台子村，有路河。路河遗迹尚存。明长城继续北去，延伸到今黑山县城黑山镇，此镇原是明长城镇远堡。明长城从黑山镇东南的东边壕村北去，延伸到镇安镇陈屯村义和屯（图 1-15-201），又向北

图 1-15-188　盘锦市盘山县高升镇高升村明长城镇武堡城址北城墙遗存

延伸，至胜利镇政府驻地北边壕村，又向北延伸，经太和镇于家壕村延伸至尖山子村，折向西北，经秦屯、后壕屯延伸到八道壕镇，经孔屯村、高丽墙子延伸至韦城子村。此村中有明长城镇安堡城址，为砖筑城墙，南北长三百三十八米，东西宽二百三十八米，现在北城墙仍存（图 1-15-202、图 1-15-203），城中各种遗物很多（图 1-15-204 ~ 图 1-15-206）。在八道壕镇政府驻地八道壕村中有一座保存很好的烽燧址，近年经过维修，被建成村中休闲场所，使其得到保护（图 1-15-207 ~ 图 1-15-211）。小蒲草泡村有一座烽燧址（图 1-15-212 ~ 图 1-15-214），台址近年被盗（图 1-15-215）。在江台村江台山上有一座烽燧址，保存完好（图 1-15-216 ~ 图 1-15-220）。明长城经半仙屯村延伸至后红村——在村外山岗上有一座烽燧址（图 1-15-221 ~ 图 1-15-223），由后红村西去，延伸至白土厂门镇，经二台子村（图 1-15-224 ~ 图 1-15-227）西去，进入今阜新市阜新县，过国华乡皮边口子村，在阜新县南境西去，复入黑山县白土厂门镇，在白土厂门村北接筑于此地城址的东城墙上。

此城址位于明长城线上，因此它是一座关城，在明代称镇静堡，但清代在修筑柳条边时，沿用了其关城北门，并且将其改名为白土厂门，延续至今。现在它遗址尚存，位于白土厂门村北二里，其地是一丘岗，城址建在岗顶和北坡上，平面呈梯形，南城墙长二百五十米，北城墙长三百五十米，东、西两城墙均长五百米，有南、北二城门，南门在岗顶，高耸明显，俯瞰山川地理，可了解四周环境。南、北门颓坍后遗留有由门侧城

图 1-15-189　盘锦市盘山县高升镇高升村明长城镇武堡城址城墙外侧的护城河遗存

图 1-15-190　盘锦市盘山县高升镇高升村明长城镇武堡城址城砖被拆除，露出城墙遗存夯层

台形成的两个大土堆，土堆中间空处原为城门通道（图 1-15-228 ~ 图 1-15-232），可见关城原来非常雄伟高大，状同山海关城。明长城的墙体和清柳条边墙，都分别接筑在镇静堡关城东、西两面城墙的北端。柳条边的墙与北城墙平齐，其南边九十米处接筑的是明长城，它们分别由关城向东、西两面延伸（图 1-15-233 ~ 图 1-15-239）。明长城由此西去，进入今阜新市阜新县。

阜新市辖境内的明长城（参见第 1416 页图 1- 附录 -22）：明长城由今锦州市黑山县白土厂门村镇静堡关城西城墙南侧（北为清柳条边）向西延伸进入今阜新市所属之阜新县国华乡，向西经十家子村三家子屯、石龙沟屯（图 1-15-240）、十家子村（图 1-15-241）、三家子村岔路沟屯（图 1-15-242、图 1-15-243）、二道岭村村委会驻地草和尚沟屯（图 1-15-244、图 1-15-245）、上草和尚沟屯，进入新民镇，经上排山楼村尖山沟屯（图 1-15-246）进入国华乡，经二道岭村二道岭屯（图 1-15-247）、大岭屯（图 1-15-248 ~ 图 1-15-250）进入新民镇，经平安地村（村委会驻上头等营子）靳家店屯（图 1-15-251 ~ 图 1-15-253）、卡拉房子村五顶山沟屯、红台沟屯（图 1-15-254 ~ 图 1-15-260），进入卧凤沟乡，经翻身村青石岭屯（图 1-15-261）、北山坡屯（图 1-15-262、图 1-15-263）、三家子村后三家子屯（图 1-15-264）、高家窝铺村周家窝铺屯、才里营子村前才里营子屯、赵家窝铺村曹家窝铺屯（图 1-15-265），进入今清河门区。在卧凤沟乡的南面，是义县稍户营子镇，在该镇的树林子村（图 1-15-266）、

图 1-15-191　盘锦市盘山县高升镇高升村明长城镇武堡城址城墙砖被拆下来建的居民院墙

后岫水沟村（图 1-15-267、图 1-15-268）和稍户营子村（图 1-15-269、图 1-15-270），都有烽燧址。明长城在卧凤沟乡西去，进入清河门区乌龙坝镇，经蒲草泡村横头子屯（图 1-15-271）、靠边屯（图 1-15-272、图 1-15-273）、蒲草泡村、朱家屯村（图 1-15-274 ~ 图 1-15-277）、岭东屯村（图 1-15-278、图 1-15-279），进入清河门区河西镇，经后窑村（图 1-15-280 ~ 图 1-15-282）、西山村（图 1-15-283 ~ 图 1-15-289）、邢家屯村双山口屯（图 1-15-290）、杨彪沟屯，出阜新市境（图 1-15-291），进入今锦州市义县。

在上述这道长城南边，还有一段长城，它应该是为加强魏家岭通道防御而修筑的一条复线。在明代，这里是医巫闾山北部山区的一条东西通道，地理位置重要，东通辽沈，西部来人经今义县，过魏家岭关，进入在今北镇市大市镇大一村的镇边堡，古今道路未改，现在这一东西通道为 304 国道。这段长城恰好横在这条道路上，略作南北方向，为东北向西南走向，起点在今阜新县国华乡，经梨树营子村插拉沟屯（图 1-15-292、图 1-15-293）进入新民镇，经卡拉房子村（图 1-15-294 ~ 图 1-15-298）、老边沟屯（图 1-15-299），向南进入今北镇市，在大市镇经大一村小五台沟屯、团山沟屯（图 1-15-300、图 1-15-301），过今 304 国道（图 1-15-302），在较低山岗上前行（图 1-15-303），南端终止于医巫闾山中（图 1-15-304、图 1-15-305）（参见第 1415 页图 1- 附录 -21、第 1416 页图 1- 附录 -22）。

图 1-15-192 盘锦市盘山县高升镇高升村明长城镇武堡城址出土的小铜炮

图 1-15-193　盘锦市盘山县高升镇高升村明长城镇武堡城址出土的竹节式小铜炮

图 1-15-194　盘锦市盘山县高升镇高升村明长城镇武堡城址出土的竹节式小铜炮上的铭文

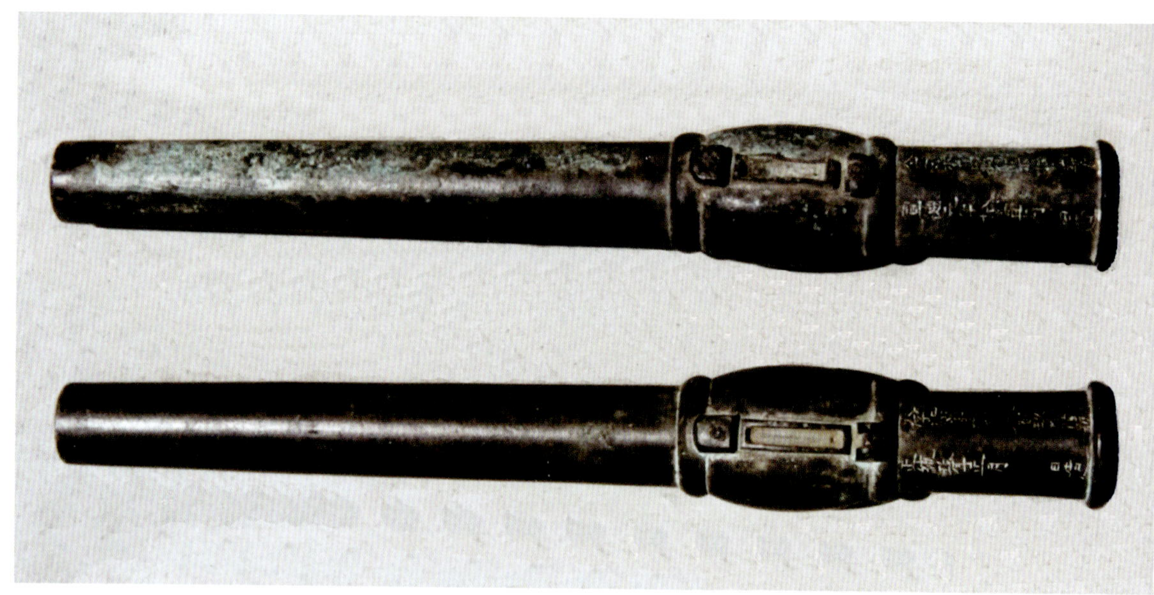

图 1-15-195　盘锦市盘山县高升镇高升村明长城镇武堡城址出土的铜铳

图 1-15-196　盘锦市盘山县高升镇高升村明长城镇武堡城址出土铜铳上的錾字

图 1-15-197　盘锦市盘山县高升镇高升村明长城镇武堡城址出土的酱釉、黑褐釉瓷雷

图 1-15-198　台安县桑林子镇圆台子村明长城遗存在烽燧址东边南北通过（自北向南拍摄）

图 1-15-199　台安县桑林子镇圆台子村的明长城烽燧址远望

图 1-15-200　台安县桑林子镇圆台子村的明长城烽燧址

图 1-15-201　黑山县镇安镇陈屯村义和屯烽火台

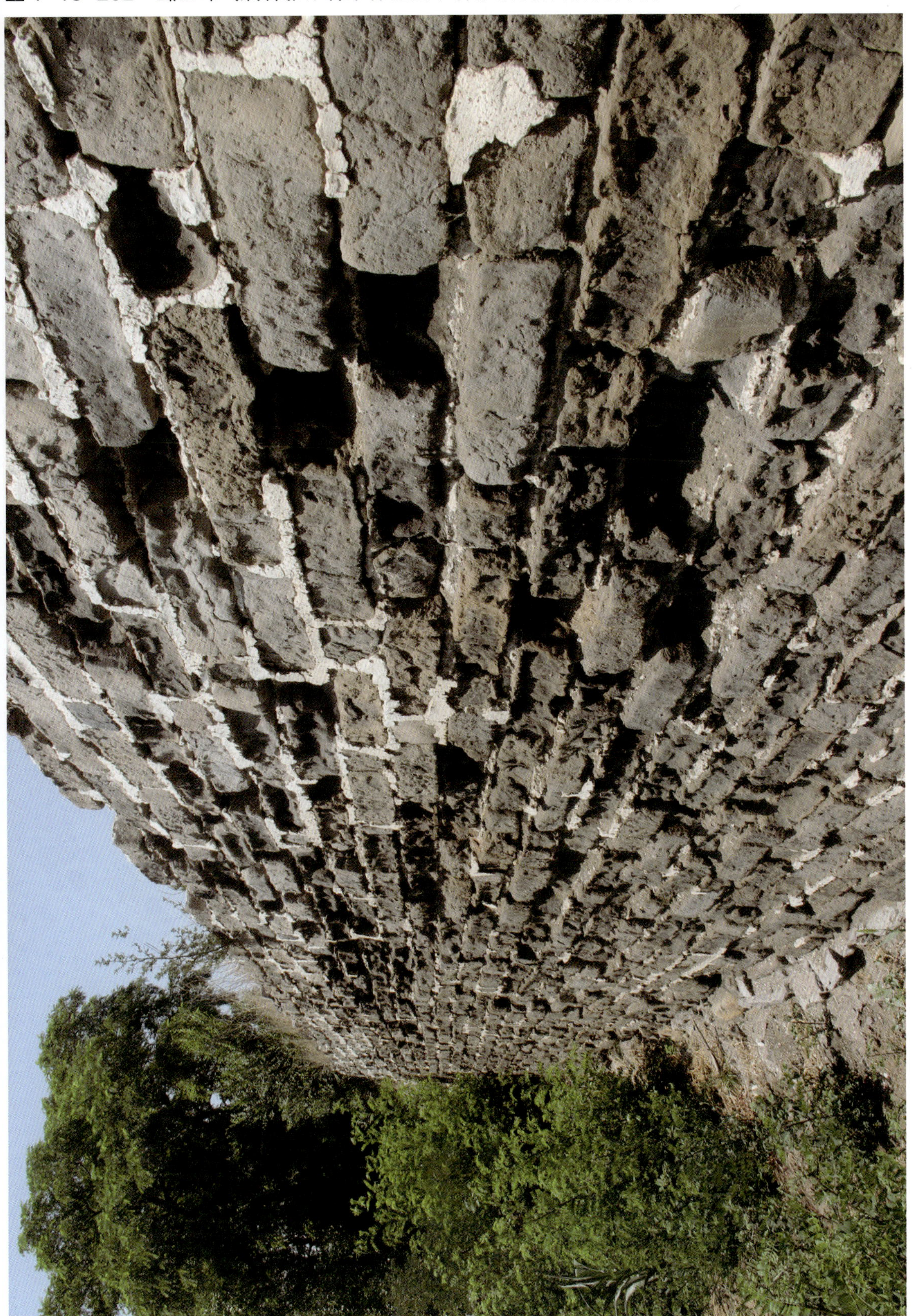

图 1-15-202　黑山县八道壕镇韦城子村的明长城镇安堡城址城墙遗存

图 1-15-203　黑山县八道壕镇韦城子村的明长城镇安堡城址城墙遗存

图 1-15-204　黑山县八道壕镇韦城子村明镇安堡城址内（秦玉才家后院）的石雕底座

图 1-15-205　黑山县八道壕镇韦城子村的明长城镇安堡城址内的遗物

图 1-15-206　黑山县八道壕镇韦城子村的明长城镇安堡城址内的遗物

图 1-15-207　黑山县八道壕镇八道壕村的明长城烽燧址（自南向北拍摄）

图 1-15-208　黑山县八道壕镇八道壕村的明长城烽燧址（自西北向东南拍摄）

图 1-15-209　黑山县八道壕镇八道壕村的明长城烽燧址（自西向东拍摄）

图 1-15-210　黑山县八道壕镇八道壕村的明长城烽燧址

图 1-15-211　黑山县八道壕镇八道壕村明长城烽燧址结构及其维修情况

图 1-15-212　黑山县八道壕镇小蒲草泡村的明长城烽燧址（自南向北拍摄）

图 1-15-213　黑山县八道壕镇小蒲草泡村的明长城烽燧址（自北向南拍摄）

图 1-15-214　黑山县八道壕镇小蒲草泡村的明长城烽燧址

图 1-15-215　黑山县八道壕镇小蒲草泡村烽燧址上的盗洞

图1-15-216 黑山县八道壕镇江台村江台山上的烽燧址远望（自西向东拍摄）

图 1-15-217　黑山县八道壕镇江台村江台山上的烽燧址（自南向北拍摄）

图 1-15-218　黑山县八道壕镇江台村江台山上的烽燧址（自北向南拍摄）

图 1-15-219　黑山县八道壕镇江台村江台山烽燧址的砖面结构

图 1-15-220　黑山县八道壕镇江台村明长城江台山烽燧址的文物保护单位标志碑

图 1-15-221　黑山县八道壕镇后红村西北山上的烽燧址远望（自南向北拍摄）

图 1-15-222　黑山县八道壕镇后红村西北山上的烽燧址

图 1-15-223 黑山县八道壕镇后红村西北山上的烽燧址（自南向北拍摄）

图 1-15-224　从黑山县白土厂门镇白土厂门村明长城镇静堡城南门向东远望二台子村南山上的烽燧址（自西向东拍摄）

图 1-15-225　黑山县白土厂门镇二台子村南山上的明长城二台子烽燧址的文物保护单位标志碑

图 1-15-226　在黑山县白土厂门镇二台子村南山下望山顶上的烽燧址

图 1-15-227 黑山县白土厂门镇二台子村南山上的烽燧址

图 1-15-228 黑山县白土厂门镇白土厂门村明长城镇静堡城南门遗址（自南向北拍摄，中间凹处为原城门洞通道）

图 1-15-229 黑山县白土厂门镇白土厂门村明长城镇静堡城北门遗址（由南向北拍摄，中间凹处为原城门洞通道）

图 1-15-230　黑山县白土厂门镇白土厂门村明长城镇静堡城南门左侧遗存夯层

图 1-15-231　黑山县白土厂门镇白土厂门村明长城镇静堡城南门右侧遗存夯层

图 1-15-232　黑山县白土厂门镇白土厂门村明长城镇静堡城南门遗址青砖

图 1-15-233　黑山县白土厂门镇白土厂门村明长城镇静堡城北门东侧的明长城遗存（自西向东拍摄）

图 1-15-234　黑山县白土厂门镇白土厂门村明长城镇静堡城北门东侧的明长城遗存（自西北向东南拍摄）

图 1-15-235　从黑山县白土厂门镇白土厂门村明长城镇静堡城内东南部望北城门遗址的两个土堆

图 1-15-236 黑山县白土厂门镇白土厂门村明长城镇静堡城北门西面城墙外侧，左边土岗为清柳条边遗存，右边土岗为明长城城墙遗存（由西向东拍摄），中间尖状突起者为门址土堆

图 1-15-237　黑山县白土厂门镇白土厂门村明长城镇静堡城北门遗址（由南向北拍摄，即由内向外拍摄）及其门外地理环境

图 1-15-238　从黑山县白土厂门镇白土厂门村明长城镇静堡城内东南部望北门遗址（现存两个土堆，其右侧土岗及有树处为关城东城墙遗存）

图 1-15-239　黑山县白土厂门镇白土厂门村北的明长城镇静堡北门东面城墙的外侧（左侧土岗为清代接筑的柳条边遗存，右侧土岗为明长城遗存）

图 1-15-240　阜新县国华乡十家子村石龙沟屯的烽燧址

图 1-15-241　阜新县国华乡十家子村的烽燧址

图 1-15-242　阜新县国华乡三家子村岔路沟屯的明长城遗存

图 1-15-243　阜新县国华乡三家子村岔路沟屯的明长城城墙遗存结构

图 1-15-244　阜新县国华乡二道岭村草和尚沟屯北山上的明长城城墙遗存结构

图 1-15-245　阜新县国华乡二道岭村草和尚沟屯北山上的明长城遗存

图 1-15-246　阜新县新民镇上排山楼村尖山沟屯南山上的明长城遗存

图 1-15-247　阜新县国华乡二道岭村二道岭屯的明长城烽燧址

图 1-15-248　阜新县国华乡二道岭村大岭屯的明长城遗存

图 1-15-249　阜新县国华乡二道岭村大岭屯的明长城遗存

图 1-15-250　阜新县国华乡二道岭村大岭屯的明长城山险墙

图 1-15-251　阜新县新民镇平安地村靳家店屯南山上的明长城遗存

图 1-15-252　阜新县新民镇平安地村靳家店屯南山上的明长城城墙遗存结构

图 1-15-253　阜新县新民镇平安地村靳家店屯南山上的明长城遗存

图 1-15-254　阜新县新民镇卡拉房子村红台沟屯西北的明长城遗存

图 1-15-255　阜新县新民镇卡拉房子村红台沟屯被当地人称“红台子”的明长城烽燧址

图 1-15-256 阜新县新民镇卡拉房子村红台沟屯的被当地人称为『红台子』明长城（底边长十三米、顶边长十二米、高八米）

图 1-15-257 阜新县新民镇卡拉房子村红台沟屯的明长城被当地人称为『红台子』的烽燧址遗存结构

图 1-15-258　阜新县新民镇卡拉房子村红台沟屯被当地人称为“红台子”的明长城烽燧址的遗存结构

图 1-15-259 阜新县新民镇卡拉房子村红台沟屯东的明长城遗存

图 1-15-260　阜新县新民镇卡拉房子村红台沟屯的明长城遗存

图 1-15-261　阜新县卧凤沟乡翻身村青石岭屯东的明长城墙体遗存结构

图 1-15-262　阜新县卧凤沟乡翻身村北山坡屯的明长城山险墙

图 1-15-263　阜新县卧凤沟乡翻身村北山坡屯的明长城遗存

图 1-15-264　阜新县卧凤沟乡三家子村后三家子屯西北被当地人称为“二台子”的明长城烽燧址

图 1-15-265　阜新县卧凤沟乡赵家窝铺村曹家窝铺屯南的明长城遗存（东边有烽燧址）

图 1-15-266　义县稍户营子镇树林子村北的明长城城墙遗存显示的夯土层

图 1-15-267　义县稍户营子镇后岫水沟村北的明长城烽燧址

图 1-15-268　义县稍户营子镇后岫水沟村王八盖子屯东南小山上的明长城烽燧址

图 1-15-269　义县稍户营子镇南稍户营子村双台子屯被当地人称为“南台子”之明长城烽燧址

图 1-15-270　义县稍户营子镇稍户营子村南双台子屯被当地人称为“北台子”之明长城烽燧址

图 1-15-271　阜新市清河门区乌龙坝镇蒲草泡村横头子屯南（清河东岸）的明长城遗存

图 1-15-272　阜新市清河门区乌龙坝镇蒲草泡村靠边屯北的明长城遗存

图 1-15-273　阜新市清河门区乌龙坝镇蒲草泡村靠边屯西北（在义县稍户营子镇辖地西侧）的明长城遗存（上面埋有不少土坟）

图 1-15-274　阜新市清河门区乌龙坝镇朱家屯村东北的明长城遗存

图 1-15-275　阜新市清河门区乌龙坝镇朱家屯村东北的明长城遗存（下为清河）

图 1-15-276　阜新市清河门区乌龙坝镇朱家屯村北黄花山顶上的明长城烽燧址

图 1-15-277　阜新市清河门区乌龙坝镇朱家屯村西公路北侧的明长城烽燧址

图 1-15-278　阜新市清河门区乌龙坝镇岭东屯村东北的明长城烽燧址

图 1-15-279　阜新市清河门区乌龙坝镇岭东屯村北的明长城烽燧址

图 1-15-280　阜新县清河门区河西镇后窑村的明长城遗存

图 1-15-281　阜新市清河门区河西镇后窑村东的明长城遗存

图 1-15-282　阜新市清河门区河西镇后窑村西的明长城遗存

图 1-15-283　阜新市清河门区河西镇西山村东南的明长城烽燧址

图 1-15-284　阜新市清河门区河西镇西山村的明长城遗存

图 1-15-285　阜新市清河门区河西镇西山村铁道南的明长城遗存

图 1-15-286　阜新市清河门区河西镇西山村南的明长城遗存

图 1-15-287　阜新市清河门区河西镇西山村南的明长城烽燧址

图 1-15-288　阜新市清河门区河西镇西山村南的明长城遗存（左侧为烽燧址）

图 1-15-289　阜新市清河门区河西镇西山村西南的明长城遗存

图 1-15-290　阜新市清河门区河西镇邢家屯村双山口屯北的明长城遗存

图 1-15-291　由今阜新市清河门区河西镇邢家屯村杨彪沟屯进入今义县的明长城遗存（山上为烽燧址）

图 1-15-292 阜新县国华乡梨树营子村插拉沟屯西岭上的明长城城墙遗存结构

图 1-15-293 阜新县国华乡梨树营子村掐拉沟屯西岭上的明长城遗存

图 1-15-294　阜新县新民镇卡拉房子村的明长城遗存

图 1-15-295　阜新县新民镇卡拉房子村东山口处的明长城烽燧址远望

图 1-15-296　阜新县新民镇卡拉子村东山口处的明长城烽燧址

图 1-15-297　阜新县新民镇卡拉房子村东在路北侧山岗上的明长城烽燧址远望（岗上有村处）

图 1-15-298　阜新县新民镇卡拉房子村东山岗上的明长城烽燧址

图 1-15-299　阜新县新民镇卡拉房子村老边沟屯的明长城遗存

图 1-15-300 北镇市大市镇大市堡一村团山沟屯的明长城遗存

图 1-15-301　北镇市大市镇大市堡一村团山沟屯的明长城遗存

图 1-15-302　北镇市大市镇的明长城魏家岭关通道（今 304 国道）

图 1-15-303　北镇市大市镇魏家岭公路南侧的明长城遗存

图 1-15-304 北镇市大市镇医巫闾山上的明长城烽燧址

图 1-15-305　北镇市大市镇魏家岭南的明长城遗存

在北镇市政府驻地广宁镇北六公里处还有一段长城，其墙体较短，与分布在阜新境内的明长城没有任何连接，是一个独立存在。该长城东起于台子山，向西延伸，经今北镇市政府驻地广宁镇至大市镇的公路，在富屯乡台子沟村边上屯的南侧通过（图 1–15–306、图 1–15–307），并向西面的医巫闾山延伸（图 1–15–308、图 1–15–309），至老头山终止（图 1–15–310、图 1–15–311），全长六公里，在医巫闾山中亦设有烽燧址（图 1–15–312）（参见第 1415 页图 1– 附录 –21）。这段长城是为保卫距北边明长城较近的明辽东都指挥使司总兵官驻地广宁城（今广宁镇）而设，其北有镇边堡（今大市堡村古城址）和魏家岭关。

在北镇市，有两座城址很重要，它们与长城防御关系密切：一座是位于今大市堡镇大市堡村的镇边堡城址（图 1–15–313、图 1–15–314），它位于明长城内侧，距离北边的长城和魏家岭关很近。此城址现在保存较好，城墙尚存（图 1–15–315 ~ 图 1–15–319）。一座是北镇市政府驻地广宁镇的明辽东都指挥使司总兵官驻地广宁城城址（图 1–15–320、图 1–15–321），是明代九边辽东镇的核心区，因此有其特殊地位。

明长城由今阜新市清河门区河西镇邢家屯村杨彪沟屯进入今义县高台子镇，向西经砬子山村白台沟屯（图 1–15–322）、柳河沟村石门子屯延伸至小柳河沟屯，转向西南，进入今朝阳市所属北票市（图 1–15–323）。

进入今北票市常河营乡的明长城，经旧烧锅屯村（村委会驻窖梨沟屯）蕨菜沟屯（图 1–15–324）、马家营子村（图 1–15–325），又进入义县。

再次进入今义县的明长城，经头台子乡大二台子村、小二台子屯、三台子村白台子屯，进入头道河子乡，经范家屯村杨孟沟屯南行，过大凌河，经腰马山沟村上马山沟屯、三道壕村老虎沟屯、侯家岭村、邸家沟村、砖城子村小阎家屯、李西沟村羊乃沟屯、范家屯，进入留龙沟乡，经下高家沟村、留龙沟村、石家岭屯，进入大定堡乡，经南树林子村上潘庄子屯（图 1–15–326）、李家沟屯、南树林子村（图 1–15–327）、石桥子村，向西南去，进入今凌海市（原锦县）（参见第 1416 页图 1– 附录 –22）。大定堡乡大定堡村有明大定堡城址（图 1–15–328），义县至今存有其大铁炮（图 1–15–329）。

明长城在今凌海市经翠岩镇（镇政府驻石哈山）上苏家沟村乱泥塘子屯、于家沟屯、台子沟屯、下苏家沟村（图 1–15–330、图 1–15–331），温滴楼乡（图 1–15–332、图 1–15–333）麻地村东边屯、西边屯，继续南去，又进入翠岩镇，经刘家沟村（村委会驻花楼屯）、郭荒地村，过小凌河，进入板石沟乡大牛屯村，经牛大沟屯延伸至下板石沟村（村东北二里是龟山），南行，延伸至今锦州市西郊（图 1–15–334）。

明长城经今锦州市（图 1–15–335）太和区女儿河乡王胡台村范楼沟屯、王胡台村、华山村小边外屯、华山村，向西南延伸，进入今葫芦岛市，在今锦州市与葫芦岛市交界的鹰嘴山上延伸至葫芦岛市连山区台集屯镇长岭沟村，然后经孟家砬子村金家砬子屯进入虹螺

图 1-15-306　北镇市富屯乡台子沟村边上屯南的明长城遗存（被取土后残存的墙体）

图 1-15-307　北镇市富屯乡台子沟村边上屯明长城行经处遗存

图 1-15-308　北镇市富屯乡台子沟村边上屯西医巫闾山上的明长城遗存

图 1-15-309 北镇市富屯乡台子沟村边上屯西医巫闾山上的明长城遗存

岘镇，经石灰窑村小虹螺山（图 1-15-336）、火台子村、靠山屯村（村南是植股山）、团山子村小毛沟屯，进入塔山乡，经盘道沟村北山屯、南长岭山村，进入沙河营乡，经黄土坎村二道沟屯、金水村水口子屯，进入寺儿堡镇，经前峪村、老边村北老边屯、西张家沟屯延伸至南蜜蜂沟村，由此向西南去，进入今兴城市。（参见第 1417 页图 1- 附录 -23）

在今兴城市元台子乡，明长城经孙家沟村孙家沟里屯、炭厂沟屯、和气沟屯、灰山堡村小盖州屯、三官庙村河北屯，进入白塔乡，经西塔沟村、摸虎村、朗月沟村，进入旧门乡，经樊家屯村二道河子屯、头道河子村，进入红崖子乡，经头道沟村、二道边村、梁家屯村、边壕子村、裴家沟衬、施家屯村，进入南大山乡，经北大山村东沟屯、三家子村、长垅村边里屯，进入围屏乡，经陈良村、云台寺村台子沟屯、蔡家屯村、曹屯村、团瓢村、茶家村潘屯，进入高家岭乡，经山西村石家沟屯、山西村山后屯、沟门屯、壕头子村延伸至边壕村，然后向西南行，过六股河，进入今绥中县。（参见第 1418 页图 1- 附录 -24）

在兴城市政府驻地兴城镇东面的首山上有一座烽燧址，它雄踞高山，远处即见，十分险要（图 1-15-337 ~ 图 1-15-339）。在兴城镇内，保存有一座完整的明代实施卫所制度所建的卫城宁远卫城（图 1-15-340 ~ 图 1-15-342），城内有钟鼓楼（图 1-15-343），还有两座石坊——在南者为明将祖大寿旌功石坊（图 1-15-344），在北者较其略小，为明将祖大乐旌功石坊（图 1-15-345）。在城内，现在恢复有蓟辽督师府（图 1-15-346）、袁崇焕纪念堂（图 1-15-347）等，这些都与明长城防御有关。

图 1-15-310　北镇市富屯乡台子沟村边上屯西医巫闾山上的明长城遗存

图 1-15-311　北镇市富屯乡台子沟村边上屯西医巫闾山上的明长城遗存

图 1-15-312　北镇市医巫闾山中头道沟的明长城烽燧址

图 1-15-313　北镇市大市镇大市堡一村明镇边堡城址的西城墙遗存

图 1-15-314　北镇市大市镇大市堡一村明镇边堡城址的北城墙遗存（1958 年拍摄）

图 1-15-315　北镇市大市镇大市堡一村明镇边堡城址的城墙遗存（2014 年拍摄）

图 1-15-316　北镇市大市镇大市堡一村明镇边堡城址北城墙马面遗存

图 1-15-317　北镇市大市镇大市堡一村明镇边堡城址已修复的北城墙（自西向东拍摄）

图 1-15-318　北镇市大市镇大市堡一村明镇边堡城址西北角及其已修复城墙的部分

图 1-15-319　北镇市大市镇大市堡一村明长城镇边堡城址的文物保护单位标志碑

图 1-15-320　北镇市广宁镇明广宁城址西北角遗存

图 1-15-321　北镇市广宁镇明广宁城址西城墙遗存

图 1-15-322　义县高台子镇砬子山村白台沟屯河西岸路北的明长城烽燧址

图 1-15-323　由今义县高台子镇柳河沟村小柳河沟屯进入今北票市的明长城遗存

图 1-15-324　北票市常河营乡旧烧锅屯村蕨菜沟屯的明长城遗存

图 1-15-325　北票市常河营乡马家营子村的明长城遗存

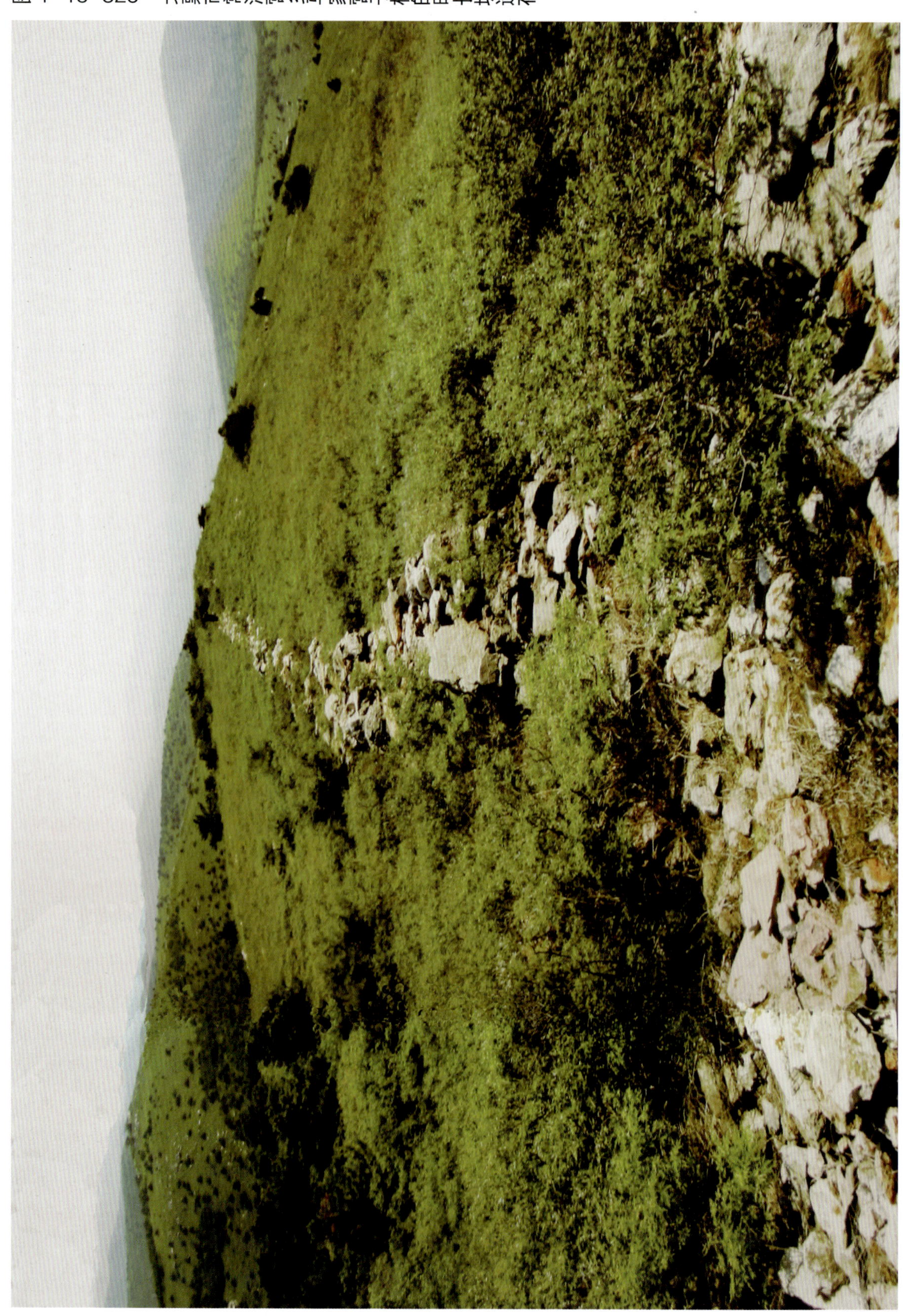

图 1-15-326　义县大定堡乡南树林子村上潘庄子屯的明长城遗存

图 1-15-327　义县大定堡乡南树林子村西南山上的明长城遗存

图 1-15-328　义县大定堡乡大定堡村的明大定堡城址

图 1-15-329　义县保存的明大定堡城址出土的铸铁大炮

图 1-15-330　凌海市翠岩镇下苏家沟村烽燧址南侧的长城遗存

图 1-15-331　凌海市温滴楼乡大茂堡村明大茂堡城址东北角城墙遗存

图 1-15-332　凌海市翠岩镇下苏家沟村烽燧址（自东向西拍摄）

图 1-15-333　凌海市温滴楼乡大茂堡村明大茂堡城城墙遗存

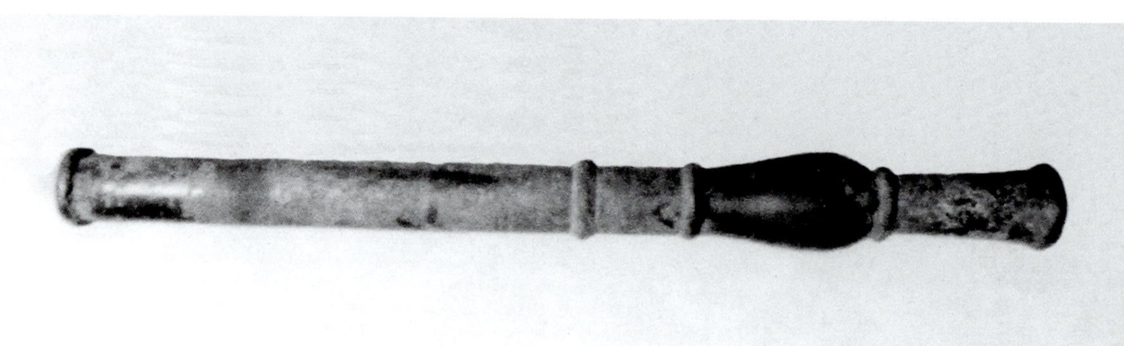

图 1-15-334　凌海市化肥厂院内出土的明代铜铳

图 1-15-335　锦州老城出土的明代竹节式铁炮

图 1-15-336　葫芦岛市连山区虹螺岘镇石灰窑村小虹螺山上的明长城遗存

图 1-15-337　兴城市兴城镇东首山上的明长城烽燧址远望

图 1-15-338　兴城市兴城镇东首山上的烽燧址

图 1-15-339　兴城市兴城镇东首山烽燧址的建筑结构及其现状

图 1-15-340　兴城市兴城镇明宁远卫城西永宁瓮城门

图 1-15-341　兴城市兴城镇明宁远卫城外观

图 1-15-342　兴城市兴城镇明宁远卫城墙内侧

图 1-15-343　兴城市兴城镇明宁远卫城内的钟鼓楼

图 1-15-344　兴城市兴城镇明宁远卫城内的祖大寿旌功石坊

图 1-15-345　兴城市兴城镇明宁远卫城内的祖大乐旌功石坊

图 1-15-346　兴城市兴城镇明宁远卫城内的蓟辽督师府

图 1-15-347　兴城市兴城镇明宁远卫城内蓟辽督师府里的袁崇焕纪念堂

在绥中县，明长城从今高台堡镇牛彦章村，经万家屯村张家沟屯、穆家沟村、黑水台村（村委会驻河东）八将沟屯、水口村西沟屯、西岭屯，进入高甸子乡，经陈荫沟村东沟屯、大狼洞子村小狼洞子屯、糜子沟村延伸至下顺山堡村顺山堡屯——那里有长城城墙遗存（图 1–15–348），也有山险墙（图 1–15–349），还有烽燧址（图 1–15–350），又经牤牛沟屯、三姓屯，进入范家乡，经涝豆沟村、后喊过岭屯、弯土墙村齐家屯、刘家屯、田家屯、钓鱼石村三道河子屯、西沟屯、小胡口村杨树沟屯、南沟屯、上九门台村，进入前卫镇，经背荫障村三山沟屯，过大风口水库，延伸至背荫障村，再经下霍家沟屯，进入永安堡乡，经张家房子村康家房子屯、小山口村延伸至边外村河口屯，此处有金牛洞长城堵住河口通道（图 1–15–351 ~图 1–15–358）。在边外村的南面，是石匣口村（图 1–15–359 ~图 1–15–361），那里有明万历元年（1573 年）《重修永安堡石狭口边工题名》碑( 图 1–15–362 )[①]。明长城在边外村和石匣口村中间西去，延伸至大甸子村蔓枝草屯南( 图 1–15–363 ~图 1–15–368），扼守山口通道，两侧都是高山，具有一夫当关、万夫莫开之势（图 1–15–369、图 1–15–370），石砌城墙很有特点（图 1–15–371 ~图 1–15–373）。明长城由此，经曹家房子屯延伸至东屯村杨树弯子屯，那里有椴木冲，在椴木冲墙台上，存有张学颜、李成梁等明朝官员万历五年（1577 年）题写的《椴木冲楼题名记》碑（图 1–15–374 ~图 1–15–376）[②]。（参见第 1418 页图 1- 附录 –24）

在绥中县，还有遗存虽不在长城线上，但却与长城关系密切，对了解长城很有好处，兹选几事附录于此。一为绥中县前所镇前所村保存下来的一座较为完好的中前所城址（图 1–15–377 ~图 1–15–379），它是明代施行卫所制度所建；另一为绥中县沙河镇沙河堡村的沙河堡城址，城门上嵌石门额（图 1–15–380）；另一为绥中县沙河镇三台子村东北路边的路台，它保存完好，台顶上面的铺房仍存（图 1–15–381），十分难得。

---

① 碑文：“重修永安堡石狭口边工题名』宁前道兵备佥事李松』，前屯游击都指挥刘潘』，□□□□』，备御□□景嶽』，游营中军吴疆、备御中军杨武烈』，千总官孟国忠、张良臣』，把总守官』指挥孙标、镇抚王煦』，千户何世臣、朱旈、胡永□』，扑盗指挥于乔』，防工官』：提调指挥吴□、守堡指挥陈伯侯』，把总指挥程邦□、亢思恭、陈邦、刘进忠』　收支钱粮官』，掌印指挥杨绍勋、经历王泮』。万历元年九月十二日立』。”

② 碑文，正面刻：“椴木冲楼题名记』钦差巡抚辽东兵部右侍郎张学颜』、钦差镇守辽东总兵官左都督李成梁』、钦差整饬辽东宁前兵备山东按察司副使李松』、钦差广宁前屯等处游击将军杨绍勋』、钦差京营游击将军杨五典』、钦差广宁右营游击将军王大璋』、前屯城备御章应选』。各项修防委官』：游营中军张箴、千总刘恩、慕成勋，备御中军陈邦、把总亢思恭、盛守廉、任中秀』、王访、杨国珎、高承恩』，监运钱委官』：指挥李恩乔、祝光诏、叶万钟，经历张承谐』，

碑阴刻：“管匠役委百户注承祖』、石匠』：刘三汉、刘真』，泥水匠：魏国仕、傅仲仁、蓝守益、王五子』。”

图 1-15-348　绥中县高甸子乡下顺山堡村顺山堡屯狮子山上的明长城城墙遗存

图 1-15-349　绥中县高甸子乡下顺山堡村顺山堡屯狮子山上的明长城山险墙

图 1-15-350 绥中县高甸子乡下顺山堡村顺山堡屯狮子山上的明长城烽燧址

图 1-15-351　绥中县永安堡乡边外村河口屯金牛洞山上的明长城遗存

图 1-15-352　绥中县永安堡乡边外村河口屯明朝为堵河道将长城城墙修至金牛洞洞口

图 1-15-353　绥中县永安堡乡边外村河口屯金牛洞口洞及山下平地上的明长城遗存

图 1-15-354　绥中县永安堡乡边外村河口屯金牛洞洞口扼守住山间河上通道的明长城遗存

图 1-15-355　由绥中县永安堡乡边外村河口屯金牛洞中向外看

图 1-15-356　绥中县永安堡乡边外村河口屯，为堵河上通道，明朝将明长城城墙修筑在河的两岸以把守河口

图 1-15-357　绥中县永安堡乡边外村河口屯金牛洞山下平地上的明长城城墙遗存

图 1-15-358　绥中县永安堡乡边外村河口屯经过平地复上山岭的明长城遗存

图 1-15-359　绥中县永安堡乡石匣口村封堵河口的明长城遗存

图 1-15-360　绥中县永安堡乡石匣口村明长城堵住河上通道的地理风貌

图 1-15-361　绥中县永安堡乡石匣口村的明长城城墙遗存

图 1-15-362 绥中县永安堡乡石匣口村的《重修永安堡石狭口边工题名》碑拓片

图 1-15-363　在绥中县永安堡乡大甸子村蔓枝草屯山口远望明长城遗存

图 1-15-364　绥中县永安堡乡大甸子村蔓枝草屯扼守山口通道的明长城遗存

图 1-15-365 绥中县永安堡乡大甸子村蔓枝草屯明长城南（内）侧城墙遗存

图 1-15-366　绥中县永安堡乡大甸子村蔓枝草屯明长城南（内）侧城墙遗存

图 1-15-367　绥中县永安堡乡大甸子村蔓枝草屯明长城北（外）侧城墙遗存

图 1-15-368 绥中县永安堡乡大甸子村蔓枝草屯公路东侧山上的明长城遗存

图 1-15-369　绥中县永安堡乡大甸子村蔓枝草屯公路西侧山上的明长城遗存

图 1-15-370　绥中县永安堡乡大甸子村蔓枝草屯的明长城城墙与墙台遗存

图 1-15-371　绥中县永安堡乡大甸子村蔓枝草屯修筑公路切断明长城墙体遗存的处理情况

图 1-15-372　绥中县永安堡乡大甸子村蔓枝草屯明长城石砌墙体遗存结构

图 1-15-373 绥中县永安堡乡大甸子村蔓枝草屯明长城石砌墙体遗存结构

图 1-15-374 绥中县永安堡乡东屯村杨树弯子屯明长城椴木冲墙台遗址及其上的《椴木冲楼题名记》碑

图 1-15-375　绥中县永安堡乡东屯村杨树弯子屯明长城椴木冲墙台遗址上的《椴木冲楼题名记》碑

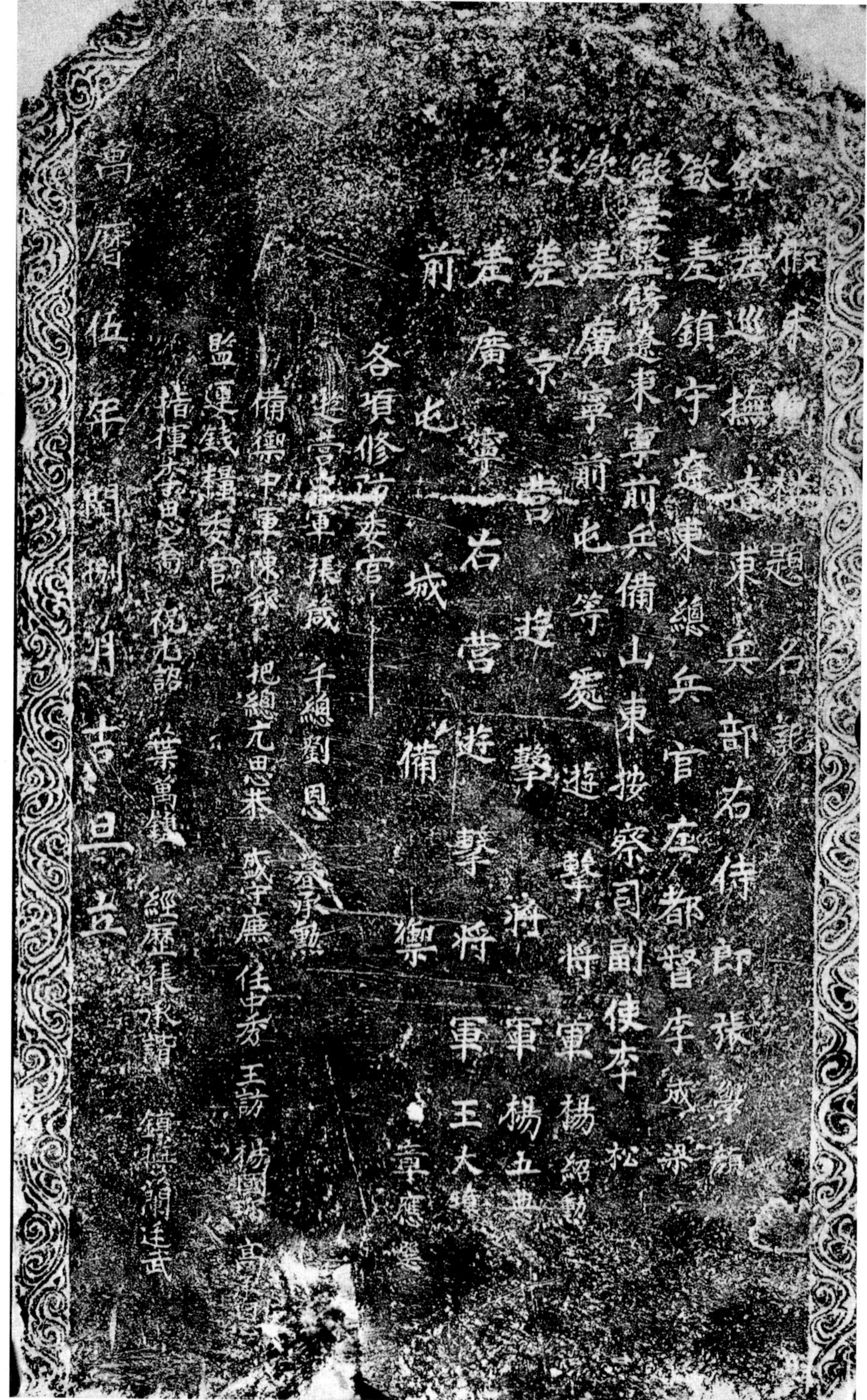

图 1-15-376　绥中县永安堡乡东屯村杨树弯子屯明长城椴木冲墙台遗址上的《椴木冲楼题名记》拓片

图 1-15-377　绥中县前所镇前所村明中前所城址的西瓮城门遗存

图 1-15-378　绥中县前所镇前所村明中前所城址东南角城墙

图 1-15-379　绥中县前所镇前所村明中前所城址的南城墙

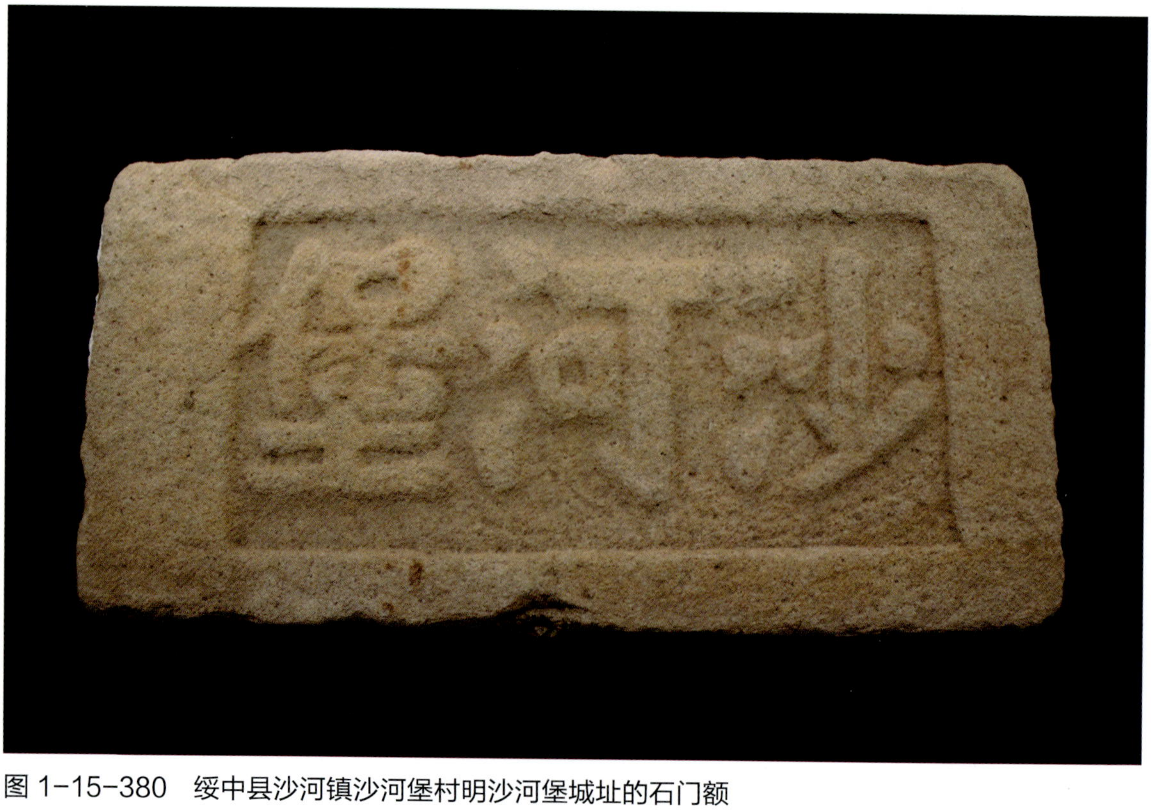

图 1-15-380　绥中县沙河镇沙河堡村明沙河堡城址的石门额

图 1-15-381　绥中县沙河镇三台子村东北路边的明代路台遗址

今辽宁省绥中县永安堡乡的锥子山是明辽东镇长城的终点，蓟镇长城的西行段和南行段也在此山的石峰上集聚（图 1-15-382 ~ 图 1-15-384）。辽东镇长城终止于锥子山石壁东侧上，从锥子山西侧石壁西去为蓟镇长城（图 1-15-385 ~ 图 1-15-395），由锥子山西去延伸至西沟村等地的蓟镇长城在今辽宁省绥中县。继续西去，蓟镇长城进入今河北省抚宁县。在今绥中县者，依次经过立根台村的金家沟屯（图 1-15-396 ~ 图 1-15-399）、东沟屯、西沟村小河口屯（图 1-15-400 ~ 图 1-15-413）以及西沟村（图 1-15-414 ~ 图 1-15-426）等村屯。（参见第 1418 页图 1- 附录 -24）

在锥子山南侧石峰上接筑的长城，向南去，延伸至山海关老龙头渤海岸边，此段长城亦属蓟镇，现今这道长城除南段位于今秦皇岛市山海关区外，北段基本上为今河北省与辽宁省的分界。这段长城的西侧为今河北省秦皇岛市抚宁县，东侧是今辽宁省绥中县，现在在长城两侧均有村屯存有与明代长城相关的设施，互有对应关系。现在检点明长城，在其西侧的今河北省抚宁县，比较著名的地点很多，有苇子峪长城（图 1-15-427 ~ 图 1-15-439）、义院口长城（图 1-15-440 ~ 图 1-15-444）、板厂峪长城（图 1-15-445 ~ 图 1-15-451）、长城村长城（图 1-15-452 ~ 图 1-15-457）、城子峪长城（图 1-15-458 ~ 图 1-15-482）、董家口长城（图 1-15-483 ~ 图 1-15-488）等；在其东侧的今辽宁省绥中县，比较著名的地点亦很多，择几处略为记述：锥山沟屯长城在锥子山南面向南去（图 1-15-489），有一个吾名口，它是明长城上的一座关城（图 1-15-490），至今长城墙

图 1-15-382　绥中县永安堡乡锥子山上三道长城会集：中间是向南延伸至山海关的明蓟镇长城，左边是西去的蓟镇长城，右边是辽东镇长城西端终点段（由南向北拍摄）

图 1-15-383　绥中县永安堡乡锥子山上蓟镇长城与辽东镇长城“三龙聚首”之山峰

图 1-15-384　绥中县永安堡乡锥子山上的雪后长城

图 1-15-385　绥中县永安堡乡锥子山上的明长城遗存

体上的关门仍存（图 1-15-491）——此处的长城保存有许多有特点的墙段，荆条沟长城极为壮观（图 1-15-492 ~ 图 1-15-497），还有娄家沟长城、九门口长城（图 1-15-498 ~ 图 1-15-503），直到山海关（图 1-15-504 ~ 图 1-15-509）渤海岸边，沧海茫茫，一望无际。在山海关城东门外稍远处，有一座烽燧址（图 1-15-510）很是有名，明代以后很多出关或入关的人，看到它都会发出不同心境的感慨，并将其写入诗文中，由是广为人知。

这一段以锥子山为重点的明长城，至今保存较好。它蜿蜒盘旋于燕山山脉东端的群山之间，天造地设，气势雄伟，山高崖险，气壮山河，恬静者如画卷渲染，神韵清奇，刚健者如巨龙飞舞，秀美自然，是明长城中极具特色的斑斓线段。

辽东镇长城比较复杂，尤其是其西端，不止一道，而且过去不见记载，也不为学术界所知，如果不是经考古调查发现，或许人们永远也不知道原来长城防御还有这样的布置变化（图 1-15-511 ~ 图 1-15-515）。在当前讲辽东镇长城西端的论著中所列出的地点，皆指到今锥子山的长城，即本书前面所列长城的经过地点，但它实际上是辽东镇长城西端最北边的一道，也应是最后修筑完成的长城。在其南面，考古调查又发现两道长城，反映出辽东镇长城西端的变迁，而且清代柳条边初设原址也在其南面，其后也因有“展边”之事而北移，这些情况均应被补入书中，以便读者了解，故列述于后。

图 1-15-386 绥中县永安堡乡锥子山西面的明长城遗存远望

图 1-15-387　绥中县永安堡乡锥子山西侧明长城遗存下的人家

图 1-15-388　绥中县永安堡乡锥子山西侧的明长城遗存

图 1-15-389　绥中县永安堡乡锥子山上的明长城遗存

图 1-15-390　绥中县永安堡乡锥子山西侧的明长城遗存

图 1-15-391 绥中县永安堡乡锥子山上的明长城遗存

图 1-15-392　绥中县永安堡乡锥子山上的明长城石砌城墙遗存

图 1-15-393　绥中县永安堡乡锥子山上的明长城石砌城墙遗存

图 1-15-394　绥中县永安堡乡锥子山上的明长城石砌城墙遗存结构

图 1-15-395　绥中县永安堡乡锥子山山口之外重峦叠嶂，险要异常

图 1-15-396　绥中县永安堡乡立根台村金家沟屯锥子山西的明蓟镇长城遗存

图 1-15-397　绥中县永安堡乡立根台村金家沟屯锥子山西陡峭山顶上的明蓟镇长城遗存

图 1-15-398　绥中县永安堡乡立根台村金家沟屯锥子山西的明蓟镇长城遗存

图 1-15-399　绥中县永安堡乡立根台村金家沟屯锥子山西茂密树林中的明蓟镇长城遗存

图 1-15-400　绥中县永安堡乡西沟村小河口屯的明蓟镇长城遗存

图 1-15-401　绥中县永安堡乡西沟村小河口屯的明蓟镇长城遗存

图 1-15-402　绥中县永安堡乡西沟村小河口屯的明蓟镇长城遗存

图 1-15-403　绥中县永安堡乡西沟村小河口屯的明蓟镇长城遗存

图 1-15-404　绥中县永安堡乡西沟村小河口屯的明蓟镇长城直上陡峭高山

图 1-15-405 绥中县永安堡乡西沟村小河口屯的明蓟镇长城遗存

图 1-15-406　绥中县永安堡乡西沟村小河口屯的明蓟镇长城遗存

图 1-15-407 绥中县永安堡乡西沟村小河口屯的明蓟镇长城遗存

图 1-15-408　绥中县永安堡乡西沟村小河口屯的明蓟镇长城遗存

图 1-15-409　绥中县永安堡乡西沟村小河口屯的明蓟镇长城遗存

图 1-15-410　绥中县永安堡乡西沟村小河口屯明蓟镇长城的战台遗存依然保存较好

图 1-15-411 绥中县永安堡乡西沟村小河口屯明蓟镇长城墙体遗存下部的建筑结构十分规整坚固

图 1-15-412 绥中县永安堡乡西沟村小河口屯明蓟镇长城墙台遗存的内部结构

图 1-15-413　绥中县永安堡乡西沟村小河口屯明蓟镇长城的山口通道（自长城遗存上向北拍摄）

图 1-15-414　绥中县永安堡乡西沟村的明蓟镇长城遗存（1958 年拍摄）

图 1-15-415　绥中县永安堡乡西沟村的明蓟镇长城遗存

图 1-15-416　绥中县永安堡乡西沟村的明蓟镇长城石砌城墙遗存

图 1-15-417　绥中县永安堡乡西沟村的明蓟镇长城遗存

图 1-15-418　绥中县永安堡乡西沟村的明蓟镇长城遗存

图 1-15-419　绥中县永安堡乡西沟村的明蓟镇长城遗存

图 1-15-420　绥中县永安堡乡西沟村的明蓟镇长城遗存

图 1-15-421 绥中县永安堡乡西沟村的明蓟镇长城遗存

图 1-15-422　绥中县永安堡乡西沟村山口处明蓟镇长城城墙下部的炮孔遗存

图 1-15-423　绥中县永安堡乡西沟村明蓟镇长城遗存上的石炮

图 1-15-424　绥中县永安堡乡西沟村的明蓟镇长城带字城砖

图 1-15-425　绥中县永安堡乡西沟村明蓟镇长城遗存下开辟的道路

图 1-15-426　绥中县永安堡乡西沟村明蓟镇长城遗存下笔者（左一）接受记者采访

图 1-15-427　抚宁县石门寨镇苇子峪村的明蓟镇长城遗存

图1-15-428　抚宁县石门寨镇苇子峪村的明蓟镇长城遗存

图 1-15-429　抚宁县石门寨镇苇子峪村的明蓟镇长城遗存

图 1-15-430　抚宁县石门寨镇苇子峪村的明蓟镇长城遗存

图 1-15-431 抚宁县石门寨镇莘子峪村的明蓟镇长城遗存

图 1-15-432　抚宁县石门寨镇苇子峪村的明蓟镇长城遗存

图 1-15-433 抚宁县石门寨镇苇子峪村的明蓟镇长城遗存

图 1-15-434　抚宁县石门寨镇苇子峪村的明蓟镇长城遗存

图 1-15-435 抚宁县石门寨镇苇子峪村的明蓟镇长城遗存

图 1-15-436　抚宁县石门寨镇苇子峪村建于山下平地上的明蓟镇长城遗存

图 1-15-437　抚宁县石门寨镇苇子峪村的明蓟镇长城遗存

图 1-15-438　抚宁县石门寨镇苇子峪村的明蓟镇长城遗存

图 1-15-439 抚宁县石门寨镇苇子峪村的明蓟镇长城山险墙

图 1-15-440　抚宁县驻操营镇义院口村的明蓟镇长城遗存

图 1-15-441　抚宁县驻操营镇义院口村的明蓟镇长城遗存

图 1-15-442　抚宁县驻操营镇义院口村的明蓟镇长城遗存

图 1-15-443　抚宁县驻操营镇义院口村的明蓟镇长城遗存

图 1-15-444　抚宁县驻操营镇义院口村的明蓟镇长城遗存

图 1-15-445　抚宁县驻操营镇板厂峪村的明蓟镇长城遗存远望

图 1-15-446　抚宁县驻操营镇板厂峪村的明蓟镇长城遗存

图 1-15-447　抚宁县驻操营镇板厂峪村的明蓟镇长城遗存

图 1-15-448　抚宁县驻操营镇板厂峪村的明蓟镇长城遗存

图 1-15-449　抚宁县驻操营镇板厂峪村的明蓟镇长城遗存

图 1-15-450　抚宁县驻操营镇板厂峪村的明蓟镇长城遗存

图 1-15-451　抚宁县驻操营镇板厂峪村的明蓟镇长城遗存

图 1-15-452　抚宁县驻操营镇长城村村名牌

图 1-15-453　抚宁县驻操营镇长城村明蓟镇长城从山上来到平地，进入寻常百姓家（不要误会，是后来村民宅院建在了长城遗存旁）

图 1-15-454　抚宁县驻操营镇长城村的明蓟镇长城遗存近景

图 1-15-455 抚宁县驻操营镇长城村的明蓟镇长城战台遗存

图 1-15-456　抚宁县驻操营镇长城村的明蓟镇长城秋色

图 1-15-457　抚宁县驻操营镇长城村明蓟镇长城下的古民居

图 1-15-458　抚宁县驻操营镇城子峪村的明蓟镇长城遗存远望

图 1-15-459　抚宁县驻操营镇城子峪村的明蓟镇长城遗存

图 1-15-460　抚宁县驻操营镇城子峪村的明蓟镇长城遗存

图 1-15-461　抚宁县驻操营镇城子峪村的明蓟镇长城遗存

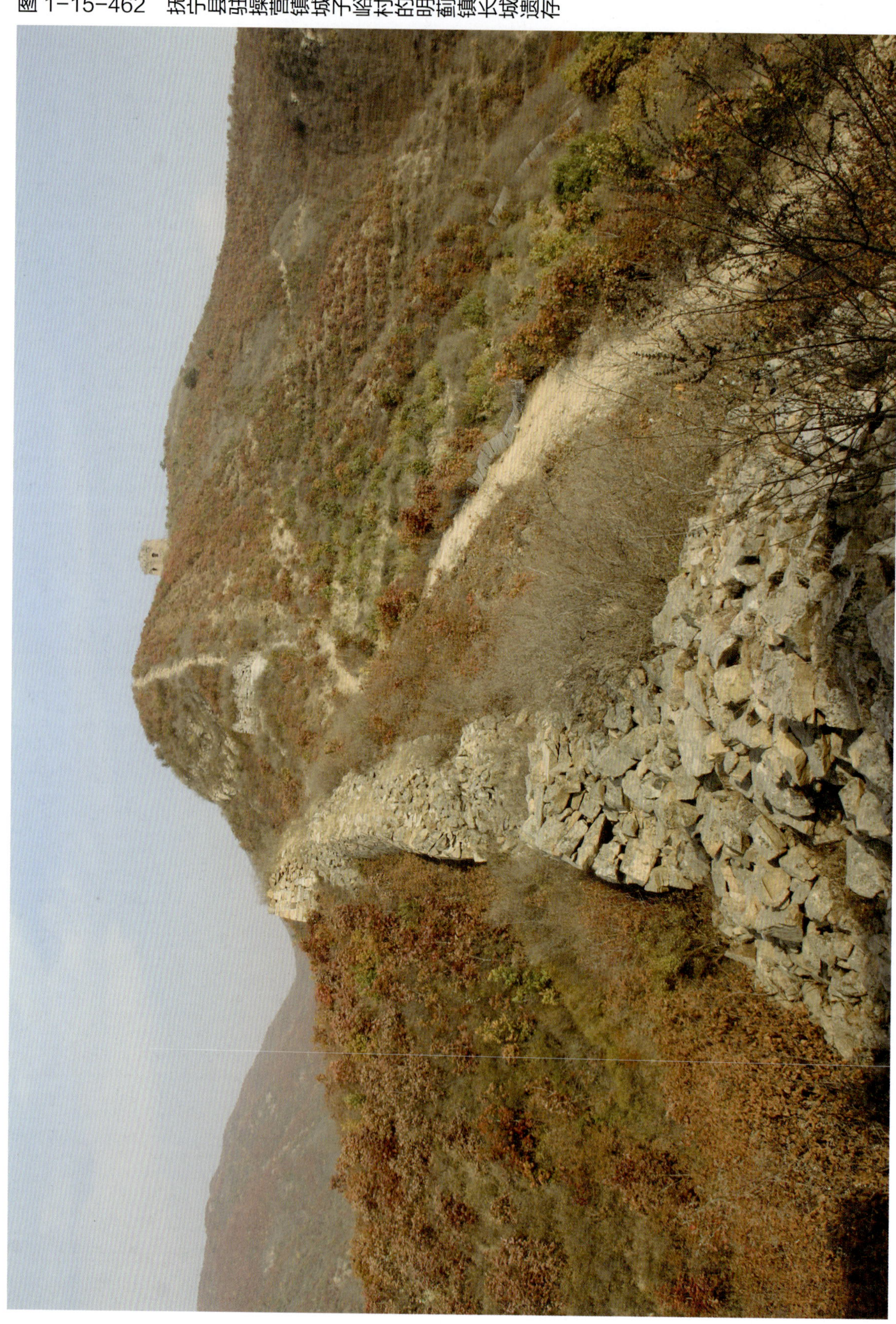

图 1-15-462　抚宁县驻操营镇城子峪村的明蓟镇长城遗存

图 1-15-463　抚宁县驻操营镇城子峪村的明蓟镇长城遗存

图 1-15-464　抚宁县驻操营镇城子峪村的明蓟镇长城遗存

图 1-15-465　抚宁县驻操营镇城子峪村的明蓟镇长城遗存

图 1-15-466　抚宁县驻操营镇城子峪村的明蓟镇长城遗存

图 1-15-467 抚宁县驻操营镇城子峪村的明蓟镇长城战台遗存

图 1-15-468　抚宁县驻操营镇城子峪村的明蓟镇长城遗存

图 1-15-469　抚宁县驻操营镇城子峪村的明蓟镇长城遗存

图 1-15-470　抚宁县驻操营镇城子峪村的明蓟镇长城战台遗存

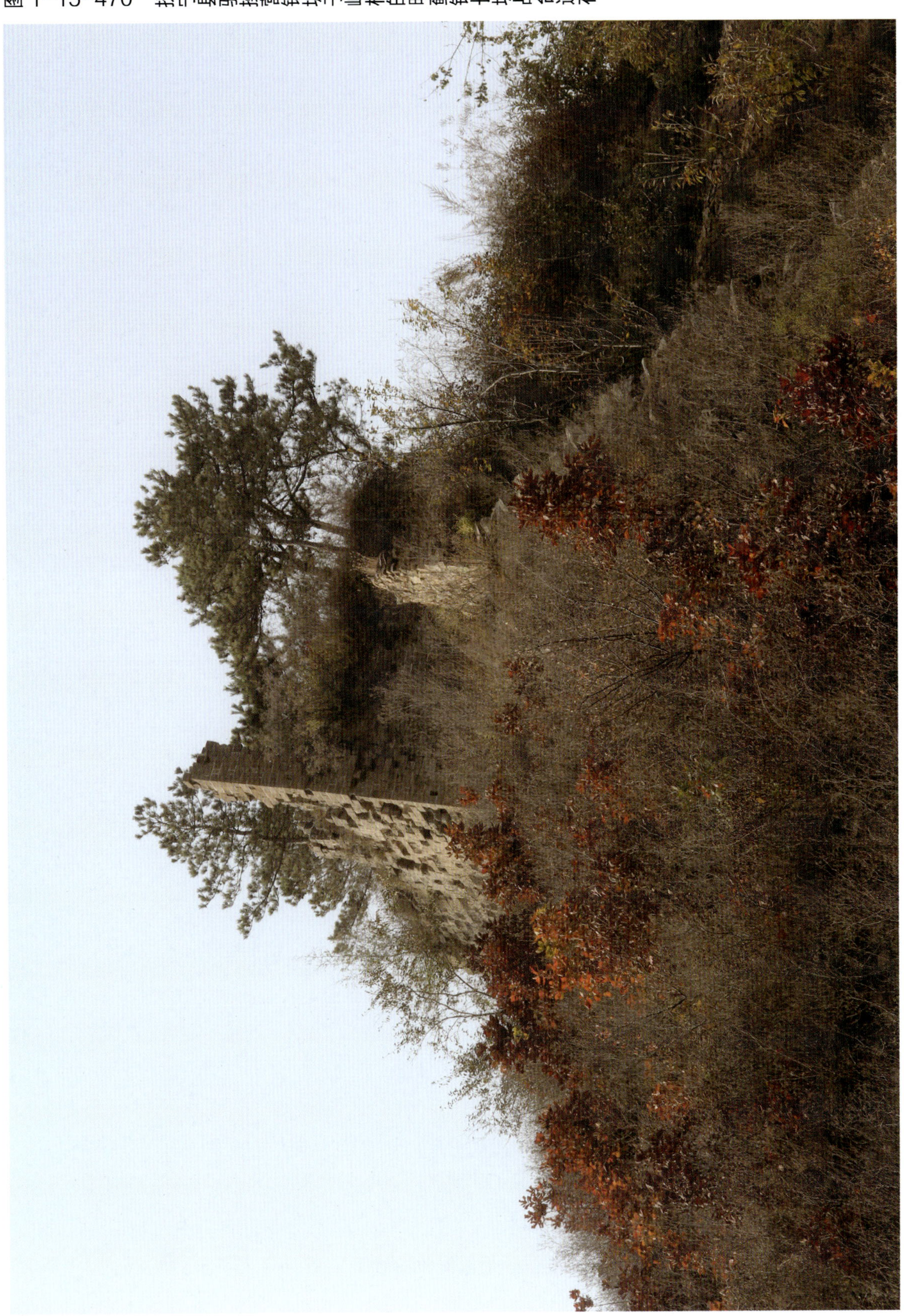

图 1-15-471　抚宁县驻操营镇城子峪村的明蓟镇长城遗存

图 1-15-472　抚宁县驻操营镇城子峪村的明蓟镇长城遗存

图 1-15-473　抚宁县驻操营镇城子峪村的明蓟镇长城战台遗存

图 1-15-474　抚宁县驻操营镇城子峪村的明蓟镇长城遗存

图 1-15-475　抚宁县驻操营镇城子峪村的明蓟镇长城遗存（左侧远处为锥子山）

图 1-15-476　抚宁县驻操营镇城子峪村的明蓟镇长城遗存（锥子山远望）

图 1-15-477　抚宁县驻操营镇城子峪村的明蓟镇长城战台遗存

图 1-15-478　抚宁县驻操营镇城子峪村的明蓟镇长城战台遗存上的箭孔（由内向外看）

图 1-15-479　抚宁县驻操营镇城子峪村的明蓟镇长城战台遗存

图 1-15-480　抚宁县驻操营镇城子峪村的明蓟镇长城战台遗存及其后面的锥子山

图 1-15-481　抚宁县驻操营镇城子峪村的明蓟镇长城战台遗存

图 1-15-482　抚宁县驻操营镇城子峪村明蓟镇长城战台遗存

图 1-15-483　抚宁县驻操营镇董家口村明蓟镇长城关城遗址远望

图 1-15-484　抚宁县驻操营镇董家口村明蓟镇长城关门遗存

图 1-15-485　抚宁县驻操营镇董家口村明蓟镇长城关门南侧城墙遗存

图 1-15-486　抚宁县驻操营镇董家口村明蓟镇长城城墙遗存基部

图 1-15-487　抚宁县驻操营镇董家口村明蓟镇长城关门北侧城墙遗存

图 1-15-488　抚宁县驻操营镇董家口村明蓟镇长城关门遗存上的石门额

图 1-15-489 绥中县永安堡乡北石门村锥山沟屯北锥子山上的"三龙聚首"长城奇观

图 1-15-490　绥中县李家堡乡北石门村锥山沟屯的明长城吾名口关城址

图 1-15-491　绥中县李家堡乡北石门村锥山沟屯的明长城吾名口关城址

图 1-15-492　绥中县李家堡乡荆条沟屯西的明蓟镇长城遗存

图 1-15-493　绥中县李家堡乡荆条沟屯西的明蓟镇长城遗存

图 1-15-494　绥中县李家堡乡荆条沟屯西的明蓟镇长城石墙遗存

图 1-15-495　绥中县李家堡乡荆条沟屯西的明蓟镇长城石墙遗存结构

图 1-15-496　绥中县李家堡乡荆条沟屯西的明蓟镇长城遗存在蓝天白云下如盘旋巨龙

图 1-15-497　绥中县李家堡乡荆条沟屯西的明蓟镇长城坍坏状况

图 1-15-498　绥中县李家堡乡新台子村明九门口长城北部山上的长城遗存远望

图 1-15-499 绥中县李家堡乡新台子村明九门口长城北，长城遗存在山间的分布走势极为壮观

图 1-15-500　绥中县李家堡乡新台子村明九门口长城北的长城遗存

图 1-15-501　考古工作者在绥中县李家堡乡新台子村明九门口长城北部的长城遗存上进行考古调查

图 1-15-502　考古工作者在绥中县李家堡乡新台子村明九门口长城北对明长城墙台遗存进行测量

图 1-15-503　日落时分，考古工作者仍在绥中县李家堡乡新台子村明九门口长城北的明长城遗存上进行调查

图 1-15-504　明蓟镇长城山海关城

图 1-15-505　明蓟镇长城山海关城风貌

图 1-15-506　明蓟镇长城山海关街市

图 1-15-507　山海关明长城

图 1-15-508　山海关明长城

图 1-15-509　山海关明长城老龙头至海段

图 1-15-510　山海关城东面八里铺的明长城附设烽燧址

图 1-15-511　绥中县李家堡乡明辽东镇长城西端初期长城遗存

图 1-15-512　绥中县李家堡乡明辽东镇长城西端初期长城遗存

图 1-15-513　绥中县李家堡乡明辽东镇长城西端初期长城遗存

图 1-15-514　绥中县李家堡乡燕窝砬子到秋皮沟水库的明辽东镇长城西端初期长城遗存

图 1-15-515　绥中县李家堡乡娄家沟后山的明辽东镇长城西端初期长城遗存远望

## 三、明辽东镇长城西端初期建城及清柳条边考古调查发现情况

下面介绍的是笔者当年进行考古调查所记录的明辽东镇长城西端南面的另两道明长城和被称为“三道墙”的清柳条边的发现情况。笔者当年的调查材料——1990 年进行考古调查时写的考古日记犹在。由于它是笔者在调查当时随手所记，故较为具体。现在摘录其中几天的日记原文，让读者了解一下这些明代长城遗存和清柳条边遗址是如何在考古调查中被发现的。

4 月 8 日　星期日　晴

调查吾名口，据《全辽志》记载，它是辽东镇长城西端的起点。

早晨六点吃饭，七点钟由荆条沟出发，过秋皮沟村，又过秋皮沟水库，径直向北去。在山沟里的狭窄车道上向锥山沟屯行进，面包车颠簸得厉害，走十五里路到了锥山沟屯。我们下车后，就步行向山口进发。当地群众向我们介绍说：“山岗上的长城留有一个旁门，是东西两面往来通过的必经之路。”这个长城券门就是吾名口。

我们登上一个小岗，一直向西去，路还不算难走，不久就到岗梁上，长城就横在眼前（图 1-15-516、图 1-15-517），券门历历在目（图 1-15-518），不由得惊呼：“这

图 1-15-516　绥中县李家堡乡北石门村锥山沟屯明长城吾名口关遗存

图 1-15-517　绥中县李家堡乡北石门村锥山沟屯西侧山上的明长城遗存

图 1-15-518　绥中县李家堡乡北石门村锥山沟屯的明长城吾名口关城址券门

就是吾名口！”我们开始观察、照相，随后进行记录、测图。在深入调查中，我们发现一座关城（图 1-15-519），它起于南部一个敌楼的里侧（图 1-15-520、图 1-15-521），为石墙，整体作“刀”字形，止于北部一座敌楼（图 1-15-522），正西面有一门（图 1-15-523）。吾名口券门在敌楼北面，相距十二点三米。在这座关城下面，原有一个小村——吾名口村，1958 年后，村里的几户人家全搬到西面一里余的杜城子村了，现在吾名口村已经不存在了！我们对长城墙体进行了测量（图 1-15-524 ~ 图 1-15-527），形成一张平面图。最后我们又向北登上了一座高山顶部的敌楼，它距锥子山仅有六座敌楼（图 1-15-528 ~ 图 1-15-530），由此往北全为石墙，而敌楼都为砖筑；观看长城，它向西到西沟（图 1-15-531），向东到蔓芝草长城，屈曲蜿蜒，十分壮观。

午后两点下山后，我们由锥山沟屯返回。归途走秋皮沟水库东岸，比去时走西岸山梁路要好走得多。水库中的水不多，去年少雨，现在水几乎要干涸了。

回来后，昌盛与国荣返回县里，老吉要去丹东，为修长城，与后天去丹东的郭大顺同丹东市有关方面会谈，以促使他们将长城修复工作确定下来。

午后整理调查材料。

图 1-15-519 绥中县李家堡乡北石门村锥山沟屯的明吾名口关城及长城遗存（自北向南拍摄，右侧是关城内，下部现存高墙者是长城墙体遗存）

图 1-15-520 绥中县李家堡乡北石门村锥山沟屯的明长城吾名口关遗存

图 1-15-521　绥中县李家堡乡北石门村锥山沟屯的明长城吾名口关遗存

图 1-15-522　绥中县李家堡乡北石门村锥山沟屯的明长城吾名口关遗存

图 1-15-523　绥中县李家堡乡北石门村锥山沟屯的明长城吾名口关城门遗存

图 1-15-524　绥中县李家堡乡北石门村锥山沟屯的明长城吾名口关遗存

图 1-15-525　绥中县李家堡乡北石门村锥山沟屯明长城吾名口关城墙墙体外面砌砖结构异常精致

图 1-15-526　绥中县李家堡乡北石门村锥山沟屯的明长城吾名口关遗存

图 1-15-527　绥中县李家堡乡北石门村锥山沟屯明长城吾名口关城墙墙体外面的砖脱落，露出墙体内层结构

图 1-15-528　绥中县李家堡乡北石门村锥山沟屯锥子山上向东、南、西三个方向延伸的明长城遗存

图 1-15-529　绥中县李家堡乡北石门村锥山沟屯锥子山南面的明长城遗存

图 1-15-530　绥中县李家堡乡北石门村锥山沟屯锥子山南面的明长城墙体与墙台遗存（左后方为西沟方向的明长城）

图 1-15-531　在绥中县李家堡乡北石门村锥山沟屯锥子山南面长城城墙上北望锥子山西面绥中县西沟村的明长城遗存

## 4月9日　星期一　晴

调查荆条沟村北山上的长城起点。

我们仍和昨天一样，六点钟吃过早饭就出发了，由王凤田做向导，向村西走去。王凤田告诉我们："这道北山上的长城西端到小通脉山就没有了，和蓟镇长城没有接上，中间空有五里的距离。"

为了解决与蓟镇长城衔接的问题，我们决定就调查这个没有长城遗迹的地段。这样，我们出村后就爬上村西的山岗，逐渐向北偏去，上到岗顶，果然看到石块叠筑的长城，虽然颓坍，仍很明显，宽两米，高一点二米（图1–15–532）。我们就沿着长城走，屈曲而行，不久就到了小通脉山。王凤田解释说："小通脉山，是指通向大山脉来说的，西边的长城就是大山脉。"我们看后，觉得他说的也合乎情理，这条山岗就是蓟镇长城所在的大山向东分出的一个支脉。长城到了小通脉山将近顶部的北侧石砬处，就不见了。我们登上岗顶，发现顶部很小，仔细观察，也没发现长城痕迹。下了岗顶，我们继续向西走去，准备上大通脉山。就在这两个山岗间较低矮的岗梁上，有一条土岗，它已成为上山的人行道，长有三十余米，高出地表有三十厘米。大家看后，认为这是长城留下的遗迹，不能说这段没有长城。过此之后，我们登上一个平缓山坡，由此再往上，山势陡峭，就是当地人所称的大通脉山。我们一路攀援，气喘汗流。我们登上山顶，发现地面很大，也很平整，西端裸露大石，似供人憩息场所。我们席地而坐，一边观看西边岭上的长城（图1–15–533～图1–15–535），一边吃带来的苹果，山风习习，一身清爽，此时觉得心旷神怡。休息过后，我们拍了几张照片，就下山西去，经过这一低矮的岗梁，就可到达蓟镇长城。下山后走了一百余米，我们发现一个石堆漫散在梁顶上。这是由人堆集的，约为一处石建筑址。它是墩台？颇值得注意。由此西去五十余米，即见一道横断山岗的深沟，这是为防御而设的"拦马沟"。此处沟深坡陡，难以攀登。我们改由岗梁进入南面山沟，复由沟中小路上升登上长城。这里的长城很有特点，其北段墙体的下部是石条，上部是砖，砖长三十八厘米、宽十九厘米、厚九厘米，敌楼、墙体保存较好，垛口仍存，现高七点三米（图1–15–536～图1–15–540）；南段是石墙，石墙中还有些段落是劈山石墙，现在有的地方石墙已颓倒（图1–15–541～图1–15–545）；在砖墙、石墙相接处，石墙东面缩入，西面突出零点五米，即接头不整齐。我先去南段石墙，后又去看了北段砖墙，分别照了它们的照片。

调查完这段蓟镇长城，已经过了中午，我们即取道下山。下山时我们走的是石棚沟。所谓石棚沟，就是这条沟的下边有一块大石头，一边担在山边，一边落在人行小道上，底部形成一个棚厦，可容三四人，当地人称之为石棚，因而也就命名此沟为石棚沟了。走完石棚沟，下接石头沟，石头沟是因满沟都是石头而得名。这两条沟都很陡峭，虽是下山，亦颇难行。我们回到住处时，已经下午三点钟了。

图 1-15-532　绥中县李家堡乡荆条沟村西小通脉山上明辽东镇长城中线向西接蓟镇长城

图 1-15-533 绥中县李家堡乡荆条沟村北山上的明辽东镇长城西望接西边岭上的蓟镇长城

图 1-15-534　从大通脉山上的明辽东镇长城遗存上向西远望西边岭上的明蓟镇长城遗存

图 1-15-535　绥中县李家堡乡荆条沟村西边岭上的明蓟镇长城遗存如飞舞巨龙

图 1-15-536　绥中县李家堡乡荆条沟村西的明蓟镇长城遗存

图 1-15-537 绥中县李家堡乡荆条沟村西的明蓟镇长城遗存，可见两段不同墙体衔接的情况

图 1-15-538　绥中县李家堡乡荆条沟村西的明蓟镇长城保存完好

图 1-15-539　绥中县李家堡乡荆条沟村西的明蓟镇长城至今仍保存完整的垛口墙

图 1-15-540　绥中县李家堡乡荆条沟村西的明蓟镇长城垛口墙依然完整

图 1-15-541　绥中县李家堡乡荆条沟村西的明蓟镇长城遗存

图 1-15-542　绥中县李家堡乡荆条沟村西的明蓟镇长城遗存

图 1-15-543　绥中县李家堡乡荆条沟村西的明蓟镇长城遗存

图 1-15-544　绥中县李家堡乡荆条沟村西的明蓟镇长城遗存

图 1-15-545　绥中县李家堡乡荆条沟村西的明蓟镇长城遗存

4 月 10 日　星期二　晴

调查荆条沟村北山墩台与长城。

七点钟我们由朱开本家出发，向西去随山折北，从山洼走上山岗。刚到山梁上，我们就看到了山岗上的墩台。我们都很高兴，很快登上墩台，结果发现它外边还有围墙，而且就连接在长城墙体上。此台为石块砌筑，平面呈长方形，东西长十三点二米，南北宽十二点八米，存高五米。围墙东西长二十二米，南北宽十七米，墙体宽度为一点八米，存高零点九米；东墙的方向为正南北向，西墙的方向为北偏东十度，北墙即为长城墙体（图 1-15-546、图 1-15-547）——长城墙体砌完后，再另筑围墙，接缝明显。长城墙体在围墙东部折向北去，然后走下山岗的北坡。在半山坡处，长城里侧有一石块砌筑的小型围墙，墙体为接筑，平面东西长十六米，南北宽五点六米，墙体宽度为零点四米，存高一点二米。此遗存是一小型房屋建筑址。

从墩台起，长城墙体为石砌，基本都保存下来，宽两米，存高一点五米（图 1-15-548）。这道长城向下过一条车道，直到山坡下，面临一条山水沟，现沟宽三十米，沟中没有城墙。过沟后，长城城墙在苇丛村西部一户人家的西房山墙外向东北延伸（图 1-15-549 ~ 图 1-15-552）。秋皮沟水库建成后，苇丛村中的一些人家已经搬走，目前只剩四家。长城从西边一家的西房山墙外走，墙体比较直。这里又是一个东西向的漫岗（图 1-15-553），

图 1-15-546　绥中县李家堡乡荆条沟村北山岗上的明辽东镇长城南线烽燧址

长城横断岗梁，到山岗边，北坡陡峭，长城折而沿山岗北侧边缘向东去，至山岗边，山岗下边即为水库，在这之后的长城被水库的水淹没，没有痕迹。过水库后，到东岸鸡冠山上，长城依然明显（图 1-15-554）。这段长城长九百米：山水沟段六十米无墙，南侧山岗上墙体保存较好，过车道处，墙体断面边宽三米，存高一点四米，坍宽每边各零点六米（图 1-15-555、图 1-15-556）；山水沟北侧山岗上的墙体保存略差，至山岗边转折后保存较差，仅存墙基部分。

在长城墩台南偏东二十度、三百二十五米处，有一座石砌墩台，即李家堡村北山顶部，当地人称此山为王八盖子山。此山东低西高，墩台建在西部山顶上，全为石砌，圆形，直径九米，存高二点六米，墩台外不见围墙（图 1-15-557、图 1-15-558）。

### 4 月 11 日　星期三　晴转多云

今天调查荆条沟村北山长城。

仍和往日一样，七点钟我们又出发了，向村西走去，不久就开始登山。上到山顶，我们就看到了长城。我们沿长城又走到前天去的小通脉山，即长城砌到山顶部砬子上，以此为起点，进行测量。我们边测量边照相，沿山岗顶部向东去，到昨天测量的墩台及东部段长城相接处（图 1-15-559 ～图 1-15-562）。这一段长城曲折蜿蜒，一般都保存较好，有的地段石墙保存得很完整，仍是原貌（图 1-15-563 ～图 1-15-566）。

图 1-15-547　绥中县李家堡乡荆条沟村北山岗上的明辽东镇长城南线烽燧址

图 1-15-548　绥中县李家堡乡荆条沟村北山上的明辽东镇长城遗存

图 1-15-549　绥中县李家堡乡苇丛村的明辽东镇长城遗存

图 1-15-550　绥中县李家堡乡苇丛村的明辽东镇长城遗存

图 1-15-551　绥中县李家堡乡苇丛村的明辽东镇长城遗存

图 1-15-552　绥中县李家堡乡苇丛村的明辽东镇长城遗存

图 1-15-553　绥中县李家堡乡丰丛村的明辽东镇长城中线遗存

图 1-15-554　绥中县李家堡乡秋皮沟水库西岸及东岸山上的明辽东镇长城遗存

图 1-15-555　考古工作者在绥中县李家堡乡苇丛村调查明辽东镇长城遗存（自西向东拍摄）

图 1-15-556　绥中县李家堡乡苇丛村的明辽东镇长城遗存

图 1-15-557　绥中县李家堡乡李家堡村北山上的明辽东镇长城烽燧址（自南向北拍摄）

图 1-15-558　绥中县李家堡乡李家堡村北山上的明辽东镇长城烽燧址（自北向南拍摄）

图 1-15-559　绥中县李家堡乡荆条沟村北山上的明辽东镇长城遗存

图 1-15-560　绥中县李家堡乡荆条沟村北山上的明辽东镇长城遗存

图 1-15-561 绥中县李家堡乡荆条沟村北山上的明辽东镇长城遗存

图 1-15-562　绥中县李家堡乡荆条沟村北山上的明辽东镇长城遗存

图 1-15-563 绥中县李家堡乡荆条沟村北山上的明辽东镇长城遗存

图 1-15-564　绥中县李家堡乡荆条沟村北山上的明辽东镇长城遗存

图 1-15-565　绥中县李家堡乡荆条沟村北山上的明辽东镇长城遗存

图 1-15-566　绥中县李家堡乡荆条沟村北山上的明辽东镇长城遗存

这段长城计长一千七百九十七米，全长两千六百九十七米。

下午调查铁厂堡城。

铁厂堡村在荆条沟村东南，相距五里。我们走了四十分钟，实际路程并不是五里，标准距离也得七八里。我们到该村后，找到张村长，说明来意。张村长就立即安排，找来年事已高、了解情况的老书记。铁厂堡现有四百五十六户，一千九百八十七人。

铁厂堡城现在大体还可辨认，城墙已经被拆毁，当地人用城墙砖盖了房，特别是1963年时，铁厂堡村归王凤台果树农场管辖，场部把城墙砖卖给当地居民，因此城墙被拆毁。老书记向我们介绍完情况后，我们就在村民庭院间沿旧墙基进行测量。铁厂堡城平面呈长方形，长二百四十米，宽一百九十米；南面一门，偏东十度；墙基为石条，上部为砖，中间为夯土；现东城墙保存较好，有的地段墙基条石仍在，还有一个外流水洞；北部一段夯土墙仍在，存高三点六米。

城址测量完后，我们又调查了该村东山岗上的一座墩台（图1-15-567～图1-15-569）。该墩台在村东——城址路二百五十米处（方向为东偏北三十度），方形，红色沙石夯筑，土质纯净，间隔夹有石块层，夯土外包砖石，基部用石条，上部为砖，现在外包砖石已被当地群众在近年拆毁，墩台外侧四周被挖了一条很深的沟，其中的石条被取出，上部的砖也被拆光，地面留有许多碎砖，而夯土台还很完整，仍保存整齐的方形台周面，是以知其外部曾经包有砖石。现夯土台存高五米，正南北方向，每边长九米。墩台外有围墙，围墙亦为方形，每边长四十米，南面有一门。这个墩台所在山岗，当地群众称之为楼台坡。

晚间回到住处，王凤台果树农场中学的侯玉峰让他的孩子给我们送来一件石锄，并附有一封信，请我们给鉴定一下，看对我们是否有用。我们看后，感到很好。此石锄很大，同地出土数件。这个地点过去绥中还不掌握，是值得注意的。

### 4月12日　星期四　阴

天气突然转冷，阴云笼罩，北风呼啸，我们将带来的衣服全穿上了，犹觉得寒意袭人。

中午国荣带面包车来，车是前天回去年检的，今天返回。我们下午乘车去王凤台，在此东南十八里。我们由荆条沟村出发，经李家堡子，又到边门，折而西去，过青松水库大坝，到刘家沟村，转而北上，在果树丛中盘曲绕行。杏花粉红，梨花似雪，初甦枝条，嫩绿如烟，漫山遍野，无际无涯，王凤台不愧为我国一著名大果树农场。进入镇中，水泥路面平整，两侧高楼林立，有的建筑是近年所建，颇有一些现代气息。我们到中学找到侯玉峰老师，说明来意后，他带我们乘车去石锄出土地点。

石锄的出土地点，在我们来的路上，因此我们的车又绕回去，过刘家沟村（即现在的王凤台果树农场八队），走青松水库大坝，迎面是一个低矮小山岗，现已栽满果树苗。山岗的顶部就是石锄的出土地点，它是在村民给幼树松土时被发现的。经过调查，一共

图 1-15-567　绥中县李家堡乡铁厂堡村山岗上的明辽东镇长城烽燧址

图 1-15-568　绥中县李家堡乡铁厂堡村山岗上的明辽东镇长城烽燧址

图 1-15-569　绥中县李家堡乡铁厂堡村山岗上明辽东镇长城烽燧址的填土结构及夯层

出土七件，其中侯玉峰老师给了五件，我们在现场又捡到了两件被刨坏的。石锄出土地点的西面就是铁厂堡，回去时我们的车就是取道铁厂堡的。

### 4月13日　星期五　雪

拓秋皮沟敌楼北侧长城摩崖题字。

这处摩崖石刻，过去虽有人见过，但不见报道，因此不为世人所知，我们此次去调查，才知当地有人在打猎中路过此地，偶然看见摩崖上有刻字，引起他注意，其他的字多有不识或不可解释，现在他只记得有“炕□”二字。我们也感到很新鲜，尤其是它不为人所知，益觉有亲自去一次的必要。于是我们就约向导，也就是去过此地、见过此刻石的人一齐出发。我们向村西走去，然后走上山梁，到岗顶，就看到了长城。我们已经测量过了，因此就跨长城而去，越过此岗就是秋皮沟。我们绕进沟里，这里沟谷狭深，到处是乱石，脚下无地，只能踏石而进，真是满沟石头。有几处石头堆得很高、很长，好似人为，是否当年修蓟镇长城到此取料，虽不能确定，但也有此可能。我们一路攀登，越走越高，荆棘丛生，乱石滚动，十分难走，平日无人至此，今天也就是我们四人。此时天阴云暗，风声呼啸，气温下降，而我们都气喘吁吁，周身流汗。不久，天就下起了雪，雪花随疾风飞舞。我们走上山顶，即到了蓟镇长城上（图 1–15–570），雪下得更大起来，四处是一片浑茫弥漫的世界，哪里还看得出远处的群山和长城。

到了山上，就是一个砖筑敌楼，但墙为石砌。我们越过敌楼北去，石墙不长，就抵于石砬上，然后就利用山险。在与长城相接的石砬里侧，岩石壁立，在岩石脚下的坡石上，就是刻字。我们开始捶拓。天上飞着雪花，宣纸铺上不干，颇不易拓，直到下午三点，我们才拓完摩崖石刻文字（图 1–15–571、图 1–15–572）。此处石刻的文字是：

哨至境外地名爛泥凹离堡三十里

炕儿峪堡该班夜不收郭延中等六名

嘉靖二十四年五月　　日管夜不收官千户赵世清

石匠谢淮

拓完摩崖石刻文字拓片，我们又调查了蓟镇长城由此向北的长城与敌台的结构和分布情况（图 1–15–573 ~ 图 1–15–575）。归途我们仍按原路走回，边走边议论，感到今天的收获还是不小的。

### 4月14日　星期六　多云

今天调查鸡冠山至松岭子段长城。

仍和往天一样，七点我们就出发了。这段长城在秋皮沟水库东岸山上，我们就不能从西岸绕道走了，因此从李家堡村奔水库大坝，然后转上东岸北去，约二里路就到了长城下。

图 1-15-570　绥中县李家堡乡秋皮沟西山上的明蓟镇长城遗存

图 1-15-571　绥中县李家堡乡秋皮沟西山上明蓟镇长城西侧的摩崖石刻

图 1-15-572　绥中县李家堡乡秋皮沟西山上明蓟镇长城西侧的摩崖石刻拓印

图 1-15-573　绥中县李家堡乡秋皮沟西山明蓟镇长城摩崖石刻北边的石砌城墙遗存

图 1-15-574　绥中县李家堡乡秋皮沟西山明蓟镇长城摩崖石刻北边的石砌城墙遗存

图 1-15-575　绥中县李家堡乡秋皮沟西山明蓟镇长城摩崖石刻北边的石砌城墙遗存

这段长城从荆条沟村北山经苇丛村西而来，下山岗后现为秋皮沟水库淹没，墙体在水中，但在秋皮沟水库东岸，现在水位下降，在水退去的水库底，长城又露了出来，它向东爬上鸡冠山——总的方向是东，但屈曲而行。在第一个山岗顶部，有一方形墩台（图1-15-576），东西长十二点八米，南北宽十二点五米，存高四点七五米。墩台外有围墙接筑在长城里侧。该围墙东西长二十点二米，南北宽十八点二米，墙体宽度为一点五米，存高一点七五米，方向为正南北向，当地人称之为"封石堆"，这是一个颇为形象的说法。

由此墩台东去，不久就到另一个山头，在近山顶处，长城址于岩石边露出。过山岗顶部后，在其东侧石砬上又有长城，过一山洼，这段长城保存得很好（图1-15-577～图1-15-579）。在山下的北沟原来有一个小村子，名鸡冠山村，现在该村已迁走，仅存房基遗址，因这里是秋皮沟水库的淹没区。此村得名，是因村北有一山，山顶有一长条状裸露山岩，状如鸡冠，故名此山为鸡冠山。长城向东延伸，至一山顶。此山非常陡峭，山石崚嶒，裸岩陡峭（图1-15-580），尤其是北坡山崖壁立，不可攀登，长城就修到石砬边（图1-15-581）。过此山头，长城复又出现（图1-15-582），下坡后，向东北另一较低山岗延伸过去；上此山岗后，山头有一墩台（图1-15-583），其外有围墙，长城修在东、西两面围墙上，这是唯一一处墩台在长城中间的。过此墩台，长城复向东去，经过三个较缓的山岗，到一山岗尽头不见。此处有一条南北向的深谷，两侧十分陡峻，谷底亦较狭。当是由于此谷狭深，另设其他路障亦足可阻止通行，长城至此才不见。

图1-15-576　绥中县李家堡乡秋皮沟水库东岸鸡冠山上的明辽东镇长城中线烽燧址

图 1-15-577　绥中县李家堡乡秋皮沟水库鸡冠山上的明辽东镇长城中线石砌城墙遗存

图 1-15-578　绥中县李家堡乡秋皮沟水库东岸鸡冠山上的明辽东镇长城中线石砌城墙

图 1-15-579　绥中县李家堡乡秋皮沟水库东岸鸡冠山上的明辽东镇长城中线石砌城墙遗存

图 1-15-580　绥中县李家堡乡秋皮沟水库东岸的险峻陡峭的山崖

图 1-15-581　绥中县李家堡乡秋皮沟水库东岸的鸡冠山上，长城被修至险峻陡峭的石砬边

图 1-15-582　绥中县李家堡乡秋皮沟水库东岸鸡冠山上的明辽东镇长城遗存

图 1-15-583　绥中县李家堡乡秋皮沟水库东岸鸡冠山上的明辽东镇长城烽燧址

过深谷后，在其东面山坡有长城出现，是石砌城墙（图 1-15-584）。此山坡为东松岭子，由绥中至永安堡乡（乡政府驻大甸子）的公路在其半山腰通过，山势险要，公路回环，是有名的“十八盘”。由此东去，山岗顶上又有较大的墩台（图 1-15-585）。我们调查至此，已经中午，即返回荆条沟村去。

下午我们调查老虎圈子村西沟屯的“三道墙”。我们到老虎圈子村西沟屯里一打听，当地人都知道，说就在该屯南岗梁上，一上去就能看见，那里有三道墙，因此人们就称它为“三道墙”。我们走上山岗，三道并行的墙赫然在目，果然不假。但我们朝西边一个较高的山顶望去，看到上边还有一个突起，似一墩台（图 1-15-586），于是我舍去“三道墙”，打算到那山顶看个究竟。小任他们上了山顶，我和老吉沿山顶下缘西侧向北去，拟从其北面上山顶，但当我们走到北面时，发现有一道石砌墙体从山顶石砬间向下而来。我们向山顶喊：“这里有一道长城。”山顶的人也喊：“这上面是一个墩台。”（图 1-15-587）山顶上的同志听到下面还有长城，就都下来，沿长城走去，打算回来再上山顶看墩台。这段长城用石块叠砌而成，在山岗近南坡处向北复向西弯曲而去，在约到山岗洼处分为两道——一道在山岗中间向西去，另一道在山岗南坡向西去，最后在西边一座大山的石砬间中止。此处恰为山岗南坡，下面较陡，似为防御南面而修，我们殊为不解——它应为防御北面的敌人才对，不知这样做为何意。山岗中间的那道长城一直向西去，最后止于一座大山东北侧的岩石上。这座大山就是李家堡子村北的高山。为了穷究

图 1-15-584　绥中县李家堡乡秋皮沟水库东岸东松岭子上的明辽东镇长城石墙遗存

其源，我们费力登上大山。山路非常陡峻，很是难上，但到了山顶，地面较平，也很大，南面山脚下的村庄历历在目。我曾在此地调查，对这些村庄的情况是熟悉的，更何况有四年在九门口长城考古发掘，李家堡子、二道河子、张家场、新堡子、炮嘴子、新台子，如何会忘记？此时看下去，地理位置立刻明确起来（图 1-15-588），而九门口就在此西边不远，没想到这道墙体竟然在这里从西向东延伸出来，实在令人兴奋。

下了大山的山顶，我们来到一个山洼，就在这里有一段长城墙体，看来是用来堵这处山口的。我们向西又越过一个山顶，在其下面山洼中的一个岗梁顶部，又有一道墙体，看来是用来堵这个山谷的岗梁洼的；就在这道堵口墙里面，有一个墩台，也为石砌，但破坏较严重，现仅存基部。为了彻底搞清这道长城的走向，虽然至此它不再见，我们仍不肯就此放弃，即使此时天色已较晚，我们仍然向西登上了另一座山头。上到顶部，又是一个很长的山岗，上面没有遗迹，我们就继续向西走。当我们走到它西边又一个岗端的石砬间时，发现石砌的墙，长十点三米，而在它东面的岗梁上，有一座墩台（图 1-15-589）。过此城墙后，我们走上一个更高的山顶，这里又有一座墩台，它利用下边的裸露大石作基础，十分壮观，只是颓残较甚，未见其原貌。这里离九门口长城已经不远了，和望海楼中间只隔一个山顶，相距也不过二百米左右。这道长城，看来应该算是起于九门口了。此时天色已晚，田野里的人都已回家，暝色四合，我们赶紧下山，此去我们的住处荆条沟村还有十多里路程呢！

图 1-15-585　绥中县李家堡乡李家堡村北山上的明辽东镇长城烽燧址

图 1-15-586　绥中县李家堡乡老虎圈子村西沟屯南岗梁西边山顶的明辽东镇长城烽燧址

图 1-15-587　绥中县李家堡乡老虎圈子村西沟屯南岗梁西边山顶上的明辽东镇长城烽燧址

图 1-15-588　在绥中县李家堡乡李家堡村北山上的烽燧址南望山下所见由辽宁通过九门口去北京的东西通道的地理环境

图 1-15-589　绥中县李家堡乡李家堡村北的明长城烽燧址

## 4月15日　星期日　多云

今天开始实行夏时制，时钟往前拨一小时。

我们在七点钟就出发了，仍去老虎圈子村西沟屯调查“三道墙”。我们按昨天去的地点，直到村南山岗的“三道墙”处，今天不似昨天上山岗看墩台，而是在昨天所见山岗墩台东坡下向东去。三道墙几乎作平行线向东去（图 1-15-590），经过岗洼，到一较低平山岗，岗顶又有一座墩台，它在北边那道墙与第二道墙之间，圆形，直径九米，存高一米。三道墙，北边的一道宽一点七米，存高零点八米，石砌，与中间一道墙相距十二点八米；中间那道墙宽一点九米，石块较前者为少，给人一种土墙印象（图 1-15-591），与南边那道墙相距八米；南边那道墙宽一点六米，方向以中间那道墙算，为东偏南十五度。三道墙向东延伸不远，南边那道墙就不再修筑，而中间那道墙变成南边那道墙，并由它支出一道，成为中间那道墙。三道墙继续向东延伸（图 1-15-592），过一条南北走向的山沟后，上一岗梁。这里较西侧山坡为高，已被辟为果园，满是果树，三道墙在此处仍很明显。它们又向前延伸一段后，都不见了。我们询问当地人，有人说：“此处叫郎家坟。”又有人说：“这里过去有城墙，后来被人毁坏了。它一直向东，经边门村，到挂旗山。”

我们虽四处寻觅，亦未再见三道墙。此地东南方一个孤立山头上有一座墩台，我们就攀登上去。这座墩台颇大，全为石砌，方形，边长十二米；外有围墙，方形，每边长二十米，墙体宽一点二米；方向为正南北向，在张家窝堡东北一点五里，在李家堡北偏东约四里。这座山现在叫王八盖山，人们还传说此山名叫谜山，因山下有地道，成为一个谜，谁也说不清，当与军事防御有关。

由张家窝堡过河就是边门村。在边门村南的山岗上有一座墩台，为方形，系黄沙石土与石块筑成，存高四米，外有围墙，亦为黄沙石土筑，方形，边长二十八米，宽一点三米，方向为北偏西三十度。边门村现在不见城墙，但当地人说，此处过去曾有城墙，现已为耕种荡平。从边门村之名可知，若无遗迹存在，它也不可能叫边门村。早期柳条边是否在此处？名边门者，自当有边墙，不是长城，自应是柳条边也。

调查完边门村的墩台，又向当地群众了解有关情况后，我们就乘车去王凤台果树农场，它的东南方有挂旗山。这一带虽是丘陵地区，但此山较高，十分突出。所谓挂旗山，传说"它是三山的前哨，如果有何情况，这里一挂旗，三山那里就知道，因此得名挂旗山"。我们登上山顶，顶上比较圆平，王凤台果树农场在这里建了一座电视转播台。经过调查，在电视转播台所建房子的东面，就是一座墩台（图 1–15–593）。此墩台位于山顶东部，在王凤台果树农场南偏西四十度处，距山下十二分场仅一里，为石砌，圆形，直径十一米，存高四米，外侧未见围墙。

王凤台果树农场调查工作完了，时已中午，吃过午饭，我们即去永安堡乡。到永安堡乡后，我们见到杜怀本乡长和徐小凤文化站长。听我们说明来意后，他们都对从松岭子到石匣口有一段长城的说法表示不知道，并说，若有这种情况，他们是不会不知道的。他们随即陪我们去石匣口村。到石匣口村后，我们找了当地年纪大而又了解情况的人，他们一致说，在石匣口附近绝没有南北向并联结南北两道长城的城墙。实在了解不出来，因为这个说法是王云刚转述曹喆说的，我们决定回县里，问明情况后再来调查。

归途我们去了永安堡，这里有明代永安堡城，它现为县级文物保护单位。永安堡城位于村子的北半部，南城墙和东城墙仍存，北城墙在村外，由于耕种，已被拆毁，不见遗迹。南城墙中部现为该村一条南北街道穿过，当是该城的南门。我们走上南城墙，它保存得确实很好，尤其东南角台，还有近角台的东城墙，亦甚完整（图 1–15–594）。角台为圆形，直径六点五米，存高三点二米，方向以东城墙为准，北偏西二度。

从永安堡回县里，我们走的是东道，即马道岭、坡山洞道。在马道岭上及山的南侧（图 1–15–595），一连有三座墩台（图 1–15–596），都为圆形，石砌，现南、北两座已经残坏（图 1–15–597），中间的一座保存完整（图 1–15–598、图 1–15–599）。此三墩台分据三个山岗的顶部。

我们回到县里，已经是晚间六点多了。

图 1-15-590　绥中县李家堡乡老虎圈子村西沟屯南岗梁上的清柳条边“三道墙”遗址

图 1-15-591　绥中县李家堡乡老虎圈子村西沟屯南岗梁上的清柳条边“三道墙”遗址

图 1-15-592　绥中县李家堡乡老虎圈子村西沟屯南岗梁上的清柳条边“三道墙”遗址

图 1-15-593　绥中县王凤台果树农场挂旗山上的烽燧址

图 1-15-594　绥中县永安堡乡永安堡村明永安堡城址南城墙东端及东南角台遗存

图 1-15-595　绥中县永安堡乡马道岭附近明长城所处的地理环境

图 1-15-596　绥中县永安堡乡马道岭上的明长城烽燧址（远望）

**4 月 16 日　星期一　多云**

昨天晚上我们找县地名办主任曹喆，向他了解石匣口南北向长城的情况。他说：“我原是永安堡人，对这一带自幼即比较了解，近年因工作的原因我对此又加以注意。南北向的城墙，情况是这样的：在东松岭子到乱石渣这一段长城上，有四处向北支出的长城墙，不过每段支出都不长，只有一二十米，我以为它可能向北和石匣口长城连上，就向小王说过我的这个想法。”经过这样一了解，原来所谓的南北向城墙，纯系他的一种推测，事实上是不存在的。因此，这个说法就被排除了。

今天我们调查康家房子长城。

七点钟我们由县城出发，直奔永安堡，仍走东道，由坡山洞、马道岭北去，过永安堡村东，至小山口村。这里是大风口水库上游，水库中的水很少，淹没区的地面都已露出。在其东部有一座墩台，保存完整，立于平地上，据说水大时，墩台仅露出顶部，四周全是水。墩台为石砌，圆形，存高 4 米。

由小山口村向东北去，转入塔子沟，沟口不远处就是康家房子村，公路穿村而过，一出村我们就看到一道石墙横在面前，东、西两端抵山（图 1-15-600）。这就是长城（图 1-15-601 ～图 1-15-603），墙体被公路劈开（图 1-15-604），出一豁口，公路北去，

图 1-15-597　绥中县永安堡乡马道岭上的明长城烽燧址

直到塔子沟底。我们先调查西山，从长城所抵的一个山头向上登，到了山顶，发现那里有一座石墩台，为红色花岗岩石块筑成，圆形，直径十二米，存高三米，现颓坍，面积很大，直径可达十五米（图 1-15-605）。由墩台西望，就是金牛洞山，山势陡峻，不见城墙，当是利用山险。

中午我们在车上吃过带来的面包，喝了汽水，就去塔子沟村，因怕下午天晚双塔不得看。我们乘车北去，在公路左（西）侧山脚下就是柳条边，这是其起点，在车上看得很清楚（图 1-15-606）。它在曾家房子又过公路东，以后又至公路西，最后过公路向东北走去。我们坐车到龙门山，山高千仞，壁立如削，风景绝佳，实为少见之胜境（图 1-15-607），可惜偏远，交通不便，不然定会成为名山也！过了龙门山，一直向北，就到了塔子沟村。村北山崖上，屹立双塔（图 1-15-608），大塔在东北，八角九层，保存较好，砖雕佛像、飞天、力士、伎乐人及其他花纹，均甚完整（图 1-15-609），东面砖雕“辽天祚皇帝”五个大楷字，南面砖雕相同的“宣赐舍利塔”五字。

图 1-15-598　绥中县永安堡乡马道岭上的明长城烽燧址

大塔之前的小塔，保存亦较好，六角六级，雕饰较大塔为简，塔体较小。我以为此塔当是辽代所建。

由塔子沟村山上下来，有群众向我们反映，还发现一块石碑，现在学校。我们即去学校，该校老师告诉我们："以前确实在学校，七九年（1979 年）来了两个人，他们拓了石碑，然后就将碑字磨平，做了一块保护碑，嵌在大塔上了。"经他们这样一说，我们都认识到在大塔塔座南面镶有一块保护塔的石碑，大家不约而同地谴责这种荒唐行径，这实在是一种破坏行为。老师还告诉我们："在学校后边山脚下，过去发现有地道，说是通海里，是砖砌的，后来堵上了，填成平地。"我们感到，这个现象可能是一座辽墓，发现的这段，是墓葬前部的通道。

从塔子村沟回来，我们又到康家房子村，这次调查东山。东山上共计有三处墩台。这次上山的仅有我、小王和小任三人，他们都上不去了。我们从地上长城所抵山岗上山，一到顶部就看到一个墩台，它和西山墩台的石料相同，亦为红色花岗岩，台为方形，边长九米，存高为三点五米（图 1-15-610）。由此墩台向东去，山渐更高，山脊上无墙，我即向北坡走去，忽然在那里发现石墙，我立即把下边的小任和早已跑到山顶上去的小王叫过来，沿墙向东走去，过一山顶的北坡下，再过一山洼，到一更高的山岗，在其顶部有一墩台。石墙至此不见。墩台利用自然裸露的山石为台基，其上砌石。台为方形，东西长九米，南北宽六米，存高四点五米（图 1-15-611）。背面山沟是前卫乡的下霍家

图 1-15-599　绥中县永安堡乡马道岭上的明长城烽燧址

沟村，东面是由水库底下迁上来的背荫嶂村。但向东未做调查，长城走向不明。因时间已晚，我们只有以后再来调查了。下山时我们顺路调查了康家房子村东山岗上的墩台，此墩台为西山墩台相同石料砌筑，已坍，方形，边长六米，存高五米。

下山岗后，我们出塔子沟，经小山口，到永安堡。在永安堡供销社，1974 年存有一块石碑，我建议王国荣把它取回。我们到供销社仓库找了好长时间。原碑已残，分成左右两片，找到时只有右边一片，它又被折断为两块，而左边的那一片就没找到。我们只好先将找到的这部分运回来。我告诉国荣，此碑很重要，以后还要来，一定设法找到左边的那一片。在车行路上，我抄下了碑文：

火神　马神之庙，共列一堂者，迺立於弘治之拾肆年，与永安堡城垣同时并建，设……』□□屋半椽之草茨，而堡之军民奉为香火，凡疾病患难必祷，旱乾水溢必祝，烽烟戈甲……』□飞，建酋告警，榆关以外，处处腥羶，举兹』蛇走豕遮，猿啼虎啸，拱木踯躅，舂开新垣，不能备述。转□□天啟叁年，间』……墙复整，有堡司张公讳弘谟，见其栋宇颓毁，且规模狭隘，作所以妥』……者，遂啟建□屋叁间，视前此之基址，为广阔而□可以御风雨足已，其……□计也。至於崇祯肆年，堡宰刘公讳登科，目擊其□□□况，盖亦有……』北，接任堡司之職者……』

这块石碑对这段长城，尤其是对绥中县永安堡和辽东镇长城之修建是非常重要的。

图 1-15-600　绥中县永安堡乡康家房子村的明辽东镇长城遗存（东、西两端抵山，山顶上有烽燧址）

图 1-15-601　绥中县永安堡乡康家房子村的明辽东镇长城遗存

图 1-15-602　绥中县永安堡乡康家房子村的明辽东镇长城遗存

图 1-15-603　绥中县永安堡乡康家房子村的明辽东镇长城遗存

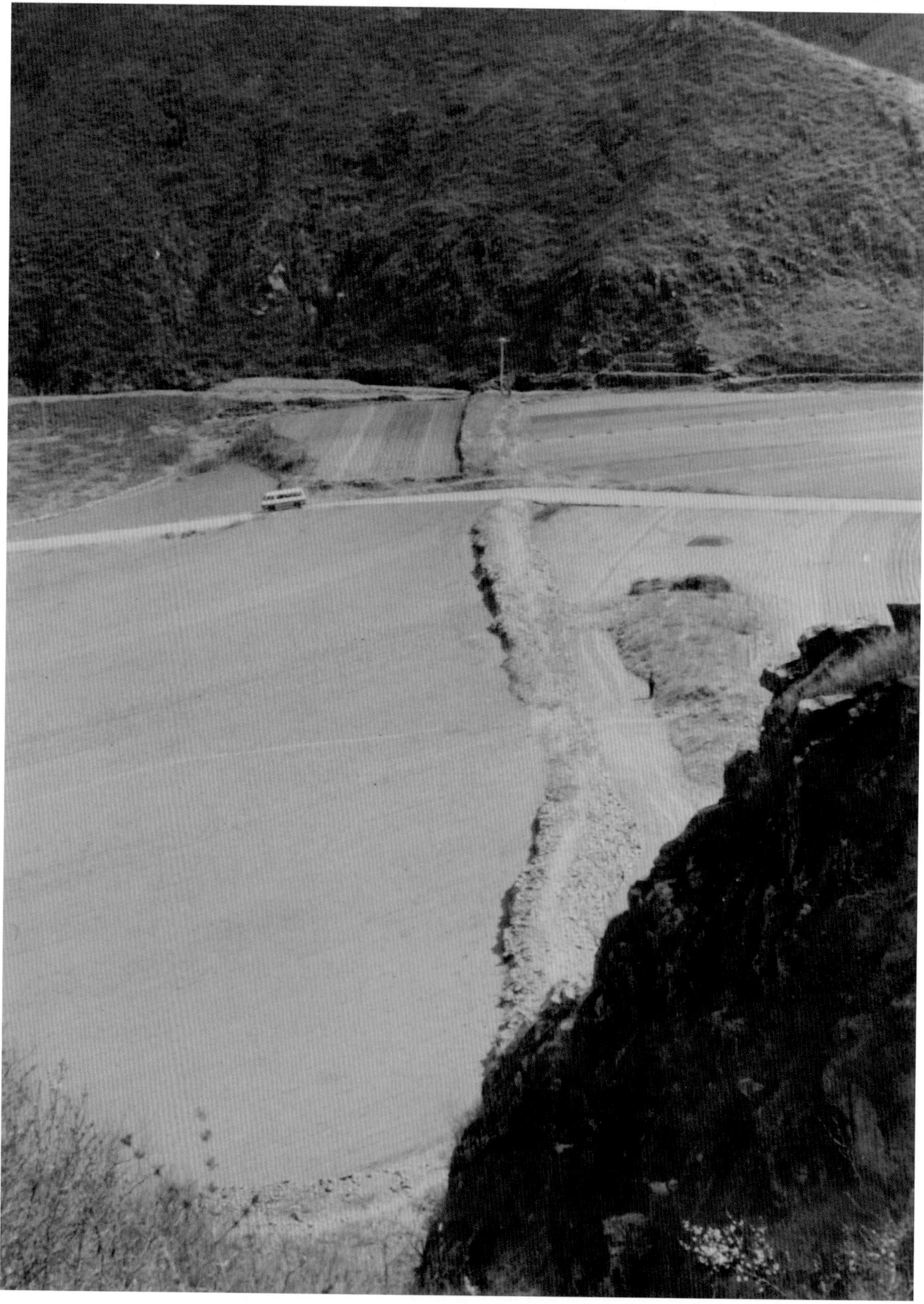

图 1-15-604　绥中县永安堡乡康家房子村的明辽东镇长城遗存（墙体被公路劈开）

图 1-15-605　绥中县永安堡乡康家房子村的明辽东镇长城烽燧址

图 1-15-606　绥中县永安堡乡康家房子村的清柳条边遗存

图 1-15-607　绥中县永安堡乡龙门山石壁长廊一角

图 1-15-608　绥中县李家堡子乡塔子沟村的辽代双塔

图 1-15-609　绥中县李家堡子乡塔子沟村辽代双塔塔身上的精美砖雕

图 1-15-610　绥中县永安堡乡康家房子村东山上的另一座明辽东镇长城烽燧址

图 1-15-611　绥中县永安堡乡康家房子村东山上的明辽东镇长城烽燧址

以上摘录的是笔者绥中考古日记中有关这几天调查长城的日记。

在这道长城西面的永安堡乡獐狼铳村大风口水库北岸，还有摩崖石刻，事关明辽东镇长城，因此非常重要。獐狼铳村“将军石”（图 1–15–612）摩崖石刻保存较好，一面文字为“永镇关辽”（图 1–15–613），一面文字为“万古擎天”（图 1–15–614），文字均可辨识。[①]

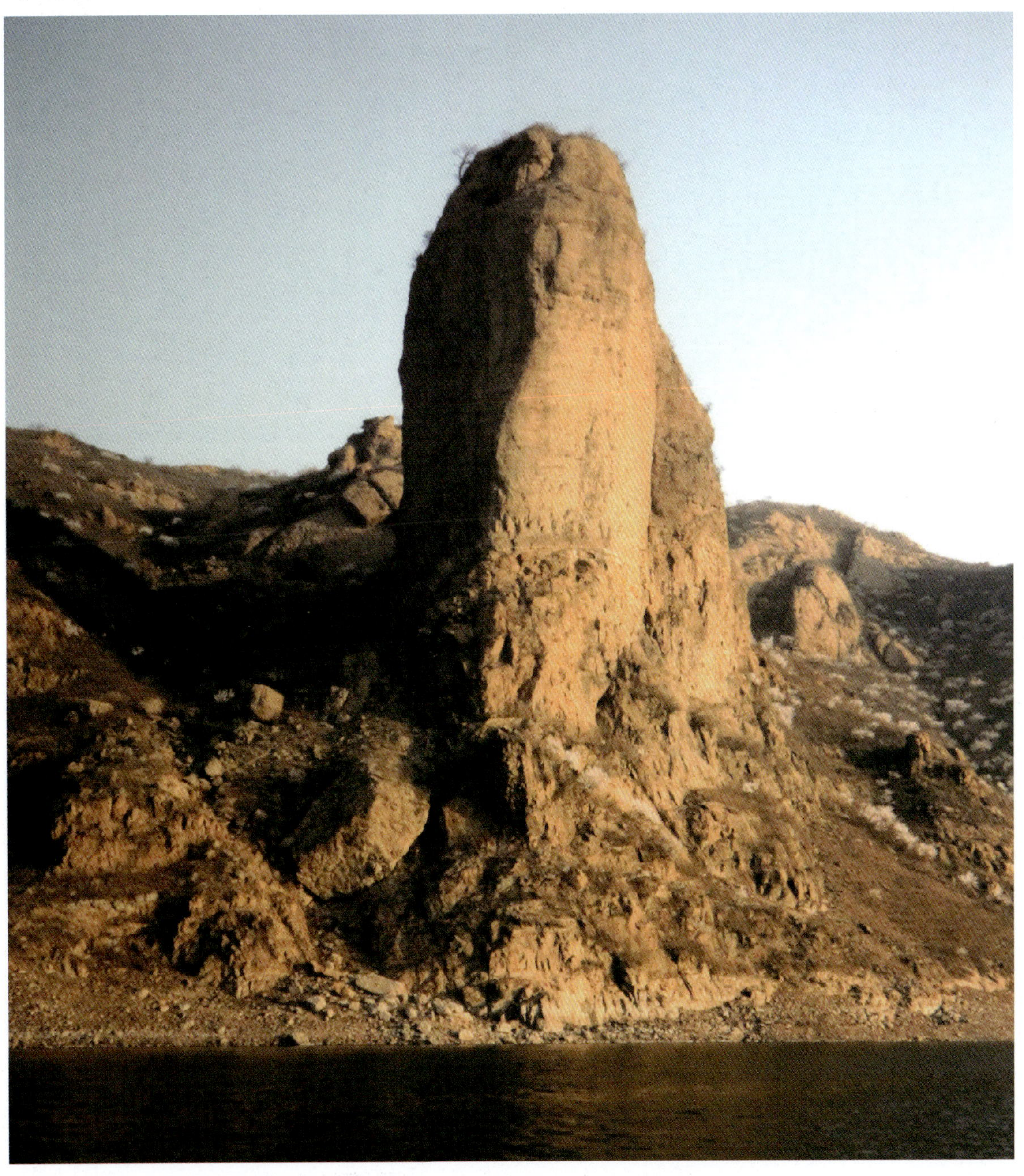

图 1–15–612　绥中县永安堡乡獐狼铳村大风口水库北岸的“将军石”

① “将军石”摩崖石刻：左面文字为“□□年春日重修』永镇关辽』永安堡都督佥书邵升题』”，右面文字为“大明隆庆元年春日』万古擎天』兵备副使张学颜题』”。

图 1-15-614　绥中县永安堡乡樟狼铳村大风口水库北岸『将军石』（右面）明长城『万古擎天』摩崖石刻拓片

图 1-15-613　绥中县永安堡乡獐狼铳村大风口水库北岸『将军石』（左面）明长城『永镇关辽』摩崖石刻拓片

## 四、辽东镇长城修筑年代新考

现在我们见到的此前有关明代修筑辽东镇长城的时间的研究，无论是发表的论文还是出版的专著，都说其修筑的时间很晚。这种认识几乎已成共识，无人提出不同意见。其实这是一种误解，实际上根本不是这种情况。若深入研究，就会发现明辽东镇长城的修筑时间是很早的。今笔者于此试为辨之。

明代辽东的防御，从明朝建国起就受到朝廷重视。元朝残余势力退入漠北，在整个北方，也包括东北，其人口数量很大，控弦之士犹在，势力仍很强大，明朝廷不能不考虑北方的安全，因此，建国后不久就开始修筑长城，这其中也有在东北的长城。所谓明代在东北的长城，主要是在今辽宁省境内。明朝所筑长城，由东到西分为九个军镇管辖（故世称明长城为“九边”），首镇为“辽东镇”，其地恰为今辽宁省辖境。经近年笔者等调查得知，明辽东镇长城东起于今宽甸虎山，西止于今绥中锥子山，一路上翻山跨河，墙台林立，绵延两千多里，雄伟壮观！

但明辽东镇长城不是一次性修筑完成的，而是根据需要，在不同时间里修筑不同地段的长城。因此，最终的结果，就在其行经线路上出现规划的问题——迂回曲折，中间内凹，不仅丢掉了辽河河套的大片土地，也拉长了防线，分散了防守的兵力。辽东镇长城，按修筑时间先后来看，当年分为三个地段：最早为保卫辽东都司，修筑了辽河流域长城，然后修筑辽东西部长城，最后修筑辽东东部长城。

辽东镇长城为什么会如此修筑呢？这和当时北方的民族活动有关。在明代，北方兀良哈蒙古从辽东到哈密，分布辽远。但在洪武初年，为便于朝廷管理，在其居住地设有建置。据《明史·瓦剌、朵颜、福余、泰宁传》记载：兀良哈地区“洪武二十二年（1389年）置泰宁、朵颜、福余三卫指挥使司。……自大宁前至喜峰口，近宣府，曰朵颜；自锦、义历广宁至辽河，曰泰宁；自（辽阳）黄泥洼逾沈阳、铁岭至开原，曰福余”。由此可知，兀良哈三卫已处在今辽宁省的中部和西部地区。明辽东边患不仅是兀良哈蒙古，女真也是很早就寇边了。在“明洪武二十七年（1394年），女直野人部寇辽东，上命宋晟、刘真讨之，时天下初定，声教未讫”[①]。“永乐间，……建酋李满住款塞，求内附，驻牧苏子河，日强盛，渐为边患。永乐末年，边计渐弛，诸酋多叛去者，一岁犯边至九十七次，杀死吏民十余万。”[②]由于东、西两面皆有犯边之事，而事态又如此之严重，距离如此之近，迫近眼前，犯边者来去甚易，因此对于明朝来说，修筑辽东镇长城应该是很早的。

就明代辽东都指挥使司的状况，我们先看辽西，其起衅时间是很早的。由于兀良哈三卫蒙古已迁至今辽西北，并可到今辽宁中部地区，其势力又很强，遂成为明朝的边患。辽东都指挥使司所在地（在今辽阳）正好直接面对游牧民族的骑兵，为保护其安全，去除游牧民族骑兵的威胁，明朝首先选择在辽东都指挥使司西面修筑一道长城，则是很有必要的。笔者经实地考古调查和研究，认为在当时的形势下，如果明朝不修筑长城进行防御，辽东都指挥使司（在今辽阳）的安全确实存在问题。在明朝为此修筑这段长城时，恰好在今辽阳的西边存在一道南北走向的高句丽长城，于是明朝即对其加以利用，在它的基础上修筑了辽河流域长城。这就是明代辽河流域长城修筑得比较早的原因，也是它呈南北走向，而不是采取从今北镇直奔开原的方式的原因。正是由于明朝先修筑了这段长城，才使明朝在辽东镇长城全部修完后，丢掉了辽河河套的大片土地。

关于辽东镇长城的修筑时间，此前学术界都认为可晚到宣德时期，其实这是误判。但这也是事出有因：是明时对辽东镇长城的修筑情况了解不深，甚或失载漏记，造成关于明代辽东镇长城的记载有欠完整，致使研究者产生误解，认为其修筑的时间较晚。笔者在此不妨做一些考察，加以厘正。

明辽河流域长城，修筑的时间最早，在永乐时期（1403—1424年）就完成了。这道

① 海滨野史：《建州私志》，《清入关前史料选辑》第一辑，北京：中国人民大学出版社1984年11月版，第266页。

② 海滨野史：《建州私志》，《清入关前史料选辑》第一辑，北京：中国人民大学出版社1984年11月版，第261页。

长城利用了南从今海城三岔河起、北至今昌图县泉头镇红山村这段五百余里的高句丽长城。明朝后来接续修筑辽东镇长城时，是在今昌图县泉头镇红山村离开高句丽长城，转向东去，至镇北关（今开原市威远堡镇镇北堡村），然后又转向南去，经今铁岭、抚顺、本溪、丹东等地到鸭绿江边的虎山，形成辽东镇长城东线。而明朝修筑辽西长城时，因已有辽河流域南北走向的长城，不能从今阜新东去至昌图修筑一条直线，不得已只能从今黑山县白土厂门镇白土厂门村镇静堡（清代为柳条边白土厂门）起，经二百里到海城，过辽河接早已修好的辽河流域南北走向的长城，使辽东镇长城内凹。这不仅让明朝丢掉了辽河河套的大片土地，而且拉长了防线，增加了防御困难，让人难以理解明辽东镇长城为什么会修成这种状态。其实就是因为明朝很早就利用高句丽长城修筑了辽东镇辽河流域长城，只是此事并不为世人所知罢了。

现在最混乱且分歧较大的问题，是辽东镇长城修筑年代的问题。我们已知道有一些文献记载了明朝修筑辽东镇长城的事，但其记载不够清晰，均不足以说明辽东镇长城的修筑时间。如《全辽志》卷二《边防志》载："毕恭守辽东，始践山因河，编木为垣，久之乃易以版墙，而墩台城堡，稍稍添置。"毕恭是在正统时期由王翱举荐才见用的，而王翱是在正统七年（1442 年）才巡抚辽东的，因此，毕恭修筑长城的时间就不会太早，不会超过正统七年，应该是在正统七年以后。孔方炤在《全边略记》卷十载，李善在弘治六年（1493 年）三月的《奏复辽东边事疏》中说："臣见辽东边墙，正统二年毕恭立。"这是说正统二年（1437 年）毕恭修筑了辽东镇长城，但他修筑的是哪一地段的长城却未指明，实为泛说。即使如此，其记载也不准确。正统二年王翱还未巡抚辽东，毕恭更未因王翱举荐到辽东任职，他怎么会主持修筑辽东长城呢？

其实辽东的防御，在明初即为朝廷所重视。洪武二十一年（1388 年）八月："上知其故，敕辽东（谨）烽堠，严守备，仍遣人以侦之。"[①]说明在此时（1388 年）辽东已有烽堠等防御设施了，并且是"严守备"的。按常规讲，烽堠是和长城配套的军事防御设施，是附属于长城的，因此，应考虑此时已修筑辽东镇长城的问题。

至永乐时，明朝已开始修筑长城。永乐十一年（1413 年）二月："敕镇守辽东都督刘江曰：'前尝令边将于诸屯择一屯多有水草处，深作沟堑，开井积水，凡临近各屯行李刍粮孳畜皆置内，有警则诸屯相与，协力拒守。尔独不遵，尔别有良策否？即有缓急，不致误事否？宜深计之，毋怠后悔。'"[②]敕书没说是修城，显然修的不是城池，而是令辽东边将"于诸屯择一屯多有水草处，深作沟堑"。"深作沟堑"是什么？是历史上传统的长城修筑方法，"沟堑"是明代辽东镇长城在平原地区的结构形式，因此，它就

① 《明实录·太祖实录》卷一九三第 3 页，"洪武二十一年八月甲寅"，北京：中华书局 1962 年 6 月版。
② 《明实录·太宗实录》卷八七第 7 页，"永乐十一年二月己未"，北京：中华书局 1962 年 6 月版。

是长城。敕书还说“凡临近各屯行李刍粮孳畜皆置内”，就是将临近各屯的物品、粮食、牲畜等皆放到沟堑里边，而且“有警则诸屯相与，协力拒守”——有警时“协力拒守”的沟堑，不就是长城吗？

永乐十一年九月：“敕镇守辽东都督刘江等曰：‘立边防以严内外，先王之制不可不谨，自今非有御宝文书，不许出塞，虽传朕言，而无御宝文书者，皆不许，其境内商旅及公干有验者听。’”[①]“立边防”中的“边”是什么意思？“边”，就是边界，一定要有实质物，决不会是个虚词，不然怎么“立边防以严内外”？还有，“出塞”需要有一个明确的指示物，不然走到何地算是“出塞”？何地是“塞外”？值得注意的是，这个“立边防以严内外，先王之制不可不谨”中的“先王”，可不是远去千年或前朝的皇帝，而是颁布敕书的永乐皇帝的父亲洪武皇帝，因此他才说“不可不谨”，也就是不能不谨慎、小心地对待“立边防以严内外”这个“先王之制”，那么这个“边”能是虚无的吗？另外，“边”和“塞”在我国历来都被认为是长城，人们也都是这样称呼长城的。由此可知，在明代永乐十一年（1413 年）时已经有了辽东镇长城，只是未记载它是什么时候修的。笔者认为，明朝最初“立”的这个“边”可能不是全线，全线是以后陆续完成的，而最先在最主要的防御地段开始修筑，则是一个必然的过程，只不过规模大小、材料使用、形态表现会因各地条件不同而有所差异，但如说辽东镇长城没有任何修筑，则是不可能的。

永乐十一年十二月：“是月，置辽东铁岭卫红泊、喜鹊窝、暗瞭、下塔、清河口烟墩五所。”[②]一般说来，烟墩是用来了解敌情而报警的，与长城互相配合，如果没有长城这个边塞屏障，烟墩修在哪里？修到远处四顾无援的敌人附近？安全吗？修在驻军附近？有用吗？如果没有长城，建烟墩何用？这条记载可佐证明辽东镇长城的存在。考古调查发现，在这一地段是有长城的。

永乐十六年（1418 年）九月：“上谕行在兵部臣：‘近辽东缘边官军，多出境市马，以扰夷人，其禁戢之，今后非朝廷文书，而私出境者，处以重刑，其守臣不严管束者，论罪如律。’”[③]其中的“缘边官军”“出境”等记载，说明此时辽东应有长城，不然何以有“缘边官军”？如果没有这个明确的界线“边”——长城的存在，怎样走、到什么地段才算是“不出境”或是“出境”呢？

永乐十八年（1420 年）十一月：“谪辽东都指挥李信等巡边，以其守备不严，致寇入境也。”[④]此处的“巡边”和“入境”，都表示有一道边境线在现地，不然，如果没有一个标志性的界线物，李信等怎样“巡边”？走到哪里算是“巡边”呢？“寇”到何地

① 《明实录·太宗实录》卷八九第 9 页，“永乐十一年九月丙申”，北京：中华书局 1962 年 6 月版。

② 《明实录·太宗实录》卷九十第 9 页，“永乐十一年十二月乙亥”，北京：中华书局 1962 年 6 月版。

③ 《明实录·太宗实录》卷一百十一第 6 页，“永乐十六年九月戊申”，北京：中华书局 1962 年 6 月版。

④ 《明实录·太宗实录》卷一百十八第 5 页，“永乐十八年十一月壬申”，北京：中华书局 1962 年 6 月版。

算是“入境”？因此，这些都是以长城为标志而言的。同时我们还应该看到，既然早已有“寇”了，善于修筑长城进行防御的明王朝焉能不修筑长城进行防御？

正统八年（1443 年）九月：“敕辽东总兵官都督佥事曹义等曰：‘得尔奏兀者卫差人传报，达贼得都等欲来犯边，如遇（贼）近边，即相机勦杀，使边境无虞，尔等慎之。仍敕各边总兵官，一体提备。’”①此处记载很明确，“达贼得都等欲来犯边”。如果没有长城，得都等人到何处算是到“边”？又怎样能“犯”？

成化七年（1471 年）三月：“巡按辽东傅（副）都御使彭谊奏：陕西、辽东，洪武、永乐间，俱立苑马寺，原三品衙门，各有所属监苑提督，军人牧马，盖以备东西二边官军征操之用。近者，官非其人，军多逃亡，马多耗损，徒具墙壁而已。宜有以处之。”②彭谊这个奏章中说的“边”和“墙壁”，都是指长城而言，“徒具墙壁”已经说得非常明显了，还用解释吗？当军士多逃亡、马匹多耗损，当地徒具墙壁，即空有长城时，是不能应战来犯之敌的，所以“宜有以处之”。可见，辽东早已有长城。

以上引述，都说明辽东是有长城的，其修筑应该是很早的。但综观各种文献材料，有多少是明确记载明朝修筑辽东镇长城的？事实上很少见到相关记载。然而，我们又在与各处防守有关的文献中，屡见“边”“塞”（即长城）等记述。那么，明辽东镇长城是何时修筑的呢？不见记载。就以成书于明正统八年（1443 年）的《辽东志》卷三《兵食志》来说，里边未记长城，难道此时辽东竟然一小段长城也没修吗？而其堡城与各种“台”都极其完备，都成系统。没有长城而有这些设施，可能吗？在其后李辅于嘉靖四十四年（1565 年）续修的《全辽志》卷二《边防志》中，却详细记载了辽东镇长城，从西到东全线完成，长城的构筑真是大量的，但我们又何曾见过辽东镇长城全线修筑的记载？这么多长城都是什么时候修筑的呢？我们无从知晓！虽然偶见修筑二堡、修筑十堡等记载，但它们不足以涵盖辽东镇长城沿线的众多城、台，所记还是少数，多数未载。如此，则辽东修筑长城当是大量漏记！

令人不解的是，《辽东志》未记载长城，对其只字不提，但却在卷首所附《辽东河东地方总图》《辽东河西地方总图》（图 1–15–615、图 1–15–616）中，画出了辽东镇长城全线，并且辽东镇长城也作“M”字形走向，中间丢掉了辽河河套的大片土地，这说明那里有长城。如果当时辽东镇没有长城，怎么可能在《辽东河东地方总图》《辽东河西地方总图》中画出长城呢？尤其是其中所画长城的形态，一望可知那就是长城，它的长城画法和表现形式同明代精于边务、曾任兵部尚书的许论所绘、记录明代九边军镇分布的多幅设色《九边图》（图 1–15–617）中的长城画法与表现形式完全一致，这可证明《辽东志》中所画的确实

① 《明实录·英宗实录》卷一〇八第 11 页，“正统八年九月庚辰”，北京：中华书局 1962 年 6 月版。
② 《明实录·宪宗实录》卷八九第 12 页，“成化七年三月己亥”，北京：中华书局 1962 年 6 月版。

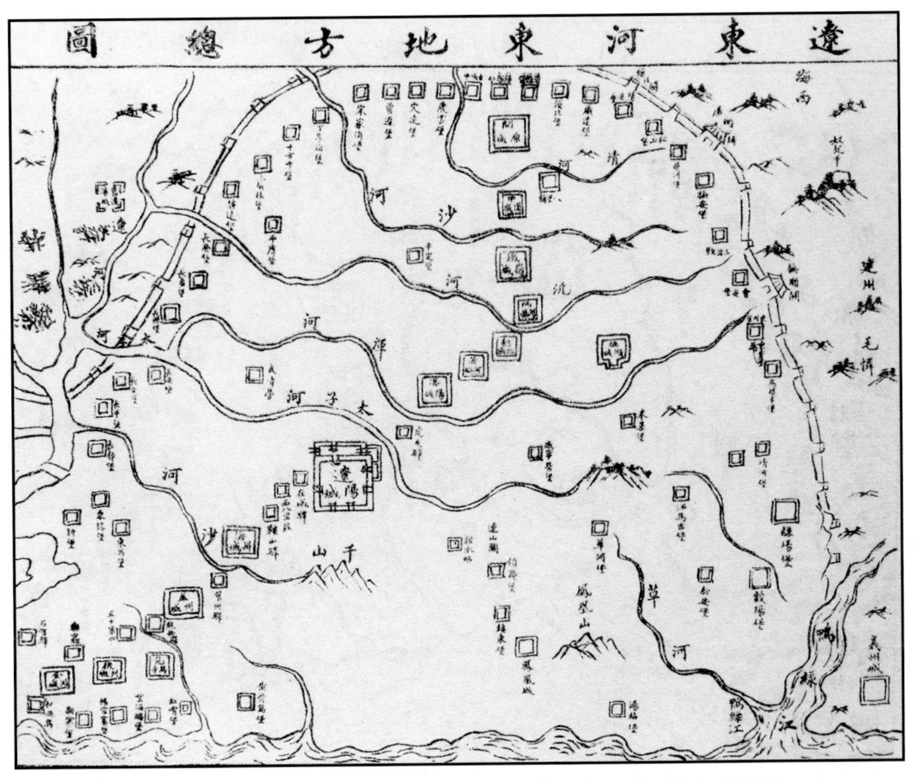


图 1-15-615　明毕恭《辽东志》卷首所附《辽东河东地方总图》

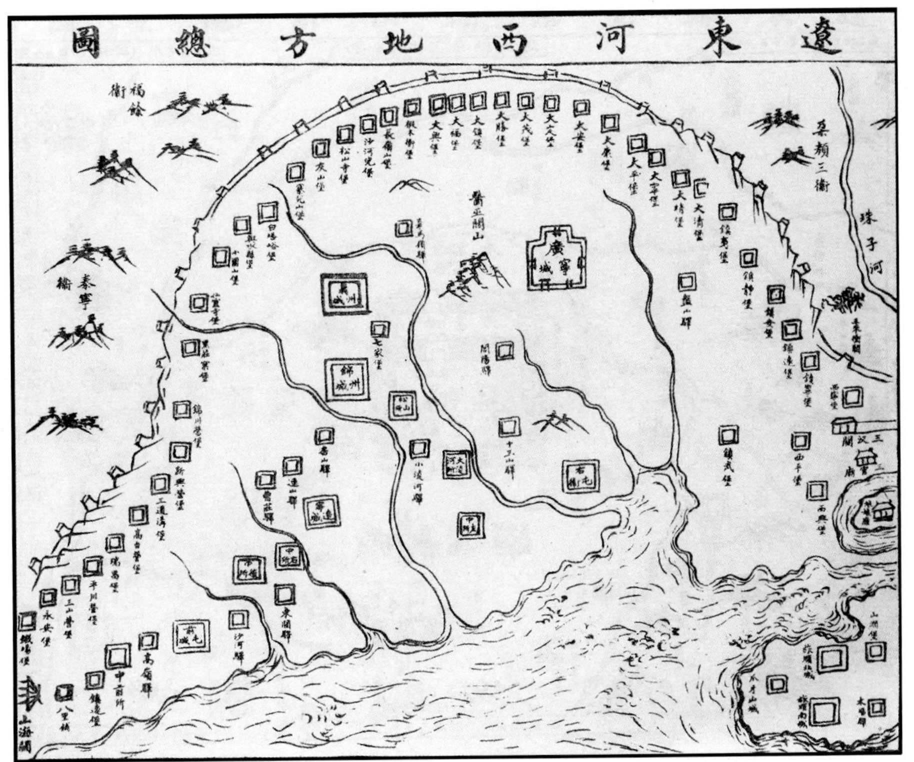


图 1-15-616　明毕恭《辽东志》卷首所附《辽东河西地方总图》

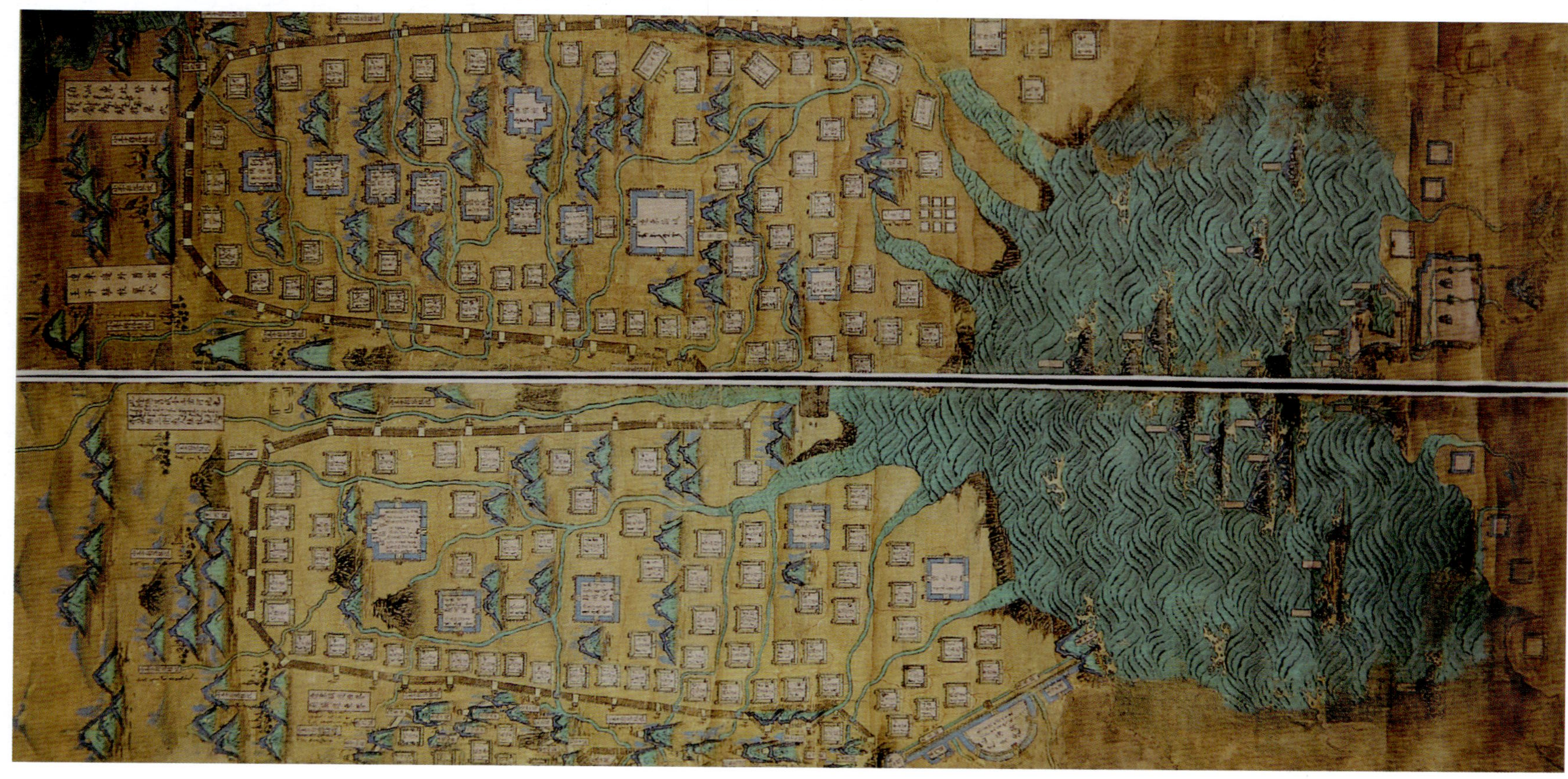

图 1-15-617　明许论所绘设色《九边图》中的辽东镇长城图（全图为十二幅）

是长城。特别应当指出的是，《辽东志》成书于正统八年（1443 年），那说明辽东镇长城在此之前就已全线修筑完成，不然作者怎么可能在该书卷首所附地图中绘出辽东镇长城全线呢？

关于此事，现仅举一例即可以见证：正德（1506—1521 年）初年，李承勋巡抚辽东，有关他此行的记载说，李承勋“弘治癸丑进士，副都御使。巡抚辽东，志切抚绥，时边垣圮废，夷虏猖獗，题请修筑边墙，自辽阳三汉河北，直抵开原，延亘五百馀里，崇墉深濠，虏莫敢犯”[①]。这里有两个问题：一是此前没见明修筑辽河流域长城的记载，就可以说直到正德初年（1506 年之后）李承勋“题请修筑”，明朝才修筑了辽河流域南北五百余里长的长城？当然不是！这显然是以前修筑被漏记。二是从其中“时边垣圮废”一句中可看出，这段长城早已修筑——其中的“边垣”就是长城，而且当时它已经“圮废”（毁弃、荒废）了。这也说明文献对于明辽东镇长城修筑之事的失载，也证明辽东镇长城应是很早就修筑了的。

我们还可以在陈建《皇明从信录》卷十八的记载中看到：“正统七年，……命右佥都御史王翱提督辽东军务，……踰月，躬出巡边，自山海关直抵开原，高墙垣，深沟堑，五里为堡，十里为屯，烽燧斥堠，珠连壁（璧）贯。”[②] 从中可知，王翱是在正统七年（1442 年）提督辽东军务的，到任一个月，他就去查边，从山海关直到开原，这一路所见，“高墙垣，深沟堑，五里为堡，十里为屯，烽燧斥堠，珠连壁（璧）贯”——描写得多么形象、具体、真实！这能是无中生有的描写吗？如果没有长城，会写得这么形象、具体、真实吗？从这段记载可读出二事：一是“边”在明代指的就是长城。我们读《明史》和《明实录》等文献就可知道，明代是从不使用“长城”一词的，记录长城时也只用“边”“边墙”“小边”“大边”“内边”“外边”等词语。因此，王翱“躬出巡边”，就是亲自到长城沿线视察。其中的“边”，应是有实体指示物的。如果没有实体指示物，那王翱到什么地方视察算是“巡边”了呢？如果没“边”（即长城），王翱将不知应走到何处为是？视察什么？因此，这个“边”一定是有真实物体“长城”的。二是在王翱“巡边”时看到了什么。他“自山海关直抵开原，高墙垣，深沟堑，五里为堡，十里为屯，烽燧斥堠，珠连壁（璧）贯”。“高墙垣，深沟堑，五里为堡，十里为屯，烽燧斥堠，珠连壁（璧）贯”，这些事物王翱看到没有？如果他没看到，文中所说的都没有，那这些东西是怎么写出来的？无中生有编的？可能吗？如果他看到了，那他看到的这些分明都是“长城”沿线的景象，

① 李辅：《全辽志》卷四《宦业志・李承勋传》，《辽海丛书》集二，沈阳：辽沈书社 1985 年 3 月版。

② 陈建：《皇明从信录》卷十八记载：“正统七年，……命右佥都御史王翱提督辽东军务，时辽东守将屡失机，朝廷以为忧，乃命翱往督之，令便宜行事。翱至，守将以下庭参，翱诘责玩寇失机故，将斩之，再三哀请乃已。于是三军股栗，莫敢不用命。踰月，躬出巡边，自山海关直抵开原，高墙垣，深沟堑，五里为堡，十里为屯，烽燧斥堠，珠连壁（璧）贯。仍简阅戍卒，更老弱，赈贫穷，配鳏寡，俾成室家。”

还能说此时没有长城吗？如果此时长城未修，堡屯未建，烽燧未立，野外一片空地，那文中记载的这些景象是怎么编出来的？文献会这样写吗？因此，从该文描述的形象、具体的情状看，王翱是看到了真实实物的，不是实地无物，他“巡边”时看到了长城、堡、屯、烽燧等各种建筑。如果没有这些军事防御设施，怎么会有各种防御建筑“珠连壁（璧）贯”的比喻？由此记载可知，辽河流域长城，也包括辽西长城，在明正统七年（1442年）之前就已修筑完了，这样，王翱“巡边”时才能看到。如果是后来修筑的，此时王翱能看到吗？

有文献记“辽东边墙，正统二年毕恭立”。但《毕恭传》却说：“毕恭，字以谦，前屯卫籍，其先山东济宁人。巡抚王公翱荐恭有文武才，由百户举升流官指挥佥事，图上方略，开设遁西边堡墙壕，增置烽堠，兵威大振，虏人畏服，进署都指挥佥事，奉敕守备宁前地方，在任五年，边鄙宁谧。寻擢掌都司事。”[①]由《毕恭传》的记载可知，毕恭修辽东镇长城是在正统七年王翱巡抚辽东以后，在未遇王翱之前，毕恭的官职仅是个百户，由王翱举荐，才“由百户举升流官指挥佥事，图上方略……”在正统二年，毕恭最多是个百户，职务不高，管辖地面很小，如何能修筑“辽东边墙”？而《毕恭传》又说他“开设遁西边堡墙壕”，明确地讲毕恭修筑的是辽西地区的长城，而不是辽河流域长城。事实上，辽河流域长城是在永乐时期就已修成的，辽西长城也是早在毕恭修筑之前就已经修筑完成了，毕恭修筑长城应该是补修，而非创修了。

《明实录》明确记载，成化二十三年（1487年）七月“丁未，兵部议，上辽东都指挥使邓钰所奏备边事宜。言：自永乐中罢海运后，筑边墙于辽河之内，自广宁东抵开原七百里。若就辽河遁西径抵广宁，不过四百里，以七百里边墩堡寨移守四百里，虏若入寇，彼此易于应援，及欲降敕责谕。朵颜三卫夷人，远离边墙三五百里驻牧，不如约者，听边将出兵扑灭。其言固皆有理，但边墙筑久，未可轻动”[②]。此言永乐中罢海运，修辽河流域长城，这是很明确的，也是符合实际的。顾祖禹《读史方舆纪要》亦有相似记载[③]，可证明辽东镇长城不是很晚才修筑的。若非如此，则不符合明代辽东的社会发展情况。

辽东的边事记录很少，并未见有事必记，边臣的“屡疏闻”，可是多未见到，“边将知必大为寇，屡疏闻，止敕戒防御而已”。正统“十四年七月，……脱脱不花以兀良哈寇辽东”。只是正统十四年（1449年）七月才有“寇辽东”的事吗？

① 李辅：《全辽志》卷四《宦业志·毕恭传》，《辽海丛书》集二，沈阳：辽沈书社1985年3月版。

② 《明实录·宪宗实录》卷二九二第3页，“成化二十三年七月丁未”，北京：中华书局1962年6月版。

③ 顾祖禹：《读史方舆纪要》卷三七《山东八》“辽东都指挥使司”载：“成化二十年，边将邓钰言：‘永乐时筑边墙于辽河内，自广宁东抵开元七百馀里。若就辽河遁西径抵广宁，不过四百里。以七百里边堑堡寨移守四百里，若遇入寇，应接甚易。’弘治六年，按臣李善亦言：‘边墙阻辽河为固。滨河之地，延垒八百馀里，土脉碱卤，秋修春颓，动费巨万。’”（北京：中华书局2005年3月版，第1700页）

现在看来，关于辽东镇长城，早期的记载确实不完整，多有遗漏，后期记载的，也仅在几个人的“宦迹”中附带说明，并未有专章陈述。下面是几个人的本传中谈及的情况：

韩斌，“成化丁亥（按：为成化三年，1467 年），荐改游击将军、同都御史。李乘东征，以右偏出清河，捷，进辽阳副总兵。建东州、马根单、清河、鹻（碱）场、叆阳、凤凰、汤站、镇东、镇夷、草河十堡，拒守相属千里。会兵西出义州，抵兴中，捷，升都指挥同知，壁古城，掩清河，捣鹻（碱）场，步出将在峪，急走赵二舍寨，皆捷。己亥（成化十五年，1479 年），从抚宁侯朱勇东征，出自泊珠江，免胄降下虏首宋管只。入部，众诬，逮诏狱。明年，虏侵东边，诏释复任，乃赴抚顺关，召责贼首卜花秃等谢罪去复定。斌为将三十年，大小百战，俘斩三千五百有奇”[①]。其传中只记在很晚的成化时才建东州等十堡，未见有长城。

周俊，“成化丁亥（成化三年，1467 年），东征出鸦鹊关，……己丑（成化五年，1469 年），移守开原，复征建州，……开拓柴河堡抵蒲河界六十馀里，增立烽堠，疏挑河道，又改设镇北、清阳二堡，边人称便”[②]。这是在辽北，已是成化时，也只是增立烽堠，疏挑河道，改设二堡。

韩辅，韩斌之子，“弘治……癸亥（弘治十六年，1503 年），修筑清河等十一堡，建屯堡百十座，耕守应援相依，升署都督佥事，镇守辽东，设高平驿，以便行旅，修镇宁、镇夷二堡，筑边垣，起广宁至开原，长亘千里，功闻，赐金币”[③]。除了记韩辅建堡城外，还记他筑边垣，这是很难得的，不过时间很晚，是在 1503 年以后的事了。

上面这些记载，多未见修长城的事，只记修堡城，仅韩辅有“筑边垣”一语及之。那辽东镇两千多里长城是何时修的？都是谁修的？

过去研究者认为，辽东镇的西部长城，兴建于明英宗正统七年（1442 年）王翱提督辽东军务，“躬出巡边，自山海关直抵开原，高墙垣，深沟堑，五里为堡，十里为屯，烽燧斥堠，珠连壁（璧）贯”（见《全辽志》卷四、《皇明从信录》卷十八）。这是王翱到任后就看到的已经修好的长城，不是他修的长城，很多长城研究者都误解了。请问这段长城是他在正统七年修的吗？辽西段长城，是在山区里，西起山海关之北的吾名口之北的锥子山上与蓟镇长城相接处，沿辽西走廊北面山岭向东北延伸至镇静堡（白土厂关，今辽宁省黑山县白土厂门镇白土厂门村北城址），多为石墙，工程很艰巨，非一时可以完成。辽东镇东部长城，根据文献记载，过去研究者认为是于成化三年（1467 年）韩斌、周俊先后建东州至草河十堡，又建镇北、清阳二堡，至十五年（1479 年）加筑边

① 李辅：《全辽志》卷四《宦业志·韩斌传》，《辽海丛书》集二，沈阳：辽沈书社 1985 年 3 月版。

② 李辅：《全辽志》卷四《宦业志·周俊传》，《辽海丛书》集二，沈阳：辽沈书社 1985 年 3 月版。

③ 李辅：《全辽志》卷四《宦业志·韩辅传》，《辽海丛书》集二，沈阳：辽沈书社 1985 年 3 月版。

墙“自开原抵鸭绿江边”，十七年（1481 年）筑凤凰、镇东、镇夷三座边城。但据笔者的研究，事实亦非如此。

有一条记载人们没有看到或将其忽略：辽东东部长城在成化十五年又有进行维修之事。明《宪宗实录》载：“成化十五年六月甲辰，总理辽东粮储户部郎中王宗彝奏：‘辽东墩墙颓缺，迤东为甚，……惟东路自开原直抵鸭绿江，南北亘千有馀里，边墙坍塌，类多险阻，宜令修筑’，……户部覆奏从之。”[①]此事由户部上报皇帝后，得到批准。从王宗彝的奏文看，此次维修辽东东部长城是在成化十五年，以前何时修的这段长城未见记载，但此时修复的长城已经“墩墙颓缺”，并进一步地具体说这道长城“自开原直抵鸭绿江，南北亘千有馀里，边墙坍塌”。由此可知三个问题：第一，这里原来已经有了长城，而且是如奏疏所列地段走向的，不然奏疏中不会说“自开原直抵鸭绿江，南北亘千有馀里”；第二，这道长城原来是有实体的，或土筑，或石砌，并不是用木板等材料修建的，不然奏疏中不会说“边墙坍塌”，这也否定了那种认为这个地段没有用土石修筑的长城的观点；第三，这道辽东东部长城早就修筑了，远在成化十五年之前，无论土墙或石墙，都已经到了“坍塌”颓毁的程度。至少要有十几年或几十年的时间才能到这种程度。一个农民在村中用土叠起的很窄薄的院墙尚且可用十几年或几十年，何况是用于军事防御、高大且坚固的长城？长城要达到“墩墙颓缺”“边墙坍塌”这种程度，而且千余里都已颓坏，那没有几十年的时间是不可能的。所以，辽东镇长城的修筑时间也是要大大地向前提的。因此，可以说辽东东部长城很早就有了，只是少见记载。可以这样下结论说：明代辽东东部长城的修筑，应该也是很早的，远非此前研究者确定的时间成化十五年（1479 年）所修，此时距明朝建国已经过去一百一十二年，辽东东部长城的修筑不会晚到此时。东部长城如此，则辽河流域长城与辽东镇西部长城的修筑时间，自然就更要向前提了。

辽东镇长城修筑时间向前提到何时？笔者认为，根据明朝北边的实际情况，辽东镇长城的修筑，应该是从明洪武年间开始的，到了明永乐时期，已经是大规模进行修筑了，以后各帝都在陆续进行修筑。因蓟镇长城在明太祖朱元璋时期就开始修筑了，而辽东镇建置最早，边警亦最频繁——当时残元势力未溃，纳哈出兵力雄厚，紧接着兀良哈三卫出动扰边，岂能不做防御？故辽东镇不会在晚了上百年之后才修筑这个“边防最重”地段的长城。这是显而易见的。

---

① 《明实录·宪宗实录》卷一九三：王宗彝《奏复修墩墙支粮疏》，北京：中华书局 1962 年 6 月版。

# 東北古代長城考古调查与研究

（下）

冯永谦 著

DONGBEI GUDAI CHANGCHENG KAOGU DIAOCHA YU YANJIU

辽宁教育出版社
·沈阳·

# 第十六章
# 明长城九门口遗址考古发掘情况

九门口长城，是明蓟镇长城东端南行段的一处水上长城，由此向南去为山海关关城，向北去延伸至锥子山，其城墙修在两山之间的九江河上，为河上架桥筑城墙，桥下有水门，在其内侧接长城墙体修筑有关城，称“一片石关”。它扼守着当时除了山海关的傍海通道之外，东北地区经辽宁去北京最重要的一条东西通道，关城西门上的门额为“京东首关”，可见其地理位置非常重要。

现在九门口长城所处地段，位于辽宁和河北两省的分界线上，两省基本上以长城为界，西面是河北省，东面是辽宁省。明长城九门口遗址，位于辽宁省绥中县李家堡乡新台子村，其西为河北省秦皇岛市海港区。

在明代，九门口长城属于蓟镇长城的东段，在地域管辖上它也是辽东镇与蓟州镇的分界线。这一带山川奇秀，长城雄伟，附近文物古迹甚多；尤其是在宽阔的九江河上通过的这段九门口长城，上部是高耸的城墙，下部是一排九个可以关闭的巨大水门，气势巍峨，雄伟壮观，形成我国长城建筑上少见的雄伟景观。不过，经历了五六百年的风雨洗礼，至20世纪80年代，九门口长城已倒塌毁坏不存，颓坍下来的长城砖石残土堆在河床上，砖石遍地，满目蓬蒿，一幅破败荒芜景象（图1-16-1 ~图1-16-6）。

长城是中华民族的精神象征，新中国成立后，国家成立了专门的机构对其进行管理和修复。1984年7月5日，《北京晚报》等单位联合发出启事，号召社会力量赞助修复长城。第二天，时任中共中央政治局委员、书记处书记的习仲勋欣然为这次活动题写了主题——“爱我中华，修我长城”，将保护长城同对祖国的热爱紧密联系在一起。同年9月1日，邓小平题词“爱我中华，修我长城”发表。一时间，一股保护长城、修复长城的热潮在全国乃至全球华人中掀起。1984年12月，辽宁省十二家新闻单位联合发表《关于修缮我省境内长城的倡议书》，引起极大反响。经与河北省抚宁县协商，最后决定由辽宁省绥中县修复这段早已毁坏的九门口明长城。随后，辽宁省“爱我中华，修我长城”赞助活动办公室成立，提出“辽宁3000万人民每人献出一块砖”的口号，在全省开展社会赞助活动。

图 1-16-1　考古发掘前绥中县李家堡乡新台子村明九门口长城及一片石关遗址的状况

图 1-16-2 考古发掘前在绥中县李家堡乡新台子村东山上远望九门口明长城遗址，城桥倒毁

图 1-16-3　绥中县李家堡乡新台子村九门口南山上未修复的明长城遗存

图 1-16-4　绥中县李家堡乡新台子村九门口北山上未修复的明长城遗存

图 1-16-5　远望绥中县李家堡乡新台子村九门口北山上的明长城遗存

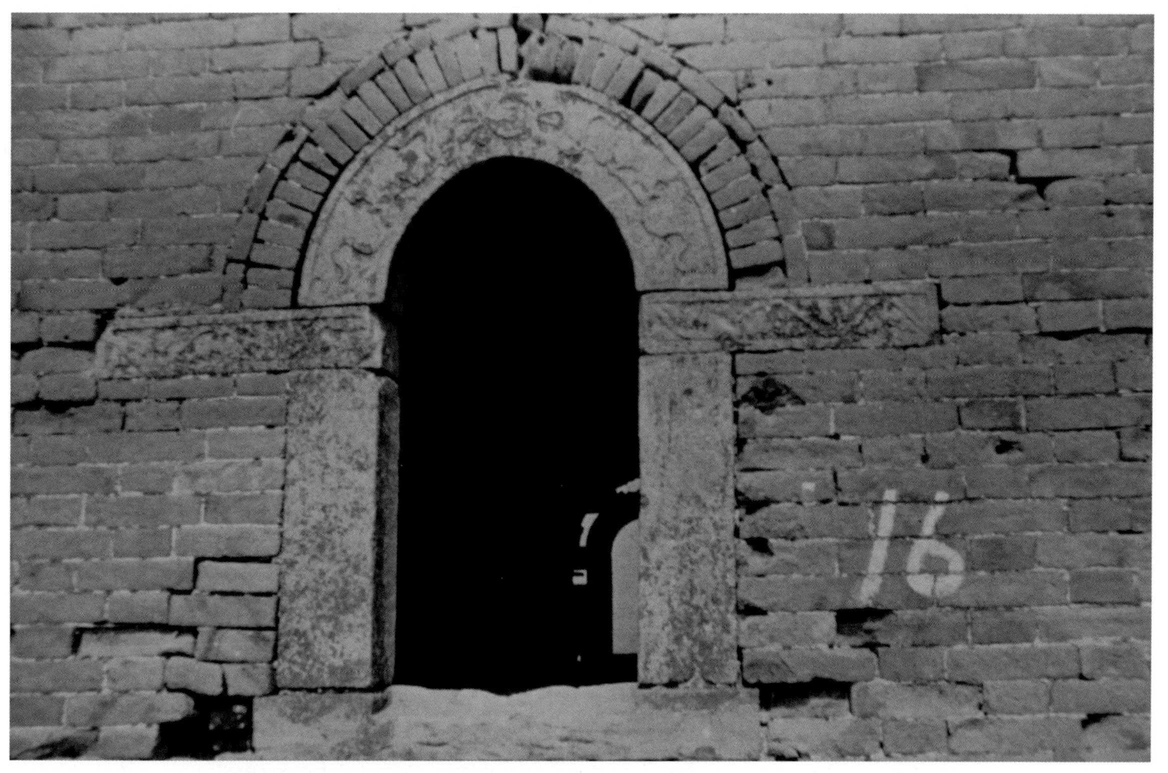


图 1-16-6　考古发掘前绥中县李家堡乡新台子村明长城九门口段雕花精美的战台门

1986 年 4 月，九门口长城修复工作开始。由于事先未进行考古发掘，不清楚九门口明长城原来的结构形式和面貌，施工队进入工地后，在现场面对河床上全是坍塌的长城砖石泥土的状况，无从施工，就开进推土机，将河道上的长城砖石泥土推到一边，推到地表之下很深也未见任何有关长城基础的踪迹。面对此种情况，该如何进行修复，在何处建置水门，都无依据。尤其是在此时有人又了解到，地方志书的记载说，长城是六个水门合关成三门才为九门。这样一来，施工队就更不知道此处长城该怎么修了，是修六门还是九门？

在无法施工的情况下，有人就想到应该通过考古发掘来解决这个问题。由于时间紧迫，随即由辽宁省文化厅上报国家文物局，申请对明长城九门口遗址进行考古发掘。1986 年 9 月 3 日，国家文物局批准，由笔者任领队，主持明长城九门口遗址的考古发掘工作。当时参加明长城九门口遗址考古发掘的，除了笔者之外，还有辽宁省文物考古研究所的薛景平，锦州市博物馆的鲁宝林，绥中县李家堡子乡的娄世光、周树等，以及新台子村的村民。

由于明长城九门口遗址的考古发掘是在九门口长城修复施工已经开始之后进行的，笔者进入考古现场时，见到河床上满是此前用推土机推起来的砖石残土，面目全非，长城遗迹不见踪影。在此情况下如何能修复长城？于是笔者与由绥中县委、县政府各级领导组成的“绥中县长城修复指挥部”开会研究，提出考古发掘安排，主要意见是：此前进行的河道上的工程全部停止，现场交由考古工作人员进行考古发掘；由于施工队已经进入工地，修复长城所需的砖石材料皆已备齐，为了不耽误工程进度，施工队可先修复山上长城城墙的残毁部分，如墙体上的垛口、女墙、战台、铺房，敷设墙顶砖面等。这些既是要修复的项目，也是必修的工程，而且这一段长城墙体也不是一年就能完成修复的。考古工作当年只做九江河上的城桥地段，取得地下保存部分的资料，以了解其结构。当年只能对这段长城遗址进行考古发掘，待结果出来之后，再根据地下遗迹发现情况进行设计，然后施工，其他部分今后再陆续进行考古发掘，现在主要是河道上的工作紧急，一定要先发掘出来，为修复城桥工程提供考古依据。这个方案通过之后，我们就开始按计划进行考古发掘。

我们的考古发掘工作在 1986 年 6 月 24 日正式开工，经过六个多月的田野工作，至 12 月 31 日结束第一年的考古发掘工作。因为修复施工人员需要通过考古发掘的结果来了解九门口城桥的结构情况，考古发掘工作必须在施工之前进行，而当时施工队早已进驻现场，为了不耽误施工进度，考古发掘工作的紧迫程度可想而知。因此，头一年的发掘，即使在冬季我们也没有停工（图 1–16–7、图 1–16–8）。那时不管是在挥汗如雨的酷暑季节，还是在天寒地冻的寒冷冬天，我们都按照考古发掘规程一丝不苟地开展工作（图 1–16–9、图 1–16–10），按层次清除河床上坍塌城桥留下的大量积土和残砖碎石，发掘地下建筑基址。考古发掘工作进行得很顺利，取得了很多考古发现，得到了我们所需要的东西。比如河床上的铺石被较完整地保存下来，虽有一些残缺——部分即为当初推土机施工时所破坏，而这些被保留下来的铺石，就是历史上著名的“一片石”遗存。这个遗存能否保留下来，真的就在失之毫厘的一念之间！又如经过发掘，两座平面呈梭形的桥墩原状出土。这使城桥的修复有了考古学的依据，施工人员能够准确无误地呈现其形状、体量、规模和形式，符合原貌，修旧如旧。再如，考古发掘发现，有一空城桥塌落时，其砖砌拱券落地后，却依旧保持了原来的形态。这个意想不到的结果，为后来设计和修复城桥提供了原始建筑的结构和形式资料。诸如此类的考古发现很多，不能尽述。

通过第一年的考古发掘，我们弄清楚了九江河上这段长城过河城桥的布局：在河的两岸有两座下有炮位射孔、被称为“圈城”的结构，中间是八个平面呈梭形的巨大桥墩（图 1–16–11 ~ 图 1–16–13），在城桥下面形成九孔高券水门（图 1–16–14）——九门口因此得名，在水门下面有七千多平方米由宽厚的条形石铺砌的石面河床（图 1–16–15、图 1–16–16），各条形石间用亚腰形的银锭式铁扣联结，形成一个不易被拆散的完整整体，望之如一片石，蔚为壮观，遂被当时的人们称为“一片石”（图 1–16–17、图 1–16–18），一片石关也因此得名。此种结构（图 1–16–19、图 1–16–20）在历代长城中都是少见的。而在河床铺砌的条形石下面，还砌筑有大石块（图 1–16–21、图 1–16–22），在大石块之下，还有密集排列打入地下、长四五米的柞木桩（图 1-16-23、图 1-16-24），而在铺石河床上、下两端的边缘，另用石块砌边加固，石块间用白灰浆勾缝，再在其外侧地下打入柞木桩（图 1-16-25、图 1-16-26），其顶端与河道上的石面平齐，形同从地面上打入河床下的颗颗长钉，牢牢抓住深层河底，巩固河面上的铺石，使其不易被上游流下来的河水掀起、冲毁。经过如此处理的河床，异常稳定、坚固。经过这一年的发掘，我们从考古学上揭示了这段长城的布局结构，其九门也符合传统的说法，不但为修复这段长城提供了原来不知而又必需的各种出土资料，而且为第二年的考古发掘工作和下一步的设计与修复施工打下了坚实的基础，赢得了时间。

图 1-16-7　绥中县李家堡乡新台子村明长城九门口遗址考古发掘现场

图 1-16-8　1986年冬季，考古工作者仍在进行明长城九门口遗址考古发掘

图 1-16-9　明长城九门口遗址考古发掘过程中，考古工作者在大雪中穿棉衣戴棉帽撑伞画图

图 1-16-10　明长城九门口遗址考古发掘过程中，考古工作者在大雪中穿棉衣戴棉帽撑伞画图

图 1-16-11　绥中县李家堡乡新台子村明长城九门口遗址，在河床南部发掘出的城桥结构

图 1-16-12　绥中县李家堡乡新台子村明长城九门口遗址，河上城桥一号桥墩发掘出土状态

图 1-16-13　绥中县李家堡乡新台子村明长城九门口遗址发掘出土的一号、二号桥墩

图 1-16-14 绥中县李家堡乡新台子村明长城九门口遗址，河上城桥按九个水门进行修复施工的现场

图 1-16-15　绥中县李家堡乡新台子村明长城九门口遗址，发掘人员正在清扫发掘出的石面河床

图 1-16-16　绥中县李家堡乡新台子村明长城九门口遗址，九江河上经发掘露出的石面河床

图 1-16-17 绥中县李家堡乡新台子村明长城九门口遗址，九江河南部西侧发掘露出的铺石结构

图 1-16-18　绥中县李家堡乡新台子村明长城九门口遗址，发掘出土的“一片石”结构情况

图 1-16-19　绥中县李家堡乡新台子村明长城九门口遗址，石面河床上用银锭式铁扣联结的条形铺石

图 1-16-20　绥中县李家堡乡新台子村明长城九门口遗址，石面河床上联结条形铺石的银锭式铁扣

图 1-16-21　绥中县李家堡乡新台子村明长城九门口遗址，考古发掘出『一片石』下的铺石地基

图 1-16-22 绥中县李家堡乡新台子村明长城九门口遗址，考古发掘揭示出『一片石』铺石下面有大石块砌的地基

图 1-16-23　绥中县李家堡乡新台子村明长城九门口遗址，在探沟中发现河床铺石下面有三米多长的柞木桩打入地下使地基稳固

图 1-16-24 绥中县李家堡乡新台子村明长城九门口遗址，城桥下河床铺砌石下面密集的柞木桩被打入地下以使其地基稳固

图 1-16-25 绥中县李家堡乡新台子村明长城九门口遗址，河床上经发掘露出的『一片石』及其上端砌边石的结构

图 1-16-26　绥中县李家堡乡新台子村明长城九门口遗址，发掘人员正在清扫发掘出土的『一片石』及其边缘

经过第一年的考古发掘，我们解决了九江河上的过河城桥的修复问题。随后三年，我们对九门口其他地点进行了考古发掘，总的来说，取得了很大的收获。经过发掘，我们了解到明长城九门口遗址的各部分建筑都有自己的特点。

在长城之外侧，有外墙、外壕，并且不止一道，另外还有哨楼（图 1–16–27）、烽火台与腹里墩台（图 1–16–28），它们同长城本身和墙体上的墙台、敌台一起，构成一个极为完整的军事防御系统，增强了长城的防御功能。

在长城内侧，有“一片石关”城。此关城的南城墙在九江河北岸，北城墙修筑在山上，东边借用长城墙体，在山下平地上设有一门，是为东门——“一片石关”门（图 1–16–29），在西面山下平地上也设有一门——西门，其上有“京东首关”匾额，另在南城墙临河处设了一个小门。

考古发掘的另一个重要发现，就是在九门城桥西面的九江河河道上，发现有早期修筑的城桥。此处正是山岗向河道突出之处，河床较窄，桥下只修有六个水门。因此处河道较窄，水大时水流湍急，城桥被冲毁（图 1–16–30），所以才移到其下游河道较宽处重建城桥，设九个水门，增大泄水能力，以保证城桥安全。

在明长城九门口遗址的考古发掘过程中，我们不仅发现了九门口城桥的结构形式，而且还在该遗址中出土了大量遗物。在大量的出土遗物中，较为重要的有军士头戴的铁兜鍪（图 1–16–31、图 1–16–32），铁炮（图 1–16–33 ~ 图 1–16–36）、石炮、石雷（图 1–16–37 ~ 图 1–16–39）、铁弹丸（图 1–16–40）、铁剑、铁镞和硫磺等武器弹药，其中消耗性弹药的数量很大，出土的石雷有数十个，铁弹丸也相当多——在清理九江河北岸的 “圈城”时，一次就出土铁弹丸一百多斤，均为圆球形，有各种大小不同的规格，可知它们是供大小不同的炮和铳使用的。出土的日用器皿也很多，有各种青花瓷碗、瓷碟，白釉黑花罐，装水用的粗瓷酱釉军瓶，还有罐类和大缸等，这些遗物在长城线上普遍存在；用于舂米的石臼（图 1–16–41、图 1–16–42）也有相当数量。这些出土遗物，对于研究明代军事防御及守城军士的日常生活，都是很重要的实物资料。

在明长城九门口遗址的考古发掘中，还出土了更为重要的三方石碑：一方是明万历十七年（1589 年）的修城石碑（图 1–16–43），一方是明万历四十三年（1615 年）修城石碑，一方是明天启六年（1626 年）的修城石碑，它们记载了此段长城屡经维修和增筑等情况，反映出有明一代对修筑长城一直是很重视的，第一方石碑的碑文中有“一片石关”诸字，第三方石碑的碑文中有“修一片石九门桥洞”诸字，非常难得。另外还出土有修筑城墙时使用的石夯，夯体厚重（图 1–16–44），可知明长城叠土筑墙夯打细密，城墙的质量很高，有的地段至今仍很坚实。

图 1-16-27　绥中县李家堡乡新台村九门口北山长城及其东侧的烽火台遗存

图 1-16-28　绥中县李家堡乡新台村九门口明长城内传烽报警的腹里墩台遗存

图 1-16-29 修复后的九门口明长城『一片石关』城东城门内侧

图 1-16-30　考古发掘结果证明，最初的城桥修在九门口南（左）山上的长城从砬子头上径直延伸下来，未向左转弯之处，有六座水门

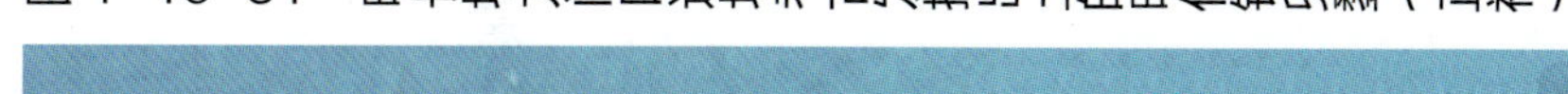

图 1-16-31　明长城九门口遗址考古发掘出土的明代铁兜鍪（正视）

图 1-16-32　明长城九门口遗址考古发掘出土的明代铁兜鍪（侧视）

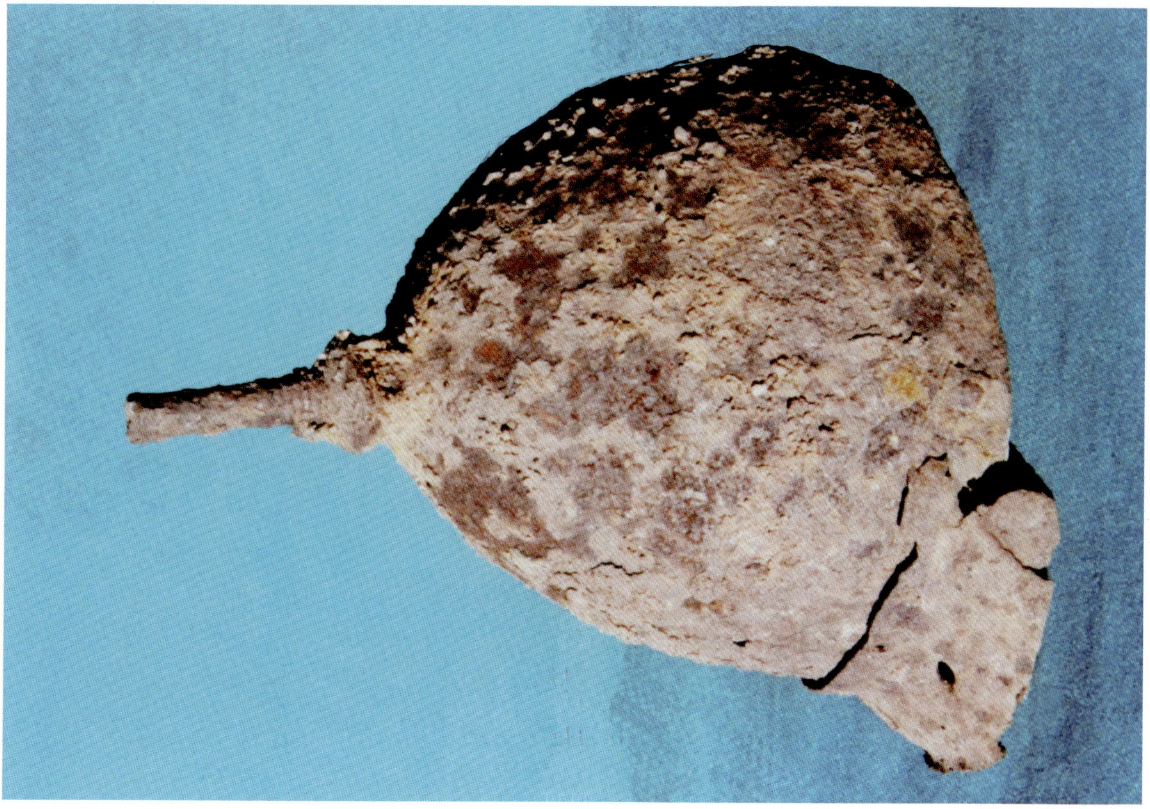

图 1-16-33　明长城九门口遗址考古发掘出土的小铁炮

图 1-16-34　明长城九门口遗址考古发掘出土的小铁炮

图 1-16-35　明长城九门口遗址考古发掘出土的小铁炮

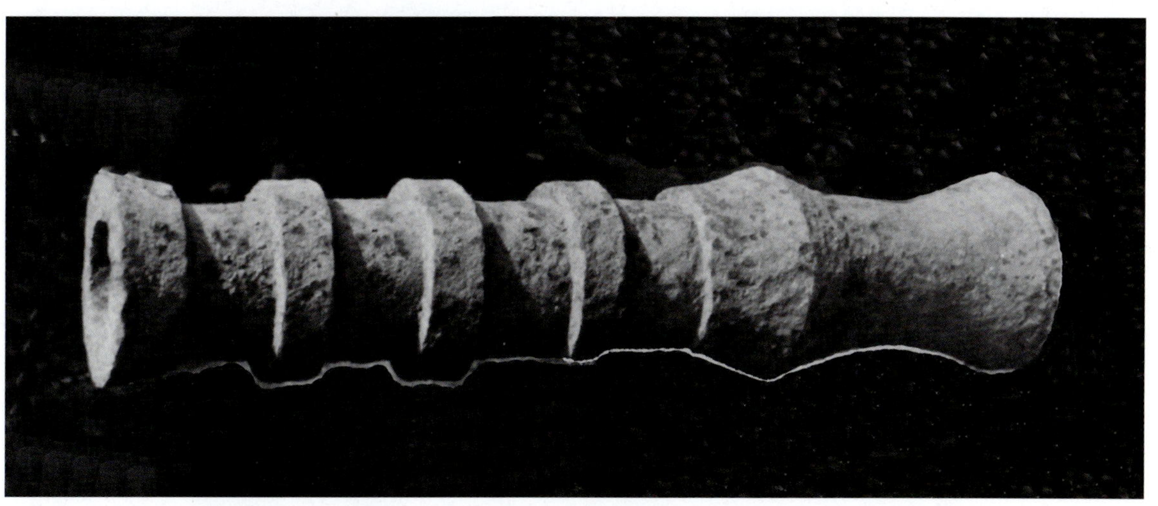

图 1-16-36　明长城九门口遗址考古发掘出土的小铁炮

图 1-16-37　明长城九门口遗址考古发掘出土的石雷

图 1-16-38　明长城九门口遗址考古发掘出土的高体石雷

图 1-16-39　明长城九门口遗址考古发掘出土的双联石雷

图 1-16-40　明长城九门口遗址考古发掘出土的炮用铁弹丸

图 1-16-41　明长城九门口遗址考古发掘出土的石臼

图 1-16-42　明长城九门口遗址考古发掘出土的石臼

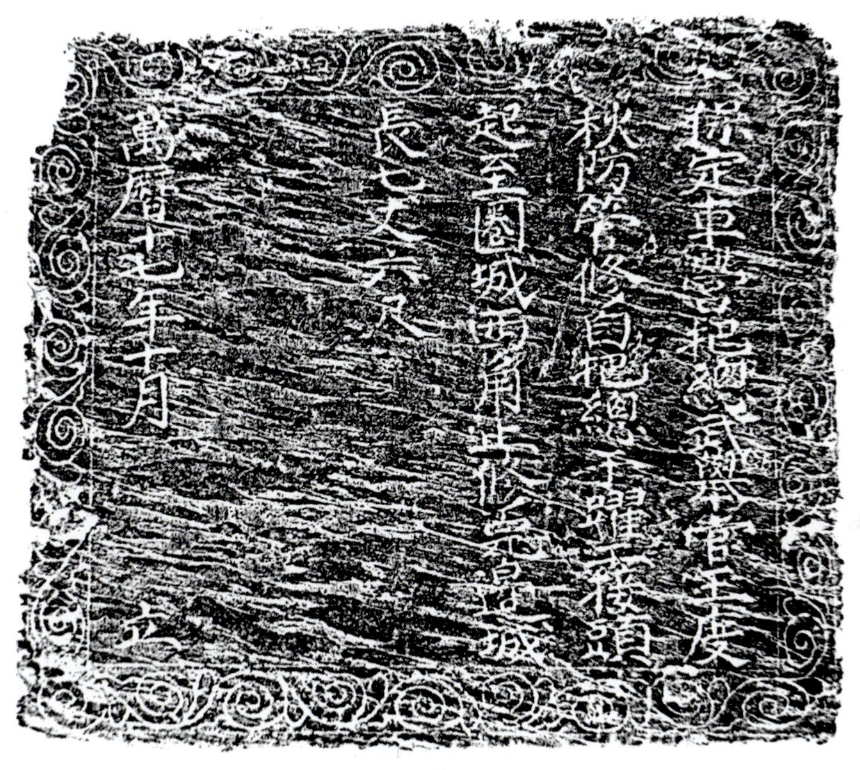

图 1-16-43　明长城九门口遗址考古发掘时出土的明万历十七年（1589 年）修城石碑碑文拓片

图 1-16-44　明长城九门口遗址考古发掘时发现的明代修筑长城时使用的石夯

明长城九门口遗址的考古发掘工作进行了四年，修复施工也进行了四年，二者互相配合，错开地方进行，但主要的修复工程是在九江河上的过河城桥，因此河道上的考古发掘工作必须提前一步，然后根据考古发现和出土的遗迹遗物进行设计，再根据设计进行修复施工。最终两项任务均无耽误，考古发掘工作和长城修复工作在 1989 年 10 月同时结束（图 1–16–45）。九门口城桥修复竣工（图 1–16–46、图 1–16–47），标志着九门口长城的修复全部完成。九门口长城修复后，面貌一新（图 1–16–48），由此四望，在群山间蜿蜒的长城（图 1–16–49），雄健多姿，风光无限（图 1–16–50、图 1–16–51），构成一幅瑰丽的江山胜迹图。

笔者通过在明长城九门口遗址考古发掘现场的亲身体验，将自己在现场看到的历史遗迹同历史中存在的问题相联系，发现久悬未决的明末清初“一片石之战”发生在何处的问题，在这次明长城九门口遗址考古发掘中意外得到解决。此前出版的许多讲述明清史事的论著，在讲到“一片石之战”时，对战事发生的地点说法各异，有的说在山海关东，有的说在山海关西，飘忽不定，没有一家明确指出“一片石”的所在地点。当笔者在明长城九门口遗址考古发掘现场看到九江河上揭露出的七千多平方米平整铺石的光洁河床时，脑海中立刻闪现出“一片石”的印象来，后经过研究，确认此地就是历史上有而不能确知的“一片石”。

明末清初，吴三桂带兵守卫山海关，当他还在对同李自成农民起义军和清军是战是降举棋不定之时，李自成农民起义军已拥兵于长城之内的石河之上。多尔衮率清军进逼山海关下，李自成派唐通去守卫“一片石”。“一片石”所在就是一条东西向宽阔山谷通道在东面收束的出口处，由于其地理环境，再加上明朝修筑的坚固长城，这里就成了易守难攻的军事关隘。尤其是从通道来讲，这里自古以来就是从东面的辽宁地区进入北京仅有的两条道路之一，至今亦然——一条通道是走山海关，另外一条通道是走九门口。唐通在此，凭借险要的地理环境，以长城和“一片石关”为依托，固守通道，是非常合理的军事部署。多尔衮进军九门口时，一方在长城上防御坚守，一方踏上九江河上的铺石，两军在长城线上展开大战。这就是明末清初著名的“一片石之战”。结果是多尔衮大败唐通，遂由九门口进入长城之内，直奔驻扎在石河上的李自成农民起义军大营。在此之前，吴三桂已投降多尔衮，也从山海关出兵攻打李自成农民起义军，农民起义军遭受两路敌军合击。正当战场上一片生死厮杀之时，大风骤起，沙尘漫天，农民起义军在混战中不敌失利，李自成率军败走，随后多尔衮率清军进入北京。

图 1-16-45　经过四年的考古发掘和修复，于 1989 年 10 月竣工的九门口长城最初状态

图 1-16-46　从绥中县李家堡乡新台村九门口南山上俯瞰修复后的九门口长城过河城桥全貌

图 1-16-47 俯瞰修复后的九门口长城城桥及其结构

图 1-16-48　修复完成后的九门口长城雄姿

图 1-16-49 远望九门口城桥南侧山上修复后的长城墙体

图 1-16-50　在修复后的九门口城桥上南望长城

图 1-16-51　在修复后的九门口城桥上北望长城

这场明末清初决定最后胜负、关乎清军入关建立大清全国政权国运的大战——著名的“一片石”之战的发生地点，过去扑朔迷离，研究者提出的各种定点，都已偏离其实际发生地点。根据考古发现可以完全准确地确定，“一片石”既不在山海关西，也不在山海关东，而是在九门口长城之下，并非在其他地方。但如果没有明长城九门口遗址的考古发掘，“一片石”遗存也是不可能被发现的。只因发现了“一片石”遗存，再联系历史，才将不易说服人的问题顺利地解决了。

在辽宁全省人民的赞助下，坍毁多年、破败不堪、无可观瞻的九门口长城恢复了旧观（图 1–16–52），面貌一新（图 1–16–53、图 1–16–54），并建了纪念碑记载此次盛举（图 1–16–55 ~ 图 1–16–59）。1988 年 12 月 20 日，辽宁省人民政府公布九门口长城为“省级文物保护单位”（图 1–16–60、图 1–16–61）。1996 年 11 月 20 日，万里长城——九门口被国务院列为第四批全国重点文物保护单位。2002 年 11 月 18 日，九门口长城通过联合国教科文组织的验收，正式挂牌成为世界文化遗产，更加闻名于世界！如今，九门口长城作为各地长城中一处少有的景观，著名的历史人文风景名胜区，促进了当地的经济社会发展。

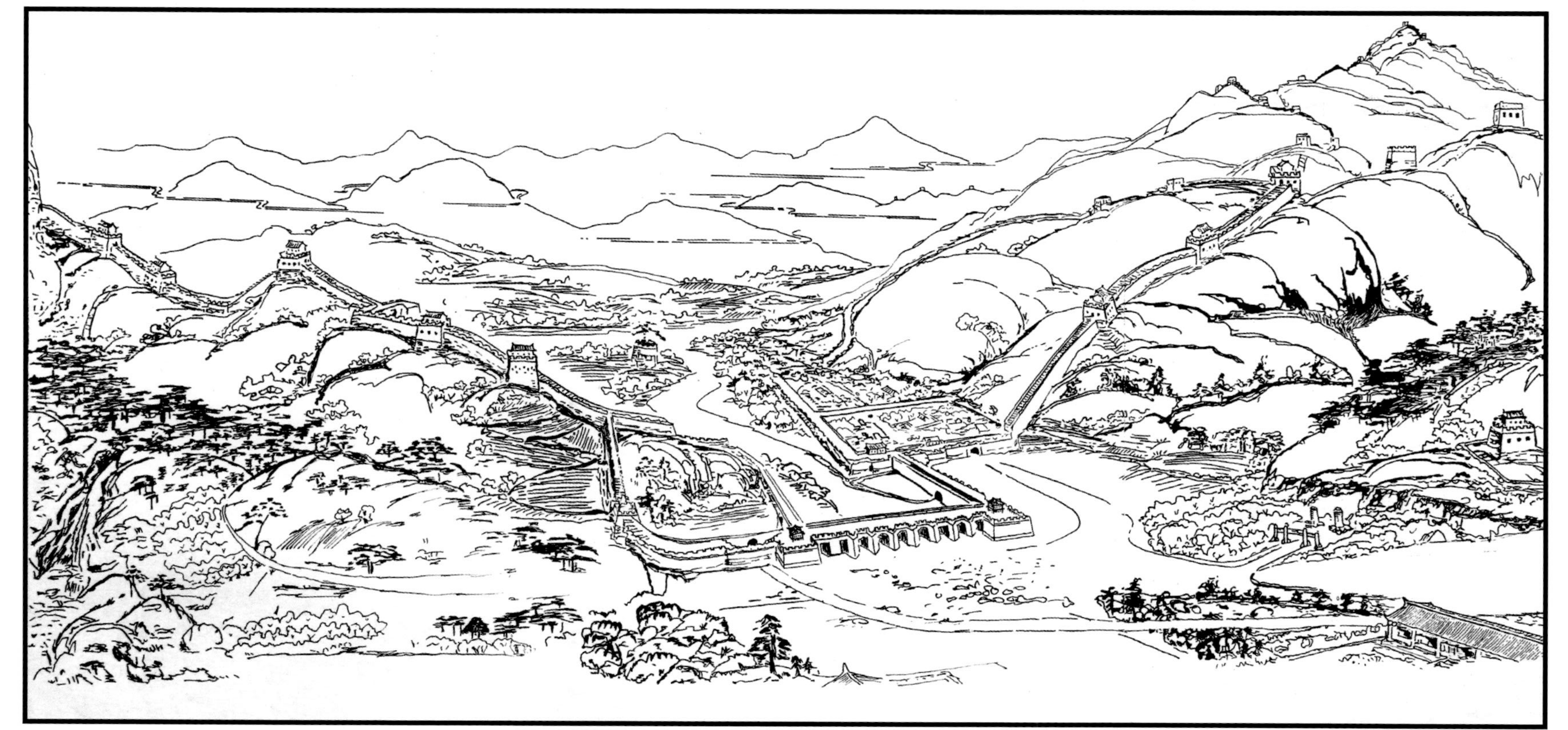

图 1-16-52 绥中县李家堡乡新台村明九门口长城险要的地理环境

图 1-16-53　修复后的九门口长城面貌一新

图 1-16-54　修复后的九门口长城再现明万里长城中罕见的水上长城奇观

图 1-16-55　绥中县明九门口长城修复竣工纪念碑

图 1-16-56 绥中县九门口长城修复竣工纪念碑侧视图

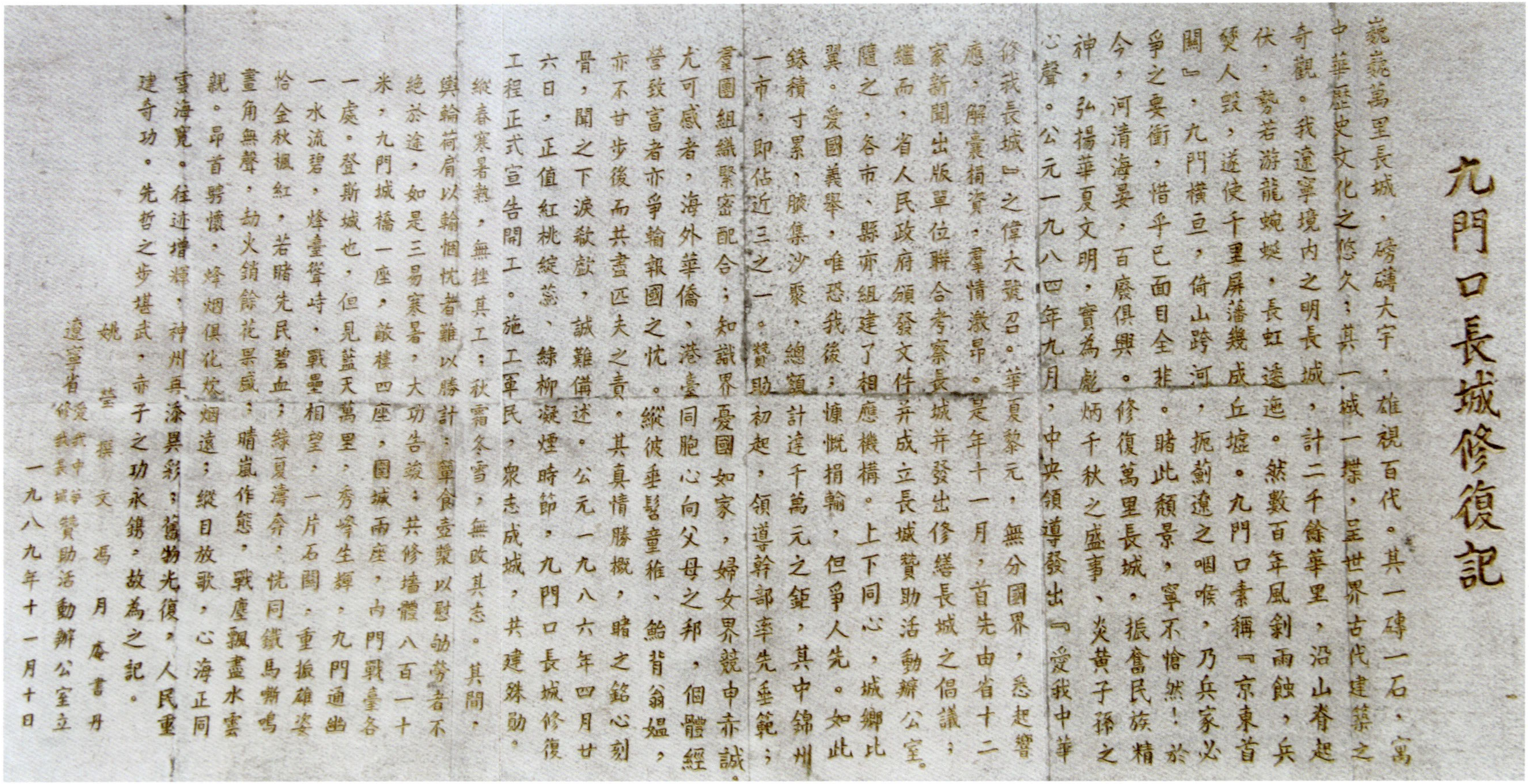
九門口長城修復記
巍巍萬里長城，磅礴大宇，雄視百代。其一磚一石，寓
中華歷史文化之悠久；其一城一堞，呈世界古代建築之
奇觀。我遼寧境内之明長城，計二千餘華里，沿山脊起
伏，勢若游龍蜿蜒，長虹遠迤。然數百年風剝雨蝕，兵
燹人毀，遂使千里屏藩幾成丘墟。九門口素稱『京東首
關』，九門横亘，倚山跨河，扼薊遼之咽喉，乃兵家必
爭之要衝，惜乎已面目全非。睹此頹景，寧不愴然！於
今，河清海晏，百廢俱興。修復萬里長城，振奮民族精
神，弘揚華夏文明，實為彪炳千秋之盛事、炎黃子孫之
心聲。公元一九八四年九月，中央領導發出『愛我中華
修我長城』之偉大號召。華夏黎元，無分國界，悉起響
應。解囊捐資，羣情激昂。是年十一月，首先由省十二
家新聞出版單位聯合考察長城并發出修繕長城之倡議；
繼而，省人民政府頒發文件并成立長城贊助活動辦公室。
隨之，各市、縣亦組建了相應機構。上下同心，城鄉比
翼。愛國義舉，唯恐我後；慷慨捐輸，但爭人先。如此
錙積寸累，腋集沙聚，總額計達千萬元之鉅，其中錦州
一市，即佔近三之一。贊助初起，領導幹部率先垂範；
羣團組織緊密配合；知識界憂國如家，婦女界競申赤誠。
尤可感者，海外華僑、港臺同胞心向父母之邦，個體經
營致富者亦爭輸報國之忱。縱彼垂髫童稚、鮐背翁媪，
亦不甘步後而共盡匹夫之責。其真情勝概，睹之銘心刻
骨，聞之下淚欲歔，誠難備述。公元一九八六年四月廿
六日，正值紅桃綻蕊、綠柳凝煙時節，九門口長城修復
工程正式宣告開工。施工軍民，衆志成城，共建殊勛。
縱春寒暑熱，無挫其工；秋霜冬雪，無改其志。其間，
輿輪荷肩以輸，悃忱者難以勝計；簞食壺漿以慰劬勞者不
絕於途。如是三易寒暑，大功告竣：共修墻體八百一十
米，九門城橋一座，敵樓四座，圍城兩座，内門戰臺各
一處。登斯城也，但見藍天萬里，秀峰生輝，九門通幽
一水流碧，烽臺聳峙，戰壘相望，一片石關，重振雄姿
恰金秋楓紅，若睹先民碧血；緑夏濤奔，恍同鐵馬嘶鳴
畫角無聲，劫火銷餘花果盛；晴嵐作態，戰塵飄盡水雲
親。昂首騁懷，烽烟俱化炊烟遠；縱目放歌，心海正同
雲海寬。往迹增輝，神州再添異彩；舊物光復，人民重
建奇功。先哲之步堪武，赤子之功永鐫，故為之記。
姚瑩撰文 馮月庵書丹
遼寧省愛我中華修我長城贊助活動辦公室立
一九八九年十一月十日

图 1-16-57 九门口长城修复竣工纪念碑碑文（姚莹文、冯月庵书）

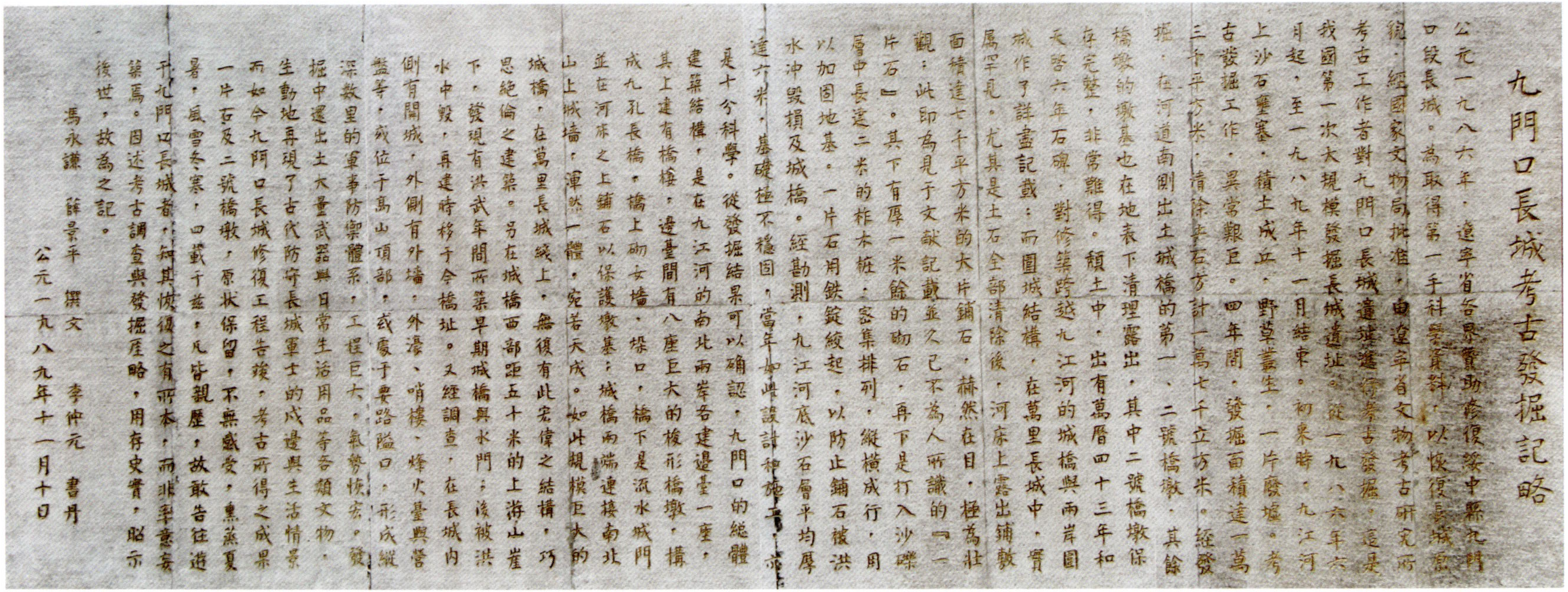

# 九門口長城考古發掘記略

公元一九八六年，遼寧省各界贊助修復綏中縣九門口段長城。爲取得第一手科學資料，以恢復長城原貌，經國家文物局批准，由遼寧省文物考古研究所考古工作者對九門口長城遺址進行考古發掘。這是我國第一次大規模發掘長城遺址。從一九八六年六月起，至一九八九年十一月結束。初來時，九江河上沙石壅塞，積土成丘，野草叢生，一片廢墟。考古發掘工作，異常艱巨。四年間，發掘面積達一萬三千平方米，清除沙石方計一萬七千立方米。經發掘，在河道南側出土城橋的第一、二號橋墩，其餘橋墩的墩基也在地表下清理露出，其中二號橋墩保存完整，非常難得。預土中，出有萬曆四十三年和天啓六年石碑，對修築跨越九江河的城橋與兩岸圍城作了詳盡記載；而圍城結構，在萬里長城中，實屬罕見。尤其是土石全部清除後，河床上露出鋪敷面積達七千平方米的大片鋪石，赫然在目，極爲壯觀：此即爲見于文獻記載並久已不爲人所識的『一片石』。其下有厚一米餘的砌石，再下是打入沙礫層中長達二米的柞木樁，密集排列，縱橫成行，用以加固地基。一片石用鐵錠綫起，以防止鋪石被洪水冲毁損及城橋。經勘測，九江河底沙石層平均厚達六米，基礎極不穩固，當年如此設計和施工，亦是十分科學。從發掘結果可以確認，九門口的總體建築結構，是在九江河的南北兩岸各建邊臺一座，其上建有橋樓，邊臺間有八座巨大的梭形橋墩，構成九孔長橋，橋上砌女墻，垛口，橋下是流水城門並在河床之上鋪石以保護墩基；城橋兩端連接南北山上城墻，渾然一體，宛若天成。如此規模巨大的城橋，在萬里長城綫上，無復有此宏偉之結構，巧思絶倫之建築。另在城橋西部距五十米的上游山崖下，發現有洪武年間所築早期城橋與水門；後被洪水中毁，再建時移于今橋址。又經調查，在長城內側有關城，外側有外墻，外濠，哨樓，烽火臺與營盤等，或位于高山頂部，或處于要路隘口，形成縱深數里的軍事防禦體系，工程巨大，氣勢恢宏。發掘中還出土大量武器與日常生活用品等各類文物，生動地再現了古代防守長城軍士的戍邊與生活情景而如今九門口長城修復工程告竣，考古所得之成果一片石及二號橋墩，原狀保留，不無感受，熏蒸夏暑，風雪冬寒，四載于茲，凡皆親歷，故敢告往遊于九門口長城者，知其恢復之有所本，而非率意妄築焉。因述考古調查與發掘厓略，用存史實，昭示後世，故爲之記。

馮永謙　薛景平　撰文　李仲元　書丹

公元一九八九年十一月十日

图 1-16-58　九门口长城考古发掘纪念碑碑文（冯永谦、薛景平文撰文，李仲元书）

图 1-16-59　九门口长城修复赞助纪念碑林

图 1-16-60 “省级文物保护单位”标志碑正面的“九门口长城”由笔者书写

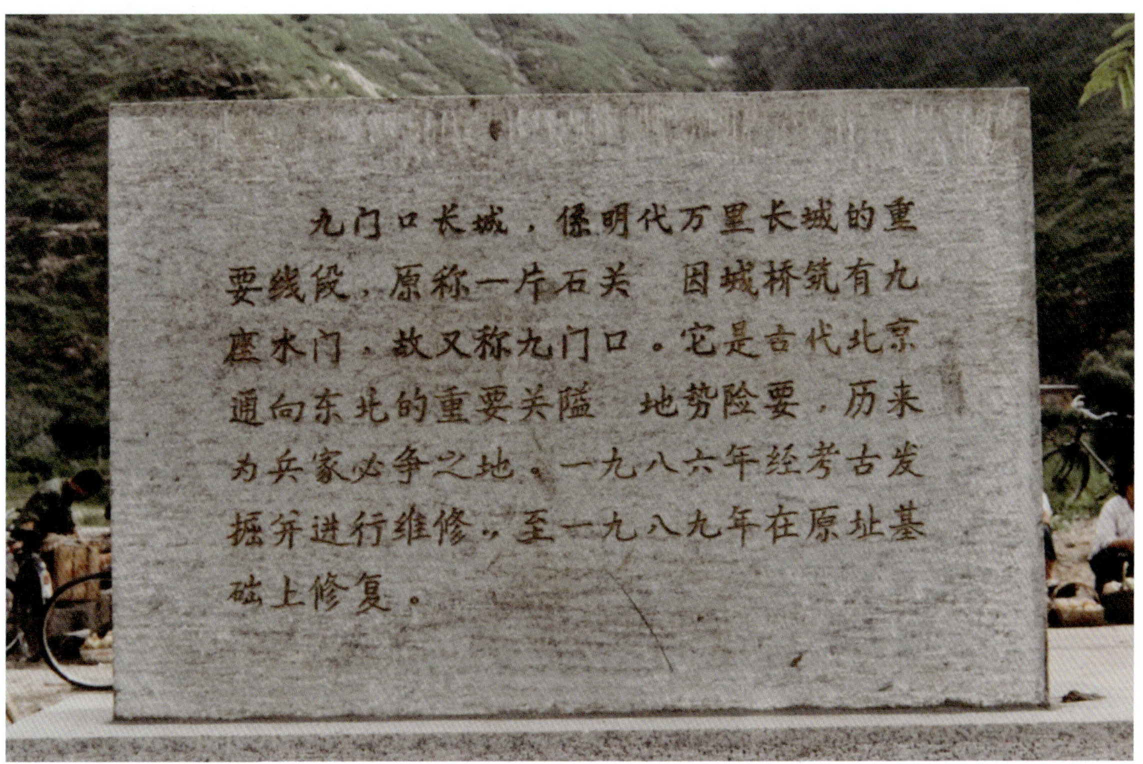


图 1-16-61 “省级文物保护单位”标志碑上由笔者书写的碑文

# 第十七章
# 明万里长城东端起点遗址考古发掘情况

今丹东地区鸭绿江边，是明代万里长城的东端起点，史有明文，但却被人们淡忘，不知从什么时候起，明万里长城变成“东起山海关，西至嘉峪关”了。长时间以来，这个问题一直没得到解决。因此，1990 年年初，丹东市有关领导对此提出一个想法：是否可请有关专业部门进行调查，把这个问题给搞清楚了？这是一件很重要的事。

1990 年 2 月刚过完春节的正月十九日晚间，夜已很深，丹东市文管办的崔双来到笔者家中，说有事相商。他跟笔者说：“您把绥中的长城修完了，这可是一件了不起的事！我们丹东市领导决定，也要修复明代万里长城的东端起点，但明长城的东端起点在什么地方不清楚，想请您到丹东去，帮助我们把明长城东端起点调查清楚，然后再研究起点长城怎么修。市里派我来，就是和您研究一下，看此事可行不？另外，您能不能到丹东去，帮助我们把此事办成？”笔者了解一些情况后，答应了他们的要求。

第二天，笔者和崔双来一起到笔者单位研究此事，后又向辽宁省文化厅汇报此事，以取得各级领导的支持。1990 年 2 月 16 日（农历正月二十一日），笔者同单位书记、辽宁省长城学会时任秘书长吉昌盛以及薛景平和崔双来一起去了丹东。经过与丹东市政府时任市长、秘书长等沟通，做好安排，又与丹东市文化局、市鸭绿江风景区管理局、市旅游局、市文管办等单位的领导进行具体研究，确定了工作方法和步骤，然后进行工作。

我们回到沈阳，做了一些准备后，同年 3 月 13 日，笔者与吉昌盛、薛景平等再次去了丹东。此次我们就要开展实地调查工作，主要是解决明长城东端的起点和走向问题，通过考古调查发现来加以确认。

此前关于明长城东端起点在鸭绿江的说法中，涉及多个地点，诸如凤城说、老边墙说、九连城说、浪头说、虎山说、古楼子说等，研究者们各有不同的认识。在这些不同的明长城东端起点说法中，究竟以何者为是？笔者认为，我们这次调查是为彻底解决问题，因此就要全面进行调查，不能有所偏废，在开始调查之前就不要有倾向性，不能从自己的主观认定出发，而要对上述各种定点的不同说法一视同仁，逐一进行实地了解，根据考古调查发现的情况，细辨讹误，然后将其否定、排除，最后确定明长城东端起点在何处。这样一来，我们每个地点都要去，都要一样用功，做调查的范围就比较大了，但可靠性也更大了。另外，我们此次调查不仅要确定明长城东端的起始地点，而且还要进一步调查了解起点地段明长城的线路走向和现状，这样不仅可以佐证我们确定的明长城东端起点的准确性，而且也为下一步修复这段长城做好线路等准备。随后我们就进入实地调查阶段。我们在丹东调查和确定明长城东端起点的工作，历时四个多月，行程达两千多公里，最后圆满完成（详情见第十五章）。

明长城东端起点确定下来以后，我们就开始为考古发掘做准备。由于这段长城是明代万里长城的起始段，非常重要，经过与各方面有关单位和人员研究，认为确有修复的必要。因此，即由辽宁省文化厅上报国家文物局。经国家文物局批准，由笔者任领队，丹东市文管办的王连春、任鸿魁参加，组成丹东市虎山明长城考古队，进行田野考古发掘。

丹东市宽甸县虎山镇（镇政府驻红石砬子村）虎山村的虎山，是一座孤立的小山，四周不与任何山体相连，处在向西流的鸭绿江北岸，西有向南流的叆河，山下皆为平地（图1-17-1）。虎山的山体较狭而长，东端高耸，双峰并立，直上而尖锐，望之如双耳，故明代以来称之为“马耳山”，也称“虎耳山”——此多见于明代巡边大吏之文章中；西段较长，山体低矮，顶面较平，因有余地，故许多古代遗址都建在这段山顶地面上。虎山整体山形奇特，远望如昂首静卧之虎，故现代称之为“虎山”。虎山附近的地理环境之佳，绝无仅有。它在鸭绿江边的平地上非常突出，登上山顶四望，极目天际，视野辽远：向西看，可见今丹东市区与鸭绿江口方向，天低云树，动静全知；东望，则鸭绿江上游的绵邈山川尽收眼底；南俯，则是宽阔的鸭绿江，水荡波光，江流浩渺，直逼山下，天险自然形成；北去，过一小段平地，则山岭杂沓，重峦叠嶂，连绵不断，上岭路、榛子顶，依次远去，长城则蜿蜒其间，山川险峻，关隘遍布，当年依长城而据守，今天留遗迹而壮河山！此虎山之景观也。明长城起于虎山，越崇山峻岭、过草地沙漠，万里奔行，直至西天，望祁连白雪。起始之地，胜迹标志，其重要性自不待言！

虎山长城考古发掘，经 1990 年 2 月以后的考古调查，又经过一段时间的准备，于当年 10 月 12 日开始进行，至 1994 年 12 月 22 日结束，经历五年时间，我们克服了各种困难，坚持田野工作，终将明长城东端起点在久失地点、不清楚其所在的混乱中发掘出来。

在考古调查时，我们首先看到的是在虎山东端最高峰上的一座台址（图 1-17-2），它耸立在突兀的山顶，遗迹特点非常明显。经过仔细考察，这座台址就成为我们当时调查确定虎山明长城的一个重要根据。随后我们在虎山南麓的平地上，发现另一座掩盖在草、树之下的很大的台址（图 1-17-3），它已经残缺不全（图 1-17-4、图 1-17-5）。经了解我们得知，这个大土台子原来很高大，1958 年修叆河大堤时要用石头，虎山生产队就想把台址下面的石头挖出来修河堤（实际上此处的石头是在台址之下的高句丽大井上部的井壁砌石），因而将台址的北面和西面各挖毁一部分，但台址的剩余部分仍然很大（图 1–17–6、图 1–17–7），非常明显，并有夯土层（图 1–17–8）。由于有这些发现，我们在考古发掘时首先就选择了从山前这座台址开始，清理其周围，铺开的发掘面积较大。然后，我们就沿着在发掘中发现的长城墙体遗迹，向山上延伸（图 1–17–9、图 1–17–10）。在南山坡的山根处，我们发现在一道东西走向的石墙上面，压有一道连接台址、作南北走向的石墙（图 1–17–11）。由于其叠压关系明确，而砌墙石块的特点不同，因此这是两个不同时期的遗存——下面的石墙为高句丽时代所建，上面的这道石墙就是明长城的遗存。

由山坡逐渐上山（图 1–17–12 ~ 图 1–17–14），有一段由于山坡陡直不能修墙而存在山险墙，但为了方便守城官兵上下山，就在山险墙上凿出象鼻孔（图 1–17–15），拴上绳索，供官兵上下山时搀拽以保证其安全。上到半山腰处，地势稍缓，且有平地，此处有明长城东端二号墙台（图 1–17–16、图 1–17–17）。山顶上是一座位置最高的明长城墙台，考古发掘揭露出其砌筑基础（图 1–17–18、图 1–17–19）。

我们分出发掘人员由南坡上山，到山顶上进行发掘，同时在虎山北坡的发掘工作也逐渐展开（图 1–17–20 ~ 图 1–17–22）。随着时间的推移，在虎山明长城一线都分别揭露出长城墙基部分的遗迹，明长城分布在虎山的情况就明朗起来。从这时起，在我们的认知中，虎山确实是明长城东端起点，就不再有疑问了！在虎山北坡上，有东西走向的高句丽山城北城墙遗存，也有南北走向的明长城石墙遗存，直到山下并延伸向较低矮的山岗，明长城的遗迹都非常明显（图 1–17–23、图 1–17–24），由此往北，直到虎山村中，都是这种情况（图 1–17–25、图 1–17–26）。

在考古发掘的第一年，当明长城东端起点遗址在虎山南麓及山上明确露出遗迹后，1990 年 12 月 26 日在丹东召开了“明长城东端起点论证会”，参加会议的有来自国家文物局、中国长城学会、故宫博物院、中央电视台、北京市文物局、辽宁省文化厅、丹东市各有关部门的专家学者、领导及考古发掘人员，共四十余人，其中有我国著名的长城专家罗哲文、单士元、朱希元及各级领导彭思齐、郭大顺、孙守道、刘效礼、张伦基等。在大家到现场考察，看过相关遗迹和出土文物后，笔者在会上作了《关于虎山长城考古调查和发掘情况的报告》。经过讨论，大家一致确认，虎山长城遗址就是明代万里长城的东端起点。

图 1-17-1　丹东市宽甸县虎山镇虎山村虎山的地理环境

图 1-17-2　笔者考古调查时所见虎山东部山顶明长城墙台颓坍后的状况

图 1-17-3　考古发掘前虎山南麓明长城东端起点的自然状况

图 1-17-4　发掘人员在虎山南坡明长城遗址、台址周围进行考古发掘

图 1-17-5 发掘人员在发掘虎山南麓明长城东端起点台址下叠压的高句丽古井

图 1-17-6　虎山南麓明长城东端起点台址『邦山台』被考古发掘揭露出来

图 1-17-7　虎山南麓明长城东端起点台址『邦山台』被考古发掘揭露出来

图 1-17-8　虎山南麓考古发掘揭露出来的明长城东端起点台址“邦山台”上夯层明显

图 1-17-9　发掘人员在虎山南麓发掘明长城遗址

图 1-17-10　明长城东端起始段的墙基下部露出高句丽石墙遗存（向山上延伸者为明长城遗存）

图 1-17-11　发掘明长城东端起始段露出的长城墙基与高句丽山城石墙的叠压关系（左下为高句丽山城石墙遗存）

图 1-17-12　发掘人员对虎山南坡上部的明长城遗址进行考古发掘

图 1-17-13　发掘人员在发掘虎山南麓明长城东端起点遗址

图 1-17-14　发掘人员对虎山南坡中部的明长城遗址进行考古发掘

图 1-17-15　虎山明长城东端起始段山险墙上的“象鼻孔”遗迹

图 1-17-16　发掘人员在发掘虎山南坡半山腰的明长城墙台遗址

图 1-17-17　虎山顶部南面山坡上发掘出土的明长城墙台址

图 1-17-18　发掘出土的虎山顶部明长城遗址地基砌石

图 1-17-19　考古发掘揭露出的虎山顶部明长城墙台遗址的基础结构

图 1-17-20　考古发掘揭露出的虎山明长城遗址

图 1-17-21　经过考古发掘露出的虎山明长城墙体遗存

图 1–17–22　发掘后露出的虎山明长城颓坍墙体状况

图 1-17-23　发掘人员对虎山北麓山岗上的明长城遗址进行考古发掘

图 1-17-24　虎山北麓发掘出土的明长城墙体遗存（自北向南摄）

图 1-17-25　发掘人员对虎山北麓低矮山岗上明长城颓坍后留下的一道土岗进行考古发掘

图 1-17-26　发掘人员对虎山北麓低矮山岗上明长城颓坍后留下的一道土岗进行考古发掘

在随后四年的考古发掘中，有几项重大考古发现，它们都是前所未知的遗存。

在虎山发掘出的明长城墙体遗迹，由虎山南麓鸭绿江边起，向北翻越虎山，从虎山北麓沿低矮山岗北去，经虎山村，在村北连绵群山的山顶上北去。在考古发掘确定的一千余延长米的长城线上，有墙台与烽火台等，长城墙体从那个在虎山南麓平地上发现的巨大方形土台的东北角上接筑，向北去，由南坡上虎山。据明代李辅《全辽志》卷二《边防志》载：江沿台堡下辖第一个台址就是“邦山台”[①]。江沿台堡是明长城东端的第一个堡城，它在鸭绿江北岸距鸭绿江不远处，故称其为江沿台堡。在虎山南坡靠近山根处的这个台址，既符合“邦山”的含义，又是江沿台堡的第一个台址，因此它也是明长城东端起点段的第一个台址。

在发掘明长城遗址时，我们还发现了一座与其相互交错在一起的高句丽山城遗址，它呈东西向横长方形，北城墙砌在虎山山顶的北部边缘，现存有该山城东西走向的北城墙遗存，但因山体较窄，该山城的南城墙就不能修筑在山上，而是修在虎山南麓的平地上，虎山的东、西两端亦有城墙，只是在东端，因部分山岩陡峭，它们遂成为山险墙。山城的墙体均为石砌，外层系用高句丽特有的楔形石砌筑墙面。在虎山，除南麓土台北面的明长城墙体与高句丽山城石墙叠压之外，在山顶北部边缘，南北走向的明长城石墙与高句丽山城北城墙亦作“十”字形交叉。正是由于有二者的叠压关系，我们才从考古学角度观察判定，在山城石城墙上横过的石墙，就是明代长城城墙，高句丽城墙遗存成为我们分析、判断这道南北向的石墙为明长城城墙的考古地层学依据。在虎山上，还有砌石墙的高句丽圆形建筑址。

在发掘清理虎山南麓的大土台子时，发现一口掩盖在台下的石砌大井。此井深达十五米多，井口直径四点二米，井壁很厚，最厚处达五米多，井内出土了许多遗物（图1–17–27~ 图 1–17–30）。此井之大，为过去所未见。

此外，在这口大井附近的土层中，还出土了很多青铜时代的陶片。此地在鸭绿江边，倚山面水，应是一处很好的青铜时代遗址选地，只是由于后来高句丽在此修筑山城与大井，明代在此修筑长城墙台，此遗址遭到破坏，故发掘时未见其遗迹，只有残坏陶器出土。

在虎山顶部发掘时，我们在山顶西端发掘出一处辽代建筑址，有宅院，有房基，出土有陶瓷片、石臼等。这说明辽代曾有人在虎山上建房居住。

另外，在发掘中还出土了一枚金代铜官印，这说明金代在此处也有过军事活动。

可见，虎山历来都是被人重视的地方。

---

① 按：江沿台堡城曾前后移建，故有新、旧两个江沿台，二者俱在虎山西侧不远处的叆河西岸，旧江沿台堡为今丹东市振安区九连城镇叆河上尖村古城址，新江沿台堡为今丹东市振安区楼房镇石城村古城址。

图 1-17-27 虎山南麓明长城起点台址下所压的高句丽泊汋城址内的石砌大井井口，井口直径四点二米（自东向西摄）

图 1-17-28　虎山南麓明长城起点台址下所压的高句丽泊汋城址内的石砌大井发掘后所见内壁结构，井深十五米多，距现地表二十多米（自南向北摄）

图 1-17-29　虎山南麓明长城起点台址下所压的高句丽泊汋城址内的石砌大井，发掘后所见井壁的厚度达三点五米（自西向东摄）

图 1-17-30　虎山南麓明长城起点台址下所压的高句丽泊汋城址内的石砌大井四周（直径三十一米）发掘后的全貌（自北向南摄）

在明长城虎山遗址考古发掘的第二年，经国家文物局批准，由中国长城学会设计，对虎山明长城进行修复。此次设计由曾负责修复北京八达岭长城的我国著名长城专家罗哲文负责，并由中国长城学会的长城专家朱希元带专业人员到现场指导，由笔者提供考古发掘出土的明虎山长城资料。大家一起到实地沿明长城遗址进行研究讨论，在这一地段原来有什么遗存，现在应如何设计和修复。设计人员根据实地情况绘成设计图纸后，即由施工队在明长城墙体原址上进行修复。就这样，设计人员随时根据考古发掘成果进行设计，施工队随即根据设计进行施工。

明长城虎山遗址考古发掘工作几经寒暑，历时五年结束，有两年我们在冬季里也进行考古发掘（图 1–17–31、图 1–17–32），直到来年 1 月方才收工。1994 年，在考古发掘工作结束的同时，虎山长城修复工作完成。

明长城东端起点段的修复，从虎山南麓第一个台址“邦山台”开始（图 1–17–33），翻越虎山，直至虎山村中，共有一千多延长米的线路。当修复完成后（图 1–17–34、图 1–17–35），长城墙体、战台、铺房（图 1–17–36、图 1–17–37）等皆恢复了旧貌。在巍峨的虎山上，矗立起雄伟的长城高墙和战台（图 1–17–38），规模宏大、气势磅礴的明代万里长城东端起点从此再展雄风，在辽远深邃的蓝天白云映衬下，蔚为壮观。《明史》所谓“东起鸭绿，西抵嘉峪”的明代万里长城，现在又有了明确的东端标志，达到了名副其实，意义重大！

在虎山通过考古发掘发现明代长城东端起点遗址以后，笔者参加了在山海关召开的“首届中国长城学术研讨会”。当笔者在会上报告了这一发现后，新华社记者以“明长城东起丹东虎山”为题进行了报道：“我国长城考古又有新的重大发现：明万里长城东端起点在辽宁丹东鸭绿江畔的虎山。这一发现同史书记载相吻合，推翻了明万里长城‘东起山海关老龙头’的传统说法。”①

其后，辽宁电视台聘请笔者为顾问，拍摄了十集电视专题纪录片《辽东镇长城》，介绍辽东镇长城全线，其东端起点拍摄的就是我们在虎山考古发掘的成果。1991 年，中央电视台和日本电视台合拍三十七集电视系列片《望长城》，聘请笔者为顾问，明长城东端起点的确定也采用了虎山考古发掘成果。摄制组在现场采访了笔者，并录下考古发掘工地中出土的各种遗迹。笔者向他们介绍了明长城东端起点遗址调查发现的经过以及经过考古发掘最终确定下来的起点，说明这是我国长城考古工作中的重大发现。

还有一件让笔者至今难忘的事：在虎山明长城遗址的考古发掘过程中，吕正操将军来到了考古发掘现场，尽管当时他已年届高龄，但他仍然兴致勃勃地看了考古工地的各种发现，不时询问、了解，并讲了很多话，给在场的人以极大的鼓励！

① 顾曰涛、屈维英：《明长城东起丹东虎山》，《光明日报》1990 年 10 月 24 日。

图 1-17-31　考古发掘人员在冬季仍继续进行虎山明长城东端起点遗址考古发掘

图 1-17-32　考古发掘人员在冬季进行虎山明长城东端起点遗址考古发掘的景象

图 1-17-33　虎山南坡明长城所处的险要地理环境

图 1-17-34　虎山明长城修复后的雄伟英姿

图 1-17-35　虎山明长城上修复的城楼

图 1-17-36　虎山明长城修复后的墙台内部

图 1-17-37　虎山明长城修复后的墙台内部结构情况

图 1-17-38　虎山明长城修复后，明长城东端起点从此又有了明确的标志

现在，经过考古发掘和修复的明代万里长城东端起点丹东虎山长城，已成为一个旅游胜地。它不仅丰富了当地的历史文化内涵，满足了人们的精神生活需求，而且对外影响巨大，前来观光的中外游人络绎不绝，推动了当地经济的繁荣和发展！人们来此，必登上虎山，一览明长城东端起点的雄伟风采，从历史胜迹中领略江山如画的无尽风光！

# 第十八章 清代柳条边考古调查发现

长城是军事防御设施，因此历代都有修筑。今笔者在此设“柳条边”专章，目的何在？在此，笔者首先声明，柳条边不是长城，有误认者，那是不了解情况。柳条边不是为对外防御而修建的军事工程，它与长城的性质完全不同，故二者不可混淆。

笔者为何要在此处讲柳条边？就是因为笔者经过多年的考古调查和研究，发现柳条边和长城有“剪不断，理还乱”的关系，常有因此致误的现象存在，所以有连带说明一下的必要。

首先说名称问题。明辽东镇长城被称为“辽东边墙”，而清柳条边被称为“盛京边墙”，其名相似，有的研究者不察，分不清二者关系，以此为彼，造成错误，认识很是混乱，这种情况此前已见于相关论著中[①]。其次，长城和柳条边在走向上也有某些相似之处，因此在研究长城和柳条边的过程中，常有认为清代柳条边沿用了明长城，两者是一条线路[②]的说法。其实不是。笔者经考古调查发现，两者各行其道，偶有相同者，其沿用线段亦很有限，未大段或全线沿用。第三，笔者在调查柳条边的过程中获得的很多发现，可增加人们对柳条边的认识，并且实际调查发现与文献记载不同，也对其有所订正和补充。尤其是笔者明辨指出，柳条边不具有军事防御性质，因此它不是长城，不能视为同类遗构。在此情况下，略记柳条边的发现，让读者知道其现状等情况，也是有益的，故附载于此，以便读者了解。

① 景爱《走出长城的误区》（载《中国文物报》2004年1月30日）谓：“如果把古代的壕堑算做长城，那么，明代和清代的柳条边算不算长城呢？柳条边也是在地下挖掘的深沟，壕上植柳以保护壕堑，其构造与辽金边壕相同，实际上是辽金边壕的延续。既然辽金边壕可以叫做长城，明、清柳条边不也可以叫做长城吗？”文中举例子不准确，也不可以相类比，根本就没有这个事例，是作者杜撰的。另外，辽代没有修筑挖沟类同柳条边的长城，辽代长城也未称过边壕，明代也没修筑过柳条边。

② 杨树森《清代柳条边》（沈阳：辽宁人民出版社1978年9月版）第32页，谓：“辽河流域柳条边的修筑，虽然是清代的创造，但大体上是沿袭了明代辽东边墙的走向和范围。”第33页，谓：“清代在辽河流域修筑的柳条边，大体上沿袭了明代辽东边墙的走向，只是比明边墙稍有扩大而已。”均谓清柳条边与明长城基本是同一线路，误甚！

## 一、清代柳条边的基本情况

修筑柳条边，是清代初年的事。在明末时，从今辽宁东部发展起来的满族，经过与明朝的角逐，最后取得胜利，灭明后建立起全国性政权，国号为清。但当满族统治者进入中原，脱离了原来的居住地后，他们原来的居住地就空虚了，外族人进入该地区，进行伐木、挖参、采集等活动。清朝统治者害怕外族人进入其“龙兴重地”会破坏“王气”，影响其皇权的安危，另外也想保护其中的资源不被外族人开采、破坏，于是采用一个新的办法，就是在他们原来居住地的外面修筑一道长达两千余里的柳条边，控制外族人的进入。

柳条边的修筑,从清顺治年间开始,至康熙年间完成,前后修了两道,故有“老边”和“新边”之分。为了能正常通行，在柳条边上设有往来必经之门，最初设置二十一座边门，其后形成二十座边门。《大清一统志》载：柳条边“南起岫岩厅所辖凤凰城，北至开原，折而西至山海关，接边城，周一千九百五十馀里，名为老边。又自开原城威远堡而东，历吉林北界，至法特哈，长六百九十馀里。插柳结绳，以定内外，谓之柳条边”。

杨宾《柳边纪略》载：

“今辽东皆以插柳条为边，高者三四尺，低者一二尺，若中土之竹篱，而掘壕于其外，人呼为柳条边，又曰条子边。条子边西自长城起，东至船厂止，北自威远堡门起，南至凤皇山止。设边门二十一坐（座）：曰凤皇城门、曰爱哈门、曰兴京边门、曰加木禅门、曰英额门、曰威远堡门、曰发库门、曰彰武台门、曰白土厂门、曰清河门、曰九官台门、曰松岭子门、曰长岭山门、曰新台门、曰黑山口门、曰高台堡门、曰平川营门、曰布儿德库苏把儿汉门、曰黑儿苏门、曰易屯门、曰发忒哈门。此《盛京志》所载者也。而《会典》则又称，西自长城起，东至喇林山止，设边门十四座：曰名水堂门、曰宽邦门、曰碾盘沟门、曰新台门、曰松岭门、曰九官台门、曰清河门、曰白土厂门、曰章古台门、曰法库门、曰布尔都库苏巴尔汉门、曰黑尔苏门、曰衣屯门、曰法忒汉门，北自威远堡门起，曰威远门、曰英额口门、曰因登门、曰碱厂门、曰叆阳门、曰凤皇城门，凡六门，共二十门，较之《盛京志》，则少门一，而不同者九，盖志纂于康熙初，而《会典》成于康熙二十六年，是《会典》在后矣，当以《会典》为正。”

因柳条边不是军事防御设施，故不见诸多如长城的设施，但为管理通行，就在其行经的线路上往来要道之处设置边门，以便通行。由于其位置比较固定，且是颇为人知的地点，通过它们人们易于了解柳条边的行经线路，故笔者在此先将各边门的今地列下。在“老边”所设的边门，从今辽宁省绥中县西北境起，往东去依次为：

明水堂门：今绥中县明水塘门乡明水塘门村。

白石嘴门：今兴城市三道沟乡西门村。

梨树沟门：今兴城市三道沟乡东门村。

新台门：今葫芦岛市连山区新台门镇新台门村。

松岭子门：今朝阳县松岭门乡松岭子门村。

九官台门：今义县头道河乡九官台门村。

清河门：今阜新市清河门区清河门镇。

白土厂门：明为镇静堡，在今黑山县白土厂门镇白土厂门村。

彰武台门：今新民市于家窝堡乡彰武台门村。

发库门（法库门）：今法库县法库镇西部北侧。

威远堡门：今开原市威远堡镇威远堡村，亦是“新边”北去之起点。

英峨门：英额门，今清原满族自治县（下文简称“清原县”）英额门镇英额门村。

兴京门（旺清门）：兴京门，在今新宾县红升乡旧门村，后移门至新址，移址后称旺清门，在今新宾县旺清门镇旺清门村。

碱厂门：今本溪县碱厂镇碱厂村。

爱哈门（叆阳门）：今凤城市叆阳镇叆阳城村。

凤凰城门：今凤城市边门镇边门村。

其后在康熙九年（1670 年）至康熙二十年（1681 年）由“老边”威远堡处起，往东北吉林方向去，又修筑了一段柳条边，相对于前者，人们称此段柳条边为“新边”。新边设有四处边门，从南往北依次为：

布尔图库门：今四平市铁东区山门镇山门街半拉山西侧。

克尔素门：今梨树县孟家岭乡大沟村。

伊屯门：今长春市乐山镇新立城乡新立城村南新立城水库。

法特哈门：今舒兰市法特哈乡法特哈村。

以上各边门均驻有守门人员值守边门，以核验证件出入。清时定法甚苛，严禁越边，“有私越者，必置重典”[①]。但未沿柳条边修筑台址，也未派大量军队沿线守边并置台举烽火报警之事。

## 二、清代柳条边研究中的问题与考古调查发现的补充

清代柳条边的修筑时间，距离今天还算较近，但也已经过去三百多年了，岁月沧桑，它沦为陈迹已久。不过现在知道柳条边的人日益多了起来，研究得也比较深入，这是学术发展中很好的现象。但若想对柳条边做深入的了解，仅依据上述这些已有的文字材料，显然就有些不足了，因其文字毕竟有限，记载不详，时隔数百年之后，即难细知。笔者

① 高士奇：《扈从东巡日录》卷下。

经过考古调查，发现在柳条边的认知上存在很多问题，确有不符实际之处，而对柳条边保存现状的了解，更是缺乏新材料。笔者经过几十年的专业工作，积累了一些相关的资料，并有一些照片积累，更能帮助读者形象地了解柳条边，纠讹补缺，于此略为说明。

清柳条边的西端在何处？早年的认识是："折而西至山海关，接边城。""条子边西自长城起。"其说的结果，至今所见，文献如此说，研究者也就如此说：清柳条边西端到山海关接长城。如最令人相信的一些"辞典"也都如此说，言之凿凿，甚至还有所发挥，其偏离程度那就更远了。

孙文良主编《满族大辞典》的"柳条边"条说：

"柳条边，又称柳边、柳墙、条子边。清代为保护其'龙兴'之地，在东北地区设置的柳条篱笆封禁界线。顺治年间开始修筑，至康熙年间完成，因植柳为墙，故名。包括'老边'与'新边'两部分。'老边'又称'盛京边墙'，南起凤凰城（辽宁凤城），东南至海，西北经开原县威远堡，西南至山海关接长城，周长一千九百余里。'新边'主要在吉林境内，北自吉林城北法特东亮子山起，南至辽宁开原县威远堡，周长六百九十余里。辽河流域'老边'归盛京将军管辖，吉林部分'新边'归宁古塔将军后改吉林将军管辖。沿新老边走向，设边门二十一（后减为二十）座，每边门各设防御、笔帖式和旗兵守卫，稽查出入。严禁边内旗民越过篱笆，赴边外进行采参、狩猎、放牧等活动，但随着山东、河北、山西等流民大量渗透，禁堵失控，至清中叶后，被迫弛禁，乃至完全开禁。"①

李治亭主编《关东文化大辞典》中"柳条边"条谓：

"柳条边，古边墙址。坐落于沈阳市新民县境内（本书笔者注：此谓柳条边'坐落于沈阳市新民县境内'一语，甚误，实为柳条边贯穿辽宁省全境，而后'新边'又北至吉林省境内，仅 '老边'而言，就从辽宁西南到东北，又转向东南，其中在东北行之段中柳条边经过新民市北境部分边缘，可以说柳条边基本没有在新民市境内，只是在与彰武县交界的新民市周坨子乡，柳条边在二市、县的边界通过，哪里有柳条边只在'新民市境内'的事）。1644 年至 1661 年间筑。柳条边为堆筑土堰，上插柳条，故名。全长约一千三百二十公里，西起山海关，逶迤起伏，贯穿辽吉两省，东至法特哈止，是为了保护盛京及'关外三陵'修筑。黄沙土堆筑，现存底宽三到十五米，顶宽两到五米。主要隘口为彰武台门，砖石砌筑，现已毁。现各地分别公布为文物保护单位。"②

杨树森：《清代柳条边》书中《三、柳条边的建置沿革》章说：

"辽河流域的柳条边分东西两段，东段起自凤凰城（今辽宁凤城）至开原东北的威

① 孙文良主编：《满族大辞典》，沈阳：辽宁大学出版社 1990 年 5 月版，第 503 页。
② 李治亭主编：《关东文化大辞典》，沈阳：辽宁教育出版社 1993 年 8 月版，第 632 页。

远堡；西段自威远堡至山海关。它的走向，南起凤凰城（今辽宁凤城）东南至海，向东北经兴京（今辽宁新宾）折而西北至开原东北的威远堡；又从威远堡折而西南至山海关接长城，周长一千九百余华里，名为‘老边’，也叫‘盛京边墙’。”①

其实柳条边西端根本不到山海关，是在离其很远的北面，两地隔有绵延群山和多条河流，不能相混。笔者在河北省、辽宁省等地调查明长城时，走遍了明长城和清柳条边所行经的各县，在各县境内各地都曾探寻过，因此，对明长城和清柳条边的具体情况，均有一些过去未知的发现。

关于清柳条边西端的情况，笔者于 1990 年 4 月 14 日在绥中县李家堡乡发现了此前未知、最初修筑的清柳条边遗存，其地在明长城九门口遗址之北，南距山海关三十多里。站在柳条边遗存上向西看，就是南北走向、由山海关至锥子山的明蓟镇长城。此处柳条边遗存在明长城西侧的山上，但不在山海关，而是在九门口“一片石关”之北，具体地点是在今辽宁省绥中县李家堡乡老虎圈子村西沟屯南面的岗梁上，当地村民称之为“三道墙”，其东面是南北走向的明蓟镇长城九门口段，其西面与之相对应的是今河北省秦皇岛市抚宁县抚宁镇庙山口村。“三道墙”在岗梁上自西向东延伸，相互平行，经过山洼，延伸到另一座较平的山冈上。“三道墙”中，北边的那道墙墙体宽一点七米，存高零点八米，为石块砌筑，与中间那道墙相距十二点八米；中间那道墙墙体宽一点九米，土筑，内含少量石块，与南边那道墙相距八米；南边那道墙墙体宽一点六米。“三道墙”墙体的走向，以中间那道墙测量，为东偏南十五度。“三道墙”向东延伸不远，南边那道墙的墙体就不再修筑，中间那道墙的墙体成为南墙，由此东去，南墙又支出一道墙成为中间那道墙。“三道墙”又继续向东延伸，过一条南北走向的山水沟后，爬上一座岗梁。这里较西侧的山冈为高，但已被辟为果园，地上皆为果树，“三道墙”在此处仍很明显。又向前行，经过很长地段，墙体不见。我们询问当地村民，他们告知说：“此处叫郎家坟，原来这里有城墙，后来被人毁掉了。它一直向东去，经边门村到挂旗山。”我们到边门村后，发现墙体不见，询问当地村民，他们告诉我们：“过去我们这里有城墙，现在已被种地荡平了。从边门村名可知，若没有城墙，也不能叫边门村呀！然后这道墙延伸到挂旗山。”我们听着觉得有理，叫“边门”者当有“边墙”，并且还应有门，才能叫“边门”村，墙在此地通过应无疑。然后我们即去挂旗山村，并登上挂旗山。山顶较平，其上为王凤台果树农场建了一座电视转播站，占用了山头，墙体不存。根据当地的地理环境，此墙应向东北方向的坡山洞延伸，那里有长城，向北过长城后，就是柳条边，当与之相接。现在来看，这处“三道墙”在明辽东镇长城之南。明长城在此地还有一个情况，即它在上九门台三山向西，分为南、北两道，在南边的那道长城经獐狼铳、坡山洞、松岭子、鸡冠山，延伸到荆条沟屯北山；在北边的那道长城经碾

① 杨树森：《清代柳条边》中《三、柳条边的建置沿革》，沈阳：辽宁人民出版社 1978 年 9 月版，第 34 页。

子沟、康家房子、鼓山、蔓枝草、椴木冲，延伸到锥子山，这是现在为人所知的那道长城。辽东镇西端的这两道长城，是明朝前后不同时期修筑的。但“三道墙”在这两道长城之南，显然不是明长城遗存，而且有“边门”相佐证，表明它不是明长城，而应是清柳条边遗存。绥中县李家堡乡边门村的这处“三道墙”，就是清朝最初修筑的柳条边[①]。其后“展边”时，柳条边被向北推移至明辽东镇西端北线长城的外面，成为新的线路，即今所见之柳条边。但清柳条边与明长城并未重合，而是各有独立线路，自成体系。

关于柳条边的认识，历来存在很多偏差，现在再列举几例：

臧励和等《中国古今地名大辞典》在“柳条边”条下释文说：

“柳条边，在奉天吉林二省境，即所谓边墙也，南起奉天凤城县，北至开原折而西，至山海关接边城，周一千九百五十馀里，又自开原威远堡而东，历吉林北界至发特哈，长六百九十馀里。清初屡有蒙古寇警，插柳结绳，以定内外，故谓之柳条边。其在凤凰城南之边墙，则唐贞观时高丽莫支离盖苏文所筑之遗迹也。凡边门二十。”[②]

在此释文中，柳条边，“即所谓边墙也”，与明长城混淆了，明长城称“边墙”。又“凤凰城南之边墙”为盖苏文所筑，亦误。高句丽长城在今沈阳、辽阳西边南北通过，不在凤城南。“至山海关接边城”，此定点亦误，距山海关几十里。又“清初屡有蒙古寇警，插柳结绳，以定内外”。柳条边是为此修的吗？试想：柳条边能抵挡得住“蒙古寇警”吗？这些释文都是不符合实际的臆断。

1979年和1999年出版的《辞海》，均在“柳条边”条下有较详相同释文，其文谓：

“柳条边，又名盛京边墙、柳墙、柳城、条子边。清顺治间始分段修筑，至康熙中完成的一条柳条篱笆，禁止边内居民越过篱笆打猎、采人参、放牧。南起今辽宁凤城市南，东北经新宾东折西北至开原市北，又折而西南至山海关北接长城，名为‘老边’。又自开原市东北至今吉林市北，名为‘新边’。老边自开原市以东归盛京兵部管辖，边墙以东为围场禁地。老边自开原市以西归奉天将军管辖，新边归吉林将军管辖，边墙以西为蒙古部落驻牧地。”[③]

此释文中有多处不准确，如谓柳条边东端在“今凤城市南”，但南到什么地方，没

---

① 柳条边西端，由于处于山区，多石，因此并非挖沟叠土插柳结绳，而是修筑石墙。不仅笔者调查时见到此种情况，其他调查者也见过。刘谦在其所著《明辽东镇长城及防御考》中的《明长城与清柳条边》谓：“这里都是山地，它的柳边无柳，只有一条不整齐的石堆墙。”（北京：文物出版社1989年12月版，第16页）按：不整齐的石堆墙，是他所见柳条边颓坍后的状况，并非其原来砌筑的形态，对此读者要有明确从识。

② 臧励和等：《中国古今地名大辞典》，上海：商务印书馆民国二十年（1931年）5月版，第633页“柳条边”条。

③ 辞海编辑委员会：《辞海》，上海：上海辞书出版社1979年版，第1290页；辞海编辑委员会：《辞海》，上海：上海辞书出版社1999年版，第3661页。

有指出准确地点；其“西南至山海关北接长城”，但在山海关北何处相接，也没说；新边“自开原市东北至吉林市北”的说法也太笼统，究系何地，距离多远，都不清楚。如今经过调查，它们的具体地点已被弄清，《辞海》解析疑义，应该明确告诉读者其具体地点，不能再故作不知而含混笼统地进行泛指了。而“禁止边内居民越过篱笆打猎”一语，则完全错误，把事情弄颠倒了，应该是：不让外边的外族人（其实主要是汉族人）进入满族“始兴之地”去打猎，防止的是从外面进入满族“始兴之地”的边内，这才是修筑柳条边的目的，不是修柳条边把自己“龙兴之地”弄到边外去了，不要这个地方了，事实与之恰好相反。我们看一下柳条边的走向形势就可了解，最初修筑的柳条边即“老边”，是从今绥中县李家堡乡九门口（后移至永安堡乡锥子山下）起，向东北延伸，至开原，又转弯直至今东港市五四农场窟窿山黄海岸边，整体作一“U”字形，沿线设边门以供通行。这样修筑柳条边之后，西部的人若想去满族“龙兴之地”，包括从赫图阿拉到打牲乌拉，要过两道边门。而在“U”字形柳条边内，有满族初兴之都城和宫殿，以及其祖先陵墓，亦是满族人故里，居住的满族人也多，自然要与外面其他地方不同。但这里的人也不能随便去满族“始兴之地”，如果要去，仍要过东面柳条边五座边门中的某一门才行，否则不能逾越。但这样修筑柳条边，仍未能堵住东去的全部通道，北边仍有缺口，因此才有其后修筑“新边”之事。“新边”从威远堡门接筑，直到今吉林市的松花江边，这样形成南北一线，就全面挡住了西边欲去满族“始兴之地”的人，不然就没法解释为什么要修筑“新边”。“新边”修筑后，柳条边西南从今辽宁省绥中县永安堡乡锥山沟屯北锥子山下起，一路向东北延伸，至开原威远堡门，再向东北去，至今吉林市越过松花江，过法特哈门，到今舒兰市边沿屯亮甲山止。这才是一个整体的柳条边（图1-18-1）。在“新边”修成后，威远堡门以南的西线柳条边，实为新、老两边连接而成的一体柳条边，共同掌控西面来的人，而威远堡门以东至窟窿山的柳条边，变成“盲肠”一样，已无多大作用，只具形式而已，或仅控制“U”字形柳条边内的盛京居民，使其过边行为受到掌管。

还有，过去有人认为修筑柳条边是为了同蒙古划界[①]，也有人认为“新边”和“老边”的性质不完全相同，同意上面的说法。其实这两种认识都是不对的。“老边”“新边”的修筑都是为了同一目的，硬做区分是不符合实际的。今天笔者提出这个新的见解，是根据考古调查发现经过思考之后得出的，以前没有人这样认为。但笔者认为，只有这样

① 王树楠、金毓黻等《奉天通志》卷七十八《山川》十二《各县山水六》义县“大凌河”条载：“清起东北，蒙古内附，修边示限，使畜牧游猎之民，知所止，境设门置守，以资震拍摄。”（沈阳：辽海出版社2003年3月版）此说不足据，后世之文，亦属臆断。但此后之研究者，多从之，实误。《大清会典事例》卷七二二载：柳条边一年四季沿边内外官员一体“查拿偷砍木植、私挖人参、偷打鹿茸贼犯”。从这段记载中可见清代柳条边的性质和作用。

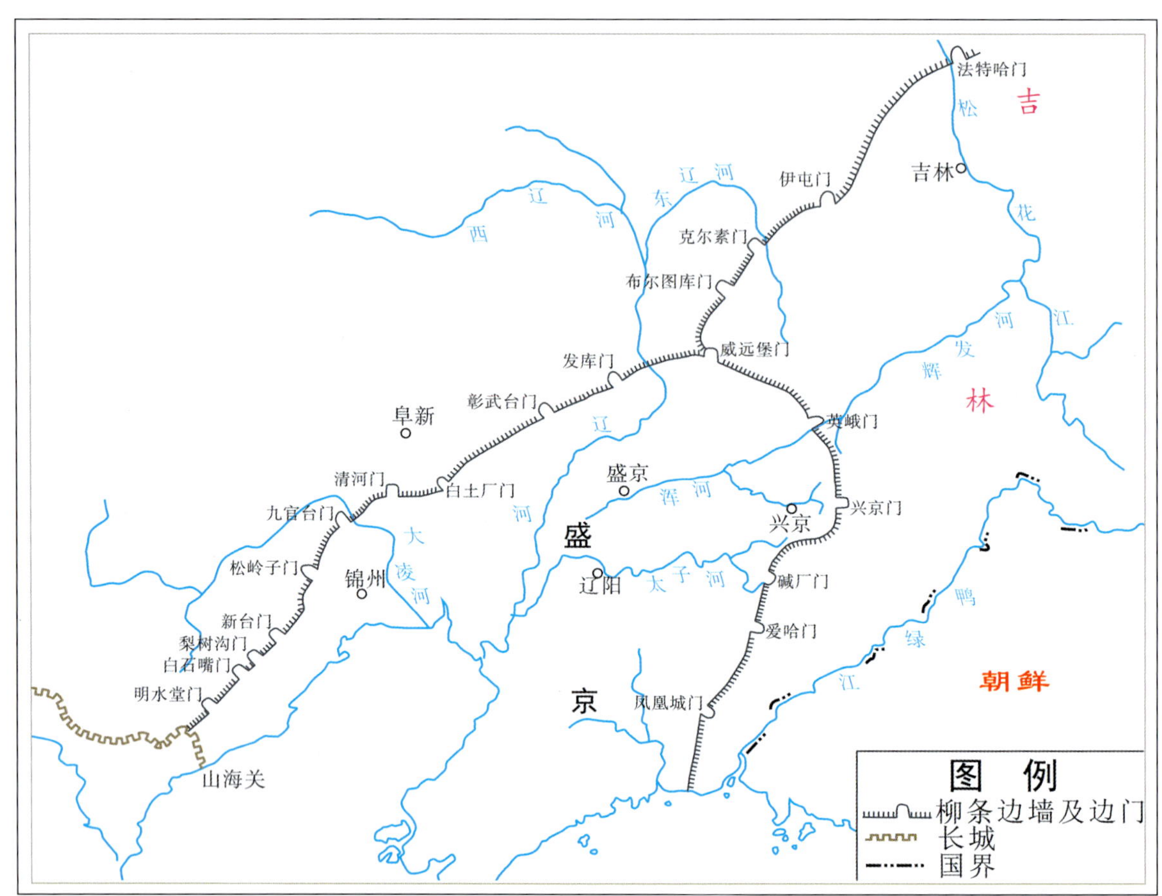


图 1-18-1　清代柳条边走向示意略图

认识柳条边的总体部署，才能很好地理解为什么清初修筑柳条边（“老边”）后又筑“新边”——因为只有这样修筑柳条边，才能切实将满族“龙兴之地”保护起来，不让外族人进入其中，以免破坏其“王气”，影响了其皇权统治。

再有，柳条边的东端，其实也不止于“岫岩厅所辖凤凰城”，而是在今东港市西面五四农场之窟窿山黄海岸边。经笔者调查，柳条边至窟窿山，南面即黄海，不远处是海滨滩地，只有窟窿山在海边突起，此山虽不高，亦不甚大，但在其地却是非常突兀明显，故将柳条边修到这里也是很自然的。

在笔者接触的过去已出版的一些论著中，常将柳条边和明长城相混，认为柳条边沿用了明长城，二者是同一线路。其实这种认识是不符合实际情况的。笔者经实地调查发现，清代柳条边和明辽东镇长城并不重合，只在某些地方的有限段落是柳条边沿用了明长城。如果视两者为同一条线路，或大部分重合，那就不符合实际了。柳条边在今阜新市清河门区有一段线路与明长城重合，因柳条边在此地建有清河边门，所以它借用了明长城。二者重合不长即分开，各有线路。又譬如白土厂门，在明代是辽东镇长城的镇静堡城，关城巨大，明长城遗存至今保存较好，柳条边也在此地通过，但柳条边只是沿用了明镇静堡关城的北门，将其改为“白土厂门”，柳条边接筑于堡城北城墙。笔者在现地调查，细辨后（此前没人区分过）知其实际情况是：明长城与清柳条边仍各行其道，清柳条边在北边，与明长城镇静堡城北城墙直线衔接，堡城北门因此遂做柳条边的边门，而明长城的墙体则是在其南面，接筑于堡城东、西两城墙上，堡城西面明显，堡城东面更为明显；柳条边在北边与堡城北城墙直线相接，东去不远即转折向东北去（图 1-18-2），在今阜新与黑山、彰武与新民南北相对的交界线上向东北延伸，经今法库、开原、昌图一线，而明长城在镇静堡城东面向东南去，经黑山奔海城三汊（岔）关，过辽河，然后北折，因此柳条边和明长城是无法重合的，二者自成体系，并未重合。另外，在今法库县境内，清柳条边与战国燕、秦、汉长城自西而来，相与并行，只有很短的一段清柳条边沿用了战国燕、秦、汉长城。这是过去所不知、为笔者调查所发现的，沿用地段从今法库县城南的五台子开始，经四台子、法库县城，延伸到东二台子、东头台子，然后两者分道扬镳，柳条边向东北去，向开原、昌图延伸，明长城向东南去，向铁岭、抚顺延伸。还有，清柳条边在今法库县东南部接近今沈阳和铁岭界的依牛堡子镇有个旧门村，它就是最初清柳条边留下的边门遗迹。笔者在此地调查时，柳条边的沟堑与叠土植柳的土岗都还存在（图 1-18-3）。而在今康平县城西南的方家屯镇，至今仍有二村，在南者为“前旧门村”，在北者为“后旧门村”，它们是柳条边“展边”后的遗存，但后来柳条边又回缩，

图 1-18-2　黑山县白土厂门镇白土厂门村明长城镇静堡（清修柳条边后改为白土厂门）堡城的东城墙遗存：左侧土岗为清柳条边遗存，右侧土岗为明长城遗存

将边门由此地移至其南六十里的今法库县，设“法库门”，门址在今法库县城法库镇西大街的北段，向东去的柳条边深沟与土岗犹存。过去在辽宁地区，民间流传有“三展皇边，倒退六十”的说法。这一说法并非虚构，而是有一定事实依据的，它很形象地说明了柳条边的变迁。

## 三、清代柳条边的具体走向

因在前后不同时期修筑，故柳条边有“老边”与“新边”之分，其线路走向不同，为便于了解，今分记之。

### （一）“老边”的具体走向

清代柳条边之“老边”的西端，在今辽宁省葫芦岛市，首起于绥中县，其全线的具体走向、分布情况如下（参见第 1396 页图 1– 附录 –2）：

在绥中县，柳条边应有前、后两道，过去不被人了解，无人指出。笔者经考古调查发现，柳条边最初的起点，是在今李家堡乡九门口之北的老虎圈子村明长城东侧西沟屯的南岗梁上，当地人称之为“三道墙”，它由此向西去，经边门村、挂旗山村，爬上挂旗山，然后向西北去，跨过明长城，与明长城西边的柳条边相接；另一道也就是“展边”北移

图 1–18–3　法库县依牛堡子镇旧门村的清柳条边遗存

之后的柳条边，它在此前所说的“三道墙”柳条边之北二十多里处，也是在明长城之北，与明长城不重合，只是距离辽东镇长城西端终点处很近，过去认为此处柳条边沿用了明长城的说法，是不符合实际的。另外，此前有些论著所谓柳条边“接边城”之说，也不准确，是误指柳条边在山海关接长城。因为此地南距山海关尚有五十多里的路程，柳条边怎么能“接山海关边城”呢？

如今通常所谓之柳条边，是展边之后的柳条边，其起点从上述“三道墙”柳条边所在之处向北移至今辽宁省绥中县永安堡乡立根台村南面的锥子山北麓，然后向东延伸，经花户庄屯南、曹家房子村康家房子屯南（图 1–18–4）、蔓枝草屯北、边外村南、河口屯北，向东北去，经卢家房子屯西、张家房子村西、边沿子屯西，转向北去，过龙门山东坡，进入明水乡，向北去，经盘龙南沟屯西，穿过盘龙沟村，经下屯村西，延伸至明水塘门村，在该村东侧有柳条边明水堂门。柳条边由此转向东去，经下张富沟屯西，过上河龙沟屯北、下河龙沟屯南，进入黄家屯乡，仍向东去，经施家沟屯南、秦家沟屯东，过高杖子水库西侧，转向东北去，进入大王庙乡，经西山屯北去，经张合沟屯东、张起楼沟屯北，折向西北，经李金屯村南、小黄羊村西、头道沟屯西、庙东沟屯西，进入葛家乡，经老尚沟屯西、小盘岭村西，转向东去，经新房子村东、葛家屯村北、广裕店村北、下明月山屯南、黄土坡屯北，向东去，进入宽邦乡，经西边村西、西岔沟村西，向东北

图 1–18–4　绥中县永安堡乡曹家房子村康家房子屯南的清柳条边遗存

延伸，经孤家子屯西、南山屯东、杨树沟村南，转向北去，经北沟屯北、棒棰上沟屯东、胜利村西、六家子屯西、水口屯西，至大河西村，由此进入今兴城市。

兴城市的清柳条边走向：清柳条边从今绥中县东北部进入今兴城市三道沟乡，在西门屯村西，原来是柳条边白石嘴门。柳条边由此，经小东沟屯西延伸至东门屯村西，此地原是柳条边梨树沟门。然后柳条边经汪家沟村西、杨树屯村北、黑沟屯村北、南台子村西，进入药王庙乡，经黄土梁子村西、叶家屯村西、南庙沟村东、金家屯村西、三道沟屯西、荀家屯西，向东北延伸，进入今葫芦岛市连山区（原锦西县）。（参见第 1418 页图 1– 附录 –24）

葫芦岛市连山区（原锦西县）的清柳条边走向：柳条边从今兴城市进入今连山区新台门镇，经下柳荆沟屯东、冯家屯西延伸至新台门村，此地原为柳条边新台门，然后进入山神庙子乡，经望宝山村西、佟家屯村西、大道沟村东、外屯村东、上塔子沟村东，仍向东北行，进入暖池塘镇，经四家子村西、红石砬沟屯西、南边屯村西、北边屯村西、灰窑村东、沙金沟村西，进入今葫芦岛市南票区。

葫芦岛市南票区的清柳条边走向：柳条边从今连山区向东北去，进入今南票区沙锅屯乡，经盘道沟屯东、双塔子海屯东、小红石砬子村西、上新安村东、杨树沟屯村西、孤家子屯东，向北进入今朝阳市朝阳县。（参见第 1417 页图 1– 附录 –23）

朝阳县的清柳条边走向：柳条边从今葫芦岛市南票区向北延伸，进入今朝阳县松岭门乡，经中梨树沟村西延伸至松岭门村，此地原为柳条边松岭子门，然后经大二台子村东，向东北延伸，进入今锦州市凌海市（原锦县）。

凌海市的清柳条边走向：柳条边从今朝阳县进入今凌海市沈家台镇，经郑家窝堡屯、西沟屯、古家子村、南窑村、汤池子村，向北进入今朝阳市辖北票市。

北票市的清柳条边走向：柳条边从今凌海市向北延伸，进入今北票市三宝营子乡，经陈家窝铺屯东、白侍郎沟村东、上羊草甸子屯东、陈家大沟屯东、陈奎营子村东、郭家大岭屯东，进入上园镇，经稍户营子屯南、水口子村东、马代沟村东、下四家子村南、沟口子村南、门外屯南，进入今锦州市义县。

义县的清柳条边走向：柳条边由今北票市进入今义县刘龙台镇，经姚家沟村东（图 1–18–5、图 1–18–6），进入头道河乡，经九官台屯向东过大凌河，复入今北票市。九官台屯原是柳条边九官台门，其西面是新立屯村，东南是杨孟沟村。这段柳条边线路在义县不长，但却很重要。

北票市的这段清柳条边走向：柳条边从今义县向东过大凌河，进入今北票市常河营乡，经老黑山南坡、羊草沟屯东、旧烧锅村东、七道沟山东坡，进入小塔子乡，经平房村东、妈妈山东坡、太子山东坡、大青山南坡，进入今阜新市阜新县。

阜新市的清柳条边走向：柳条边由今北票市大青山南坡向东延伸，进入今阜新县蜘

图 1-18-5　义县刘龙台镇姚家沟村东的清柳条边遗存

图 1-18-6　义县刘龙台镇姚家沟村东的清柳条边遗存

蛛山乡，经罗匠沟屯南、夏家沟屯南，向东去，进入今义县高台子镇，从砬子山村北洼子屯北（图 1–18–7）延伸至屯东（图 1–18–8），进入今阜新市清河门区河西镇，延伸至西山村北，自此往东，利用明长城城墙，在后窑村北通过，延伸至清河门，此地原为柳条边清河门，由此东去，经岭东村南、朱家屯村南延伸至靠边屯南，离开明长城线路，东去，进入今锦州市义县。

义县的这段清柳条边的走向：柳条边由今阜新市清河门区东去，进入今义县稍户营子镇，经马圈子村北、后岫水村北、花尔楼北屯北、王景屯村南、北五台沟村南，进入今北镇市。（参见第 1416 页图 1– 附录 –22）

北镇市的清柳条边走向：柳条边由今义县进入今北镇市大市镇，经大市堡一村团山沟屯北、小五台沟屯南、北沟屯北，再次进入今阜新市阜新县。

阜新县的这段清柳条边的走向：柳条边由今北镇市进入今阜新县国华乡，经梨树营子村北（图 1–18–9），向东北延伸，进入今锦州市黑山县。（参见第 1415 页图 1– 附录 –21）

黑山县的清柳条边走向：柳条边由今阜新县国华乡进入今黑山县白厂门镇，由梨树营子延伸至白土厂门村北二里的明长城镇静堡关城北门西侧的城墙上（图 1–18–10），明长城和清柳条边都修到关城上，明长城在南，清柳条边在北（图 1–18–11 ~ 图 1–18–13），将关城北门改为柳条边白土厂门（图 1–18–14、图 1–18–15），然后柳条边向东接筑于关城东城墙北端，明长城和清柳条边的位置依然是清柳条边在北边，明长城在南边（图 1–18–16 ~ 图 1–18–20）。柳条边一直沿今阜新县与黑山县交界地带向前延伸，方向基本为东北方向：北面为今阜新县，经国华乡沙河子村南、桃富村南、娘娘庙村东屯南、东三家子屯南，南面为今黑山县，经白土厂门镇二台子村北，八道壕镇头台子村北、赵家屯村北；又北面是今阜新县富荣镇四楞屯村贾家荒屯南（图 1–18–21）、于家荒屯南、王四营子村南（图 1–18–22 ~ 图 1–18–24）、广富营子村南，南面为今黑山县芳山镇靠边屯北、北水泉村北、四台子村北（图 1–18–25）；北面为今阜新县苍土乡张家洼子村南、王家洼子屯南（图 1–18–26），南面为今黑山县新立屯镇火石岭子村北（图 1–18–27）、王庄屯村（图 1–18–28）荒地屯村北；北面为今阜新县十家子镇那本土营子村幺荒屯南（图 1–18–29）、南甸子村南（图 1–18–30）、宗家荒村南，南面是今黑山县英城子乡朝北营子村北、邢坨子村北；北面为今阜新县泡子镇顺山堡柴家荒屯南（图 1–18–31）、兴隆山村明家荒屯南（图 1–18–32），南面是今黑山县双台子屯北；北面是今阜新县泡子镇兴隆山村南（图 1–18–33），向东过饶阳河（图 1–18–34），进入今彰武县与新民市的交界地带。（参见第 1414 页图 1– 附录 –20）

图 1-18-7　义县高台子镇砬子山村北洼子屯北的清柳条边遗存

图 1-18-8　义县高台子镇砬子山村北洼子屯东的清柳条边遗存

图 1-18-9　阜新县国华乡梨树营子村南的清柳条边遗存

图 1-18-10　黑山县白土厂门镇白土厂门村北、阜新县国华乡皮边口子村南的清柳条边白土厂门（明镇静堡）南门址

图 1-18-11　黑山县白土厂门镇白土厂门村北明镇静堡西城墙上接筑的明长城遗存（左侧土岗）和清柳条边遗存（右侧土岗）由西边延伸过来（自东向西摄）

图 1-18-12 黑山县白土厂门镇白土厂门村北，清柳条边自西来，直接接筑于明镇静堡城西侧的北城墙上

图 1-18-13　黑山县白土厂门镇白土厂门村北，明镇静堡城北城门西面关城外侧，左为清柳条边遗存，右为明长城墙体遗存，中间凸起土堆为城门遗址（由西向东拍摄）

图 1-18-14 黑山县白土厂门镇白土厂门村北的清柳条边白土厂边门（明镇静堡城北门）遗址

图1-18-15　黑山县白土厂门镇白土厂门村北的清柳条边白土厂边门，即明镇静堡城北门遗址（现存两土堆）及门外的山川地理环境

图 1-18-16　黑山县白土厂门镇白土厂门村北明长城镇静堡（清修柳条边后改为白土厂边门）东城墙北端外侧，左为清柳条边遗存，右为明长城遗存

图 1-18-17　黑山县白土厂门镇白土厂门村北明镇静堡城东城墙上接筑的清柳条边向东北方延伸（自西向东拍摄）

图 1-18-18 黑山县白土厂门镇白土厂门村东去的清柳条边遗存

图 1-18-19 黑山县白土厂门镇白土厂门村东向东北延伸的清柳条边遗存

图 1-18-20　黑山县白土厂门镇白土厂门村东远处的清柳条边遗存

图 1-18-21　阜新县富荣镇四塄屯村贾家荒屯南的清柳条边遗存

图 1-18-22　阜新县富荣镇王四营子村南的清柳条边遗存

图 1-18-23　阜新县富荣镇王四营子村东南的清柳条边遗存（被利用为车道）

图 1-18-24　阜新县富荣镇王四营子村东南的清柳条边遗存（大部分被取土）

图 1-18-25 黑山县芳山镇四台子村北、阜新县富荣镇王四营子村西南的清柳条边遗存

图 1-18-26　阜新县苍土乡王家洼子屯南的清柳条边遗存

图 1-18-27　黑山县新立屯镇火石岭子村北的清柳条边遗存

图 1-18-28　黑山县新立屯镇王庄屯村的清柳条边遗存

图 1-18-29　阜新县十家子镇那本土营子村幺荒屯南的清柳条边遗存

图 1-18-30　阜新县十家子镇南甸子村的清柳条边遗存

图 1-18-31　阜新县泡子镇顺山堡村柴家荒屯南的清柳条边遗存

图 1-18-32　阜新县泡子镇兴隆山村明家荒屯南的清柳条边遗存

图 1-18-33　阜新县泡子镇兴隆山村南的清柳条边遗存

图 1-18-34　阜新县泡子镇兴隆山村绕阳河西岸的清柳条边遗存

阜新市彰武县的清柳条边走向：柳条边由西南沿今阜新县、黑山县交界地带延伸过来，沿今彰武县与新民市的交界地带继续向东北延伸，两市、县的界碑都立在柳条边遗址上。柳条边进入今彰武县两家子镇后，经倒廷村赵祥岗子屯南（图 1–18–35 ～图 1–18–38）、倒廷村南（图 1–18–39）、马家窝堡屯南（图 1–18–40、图 1–18–41）、王家窝堡屯南、左家屯村罗家窝堡屯南（图 1–18–42）延伸至长坨子村南，其南面是今沈阳市辖新民市周坨子乡的北王岗子村、王家甸子村（图 1–18–43、图 1–18–44）、赵坨子村（图 1–18–45）；柳条边又向东延伸，过柳河，是今彰武县西六家子乡新屯子村邓家街屯西南柳河东岸（图 1–18–46），又向东是甘九窝堡村，其南面是今新民市于家窝堡乡北边屯北、大四台子村北、侯家围子村北；过了养息牧河，彰武县那边是东六家子镇陈坨子村的养息牧门屯（图 1–18–47 ～图 1–18–50）、六大门屯（图 1–18–51 ～图 1–18–56），双坨子村双坨子屯（图 1–18–57、图 1–18–58），其南面与之相对的是新民市于家窝堡乡的彰武台门村，此地原为柳条边彰武台门；柳条边又向东延伸，北面是今彰武县东六家子镇，经下甸子村西甸子屯南（图 1–18–59、图 1–18–60）、下甸子村（图 1–18–61 ～图 1–18–66）、红星村东徐家屯（图 1–18–67 ～图 1–18–70）延伸至长沟沿村石头人屯（图 1–18–71），然后转向东北，经苇子沟乡太平山村王家窝堡屯（图 1–18–72 ～图 1–18–74）延伸至太平山村（图 1–18–75）。在彰武县东六家子镇的南面，是今法库县叶茂台镇，柳条边经西二台子村北、头台子村北，

图 1–18–35　彰武县两家子镇倒廷村赵祥岗子屯南绕阳河东岸的清柳条边遗存

延伸至叶茂台村北面的北山（辽代称圣迹山）北山坡下，于此转向东北延伸，出彰武县境，进入法库县。

沈阳市法库县的清柳条边走向：柳条边由今彰武县出境进入今法库县叶茂台镇，在叶茂台村北的北山北面（图 1–18–76 ～图 1–18–78），穿过今沈承公路（101 国道），向东北延伸，过今叶元线乡路（图 1–18–79），向东延伸不远，进入现在的獾子洞水库，为水所淹没，出库区后，向东北延伸，进入今秀水河子镇，经秀水河子村顺边屯（图 1–18–80 ～图 1–18–82）、秀水河子村北（图 1–18–83 ～图 1–18–87）、前五里山村南、黄家窝堡村北，过秀水河，经侯家窝堡村南、石头房村南、三家子村北延伸至靠边屯村北（靠边屯就因其靠近柳条边而得名，今在三家子村和靠边屯之间的那条由西南至东北的村间道路，就是以柳条边遗存为路基改成的），又向东经胡家烧锅村北、关家屯村北延伸至五台子乡五台子村。五台子村因长城烽火台而得名，在村中有近代修筑的自西南向东北去法库县城的公路通过，此公路原为战国燕、秦、汉时期长城的遗存，当清代修筑柳条边到五台子村时，就沿用了战国燕、秦、汉时期的长城遗存，沿长城原线向东北延伸，直到近代才利用长城墙体为路基修成这段公路，现在在这一地段只能看到近年改建后的柏油马路，实际上此段公路既是早期战国燕、秦、汉长城遗址，也是清柳条边遗址。柳条边由此向东北方延伸，经下洼子村中、四台子村中（四台子也因长城烽火台而得名），延伸至法库镇，由该镇西部南北向的西大街向北延伸至该镇北端，那里原是柳条边法库门，原来建有法库门的通行门洞及房舍（图 1–18–88）。过了法库门，柳条边的行经线路仍依战国、秦、汉长城走向向东延伸，在法库镇北侧留下了当时所挖的沟与柳条边土墙遗迹。柳条边由此向东延伸，经孟家乡的王家窝堡村南、尹家窝堡屯南、黄花岭村南，进入柏家沟镇，经东二台子村南（图 1–18–89、图 1–18–90）、东头台子村北（此处称“台子”的村名，都是因其有长城烽火台）东去，经柏家沟村北、小六家子村北延伸至大六家子村南，在此离开战国燕、秦、汉长城遗存，向东北延伸，过辽河，进入今开原市与昌图县的交界地带。（参见第 1398 页图 1– 附录 –4~ 第 1401 页图 1– 附录 –7、第 1408 页图 1– 附录 –14、第 1410 页图 1– 附录 –16）

图 1-18-36　彰武县两家子镇倒廷村赵祥岗子屯南的清柳条边遗存

图 1-18-37　彰武县两家子镇倒廷村赵祥岗子屯南的清柳条边遗存

图 1-18-38　彰武县两家子镇倒廷村赵祥岗子屯南的清柳条边遗存

图 1-18-39　彰武县两家子镇倒廷村南的清柳条边遗存

图 1-18-40　彰武县两家子镇倒廷村马家窝堡屯南的清柳条边遗存

图 1-18-41　彰武县两家子镇倒廷村马家窝堡屯南的清柳条边遗存

图 1-18-42　彰武县两家子镇左家屯村罗家窝堡屯的清柳条边遗存

图 1-18-43　彰武县两家子镇南、新民市周坨子乡王家甸子村西北的清柳条边遗存

图 1-18-44　彰武县两家子镇南、新民市周坨子乡王家甸子村北的清柳条边遗存

图 1-18-45　彰武县两家子镇南、新民市周坨子乡赵坨子村东的清柳条边遗存

图 1-18-46　彰武县西六家子乡新屯子村邓家街屯西南柳河东岸的清柳条边遗存

图 1-18-47　彰武县东六家子镇陈坨子村养息牧门屯东的清柳条边遗存

图 1-18-48　彰武县东六家子镇陈坨子村养息牧门屯东的清柳条边遗存

图 1-18-49　彰武县东六家子镇陈坨子村养息牧门屯东清柳条边遗址上的石碾砣

图 1-18-50　彰武县东六家子镇陈坨子村养息牧门屯东清柳条边遗址上的石碾盘

图 1-18-51　彰武县东六家子镇陈坨子村六大门屯东的清柳条边遗存（右侧土岗）

图 1-18-52　彰武县东六家子镇陈坨子村六大门屯东的清柳条边遗存

图 1-18-53　彰武县东六家子镇陈坨子村六大门屯东的清柳条边遗存

图 1-18-54　彰武县东六家子镇陈坨子村六大门屯东的清柳条边遗存

图 1-18-55　彰武县东六家子镇陈坨子村六大门屯东清柳条边遗存被取土情况

图 1-18-56　彰武县东六家子镇陈坨子村六大门屯东的清柳条边遗存

图 1-18-57　彰武县东六家子镇双坨子村双坨子屯南的清柳条边遗存

图 1-18-58　彰武县东六家子镇双坨子村双坨子屯南的清柳条边遗存

图 1-18-59　彰武县东六家子镇下甸子村西甸子屯南的清柳条边遗存

图 1-18-60　彰武县东六家子镇下甸子村西甸子屯南的清柳条边遗存

图 1-18-61　彰武县东六家子镇下甸子村西南的清柳条边遗存

图 1-18-62　彰武县东六家子镇下甸子村西南的清柳条边遗存

图 1-18-63　彰武县东六家子镇下甸子村西的清柳条边遗存

图 1-18-64　彰武县东六家子镇下甸子村东的清柳条边遗存

图 1-18-65　彰武县东六家子镇下甸子村东的清柳条边遗存

图 1-18-66　彰武县东六家子镇下甸子村东南的清柳条边遗存

图 1-18-67　彰武县东六家子镇红星村东徐家屯的清柳条边遗存

图 1-18-68　彰武县东六家子镇红星村东徐家屯的清柳条边遗存

图 1-18-69　彰武县东六家子镇红星村东徐家屯的清柳条边遗存

图 1-18-70　彰武县东六家子镇红星村东徐家屯的清柳条边遗存

图 1-18-71　彰武县东六家子镇长沟沿村石头人屯西南的清柳条边遗存

图 1-18-72　彰武县苇子沟乡太平山村王家窝堡屯西南的清柳条边遗存

图 1-18-73　彰武县苇子沟乡太平山村王家窝堡屯南的清柳条边遗存

图 1-18-74　彰武县苇子沟乡太平山村王家窝堡屯东的清柳条边遗存

图 1-18-75　彰武县带子沟乡太平山村的清柳条边遗存

图 1-18-76　法库县叶茂台镇叶茂台村北北山北面的清柳条边遗存

图 1-18-77　法库县叶茂台镇叶茂台村北北山北面的清柳条边遗存

图 1-18-78　法库县叶茂台镇叶茂台村北北山北面的清柳条边遗存

图 1-18-79 法库县叶茂台镇叶茂台村北叶亓线东的清柳条边遗存

图 1-18-80 法库县秀水河子镇秀水河子村顺边屯西北的清柳条边遗存

图 1-18-81 法库县秀水河子镇秀水河子村顺边屯北的清柳条边遗存

图 1-18-82　法库县秀水河子镇秀水河子村顺边屯东的清柳条边遗存

图 1-18-83 法库县秀水河子镇秀水河子村西北的清柳条边遗存（自西向东拍摄）

图 1-18-84　法库县秀水河子镇秀水河子村西北的清柳条边遗存（自东向西拍摄）

图 1-18-85　法库县秀水河子镇秀水河子村西北的清柳条边遗存（自东向西拍摄）

图 1-18-86　法库县秀水河子镇秀水河子村西北的清柳条边遗存（自西向东拍摄）

图 1-18-87　法库县秀水河子镇秀水河子村西北的清柳条边遗存（自西向东拍摄）

图 1-18-88 清柳条边法库门图

图 1-18-89　法库县相家沟镇东二台子村南的清柳条边遗存

图 1-18-90　法库县相家沟镇东二台子村南的清柳条边遗存

在此应当说明的是，我们进行考古调查时，在铁岭县平顶堡镇山头堡村发现有清初最初修筑的柳条边线段（图 1-18-91 ~ 图 1-18-93），后因移边，此处的柳条边被废弃。

铁岭市辖开原市与昌图县的清柳条边走向：柳条边由今法库县柏家沟镇大六家子村向东延伸后，转向东北，过辽河，因战国燕、秦、汉早期长城向东南延伸而离开长城线路，向今开原市与昌图县交界地带延伸，在今开原市庆云堡镇的西三台子村北、昌图县通江口乡长岭子村东通过，又向北，经后双楼台村西北，与此地南北走向的明辽东镇长城横向相交，跨过长城后，继续前去，过王家屯北，向东北延伸，进入古城堡乡，经贾家屯西、古城堡村，继续向东北延伸，始终处在今开原、昌图两市县的交界地带，再向前延伸，至今开原市古城堡乡北山村北，再向东北延伸，至李家窝堡村北，转为向东，经田家窝堡村孙家屯北、朱家窝堡村北，延伸到金沟子镇马千总台村北，清代于此地增设马千总门，它的所在处，正是从开原老城北行的交通要道，是清代盛京去吉林、黑龙江的必经之路。过此，柳条边向东延伸至老观堡村北，再延伸到今昌图县马仲河镇平房村南，转而向东南延伸，至今开原市城东乡杨堡村王机房屯北，又转向东延伸，过姜家村北、后马市堡村北、狮子沟村南，延伸到威远堡镇威远堡村，清代在此地设有柳条边威远堡门。从杨堡村王机房屯北至威远堡村这一段，柳条边都是在今开原市境的城东乡和威远堡镇界内修筑的。自威远堡村起，柳条边进入今开原市、西丰县的交界地带。

铁岭市辖开原市、西丰县的清柳条边走向：柳条边由今开原市威远堡镇威远堡村向前

图 1-18-91　铁岭县平顶堡镇山头堡村的清柳条边遗存

图 1-18-92　铁岭县平顶堡镇山头堡村的清柳条边遗存

图 1-18-93　铁岭县平顶堡镇山头堡村的清柳条边遗存

延伸，即进入今开原与西丰二市县的交界地带，在那一直向东南方向延伸。柳条边西面是今开原市威远堡镇塔山村东、毛家窝棚村东至周家窝棚村东，向南延伸，进入今铁岭市清河区，在杨木林子乡佟家屯东、关家屯村北。在其东面，柳条边从今西丰县成平乡石祥村西、清井村西、会英村南通过。在这一地段上，柳条边于今铁岭市清河区杨木林子乡佟家屯村东北五里处，横过南北走向的明辽东镇东线长城，此处的明长城延伸至关家屯村西一里余处，由东南向西北延伸，在会英村西一里处转而向北延伸。穿过明辽东镇东线长城后，柳条边转而向东延伸，过关家屯，沿苔碧河向东延伸，到今西丰县成平乡东城村永和屯，在此转向东南，过碾盘河，进入今开原市八棵树镇，过叶家村北、王家堡子村东，转而向南延伸，呈“M”字形转弯后，再转向东北延伸，过八道岗子村东北、朝阳村北，再向东南延伸，从上松山村北四里处，沿开原市、西丰县交界地带向东南延伸，进入今开原市林丰乡，经乐堡村北延伸到湾子沟村，向东沿开原、西丰两市县交界地带延伸，进入今西丰县营厂乡，经达城村岔沟屯西向东南延伸，经树德屯南、增庆屯南，延伸到桦树村龙家屯东南一里处。这一段柳条边一直是在西丰、清原两县交界地带通过的，柳条边南侧为今清原县境内。柳条边由桦树村龙家屯东南一里处向东转，进入今抚顺市清原县境内，再向东南延伸，即英额门方向。（参见第 1408 页图 1– 附录 –14）

抚顺市辖清原县的清柳条边走向：柳条边经今西丰县营厂乡进入今清原县大孤家子镇，从北岔沟村向东延伸，经小荒沟村、大荒沟村、刘家崴子村、松树嘴子村，向东南延伸，进入土口子乡，经王家沟村北、南土口子村南、拐磨子沟村，进入英额门镇，经永安堡村、稗子沟村、英额门村（此地原为柳条边英额门），向东南延伸，经头道沟村、二道沟村、三道沟村、大石头沟村东，进入南山城镇，经小蛤蟆塘村、围塘沟村、胜利村、大坡村、三道河子村、大枉沟村，延伸至大北岔村，自此向南延伸，进入今新宾县。

抚顺市辖新宾县的清柳条边走向：柳条边从今清原县南山城镇大北岔村往南延伸，进入今新宾县北四平镇，沿富尔江西岸向南延伸，经头道沟村、火石村、青沟子村、刘家沟村、宝汤村、桦树嘴村、幸福村，延伸至旺清门镇横山子村，折而向东南延伸，过大清沟村往西，又进入北四平镇，经边沟里村、边沟外村的中间地带，向南延伸，至红升乡旧门村，此地原有柳条边兴京门，后该边门移走另建。柳条边由此向东南延伸，到旺清门镇旺清门村，此地原为西北三十里的柳条边兴京边门移此所建的旺清门。柳条边由此向南延伸，进入响水河子乡，经转水湖村，过富尔江，经三道沟村、桦树背村、庙沟屯，向西延伸，至红庙子乡姜家街村，然后沿今新宾、桓仁两县交界地带向西延伸，经新宾县红庙子乡边沟村、桓仁县养马甸子乡马道沟村，翻越黑瞎子岭，过大青沟和海清伙洛之间的大岭，延伸到玉皇顶，进入榆树乡境内，折向西南，经老道冲岭，沿新宾县平顶山乡双顶子山下向南延伸，经桓仁县二道荒岭子，又向南去，过石庙岭，经桓仁县木盂子镇的二道沟、头道沟、高俭地（图 1-18-94 ~ 图 1-18-98）等村，再次进入新宾县平顶山乡，向东延伸，经大琵琶村、

图 1-18-94　桓仁县木盂子镇高俭地村西的清柳条边遗址

图 1-18-95　桓仁县木盂子镇高俭地村西的清柳条边遗址

图 1-18-96　桓仁县木盂子镇高俭地村西的清柳条边遗址

图 1-18-97　桓仁县木盂子镇高俭地村西的清柳条边遗址

图 1-18-98　桓仁县木盂子镇高俭地村西的清柳条边遗址

桦皮甸子村、杉木厂村（图 1–18–99、图 1–18–100）、大东沟村、关门砬子村，向西南延伸，进入大四平镇，经姜家堡子、徐家大沟村，向西南延伸，出新宾县，进入今本溪市本溪县。（参见第 1407 页图 1– 附录 –13）

本溪市本溪县的清柳条边走向：柳条边从今新宾县出境后，进入今本溪县碱厂镇，经小平岭村向西南延伸，和明长城为同一线路，经桦皮峪村延伸到碱厂村，此地原有柳条边碱厂门，然后仍向南延伸，经李家堡子村、阳地沟村、岔路沟村、塔耙沟村，进入东营坊乡，经南营坊村、红土甸子村南去，进入今凤城市。

丹东市辖凤城市的清柳条边走向：柳条边从今本溪县东营坊乡红土甸子村进入今凤城市叆阳镇，地处今凤城与宽甸交界地带（图 1–18–101），因离明代长城近，遂有部分地段沿用明长城——如遇明长城石墙，即不植柳，其他地段，仍挖沟叠土植柳。过了牡丹顶，柳条边向南延伸，凤城一侧是叆阳镇的龙道村、丛家村，宽甸一侧是灌水镇的二台子村，又经锅头峪、蚂蚁顶，沿凤城、宽甸交界地带向南延伸，至叆阳城村（图 1–18–102）。这里原是明长城镇朔关，清代修建柳条边将其改为边门，称叆阳门，位于今叆阳城村东的边门岭上。柳条边由此向南延伸（图 1–18–103），东侧山下是今宽甸县灌水镇，经八里村胖顶子屯（图 1–18–104）、丛家二队干沟子屯（图 1–18–105、图 1–18–106）、董家岭（图 1–18–107、图 1–18–108），再向南去，柳条边主要分布在今凤城一侧，有时离开明长城。又向南去，柳条边经太河村，进入石城镇，经大太阳沟村向南延伸，进入东汤镇，经咸家村四道沟屯、兴隆村蚂蚁岭屯、土城子村，由此向西南延伸至叆河边，柳条边即以叆河为屏障，逆水沿叆河向西北延伸，出东汤镇，进入汤山城镇，经河湾村，进入边门镇，在边门镇新华村（村委会驻胡家堡子屯）离开叆河，转向西去，经新华村，折向西南，经边条子屯、西限子屯，继续向西南延伸，经凤凰山乌骨城山城东大顶子山脊，下山后向南延伸，至边门镇（镇政府驻边门街村），边门镇火车站西侧原为柳条边凤凰城门。柳条边自此向南延伸，过饮马河向南去，经明亮村边条子沟屯，进入杨木镇，经谢家堡子村、台沟村台沟屯向南去，进入今东港市。（参见第 1405 页图 1– 附录 –11）

丹东市东港市的清柳条边走向：柳条边从今凤城市杨木镇台沟村台沟屯进入今东港市，经长安镇、合隆镇交界处的光顶山（长安镇王家村南、合隆镇合隆村北）东侧向东南延伸，经合隆镇齐家堡子村东，进入十字街乡，经坎子下村北，转向东南延伸，经孙家店村东，进入东尖山乡东境，再向南，进入长山乡，经黄金口村（村委会驻牟家岭）、大顶子村丁家沟屯、大顶子村、新升村（村委会驻李家堡子）边沟屯，向南偏东延伸，即至今东港市五四农场窟窿山分场（图 1–18–109）。这里已是黄海岸边（图 1–18–110、图 1–18–111）。虽然此处的窟窿山不甚高大（图 1–18–112），但它从海边平地拔起，仍然显得异常突兀。柳条边就止于此处（图 1–18–113）。（参见第 1402 页图 1– 附录 –8~ 第 1404 页图 1– 附录 –10）

图 1-18-99　新宾县平顶山镇杉木厂村东的清柳条边遗存

图 1-18-100　新宾县平顶山镇杉木厂村东的清柳条边遗存

图 1-18-101　凤城市叆阳镇、宽甸县灌水镇交界处的边门岭清柳条边“边沟”遗迹

图 1-18-102　凤城市叆阳镇叆阳城村边门岭东黄岭山上的清柳条边“边沟”遗迹

图 1-18-103　凤城市叆阳镇叆阳城村的清柳条边叆阳边门『边沟』遗迹

图 1-18-104　宽甸县灌水镇八里村胖顶子屯的清柳条边遗存（自北向南拍摄）

图 1-18-105　宽甸县灌水镇丛家二队干沟子屯北的清柳条边“边沟”遗迹

图 1-18-106　宽甸县灌水镇丛家二队干沟子屯的清柳条边遗存（自北向南拍摄）

图 1-18-107　宽甸县灌水镇丛家村董家岭的清柳条边遗存（自南向北拍摄）

图 1-18-108　宽甸县灌水镇董家岭至狐狸岭的清柳条边“边沟”遗迹

图 1-18-109　东港市五四农场窟窿山分场

图 1-18-110　东港市五四农场窟窿山分场及其所在海滨

图 1-18-111　从东港市五四农场清柳条边终点遗址翻越窟窿山往南直至海边的地理位置

图 1-18-112　清柳条边终点、今东港市五四农场窟窿山分场面貌

图 1-18-113　东港市五四农场窟窿山分场清柳条边终点遗址

## （二）“新边”的具体走向

清柳条边的“新边”接“老边”向北修筑，起点是在今开原市。其具体走向（参见第 1396 页图 1- 附录 -2）是：自今开原市威远堡镇威远堡村开始，接“老边”修筑，沿今开原、西丰两市县的交界地带向东北延伸，经威远堡镇二道河子村东，延伸至今西丰县郜家店镇松泉村北，再向东北去，延伸至开原市莲花镇茶棚村西，向北延伸，过今南城子水库——如今库区地段已被淹没，向北过石龙村西、糖房街村西，延伸到与今昌图县交界的大台子山，转而向西北延伸，过今昌图县泉头乡东境，进入下二台子乡境，经五棵树村西向北去，过西大村东，经西边村，向东北延伸，至毛家店镇先锋村，然后沿今昌图县与吉林省四平市的交界地带向东北延伸，至四平市半拉山门，入今吉林省境。

此段柳条边，在今西丰县松泉村与明辽东镇东线长城相遇，在明长城西侧与其并行北去，经今开原市莲花镇茶棚村西，向北过南城子水库，然后经石龙村西、糖房街村西，延伸到大台子山，转而入今昌图境，过五棵树村西，继续向北延伸，而明长城过大台子山后向西延伸，经泉头镇泉头村北，延伸到太平乡南，转而向西南延伸。二者在松泉村至大台子山段，是向北并行的。

在调查“新边”的过程中，我们还有一个新发现，那就是在威远堡村西面十四里处，即今开原市城东乡放牛沟村北，我们发现了接东西走向的“老边”向北修筑的另一段柳条边，其具体行经线路是：在距今昌图县境很近的今开原市城东乡放牛沟村北面与东西走向的“老边”相接，向北修筑，进入今昌图县昌图镇，经太阳山村西（十八家子）、双树子村东（东双树子）、三道沟村西（郭家堡子）、二道沟村东，过昌图镇后，向北经双利村西（前炮手沟）、满井村东、八家子村东，折而向东北延伸，进入泉头镇，过红山村东（南二道沟）、泉头村北，延伸至谷家油房村东，折而向北延伸，经大苇子村西，进入双庙子镇，经建国村东，向东北延伸，经样子村东（小样子沟）、北五家子村东（前苏家屯），再向东北延伸，进入毛家店镇，延伸至先锋村（三门张家），与在该村东面向北延伸的柳条边相遇，遂即归为一道，一起向北延伸。这段柳条边此前未见任何记载，为过去所不知，是经铁岭调查后获得的新发现，可补史文记载之不足。这段柳条边从马千总门近旁的今开原市城东乡放牛沟村北起，至今昌图县毛家店镇先锋村止，长为四十一点五公里。（参见第 1407 页图 1– 附录 –13）

柳条边从今辽宁昌图进入吉林四平铁东区后，经山门镇上二台村甸子屯西、西荒地、南边沿子、前杏山、刺猬沟、岳家岗子、大洼子、泉眼沟、三门刘家、南河夹信子、边沿子，延伸至长发乡小塔子村前洼塘沟屯东南。从上二台村甸子屯至刺猬沟屯一段，柳条边是在今辽宁省和吉林省的交界地带通过的。在今四平市铁东区山门镇山门街半拉山西侧山下，清代设有柳条边门，称布尔图库苏巴尔汗门。满语“苏巴尔汗”为汉语“塔”的意思，现在该边门遗址东南有一座塔山，山上有古塔遗址。“布尔图库苏巴尔汗边门”的汉语意思为“半拉山塔子边门”，现简称为“半拉山门”。出铁东区后柳条边向北延伸，进入今梨树县。

四平市梨树县的清柳条边走向：柳条边从今四平市铁东区向北延伸，进入今梨树县，经双河乡塔子沟腰窝堡屯，延伸至今四平市铁东区城东乡下三台村东，向东北延伸，复进入今梨树县，经十家堡镇营城子村、三家子村西、上三台村、后窑沟、侯家屯、东太阳沟、大顶子山、王家油房村、曹家屯、四台子村东、边沿子、大水口、拉腰子屯、二道沟、杨树甸子屯西，延伸到孟家岭乡大沟村，此地原有柳条边赫尔苏门，由此东行三百米至东辽河。赫尔苏，即“克尔素”，以此命名边门，是因克尔素河。“赫尔苏”为满语，汉语意思为“海边盐池所生之草”。过了东辽河，柳条边进入今公主岭市（原怀德县）。

四平市辖公主岭市的清柳条边走向：柳条边从今梨树县过东辽河进入今公主岭市，从西南向东北延伸，分别经过二十家子乡、南崴子乡、城郊乡等乡，以及高台子村、二十家子村、解放村、六家窝堡村、红旗村、四平市农科所、吉林省原种繁殖场、公主岭市果园农场等地。柳条边从解放村向东延伸，即由今公主岭市进入伊通县，并在两市县交界地带向东北延伸。

四平市伊通县的清柳条边走向：柳条边从今公主岭市右转，由今伊通县黄岭子乡保家村河西屯北进入伊通县后，经杨家屯村、和平村，进入景台乡，过此后，在今公主岭、伊通两市县的交界地带向东北延伸，进入今长春市。如今这一段柳条边遗址已成为通行道路。

长春市的清柳条边走向：柳条边由今公主岭市与伊通县的交界处进入今长春市朝阳区乐山镇，延伸至红胜村王小店屯，由此向东北延伸，过伊通河，然后折向北去。在此转折处，就是原来的柳条边伊通门，它因在伊通河边而得名，其地在今长春市朝阳区乐山镇与永春乡交界点的东面（今新立城水库内）。柳条边由今新立城水库向北延伸，经新立城乡新立城村东、靠边孙村西、靠边王村西、靠边吴屯村西，净月乡边沿子村西，过三道镇北、后祁屯、西边屯，转向东北延伸，经香水村东，进入今双阳市泉眼乡，经岗子村后台屯，进入今长春市二道区三道镇，经四合村东南盛家岗子屯、蓝家岗子村东，仍向东北延伸，进入今九台市。

长春市辖九台市的清柳条边走向：柳条边由今长春郊区东北部向东北延伸，至今九台市放牛沟乡任家屯村北，向东北延伸，经龙家堡乡，过饮马河，转向北去，经西营城镇、饮马河镇、九台镇、苇子沟乡，转向东北延伸，经庆阳乡、城子街镇、六台乡、上河湾镇、三台乡，向东延伸至第二松花江江边，向东过江后，进入今舒兰市。

吉林市辖舒兰市的清柳条边走向：柳条边从今九台市三台乡向东延伸，过第二松花江后，至今舒兰市法特乡王大村边头屯西侧，在江的东岸起筑，边头就在岸边，然后向东延伸，经王大村南到秫秸村南，转向东南延伸，至法特哈村，在其北面东西向通过，清代在该村西侧的柳条边上设有法特哈门。过了边门，柳条边继续向东延伸，经赵家岗子、东岭村北、榆底小南屯南至台头子村北，向东延伸，过卡岔河，转向东南延伸，过东大村北，仍向东南去，经黄金村边沿屯南，最后止于亮甲山。（参见第 1408 页图 1–附录 –14）

## 四、不能将清柳条边与明长城混淆

最后，笔者要说明一下清柳条边与长城有何不同，这是一件很关键的事。计有二事很有必要阐释。

首先，因为二者的名字太相像了，过去人们有时分不清长城和柳条边[①]。明代用二百多年时间修了一万多里长城，但明代人从未将其称为“长城”，而一律称其为“边”，如“大边”“小边”“内边”等，或是称其为“边墙”，如“辽东边墙”等。实际上它们指的都是长城。

① 臧励和等《中国古今地名大辞典》在“辽东镇”条下释文说：“辽东镇，明九边之一，属关二，卫二十五，所十一，其分守地自山海关迄鸭绿江口，即今山海关外斜贯辽宁境内之柳条边也。”［上海：商务印书馆民国二十年（1936 年）5 月版，第 1246 页］说的是辽东镇，是明长城，但最后却说这是柳条边，实属错误，是分不清明长城与柳条边之故也。

再看柳条边。“老边”是修筑在清盛京辖境之内的，因此这道柳条边也被称为“盛京边墙”。

由于二者的名字过分相似，常有人对“辽东边墙”与“盛京边墙”分不清楚，以此为彼，遂时有出现误指之事。一般来讲，辞书的词条释文、相关论著研究，都应该将其说清楚，不应当混淆，但却有将柳条边与明长城相混淆的。这恐怕还是由于没有从地域上分清楚清柳条边与明长城的关系，缺乏实地调查所致。

其次，柳条边的功能和性质与长城不同。长城是军事防御设施，是以长城城墙为依托，阻止敌方进攻的防御工事，其防守作用明显。而柳条边则不是这样，它的外边没有进攻的敌人，里边也没有大量防守的军队，因此，它不是军事防御设施。柳条边上设有“边门”，有人值守，但仅是为了控制往来行人，未经批准，不许随便进入满族兴起之地。柳条边可以出入，但须获得相关的手续，这样才能在边门通过。由于柳条边不具备军事功能，因此，它不像长城那样，有相关的附属设施，如柳条边墙上没有马面、战台等，柳条边沿线也没有烽火台、关城等。不过，因其工程量不小，将其算作一个古代巨大的地上土建工程，是完全可以的。但由于它的功能、性质和长城不同，因此不能将其归入“长城”中。

本书是谈论东北地区的古代长城的，在此附带说明一下柳条边的情况，是因为它们都在同一个地区，名称相近，容易混淆，而且此前已多有误识，为使读者了解，才将这个和长城有惊人相似之处的特殊遗迹，列此说明。然而，读者不能因此就将柳条边看作长城。这是笔者必须指出的。

# 附录

# 东北历代长城和清柳条边分布走向示意图

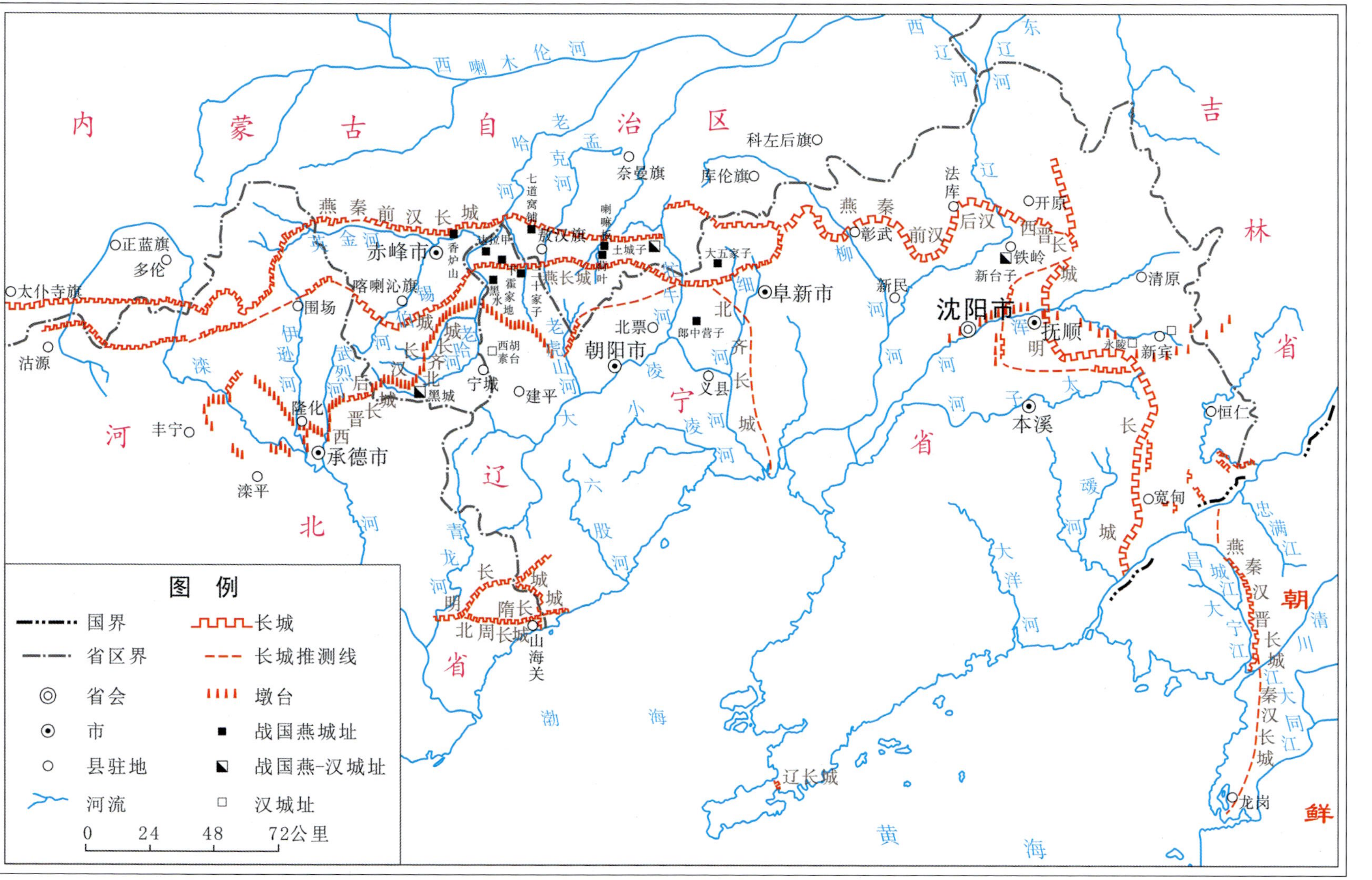


图1-附录-1 西部中线长城——燕北内长城（前汉武帝长城），西部北线长城——燕北外长城（秦、前汉初年长城），前汉武帝四郡道路烽燧址，西部南线长城——后汉、西晋长城，以及北齐长城、北周长城、隋长城和明长城（部分）分布走向示意图

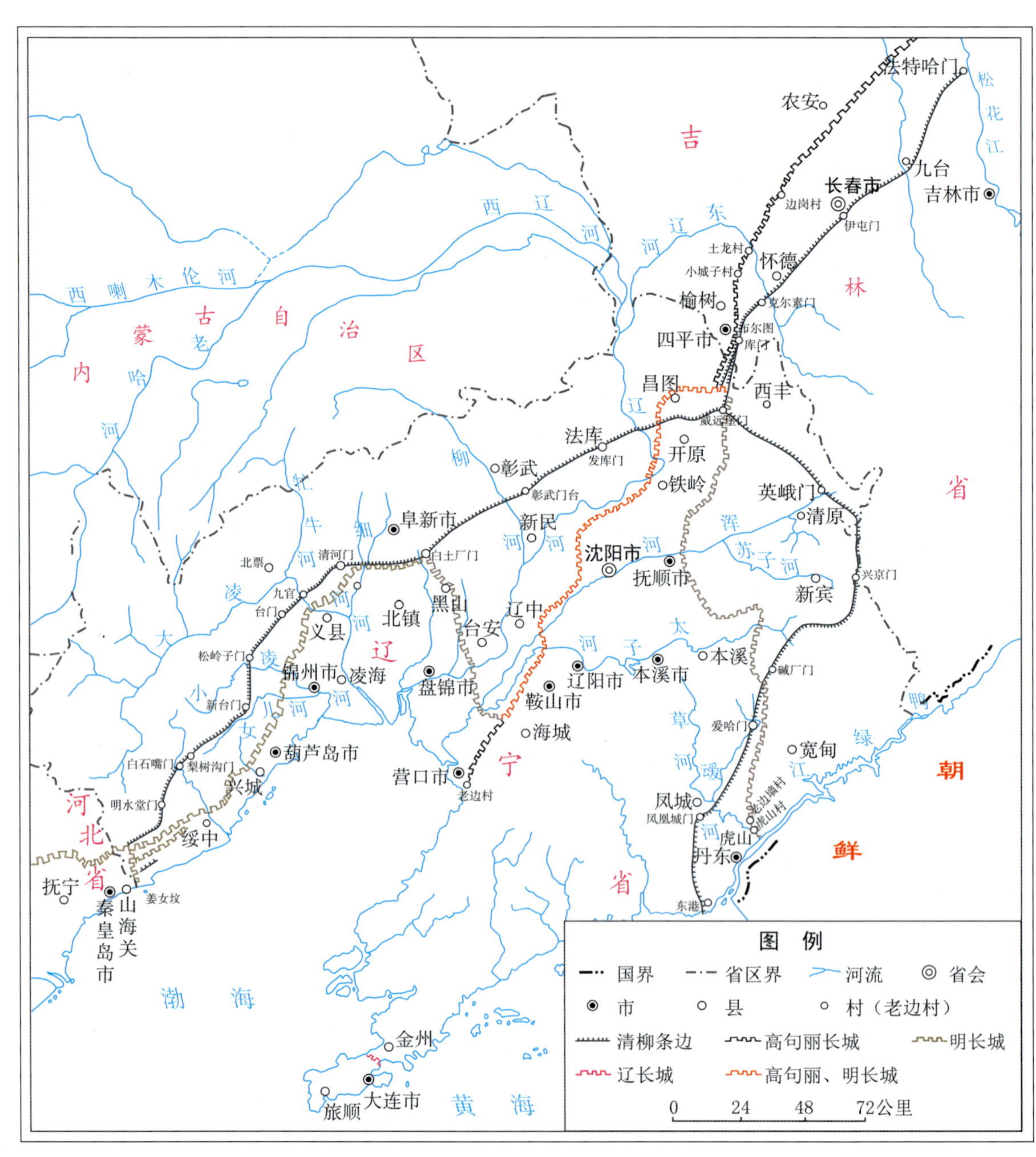


图 1- 附录 -2　高句丽长城、辽长城、明长城、清柳条边分布走向示意图

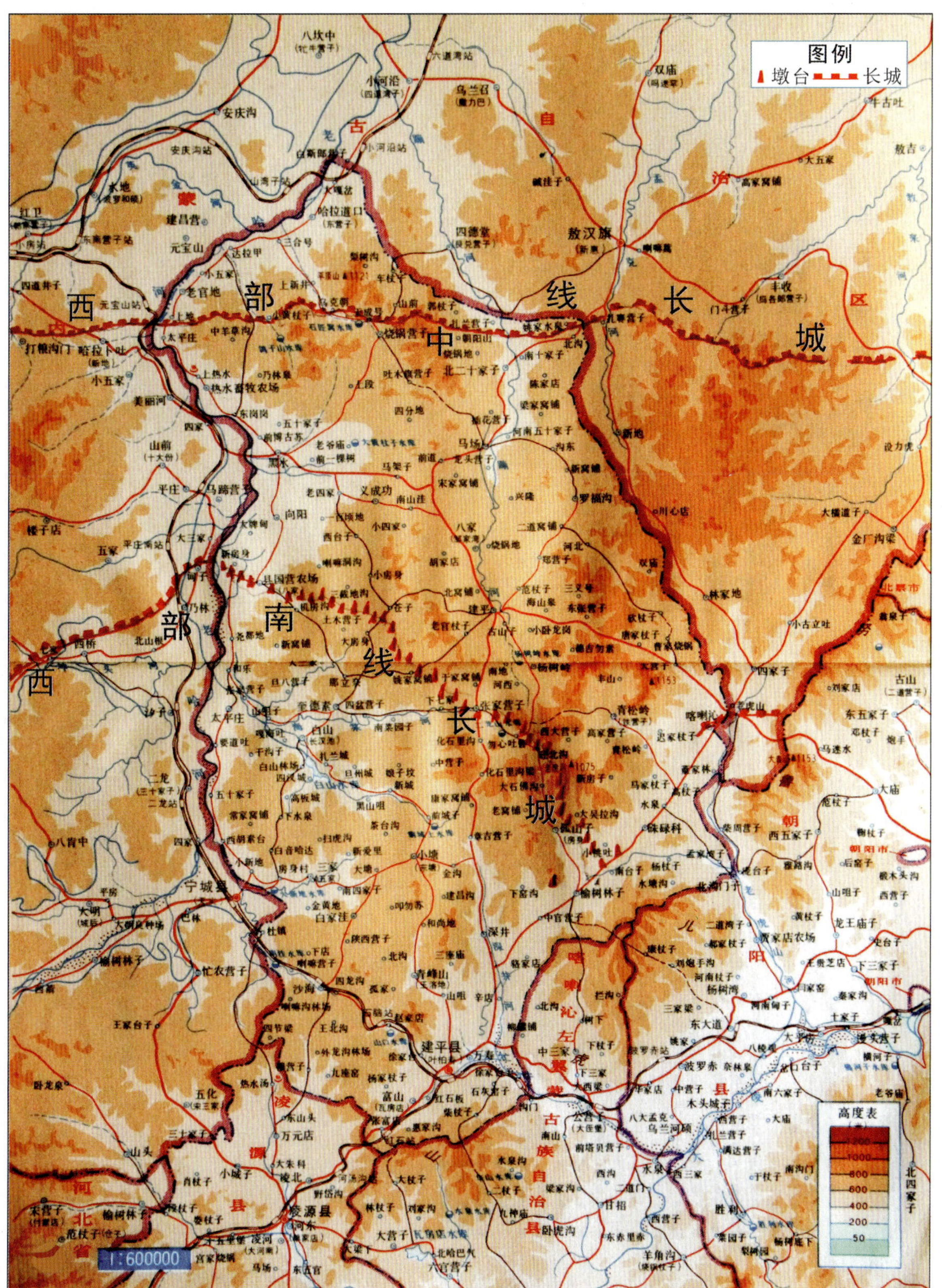


图 1- 附录 -3　内蒙古赤峰市、敖汉旗和辽宁省建平县的西部中线长城——燕北内长城（前汉武帝长城）和西部南线长城——后汉、西晋长城分布走向示意图

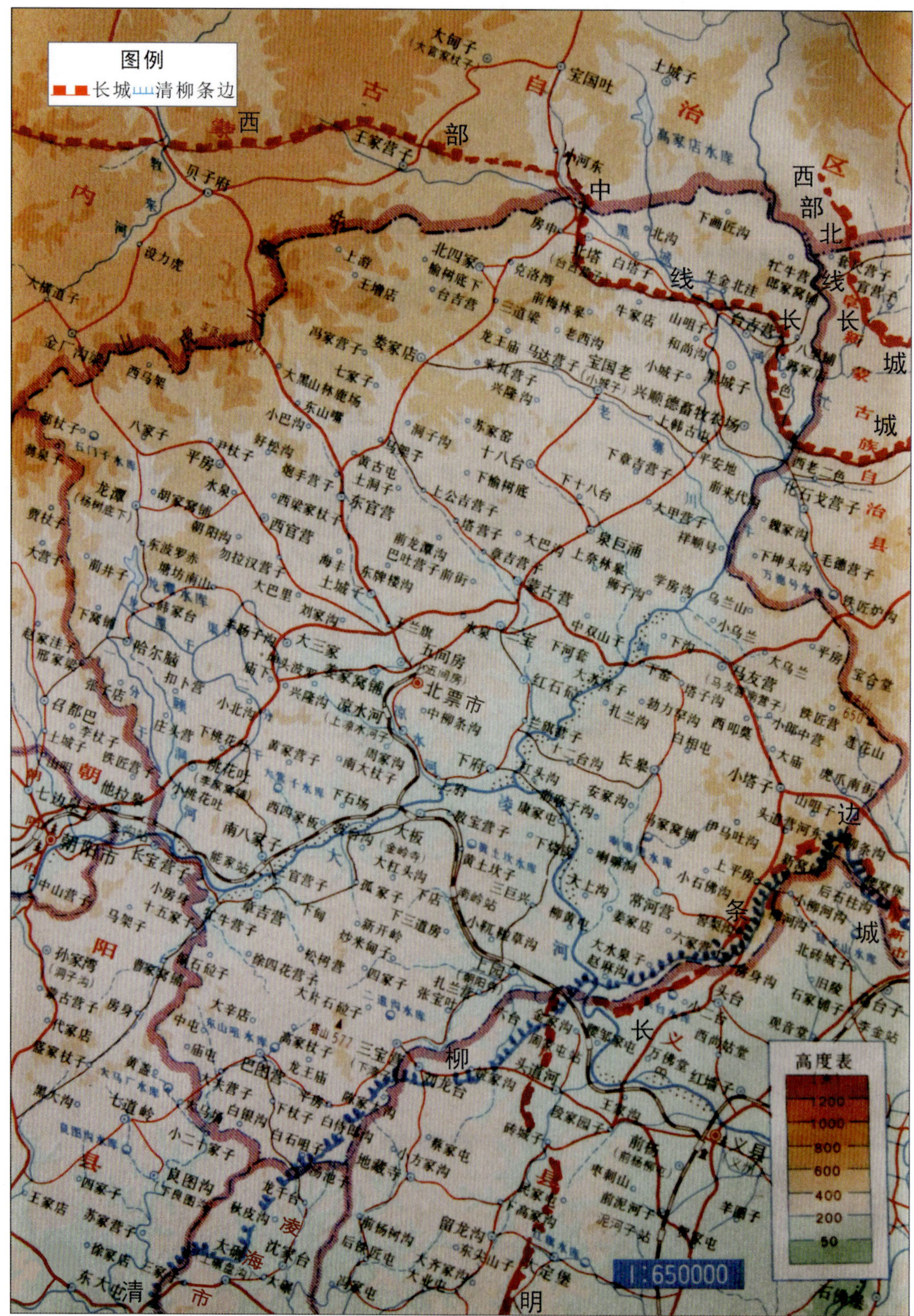


图1-附录-4　辽宁北票、阜新、凌海、义县的西部中线长城——燕北内长城(前汉武帝长城)，西部北线长城——燕北外长城(秦、前汉初年长城)以及明长城、清柳条边分布走向示意图

图 1-附录-5　辽宁北票、阜新、彰武、义县、北镇、黑山以及新民的西部中线长城——燕北内长城（前汉武帝长城）、西部北线长城——燕北外长城（秦、前汉初年长城），燕秦汉晋长城，以及明长城、清柳条边分布走向示意图

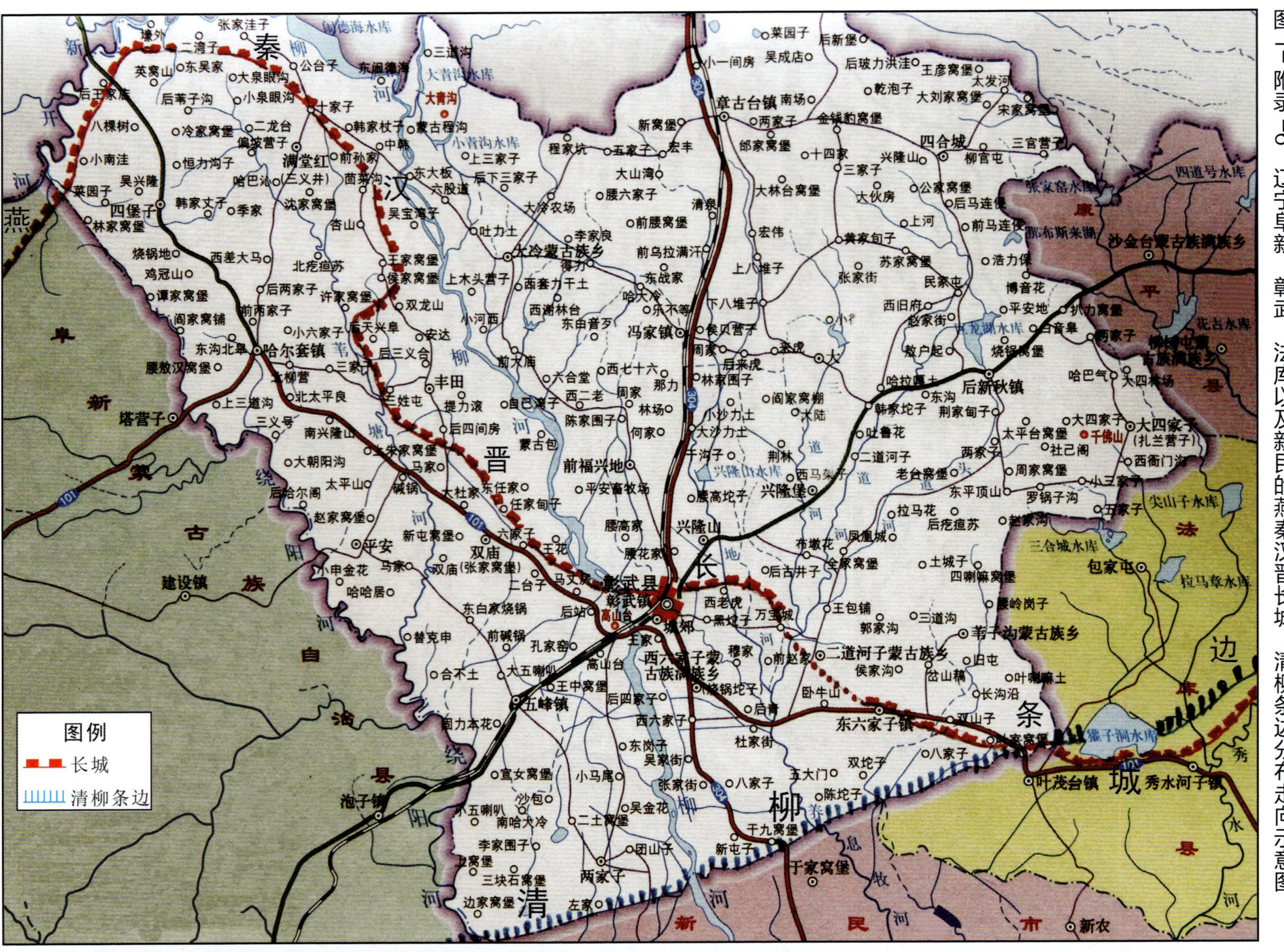


图 1-附录-6 辽宁阜新、彰武、法库以及新民的燕秦汉晋长城、清柳条边分布走向示意图

图 1- 附录 -7　辽宁彰武、法库、开原的燕秦汉长城、清柳条边分布走向示意图

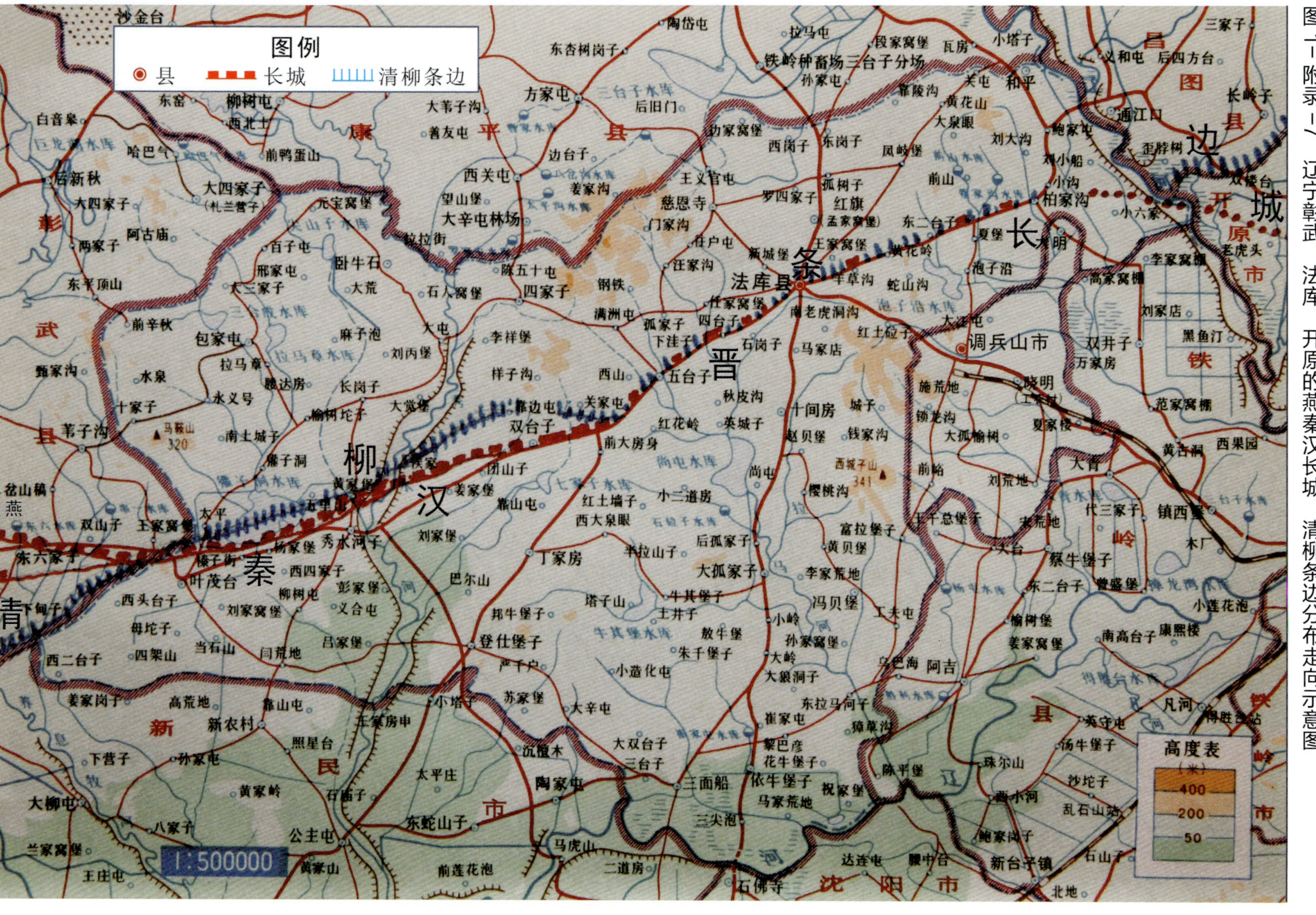

图 1-附录-8　辽宁宽甸、凤城的边壕短墙、明长城、清柳条边分布走向示意图

图 1-附录-9 辽宁东港、凤城的清柳条边分布走向示意图

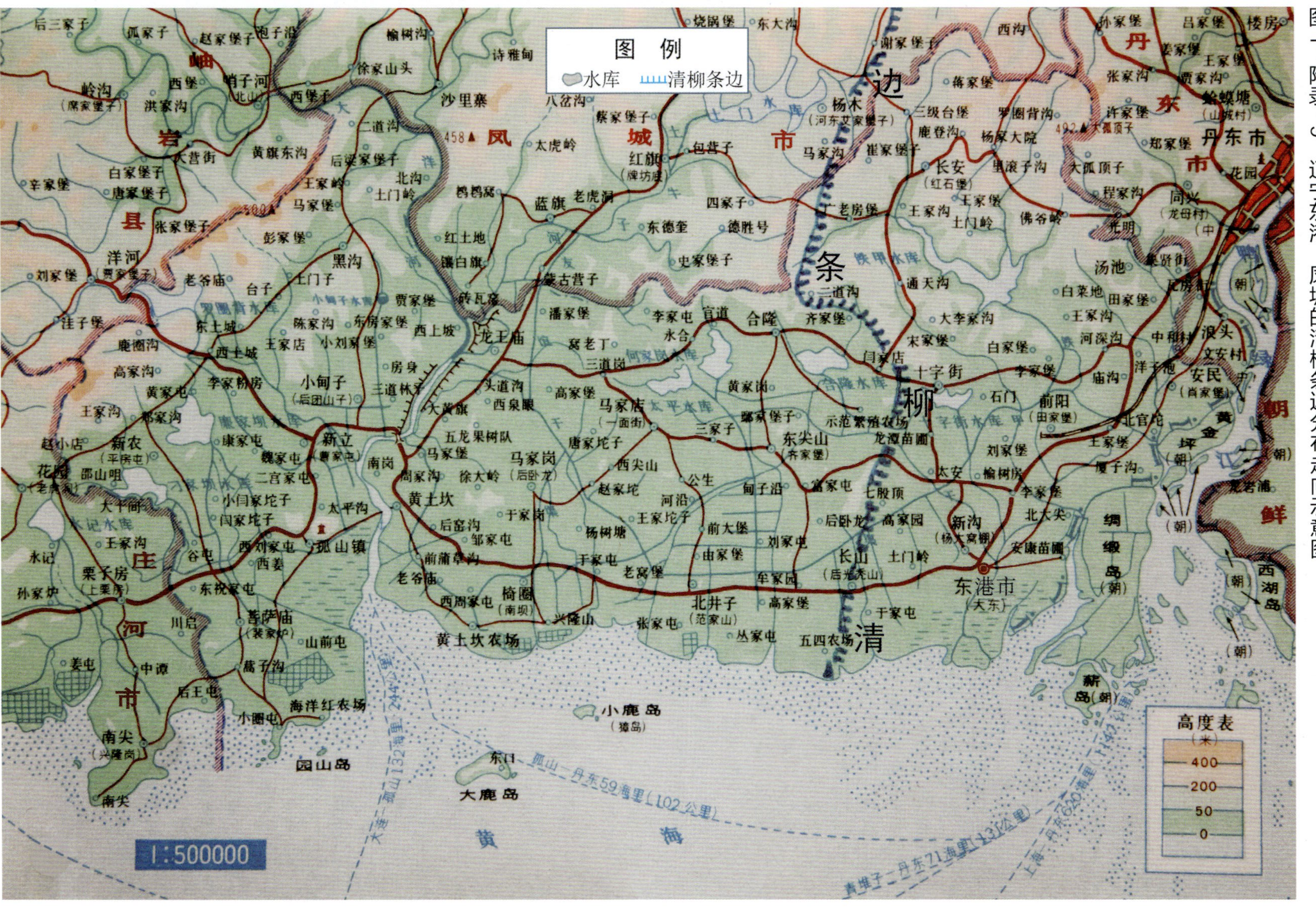

图 1- 附录 -10　辽宁东港、凤城、宽甸的明长城、清柳条边分布走向示意图

图1-附录-11 辽宁宽甸、凤城、本溪、桓仁、新宾、抚顺的燕秦汉晋长城、明长城、清柳条边分布走向示意图

图 1－附录－12　辽宁铁岭、抚顺、新宾的燕秦汉晋长城（烽燧址）、前汉武帝道路烽燧址和明长城分布走向示意图

图 1- 附录 -13　辽宁西丰、开原、清源、新宾、桓仁、抚顺、本溪的前汉武帝道路烽燧址、南三道关、北三道关、明长城、清柳条边分布走向示意图

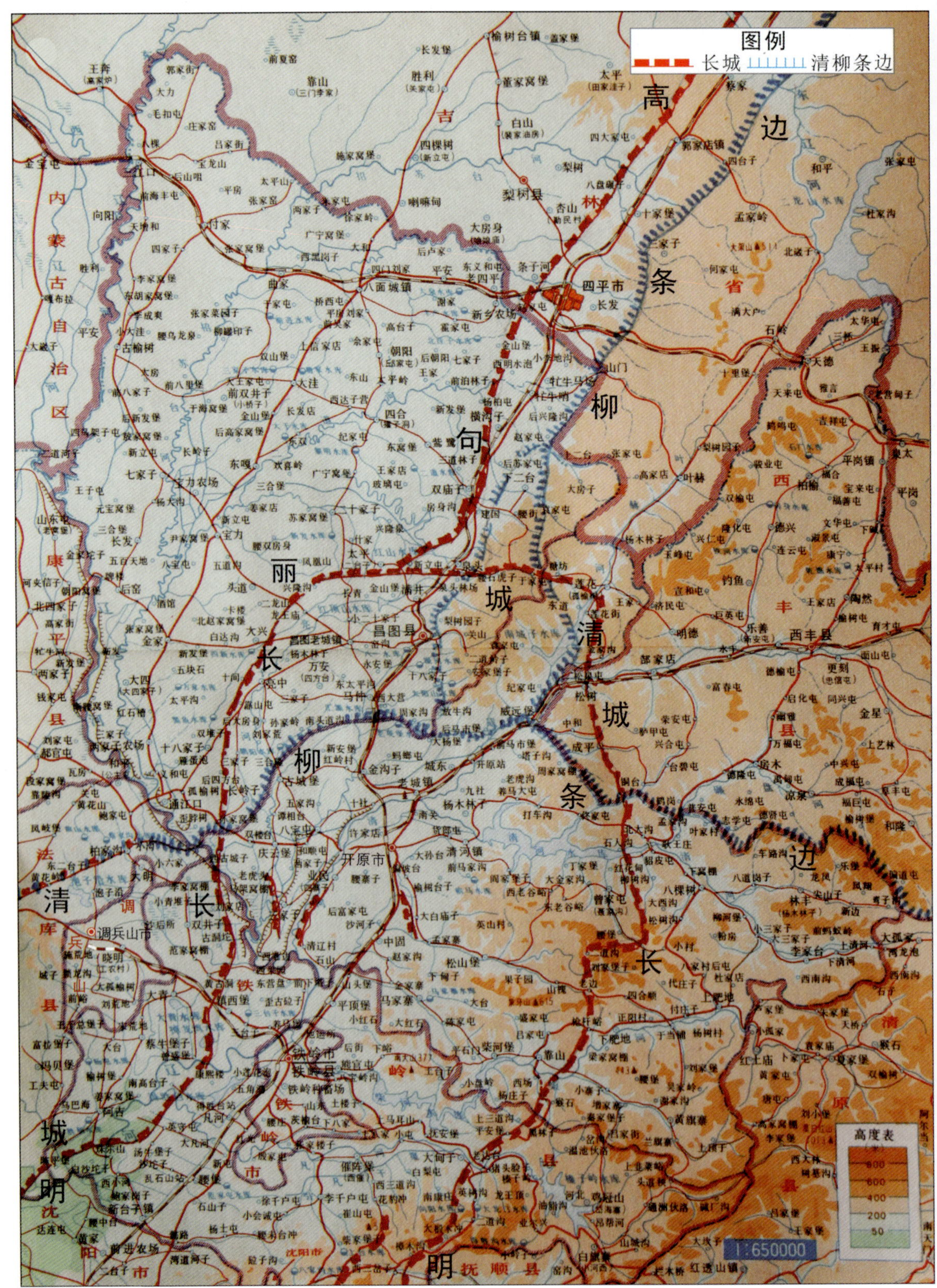


图 1- 附录 -14　吉林舒兰、九台、长春、伊通、公主岭、怀德、梨树、四平和辽宁昌图、开原、铁岭、法库、抚顺的高句丽长城、明长城、清柳条边分布走向示意图

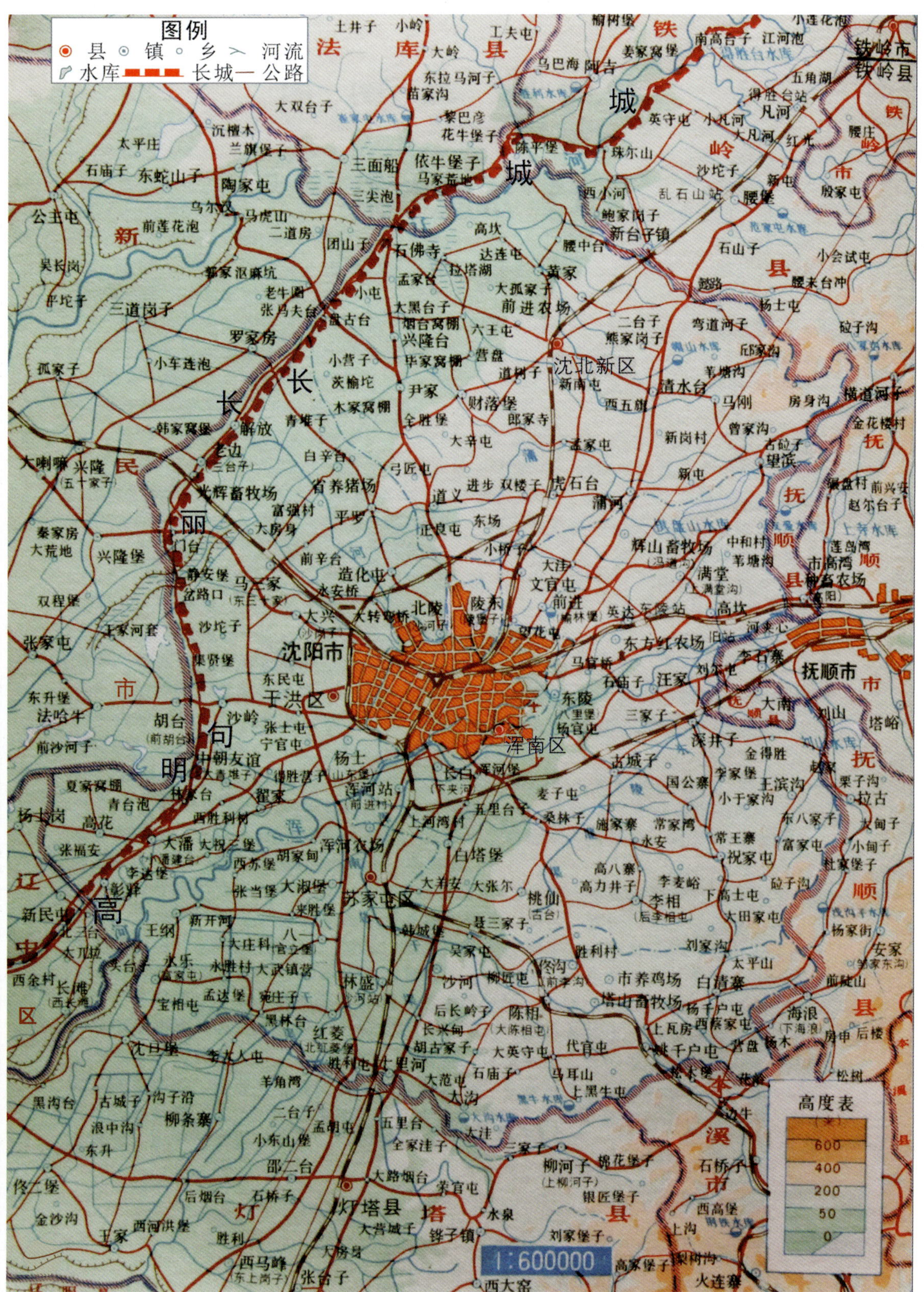


图 1- 附录 -15　辽宁铁岭、法库、沈阳、辽中的高句丽长城、明长城分布走向示意图

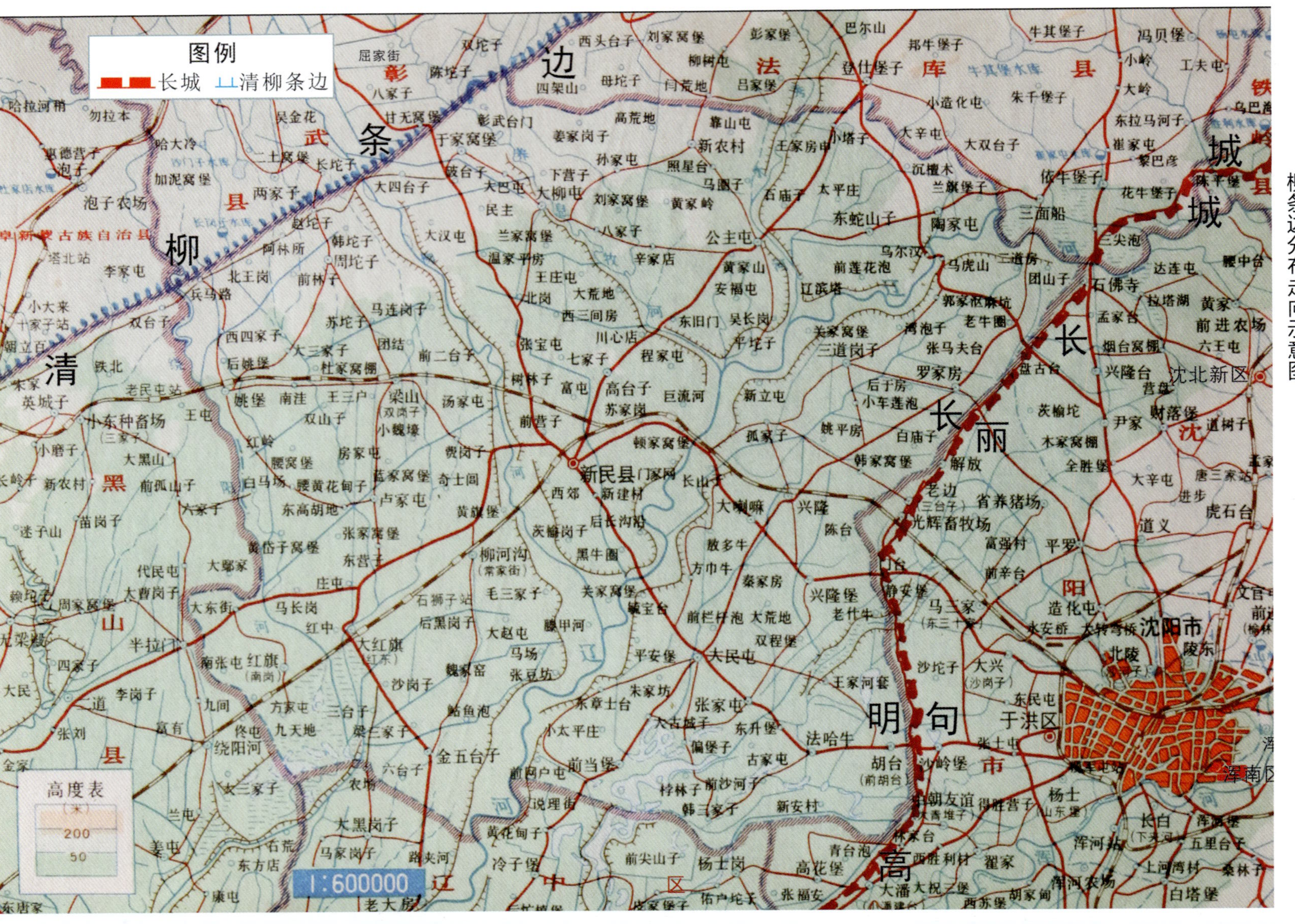


图 1－附录－16 辽宁阜新、黑山、彰武、法库、铁岭、新民、沈阳的高句丽长城、明长城、清柳条边分布走向示意图

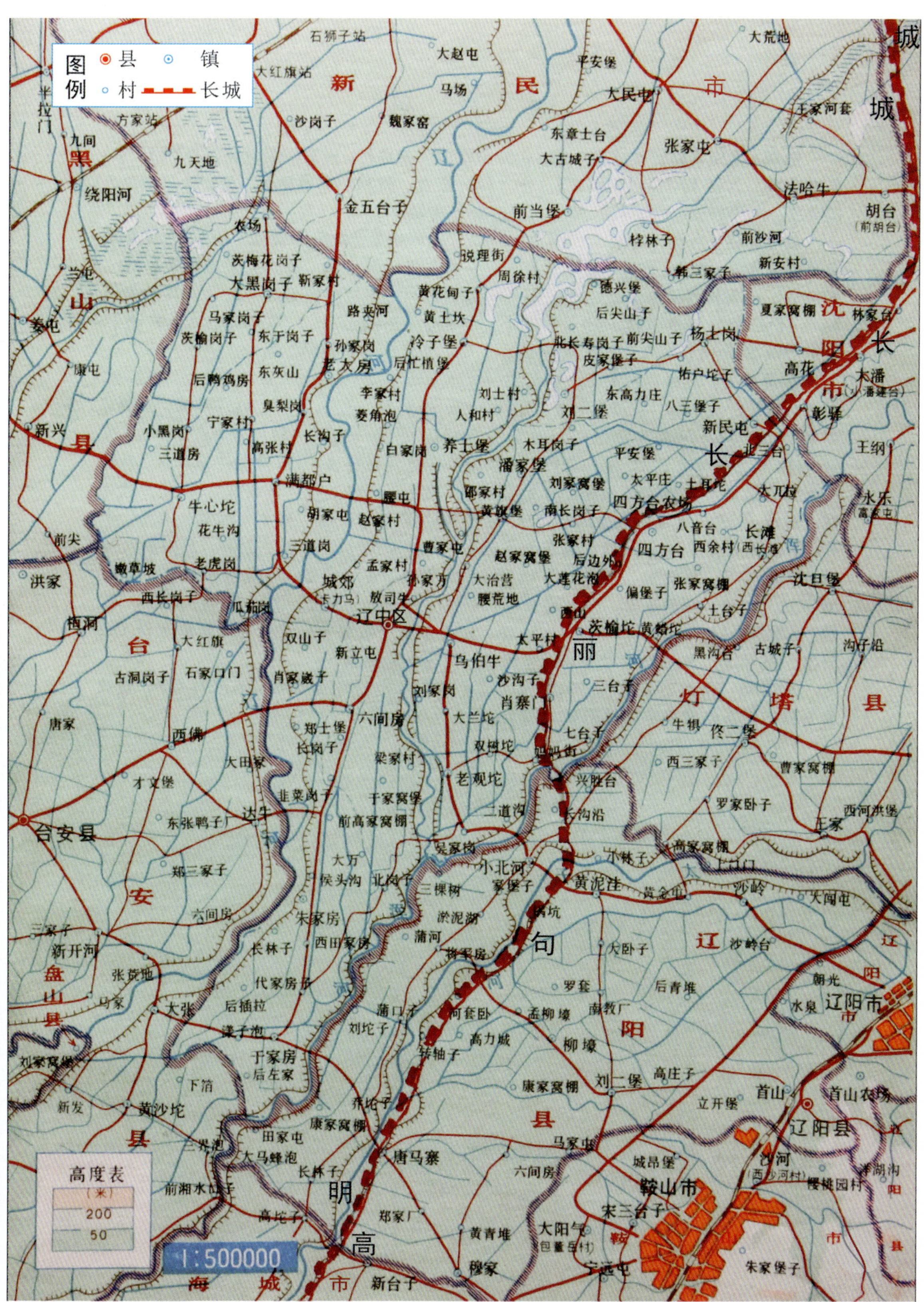

图 1- 附录 -17　辽宁沈阳、辽中、辽阳、海城的高句丽长城、明长城分布走向示意图

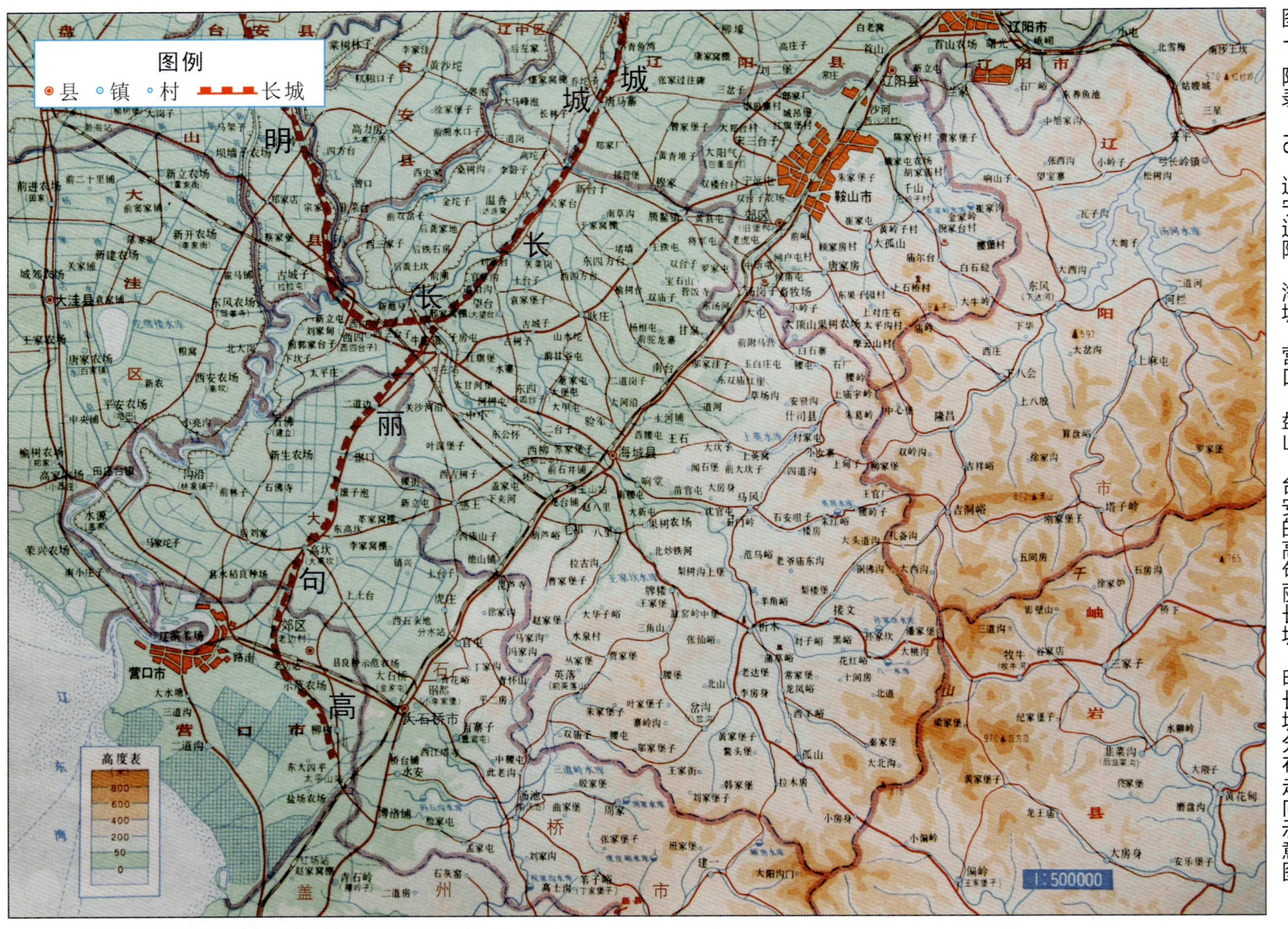


图 1- 附录 -18　辽宁辽阳、海城、营口、盘山、台安的高句丽长城、明长城分布走向示意图

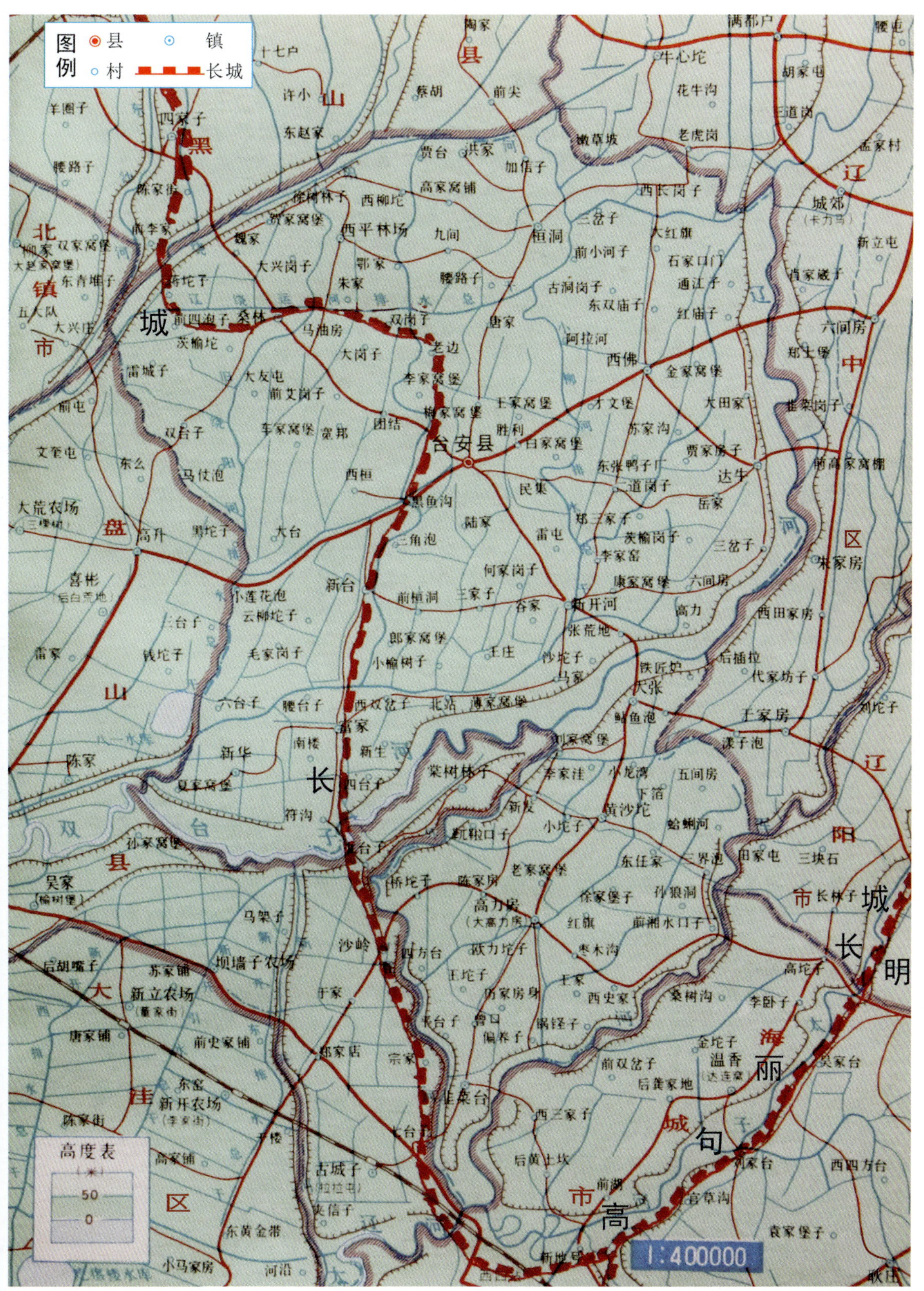


图 1- 附录 -19　辽宁辽阳、海城、盘山、台安、黑山的高句丽长城、明长城分布走向示意图

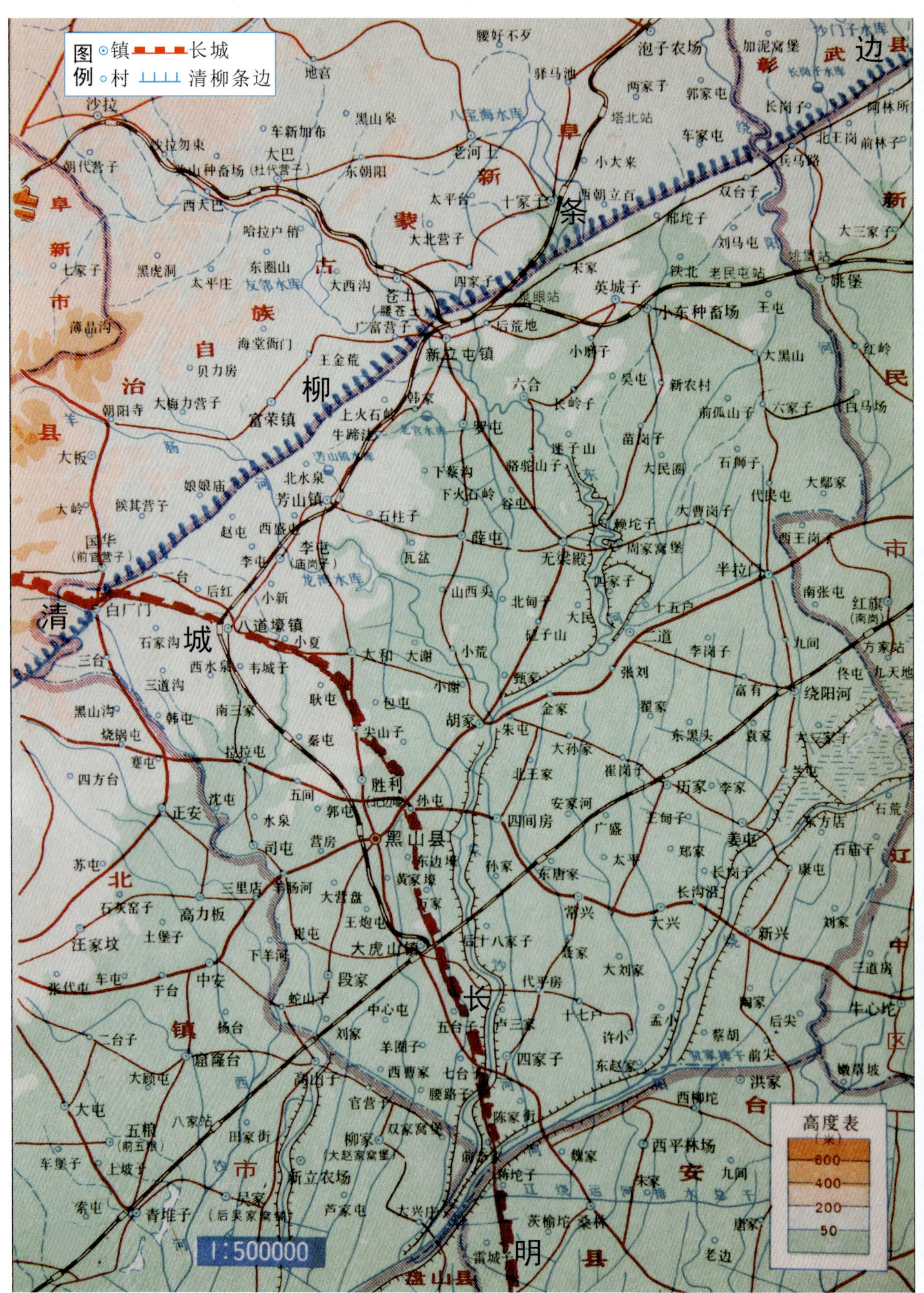


图 1- 附录 -20　辽宁台安、黑山、阜新、彰武、新民的明长城、清柳条边分布走向示意图

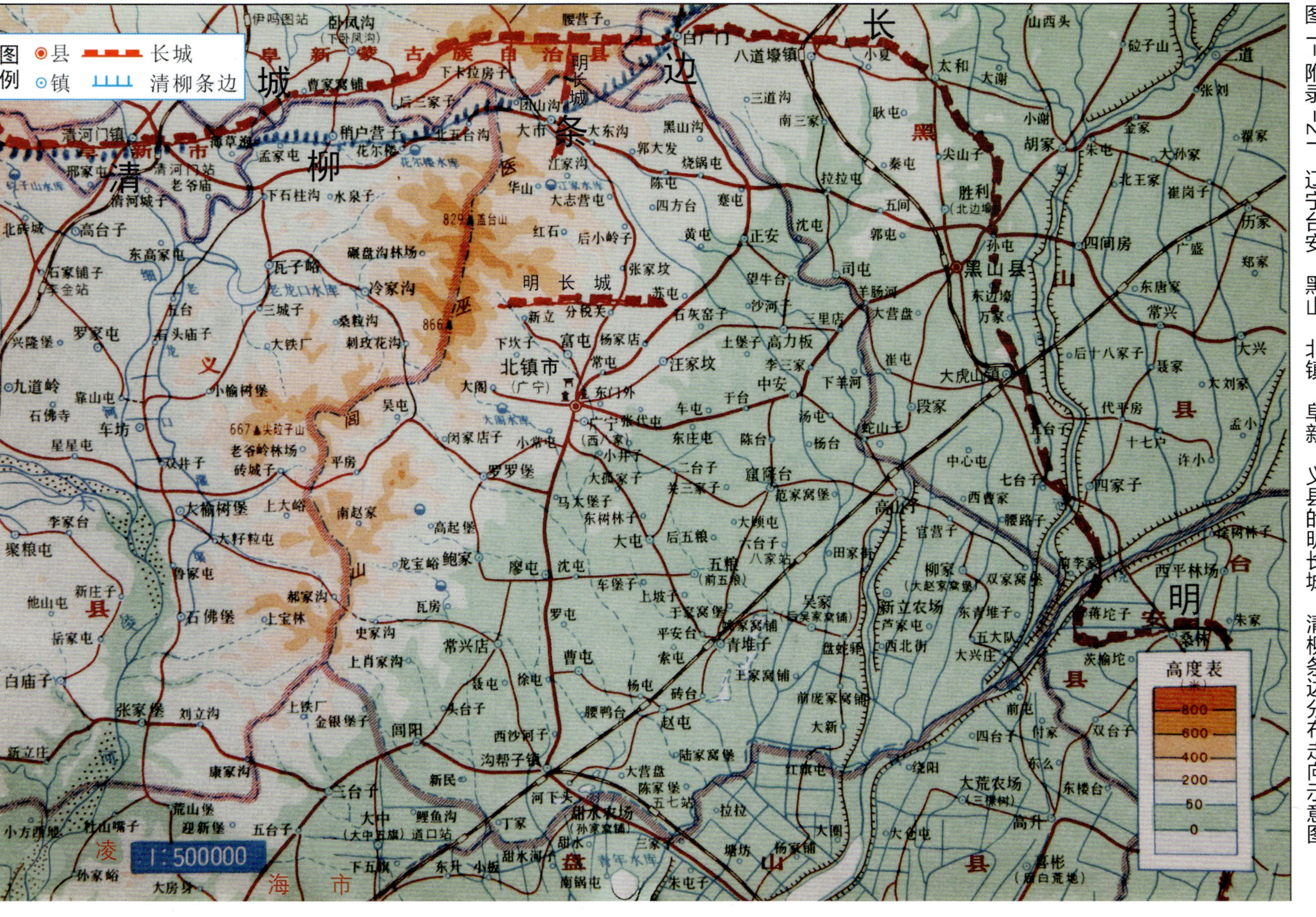


图 1-附录-21　辽宁台安、黑山、北镇、阜新、义县的明长城、清柳条边分布走向示意图

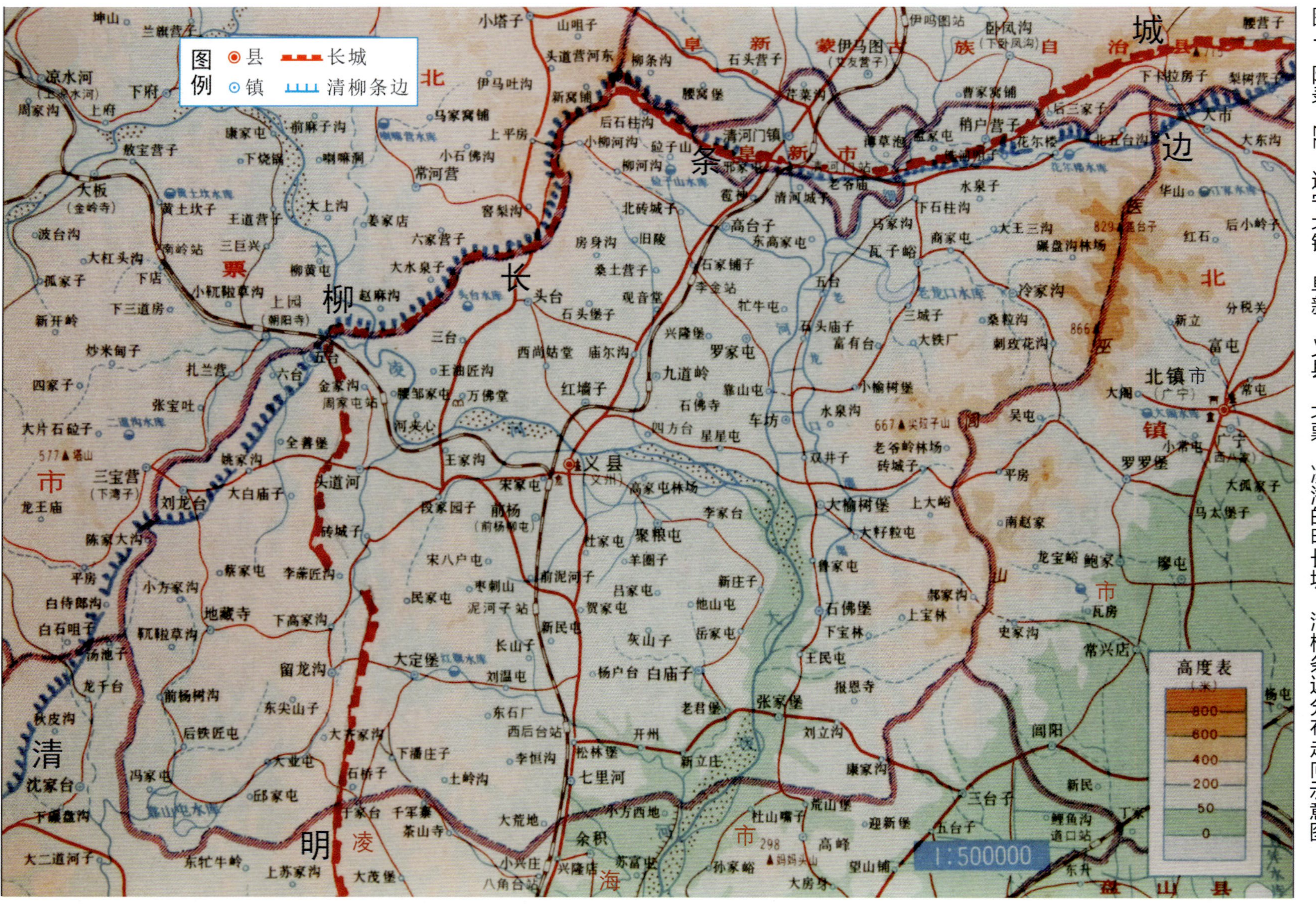


图 1-附录-22　辽宁北镇、阜新、义县、北票、凌海的明长城、清柳条边分布走向示意图

图 1-附录-23 辽宁凌海、锦州、朝阳、葫芦岛、兴城的明长城、清柳条边分布走向示意图

图 1-附录-24 辽宁葫芦岛、兴城、绥中的明长城、清柳条边分布示意图

# 下　卷

# 东北地区
# 历代长城考证研究

# 文　一
# 东北古代长城考辨

我国的万里长城，是世界著名的伟大建筑工程，何其雄伟、壮观！它跨山越谷，穿沙漠，走平原，犹如巨龙一般，蟠行在祖国的大地之上。不过，今天人们谈论的长城，一般都是指现在还保存较好的明长城，通常所谓“东起山海关，西至嘉峪关”的这道长城，正是明代修筑的①。除此之外，为人们所熟悉的就是秦始皇万里长城。由于“孟姜女”故事的流传，它已经家喻户晓、尽人皆知了。但是，人们却常将这两个前后相距一千多年、互不连属的朝代的长城弄混淆了，将明长城当作秦长城了。“姜女庙”就修在山海关附近，人们认为孟姜女是到山海关长城来找为秦始皇修长城的万喜良的，但实际上山海关并没有秦长城。近年的考古调查证明，秦长城是在山海关之北、直线距离达五百多里的今内蒙古自治区赤峰市一带东西向通过的。由此可见，人们对我国长城的认识，与其实际情况还存在着很大的距离。

不仅如此，人们对我国长城的全面了解，也是存在问题的。实际上，我国修筑长城的历史非常悠久，早在春秋时期就开始了，战国时期的各诸侯国及以后的许多王朝或政权，直到明朝，都曾修筑过长城，前后经历两千多年，在我国从南到北，从东到西，到处都有历代修筑的长城。据测算，我国长城的总长度在十万里以上。

在东北地区，历代也都留下了长城，不过它们更鲜为人知了。一般人对东北地区的长城了解甚少，就是在学术界，也多未涉及，更谈不上全面研究。只是到了近代，尤其是在近二三十年，由于考古工作的开展，东北地区的长城才渐为学术界所注意，并开始进行调查和研究。这一工作现在虽还处在开端阶段，有很多问题尚未清楚，有的甚至连初步意见也没有，但毋庸讳言，现在对东北地区长城的研究，已取得了巨大成就，并向更广泛和更深入的方向发展。可以肯定地说，在不久的将来，对我国东北地区长城的研究，

① 明长城“东起山海关，西至嘉峪关”的说法，长时间以来流传于国内外，学术界不审，亦有沿用此观点的。其实这是一种误解。笔者过去即坚持，明长城东起于丹东虎山（见拙著：《辽宁古长城》，沈阳：辽宁人民出版社 1986 年 3 月版）。最近经考古发掘证明，此说无误（参见拙文：《明万里长城东端起点发现在丹东虎山》，《辽海文物学刊》1990 年第 2 期）。

必会出现一个新的局面。

笔者曾留意于我国的长城。由于身居东北，笔者对东北地区的长城更为重视，尤觉应该首先进行研究。过去由于历史原因，造成一种误解，好似东北地区地处边疆，历史进程较晚，文化遗存不多，无丰富的历史内涵可谈。其实，抱有这种认识是完全错误的。近年通过考古调查、发掘证明，东北地区自古以来文化就非常发达，可以说和中原地区并驾齐驱而毫无逊色之处，其辉煌灿烂的程度，足惊世人！笔者在东北地区从事考古工作已近四十年，亲身体验，每年新的发现，都使我们顾不过来进行调查，甚至是疲于奔走；但大量的发现也鼓舞我们，只好夜以继日地工作，几十年来，笔者就是在野外的风雨中度过的。也正是由于这种原因，笔者掌握了许多书本里没有的东西，填补了历史的空白；有的则可和文献相印证，使我们的研究更加深入，或纠正讹误，或得出新的结论。笔者于长城，也是由于这种情况，逐渐有了明确的认识，从而形成了新的较为完整的概念。

下面笔者就将东北地区的古代长城作一简要叙述，其中也适当提出笔者个人的一些见解，求得学界同仁的指教，以便继续进行深入研究。

## 一、战国燕长城

东北地区最早修筑长城，是从战国时期的燕国开始的。西周初年，召公封于燕国。燕在各诸侯国中地处东北部，即今燕山南北和辽河东西，领土较大。在地理上，它东部濒海，南界为齐，西边邻赵，北有山戎、东胡。在春秋之时，燕之国势不强，常被强邻攻掠。当传至燕昭王时，始图强大，招贤纳士，从此打下了争雄的基础，最终成为战国时期的“七雄”之一。

但燕国四周由于强邻环伺，常被侵扰，为了防御，以保境安民，于是修筑了长城。因而《史记》说：“其后，燕有贤将秦开，为质于胡，胡甚信之。归而袭破走东胡，东胡却千余里。与荆轲刺秦王秦舞阳者，开之孙也。燕亦筑长城，自造阳至襄平，置上谷、渔阳、右北平、辽西、辽东郡以拒胡。”[①]燕有南长城与北长城。燕南长城因在易水，故亦可称“易水长城”，它在燕之南界，即今之河北省西部太行山下，经易县、徐水、安新，东到文安县西境，修筑年代是在燕昭王即位之前[②]。燕南长城因与东北地区相距较远，可以弗论。燕北长城“自造阳至襄平”，包括“上谷、渔阳、右北平、辽西、辽东”五郡地，其经行线路则主要在东北地区，因此本文即着重讨论燕北长城。

---

① 司马迁：《史记》卷一一〇《匈奴列传》，北京：中华书局 1959 年版，第 2885 页。

② 司马迁《史记》卷七十《张仪列传》载，张仪进行连横游说于燕国时，向刚即位的燕昭王说：“今大王不事秦，秦下甲云中、九原，驱赵而攻燕，则易水、长城，非大王之有也。”（北京：中华书局 1959 年 9 月版，第 2298 页）这说明燕南长城确实在昭王即位之前即已修筑完成了。

### 1．燕北长城修筑年代

关于燕北长城的修筑年代问题，由于《史记》记述燕筑长城时未记时间，仅言“其后燕有贤将秦开……燕亦筑长城”，年代颇不明确，故研究者意见不一。早年王国良提出：“燕筑北长城，不在燕王喜时，就在孝王末年。”[①]其后，张维华也同意此说，在其专著《中国长城建置考》中说：“由此知秦舞阳随荆轲刺秦王政时，年仅十三岁。《中国长城沿革考》论燕长城之文，根据秦开与秦舞阳祖孙关系，又根据荆轲刺秦王政之年代（本文笔者按：荆轲刺秦王政，在秦王政即位后之二十年），上推秦开归燕伐‘胡’之事，如不在燕孝王之时，即在燕王喜即位之初年，此等推测，大体尚合。如言秦开归燕伐‘胡’，为燕王喜初年事，则燕在其侵地置郡县，建长城，亦当自此开始，以时间论之，乃为战国时最晚出现之一条长城。”[②]近年出版的《长城》一书也同意这一意见：“这一长城修筑的年代，由于历史上对秦开没有准确的年代记载，后人根据与荆轲刺杀秦始皇的秦舞阳是秦开的孙子推断，当在燕孝王时或燕王喜即位初年（公元前 254 年），这是战国时最后出现的一条长城。”[③]这个年代推论，似为晚了一些，燕筑北长城当不至于晚到燕王喜时，因为此时燕国已很孱弱，国力不强，而长城工程浩大，修长城亦非国力最弱时才修，这是十分明显的道理。再者，从秦开与秦舞阳祖孙辈分来看，也是不合适的。刺秦王政时秦舞阳十三岁，为秦王政二十年（公元前 227 年），也是燕王喜二十八年；如果平均以二十五年为一代的话，祖孙之间，上溯五十年，则秦开的活动年代正是燕昭王时。若认为秦开是燕王喜或燕孝王时人，从公元前 227 年回算，此时为燕王喜二十八年，其上一王为燕孝王，他在公元前 257 年即位，但仅在位三年，两王至此，加在一起才三十一年，而此时秦舞阳年已十三岁，并去秦都咸阳刺杀秦王政，其上距燕孝王即位相差不足十八年，不是祖孙三代人相距的时间，可知秦开的活动不在燕孝王时，并且也不可能是在其上一王即在位十四年的燕武成王和又其上在位七年的燕惠王，而应是在位长达三十三年的燕昭王时期。因此，不会是在燕孝王时，更不可能是燕王喜初年燕国才修北长城。同时我们还知道，燕王喜初年并不是燕国强盛的时代，战国时期燕国的强盛时代是在燕昭王时。到燕王喜之时，燕国国力已成强弩之末，已无力开拓疆土，何谈修筑长城？《史记》说秦开“破走东胡，东胡却千余里”，燕国筑长城，置五郡，显然是同一件事的连续，是在燕国强盛时期发生的，亦即应是在燕昭王时。因此，我们认为，燕国在燕王喜初年修筑北长城的说法，是不够妥当的。这里还有一点我们应当注意到，那就是燕王喜时，秦王政已开始了灭六国的行动，秦是燕国的强敌，此时燕国若修长城，首先应在燕国南境，

① 王国良：《中国长城沿革考》，上海：商务印书馆 1931 年版。

② 张维华：《中国长城沿革考》（上编）中之《燕长城》，北京：中华书局 1979 年 2 月版。

③ 罗哲文：《长城》，北京：北京旅游出版社 1988 年 9 月版。

以加强防御，而绝不是在其北部，因为此时燕国北方和辽东地区较为安定，燕国尚无亡国的危险；并且在燕王喜时，燕国已无那么大的国力去修筑西从今河北起，中经今内蒙古、辽宁等省区，而后过鸭绿江东抵朝鲜半岛大同江边的北长城。这道长城，只能是在秦开几次拓展辖境，击走东胡，后又进占朝鲜侯领地后所修筑。在此前提下，它不仅要防北方的东胡，还要防东部由于拓境而接近的濊、貊等族的侵扰。所以燕筑北长城，只能是在燕昭王时。

李文信先生认为："秦开是在何时破走东胡筑长城的？司马迁说赵筑长城之后，秦开破走东胡，燕亦筑长城。按《史记·世家》赵取九原筑长城在周赧王十六年，燕昭王十三年，公元前 299 年看来，燕长城的建筑至迟也不过在此后的三五年之内。"[①]这一推论比较接近实际情况。近年有人采用这一论点，说："秦开修筑北长城的年代，史书没有明确记载，史家普遍根据秦开秦舞阳的祖孙关系，并以荆轲刺秦王之年代为准上推，认为燕筑北长城当在燕昭王时。如果此推断合理，则燕北长城为战国时期最后修的一道长城。"[②]王育民也持这一观点，他说："司马迁在《史记·匈奴列传》中，未确指燕北长城的修造年代，但他在写赵武灵王（前 325—前 299 年）筑长城之后，次述秦开破东胡，'燕亦筑长城'，按战国年表推算，其时正值燕昭王（前 311—前 279 年）执政时期。燕原系北方的弱国，到燕昭王时一度强盛起来，有力量击破东胡，筑城拒东胡于外。长城当修造于燕昭王中晚期，为战国筑长城中最晚者。"[③]燕筑北长城的年代，经过几十年的研究历程，至此可以说最后被确定下来了。但还应说明的是，燕筑北长城亦非战国筑长城最晚的。关于这一点，李文信先生说："燕筑长城约在公元前 290 年前后，较魏、赵长城稍晚，而较秦宣太后所筑长城时间为早。"[④]这个结论是完全正确的。

### 2. 燕北长城的经行线路

燕筑北长城的年代问题解决之后，该长城的经行线路问题，还需搞清楚。但《史记》所述长城走向过于简略，仅有"燕亦筑长城，自造阳至襄平"一语。因此，多年以来，认识燕北长城的面貌很是困难，不知其具体经行线路，故而以往研究者多不具体论及其走向，甚或见有遗迹，也没有把它认为是燕长城[⑤]。因此，至今对燕北长城的经行线路与端点的认识，仍有很大差距。如《万里长城》一书说："这条长城是从古造阳（今河北省怀来县）起，东渡滦河，逶迤转向东北，渡辽河到达古襄平（今辽宁省的辽阳）

① 李文信：《中国北部长城沿革考》，《社会科学辑刊》1979 年创刊号、第 2 期。

② 华夏子：《明长城考实》第一章《明朝以前历代修筑长城概况》，北京：档案出版社 1988 年 7 月版。

③ 王育民：《中国历史地理概论》（下册）第十四章《长城》，北京：人民教育出版社 1979 年 9 月版。

④ 李文信：《中国北部长城沿革考》，《社会科学辑刊》1979 年创刊号、第 2 期。

⑤ 清高宗（乾隆）：《古长城说》，《承德府志》卷首五《天章二》。

境内止，长达一千余里。”[①]尤其是书中所附《燕南北长城示意图》，竟将燕北长城画在西起怀来、东止襄平的地名点上，就是说长城修到襄平（即今辽阳市）城下为止。再有《长城》一书也说：“这一长城所经的地方，约自今河北张家口东北行经内蒙古多伦、独石等境，又东经河北省围场县和辽宁朝阳，越过医巫闾山，渡辽河达于辽阳，长达二千四百余里。”[②]这是将长城东端定点在辽阳。《长城话古》说：“过了滦河，长城经河北省的围场县，又东经内蒙古的昭乌达盟南部入辽宁省。长城围绕在辽河平原的北部，蜿蜒于丘陵与盆地之间，至辽阳以东的襄平为塞，即燕国辽西、辽东二郡的塞上。”[③]古之襄平，即今之辽阳市，不存在“辽阳以东的襄平”的地理坐标。而《中国长城建置考》中说：“至于北长城所在之地，《史记》言西起造阳，东至襄平，一为起点，一为终点，兹先论之。”“燕长城西端首起之地，当在今宣化北及张家口附近之地，此亦即古造阳所在之地也。”“古之襄平在今辽阳之地，依《史记》之文，燕之长城，当止于此。然襄平辖境，究以何地为限，已难考知，因而燕长城之终点，亦难确定。”“当在今辽宁省北部之地，即古襄平之北境。”[④]这较之将燕北长城东端定于襄平城者，有所前进，至少没有燕北长城止于襄平城下的意思。

对于上述诸家的论点，我们觉得仅是根据文献中的某一句话作字面理解得出的结论，是很难妥切的。前此，李文信先生提出过：“燕长城至襄平，是不是说燕长城筑到襄平城西门而止呢？我们认为不是的。司马迁是以辽东郡治襄平城来代表辽东郡全境，和说长城到辽东一样。不是长城起点的小地名。这段长城应该在辽东郡辖境的外围。”[⑤]

事实上的燕北长城东端在何处呢？我们不妨再看一下另外有关的文献材料。《史记》记载：“朝鲜王满者，故燕人也。自始全燕时，尝略属真番、朝鲜，为置吏，筑鄣塞，秦灭燕，属辽东外徼。”[⑥]这段记载说明，在燕时已有真番、朝鲜，设置官吏，并筑长城。《魏略》亦说：“（朝鲜侯）使礼西说燕，燕止之，不攻（朝鲜）。后子孙稍骄虐，燕乃遣将秦开攻其西方，取地二千余里，至满番汗为界，朝鲜遂弱。”[⑦]满番汗在今朝鲜清川江之西北。据研究，“秦开所取二千里地，并非都是朝鲜地，应当包括东胡所占之辽西、东夷诸部的辽东及箕氏朝鲜西部地，自西而东，总的为二千里地。”[⑧]秦开取真番、朝鲜

① 刘金柱：《万里长城》，哈尔滨：黑龙江科学技术出版社 1985 年 4 月版。
② 罗哲文：《长城》，北京：北京旅游出版社 1988 年 9 月版。
③ 陆思贤：《长城话古》，呼和浩特：内蒙古人民出版社 1986 年 5 月版。
④ 张维华：《中国长城沿革考》（上编）中之《燕长城》，北京：中华书局 1979 年 2 月版。
⑤ 李文信：《中国北部长城沿革考》，《社会科学辑刊》1979 年创刊号、第 2 期。
⑥ 司马迁：《史记》卷一一五《朝鲜列传》，北京：中华书局 1959 年 9 月版，第 2985 页。
⑦ 陈寿：《三国志》卷三十《魏书·东夷传》注引《魏略》。北京：中华书局 1959 年 12 月版，第 850 页。
⑧ 孙进己、冯永谦总纂：《东北历史地理》第一卷第二编第四章之第二节《箕氏朝鲜》，哈尔滨：黑龙江人民出版社 1989 年 9 月版。

地“为置吏，筑鄣塞”，据此可知，燕长城东端起点应在鸭绿江南岸达于清川江流域。既然是这样，怎么能说燕北长城就抵襄平城呢！

我们从文献上弄清楚了燕北长城的东部端点及其走向之后，再看燕北长城实际存在的情况如何。我们都知道，在东北首先发现并考察燕北长城的，是李文信和佟柱臣二位先生。1941 年，李文信先生到内蒙古东部地区进行考古调查，从一位蒙古族那苏图那儿了解到建平县北部黑水村有一座古城址，在老哈河东、西两岸有很长的“老边”。李文信先生认为，这很可能就是历史上失踪的燕、秦古长城。两年后，李文信、佟柱臣两位先生到赤峰一带进行考古调查时，在撒水坡村听当地人说，村外山岗上有“土龙”，觉得这是长城的可能性很大。经实地勘察后，他们在英金河北岸发现了这道长城。李文信先生曾经记下了他所发现的这道久无人知的长城的情况，说长城“连山跨谷，一望无际，十分雄伟，并且沿长城壁内，每隔二三十里就有一座连壁的小城。长城内外都利用高山建筑烽台，星罗棋布，有很近的，也有十里二十里以上较远的。河口、山空也都筑有小型城堡。这样一来，我们就毫不迟疑地知道这确是古代长城遗址无疑了”①。佟柱臣先生也说：“同李文信先生赴哈拉木头调查辽城，见英金河北岸山地倾斜面上有石垒状态，至撒水坡发现一汉前城，询诸乡人石垒为何，告曰土龙，至斯遂生非燕秦长城之遗址欤之推测。自哈拉木头返，停车撒水坡，与李文信先生偕观，始悉土龙确系极长之土壁；因连续调查十数里，其迹渐明，后依其东西方向，调查数次，一一与过去所发现之诸城对照，乃悟山上者即长城，山下诸城，即长城之防御所也。”②其后佟先生又著文说：“从上述的材料中来看古长城，赤峰西端自五里岔径赤峰北小城，是临河为塞，形势扼险的。东行至上水泉城，周绕石墙，也坚实可守。越过英金河北岸，有山湾小塞，原屯戍之所。北面山上长城，过三家村落址以北，蜿蜒东下，抵老爷庙，在狭窄的河岸平野上又出现了老爷庙村落址和山头城址，及至后窑子东北山巅，长城迤逦曲折，宛若细带，经郭家湾、北台子而远连撒水坡城。该城城垣高大，在一望广阔数十里的平野上，建筑了这么一座大城，是便于防守的。再东面二十公里的小城子，靠近山麓，略似撒水坡城。由此可看出，这些望楼址、城址与古长城，在七十五公里之内，断断续续连成一气，是很清楚的。”③当时他们对长城调查的地段，有撒水坡、老爷庙、五里岔等地。这一发现使人们对我国古代长城有了新的认识，纠正了人们的误解，不致使早期长城与后世明代长城相混淆，将人们印象里山海关、喜峰口和古北口长城向北直线推移了五百多里，从而使我国长城的研究，有了新的进展，该是多么的重要！因而张维华说，这些“报导，对于赤峰境内

① 李文信：《中国北部长城沿革考》，《社会科学辑刊》1979 年创刊号、第 2 期。

② 佟柱臣：《赤峰附近新发见之汉前土城址与古长城》，《历史与考古》（沈阳博物馆专刊）1946 年 10 月版。

③ 佟柱臣：《考古学上汉代及汉代以前的东北疆域》，《考古学报》1956 年第 1 期。

古长城遗址，言之甚明。作者谓此段长城遗址，当即燕、秦、汉之旧筑，推其意，似言初起于燕，而秦、汉继之。此言甚合于理。杨宽《战国史》第七章第四节论战国时边地长城之建筑，亦采用此段考古报导，并言赤峰（西）路戛河北岸之古长城遗址，是燕长城之遗址"[①]。

### 3．近年对燕北长城的调查与研究

近四十年来，长城的调查又有了更多新的发现。笔者曾经在不同的长城线段调查过，许多考古工作者还做过专门调查，都有重要收获。现在已确知战国时期燕国的北长城不止一道，有复线，并且调查清楚了它们的走向。根据调查，几个省区的情况如下：

（1）河北省

"在河北省境内的明长城北面的承德、张家口地区，沿坝上草原的东南部边缘，发现燕、秦、汉时期古长城三道。这三道长城和内蒙古昭盟赤峰、宁城、喀喇沁发现的长城有密切关系，已经查明有的是相延续和衔接的。"[②]第一道长城，即最北边的一道长城，由赤峰县之二龙库进入围场县，经三义永、山湾子、殷家店、新拨、岱尹梁（即建乾隆《古长城说》碑处）、五道川、棋盘山、大唤起、龙头山、道坝子、塔镇、牌楼、城子、桃山和老窝铺等十五乡，进入内蒙古自治区多伦县，经石门沟继续向西延伸，到太仆寺旗（宝昌镇）之南部，再到保康县。

第二道长城，位于围场县夹皮川乡的边墙村，向东可能与"赤南长城"相接，向西有中断，但在桃山乡之南又发现长城，经西龙头乡向西南延伸，进入丰宁县森吉图乡，经万胜永、山嘴等二乡，进入多伦县五号村，到沽源县北境，此后是东西走向。

第三道长城，在第二道长城之南，明长城之北。此长城东面自宁城县大营子向西进入赤峰县三道沟门、志云、三家、前庙、头沟等五乡，然后进入隆化县中关、韩麻营、十八里汰等三乡，至此长城分西、南两支：西支经存瑞、少府、八达营、牛录、白虎沟、步古沟等六乡，此后在其西面的三道营、郭家屯、北兆营等三乡，进入丰宁县化吉营、凤山等二乡；其南至滦平县，在滦河川与兴州河川皆有墩台。南支从隆化县的十八里汰乡南行，进入滦平县哈叭气、白旗、小营、西地等四乡，向西南去。

这三道长城的修筑时间，相关的调查报告称："关于第一道长城之时代主要是秦。……第二道长城，发现于围场县之边墙村，为战国时期燕国所筑。……第三道长城时代较晚，时代属汉，但和西汉武帝太初三年所筑长城似无关系。"[③]

---

① 张维华：《中国长城沿革考》（上编）中之《燕长城》，北京：中华书局 1979 年 2 月版。

② 郑绍宗：《河北省战国、秦、汉时期古长城和城障遗址》，《中国古代长城遗迹调查报告集》，北京：文物出版社 1981 年 2 月版。

③ 郑绍宗：《河北省战国、秦、汉时期古长城和城障遗址》，《中国古代长城遗迹调查报告集》，北京：文物出版社 1981 年 2 月版，并见布尼阿林：《河北省围场县燕秦长城调查报告》，同上调查报告集。

（2）内蒙古自治区

在内蒙古自治区，“通过调查，我们发现在昭盟境内有三道汉以前的长城遗址。它们都分布在我国北纬四十二度至四十三度之间。我们暂时分别称这三段长城为赤北长城、赤南长城、老虎山长城。”[①]赤北长城，在今赤峰市北边东西向通过，沿英金河北岸修筑，经过木家营子、东方红、王家店、水地等四乡，东延地段可到奈曼旗、库伦旗。赤南长城，在今赤峰市南边东西向通过，西起今喀喇沁旗娄子店，经山前乡，到今赤峰县美丽河乡，再进入今建平县种畜场、老官屯、热水、烧锅营子、二十家子等五乡，到今敖汉旗新惠、新地、倒格郎、克力代、贝子府、王家营子等六乡，然后东去进入今北票市。老虎山长城，仅存在于今敖汉旗四家子乡老虎山一带。关于各段长城的修筑年代，其调查报告认为：“今赤南长城当属战国时期的燕北长城遗址。……赤北长城可能是秦统一后的建筑。……关于老虎山长城，我们推测，老虎山的长城在秦时是继续沿用的，其年代可能晚于赤南长城。”[②]

（3）辽宁省

辽宁省对其西部朝阳、阜新地区的长城进行了调查：“通过对采集到的文物和长城结构、形制的分析，确认是一道汉代长城障塞遗存。这样加上其北部的燕、秦二道长城，在辽宁西部共发现有三条长城线路。”[③]关于其修筑年代，我们从该文“图一·秦燕汉长城”的图面标注中可以探明：最北的第一道长城线边标注“秦长城”，第二道长城线边标注“燕长城”，最南一道长城线边标注“汉长城”[④]。

通过上述各省区的考古调查，我们可以确知，在我国东北地区存在燕、秦、汉三个时期的长城。尤其应当指出的是，尽管是三个省区分别进行调查的，但他们都在调查报告中详细记录了相互之间的衔接情况，这个事实说明了三道长城走向的统一性。

在这里需要加以讨论的，是对这三道长城修筑年代问题的认识。在三省区的调查报告中，调查人员在这三道长城修筑年代上的意见是相同的，基本上都认为最北一道长城为秦长城，第二道为燕北长城，最南一道为汉长城。笔者通过对上述地区长城考古调查材料的了解以及个人对上述地区不同长城线段的调查，觉得将最北一道长城定为秦长城，还是有值得商榷的地方的。笔者认为，它不是秦长城，它也是燕北长城。关于这个意见，笔者在拙著《辽宁古长城》一书中曾简略地谈过：“最早发现位于英金河北岸的这道长城，由于它在诸道长城的最北面，我们称它为燕国‘外线长城’，又由于它还在赤峰市

① 项春松：《昭乌达盟燕秦长城遗址调查报告》，《中国古代长城遗迹调查报告集》，北京：文物出版社1981年2月版。

② 项春松：《昭乌达盟燕秦长城遗址调查报告》，《中国古代长城遗迹调查报告集》，北京：文物出版社1981年2月版。

③ 李庆发、张克举：《辽宁西部汉代长城调查报告》，《北方文物》1987年第2期。

④ 李庆发、张克举：《辽宁西部汉代长城调查报告》，《北方文物》1987年第2期。

的北面，也叫做‘赤北长城’。在建平县北部的这道长城，我们称它为燕国‘内线长城’，又由于它还在赤峰市的南面通过，又叫它为‘赤南长城’。这两道长城相距一百华里左右。燕国这两道长城修筑的时间：‘内线长城’是在燕昭王时期秦开第一次却东胡建北方五郡时；‘外线长城’是在此后国力强盛，拓展边境，有了战略上进可出击、退可固守的条件时修筑的。”[①]笔者为什么这样说呢？首先，从考古发现上看，出土遗存已明确指出这一点。我们在第二道长城之北，一直到最北的第一道长城沿线，均发现了战国时期的遗迹、遗物，这是有关最北第一道长城修筑年代的最有力说明——燕国修筑长城绝不会丢掉这些属于燕国的地方，而在燕国领土以内很远处修筑长城，这是十分明显的，无需多说都是清楚的。

我们把上述三道长城在今河北、内蒙古、辽宁三省区的各相关段连接起来，作一整体看，就可更清楚地看出各道长城的时代来。这里为了节省篇幅，不作全线具体论述，仅列举几点，就可说明这个问题。比如内蒙古长城考古调查报告在“赤北长城可能是秦统一以后的建筑”一节中，确定赤北长城为秦代所筑后，在叙述所持理由的证明材料时说，在“今赤峰市，除北大桥蜘蛛山保存一处较大的遗址，出土过秦陶量外，在市内昭乌达路等处还发现过战国—秦汉时期的墓葬和遗物。在赤北长城沿线，近年来也出土过秦剑、秦戟等遗物。1973 年我们还在赤北九号城址的北侧长城脚下，发掘了二十座战国—秦代墓葬”[②]。这就值得注意了。赤峰市是在被定为战国燕长城的“赤南长城”的北面，为什么在长城外面会有这么多战国时期的遗迹遗物呢？更为值得重视的是，在同一报告里所公布的在“赤北长城”线上所调查的许多城址，也都出土了战国遗物，如香炉山城址“最晚一层为战国文化层”，撒水坡城址“地面散布很多战国—秦代遗物”，七道窝铺城址“城内有建筑台基，地表散布较多的战国陶片”，车罗城城址“地表遗物以战国—秦时陶器残片为多”，喇嘛板城址“在城址附近曾发现过战国兵器及铸造铜器的石范”，荷叶城址“城内地表散布少量的战国板瓦、筒瓦、‘鱼骨盆’、绳纹灰陶片”，而未见其他时代遗物[③]。从所列的全部城址看，它们都出土了战国时期的遗物，这不充分说明这些城址的时代属战国吗？它们都远在“赤南长城”之北，都是属于“赤北长城”上的城址，那么“赤北长城”会是什么时代呢？它怎么能属于秦代？这不是不言自明吗？正如李文信先生在他调查的哈拉木头北小城址、撒水坡接壁城址、山头屯城址、老爷庙屯聚落址、山湾古城址、赤峰市北哈大和硕城址、蜘蛛山城址等，都出土了战国半瓦当、明刀币、铜镞、

① 冯永谦、向溥滢：《辽宁古长城》，沈阳：辽宁人民出版社 1986 年 3 月版。

② 项春松：《昭乌达盟燕秦长城遗址调查报告》，《中国古代长城遗迹调查报告集》，北京：文物出版社 1981 年 2 月版。

③ 项春松：《昭乌达盟燕秦长城遗址调查报告》，《中国古代长城遗迹调查报告集》，北京：文物出版社 1981 年 2 月版。

铁器等燕国文物，同出的还有秦、汉时期文物，据此其文章的结论说：“以上长城堡址出土的遗物，有的是战国燕国特有的，有的是秦代和西汉时期的，都足以证明这段长城的明确年代。”[①]这才是正确的意见，否则就会问：既然在赤峰一地就多处发现战国燕和秦代的城址、墓葬和遗物，为什么“赤北长城”就只能是秦代长城而不是战国燕长城呢？这里的城址、墓葬和遗物恰好说明，该长城是燕时所修筑，秦统一六国后加以利用，它是在此基础上进行修缮的。又如奈曼旗的西土城子古城、善宝营子古城、五间房城堡址，都是在接近“赤北长城”沿线内的大型城址，经过考古调查和发掘，出土了数以千件计的燕、秦、西汉时期的遗物。因此研究者说：“知道古城最初建于战国时代的燕国，秦和西汉继续延用。”[②]它们始建于燕国，正是与长城有关的城址，也就是说燕筑长城时，也绝不会把这样的大型城址置于长城之外的。至此，我们可以说，“赤北长城”正是为秦所沿用的燕北长城。

此外，笔者还认为，“赤南长城”也是燕长城。前引《史记》记载秦开破东胡，东胡却千余里，燕国筑长城，置五郡，其所筑长城就应是“赤南长城”。又前引《魏略》说秦开攻至满番汗，辟地二千里，略属真番、朝鲜，“为置吏，筑鄣塞”。燕从却东胡后开始转向强盛，是史家所共认的。秦开此后又几次用兵，未见记载，不得而知。但按当时的情况看，秦开肯定会拓展燕国疆土的。笔者认为，这至少应是分别记录秦开两次用兵：前一次主要兵锋指向北而后偏向东，后一次则将主要矛头指向东。由于疆域扩大，又因地理环境和军事防御上的需要，燕国将“赤南长城”在相关地段向北推移百余里，修筑了“赤北长城”，因而出现了复线，这也就是我们今天所见在赤峰南、北两面出现的两道长城。

根据上面我们对这两道长城的研究，可知今天通过河北省、内蒙古自治区和辽宁省三省区的这道最北边的长城，即“赤北长城”，应是战国时期燕国所筑的长城，那种将它定为秦长城的意见是不确切的。

（4）朝鲜半岛燕北长城遗迹

再有，关于燕北长城最东端的线段，也存在需要重新认识的问题。最近，根据朝鲜考古调查，在大宁江发现一道南北走向的长城，称之为“大宁江长城”，其长二百四十华里。笔者以为，这道长城就应是燕“赤北长城”东端的遗存。

根据朝鲜发现大宁江长城的研究论文所述，其发现经过是这样的：

“1984 年 6 月，在调查平安北道一带的历史遗址过程中，于泰川郡鹤塘里寻找道直岭山城时，从当地居民口中得知：大宁江的东堤，自古以来便被称做‘万里长城’，传

① 李文信：《中国北部长城沿革考》，《社会科学辑刊》1979 年创刊号、第 2 期。

② 李殿福：《吉林省西南部的燕秦汉文化》，《社会科学战线》1978 年第 3 期。

说这条长城自博川郡向北延伸，直至鸭绿江，并继续伸展到鸭绿江以北。”

后来朝鲜考古工作者实地调查的发现，和当地群众所说的情况完全一致：

“现已确认的部分，其总长度约为三百朝里（一百二十公里），……长城，沿博川郡的中南里、元南里，宁边郡的馆下里、古城里，泰川郡的龙兴里、鹤塘里、德化里、丰林里、阳地里（旧龙田里），东仓郡的鹤峰里、鹤松里、凤龙里、鹤城里、新安里（旧和丰里城兴洞）的大宁江及其支流昌城江，以及昌城江的支流城兴川的东岸，约三百朝里的区间内蜿蜒着。”

朝鲜所发现长城的结构是：

“这里的长城则是根据复杂多变的地形地势，采用了多种多样的筑城形式和方法。由于在江边辽阔的平原地带很难找到石头，便更多利用泥土与石头的混合。从东仓郡的新安里六班（城兴洞）到里所在地附近，以及新安川北部——昌城江东侧山麓、麓城里的江东山麓、鹤峰里和阳地里的部分地区，还有丰林里的山区，至今尚残存着一些石头城墙。大部分城墙虽已倒塌，而墙却仍堆在原来墙基处及其下方，远远望去，似乎城墙依然存在。……在博川郡的中南里、宁边郡的古城里、泰川郡的鹤塘里等平原开阔、石头稀少的地带，主要是用土或土石混合进行筑城。……像德化里和鹤塘里一带以及中南里的部分区间，江岸即是绝壁，城墙只是修到岸边，崖顶便不再构筑城墙。”[①]

这道在朝鲜大宁江东岸发现的长城，就是燕北长城经辽东郡过鸭绿江后的线段。为什么这样说呢？因这道长城的位置和走向，恰好和燕北长城鸭绿江北线段相接，它们的走向一致，其筑城方法和结构也完全和燕北长城相同。同时当地群众的口碑材料也非常重要：“自古以来便被称作‘万里长城’，传说这条长城从博川郡向北延伸，直至鸭绿江，并继续伸展到鸭绿江以北。”这是多么具体、明确的认识，它不是燕北长城还能是什么？该文作者定这道长城的时代较晚，认为系“高丽时期”所建，是用来“阻挡外来侵略者越过鸭绿江从西北方面进犯朝鲜”的；而且该文作者还说：“从今天平安北道地区的地形条件来看，在大宁江一线的前面，以鸭绿江东岸高丽千里长城一线为主，有不少地方可以设置长城、堵截城之类的防御设施。”[②]所谓“高丽千里长城”，实际上并不在此，

---

① 本文此处所引各段材料，均见孙永钟：《关于大宁江畔的古长城》（原载朝鲜《历史 科学》1978 年第 2 号），顾宇宁译，载《博物馆研究》1990 年第 1 期。
另可参见孙永钟：《关于大宁江长城的调查报告》（原载《朝鲜考古研究》1987 年第 2 号），南宇明译，载《博物馆研究》1990 年第 4 期。

② 本文此处所引各段材料，均见孙永钟：《关于大宁江畔的古长城》（原载朝鲜《历史科学》1978 年第 2 号），顾宇宁译，载《博物馆研究》1990 年第 1 期。
另可参见孙永钟：《关于大宁江长城的调查报告》（原载《朝鲜考古研究》1987 年第 2 号），南宇明译，载《博物馆研究》1990 年第 4 期。

它远在这个地方之西北面，位于辽河流域（详见本文下面所考）；再说，高丽既然已有这道“千里长城”来阻挡“从西北方面进犯”，那就已无必要再在内地修筑长城了；作为防御设施的长城，都是修筑在“边境”附近一线的，从无在国内腹心地区修筑长城的。假设就按该文作者认为的那样，就当时的高丽来说，如果修筑长城的话，为什么要舍弃可横断南北交通的鸭绿江天险不用，而在大宁江来修一道南北顺方向的长城呢？这样如何能“阻挡”自西北而来的“进犯”？因此，我们认为，这道“大宁江长城”是燕北长城的东端起点段。“大宁江长城”所在位置，是防止大宁江以东的朝鲜侯向大宁江以西的燕国辖境的进攻；舍此，是在任何时期也不会在此地修筑这样一道南北走向的长城的。这道长城，起点在大宁江入海口处，亦即清川江入海口处之北，正是汉代辽东郡番汗县所在地“今朝鲜平安北道博川城南十里古博陵城”[①]，而这里也正是我们研究中国历代长城时定我国燕北长城的东端起点处。过去因未见遗迹，尚属一般推测，今既于此地发现长城遗址，不仅说明前此所得研究结论之精审，而且确实证明这道长城是战国时期燕国之北长城。根据这道长城的发现，燕北长城东端的经行线路就更清楚了，其走向是：从清川江与大宁江入海口之北岸起，即今朝鲜平安北道中南里起，沿大宁江、昌城江、城兴川延伸，达鸭绿江；过江即进入我国宽甸县，其线路前已论及，最后经赤峰北面达于滦河源的长城端点地（图 2-1-1）。

## 二、秦长城

秦灭六国后，统一宇内，形势有了很大的改变。这时，主要是防止北方游牧民族匈奴的侵扰，而内地长城已失去了原来的作用，为恐再有阻隔，因此予以平掉，所以《史记·秦始皇本纪》中的碣石门刻辞说：“皇帝奋威，德并诸侯，初一泰平，堕坏城郭，决通川防，夷去险阻。”这里所说的“堕坏城郭，夷去险阻”，就是平掉于秦统一后有碍的城郭和长城。但北方的长城，没有被毁去；不但没有被夷平，反而进行了更大规模的修筑。据《史记》记载：“秦已并天下，乃使蒙恬将三十万众北逐戎狄，收河南。筑长城，因地形，用制险塞，起临洮，至辽东，延袤万余里。”[②]秦朝所修的北方长城，是利用秦、赵、燕三国北部的长城，以旧城墙为基础，进行大规模的修复，并将三国长城不相连接之处补筑城墙，加以连接而成的，这就是由蒙恬率三十万众完成的“起临洮属之辽东，城堑万余里”[③]的著名的秦代万里长城。

① 谭其骧主编、张锡彤等著：《〈中国历史地图集〉释文汇编·东北卷》，北京：中央民族学院出版社 1988 年 9 月版。

② 司马迁：《史记》卷八十八《蒙恬列传》，北京：中华书局 1959 年 9 月版，第 2565 页。

③ 司马迁：《史记》卷八十八《蒙恬列传》，北京：中华书局 1959 年 9 月版，第 2590 页。

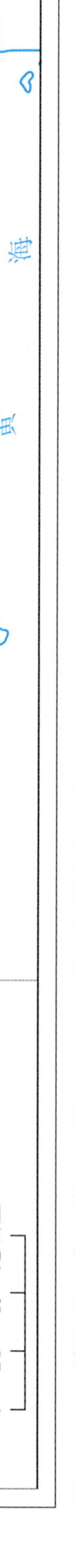

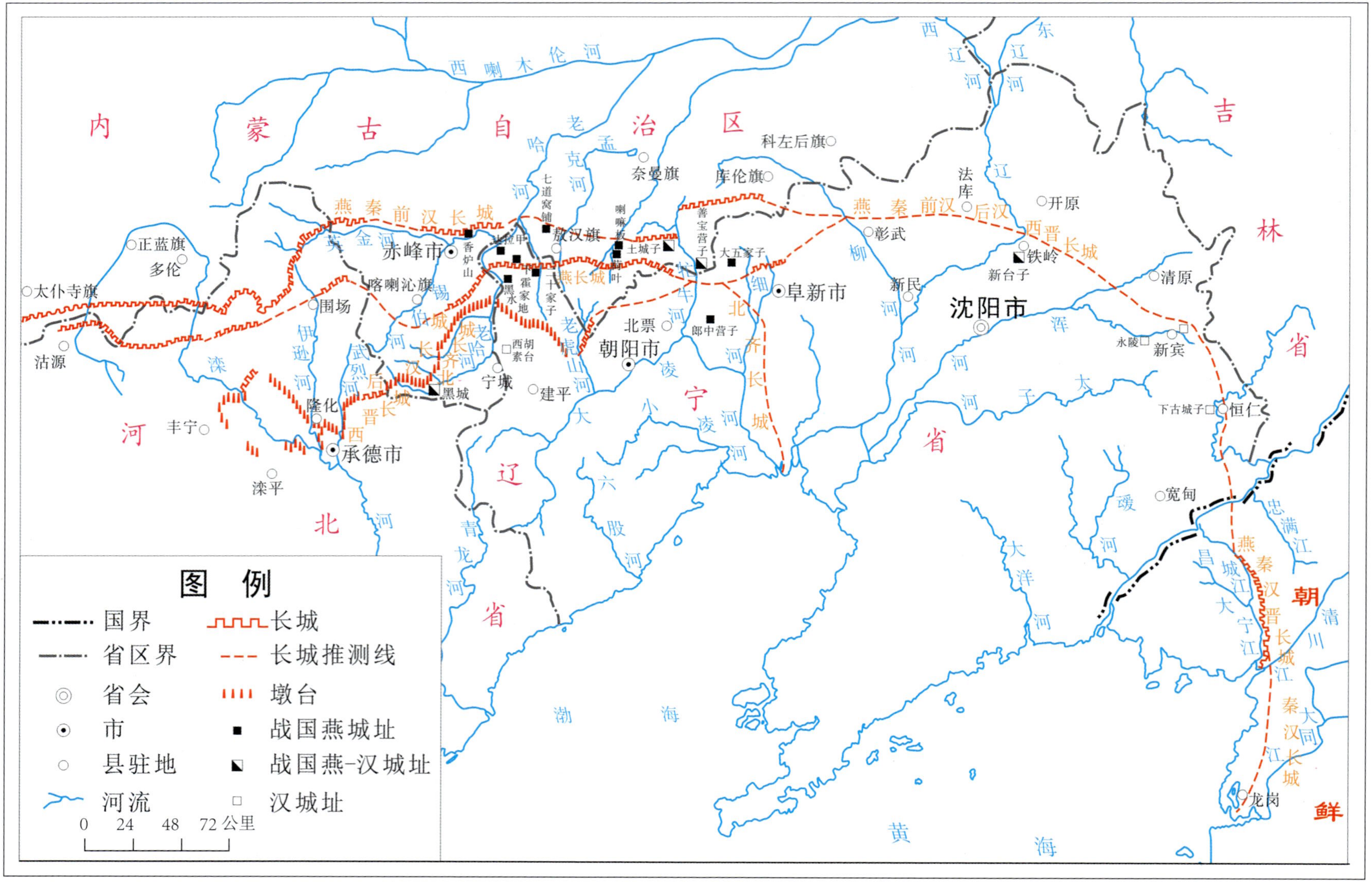

图 2-1-1 战国燕、秦、前汉、后汉、西晋、北齐长城走向示意图

秦筑长城的时间，当始于始皇三十三年（公元前214年）。《史记》载，始皇三十三年“西北斥逐匈奴。自榆中并河以东，属之阴山，以为四十四县，城河上为塞。又使蒙恬渡河取高阙、阳山、北假中，筑亭障以逐戎人。……三十四年，适治狱吏不直者，筑长城及南越地”[①]。但郦道元《水经·河水注》记作：“始皇二十四年，起自临洮，东暨辽海，西并阴山筑长城。”此处所谓“二十四年”，当是“三十四年”之误，因为始皇二十四年（公元前223年）秦国尚未完成统一六国的大业。据史载，当秦已并天下，在“三十二年，始皇之碣石，使燕人卢生求羡门、高誓。……因使韩终、侯公、石生求仙人不死之药。始皇巡北边，从上郡入。燕人卢生使入海还，以鬼神事，因奏录图书，曰‘亡秦者胡也。’始皇乃使将军蒙恬发兵三十万人北击胡”[②]。由于这些术士的蛊惑，秦始皇为北防“胡”，使蒙恬将三十万众，击走匈奴，遂筑长城。所以将秦筑长城定在始皇三十三年（公元前214年）是可靠的。

秦长城的走向，过去被误认为与明长城相同。清代乾隆皇帝对山海关明长城作的诗句“不似秦皇关竟海，空留遗迹障幽燕”就是明证。尤其是在木兰（今河北省围场县）发现“古长城”后，乾隆本人写了《古长城说》，并刊之于石，立在当地，其碑文认为，此长城是古长城，而秦长城在此之南数百里，他说：“夫蒙恬起临洮而属之辽东者，今其城犹存，乃去此数百里而南，且东西不若是其辽也。”这是明确指山海关、喜峰口明蓟镇长城为秦长城也。而民间流传的孟姜女的故事，更认为孟姜女与秦始皇有“不解之缘”，认为她是来山海关“哭倒”秦长城的，因而至今在山海关东存有姜女庙，海中还有姜女坟。由此可见，社会普遍认为，后世明蓟镇长城是秦始皇修的万里长城。现在对秦长城的研究，有了很大进展，但也有人提出：“不少学者认为秦长城大抵因秦昭王、赵、燕长城之旧，加以修缮和连接。其实不然，由于军事的胜利和拓地的扩张，秦长城某些地段是大大向北推进了。……包头以东，始皇长城也较原赵、燕长城北移。……过集宁，至兴和北，入河北省境。在燕长城北之始皇长城，经调查它自内蒙古的化德向东经太仆寺旗、多伦、河北的围场北、内蒙古的赤峰北，至敖汉旗。”[③]长城西段非本文所论之范围，可以不讨论，仅就在东北地区范围内的秦长城而言，说秦长城没有用燕长城之旧，而是“大大向北推进了”，是新修筑的长城，就是不确切的。文中所谓围场北、赤峰北以至敖汉，实际上是指“赤北长城”而言，但这道长城不是秦代在燕长城之北大大推进所新辟线路而另筑的，若认为它是秦长城，则是不符合实际情况的。

秦所筑的长城，在东北地区是利用燕北长城的“赤北长城”。前面已经谈过，于此

① 司马迁：《史记》卷六《秦始皇本纪》，北京：中华书局1959年9月版，第253页。

② 司马迁：《史记》卷六《秦始皇本纪》，北京：中华书局1959年9月版，第251页。

③ 瓯燕：《我国早期的长城》，《北方文物》1987年第2期。

不再重复。

这里需要讨论一下秦长城的东端起点问题。燕长城东端的起点，是在鸭绿江南的清川江入海口北岸；而秦长城当较此更南，应在大同江畔。最近出版的《明长城考实》认为，秦长城“向东经抚顺、本溪向东南，终止于朝鲜平壤西北部清川江入海处”[①]。这一论点，则将秦长城起点回缩了。郦道元《水经注·河水注》中说：“始皇令太子扶苏与蒙恬筑长城，起自临洮，至于碣石。”这个碣石是指汉时乐浪郡遂成县之碣石山。《太康地理志》说：“乐浪遂城县有碣石山，长城所起。”[②]《晋书·地理志》也说，遂城“秦筑长城之所起”。《通典》也说：“碣石山，在汉乐浪郡遂城县，长城起于此山。今验长城东截辽水而入高丽，遗址犹存。”[③]吴熙载《通鉴地理今释》也说：“秦筑长城，起所自碣石，在今高丽界。”根据上述文献材料可知，此碣石山在今朝鲜平壤之西南，即龙岗。冯家升早年即指出，长城“东端起朝鲜平安南道之龙岗，渡清川江，西北绕鸭绿江、佟家江”[④]。1979年出版的修订本《辞海》在“碣石”条中说，长城所起“此碣石山即今朝鲜平壤西南南浦北之龙岗”。李殿福经过考证也著文称：“秦长城东端止于辽东郡的东部，即乐浪遂城县之碣石，也就是现在朝鲜半岛平安南道之龙岗地方。”[⑤]其说是正确的。

秦长城的走向，经过近几十年的考古调查和研究，其经行线路已基本搞清楚了。它从今大同江入海口北岸的碣石山起，向东北去，经大宁江、昌城江，至鸭绿江，约从宽甸县的下露河乡过江，经太平哨一线，转向北去，进入桓仁县，再到新宾、清原，复向西经过铁岭、法库，进入彰武到阜新，然后到库伦、奈曼、敖汉，过赤峰，再向西就和围场段的长城相衔接了（图2-1-1）。这道长城，在鸭绿江南发现“大宁江长城”，已可见其经行线路；只有铁岭以东至鸭绿江段尚未进行调查，未见到明确的长城遗址，其走向是参考其他考古发现材料和文献记载进行推论的，但我们感到相去不会很远[⑥]。今后如能深入进行调查，这个问题是会得到解决的。

## 三、汉长城

东北地区的汉长城，过去的研究者涉及不多，常以简单的一句话“汉因秦旧制”，作为全部内容，这实在过于疏略了。实际上东北地区的汉代长城也有很多变迁，其内容亦颇丰富。汉代长城可分为两个时期——前汉长城和后汉长城，它们有很大差别。

① 华夏子：《明长城考实》第一章《明朝以前历代修筑长城概况》，北京：档案出版社1988年7月版。
② 司马迁：《史记》卷二《夏本纪》集解引，北京：中华书局1959年9月版，第54页。
③ 杜佑：《通典》卷一八六《高丽传》，中华书局1988年12月版，第5015页。
④ 冯家升：《周秦时代中国经营东北考略》，《禹贡半月刊》第二卷第11期，1935年12月。
⑤ 李殿福：《东北境内燕秦长城考》，《黑龙江文物丛刊》1982年第1期。
⑥ 冯永谦：《辽东地区燕秦汉文化与古长城考》，《辽宁省本溪丹东地区考古学术讨论会文集》1985年9月版。

### 1. 前汉长城

前汉初年，由于秦末战乱和楚汉战争，社会经济受到很大破坏，国力不强，而北方的匈奴却强盛起来[①]，经常侵扰北边，掠夺人、畜、财物，破坏生产，“小入则小利，大入则大利”，辽东、辽西和右北平等沿边郡县都深受其害[②]。因此，前汉建国后，为了安定北部边境，很重视缮治北方长城。

前汉时期的长城，是沿袭燕、秦长城的。上面已经谈过，经考古调查证明，汉因秦制，而秦是因燕国的“外线长城”，即“赤北长城”的，因此前汉也是沿用“赤北长城”。

在这道“赤北长城”的沿线，至今还保存有很多古代的城址，这对我们了解长城的沿革有很大帮助。如赤峰县的哈拉木头、撒水坡，奈曼旗的西土城子、善宝营子等城址，经调查或发掘，均出土了大量的战国、秦和前汉时期的各种遗物，充分地反映出附近长城的修筑年代。除此之外，特别值得提出的是在长城线内侧的一些行政建置，它们与长城相辅相成——置郡县，于沿边筑长城。因此，要了解长城，就不能对这些建置置之不顾。李文信先生说：“绝不会把防止匈奴族的长城，反修在自己很远的后方，长城外反扔掉若干郡县的。”[③]所以，我们了解和研究长城沿边郡县也是很重要的。在今内蒙古自治区宁城县的黑城村有一座古城址，规模很大，经考古调查和研究，被确认为前汉右北平郡及其治所平刚县故城[④]。这一处城址出土了大批战国—新莽时期的遗物，是东北地区西部长城内侧重要的城址，位于燕、秦、汉时期出长城去呼伦贝尔草原即匈奴左贤王住地的通道上。奈曼旗沙巴营子古城址，经过吉林省考古工作者的发掘，被证明也是一座经历燕、秦、前汉的古城，有的研究者考为文成县[⑤]，也有认为它是新安平县的[⑥]。此城址距“赤北长城”三十余公里，是一座距边较近的古城。辽宁省法库县石桩子马鞍山发现一处汉代遗址，正位于长城的通过线附近。此遗址是笔者 1972 年在辽北地区进行考古调查时发现的。在铁岭新台子砖厂的取土场内发现一座城址，可惜在 1966 年后的“十年动乱”期

① 司马迁《史记》卷一一〇《匈奴列传》载：匈奴“遂侵燕、代。是时汉兵与项羽相距，中国罢于兵革，以故冒顿得自强，控弦之士三十余万”。（北京：中华书局 1959 年 9 月版，第 2890 页）

② 司马迁《史记》卷一一〇《匈奴列传》载：文帝时“匈奴日已骄，岁入边，杀略人民畜产甚多，云中、辽东最甚，至代郡万余人。……其明年秋，匈奴二万骑入汉，杀辽西太守，略二千余人”。（北京：中华书局 1959 年 9 月版，第 2901 页）

③ 李文信：《西汉右北平郡治平刚考》，《社会科学战线》1983 年第 1 期。

④ 冯永谦、姜念思：《宁城县黑城古城址调查》，《考古》1982 年第 2 期。
李文信：《西汉右北平郡治平刚考》，《社会科学战线》1983 年第 1 期。

⑤ 李殿福：《西汉辽西郡水道及郡县治所初探》，《辽宁大学学报》1982 年第 2 期。

⑥ 孙进己、冯永谦总纂：《东北历史地理》（第一卷）前汉“新安平县”条，哈尔滨：黑龙江人民出版社 1989 年 9 月版。

间全被挖毁，出土大量战国—汉时期的遗物，在一处窖藏中发现数量极多的战国明刀币、襄平布、安阳布等货币。笔者曾对其进行调查，并对出土遗物进行回收，考定此城址为汉之望平县[①]，长城也应在此城址北部不甚远处通过。新宾县永陵镇古城址，有大、小二城，俱在该镇西南的苏子河南岸，大城在南，小城在北。此城址为抚顺市博物馆所发现，笔者也曾前去调查过。经过研究，大城为玄菟郡第二郡治址，小城即高句骊县[②]。凤城县刘家堡子城址，遗物为战国—汉代，有明刀币、铁器、陶豆柱、瓦当等，考定此城址为前汉武次县[③]，亦即辽东郡东部都尉治所。刘家堡子城址的发现，为我们研究和确定战国—汉的长城走向与位置，提供了重要的地理坐标。在凤城市蔡家堡子出土一颗鎏金龟钮“关内侯印”，按其爵位是非常高的，在这里出土，说明此地当时和朝廷的关系密切。丹东市振安区九连城镇叆河上尖村古城址，是一座从战国、汉并经历高句骊、辽、金、明等时期的古城址，出土遗物极多，并有一件“安平乐未央”瓦当，考证此城址为前汉辽东郡的西安平县[④]。上述这些经考古发现并考定其郡县建置的城址，也是近年长城研究可资利用的新成果，因为这些城址都距边塞较近，长城即应在其外缘远近不等处通过。因此，这些城址是研究长城的经行线路和修筑年代最有力的考古发现资料。

《史记》又载：“于是汉遂取河南地，筑朔方，复缮故秦时蒙恬所为塞，因河为固，汉亦弃上谷之什辟县造阳地以予胡。是岁，汉之元朔二年也。”[⑤]据此，我们知道在汉武帝元朔二年（公元前 127 年）修筑长城时，将造阳的什辟县地放弃，因此，修筑长城时当将这些弃与匈奴的地方置于长城之外。对于这一现象，过去研究长城者还未予以注意。因此，关于汉武帝弃地后的长城线路是怎样的，没有提出什么新的意见来。

笔者根据对长城遗址的实地调查，结合文献记载，认为武帝时弃什辟县造阳地后修筑的长城，就是利用燕北长城的“内线长城”，即“赤南长城”修筑的。这道长城在今河北省围场县、内蒙古赤峰县和辽宁省建平县，南移了五十到一百里；而其东端过今北票县后，因弃地未达到此，它就又和今阜新县的燕秦长城线相合了，线路无变化。但在今河北省围场县以西，根据调查情况看，它可能回缩得较东段多。笔者调查过东段长城后感觉到，正是由于武帝时曾因弃地、防线回缩修筑过“赤南长城”，因此至今这段长城才较好地保存下来。

《史记》还载：“朝鲜王满者，故燕人也。自始全燕时，尝略属真番、朝鲜，为置吏，筑鄣塞；秦灭燕，属辽东外徼。汉兴，为其远难守，复修辽东故塞，至浿水为界，属燕。

① 铁岭新台子城址系笔者调查，考定为望平县，后来还将此意见写进《东北历史地理》第一卷前汉“望平县”条。
② 徐家国：《汉玄菟郡二迁址考略》，《社会科学辑刊》1984 年第 3 期。
③ 王连春、崔玉宽：《西汉武次县方位考》，《辽宁省本溪丹东地区考古学术讨论会文集》1985 年 9 月版。
④ 李文信主编：《辽宁史迹资料》，辽宁省博物馆 1962 年 1 月印行。
⑤ 司马迁：《史记》卷一一〇《匈奴列传》，北京：中华书局 1959 年 9 月版，第 2906 页。

燕王卢绾反，入匈奴，满亡命，聚党千余人，魋结蛮夷服而东走出塞，渡浿水，居秦故空地上下鄣，稍役属真番、朝鲜蛮夷及故燕、齐亡命者，王之，都王险。”[①]从这段记载，我们可以比较清楚地了解前汉时期长城东端的情况。《魏略》记战国时期燕国秦开辟地已至满潘汗。金毓黻已辨满潘汗即《汉书·地理志》所记的辽东郡“番汗”县[②]。但“满”字却无得解释。我们在研究东北历史地理时，曾注意及此，“旧志多费解，我们认为当指汉初曾王于‘朝鲜’的燕人‘卫满’”[③]。即“卫满的番汗”地方，后由于某种原因书为“满番汗”。经此一说，则此难解之词便豁然明了。前汉时期的番汗县，经考证，在“今朝鲜平安北道博川城南十里古博陵城”[④]。前汉时，因认为鸭绿江南地“其远难守”，故“复修辽东故塞”，以便保障；所谓“故塞”，当指燕秦长城而言。因此，汉长城复修至浿水，即今朝鲜大同江[⑤]，其线路正是起于“碣石山”的秦长城旧线。燕人卫满率众东走越长城、渡浿水（大同江）而“居秦故空地上下鄣”，所说情况与其地的地理环境是一致的。由此可知，前汉长城东端是无大变化的。

### 2．后汉长城

后汉长城，较之前汉长城有很大回缩。由于后汉时期国力不逮，而北方的少数民族日益强大，许多民族移居塞内，边地郡县减少了，长城自然跟着失去原来的线路。后汉初，高句骊人攻取了高句骊县，迫使玄菟郡西迁至今抚顺地区；建武二十五年（公元49年），乌桓迁居五郡塞内，而鲜卑也向南迁居五郡塞外。这些变化，都影响了后汉的长城走向。经统计，仅云中、五原、朔方、定襄、上谷、渔阳、右北平、辽西八郡“东汉北边比西汉丢掉了五十四县，这是东汉最盛时的情况，中后期当然就是这个情况也保持不住了。前汉的北边长城就有大部分或全部不能利用，所以就不得不另修长城或其他防御工程，当然有的地方也就不用长城作防御了”[⑥]。既是这种形势，东北的后汉长城，其情况也就可想而知了。不过后汉初建武三年（公元27年），彭宠于渔阳反，光武帝欲亲征，伏湛上书反对，《后汉书·伏湛传》记载了北边的长城：“渔阳以东，本备边塞，地接外虏。”未审“本备边塞”为前汉时所修，还是为后汉自己所修；但“地接外虏”，显然说明它已紧邻北族，说明这道长城也为后汉所用，所以即使它为前代所修，也应被看作是后汉的长城。但是后汉渔阳

① 司马迁：《史记》卷一一五《朝鲜列传》，北京：中华书局1959年9月版，第2985页。
② 金毓黻：《东北通史》卷二，五十年代出版社1941年版。
③ 孙进己、冯永谦总纂：《东北历史地理》（第一卷），哈尔滨：黑龙江人民出版社1989年9月版。
④ 谭其骧主编、张锡彤等著：《〈中国历史地图集〉释文汇编·东北卷》，北京：中央民族学院出版社1988年9月版。
⑤ 孙进己、冯永谦总纂：《东北历史地理》（第一卷），哈尔滨：黑龙江人民出版社1989年9月版。
⑥ 李文信：《中国北部长城沿革考》，《社会科学辑刊》1979年创刊号、第2期。

郡已经回缩，前汉辖十二县，后汉辖九城，长城也许南移，因而称“本备边塞”，它也许是后汉自己修筑的。《后汉书·祭彤传》载，祭彤在建武十七年（公元44年）拜辽东太守，“二十一年秋，鲜卑万余骑寇辽东，彤率数千人迎击之，自被甲陷阵，虏大奔，投水死者过半，遂穷追击出塞”。从此文所见，后汉时辽东郡还是存在长城的。

尽管是这样，关于后汉的长城，笔者以为还是有变化的。但其面貌究竟怎样，以往的研究者多未涉及，没有提出什么具体意见，无可遵循，于此笔者仅能根据自己对长城的考古调查，谈些想法。笔者在辽宁省建平县所见的墩台，是很特殊的，它从老哈河东岸的今建平县国营农场山根村起，至其东南榆树林子乡炮手营子村，就有五十一座，而此墩台过老哈河向西经内蒙古喀喇沁旗，进入赤峰县三道沟门乡，抵河北省界；据河北省的调查，在上面战国长城节中已经谈过，它又到隆化县中关乡，在此又分成两道，分别向丰宁县和滦平县延伸。这道长城的最大特点是，有时有长城墙体，有时以墩台形式出现，它们互相衔接，最终构成一道防御体系，也就是笔者在前面所引述的称之为“第三道长城”的遗存，并且三省区的调查者都认为它是“汉长城”。但笔者根据其所处地理位置、结构、特点、出土遗物等，认为这道“墩台”长城，就是后汉时期所修筑的长城。正如李文信先生所说，此时后汉“不得不另修长城或其他防御工程”，但因国力不足，后汉已无能力修筑大规模的长城，因而成为时有墩台、时有长城的一种防御工程了。从调查所见，此长城已向南回缩很远，因此定它为后汉长城是符合当时社会的实际状况的（图2-1-1）。

## 四、西晋长城

西晋起于三国之末，当时的战乱，使北方民族较之前代更加强盛，因而其北方辖境随着南移，故西晋于东北筑长城之事不显。西晋长城，仅见于《晋书·唐彬传》记载。其文为：太康二年（公元281年）“北虏侵掠北平，以彬为使持节、监幽州诸军事、领护乌丸校尉、右将军。彬既至镇，训卒利兵……遂开拓旧境，却地千里，复秦长城塞。自温城洎于碣石，绵亘山谷且三千里，分军屯守，烽堠相望，由是边境获安”。西晋长城到底怎样，现在还不明了。不过笔者以为《唐彬传》所记的长城，其位置还是应在东北的。

李文信先生对西晋的这道长城进行过研究，但对其构筑及起止点颇有怀疑，认为“自温城洎于碣石，绵亘山谷且三千里，烽堠相望，看来很像一条烽台、堡障连接三千里的防御工程，但不是修建一道新长城，也不像重修秦代长城。因秦长城由幽州辖境东过辽东，达于浿水，不止三千里。可知这‘洎于碣石’的碣石，当是毛泽东词‘东临碣石有遗篇’的碣石，在今河北省昌黎一带，但此地绝非秦汉长城起止的地点，在文献上和遗迹文物上都证明了这点”[①]。

① 李文信：《中国北部长城沿革考》，《社会科学辑刊》1979年创刊号、第2期。

对于这个问题怎么认识，目前还不能很好解决。

笔者个人的不成熟意见，感到唐彬所“复秦长城塞”，还是到达浿水的，因为唐彬是去幽州，西晋时北平郡治徐无，其地在今河北省玉田县东境，唐彬如确实是“却地千里”，当即达秦汉长城；又西晋时，在东北地区设有北平郡四县、辽西郡三县，而乐浪郡六县仍在大同江流域，西晋末年才侨置辽西，带方郡在西晋时仍设于朝鲜半岛南部汉江流域，晋惠帝元康二年(公元292年)犹存[①]，公元313年，乐浪郡西迁，带方郡亦随同迁往辽西，但唐彬“复秦长城塞”时，是在西晋建国十七年后，此时乐浪、带方郡均未西迁，而辽东国、玄菟等郡正是西晋统治较稳固的地区，在此时复长城塞至浿水是没有问题的。唐彬当时用兵“开拓旧境，却地千里”，当在今河北东北部，假若不错的话，自温城至碣石，适为三千里。并且我们还应该看到，西晋时，在今河北省东北部有幽州所属的北平郡、辽西郡，在东北地区和鸭绿江以南有平州所属的昌黎郡、玄菟郡、辽东国和乐浪郡等；如果不是这样，从西而东修一道长城到河北昌黎与秦皇岛东海滨的“碣石”，就将自己的上述建置弃置在长城之外了，这是绝对不可能的，而且在自己辖境的腹地内修长城，是为了防谁呢？这样的长城就失去了它的防御作用。因而笔者认为，西晋初年的长城，是从今河北省东北部到朝鲜大同江入海口北岸的碣石山，亦大体为秦汉时期的长城旧线。进一步来说，这道长城的线路，很可能就是沿用了后汉的长城，正如李文信先生所说，“看来很像一条烽台、堡障连接三千里的防御工程”。而碣石的位置在大同江，是确定无疑的(图2–1–1)。

## 五、北齐长城

北齐建国后，也曾多次修筑长城，但主要是在北方，与东北有关的则不多。

《北齐书》载：天保七年，十二月，“先是自西河总秦戍筑长城，东至于海，前后所筑东西凡三千余里。率十里一戍，其要害置州镇，凡二十五所”[②]。在这次修长城八年以后，《北齐书》又记录了一次北齐修长城的情况。《北齐书·斛律金附子羡传》说：“羡以北虏屡犯边，须备不虞，自库堆戍东拒于海，随山屈曲，二千余里，其间二百里中，凡有险要，或斩山筑城，或断谷起障，并置立戍逻五十余所。”[③]

这两条记载，长城东端都至海。当时北齐的东北境有平州，辖北平、辽西二郡；营州，辖冀阳、建德二郡。营州治黄龙，即今辽宁省朝阳市[④]。这里应当特别指出的是，营州直到北齐灭亡，都未属北周。《北齐书》载：“高保宁，代人也。不知其所从来。武平末，

① 沈约《宋书》卷三十四《五行志》载：“晋惠帝元康二年九月，带方、含资、提奚、南新、长岑、海冥、列口虫食禾叶荡尽。”（北京：中华书局1974年10月版，第987页）

② 李百药：《北齐书》卷四《文宣帝纪》，北京：中华书局1972年11月版，第63页。

③ 李百药：《北齐书》卷十七《斛律金附子羡传》，北京：中华书局1972年11月版，第227页。

④ 孙进己、冯永谦总纂：《东北历史地理》（第一卷），哈尔滨：黑龙江人民出版社1989年9月版。

为营州刺史，镇黄龙，夷夏重其威信。周师将至邺，……保宁引绍义集夷夏兵数万来救之，至潞河，知周将宇文神举已屠范阳，还据黄龙，竟不臣周。”[①]由此可知，北齐自建国至灭亡，营州黄龙（今辽宁省朝阳市）始终为北齐所统治。前此研究北齐修长城“东至于海”，认为是“东到渤海，可能就是山海关一带。以三千余里计算，由山海关迳居庸、崞县、汾阳、临汾一带地也大致符合”[②]。但这样会有一个问题，那就是如前面所说，北齐若在这一地段修长城，就将统治稳固的营州置于长城之外了，实际上是在自己国内修了一道长城，隔断自己，这种情况是绝对不会有的。因此，北齐的长城不应在渤海岸边的山海关一线，而应是远在朝阳北面，即利用秦汉长城旧线。北齐王峻也曾在今朝阳以北“远设斥候”。《北齐书》载：“王峻……除营州刺史。营州地接边城，贼数为民患。峻至州，远设斥候，广置疑兵，每有贼发，常出其不意要击之，贼不敢发，合境获安。”[③]可知北齐在营州北建长城、设烽堠，是未曾放松的。北齐时期居住在大凌河东的契丹和居住在今河北东北部的库莫奚时常犯塞，辽东则有高句丽，自应防之；在此形势下，北齐长城就应建在这些地方的边沿。从北齐在东北地区的建置看，平州所辖的北平、辽西二郡，在今河北省卢龙县一带，而营州所辖的冀阳、建德二郡，则以今辽宁省朝阳市为中心，包括今喀左、建平、北票和义县等大凌河以东地，则其筑长城，就应在此辖境外缘，即大凌河下游及其支流细河流域进行，北面当是利用秦汉长城的旧线，而“东至于海”，也应在此范围终端的海，即今辽宁省锦州和锦县（今葫芦岛市）南面海边（图 2-1-1）。不过在锦县一带的相应地段，至今还未发现基本作南北走向的长城遗迹，姑且提出来，以为将来进一步考古调查验证。

## 六、北周长城

东北地区的北周长城，过去是最不明显的，甚或有人认为北周在东北没有行政建置，当然也就谈不上修筑长城了。

其实不然，北周长城在东北地区还是有迹可循的。据《周书·宣帝纪》载：大象元年六月，“发山东诸州民修长城。”所修长城在何地，其所记语焉不详，不知修的是何处长城。而同书《于翼传》亦载此事，且颇为明确：于翼“大象初，征拜大司徒，诏翼巡长城，立亭鄣，西自雁门，东至碣石，创新改旧，咸得其要害云”。北周长城在何处，李文信先生认为，“大体是接修北齐长城的”，即修北齐“直东到渤海，可能就是山海关一带”的北齐长城[④]。笔者前面在“北齐长城”节中已经谈过，北齐长城不在山海关，

① 李百药：《北齐书》卷四十一《高宝宁传》，北京：中华书局 1972 年 11 月版，第 547 页。
② 李文信：《中国北部长城沿革考》，《社会科学辑刊》1979 年创刊号、第 2 期。
③ 李百药：《北齐书》卷二十五《王峻传》，北京：中华书局 1972 年 11 月版，第 364 页。
④ 李文信：《中国北部长城沿革考》，《社会科学辑刊》1979 年创刊号、第 2 期。

而是在今朝阳北的秦汉长城旧线，东面约当南折至锦县之渤海岸边，这样一来，北周就不会在山海关一带接修北齐长城了。

那么北周长城在何处？最近康群调查了河北省抚宁县和山海关一带的古长城，一段西起于抚宁县上庄坨乡张赵庄的西山，沿石河支流车厂河南岸东去，至石门寨乡鸭水河村东的老龙台，再延伸到石河西岸的危崖险峰，长城基本上是东西走向，墙为石砌，坍毁较甚；后一段长城在前段长城之东，两者中间不衔接，有一段间断，它从今河北省秦皇岛市山海关区渤海乡杨庄东南起，逶迤向西北至南窑河乡小毛山，然后经姜女庙所在的望夫石村西，再向西北经边墙子村、八里堡村，延伸到长城乡的馒头山，总体作东南至西北走向，其墙为土筑，土色棕红，故至今当地人犹称之为“红墙子”，似为当地人欲与保存完好、作南北走向的明长城青砖墙体相区别，故有此称呼①。

后一段长城在山海关明长城的东面，笔者曾去其地进行过调查，至今仍有长城遗迹；如果现在从山海关北去悬阳洞，在公路两侧即可看到这道长城东西向横断公路而过，公路将长城打开一个缺口。从这段长城南端所在的杨庄向东南去，直抵渤海岸边，现在这里有一个村庄叫“墙子里”，属辽宁省绥中县万家镇，该村南面的海岸边有一大型建筑遗址，现由辽宁省文物考古研究所在此发掘，它的南面海中有四块礁石，传说为“姜女坟”，而此遗址就是目前为大家所熟知的绥中姜女坟秦汉遗址。这里笔者要说的是，此遗址北面的村庄名叫“墙子里”，笔者以为它应和这道长城有关，即长城在此村的北面通过而抵海边。由于此村是在这道长城的南面，即内侧形成，以其在长城墙里面的原因，因此在取村名时就叫“墙子里”了。这种因指示物而得名的现象是很普遍的，正如它西北的“边墙子”村一样，由于靠近当年这道保存还较好的北周长城而得名。无论何代长城，在当地群众中常被称为“边”或“边墙”，现在类似这样的村庄名称很多。据此可知，这道长城当在墙子里村的北面通过，而达于海边；这个海边目前因未见遗迹，还不能确知，但根据长城的走向，已不可能太远，因此笔者初步推测，很可能止于今墙子里村东之止锚湾海边（图 2–1–2）。

这道在山海关关城北面横过明长城东西两侧的长城，是何代所筑？过去一般都认为它建于北齐，如有人研究，“据《北齐书》记载，北齐天保三年（公元 552 年），自西河总秦戍（大同西北）筑长城，东至于海（今河北山海关）”②。“北齐长城自西河总秦戍（今山西临汾西北）起，经北夏口（今南口），东达渤海（今山海关），东西长三千里。”③前面笔者在“北齐长城”节中已谈过，北齐长城不在这里，而是在今朝阳市北面。因此，这道长城只能是北周长城。康群在调查这道长城后做结论说，北周“于翼督修的长城线路

① 康群：《秦皇岛市境内古长城考》，《辽海文物学刊》1990 年第 2 期。

② 罗哲文：《长城》，北京：北京旅游出版社 1988 年 9 月版。

③ 秦皇岛市地名办：《秦皇岛市地名志》1986 年版。

图 2-1-2　北周、隋长城走向示意图

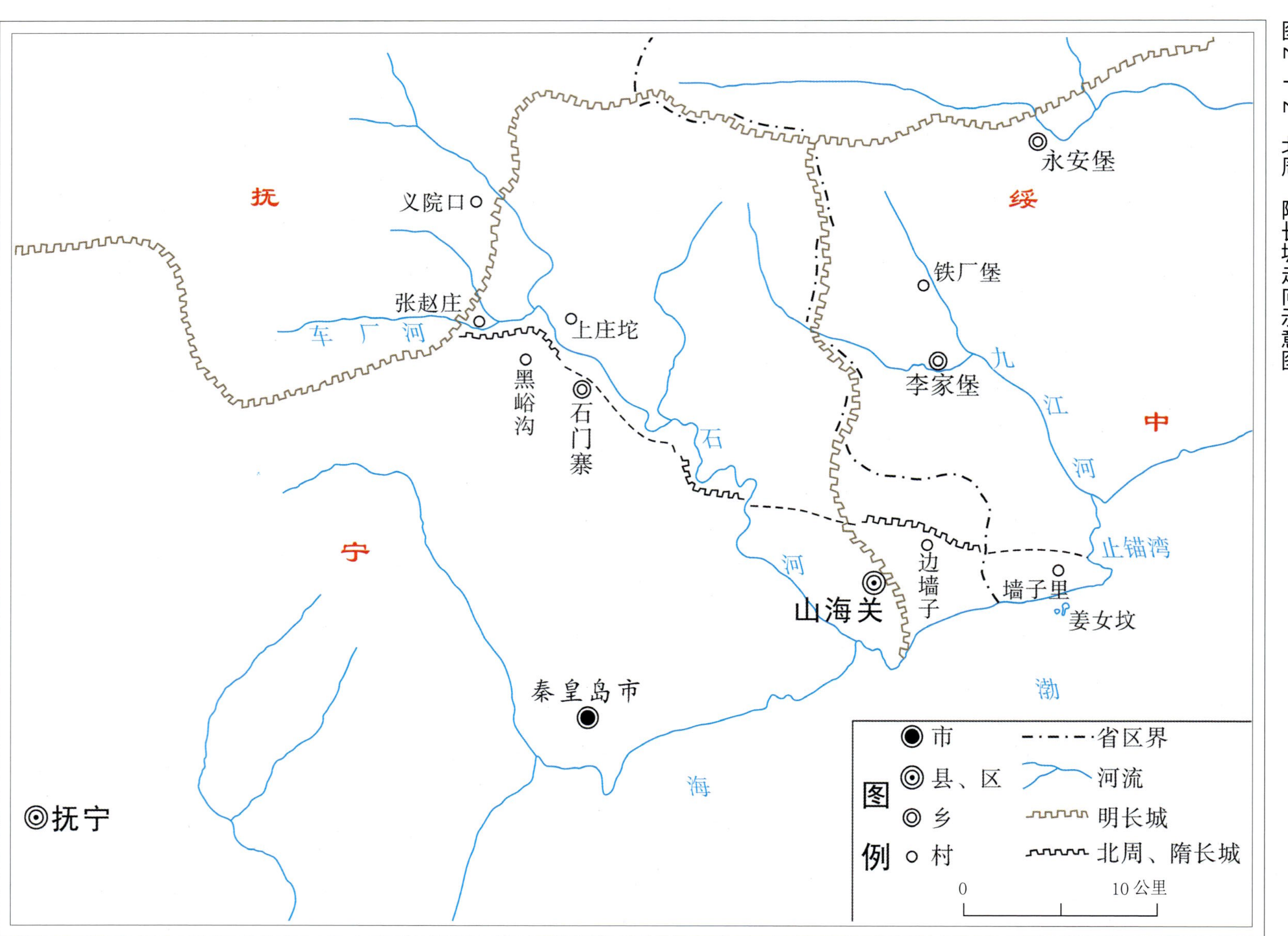

采取‘创新改旧’的办法。‘改旧’，主要指在北齐长城基础上补修，地段当是今山西北部至北京东北；‘创新’，指根据边防需要而改变线路，主要是平州境内新修的亭障、烽堠、戍所和边墙。今秦皇岛市、唐山市和天津市境内的古长城，当始筑于此时”[①]。其说颇为精审。

因此，在山海关与明长城“十”字相交作东西走向的长城，就是北周所筑的长城。

## 七、隋长城

隋继北周之后建国，虽为时甚短，但对北方游牧民族的侵扰亦颇注重防御，连年修筑长城，并且在隋东北方面，还有据营州不曾臣周的高宝宁引突厥进犯。史载，突厥“与故齐营州刺史高宝宁合兵为寇。隋主患之，敕缘边修保（堡）障，峻（竣）长城”[②]。笔者以为，隋为防御据营州的高宝宁所竣之长城，就是修补北周所筑的长城，因两者都为保平州（今河北省卢龙县），所防是一致的。开皇二年（582 年）“五月已未，高宝宁引突厥寇隋平州，突厥悉发五可汗控弦之士四十万人入长城”[③]。高宝宁等所入长城，即隋为保平州所竣之长城（图 2–1–2）。而这段长城之所在，就是北周所始修在今山海关北的这道长城。隋朝在以后还曾修过长城，但均在西线，不在东北地区，故于此不论。

## 八、高句丽长城

我国东北古代少数民族高句丽，在东北地区也曾修筑过长城。但过去研究长城者，对高句丽长城多未论及，又因其遗迹不明，故现在仍很少有人探讨，致使高句丽长城的面貌，至今还在朦胧之中。

高句丽筑长城，史籍中不乏其文。《旧唐书·高丽传》载：贞观五年“建武惧伐其国，乃筑长城。东北自扶余城，西南至海，千有余里。”[④]《新唐书·高丽传》也说：“建武惧，乃筑长城千里，东北首扶余，西南属之海。”[⑤]此外《三国史记》对高句丽修筑长城也有较详细的记载：荣留王“十四年，唐遣广州司马长孙师，临瘗隋战士骸骨祭之，毁当时所立京观。春二月，王动众筑长城，东北自扶余城，西南至海千有余里，凡十六年毕功。”[⑥]荣留王即建武，因惧唐王朝攻伐，用了十六年时间修长城，起自荣留王十四年（即唐太宗贞观五年，公元 631 年）春，完成于宝藏王五年（公元 646 年），工程确实不小。但是高句丽所修的这道千余里长城，至今已不见踪迹；即或仍有存在，由于没有明确标志，不敢

---

① 康群：《秦皇岛市境内古长城考》，《辽海文物学刊》1990 年第 2 期。

② 司马光：《资治通鉴》卷一七五《陈纪九》，北京：中华书局 1956 年 6 月版，第 5450 页。

③ 司马光：《资治通鉴》卷一七五《陈纪九》，北京：中华书局 1956 年 6 月版，第 5456 页。

④ 刘昫：《旧唐书》卷一九九上《高丽传》，北京：中华书局 1975 年 5 月版，第 5321 页。

⑤ 欧阳修、宋祁：《新唐书》卷二百二十《高丽传》，北京：中华书局 1975 年 2 月版，第 6187 页。

⑥ 金富轼：《三国史记》卷二十《高句丽本纪》，旧本，第二十册，第十二页。

肯定其为高句丽长城，因此至今谈论高句丽长城者亦甚少，而研究亦未能深入下去。

高句丽长城，近年由于考古调查，才又被人注意。前此所记录或偶有谈及的，仅为所见的一些零散现象，并未明确提出这些遗迹就是高句丽长城，甚至被认为是“此边为明代与蒙古之界”[①]。最近李健才参考县志所记和近年考古调查发现的某些遗迹，推定在东北地区中部以“边岗”命名的村庄等地名，连接起来就是高句丽长城。他说，高句丽长城“吉林、辽宁两省有关老边岗或边岗的地名连起来看，也可以推知它的基本走向。尤其从吉林省怀德县境内的实地考古调查资料和营口市郊区的老边村、老边站等地名连起来看，可以推知这一长城的起止点和走向。这一边岗，东北从今农安起，西南到营口海滨止”[②]。这个问题的提出，尽管所用材料不足，主要依据《怀德县文物志》[③]以及远在千里之外的营口的两个地名（实际上是老边村一个地名，老边站是由于近年修筑铁路因村而取的车站名），但这也无疑会将高句丽长城的研究向前推进一步。

李健才的这个推断，笔者以为接近实际，不过他在作这个推论时，中间的空断太大，无法画出高句丽长城的经行线路。高句丽长城的起点是扶余城，即今吉林省农安县——关于扶余城所在虽还有不同意见，但笔者倾向在此。高句丽长城由此向南到怀德县，今在怀德县境内发现五十余里的“边岗”；此后直到营口市，仅发现有“老边”地名，中间这么大的距离，包括起点在内仅有怀德一段，实在是太不清楚了。因此，高句丽长城的走向问题还是要更深入地调查才能解决。

下面笔者谈一点儿自己的认识和研究体会。

关于高句丽长城，过去笔者曾注意过。近四十年的野外考古工作逐渐积累起来的经验，帮助笔者认识这个问题。因此，笔者在往年一次调查明长城时受到启示，感到了高句丽长城的存在。为了说明这个问题，不妨从笔者的故乡说起。笔者的出生地在沈阳市

① 李宴春《怀德县志》卷十载：“此边在四区戥子街西南入境，至五区大青山南入长春界，斜亘境内七十余里，凡境内诸屯，以边岗、小边名者，均以此。”同时即指“此边为明代与蒙古之界”。

② 李健才：《东北地区中部的边岗和延边长城》，《辽海文物学刊》1987 年 1 期。

③ 怀德县文物志编写组《怀德县文物志》(吉林省文物志编委会 1985 年 12 月版。)记载了调查所见情况：“此边在本县境内横跨秦家屯、双榆树、四道岗、育林等四乡，经平安堡、老城堡、榆树堡、东黄花甸子、陈家窝堡、边岗屯、八岔沟子西、梁家炉、姜德屯、边岗四队、幸福村后东北向直入农安县境，全长五十余华里。边岗为夯土筑成，由于年代较久，现在大部已为耕地或辟作乡道，残存的地段也凸凹不平。此边岗自秦家屯乡戥子街村入境处，因早已成为大车道，遗迹已不甚明显，有的地段尚高于地表。榆树堡至边岗屯一线是遗迹较为明显的地段，其中又以三皇庙村东和黄花甸子北保存较好。三皇庙村东边岗基宽约六米，顶宽约三米，高约一米，一条乡道跨岗而过。据当地群众讲述，四十年前，此岗超过屋脊，有五米余高。黄花甸子向北，与陈家窝堡边岗屯中间，有两华里保存较好的地段，岗基宽约六米，顶宽约三米，高约两米，如一条长龙伏地而卧。现在，这条边岗已是一条笔直的乡道，在乡道旁和岗边露出的断层中，可以清楚地看到修筑边坝夯层的痕迹。”

西北郊现属于洪区解放乡的万金台村，笔者的童年就是在那里度过的。万金台村东二里是大尚义林村，即明辽东长城中的“上榆林堡”。在万金台村的村南、村北各有一个大土台，称“南大台”“北大台”，实即长城线上的烽火台。村中有一条南北大道，在早年还没有公路时，这条大道就已经很有规模了，路面高于两侧土地。村北的大道西侧还有很长一段半残的土岗，因未耕种，树木蓊郁，称做“北边岗”。出村向西去，过“北边岗”就说是“边外”。老人告诉我们说：“这是高丽的长城。”这条大道南北通得很远，在这条大道上的村庄均名为“台”，北边如以辽河岸边起，往南依次为石佛寺（即明长城的“十方寺堡”）、盘古台、孟家台、四台子、三台子、万金台、于金台、白虎台、四方台（现改为解放村，为乡政府驻地）、开龙社、老边（即因“边”——长城而得名）、三台子、门台、曹台、静安堡（即明长城的“静远堡”）、胡台、林家台、潘建台等。在这些村庄间，都保留有高大的夯土台址，只是近年其中一部分因取土和平整土地才被铲平。这条线路，正是明辽东长城的线路。后来笔者在做明长城的全线调查时，发现从三汊关转向东胜堡（今海城市西北的开河城）后，明长城一直北上，经今鞍山至辽阳、辽中、沈阳、铁岭、开原、昌图等市县的西境，再到开原的镇北关（今开原市东北镇北堡）前，这一大段基本上都是南北走向的明辽河流域长城，长达五百里，这也正是高句丽长城的经行线路。此段长城，南面由今海城的开河城南去，过海城市牛庄镇后，向南进入营口县境，又向南有二道边、高坎、老边、后岗子等村，此地距海滨已较近了；北面由今开原的镇北堡北面北去，经昌图县境和吉林省梨树、怀德两县，就到农安了。这一发现，就使高句丽长城比较具体了，不似以前无法判断其经行线路。因明辽东长城的走向，征诸文献是清楚的①，遗迹至今仍大部分存在，经考古调查也都被发现②，在此情况下，我们对高句丽长城的地理分布，就了如指掌了。

至此，又使笔者想起一个问题，反过来说，它也可证明高句丽长城的实体存在。这个问题就是，明代修筑辽东长城为什么要修成一个“M”字形？为什么辽河流域长城不从北镇东北行直线到开原？既然这段长城在平原上通过，修成直线是很容易的，为什么不这样做，反而要做一个迂回曲折？这样做，不仅丢掉大片辽河河套土地，而且筑城多耗资财、防守拉长了战线从而削弱了兵力，其原因是什么？过去从无人谈起，因此，至今还没有答案。关于这个问题，笔者以为，就是高句丽长城造成的。因为明代修筑辽东长城时，并不是一次修完的，在规划上也并非一次完成，所以也就难以产生一个贯彻始终的统一要求。我们知道，明辽东长城的修筑，辽河流域长城是最早进行的，其次是辽

① 李辅：《全辽志》卷二《边防志》，《辽海丛书》集二，沈阳：辽沈书社 1985 年 3 月版。

② 拙著《辽宁古长城》、刘谦《明辽东镇长城及防御考》两书，对明长城遗存情况和走向，均做了详细具体论述，并附地图画出长城经行线路。

西长城，最后才是辽东东部长城。明朝修筑辽河流域长城，是为防西面蒙古兀良哈而保卫辽东都司（今辽阳市）的安全，因有高句丽长城存在，并且它恰好屏蔽在此位置上，有旧基可用，于是明朝就在此基础上修筑了辽河东岸南北长达五百里的长城，北止于镇北关（今开原市东北镇北堡），南端在三汊（岔）关（今海城市西北马圈子村）。南端明长城由三汊关离开高句丽长城向西北折而到广宁（今北镇县）的镇静堡（今黑山县西北白土厂门镇白土厂门村）；北端明长城在镇北关离开高句丽长城向东南折到清河堡(今本溪县东北清河城村)。高句丽长城被明辽东长城沿用的线段，北从今开原镇北堡起，南到海城马圈子村止，这一段长达五百余里（图 2–1–3）；其南北两端长城，由于当时所处形势，明长城未继续沿用。纵观我国修筑长城的两千年历史，有一个传统沿袭下来，那就是后世常在前代长城基础上进行长城修筑。秦始皇武功盖世，筑长城也因燕之旧，其军事力量已超出燕长城的范围，但其长城也未向外延展。汉也是“复修辽东故塞”。以后各代长城相沿者亦颇不少，从事长城研究的，都深知此情况。明代修辽河流域长城时亦复如此，只是未将利用高句丽长城一事记录下来，遂使后世无从知晓，造成后世不知明代为什么如此迂曲修筑辽东镇长城；又因它掩盖了高句丽长城，令人无从寻觅高句丽长城。

以上是笔者研究高句丽长城的意见。如果揭去遮盖历史的轻纱，就会现出它的本来面目。高句丽长城，我们今天终于找到了！

## 九、辽长城

辽是契丹族在我国北方建立的一个王朝，它上承唐及渤海在东北的统治，历时两百多年。辽代在东北亦筑有长城，但也是不清楚的，至今未见有更多的人进行讨论。

### 1．镇东海口长城

《辽史·太祖本纪》载：二年（908 年）冬十月“筑长城于镇东海口”。由于记载过于简略，仅此一句话，其长城修筑情况以及较详细的地点均没有指出，因此人们对辽代长城无法深入了解。

目前对这道长城的认识，有如下几说：

金毓黻提出较早：辽“有‘筑长城于镇东海口’之纪事。此所谓镇东海口，疑即辽志之镇海府，地在今盖平迤南。又考《旧唐书·高丽传》谓：‘其王建武惧伐其国，乃筑长城，东北自扶余城，西南至海，千有余里。’辽初所筑长城，既近海口，若谓系因高丽故址，亦属近理。则镇东海口，亦当属之金复二县矣”[①]。张博泉认为：“太祖二年

① 金毓黻：《东北通史》卷五，五十年代出版社 1941 年版。

冬十月‘筑长城于镇东海口’。镇东海口即镇海府，地在今盖县以南。”[①]金殿士说：“镇东海口（镇海府）姑定于今鸭绿江入海口附近的娘娘城，辽初所筑的长城就应由此作起点，沿当时契丹所据有的领域边缘向东北延伸，延伸的目的无疑是防御邻敌渤海的侵袭。从阿保机在未征服渤海前所作的‘唯渤海世仇未雪，岂宜安驻’的誓言中，可以看出当时东邻的劲敌是渤海，而不是鸭绿江以南的高丽，况鸭绿江入海之口又是渤海向唐朝贡的必由之路，筑长城不外是起阻截和防御双重作用。”[②]

上述各家之说中，有一共同之点，就是认为辽所建的“镇东海口”长城在镇海府，因此都先探讨镇海府之所在，然后就定“镇东海口”长城在何处。姑不论其所定地点是否确为长城所建之地，就其先决条件，笔者以为是有问题的。

辽太祖二年（908 年）冬十月筑长城事，刚是“痕德堇可汗殂，群臣奉遗命请立太祖，曷鲁等劝进，太祖三让，从之”[③]的第二年，辽王朝还在草创之中，没有年号。上京是太祖居住地，其时还没有城，“神册三年（918 年）城之”，再晚二十年，更名上京，已是天显十三年（938 年），是在其后三十年的事了。太祖二年时，辽还未有行政建置，而是正在攻城略地、掠夺财物时期，甚至是居无常处，其时何来镇海府？因此，既无镇海府，怎能以寻镇海府的位置来确定“镇东海口”的长城呢？

笔者以为，在太祖二年时，辽东地区居人不多，唐王朝的统治已退出这一地区的历史舞台，后梁无力远图，高丽也限于鸭绿江南，而渤海的势力范围也仅在今辽宁省开原一线和近鸭绿江下游之地，今丹东地区至少是今宽甸县西部以外地区无渤海势力，事实上辽东地区差不多成为“瓯脱”地带，因此才见辽太祖未用任何兵力就常来辽东。他“钩鱼于鸭绿江”，实际上是来此窥视高丽和渤海的动静，探看虚实，以为下一步制定进取的策略做准备。就此时来讲，他的心腹地区尚未经营好，他的汗位也未稳，在这种情况下，辽太祖怎会远去鸭绿江边修筑长城以惊动“邻人”呢？

辽代“镇东海口”长城在什么地方，过去笔者曾和金殿士谈过，也就是他在文章中没有加注而引述的“还有的推测在金县南关岭黄、渤二海地岬处”[④]的意见。这一点笔者现在也未改变，还是这样认识。为什么这样说呢？除了上面考虑的原因外，还有以下一些理由。

所谓“镇东海口”，笔者认为不是因建置的关系——其时还未设镇海府，而是由于地理位置命名的。耶律阿保机居住在西喇木伦河，位于西部，辽东地区在其东方，就某

① 张博泉：《东北地方史稿》第六章《辽代的东北》，长春：吉林大学出版社 1985 年 11 月版。

② 金殿士：《试论辽太祖耶律阿保机经略辽东》，《沈阳师范学院学报》1984 年第 1 期。

③ 脱脱等：《辽史》卷一《太祖本纪上》，北京：中华书局 1974 年 10 月版，第 2 页。

④ 金殿士：《试论辽太祖耶律阿保机经略辽东》，《沈阳师范学院学报》1984 年第 1 期。

一地点或重大事件命名“镇东”并不牵强，就本文所论“筑长城于镇东海口”即是这样。辽代长城所在地点，笔者认为是在今辽宁省大连市金州区（原金县）南面的黄、渤二海地岬处的南关岭（图 2–1–3），这里是古代东北由海路通向中原的要道口，旅顺是早就有名的港口，隋、唐两代征辽东水师也是由此登岸的，唐代崔忻奉使去渤海册封大祚荣也经由旅顺，在黄金山麓留下的“崔忻井”就是证明，这条路正是渤海的“朝贡道”，也是历来东北地区由水路经山东半岛去中原最便捷的路。在这条路上，东北去中原，中原来东北，往来不绝。其时渤海未亡，正是契丹后患，为防止渤海同中原唐王朝的联络和东北地区的人民流向中原，在这里修筑一道长城，完全可以达到目的，并且从“冬十月”开始动工修长城，无论从地理位置、气候条件还是长城规模、修筑时间和用工人数等，都以南关岭最为适宜。

从文献记载上我们也可明确了解到。金王寂《鸭江行部志》记载，他于明昌二年（1191年）三月“丙子，自永康次顺化营，中途望西南两山，巍然浮于海上，访诸野老，云此苏州关也。辽之苏州今改为化城县，关禁设自有辽”。明毕恭《辽东志·地理志》载：“哈斯关，金州城南十八里，旧有土城，南北抵海，横长十五里，中有关口，通驿路，不知何代所筑，今为南关铺。”将两书所述，对照起来看，哈斯关即苏州关，其地旧有土城，南北抵海，横长十五里，中有关口，这不是长城是什么？毕恭说“不知何代所筑”，王寂以其当时人说“关禁设自有辽”。这是多么明确地记载辽代在此修筑了这道长城！

金州南关岭，过去笔者曾去做过考古调查。在南关岭的山上，确实发现有城墙遗迹，并且还采集到铁镞。这些发现，为我们提供了有力的证据。

正是由于上述原因，笔者认为辽代初年修筑的镇东海口长城，就是今大连市金州区政府驻地金州镇南面的南关岭横抵黄、渤二海的长城。

### 2．黄龙府堡障烽台

辽代除了修筑镇东海口长城以外，还建有堡障和烽火台。圣宗太平六年（1026年）“二月己酉，以迷离己同知枢密院，黄翩为兵马都部署，达骨只副之，赫石为都监，引军城混同江、疏木河之间。黄龙府建堡障三、烽台十，诏以农隙筑之”[①]。这些军事工程规模不大，应当是为防御女真向南侵扰而修筑的，以便观察和传报边情，地点当在第二松花江。这种设施，应该设于当时的交通道路上。许亢宗曾形象地描述边界情况：“自和里间寨东行五里，即有溃堰断堑，自北而南，莫知远近，界隔甚明，乃契丹昔与女真两国古界也。八十里直至来流河，行终日之内，山无一寸木，地不产泉，人携水以行，

① 脱脱等：《辽史》卷十七《圣宗本纪八》，北京：中华书局 1974 年 10 月版，第 199 页。

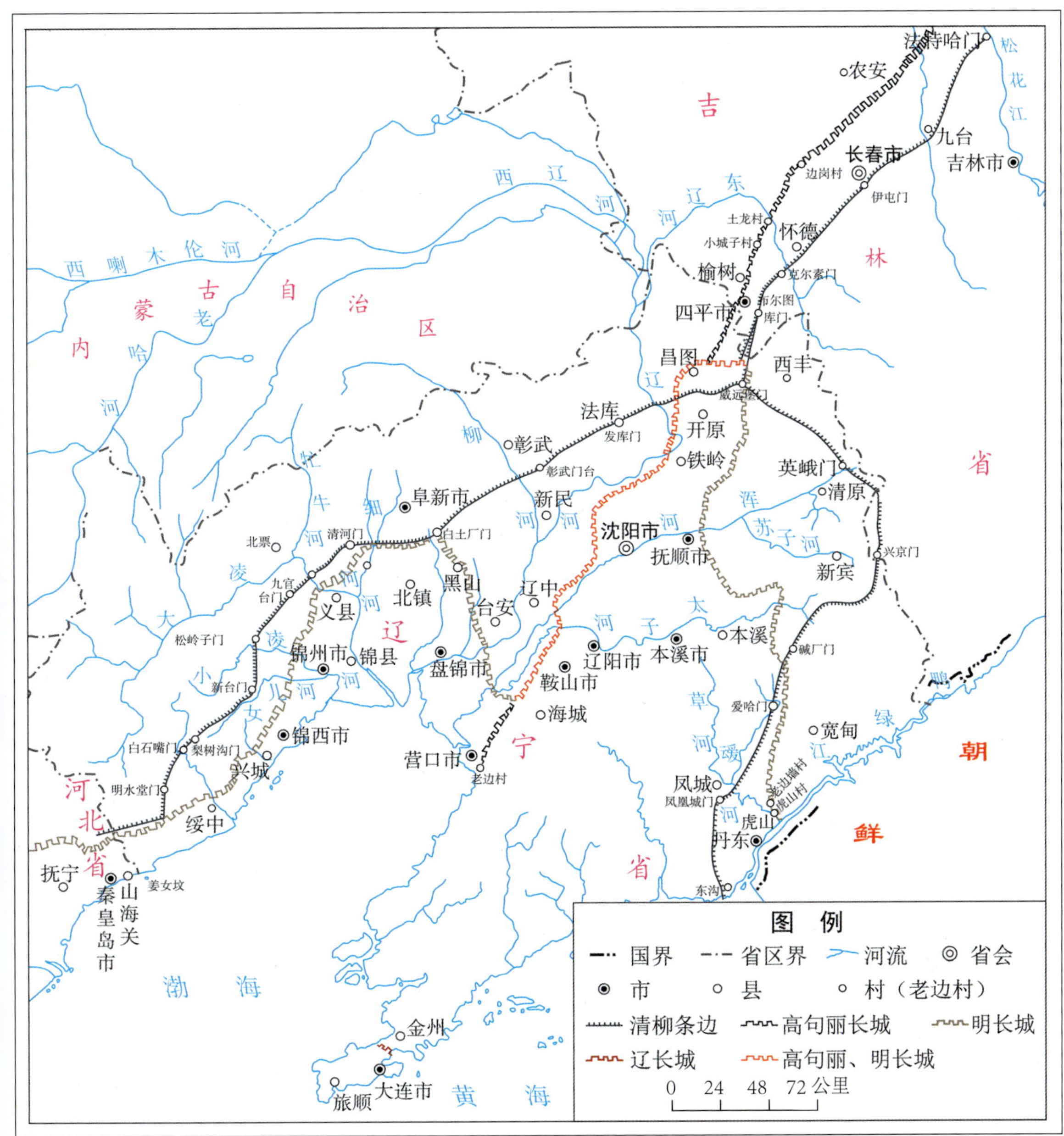


图 2-1-3 高句丽长城、辽长城、明长城以及清柳条边走向示意图

岂天地以此限两国也。”①许亢宗这段行程，正是从黄龙府（今吉林省农安城古城）到金上京（今黑龙江省阿城市白城村古城）的途中，他所见到的情况与《辽史》所记颇相类；圣宗太平六年修筑的堡障烽台也应在这一带。现经考古调查，在吉林省发现了两段长城。《舒兰县文物志》载：“界壕分布在第二松花江右岸的溪河乡，呈东南—西北走向。它在舒兰县的起止是：从溪河乡双印通古城起，经敖花东山头、孔屯与二道村中间的山岭，到溪河与二道乡交界处止。全长计十二公里许。”②《蛟河县文物志》也载：“在蛟河县

① 许亢宗：《宣和乙巳奉使行程录》，《三朝北盟会编》政宣上帙二十。

② 舒兰县文物志编写组：《舒兰县文物志》，吉林省文物志编委会 1985 年 12 月版。

北部地区发现古界壕一条。界壕分布在新站镇六家子村与吉祥村交界处，呈东西走向。它的起止是：西起吉祥村巨贤屯，横跨拉法河、拉宾铁路和蛟舒公路，东至六家子村南山顶。全长 1 公里许。"[①]经过调查证实，这两县的长城走向基本一致，原来或为一道连贯的长城。这道长城，笔者以为应是辽代所筑的长城。

## 十、金长城

原臣服于契丹的女真族，兴起后灭辽而建金国，历一百二十年而亡。金王朝虽然领土扩大，向中原地区推进很远，但它所受北方蒙古族的威胁却未能解决，因此不断修筑长城，以防其侵扰。金代称长城为"界壕"，名称虽有别，但其功能则与长城一致，都为军事防御设施，规制亦颇宏大，长度尤为可观，故本文不复"界壕"名，而统称为长城，以醒眉目。且《蒙鞑备录》《元史》等已将金界壕写作"长城"，早有先例，可见称其为长城亦是通的。

### 1. 岭南长城

《金史·地理志》载："金之壤地封疆，……北自蒲与路之北三千余里火鲁火疃谋克地为边，右旋入泰州婆卢火所浚界壕，而西经临潢金山，跨庆、桓、抚昌、净州之北，出天山外，包东胜，接西夏。"其所称这道所谓"右旋入泰州婆卢火所浚界壕"就是在今兴安岭南部，从东北向西南延伸，长达两千五百余公里，分属四路，即东北路、临潢路、西北路和西南路的长城。在此四路中，主要是东北路和临潢路在东北地区，因此本文也就谈这两路所辖的长城。对金代长城进行研究，首先应该提到的是王国维，他的著作《金界壕考》[②]，条分缕析，至为明晰，在学术界影响甚大，就是现在研究金长城也是必备的参考书。但是，它也有不足，就是只用文献材料去探索，因未亲自实地调查，难免有主观判断失之准确之处。此后，20 世纪 40 年代后期，李文信先生根据他多年在东蒙古考古调查所获得的金代长城材料，结合文献记载，写出了《金临潢路界壕边堡址》[③]，由于其记述明确、详细、具体，令人耳目一新，使读者能比较形象地认识金长城。金临潢路长城，东起于鹤五河堡子，向西南行，经庆州至达里泊南之胡烈么，在林西西部还有一段支线。关于金东北路长城，在 20 世纪 50 年代末，黑龙江省博物馆多次派人进行了调查，发表《金东北路界壕边堡调查》一文[④]，搞清了这段长城的起点、走向和结构以及城堡关

① 蛟河县文物志编写组：《蛟河县文物志》，吉林省文物志编委会 1986 年 5 月版。

② 王国维：《观堂集林》卷十五，北京：中华书局 1959 年 7 月版。

③ 李文信：《金临潢路界壕边堡址》，《辽海引年集》，北京：北京和记印书馆 1947 年 7 月版。

④ 黑龙江省博物馆：《金东北路界壕边堡调查》，《考古》1961 年第 5 期。

溢的分布等。金东北路长城起于纳水（今嫩江）西岸的达里带石堡子，越挞鲁古河（今洮儿河），至鹤五河堡子和临潢路长城相接。经调查，金东北路长城的起点是在今天内蒙古莫力达瓦旗尼基镇北八公里嫩江西岸七家子村附近的嫩江右岸沼泽地中，开始一段分别在前七家子、后七家子各为一道，并行十余公里后合为一道长城，然后向西南延伸，又陆续出现了复线。20 世纪 70 年代中期，吉林省考古工作者调查了金东北路和临潢路在当时属吉林省境内的长城[①]，共发现了线路不同的四道遗存，它们基本并行向西南延伸，为金长城的研究提供了重要的材料。这道长城，线路复杂，遗存较多，调查报告也较详尽，于此不再论述。

总之，多年来，由于各地对金东北路和临潢路长城不断进行调查，材料日趋丰富，研究也在逐步深入（图 2–1–4）。笔者往年也曾对内蒙古巴林左旗浩尔图、巴林右旗达来诺尔以及林西县新林镇、四方城等地的金代长城做过考古调查，发现许多遗物和沿线分布的一些城址等，这也将对了解金长城有所帮助。

### 2. 岭北长城

金代长城除了上述这一道之外，在兴安岭北部还有一道，不过这道长城过去鲜为人知，而学术界对其年代的考订又分歧很大，有指为辽代所筑，有称其为成吉思汗边堡，还有其他各说，但多不承认它是金代长城。

近年来，内蒙古呼伦贝尔盟的文物考古工作者对这道长城进行了多次调查，笔者也曾参加，对它的走向、结构、保存现状和沿线城堡的分布等，都做了详细的了解、记录、测绘和拍照，并获得一批出土遗物。这道长城东起于今内蒙古额尔古纳右旗上库力村西南三公里的库力河西岸沼泽地中，西去经该旗政府驻地拉布达林镇，至额尔古纳河，沿河东岸折而西南去，后又越河进入今俄罗斯境内，至满洲里市东再进入我国境内，复西去，出境到今蒙古人民共和国，最后终止于乌兰巴托之东、温都尔汗之北肯特山东南麓的乌勒吉河源与鄂嫩河源之间的沼泽地中。这道长城全长七百余公里。我们对这道长城进行了分析研究，以考古调查发现材料为主，结合如拉施特《史集》、元佚名《圣武亲征录》以及《金史》《元史》等中外历史文献记载，详加辨疑，否定了前此认为它是建于汉代或鲜卑或辽代或成吉思汗诸说后，提出它为金代遗存（详情见我们的另一篇文章《岭北长城考》[②]），提出它是金初在今兴安岭北为防蒙古部所筑的又一道长城（图 2–1–4）。我们将其命名为“岭北长城”，以便与岭南四路长城相区别。

---

① 庞志国：《金东北路临潢路吉林省段界壕边堡调查》，《中国长城遗迹调查报告集》，北京：文物出版社 1981 年 2 月版。

② 米文平、冯永谦：《岭北长城考》，《辽海文物学刊》1990 年第 1 期。

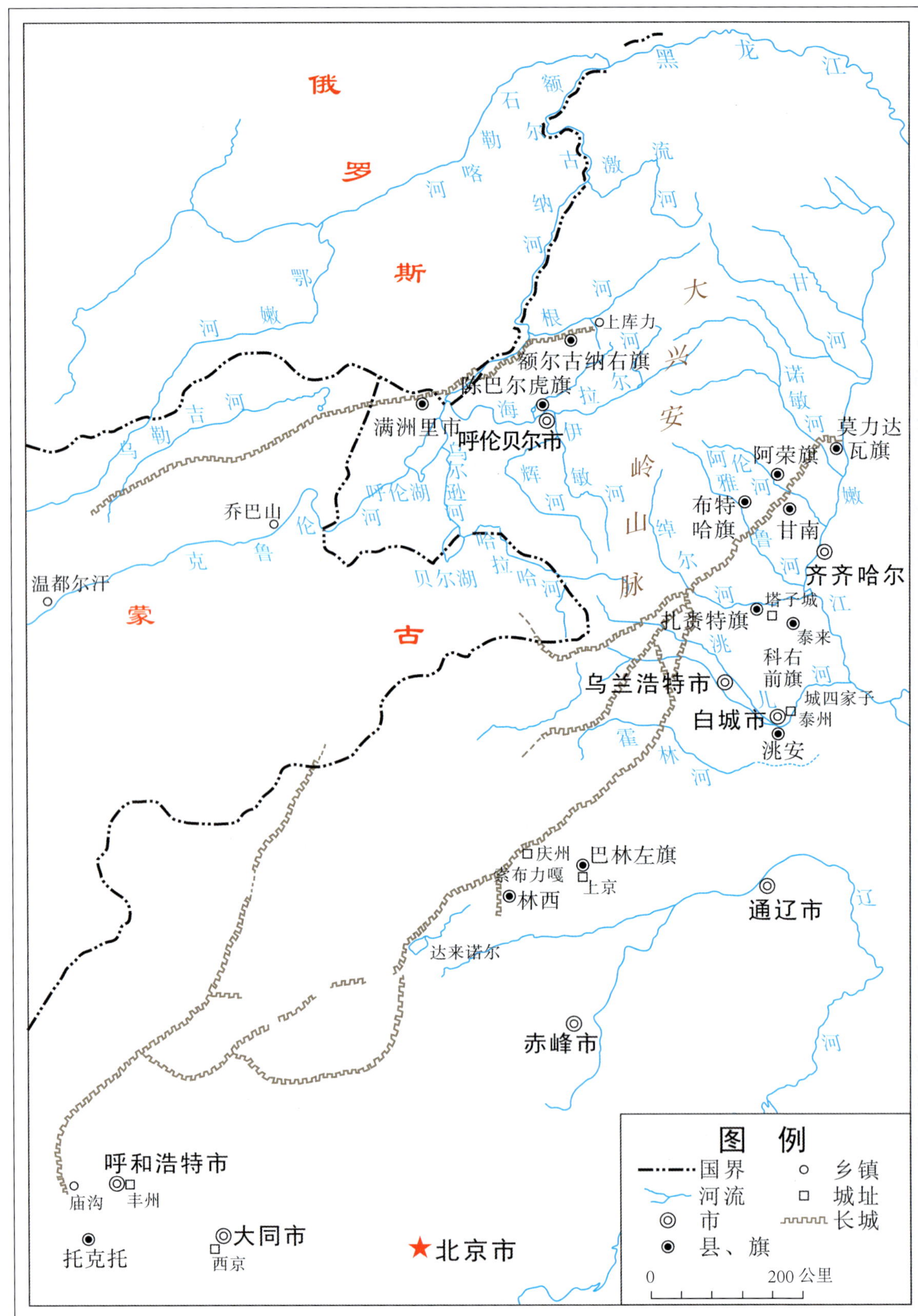


图 2-1-4 金长城走向示意图

### 3. 延边地区长城

此外，金代长城在吉林延边也有发现。最早是魏声和在《珲春古城考》中提出来的："边壕：珲春北境，东自中俄分界之分水岭（啦字界碑北）起有边墙一道，向西北行，每隔十里有土筑堡垒一，或双垒并峙，高约丈许，其基广一丈六尺。又自勇智乡洛特河子山起，并见边墙蜿蜒，堡垒接续，至兴仁乡水湾子，随山高下，值高山之顶，常有巨垒建其上。更向西北，在德惠乡方面，又有壕堑，深约六七尺、三四尺不等，堑左犹存边墙形迹。由密江屯迤西，至珲春与汪清分界之马滴达，循图们江山岭西南，筑有石墙，高及丈许，远至汪清县界之孤山子北，凉水泉子街始尽。又石头河窟窿山顶亦有土筑边墙，迤逦而西，至延吉县境。上述墙堡，是否互相联属，以年久湮没，若断若续，难以指认。或谓金源之兴，与高丽争界，此实当交战之冲，古垒纵横，即其遗迹云。"

近年，吉林省进行了文物普查。关于珲春县长城的发现情况，在"东北从哈达门乡和平村西山经过涌新、涌川，再经镇郊的车大人沟等地方，直到英安乡关门嘴子西山，大致东西向，横跨三个山岭、三个沟，总长约五十华里。边墙均土筑，多湮圮，断续不连，只有跨越山岭的地方尚明显"①（图 2–1–5）。

在和龙县发现两道长城：一道"起筑于海兰江北岸土山乡东山村二道沟的山坡。这里悬崖陡壁，地势险要，是扼守通往和龙、福洞的交通要冲。'古长城'穿越土山、西城、龙门三乡，横跨亚东水库，然后向北龙井县细鳞河乡长城村方向延伸"②，"最后终止于龙井县长安乡磨盘山附近。全长约一百五十公里。古长城穿过平地、山谷，逶迤于崇山峻岭之中，有的段落为土筑，有的段落为石砌，有的段落为土、石混建"③；另在长城内外，还发现十四座烽火台。和龙县内的另一道长城，在上面所述长城的西面，两者基本南北并行，相距约五公里，"位于龙门乡青龙村南至西城乡的獐项村北部之间。它横穿两乡的陡峭山岭，越过长仁江水，总长约十华里。……壕墙系土筑，有的地段为土石混筑，但不很长"④。

这几道长城过去未见记载，有的是近年刚被发现，因此其年代还在研究之中。对于分布在和龙和龙井两县的长城的年代，友之认为："这道古长城略作弓形，东南与海兰河相接，将以布尔哈通河为中心的延吉盆地环绕起来。在这个包围圈中，在渤海中京显德府故址（今和龙县西古城），有金末蒲鲜万奴东夏国的南京城故址（今龙井县城子山山城）。因此，有人认为延边古长城为中京显德府的卫城，有人认为它是蒲鲜万奴东夏

① 珲春县文物志编写组：《珲春县文物志》，吉林省文物志编委会 1984 年 9 月版。
② 和龙县文物志编写组：《和龙县文物志》，吉林省文物志编委会 1984 年 11 月版。
③ 友之：《吉林东部延边地区发现古长城》，《辽金契丹女真史研究》1985 年第 1 期。
④ 和龙县文物志编写组：《和龙县文物志》，吉林省文物志编委会 1984 年 11 月版。

图 2-1-5 今吉林省延边地区长城走向示意图

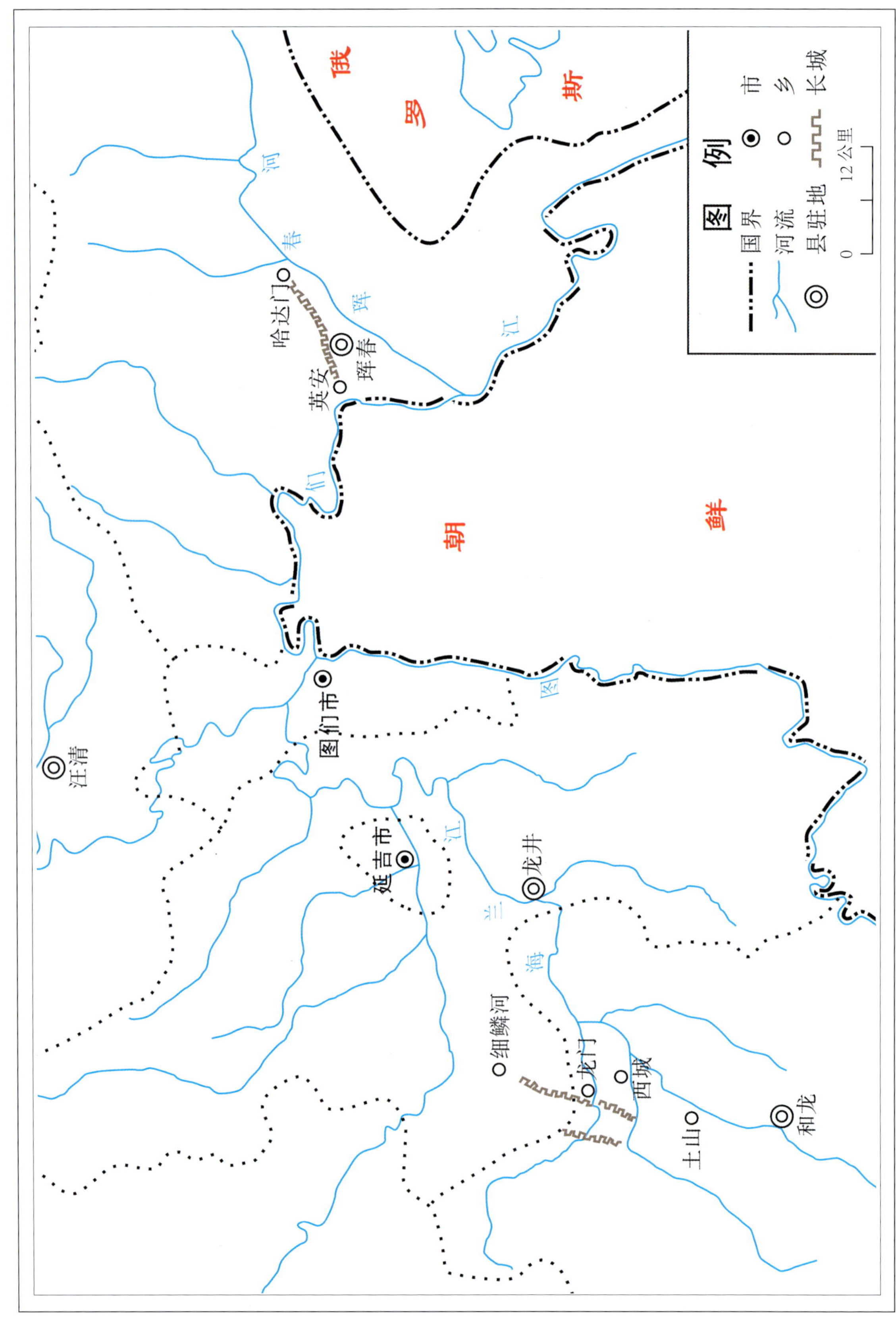

国修的长城。……如果这种说法（本文笔者按：友之说如果把牡丹江地区海浪河北岸的长城定为东夏国的故迹）能够成立的话，那么把延边古长城确定为蒲鲜万奴东夏国的意见，便很接近于事实了。”[①]李健才认为，在延边地区三县所发现的长城，根据《金史》和《东国舆地胜览》等记载研究，“是女真在建国前后，和高丽在曷懒甸修筑城堡和长城互相对峙”的遗留，而《大金国志》又载章宗泰和元年（1201年）“冬，浚界，深广各三丈，东接高丽，西达夏境，列屯戍兵数千里，防其复至”，证明“到金章宗时代，又挖筑界壕，‘东接高丽’，以防高丽再来进攻。根据文献记载以及延边长城的形制和西部金代界壕边堡相同的情况来看，延边长城当为金代长城”[②]。

### 4. 牡丹江长城

在黑龙江省东北部的牡丹江地区，也发现了长城。这道长城是牡丹江市文物管理站在1979年发现的，前后调查了五次。其东端起于牡丹江市北二十五公里的牡丹江西岸，“边墙自江西村西沟北山主峰起，蜿蜒起伏，向西北伸展，经过的主要山峰有新峰南岭、蛤蟆塘砬子、馒头砬子、岱王砬子、二人石南岭等。墙体一般在海拔五百到六百米的峰岭之上和沟谷之间，最后消失在七百四十米的西大砬北坡”[③]。

对于牡丹江这道长城，笔者也曾和牡丹江市文物管理站站长樊万象进行过调查，其墙体建筑系就地取材，土、石均用，但据调查了解，现存长城的两端以土筑墙为多，而石墙较少，中间线段则石墙较多，而土墙较少。城墙并有马面，有土筑，也有石砌（图2–1–6）。在这道长城中段蛤蟆塘河谷的城墙北侧，发现一件錾“泰州录判”和押款的鸾凤花鸟镜，另在牡丹江市北郊发现一颗边錾“天泰二年二月廿五日”“应辨（办）所造”的篆书九叠文“古州之印”铜印，此印为蒲鲜万奴东夏国官印。根据这道长城的结构特点和出土遗物，调查报告下结论说：“牡丹江边墙可能始建于渤海，东真国又改修沿用。其目的，初期是渤海的粟末为制止黑水的南进。后期东真沿用，是为防止蒙古大军绕过张广才岭，从其北端顺松花江而下，继而逆牡丹江而上，向牡丹江中上游进发。”[④]

东北地区古代的长城，多分布在东北的南部和西部，在其东北部，过去很少有人知道长城存在的事实。近年由于考古调查的开展，考古调查人员在延边和牡丹江等地相继发现长城，这应当说是一项重要的发现，并且对研究我国长城的历史与分布以及研究东北地方史，无疑都是非常重要的。

① 友之：《吉林东部延边地区发现古长城》，《辽金契丹女真史研究》1985年第1期。
② 李健才：《东北地区中部的边岗和延边长城》，《辽海文物学刊》1987年第1期。
③ 牡丹江市文物管理站：《牡丹江边墙调查简报》，《北方文物》1986年第3期。
④ 牡丹江市文物管理站：《牡丹江边墙调查简报》，《北方文物》1986年第3期。

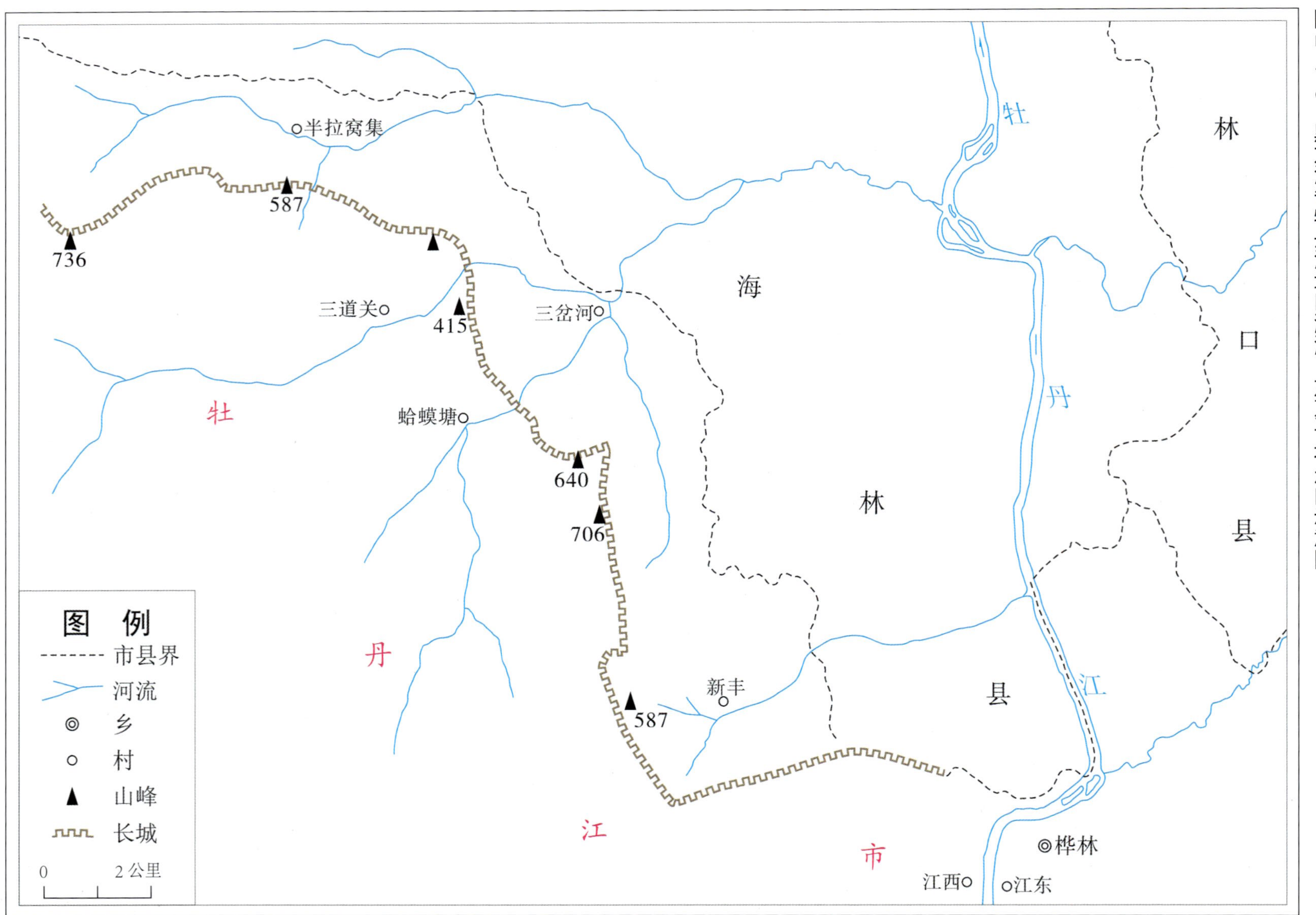


图 2-1-6 黑龙江省牡丹江地区渤海、东夏长城走向示意图

## 十一、明长城

明朝代元后，由于北方蒙古族和相继兴起的女真族的强大势力，明朝北方边境一直不得安宁，明朝不得不倾注国力大规模地修筑长城。明代长城虽然差不多是我国修筑长城历史的尾声，但却可以说是我国长城的集大成之作。它规模宏伟，建筑质量极高，工程难度亦最大，而防御体系完备，从东到西，长达一万三千多里，是我国历代所修筑的长城所无法比拟的，是名副其实的“万里长城”。现在社会上通常所说的长城，就是指明长城而言。

尽管明长城距今时间最近，又最为人们所熟悉，但人们对明长城的了解，却还是存在着很大偏差，并且主要问题还是在东北地区。

本来号称“万里长城”的明代长城，是由九个军镇分别管辖的，由东到西划为九个防守区，因此也称“九边”。据《明史·兵志》载：“终明之世，边防甚重。东起鸭绿，西抵嘉峪，绵亘万里，分地守御。初设辽东、宣府、大同、延绥四镇，继设宁夏、甘肃、蓟州三镇，而太原总兵治偏头，三边制府驻固原，亦称二镇，是为九边。”东端起于鸭绿江的明万里长城，经过几百年，传到今天，结果丢掉了辽东镇，变成了“东起山海关，西到嘉峪关”。不仅一般人这样认识，在学术界也多有这种看法，甚至一些权威著作也持这种观点，就连最近重新修订出版的《辞海》在“长城”条下也仍如此注释[①]，可见这个问题是何等严重！

另一方面，在对明长城有较深入研究的少数著作中，也有指其为“东起鸭绿江”的，但具体定点在何处，却无从谈起，能够作出判断而进行定点的，前后出现过凤城、九连城、老边墙诸说，笔者提出在虎山，后又出现不同意见，指为应是古楼子。由于说法分歧，论点各异，未能统一。

自 1990 年春以来，笔者应有关方面邀请，对明长城东端起点进行考古调查，包括对辽东镇长城有关线段的调查，前后历时四个多月，行程四千余里，发现明万里长城东端起点在今丹东市宽甸县虎山乡（乡政府驻红石砬子村）虎山村的虎山南麓、鸭绿江边。这一发现，新华社以“明长城东起丹东虎山”为题发布了消息：“我国长城考古又有新的重大发现：明万里长城东端起点在辽宁丹东鸭绿江畔的虎山，这一发现同史书记载相吻合，推翻了明万里长城‘东起山海关’的传统说法。”[②]嗣后，经国家文物局批准，辽宁省、丹东市文物考古工作者参加组成明长城东端起点遗址考古发掘队，由笔者任领队，主持对虎山长城进行考古发掘，历时三个月，在当年年底完成第一期考古发掘任务，将

① 辞海编委会：《辞海》上册，上海：上海辞书出版社 1989 年 9 月版。

② 顾曰涛、屈维英：《明长城东起丹东虎山》，《光明日报》1990 年 10 月 24 日。

明长城东端起点段五百延长米的长城遗址发掘出来，证明明万里长城东端起点确实在虎山南麓无误①，并在明长城东端起点的一号墙台下面距现地表十五米深处，发掘出高句丽山城内的一处大型石砌建筑址，为过去所未见。虎山明长城东端起点的发现，在国内外引起强烈反响，中央电视台派人录制了电视片，日本、英国等国也提出来丹东拍片，从此扭转了人们对明万里长城东端起点的认识。在第一期考古发掘结束时，在丹东市召开了“明万里长城东端起点论证会”，国内研究长城的专家学者三十余人齐集丹东，到现场实地考察后，经过充分论证，大家一致同意虎山是明长城的东端起点。会议结束时，形成一份由与会专家学者签名的《明长城东端起点论证会纪要》，它将载入长城研究史：“1990 年 12 月 25 日至 27 日，辽宁省文化厅和丹东市政府邀请部分专家学者在丹东召开了‘明长城东端起点论证会’。应邀参加论证会的有：国家文物局专家组组长、中国长城学会副会长、高级古建筑专家罗哲文，中国长城学会常务理事、研究员朱希元，故宫博物院顾问、中国长城学会顾问、研究员单士元，北京市文物管理局副局长彭思齐，中央电视台军事部副主任、大型电视系列片《望长城》总编导、高级编辑刘效礼，辽宁省文化厅副厅长郭大顺，辽宁省文物考古研究所副所长、研究员孙守道，辽宁省文物考古研究所研究室副主任、研究员冯永谦等同志。丹东市人民政府秘书长张伦基同志也参加了会议。与会的专家学者亲自到虎山明长城遗址进行了实地考察，分析和研究了遗址和出土的文物，听取了省文物考古研究所研究员、虎山长城遗址考古发掘队领队冯永谦同志所作的《关于虎山长城考古调查和发掘情况的报告》，并进行了认真讨论。大家认为，现有考古发掘材料证明，明代万里长城东端起点在辽宁省丹东市宽甸满族自治县虎山乡鸭绿江畔的虎山地段，即东经一百二十四度三十分，北纬四十度十三分。会议一致认为，明长城东端起点的具体地段、位置、走向的认定，是我国长城考古上的一项重大发现和收获，廓清了曾流传于国内外明万里长城‘东起山海关’的提法，恢复了历史的真实情况。因此，这一发现和收获不仅具有很高的学术价值，而且有重要的现实意义。……”

明长城东端起点的确定（图 2-1-3），不仅补充了历史文献记载的不足，而且也必将进一步推动我国长城学的深入研究，同时对当地经济、文化以及旅游事业的发展，必将起推动作用。

这里还必须提到的，是对辽宁省绥中县九门口长城遗址的考古发掘。九门口是明蓟镇长城上的一座重要关隘，在今绥中县西南李家堡乡新堡子村新台子屯。1986 年，辽宁省各界发起赞助维修九门口段长城，为了恢复长城原貌，经国家文物局批准，由笔者任九门口长城遗址考古队领队，主持了从 1986—1989 年历时四年的考古发掘。通过发掘，

① 拙文《明万里长城东端起点的发现与研究》，系参加 1990 年 11 月在上海复旦大学召开的“国际中国历史地理学术讨论会”大会报告论文。

获得第一手地下出土的考古资料，使九门口长城得以修复，并且更进一步认识了九门口这座长城上的重要关隘的防御体系和设施，同时还解决久已不知确切地点而历史上有名的“一片石”之所在，收获巨大，是我国长城考古中的一次重要发现。

近年来，随着对明辽东镇长城不断进行深入的调查，各地都有新的发现。可以预见，在不久的将来，定会取得更新的成就。

## 十二、清柳条边

清是我国封建社会的最后一个王朝。清代没有修筑长城，但却修筑了和长城的构造、规模都差不多的柳条边。明朝后期，女真族发展壮大起来，在几经较量之后，进入了辽沈地区，具有地方政权规模的统治中心从新宾迁至辽阳，又迁至沈阳，此后即以此为根据地，不断发展，最后进入北京，建立了全国政权。也由于这种原因，清朝统治者把辽沈地区看作其“龙兴之地”，不许外族人进入樵采，以免破坏其“王气”。在此情况下，清王朝在东北修筑了柳条边。

据《大清一统志》载：柳条边“南起岫岩厅所辖凤凰城，北至开原，折而西至山海关，接边城，周一千九百五十余里，名为老边。又自开原城威远堡而东，历吉林北界，至法特哈，长六百九十余里。插柳结绳，以定内外，谓之柳条边”。清朝在柳条边上开有二十座边门，由山海关北往东去凤凰城，依次为明水堂、白石嘴、梨树沟、新台、松岭子、九官台、清河、白土厂、彰武台、发库、威远堡、英峨、兴京、碱厂、爱哈、凤凰城等十六门，由威远堡往东北去吉林，依次为布尔图库、克尔素、伊屯、法特哈等四门。各门均驻有官兵，以限出入。

关于柳条边，近年经过深入调查，也有许多新发现。笔者调查过所谓“折而西至山海关，接边城”的柳条边段，发现它的起点并不在山海关，实际上起于今绥中县永安堡乡康家房子村北山麓，接明辽东镇长城西端段，然后沿山脚平地北去，转至今明水塘门村；其东端也不止于今凤城，而是在今东沟县西面五四农场海滨之窟窿山（图 2–1–3）。经过调查，柳条边和明辽东镇长城并不全部重合，只有很小一部分柳条边沿用了明长城，如果视其为同一条线路，或大部重合，那就完全错了。过去出版的辞书常将二者混淆，将柳条边也称为“边墙”或“盛京边墙”，认为柳条边沿用了明辽东边墙（长城）。这是缺乏实地调查的缘故。

现在大部分柳条边还存有遗迹，应进一步调查，加强研究，将柳条边的具体结构和保存现状较完整地记录下来，以便人们了解，不能因其时代较晚就有所忽视。

以上是笔者几十年来在进行考古调查所获得资料的基础上，结合文献记载，对东北地区古代长城进行初步研究后提出的一些不成熟的意见，并且是就当前长城研究中的主要课题如经行线路和年代考订等提出意见，其他方面涉及不多，同时又因篇幅限制，要谈的问题也没有很好展开，只谈一个概略，没有多加论证，但总的来说，是将东北地区的长城，初步理出一个头绪来，下一步的工作也许就好做一些了。最后要说的一句话，就是笔者所谈的认识不一定对，还望方家不吝指正。

## 附　记

为便于读者对东北地区古代长城的了解和研究，笔者绘制了六幅各时期的长城走向分布图，以资参考。但为了节省篇幅，没有每一时期各绘图幅，而是将各个不同时期走向相近的长城绘于一图之内，此做法亦有可资比较之处，易于读者对各时期长城进行了解，也是因为东北地区长城复杂，并非为省图。这样可能给读者带来不便，但也可便于读者比较、了解，因此，还望读者理解。

（原载《东北亚历史与文化》，辽沈书社 1991 年 12 月版）

# 文　二

# 辽东地区燕秦汉文化与古长城考

近年来，辽东地区考古工作进展迅速，许多发现令人欣喜、振奋。实践证明了辽东地区的考古工作，关系到具体丰富我国历史的内涵问题，同时也是构成辽宁乃至东北地区的历史发展所必不可缺少的重要组成部分。在此，笔者仅就辽东地区燕秦汉文化的考古发现与分布范围，略谈一点初步认识，从而探讨古长城问题，以就教于识者。

## 一、燕秦汉文化的分布范围

辽东地区历史悠久，远在旧石器时代、新石器时代和青铜时代，先民就在这里劳动、生息、繁衍。进入封建社会时期，本地区有了更大发展。战国时期属燕，开始设置郡县，这里正是辽东郡的范围。经过三十多年来文物考古工作者的辛勤努力，相当于这一历史时期的遗存在辽东地区有很多发现；这在历史文献记载辽东材料比较少的情况下，是非常重要的，是我们今天赖以恢复这一地区历史面貌唯一可靠的材料。

1974 年 6 月，在宽甸县双山乡黎明村牛毛生河西房后山，发现一处战国时期燕国的窖藏，出土两种形制、三十多种不同背文的“明”刀币和数种形式的铁镬与双孔铁把刀[①]。除此之外，在宽甸县红石砬子乡、下露河乡、太平哨乡以及东沟县新力乡、长安乡、合隆乡等，也都发现了这一时期的刀币和铁农具。

1975 年，在宽甸县太平哨乡小挂房村东的东岗山脚下，发现一处秦代遗存，出土有两件铜戈和“明”刀币与“一化”圆钱等[②]，其中一件完整的铜戈上，在内与栏旁分别划有“元年丞相斯造洛阳左工去疾工上□□”“石邑”“武库”等字。由于字划得极为纤细，因而有的已经不清，无法辨识。这件铜戈，是辽东地区第一次出土明确为秦代的遗物。

辽宁地区已发现战国至秦这一时期的遗存地点很多，特别是在当时辽东郡首府襄平城（今辽阳市）的周围，更是大量出土。铁制生产工具与货币，发现很多，如在辽阳下

---

① 许玉林：《辽宁宽甸发现战国时期燕国的“明”刀币和铁农具》，《文物资料丛刊》第 3 辑，1979 年。

② 许玉林、王连春：《辽宁宽甸县发现秦石邑戈》，《考古与文物》1983 年第 3 期。

麦窝出土有方足与尖足布“襄平”“陶阳”“益昌”“安阳”“平阴”“武安”“平阳”“郻子”等，大新庄子出土有“明”刀币，鞍山羊草庄战国遗址出土铁器有铁镬、铁锸等，海城南台出土铁铧，金县玉皇顶出土“一化”圆钱。兵器亦甚多见，如辽阳韩夹河出土“中平城”戈，庄河九如出土“春平侯”剑，金县后元台出土“启封”戈等，都是很重要的发现。

在上述这些发现中还有一个特点，那就是从未见有其他晚期遗物伴存，最能表明遗存年代的，是在当时社会上流通的货币，但在这些随兵器出土的共存物中，却未见有晚于这一时期的钱币，凡有钱币伴存的，也都是属于同一时期的。这一情况很值得注意。它说明这些遗址，特别是这些兵器，都是属于战国时期燕或秦统一六国过程中及在其以后秦兵戍守辽东时的遗存。尤其值得注意的是，在宽甸发现的那些遗址，它们出土文物的内涵，竟是和上述那些遗址的发现完全相同，这反映了它们在文化和时代上的一致性，同时也说明它们大约都曾有过相同的经历。这种启示，对我们了解辽东地区的历史发展过程，不仅有理性材料做依据，也给我们以感性的体会。

西汉时期，在辽东郡的十八县中，主要有两个县在这一地区，即西平安县和武次县。但这两个县长期以来不得确指。

西安平县之所在，《读史方舆纪要》认为在明盖州卫东南，《清一统志》认为在辽阳州城之东，《新斠注地理志集释》认为在鸭绿江入海口之处，日人白鸟库吉《满洲历史地理》将西安平县考订在丹东九连城。由于分歧太大，又证据不足，因此不能确定下来。

1961 年，辽宁省文物干部训练班在田野实习时，根据线索到叆河与鸭绿江汇合处的九连城乡叆河上尖村去调查，发现了一座古城址。城址内地层关系明确，地表上则散布大量残器片。所见遗物有汉代灰色绳纹陶片、瓦片，铁铧，以及有西汉时期特点的“穿上一横”“穿下半星”的“五铢”钱，高句丽红色绳纹或斜方格纹瓦片、莲瓣纹瓦当和辽金时代的陶瓷片等。李文信先生根据《汉书·地理志》“马訾水（即今鸭绿江）……西南至西安平入海”的记载，第一次提出叆河上尖村古城址“很可能是汉西安平县城”，并将此意见写进他在当年所主编的《辽宁史迹资料》一书中。1976 年 10 月，在城址中发现一件“安平乐未央”五字铭文瓦当，这就从出土遗物上证明了李文信先生当时推断的正确。笔者在 1964 年进行文物保护单位调查时，曾到现地对古城址进行详细调查和测量，又做了试掘，有了直观印象，西安平县是完全符合历史文献记载的。这座城址从出土遗物内涵分析，是建于西汉，但以后又为高句丽和辽、金时期与明代所使用过，因而在其上部有后者文化层叠压。

再有，关于辽东郡之武次县，虽然它也在这个地区，但也一直是一个历来无法确指、直至此前仍不能定点的汉城。武次县是辽东郡东部都尉的治所，驻有军队，是一个重要城址。历来对武次县的考证，《读史方舆纪要》认为“武次城，在辽东都司北”，明辽东都指挥使司的治所即今辽阳市；《新斠注地理志集释》认为“武次，今奉天府东境地”，清奉天府即今沈阳市；《汉书地理志详释》认为“武次，今兴京城南”，清兴京即今新宾县赫图阿拉老城；《汉志释地略》认为“武次，今岫岩厅”，清岫岩厅即今岫岩县；日人白鸟库吉《满洲历史地理》将汉武次县比为“今之凤凰城”，即今凤城县。可见对武次县的考订，明清以来就其说不一，更无一家确指其地。

通过考古调查，近年在凤城县刘家堡子村发现一座古城址，从地表上看，遗迹还明显，散布有大量汉代遗物，灰色绳纹陶片、瓦片俯拾皆是，并出土有云纹圆瓦当。根据城址的所在位置、形制和出土遗物等考察，这座城址就应是汉辽东郡东部都尉治所的武次县。1960年，在此城址西南三十余公里的沙里寨乡蔡家堡子后山，出土一颗汉代鎏金龟钮“关内侯印”，这是很重要的发现[①]。关内侯，为汉代二十等爵中的第十九级，是仅次于列侯的高级侯爵，一般封有食邑多少户，有按规定户数征收租税之特权，地位很高。这颗印章很可能与东部都尉有某种联系，它从侧面反映出刘家堡子城址的重要地位。因此，它为考订凤城县刘家堡子汉城址为武次县，提供一个可资参考的地下出土材料。

此外，汉代在辽东地区的遗存还很多。如本溪威宁营遗址就是其中的一个。威宁营在本溪市东北，它是明代的“威宁营城”，这里较远处有山，但城址附近地势平坦，南临太子河，在古代是一处很理想的居住地方。前几年笔者与本溪市文物组同志曾两次到这里调查。现在明代威宁营城的城墙久已颓坍，有的地方残损较重，一般隆起地面较高处可达1米。因此，尽管城墙已遭破坏，但遗迹还很明显。城址内散布有青花瓷片等明代遗物。城内现建满了民宅，为威宁营村。就在城址内和城外大面积地表上，都散布有汉代绳纹陶片、陶豆以及铁工具等遗物，有的地方文化层还较厚。对这处遗存，因未钻探了解，不知其是否为城址，不过从遗物分布范围之大、数量之多看，不无可能。不管怎么讲，就辽东地区来说，这无疑是一处值得注意的汉代遗址。

## 二、燕秦汉长城之走向

从近年的考古发现，我们可看到战国至汉的文化分布在辽东地区的一个大体轮廓，特别是出土刀币、铁农具和秦戈等的宽甸红石砬子、下露河、太平哨、双山等地，它们全在宽甸县的东境和北境，也是丹东市辖区的最东北面，它们之间可以连成一线。这条线向我们表示了战国至汉的文化在该地区的分布范围，对了解和研究尚在探索中的燕秦汉长城的走向和位置，是极为重要的。

《史记·匈奴传》说：“燕亦筑长城，自造阳至襄平，置上谷、渔阳、右北平、辽西、辽东郡以拒胡。”由此可知，燕设五郡，并筑长城。但其所谓“自造阳至襄平”，并非是

① 王连春、许玉林：《丹东地区出土的一批古代官印》，《黑龙江文物丛刊》1983年第3期。

燕之长城东端止于襄平城下，李文信先生在《中国北部长城考》中已明确指出了这一点。他说：“是不是说长城筑到襄平城西门而止呢？我们认为不是的。司马迁是以辽东郡治襄平城来代表辽东郡全境，和说长城到辽东一样，不是长城止点的小地名。这段长城应画在辽东郡辖境的外围。”秦代的长城，郦道元《水经注·河水注》说：“始皇令太子扶苏与蒙恬筑长城，起自临洮，至于碣石。”看来比燕的长城又有所发展。这里所指的碣石，是汉时乐浪郡遂成县之碣石山。《太康地记》说：“乐浪遂城县有碣石山，长城所起。”因而《晋书·地理志》就据以说遂城“秦筑长城之所起”。这个碣石山，在今朝鲜平壤之西南，即龙岗。前汉时期的长城，据《史记·朝鲜传》载：“朝鲜王满者，故燕人也。自始全燕时，尝略属真番、朝鲜，为置吏，筑鄣塞。秦灭燕，属辽东外徼。汉兴，以其远难守，复修辽东故塞，至浿水为界，属燕。燕王卢绾反，入匈奴，满亡命，聚党千余人，魋结蛮夷服，而东走出塞，渡浿水，居秦故空地上下鄣，稍役属真番、朝鲜蛮夷及故燕、齐亡命者，王之，都王险。”据此可知，前汉初因“以其远难守”，修复辽东故塞，至浿水为界——秦汉时期的浿水，即今朝鲜之大同江。由这段记载进而可知，秦时所修鄣塞已至浿水以南，因而卫满亡命东走时，出塞渡过浿水，才居于秦故空地上下鄣。至此，燕、秦、汉长城东端的起点就比较清楚了。

关于这段长城的线路，根据考古发现，我们认为它大体走向是这样的：它南从汉乐浪郡遂城县碣石山起，一直北去，过鸭绿江，到今宽甸县下露河乡，经太平哨等地，转向西北去，进入今本溪市辖区的桓仁，再进入抚顺辖区的新宾、清原，再向西通过今铁岭辖区的铁岭、法库，进入今阜新辖区的彰武和阜新县，再向西，就与已经调查发现的朝阳、库伦、奈曼、敖汉、建平、赤峰以及围场段相衔接了。当然，这里边因时代变化，辖境不同，长城走向略有伸缩，出现了复线——这应该经过考古调查，来加以区分，从而确定其时代。

上述长城位置、走向的推定，除了依据考古发现外，文献材料也证明了这一点。《水经注·大辽水注》记：大梁“水出北塞外，西南流至辽阳入小辽水（即今浑河）”。古之大梁水，为现在的太子河，它发源于本溪县东部与桓仁接界处。“水出北塞外”中的“塞”即长城。据此，长城定位大约即在今本溪县与桓仁县交界处太子河发源的山间了。这和长城自南来过鸭绿江后，经今宽甸下露河、太平哨，即达太子河发源地群山的走向恰是一致的。长城由此北去，《汉书·地理志》载：玄菟高句丽县，“有南苏水，西北经塞外。”这个“塞”也是长城。南苏水是今苏子河，发源于新宾县东南部山中，西北流，过永陵镇，然后仍西流，汇入浑河。长城就在苏子河上游通过，经永陵镇东部北去。近年在永陵镇西南发现的汉城址，考古学界已认为它是玄菟郡的第二郡治址。这个点正好处在长城线内，则对确定长城的位置也是一个很有力的证明。长城由此西北走，《水经注·大辽水注》：

大辽水“自塞外东流，直辽东之望平县西，王莽之长说也。屈而西南流，迳襄平县故城西”。这个记载，又把长城通过辽河的位置规定出来，即辽河自塞（长城）外来，东流，至望平县西即屈而西南去。今天看辽河这个大转弯，是在铁岭市附近。1973 年，在铁岭县城之南的新台子，发现一个战国至汉代遗址，因窑厂取土，遗址全被破坏，遗物特别丰富，是否为城址现尚不能确定。但这处遗存面积相当大，笔者 1973 年曾去调查过，所见文化层很厚，遗物丰富，并出土数量很多的战国钱币。这个地点很值得注意，它很可能是一座城址，也位于长城线内。据此发现，可以肯定长城不会再偏南了，大约从铁岭北、开原南这一地段通过，不会太错。长城由此西去，进入法库。笔者近年在法库县城西南近彰武界的马鞍山南坡平地上，也发现一个汉代遗址，灰色绳纹陶片甚多。这个点的位置，恰也在推定的长城线内。长城之走向，再由此向西，经彰武，到阜新，在阜新西北部山上已发现了长城遗迹。由此追寻下去，过朝阳就可望见已发现的长城遗址了。

上面所谈，是长城的一个总的走向，但东段的具体结构，至今仍不清楚，即西从阜新起，东至宽甸止的这一段长城线路，到现在还没有考古调查。自 1980 年起的辽宁全省文物普查，经过三年的工作，已于 1982 年全部完成了，但从彰武至宽甸及其中间所经过的各县，只发现大量的墩台，却未发现长城遗迹。笔者于 1971—1973 年在开原“干部插队落户”时，就曾注意铁岭、开原境内有无长城遗迹，观察一些山岭，向一些当地群众了解，然而仍无线索，后闻法库县八虎山上有城墙。1973 年秋，笔者在协助铁岭地区举办的文物干部训练班时，于田野实习中，曾特地前去调查，但结果不是长城。笔者在今年（1984 年）5 月，为写《法库县文物志》再次到法库县去，调查县内的古城址，根据反映，在石砬子、半拉山等地有长城迹象，但经过实地调查，结果只是在两个小山顶上，发现两个很小的辽金时期的城堡。法库县是如此，但其他的县连这种反映和线索也没有，可见东段长城的保存情况，是一个应该深入研究的问题。

那么东段长城有没有？是破坏不存在了，还是一种什么结构？根据考古调查的结果征之以文献记载，我们以为大约东段长城不再像西段长城那样，用构筑高大城墙的形式了，因为当年若是修筑那样高大的城墙，今天全部破坏不存，恐怕也是不可能的。《史记·朝鲜传》说：“自始全燕时，尝略属真番、朝鲜，为置吏，筑鄣塞。”《匈奴传》也说秦修长城“因边山险，堑溪谷，可缮者治之，起临洮至辽东万余里”。《朝鲜传》又说汉兴“复修辽东故塞”。这里所指的“鄣”或“塞”，好似并非连成一体的高大城墙，很可能是独立存在的鄣塞亭燧建筑。关于此点，《汉书·匈奴传》里有一段对长城构成情况的记述文字可供分析、思考。它说：“起塞以来，百有余年，非皆以土垣也，或因山岩石、木柴僵落、溪谷水门”，若有“鄣塞破坏，亭燧灭绝，更当发屯缮治”。这就是说长城是利用一切可以利用的山川形势，或加以人工，或纯系自然，土垣、石墙、山岩陡壁、枯木倒树、溪谷河流，皆可为之，并且坏了更需进行修整。那么，辽东段长城是否为这种鄣塞呢？联系宽甸县太平哨乡小挂房村出土铜戈附近就有石基土台，相当有规模，这种遗存不似一般建筑，笔者认为有可能就是长城在辽东的构成形式。但这只是笔者的一个推测，确否如此，还须以后考古调查、发掘来验证辽东长城到底是一种什么形式的存在。

末了，再谈一点想法。就是东段长城的位置，根据文献记载并结合出土文物考察，已基本推定出其走向，估计不会有太大出入，但是，至今还未见任何一段有长城遗址，这是迫切需要解决的一个问题。因此，希望有关地区各在相关地段进行考古调查并加强研究工作，以期求得这个长期以来尚不明晰的长城线路问题得到解决。

## 三、结语

辽东是我省文物考古工作的重要地区之一，它的许多发现，已经引起学术界的充分注意；战国至秦、汉时期，也毫无例外地取得相当的进展和一定的成果，并且越来越吸引研究者的重视。特别是战国、秦、汉时期，是中华民族发展、形成的伟大时期，在我国历史发展上是一个非常重要的阶段，它的每一个发现都关系到我国历史、地理与古代疆域等问题。因此，搞好这一时期的文物考古和研究工作，是很有意义的。

在这里，本文只能算做一块引玉之砖，对战国至汉代辽东郡在这一地区设置的几个县与长城址，谈点初步意见和做些探索工作，很不成熟，也没把握，今天之所以把它提出来，愚意或可有助于对这一问题的深入研究。

（原载《辽宁省本溪丹东地区考古学术讨论会文集》，

辽宁省考古博物馆学会 1985 年 9 月版）

# 文　三

# 东北燕秦汉长城的考古调查与研究

东北地区的早期长城，过去人们知之甚少，何时有长城，不甚明晰，根据文献记载，资料有限，很难从中确认长城在何处。现在我们所知东北地区有长城，最早的材料，只有《史记》的记载，但也仅有数语及之，其文云："其后，燕有贤将秦开，为质于胡，胡甚信之。归而袭破走东胡，东胡却千余里。与荆轲刺秦王舞阳者，开之孙也。燕亦筑长城，自造阳至襄平，置上谷、渔阳、右北平、辽西、辽东郡以拒胡。"①这是说，在战国时期，燕在秦开袭破东胡、东胡退走千余里后，开始修筑长城。这是有关战国时期燕国最早在东北地区修筑长城的记载。及至战国时代结束，秦、汉相继，在东北也仍沿燕故事，修筑长城，对此，文献材料的记载，虽明确可信，然而对于长城状态如何，却不具体，无法详细得知。总之，关于东北地区的早期长城，由于年代久远，文字记载简略，很难识其原貌，今人对其实地存在，就更是茫然，不知其在何处，至于什么走向，又结构如何，现在保存怎样，就更无法说清楚了。因此，长期以来，对东北地区的早期长城的认识，就是这种状况。

我们能够知道东北地区早期长城，即燕、秦、汉长城，最初是在20世纪的40年代。当时是李文信先生在赤峰地区进行考古调查时，从当地居民口中获得有关长城的信息。据村民说，在当地的山坡上有"土龙""石龙"等情况。李文信先生认为，这些颇形象的叫法，应该是早期的长城在当地居民中的习惯称呼，并初步做了调查。后来他又约在凌源从事教育工作的佟柱臣先生一起，对这道传闻中的长城进行了详细的考古调查，并于其后分别写了调查所见的长城情况②。当时他们调查的地段，仅限于今朝阳以西的赤峰附近。在东北地区发现燕秦汉长城，从时间上看，至今也不过六十年。应该说，直到此时，

① 司马迁：《史记》卷一一〇《匈奴列传》，北京：中华书局1959年9月版，第2885页。

② 佟柱臣：《赤峰附近新发现之汉前土城址与古长城》，沈阳博物馆专刊《历史与考古》1946年10月版。李文信：《东北地区发现的战国遗迹遗物》，1955年中央考古训练班讲义；《中国北部长城沿革考》，《社会科学辑刊》1979年创刊号、第2期。

世人才真正认识到长城在东北地区的存在！这与两千年前修筑长城的时间相比，其获知虽然已经是很晚近的事情了，但它的发现却是非常不容易的，这是非常重要的考古发现！在今天看来，当时这些调查，尽管发现的范围有限，而其意义重大，使我们真实地知道了东北地区有古代的长城！

随着时光流逝，今天的情况与当年比较有很大变化。这种变化，特点突出，我们说，其情况可从两个方面看：一是现在调查的人多了，各地对长城都进行过不同规模的考古调查，均有不同程度的发现，不仅知其经行线路，而且也了解了其结构，并且还把与长城有关的当时其他设施一起作为整个防御体系来认识，这是前所未有的，并且各地的发现，尤其是各省、自治区之间，能够互相衔接起来，渐成整体，使长城的形象更加明显，这是值得欣喜的一面。但不容否认，也存在很多问题，即是二：今天环境有很大改变，与当年比较有许多不利之处。我们已经清楚地看到，现在由于人口激增、开垦耕种、水土流失、平整土地、深翻改造土壤等，在长城地段的这些自然或人为的破坏，使地貌急剧改变，很多长城遗存在各种不同因素的作用中被破坏了，甚至被毁后而永远地消失了。关于对古代长城的了解，现在既有好的一面，也有不利的一面，这些就是今天的实际状况。因此，就不利的一面来说，对早期燕秦汉长城的调查，已产生相当大的影响，增加了调查难度，致使许多地段已不易发现长城，遂成为一个困扰我们多时的难题。

我国自20世纪50年代以后，考古学勃然兴起，笔者所在单位的同志与各地的同行对古代长城进行过不同线段的考古调查，均有所发现，填补了某些地区的空白或丰富了对长城内涵的认识。笔者因工作关系，从1954年开始，在东北文物工作队从事考古调查和发掘，逐渐接触到长城，因工作之便，也陆续对长城做过一些考古调查，从此多少了解了一点儿有关长城的资料；后来，笔者曾奉派对长城做过一些专项调查和发掘，对长城的认知逐渐加深。但现在关于长城的调查和研究，也仅是开始，有许多问题都没有解决，有的地段就连最基本的长城经行线路都没搞清，就不用再谈其他了。近年笔者看过一些相关长城的材料或说法，感觉到现在我们对长城的调查和认识上，还有一些需要研究、探讨的地方，因此，想谈一点儿自己对东北地区燕秦汉长城的认识和想法，尤其是如何调查、寻找和确定这个时期长城的问题。

## 一、关于西部已发现的三道长城

这里我们所谈燕、秦、汉长城，不仅它们朝代相继，而且其城墙既有沿用也有新修，因此较为复杂。它们的分布状况如何，有哪些是创修的，又沿用了哪些线段，其间关系怎样，都是需要搞清楚的。然而，这些问题长时间以来都没有得到很好的解决。在此，笔者要说明一点：本文所讨论的燕长城，是指燕北长城，因燕国还有“燕南长城”，在易水，属今河北省，不在东北范围内，故今凡谈到燕长城者，皆指“燕北长城”而言。

近几十年来，通过考古调查，在今河北省东北部、内蒙古自治区东部、辽宁省西部地区，已发现多道长城，使长城的内涵丰富起来，我们的眼界为之大开，对长城的走向、分布、结构以及保存现状，有了进一步的认识。今天，在这些地区至少已经知道、并且是几省相互连贯的，即有三道长城遗迹存在。根据发现的遗存情况推断，它们应该是战国燕与秦、汉时期不同时间段的长城遗存。

下边我们就先谈东北地区西部已发现的燕、秦、汉时期的长城。

## （一）最南一道长城（后汉长城、西晋长城、北齐长城）

这道长城，在今河北、内蒙古、辽宁三省（区）发现的早期三道长城中，是最南边的一道，线路比较清楚，遗迹明显，三省（区）均有发现。

在河北省，该长城自西向东延伸，调查发现，它在今河北省东北部分为两支：西支由今丰宁县化吉营、凤山乡东去，南支由今滦平县小营、哈巴气乡北去，最后它们俱进入今隆化县，在隆化县十八里汰乡合为一道，然后向稍偏东南方延伸，经韩麻营、中关乡，进入今承德县，然后转向东北去，经头沟、前庙、三家、志云、三道沟门各乡，进入今内蒙古自治区宁城县。

该长城进入今内蒙古宁城县后，在其西境基本作东西走向，经黑里河、西泉、头道营子乡至甸子乡，然后转向北行，经热水至八里罕乡，又转向东北行，经存金沟、三座店、大城子、小城子乡进入喀喇沁旗。该长城自南而北进入今喀喇沁旗西桥乡后，复转向东去，不久又折向东北，经乃林、昌盛远乡，过老哈河，进入今辽宁省建平县。

这道长城进入今辽宁省建平县后，由八家子县国营农场山根村起，向东南方向延伸，经农场、奎德素、张家营子、孤山子乡后，至榆树林子乡的炮手营子村，在将进入朱碌科乡时长城遗迹无存。在其附近，虽经多次考古调查，也未接续发现长城。

但在朱碌科乡东北不远处的老虎山上，即今建平、敖汉和朝阳三县旗的交界处，又发现一段长城。该长城在山上修筑，因山脊地形关系，作西南至东北走向，其所在地属于今敖汉旗四家子乡。该长城的前端发现在老虎山上，下山后，它又奔上羊山，但在羊山之后，其遗迹不清，多次调查都没有继续发现长城，不知其后的走向如何。

这道作东西分布、现属三个省（区）的长城，实际上是属于同一时代、可以连接起来的一道长城。这道长城的今内蒙古宁城、喀喇沁旗和辽宁建平县区段，历年来辽宁省文物考古工作者都做过调查，笔者前后也曾多次在不同的线段调查过。关于这道长城在各省、自治区存在的情况和认识，大体如下：

在河北省的那段长城，据了解，从隆化县起，其遗存情况是，有的地段有长城墙体，

有的地段未见墙体，而是仅存墩台，其考古调查报告说：“此长城东面自内蒙古宁城县大营子一带进入河北省承德县三道沟门公社獾子沟车子梁，西南行至志云公社双庙梁，高一点五米，宽八到十米，存长约十五公里，大部为土筑，有的地方以石为基，上为夯土，长城附近有墩台。从志云西行，长城变为墩台形式，即不筑城墙，而是相距两公里筑墩台一座。墩台西行，经三家公社北山包、雹神庙后山……步古沟公社柳官营，在隆化西部的小滦河川自北而南又出现墩台，南行经二道营至三道营，复出现长城三点五公里，然后又仅有墩台，南行到郭家屯河北……”[①]据此报告可知，这道长城东面接今内蒙古宁城县境内的长城。

内蒙古宁城县的长城，调查获得的情况是：“西自河北省承德县进入本（宁城）县黑里河乡境内，自大松树沟西大山沿黑河向东伸延，经西泉乡、头道营子乡，至甸子乡黑城村西山坡折向北行，经热水乡、八里罕镇，翻越山梁进入存金沟乡，再沿坤都伦河右岸向东北伸延，经三座店乡、大城子镇、小城子镇进入喀喇沁旗西桥乡境内，全长约一百二十五公里。另有支线一条，南起自三座店乡敖汉营子村北，先向西北行，在大城子镇折向东北行，至小城子村与主线相合，全长约十五公里。城墙大部分为夯筑土墙，局部为土石混筑，基宽六到七米，高零点五到一点五米。部分地段墙外侧有壕沟，宽约三米，深约一米。”长城出宁城县又向东延伸，进入喀喇沁旗后的情况是：“西南自宁城县小城子镇小五家村进入本（喀喇沁）旗西桥乡二道营子村境内，自坤都营子折向东行，经火石山村、乃林镇折向北，经柳灌村再折向东，经昌盛远乡甸子村南进入辽宁省建平县境内，全长约三十公里。夯筑土墙，残基宽六到七米，高零点五到一米。墙外侧有壕，残宽六到十米，深一到一点五米。”[②]

长城由内蒙古喀喇沁旗进入辽宁建平县后的情况是：“在建平县有一百三十里，其具体走向是：由老哈河东岸的八家子县国营农场山根村起，向东南而去，经农场、平房，进入奎德素乡，经海棠、下七家、苏州营子、勿沁图鲁，进入孤山子乡，经大佛沟、孤山子、郝家杖子，当即将进入朱碌科乡时，就不见了。这一道长城在建平境内，共发现墩台五十座。……这些墩台，都已有些颓坍了，存高可达四五米，在地面上，原来各墩台之间有沟壕相连接，但现在沟壕大部淤平，只是还有形迹可见。张家营子乡苏州营子村东墩台北部沟壕现在还较明显。”[③]

---

① 郑绍宗：《河北省战国、秦、汉时期古长城和城障遗址》，《中国古代长城遗迹调查报告集》，北京：文物出版社 1981 年 2 月版。

② 国家文物局主编：《中国文物地图集·内蒙古自治区分册》（下），西安：西安地图出版社 2003 年 11 月版，第 192、207 页。

③ 冯永谦、何溥滢：《辽宁古长城》，沈阳：辽宁人民出版社 1986 年 3 月版。

建平县内的长城，较有特点，首先说它的“墩台”非常突出（图 2-3-1、图 2-3-2、图 2-3-3），有点儿类似河北省隆化县长城的情况，但也有区别，就是在墩台之间有沟壕相连接，这又有点儿像内蒙古宁城县、喀喇沁旗长城的结构。在近年，当笔者经过二十多年后再次去建平考古调查长城时，原来在张家营子乡苏州营子村东的南北两台址（图 2-3-4、图 2-3-5）之间所见很清晰的沟壕遗迹，此次却看不见了，这是经过耕种和前些年进行土地深翻与土地平整，已经被填平。总之，原本清晰的墩台之间的深沟现在没有了，这仅是二十余年的时间，沧海桑田，令人不无感叹，可见调查长城如不抓紧进行，实在堪忧。但是，笔者就是此次于该地调查时又有了新的发现：在过去未曾注意的该村之北山岗上，于很长地段发现有在墩台之间修建的土筑墙壕，即外侧有沟，内侧筑墙（图 2-3-6），并且在墩台四周修有围墙，长城墙壕就接筑于围墙上。据此可知，这道长城并非是由墩台构成的，而是在墩台之间有城墙与壕沟相连接，掘土筑墙，于是在形成墙体的同时，外侧也就留下了深沟（图 2-3-7）。但经历千百年后，至今墙体颓毁、壕沟被淤平，城墙不显，就只突出墩台了，以致给人造成这道长城是由墩台构成的误解。

关于这个问题，过去笔者就有不同的看法，它不是如调查者所说由“墩台组成的长城”。笔者认为，这道长城是由墩台和墙体、沟壕相互衔接构成的。这一观点已在笔者以前出版的《辽宁古长城》一书中有过论述。但随着调查的深入，笔者对其结构的认识

图 2-3-1　辽宁省建平县张家营子乡张家营子村烽燧址

图 2-3-2　辽宁省建平县张家营子乡西张家营子村烽燧址

图 2-3-3　辽宁省建平县张家营子乡七家子村烽燧址

图 2-3-4　辽宁省建平县张家营子乡苏州营子村一号烽燧址

图 2-3-5　辽宁省建平县张家营子乡苏州营子村二号烽燧址

图 2-3-6　辽宁省建平县张家营子乡张家营子村长城遗址

图 2-3-7　辽宁省建平县张家营子乡七家子村长城墙体外侧壕沟

也更加明晰起来——这道长城并非只由单一墩台组成。首先，这道墩台的走向，基本上是东西排列、横向分布的，不具备向内地指挥机关或向朝廷传烽报警的南北纵向分布的墩台的特征——横向排列如何传烽？因此，这道墩台线就不能被认为是传烽报警的设施，而应是防御侵扰的长城结构。其次，燕、秦、汉时期修筑长城，其目的是为防止北族的入侵和骚扰，因此长城作东西走向，这种布局和当年的防守对象有关。这道墩台的排列恰是这种情况，故它应是长城。第三，长城的功能是军事防御，可仅由两两相距数里的墩台是构不成防线的，因为台间空隙太大，谁都可随意在其间进入，使它无法御敌，如何能成为边塞？只有其间挖掘沟壕、筑成墙体，才可能进行防守，才能构成防御意义上的长城。因此，我们不可只看表面现象却忽略了本质。所以我们说，在建平县发现的这一道长城很重要，它关系到认识长城的结构和形式问题。

至于敖汉旗老虎山长城，虽然经过考古调查，没有发现它可以和存在于建平、从山根村至朱碌科的那道长城遗迹直接连接在一起，但笔者经过到老虎山现地调查后，认为它和建平境内的那道长城是同一道长城。其理由就是，它和这一地区的长城结构相同，特别是在地域上，它和其他各道长城相距甚远，不能衔接，但却与建平朱碌科相距很近，而且从其走向上看，老虎山长城为西南至东北走向，其西端恰好与朱碌科长城相接，其东端如再继续向前延伸，就可和存在于其东面的长城相衔接——从调查发现的存在遗迹看，也确实是这种构成。此外，在老虎山周围的其他地方，再无任何长城遗迹，它是一个孤立存在，如不与建平长城相连接，就再无其他长城可以和其相连了，而这样一小段孤立的长城是无法单独存在的。

关于最南面的这道长城的年代，过去都认为它是汉代的。河北省的考古调查报告说，这道“长城时代较晚，时代属汉，但和西汉武帝太初三年所筑长城似无关系”[①]。内蒙古的考古调查报告说：“关于老虎山长城，我们推测，老虎山的长城在秦时是继续沿用的。”[②]那么这里就提出一个问题，即此段长城“在秦时是继续沿用的”，那它就应是秦以前修筑的，就应该是战国燕修筑的。这就与河北省在此一线上的长城年代“属汉”的结论不同，使其无法衔接了。辽宁省的考古调查报告说：“通过对采集到的文物和长城结构、形制的分析，确认是一道汉代长城障塞遗存。”[③]但其中的“汉代”是泛指的，

① 郑绍宗：《河北省战国、秦、汉时期古长城和城障遗址》，《中国古代长城遗迹调查报告集》，北京：文物出版社 1981 年 2 月版。

并见布尼阿林：《河北省围场县燕秦长城调查报告》，《中国古代长城遗迹调查报告集》，北京：文物出版社 1981 年 2 月版。

② 项春松：《昭乌达盟燕秦长城遗址调查报告》，《中国古代长城遗迹调查报告集》，北京：文物出版社 1981 年 2 月版。

③ 李庆发、张克举：《辽宁西部汉代长城调查报告》，《北方文物》1987 年第 2 期。

汉时不同时期均有长城修筑，变化很大，没有说明是汉代什么时期，还是没有解决问题。

我们认为，对这道长城的年代，还应进行很好的研究，即使确认是汉代，也要深入分析，因为汉代存在的历史时间很长，王朝本身也有变化，有前汉与后汉之别，而其实际统治地域、管辖范围在不同时期也有伸缩，尤其是处理它和北方游牧民族的关系，不同时期也多有不同策略；特别是经过考古调查，在这些地区发现多道长城后，这个问题就非常明显了——它们是分别独立存在的，究竟每道长城建于何时，具体到某一道长城为哪个王朝所建，这就不能不引起我们的慎重考虑。通过实地考古调查，笔者认为，最南面的这一道长城是后汉的长城。因为后汉时期国力不强，在北方继承的前代的郡县至此时已被放弃不少，管辖范围回缩，北族南下，长城也不应还是前代的旧线。如果我们仔细看一下后汉的实际情况，就更清楚了。就以后汉最盛时的情况看，其北边的土地丢失得相当多，如从位于今河北省东北部、内蒙古自治区东部与辽宁省西部的上谷、渔阳、右北平、辽西诸郡来看：上谷郡，前汉时辖十五县，后汉时辖八县，少了七县；渔阳郡，前汉时辖十二县，后汉时辖九县，少了三县；右北平郡，前汉时辖十县，后汉时仅辖四县，少了六县；辽西郡，前汉时辖十四县，后汉时辖五县，少了九县。每个郡都丢掉了这么多县，可见后汉时北部边郡的实际管辖范围是如何狭小了。尤其是右北平郡和辽西郡，正处于今承德、赤峰和朝阳地区，回缩如此之大，不能不导致长城的回缩——不能继续利用前代长城，就只好另修新线。因此，现在所见最南边的这一道长城，就应是后汉所筑。同时由于后汉国力不足，这道长城和其他长城也有不同——较为简陋，用墩台和墙壕这种结构修筑，就是其最明显之处。另外，在长城上出现墩台，并且这种“墩台”成为墙体的结构，应是长城修筑史中较为晚后出现的事，它当是过去长期战争的经验积累使然，是在长时间的军事防御体验中，感到其需要，才可出现的这种结构。说它是后汉长城，这也是理由之一。再有更重要的一点，那就是经过多年的考古调查，在这道长城之北，至今还没有发现属于后汉时期的遗存，所见都是燕、秦和前汉的，这恐怕是最能说明问题的了——说明后汉因辖地范围回缩，其势力没有超出这道长城，故在其北面没有发现后汉的遗存。因此，分布于今河北、内蒙古和辽宁三省（区）的诸道长城中最南面的这一道长城，应为后汉时期所修筑。

另外，前面已经说到的敖汉老虎山长城，因其长度过小，不足十里，又由于其自身不是一道独立的长城，我们认为它应是由建平八家子县国营农场山根村至朱碌科的这道长城之东部的接续；又由于老虎山上的城墙两端再无长城相连，以其如此短小的墙体，不可能自成一道独立长城，因此，它当是最南一道长城的组成部分。至于老虎山长城的年代，认为它“在秦时是继续沿用的”这种说法是不确切的，当时调查者考定其时代的理由，是因为在老虎山北面山下发现有秦代铁权等遗物，于是就认为该长城是秦代的了。我们应该认识到，出有秦代铁权等遗物的这处遗址，是在长城之北的小八盖子村，在这处遗址中有很多战国燕遗物，因此，这处遗址的时代应属燕、秦时期，不能只称秦代。同时，我们还必须注意到，这处遗址是在长城防守的外（北）面，而不是长城里（南）面，这恰好说明长城以北是早年燕、秦的管辖范围，在其地有这个时代的遗址是正常的，而这种情况与这道长城属后汉并无矛盾，并且还可从另一方面证明，此长城是后汉时期所修筑的——长城以南是后汉的辖地，长城以北早年是燕、秦的领土，在其北还有两道燕、秦长城，至后汉时已不归其管理，故其统治范围没有到达燕、秦遗址处。因此，在这道长城之北发现秦代铁权，也不能证明这道长城是秦代的。倒是在这道长城之北没有发现后汉时期的遗物，则确定此长城的年代为后汉是有依据的和无可怀疑的。

### （二）中间一道长城（燕北内线长城、前汉武帝长城）

在河北、内蒙古、辽宁三省（区）处于南、北两道长城中间的这道长城，即它在前面所述后汉长城之北，而在其北面，考古发现还另有一道长城，故此道长城是处在二者之间，它是三道长城中居于中间的一道长城。

此道长城，西面自今河北省东来，在承德市丰宁县森吉图乡向东延伸，进入围场县，经夹皮川乡的边墙村，进入今内蒙古自治区喀喇沁旗。

在内蒙古自治区，从其进入喀喇沁旗，即从十家子乡起，此道长城经娄子店乡，进入赤峰市元宝山区。在元宝山区，它经小五家、山前、美丽河等乡，在冷水塘村向东北延伸，横过老哈河，进入今辽宁省建平县。

在辽宁省，此道长城自西向东进入建平县，从热水乡下湾子村起，一直东去，经老官地、烧锅营子、二十家子诸乡，最后在程家沟村出境，进入今内蒙古自治区敖汉旗。

在内蒙古自治区，此道长城进入敖汉旗四德堂乡，向东去，经新惠、新地、丰收、克力代、贝子府至王家营子乡，之后不远中断，向东南方向去，则与今辽宁省北票市境内的长城相接。

在辽宁省，进入北票市的长城从北塔乡起，向东南去，经台吉营子乡，至六合城村，抵牤牛河西岸，过河，进入阜新县。在阜新县，此道长城基本上向东北去，经化石戈、大五家子、红帽子、哈达户稍、平安地等乡，进入彰武县。在彰武县，此道长城经四堡子、满堂红、丰田、双庙、彰武镇、二道河子、东六家子等乡，进入沈阳市辖境的法库县。

这道长城的走势情况，三省（区）衔接较好，基本都有遗迹可查。

在河北省东北部，这道长城被“发现于围场县之边墙村，……在村南顺山势横跨西路嘎河，呈东南、西北走向，蜿蜒于山岭之间，以石为基，土筑，东面依去向推定，可能与昭盟赤峰南之燕北长城（即昭盟之第二道长城）相连”①。

在内蒙古自治区，这道长城的调查发现是：西接河北省围场县，“在本（喀喇沁）旗十家满族乡姜家湾村东，始见明显遗迹，东行经槟榔沟、上烧锅村、半截沟，再东行经刘家店村东伸入赤峰市元宝山区境内，全长约二十一公里。墙体有用土夯筑和石块垒砌两种，残宽三到六米，高零点二到一点五米”。然后这道长城“西自喀喇沁旗娄子店乡进入本（元宝山）区小五家乡，向东北伸延，经上窑沟村北，再经山前镇砖瓦窑村北、美丽河镇朝阳沟村北、冷水塘村，向东北伸入辽宁省建平县境内，全长约三十公里。长城有夯筑土墙和石块砌墙两种，残基宽三到六米，高零点三到两米”②。

这道长城进入辽宁省后的情况是：“长城在建平县北部横越老哈河后，从热水乡马家湾（下湾子）起，在山岗上屈曲东去，经嘎岔沟与三道沟两村之间的山岭，然后进入老官地乡，经羊草沟、梨树沟等村，折向东北，随山势绕行，进入烧锅营子乡，经霍家沟、姜家沟，转向东去，经封山、下霍家地、张家湾、菜园子、王家店、蛤蟆沟等村，然后东行进入二十家子乡。……长城又东去，在二十家子乡经九间房、蓝旗营子、小陶窝铺，至小五家子过蹦河。……蹦河两岸虽然也属丘陵，但地势较平，长城到了这里，又和蟠行在高山深谷中不同，其势如一道长墙，径直东去，经北洼、小四家子（下城子）、王苏地等村，至程家沟村后，便出了建平县界。”③

长城出建平县后，延伸于今内蒙古自治区敖汉旗：“西自辽宁省建平县二十家子进入本（敖汉）旗四德堂乡境内，向东经新惠乡、新地乡、丰收乡、克力代乡、贝子府镇，再东经王家营子乡十二连山、石砬子山，至石灰窑子村东山中断，全长约一百公里。东南方与辽宁省北票市北部的长城遥接。长城有石块砌墙和夯土筑墙两种，石砌墙残基宽三到四米，高零点五到两米。”④

进入今辽宁省北票市的长城，过去虽有调查，但没有详细的调查报告，不知其具体走向。自 1998 年以来，为编绘《中国文物地图集·辽宁省分册》，笔者被指派调查辽宁省历代长城的工作，经与全省各有长城分布的市、县文物考古工作者一起调查相关长城，前后断续历时四年，收获很大，有些地区的长城被发现了。

北票市境内的长城，从相对于敖汉旗宝国吐乡范杖子村的北塔乡赵家店村起（图

① 郑绍宗：《河北省战国、秦、汉时期古长城和城障遗址》，《中国古代长城遗迹调查报告集》，北京：文物出版社 1981 年 2 月版。

② 国家文物局主编：《中国文物地图集·内蒙古自治区分册》（下），西安：西安地图出版社 2003 年 11 月版，第 81、191 页。

③ 冯永谦、何溥滢：《辽宁古长城》，沈阳：辽宁人民出版社 1986 年 3 月版。

④ 国家文物局主编：《中国文物地图集·内蒙古自治区分册》（下），西安：西安地图出版社 2003 年 11 月版，第 400 页。

2–3–8），经姜家营子（图 2–3–9）、广富营子（图 2–3–10），到台吉营子乡四合城、陈家窝堡（图 2–3–11、图 2–3–12），而后抵牤牛河西岸的六合城村，过河进入阜新县。牤牛河东岸是阜新县化石戈乡嘎岔沟村，长城由此东去，经大五家子乡大家生村，红帽子乡新秋村，他本扎兰乡，哈达户稍乡下四方庙子，旧庙乡老哈达营子、水泉村（图 2–3–13），到平安地乡，过魏家沟村后，经前二十家子村（图 2–3–14），在后二十家子村东去，进入彰武县。长城在彰武县，经四堡子乡何兴隆沟村北去，过小南洼村（图 2–3–15）、朝阳沟村，到壕外屯，转向东又折南，经满堂红乡，至丰田乡孔家窝堡、鄢家窝堡（图 2–3–16），到双庙乡前小五家子村（图 2–3–17），过靠边屯、壕外屯，到五峰镇、城郊乡，至壕北屯，由此向东去，经二道河子乡、东六家子乡、苇子沟乡，在王家窝堡进入今沈阳市辖地的法库县境，然后东去。

关于这道长城的年代，各地调查后的意见较为一致，都认为它应是战国时期燕国所筑的长城，已见此前各省、自治区发表的长城调查报告。不过笔者认为，这只是讨论了问题的一半，如果再深入一步研究，它还应是前汉武帝时期的长城。

经过调查，认为这道长城是燕国所修筑的，河北省在调查后下结论说："第二道长城，发现于围场县之边墙村，为战国时期燕国所筑。……围场县边墙村一带之长城可能为燕北长城。"[①]内蒙古自治区段的调查报告说："因此我们认为，今昭盟赤南长城应是燕北长城遗址，它修造于燕昭王中晚期。"[②]辽宁省对西部长城调查后的意见是："南线长城为燕国的遗存"，"辽宁所发现的即燕北长城"。[③]

将这道长城定为燕北长城，是准确的，即秦开为质于胡、返回燕国、却胡千余里后修筑的。这些是属于前期的事，但到后来，即前汉时，《史记》明确记载"汉亦弃上谷之什辟县造阳地以予胡"。武帝既然弃什辟县造阳地以予胡，长城亦应随弃地而没入胡中，然而汉在北边不能失去防御，不能没有屏障；而汉弃地之后的边境，即在这道长城线附近，因此，武帝弃地后的北边防御，就应是利用了燕北长城的这一道长城。这个观点，过去笔者曾在《东北古代长城考辨》一文中提出过[④]。根据考古调查所见，这道长城至今仍然保存较好，并无因其废弃、变成阻断当时国内交通往来的障碍而遭到毁坏的迹象。并且我们更应注意到，特别是秦始皇统一六国后，曾下令平毁六国的长城，而此长城没遭毁坏，还被完整地保留，如果没有后来经武帝时的利用和修缮，那就是不可理解的事了。因此说，

① 郑绍宗：《河北省战国、秦、汉时期古长城和城障遗址》，《中国古代长城遗迹调查报告集》，北京：文物出版社 1981 年 2 月版。

② 项春松：《昭乌达盟燕秦长城遗址调查报告》，《中国古代长城遗迹调查报告集》，北京：文物出版社 1981 年 2 月版。

③ 李庆发、张克举：《辽西地区燕秦长城调查报告》，《辽海文物学刊》1991 年第 2 期。

④ 冯永谦：《东北古代长城考辨》，《东北亚历史与文化》，沈阳：辽沈书社 1991 年 12 月版。

图 2-3-8　辽宁省北票市北塔乡赵家店村的长城遗址

图 2-3-9　辽宁省北票市北塔乡姜家营子村的长城遗址

图 2-3-10　辽宁省北票市北塔乡广富营子村的长城遗址

图 2-3-11　辽宁省北票市台吉营子乡陈家窝堡村的长城遗址与城址

图 2-3-12　辽宁省北票市台吉营子乡陈家窝堡村的烽燧址

图 2-3-13　辽宁省阜新县旧庙乡水泉村长城遗址的夯层结构

图 2-3-14　辽宁省阜新县平安地乡前二十家子村的烽燧址

图 2-3-15 辽宁省阜新县四堡子乡小南洼村的长城遗址

这道长城应是战国时期燕国名将秦开第一次却东胡千余里后修筑的，是燕北长城，即燕北内线长城，也是汉代武帝弃造阳地后所修缮使用的长城，即武帝长城。

附带说明，此道长城过去也被称为“赤南长城”。考虑到“赤南”仅是一个点，即“赤峰南”之意，而长城是很长的，在任何一个地方都可以有这样的点，如果各地都根据自己所在的位置定名，这样叫起来，那就会很乱了。因此，笔者过去称其为“燕北内线长城”①，表明其北还有“燕北外线长城”，这样定名可以使较长区段的长城皆可用这一称谓，并且概念明确。最近出版的《中国文物地图集·内蒙古自治区分册》就没有采用此前有关调查报告所使用的“赤南长城”这个地名坐标称谓，而是用“燕北内长城”一词。我们觉得，这样定名更确切一些，也易于理解。

## （三）最北一道长城（燕北外线长城、秦始皇长城、前汉初年长城）

这道长城位于河北、内蒙古、辽宁所发现的三道长城的最北面，情况较为复杂，争议也比较多，并且也是最重要的一道长城。

这道长城河北省段的调查发现情况是：“这道长城的东面，由内蒙古昭盟赤峰县之二龙库进入河北省围场县北部的山湾子公社半壁店前梁、殷家店后山，西行到新拨，又

① 冯永谦、何溥滢：《辽宁古长城》，沈阳：辽宁人民出版社 1986 年 3 月版。

图 2-3-16　辽宁省彰武县丰田乡鄢家窝堡村北的烽燧址

图 2-3-17　辽宁省彰武县双庙乡前小五家子村的长城遗址

南行到岱尹梁、十八号、十五号、棋盘山水泉，又西行……。围场北道长城计在境内行经一百九十余公里，存遗迹三十余段，若断若续。”

这道长城内蒙古自治区段的调查发现情况是：“西自河北省围场县进入本（赤峰市松山）区西部，东西横亘大山区，未见明显遗迹。自西庄头营子乡曹家营子村东始见长城遗迹，蜿蜒在英金河北岸山地上，向东行经当铺地镇、王家店乡、水地乡，至安庆沟乡折向东南，伸入敖汉旗境内，全长约六十公里。墙体有用土夯筑和石块垒砌两种，残基宽三到六米，高零点二到二点五米。”“西自赤峰市松山区进入本（敖汉）旗四道湾子镇白斯朗营子村，东行经黑土营子村、齐大窝铺村，新惠乡南、龙凤沟，南塔乡东城子村、大敖吉村、刁家营子村、古鲁板蒿村，至敖音勿苏乡荷也村，伸入奈曼旗境内，全长约一百二十公里。夯筑土墙，残基宽约五米，高零点五到一米。”“西自敖汉旗进入本（奈曼）旗土城子乡境内，向东行经西岗岗、伊马钦沟，至牤牛河西岸中断；再在其北约十余公里牤牛河东岸牤石沟再现，向东北行，经大榆树沟、扣根，至朝阳沟村南，伸入库伦旗境内，全长约四十五公里。夯筑土墙，基宽五到六米，高零点五到两米，夯层厚约十厘米。”“西自奈曼旗朝阳沟进入本（库伦）旗平安乡下洼村，折向东南行经水泉乡、白音花苏木，至先进乡东南，进入辽宁省阜新县境，全长约四十五公里。夯筑土墙，残宽三到四米，高零点五到一点五米。”[①]

这道长城辽宁省段的情况，此前辽宁省的文物考古工作者曾进行过调查，发现它系从奈曼旗入境，“长城从吉林省（按当时哲里木盟划归吉林省管辖——笔者注）沙巴营子向东折向阜新县于寺乡的套尺营子、牤牛西洼、陈家梁、下官营子、北洼、他本套力改，至小虎掌沟村南的于寺河，又折向东北的大五家乡”[②]。这次调查，仅为阜新县于寺乡一个乡境内的长城，路程较短，由于未向东继续进行调查，故其以下的长城情况不得而知。近几年为编绘《中国文物地图集·辽宁省分册》，笔者被指派对全省的长城进行考古调查。因此，经过调查，这个区段的长城方始清晰：它从内蒙古自治区奈曼旗善宝营子村东向南来，经该村战国秦汉古城址之东，进入阜新县于寺镇套尺营子村东，然后南去转东，经牤牛西洼、南梁、陈家梁、下窑、北洼、小虎掌沟、西营子至于寺村，转向东北去，经平安地、夏杖子，进入大五家子乡的柳条沟村，经毕家沟、张及营子、小五家子、王大营子，东去，进入八家子乡，经团山子（图 2-3-18）、大山屯，从乌兰木图山北面绕过，到解家烧锅，又经三家子（图 2-3-19）、新秋、张家沟，进入旧庙镇小乌拉罕村，经海力板、冷家洼子、孟家窝堡之后，与“燕北内线长城”相衔接，由此往东，两道长城合并为一道长城。[③]

① 国家文物局主编：《中国文物地图集·内蒙古自治区分册》（下），西安：西安地图出版社 2003 年 11 月版，第 94、400、459、452 页。

② 李庆发、张克举：《辽西地区燕秦长城调查报告》，《辽海文物学刊》1991 年第 2 期。

③ 冯永谦、何溥滢：《辽宁古长城》，沈阳：辽宁人民出版社 1986 年 3 月版。

图 2-3-18　辽宁省阜新县八家子乡团山子长城遗址

图 2-3-19　辽宁省阜新县八家子乡三家子长城遗址的夯层结构

关于最北的这道长城的时代，各家调查的结论，基本上都认为它是秦代的，即秦始皇修筑的长城。河北省段的意见是："第一道长城，也是我省最北面的一道长城，和赤峰北面的一道长城相衔接，是秦始皇统一六国时（前 221 年）蒙恬所筑，一些地段为晚期缮治。""第一道长城之时代主要是秦。"[①]内蒙古段的调查所确定的长城年代，其说法是："赤北长城可能是秦统一以后的建筑。"[②]辽宁此前调查对这道长城的意见是："北线长城的时代：在北线长城沿线采集到的文物标本，多为战国与秦代的文物。……这些都说明北线长城沿线均遗留有秦代文物。由此可以看出，秦灭燕后，其势力迅速向北推移。辽西、右北平郡仍是当时北方重镇，故统一的度量衡很快就在这里得到实行。所以北线长城应是秦统一后修筑的。""有不少学者认为秦长城大抵因秦昭王、赵、燕长城之旧，加以修缮，连接为一，其实不然。由于军事上的胜利，领地不断扩张，秦长城的某些地段大大向北推进。"[③]

实际上对于这道长城的年代，只认为是秦代，即由秦始皇统一六国、势力迅速扩张后所修筑，这种意见是值得商榷的。这道长城是考古调查发现的，在调查的同时，各地普遍在这道长城沿线附近及其以内地区，发现战国燕的遗迹、遗物，从 20 世纪 40 年代发现这道长城时起，直到现在各省、自治区进行的考古调查，所有的调查者都曾亲身经历过，是燕、秦文物并存，并都写进各自所发表的调查报告里。既然是这种情况，为什么这道长城只是秦代修筑的呢？与燕无关吗？我们知道，确定一个本身没有明确年代标示的遗迹时，不是主要依靠和其共生或伴存的有时代特点的遗物吗？燕、秦文物共同标志着这道长城的年代，若说它不是燕国修筑的，恐怕也讲不通吧！以前笔者曾提出过这个问题，并详加论述，认为它首先是燕国修筑的，秦始皇统一六国后筑长城时加以利用，详情见笔者过去发表的《东北古代长城考辨》一文，于此不再重述[④]。因此，对其结论就是：这道长城，应为燕将秦开却东胡筑长城之后，国力强盛、拓展领土，由于防御需要所修筑；秦始皇统一六国后，缮治秦、赵、燕三国长城，就对燕国这道位于最北的长城加以修缮和利用，因而这道长城也是秦始皇长城。最近出版的《中国文物地图集·内蒙古自治区分册》在确定这道长城的年代时，采纳了笔者的意见，将其定为"燕北外长城"，并在条目文字的最后说"秦代沿用"[⑤]。这个意见是对的，表明了它最初的修筑年代及后来的沿用情况。并且还应当说它是前汉初

① 郑绍宗：《河北省战国、秦、汉时期古长城和城障遗址》，《中国古代长城遗迹调查报告集》，北京：文物出版社 1981 年 2 月版。

② 项春松：《昭乌达盟燕秦长城遗址调查报告》，《中国古代长城遗迹调查报告集》，北京：文物出版社 1981 年 2 月版。

③ 李庆发、张克举：《辽西地区燕秦长城调查报告》，《辽海文物学刊》1991 年第 2 期。

④ 冯永谦：《东北古代长城考辨》，《东北亚历史与文化》，沈阳：辽沈书社 1991 年 12 月版。

⑤ 国家文物局主编：《中国文物地图集·内蒙古自治区分册》（下），西安：西安地图出版社 2003 年 11 月版，第 94、400、459、452 页。

年长城。汉承秦制，两朝疆域均无变化，长城也是汉沿用秦的。

## 二、中部地区长城调查的发现情况

燕秦汉长城问题，在东北地区西部解决得比较好，虽然跨有三个省、自治区，但由于发现时间较早，长期以来就引起学术界的关注，并且也由于其所处地理环境的原因，人为破坏不多，因此，尽管这里多道长城并存，情况较为复杂，诸多有利条件仍能使得这一地区的长城无论在走向还是在结构和年代等问题上，经过考古调查和深入研究，都变得较为清晰，即或现在还有个别地方存在缺环，不能衔接，但总的来说，各道长城也都可以被明确地指证出来。但东北地区中部燕秦汉长城的调查发现，就远较西部的长城调查发现为差，不仅长时间以来没有调查，而且其遗迹的保存状况也不好，地面变化很大，发现较难，因而至今还在调查与研究之中，没有确切结论。近几年，笔者和有关地区的文物考古工作者一起，在较大范围内进行探寻，陆续有所发现，逐渐形成一些认识。现将这一地区的有关发现情况，说明于后。

### （一）学术界对中部地区长城误解较多

中部地区的早期长城，就不像前面所述西部长城那样，而是从来就存在较多问题，至今还不十分明确。燕秦汉长城所经行的东北中部地区，是指辽河下游的今沈阳、铁岭地区。这里土地平衍，没有高山，居住人口密集，自然环境改变较快，土筑长城自然较难保存。另外，此前学术界对其注意不多，没有进行较深入的调查，缺乏了解。因而直到现在，关于这里的早期长城的情况，也还不能全部明确地指出来，故很少见有学者对这段长城的论述。

此前对于东北中部早期长城的研究，多属推论，没有足够的科学资料，缺乏依据。如对于“燕长城的位置”，有人认为是由今彰武、法库至辽河，“再沿辽河北上至河之上游，又东北折至今吉林市北，东向至珲春滨海一带”[①]。从其所叙述的这个长城走向看，似乎离实际差得太远，不易令人信服。近年由于在吉林省发现二龙湖战国城址，于是就有人认为燕秦长城可到吉林省梨树县[②]。这些观点，未免失之片面，并且也没有得到更强有力的考古学的支持。还有的研究者将燕秦汉长城同样置于此地，如为考证汉代襄平县、望平县的今地，欲辨其襄平县为今铁岭、望平为今昌图县老城镇，就将燕秦长城置于今辽宁省昌图县之北与吉林省梨树县之北，将汉长城置于今吉林省梨树县境内东西通过[③]。

① 张博泉：《东北地方史稿》，长春：吉林大学出版社 1985 年 11 月版，第 48 页。

② 阎忠：《燕北长城考》，《社会科学战线》1995 年第 2 期。

③ 李奉佐、金鑫：《曹雪芹家世新证》，沈阳：春风文艺出版社 2001 年 2 月版，第 110 页《燕秦汉辽东郡北部长城及诸县地理位置图》、第 111 页《前后汉襄平地理位置图》。

这同样是臆断，的确偏离史实太多。由此可见，燕秦汉长城的确定，对学术研究是多么重要！同时我们也因此可以知道，对长城的调查与研究，在当前是多么迫切的需要！

近几年，根据编绘《中国文物地图集·辽宁省分册》的需要，笔者奉派会同沈阳、铁岭地区的文物考古工作者，对中部地区的古代长城进行考古调查。到目前为止，在相关地段已发现若干遗迹，虽然它们还不能全部衔接起来，但已可知其基本走向，不再像以前那种朦胧状态。

## （二）沈阳地区长城调查

中部地区长城，西接阜新市之辖县彰武，前面已经说明长城调查发现情况，即长城由今彰武县东六家子乡进入法库县叶茂台镇。当长城由东六家子村东去，过官山之北，经孤店、双山子、石头人村时，俱在101国道（沈阳—承德公路）之南作东西向前行，在过“792公里”路标之后，公路转折而南，向叶茂台北山奔去，就在公路转弯，横过长城而向南后，长城仍径直东去，在此处与原在其南略作平行、斜向东北方向延伸的清代柳条边相遇，柳条边斜向东北去，长城径直向东。现在，在叶茂台村北山的北山坡下，长城墙体明显。东去过叶茂台后，长城遗迹在獾子洞水库之南东西通过。向东北斜，其后进入水库中的是柳条边。在当地，柳条边遗迹也很明显，询诸村民：“柳条边在哪里？”他们都能清楚地指出，或带领你到实地去查看。到那一看，果然是柳条边遗迹。过秀水河子村以后，在双台子村长城与柳条边重合。笔者以为，柳条边与长城重合之处，当是前者沿用了后者，后者为前者所掩盖——是柳条边沿用了早期战国与秦、汉长城。这个观点，是笔者经过前后多次考古调查，在现地看到这种现象后，经过长时间的思考与研究，于今提出来的。就目前考古调查所发现的情况看，其沿用地段，是从法库县西南境开始，向东北延伸直至该县东北境。为什么这样说？理由有四个，现简要说明于后。

首先，在柳条边附近发现有战、汉时期的遗址，如石桩子、叶茂台、阎家荒地村等处，都有发现，遗物有陶豆、铜镞、铁镬等。这些发现，都应和长城有关。这一地区是战、汉遗址、遗物发现的最北点，由此往北，未再见有纯属中原特点的汉文化遗存。因此，这里应是当时战、汉文化分布的边缘地带，长城就应是在此地东西向通过。

其次，在柳条边沿线有许多以“台”命名的村庄。从村庄命名的规则来看，它们的得名应该是有“来历”的，当有所本。柳条边自法库县西南入境，斜贯全县，由东北部出境，如从西南算起，沿柳条边的村名有西头台子、西二台子、叶茂台、顺边屯、靠边屯、双台子、五台子、四台子，过法库县城之后，向东去，有东二台子、东头台子等。这样的村名，在离开柳条边稍远处就不见。如果说“顺边屯”“靠边屯”的得名，是因建村时由于靠近柳条边或长城而取为该名，那么叫什么“台”的村庄又是如何被命名的呢？柳条边无台，怎么会得出叫台的村名呢？我们知道，柳条边不是古代的军事防御工程，它只是清初康乾时期为保护其在东北老家的“龙兴之地”不因樵采、挖参等破坏“王气”，限制其他族人出入而修筑的，因此在柳条边全线是不修任何“台”的。修“台”的，是战国、秦、汉以及明代长城的做法。我们今天能看到许多靠近长城或有烽火台的村庄，它的命名才有什么“城”或什么“台”的。根据考古学、民俗学的考察，凡是用这样名称的村庄，都是有一定缘由和来历的。只有有“台”，才可得此村名；柳条边无台，如何会有沿边连成一线而叫“台”的村名呢？因此，法库县境内柳条边的修筑，当是沿用了战国燕与秦、汉时期的长城，其后在其附近形成村庄时，因其有最具特征的古代的“台”，所以就被称为“某某台”了。

第三，在法库县境内，大山较少，缺乏屏障，因军事防御上的需要，势必修筑长城。而该县境内低山岗地较多，并且今天地貌改变不大，历年来发现的古代各种遗迹、遗物不少，虽经多次认真考古调查，迄未发现古代长城。因此，恐怕也只有长城被柳条边沿用，才会有这种情况出现。

第四，只有长城被柳条边沿用，以其经行线路，当其在法库县东北部出境后，才有可能和经过考古调查在开原的前施家堡子、铁岭的山后屯等地所发现的长城衔接起来。柳条边由西南入境前行，在到达法库县东北境的东头台子村时，两者分开，柳条边离开长城后，继续向前延伸，出法库县境进入开原、昌图县境内，而在东头台子村一带没有被柳条边沿用的长城，向东南方继续延伸，就与在开原前施家堡子发现的“土龙”相衔接，这在地理位置上是非常适宜的，也符合长城在该处的走向。如此，在法库的燕、秦、汉长城也就与在开原、铁岭的长城连接起来了。

笔者根据实地考古调查所见，提出以上四点分析，战国、秦、汉长城在法库县境的分布与走向，应是符合实际情况的。

## （三）铁岭地区长城调查

铁岭市所辖的开原市，经过考古调查，在其市境西南部，也发现有战、汉长城。在法库县的东北境，当柳条边在东头台子村离开长城后，向东北去，进入开原与昌图县界，而长城则是由此转向东南，进入开原市境。

我们在开原考古调查的发现是：由三家子乡后施家堡子村向东南来，到前施家堡子村南，原来有一道土岗，当地村民称之为“土龙”，它向东南一直延伸到董孤家子村。后施家堡子村村民杨普的宅院因是后建，被划定在该村东头的后边，范围恰在这道土岗的位置上，他家为了建房，就扒平了处在其宅院内的土岗，建起了自己的住房。当笔者与铁岭市博物馆许治国等调查至杨家时，不仅听到他们的讲述，而且还在其宅院中被扒平土岗的位置上，看到依然隆起的土棱，它与两边的地面不同，他们时常修整。在宅院外的土岗，因耕种和平整土地，也被扒平。在从后施家堡子村向东南去到前施家堡子村的这条土岗的南面，相沿分布有四座台址，现在已有两座台址被损毁。如果我们回过头来说，这条土岗由后施家堡子向西北去，在兴隆台村附近和南北走向的明长城相交通过，再向西北去，就进入法库县，到东头台子同柳条边沿用的战、汉长城相接。这是在铁岭地区分布的早期长城的北端。

现在再说南面长城的情况。土岗由前施家堡子村向东南去，过董孤家子村，再往东南去，就到了辽河西岸。这里是清河与辽河的汇合处。在距离清河约五十米处，有一座烽燧址，当地人称之为“南台”，它东距辽河西岸仅一百米。过河之后，为开原市业民乡的清辽村（此村原称大高力屯，因其地处清河与辽河汇合处，故改今名），村后有一道高出平地二十余米的山岗，屈曲东北行，山上已被全部耕种，但岗顶仍保存有一道土墙，分隔两侧耕地，沿山岗一直向东北去（图 2–3–20），直到富强村（原小高力屯），当土墙在山岗东端下山岗后，便在农田中消失了。在清辽村北山岗上土墙的内侧，即其南面，现有一座高大的烽燧址（图 2–3–21）。山岗西端因取土大部分被挖掉，土墙墙体遭到破坏。在清河与辽河汇合处的辽河南岸，地属铁岭县杜蒋窝堡村，在村北靠近辽河处，有一个平地突起的山头，在辽河岸边的平原上显得十分突兀，地势险要。在此山头上，有一座烽燧址，采集有汉代泥质绳纹灰陶片等遗物，特征突出，时代明确。这座山岗顶部的烽燧址位于长城内侧，其山岗下面即为清河汇入辽河的河口。

由富强村往东，是开原市中固镇，过哈（尔滨）大（连）铁路的东面，到沙河堡村小河南屯，我们向高龄老人了解情况。他们说：“在村西面有一道东西走向的‘土壕’，南面称‘壕里’，北面称‘壕外’。”经过实地调查，他们所说的情况与现场遗迹一致。根据线索，我们又去后沟村山后屯，向当地高龄老人了解情况。他们说：“我们这里叫‘老壕’，在山后屯与孟家寨村之间，在沙河的南面向东南去，一直到那边的山脚下。”在实地调查中我们发现，土壕已遭到破坏，仅有一部分断续存在。此遗存所在地西面较远处就是富强村，只是中间现在还未发现长城遗迹与之衔接。

在开原之南的铁岭县，我们根据线索调查了平顶堡镇山头堡村的长城遗迹。该遗迹在山头堡村东北的农田中，因耕种现已被平毁，当地群众称之为“北大壕”。我们根据村民所指遗迹地点前往调查，在该村东北的农田地面上，看见一道隆起的土岗，它向东略偏北的方向延伸，有的地段十分明显。我们去调查时，正是在夏天七月午后，天气炎热，该土岗上的庄稼都“打蔫”了，叶子下垂，长势也差；而在其两侧的同种庄稼，则依然茂盛。庄稼耐旱与否的不同现象，说明其生长之处的土地不同，土岗的质地坚实，涵水量少，土壤干旱，所以庄稼枝叶低垂，而其两侧的土地未经筑墙改变土质，土壤疏松一些，

图 2-3-20　开原市业民乡清辽村长城遗存（长城遗存的弯曲是由两侧耕种侵蚀造成的）

图 2-3-21　开原市业民乡清辽村烽燧址

容易涵水，不那么干旱，所以庄稼依然茂盛。这也恰好说明这道土岗是经人工打造而成的，不是自然之物。该土岗向东面的团山沟北面山岗延伸。在该山岗上，地面已被开垦耕种，但就在地势很平的山岗中间，有一道未能耕种的“荒地隔子”，并有略微凸起的土岗，现已成为车道。再往东去，土岗到达较远的山顶，而后即消失不见。这道遗迹的西面就是开原县清辽村，两者遥遥相对，作为长城墙体的土岗，可以相接。

我们在开原、铁岭调查所发现的这些遗迹的南面，有多处战国、汉代的遗址、城址，所见战国、汉代遗物更为普遍，它们的分布对我们确定长城的位置是非常重要的；而在这些土岗遗迹北边的今铁岭、开原境内，则无战国、汉代文化遗存，这种现象颇值得思考，可以说明燕、秦、汉长城就应是在这两种不同情况遗物分布之间东西向通过的。

从我们在开原和铁岭调查所了解到的线索和到实地所见的情况看，燕秦汉长城在此地经过，是可以确定的，只是开原和铁岭的遗迹之间的相互关系，以及它们如何衔接，或是有前后不同时期的修筑，则是需要进行深入研究的。

目前唯一不足的，就是在开原和铁岭的东面，现在还没有发现长城遗迹，那里虽有一些属于早期遗物的“烽燧址”被发现，但还不能肯定这些烽燧址为燕、秦、汉时期的遗存。由于开原和铁岭的东部和东南部都系山区，有许多地方山较高大，根据笔者多年的调查经验，战、汉长城并不修筑在很高的山上，并且虽经在东部山区进行了调查，但至今尚未见明确的长城遗址，故燕秦汉长城在铁岭地区究竟如何向前延伸，其分布状况怎样，还有待于将来在适宜调查的季节来开展工作，加以解决。

## 三、东部山地长城调查的发现情况

早期长城经过的所谓东部山地，就是指今辽宁省的东部地区，即由铁岭东部算起，主要是今抚顺、本溪、丹东等市的所辖范围。这里是战国燕、秦、汉长城必经的区域，但直到目前为止，调查发现甚微，还不能最后确定和完整地将长城衔接起来。

尽管笔者在过去对抚顺、本溪、丹东三市的长城进行过一些发掘和调查了解，但不够系统。近年因编绘《中国文物地图集·辽宁省分册》的需要和其后在辽宁省长城学会的安排并下拨调查经费的情况下，笔者在退休后对全省长城进行了全线考古调查，自1998年至2002年，前后断续进行达五年之久。通过这段时日对全省长城的全线考古调查，我们又有许多新的补充发现，同时我们对东部山区的长城尤为关注，而所在各市的文物考古工作者也都投入了极大精力，餐风饮露，跋山涉水，不辞辛苦，使得这一地区的长城调查取得了一定的成果。

## （一）抚顺地区长城调查

抚顺地区的长城调查，有较大的进展——主要有两个方面，现将有关情况简要说明于下：

一是抚顺北部东西分布的烽燧址的发现。这些烽燧址西从沈阳市东陵区陵前堡开始，向东经抚顺市抚顺县、顺城区、东洲区、新宾县，直到吉林省通化县西境，共发现汉代烽燧址七十余座，同时我们还调查了在这一线的不同时代的长城址、城址和山城等。这些烽燧址西由沈阳东境陵前堡起，即沿浑河东去，在河谷中分布，位于距离浑河较近的低矮山岗上；进入新宾县后，烽燧址又沿浑河的支流苏子河河谷分布，向东直抵富尔江，过江后进入吉林省通化县；在通化县，烽燧址继续向前分布，调查时我们在临近新宾县界的通化县三棵榆树镇下排村等地发现五座，根据这种情况可知，这道烽燧址应是分布到远在通化县政府驻地快大茂子镇的赤松柏村汉城址的。在抚顺辖境内的这一线，我们发现的烽燧址为六十七座，其数量之多，此前少见。①

二是抚顺南部南北走向的遗迹和烽燧址的发现。其地近沈阳界，烽燧址由北向南分布，有刘山堡、鄂家沟（此村属沈阳市东陵区深井子镇）、赵家堡子、拉古峪、东徐家村等。在有的烽燧址中，见有战、汉时期遗物，如刘山堡村西一点五公里外有围墙的烽燧址，现地采集有时代特点明确的属于战、汉时期的夹滑石粒大陶瓮片、红陶釜片、泥质细绳纹灰陶片、灰陶盆片、陶豆座等，这是很重要的发现。特别是这座烽燧址的布局结构，和笔者在建平县调查时所发现的张家营子村北山汉代长城的烽燧址形制完全一样，也是外有围墙、内筑高台。这种形制相同的情况，特别值得我们注意。抚顺市区之南的这些烽燧址的发现，对考虑战、汉长城的位置与走向，应该是有启发的，战、汉长城当在这一线附近向南延伸，经本溪而达宽甸鸭绿江。

除了这些烽燧址之外，笔者还想谈一个情况，对探求战、汉长城之所在，这是值得注意的迹象。事情是这样的：在一次去抚顺调查之前，笔者在地图上看到抚顺市区之南的石文镇附近有“边墙岭”这样一个地名，就想：“这里不在明长城的经行线路上，如何会有这种名字？想来地貌应有特殊之处，从其名字所传递出的信息，是否可告诉我们这里就有古代长城？”于是当我去抚顺调查长城时，便与抚顺市博物馆萧景全馆长一同前往。其地在养树村西北。我们到边墙岭后，看到这是一道基本作南北走向的山岗，不甚高峻，岭顶也不陡峭，较为平坦，许多地方都已开垦耕种，成为农田。我们由村中出来，沿一条新修的公路到达该地，现在该山岭被东西向的公路从中间劈开，我们即从公路切口北侧上岭，即调查其北段部分。上到岭顶，我们就见有石块如砌石颓倒状，半埋土中，

① 冯永谦、萧景全等：《沈抚地区汉代烽燧址考察记要》，《辽宁长城》（四），辽宁省长城学会 2002 年 11 月版。

并且隆起，苔藓斑驳，石色黯然。径直往北去，在岭顶上出现一道较宽的土棱隆起于地面，随山岭走势屈曲，在有的地段中，于土棱一侧出现有沟，二者相并而行，可知此土棱是人力所为，不是自然形成。现在该土棱两侧都已为耕地，但农作物也只种到棱边为止，说明这个土棱是早就存在的，现在种地对它虽有一定程度的破坏，但也没有将其完全毁掉。土棱向北一直延伸到山岗尽处，随着岭岗消失，土棱也进入平地的农田中。山下农田因多年耕种，地面又经过前些年“大跃进”的土地平整，变化较大，加之我们调查时地上玉米尚未收割，遮挡视线，看不清地面情况，无法深入了解，不知是否尚存某些迹象。我们已调查的地段，公路北面的长度约有十公里，其南部未进行调查，遗迹状况等现不清楚。根据调查所知，在此山岗的西面不远处，就是抚顺南部已发现的南北走向的刘山堡、鄂家沟、赵家堡子、拉古峪、东徐家村等地的烽燧址，这两者基本平行，长城址在东，烽燧址在西，相距较近，应有一定关系。但这里不是明长城的所在位置，明长城是在抚顺市区东面南北通过的，可知明长城在此地没有借用早期长城。这个发现应该说是很重要的，今将这个调查情况记录下来，提供给以后的调查者或研究者参考。

## （二）本溪地区长城调查

本溪早期长城的情况，虽经多次调查，仍是最不明朗的，至今未发现明确的遗迹，不知其在何处通过，走向如何。根据笔者对本溪地区多年考古调查的体会，对山川形势与各种遗迹、遗物分布情况的了解，其中也包括对长城的亲身调查的实地感知在内，笔者觉得，早期长城在本溪地区还是存在的，只是需要更加深入细致地工作和认真思考。

本溪地区的早期长城在何处，至今未见可以肯定的遗存，虽有一些地点有些发现，但还不能连线。面对这样一种现实情况，笔者产生了另一种想法，那就是早期长城是否因为一种什么原因而被掩盖起来，使我们今天无从得见？

笔者说这话的意思，就是本溪地区的燕秦汉长城是否被后世明长城所沿用？因此，虽经多年调查，至今没有发现。如果是这样的话，沿用是什么样的呢？

根据燕、秦、汉王朝当时的政治、经济、军事实际状况，特别是依据今天考古发现由遗迹、遗物所划出来的它们其时所达到的实际统治地域，就可大致确定燕秦汉长城的所在位置。

本溪在燕、秦、汉时属辽东郡，辽东郡最盛时辖十八县，就其地理分布看，各县所在地今天基本上都已考证出来，位于今抚顺、本溪地区的县不是少，而是没有。由此可知，长城在今抚顺、本溪地区是向南回缩的。我们知道，燕秦汉长城是修筑在辽东郡的外缘的，因此它只能是包容辽东郡，而不包括其北部更大的范围；当时辽东郡的北面还没什么郡，如后来西汉武帝时的“朝鲜四郡”所达到的地域，故燕秦汉长城不会在辽东郡的东部往北、往东过远。关于这一点，我们从在今辽宁中、东部近边各县的分布与地理位置就可看出来：望平县在今铁岭南的新台子，候城县在今沈阳市内旧城区，高显县在今沈阳东南的魏家楼子，武次县在今凤城南的刘家堡子，西安平县在今丹东叆河上尖村，番汗县在今朝鲜博陵城，这些县已是辽东郡的北部边缘，燕秦汉长城就应是在这些县的北面修筑。根据在铁岭的考古调查发现，燕秦汉长城是由今铁岭市区北部不远处向东南方向延伸的，在进入东部山区地带后南去，至今抚顺市辖区北境，然后经今抚顺市城区之西，即到今刘山等地所见的战汉长城经行处。明长城在抚顺市北境与战汉长城分开，向东推移，自辟新线，没走早期燕秦汉长城的行经线路。经过一段延伸之后，明长城进入本溪境，其后于其东部又沿用了早期的燕秦汉长城。这道燕秦汉长城的走向，经今本溪后，再到今宽甸与凤城北境，在两县市交界处的山岭南去。进入宽甸县境后，由于县内地形关系，这道燕秦汉长城向东延至浑江，并修筑横断山谷的短墙，阻挡通道，而后抵达鸭绿江。明长城的线路与早期燕秦汉长城相比，在辽东地区可能有所伸缩，但有些线段是明长城沿用的。

上述意见，只是笔者的一种想法，可能是事实，也许不符合实际情况，但作为一种观点提出来进行研究，不管正确与否，有了讨论的意见，对最终解决问题恐怕还是有益处的。我们尤其应当注意明代毕恭《辽东志》在《古迹》下的说法："古长城，即秦将蒙恬所筑，其在辽东界者，东西千馀里，东汉以来，城皆湮没，本朝时加修筑。"其后李辅《全辽志》所载亦同。明代人是了解情况的，我们不能忽视这个明确的文献记载！

## （三）丹东地区长城调查

丹东地区的早期长城，也存在同样问题，就是至今未发现较完整的长城遗存。据笔者在丹东地区多年的考古调查和发掘所知，除凤城、宽甸两县交界处的明长城与清柳条边之外，再未见类此长度的遗迹，只发现有不能互相衔接的少量墙体，还构不成一个体系。因此，丹东地区的早期长城的存在情况，一直困扰着研究者们，使燕秦汉长城的具体存在情况无法确凿指实，研究也难以深入。近年为编绘《中国文物地图集·辽宁省分册》以及其后在辽宁省长城学会的安排下，笔者在丹东地区对早期长城又进行了两次较为深入细致的考古调查。

我们这两次调查，规模较大，时间较长，同时也想较好地解决问题，故对以前发现的各地点的遗迹，进行了复核，以便履其踪迹，接续进行，做到有始有终，同时又拓展了新的调查区域，使其完整。但在调查中所出现的结果，有的地方很使人意外，即此前有调查者所谓发现的长城，实际上有的不是长城，是近现代的建筑，有的则根本就不存在长城。下面就将丹东地区长城调查所见，记述于后。

### 1. 几处经复核了解的地点的情况

此前的考古发现报道说："燕秦汉长城东段遗迹，……这条石墙共约五段，东端始于鸭绿江畔的酋果壁的腰岭子。（西）经大西岔乡临江村时家街屯的东山坡、大西岔乡白菜地村陈家沟西山坡、金家大院村的何家大院屯北山，直到红石砬子镇上蒿子沟（林家堡子）止，基本成一线。其中以何家大院段保存最好，呈东西向，长约两百米，高约四米，沿山脊用乱碴石单面筑成，当地群众称为鸡冠砬子，……此段长城因在明代李成梁展拓六堡之东北方向的外侧，可初步定其年代为燕、秦、汉时代。值得一提的是，这段长城东端始自鸭绿江的秋（酋）果壁。此地与新近发现的朝鲜平安北道的大宁江—昌城江间（昌城郡北境）长城的北端东仓郡隔江相望，可以与朝鲜境内的长城连为一线。而朝鲜境内的长城南端在清川江畔。"①

我们此次调查时，首先去了鸭绿江边的秋果碧村，原因是笔者过去见有一幅早年印行的宽甸县地图，今天地图上写作"秋果碧"的村名，该地图标为"酋国壁"。这个村名太惹人注意了，它似乎给人透露出一种历史信息，很可能那里就有长城，因为过去的时代，中原王朝常将边疆地区的少数民族首领称作"酋"，酋国之"壁"，不是长城是什么？如果没有长城，也可能有城址！这个线索确实重要，任何人对于这个村名都会去认真对待的。当时笔者会同丹东市文管办的任鸿魁、市文物考古研究所的王海，一起调查宽甸县境内的燕秦汉长城。因此，我们首先就到秋果碧村去。到达该村后，我们向当地多位熟悉本地事物的高龄老人了解情况，说明调查目的，他们听后一致说："这里根本没有长城。"我们又不想就这样轻易地放弃，于是就到野外仔细查找。经过详尽调查，结果未见任何遗迹。当我们调查走过一遍之后，看到这里山高岭峻，林木茂盛，峰峦阻隔，山谷狭窄，在这样的地貌条件下，早期长城是不可能在这里修筑的。说得再清楚一点儿，就是在此地无法修筑长城。因此，经过调查之后，我们可以确定在秋果碧村一带没有任何长城迹象。

随后，我们由此向西，又到此前报道过发现长城的腰岭子村去进行调查。我们到达现地后，经过向当地熟悉情况的人了解，同时也进行了野外调查，最后得出的结论更是让人感到意外：调查者报道所说的"长城"，根本不是长城。实际情况是什么样的呢？经过现场调查发现，在其地确有一道石墙，如果不认真查看和深入了解，肯定会把这道南北走向的石墙当成长城的。原因很简单，就是石墙明显，容易认识，过去人们就看到了，当地一般居民也都知道。但经过深入调查了解，我们得知在这道石墙的一侧，还有三面土墙。土墙已经颓坍，形体不甚明显，结果人们看到的只是这道石墙，于是此前调查者就认为它是"长城"了。当地村民告诉我们："这个东西是日本人在过去占领东北时，

① 王德柱：《鸭绿江畔发现燕秦汉长城东段遗迹》，《中国文物报》1991 年 5 月 19 日。

到我们这里来实行并屯时修的围子。先砌石墙，后来因为时间关系，嫌砌石墙太慢，其余的三面围墙就用土来打造了。过了几年，这里修了水库，水位上升，这个围子就淹在水里了。水小的时候，这道石头墙还可露出来，石墙看得也就清楚了。在我们腰岭子鸭绿江对岸的朝鲜那边，人称'炮台沟'的地方，也有这个东西，当年在这边修围子并村时，那边也修有石头墙的围子，四角还有炮台，因此我们这里的人就管江岸那边的地名叫'炮台沟'，还把它那个围子叫做'衙门'，因为当时那边是管这边的。现在鸭绿江两面岸边当年用石头建的围墙，在水丰水库建成后也就都淹没在水中了，水小的时候还能看到。"我们听到这些反映后，还是不能轻易放弃，于是对腰岭子村周围的山岗与地面进行了仔细的调查，结果确实是没有任何长城迹象。至此，经过这样了解，问题弄清楚了，过去所谓发现的"长城"，实是误认，将日本侵占东北时期并屯时修筑的围墙当做了长城，这是应当予以订正的。

再有，过去报道中提到的和腰岭子长城相关的在临江村所发现的长城，我们也前去调查了。临江村是一个处在鸭绿江北岸一道深长而又较宽的山谷中的小村庄，东、西两侧俱是高山，交通不甚方便。我们到临江村后，在村委会的安排下，找来几位熟悉当地情况的高龄老人，其中有几位曾是在此前调查长城时被征询情况并做向导的，今年七十五岁高龄的石本禄即是其中之一。石本禄原是该村的生产队长，对情况十分熟悉。他说："在十来年前，省里有人来调查长城，也找的我们。当时参加的人有我，还有今天来的韩文起、时本福、石宝玉、赵振卓。今天你问我们这里有没有古代长城，我们说这里没有长城。你所说的东山坡，不仅东山坡，就是西山，你们都可以看，这样的山哪来的长城，山这么陡，能修吗？这里有一段石头墙。原来几十年前这里有个铁匠炉，当时为防止山上滚落的石头砸了铁匠炉，就砌了一道石墙，在东山坡，那是为了安全，挡滚落石头的，不是长城。以前来人调查时也到那里看过。"他们说完之后，就带领我们到现地去看。这处山很陡直，人无法攀登上去，在这样陡直的高山脚下，山谷是南北通行的，不是横断山谷修墙，而是和山的南北走向相同、沿山根南北向贴山修一道墙，还有必要吗？如果说是挡山上坠落的石块，倒是很有作用。经过认真查看、分析，我们确定此处石墙确实不是长城。根据我们在现场的实地了解，看来过去所报道的这段长城，实际上是不存在的。

还有，最近又有研究者被误导，写文章并引用此前发现长城的报道说："在宽甸县境内，从县城到长甸河口的一段石砌墙，因其在明代边墙外侧，具有早期性质，同时又与朝鲜民主主义人民共和国平安北道的大宁江长城连成一线，发现者认为是燕秦汉长城。"[①]为了

① 萧景全：《辽东地区燕秦汉长城障塞的考古学观察》，《北方文物》2000年第3期。
王绵厚：《燕秦汉时代的东北长城障塞与管理》，《东北地区燕秦汉长城和郡县城的调查研究》，长春：吉林文史出版社1997年5月版。

绘制地图的准确性和科学性，我们的这次调查，对此前报道所说的在这一地段“发现的长城”，重又进行了解。我们经过实地查找，对从宽甸县城到长甸河口鸭绿江边这一地段，做了范围较为宽阔的调查，结果在这里根本没有发现像报道所说那样有一道石墙。在调查时，我们除了向当地群众进行了解，还征诸该县有关部门，如地方志、地名办等单位熟悉情况的研究者，他们也都一致说，在这地段没有古代的石墙。因此，此前所报道在这里发现有古代长城的说法，不是事实，长城是不存在的。尤其报道中说：“东端始于鸭绿江畔的酉果壁的腰岭子，（向西去）经大西岔乡临江村时家街屯的东山坡、大西岔乡白菜地村陈家沟西山坡、金家大院村的何家大院屯北山，直到红石砬子镇上蒿子沟（林家堡子）止，基本成一线。”这更是没有的事情，因为这些地方根本就不在一条线上，无法连成“一线”。对这个问题，只要你到现地走一趟就会清楚，按那个所谓“基本成一线”所经过的地理环境，是根本无法修筑长城的；并且报道所说的那些地方，即使有石墙，也仅为横向阻断所在山谷的短墙，长不过数百米，它们之间相距遥远，且不在“一线”上，其间不能相互衔接，同时山高谷深，即使不修长城也难以横越山岭，若想修筑长城，实际上也是办不到的。今天这些地方的交通都不可一线到达，公路都是绕行的，更何况古代修筑长城！因此，这道所谓“成一线”的长城，实际上是不存在的。问题还不在此，关键是我们经过仔细调查，在其地没有发现任何长城迹象，这是最能说明问题的。

### 2. 宽甸境内调查发现的墙体

那么，到目前为止，经过前后多年的考古调查，在宽甸县究竟发现了哪些长城，其情况是怎样的呢？

总的来说，在宽甸县境内发现了几处被当地居民称做“老边墙”或“边壕”的遗存。这些“老边墙”或“边壕”为石砌或土石混筑，都是横断山谷修建的，即从一侧山根到对面另一侧山根，墙体并不到山上，其作用非常明显，是仅为封堵一条山谷的通行，它和其外面的任何一道山或一条沟谷都无联系，外侧两端也无接续的这种墙。因此，每条山谷中的这种墙，都是独立存在的，而分散在各处山谷的这种墙，忽南忽北，忽东忽西，错落太大，无法使之连贯成一体，并且它们的墙体均不长，仅为数百米，是一条建在两山之间山谷中的墙，不是想象中的长城形态。但这些遗存还是重要的，是目前在宽甸县境内仅知的历史遗迹，因此，我们对其进行了较为详细的调查和了解。

在此即将笔者过去已知并经复查和最近两次考古调查所发现的遗迹列后。目前，在宽甸县境内所见到的遗存就是这些，在别无其他发现的情况下，这些遗存可能即为宽甸县境内的早期长城，不过是或否，也都还需进行深入研究才能最后确定。现将各处调查发现的遗存，分别叙述于下。

（1）白菜地石墙

白菜地石墙，发现较早，地属大西岔乡白菜地村（村委会驻小东沟屯），位于乡政府所在的大西岔村东南。白菜地村所处是一道略作东西向、很长的屈曲山谷，谷中很窄，平地部分不多，有的地段山谷宽度仅有三四十米，两侧都是高山，尤其是石墙所在地北侧的山，非常陡峭，很难从下向上攀越，过此山后的北面，地势平衍，山谷较宽，是大西岔乡政府驻地大西岔村，但在这较宽阔的平地上，不见有任何城墙痕迹。石墙南面的山较高大，但坡度较缓。石墙所在白菜地村现称“第三居民组”（原村名黄家大院）的西侧，当地人称此遗存为“老边墙”。山谷的方向为南偏东三十度。石墙略作南北向，为北偏东三十度，横断山谷，全部用石块砌筑，现坍宽达十二米，存高四米。石墙北端，因为傍山根有一道山水小河沟和一条现在东西往来的车道，已颓毁不存，破坏掉的石墙长度有三十余米。目前所见为石墙南段，存长三百余米，但此后石墙陆续向南面山上延伸，墙的高度也因山势增高而逐渐低平。在南面山顶上，有一座石砌烽燧址，圆形，直径七米，存高一点五米。由此台址沿山脊往东走约两百米，是此南山的最高峰，当地人称之为窑沟山，峰顶亦有一座烽燧址，圆形，土筑，四周砌石，直径九米，存高一点四米。

（2）北江村石墙

北江村石墙，发现也较早，过去被称为“鸡冠砬子石墙”。石墙所在为大西岔乡北江村，位于大西岔村之北。这段石墙与黄家大院（白菜地）“老边墙”石墙遥遥相对，两者相距十余里，中间隔有山岭。北江村村委会驻地名为金家大院屯，下辖数屯，金家大院屯是其中之一，还有其他自然屯，1949 年以后集附近各屯改今名。石墙在金家大院屯西的鸡冠山上，此山的西南方是何家大院屯。此山在当地较高大，与四周其他山不相连属，山脊作南北走向，南端的方向为南偏东三十度，其北端向东弯曲，方向为东偏北三十度，山体平面略作曲尺形，山顶长度约有五里。石墙在南北走向的山顶上，用石块砌筑，前几年笔者来此调查时，看到的石墙还很完整，其长有三十余米。这次调查来到山上，石墙已经不在，仅有残基（图 2–3–22），有的地方连墙基下都被掘翻了。看到这个现象，我们询问与我们一起上山的村民，他们说，石墙就是他们去年拆毁的，说是墙下埋有“金子”，于是大家持锹拿镐，就将石墙给拆毁了，结果所谓“金子”等东西什么也没见到，村民们都扫兴而回，但石墙却因此被破坏不存。这道石墙，修筑在山脊的顶面上，如果从防守的角度看，应当是防东边的。过去可见到的石墙，较完整的长度有三十余米，其他地方的山势，有的段落较陡，不见接修石墙，因此从全山看，当时可能不是修筑一道完整的连续长墙。我们在山岭上调查时，还见到几处有砌石的地方，虽然不连贯，也没有形成墙体，但也可见此处地貌是经过人为加工的。另外，每行走一段路，山上就有一处平台，都是自然山石，无人工痕迹。为了弄清这处遗存的性质，我们在此山的四周也都进行了详细的调查，

图 2-3-22　辽宁省宽甸县大西岔乡北江村鸡冠山上的石墙遗存

无论是地面还是附近与其不相连属的其他山岭，都没有发现与其相接续的石墙。因此，目前可知鸡冠山上的石墙，是一处孤立存在的石墙。它和其最近的白菜地石墙能否衔接，现在还未发现任何可疑迹象。

（3）大泉眼屯边壕

大泉眼屯边壕，在红石砬子镇大泉眼屯东两百米处，当地居民称此遗迹为“头道边壕”。这里是一条东西走向的山谷，此边壕可阻断在此山谷中的东西通路。墙为石块砌筑，南北向，方向为北偏东四十五度，长一百米，宽五米，存高一点一米。

（4）二泉眼屯边壕

二泉眼屯边壕，在红石砬子镇二泉眼屯东三百米处，其东五百米为龙井屯，当地称此遗存为“二道边壕”。这里的山谷为东西向，墙南北横断砌筑，方向为北偏东三十度。西面挖出壕沟，东面为墙。我们在现地调查时看到，墙为土石混筑，长度为二百五十米，南北两端抵山，南端因河和公路被毁去二十余米。在这道墙的西面有沟，如果从一般的防守原则“外沟里墙”看，则它防御的应是西面，但这种情况同头道边壕和其他边壕，尤其是早期长城防御东边的情况不同，那么此边壕的防守方向就值得注意了。

（5）龙井屯边壕

龙井屯边壕，在红石砬子镇雁脖子沟村龙井屯中，当地居民称此遗迹为“三道边壕”。此处的山谷呈东西走向，墙为南北修筑，横断山谷，方向为北偏西四十度，土筑，现因耕种关系，土墙遭到破坏，仅可见隆起土脊。我们调查时所见其结构，东面是沟，西面是墙，沟宽四米，存深零点四米；墙坍宽七米，存高零点六米。此边壕的防守方向是东面。

以上所记的大泉眼屯、二泉眼屯、龙井屯，属于红石砬子镇，在宽甸县中部的南面，靠近鸭绿江。“边壕”地点在红石砬子村之南，所在的山谷为东西向。经过调查可知，这里的三道“边壕”，是分别处在一条山谷中三个前后不同的地段，它们防守的是一条山谷，这应是一种纵深的防御设置。这三道“边壕”和其他地方的此类遗存不相连属，没有衔接关系，仅是此地的一个独立遗存。

（6）腰岭子边壕

腰岭子边壕，在红石砬子镇腰岭子村的车道岭下，当地人称“头道边壕”。此处为一条南北走向的山谷，墙为东西横筑，方向为东偏南二十度，其西面的山岗被称为“车道岭”，其东面的山岗无名，但有一条短小的山沟称“老宋沟”，墙就建在这里的东西两侧山岗之间。山谷中是平地，当中有鸭绿江的一条小支流蒲石河（按：此河不同于宽甸县西部贯穿南北的鸭绿江支流蒲石河，仅名同而已）从北向南流过。此道墙长三百米，东西两端抵山。墙所在位置，是中朝边境的水丰水库淹没区，我们此次调查时为枯水期，水位下落退回，露出了“边壕”墙体，明显可见，因此，我们这次调查得以见到其具体结构。

（7）西下洼屯边壕

西下洼屯边壕，在红石砬子镇腰岭子村西下洼屯北两百米、范家大院屯南五百米处，当地人称“二道边壕”。此地的山谷为南北向，墙东西横筑，方向为东偏北三十五度。墙建于两山之间的平地上，长三百五十米，石砌，宽一点八米，存高一点四米。石墙上面有土层，现已颓坍，坍宽五点三米。

（8）高家堡子边壕

高家堡子边壕，在红石砬子镇腰岭子村高家堡子屯南、腰岭后屯之北，当地人称“三道边壕”。此地为一条南北向山谷，墙两边抵山下，为东西横向，方向为东偏北三十度。墙为土筑，现已颓坍，宽五米，存高零点六米。这是腰岭子村三道边壕中最北边的一道。

以上所记腰岭子屯、西下洼屯、高家堡子屯，属于红石砬子镇，在宽甸县中部的南面，靠近鸭绿江。其地在红石砬子村之东南，山谷为南北向，南可通鸭绿江。如果讲防御，此地设施应是防南面由鸭绿江前来的通路。我们调查的这三道边壕，系在同一山谷中前后不同位置分布的三道，其防御方向是南面，即鸭绿江方面。由于此山谷北可到宽甸、南可直通鸭绿江，故可知它们是防止从江上来人。但这处三道边壕与前述龙井屯等处的三道边壕没有衔接关系，是各自独立的遗存。

（9）边壕沟屯边壕

边壕沟屯边壕，在红石砬子镇中蒿子沟村边壕沟屯之南三百米处，当地人称“头道边壕”。这里是一条略作南北走向的山谷，呈东北至西南方向，墙修在两侧的山脚下，横断山谷平地，现在红石砬子镇至宽甸县城的公路由此通过。墙的西端因有河与公路通过，约有五十米遭到一定程度破坏，现存较好的墙体有两百余米，墙体方向为北偏西四十度。墙为土石混筑，北面有沟，从防御的角度看是防北面。这是一个特殊之点，值得注意。现存墙宽五米，存高零点七米，沟存宽两点五米，存深零点九米。

（10）周家堡子边壕

周家堡子边壕，在红石砬子镇上蒿子沟村（村委会驻林家堡子屯）的周家堡子屯，当地人称“二道边壕”。这里是一条东西向山谷，墙筑于南北两侧的山脚间，横断山谷，正南北方向。墙为石砌，长两百米，存宽两米，存高零点九米。在边壕沟屯北面的山岗上，有一座石砌烽燧址，已被破坏。山谷中有宽（甸）集（安）公路通过。

以上两道边壕，处在同一条山谷中，相距不远。其地在红石砬子村之北，山谷为东西向。但它们与前两处三道边壕没有衔接关系，仅是为防守一条山谷而设，亦为一处独立的遗存。

（11）浑江口村石墙

浑江口村石墙，在振江镇浑江口村，位于浑江和鸭绿江汇合处的浑江右岸。浑江两岸俱为高山，无法攀越，地势险要，只在浑江口村一带，略见平地。村前临近鸭绿江处有一座独立小山，当地人称之为“孤山”，山体陡直壁立，南面就是鸭绿江。我们发现的石墙在村外江岸台地边缘，从孤山北面陡直山根起，一直向北延伸至浑江岸边陡峭的高山石壁上，将低平的山岗包围在内。墙为石砌，宽二点五米，存高零点六米，长约三里。

（12）通江村石墙

通江村石墙，在通江村浑江西岸处。通江村属于下露河乡，位于漏河入浑江河口，在西去宽甸县城的通道上。漏河自西向东流入浑江，南北两侧是高山，中间土地平阔，河口外沿浑江西岸，南北两侧的山非常陡峭，无法攀越。调查中，我们在南北两山间的河口平地上，发现一道土墙，它位于通江村外临近河口处，起自南侧高山的北坡，向北延伸，直到北面的山脚下。土墙南段保存较好，中间线段保存较差，因当地在距今三十多年前，即 20 世纪 70 年代，在漏河河口处修建了一座小型水库，破坏了地貌，土墙也被损毁，只有部分段落还能断续见到颓坍的土脊，再由于近年修筑道路凿削山坡，现其北段仅存山脚下那部分。墙为土筑，坍宽四点五米，存高一米，全长二里余。这段土墙恰好堵住山口，阻断由浑江向西通往今宽甸县城方向的交通。调查时我们了解到，该村编写的《通江村史》中记有发现刀币事。据记载，在这道土墙的里（西）面，1958 年修梯田时，村民李崇明在北面山根前发现钱币，所见只有刀币一种，当时是埋着的，发现后卖给村供销社，共有两百多斤。这个重要发现，是此次调查时我们才得知的。对于了解战国、燕遗物的分布范围、研究早期长城，这是很重要的材料。

对宽甸县的燕秦汉长城，学术界一直很重视，每有发现，都引人注意。过去留给人们的印象是，宽甸县有高大的长城。可是通过近年对宽甸县境内长城的考古调查，从各个地点所发现的情况看，竟不是这样。现在已经掌握的所有调查发现，都是短墙，一般为几百米，没有一道是较长的，而且是各自独立的，它们之间不能互相衔接。再有，过去认为是长城的，得不到事实的支持，如秋果碧、腰岭子的情况就是这样。还有，过去认为有长城的地方，经过调查，实际上也不存在，如从宽甸县城到长甸河口的长城，就属于此种情况。可以设想，从宽甸县城到长甸河口是一百里，距离这么长，如果真有早期长城，那该是多长的一道长城啊！这样的长城，在当地不会不被人知道，然而当地的人却一无所知；并且也不会一点儿都不保存，但经实地考古调查、深入探寻，亦未见任何相关遗迹。我们在调查过程中，经与县里有关部门联系，他们提供的线索，使我们从中受到启示：过去认为有从宽甸县城到长甸河口的这道长城，可能就是蒿子沟、腰岭子等地的这几道“边壕”的误传，报道者没有弄清楚，就把它说成是从宽甸县城到长甸河口的长城了。此外，现在所发现的各个地点，都是短墙，其性质如何，以及其时代为何等，还需进一步研究。

但从历年来对宽甸县的考古调查发现看，这些遗存在结构和防御上值得我们注意。我们可以明显看出，这些遗存防御的是两个方向：一个是对南面鸭绿江的防御，一个是对东面浑江的防御。宽甸县南面是鸭绿江，东面是浑江。宽甸县中、东部的地理形势，主要河道，水是东西流向，因此山岭也作横向分布。山川的走势，决定其通道主要是东西向，因此，若修筑南北走向的长城，就必须横跨大山，任务极为艰巨，实际上无法修筑，而其南面和东面又有两条大江天险。调查时笔者和同行人员多次沿两江考察，临江的一面，山势高峻，陡崖壁立，从外面很难攀越。但在沿江较大支流的江口处，却有通道可以进入内地，这是必须防守的重要地方。因此，只要在这些地方筑墙，就可收到事半功倍的效果。我们在调查中所见，在鸭绿江北岸，有大泉眼、车道岭、边壕屯、白菜地等处，筑墙横断山谷，就可阻隔通道，使来者无法越过，起到了抵挡和防守的作用。为了加强防御，有几个地点在一条山谷中前后筑墙三道，如现在所给冠名的“头道边壕”“二道边壕”“三道边壕”即是。在浑江西岸，有浑江口、通江村等处，都是在可通行的地方筑墙，以阻逾越。古代修筑长城经常利用天险，这些都是充分利用天险的实际例证。在古代，在这个山高水深的边远地区，利用天险进行防守恐怕也是很自然的事情。在当时，就是在接近其统治中心地区的长城防御，尚且知道利用地形地物，辽远如宽甸之地，岂可弃而不用？事实证明，当时的统治势力已经到达宽甸县的东部，这已得到考古学的支持，此前在宽甸县东部发现的燕、秦、汉的遗迹、遗物，就是明证。如在双山乡黎明村牛毛生屯燕国窖藏出土的“明”

刀币、铁镬、双孔铁把刀等；太平哨乡小挂房村秦代遗址出土的铜戈、“一化”圆钱与“明”刀币等，其中一件铜戈铭文有“元年丞相斯造”等字，说明此戈为秦代初年丞相李斯所监造的兵器，当秦统一六国后，此地亦为秦军戍守之地；下露河乡通江村燕国窖藏出土的大量“明”刀币；还有红石砬子镇等处，都有十分重要的发现，耳熟能详，已为文物考古界和历史学界所公认，其发现地点已临近鸭绿江和浑江。尤其是在 1965 年发现七十余斤燕国“明”刀币和秦代圆钱的连江村老地沟屯，就在浑江岸边。倚靠天险，以江为防，恐怕这是最好的说明了。因此，燕秦汉长城在丹东的宽甸县地区，既以鸭绿江、浑江天险为屏障，又在重要地段修筑一些墙体，可能就是这个地区早期长城的结构与防御形式了。

上面是笔者对抚顺、本溪、丹东地区的东部山地早期长城进行调查后的一些思路和想法，写出来供研究者参考。同时笔者还想到，对宽甸县境内的北股河是最应注意的。这里是一条东西走向的山谷，宽阔而悠长，两侧山高林密，东通浑江，西达宽甸，然后即到宽甸、凤城交界处后世明长城所在的山岭，这一线从来都是东西交通的重要通道。长城从宽甸县西北境过来，很可能就在这一线上，过去调查未曾及此，值得今后进行深入了解。这是一个重要地区。

## 四、明代沿用了哪些古代长城

对东北早期长城的研究，由于调查没有完成，至今还不十分清楚它的分布和走向，具体到每一地区的经行线路，问题更多，不仅有缺失环节，而且有的地方即或有发现，也不能完全衔接。这些都需要我们进一步调查研究，把它们搞清楚，理出一个脉络，尤其是不同时代的长城，要搞清楚它们是自行线路，还是有沿用关系。这些都是长城研究的课题，而且是长城研究的基础。

东北地区的早期长城，在西部发现较多，看似问题不大，实际不然，这里的问题仍然不少。由于政治势力的消长，燕、秦、汉统治地域总有伸缩，而作为军事防御工程的长城也会随之有所进退，故燕、秦、汉长城既有自行线路，也有后世沿用的问题。这些尚需进行深入研究；本文前面已略谈这方面情况，于此不再多赘。东北中、东部的早期长城，至今问题不少，还没有得到解决，调查发现也很零星，早期长城究竟是何面貌尚不完全清楚，因此，今后应当投入更大力量，取得理想成果。现在早期长城在东北中、东部的线路是怎样一种状态，还很模糊，笔者根据过去调查的体会，认为有的地段应是被后世长城所沿用，因而至今遗迹不清。

东北中、东部的早期长城被沿用，应是在明代。从文献记载看，明代人还是认识早期长城的，而且也知道它的具体存在。如果不是这样，明代人也不会空穴来风，将自己联系到古代长城上去。明代成书、反映东北状况的《辽东志》一书，就记载了古代长城及其被沿用的有关情况，其后的《全辽志》也做了相同的记载，该书在“古长城”项下的记载说：

“古长城，即秦将蒙恬所筑，在北平、辽东界者，东西千馀里。东汉以来，城皆湮没，本朝时加修筑。”①

这何止是一般了解！这是非常熟悉情况——不仅知道这里有长城，而且还知道长城属于什么朝代，什么时候毁坏的，还说本朝就其基础加以利用。这样的记载，何等明确！

明代修筑的“万里长城”，根据地域划分管辖区段，设有管辖各区段的九镇，明长城也因此被称为“九边”，而为“九边”之首的“辽东镇长城”，即在今辽宁省境内。古代修筑长城沿用前代长城的事例，屡见不鲜，并为今天我们所熟知，毋庸详举；明代修筑辽东镇长城时，对古长城加以沿用，也是很正常的事情。不过我们据其记载可知，明代沿用前代长城修筑长城不止一次，曾经在不同地段多次修筑，并且还经常修缮，所以《辽东志》就说古长城“东汉以来，城皆湮没，本朝时加修筑”。这不是一般地了解情况，而是非常了解情况——既知道文献记载，又熟悉实地存在。如果现实不是这样，该书能写得这么具体和真切吗？

这些记载也反映出一个问题，那就是到了明代，早期燕秦汉长城不仅保存很好，形体明显，而且还有利用价值，不是残破不堪，不可利用。如果此时早期长城已毁坏不存，或虽可识出，也无多大利用价值，而此时明代的统治地域与早期长城的走向和范围，亦不尽相同，明朝为何还要利用？就因为其时早期长城仍有较高大的城墙存在，有利用价值，所以明朝才加以利用；假如此时长城已完全毁坏，没有相当的墙体，恐怕明朝也不会在其旧址上继续加以修筑了。

但明朝利用了哪些段落的早期长城，也有讨论一下的必要。

通过考古调查，笔者在实地了解后，认为明代长城沿用了几个不同时代的长城，即早期的燕秦汉长城和后来的高句丽长城。

关于明代沿用高句丽长城，笔者根据实地调查后提出的研究意见是，明代沿用了南北走向的高句丽“千里长城”的中间线段，其具体线路，即从今海城市牛庄镇以北、太子河入辽河处开始，向北去，经海城、鞍山、辽阳、辽中、沈阳、铁岭、开原至昌图这一线段。因明长城辽西段从今黑山县东南来，横过南北流向的辽河后向北转折处起，即接高句丽长城，因而沿用了高句丽长城。明长城向北直至今昌图县泉头镇，才离开高句丽长城，转向东去，自辟新线，然后又向南去，复折向开原，经西丰转而南去开原、铁岭、抚顺等地。由于明长城在这一地段是利用高句丽长城的旧基修筑的，我们今天才看到明辽东镇长城的整体走向成了一个“M”形——在全线中部内缩很多，以致丢掉了大片辽河河套土地，而且拉长了防线。此举实为有识之军事家所不取，那这样做岂不有悖常理？

① 李辅：《全辽志》卷四《故迹志》，《辽海丛书》集二，沈阳：辽沈书社 1985 年 3 月版。

明朝为什么要这样修筑呢？考其原因，就是由于利用了高句丽长城线路的结果。关于明长城沿用高句丽长城的情况，可参见笔者的另一篇论文《高句丽千里长城建置辨》[①]，它对此问题有较详论述，说明其沿用原委，此不复论。

明代沿用燕秦汉长城，虽然文献有记载，但从考古调查的发现看，只是在相应地段有选择地加以利用，并非全线如此。如在东北地区西部，虽然有多道燕秦汉长城作南北次第分布，明朝本可利用，却未沿袭。因此可知，所谓沿用，当在东北地区中、东部。可是，在东北地区中、东部这一地段的燕秦汉长城，现在能认识到的，虽未确定其存在的遗迹，但大多数研究者都认为只有一道，是否有复线，目前尚未得到考古学的证明。但笔者倾向于有不同线路的可能。尽管可以说，即使燕、秦、汉时期统治范围有进退，可能是因为变动较快，时间不足，或其地辽远，无力及此，长城不可能及时随之伸缩，修筑多道，因此，东北地区中、东部的长城没有像其西部的长城那样，变化那么大，前后修筑了不同线路的长城。笔者认为，有复线还是应该考虑的。《汉书·朝鲜传》就说，魏满东走“度浿水，居秦空地上下障”。既然有“上下障”，那不是已经明确指出了有两道长城——上障和下障吗？这还有什么可疑的？但问题是，现在在东北中、东部，至今连燕秦汉长城最基本的一条线路都没有确定。这就是很难进行研究的一个障碍。正因为如此，才说明燕秦汉长城为明代所沿用，其遗迹为明长城所掩盖了，故不为今人所知。笔者认为，从辽东地区的地理环境看，明代沿用燕秦汉长城是没有问题的，但沿用了哪些地区的燕秦汉长城，则是应该通过考古调查发现来确认的。从明长城的走势观察，大约是在今抚顺和本溪地区，其地理位置当从今抚顺北境起，经本溪市，至丹东市的宽甸县，经其东境至鸭绿江边。在其中个别地段，如抚顺市南或本溪，笔者在调查时发现了一些遗迹，或可能即是早期长城，但其中哪些为明代所沿用，哪些为燕秦汉长城之旧，还未能区分。不足之处是现在考古调查没有发现足够的材料，证明其是如何沿用的，因此，尚需进一步工作。

另外，清代的柳条边在今法库线段，也沿用了燕秦汉长城，因而早期长城不显，只认为是柳条边。这是燕秦汉长城被后世利用的又一种事例。笔者通过实地调查，不仅查清了清代柳条边的具体位置，而且了解了与其相遇的燕秦汉长城的走向，尔后不是二者并存，而是只有柳条边一道，从此早期长城不见踪迹，而在柳条边旁，却有许多有关长城的其他迹象，如以“台”名村的现象，显然二者是重合了。前面已经说过，今法库县境内的燕秦汉长城，就是在如此错综复杂的条件下被发现和确定的。

燕秦汉长城的这种被沿用，是笔者首次提出的意见，未必得到赞同，但作为一种研究心得，附记于此，以供有志于长城的研究者参考。

① 冯永谦：《高句丽千里长城建置辨》，《社会科学战线》2001年第1期。

## 五、长城调查中存在的问题

通过对长城的调查，笔者感到有个问题还需解决。长城不是一般的古代遗迹，而是一种形体较大的古代遗迹，通常占有较长地段，甚或几个省、区，但以往的调查都是以地区为单位进行的，尤其是省、自治区的调查，各自调查自己的管辖范围，结果等调查报告出来之后，相邻地区却不能互相衔接，时代也有差异，这对以后的研究会产生很大的不利影响。因此，这个问题值得今后注意，各省、区要互通信息，增加了解，使问题解决在发表成果之前。以前的问题不论，下面仅简单举出最近一例，以便了解。

内蒙古自治区调查燕北外线长城，据最近出版的《中国文物地图集·内蒙古自治区分册》载，它从敖汉旗进入奈曼旗，然后到库伦，经先进（龙王庙子）乡，进入辽宁省，地图上所示是到彰武县。

关于这道长城，过去奈曼旗、库伦旗归吉林省所辖时，吉林省的文物考古工作者于1973年曾经进行过调查，他们在奈曼旗发现了长城，它是从奈曼旗的善宝营子（沙巴营子）进入辽宁省阜新县套尺营子的，其发现早已报道："在（西土城子古城和沙巴营子古城）两座古城之北，即奈曼旗中部偏南，发现战国时代的燕国北长城旧址自西向东蜿蜒穿过。在燕北长城以南，除西土城子古城和沙巴营子古城之外，还发现五间房城堡、五间房烽燧、桃山关隘、蛤蟆山居住址、新营子烽燧址等燕、秦、汉时代的遗迹。"[①]辽宁的调查结果显示，这道长城也是从奈曼旗善宝营子古城址之东进入阜新县套尺营子的[②]，笔者的调查发现也是这个情况。燕北外线长城，没有进入库伦。这种两省区的同一道长城不能相互衔接的调查结果，将在这道长城的行经线路问题上，给以后的研究者带来不小的困惑，使其无所适从，不知以何者为准！

这道燕北外线长城进库伦，然后入彰武的意见，引起了研究者的关注，但经过近几年的长城调查，在彰武县境内确实没有发现从库伦进入彰武的长城，从调查发现看，这道燕北外线长城确实是从阜新县进入辽宁省的。

调查长城很不容易，特别辛苦，长城的线路又长，前一次调查完了，或调查了而未深入了解，甚或没有全部完成就终止了，短时间内很难重复进行，而长城因自然或人为破坏，变化颇迅速，有的地方几年不去，再去，情况已经完全变样，没有长城遗迹可寻，存在的问题就无法解决了。因此，类似这种情况最好及时解决，不给历史留下遗憾！

**［本文为 2006 年辽宁省考古学会第五届学术年会论文，原载**
**《辽宁考古文集》（二），科学出版社 2010 年 7 月版］**

① 李殿福、段一平：《奈曼沙巴营子古城发掘报告》，《中国考古集成·东北卷》第九卷《秦汉至三国》（一），北京：北京出版社 1997 年 1 月版。

② 李庆发、张克举：《辽西地区燕秦长城调查报告》，《辽海文物学刊》1991 年第 2 期。

# 文 四 沈抚地区汉代烽燧址考察记要

根据文献记载，辽宁地区分布有早期长城，经过前此半个多世纪的考古调查，在相应地段陆续有所发现，不过各线段还不能完全衔接起来，因为有的地区还未进行调查，有的地方经过初步调查所发现的线路，经过深入了解后还不能确定它是长城，有的地区虽也进行过调查，但还没有发现。因此，就辽宁地区早期燕、秦、汉长城的分布来说，空白段还很大。几十年来，从辽宁省长城考古调查的发现看，西部地区调查较早，发现也较多，中、东部地区则没有这种较深入的调查，基本没有相当规模和较长线路的发现，长时间以来，还不知道长城的分布、走向及结构等，这一切都处在朦胧状态之中。总的来说，辽宁地区的早期长城调查，要做的工作还很多，并且也很艰巨，不是短时间内就能解决的。

近年来，由国家文物局组织全国各省编绘出版文物地图集，辽宁省文化厅为编绘好《中国文物地图集·辽宁省分册》中的长城分布图，由其文物处拨给省内有关的七市专项调查经费，于1998年、1999年连续两年对目前尚未完全清楚的早期燕、秦、汉长城进行一次全面调查。此次调查，由辽宁省文物考古研究所冯永谦负责，并具体参与省内有关长城分布的朝阳、阜新、沈阳、铁岭、抚顺、本溪、丹东七市的长城实地调查工作，七市也均抽出专业人员配合，组成长城调查组，共同开展长城调查。在两年的长城考古调查中，收获很大，各地均有一些重要发现。

通过这次长城考古调查，在辽宁省早期燕、秦、汉长城的走向、结构和相关遗迹方面，有很多发现，填补了许多空白，其中朝阳、铁岭、抚顺发现的遗迹较多，阜新、本溪、丹东也有一定收获，但也还有一些地段由于各种原因，至今尚不了解长城的具体存在情况，有待进一步考古调查，以弥补长城走向上的缺失环节。

辽宁地区的早期长城，经过两千多年的风雨剥蚀，颓坍损毁已很严重，而近代的地貌变化又非常大，如各种建设施工、平整土地、治山治水、开垦耕种等，都使其受到很大的破坏，甚至有的地段已经不存——随着时光的流逝，这种情况日趋加重，对于至今尚不清楚的长城，如不抓紧时间调查，再经过一段时间后，损毁日益增多，调查恐怕会更加困难，有的可能即将成为不可弥补的损失。为此，辽宁省长城学会和抚顺市博物馆沟通，于 2001 年 5 月 10 日—14 日联合召开了“辽宁省长城考古调查座谈会”。参加此次座谈会的有阜新、铁岭、抚顺、本溪、丹东五市的文管办或博物馆、考古所的专业人员和长城爱好者二十余人。会议开得紧凑，大家都直接谈问题，并且边看边议，还到现场实地考察，收获很大。对于下一步的长城调查工作，各有关市都有相应的安排和部署。

此次座谈会在抚顺开幕，于新宾结束，每位参加者都得到了充分的发言机会，大家讨论热烈，对调查辽宁地区早期长城问题有了认识上的准备，产生了足够的信心。在会议中有两项活动最令参加者感兴趣：一是参观抚顺市博物馆收藏的 1988 年、1989 年两年长城调查所采集的文物标本，二是对这两年考古调查发现的汉代烽隧址进行实地考察。与会者认为，这些发现是很重要的，也是前所未知的，对了解汉代长城在东北的存在提供了较好的线索，为最终解决早期长城的分布打下了基础。

我们在抚顺市博物馆看到的在各烽燧址采集的遗物有七十多件，其数量很大，内涵十分丰富，各种典型器物均有，足以反映烽燧址的年代。这些遗物，除一部分是在抚顺南部发现的外，主要采自西起抚顺辖区西境，向东沿浑河河谷进入新宾，又沿浑河的支流苏子河河谷东去，直抵富尔江，然后进入吉林省通化县这一线上的烽燧址。这是一条古代的交通通道，沿这条通道修筑烽燧，当是古代保证道路畅通、保护行旅和辖境安全的有力措施。在这一线上现在共发现烽燧址六十七座（具体地点附文后），我们此次考察基本上是沿烽燧线走的，并且从沈阳东陵开始，直至新宾。现择其重要者将此次考察略加说明，以使未至其地者了解，同时附上有关照片，可作为研究者进行研究时之参考。

调查时，我们对沈阳境内的烽燧址系由东向西调查的，对抚顺境内的烽隧址则是由西向东进行的，现在为叙述和读者了解烽燧址分布线路的方便，对沈阳地区的烽燧址也自西向东依次说明，使沈、抚两地的烽燧址能够完整地衔接起来。

陵前堡烽燧址：在沈阳市东陵区高坎镇陵前堡村东一座较高的山岗上。此山岗在沈抚公路（北线）之北，公路即在山岗南麓东西通过，山岗南坡比较陡直。烽燧址保存较好，虽有颓坍，但仍保存很高大的土堆，底部直径十四米，存高三点五米。烽隧址四周的地面及烽燧址本身都长有树木，烽燧址借此得以保存（图 2-4-1）。在此次考察中，我们于烽燧址上发现有汉代灰色细泥陶盆片多件，实为难得，对了解此烽燧址的年代非常重要——据此可知，此烽燧址当为西汉时期所建。

七间房烽燧址：在陵前堡之东，沈阳市东陵区高坎镇七间房村东一座当地人称为大架子山的山岗上。该山岗东面即为烟台村，该村当系因此烽燧台址而得名，因烽燧俗称“狼烟台”。沈抚公路（北线）在山岗的南麓通过，由于此山岗向南突出，公路在此处

图 2-4-1　沈阳市东陵区高坎镇陵前堡村烽燧址（东向西拍摄）

转了一个弯，环绕山岗通过，公路的南面是浑河。烽燧址就位于此山岗突出部分的顶部，底部直径十二米，存高四米。该山岗顶部及烽燧址上均长满了树木，十分茂盛，林荫蔽天，台址全为树木遮掩（图 2-4-2）。在台址上我们发现有汉代细泥灰陶片。

植物园烽燧址：在七间房村之东，沈阳植物园门前沈抚公路（北线）南侧，东北方距植物园门约三百米，东南方距下马村约两公里。烽燧址现处于一个果园内，四周均为果树。台址保存较好，仍很高大，底部直径约十五米，存高三点五米（图 2-4-3）。在烽燧址四周，我们发现有汉代细泥灰陶片。

中马村烽燧址：在植物园之东，沈阳市东陵区高坎镇中马村北的一座山岗上，地处沈抚公路（北线）之南侧，沈吉铁路和沈抚公路在其北面并行东西通过，公路在此处自西向东越过铁路，在铁路北面并行。村南有浑河。烽燧址在山岗顶部近东端处。

三家子烽隧址：位于沈阳市东陵区高坎镇三家子村北偏西约一公里的一处丘陵岗地顶部，岗地南面有沈抚公路（北线）和沈吉铁路东西通过，岗东是乡路。这处丘陵岗地全被耕种，就连烽燧址也被部分开垦，使其遭到一定程度的破坏（图 2-4-4）。烽燧址四周大面积散布有各种遗物，数量很多，有青铜时代的红褐色夹砂陶鬲足、鼎足，汉代的细泥灰色陶豆柱——有长豆柱与短豆柱，灰陶盆口沿、陶片，有外绳纹、内菱格纹、网状纹、布纹板瓦，还有辽代陶片与瓦片等。此遗址很重要，它南距上柏官屯约二点五公里，那里有汉代城址与墓葬，此处是其北面岗地，视野辽阔，是古代军事防守要地。

图 2-4-2　沈阳市东陵区高坎镇七间房村烽燧址（北向南拍摄）

图 2-4-3　沈阳市东陵区高坎镇植物园烽燧址（西向东拍摄）

图 2-4-4　沈阳市东陵区高坎镇三家子烽燧址（东向西拍摄）

这处丘岗下部是风化山岩，颗粒适中，目前正被当作取运砂石修整道路的场地，已经掘进很多，遗址遭到破坏，并将波及台址的保存。

晓仁境烽燧址：在沈阳市东陵区高坎镇晓仁境村东北约一点五公里的一个丘岗上，当地人称之为北大台子，其东一里余就是抚顺市辖境。该岗地现为农田，只有台址没有被耕种，长满草和树（图 2-4-5）。台址底径约十米，存高三点五米。地面上散布有汉代细泥灰陶片，也有辽代陶、瓦片。由于此台址形态高大，保存较好，近年可能有人认为它是一座大墓，因此进行盗掘。我们此次考察时，在台址的东面看到一条被人挖开的深沟，从台址顶部一直挖到地表之下很深处，露出台址的内部结构——系为土筑，夯层很厚，层间清楚，一般夯层厚度为二十厘米，夯土内夹杂有大量辽代陶、瓦片，由此可知此台址在明代曾经进行修补重筑。

另据了解，在此台址之西，约当大仁境村之北的岗地上，也有一座烽燧址，因近年遭到破坏，现已不存。

小泗水烽燧址：在晓仁境烽燧址西北，距离约两公里，其东北一里余为抚顺市顺城区河北乡小泗水村。台址所在的岗地均为农田，台址四周均已被耕种。台址保存较好，底部坍宽达十五米，顶部直径约六米，存高四米（图 2-4-6）。在台址上我们发现有汉代细泥灰色陶片、瓦片等，瓦片为外绳纹、内菱格纹、圆圈纹，同时在台址上我们也见到辽代灰瓦片。此台址存有汉与辽代两个时期的遗物。

图 2-4-5　沈阳市东陵区高坎镇小仁境村烽燧址（北向南拍摄）

图 2-4-6　抚顺市抚顺县高湾农场小泗水村烽燧址（西北向东南拍摄）

滴台烽燧址：在抚顺市顺城区河北乡小滴台村西的山岗顶部，山下南面是浑河，西面一点五公里是沈吉铁路滴台火车站。烽燧址保存较好，附近长满草和树，台顶部竖有测量点三脚架标志（图 2–4–7）。在台址，我们发现有汉代陶片与板瓦、筒瓦残片等。山下西边之村庄名为滴台，当是因此烽燧址得名——汉代称其为烽燧，而后世多称其为烽火台，滴台即应缘于此，原为“敌台”之意，书而为“滴台”。

西戈布街烽燧址：在抚顺市顺城区河北乡西戈布街西的月牙山上，山下东面是抚顺市第七中学，南面是浑河。

前戈布街烽燧址：此烽燧址现已不存，原在抚顺市顺城区河北乡前戈布街靠近浑河北岸的一座山岗上。该山岗西侧有一座横跨浑河通往河南沈抚线大官屯火车站方向的现代公路大桥。我们在调查途中看到有烽燧的山岗正被开凿，到那调查烽燧已不可能。因建房用地，这座山岗正被施工削平，目前已被削掉大半，最终要全部清除。现在该山岗西半部削平处，已就地建起高大楼房。因此，山顶上的烽燧址已在近期施工中被毁掉。

大甲邦汉代遗址：在抚顺市顺城区前甸乡小甲邦村北抚顺市矿务局林场院内，西面是东洲河，北面是浑河。此遗址近年曾经被发掘，范围很大，出土了大量汉代遗物，并有很多“千秋万岁”瓦当等遗物。从其重要性看，曾估计其为一座汉代城址，但经遍及遗址范围的探查——在发掘时打了很多条探沟，林场本身也在建设时挖了埋管线等的大

图 2–4–7　抚顺市顺城区河北乡小滴台村烽燧址（西向东拍摄）

沟，均未发现有城墙遗迹，因此迄今未肯定下来。但此遗址确非一般，值得重视。我们这次再到此遗址考察，仍然随处可见很多汉代陶器与砖、瓦残片（图 2–4–8），怀疑此处是一座城址不是没有依据的，但是为何级别建置则是需要很好考虑的，未可遽下结论。

阿金沟烽燧址：在抚顺市东洲区碾盘乡阿金沟村北山岗上，这里地势高敞，四野在望，位置优越。台址保存较好，现已颓坍，顶部竖有测量点三脚架（图 2–4–9）。台址外围有树木，近年有些已被砍伐。由此山向南，山岗相连，只是稍为低矮，约两公里即到小台沟烽燧址。

此山东面山坡下，有明长城遗址自北而南通过，土筑城墙虽已颓坍，但遗存明显，现呈土岗状，再向南去，即走上与阿金沟烽燧址所在山岗相连的南面较低矮的山岗，又南行，到小台沟村北山岗时，长城作沟槽状，即当中是沟，东西两边均为土墙，现东面土墙较低，西面土墙较高（图 2–4–10）。这道长城为明代辽东镇长城。

小台沟烽燧址：在抚顺市东洲区碾盘乡小台沟屯南山顶上。烽燧址保存较好，其所在是一个较为独立的小山头，山上长满草和树，山的西面与北面是小台沟屯（图 2–4–11），山的东面有明代长城南北通过。

营城子烽燧址：在抚顺市东洲区碾盘乡营城子村南一里的公路西侧山岗顶部。该山岗顶部较宽平，台址早已颓坍，占地面积很大，其长宽均达二十米，存高一点五米（图 2–4–12）。从这种情况看，一是台址原来非常高大，二是台址外面有围墙，这样才可能

图 2–4–8　抚顺市顺城区抚顺市矿物局林场汉代遗址出土的陶片

图 2-4-9　抚顺市东洲区碾盘乡阿金沟村烽燧址（西南向东北拍摄）

图 2-4-10　抚顺市东洲区碾盘乡小台沟屯北明长城址与屯南山上烽燧址（北向南拍摄）

图 2-4-11　抚顺市东洲区碾盘乡小台沟屯烽燧址（北向南拍摄）

图 2-4-12　抚顺市东洲区碾盘乡营城子村烽燧址（东北向西南拍摄）

出现台址颓坍后有如此庞大遗迹的现象。在台址上我们发现有属于青铜时代的夹砂红褐陶片，但更多的是汉代细泥灰色陶片与瓦片，其时代为西汉时期。

元龙山汉代遗址：由营城子村西山上烽燧址往西南去，俱在山岗上行走，没有道路，约行三里余，在一道略作东西横长的山岗顶部，有一处汉代遗址。当地人称此山岗为元龙山。这里遗物很多，灰色绳纹陶片、瓦片随处可见。此遗址有一个特点，那就是只见汉代遗物，没有其他时期的遗存。

元龙山烽燧址：在元龙山汉代遗址所在山岗东面与之相连的另一座山岗上。这座烽燧址保存较差，颓坍严重。在台址上我们发现的俱为汉代遗物。

两家子烽燧址：在元龙山烽燧址之南。我们考察时没有到两家子烽燧址现场去，只在元龙山烽燧址上拍了一张它的照片（图 2–4–13），远望该烽燧址隆起在山岗上，还是较为明显的。

五味冲烽隧址：在两家子烽燧址之南，五味冲村西面的山岗上，现虽已颓坍，保存还比较好，仍很明显（图 2–4–14）。

苍什伙洛岭烽燧址：在抚顺县上马乡苍什伙洛村南苍什伙洛岭上。烽燧址为土筑，虽已颓坍，外形明显，保存较好，底径为十四米，存高四米（图 2–4–15），烽燧址顶部中间有一凹坑。在现地我们发现很多汉代陶、瓦片，有细泥灰陶片、绳纹灰陶片、外展

图 2–4–13　抚顺市抚顺县蓝山农场两家子烽燧址远望（北向南拍摄）

图 2-4-14　抚顺市抚顺县蓝山农场五味冲村烽燧址（东向西拍摄）

图 2-4-15　抚顺市抚顺县上马乡苍什伙洛岭烽燧址（西南向东北拍摄）

唇灰陶盆片，外绳纹、内方格纹灰瓦片等（图 2–4–16）。在此烽隧址不见其他时代陶片，根据所见遗物鉴定，其时代为西汉。

苍什伙洛村烽燧址：在苍什伙洛岭烽燧址之北、苍什伙洛村南，在距离该村约一公里的公路东侧一座山岗顶部。

哈塘村烽燧址：由苍什伙洛村往东走，到哈塘村，在抚顺至新宾公路之南的山岗上，又有一座烽燧址，即哈塘村烽燧址。由此往东走，过岭，即进入新宾县界。

河西村烽燧址：进入新宾县，第一个村庄叫河西村。此地已不属于浑河流域，而是属于苏子河流域，自东向西流的苏子河水在此转弯，变成由东南向西北流。村子在河之西岸，因此被称为河西村。在村西公路南侧的山上，有一座烽燧址。

到河西村后，进入苏子河河谷。该河谷为东西向，南、北两侧山岭连绵，中间地势宽阔而又平坦，地理环境优越，是自古以来重要的东西通道。

古楼子烽燧址：从河西村向东去，由公路跨过苏子河，到古楼子村。在村北的山岗上，有一座烽燧址，台址上现竖有测量点三脚架。此山岗称天桥岭，其之所以得此名，是因为原来在山岗上东西通过的公路，势如天桥。近年公路已改修在山岗南麓平地上，不从山上通过了，但“天桥岭”的名称却保留下来。

胜利烽燧址：由古楼子村往东，到胜利村，此地有一座烽燧址。胜利村过去称“小夹河”

图 2–4–16　抚顺市抚顺县上马乡苍什伙洛岭烽燧址出土的陶片

村，因其位于二道河与苏子河汇合处，两河之间相距甚近，又延伸很长，所夹地面呈一个很长的锐角三角形，故建村后称“小夹河”。过去在胜利村发现有石棚，称“胜利石棚”，它在考古界也是很有名的。

上夹河烽燧址：由小夹河村再向东去，到上夹河村，在村南有一座烽燧址。

得胜堡烽燧址：由上夹河村向东，到得胜堡村，在村东公路北面的山谷中，有一个得胜堡水库。在公路南边的山岗上，有一座烽燧址（图 2-4-17）。此烽燧址保存较好（图 2-4-18），出土有大量汉代细泥灰陶片、绳纹瓦片等。

马尔墩城墙：由得胜堡向东去，到马尔墩村，此地即所谓的“二道关”。我们到马尔墩岭上考察那里的城墙。这道城墙为土筑，在马尔墩岭顶部从南向北延伸，现在公路凿开山岭，由城墙中间穿过。在公路南面的山岭上，城墙当中是一条深沟，其两侧为土墙，现在虽已颓坍，但仍是墙高沟宽，规模很大。我们沿着它向南走了数里，也未看到其终点，其间有的段落为石块砌筑。公路以北的城墙一直在北面山岭上延伸，虽然该山岭较高峻，坡甚陡，但直到山岭顶端，仍有城墙遗存（图 2-4-19）。在城墙附近，我们未发现遗物，目前尚不了解此道城墙的时代和性质，它是否为过去所认识的“二道关”城墙，还是一个值得研究的问题，有待进一步调查和深入研究。

永陵镇汉城址：在新宾县永陵镇西南，抚（顺）新（宾）公路南侧的田地中。根据过去考古工作者的多次调查，此地原有两座城址：一座较大的城址在南边，即现今窑场处，

图 2-4-17　抚顺市新宾县上夹河镇得胜堡村东山上的烽燧址（西向东拍摄）

图 2-4-18　抚顺市新宾县上夹河镇得胜堡村东山上的烽燧址（西向东拍摄）

已被多年取土烧砖所破坏（图 2-4-20），在其后的调查中，于窑场取土场内，发现各种陶、瓦片等极多，俯拾即是，并有很多云纹瓦当等，颇引人注意。学术界曾推断此城址为汉代玄菟郡一迁郡治址。在此城址之北一公里、苏子河南岸河边，有一座较小的城址，它保存较好，现已被公布为辽宁省文物保护单位。在此城址内外，有很多汉代灰陶片与瓦片等。笔者认为，它应该是汉代古道中玄菟郡下一所交通往来的城址，即驿站城址。现在该城址也遭到一定程度的破坏（图 2-4-21），应加强保护。

我们在抚顺与新宾进行考古调查时，于烽隧址上及其周围，都采集到汉代各种灰色泥质抹沟纹与外展沿陶盆片、绳纹板瓦片或瓦当及其他各类陶器残片等，它们的时代特征明显，俱为西汉时期遗物。这种情况在烽隧址全线都是如此，像我们在新宾县上夹河镇老和尚背烽燧址采集的陶、瓦片（图 2-4-22），在新宾县永陵镇四道沟烽燧址采集的陶、瓦片（图 2-4-23），都是非常典型的西汉时期遗物，从而证实了这些烽燧址都是西汉时期修筑的。

这次以早期燕秦汉长城调查为重心的“辽宁省长城考古调查座谈会”，开得比较成功，尤其是通过实地考察，与会人员对我省早期长城的分布地域有了新的认识，并对考察所见在其内涵与性质上有了更进一步的深入了解，这对我省的长城调查与研究工作，将起到积极的推动作用。

附：抚顺市各县、区考古调查发现的汉代烽燧址

1. 抚顺县高湾农场西山头烽燧址

2. 抚顺县高湾农场小泗水村烽燧址

图 2-4-19　抚顺市新宾县上夹河镇马尔墩岭上的城墙遗存（南向北拍摄）

图 2-4-20　抚顺市新宾县永陵镇南的大城址远望（由北向南拍摄）

3. 抚顺县高湾农场高杨东山头烽燧址

4. 顺城区河北乡小滴台村烽燧址

5. 顺城区河北乡下房身村烽燧址

6. 顺城区河北乡二道沟村西山烽燧址

7. 顺城区河北乡二道沟村东山烽燧址

8. 顺城区河北乡英石沟村南山烽燧址

9. 顺城区河北乡西戈布街月牙山烽燧址

10. 顺城区河北乡前戈布街桥头北山烽燧址

11. 顺城区将军堡街道将军堡村北山烽燧址

12. 顺城区抚顺市肉联厂后山烽燧址

13. 顺城区高尔山烽燧址

14. 顺城区施家沟村西山烽燧址

15. 顺城区前甸镇果树村北山遗址和烽燧址

16. 顺城区前甸镇鲍家村北山烽燧址

17. 顺城区前甸镇詹家村北山烽燧址

18. 顺城区前甸镇靠山屯北山烽燧址

19. 顺城区前甸镇白家坟烽燧址

图 2-4-21　抚顺市新宾县永陵镇小城址东南角与东墙外现状（南向北拍摄）

图 2-4-22　抚顺市新宾县上夹河镇老和尚背烽燧址出土的陶片

图 2-4-23　抚顺市新宾县永陵镇四道沟烽燧址出土的陶片

20. 顺城区前甸镇大甲邦村烽燧址
21. 东洲区碾盘乡吴家堡村烽燧址
22. 东洲区东洲街馒头山烽燧址
23. 东洲区抚顺石油二厂二宿舍东山烽燧址
24. 东洲区东洲街阿金沟村南山烽燧址
25. 东洲区碾盘乡千户村遗址和烽燧址
26. 东洲区碾盘乡农机站砬子头烽燧址
27. 东洲区碾盘乡小台沟村烽燧址
28. 东洲区碾盘乡营城子村南山烽燧址
29. 抚顺县蓝山农场两家子村烽燧址
30. 抚顺县蓝山农场五味冲村西山烽燧址
31. 抚顺县蓝山农场蓝山村西山烽燧址
32. 抚顺县上马乡台沟村烽燧址
33. 抚顺县上马乡坎木沟村烽燧址
34. 抚顺县上马乡三道沟村北烽燧址
35. 抚顺县上马乡竖碑村烽燧址
36. 抚顺县上马乡苍什伙洛岭烽燧址

37. 抚顺县上马乡苍什伙洛村烽燧址
38. 新宾县上夹河镇河西村烽燧址
39. 新宾县上夹河镇古楼子村砬子头烽燧址
40. 新宾县上夹河镇古楼子村天桥岭烽燧址
41. 新宾县上夹河镇胜利村龙头山烽燧址
42. 新宾县上夹河镇腰站村东砬脸烽燧址
43. 新宾县上夹河镇上夹河村东砬嘴烽燧址
44. 新宾县上夹河镇得胜堡村老和尚背烽燧址
45. 新宾县上夹河镇下岗村油库岭烽燧址
46. 新宾县上夹河镇马尔墩洪店烽燧址
47. 新宾县上夹河镇马尔墩岭烽燧址
48. 新宾县木奇镇水手村烽燧址
49. 新宾县木奇镇木奇村团山子烽燧址
50. 新宾县木奇镇木奇岭烽燧址
51. 新宾县木奇镇大和睦村北山烽隧址
52. 新宾县木奇镇大和睦村河南烽燧址
53. 新宾县木奇镇四道沟村羊祭台岭烽燧址
54. 新宾县永陵镇羊祭台村烽燧址
55. 新宾县永陵镇启运山烽燧址
56. 新宾县永陵镇温家村窄碰子头烽隧址
57. 新宾县城郊乡网户村南石场烽隧址
58. 新宾县城郊乡东拨堡沟烽燧址
59. 新宾县城郊乡南茶棚村黄花山烽燧址
60. 新宾县新宾镇南山烽燧址
61. 新宾县红升乡白旗村烽隧址
62. 新宾县红升乡东昌台村烽燧址
63. 新宾县红升乡旧门村烽燧址
64. 新宾县红升乡旧门村高台山烽燧址
65. 新宾县旺清门镇江东村龙头山烽燧址
66. 新宾县旺清门镇北山烽燧址
67. 新宾县旺清门镇旺清门村孤脚山烽燧址

[本文为冯永谦与萧景全等合写，照片均为冯永谦拍摄，原载《辽宁长城》（四），辽宁省长城学会 2002 年 11 月版]

# 文五
# 高句丽千里长城建置辨

修筑长城，作为一种文化现象来说，是中华民族的一个特点，在世界上还没有任何一个国家像中国古代这样大规模地修筑长城。从春秋时期的诸侯国开始，到以后统一的中央王朝，以及地方民族政权，都曾修筑长城，前后延续了两千多年，而且不仅汉族修筑长城，许多少数民族也修筑长城。至今历代长城遍布全国各地，纵横多道，其总长度不下十余万里。这种情况，在世界上找不出哪一个国家可以与我国相匹敌。

作为古代中华民族成员之一的高句丽族，兴起于我国东北地区，即今辽宁省东部的新宾、桓仁一带，其后在先进的汉文化影响下，不断发展壮大，并于汉代郡县内建立起地方民族政权，长时间里臣服于中原王朝。在其历史进程中，高句丽政权也曾与我国历史上其他民族政权一样，作为传统文化的承袭，在我国大地上大规模地修筑长城。不过，学术界此前对高句丽长城的研究很不够，至今对其还不甚明了，存在不少问题，因此，还应进行深入探讨。本文仅根据研究中出现的最基本的问题，谈一些笔者个人不成熟的意见。

## 一、关于高句丽修筑长城的历史记载

高句丽修筑长城，史有明文，它动用大量人力财力，并用了十六年时间，修筑了一条长达千里的长城。因此，称其大规模地修筑长城，是一点儿也不夸张的。高句丽修筑长城的年代，是在我国历史上的唐朝。《旧唐书》卷一九九《高丽传》载：

“贞观二年，破突厥颉利可汗，建武遣使奉贺，并上封域图。五年，诏遣广州都督府司马长孙师往收瘗隋时战亡骸骨，毁高丽所设京观。建武惧伐其国，乃筑长城，东北自扶余城，西南至海，千有余里。”

《新唐书》卷二二〇《高丽传》也说：

“太宗已禽突厥颉利，建武遣使者贺，并上封域图。帝诏广州司马长孙师临瘗隋士战胔，毁高丽所立京观。建武惧，乃筑长城千里，东北首扶余，西南属之海。”

《三国史记》卷二〇《高句丽本纪第八・建武》亦载：

“（荣留王）十四年，唐遣广州司马长孙师，临瘗隋战士骸骨，祭之，毁当时所立京观。春二月，王动众筑长城，东北自扶余城，西南至海，千有余里，凡十六年毕功。”

同书又说：

“（荣留王）二十五年春正月，遣使入唐朝贡。王命西部大人盖苏文监长城之役。”

荣留王即建武。隋、唐时期中原地区由于王朝更替，战争频仍，高句丽借机不臣，隋、唐为收复失地，都曾进行征伐，建武因此惧，所以自荣留王十四年（即唐太宗贞观五年，公元631年）二月起，至宝藏王五年（唐太宗贞观二十年，公元646年），共用了十六年时间，修筑了一道东北自扶余西南至海、长千有余里的长城。同时我们还看到，在荣留王二十五年（642年），即修筑长城已经进行到第十一年时，西部大人盖苏文还在督工修筑长城，可见这道长城的修筑从未停止，从而可知其工程是颇为巨大的。

高句丽这道长城修筑后，产生的历史作用不大，随着高句丽政权的消亡，唐王朝统一宇内，这道长城便失去了原来的功能，因而从此不显，其后就很少见于文献记载。在历时一千三百多年后的今天，在相关地区已见不到明确的高句丽长城遗迹，因此过去无论是历史研究者还是民族研究者，抑或是长城研究者，多未提及高句丽长城，当然也就更无人进行深入探讨了。近年由于考古学的发展，研究日趋深入，高句丽长城才开始引起研究者们的注意，前后有人发表了一些文章。

但是，由于高句丽长城实在渺茫，无从寻找，因见不到其明确遗址，不知它修筑在哪里，因此有些文章只是进行推测，直到现在还没有定论，并且从这些已发表的文章中，我们可以明确地看到其作者的认识有所不同，其间差别很大，比如最基本的确定高句丽长城的位置问题，即高句丽长城的具体经行线路，都存在完全不同的意见，这就使高句丽长城的研究，一时无法得出大家都赞同的结论。

## 二、关于高句丽长城的走向和结构形式的几种不同意见

近年来，对高句丽长城的研究有很大进展，但由于研究者们在研究过程中有不同理解，因此也出现了各种不同说法。下面我们将高句丽长城的研究进展状况作以回顾，对各说的主要论点略作引述，以便读者增加了解，从而对继续深入研究高句丽长城有所启示和帮助。

### （一）山城联防线说

1987年，王健群发表《高句丽千里长城》一文，认为：“根据史料和调查分析，这条长城并不是筑在边境城堡之外的防御线，而是用它把各个边境城堡连接起来，连同边

境城堡一起组成一道防御线。……高句丽的西部前沿军事重镇，明确见于记载的有扶余、新城、玄菟、辽东、卑沙、盖牟、安市、建安诸城，成南北一线排列。……这些城正好是按东北、西南方向排列着。农安在北，盖牟在南，在营口东侧，临近渤海湾。高句丽修筑千里长城把这些地方连接起来，变成以边境军事重镇为主要据点的西部防卫线，用它来抵御唐朝军队的进攻。”[①]文章的重要一点，就是高句丽长城不是独立存在的建筑，而是用城墙将高句丽西部边缘的一些重要山城连接起来，一起组成一道防御线，北起吉林农安，南到辽宁盖平，靠近渤海，这个经行线路和结构形式就是高句丽千里长城。这篇文章对后来关于高句丽长城的走向和结构的研究影响很大，有些研究者也倡其说。

## （二）山城防御组群说

1989 年，陈大为发表《辽宁境内高句丽遗迹》一文，虽然文章的内容主要是论述墓葬和山城，但也涉及高句丽千里长城，并且是因山城而引发的。他说：“大型山城多分布在辽河以东不甚远的沿河一线，即在山区与平原的交接地带，中型山城多在辽河以东较远的较大河流的孔道中，位居第二线。至于小型山城，则多分布在大中型山城的周围，时代已当晋唐，它们似当中原战乱，在高句丽占据辽东之后，从东晋到唐初的二百年时间内形成的，应属山城的完善阶段。直到贞观五年，‘发其国，举筑长城，东北自扶余城，西南至海，千有余里’这一全国行动，才最后形成了高句丽山城的现有体系，从而在高句丽西界的前沿边界上，最终形成了一条南北长达千余里的山城联防线。”“若干大型山城，如扶余、新城、盖牟、乌骨、建安、安市、卑沙等，皆见诸史籍，并多数分布在东北西南向的平原与山区交接地带的一条线上，它们是千里防线中的重要城堡。”[②]此文虽未明确指出，但对于高句丽千里长城的认识，其立意也是说它处在辽河以东，并以大型山城为主，辅以中小型山城，它们之间互相配合，共同构成从东北向西南、长有千里的一道山城联防线，这样一种结构形式，就是高句丽的千里长城。

1994 年，梁振晶发表《高句丽千里长城考》一文，进一步论证了高句丽千里长城就是山城联防线：“陈大为先生认为辽宁东部山区与平原交会处呈东北西南走向的千里山城是高句丽西部的联防线。……笔者同意陈先生的观点。对千里山城联防线进行深入论证就会发现，它就是文献中所载的高句丽千里长城。”“如建长城亦不能在辽河东岸，距山城基地太远，不利退守。更何况战线从无必在边界上之理，而凭险固守才是上策。史载高句丽千里山城南以安市城为主，北以新城为主，皆险关难渡，交通要隘，为隋、唐攻伐高句丽的必争之地，故高句丽倾其全力在沿线修筑千里山城联防线，这是可能的，

① 王健群：《高句丽千里长城》，《博物馆研究》1987 年第 3 期。

② 陈大为：《辽宁境内高句丽遗迹》，《辽海文物学刊》1989 年第 1 期。

也是合理的，决不会也没有能力再兴师动众，在辽河东岸平原地带修筑一条既不利防守、又劳民伤财的千里长城。”这篇文章将陈大为的观点做了进一步阐释，说得更明确、更具体了，同时它对高句丽“千里长城”的存在形式也说得更清楚，甚至认为所谓的高句丽千里长城并不是长城，实际上就是各种山城组成的防御组群。这篇文章的最后结语说：“这条千里长城以大型山城为中心，辅以中型山城、小型山城、平原城，及个别地段的土墙一起构成一个防御组群，扼守辽河平原通向高句丽腹地的要冲，形成具有浓厚地方特点和民族特色的战争防御建筑。”①

最近赵晓刚等发表《高句丽千里长城上的要塞——石台子山城》一文，在文中他们也同意上述各论文的观点，认为高句丽的千里长城就是山城联防线：“根据近些年来的调查考证，大致形成了两种意见：一是李健才先生提出的‘从吉林省农安县西南到怀德县境内，呈东北至西南走向的长达二十五公里的土墙遗迹，并一直向南延伸到辽宁境内，大致顺辽河东岸一直到营口海滨，共约千里，即为高句丽千里长城’。王健群先生也有类似观点（本文笔者按：李健才与王健群关于高句丽长城走向的观点是完全不同的，两者不是一个意见，应细参原文），并认为这条长城并不是筑在边境城堡之外的防御线，而是用它把各个边境城堡连接起来，连同边境城堡一起组成一道防线。二是陈大为先生在《辽宁境内高句丽遗迹》一文中提到的辽宁东部山区与平原交会处呈东北西南走向的千里山城，是高句丽西部的联防线。这一观点后为梁振晶先生详加论证，指出高句丽千里长城是‘以大型山城为中心，辅以中型山城、小型山城、平原城，及个别地段的土墙一起构成一个防御组群，扼守辽河平原通向高句丽腹地的要冲，形成具有浓厚地方特点和民族特色的战争防御建筑’。笔者同意后一种说法，并认为高句丽的千里长城是以西丰城子山山城（扶余城）、高尔山山城（新城）、辽阳旧城（辽东城）、英城子山城（安市城）为中心城，以催阵堡山城、石台子山城、高丽城山城、岩州城山城、得利寺山城、大黑山山城及一些小城址等为护卫城，并与烽隧、土墙等共同组成的一道山城联防线。”②

以上是将高句丽千里长城理解为山城联防线的论述。从这一观点看，高句丽千里长城存在的形式，如王健群所说，并不是在边境城堡之外的防御线，而是把各边境山城连接起来，连边境山城在内，一起组成一道有城墙的防御线，但在边境山城之外并不存在一道长城；后来的几篇论文又有所发展，演变成在边境山城之间并不一定要具备相互连接的城墙，而只是由大大小小的山城组成的防御组群，因其分布从东北到西南，长有千里，故这些山城防御组群就是高句丽的千里长城。

---

① 梁振晶：《高句丽千里长城考》，《辽海文物学刊》1994年第2期。

② 赵晓刚、赵菊梅：《高句丽千里长城上的要塞——石台子山城》，《辽宁长城》（三），辽宁省长城学会2000年11月版。

## （三）高句丽长城实有线路说

关于高句丽所筑千里长城有实体并单独存在的意见，和山城联防线说是同时出现的，但此后对有实体并单独存在的这一论点的论述较少，研究者几乎都倾向于高句丽长城即为山城联防线这一观点。现将有关高句丽长城有实体并另有线路的论点摘引如下：

1987年，李健才发表《东北地区中部的边岗和延边长城》一文，根据发现于怀德县并北入农安的一道作东北西南走向、长七十余里的边岗，联系存在于吉林和辽宁两省中部的以“边”“岗”或“边岗”命名的村庄，连成一线就是高句丽长城：“从东北往西南有吉林省农安县境内的龙王乡西北二十里的边岗和边岗乡境内的三岗。……在怀德县境内有双城堡镇境内的边岗、四道岗乡的四道岗和小边、秦家屯东南十五里的边岗。在梨树县境内有河山乡东南十里的土龙村、三合乡西南二十里的三道岗子、金山乡东南十八里的王家岗子。由此再往西南进入辽宁省。在辽宁省境内有些老边的地名，多是因靠近明代边墙而命名，是否和东北西南走向的边岗这一长城遗迹重合在一起，还难以断定。在辽宁省境内，以边岗、老边命名的地名，有开原县二家子乡南十五里的西老边、新民县东北辽河东岸的三道岗子、沈阳市郊西北的老边、海城县西北浑河东岸的三道岗，由此再往西南进入营口县北部的二道边和营口市郊区的老边村、老边站。把这些边岗、老边、小边、土龙等地名连成一线，就不难看出它的基本走向。”“根据已发表的考古调查材料，在辽河东岸老边岗的东部附近，又有西南、东北排列成行的高句丽（高丽）山城……把以上这些高句丽（高丽）山城连成一线，很明显是一条由西南到东北走向的高句丽（高丽）西部的边防城。在这些山城的西部附近，就是西南—东北走向的边岗，即长城遗迹。这些边岗当是上述高句丽山城西部的第一道防线。”①

1991年，笔者发表《东北古代长城考辨》一文，其中也论及高句丽长城，认为李健才的推论是接近实际的，尽管材料不足，中间空断太大。辽宁地区有些叫“岗”或“边”的村子，是在明长城线上的，其得名当与明长城有关，另一些其实也不是因长城而得名，如新民县的三道岗子是因自然沙岗而得名，不靠近高句丽长城，距离较远，但这无关大局。他说的北起吉林省境内，虽仅有一小段边岗遗址，南到千里之外的营口，只有“老边”等两个地名（按：实际上是一个地名，设老边站是因它处在老边村而得名），即据以推断是高句丽千里长城的走向，但笔者以为其说是正确的。笔者对高句丽千里长城的认识，还是在1986年写《辽宁古长城》时，即写了高句丽长城，并且对明长城走了一个“M”形线路的原因作了探讨，后因这些章节不符合出版社关于这套丛书的要求，只好删掉了。及至1990年笔者写《东北古代长城考辨》时，重又提出了相关观点，将

① 李健才：《东北地区中部的边岗和延边长城》，《辽海文物学刊》1987年第1期。

它写进该文中："在我往年一次调查明长城时受到启示，感到了高句丽长城的存在。……后来在我做明长城的全线调查时，发现从三汊关转向东胜堡（今海城市西北的开河城村）后，长城一直北上，经鞍山至辽阳、辽中、沈阳、铁岭、开原、昌图等市、县的西境，再到开原镇北关（今开原市东北镇北堡）前的这一大段基本上是南北走向的明辽河流域长城，长达 500 里，也正是高句丽长城的经行线路；此段南面进入营口县后，有二道边、高坎、老边、后岗子等村，距海滨已较近了，北面从开原镇北堡北去，经昌图县境和吉林省梨树、怀德两县，就到农安了。这一发现，就使高句丽长城比较具体了，不似以前无法判断其经行线路；因明辽东长城的走向，征诸文献是清楚的，遗迹至今仍大部分存在，经考古调查也都被发现，在此情况下，我们对高句丽长城的地理分布就了如指掌了。""辽东长城的修筑，辽河流域长城是最早进行的，其次是辽西长城，最后才是辽东东部长城。在修筑辽河流域长城时，因有高句丽长城存在，至少有旧基可用，于是就在此基础上修筑了在辽河东岸南北长达五百里的长城，北止于镇北关（今开原市东北镇北堡），南端在三汊关（今海城市西北开河城村西南）；由此西北折而到广宁（今北镇县城）的镇静堡（今黑山县西北白土厂镇白土厂门村）。高句丽长城被辽东长城沿用的线段，北从今开原镇北堡起，南到海城西四台子止，这一段长达五百余里，其南北两端长城，由于当时所处形势未曾沿用。"①

以上是高句丽千里长城另有实体线路的论述，提出不同观点，说明高句丽长城的具体走向和其分布的地理位置。

## 三、高句丽长城研究中的几个问题

由于对高句丽长城的研究是近几年才开始的事，也可以说现在还处在起步阶段，因此有许多问题需要解决，不然将无法深入下去。在这里本文不想作更多问题的探讨，仅围绕现在高句丽长城研究中还没有解决的最基本的经行线路相关问题，谈一点儿笔者的理解。

### （一）高句丽千里长城就是一道独立防线

根据文献记载，高句丽确实修筑了长城，这可从前引《旧唐书》《新唐书》《三国史记》等文献材料中得到证明，研究者对此均无异议，都承认高句丽修筑了千里长城。我们从记载中可知，高句丽长城的工程量是不小的，用了十六年时间才告完成，中间从未间断，在修筑到第十一年的时候还见记载，由西部大人盖苏文监长城之役，因此，这道长城当不是虚设，其城墙也应该是很高大的，绝非敷衍塞责、草草了事的工程。从吉林省怀德县发现的遗迹看，高句丽长城是很雄伟的，在"二皇庙村东和黄花甸子北保存较好。二

① 冯永谦：《东北古代长城考辨》，《东北亚历史与文化》，沈阳：辽沈书社 1991 年 12 月版。

皇庙村东边岗基宽约六米，顶宽约三米，高约两米，如一条长龙伏地而卧"[①]。这个考古调查发现情况，反映了高句丽长城的面貌，这还只是一千余年后见到的形象，其原来的建筑，当比此更为高大。这样的长城，确可称得上是符合高句丽"发其国，举筑长城"的记述。因此，高句丽费时十六年修筑的长城，就应是一道独立的防线。

但有的研究者对高句丽长城的独立存在却不认同，主张高句丽长城应是和山城一道组成防御线，因为"唐军的两次主要进攻，都是在高句丽修筑长城之后，但都未在战争过程中提到这条长城。两次都是在渡过辽水之后便直接进攻高句丽边境城堡，未曾受阻于长城。在玄菟、盖牟、辽东、安市这些边防重镇的攻防战中，没有一句话说到长城，说明长城不在这些城堡之外。当然，长城也不应在这些边堡以里。只能在同一线，而且以这些城堡为长城线上的重要据点，才讲得通上述情况"[②]。

我们认为，对这个问题应该更深入地研究，不能只这样简单地观察，其实它存在多方面的原因。我们说，修筑长城，是中华民族文化传统的一个表现形式，在中国大地上，经过近半个世纪的考古发现，我们得知，远在青铜时代甚或更早到新石器时代，当时的一些聚落遗址就出现了沟壕和围墙，后来出现了高大的城墙，它即成了我国古代传统的城的标志，此后就一直延续下去，贯穿到长达两千多年的整个封建社会的始终。由修筑城而引发的修筑长城从春秋时期开始，到战国时期各诸侯国都大规模地修筑长城，以后历代很多王朝和各不同民族，也都以同样心理因素和文化传统修筑长城。长城的作用是什么？当然毋庸讳言，长城在军事上具有防御的作用，以其相应设施，求得战斗的胜利。但长城还有一种威慑作用，以高大的城墙挡在面前，不可逾越，使来者生畏。同时，对于长城修筑者来说，它也具有一种心理上的自恃与安全保障作用——有了长城，就多了一分稳定的感觉。此外，长城还具有一种界隔的意义，表明在此墙之内是我的辖境，也是借以保护自己。上面所说的这种思想，直到今天，在人们的头脑中也未能完全根除。如在农村，几乎每个农户都修有宅院，或砖石砌建，或泥土垒筑，最差的也用枝柴围成篱笆，形成一个院落；就是我们居住的现代化城市，也未能消灭围墙，即使要求增加城市的透明性，也还有透空墙或铁栅栏之类的设施围护。这和古代人修筑城和长城有同样的意义。我们可以试想，今天这些院落和围墙，确能挡得住人，但又真能够或完全挡得住人吗？实际上不能。只要是想进入围墙或要登堂入室，它仅是一点儿"障碍"而已，越过毫不费事。长城也是这种情况，它只是一种军事设施，如果防御，即使是在冷兵器时代，像对待游牧民族的入犯，长城也还要在"用将得人"和人"用兵得法"的前提下，才发挥了无可替代的作用，否则也是不行的。

---

① 怀德县文物志编写组：《怀德县文物志》，吉林省文物志编委会 1985 年 12 月版。

② 王健群：《高句丽千里长城》，《博物馆研究》1987 年第 3 期。

长城确实有作用，在历史上也曾无数次地阻拦过入犯者，但是否都记载了呢？即使当时都记了，我们现在见到的不是原始记录，万事纷繁，而后来能写入史书中的又能有多少呢？写史要求笔法简练，更不是专记长城事，因此，我们不能因为没有见到关于长城战事的记载，就认为没有长城。如果我们从历史上看长城发挥作用的情况，当我们翻开二十四史时，能见到多少越过长城却如入无人之境的记载？这种本是从长城经过，但却没有见到如何战于长城的情况，就能说长城不存在吗？历史记载的许多大战都是在具有指挥能力的“城”下发生的，它可以被围困几天、十几天或数月之久，战斗悲壮激烈，因而大书特书，使人们知道了这场战事。但长城就不是这种情况，由于战线太长，无法集中兵力进行大战，并且在漫长的长城线上防守，总有漏洞，一处破即全线溃败。长城能阻挡进攻，也仅是一时之事。因之见于记载的长城战役就很少，而实际上却不是这样的。长城的攻防情况是什么样，明代人对此有很深的体会，其所言是很实际的。嘉靖时兵部尚书刘焘说：“（长城）自创以及今日，几四十余年矣，无一岁而不请修边之粮，无一秋而有修边之效。”又说：“夫修边以防零寇可也，恃之以御大举不可也。”由于长城防线太长，“我散而守，彼聚而攻，虽称十万之众（守长城），当锋不过三千人，一营失守，则二十二营俱为无用之兵，十里溃防，则两千余里尽为难守之地”[①]。同时代人陈建也说：“（长城）筑之纵成，旷远难守，胡寇倏来，动辄数万，溃墙而入，无异平地。”[②]这仅是对当时居住塞外的少数民族来说就尚且如此，如若对待大军征伐，将是怎样情况可想而知。因此，即使筑了长城，由于战线太长，兵力分散，也还是注重防守具有指挥中心的城池，所以历史上发生的激战均在城池而不在长城，因而被记录下来的也都是这种城下之战而不是发生在长城的战事。唐王朝对高句丽的用兵更是如此，以几万或十几万大军铺天盖地而来，越过仅为一道墙的长城当不是难事，而高句丽又素以山城有险可凭，退守山城之内自然是最适宜的军事部署，因此高句丽长城不见于战争记录，亦应是意料中之事。所以，不能因未见高句丽长城在唐征辽东的军事行动的记载之中，就认为高句丽没有独立存在的长城，这是不能令人信服的。

## （二）高句丽千里长城不可能是山城联防线

高句丽修筑山城，在地理分布上是很注意防守的，从我们今天考古调查所发现的山城看，它们都是处在当时的交通孔道上，比较重要的大型山城更是如此，它们所扼守的都是通向腹心地区的重要通道，只要外面能守得住，来者是无法逾越而抵达腹心部的。对于高句丽来说，它西面主要是防中原王朝的征伐，因此它在西面缘边一线从北

① 刘焘：《刘带川书稿》《刘带川边防议》，《明经世文编》卷三〇五、卷二〇四。

② 陈建：《备边御戎议十则》，《治安要议》卷六。

到南都建有大型山城，而且在纵深上，凡是能通向腹心地区的通道上，都依次建有各种不同的山城，加强了保护腹心地区的能力。这种山城在地理位置上的部署，使高句丽能够通过层层把守，阻断外来者前进的道路，使之无法深入，在战略上是非常重视防守的。我们看隋、唐两代多次征讨高句丽，都没有一举成功，尽管有其他一些原因，但在各进军道路上，由于山城阻挡，高句丽凭险固守，而隋、唐军久攻不下，不能进入高句丽腹心地区，拖长了战争时间，在气候变化、粮饷供应、官兵士气上都有问题，因而只好回军。

由此我们可以知道，隋、唐征讨高句丽，必须攻克建在交通道路上的各个山城，否则就无法进军。换句话说，也就是如果隋、唐军不从这些有山城防守的道路上前进，就无法到达高句丽的腹心地区，自然也就征服不了高句丽。这种情况告诉我们，除了这些通道外，其他地方是去不了高句丽的腹心地区的。对于这个问题，我们通过考古调查也看到，在没有高句丽山城的地方，也没有道路，比如在两个山城的中间地带，俱是群山突起，军马根本无法逾越。处在高句丽西部一线的山城，北起往南依次有吉林龙潭山山城、辽源龙首山山城、工农山山城、西丰城子山山城、开原龙潭山山城、铁岭催阵堡山城、青龙山山城、沈阳石台子山城、抚顺高尔山山城、沈阳塔山山城、辽阳岩州城山城、海城英城子山城、大石桥马圈子山山城、盖州高丽城山山城等，在辽河东岸构成一线，它们西距辽河几十里或百余里不等，而往东的高句丽腹心地，纵深分布的山城更多，利于防御。但恰在过辽河之东以后，在这片广阔平原地带上，却无险可据，缺乏侦察、瞭望和防守设施，按中华民族传统文化和心理因素，于此地域修一道长城，则是必然的事。

再则，高句丽在西部修筑的山城，已将东去其腹心地区的通道完全控扼住了，其他地方无路可通，还修各城之间的联防城墙有何用？而且根据我们实地调查所见，各城之间山脉的走向复杂，山势多变，不成体系，如何在这种地形结构上修筑长城？同时西部缘边各山城，并不在南北一条直线上，而是伸缩很大，地理位置互有出入，所修长城必然要忽南忽北、忽东忽西，为连接各城，长城要经常有较大的转折，此时即使不考虑山脉走势和地形变化所出现的问题，仅就增加长城的长度、加大了工程量来说，也是不容忽视的，而因此拉长了防守线，分散了兵力，也是兵家之大忌。更重要的是，这些地方不是通道，更不会有谁由此进军，就是长城在各山城之间修筑完成了，依然无用，因为即使在这些地方不修长城，也无一兵一卒由此前来进攻。既然这些地方的长城如此没有实用价值，高句丽能在这种地方修筑长城吗？

此外，我们再考察一下我国两千多年修筑的长城，从未见有哪一个王朝或哪个地方民族政权所修的长城是在各城之间作连接的。无论哪一个时期，沿边都有各种城，但所有的城都没有处在那种临界的边缘上的，包括一些较重要的军事城，也并不在边沿上，更不要说其他的城了。但长城就不是这种情况，它是要力争在所辖地域的最前沿、尽可能靠近边缘修筑，只有如此，才有“界”的概念，才可担负起侦察、瞭望的职责，才能阻止敌人潜越，才能抵御敌人进攻，才会有屏障和安全的感觉，少量军士在这有形的边界上巡视，有了依托，才能为长城内的军事防御据点传递信息，以取得战争胜利，达到保卫边境安全的目的。高句丽修筑长城也无他异。针对隋、唐王朝的征伐，由于其西部诸城不靠近辽河岸边，在辽河岸边广阔的平地上没有屏障，从辽河岸边到其西部诸山城，中间还有百十里的距离，要解决这段距离上的防守空白，在山城之外近边处修筑一道南北走向的长城，就是最好的办法，所以建武“发其国，举筑长城”。

高句丽修筑长城，如果按山城联防线的说法，那在各山城之间应该有长城的城墙存在。但是经过近几十年的考古工作，可以说对高句丽西部的山城都进行过实地调查，虽然已经是在一千多年后的今天，发现的山城一般都保存较好，至少仍可见到城墙形迹，有一些山城的城墙还保存得相当完整——这种情况不是个别的，而是普遍如此，却从未在各山城之间发现长城墙体的遗存，这是为什么？总不能说山城的城墙能够保存下来，而长城的城墙就不能保存下来吧！也不能说要有损坏，也只损坏长城而不损坏山城吧！即使真有这种情况，只损坏长城，那么在千里长的长城线上，总不至于损坏得那么彻底，连一点儿痕迹也没有遗留吧！这是什么原因呢？我们认为，高句丽修筑的千里长城根本就不是在各山城之间，事实上不存在山城联防线这种情况，故至今在各山城之间没有发现高句丽长城。并且我们也可以说，如果高句丽果真在各山城之间修筑长城，我们知道，各山城在地理分布上伸缩出入很大，山城之间地形复杂，甚至没有通路，人迹罕至，那谁去损坏处于这种地理环境中的长城？长城不是应该保存得更好吗？怎么能反而不见一点儿长城遗迹呢？事实说明，高句丽根本就没有在各山城之间修筑长城。

至于有的研究者说西丰县城子山山城考古调查所见山城外有土墙，认为那是高句丽长城。我们认为，它也不是长城遗存。调查者的意见和调查所见的情况是：“现存山城西侧面的‘外围城’和向西南伸延而出的土筑城墙是高建武所筑之高句丽长城。……现在土筑‘外围城’可能就是高句丽长城之首，即高句丽长城的东北起点。向西南伸延而出的土墙，就是‘西南属之海’之长城。”“市档案制作小组实地测量‘外围城’，认定是高句丽第27代荣留王高建武所筑长城的一部分，有如明长城之山海关、嘉峪关之类，高句丽长城的东北起点，与历史文献对照，‘外围城’即为‘东北首夫余’之‘首’。”“向西南延伸的土墙共两条：一条自‘外围城’十八道背山脊土墙北起三分之二处分支而出，沿山脊向西南方向伸延，约三百米处被一片豆地截断，地中不见了土墙遗迹，出豆地，与之相接的是约两百米的流水坝，坝高约一点五米，顶宽一点三米，基宽六到八米，方向为西偏南十度。此流水坝终点河滩处冲刷出的截面，可看出人工夯筑的土层，我们认为是现代人在土墙之上开的引水，此流水坝亦为土长城的一部分。过河滩和一片耕地之后，与之对应的山坡上又出现了土墙痕迹，直通山顶，走向为西偏南三十度，遥指开原市龙潭寺山城。（此处距开原龙潭山山城很远，“遥指”不行啊！有无长城遗存是关键！长城遗存在哪？——冯注）另一条在‘外围城’西南角处沿山脊向西伸延而出，距‘外围城’两百米之内的土墙，痕迹十分明显，两百米以外，土墙痕迹变得时现时隐。此墙方向为西偏南二十度，遥指开原古城子山城和马家寨山城（西丰城子山山城距开原古城子山城、马家寨山城更远，中间隔着崇山峻岭，如何“遥指”？到底有无高句丽长城？——冯注）。”[①]这种延伸出去的土墙，是否就是高句丽的千里长城遗迹呢？笔者以为不是，因为它不是很长，只是为保障山城安全的附属设施。西丰县城子山山城，1956年笔者在发掘西丰县西丰镇执中村西岔沟西汉古墓群时，以及后来为制作省级文物保护单位档案，曾前后数次去现地调查过，在石砌山城的西面，有接筑的土城等结构，但这种情况在一些高句丽山城中也是存在的。抚顺市高尔山山城所接筑的外城就不止一处，在西南、西北和东南部都接筑有外城，而且大小不一，在东南角向外延伸三百余米接连筑有两个小城。[②]这些附属建筑结构，是为加强防御，保证山城安全的。在海城市英城子山城，也有由山城向外延伸的城墙：“外围城墙，从北城墙向西有一条利用原山脊修筑的城墙，直通山下的炒铁河上。高一到三米，宽度约四米，长约五百米。”[③]英城子山城的北城墙，比较平直，基本呈东西走向，在城墙向南转折后，筑城者接北城墙西端向西沿山脊走向修筑了一道城墙，一直到山下河边，这种情况和西丰城子山山城很相似；但此山城的西面再无山城，它不能再和任何山城相连接，当排除长城的可能性。岫岩县老城沟山城，地理位置已不属高句丽西部沿边山城，但此城也有向外延伸的城墙，还有沟壕与圆形建筑址，调查者认为：“推测该城墙与四个圆形建筑物均为军事防御性的建筑，圆形构筑物应为守台。”[④]新宾县五龙山山城，在地理位置上也不属高句丽西部沿边山城，在城址前面的山谷中，也有一道石砌横墙，笔者此前调查早期燕秦汉长城时曾至其地，石墙至今仍存，两边均是高山，墙作东西向横堵山谷中，而从此向西越过西面的一道山之后，即在得胜堡村东南称为“边城岭”的山岗上，又有一道略作南北走向的很长一道城墙。[⑤]但此山城已远离高句丽西部边地，因此它也不可能是高句丽长城的遗存。所以，

① 孟祥忠等：《西丰城子山山城考》，《沈阳文物》1993年第2期。与此同时发表的调杳报告，却没有记录在土城外西南部延伸出的两道城墙，详见周向永等：《西丰城子山山城》，《辽海文物学刊》1993年第2期。

② 抚顺市文化局文物工作队：《辽宁抚顺高尔山古城址调查简报》，《考古》1964年第12期。

③ 富品莹等：《海城英城子高句丽山城调杳记》，《辽海文物学刊》1994年第2期。

④ 杨永芳等：《岫岩境内五座高句丽山城调查简报》，《辽海文物学刊》1994年第2期。

⑤ 参见佟达：《新宾五龙高句丽山城》，《辽海文物学刊》1994年第2期。

这些山城，包括西丰县城子山山城在内，城外单独走向的墙体，都不是高句丽长城，它们只是为加强山城的防御而修筑的，也可以防止进攻者到山城后即刻能绕到山城后面去的可能性。比如西丰县城子山山城，山势东高西低，城门、水门都在西边谷口，唐军在进攻这座山城时，必从今铁岭一线的西南方向来，因此加强山城西面的防守能力就是非常必要的，因此我们就看到在它的西面加筑了很大的土城。至于在土城的西南部向前延伸出的两道土墙，方向为西偏南十度与西偏南三十度，恰是迎挡西南方来的进攻，使其不能即刻接近山城。并且还有一个问题：如果这两道土墙是长城，那么修一道就可以了，为什么要修两道基本并行的长城呢？再则它们分别指向开原龙潭山山城和古城子山城，按说现在在这两座山城与城子山山城相对应方向的城外，也应有长城城墙遗迹，可是经过多年调查，在这两个山城的外面，还未发现任何城墙遗迹。由此更可确知，西丰城子山山城外面的这两道城墙，并不是长城墙体，只是山城附属的防御设施。更为重要的是，高句丽的千里长城也不是从西丰县城子山山城开始的，其起点远在吉林省。

## （三）高句丽千里长城的北端起点问题

文献记载高句丽千里长城北起扶余，但各书却不完全一致，有作“东北首扶余”的，有作“东北自扶余城”的，两者之间虽只有一字歧异，仅差一“城”字，但却在研究中出现了不同的地理定位，因之对于高句丽长城起自何处，就有了很大的意见分歧。其实这个问题很简单，引起分歧的只不过是关于扶余城的归属问题：是夫余的扶余城，还是高句丽的扶余城。

李健才认为，是夫余的扶余城，而不是高句丽的扶余城。夫余有前期王城和后期王城，前期王城是今吉林龙潭山山城，后期王城是今农安古城，高句丽的扶余城是龙潭山山城。而高句丽的千里长城起于夫余后期王城。他说：“在对高句丽长城（今边岗）东北端的起点当今何地的问题没有调查清楚以前，笔者也曾误认为高句丽的扶余城在今农安。通过调查访问，搞清了唐代高句丽长城‘东北自扶余城’的扶余城，不是指高句丽的扶余城，而当是指在今农安夫余后期王城故址。”①

孟祥忠等认为：“西丰城子山山城是唐代李世勣所破之扶余城，除从方位、规模的推断外，就是现存山城西侧面的‘外围城’和向西伸延而出的土筑城墙是高建武所筑之高句丽长城。”②梁振晶也认为：“扶余城农安说是很难站住脚的。王绵厚先生的《东北古代夫余部的兴衰及王城变迁》一文，翔实、缜密地论证了西丰县凉泉乡城子山山城即是高句丽的西北重镇——扶余城，同时以与笔者不同的角度否定了农安说。事实上迄今

① 李健才：《唐代高句丽长城和扶余城》，《东北亚历史与文化》，沈阳：辽沈书社 1991 年 12 月版。
② 孟祥忠等：《西丰城子山山城考》，《沈阳文物》1993 年第 2 期。

从未在农安发现高句丽任何遗物和遗迹，扶余城指何？而铁岭西丰县凉泉乡城子山山城不仅为高句丽山城，在城内还有多处建筑遗址，并存有高句丽的瓦当等典型高句丽特点的遗物，证明此山城非同一般，当为高句丽时期之扶余城。城子山山城所居地理环境也与《旧唐书·薛仁贵传》'拔南苏、木底、苍岩三城，仁贵乘胜领二千人进攻扶余城，遂拔扶余城。扶余川四十余城，乘风震惧，一时送款'的情况相符，说明了以扶余城为首有四十余山城组成一个防御群体，故扶余城为千里山城北端的防御中心当之无愧，千里长城始于扶余城理所当然。"①

从上述论证看，高句丽千里长城北端之所以定点困难，主要就是扶余城的地理位置问题；地理位置的差异，其原因来自于是夫余的扶余城还是高句丽的扶余城。由于对两个不同归属的扶余城所在不能取得一致意见，就使我们的研究陷入了各执一词的境况，因而使高句丽千里长城的北端起点无法确定下来。

形成这种分歧意见的原因是什么？我觉得就是由《旧唐书》《新唐书》和《三国史记》的不同记载造成的。在这里笔者不想多用文字研究夫余的扶余城和高句丽的扶余城的位置所在，因其不是三言两语所能解决的，并且又因这与高句丽长城北端起点的关系不大，故关于两城位置的意见，这里不再论述。本文的主要目的只是探讨高句丽千里长城，故笔者只着笔破解高句丽千里长城的问题就行了。下面略申笔者对高句丽千里长城北端起点的意见。

高句丽千里长城北端起点问题，笔者在下一节还要用考古材料予以说明，这里仅说自己对文献记载的理解。关于高句丽千里长城的北端起点，《旧唐书》《新唐书》和《三国史记》都提到"扶余"或"扶余城"，特别是扶余城的"城"字，使研究者开始探讨是夫余的扶余城还是高句丽的扶余城，这两个扶余城又在何地。分歧由此而生。

其实，这里根本就没有扶余城。《旧唐书》中"东北自扶余城，西南至海"这句话的用词，所指是比较明确的，但这里边却有一个问题，即其用词欠妥。后来欧阳修重新写《新唐书》时，嫌《旧唐书》对高句丽长城起点的用词表达不够确切，就作了修改，不再使用原文，而说高句丽千里长城为"东北首扶余，西南属之海"。这样一改，高句丽长城的起、迄点两端，就都用了不明指的词语，其内涵也就因之不一样了。欧阳修为何要如此改？实在是因千里长城的起、迄点根本就没有具体的小地名实体，无法确指，故他用了较为宽泛的地域来指称。而金富轼的《三国史记》对高句丽这道长城的记载，所本当是《旧唐书》，故两书此处的用词完全一致。《新唐书》为什么在高句丽千里长城的起、迄处要进行这样的修改？笔者感到，这个问题颇值得我们深思。虽然只有两个字的改动，但其内涵意义的变化是很大的。我们认为，当欧阳修作《新唐书》时，看到高句丽长城的起

① 梁振晶：《高句丽千里长城考》，《辽海文物学刊》1994 年第 2 期。

点并非是扶余城，而是远在他处，中间还有很大距离，若指扶余城为高句丽长城的起点，就不够准确了；并且此时夫余早已为勿吉所灭，夫余已不存在，高句丽长城的起点仅是夫余故地，而故地的含义则是较大范围的地面，这样一来，再用专指名词，尤其是说“扶余城”就更不妥了，因此《新唐书》就改写成“东北首扶余”。夫余也作“扶余”，故扶余亦即夫余也。我们看，用词这样一改，其含义反而更明确了。既然关于高句丽长城起点的描述做了如此改动，是泛指它在夫余故地，而其终点也就不应再用较为明确的“至海”一词了，于是其终端也改用“属之海”进行描述，以与“首扶余”相一致。这样一来，高句丽长城首尾的起、迄就符合实际情况了。因此，笔者认为，关于高句丽长城的起点，也就再没有必要去纠缠于是夫余的扶余城还是高句丽的扶余城了。以上所谈，就是笔者认为《新唐书》之所以改《旧唐书》关于高句丽千里长城起、迄点表述用词的原因。至此，这个问题也就解决了，下面再论高句丽千里长城的起点和经行线路，也就易于理解了。

## 四、高句丽千里长城何在

从民国十八年（1929 年）出版的《怀德县志》和 1937 年出版的《奉天通志》，都对存在于怀德县境内的一条略作东北至西南走向的“边岗”进行了记述。如《怀德县志》称：“此边在四区戢子街西南入境，到五区大青山入长春界，斜亘境内七十余里，凡境内诸屯，以边岗、小边名者，均以此。”[①]不过该县志当时对边岗性质的认识不够准确，指“此边为明代与蒙古之界”。明代与蒙古之界，在今辽吉地区来说，就是明辽东镇长城，但明辽东镇长城北止于今辽宁开原镇北堡，而没有修到怀德县境内，故其说有误。

按：发现于 20 世纪初年的这道在今吉林省境内作东北至西南走向的边岗，据近年的考古调查，还有所见，一般尚有保存，有的地段保存较好，边岗基宽约六米，顶宽约三米，存高一到二米，夯土筑成，夯层明显，而在 20 世纪初年被发现时，其存高有五米，当时仅怀德县境内已知道的边岗长度就有七十余里。[②]这样的建筑是什么遗存，不能不引起人们的注意。但在这一地区，早期燕秦汉长城都没有修到这里，后期的明长城止于今辽宁开原，而辽、金两朝也没有在此地域修筑过长城的记录。那么是什么人在这里修筑的这道南北走向而又如此规模巨大的“边岗”呢？根据东北地区的历史发展进程，统治势力到达这一地区并且又有文献记载修筑过长城的，只有高句丽，除此再没有其他任何一个政权在此地修筑过长城。

吉林省的文物考古工作者对这道边岗进行过多次调查，并得出调查意见。王健群等于 1971 年对怀德县边岗做了调查，调查后说：“根据史籍中对千里长城的记述，再分析

① 李宴春：《怀德县志》卷十，民国十八年（1929 年）版。

② 怀德县文物志编写组：《怀德县文物志》，吉林省文物志编委会 1985 年 12 月版。

这一区域中所发生的各种历史事件，我认为这条古边应是高句丽千里长城遗迹。”[①]李健才等自 1971 年以来数次到怀德、农安和德惠等县调查，根据遗迹和现在的村庄地名，理出了这道边岗的走向：“摸清了农安、德惠两县境内所有以边岗命名的地名，将地图上这些以边岗命名的地名，和怀德县境内的边岗恰好连成东北、西南的一条线，在这条线以外，绝无边岗地名出现。”最后的调查结果是，在德惠县找到高句丽长城的起点：“松花江乡老边岗屯是边岗东北端最后一个以边岗命名的地名，再往东北行七八公里即今第一松花江，江北无边岗地名，由此可知，边岗的东北端，即唐高句丽长城的东北端当起自第二松花江南岸。”[②]在高句丽长城起点之西南，则有德惠县边岗乡东边岗屯、西边岗屯，和平乡西二十里的西边岗屯、腰边岗屯、东边岗屯，到农安县有前岗乡北八里的老边岗屯、龙王乡北十余里的边岗屯，进入怀德县则有保存较好的边岗遗存。

上述是边岗在今吉林省境内的情况。在辽宁地区有无高句丽的千里长城，此前李健才根据在吉林的发现，看到营口地区有“老边”的地名，因此推测由怀德到营口海滨，认为：“边岗地名，地处东北中部松辽平原，这一带开发较早，有许多地方早已夷为平地，仅有边岗的地名，而无长城的遗迹。在辽宁省境内的边岗地名附近，虽然还没有发现长城遗迹的报导，但在吉林省怀德县境内的边岗地名附近，已经找到长城遗迹。”[③]但这中间，从怀德到营口长达七八百里不见长城遗迹，空缺太大，还不能证明高句丽千里长城是怎样的具体走向。

笔者过去对高句丽千里长城也有所考虑，在此前所写的《东北古代长城考辨》中已提出来，认为高句丽千里长城在辽宁地区已为明辽东镇长城中的“辽河流域长城”所沿用。[④]为什么这样确定？笔者是由以下几方面原因得出这个结论的。

应该说，笔者是在研究明长城时发现高句丽千里长城的。明辽东镇长城全线的走向引起了笔者的注意，它西接蓟镇长城，从吾名口即今绥中县西北境的锥子山起，东端起点在宽甸县西南境鸭绿江边的虎山，迂曲绕行两千多里。这道长城不采取较直的线路修筑，而是有很大的内凹，尤其是在今辽宁中部地区，这里是辽河冲积平原，地势平坦，极易修筑长城，本为阻挡北边兀良哈三卫蒙古的骚扰而修筑的长城，不按东西走向修筑以防其南下，却是在靠近东部修了一道南北走向的长城；从地理上看，这道长城应从白土厂门径直向东北延伸，去今铁岭、开原，可是明朝不这样做，结果就将隶属辽东都司的大片土地丧失了，像今黑山、台安、辽中、新民、铁岭等市县的部分或全部土地，皆被弃

① 王健群：《高句丽千里长城》，《博物馆研究》1987 年第 3 期。

② 李健才：《唐代高句丽长城和扶余城》，《东北亚历史与文化》，沈阳：辽沈书社 1991 年 12 月版。

③ 李健才：《东北地区中部的边岗和延边长城》，《辽海文物学刊》1987 年第 1 期。

④ 冯永谦：《东北古代长城考辨》，《东北亚历史与文化》，沈阳：辽沈书社 1991 年 12 月版。

置于长城之外。这样做的结果，由于长城迂曲，延长了线路，修筑即要多耗资财、增加投入，浪费很多人力、物力，并且就防御来讲，因为拉长了战线，分散了兵力，削弱了防守力量，这也是为兵家所不取的。既然有如此多的弊端，那明朝在修筑辽东长城时为什么还要这样做呢？对于这个问题，过去没有人进行研究，现在也无答案，但笔者认为，这就是高句丽长城的存在所造成的。

明代在修筑辽东镇长城时，并不是一次修完的，当时的形势，最初西面要防蒙古，后来东面又要防女真，因此只能依当时的形势来进行。我们知道，辽东镇长城的修筑，辽河流域长城进行得最早，其次是辽西长城，最后才是辽东东部长城。修筑辽河流域长城，是为防止西面兀良哈蒙古而保卫辽东都司（今辽阳市）的安全。在这个防守位置上，恰好有高句丽长城存在。此时距高句丽修筑千里长城仅有七八百年时间，如果 20 世纪初在怀德县发现的“边岗”还保存有六米宽、五米高的话，那么明朝修筑辽东镇长城时，高句丽长城应该是保存得比 20 世纪初在怀德县所见的还要好得多，即或某些段落有所损坏，但对几百里长的线路来说，那是没有什么影响的。于是明朝就对高句丽长城加以修缮，利用了北起镇北关（今开原市东北镇北堡）以南线段，略向西南经今昌图、开原、铁岭、沈阳、辽中、辽阳、鞍山及海城等市县，至三汊关（今海城市西北马圈子村）止的这段长达五百余里的高句丽长城。此外，两端的高句丽长城，明朝因当时防御形势，未加利用，明长城北端在镇北关南折，向今开原、铁岭而去，奔抚顺关，南端则在三汊关西折，北去今台安、盘山，奔白土厂门，于是就导致明长城出现在我们今天看来不易理解的内凹并丢掉大片辽河河套土地的现象。

至今这道南北走向的明辽东镇辽河流域长城，有的线段保存还较好，虽为土筑，仍很宽厚高大，使高句丽长城借此保存了下来。明长城为什么要利用高句丽这道长城，除了这道长城恰好处在保卫明辽东都司的最佳位置上之外，还有两个原因也是不容忽视的。首先，纵观我国修筑长城的两千多年历史，有一个传统一直延续下来，那就是后世修筑长城，常在前代长城的基础上进行，只要可资利用，就要加以利用、修缮，而不另辟新线，除非不另筑不行才修新线。秦始皇武功盖世，修筑“万里长城”时也还是要用秦、赵、燕长城之旧线，即使其军事力量已超出前代，也未向外延展长城。其后，汉代长城也是“复修辽东故塞”。后世各代，长城相沿的亦颇不少。明朝沿用高句丽长城是毫不为奇的。其次，限于国力，明朝这样做也是无奈之举。当初为保卫辽东都司，明朝利用了这段五百余里的高句丽长城，及至后来完成辽东镇长城全线修筑时，发现了这个问题，但已不能改变这种局面。由于丢掉了辽河河套的大片肥沃土地，又拉长了防线，分散了兵力，廷臣几次上书奏议，拟将这段长城“裁弯取直”，如成化年间边将邓钰就曾上书朝廷，建议将这段内凹长城补修取直，但终因经济不逮，未获皇帝批准而罢议。由此确可看出来，因高句丽长城的存在，明辽东镇长城才出现了这种不合常规的修筑情况。

高句丽千里长城，在明辽东镇长城利用的线段外，北端由今开原市东北镇北堡起，向北进入昌图县。经笔者了解，在昌图县也存在一些与长城相关的地名，它们从南向北成一条线分布，并且直入今吉林省境内，与梨树县的长城相关地名相接，走势一致。这种现象，绝非偶然。从开原离开，明长城一进入昌图县境内，即南距开原不远的昌图站乡，就有在其南、属于双树子村的“东边沿屯”，由此向北去，在满井乡北有八家子村的“靠边屯”，再往东北，为下二台子乡，其西有“西边村”，其北有幸福村的“北岗子屯”，在此之西的双庙子镇东北，有样子村的“吴树壕屯”（有可能是“无树壕”的音讹，壕即长城），又往东北的横沟子乡，其南有大六家子村的“南边沿屯”，其北有泉眼村的“壕里屯”“壕外屯”，在此之北的老四平乡之南，有老平村的“壕外屯”，这里已近吉林省界，在今四平市之西，由此往北为梨树县，进入该县后，即为梨树县金山乡的王家岗子、南岗子，三合乡的三道岗子，河山乡的土龙村，往东北去，到怀德县秦家屯乡边岗村，就和此前所发现的“边岗”相接了。除了地上保存有边岗外，在该县境内的地名尚有四道岗乡的小边、四道岗、五道岗，双城堡镇的边岗村，由此往东北去，出怀德进入农安县，经边岗乡的三岗村、龙王乡的边岗村、前岗乡的老边岗屯，又往东北去，就到了德惠县，在该县境内有和平乡的西边岗屯、腰边岗屯、东边岗屯，边岗乡的西边岗屯、东边岗屯，最后到松花江乡的老边岗屯，也就是高句丽千里长城的最北端，史书所谓之长城起点。

中间线段为明长城所沿用，有长城遗迹存在，长城沿线也有相似的地名存在，但以“台”名村的较多，也有称“老边”的，但这些都是根据明长城取的名，而不是以高句丽长城命名的。

南端未被明长城沿用的线段，从今海城市西北马圈子村南去，过牛庄镇后，进入大石桥市（原营口县）和营口市郊区，经二道边、高坎、老边、后岗子等村，即抵渤海海滨了。

高句丽长城全线，如从今吉林省德惠县松花江乡第二松花江边的老边岗屯起，向西南行，经吉林省的德惠、农安、怀德、梨树，辽宁省的昌图、开原、铁岭、沈阳、辽中、辽阳、鞍山、海城、大石桥、营口等市县，最后终止于今营口市郊区老边乡的后岗子，适为千里，而现存的地名和保存的城墙遗迹均较为明确，其方向恰为东北至西南，又处在高句丽西部的外缘地带。据此，确定其遗迹为高句丽千里长城是无可怀疑的（图2-5-1）。

## 五、简短的余论

高句丽千里长城的修筑，就是为防御隋、唐王朝的征伐，史有明文。其修筑目的，是为保护其腹心地区，因此，只注意隋、唐进军的来向。由于隋、唐时期征辽东皆走营

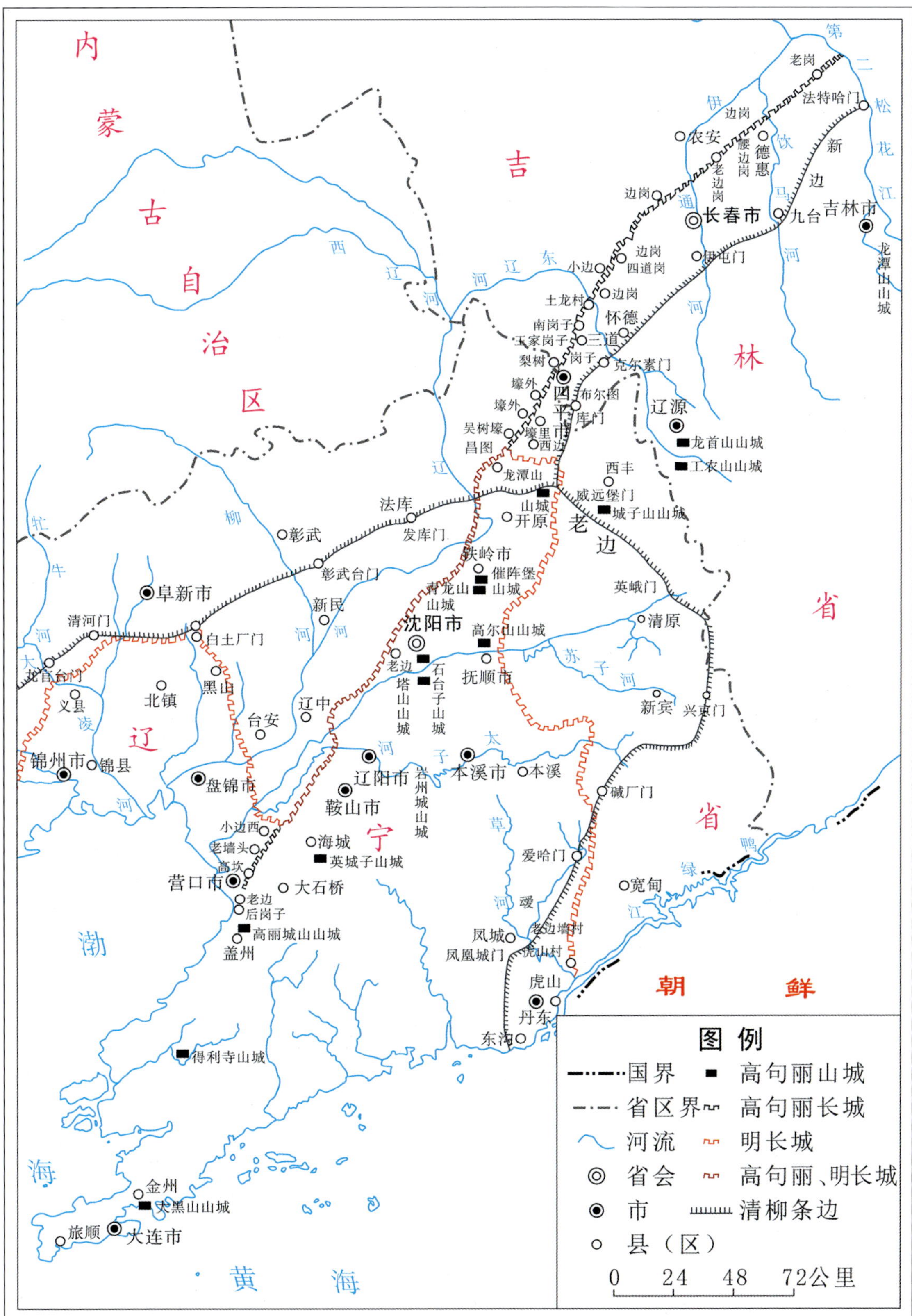


图 2-5-1　高句丽千里长城走向与明长城、清柳条边走势比较示意图

州道，这样一来，高句丽就选择在其西部修筑长城。至于高句丽长城南北两端的选点，恰为阻挡住西来隋、唐军的通路，因隋、唐军在南北两端不会绕得那么远。这样做也使辽东半岛上的一些山城处于长城之内，如此设置不仅未影响这些山城的战略地位，而且加强了其防御能力。

高句丽长城线路的确定，其南端只能到营口海滨，而不会是别处。这是由于高句丽南面处于两面有海这样一种特殊的地理位置上，为阻挡从西面来的隋、唐军，高句丽必须这样修筑长城。事实上，高句丽不会将长城修到辽东半岛的顶端，若是那样修筑的话，在本不宽阔的半岛中间修出一道南北向长城，将半岛劈为东、西两半，这种局面怎样办？原俱为高句丽的辖地，分成两半后，是要这面不要那面，还是要那面不要这面？这样修筑长城于防守无益。因此，那种认为高句丽千里长城修到辽东半岛上，或是认为高句丽长城的终点在辽东半岛的卑沙城（原金县，今大连市金州区大黑山山城）的观点，实际上都是不可能的。

高句丽王建武“发其国，举筑长城”，用了十六年时间完成，应该说高句丽长城确实是修筑了，并且其规模很大——这从所见遗迹可以推知，绝不至于这样兴工之后而无长城，只有一些山城，长城变为由山城组成的防御组群。应该说，“长城”的概念，不管是当年还是后世，在人们的认识中还是清楚的，不会把修了一座山城叫做修了长城。中国是一个有几千年修筑长城的历史和文化传统的国家，而汉字又是表达能力最强、词义最准确的文字，长城在人们的印象里和概念中，都是极明确的，而“长城”与“城”的含义，从来也没有混淆过。如果建武下令修长城，那他的臣民是不敢修山城的。并且今天我们所讨论的这些高句丽西部山城，在建武时早已修完了，它们大部分是魏晋时期即高句丽据有辽东以后修筑的，而不是在唐代初年完成的。因此，建武所修不是这些山城，其筑长城是毋庸置疑的。

明代修筑辽东镇长城时，利用了高句丽长城的部分线段。但由于其修筑长城之事缺乏记载，致使其利用情况漏载失书。由于没有相关材料留下来，遂使后世不得而知。并且由于高句丽长城被明代沿用，其后就只有明长城的形象，从而掩盖了高句丽长城的存在。随着时光的流逝，人们就不知道高句丽长城在哪里了。今天，我们挥去蒙在高句丽长城研究上的轻纱迷雾，还原出明代利用高句丽千里长城而修建长城的原本面貌，问题就迎刃而解了。至此，我们再看高句丽千里长城，其经行线路非常明晰，就在眼前，再也不会认为它不易捉摸和望而不见了。

## 六、后记

文中附一幅笔者绘制的《高句丽千里长城走向与明长城、清柳条边走势比较示意图》。

本图不仅绘出了高句丽千里长城的走向，还附绘了明辽东镇长城与清柳条边的走向，它们之间存在沿用和相互比较的情况，它们之间的这种关系，用地图来表示是最为明了的。在图中，明辽东镇长城沿用高句丽千里长城，非常清楚；而柳条边的走向，却给我们以启示：明臣上书曾想“补修取直”，将辽河河套地面修筑于长城之内，即是后来清初柳条边在这个地段的走向，这使我们想到明长城当年也应该大致按此走向修筑，但其之所以未能这样修筑，就是由于当初它利用了高句丽千里长城的关系。

（原载《社会科学战线》2001 年第 1 期）

# 文　六

# 高句丽千里长城“西南至海”段考古调查报告

我国古代东北地区少数民族高句丽，曾修筑过“千里长城”，文献记载明确。但过去长时间里没有进行研究，因此高句丽长城所在及经行线路怎样，却不甚明了，不知其在何处。近几年才提出高句丽千里长城问题，逐渐有了一些探索，但又出现较大分歧①，甚至有研究者认为文献所说“千里长城”只是由山城组成的联防线，而实际上并不存在长城。在过去的一段时间里，这种观点确实曾对人们认识高句丽长城产生了一定的影响。但在众说纷纭之中，也有意见认为高句丽筑有“千里长城”，并且从地名学角度提出其南端止于今营口海边②，只不过这一观点还未得到考古学的证实，仍不能成为定论。为此，辽宁省长城学会拟对高句丽千里长城重要线段进行考古调查，以期通过实地调查发现来解决这一历史遗留问题。因此，于 2002 年 4 月 1 日，笔者和吉昌盛前往营口，营口市博物馆李有升馆长对此事很重视，并派崔艳茹、王辉、崔德文参加，对营口地区的高句丽千里长城进行调查。经过实地深入调查了解，确实有重大发现，使原本不知道在营口地区的高句丽千里长城，如今有了明确的走向，对其保存现状也有了了解。现将这次考古调查的发现情况及考证意见报告于后。

## 一、高句丽长城的走向与保存状况

我们这次在营口地区调查高句丽千里长城，是依据《旧唐书》《新唐书》与《三国史记》等文献记载高句丽千里长城“东北首夫余，西南属之海”所示的地理位置进行的。我们认为，根据隋唐之际高句丽的势力范围，当时的“西南属之海”只能在今营口地区，除此之外无更符合历史条件的合适地点。为了便于寻找遗迹，我们首先到营口海滨进行调查，这里应有“西南属之海”的高句丽千里长城的遗迹。我们调查要去的地方，首先是那些由

① 参见冯永谦：《高句丽千里长城建置辨》，《社会科学战线》2001 年第 1 期。

② 李健才：《东北地区中部的边岗和延边长城》，《辽海文物学刊》1987 年第 1 期。

于地名让人注意的地方，如前岗子村、后岗子村、小边村等，而且它们处于南北一条线上，尤其是在海滨，这里原本为平坦的原野，怎么会有什么“岗子”、什么“边”等这样的地名？这不能不让人联想到它们可能与古代长城有关，今天在很多靠近古代长城的地方，都有相同或类似的地名，它们都是因为其附近有古代长城而被命名的。根据这种情况，我们一到达现地，就走访当地老年人，仔细进行了解，经他们具体指点，终于调查发现已经湮灭一千多年的高句丽长城“西南至海”段。我们这次调查从海滨开始，即由南向北进行调查，为了叙述的方便，也为说明其后往北去为明长城所沿用的关系，本文即由高句丽长城的终点开篇，依次向北逐地进行叙述。

我们在营口市的实地调查，首先是向当地熟悉本村历史状况的老年人了解情况，随后在他们带领下到现地去调查。到现地后，我们确实见到了残存的长城遗迹，它们虽已颓坍或被耕种，但仍存有很明显的土岗子痕迹。因此，我们确定在营口地区存在一道自南而北走向的长城。

根据我国历代修筑长城的实际情况，除了高句丽修筑长城能到达营口地区外，历史上没有任何一个朝代在营口地区修筑过长城，因此我们可以确定，这道自南而北的长城，就是高句丽在唐初费时十六年所修筑的“东北首夫余，西南属之海”“千里长城”的南端近海段遗迹。

经过调查我们得知，这道长城南起今营口市老边区柳树镇前岗子村淤泥河北岸，由那向北去，经后岗子、小边、小平山、老爷庙、赵平房、老边、孙家岗子、周家岗子、下土台、前高坎、后铺子、滚子泡、腰屯、长屯子、旗口、前老墙头、后老墙头、腰会、小边西、二道边等村屯，出营口市界，进入今鞍山市所属的海城市南境，经西四方台、牛庄等地，即与后世的明长城相接；明长城在三岔河（即辽河、浑河、太子河三河汇合处）南，转到太子河东岸，自那向北，即利用高句丽千里长城旧基修筑（图 2–6–1），经 500 余里，至今开原市镇北堡，离开高句丽长城，折而东去复转南，而高句丽千里长城却仍径直北去，经今昌图县进入今吉林省，抵松花江南岸，全长一千余里。下面将营口地区高句丽千里长城考古调查发现情况逐次说明。

1. 前岗子村，属于营口市老边区柳树镇，北距柳树镇五公里，在营口市区东南部，靠近渤海辽东湾海滨，附近地势平坦，其西南是后世形成的海边滩涂，现基本上是营口盐场晒盐的盐池。村南有一条河，称淤泥河，发源于大石桥市泉眼沟屯附近山中，自西向东流，经过金牛山，注入渤海。从当地的地理情况看，前岗子村西附近就是公元 7 世纪时淤泥河的入海口。高句丽千里长城即起筑于距离海边不远的淤泥河右（北）岸（图 2–6–2），然后向北去，经过前岗子村。前岗子村北部路旁有营口市政府地名办公室立的石质村名碑，碑阳刻“前岗子”三字，碑阴刻：“清初，孙姓十八户，由山东登州府蓬莱县迁此定居，

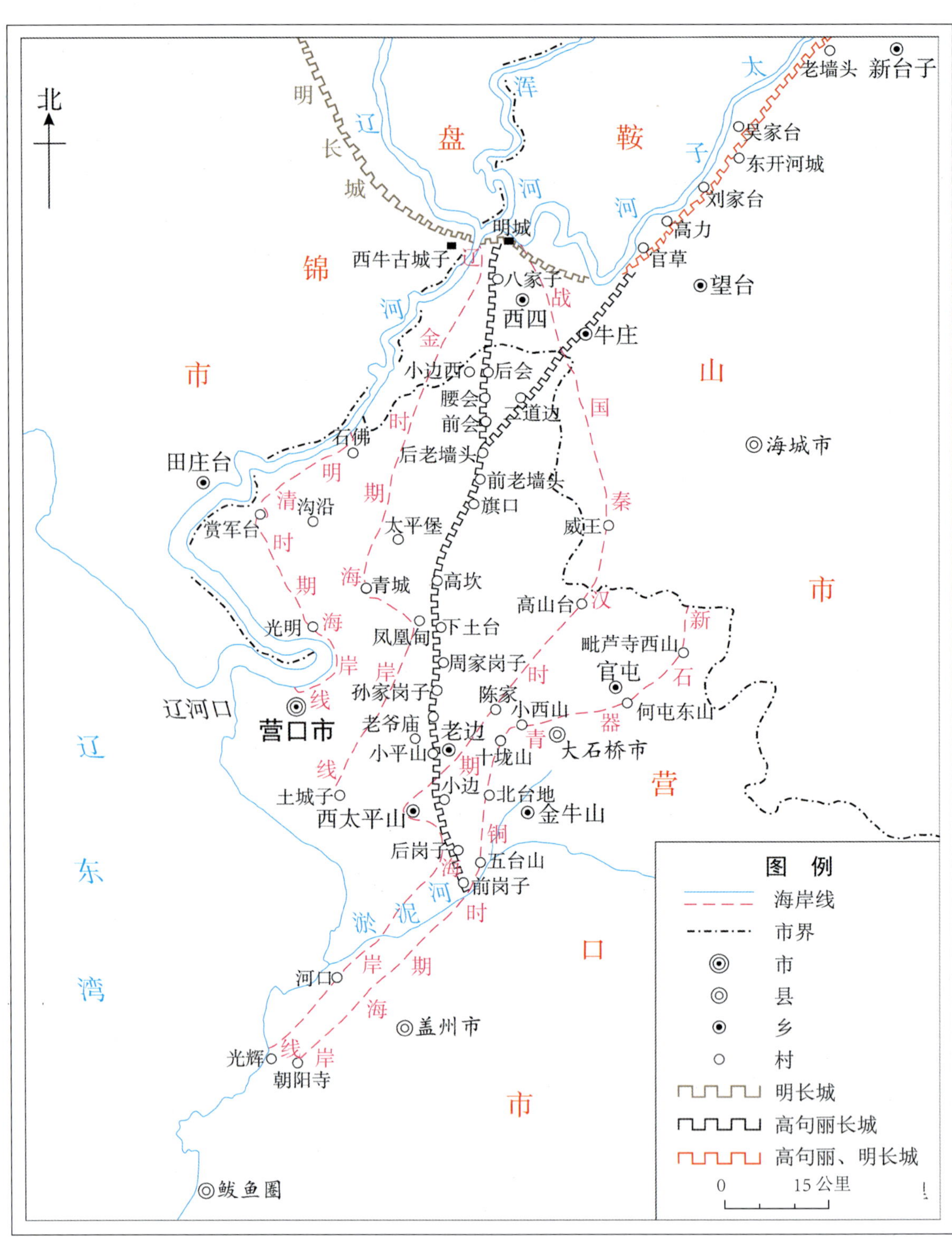


图 2-6-1　营口地区历代海岸线变迁、高句丽千里长城与明长城走向示意图

图 2-6-2　高句丽千里长城“西南属之海”的终点在今营口市老边区柳树镇前岗子村之淤泥河岸边（自西向东摄，河对岸所见之山为金牛山）

南北各住几户，家北有一土岗，故名前孙家岗子。一九五八年改为前岗子。”据此可知，前岗子村（前孙家岗子）得名是因其村北有一道土岗。这说明在清初由山东前来此地的孙姓人家居住之前，这里就有这道土岗，因而居住后即以此名村。并且我们还可知，这道土岗不是他们所修，而是前代遗存，并且十分明显——如果是一般的土岗，就不会引起人们的注意。正因为在当地十分平坦的地面上有这样一道非常突出的土岗，所以它就很有特点，就被用作村名的标志物。按照我国传统的村庄命名习惯，人们就把这道土岗作为村庄取名的基本条件，将“南北各住几户”的居民点，在南面的称为“前孙家岗子”，在其北的称为“后孙家岗子”。土岗就在他们村旁向北而去。前岗子村就是高句丽长城至海的端点。

2. 后岗子村，南距前岗子村一公里，属于柳树镇，距镇四公里。在后岗子村中南北通过的公路东侧，有营口市政府地名办公室立的石质村名碑（图 2-6-3）。其后我们又去营口市地名办公室查找了《营口市地名资料成果表》，表中记载：“后岗子，清初十八户孙姓，由山东登州府蓬莱县迁此定居，南北各住几户人家，家南有一条土岗子，故名后孙家岗子。1958 年改为后岗子，1964 年后岗子（因村庄发展扩大）划分为西岗子和东岗子。”①

① 后岗子村中路东侧立的石质村名碑，文字与此基本相同，碑阳为“后岗子”三字，碑阴文字为：“清初十八户孙姓由山东登州府蓬莱县迁此定居，南北各住几户人家，家（南）有条土岗子故名，（后）孙家岗子一九五八年改名为后岗子。”碑文书写时漏掉一“南”字和一“后”字，是写碑文时疏忽所致。

图 2-6-3　营口市柳树镇后岗子村路边的村名碑（后岗子因高句丽长城而得名）

在考古调查中，我们通过向前岗子村和后岗子村里的老年人了解情况，得知原来两村南北均有一道土岗子，其南端抵于淤泥河边，向北经过两村，后因住户增多，土岗被逐渐夷平，现在土岗的位置还可以指出，只是遗迹不明显了。

3. 小边村。从后岗子村北去，走两公里，就到小边村。在小边村的村名碑上，前面刻有“小边”二字，后面刻有：“清初，两户夏姓由山东登州府迁此定居，故名夏家堡子，一九五七年改名为小边。”我们在村里调查时，找到身体健康、九十岁高龄的夏廷俭老人，他对当地的情况非常熟悉，也很注意历史情况。我们向其询问该村是怎样得名的，他说：“我们这个堡子原来叫小边，也叫西边，因为在村子的西边有条南北的土岗子，往北通得挺远，南边到前孙家岗子。由于人家已经叫‘岗子’了，我们就叫‘边’。当时住家少，就叫小边，也叫西边。因堡子里住户都姓夏，后来人们也顺便说‘夏家堡子’，这样也叫出去了，不过‘小边’这个名是最早的。解放以后，别的名都不用了，咱们就用‘小边’这一个名了。”经过这次走访，我们对小边村的历史沿革有了进一步的了解。随后，由老人指点，村里派人一同去村西实地调查。在村西约一公里处的农田中，我们见到一条南北走向的土岗，虽经多年耕种，但作为长城遗迹的岗子仍很明显，现存宽六米，存高零点七米（图 2-6-4、图 2-6-5），颓坍的土岗顶部也被耕种。当地村民说，这条土岗原来挺高，没法耕种，后来被逐渐扒平了，才有人开荒种了庄稼。我们调查时发现，

图 2-6-4　营口市柳树镇小边村高句丽长城遗址之一（自南向北摄）

图 2-6-5　营口市柳树镇小边村西高句丽长城遗址之二（自南向北摄）

该土岗由小边村西一直向北延伸，直到小平山村、老爷庙村都可见遗迹。

4. 小平山村。在小边村略偏西北两公里余，因村东原有一座海拔二十一点八米、较平坦的小山，故村名为小平山村。当我们调查到小平山村，向村民了解当地土岗的情况时，老年农民田立家讲："小平山有一道土岗子，从西北那面过来，在小平山西边山根底下通过，然后向南去小边。"我们在现地看到，小平山位于长城内侧，于瞭望、防守上非常有利——选择优越地势亦是修筑长城的重要前提。然后他又带领我们到小平山村南，在农田中我们确实看到一条土岗子。经测量，现存土岗方向为南偏东三十二度，宽窄不一，高低不等，坍宽七到二十二米，存高零点九米，土质褐色，南北长达二点五公里，两端渐次低平。

5. 老爷庙村。离开小平山村后，向北走三点五公里到老爷庙村。该村属于老边区路南镇。在老爷庙村调查高句丽千里长城时，该村老年农民韩忠发向我们介绍："我们村东原来就有一条土岗子，年轻时民兵搞训练，经常到村东这条土岗子去打靶，不用修靶场。土岗子的位置在我们老爷庙村和赵平房村两村的中间，距离我们这边近点儿。土岗子为东南至西北的方向，高度当时还有一人来高。后来因我们这里开水田，地面高低不平，影响我们种地，就将这条土岗子给平掉了。今天你们看不到它的形象了，但其位置我们还能认出来。"我们到现地看到，由于开水田需地表特别平整，不然难以放水，因此现在于当地确实见不到土岗了，而在土岗的位置上，我们做了一下测量，它和南面小平山村的土岗相衔接的方向还是一致的。

6. 老边村，南距老爷庙村二点五公里，属于老边区老边镇。我们在该地调查时，八十五岁的村民杨春相老人讲："我们老边这里过去有一道土岗子，位置在今天老边由大石桥到营口市的火车站的后（北）边，土岗子从东南向西北。"另据张宝堂老人说："土岗子就在我家房西，距离有一百米左右，通往现在的老边火车站西侧，再往东南去，就到现在营（口）大（连）路边加油站，然后又向东南，就到老爷庙村了。这一条线，也叫'老大道'，现在都扒平了。"营口市地名资料表记载："老边，清初，由山东登州马蹄营迁此一户马姓定居，因家西有一道边沟，故名'老边'。"根据了解到的这些情况，我们可以确定在老边一带过去存有一道土岗，南北很长，与各村土岗相连，有的地段形成车道，称为"老大道"，实即长城遗存。

7. 孙家岗子村，在老边村北三点五公里，属于老边区老边镇。孙家岗子村五十三岁村民孙朝献介绍："听老人讲，还是在清朝初年的时候，有从山东来的几户姓孙的人家到此种地，搭了几个窝棚，那时也没名字，后来人家多了，因为窝棚旁边有条土岗子，就叫孙家岗子了。我年轻的时候，在村北三百米的地方，还能看到岗子，它高出地面很多，现在经过平整土地，已经没有什么痕迹了。"通过实地调查，高句丽长城颓坍后形成的土岗子，在过老边村后，到孙家岗子这段，方向由偏向西北转为偏向东北了。

8. 下土台村，在孙家岗子村之北，相距三点五公里，属于老边区高坎镇。1981 年营口市进行文物普查时，在下土台村西部孙永宝家宅院旁发现一高土台，存高一点七米，在此土台附近未见任何遗物，时代不可考。下土台村即因此而得名。我们此次去调查时，十余年前所见情况已有所改变，土台现残存高度仅有零点五米。

9. 周家岗子。我们通过在现地调查得知，在孙家岗子村与下土台村之间，过去还有一个村庄叫周家岗子，近几年这座村庄因当地规划与他村合并，住户现在已全部迁走，该村已不存在。但从该村的村名看，它也是因有土岗而得名的，这里过去也有长城遗存。

10. 前高坎村，属于老边区高坎镇。我们在该村调查时，九十三岁的鲍武林和七十二岁的鲍庆祯两位老人介绍说："我们这个村子在高坎镇的南面，叫前高坎村。高坎村的得名，是因为这里有一道土坎子，最清楚的地方是在现在高坎镇医院那个地方，过去上到这道坎子上，往北可以一直通到海城的牛庄。在下土台村的南面、姚家堡子西北有个小村子叫周家岗子，这个村子不大，就几户人家，后来这几户人家被迁走了，这个村子也就消失了。在周家岗子也有条高岗，他们村子也因这个才叫周家岗子的。"这两位老人讲的情况，对我们了解高句丽长城很有好处，实际上人们对高句丽长城颓坍后形成的土岗子的认识是很清楚的，感觉到它很特殊，虽然不一定知道它是高句丽长城，但却知道它不是自然形成之物，因之对它就很注意，把它视为具有相当标志性的特点物来看待，因此就用它来命名村庄，称为某某岗子。长城颓坍后形成的土岗，在辽宁地区有不同名称，如称“岗子”，或是称“边”，或称“土楞子”，或是称“坎子”，都表示它是地上人工形成的突起物。尤其是在东北地区，普遍有将长城利用起来改为车道的，但也有的被耕种，以致被逐渐犁平——这种情况是普遍存在的。今天听到鲍家老人的介绍，当年只要上到这道坎子上，往北可直通海城牛庄，显然这是长城被用作车道才会有的情况，而高坎也是因古代长城遗迹的一种叫法而得名，这也反映出在高坎村确实有古代长城存在。

由高坎镇向北可直通牛庄的这道土坎，现在已见不到什么痕迹，只有一条大道，这条道路经过近年加宽，已是一条很好的公路，高坎村鲍家老人所说的车道，就是这条公路，它向北确实通到牛庄。在这条路上，从高坎村往北经后铺子、滚子泡、腰屯、长屯子到旗口镇。1981 年营口市进行文物普查时，在长屯子村东还发现一隆起于地面的土岗，但不见任何遗物，年代无考①。过旗口镇往北，是前老墙头村。

11. 老墙头村，属于大石桥市旗口镇。老墙头村分前老墙头村与后老墙头村，前者在南，后者在北。老墙头村这个名字，应该说是有来历的，如果没有一个缘由，它是不会叫这个名字的。既然叫“墙头”，就一定要有“墙”，而且这个墙还“老”，这说明当时人们就认为它是早年的墙，并且因其已颓坍、不完整，故称其为“墙头”。在我们的生活经验中，一堵刚打起来的墙是不叫“墙头”的，这是一个很普通的习惯认识。同时，一堵新打的墙也不会那么特殊，不会引起人们的注意和重视，并用它来命名村庄。因此，我们认为这个“老墙头”很可能就是已经颓坏但还保存有一定墙的形状的长城遗迹，人们认为它是“老墙”，给村庄命名时，就用这个最有代表性的指示物作为命名村庄的根据，就把该村叫做“老墙头”了。我们在该村的调查结果，果然证实了我们的推测。七十五岁的村民傅秉礼老人跟我们说：“我们这里原来有条老边道，很长。这条老边道，过去北边黑龙江、吉林的人们到营口卖大豆的车，都是走这条老边道的。”由此可知，在村庄形成之初，长城尚能看出“墙”的形状，因此以墙名村；后来墙逐渐被坍平，成了车道，就像我们在高坎镇了解到的情况那样，上了“高坎”可直通牛庄。现在这个老墙头村东的公路，就是南从高坎村而来，北通牛庄；在这个地段不见长城遗迹，只有公路，而这段公路上的村庄之得名，似都与长城有关（如坎、墙头、边等），因而这一地段在地名学上给我们传递出了长城存在的信息。此外，1981 年营口市进行文物普查时，于该村有所发现。当时的调查记录记载，在“村南发现一个土岗，甚高，但在附近未见任何遗物，时代不可考，当地俗称西台子、墩台”②。这个土岗就应是长城的残存或与长城有关的遗迹。

由老墙头村往北，分东、西两条线：一条线在东，经二道边村，直通海城市牛庄；

① 载《营口县文物普查档案》下卷，1981 年。

② 载《营口县文物普查档案》下卷，1981 年。

一条线在西，经腰会村、小边西村，到海城市的西四镇（镇政府驻西四台子村）八家子村。

12. 二道边村，属于大石桥市旗口镇，在后老墙头村之北。我们在该村调查时，很多村民都向我们反映："我们村叫二道边，就因为在我们村东、村西各有一条边道，所以我们村就起名叫'二道边'这个村名。"村东那条"边道"，由于村庄发展扩大，在道的另一侧也建筑房舍，现在已处在村中，成为南北通过的车道了。它向南到高坎、老边，向北到海城牛庄，再往北就向鞍山、辽阳、沈阳方向去了。村西的那条"边道"在小边西屯的东面。

13. 小边西屯，属于大石桥市旗口镇腰会村，在后老墙头村之北，经腰会村即到。在小边西屯，该屯年纪较大而又熟悉情况的村民龙凤舟向我们介绍："原来我们这个村有一条边道，位置在我们村的东边，就是现在腰会村小学校处，是南北向的。因我们村在这条'边道'的西面，村子又小，就叫'小边西'了。过去听老人讲，这条边道北通海城西四镇八家子村，往南经后老墙头、前老墙头、高坎，直到老边。这条道原来比两旁的地要高一些，现在原来的边道经过修整，已改建成宽平的乡道了。"根据村民的介绍，我们到实地调查，发现现在后老墙头村至腰会村的乡道，不仅位于已知南北两面长城线段的中间，可以与之衔接，而且该段路虽然拓修，其高出地面等情况，和当地其他村子间的乡路有所不同。由此可知，此地现在的这条乡路，是在早年已被改作道路的原长城基址上拓建而成的（图 2–6–6）。

14. 后会村，属于大石桥市旗口镇，在腰会村之北，由此再往北，就是海城市界。1981 年营口市进行文物普查时，在后会村"东发现一个大土岗，当地俗称烽火台。在其附近未见遗物，年代无考"[①]。这个土岗今已不存，它也可能与长城有关。此前调查的长城，自后老墙头村北去分出的西边一道，即经后会村而达海城市西四镇八家子村北辽河岸边。

15. 八家子村，属于海城市西四镇，在后会村之北，辽河、浑河、太子河汇合处之南。我们调查至此，过村后直到河边，在太子河左（西）岸，见到一座明代城址，砖筑城墙，其东北角已被河水冲毁，在岸边断崖上，暴露出砖筑城墙，河边地面上散布有大量砖块、缸片与陶瓷片等。这是明代辽东镇长城上的三汊（岔）关城址（图 2–6–7）。

在该城址的西面，有一道南北向的土墙，颓毁较甚，坍宽达三十多米，已经漫平，两边已经被开垦耕种，且已经到了墙的顶面；在墙顶中间，形成一条农用车道（图 2–6–8、图 2–6–9）。由此墙向北，断续可到后会、小边西与后老墙头等营口地区的村庄。据此可知，这道土岗就是古代的长城遗址，后世对其利用，恰说明它是长城，如它是现代修筑的堤坝等工程设施，则是不许破坏的，不能将其坍平，开垦为耕地进行耕种的。

① 载《营口县文物普查档案》下卷，1981 年。

图 2-6-6　由大石桥市旗口镇腰会村至后老墙头村的高句丽长城遗存已被改建为车道（自南向北摄）

图 2-6-7　海城市西四镇八家子村太子河左岸明长城之三汊（岔）关城址（自南向北摄，城址东北角城墙已被河水冲毁，河岸上可见砖筑城墙遗存，地面散布各种青砖、陶瓷片）

图 2-6-8　海城市西四镇八家子村北高句丽长城遗存，两侧已被耕种，顶部已成农用车道（自南向北摄）

图 2-6-9　海城市西四镇八家子村北高句丽长城遗址，城墙因耕种已被坍平，仅有高岗隆起，城墙顶部位置已成耕种往来的农用车道（自南向北摄）

## 二、关于高句丽千里长城“西南至海”问题的考察

根据文献记载，高句丽千里长城是“西南属之海”的，按文意看，西南至海的高句丽长城似应到海边，但到海边的什么距离，文献记载没有说明，但按一般理解，它距海不会太远。今经实际调查，高句丽长城止于入海的淤泥河北岸前岗子村南，真正到海边还有一段距离。但在调查后，笔者感到高句丽长城修到淤泥河边是符合当时地理条件的——由于海岸线的变迁，使得高句丽长城不在今日的海边上，并且这也是和高句丽修筑千里长城的整体规划相一致的。因其主要是防止从西面而来的隋、唐军的进攻，将其修到淤泥河恰好堵住西来的隋、唐军，使其不能在任何一地进入辽东地区。同时，修筑长城在线路选择上是整体一致的，高句丽千里长城的南端定点与其北端起于向西北流的第二松花江北岸的做法相同——两端均止于河边或江边，两端以外，即是利用自然地理条件，不必向外再修，在此一线筑起长城，隋、唐军走辽西就得从今朝阳方面进军，至此均可达到阻止隋、唐军进入辽东地区的目的。

高句丽长城今天距海有一定距离。下面我们就从营口地区历年的考古发现来看不同历史时期营口附近海岸的变迁情况,从而了解高句丽千里长城至海而未到今日海边的原因。

从考古发现看，在旧石器时代，现今的渤海尚未形成如今日明显的海岸线。但在进入新石器时代后以至青铜时代，营口地区的海岸线开始形成，从考古发现的地点可以看出其海岸的走势轮廓线,并且从海岸变化的角度观察,历史上各时期的发现时代层次分明,由此更可确信海岸的消长情况。

目前营口地区已发现的新石器时代遗址有：盖州市的九寨乡东房身，陈屯乡太平沟，九垅地乡正红旗团山，安平乡李五沟、小河子，团山镇郑屯朝阳寺山，大石桥市的大石桥乡后砬砬山村西山、杏树园子十垅山、耀州小西山等；青铜时代的遗址有：盖州市的归前乡三台子、九垅地乡正红旗团山、双台子乡河北村坟山,大石桥市的博洛铺乡太平庄、西山岗村,大石桥乡前砬砬山村砬砬山,百寨乡鞭杆沟村,官屯镇何家屯、毗卢寺西山等。这些遗址作一线分布，但俱在今营口市的东面，从外面作包围状，而在营口市区及其东边的老边区范围内,却没有发现新石器时代和青铜时代的遗址,由此可知在这两个时期内,这里还仍然是海或海边湿地，人类无法在此居住，因此没有遗址留下来，而在此之东面，则有大量各类遗址分布，这说明那时的海岸线既不是今天的海域，也不会超过这些遗址点的分布区域。

战国时期到汉代，营口地区的海岸线较前向西、向南推进有十到二十华里。考古调查发现，城址有盖州市九垅地乡姜岗、盖州镇、大石桥市永安乡进步村等地汉城；遗址发现的就多了，分布也较普遍，在上述发现新石器时代和青铜时代遗址的地区，都发现有很密集的战国—汉代遗址，并且向西发展，像盖州市西海农场的西河口村汉代遗址已

经接近现代海边，盖州市团山镇光辉村汉墓就在今天的海边，而且在从未发现过这个时期遗存的营口市老边区也有发现，如在西大平山村的西大平山发现了战国—汉代遗址，这明显是海岸西进后出现的新情况。这样一来，从战国、汉代遗存的分布范围，就可以清楚地看出海岸西部的边缘，从今鲅鱼圈区董屯、芹菜洼村（汉墓）向北去，到团山镇光辉村（汉墓）、西海农场西河口村（汉遗址）、大石桥市博洛铺乡太平庄（汉遗址）、老边区柳树乡西大平山（战汉遗址、汉墓）等地，较之青铜时代向西推进很多。但在这条边缘线之西直到辽河岸边的临海区域，仍然没有发现战国和汉代的遗存。这就说明今天的营口市区及其老边区和大石桥市的西北部近海地，包括旗口、石佛、新生农场、高坎、沟沿、水源等乡镇，在这个时期仍然是低洼的沼泽地域或为渤海涨潮淹没的区域，不适宜人类生活和居住，因此没有留下这一时期的什么遗迹。

根据考古发现的遗存分布范围可知，营口地区的海岸线在辽、金、元时期又向西、向南推进了十三到三十七华里。这个时期的遗存在分布上较为密集，但最明显的变化是，在以前时期没有遗存分布的区域发现了遗迹，从老边区二道沟镇土城子村（辽金城址、遗址）向北到大石桥市高坎镇凤凰店村（铜钱窖藏）、沟沿镇青城村（辽金城址），其分布已越来越向今天的海滨靠近了。辽、金、元时期的海岸线与战、汉时期的海岸线所夹的中间区域，不见战、汉时期遗存，说明此时这里不适宜人类居住，而在辽、金、元时期，考古发现就涵盖了这个空白。大石桥市旗口镇新立西村、新立东村，高坎镇上土台、下土台、凤凰店，老边区路南镇赵平房，二道沟镇土城、高台庙等地，都有这一时期遗存的发现，说明这个过去不适宜居住的区域，到辽、金、元时已经适合人类生活居住了。

明清时期，营口地区的海岸线已接近辽河岸边，北起海城市辽河、浑河、太子河三河汇合处的三岔关，南经大石桥市石佛镇、水源镇赏军台村（明烽火台），又东南到营口市老边区路南镇光明村（明烽火台），再沿辽河岸向西南去，即到营口市区内中共营口市委院内（明烽火台、铁炮出土地）等，这些地方都已接近今天的海岸线了。

从上述对各个历史时期营口地区海岸线的考察，从不同时期遗迹的分布可以明显看出，自新石器时代以来，营口地区的海岸线是逐渐向西推进的，即营口地区地面适宜人类居住的范围逐渐扩大，逐渐向海边发展。在战、汉海岸线与辽、金海岸线之间的地带，恰是唐代高句丽修筑长城的位置，如今在这两条海岸线中间地区，除了前一节所述发现的高句丽长城外，在大石桥市高坎镇太平堡村还发现一座城址，其下层为高句丽遗址，上层为明代。此城虽是明代修筑的太平堡城，但它却是在唐代高句丽遗址上建起来的①，这也说明战、汉海岸线与辽、金海岸线之间的地面，在隋唐时期已适合人类居住，在此地修筑长城是没有任何问题的。

① 崔艳茹、冯永谦、崔德文：《营口市文物志》的《第三章 城址》，沈阳：辽宁民族出版社 1996 年 3 月版。

但高句丽千里长城止于今营口市柳树镇前岗子村的淤泥河北岸，而此地距今海岸较远，最近距离也有约十三公里，这是否可算到海？关于这个问题，我们还是要从海岸线变迁来考察。在前岗子村之西直到海边这二十多华里的地面上，至今没有发现任何时期的遗存，说明这里在历史上一直是低洼之地，受海水影响，不适宜人类在此活动或居住。就是现在，这里仍是盐滩，是营口盐场用地，而盐滩距前岗子村也仅有一点五公里，这样的距离，在一千多年前就不算远了，并且营口市区的海拔很低，高处也仅数米或数十米，沿海更低，潮涨潮落，海边滩涂波及很远，在唐代高句丽修筑长城时，这恐怕也就是到海边了。同时我们还应该看到，将长城修筑到一条河边，这本身就是一种对自然地理条件的利用，以河为障在历史上是并不鲜见的，尤其是在军事上更是如此。河注入海，长城已修筑到距海很近的河口，这与到海何异？因此，称其“西南至海”并非不实之词，而是很确切的。

## 三、几点认识

1. 通过这次考古调查，我们得以将高句丽千里长城西南至海段在今营口地区的走向确定下来，这确实是极为重要的发现。说其重要，一是现在调查还算及时，尽管高句丽长城经过一千多年的风雨剥蚀和人为扰动，遭到严重毁坏，但还有残余墙体保存，能够看到遗迹，了解到其具体位置，有实物可以指证，这是非常难得的。现在保存的残段，从遗迹清晰明显的地段看，最长的一段还有五华里，虽然不算很长，但也十分珍贵，其他则是仅具痕迹，还可指认，相互衔接，但已不是一望便知是长城。今天高句丽长城已是这种情况，不管保存得好与差，都已是残存，这样的长城墙基至今仍处于农田之中，有的地段已经被耕种，有的则被两侧耕种侵逼，仅存很窄的墙基，不知何时有人平整土地，恐怕就不复存在了。因此，说现在调查这道长城确实是适时。二是现在调查还能在长城沿线的村屯中找到七八十岁或年纪更大的老人，他们年轻时都曾见到过长城遗迹，熟悉情况，尤其是近五十年来变化最大，如农业合作化、学大寨运动、平整土地、造田深翻、修建道路、改种水田等，都曾触及或影响长城遗迹，他们亲眼看到过长城本身的变化经过，头脑中留有深刻印象，因此，当今天我们前来调查时，他们能详尽说明。在调查中，他们又亲自给我们做向导，不仅帮助我们找到残存的长城，而且对今天已不存在的城墙或改作他用（如变成道路）的城墙等各种情况，都了如指掌，能够给我们这些调查者指认出来，再过若干年后，年轻者未见过当年长城的任何迹象，让他们来谈此地长城的情况，将从何说起？恐怕那时再调查这道高句丽长城就非常困难了。

2. 根据这次考古调查所见，营口地区的高句丽千里长城，如果从今海城市太子河—辽河岸边算起，至营口市老边区柳树镇前岗子村南淤泥河岸边止，其长度约为一百零五华里，东面经二道边村至海城牛庄的长城长度较此为远，并为主线，但这些长城经行的线路恰好位于战汉与辽金不同的海岸线之间，其地理位置符合历史上海岸线变迁的情况。当时高句丽为防止隋、唐军向东南方向进攻以收复辽东，选择在此位置修筑长城，是符合地理条件和军事要求的。隋、唐军从西而来，此地长城南北一线，止于营口，不仅将营口之北的各山城置于长城线内，就是在营口以南，亦即辽东半岛的今大连市辖区，如金州区的高句丽大黑山山城、魏霸山城，瓦房店市得利寺龙潭山山城，营口市辖区的盖州市青石关高丽城山山城、大石桥市烟筒山山城，鞍山市辖区的海城市营城子山城等，全部包括在长城防线之内；而高句丽长城最北端抵于第二松花江边，则整个将高句丽西面的全部地域也包括山城在内，都有了长城屏障。因此，高句丽长城的这道路线选择，是符合当时高句丽军事防御要求的。

3. 通过对渤海辽东湾营口附近海岸线变迁情况的了解，来考察高句丽千里长城西南至海的地理位置和实际情况，是非常必要的。我们这次调查，在现地就注意到这个问题，并根据历年对营口地区各时期的考古发现，清楚地知道了营口市附近海岸线的退缩趋势。

营口附近海岸逐渐退出陆地，由考古发现就可明显看出，战国至汉代较新石器时代和青铜时代，海岸线向西、向南推进约十到二十华里，辽、金、元时期较战国至汉代又向西、向南推进十三到三十七华里，明清时期的海岸线已接近了辽河口。此外，在历史地理研究中，根据文献记载的研究也有相同的结论。如对辽河入海口来说，认为："汉时辽河应在今营城子以西不太远的地方入海。"[①]此营城子指今海城市东南十五华里之营城子山城址。此城址被认为是汉安市县城。安市县在不在今营城子暂且不论，但有一点确实是值得注意的，那就是汉代辽河入海口不在今营口市区，现在入海口处是海岸线向南延伸后造成的，原来的入海口在今入海口之北。高句丽千里长城恰好在战汉海岸线与辽金海岸线变迁的中间地区。由此可以确定，当时高句丽长城终点所在的淤泥河，其入海口距离海边已很近了，称其至海也是确切的。

4. 在调查中，当我们到大石桥市旗口镇二道边村时，了解到这里有两道边，这和其他地方不一样，是怎么回事？认为有必要调查清楚。于是我们就深入调查，找了几位年岁较大的村民分别询问，结果他们所说情况完全相同。他们说："因为在我们村东、村西两边各有一道边，所以我们村就取名叫二道边。"这里的两道边，我们认为都是高句丽修筑的长城。由今旗口镇往北，经二道边村西，奔海城市牛庄方向，是高句丽长城本线，再往北，这道长城即分布在太子河东岸，尔后直达吉林省第二松花江边，其中间线段后

① 谭其骧主编、张锡彤等著:《〈中国历史地图集〉释文汇编·东北卷》之《附录一:关于辽河中下游的变迁》，北京：中央民族学院出版社 1988 年 9 月版。

来为明代辽东镇长城所沿用[①]。我们知道，在高句丽修筑长城的过程中（高句丽修筑长城起于荣留王十四年，即唐太宗贞观五年，公元631年，完成于宝藏王五年，即唐太宗贞观二十年，公元646年），即尚未到历史记载完成修筑的年代，就发生了贞观十九年（公元645年）唐太宗亲率大军东征之事：二月“庚戌，上自将诸军发洛阳”，五月车驾过辽河，直到辽东城（即今辽阳市）下，在此前后，唐军攻克或攻打过高句丽的建安城、盖牟城、津沙城、白岩城、安市城等十余城[②]。这些山城都在长城东面，即长城以内，尤其是安市城（今大石桥市周家乡东金村海龙川山山城）正当唐军由辽、浑、太三河汇合处的三岔河之南渡辽河、过长城后所遇到的最重要的一城，唐军在此曾久攻未下，当十月唐太宗班师后，经此一战的高句丽认识到，辽河是一道天险，三岔河这个地方的地理位置很重要，可以凭借，于是就在原长城之外，又加筑了一道长城支线，即调查所见由今大石桥市旗口镇往北，经前老墙头、后老墙头、前会、后会、小边西等村到今海城市西四镇八家子村北辽河（即汇合后的三岔河）岸边。这段长城支线的修筑，应在宝藏王五年（唐太宗贞观二十年，公元646年），是高句丽修筑长城的最后一年，也是高句丽吸取了贞观十九年（645年）唐代征伐战争经验教训之后，为加强防御所采取的措施。这段长城北起三岔河，南到旗口，然后与以前所修筑的高句丽长城相接，这样就增加了一道防线。并且，高句丽修筑千里长城用了十六年时间，很可能就是指最后修筑此道长城完成的时间。最后一年修筑长城，不会是指修筑全段长城，全段长城应已完成，不然很难理解高句丽在贞观十九年这一次大战之前还未修完长城，它如何应战？这道长城是支线，而从二道边村经过的长城是主线，只有这样，才能使二道边村东、村西各有一道长城。现经考古调查发现两道长城遗迹，得到了解释。

高句丽千里长城西南至海段，从过去极为不清楚的状态，到现在经过在营口地区的考古调查，得到了极为明确的材料，并有遗迹发现，到此可以说，高句丽千里长城西南端抵于今营口海滨，这是没有什么问题的，确凿无误。并且其中间线段，为明代万里长城之辽东镇长城的辽河流域段所沿用，也得到了考古调查的证实，这应是我国长城考古中的又一重要发现。

［本文由冯永谦与崔艳茹合写，原载《辽宁长城》（四），辽宁省长城学会2002年11月版；《东北历史地理论丛》，哈尔滨出版社2002年10月版］

① 冯永谦：《高句丽千里长城建置辨》，《社会科学战线》2001年第1期。

② 司马光：《资治通鉴》卷一九八《唐纪》十四，北京：中华书局1956年6月版。

# 文 七

# 辽代“镇东海口”长城调查考略

文献记载辽代筑有长城，但它在什么地方却不清楚。笔者在 1958 年去金县征集文物资料时，曾到南关岭调查在其北面存在的横断黄、渤二海地岬处的一道土筑城墙，并发现有辽代铁镞等遗物，可惜该调查记录在 1966 年的“文化大革命”中损失，遂成遗憾。但此后笔者对这道土筑城墙始终未能忘怀，其间虽多次去过大连，但都因任务紧迫，未能抽出时间再次前往，因而时在念中，直到已经退休六年之后，得遂夙愿，于 2001 年 4 月 16 日同辽宁省长城学会的吉昌盛专程前往大连，调查这道城墙。抵大连后，我们受到大连市文物管理委员会办公室吴青云主任的接待和大力支持，又由大连市文物考古研究所刘俊勇所长陪同，前往实地进行调查。现将此次考古调查所见情况与笔者对这道城墙的年代、性质等的考证意见，分述于下。

## 一、城墙遗址保存现状

这道土筑城墙不是闭合的，而是一道长墙，它南起黄海岸边，北抵渤海岸边，横断二海之间的地岬，长约十二华里，因此可以称为长城。本文下面即用“长城”一词进行叙述。

该长城位于今大连市区之北、金州古城之南，那里是黄海大连湾与渤海金州湾即辽东半岛南端最狭处，其宽度只有十一余华里。调查时，我们从大连市区出发后，沿沈（阳）大（连）高速公路北行去金州（原金县，现改为大连市金州区），经南关岭，至现在属于大连市甘井子区的大连湾镇后关屯村西面，南北向的高速公路在此处向东转弯，变成东西走向，由此东行的高速公路即横断长城而过，然后它又向北转弯而去，即至土城子村，再北行九公里，即到金州（图 2–7–1）。

长城所在的公路东西通过的路段，是一片岗地，现在均已辟为农田。我们去调查时正值春耕，新起的地垄土质疏松，方向都为南北向，与长城并行，坍毁的城墙上也被耕种。在公路之南两百余米处，长城墙体被犁平，地表已不存在城墙痕迹，但我 1958 年去调查

图 2-7-1 大连辽代『镇东海口』长城地理形势示意图

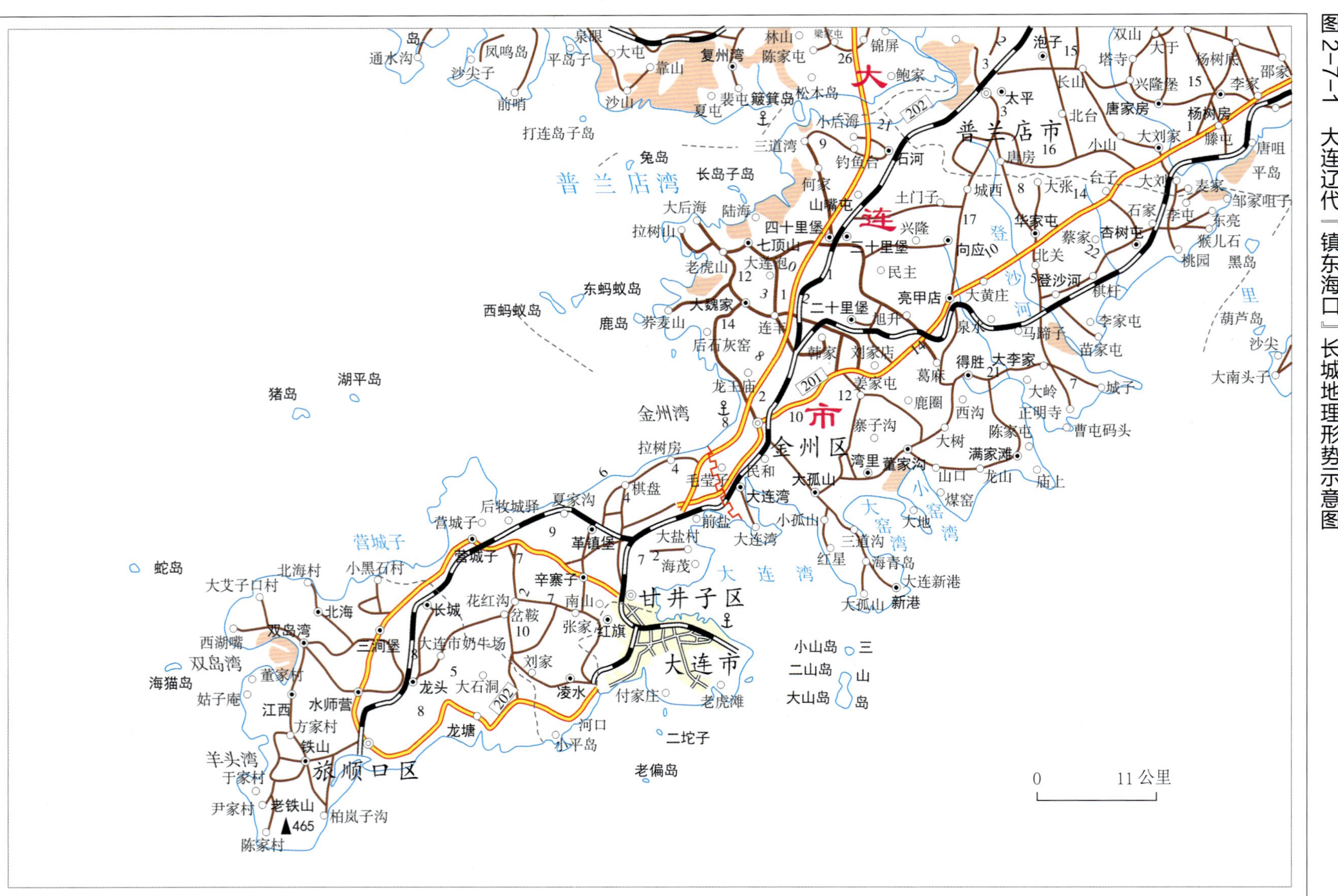

时，此处城墙还较明显，在地面隆起较高，当是在1958年“大跃进”和其后“农业学大寨”中进行土地平整和深翻时，将此处城墙彻底摧毁。在此平整的田地之南，城墙保存较好，虽已颓坍，但仍很高大明确。城墙顶部竖有近年不同时间立的三通文物保护标志，说明其为市级文物保护单位，其中一通石质保护碑上刻有“市级文物保护单位·哈斯罕关址”等字（图2-7-2）。

这处城墙遗址，虽经千年的风雨剥蚀和人为破坏，颓坍严重，但还很高大，经测量，现存底部宽达十六米，顶部宽十二米，存高二点五米，可见当年这段城址确实是很雄伟的。长城由此南去，经今后关屯村东、前关屯村，至盐岛村之东，即达黄海大连湾海边。后关屯村和前关屯村当与世传本地为“哈斯罕关”有关，故其后形成村庄时，皆以“关”字名之。按照中国方位命名惯例，在南者称前关屯，在北者曰后关屯。

在东西走向的高速公路之北，地势较公路南稍高，岗地较为明显。此处的长城现已坍平，不过虽然经过多年耕种，但城墙部位的隆起还很明显，高于其两侧的农田。城墙坍宽达二十一米，高于东西两侧地表一点二米（图2-7-3）。这段城墙长一里余，其南端墙体较为突出，并有一段城墙未被耕种，留有部分墙体，成为一条地隔，作为两户不同人家的耕地界线。长城向北穿过近年新修筑、于此地亦略作东西走向的沈大高速公路后，向北面的土城子村延伸。

图2-7-2 大连市甘井子区大连湾镇后关屯北之辽代长城现状（自北向南摄）

图2-7-3 沈大高速公路北侧岗地上的辽代长城墙体虽已坍平，但其遗存仍然高高隆起于地面（自南向北摄）

沿长城向北过高速公路之后，即到土城子村南，那里有座四周有围墙的工厂，长城即在该工厂院中南北通过，墙体受到破坏。在土城子村南调查时，我们遇到一位当时在种地的老年农民，叫周大湖。我们问他土城子村有没有古城，他说："我们土城子村没有古城，我们叫'土城子'是因为在村子边上的这道老城岗子。这道老城岗子很长，南头在前关屯，顶海边，北边在土城子村西，现在村里的房子都快盖到老城岗子的边上了，它往北也到海边。"我们过工厂后，就到土城子村，在这里我们又访问了几位当地村民，他们为我们指出了老城岗子的位置。

我们从土城子村来到村西的长城遗址，它距离村子仅有五十余米，城墙略作南北走向。我们沿长城遗址向北走去，直到渤海岸边（图2-7-4）。这段长城保存较好，其东侧是一条南北向的车道，西面是山岗，长城就修筑在山岗下边较为平缓的坡地上，墙体虽然遭受到一些自然和人为因素的破坏，尤其是人为因素的破坏较大，如城墙西侧的耕种、东面的道路修筑等，都波及城墙，使之受损，但它没有完全颓毁坍平，还是有很长的段落被保存下来了。这段保存较好的城墙长度有一里余，存宽三米，存高一米。在城墙的北段，有一个被当地村民取土挖开的地方，在那里我们见到了劈落下来的城墙，其断面上露出夯打的痕迹（图2-7-5），可知长城的修筑还是比较讲求质量的。城墙用土略带红色，其中含有小颗粒石块。现在土城子村的北面靠近海边处，为一新的开发区，建有多座别

图 2-7-4 大连市甘井子区大连湾镇土城子村西渤海南岸之辽代长城墙体遗存（自南向北摄）

图 2-7-5 大连市甘井子区大连湾镇土城子村西辽代长城遗存被取土处有夯层露出（自北向南摄，长城墙体遗存间站立者为刘俊勇先生）

墅式小楼，其西面已靠近长城，中间只隔一条村路。

从现在调查所见情况看，长城有的地段保存得较差，有的地段甚至已经不存，尽管如此，我们在大连地区发现的这道古代长城，无疑是非常重要的，值得珍视与保护。

## 二、城墙遗址的年代与性质讨论

大连地区的这道城墙遗址，过去从未见学术界定其为长城，也没有确定其为长城而进行田野考古调查的。此前学术界多认为此处仅是一个“关口”，没有将全部城墙作为长城对待，因此所发表的文章也只是在“哈斯罕关”这一命题上考虑，诸如称之为苏州关、化成关、哈斯罕关等。由于人们认为它只是关而不是长城，它没有被确认为长城，就没有突出它的长城特性及其重要性，使得“明珠”尘封，世人不知，实在可惜！笔者此前曾考定其为长城，并且是辽代修筑的长城①。之所以有如此认识，是缘于笔者在四十多年前曾到该地调查过，当时虽未进行全线调查，而且调查记录在后来的“文化大革命”中损失了，但却是印象深刻，至今难忘，因此结合文献记载，考定这道长城为辽代初年即太祖时期所筑的一道长城。现在又经此次调查发现了很多新的情况，获得了新的认识，觉得有必要进行深入讨论，兹将考证意见申述于后。

辽代修筑长城，据《辽史·太祖本纪》载，太祖二年（公元908年）冬十月“筑长城于镇东海口”。由于史有明文记载，学术界也从未怀疑。但由于记载过于简略，仅此一句话，因此辽代长城在何处，却迄无定论，并且也没有考古发现，实不知其在今何地，所以长期以来一直处在扑朔迷离之中。现在略将历来对辽代长城的几种主要考证意见择述于下。

较早论及辽代长城的是金毓黻先生，他在《东北通史》中说，辽“有‘筑长城于镇东海口’之纪事。此所谓镇东海口，疑即辽志之镇海府，地在今盖平以南。又考《旧唐书·高丽传》谓其主建武惧伐其国，乃筑长城，‘东北自扶余城，西南至海’。辽初所筑长城，既近海口，若谓系因高丽故址，亦属近理。则镇东海口亦当属之金、复二县矣”②。（按：其谓辽代长城是沿用高句丽千里长城故址，其说不确，二者毫无关系，高句丽长城南端止于营口海边③，而不到大连，因此，高句丽长城与辽代长城无关，姑先于此说明，其他则于后面辨之。）

金殿士对辽代长城的讨论较为详细，认为：“镇东海口（镇海府）姑定于今鸭绿江之入海口附近的娘娘城，辽初所筑的长城就应由此作起点，沿当时契丹所据有的领域边

① 冯永谦：《东北古代长城考辨》，《东北亚历史与文化》，沈阳：辽沈书社1991年12月版。
② 金毓黻：《东北通史》卷五，五十年代出版社1941年版。
③ 冯永谦：《高句丽千里长城建置辨》，《社会科学战线》2001年第1期。

缘向东北延伸，延伸的目的无疑是防御邻敌对渤海的侵袭。从阿保机未征服渤海前所作的'惟渤海世仇未雪，岂宜安驻'的誓言中，可以看出当时的东邻劲敌是渤海，而不是鸭绿江以南的高丽，况鸭绿江入海之口又是渤海向唐朝进贡的必由之路，筑长城不外是起阻截和防御双重任务。"①

张博泉也曾有过推定，说："太祖二年冬十月'筑长城于镇东海口'，镇东海口即镇海府，地在今盖县以南。"②此当系承金毓黻之旧说。

近年出版的《中国东北史》也说："太祖二年（908年）冬十月己亥朔，'筑长城于镇东海口'。镇东海口，即《辽史·地理志》东京道之镇海府，地当今丹东市附近。"③此说亦为沿用金殿士之意见。

我们由上述各家考证辽代长城的论述中可以看到一个现象，那就是他们立论的一个前提都是首先考虑镇海府，并由镇海府的位置进而推定辽代长城之所在。这样考虑，其出发点就有问题了。我们知道，辽代修筑这道长城的时间是在太祖二年（公元908年），当时契丹还没有正式建元，距称"神册"还有九年，在此之前，正是唐朝晚期，由于藩镇割据，又经安史之乱，国势衰微，契丹兴起于松漠，并据有辽西，阻断唐朝对辽东的控制之路，到太祖时，不经血战就得到了原为唐朝管辖下的辽东。不过，此时辽朝政权初创，体制尚不完备，尚无行政建置，至少在辽东是这样——其地没有辽朝自己新设的什么建置，比如在辽东地区中心、后来的五京之一"东京辽阳府"这样一座有千年历史、人户都在的重要大都市，辽朝起初也只称其历史旧名，而没有辽朝自己设的行政建置名称，直到太祖神册四年（公元919年）三月，才"修辽阳故城，以汉民、渤海户实之，改为东平郡，置防御使"，此时距太祖二年（公元908年）修筑长城时已有十二年了，其他地方就可想而知了。处于辽东地区中心的辽阳在太祖二年（公元908年）时尚且没有什么建置，其他边远地方在此之前怎么能有辽朝自己创建的镇海府呢？因此，以镇海府为目标寻找辽长城，并以此为坐标来推定辽代长城之所在，就没有什么时间与空间上的根据了。退一步说，即或镇海府确在这一地区，那也是后来的事，与当年辽代筑长城无关，修史者也不会用后来的这个建置来命名之前修筑的长城，因为这道长城修完之后，当时一定会

① 金殿士：《试论辽太祖耶律阿保机经略辽东》，《沈阳师范学院学报》1984年第1期。
按：娘娘城在今丹东市，地理位置过于偏西，渤海的统治地域没有到达那里，而是在其较远的东边；再者，渤海向唐朝进贡是由鸭绿江出海，从中游开始即走水路，如在娘娘城一带筑长城，因其远在陆地，而鸭绿江在江口处的水面又很宽，则陆上长城是无法阻截水路的；第三，辽在太祖二年（公元908年）筑长城时，唐朝已灭亡，历史进入五代时期，不存在渤海向唐朝进贡问题，辽太祖若仅为此而筑长城，是无法起到它应有的作用的，事实上也是不可能在此处修筑长城的。

② 张博泉：《东北地方史稿》第六章，长春：吉林大学出版社1985年11月版。

③ 佟冬主编：《中国东北史》第二卷之第三章第二节（四），长春：吉林文史出版社1998年8月版，第340页。

有一个名称，绝不会当时任何名字也没有，直到若干年后有了镇海府才叫“镇东海口长城”的——这会使当时的人不知该怎样称呼这道长城。事实上，这道长城距离辽代后来所建的苏州（今金州镇内古城址）是最近的，而镇海府与这道长城相距甚为遥远，为什么长城与离它远的镇海府相联系，却不与离它很近的苏州相联系，修史时写成“筑长城于苏州海口”呢？原因就是这道长城没有与后来的辽代建置相联系。今天调查的情况明显地摆在这里，若用镇海府所在去推演辽长城的位置，那肯定是不会得出正确的结论的，其实这道辽长城和镇海府是没有什么关系的，只是名称偶然相同罢了。

现在，经过多年考古调查得知，距离这道长城较近的除辽代苏州外，在其附近还没有发现其他的辽代城址，可见镇海府不在长城附近。既然是这样，那怎么能用较远处的建置来命名这道长城呢？我们知道，持此说者仅是因为两者之间有一个相同的“镇”字，就以此为出发点，硬将它们联系起来，但“镇海”和“镇东”并不完全等同！谁能以为“镇东”就是“镇海”呢？若真的认为是这样，岂不太牵强附会了吗？并且我们还应看到，到元代才修《辽史》，此时不仅辽朝已经灭亡，而中间所经过的金代也早已灭亡。尽管朝代更替会让历史材料有所散失，对修史有所影响，但对辽代修筑长城一事，笔者认为修史者一定是有所本的，而且他应该是利用原始材料来写的，没有加进如我们今天想象的那样因后来建置的关系而命名该长城的。在《本纪》中，记事是逐月逐日记载的，显而易见，镇东海口长城是用原始材料记录下来的。因此，笔者认为辽代“镇东海口长城”与镇海府毫无关系，“镇东海口长城”就是它自己的独立名称。

我们考察镇东海口长城，对以下两个问题应予注意。

首先，辽太祖在二年（公元 908 年）修筑这道长城的目的是什么？这对研究镇东海口长城的位置很重要。我们知道，此时辽太祖兴起于西喇木伦河，并据有辽西地区，而本是唐朝辖地的辽东地区，此时因契丹阻隔于辽西，中原朝廷无力远图，在其四周，高丽只限于鸭绿江以南，北边的渤海本受封于唐，其南境在今开原至宽甸一线，此时也已衰微，自顾不保，无力南下扩张领土，但它却是长时间存在的地方民族政权，仍和中原朝廷保持着很密切的关系，并可能取得支援，但当时中原朝廷的力量达不到辽东地区，因此这里几乎成为“瓯脱”地带，就是在这样一种历史背景下，辽朝的势力才很快进入辽东地区，未经过“血战”就拥有了这片土地，所以我们在历史文献中没有看到辽朝怎样对辽东用兵的记载，只见辽太祖时来辽东，如幸辽阳故城、射虎东山、钩鱼于鸭绿江等记载——没有历经战事就可随意往来。可是，辽朝在这一地区也面临这样一种形势：辽东半岛南部，自古以来就是东北地区与中原地区和南方的水路交通要道，由大连海域去江南，经山东半岛去中原，往来频繁，从无间断，此时辽朝虽然据有辽东这样一个广大地区，但却无法控制北边渤海和其他各族与中原朝廷及民众的相互往来，实际上辽朝之势力无法覆盖整个辽东，其军队又不可能分驻到各地；若在半岛南端最险要的位置修筑一道长城，控制住交通要道，这对于当时的辽朝来说，确实应该是帮助其掌握辽东，并在防御上获得主动权，而投入最少、效果较好的最好办法。因此，就有了我们今天能够在金州地岬处见到的这道长城遗址。

但是，如果认为辽初所筑长城是在丹东地区鸭绿江口一带，而不是在大连地区，那是不符合历史实际的，因为当时鸭绿江口僻处一隅，并不是东北地区通往中原的水上交通要道，如在此地修筑长城，无益于辽朝对海路的控制；如认为是为防御渤海，那就更不应该在此地修筑长城，因为对于辽和渤海之间的较量来说，此地处于“神经末梢”，不是战略要冲，辽朝将长城修筑在这里毫无意义。再者，虽经多年考古调查，至今在鸭绿江口或丹东的相应地段也还没有发现辽代长城遗址。因此，认为辽代长城在丹东鸭绿江口一带之说是难以成立的。

其次，辽代修筑长城的时间，是在“冬十月”，这个时候北方地区已经天寒地冻，一般是不适宜施工的，辽朝在此时动工修筑长城，说明它修筑长城的地方一定具备施工条件，如气候、温度等。我们知道，在辽朝统治区域，辽东半岛的位置靠南，其气温要比辽朝其他地区的气温高，同时它又被黄、渤二海环绕，受海洋气候的影响，其冬季较低温度的来临一般也稍迟，这使辽朝在“冬十月”修筑长城在气温上具备了可能性。另外，从辽朝在“冬十月”动工修筑长城这一点来看，这道长城不会很长，不至于有几百里或上千里，大约就是一个由一定人力历经旬月就能完成的工程，不然辽朝也不会在此临冬时节开始修筑。

从上述极富地理位置和时间特征的行动来考察，辽朝在辽东半岛南端最险要处修筑长城是最适宜的，而且经过考古调查，我们在其地发现了长城遗址，其长度约十二华里，完全符合上述诸条件。因此，我们将辽代长城考定在大连黄、渤二海地岬处，是符合历史实际并且有考古遗迹证明的。

我们在考证大连金州湾辽代长城的位置时，还注意到一些历史文献也为我们指出了辽代镇东海口长城之所在，这是非常重要的。

在吴任臣纂修的《十国春秋》中，记载有南唐元宗李璟于保大年间（公元943—957年）修好于辽之记事，当时他派使臣公乘镕渡海来辽地，其文云：“是岁（笔者按：应是保大元年，公元943年），遣公乘镕航海使于契丹，以继旧好。镕既至契丹，契丹主舒噜（述律）遗元宗书曰：‘大契丹天顺皇帝谨致书大唐皇帝阙下，贵朝使公乘镕等自去秋已达东京海岸，适遭国祸，今年正月二十六日部署一行，并诸仪物兵铠已至燕京。兹蒙敦念先朝，踐修旧好。既增摧痛，又切感铭。贵国长直官王朗、陈篆取间道先回，用附咨报。公乘镕等已遣伴送使陈植等同回。止俟便风，即令引道。’”[①]同书又记，“元宗即位，命镕

① 吴任臣：《十国春秋》卷十六《南唐二・元宗本纪》，钦定《四库全书》本《史部》。

与伴送使陈植航海修好于契丹。明年，镕进蜡丸书于元宗曰：‘臣镕自去年六月离罂油，七月至镇东关，遣王朗奉表契丹。九月，乃有番官彝里毕部牛车百余乘及鞍马沿途置顿。十月，至东京，留三日，契丹主遣闲厩使王廷秀称诏劳问，兼述泰宁王、燕王九月同行大事。兀欲即世，母妻併命。又辽东以西，水潦坏道数百里，车马不通，今年方至幽州，馆于愍忠寺。’”[①]这两段记载，各从不同角度记述了此次公乘镕代表南唐修好于契丹的经历，其内涵非常重要，而其行程所到之地，于我们考察辽代长城的位置，有十分重要的价值，是非常难得的资料，尤其是将两段文字合起来看，就更为明显。前者说：公乘镕去年秋天已抵达东京海岸，由于适遭国祸，未能及时接伴，今年正月才到燕京。辽之东京，即今辽宁省辽阳市，而辽阳不近海，这个“东京海岸”应是辽东半岛南端，即今大连地区海岸，其地当时属于东京，故称“东京海岸”。后者又说公乘镕六月离开罂油，七月到达镇东关，九月乃有辽官沿途迎送安排食宿，十月到东京，由于泰宁王察割、燕王牒腊作乱，刺杀世宗，加上辽东以西道路被洪水冲坏不通，今年方到幽州。南唐之罂油，即今江苏省连云港市灌云县海中莺游山，它是当时南北海上往来必经之地，由此取水路，走山东半岛沿海，过渤海海峡，而达辽东半岛，即今大连地区之口岸，上岸后，到“镇东关”，然后北行，至辽之东京，即今辽阳市，最后到幽州，也称燕京，为辽南京，得见辽主。这段行程，为我们考证辽代“镇东海口”长城，提供了弥足珍贵的材料。[②]从公乘镕所走的这条路线，我们可以清楚地看到，南唐使者是在辽东半岛南端，即今大连地区港口登陆的，所经重要的地方有“镇东关”，此后北行到东京即今辽阳市。其他暂不论，下面我们要讨论的就是公乘镕所走过的“镇东关”。

镇东关，不会是有名无实之词，也不会是一个孤立的关口，关口应是有依托的，如果失去依托，也就不存在关口了。按照中国的传统文化来讲，它应是当时辽朝一道防御线上的一个关口，往来旅人只能由此关通过，其他地方不通行，不能跨越，也不许跨越，这个能通行的地方就是“关”，否则不会有“关口”存在。辽代契丹人早已熟悉我国古代的文化观念，至少从唐代以来，他们就处在长城之北，不仅知道其南有长城，而且熟知在长城上有各个关口，在太祖初年就修筑镇东海口长城，就是他们熟知长城及其关口的一个极好例证。这说明契丹人已经接受了中国古代的长城防御观念，而在长城上设置关门，那就是必然的，这是不争的事实。因此，笔者认为从“镇东关”之所在，就可以推断出“镇东海口长城”的位置来；它们之间的关系是，长城筑成后被称为“镇东海口

① 吴任臣：《十国春秋》卷二十三《南唐九·公乘镕传》，钦定《四库全书》本《史部》。

② 按：公乘镕的出发地为南唐的罂油，他们所到达的是“东京海岸”，这个“东京海岸”不是别处，只能是辽东半岛南端，否则就与他以后所走的路途不符。他们上岸后，曾“至镇东关”，后由辽朝官员彝里（夷离）毕接送，于“十月至东京”，辽之东京即今辽阳市旧城区古城。

长城”，而长城上准许通行的关门即为“镇东关”，二者本为一体，实不可分。

关于“镇东关”，历史上还有类似的记载，那是金代王寂在明昌二年（1191 年）按部辽东时的记录。他此次出巡，撰有《鸭江行部志》，记其在此次行程中沿途经历所见，其中他记录了自己过镇东关的情况。其文云：三月“丙子（初八日），自永康次顺化营，中途望西南两山，巍然浮于海上，访诸野老，云此苏州关也。辽之苏州，今改为化成县。关禁设自有辽，以其南来舟楫，非出此途，不能登岸”。[①]仅此数语，即将该地之关与古代这里的交通情况说得何等明确。苏州，为辽兴宗时置，其地即为今大连市金州区（原金县）金州镇古城。辽时苏州统有来苏、怀化二县，到金代，废去统县，苏州也于皇统三年（1143 年）改为化成县，属复州，在贞祐四年（1216 年）又升为金州，自此以后，金州之名一直沿用未改，直至现在。王寂的这段记载，让我们对辽代这道长城的了解又深入一步。辽初此地尚无其他建置，“南来舟楫，非出此途，不能登岸”，说明这是一个重要的通道，必须掌握住，故辽朝在其初立之时，其他事物都未来得及考虑，就先于此地修筑长城，可见其急迫性。长城因在辽朝的东面，又是在海边，而辽东半岛南端是东北地区最好的港口，水陆往来之要地，故将这道长城名之曰“镇东海口”长城，而长城上的关也就为“镇东关”了。到了辽代中期，在此长城之北仅九公里处，即今金州镇，建有苏州，由于两者距离很近，因此人们又称其为“苏州关”，这就是王寂访诸野老所知道的名称。当然，这是后来的事，早年是称“镇东关”的。但有一点应当特别提出来，那就是王寂对此关的年代记载是很明确的，他说这处“关禁设自有辽”，即“苏州关”（也就是“镇东关”）是自辽代开始设置的。那么形成这个“关”，是因为修筑了长城，如果没有长城，也就不存在这个“关”了。所以我们可以毫无怀疑地说，现存于横断黄、渤二海之处的这道城墙，就是辽代所修筑的“镇东海口”长城。

到了明代，这道城墙和关口仍然很好，还为世人所知。明代辽东都司官员毕恭主持所修的《辽东志·地理志》中载：“哈斯关，金州城南十八里，旧有土城，南北抵海，横长十五里，中有关口，通驿路，不知何代所筑，今为南关铺。”[②]南关铺，今称南关岭，从来都是这道长城最近的重要地名，因此常用其指代地理位置。通过毕恭的这段记载，我们就看得更加清楚了：金州城南十八里有土城，中间有关口，为驿路所必经，而且明确说土城长十五里，并不闭合，南北抵海。这是多明显的长城！如果再和公乘镕、王寂的行程记载一起看，就可看出两者完全一致，只是由“镇东关”“苏州关”到“哈斯关”了。

总的来说，通过考古调查发现有遗迹存在，历代又都有文献记载，辽代“镇东海口”长城存在于大连湾与金州湾间就是无可怀疑的（图 2–7–6）。

① 王寂：《鸭江行部志》“三月丙辰”条。

② 毕恭：《辽东志》卷一《地理·古迹》“哈斯关”条，《辽海丛书》集二，沈阳：辽沈书社 1985 年 3 月版。

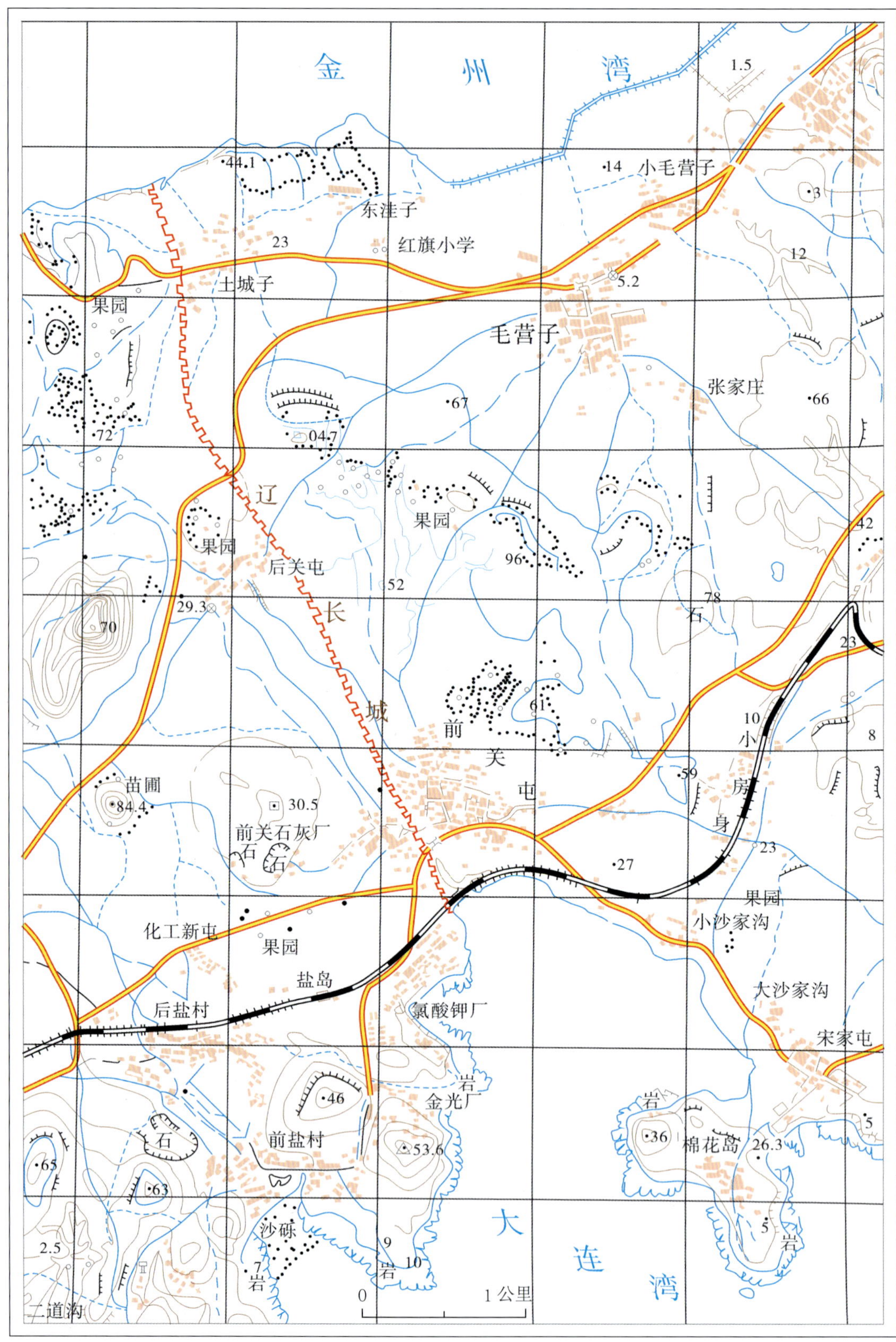


图2-7-6 大连辽代“镇东海口”长城的地理位置示意图

## 三、结语

辽代长城，是明确见于历史记载的长城，非常重要，但长期以来不知其所在。学术界对其也曾进行过探索，可是不仅未考证出确切地点，就是泛指也在研究中出现很大分歧，一直没有结论。此前之所以没有很好地解决这一问题，究其原因是缺乏实地考古调查，不知何处有长城，因此多是就文献进行讨论，属于推测和臆断之词，无法确指。如今通过调查，发现了明确的长城遗址，再结合文献记载加以考察，而且对文献材料也有新的挖掘，指证确凿，因而辽代长城的位置就能确定下来了。

经过调查考证，辽代镇东海口长城，为今大连市甘井子区大连湾镇南起盐岛村，北至土城子村，南北横抵黄、渤二海大连湾与金州湾间的地岬的长城。但此长城与镇海府无关；因其在辽朝的东方，又在具有优良港口之海湾地岬上，故名“镇东海口长城”，用以控扼当时重要的水陆交通要道。辽代在此长城上设有关门，以限行旅。该关门初名“镇东关”，在辽兴宗时建有苏州后，又称“苏州关”；金代因辽时苏州被改为化成县，故又称其为“化成关”，也称“合撒罕关”。（按：此长城的历史沿革，连续不断，已非常可贵，而从筑城之日算起，距今已历一千一百九十三年，更属难得！因此，大连金州地岬长城，是一处十分珍贵的历史遗迹，值得重视，应加意保护，使其永久存续下去。）

笔者于此还有一点想法，那就是这处遗迹的保护问题。现在它为大连市级文物保护单位，称哈斯罕关，但其实际上是长城。哈斯罕关是时代较晚的名称，代表性不强。而长城就不同了，长城的重要性和历史价值不言而喻，尤其是对大连市来说，有一道辽代长城当是极为珍贵的，应该全线保护，使其免遭破坏。

## 附　记

此次大连长城调查，收获颇丰，归来后笔者又去辽西调查战国、秦、汉长城，匆忙之间有的地方还未及仔细考虑，现在草成此文，以为抛砖引玉。调查中得小诗一首《大连金州地岬调查辽长城》，今翻检日记并录之，以为一粲。

详观南北海连天，岬地长城锁喉咽。
荆莽颓墙留故址，犹为辽筑旧城关。

2001 年 12 月 23 日 于沈阳乐知堂

［原载《阜新辽金史研究》（第五辑），中国社会出版社 2002 年 2 月版］

# 文八
# 法库县前山村辽代烽火台调查考略

沈阳市辽文化研究会于2014年春组织研究会相关人员，对法库县境内的一些古代遗存进行了较为深入的田野考古调查，每次均获有重要发现，其中在3月8日与4月2日前后两次对前山村烽火台遗址进行了深入调查（图2-8-1），收获颇丰。当时参加调查的人员有段秀华、徐龙妹、罗雷、王海波、戴国富、李桂林、刘洋及笔者等人。现将调查所见情况及研究结果报告于下。

## 一、遗址地理位置及环境

烽火台遗址，位于法库县城东北二十一公里柏家沟乡前山村西二点五公里的磨盘

图2-8-1　调查人员登上法库县前山烽火台（由西向东摄）

山顶部，东距辽河十二公里，南距柳条边四公里，地理坐标为北纬四十二度三十三分五十九点四秒，东经一百二十三度三十一分四十八点六秒，海拔二百二十九米。

磨盘山所在之处是丘陵地区，山岗连绵起伏，其南面较为开阔。磨盘山是一座较为独立的小山，四周山岗环绕，远近不一。此山东西较长，南北略狭，南面山下为平地，东边与一道南北走向的山岗相连，其北面与西面的山岗距离稍远。此山的顶部地势平坦，当中修筑有一座大型烽火台。远看较平的山顶上凸起一个颓坍的台址，其形状恰如农村常见的石磨，故称此山为磨盘山。

现在磨盘山除顶部无树外，四周山坡皆种满林木，覆盖山岗，蔚然成林，其中西、北两面为松树，东面缓坡系上山必经之处，树较稀少，南面山坡下为杂树林。磨盘山附近辽代遗迹较多，其西南二点五公里处为前山村西南辽遗址，其北四百米处为前山村北房身地辽遗址，其东北四点五公里处为辽北府宰相萧袍鲁墓，其东三点五公里处为蔡家沟村鸡架山辽遗址等。

在磨盘山顶部烽火台址的东南部有一庙址。由于它的前面近山顶边缘，后面有烽火台，地面较狭，因此庙宇的体量不大，系单体建筑，没有形成院落，现已倒毁不存，附近散落有清代小型青砖与灰色小瓦。从遗物看，其年代当为清代晚期。

## 二、遗迹保存现状

磨盘山顶部地势平坦，东西宽五十米，南北长三十五米，面积较大，未种树木，地面为杂草所覆盖。烽火台址所在位置略偏近于山顶西部。

烽火台为土石夯筑，平面呈圆形，现台址已颓坍，略呈馒头状，底径较大，顶作圆形，坍宽底径十五米，存高三米（图 2–8–2）。

在烽火台外面筑有两道围墙，均为沿山环筑。一道在山顶的周边，即沿山坡折下处，起筑围墙（图 2–8–3、图 2–8–4）。另一道在其下，即山腰处。两道围墙均为土筑，现已颓坍，但基址明显，坍宽两米，存高零点八米。

## 三、遗物分布及标本采集

这次我们在前山村磨盘山烽火台调查，仅在烽火台遗址周围作地面了解，遗物俱为地表采集（图 2–8–5）。我们在遗址中所见的遗物，多为砖瓦（图 2–8–6），另见白瓷片，其分布范围较广，在烽火台顶部见有灰布纹厚瓦，在台址外面山顶围墙内，见有白瓷片、布纹厚瓦及水波纹滴水板瓦（图 2–8–7），在山坡上尤其是南坡半山腰处，有大青砖、厚布纹瓦、水波纹滴水板瓦（图 2–8–8）等建筑材料。

现场散布遗物很多，不能全部采集，我们只选择少量有代表性的遗物取回，存于法

图 2-8-2　法库县前山烽火台全貌

图 2-8-3　法库县前山烽火台西侧外面围墙遗存（自北向南摄）

图 2-8-4　法库县前山烽火台北侧外面围墙遗存（自西向东摄）

图 2-8-5　调查人员正在采集烽火台地面上散布的遗物

图 2-8-6　烽火台地面上散布的遗物（之一）

图 2-8-7　烽火台地面上散布的遗物（之二）

图 2-8-8　烽火台地面上散布的遗物（之三）

库县文物管理所保存，供研究使用。我们采集的遗物主要有如下数种：

水波纹滴水板瓦，三块。瓦为青灰色，质较纯净，火候较高，曲面存有清晰布纹，前端皆有瓦唇，唇面压印花纹，唇面纹饰为戳点纹与连续方格纹，唇面底边压印绳状水波纹，整体瓦唇纹饰皆为辽代常见纹样，特征明显。其中一块完整，长二十二厘米、宽二十六厘米、厚两厘米（图 2-8-9）。一块残，存长十七厘米、宽十四厘米、厚三厘米（图 2-8-10）。一块亦残，存长十五厘米、宽十三厘米、厚三厘米（图 2-8-11、图 2-8-12）。

布纹瓦，多块。瓦为青灰色或灰黄色，胎较纯净，火候较高，曲面存有清晰布纹，瓦体较厚重，具有一般辽瓦特征。一块存长十九厘米、宽十一厘米、厚三厘米（图 2-8-13）。另外三块瓦，一块存长十八厘米、宽十厘米、厚三厘米，一块存长十六厘米、宽十厘米、厚三厘米，一块存长二十厘米、宽十三厘米、厚三厘米（图 2-8-14）。

沟纹砖，四块。砖体较厚重，色呈青灰或黑灰色，胎含杂质，有小石块和沙粒，火候较高，砖身一面饰有沟纹，纹饰为长直沟纹和短斜沟纹，沟纹较细而浅，这一特点和其附近的辽萧袍鲁墓用砖相同。一块存长十三厘米、宽十点五厘米、厚四点五厘米，一块存长十四点五厘米、宽九点五厘米、厚五厘米，一块存长七点五厘米、宽七厘米、厚四点五厘米，一块存长十三厘米、宽九厘米、厚四点五厘米（图 2-8-15）。

雕砖，三块，皆为建筑装饰部件。砖体青灰色，质较纯，火候较高，砖面雕有花纹，俱为浅浮雕。一块存长九厘米、宽八厘米、厚四厘米，一块存长十三厘米、宽七厘米、

图 2-8-9　辽代滴水板瓦

图 2-8-10　辽代滴水板瓦

图 2-8-11　辽代滴水板瓦

图 2-8-12　辽代滴水板瓦（背面）

图 2-8-13　辽代布纹瓦

图 2-8-14　辽代布纹瓦

厚八厘米，一块存长十七厘米、宽十二厘米、厚六厘米（图 2–8–16）。

螺髻状纹雕砖，一块。青灰色，质较纯，火候较高，作发髻挽结状。此件原物应较大，是一立体高浮雕头部之一部分。存长十二厘米、宽七厘米、厚两厘米（图 2–8–17）。

鬏鬣状纹雕砖，一块。泥质较细，胎色灰黄，表面黑色，花纹作鬏鬣状飞扬，体量较大，应是建筑上之构件，近似兽头或螭吻部分。存长十七厘米、宽八点五厘米、厚三厘米（图 2–8–18）。

陶盆片，二件。为陶盆口沿部，胎色青灰，质较纯，火候较高，外部盆沿下饰有平

图 2–8–15　辽代沟纹砖

图 2–8–16　辽代浅浮雕雕砖

图 2-8-17　辽代螺髻状纹雕砖

图 2-8-18　辽代鬏鬣状纹雕砖

行弦沟纹。此件是典型的辽代陶盆。一件存长十一厘米、宽五厘米、厚一厘米，另一件存长七厘米、宽六厘米、厚一点五厘米（图 2-8-19）。

陶罐片，一件，为陶罐口沿部。存长十厘米、宽五点五厘米、厚一厘米。

白瓷碗片，一件，现存为白瓷碗底部，有圈足。胎质较粗，含有沙粒，火候较高。圈足旋削规整，挖足较深，足壁直立，上施白陶衣，挂无色透明玻璃釉，外部釉至腹下，不到底，内底因装烧关系，旋去一圈无釉。此碗的形制与制作方式均为典型的辽代瓷器特点。存长十二厘米、宽十厘米、厚零点五厘米（图 2-8-20）。

## 四、烽火台年代考察

前山村磨盘山烽火台，缺乏历史文献记载，年代不明，其为何时所建尚须研究。因

图 2-8-19　辽代灰陶盆片

图 2-8-20　辽代白瓷碗片

无现成材料可供参考，故只能从其自身特点、所处地理位置以及出土遗物等方面加以考察，从而得出结论。

此烽火台遗址，在过去已发表的论著中，不仅记载较少，即或有涉及，也均未明确其年代，只有“全国第三次文物普查”时，于2010年4月23日调查磨盘山烽火台遗址后，在其所作《第三次全国文物普查不可移动文物登记表》的“年代”栏中，将此台址定为“明代”，确认它是明代烽火台。

关于磨盘山烽火台遗址的年代，从未定年代到确认为明代所建，是学术研究的一个进步，可使研究者获得深入探讨的路径。遵循这个结论思考，笔者经此次调查后，觉得对此年代似尚可研究。明代不具备修筑此烽火台的条件，定此年代似较偏晚，因此尚有可商之处。现就考证此烽火台的年代提出以下几点理由，加以探讨。

第一，从地理位置看，这座烽火台处在今法库县东北部，辽河之西，当辽河在流经今铁岭市后转向西南流时，此地在辽河之北的很远处。这个地理位置，在古代尤其是早期，无论是居住民族还是建置，都很清楚。因此，确定此遗址的年代和归属，在认识上的思路应该是较为明确的。

第二，此烽火台的修筑时间不会太早。从其建筑特点看，烽火台为圆形，土石夯筑，外面筑有两道围墙，设施结构较为完善，不似草创产物或是早期遗存，而且从其保存上看，虽有颓坍，亦属自然颓坍，保存还是比较好的，因此其时代不会为早期的，但它又有较大的颓坍，所以年代也不能过晚。

第三，基于上述两个情况，法库县前山村磨盘山烽火台的年代，既不可能是早期战国和秦、汉时期，也不可能是明代的。因为从考古调查看，战国和秦、汉的长城遗址已经被发现，其功能是防北边东胡和匈奴的，这个时期的长城在今法库附近的走向是：西从今彰武县东六家子进入法库县西南部叶茂台村北山后面，然后向东去，前山一带，当时在长城之外，不是战国时期燕国和秦、汉管辖的领土范围，因此，前山村磨盘山烽火台不可能为其时所修筑。至于明代，也有相同问题。明时的长城，在东北是东面防建州卫女真，西面防兀良哈三卫蒙古，因修筑时在辽河流域段利用了高句丽长城，形成南北走向，在今沈阳西、铁岭西、开原西面的不远处通过，结果丢掉了辽河河套大片土地，当时前山一带更远在明长城之外很远的西面，明代就不可能在长城防御外修筑固定的烽火台。从历史上看，根据当时辖地范围，无论战国、秦、汉还是明代，都不可能在前山村附近修筑烽火台。

第四，我们在烽火台遗址上调查时发现的遗物，比较明确地反映出遗址的年代。由于遗址所在地散布的遗物比较单纯，除清代晚期在台址东南部建有一座规模不大的庙宇，现地表存有小型青砖和灰色小瓦外，在遗址所在的山顶和山下各处，所发现的遗物皆为辽代，其特征非常明显，如大型沟纹青砖、布纹大型厚胎筒瓦和板瓦、水波状印纹滴水板瓦等，均为典型而特征明显的辽代遗物，不见秦、汉或明代任何遗物。因此可知，前山村磨盘山烽火台为辽代所建。

第五，根据文献记载，辽代修筑过长城和烽火台等军事防御设施，如《辽史》卷十七《圣宗本记》载：太平六年（1026 年）“二月己酉，以迷离己同知枢密院、黄翩为兵马都部署、达骨只副之、赫石为都监，引军城混同江、疏木河之间。黄龙府建堡障三、烽台十，诏以农隙筑之”。黄龙府，为今吉林省农安县，因此，这些烽火台当在今吉林省第二松花江一带，是为防女真人修筑的。《辽史》记述可证明辽时曾筑有烽火台，但其所在皆不为今法库地，而从黄龙府往南情况就不明确了。烽火台建于法库地方之事，还不见于文献资料记载。因此，法库前山村发现辽代烽火台，确实是非常重要的，它可能和黄龙府烽火台在同一条线路上，此为其南段部分，是东京道（治所在今辽阳市）的军事防御设施。

综上所述，法库县柏家沟乡前山村磨盘山烽火台的年代，可确定为辽。这是过去所不知道的，是一个新的发现。在我国古代，烽火台是一种军事防御设施，辽代过去少见。从发现情况看，这种设施当时不仅在边地有，而且在内地由于同样需要也加以修筑。前山村磨盘山烽火台的发现，加深了我们对辽代社会的了解。此次新的发现，对于《辽史》简略、记载不足的情况，也是一个很好的补充，无疑将有助于对辽史的深入研究。

［原载《辽文化研究》（第四辑），沈阳市辽文化研究会 2014 年 6 月版］

# 文　九
# 岭北长城考

在内蒙古自治区呼伦贝尔盟西部，有一道沿根河南岸西去至额尔古纳河，后又越境西去直至今境外的古代长城，其总长度达七百多公里。这道长城过去未见文献记载，因此在长时间里不为世人所知。自 19 世纪中叶发现它之后，对其定名便有误，以后各家说法不一，迄今未有定论。为此，笔者和米文平等人特地对这道长城进行了实地调查，以求得详细了解，并结合我们所掌握的材料参加讨论，冀使这一久悬的问题得到解决。

此前关于呼伦贝尔西部长城的具体情况，从未发表过详细的调查材料。能见到的一些记载，大都缺乏论证，很多只是概然性的意见，没有说明得出其结论的依据；有的虽提出自己的见解，却用与此长城并无关系的材料去阐述自己的推论，没有引述更直接的材料去证明，也没有从历史的大背景中去验证。因此，虽有诸多说法，但仍没有解决此长城的修筑时代及其归属等问题。

鉴于上述种种情况，笔者此次发表实地调查材料，并以考古资料结合文献记载，试论呼伦贝尔西部长城为金代长城，并在金初所建。

因为这道长城在大兴安岭之北部，由此始而西去，过去称“界壕”者，实亦是长城，故本文名曰“岭北长城考”。

## 一、岭北长城的调查、走向与结构

发端于今内蒙古呼伦贝尔盟西部的这道长城，尽管发现至今已有一百四十余年，但较详细地对其进行考古调查，则很欠缺，因此多少影响了对这道长城的研究。在此情况下，我们首先将这道长城的研究状况及考古调查发现等记述于后。

### （一）岭北长城的研究状况与调查经过

自岭北长城被发现以来，在一百多年中，对其研究与调查的情况，大约经过如下历程。1852 — 1864 年，俄国贵族克鲁泡特金在中国边境探险，见到这道长城，将其称做“成吉思汗长城”[①]。从此之后，学术界多沿用此说，不仅限于西方，我国亦然。这一提法显然是错误的，但其影响却很大。

1897年，清王朝编绘舆图时曾对这道长城进行了测量，其情况屠寄有如下记载：“光绪丁酉，黑龙江测绘舆图，崔君祥奎测绘至此。”[②]其后出版的《黑龙江舆图》上，这道长城被命名为“金源边堡”[③]，其位置、走向以及城堡等亦标绘得颇为翔实。这道长城始为人们所重视。

正是由于了解到这道长城的存在，进入20世纪20年代，记录或研究者日多，各自发表了不同意见，均不相统一。《呼伦贝尔志略》称之为“兀术长城”[④]。《呼伦贝尔》一书认为它是“拓跋鲜卑的国界”[⑤]。《黑龙江志稿》附图将其标注为“兀术长城”[⑥]。《历代长城考》在所附地图上将这道长城标注为“汉光禄城”，下面又用括号注明“即成吉思汗城”[⑦]——因为这样标注的年代相差太远，反而使人不得要领，不知应以二者之中何者为是。

近年来对这道长城的认识，仍然分歧很大。我国在1969年编绘的地图将其标注为“成吉思汗长城”，1976年编绘的陈巴尔虎旗地图将其标注为“成吉思汗边堡”。也有人提出这道长城是“塔塔儿长城”[⑧]。

1979年，孙秀仁考证了这道长城的年代。他说：“我认为这条边墙既不是金代的‘金源边堡’‘兀术长城’，更不是俄人П. А .克鲁泡特金所认为的‘成吉思汗边墙’（Еал Чинтнсхан ~ а），而是辽朝在特定历史时期为巩固中部区，防御属部羽厥、室韦、北阻卜等族窜犯而修筑的防御工程。修建时间及经过，《辽史》未载，似不应早于辽朝中叶。”[⑨]1973年春和1980年夏，景爱等人对这道长城在我国境内的部分线段进行了实地考察，不久发表了他们的研究成果。在一篇文章中他说：“关于边壕的时代，众说纷纭，莫衷一是。笔者认为，这是辽代为防御乌古敌烈诸部的侵扰，保护克鲁伦河、哈拉哈河、海拉尔河流域的农业经济而修建的一道军防工程。”[⑩]在他的另一篇文章中，他仍然认为这道长城为辽代所建：“是防御乌古敌烈部以及阻卜的侵扰而修建的一道军

① 原稿现藏黑龙江省博物馆，景爱曾引此文，可资参考，见景爱：《关于呼伦贝尔古边壕的时代》，《社会科学战线》1982年第1期。

② 屠寄：《蒙兀儿史记》卷二《成吉思可汗本纪》，北京：中华书局1964年11月版。

③ 屠寄：《黑龙江舆图》，光绪二十五年（公元1899年）石印套色本，第35 ~ 38页图。

④ 张家璠：《呼伦贝尔志略》，民国十一年（1922年）上海太平洋印刷公司版。

⑤ 阔尔马左夫：《呼伦贝尔》，民国十八年（1929年）东省铁路经济调查局版。

⑥ 张伯英：《黑龙江志稿》，民国二十一年（1932年）版。

⑦ 寿鹏飞：《历代长城考》，民国三十年（1941年）得天庐本。

⑧ 夏恩训、李荣超：《草原上的口岸城市——满洲里》，《实践》1980年第8期。

⑨ 孙秀仁：《黑龙江历史考古述论》（上），《社会科学战线》1979年第1期。

⑩ 景爱：《关于呼伦贝尔古边壕的时代》，《社会科学战线》1982年第1期。

事防御工程。”①

学术界关于这道长城的年代所展开的讨论，引起了我们的注意。1981 年 9 月，笔者和米文平参加在辽宁省抚顺市召开的“东北民族源流与分布学术讨论会”，会下我们二人在交流个人学术观点过程中谈及这道长城时，认为定其为“成吉思汗长城”是错误的，但推定为辽代所建，也有很大问题，尚难看成定论。我们不约而同，感到应进一步调查和研究。

为了解这道长城的情况，米文平已在 1977 年和 1979 年调查了处在西新巴尔虎旗和额尔古纳右旗境内的部分段落。为了获得更深入的了解，1986 年 5 月，米文平与白劲松、吴树海又调查了陈巴尔虎旗红山嘴至八大关一带的长城，发现城堡二座。1987 年 4 月，米文平又调查了额尔古纳右旗拉布达林镇至黑山头、四卡之间六十二公里长的长城，在小孤山古城址采集了少量金代遗物。

1987 年 7 月，笔者和米文平并邀朱国忱、张柏忠一起开始对这道长城全部进行重新调查。我们从额尔古纳右旗上库力村西南、库力河西岸沼泽地中的长城东端起点开始，沿根河南岸西去，中途经过额尔古纳右旗政府驻地拉布达林镇，又西去，直到额尔古纳河东岸的四卡。这一段长城长约八十公里。然后我们折而南去，沿额尔古纳河东岸，调查了由四卡向南至小圆山长约十公里的长城，测绘了长城的大体走向与结构，还测绘了上库力城址、小孤山三座城址、尖山子城址和四卡城址，详尽地观察了解长城沿线的山川走向与地理形势。此外，我们还调查了呼伦贝尔盟沿途各旗的古城址。

1987 年 10 月，米文平、赵越、白劲松、王成以及文物普查学习班的学员再次复查了上库力至四卡间的长城。他们在拉布达林镇东南的一二〇队东北六公里处发现一座城址，在新立队正南一公里处发现一座城址。同年 10 月 13 日，米文平、白劲松、吴树海又复查了由四卡向南至八大关之间的长城，在四卡以南十公里处发现一座城址。

## （二）岭北长城的走向与特点

岭北长城东起于内蒙古自治区呼伦贝尔盟额尔古纳右旗根河南岸支流库力河畔的上库力村西河边沼泽地，西端止于蒙古人民共和国境内鄂嫩河之南与乌勒吉河河源之北的沼泽地中，其走向大体是由东北向西南，绵亘七百余公里，雄峙于北部蒙古草原。该长城东段沿根河南岸由东而西，至根河河口再折向南，沿额尔古纳河东岸台地边缘蜿蜒南行，到红山嘴向北越过额尔古纳河，在今俄罗斯境内沿额尔古纳河北岸向西南延伸，到满洲里复入我国境内，经西新巴尔虎旗北部出境进入蒙古人民共和国，沿克鲁伦河与乌勒吉河之间的草原伸向西南，终于乌勒吉河河源处之北（图 2–9–1）。

① 景爱：《关于呼伦贝尔古边壕的探索》，《历史地理》第三辑，上海：上海人民出版社 1983 年 11 月版。

图 2-9-1　金岭北长城走向示意图

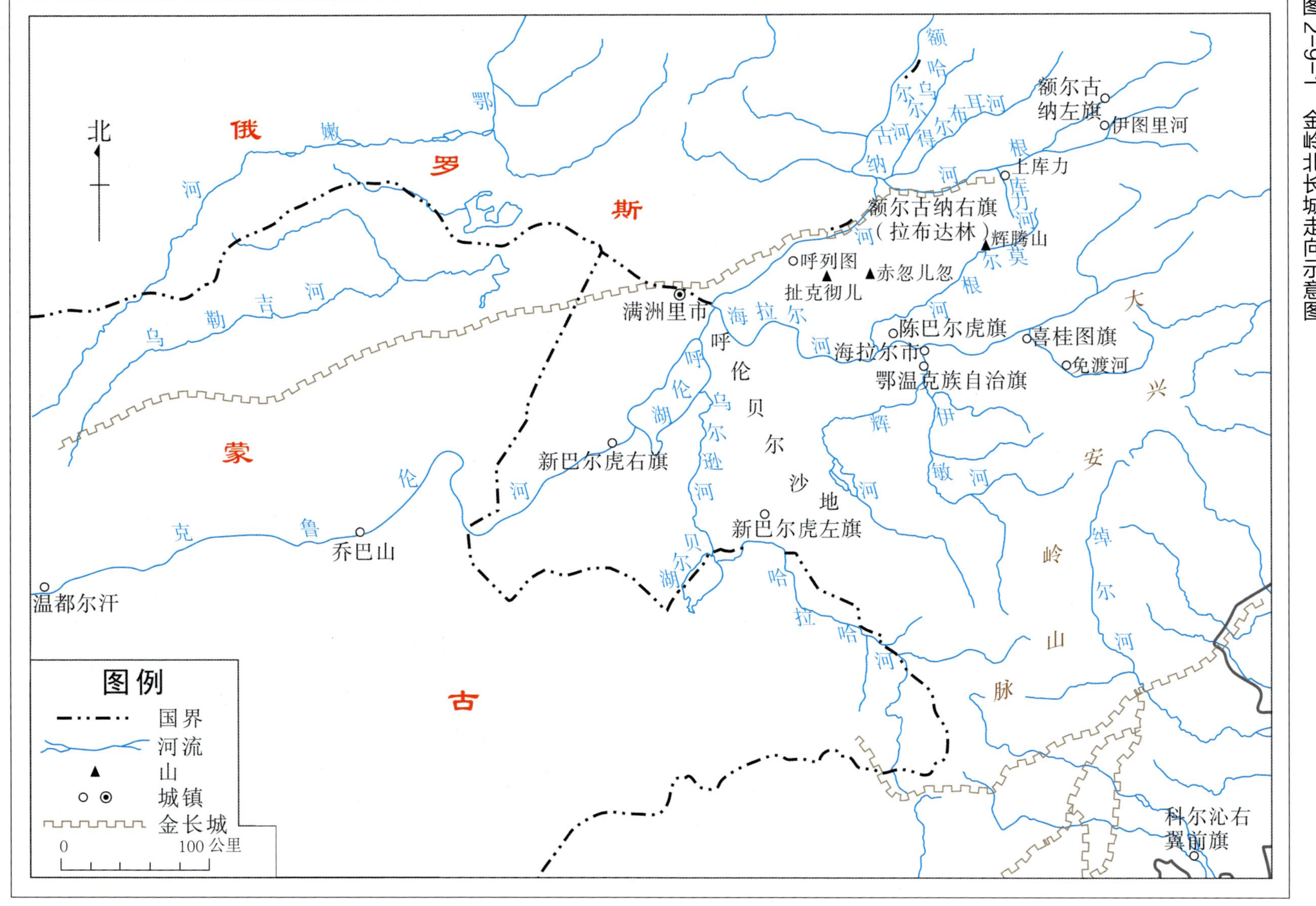

从这道长城所处地理形势我们可以看出，它是针对其北部鄂嫩河流域的游牧民族而修筑的一道军事防线，工程浩大，规模宏伟。这道长城与起点在大兴安岭以东并转向西南的金代长城（以下称为“岭南长城”）恰成相互并行的两条防线。由于这两道长城都是从东北向西南走向，都是针对草原地带的游牧民族，都是为防御骑兵奔袭而建的军事设施，因此它们具有如下共同的特点：

（1）在地形选择上：大都沿河流、山脉走向，而多在山麓修筑城墙，未见如其他地区的长城那样蜿蜒于山脊、高耸于山巅者。这是由于它们处在沙漠、草原地带的原因。它们的这一特点，使其明显区别于战国、秦、汉长城以及后世明代长城。

（2）在结构形制上：主要是挖壕堑，以防战马冲击跨越——在外侧掘沟取土，在内侧筑墙。根据调查所见，这两道长城现虽已颓坍，而且有的地段颓坍较严重，但从保存较好的线段或已坍毁的墙体土方量看，其壕深加墙高至少超过四米，高的可达六米以上。其墙体上筑有马面，它高出墙身，伸出墙外，有利于戍卒居高临下射箭，以加强防御。

（3）在城、堡配置上：沿长城内侧每隔适当距离均筑有边堡，各边堡城址之间的距离一般为十多公里，有的二十多公里。边堡多依长城走向而筑，在其内侧筑成方形或长方形土城，大者每边长一百二十到一百八十米，小者每边长三十到五十米不等。长城都与边堡成套配置，故过去称其为“界壕边堡”。

另外，岭北长城同岭南长城相比较，也有不同的特点：

（1）它较岭南长城规模略小，城墙较低，壕沟较浅，个别地段经千百年风沙湮塞，长城几乎已不可见。

（2）沿线边堡城址较小，有些边堡内城作方形，外城呈圆形，平面形状略如圆郭方穿之铜钱。此乃岭南长城所未见者。

（3）沿线未发现较大的城址，只有一些小型城址，置于长城内侧，远者可在十公里或二十多公里处。

## （三）岭北长城边堡的结构与现状

下面对岭北长城及其边堡的分布、结构及现状加以具体说明。

### 1. 岭北长城的东端起点

岭北长城的起点，位于今内蒙古额尔古纳右旗东部库力河西岸，距河东岸的上库力村约三公里，地理坐标为北纬五十度十五分，东经一百二十度二十四分。库力河系一条不宽的小河，长仅五十公里，源出大兴安岭西部的森林山地，由东南流向西北，于拉布达林镇东北十公里处注入根河。库力河河谷多沼泽，宽约三公里，长城从河滩沼泽地带起筑。这里现为草地，但地势仍很低洼，其东一公里即为山脚，山脚下即库力河，略偏东北为上库力乡政府所在地上库力村。从现在地势低洼的草地看，古代这里是水域很广的沼泽地，通行不便，因而界壕起筑于河边沼泽地中。现在长城的起点处并不十分明显，略存残迹，向西直线延伸，在升上二级阶地以后，长城遗迹始清晰可见。阶地上较河谷滩地高出二十多米，河谷上升阶地的坡度较缓，阶地平衍。长城在今上库力村至拉布达林镇公路北侧西去，公路基本上与长城平行。

在长城起点附近，发现有三座城堡址。

上库力边堡址：在长城起点南侧，在今“17公里”公路里程碑处（起点在拉布达林镇）公路南侧，其西北角距离公路五米，东北角距离公路五十米——公路距离长城仅十五米。城址为方形，方向为南偏西，西城墙长五十七米，南城墙长五十八米，城墙周长二百三十米；墙垣保存完好，存高一点七米，坍宽十米，顶宽一点七米；城墙墙外侧无马面，四角有角台，伸出墙外，边长十二米；东城墙辟有一门，宽八米。堡内未见任何建筑遗迹。

一二〇队戍堡址：在上库力边堡址西南九公里处，西距一二〇队六公里——一二〇队是距离此戍堡址最近的一处居民点，故名之为一二〇队戍堡。此堡很小，远离长城，当为长城戍守士卒的住所，故暂称其为戍堡，以区别于临近长城之边堡。堡呈方形，东城墙长三十五米，南城墙长三十六米，城墙周长一百四十二米；城墙存高一点六米，坍宽九米；城墙外有壕沟，存深零点六米，宽十米；城墙外侧无马面；西城墙辟有一门，现宽六米。堡内未见任何遗迹 。

新立队戍堡：在上库力边堡正南十八公里处，北距新立队一公里，故名新立队戍堡。堡呈方形，边长均为三十三米，城墙周长一百三十二米；城墙存高一点一米，坍宽十一米；墙外壕沟存深零点四米，宽十米；城墙外侧无马面；南、北两城墙各辟一门，宽五米。

### 2. 上库力至拉布达林的长城

由上库力长城起点向西到额尔古纳右旗政府所在地拉布达林镇，距离为二十公里。这段长城系直线走向，所经地段地势平坦，属于呼伦贝尔草原的北部边缘，往北、往东即进入大兴安岭森林山地。上库力至拉布达林的公路在长城南侧与之并行，距离约为十到二十米；有很短的一段公路与长城相合。这段长城基本保存完好，城墙存高一点二米，底坍宽七到八米；城墙北侧外面有沟，现存深零点五米左右，宽五到六米；城墙外侧有马面，现稍高于城墙零点一到零点三米，各马面间的距离为二十米至四十米不等。

笔者调查时，在拉布达林镇东的“2公里”公路里程碑至“3公里”公路里程碑之间，有一段长城因近年修筑公路取土被推土机推毁，残留断面保存尚好，可观察到长城城墙的剖面结构（图2–9–2、图2–9–3）。此段长城筑于平地，用土为黑色沙质土壤，修筑方

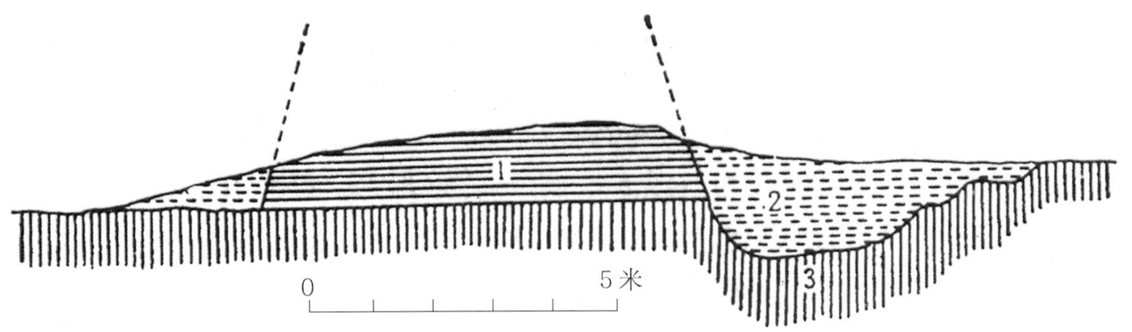


图 2-9-2 今内蒙古呼伦贝尔盟额尔古纳右旗拉布达林镇金岭北长城墙体横剖面示意图（1. 长城墙体 2. 外侧壕沟中的积土 3. 原生土）

图 2-9-3 今内蒙古呼伦贝尔盟额尔古纳右旗拉布达林镇东金岭北长城城墙遗存断面（由东向西摄）

法系掘沟取土筑墙，城墙残高一点二米，底宽七点二米，墙外壕沟现存深一米，沟宽三点五米；城墙为夯土筑成，现可见清晰的四层夯土，每层厚十厘米。

长城在额尔古纳右旗政府驻地拉布达林镇内通过，部分长城为镇内居民房舍所占用，但在房舍间的空地上，长城遗迹仍很明显，可以清楚看出其走向。

拉布达林边堡址：在拉布达林镇西部小西山南坡长城拐向西南的拐弯处、长城内侧（南侧）二十五米处，方形，边长五十米，城墙周长两百米；有方形内城，东城墙辟有一门。现在这座边堡已为近年镇内居民建房占用，仅存部分遗迹，已无法窥见堡内遗存全貌。

葫芦头戍堡：在拉布达林镇正南四公里，葫芦头村北三点五公里，故名之为葫芦头成堡。堡呈方形，边长均三十七米，城墙周长一百四十八米，存高一点五米；墙外无马面，东面有一门。

### 3. 拉布达林至尖山子的长城

长城出拉布达林镇后，沿根河南岸阶地直向西微偏南方向而去，与拉布达林至黑山头的公路并行——公路在其北面（图 2–9–4），两者相距三十米。长城城墙外（北）侧有马面，马面间距一般为四十五米；现城墙坍宽十米，存高一点五米；城墙北侧有沟，其遗迹还较为明显。自此以后，长城即傍公路西行，有的地段离得较近些。在今“5 公里”公路里程碑处，长城折向公路北侧。在“7 公里”公路里程碑处，长城又回到公路南面。在“14 公里”公路里程碑处，公路南面是一山岗，长城又回到公路北侧，与其并行通过拉布达林牧场四队，它是一个只有十余户人家的小村子，距离拉布达林镇十六公里，其间所经旷野地势平坦。过了拉布达林四队，以西为丘陵山地，新修的公路在此处离开旧路，折而南去，绕山西行，长城仍在旧公路北侧沿根河二级阶地边缘屈曲向西延伸，山下是河，河亦甚屈曲，河套多树。过此山湾之后，长城径直上一山腰，其北面山头被称为尖山子（图 2–9–5 ~ 图 2–9–7）。过此山岗后，长城曲向西北行，在岗间平地上，长城作一九十度转弯，向西南去，城墙呈圆弧形——此地在拉布达林镇以西二十二公里处。

尖山子西坡下，即长城转弯处有一边堡。它坐落在阶地边缘，紧临根河河湾，居高临下。

图 2–9–4　今内蒙古呼伦贝尔盟额尔古纳右旗拉布达林镇西之金岭北长城遗存状况（由西向东摄）

图 2-9-5　今内蒙古呼伦贝尔盟额尔古纳右旗拉布达林镇尖山子附近之金岭北长城遗存（由西向东摄）

图 2-9-6　今内蒙古呼伦贝尔盟额尔古纳右旗拉布达林镇尖山子附近之金岭北长城遗存

图 2–9–7　今内蒙古呼伦贝尔盟额尔古纳右旗拉布达林镇尖山子附近之金岭北长城遗存

尖山子边堡址：北面紧临长城，并利用长城城墙，形成内、外二城——内城方形，外城圆形，平面呈“铜钱”状（图 2–9–8）。内城南北长五十七米，东西宽五十六米，城周长二百二十六米；城墙存高一点八米，坍宽十二点五米，顶宽一点五米；墙外壕沟深一点八米，宽九米（图 2–9–9）；城墙无马面，四角有角台，伸出墙外；只有东面一门，门宽五米；城内覆土较厚，地面未见遗迹遗物。外城直径一百二十米，城周长三百七十七米，城墙存高零点五米，坍宽三米。外城北面即借用长城城墙——长城从东南延伸到此，边堡以长城城墙构成北面外墙，然后长城向西南延伸而去。

### 4. 尖山子至小孤山的长城

长城由尖山子边堡向西南延伸三公里，至今拉布达林牧场六队，越过未改线的旧公路，在其南侧与之相傍而行，在丘陵上随岗势起伏，大体以西微偏北走向直行，在今“44 公里”公路里程碑处到小孤山。

这里是根河南岸二级台地伸入河谷形成的一个“半岛”，三面环水，根河支流在小孤山北侧悬崖下绕过。该悬崖高出河谷六十余米，悬崖之上即为小孤山山顶，山形略像一个马鞍，在其中间凹处有一城堡，我们名之为小孤山北堡。小孤山南侧为缓坡，顺坡

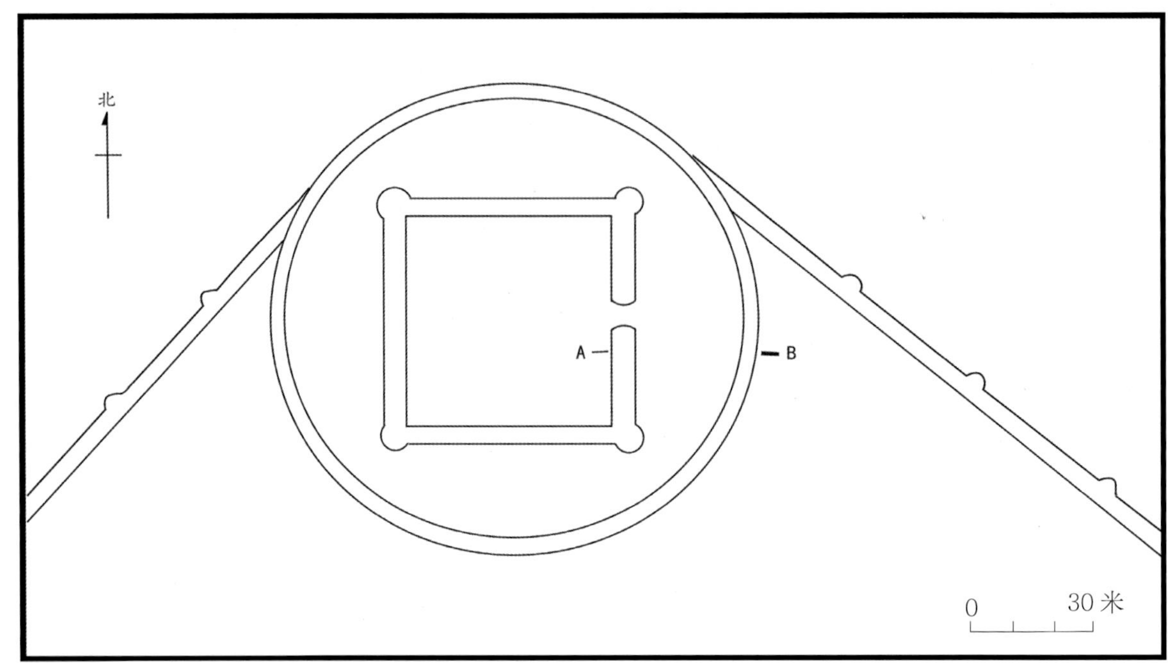


图 2-9-8　今内蒙古呼伦贝尔盟额尔古纳右旗拉布达林镇尖山子边堡址平面示意图

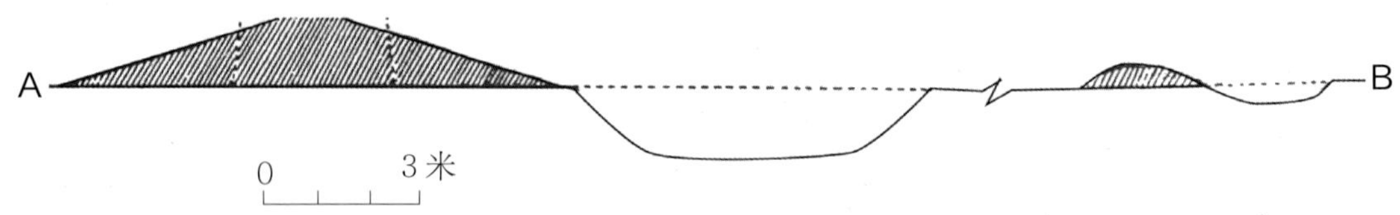


图 2-9-9　今内蒙古呼伦贝尔盟额尔古纳右旗拉布达林镇尖山子边堡址墙体及其外侧深沟剖面示意图

而下，经过一片平地，在长城南面有一个不到二十米高的小山包，其上亦有一城堡，我们名之为小孤山南堡。南、北二堡相距两公里。长城在小孤山南堡北面一百米处经过。在长城之北的中间平地上有一土城，我们名之为小孤山城址。南、北二堡在山岗上互相呼应，拱卫着中间平地上的土城，构成一套完整的防卫体系，易守难攻，形势险要。

这段长城保存完好，城墙存高一米左右，坍宽八米，墙外的沟存深零点五米，马面之间的距离为三十米至五十米不等。

在小孤山北堡外侧另有一段长城，它从悬崖上的小孤山山顶绕过，其东侧由小孤山东坡绕向南坡，下坡后即不见；其西侧由小孤山西坡绕向南坡，下坡延伸二百五十米后亦不见。在这段长城城墙的两端，如继续向南延伸，似与主长城城墙相接，从而将小孤山北堡及土城围于其内，成为其屏障（图 2-9-10）。

小孤山城址：位于长城北侧九百米处，南距小孤山南堡约一公里，东北距小孤山北堡约七百米（图 2-9-11：1）。城址为长方形，南北长一百零七米，东西宽八十七米，

图 2-9-10 今内蒙古呼伦贝尔盟额尔古纳右旗拉布达林镇小孤山长城、城堡位置示意图（1. 城址 2. 北堡遗址 3. 南堡遗址）

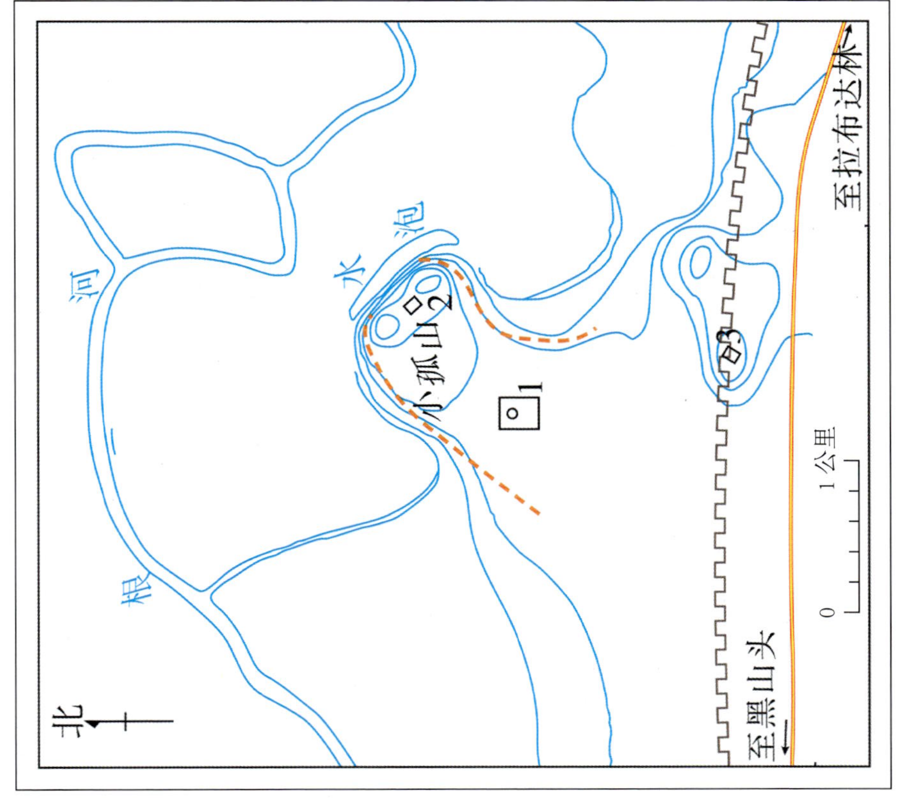


图 2-9-11 今内蒙古呼伦贝尔盟额尔古纳右旗拉布达林镇小孤山城堡平面示意图（1. 城址 2. 北堡遗址 3. 南堡遗址）

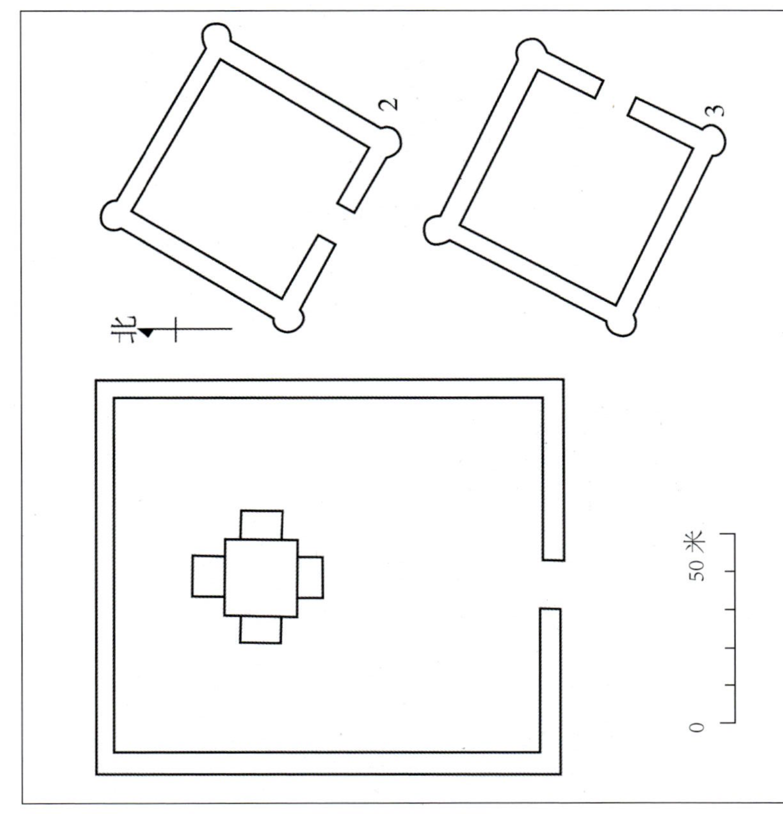

城周长三百八十八米，城墙参差不齐，存高零点五到一米，坍宽五米；墙外壕沟存深零点四米左右；城墙上无马面、角台；南面一门，宽六米。城内北部正中有建筑台基址一处，它北距北城墙二十米，高约一米，长各十八米，四面中部各延伸出一个长四米、宽九米之土台，当是台阶；台基上面，北部有柱础坑四个，未见其他遗物。在城址北六十米处有三个长方形居住址，它们高出平地零点三米，笔者调查时从已被挖过的灰坑中采集到金代陶片、瓷片，还在城址四周发现石臼、石杵、石磨及铁铧、铁炼渣等遗物。

陶片：为泥质灰陶，素面。一种器形为卷沿盆之口沿，与金岭南长城出土的大口、敛腹、平底、卷沿盆之口沿相同（图 2–9–12：5、6）。一种为卷沿罐之口沿，与金岭南长城出土的小口、鼓腹、平底、卷沿罐之口沿相同。

瓷片：数量不多。有金代白釉黑花瓷片与黑釉粗缸片（图 2–9–12：1、2、3、4）。

铁铧：一件，在城址北六十米处居住址西南出土，为大三角形，长二十五厘米，宽二十七厘米，有銎，銎高七厘米（图 2–9–13）。另外，笔者在城址外面采集有铁炼渣多块（图 2–9–14）。

石臼：在城址外地面采集三件，其中两件已残，一件完好无损，出土于城外东南角相距五十四米处。石臼为灰白色花岗岩制成，外部不规则，长五十二厘米、宽四十三厘米、高四十一厘米，臼窝口径二十四厘米、深十八厘米；窝内凿齿沟六组，每组六齿（图 2–9–15）。

石杵（碓）：花岗岩凿成，高四十三厘米，上半截为八厘米 × 十五厘米的方柱体，下半截为圆柱体，椭圆状杵头下部经捣米使用已被磨得颇为光滑（图 2–9–16）。

图 2–9–12　额尔古纳右旗小孤山城址出土的陶瓷片

图 2–9–13　额尔古纳右旗小孤山城址出土的铁铧

图 2-9-14　额尔古纳右旗小孤山城址外出土的铁炼渣

图 2-9-15　额尔古纳右旗小孤山城址外出土的石臼与石杵

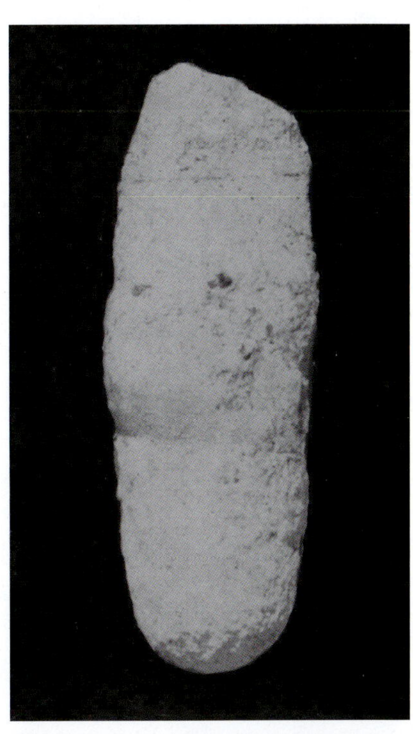

图 2-9-16　额尔古纳右旗小孤山城址外出土的石杵



石磨：调查时只获得上扇一件。花岗岩凿成，圆形，直径四十厘米、厚十五厘米；上部周边起沿、中间凹下，深四厘米，如盆状，便于盛装欲磨的粮食；中间磨脐为透孔，直径三厘米，磨脐旁还有一个透孔，用作漏粮通孔；磨扇外缘有一个半圆形凸出，长八厘米，其中心有一个不透孔，系用来安装柱状磨把手，以便用手摇磨（图 2-9-17）；磨扇下面凿有磨齿，计六组，每组有六到八条不等的齿槽（图 2-9-18）。这件石磨与霍林河金代

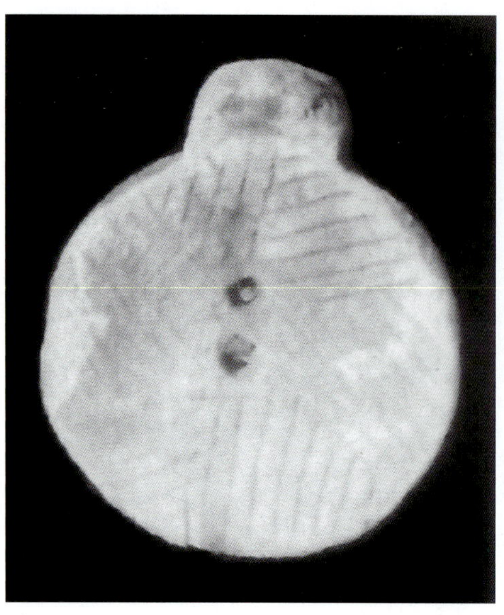
图 2-9-17 额尔古纳右旗小孤山城址外出土的石磨（上扇齿面）

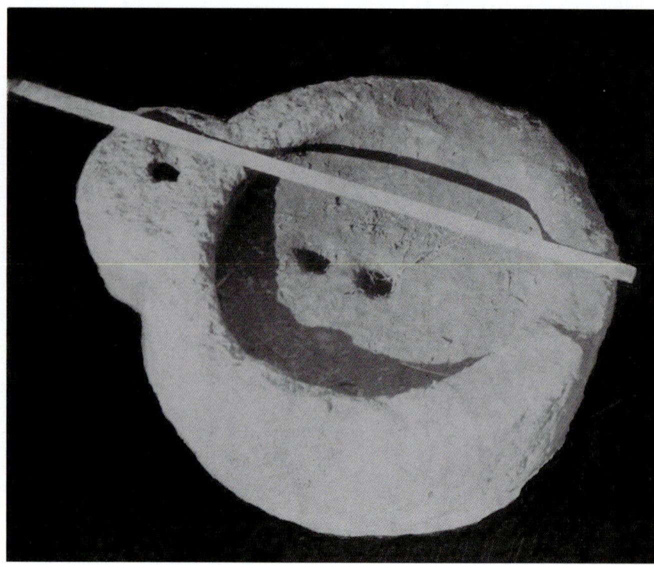
图 2-9-18 额尔古纳右旗小孤山城址外出土的石磨

长城出土的石磨式样相同。

小孤山城址内外所采集的遗物，皆为金代，这是很值得注意的考古现象。

小孤山南堡：在长城内（南）侧一百米处的小山岗顶部，方形，长、宽各四十六米，城周长一百八十四米；城墙存高两米，坍宽十二米（图 2–9–11：3），无马面，四角有角台；东面一门，宽八米。此堡内未见遗物。

小孤山北堡：位于城址东北七百米的小孤山顶上，北临悬崖，地势险要，便于防守。城堡为长方形，东西长四十五米，南北宽四十三米，城周长一百七十六米；城墙存高两米，无马面；南面一门，宽八米（图 2–9–11：2；图 2–9–19）。此堡内未见遗物。

## 5. 小孤山至黑山头的长城

这一段长城长八公里。长城自小孤山城址南面一直向西去，沿途地势平坦，公路在

图 2-9-19 今内蒙古呼伦贝尔盟额尔古纳右旗拉布达林镇小孤山北堡遗址（由东向西摄）

它北面。当原来在其东面、自拉布达林牧场四队新修、从一山岗南面绕过折而西去的公路与旧公路重新合并之后，公路转弯越过长城到其南面，然后与长城并行西去。这段长城基本完好，城墙存高零点五米，壕沟存深零点三米左右。在黑山头镇“51 公里”公路里程碑北侧延伸的那一段长城外，壕沟深达一点五米。

由今拉布达林镇西至黑山头镇的长城全长五十二公里。

### 6. 黑山头至四卡的长城

长城过黑山头镇后，在镇南小山丘的南坡径直向西，到达四卡，长度为十公里。这一段长城修筑在草原上，墙体较直，现都为自然漫坍，少人为破坏。因此，这一段长城基本完好，城墙存高一点五米，坍宽五米，马面间距为二十到三十米不等，壕沟存宽四米（图 2–9–20）。

四卡，系清王朝与沙俄签订《尼布楚条约》划定以额尔古纳河为中俄国界以后，清朝沿边防线建立的十二个卡伦之第四卡伦，当时称库克多博卡伦，简称“四卡”。它位于额尔古纳河东岸二级台地上。长城在接近额尔古纳河之处折而南去，在转折处的台地边缘有一个边堡——四卡边堡，它高出河床二十多米，居高临下，俯视宽阔的额尔古纳河谷，地理位置十分重要。此处与西岸今俄罗斯境内的旧粗鲁海图镇隔河相望，直线距离约两公里。

四卡边堡：有内、外两城，内城为方形，外城为圆形，平面如“铜钱”状。内城的边长均为五十二米，城周长两百零八米，无马面，四角有角台，南面辟有一门；城内东北角有一个子城，子城为长方形，西城墙长三十二米，南城墙长二十六米，北侧与东侧即依内城之北城墙与东城墙；城内未见其他遗迹。外城为圆形，直径为一百二十米，城周长三百七十七米。现在外城墙低于内城墙，墙外壕沟不甚明显；外城的北侧、西侧借用长城墙体，就像尖山子边堡址一样。长城在此作一圆弧形转弯，构成边堡外城（图 2–9–21）。

由上库力到四卡，长城全长八十二公里，基本为东西走向。到四卡边堡以后，长城绕过边堡圆形外墙之北侧、西侧折而向南，尔后沿额尔古纳河二级台地边缘向南延伸。

### 7. 四卡至三八四的长城

这一段长城的长度有十公里。长城自四卡“铜钱”形边堡转折后，沿额尔古纳河东岸台地边缘向南延伸，从小圆山（一座位于四卡以南四点五公里的额尔古纳河谷中的小山）东南约一点五公里至三公里的沼泽洼地经过，在今港监所南约一公里处，沿台地边缘向西延伸又转向南延伸，然后沿台地边缘折向西，直到在今三八四（附近牧民所称）绕过一个方形城堡，经该堡西侧向南延伸。此城堡附近无村落，我们暂名之为三八四边堡。

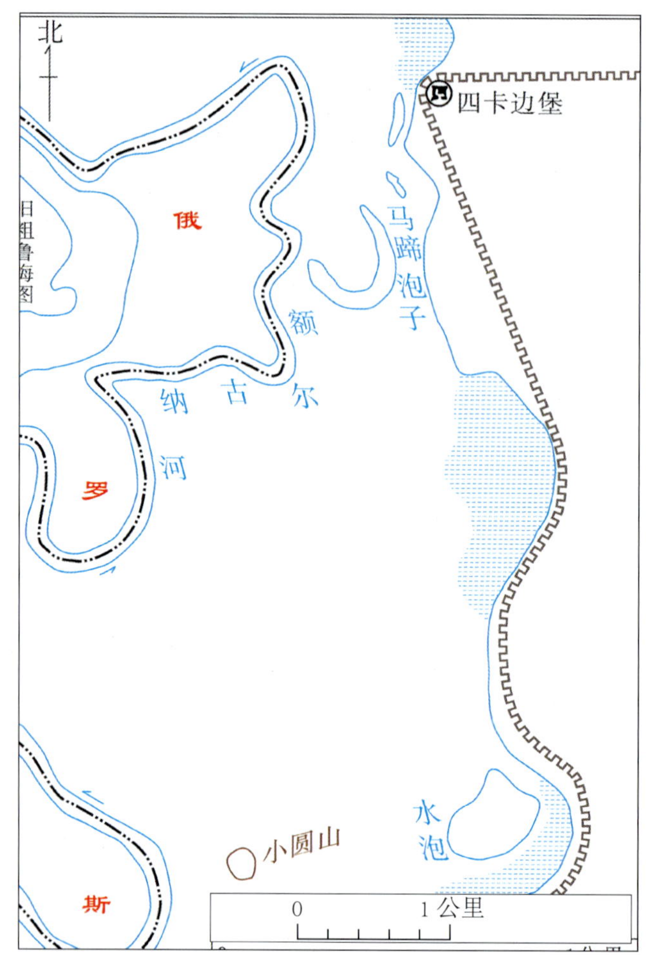


图 2-9-20　今内蒙古呼伦贝尔盟四卡长城、城堡位置示意图

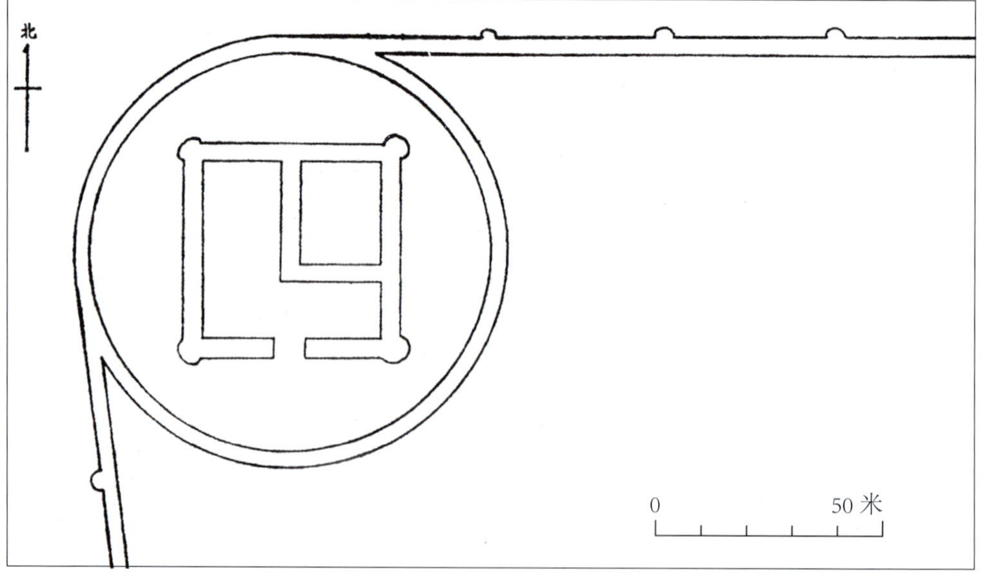


图 2-9-21　今内蒙古呼伦贝尔盟四卡边堡平面示意图

现今这一段长城的城墙很矮，大都在零点三米左右——由三八四边堡向南延伸的那段长约二点五公里的长城残高约零点二米，有的段落低于零点二米，几乎不可见。如果不是其墙外存有壕沟的迹象，很难看出这是将它后面的长城与前方的长城相连接之长城。

三八四边堡：位于四卡边堡正南十公里的二级台地边缘，这里是一个伸向河谷的台地尖端。此堡很小，方形，每边长约二十八米，城周长一百一十二米；城墙存高零点七米，东面一门，宽八米。城外之长城墙体极不清楚，与其他地面几无区别，只是因为在绕过边堡西侧转向南行之后还存有一条其高不足零点二米的长城墙体，才可以判断出长城在此之走向。从此处地形与四卡边堡近似推测，此边堡可能也是外圆内方、状如铜钱的结构。

### 8. 三八四至八大关渔场的长城

这一段长城长二十五公里。由三八四边堡向南在台地上直线延伸的那段长二点五公里的长城，城墙存高不超过零点三米，马面不明显。再向南则进入沼泽洼地，长城又向西南延伸约十二公里，踪迹不明显。在哈达图十二队西北两公里的河谷平原上，长城呈东北向西南走向，在八大关铜矿南山脚下与公路相合。这段长城颇为明显，城墙存高零点六米，坍宽约七米，马面间距为二十米至四十米不等（图 2-9-22）。长城在八大关铜矿南山脚下与公路相合后，沿山根蜿蜒向西七公里，到达八大关渔场。这里的额尔古纳河靠近南山根，河边一级台地上有一边堡，我们名之为八大关边堡。长城若隐若现地绕此边堡北侧向西南延伸约一点五公里后上山。

图 2-9-22　今内蒙古呼伦贝尔盟八大关北面之金岭北长城（由东北向西南摄）

八大关边堡：紧临额尔古纳河岸边，方形，每边长五十米，城周长二百米，城墙存高一米，无马面，南面一门。边堡北侧城墙就是长城墙体，它继续向西南延伸，但遗迹保存甚差。由此向西南延伸一点五公里后，方与明显可见之长城相接。

## 9. 八大关渔场至红山嘴的长城

长城由八大关边堡向西南延伸一点五公里上山以后，在沙拉温都尔山地中仍向西南延伸，蜿蜒起伏，尔后折向西北，延伸到红山嘴，向北越过额尔古纳河。这一段长城长约二十三公里，城墙、壕沟、马面均保存完好，城墙存高约一米，壕沟存深约零点五米。此段长城保存得如此之好，数里之外都清晰可见。

## 10. 嘎普察古尔谷至满洲里长城

长城在红山嘴向北越过十公里宽的额尔古纳河谷以后，进入今俄罗斯境内，沿额尔古纳河北岸，经卡普查嘎图依镇到凯拉斯推西南十多公里处，离开河岸，在山地上向西南延伸，由满洲里市西北十三公里的60号界堆复进入我国境内。

在今俄罗斯境内的长城长约一百二十公里，在这段长城中，现知有五处城堡，其中在凯拉斯推西南约十四公里处有两个戍堡：一个北距长城四公里，称“上城”；一个在上城东南三公里处，称“下城”。在阿巴该图西北十公里处，有一座外圆内方的小城。在此城西南九公里处，有一个圆形戍堡，此戍堡距离长城四公里。在满洲里市东北五点三公里处，有一边堡。

## 11. 满洲里至新巴尔虎右旗635号界标的长城

在我国境内的这一段长城是由东向西去的，长有六十多公里，其间由60号界堆至哈拉诺尔的十多公里的东段，和由海拉很乃浩雷到635号界标约二十五公里长的西段，城墙存高零点五到零点六米，山坡上的稍高，可达零点八米；中间约二十五公里长的长城保存得更好，城墙的高度一般在一点二五米左右，高的地方可达一点五米，底宽均在八米至八点五米。

在60号界堆附近有一圆形戍堡，它北距长城两公里。

## 12. 蒙古人民共和国境内的长城

长城从新巴尔虎右旗635号界标出境后，进入今蒙古人民共和国境内，在克鲁伦河以北和乌勒吉河以南向西南延伸，然后越过乌勒吉河，最后终止于乌勒吉河源与鄂嫩河源之间的沼泽地中，即在今乌兰巴托之东约二百四十五公里、温都尔汗之北约一百四十公里处，地理坐标为北纬四十八度二十七分，东经一百一十一度二十九分。在蒙古人民共和国境内的这段长城，全长约四百公里。

综观上述各段长城的总体走向、形制与结构等，和金代岭南的东北路长城基本相同，沿线边堡的出土遗物也为金代遗存，据此自然可以推论，呼伦贝尔西部这道岭北长城也当为金代遗迹。但这不过是仅根据考古调查材料得出的结论，还无法叙述金朝在呼伦贝尔西部修筑这道岭北长城的历史经过，因此，必须结合文献记载，补充历史的具体情节，才能使这一立论更加充实和完备。

## 二、文献记载中的岭北长城

考古调查所得材料，使我们了解到岭北长城的结构与时代，但还应该有文献资料的验证，才能使我们所得结论与具体历史相契合。基于此，我们试就所掌握的历史文献记载，加以考察，以验证我们的结论。

由于岭北长城不见于《金史》，以往研究者多不将它与史书的记载相联系，但征诸民族史籍，并非绝无记载，如拉施特主编的《史集》和《圣武亲征录》等书，均屡有提及。只是研究者们不知道有岭北长城，或是虽然知道这道长城，却往往以大兴安岭之东的金东北路长城当之，因此影响了他们对这道长城的认识。在此，我们不妨对有关记述试加辨析。

### （一）拉施特《史集》中有关岭北长城的记载

《史集》一书，是14世纪初蒙古汗国之一伊利汗国宰相波斯史学家拉施特（又译为“拉斯都丁”）奉完者都汗之命主编，成书于1310年至1311年。该书保留了当时的许多历史资料，包含了大量有价值的史料，不少为《蒙古秘史》和汉文史籍中所没有的重要资料或不同的记载，学术价值很高。拉施特《史集》中译本第一卷第一分册第229页载：

“尊号为阿勒坛汗的乞台君主们，〔为了〕保卫自己的国家以防御蒙古、客列亦惕、乃蛮以及附近地区的游牧人，筑了一道城墙，这道城墙在蒙古语中称为兀惕古〔atkū〕，突厥语则称为不儿忽儿合〔dūrqūrqeh〕。”[①]

此处所谓的“乞台”，是“蒙古人以及其后一切被他们所征服的西域各族对北中国的称呼”（此引文为拉施特《史集》第一卷第二分册第3页原注①）；“阿勒坛汗”，“是蒙古人对中国君主的通称，这个名称和当时统治北中国（‘乞台’）的金朝相联系。突厥—蒙古语‘阿勒坛汗’（金主）完全与此相当”（此引文为拉施特《史集》第一卷第一分册第170页原注①），可知“阿勒坛汗”在此即指金国皇帝。这段文字明确记载了统治中国北部的金国皇帝为“保卫自己的国家，以防御蒙古、客列亦惕、乃蛮以及附近地区的游牧人，筑了一道城墙”。

拉施特《史集》第一卷第一分册第263页又载：

① 拉施特主编：《史集》第一卷第二分册，余大钧、周建奇译，北京：商务印书馆1983年1月版。

“弘吉剌惕部落〔所占据的〕地区，为延伸于乞台、蒙古两地之间，类似于亚历山大城墙的兀惕古（aūtkūh）城墙之境，即称为兀塔只阿（atjīeh）之地，他们现在还住在那里。”

这个关于弘吉剌惕部所占据地区的兀惕古城墙的记载，即保留了关于呼伦贝尔西部这道岭北长城的史料。当时弘吉剌惕部的游牧地在今呼伦贝尔盟根河一带。《元史·特薛禅传》载：“初，弘吉剌氏族居于苦烈儿温都儿、斤、迭烈木儿、也里古纳河之地。”“苦烈儿温都儿”，即今额尔古纳右旗根河口附近黑山头镇的古里也奴山。“斤”即“根”，即根河。“迭烈木儿”，即今根河北边的得尔布耳河。“也里古纳河”，即今额尔古纳河。由此可知，《史集》所称“弘吉剌惕部落〔所占据的〕地区，为延伸于乞台、蒙古两地之间，类似于亚历山大城墙的兀惕古城墙之境”，再明显不过地说明了这个“城墙”就是根河与额尔古纳河沿岸的这道长城。文中既然称这道长城“延伸于乞台、蒙古两地之间”，那就说明这道长城当时是金国与蒙古之间的边界，而这条边界的墙壕为金国所筑。

《史集》第一卷第二分册第 3 页载：

“因为乞台居民与这些〔突厥蒙古〕民族、与他们所在的地区、〔总之〕与他们的游牧地段毗邻而居，所以在乞台境内进行游牧的若干部落，经常杀死属于这些部落的某些部落的许多〔人〕，而他们〔反过来〕也去掠夺与破坏乞台地区。乞台君主由于时刻担心着这些蒙古游牧民，便在乞台国与这些部落之间筑起一道像亚历山大城墙那样的城墙(蒙古人称之为兀惕古黑，突厥语则作不忽儿合)，表现了制驭他们的远大眼光与才干。”①

这里所谓“在乞台境内进行游牧的若干部落”，是指在大兴安岭以北的呼伦贝尔草原上游牧的部落，当是塔塔儿等。“突厥、蒙古民族”与塔塔儿等部落是毗邻而居的，而且双方经常发生掠夺战争。所以这里所谓的“乞台境内”（指北中国，即金国境内——本文笔者），即大兴安岭以北的呼伦贝尔草原一带。蒙古人“反过来也去掠夺与破坏乞台地区”中的“乞台地区”当然也是指呼伦贝尔草原地区。因为在金朝建立以前，蒙古部并未去掠夺与破坏过大兴安岭地区，故此处所谓“乞台君主由于时刻担心着这些蒙古游牧民，便在乞台国与这些部落之间筑起一道像亚历山大城墙那样的城墙”，只能是指金朝皇帝在呼伦贝尔草原（当时属于金国，即《史集》所谓乞台国）同额尔古纳河以北的蒙古部落之间筑起这一道长城。所谓“城墙”，实即指根河南岸和沿额尔古纳河与乌勒吉河延伸的这道长城。

《史集》第一卷第二分册第 64 页所记“阙奕坛之战”也涉及这道长城：

“狗年（公元 1202 年）秋，乃蛮王的弟弟不亦鲁黑汗、篾儿乞惕君主脱黑台别乞同朵儿边、塔塔儿、合塔斤、撒勒只兀惕诸部以及他们的首领阿忽出把阿秃儿和斡亦剌惕部君主忽秃合别乞（这帮人〔过去〕曾多次同成吉思汗和王汗作战，逃跑，〔后来〕躲

① 拉施特主编：《史集》第一卷第二分册，余大钧、周建奇译，北京：商务印书馆 1983 年 1 月版。

到上述不亦鲁黑汗处并同他联合了起来）全部出动，带着大军来同成吉思汗和王汗作战。成吉思汗和王汗在扯克扯儿和赤兀〔儿〕孩地方设立了哨所。一个哨兵从上述地方回来，报告说乃蛮军已逼近来了。成吉思汗和王汗从忽勒灰——昔鲁主勒只惕地方迁牧，朝兀惕古城墙方面撤退。那个地方〔后来〕是合剌温——只敦边境附近塔察儿——阿合的禹儿惕。上述城墙和筑在乞台边境的亚历山大城墙相仿。”

“王汗的儿子鲜昆位于侧翼。他进到森林里，穿过森林可通向〔上述〕城墙。还没等他到达那里，不亦鲁黑汗〔发觉了他们〕说：‘看，蒙古部！让我们把他们全体一下子击溃吧！’他派出合塔斤部人阿忽出把阿秃儿、篾儿乞惕部人脱黑台别乞的弟弟忽都同由乃蛮军队和蒙古诸部组成的先头部队（manqieh）一起前去。他们到达鲜昆处，开始部署战斗，但是没有厮杀就回来了。鲜昆也向前进，进入了兀惕古城墙〔地区〕。当时〔乃蛮人〕作起致风雪的巫法来。巫法的要点为：念咒并将各种石头投入水中，大雨就来了。［但］这阵风雪却朝着他们反刮过来。他们想从这些山里退回来，却在阙奕坛地方陷住了。众所周知，乃蛮不亦鲁黑汗的部属以及与他们联合的那些蒙古部落，在这个地方由于严寒把手足冻坏了。大风雪使许多人畜从高处滚下来摔死了。成吉思汗与王汗驻扎在阿剌勒（意即‘岛’）的边缘。这时，札木合带着推戴他为古儿汗的人们同不亦鲁黑汗一起来了。由于他们落到了这么〔惨〕的处境中，他〔札木合〕重新倒向成吉思汗方面，洗劫了立他为君的那些部落的帐庐（khāneh），到成吉思汗处来表示奴隶般的顺从。成吉思汗与王汗经过〔兀惕古〕城墙〔地区〕，到名叫阿卜只合阔迭格儿的冬营地上驻冬。这个冬营地过去曾属于弘吉剌惕部所有；当忽必烈合罕与阿里－不哥作战时，他们曾在这个地方厮杀过。这是一片无水的沙漠，当地居民只能饮用雪水。”①

这一段记载最后提到，阙奕坛之战结束后，“成吉思汗与王汗经过〔兀惕古〕城墙〔地区〕，到名叫阿卜只合阔迭格儿的冬营地上驻冬。这个冬营地过去曾属于弘吉剌惕部所有”。前已述及，弘吉剌惕部原来居住在根河附近的长城一带。由此可知，这个“曾属于弘吉剌惕部所有”的冬营地必当距根河不远。而这次经过的“〔兀惕古〕城墙〔地区〕”也必当指根河附近的长城一带地区。“名叫阿卜只合阔迭格儿的冬营地”既然“一片无水的沙漠，当地居民只能饮用雪水”，那它必然是一个远离河流的地方。根据这一点进行推论，这个冬营地可能指根河长城以南今陈巴尔虎旗东乌珠尔北部至希拉乌苏煤矿一带的无水草原，这里至今仍是陈巴尔虎旗牧民的冬季牧场。我们再考察一下与之相关的一些地名，就会更加明确。

上述引文中有“成吉思汗与王汗在扯克扯儿和赤兀〔儿〕孩地方设立了哨所”的记载。

① 拉施特主编：《史集》第一卷第二分册，余大钧、周建奇译，北京：商务印书馆 1983 年 1 月版。

其中的“扯克扯儿”，当即今陈巴尔虎旗东乌珠尔北部希拉乌苏煤矿西边的扯克彻儿山。“扯克彻儿”为蒙语，意为“尖”，“扯克彻儿山”即尖山。这个扯克彻儿山就在“曾属于弘吉剌惕部所有”的冬营地附近。《蒙古秘史》第61节记载：

“帖木真九岁时，他父亲也速该将引他往母舅斡勒忽讷兀惕处，索女儿与帖木真做妻。到扯克彻儿、赤忽儿忽名字的两山间，遇着翁吉剌氏人德薛禅。”①

成吉思汗成年后，与弟弟再次到此来接亲。同书第94节载：

“初，帖木真九岁时，与德薛禅的女儿孛儿帖兀真相离了来。此时与弟别勒古台顺着客鲁涟河寻去，列（到）扯克彻儿、赤忽儿忽两山间寻着德薛禅家。”②

弘吉剌人德薛禅游牧在扯克彻儿和赤忽儿忽两山之间，可知二山都在弘吉剌人活动地域附近，因而东乌珠尔北部冬营地附近这个扯克彻儿山，即弘吉剌人德薛禅游牧地之扯克彻儿山，《蒙古秘史》所记德薛禅游牧其间的扯克彻儿山和赤忽儿忽山，也就是《史集》所说的成吉思汗和王汗设立哨所的“扯克彻儿和赤兀儿孩”。参照叶德辉本所译《新译简注〈蒙古秘史〉》，对此地名的理解则更为明确：

“成吉思合罕、王罕二人合，共议迎扎木合而进，是顺客鲁涟河而下也……于额捏坚归列秃置一哨望所，其前于彻克彻儿置一哨望所，其前于赤忽儿忽置一哨望所矣。”③

从这段行文中我们可以看出，成吉思汗与王汗的军队是顺客鲁涟河往东北进发的。客鲁涟河，即今克鲁伦河，但当时其下游的额尔古纳河也被称为客鲁涟河——因前引《蒙古秘史》第94节说成吉思汗与弟别勒古台“顺着客鲁涟河寻去，到扯克彻儿、赤忽儿忽两山间，寻着德薛禅家”，而德薛禅家在今额尔古纳河南岸的陈巴尔虎旗东乌珠尔北部，故知这里的额尔古纳河当时被称为“客鲁涟河”。据此可知，上述“是顺客鲁涟河而下……于额捏坚归列秃置一哨望所，其前于彻克彻儿置一哨望所，其前于赤忽儿忽置一哨望所”，其实就是顺额尔古纳河而下，因为只有这样才能直达今陈巴尔虎旗北部的扯克彻儿山一带。当时成吉思汗与王汗沿额尔古纳河河谷而下，首先在额捏坚归列秃设置第一个哨望所。这个“额捏坚归列秃”，当即今陈巴尔虎旗西北部额尔古纳河边的呼列图。在呼列图以东五十里的扯克彻儿山，正是其前设置的一个哨望所之所在。由扯克彻儿山再往东六十里有采忽儿图山，在希拉乌苏煤矿东边，当是他们设置另一个哨望所之处。

## （二）元《圣武亲征录》中有关岭北长城的记载

我们如果参考成书于元代的《圣武亲征录》中有关阙奕坛之战的记述，那对这一点

① 额尔登泰、乌云达赉校勘：《蒙古秘史》，呼和浩特：内蒙古人民出版社1980年9月版。

② 额尔登泰、乌云达赉校勘：《蒙古秘史》，呼和浩特：内蒙古人民出版社1980年9月版。

③ 道润梯步：《新译简注〈蒙古秘史〉》卷四，呼和浩特：内蒙古人民出版社1978年11月版，第109页。

就当更加明确。《圣武亲征录》载：

“壬戌……乃蛮杯禄可汗会灭力乞部长脱脱别吉、朵鲁斑、塔塔儿、哈塔斤、散只兀诸部暨阿忽出拔都、忽都花别吉等来犯我军及汪可汗。上先遣骑乘高觇望。于捏干贵因都（本文笔者按：即额捏坚归列秃）、彻彻儿（按：即扯克彻儿）、赤忽儿黑（按：即赤忽儿忽）诸山，有骑自赤忽儿黑山来，告乃蛮渐至，上与汪可汗自兀鲁回失连真河移军入塞，汪可汗子亦剌合居北边，后至，据高岭，方下营，杯禄可汗易之，曰：‘彼军漫散，候其聚，吾悉卷之。’时阿忽出、火都二部兵从乃蛮来，与前锋合，将战，遥望亦剌合军势不可动，遂还。亦剌合寻亦入塞。会我军拟战，置辎重他所，上与汪可汗倚阿兰塞为壁，大战于阙奕坛之野。”①

《圣武亲征录》是在公元1266年至1279年之间写成的一部早期蒙古史。此书所谓“阙奕坛”，即《史集》中的“阙亦坛”与《蒙古秘史》中的“阔亦田”“阙亦坛”，亦即现在蒙古语之“奎腾”或“辉腾”，“寒冷”之意。今呼伦贝尔盟陈巴尔虎旗海拉尔河北岸支流莫尔根河之北有座辉腾山，附近还有“辉腾布拉格（泉）”和“辉腾村”。这一带由于靠近大兴安岭，夏季凉爽，没有蚊蝇，是牧民最理想的夏季牧场。“阙亦坛山”或“阔亦田地面”，当即此辉腾山和辉腾村一带。

这个辉腾山在根河长城之南六十里。《元史·速不台传》所谓“战于长城之南”，亦即《圣武亲征录》所谓“倚阿兰塞为壁，大战于阙奕坛之野”，当指北靠根河长城大战于辉腾山。贾敬颜的《新校本圣武亲征录》注谓：“《史集》名阿兰塞为Arāl边塞，犹言一岛之边塞。”《史集》中的“阿剌勒”意即岛。既然是岛，那在今呼伦贝尔地区就只能在河流附近。根河口今黑山头镇以东八公里的小孤山古城，位于根河南岸突出的“半岛”上，岭北长城由东而西经过这里。所谓“阿兰塞”或“阿剌勒（意即岛）的边缘”（见拉施特《史集》第一卷第二分册第166页）或即缘于此故。《圣武亲征录》所谓“出塞”“入塞”也当即指出入根河南岸及额尔古纳河东岸的这道长城。屠寄在《蒙兀儿史记》一书中（卷二第2页）也认为：“所谓阿剌儿即《秘史》前文所称之刊沐涟洲，……此地在根河、特勒布尔河、额尔古纳河三水之间，故有阿勒儿之称。”②屠寄所说之“阿勒儿”即《史集》之“阿剌勒”，亦即《圣武亲征录》之“阿兰塞”，他指出此地在根河一带，大致符合。

往昔有些学者多以大兴安岭东麓的泰州边堡当此“阿兰塞”。王国维在《金界壕考》一文中认为：

“阿兰塞，其地望甚为明画。壬戌年云：……上与汪可汗自兀鲁回失连真河移军入塞……，又癸亥年云：下止军于阿兰塞，……兀鲁回失连真河之为今乌尔浑河及色野尔

① 佚名：《圣武亲征录》，载陶宗仪《说郛》卷五十五涵芬楼本六页。

② 屠寄：《蒙兀儿史记》，北京：中华书局1964年11月版。

集河……，而乌尔浑河与鹤午河发源处尤近，则阿兰塞即鹤五河堡子附近之界壕也。”① 阿兰塞不可能是大兴安岭以东霍林河流域的鹤五河堡子附近的长城。这是泰州边堡，在当时乃金朝重点设防地带。承安三年（1198 年），金内族宗浩亲率大军由泰州出发，越兴安岭大战于伊敏河，打败了弘吉剌、哈塔斤（《金史》作“合底忻”）、散只兀（山只昆）诸部，杀获甚众。承安五年（1200 年），金朝又再次大筑长城，沿大兴安岭以东往西南直至阴山山脉连成一道防线。完颜襄亲自率兵修筑临潢路地段的长城，以加强对蒙古的防御。正当此际，泰和二年（1202 年）蒙古内部的争雄战争——“阔亦田之战”，不可能到大兴安岭以南的霍林河流域来“出塞”“入塞”；这次战争所谓之“出塞”“入塞”，只能是出入根河和额尔古纳河流域的长城。

王国维把“阔亦田战役”涉及的几处地名，都定在大兴安岭南部，是由于他当时不知道呼伦贝尔西部有这道岭北长城所致。他甚至把扯克彻儿山定在大兴安岭南段阿鲁科尔沁旗之北的苏克苏鲁山（见王国维《金界壕考》一文）。这已远距根河六百五十多公里，且接近金朝腹地临潢府。“阔亦田之战”的哨望所，不可能设到这里，成吉思汗求亲时也不可能到这一带来寻找弘吉剌人德薛禅。这是当时蒙古与金双方的斗争形势所不允许的。

总之，《史集》所谓弘吉剌部所占地区的“兀惕古城墙”和《圣武亲征录》所谓的“阿兰塞”，都是指今呼伦贝尔西部的这道岭北长城。

## 三、岭北长城的修筑原因

既已证明呼伦贝尔西部的岭北长城为金初所筑，我们不妨回到金初的历史大背景中去检验，看一看当时的社会发展状况和民族关系，就可更加了解修筑这道长城之必要。

### （一）蒙金战争的背景

在公元 11 世纪到 12 世纪的一百多年时间里，蒙古社会经历了一场非常重大的变化。由于生产力的提高，剩余产品和私有财产随之增加，个体家庭为实现自己的经济利益而破坏氏族制度。氏族制度的传统习惯和族长的威信，已对社会的治理无能为力。于是就出现了凌驾于氏族组织之上的贵族。氏族和部落的首领不再由氏族长老或血统上的年长者充任，而是要在那些最强有力、最能干、最机智的富有者中去进行选择。力量不强的部落首领随时有在战争中遭到失败的危险。为了防御和在掠夺战争中获胜，若干部落首领及其贵族就非常自然地结成联盟，并且推选其中最强大的部落首领为联盟的首领，赋予他统率一切的权力。这种联盟的首领被称为“汗”或“可汗”。蒙古部曾出现过合不勒汗、俺巴孩汗、忽图剌汗领导下较大规模的统一，它们组成了包括若干氏族部落的联盟。

① 王国维：《金界壕考》，《观堂集林》卷十五，北京：中华书局 1959 年 7 月版。

战争不利于势单力孤的氏族部落维持独立生存。在战争过程中，它们有的被击溃，部众沦为奴仆，有的被兼并，全体部众成为强者的属民，有的投靠强大的部落以得到庇护，独立自存的氏族和部落越来越少。到 11 世纪末叶，逐渐形成了各自分疆对峙的五大部落集团——蒙古、塔塔儿、克烈、篾儿乞和乃蛮。这五大集团互结仇怨，斗争不已[①]。

蒙古部，当时活动于鄂嫩河流域。管辖全蒙古的合不勒汗，是成吉思汗的三世祖（即曾祖）。他的子孙被称为乞牙惕，成吉思汗的氏族起源于他。合不勒汗的次子把儿坛把阿秃儿即成吉思汗的祖父。合不勒汗去世后，继承他的是俺巴孩汗。俺巴孩汗被塔塔儿人捉住，送给金朝皇帝处死。合不勒汗的儿子忽图剌继承俺巴孩汗，为报此仇，曾与塔塔儿人作战十三次。

塔塔儿，在蒙古族兴起前夕是漠北著名的大部落，掌握着阔连海子（今呼伦湖）、扑渔儿海子（此处指今贝尔湖）地区最富饶的草原。它的历史比较悠久，唐代已见于突厥文的《阙特勤碑》。辽金之际，它已是由许多部落组成的部落联盟。

塔塔儿曾对辽称臣纳贡，金灭辽后，招服各部，塔塔儿又成为金的臣属。塔塔儿与蒙古部之间一直处于敌对状态。

## （二）蒙金战争始末

辽天庆五年（1115 年），女真族完颜阿骨打在松花江流域建立了金国（都城为今黑龙江省阿城市南白城村古城址）。辽保大五年（1125 年），金灭辽，取代契丹族在中国北部的统治，把黑龙江以北直至外兴安岭均纳入金国的统辖范围。

金国建立之初，曾试图拉拢草原上的蒙古人。当时蒙古的合不勒汗已有相当的势力。金朝派使者邀请合不勒汗到首都，金朝皇帝设宴招待，合不勒汗酒后失措，粗野无礼，戏弄皇帝的胡子，皇帝并不介意，“他把这一切举动当做开玩笑和友好的嬉闹，压下了怒火，宽恕了他。接着，他命人从国库里取来许多金子、宝石和衣服赐给他（这些东西堆在一起，有他的身子那么高），极其尊敬和彬彬有礼地将他送了回去。他走后，……立即派遣使者去追他，让他回来”[②]。金朝欲谋杀他未成，后来又派使者找他，合不勒汗便杀了金朝使者。合不勒汗病死以后，俺巴孩汗继承他成为管辖蒙古的汗，蒙古势力进一步发展。有一次，俺巴孩汗到塔塔儿部落去求亲，被塔塔儿人抓了起来，送交金国。金国皇帝按照他们的习俗，下令将俺巴孩汗钉在“木驴”上处死。蒙古部得到这个噩耗，立即举行会议，决定出兵为俺巴孩汗报这个血仇。大家拥戴合不勒汗的第四个儿子忽图剌登上汗位，将全部军队

① 参见内蒙古自治区蒙古语文历史研究所《蒙古族简史》编写组：《蒙古族简史》第一章《蒙古族的来源及各部的统一》，呼和浩特：内蒙古人民出版社 1977 年 7 月版。

② 拉施特主编：《史集》第一卷第二分册，余大钧、周建奇译，北京：商务印书馆 1983 年 1 月版，第 43 页。

交他管辖。他迅速调集大军向金朝出兵，为俺巴孩汗报仇。愤怒的蒙古骑士冲向金国厮杀起来，很快就击溃了金军，歼灭了大量的女真人，进行了劫掠，夺得无数的战利品[①]。

有关蒙古与金国之间的战争，在其他史籍中也有记载。宋人洪皓所撰《松漠纪闻》载："盲骨子，契丹事迹谓之朦古国，即唐书所谓蒙兀部。"又称：盲骨子"与金人隔一江，常渡江之南为寇，御之则返，无如之何"。王国维在《萌古考》中对《松漠纪闻》这一段记载有注释："案：此所记者，蒙古本部事也。……江盖谓克鲁伦河。"[②]王氏认为蒙古与金隔克鲁伦河为界，大体不错，因这正与金初在克鲁伦河以北所修之长城走向相符。不过，当时活动于鄂嫩河流域的蒙古部，"与金人隔一江"的"江"不仅是克鲁伦河，还应连同其下游的额尔古纳河，因为当时蒙古人袭击金国须向南渡过额尔古纳河才能直趋大兴安岭以南。这也正与额尔古纳河附近长城走向的地理形势完全相符。

关于蒙金开始战争的时间，在《建炎以来系年要录》中有明确记载："绍兴五年（1135年），是冬金主亶（熙宗）以蒙古叛，遣领三省事宋国王宗磐提兵破之。蒙古者在女真之东北，在唐为蒙兀部。"[③]对于这段史料，王国维在其《南宋所传蒙古史料考》一文中认为，宋人所传"征蒙本事之无根也"，因而皆断为伪。但清末光绪年间在今吉林省舒兰县小城子发现的完颜希尹神道碑，其碑文记载了金国对蒙古的这次战争。碑文上记载："萌古斯扰边，王（指完颜希尹）偕太师宗磐奉诏往征之。"[④]证明宗磐奉诏讨蒙的战争确有其事。从此开始，蒙古与金国之间进行了长期战争，一直延续到金皇统七年（1147年）双方达成和议为止。在此期间，金国于克鲁伦河以北和额尔古纳河一线筑长城，以阻止蒙古骑兵的侵扰；因而今天所见之呼伦贝尔西部长城，当在此期间在上述历史条件下所修筑。

从金太宗天会九年（1135年）开始，蒙古与金国之间进行了连年不断的战争。《建炎以来系年要录》载："绍兴九年（1139年）女真万户呼沙呼北攻蒙古部，粮尽而还，蒙古追袭之至上京之西北，大败其众于海岭。"屠寄认为："海岭，当是海拉尔之译音，或指今兴安岭。"[⑤]《要录》还载："绍兴十三年（1143年）三月，蒙古复叛。金主亶（熙宗）命将讨之。初，鲁国王昌既诛，其子萨罕图郎君者，率其父故部曲以叛，与蒙古通。蒙古由是强，取二十余团寨，金人不能制。""绍兴十六年（1146年）八月，……是月遣领汴京行台尚书省萧博硕诺（《大金国志》作"萧保寿奴"）与蒙古议和，割西平河以北二十七团寨与之，岁遗牛羊米豆，且命册其酋鄂抡贝勒为蒙古国王，蒙人不肯。"

① 有关这一事件，详见拉施特主编：《史集》第一卷第二分册，余大钧、周建奇译，北京：商务印书馆1983年1月版，第54页。

② 王国维：《萌古考》，《观堂集林》卷十五，北京：中华书局1959年7月版。

③ 李心传：《建炎以来系年要录》卷九十六，北京：中华书局1956年7月版。

④ 长顺等：《吉林通志》卷十二《金石志》，民国十九年（1930年）版。

⑤ 屠寄：《蒙兀儿史记》卷一，北京：中华书局1964年11月版。

同年十一月，宗弼“自将中原所教神臂弓弩手八万人讨蒙古”。绍兴十七年（1147 年）三月“金人与蒙古始合，岁遗牛羊米豆绵绢之属甚厚。于是蒙酋鄂抡贝勒乃自称祖元皇帝，改元天兴。金人用兵连年，卒不能讨，但遣精兵分据要害而还”。《续资治通鉴》亦载：皇统七年（1147 年），“金人与蒙古始和，岁遗牛羊米豆绵绢之属甚厚。于是蒙古长鄂罗贝勒自称祖元皇帝，改元天兴。金人用兵连年，卒不能讨，但遣精兵分据要害而还”[①]。《建炎以来朝野杂记》亦载此事：“自绍兴初，（蒙古）始叛。都元帅宗弼用兵连年，卒不能讨，但分兵据守其要害，乃反厚贿之。其酋亦僭称祖元皇帝。”[②]宗弼本名斡啜，又作“兀术”，亦作“斡出”，是金太祖完颜阿骨打第四子。对于呼伦贝尔西部的这道长城，当地群众现在仍俗称“兀术长城”，可以说是比较真实地反映了这一史实。

自称祖元皇帝之鄂罗贝勒，又作“熬罗孛极烈”，应即忽图剌汗。日人驹井义明和田村实造都认为，鄂罗贝勒隐指合不勒汗。其实，这时合不勒汗早已死去，俺巴孩汗嗣位又已被金朝杀害，忽图剌登上汗位，为俺巴孩汗报仇，始出兵攻金。故与金议和自称祖元皇帝者，只能是忽图剌汗，即成吉思汗的祖父把儿坛把阿秃儿之弟。忽图剌汗在金天会十三年（1135 年）始攻金，此乃成吉思汗在公元 1162 年降生前二十七年，与其祖父的生活年代大体不差。

所谓“割西平河以北二十七团寨与之”，当即割让克鲁伦河及额尔古纳河以北之地给居住在鄂嫩河流域的蒙古。顾祖禹《读史方舆纪要》认为，西平河即胪朐河[③]。朐胪河，今称克鲁伦河。但当时所谓西平河，应包括今克鲁伦河及其下游额尔古纳河在内。所谓“遣精兵分据要害而还”中的“要害”，当即指金国在克鲁伦河以北至额尔古纳河一线分兵据守之地；在这里至今犹存的呼伦贝尔西部长城，应即当时金兵据守之防线，因为在此长城之南（东南）的呼伦贝尔草原，当时为蒙古世仇塔塔儿的居住地域；塔塔儿此时附金，金国对蒙古之防线就只能设在呼伦贝尔草原以北的额尔古纳河一线。

翦伯赞《内蒙访古》一文曾论证沿额尔古纳河而西的这道长城为女真人所留遗迹，颇为精当。该文指出：

“女真人在呼伦贝尔草原也留下了他们的遗迹。其中最有名的是两条边墙。一条边墙在草原西北部，沿着额尔古纳河而西，中间经过满洲里的。但据史籍所载，在蒙古人占领这个草原以前，游牧于这个草原的是塔塔儿人，蒙古人不是从女真人手中，而是从塔塔儿人手中接收这个草原的。根据这样的情况，这条边墙，似乎不是女真人修筑的。

① 毕沅：《续资治通鉴》卷一二七《宋记》“绍兴十七年”。

② 李心传：《建炎以来朝野杂记》乙集卷二十，北京：中华书局 1956 年 7 月版。

③ 顾祖禹《读史方舆纪要》卷四十五“饮马河”条载：“饮马河，在漠北，本名胪朐河，或曰即西平河也。宋绍兴十七年，金人与蒙古和，割西平河以北二十七团寨与之，即此。”（北京：中华书局 2005 年 3 月版，第 2068 页）

只有在这样的情况之下，即为了抵抗蒙古人的入侵，当时的塔塔儿人和女真人是站在一边的，女真人才有可能修筑这条边墙。另一条边墙在呼伦贝尔的东南……”[①]

当时的塔塔儿人正是站在金朝一边的，所以金朝的防线不是设在金朝同塔塔儿之间，而是设在金朝和塔塔儿与他们的共同敌人——蒙古之间，即克鲁伦河以北至额尔古纳河一线。这就是金朝在呼伦贝尔西部修筑这道长城的宏观历史背景。

宏观历史背景越清楚，越易于从微观上理解文献所记具体历史某些概念的实际内涵。呼伦贝尔西部长城原为金初之旧疆，这在《金史》中也有所反映。《金史·李愈传》记载：

“泰和二年春，上将幸长乐川，……愈复谏曰：‘北部侵我旧疆千有余里，不谋雪耻，复欲北幸，一旦有警，臣恐丞相襄、枢密副使阇母等不足恃也。’”[②]

“北部”，指蒙古。“侵我旧疆”，即指蒙古侵入呼伦贝尔西部长城以南。“千有余里”，即从这道长城到大兴安岭以南泰州长城边堡之距离。这是指承安三年（1198年），金派宗浩进兵移米河（今呼伦贝尔地区之伊敏河）打败弘吉剌、哈塔斤、山只昆等蒙古部落之后，据有其地，但金朝又无实力控制大兴安岭以北呼伦贝尔草原上的蒙古部落，后来只好退保大兴安岭以南，将防线内移，重点防御泰州一线所筑之长城边堡，而将岭北呼伦贝尔西部长城以内地区放弃，为蒙古部所占有，因而称之为“旧疆”；否则，北部旧疆并千有余里，就无法得到解释。可见，绵亘于克鲁伦河及额尔古纳河的这道长城以南即金初之旧疆，是极为明显的，从中我们亦可窥见这道长城的修筑年代。

最后应当说明的是，长城乃我中华民族在历史发展进程中留下的工程巨大的历史遗迹，举世无匹，而今所论之金初长城，亦是我国中古时期在大兴安岭北部留下的一道规模宏伟的长城，且为我国最北的一道长城。因之，将其定名为“岭北长城”是当之无愧的。

**（本文由冯永谦与米文平合写，原载《辽海文物学刊》1990年第1期）**

① 翦伯赞：《内蒙访古》，北京：文物出版社1963年6月版；收入《翦伯赞历史论文集》，北京：人民出版社1988年2月版，第393页。

②《金史》卷九十六《李愈传》，北京：中华书局1975年7月版，第2130页。

# 文　十

# 金长城的考古发现与研究

长城，作为文物古迹来说，大概是迄今为止所知体量最大的文物，恐怕再没有其他什么古代遗存可以与之相比；如果从世界文化遗产的角度来讲，中国古代长城被联合国教科文组织列入“世界文化遗产名录”中，应该是最具知名度的；再从古代文明“世界奇迹”的视角审察，长城是其包含内容之一，应是全世界为数众多的古代文明遗存中屈指可数的古代文明的代表，非同凡响！因此，关于中国的古代长城，就从它是目前世人所公认的“世界八大奇迹”之一这一点看，它所具有的代表性就是不言而喻的。长城，已不是普通的“文物古迹”，它具有更广泛的知名度，为世人所熟知，为世人所向往，为世人所关注。正因为如此，我们要珍视“长城”这个名字。中国举世无匹的长城，是我国古代劳动人民在艰苦卓绝的奋斗中的天才创造，是聪明才智的结晶，也是勇敢、顽强和不可征服的象征，是我们中华民族的骄傲！

我国古代修筑长城，从春秋时期开始，到明朝为止，历时两千多年，前后有十余个王朝或地方民族政权修筑过长城，众多民族参与其事，不仅汉族修筑长城，其他建立政权的民族，如鲜卑、高句丽、渤海、契丹、女真、蒙古等，也都修筑过长城。今天，在我国广袤的土地上，遗留有十余万里的长城，这是祖先留给我们的极为珍贵的历史财富！

金长城，是我国古代长城中颇有特点的长城，引人注目。首先，它是为数不多的和我国秦、汉与明代的长城一样，里程超过“万里”的长城。其次，它是我国古代长城中所处地理位置最北的长城。金长城修筑在沙漠、草原深处，打破了此前修筑长城的农业定居民族与草原游牧民族，即农耕世界与游牧世界的地域观念，因此，它更具有重要的历史价值与现实意义。但过去由于文献记载不多，而且名称有异，金长城并未引起学人们的注意，学人们对金长城的研究（它的提出较为滞后）很少，对它的许多情况都不清楚，甚至还有一些认识问题都没有得到解决。

本文仅就金长城的一些情况和问题，谈一点儿个人意见，以期对金长城的深入研究有所帮助，从而将这一积淀深厚的历史课题拓展开去。

## 一、金代修筑了哪些长城

金代修筑长城，虽然是客观存在，并且已历经了八百多年，但人们对它的认识却是模糊的，尤其是在科学发展进步很快的近现代，学术界在很长时间里都没有指其为长城，甚至明确提出它不是长城的说法——这种认识就未免偏离得更远了。对金长城提出来并进行研究,实则是很晚的事,可以说,直到近年才有研究者开始注意这个问题并提出自己的见解。

关于金代的长城,我们目前所知道的,都是在考古调查发现后获得的。目前我们已知,金代在不同地域前后修筑了两道长城。这两道长城,一道在大兴安岭的北部——岭北长城,一道在大兴安岭的南部——岭南长城，大体上均作东西走向，基本为平行分布，相互既不衔接，也不重合，是两道各自独立存在的长城（图 2-10-1）。

### （一）岭北长城

这是金代最北面的一道长城。因其位于大兴安岭的北部，故我们将其命名为“岭北长城”，以示与金代另一道长城的区别，并且也易于称谓。

岭北长城，即从我国今内蒙古自治区呼伦贝尔市（原呼伦贝尔盟）额尔古纳市（原额尔古纳右旗）东部的上库力村西、根河支流库力河西岸的河边沼泽地起，向西延伸（图 2-10-2），经拉布达林镇（图 2-10-3）至额尔古纳河东岸（图 2-10-4），折而向南延伸，然后向西延伸，进入今俄罗斯，在其境内向西延伸后，又从满洲里市进入我国境内，延伸一段后出境，进入今蒙古国，在克鲁伦河与乌勒吉河之间的草原上延伸，最终至乌兰巴托之东、温都尔汗之北肯特山东南的鄂嫩河之南、乌勒吉河源之西而止，全长一千四百余里。

### （二）岭南长城

这是金代修筑的另一道长城，因其在大兴安岭之南，为便于认识和记述，笔者将其称为“岭南长城”。金代的岭南长城，不是一道，复线很多，比较复杂，并且在防御划分上，当时也有不同统属，亦曾见于文献记载，但后世不察，遂产生误解，影响了对它的认识。因此，本文在未谈岭南长城情况之前，先讨论一下岭南长城在统属与防御划分上的一些问题，以便深入研究。

#### 1. 岭南长城防御、管理范围的划分

我们先探讨一下这道长城防区划分的历史研究状况。因为这也是一个应该弄清的问题，所以于此略为分辨。我们知道，由于《金史》没有明确记载这道长城在金代的防守、管理分属关系，因此后世只能根据零星的有关记载进行研究，这样，就可能出现不符合

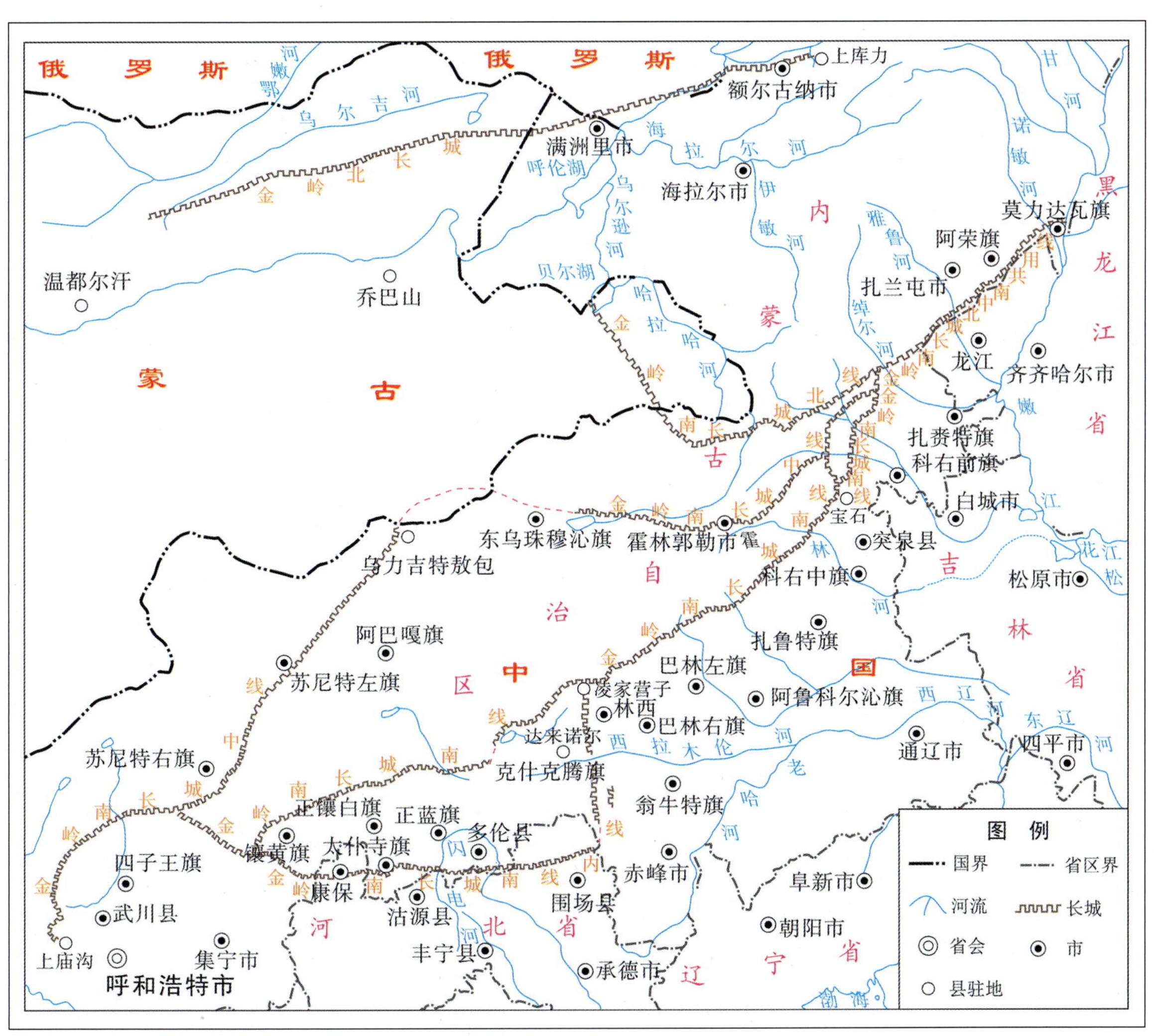


图 2-10-1　金岭北、岭南长城走向分布示意图

图 2-10-2　内蒙古额尔古纳市拉布达林镇东金岭北长城墙体遗存断面的结构

图 2-10-3　考古工作者在内蒙古额尔古纳市拉布达林镇西调查金岭北长城

图 2-10-4　内蒙古额尔古纳市尖山子金岭北长城遗存

历史实际的情形。比如：此前研究者多认为金代岭南长城分属“四路”——这种认识大约已无异议，似乎成为定论。其实不然。我们看历史资料，其中没有这种记载。最早提出金长城分属“四路”观点的，是王国维在《金界壕考》中提出的。从该文各节的标题来看，他将金长城确定为“东北路之界壕”“临潢路之界壕”“西北路之界壕”“西南路之界壕”①，然后分别考证。这是将金长城明确分为“四路”之始。其后，1944 年出版的金毓黻《东北通史》称：“近人王国维撰《金界壕考》，刺取《金史》列传，颇能究其始末，此真善于考索者也。”②由于两位史学大师的肯定，后来调查和研究金长城的学者，在其相关的论著中，也多沿用金长城分为“四路”的这种说法。

笔者认为这是不准确的。金代岭南长城不是四路，而是三路。关于这个问题，有的研究者已经提出过，认为：“实际上金长城只分东北、西北、西南三路，而无临潢路。”并进一步说明出现这种情况的原因：“《金史·地理志》‘泰州边堡’条下之‘东北自达里带石堡子至鹤五河地分、临潢路自鹤五河堡子至撒里乃，皆取直，列置堡戍’。其中‘东北’下面本无‘路’字，王氏后加一‘路’字是不应当的，以致搞错了原意。”③

① 王国维：《金界壕考》，《观堂集林》卷十五，北京：中华书局 1959 年 7 月版。

② 金毓黻：《东北通史》“金界壕及边堡”节，五十年代出版社 1941 年版。

③ 彭占杰：《金长城初论——兼论〈金界壕考〉》，《辽金史论集》第六辑，北京：社会科学文献出版社 2001 年 7 月版。

笔者认为，这个意见是对的，金代的岭南长城确实没有“临潢路”这一管辖路段。从军事防御上划分，金长城只分三路，即东北路、西北路、西南路，认为有“临潢路长城”是不确切的。那么问题出在何处？就是只看了长城路段，而没有看长城归谁管辖。我们知道，金长城的防御、管理，是由“招讨司”负责的，而金代只有三路招讨司。《大金国志》载：“招讨司三处：西南路，丰州置司；西北路，桓州置司；东北路，泰州置司。”[①]研究者可能忽略了这个记载，因而未计，于是把金长城按段分成了四路。关于金长城只分三路的问题，除了研究者前所指出“‘东北’下面本无‘路’字”一事致误外，笔者感到，还有此前更多的研究者所没注意到，而在《金史》中有非常明确的记载的，亦未得到重视，因而研究者均没有引用这一最能说明问题的文献材料。现将其摘录于下：

“寻又设两招讨司，与前凡三，以镇边陲。东北路者，初置乌古迪烈部，后置于泰州，泰和间，以去边尚三百里，宗浩乃命分司于金山。西北路者，置于应州。西南路者，置于桓州。以重臣知兵者为使，列城堡濠墙，戍守为永制。”[②]

《金史》在这里说得何等明白！金长城就分三路，由三处招讨司负责，列城堡濠墙，由懂军事的重臣为招讨使，以镇边陲，并为永制。金朝并没有设“临潢路招讨司”，因此，临潢路无管理长城职责，也就没有长城防御任务，自然也就没有“临潢路长城”。但如从建置上或从地理环境上说，金东北路招讨司就设在“临潢路”辖境内，管理跨越多个行政建置的东北路全线长城，临潢路中的长城自然包括在内。但一路长城全线太长，当人们在论及的不是东北路长城全线时，为使他人能够知道其所说长城为某一段落，用建置范围来说明长城区段，自然就要用长城所在地的建置名称，如：要“取直列置戍堡”这件事，就因其处在临潢路内，《金史》中就说：“临潢路自鹤午河堡子至撒里乃。”但是这不能表明金长城防御和管理就又有了另一路，即又有了“临潢路长城”，不然就误解了史文。关于这一点，参阅谭其骧主编的《中国历史地图集》第六册《辽·宋·金时期》图幅第 50 页“临潢府路图”就看得更清楚了[③]——东北路招讨司就设在临潢路辖境内，长城自然也都处在此一路的范围。事实上，金代的临潢路并不负有长城的防御任务，它只是一个行政建置，边防则是由“以重臣知兵者为使”的招讨司负责。因此，我们就不应该再将本属于东北路招讨司管辖范围的长城，再分成“东北路长城”和“临潢路长城”两路长城了。故本文以下均用“三路”来称谓金代岭南长城。

---

① 宇文懋昭：《大金国志》卷三十八《京府州军》，济南：齐鲁书社 2000 年 5 月版，第 282 页。

② 脱脱等：《金史》卷四十四《兵志》“禁军之制”，北京：中华书局 1975 年 7 月版，第 1003 页。

③ 谭其骧主编：《中国历史地图集》第六册《宋·辽·金时期》，北京：地图出版社 1982 年 10 月版。

## 2. 金代的岭南长城

我们在上面将金代在大兴安岭之南所修长城的防守与管辖范围这个基本问题弄清楚后，现在再说金代修筑的“岭南长城”的走向情况。

根据近年考古调查的发现，这道位于金国北方的三路长城，其走向与分布，即从我国今内蒙古自治区莫力达瓦旗政府驻地尼尔基镇北的前七家子村、后七家子村嫩江西岸起筑，分前后两道、南北相距七里并行向西延伸，然后逐渐靠近，延伸三十里后在北边墙村会合，然后又向西延伸至冷家沟村，折向西南延伸，此后有较长的长城段落为今内蒙古自治区和黑龙江省的分界线——在内蒙古这边为阿荣旗、扎兰屯市（原布特哈旗），在黑龙江那边为甘南县。长城在该县经双龙村（图 2–10–5）、五里坑村（图 2–10–6）、向阳山村（图 2–10–7 ~ 图 2–10–9）、后大河村（图 2–10–10 ~ 图 2–10–13）、兴久村（图 2–10–14），继续向南延伸，经今齐齐哈尔市碾子山区，过丰荣村（图 2–10–15）（此村不仅有金长城，还有一座堡城，俱保存完整），继续向西南延伸，进入今内蒙古扎赉特旗，经岗岗屯（图 2–10–16 ~ 图 2–10–19），过绰尔河之后，向西南延伸，进入今科尔沁右翼前旗，经昆都冷村（图 2–10–20 ~ 图 2–10–22）——长城保存仍较好，向西至昆都冷河岸边，过河后分成三条线路向西南延伸，构成较为复杂的分布情况。为便于记述，笔者将这三道长城分别定名为北线长城、中线长城和南线长城。

图 2–10–5　黑龙江省甘南县兴隆乡双龙村金代岭南长城城墙遗存高 7 米，此为城墙夯层遗存

图 2-10-6　黑龙江省甘南县五里坑村金代岭南长城上的瓮城门遗址

图 2-10-7　黑龙江省甘南县长山乡向阳山村的金代岭南长城遗存

图 2-10-8　黑龙江省甘南县长山乡向阳山村西的金代岭南长城遗存

图 2-10-9　黑龙江省甘南县长山乡向阳山村的金代岭南长城遗存（右侧土岗）、堡城遗址（左侧土岗）与中间道路

图 2-10-10　黑龙江省甘南县甘南镇后大河村的金代岭南长城遗存

图 2-10-11　黑龙江省甘南县甘南镇后大河村的金代岭南长城遗存

图 2-10-12　黑龙江省甘南县甘南镇后大河村金代岭南长城上的马面遗存

图 2-10-13　黑龙江省甘南县甘南镇后大河村金代岭南长城墙体遗存的断面状况

图 2-10-14　黑龙江省甘南县中兴乡兴久村北的金代岭南长城遗存

图 2-10-15　黑龙江省齐齐哈尔市碾子山区丰荣村的金代岭南长城遗存

图 2-10-16　内蒙古扎赉特旗新林镇岗岗屯的金代岭南长城遗存

图 2-10-17　内蒙古扎赉特旗新林镇岗岗屯金代岭南长城墙体遗存的断面状况

图 2-10-18　内蒙古扎赉特旗新林镇岗岗屯西沟金长城遗存状况（从三位调查者所在位置可见其高度和宽度）

图 2-10-19　内蒙古扎赉特旗新林镇岗岗屯金代岭南长城城墙遗存断面上露出夯层

图 2-10-20　内蒙古科尔沁右翼前旗阿力得尔苏木昆都冷村的金代岭南长城遗存

图 2-10-21　内蒙古科尔沁右翼前旗阿力得尔苏木昆都冷村的金代岭南长城修筑至昆都冷河岸边

图 2–10–22　内蒙古科尔沁右翼前旗阿力得尔苏木昆都冷村金代岭南长城城墙遗存断面明显露出原筑城墙与后来补筑加高的情况

北线长城，东端自今扎赉特旗巴彦乌兰苏木额尔吐村北起，向西南延伸，经科尔沁右翼前旗，向西延伸，进入今东乌珠穆沁旗，然后向西北延伸，进入今蒙古国境内，最后止于贝尔湖西南方岸边。

中线长城，从今扎赉特旗分线后，向西南延伸，经今科尔沁右翼前旗、科尔沁右翼中旗、霍林郭勒市，转而向西延伸，进入今东乌珠穆沁旗，又向西延伸，进入今蒙古国，然后在我国今阿巴嘎旗北部又从蒙古国进入我国境内，继续向西南延伸，经今苏尼特左旗、苏尼特右旗、四子王旗、达尔罕茂明安联合旗，至今武川县境内，终止于庙沟乡上庙沟村南面的大青山主峰北麓。

南线长城，在今科尔沁右翼前旗满洲屯分线，向西南延伸，经今突泉县、科尔沁右翼中旗、扎鲁特旗、阿鲁科尔沁旗、巴林左旗（图 2–10–23、图 2–10–24）、巴林右旗（图 2–10–25、图 2–10–26），至今林西县，在今林西县统部镇凌家营子村又分成两支，笔者将其分别称为外线长城和内线长城。

南线长城的“外线长城”在北，即从今林西县统部镇凌家营子村向西南延伸，经今克什克腾旗（图 2–10–27、图 2–10–28）、正蓝旗、正镶白旗、镶黄旗、商都县、苏尼特右旗、察哈尔右翼后旗，进入今四子王旗，在鲁其根村与中线长城相接。

南线的“内线长城”在金代所有长城的最南面，它在今林西县统部镇凌家营子村与外线长城分开后，向南延伸，经今克什克腾旗、翁牛特旗、赤峰市松山区（原赤峰县），

图 2-10-23　内蒙古巴林左旗白音勿拉镇沙布台村的金代岭南长城遗存

图 2-10-24　内蒙古巴林左旗白音勿拉镇沙布台村现代车道横过金代岭南长城遗存

图 2-10-25　内蒙古巴林右旗索博日嘎镇白塔子村北的金代岭南长城遗存

图 2-10-26　内蒙古巴林右旗索博日嘎镇白塔子村金代岭南长城城墙上的马面遗存

图 2-10-27　内蒙古克什克腾旗达赉湖北岸的金代岭南长城遗存

图 2-10-28　内蒙古克什克腾旗达赉湖北岸的金代岭南长城遗存

折向西去，进入今河北省，经今围场县、丰宁县，又向西延伸，到今内蒙古自治区多伦县，向西经今正蓝旗、太仆寺旗，又进入今河北省，经康宝县，向西延伸，复进入内蒙古自治区，经化德县，进入今商都县后，在八股地乡冯家村与外线长城会合。

在岭南长城上还有一道南北走向的支线，其北端起自今扎赉特旗阿拉达尔吐苏木吉日根村，即由中线长城向南延伸，经今科尔沁右翼前旗，进入今突泉县，在该县宝石乡北岗村与南线长城相接。

金代的岭南长城比较复杂，很多线段不见历史文献记载，我们今天能够知道它的这些线路，都是经近年考古调查发现的，不过有的地方还不能衔接，需要今后继续研究来解决。对于金代岭南长城的上述各道长城，多年来笔者曾亲自调查过其中一些线段，有较多的感性认识，同时笔者又对所有调查材料都重新做了编排和分析，得到较深刻的体会。因此，笔者本文有许多地方，如各道长城的定名、线路构成及修筑年代等，都与既往研究结论甚或与原调查者的意见有所不同。但要说明，现在所述，仅是笔者的个人意见，作为初步研究理出的一个较为概略的成果。

以上笔者将金代岭南长城分为北线长城、中线长城和南线长城；南线长城在中段又分成两道，笔者称在北者为外线长城，称在南者为内线长城。笔者之所以这样划分，是因为文献上没有记载其为何种名称，不易生成地理或位置的概念，为便于记忆，理清头绪，所以笔者如此定名，目的只为叙述方便，利于读者理解和记忆。

根据现在调查发现所知，金代岭南长城是由三道长城构成，应是在前后不同时期修筑的，这种情况在起点段也反映出来了，即在嫩江西岸长城初始段，即呈现为两道并行的现象，其后的修筑，由于借用了北线长城，于是便合并为一道，两道长城共用一道墙体。今天所见的金代岭南长城，均有增筑补修问题，其表现为它有副壕、副墙，甚至出现两道副壕、两道副墙（图 2–10–29）以及三道副壕、三道副墙（图 2–10–30 ~ 图 2–10–32）。这些正是后来增筑补修长城的结果，目的是加强防御。它们虽然是多道，但从形制与走向上看，均属金代岭南长城。这些长城，即为分属于金东北路、西北路、西南路的三路长城。金代岭南长城的长度，主线与支线合计起来，长达一万三千余里。

## 二、金长城的考古调查发现

金长城，文献记载不多，由于所处地域较为偏远，不近中原，人们一般很难见到，加之它们处在沙漠、草原地区，因为石材很少，所以皆为土筑，其保存状况自然受到很大影响。因此，金长城在历史上就未能彰显，甚至湮没无闻。今天我们能够对金长城有整体和形象的了解，完全是考古调查发现的结果。如果不是这样，恐怕直到现在我们对金长城也是一无所知，或知之甚少。考古调查在实地发现的遗存，将其具体的走向、分

图 2-10-29　黑龙江省甘南县中兴乡兴久村南金岭南长城的双墙双壕结构遗存

图 2-10-30　黑龙江省甘南县甘南镇后大河村金岭南长城的三道城墙结构遗存

图 2-10-31　内蒙古科尔沁右翼前旗阿力得尔苏木昆都冷村金岭南长城的三道城墙结构遗存

图 2-10-32　内蒙古科尔沁右翼前旗阿力得尔苏木昆都冷村金岭南长城城墙遗存断面（明显可见三道城墙）

布与结构形态等，都真实地呈现出来，这就成为我们现在以至未来研究金长城的基础。

关于金长城，也不是于史无闻，过去也曾见有记载，不过都不是专门记述，只是个人偶有所见，附记一笔，而且其范围甚小，名称又不一，对其时代与性质的认识亦多有误，因此，长期以来学术界对金长城谈不上了解，更不用说研究了。用科学的考古学方法对金长城进行调查，并写出较为详细的考古调查报告，是在20世纪40年代才发生的事，至今也不过七十年的时间。

## （一）岭北长城考古调查

岭北长城，由于地处偏远，过去不为人所知，因此很少被谈到。虽然1852年俄国人克鲁泡特金探险发现了它，但是他没有按考古学的调查要求去做，仅是一般记述，不足以反映出这道长城的具体走向、结构、形成的防御体系和保存现状等，故还不能说是科学的考古调查。其后，虽从晚清到民国年间，为编绘地图等，对其进行过调查了解，但因不是当时的主要工作，调查仍不详尽，也无精确记录，因而对于这道长城的研究，还是不够深入的。根据过去发表的材料得知，俄国人包诺索夫在1934年也调查过这道长城，不过仅是因他要去一个地方工作，顺便而为，故他只是调查了一小段长城，且未见正式报告发表，只是在一篇文章中提到，他说："满洲还有上文提及的两段边墙——'成吉思汗边墙'。其中一段边墙，开始于兴安北省沃和库里村附近。从这儿沿根河左岸向西直到河口，然后转向西南，近乎沿额尔古纳河的走向，一直到接近满洲里车站的地方，河向东转，城墙大致向西延伸，最后消失在外蒙古。1934年，我去巴尔加考古调查时，有机会调查了这一边墙。"[①]这就是历史上叙述其状况较详的一次调查和报告材料。

关于这道长城的研究，近年颇见关注，时有从不同角度着眼写的文章发表，但调查则进行得不多。对这道长城的调查，由于其所处地理位置的关系，自20世纪70年代以来，内蒙古自治区呼伦贝尔盟（呼伦贝尔市）文物工作站的文物考古工作者，做了很多工作，米文平、白劲松、赵越、吴树海、王成等人，在自治区境内不同地段进行了多次调查和复查。1987年7月，由东北相关学者组织的一次考古调查对这道长城位于我国境内的线段进行了全部调查，笔者也曾参加。调查人员从内蒙古额尔古纳右旗上库力村西南、库力河西岸沼泽地中的长城东端起点起，向西沿处于根河南岸的长城线路旁及两侧的相关城堡，逐次进行调查，经额尔古纳右旗（现额尔古纳市）政府驻地拉布达林镇，向西去，直至额尔古纳河东岸的四卡处，然后长城傍河转向南去，又向西南延伸，过八大关村后，在呼列也吐越过额尔古纳河西去，进入今俄罗斯境内。调查人员又追踪至满洲里，对长城复入我

① 包诺索夫：《成吉思汗边墙初步调查》，《大陆科学院通报》第五卷第一期，1942年，胡秀杰译，载吴文衔主编：《黑龙江考古民族资料译文集》第一辑，哈尔滨：北方文物杂志社1991年9月版。

国境内的线段进行调查。这次调查，可以说凡是能调查的地区，只要能进行调查，调查人员就都设法到实地去，仔细、认真地记录、测绘、照相，因而取得了较为全面、翔实的第一手考古材料，随后笔者与米文平将这次调查的收获与研究成果写成《岭北长城考》发表[①]。

## （二）岭南长城调查

岭南长城，从现代考古学角度进行调查，出现的时间较早，虽然不是全线，仅为一些区段，但却发表有较详尽、系统的关于金长城调查发现情况的报告。

自1939年以来，至1944年，我国老一辈考古学家李文信先生，在内蒙古赤峰地区（原昭乌达盟）前后三次调查金临潢路境内的长城。李文信先生说："作全线遗址之专门研究者，至今尚无其人。"同时又说："余调查时对界壕之构造，壕垒之距离，边堡之分布，要隘之支壕散堡，谷之山坡之防水设施，以及遗物性质，附近旧迹、山川、道路等，均曾加以测量、采集、记录、绘图。"[②]由于李文信先生的调查对其经行线路、走向、结构以及相关城堡与出土文物等，都做了详细记录，让人耳目一新，学术界从此知道了金长城的具体存在形式。这是我们从考古学的角度，了解、认识金长城的开始。李文信先生调查的金长城线段，在今内蒙古自治区赤峰市境内，属金长城东北路段，其调查范围东自今阿鲁科尔沁旗北境嘎巴契梭木北的大兴安岭一高峰乌蓝坝起，长城从东北而来，向西南去，经今巴林左旗巴颜得利根坝、庞家湾、兴隆庄，巴林右旗骆驼井子、会通河、白塔子，林西县边墙屯、新林镇、板石房子至克什克腾旗木石匣村；在林西县，他还发现了长城南侧另筑的一道支线，称边墙梁子。同时，他还调查了长城沿线的接壁小城和附近堡城。在长城及堡城内，他采集有各类遗物，计有石柱础、石臼、石磨、青砖、板瓦、兽面瓦当、灰陶片、釉陶器、黑白釉瓷片以及宋钱"元丰通宝""祥符元宝"等，并对长城与堡城的构造，较大范围的都市址、山川、交通道路等，都做了较为详细的考察。他所写的《金临潢路界壕边堡址》一文，对了解和研究金长城，是非常重要的，并且为以后调查金长城起到了示范作用，成为金长城调查的经典之作。我们可以明显看到，后来关于金长城的考古调查报告的题目，都采用了"界壕边堡"这一名称。

1939年秋以后，俄国人包诺索夫分几次调查了金代岭南长城起点段的相关部分，并于1941年和1944年先后发表两篇文章，报告了调查发现情况。他说："另一段成吉思汗边墙，一端邻近诺敏河岸，在布西城（按：即今尼尔基镇）北部，城墙向西南延伸，跨过成吉思汗边墙和碾子山之间的铁路线，到达索伦城，走向大致与兴安岭平行。据说，边墙在索伦城深处消失，而后又在蒙古达尔汉瓦出现，延伸一段距离后，再度消失，直

① 米文平、冯永谦：《岭北长城考》，《辽海文物学刊》1990年第1期。

② 李文信：《金临潢路界壕边堡址》，《辽海引年集》，北京：北京和记印书馆1947年7月版。

到在蒙古拜林出现后，又在林西消失。在达赉湖和长城北部又有断墙出现。连同零星出现的断墙，整个边墙共是一千多公里。”从中我们可以看出，他对这道长城的全线走向还是比较了解的，但他调查的主要是今东北地区从雅尔根楚河向西南延伸到库图尔河的长城线段，即今内蒙古自治区扎兰屯市（原布特哈旗）境内雅鲁河与济沁河间的金代岭南长城，另外他调查了该段长城内侧今属黑龙江省齐齐哈尔市碾子山区的几座城址[①]。1942年“文章发表以后，我又成功地在布西邻近的边墙最北端进行了调查。此外，我又从边墙最北端到稍南处的阿伦河和音河南部地区考察了两次”。包诺索夫记录了他调查尼尔基镇北长城起点段的情况：“布西城坐落在嫩江右岸，北纬四十八度三十一分，边墙在此处转弯近九十度。距布西城不远，边墙在北部和西部环绕。”他又记：“有趣的是，在考察嫩江近处的边墙时，我又发现另一道边墙，比第一道稍往北一些。第二道边墙开始于嫩江，但比第一道更靠近河岸。我们可以看到一道泥墙在跨过嫩江的低谷后，便向西部最近的山峦延伸。”“与第一道边墙相比，第二道边墙建筑比较简单，没有马面，也没有前面的小城墙，只在边墙外面有一条壕沟。”[②]应该说，包诺索夫此次调查的这道长城线路不长，但确实将金代岭南长城起点段的情况，了解得比较清楚，提供了20世纪40年代这段长城的保存状况，材料是比较可贵的。

1959年和1960年，黑龙江省博物馆的孙秀仁、干志耿等前后三次调查了金东北路长城起点段四百余里的长城。他们的调查，将金东北路长城起点段的情况完全弄清楚了，非常重要，为此后研究金代岭南长城提供了考古学的依据。

金东北路长城起点段起于嫩江西岸、今内蒙古莫力达瓦旗政府驻地尼尔基镇北面的前七家子和后七家子村，那段长城开始分为两支，北（外）线起于后七家子村东北五里的嫩江西岸浅水沼泽中，南（内）线在前七家子村东北一百余米、距嫩江西岸约两百米处，其壕墙较北线深阔高大，北、南两道长城在起点处相距七里，均向西去，但却逐渐靠拢，在北边壕村南一点五里处，北线长城并入南线长城。又向西延伸，在冷家沟村东北三里处，长城转弯后向西南延伸。在金东北路长城起点处还有一个重要发现，即在尼尔基镇西北十六里的后宜卧奇村北发现一座城址，它北距前七家子村北的南（内）线长城四里。这座方形堡城，就应是《金史》中所载的“达里带石堡子”城，是金代岭南长城北端起点的第一座堡城。长城在冷家沟村转弯后，在内兴安岭东麓向西南延伸，和兴安岭主脉走向大致平行。出莫力达瓦旗后，长城即为今黑龙江省和内蒙古自治区的分界线，东面

① 包诺索夫：《成吉思汗边墙初步调查》，《大陆科学院通报》第五卷第一期，1942年，胡秀杰译，载吴文衔主编：《黑龙江考古民族资料译文集》第一辑，哈尔滨：北方文物杂志社1991年9月版。

② 包诺索夫著：《北部乌尔科古代边墙》，《大陆科学院通报》第七卷第二期，1944年4月，胡秀杰译，载吴文衔主编：《黑龙江考古民族资料译文集》第一辑，哈尔滨：北方文物杂志社1991年9月版。

是黑龙江省的甘南县、龙江县，西面是内蒙古自治区的阿荣旗、布特哈旗①。此后长城仍向西南延伸，出省、区界后，即进入今内蒙古自治区扎赉特旗。

1975年，吉林省进行全省文物普查时，曾对当时划归吉林省管辖的哲里木盟（包括今兴安盟与哲里木盟）境内各旗、县的金长城做了全面调查。其调查发现，金长城东北端衔接于黑龙江省1959年和1960年调查过的长城线段，由今扎赉特旗向南，经今科尔沁右翼前旗、突泉县、科尔沁右翼中旗至扎鲁特旗。其报告称“发现三道界壕”，“依自东向西的顺序，命名为第一壕堑、第二壕堑和第三壕堑”。其中第二道长城东北接黑龙江省之前调查之长城，但这道长城在今科尔沁右翼前旗乌兰毛都乡的满族屯又分为东西两支，然后分别向西南延伸，其中东支经今突泉县、科尔沁右翼中旗，到扎鲁特旗，出境，进入阿鲁科尔沁旗，即西南接李文信调查之长城；西支经今科尔沁右翼中旗，到扎鲁特旗，出境，进入东乌珠穆沁旗。在第二道长城之东还有第一道长城，其东北从今扎赉特旗延伸过来，进入科尔沁右翼前旗好仁乡太平山村，向西南延伸到突泉县境内，长约两百里。在第二道长城西面还有一道长城，其东北从今扎赉特旗进入，到科尔沁右翼前旗索伦军马场小黑牛圈，向西南延伸，复转向西去，进入东乌珠穆沁旗②。这几道长城，尤其是第一道长城和第三道长城，是新的发现，过去未见文献记载，也无调查论述。因此，吉林省这次文物普查的发现非常重要，它使学术界第一次了解到金长城的分布，更使研究者认识到金长城的分布状况如此复杂。

1978年和1982年，河北省有关地、县对其境内的金长城进行了调查。河北省存在金长城的县，据发表的调查报告，有丰宁县、沽源县和康保县。河北省内的金长城，并非各县直线衔接，而是与内蒙古自治区所辖旗、县境内的长城犬牙交错，长城在两省、区的县、旗间相互衔接，故今对河北省内的金长城以县分段由东向西说明。

丰宁县境内的金长城，东从内蒙古自治区赤峰进入，经东边墙沟村、骆驼场村西去，出县境至内蒙古多伦县。沽源县境内的金长城，东由内蒙古多伦县进入，向西北延伸，经东米地沟村、西米地沟村，从马点村北出境，进入内蒙古太仆寺旗。康保县境内的金长城，自内蒙古太仆寺旗贾家地村北进入，西去，经二喇嘛村、大土城村、小兰城子村、大青沟村、姚家湾村等，至胡毛庆村北出境，进入内蒙古化德县特布乌拉③。

河北省内的金长城，过去是最不明了的，因其经过线路短，又为早期燕秦汉长城经过，常不为人所注意，故长时间里金长城遗迹不显。现在经过考古调查，发现的金长城经行

① 黑龙江省博物馆：《金东北路界壕边堡调查》，《考古》1961年第5期。

② 庞志国：《金东北路、临潢路吉林省段界壕边堡调查》，《中国长城遗迹调查报告集》，北京：文物出版社1981年2月版。

③ 刘建华：《河北省金长城》，《北方文物》1990年第4期。

线路明确，为金长城分布于河北省提供了可靠的依据。

内蒙古自治区境内的金长城，文物普查时各地大都做过调查，也有所发现，但还有需要深入了解的地方，解决一些存在的问题。1996年与1997年间，因《中国文物地图集·内蒙古自治区分册》编绘长城图的需要，李逸友对内蒙古境内的各时代的长城进行了复查。他在复查后将金代岭南长城各条线路分别定名为北线长城、南线长城、北线西支、北线东支，又将南线长城分A段和B段。复查后他也有一些新的意见，其调查报告说："经实地考察得知，界壕南线自林西县新林镇西南行，经过统部镇凌家营子村北与A段交会时，壕墙并未中断，而是继续向西南方延伸；而且A段的东北端起点并不与B段壕墙相连接，说明B段兴筑和修缮时间在A段兴筑以后。"①

南线长城B段，自今林西县进入克什克腾旗，经宇宙地、杨家营子、天顺成、水地、边墙沟脑，至"南店乡大黑山西南伸入翁牛特旗灯笼河子牧场西北部，再西南行经赤峰市松山区东山乡二龙库（二龙窝铺梁）伸入河北省围场县境内"。内蒙古的调查报告说金代岭南长城由今赤峰市进入今河北省围场县境内，而前面所列河北省的调查报告说它是从今河北省丰宁县进入的，而不是从围场县进入的，因此金代岭南长城在两省、区的衔接还存在问题。

内蒙古的调查报告认为："经过这次考察，完全证实了上述论断，即金界壕南线B段自赤峰二龙库入围场县境后，在桃山以东基本上利用燕秦长城改造，桃山以西则另挖有壕堑，西行经小卡拉进入丰宁县境。""在丰宁县考察时，曾两次到达草原乡，确认它是东自围场县进入，经过草原乡，再西北伸入多伦县西干沟乡境，为金界壕南线的B段。""在丰宁县草原乡政府西北方进入内蒙古多伦县西干沟乡南沟村境，上述调查已经证实它不是进入多伦县石门沟，它自南沟村西北行经耗来沟旧边墙村北，再西北行经大北沟乡花塘沟，至下滩羊场西进入正蓝旗黑城子种畜场三分场境内。"但它随后又说："经过复查，这段长城自丰宁县乌孙吐鲁坝西北麓，西偏北方向经万盛永乡境，再西北进入内蒙古多伦县十五号乡十六号村南，西北行经十五号村，至下五号村西折向北偏西方向延伸，自此点至马点之间长约十公里地段，沽源县与多伦县以此长城为界。这段长城再向北延伸至正蓝旗黑城子种畜场场部南小山坡中断，为北魏长城东段。它自此中断处向西延伸，至闪电河西岸骆驼山南麓再现，再西行约两公里即可见其与金界壕南线相合。自此以西至商都县二吉淖尔之间的界壕，皆为将北魏长城改筑而成。"

金长城在今内蒙古太仆寺旗的走向："界壕南线B段自正蓝旗进入太仆寺旗骆驼山乡郭家营子折向西行，至中和乡千家营子又折向西南行，经宋家营子乡、城郊乡境，至贡宝拉嘎苏木包日浩特折向西行，往东井子乡贾家地村西，伸入河北省康保县境内。"

① 李逸友：《中国北方长城考述》，《内蒙古文物考古》2001年第1期。本文下面所引皆出自此文。

金长城在今河北省康保县境内的经行线路，内蒙古和河北省的调查基本相同："金界壕南线B段自太仆寺旗进入河北省康保县阎油坊乡境内，大致呈东西走向，横贯康保县中部，西至李家地乡毛胡庆村西北，再进入内蒙古化德县土城子乡境内。"

化德县境内金长城的走向情况："南线B段自康保县进入化德县土城子乡境后，先向西方延伸，至白土卜（本文笔者按：应为"堡"）子乡的白土卜（堡）子村折向西北行，经杨家营子、二吉淖尔村东，再西北行至边墙梁村西伸入商都县境内。自二吉淖尔至边墙梁之间的界壕，为商都县与化德县的分界线。"

金长城在商都县的走向："南线B段自商都县与化德县交界的边墙梁村进入商都县卯都乡境内，折向西偏北方向延伸，至八股地乡冯家村南山坡与A段相会合。界壕南线从此会合点继续向西延伸，经格化司台乡伸入察右后旗土牧尔台乡境内。我们到这两道界壕相会处考察，只见B段自东向西延伸，壕墙上无豁口或两道合并兴筑痕迹。"由此往西，"金界壕南线自察右后旗向西北方向延伸，经苏尼特右旗南部，复入察右后旗，再向西北延伸至四子王旗境，再折向西南行经达茂联合旗，再南行至武川县境"，再东南行，至庙沟乡上庙沟村西南的大青山南麓，金长城至此终止。

经过调查，金长城逐渐得以确定，其起点在嫩江西岸今尼尔基镇北的前七家子村、后七家子村，学术界均无异议。尤其是在长城内侧发现的城址，被确定为见于文献记载的金长城起点上的"达里带石堡子"，就让其起点更为确定无疑。在起点处，金长城在前七家子村、后七家子的分布是南北两道并行，这说明它们是前后两次修筑的，在时间上应有早晚之分。这是不见历史记载的，对金长城修筑时间的研究非常重要。

再有，经过近年对金代岭南长城的深入调查，以前调查不清之处也得到了补充和纠正。这是非常可贵的。如以前调查，在内蒙古林西县新林镇发现有一道长城向南延伸，那时的认识和掌握的材料，都认为它是一条"支线"。笔者在20世纪70年代到内蒙古昭乌达盟考古调查时，在几个旗、县都调查过金长城，虽然这不是笔者当时的工作重点，但笔者也做了一定的了解，可是在此线路上，金长城并未向南去，笔者在当地看到的仅是金长城的一段，没有想得更远。现在得知，这道长城已和河北省的金长城衔接起来，成为完整的一道，这就将金长城的分布形态搞清楚了。此外，经内蒙古李逸友复查，此前调查认为从今克什克腾旗西去，在正蓝旗汉克拉分线南去，经敦达浩特到闪电河东岸，然后折而西去入太仆寺旗骆驼山的这段作南北走向的长城，实际上是不存在的，过去出版的《中国大百科全书·考古学》卷中的"金长城"条目及所附的《金长城走向图》等[①]，用的都是这条线路，现在看来完全错了，实际上它应是从今林西县凌家营子分线南去，然后西折转入河北省围场县——这才是正确的线路。通过实地考古调查，以最有说服力

① 中国大百科全书编委会：《中国大百科全书·考古学》，北京：中国大百科全书出版社1986年8月版。

的发现材料将不易解决的问题展现出来，使错讹得到纠正。

对于过去知之较少的金长城，经过前后长达几十年的调查，现在可以说基本上弄清了它的分布与走向，这将会促进对金长城的深入研究。

## （三）岭南长城各线段的走向与衔接关系

通过各地的陆续考古调查，虽然还有一些线段没能完全弄清楚，但现在对金长城的概貌有了较为明确的认识。

近年，通过黑龙江、吉林、内蒙古的考古调查，得知金代岭南长城并非一道由起点至终点，而是始终有复线出现。如在起点处它就有南、北两道，虽然经过30里之后它们并为一道，但到今内蒙古扎赉特旗以后，它又陆续分作三道向前延伸，而其后又有一道长城分为两道，另外还有支线，形成较为复杂的分布状态。这样就给金长城研究带来很大困难。究竟哪些线段是一道长城，哪些线段是另一道长城，它们之间的关系怎样，非常复杂，尤其是牵涉到各道长城的建筑年代问题，那就更为复杂。因此，理清其脉络也是很重要的。

对金长城的研究，现在除了考古调查这一最重要的事情外，还有一些基础工作要做。如此前各地对自己所发现的各道长城的命名是比较混乱的，尚无较一致的叫法，均为研究者根据自己的认识情况命名，这就难免出现指称不一而其衔接即难于一目了然的情况。由于受现在行政建置的管辖地域限制，调查者的调查范围不同，调查发现长城后对它的定名也就不同，如有的用金代的“路”来称其调查发现的长城，有的以今天的行政建置管辖范围作为“段”来记录其调查发现的长城，也有按金长城多道分布的地理位置以“线”来表述其调查发现的长城的。笔者觉得，从易于被人理解和概念明确考虑，因其道数较多，现在还是应该以能较全面反映出长城位置的定名为好。如果有这个总体名称，那么不管哪一地区分散论述该长城，也不会出现指证不一或互相混淆的情况。

从此前各地调查命名的情况看，吉林对其所调查发现的金代岭南长城，因其东北至西南走向偏南较大，故其“报告”依次将其自东向西排列，“命名为第一壕堑、第二壕堑和第三壕堑”；内蒙古的调查为上述长城的接续，但因其走向偏西较明显，故其定名又为自北而南，《中图文物地图集·内蒙古自治区分册》的《概说》即称其为“金界壕北线”“北线西支线”“北线东支线”“金界壕南线”“南线西支线”。两个省区的调查所发现的长城原本是同一线路长城，但从其命名看，哪一道长城与哪一道长城为同一线路，看不出来，它们不能明白相接。当然，因为过去是分散调查的，所以这种现象不可避免，但今后应谋求统一，以便于研究者了解和掌握。

那么就金代岭南长城而言，各道长城是怎样相互衔接的呢？以最近出版的《中国文物地图集·内蒙古自治区分册》（以下简称为“地图集”）与吉林省1975年的金长城调查报告（以下简称为“吉林报告”）为例，来说明金代岭南长城各大线段的定名：“地图集”中的“金界壕北线西支”，为“吉林报告”中的“第三壕堑”；“地图集”中的“金界壕北线”，为“吉林报告”中的“第二壕堑”和“第二壕堑西支”线；“地图集”中的“金界壕南线”，为“吉林报告”中的“第二壕堑”和“第二壕堑东支”线；“地图集”中的“金界壕北线东支线”，为“吉林报告”中的“第一壕堑”。除此之外，李逸友调查报告又将金代岭南长城的“南线”长城在今内蒙古林西县统部镇凌家营子以西所分出的北、南两道长城，分别定名为A段和B段。因为吉林的调查比较早，尤其是“这（第一）条壕堑，过去没有发现过”，“第三条壕堑未见文献记载，是在这次调查中首次发现的”（均为其调查报告语），这两道长城都属于新发现，所发表的报告，就是记述这些金长城复杂状况的最早材料，为人所重视，是研究金长城不可不看的文章，而“地图集”又是全面反映金长城全线、带有总成性质的论述，同样不可或缺，但它们之间的这些对应，确实使人不易相接，同时又给人一种一道长城被割裂成两段的现象，使人不易了解长城全线的情况。

那么各线的划分情况是怎样的呢？据“地图集”的说法，“金界壕北线”，起自今内蒙古莫力达瓦达斡尔自治旗尼尔基镇后七家子村，经东乌珠穆沁旗入今蒙古国，然后复入我国今内蒙古阿巴嘎旗，至四子王旗鲁其根村；“北线西支线”，东端自今内蒙古扎赉特旗巴彦乌兰苏木额尔吐村从主线上分出，西去入今蒙古国，止于贝尔湖西南方；“北线东支线”，北端自今内蒙古扎赉特旗阿拉达尔吐苏木吉日根村从主线上分出，至突泉县宝石乡北岗村与南线长城相合；“金界壕南线”，起自今内蒙古莫力达瓦达斡尔自治旗前七家子村，后与北线长城相合，至今内蒙古科尔沁右翼前旗满族屯，分成两线，南线经今内蒙古巴林左旗至林西县统部镇凌家营子村，西南折入今河北省，经商都县八股地乡冯家村，至今内蒙古四子王旗鲁其根村，与北线长城相合，最后至武川县庙沟乡上庙沟村止；“南线西支线”，由今内蒙古林西县统部镇凌家营子村西去，中经镶黄旗，至今河北省商都县八股地乡冯家村与主线相会[①]。这样给金代岭南长城的各道长城划分线路有没有问题呢？笔者以为似有可研究之处。

比如，金代岭南长城中究竟哪一道长城是北线长城？笔者认为应深入进行研究，至少目前的定名似有不妥。通过考古调查我们已经知道，从七家子起筑后，金代岭南长城在折向西南到今内蒙古扎赉特旗以后，逐渐分成多道，但各道长城并非同一时期所修，而是分别在不同时期完成的，在每个时期修筑的某道长城，均应成为独立、完整的防御线，

① 国家文物局主编：《中国文物地图集·内蒙古自治区分册》上册，西安：西安地图出版社2003年11月版，第96页。

即为该时期的长城；其他各道，此时不是还没修筑，就是已经废弃，即不应是这个时期的长城。如“地图集”中所说的“北线西支”长城，认为它的长度，即是从今内蒙古扎赉特旗巴彦乌兰苏木额尔吐村北分出，向西南延伸，经科尔沁右翼前旗，转向西入东乌珠穆沁旗，又转向西北入蒙古国，最后至贝尔湖西南方终止，其长度达一千里。笔者认为，这样确定这道长城，可能是不够准确的。为什么？笔者的理由是，这道长城是金代岭南长城中最北面的一道，根据金代各个时期的政治情况、防守能力、北方部族活动地域、双方势力的消长等各方面因素考虑，最北面的这道长城，应是金代最早修筑的，因此，它的东端起点就不会在今内蒙古扎赉特旗巴彦乌兰苏木的额尔吐村，因为这样修筑长城，在它的东面就要丢失很多金代兴起后的重要地区，没有达到要保卫金东北路管辖范围的任务。所以笔者认为，这道长城的东端起点，不在今扎赉特旗，而应是在其东今莫力达瓦达斡尔自治旗尼尔基镇的后七家子村，也就是说这道长城是由后七家子村至贝尔湖的，其起点、终点是这两端，这才应是金代岭南长城的“北线长城”。这道长城的长度，由后七家子村至贝尔湖，为一千五百余里。从防守来讲，其战线长度具备“独当一面”的功能，这也恰与这个时期金代防守北边的环境相适应（其修筑年代问题将于下节讨论）。因此，这道长城不应被截去一段，变成由今内蒙古扎赉特旗巴彦乌兰苏木额尔吐村起。划得这么短，会使其东段防守缺失五百多里，这是不符合金代实际情况的。更不能将其看做“支线”，它应是金代在岭南最早建成的一道独立的长城。

至于从今内蒙古扎赉特旗向东，即金代岭南长城起点段长城，没有多道而仅是一道长城线的问题，也是金朝防守原因造成的。金王朝后来国力衰弱，北族强盛，特别是长城经过的中西部地区，辖境后退，金朝在其地前后修筑了各道长城，而在东端其辖境没有回缩，就没有另筑长城，而是继续为后来在西面所筑各道长城借用，因此东端只有现在所见的一道长城。但这道长城一开始就是从今尼尔基镇后七家子修筑到贝尔湖湖边的，不能将它分为两截，认为另一截是从今巴彦乌兰苏木额尔吐村开始的。所以笔者认为，如果将这道从今尼尔基镇后七家子村至贝尔湖长城称为金代岭南长城的“北线长城”，那概念就更为明确了，并且这样也符合金代修筑这道长城的时间，它不可分割。

准此，依次被“地图集”定为“北线”的长城，即由今内蒙古莫力达瓦达斡尔自治旗尼尔基镇前七家子村起，向西南去，至扎赉特旗，经巴彦乌兰苏木额尔吐村，又向西南去，经东乌珠穆沁旗，入今蒙古国，复转入我国今内蒙古阿巴嘎旗，最后止于武川县庙沟乡上庙沟村。笔者认为，这道长城实际上是从今内蒙古扎赉特旗巴彦乌兰苏木额尔吐村起筑的，是金代因防守后退而接筑于原北线长城的长城，不可混淆以此段长城代替北线长城，而将真正的北线长城称为“支线”，否则就无法论证其修筑年代了。但这道长城在巴彦乌兰苏木额尔吐村以东，仍然借用由今七家子起筑的“北线长城”东段。为了概念明确，也为了符合筑长城的时间，笔者认为，应将这道长城称为金代岭南长城的“中线长城”。

对于被“地图集”冠名为“南线”长城的这条线路，即从今内蒙古扎赉特旗满族屯的“中线长城”接筑分线后，向西南去，因它处于三道长城中的最南面，确实是金代岭南长城的南线，概念明确，反映出了它的地理位置，无可改动，因此，将这道长城定名为金代岭南长城的“南线长城”是准确的。但是，这道“南线”长城，在今内蒙古林西县统部镇凌家营子村又向南分出一线，经今河北省，其后此线在今河北省商都县八股地乡冯家村与“南线长城”会合，复为一道。对这些长城的定名，似也有可商之处。李逸友在复查“报告”中，将从今内蒙古林西县统部镇凌家营子村至今河北省商都县八股地乡冯家村的这段长城称为“A 段”，将从今统部镇凌家营子村至四子王旗鲁其根村的这段长城称为“B 段”，这样就表示不了其主次关系，亦即其修筑的先后关系。“地图集”将从今内蒙古林西县统部镇凌家营子村至今河北省商都县八股地乡冯家村的这段长城作为“南线长城”本线，而将从今林西县统部镇凌家营子村至四子王旗鲁其根村的这段长城称为“南线西支线”，从防守观念上讲，金代也是不会这样做的，因为先修向后弯曲的长城会让出大片土地，加长长城线路，从而加重人力、物力负担，而金代以后再在其外面修筑长城，也与金朝防守由强转弱、北族势力由弱渐强而南逼金朝的事实不类，故笔者认为，这段内曲长城应是“南线长城”回缩后所修的一道“内线长城”，其修筑时间在后。这样，南线长城在北面的那一段为“外线长城”，在南面的那一段为“内线长城”，如此区分，其分布关系也就表述得更清楚了，也符合金朝历史发展的实际情况。

再有，在今内蒙古扎赉特旗阿拉达尔吐苏木吉日根村从“北线长城”接筑下来，经今科尔沁右翼前旗，至突泉县宝石乡北岗村与“南线长城”相合的一道略作南北走向的长城，长度较短，主要在今科尔沁右翼前旗境内，应是金朝因防守回缩在此地修筑的南线长城。

金代岭南长城较为复杂，对其各条线路之间的相互关系，现在研究者们的认识还不一致，但这些线路走向的划分，是一个很重要的问题，因为它关系到一道长城是否完整，同时也表明各道长城的相互关系，更是确定各道长城修筑年代的依据。因此，笔者愿意做些探讨，提出上述意见，从而使金长城的研究能够更深入一些。

## 三、金长城的修筑年代

根据考古调查的发现，金代修筑了多道长城，但由于缺乏明确的历史记录，现在我们不能确知其确切的修筑年代。要想全部知道金长城的修筑时间，的确是一件很困难的事。今天我们只能依据考古调查的发现，结合有限的历史资料加以考证，从而理清各道金长城的修筑年代。

## （一）岭北长城修筑年代

由于历史文献中不见金代岭北长城的明确记载——《金史》阙如，其他材料也多未涉及，更缺乏详细记录，因此很少有人知道金代的这一道长城。

金代岭北长城在近代为世人所知，距今也不过一百五十余年。它最初是因俄国人克鲁泡特金的探险，才从“考古”调查角度被发现的。克鲁泡特金自1852年起，历时几年，在我国边境地区进行探险旅行，其间他见到了这道长城。虽然他不知道这道长城经历过多少历史年代，但他对当时存留的遗迹感到新奇。面对这个规模巨大的古代建筑工程遗存，他想到了一位出现在我国历史上并曾驰骋欧亚大陆的大英雄——成吉思汗，于是他称这道城墙为“成吉思汗边墙”①。根据他的这一提法，这道长城的修筑年代，就被认为是元代了。其时代被认为是元，无疑是较为偏晚的。不过此说的影响很大，不只在西方如此，甚至我国学术界也多沿用这一观点，常称这道长城为“成吉思汗边墙”。

其后不久，光绪二十三年（1897年）清政府编绘舆图时，曾对这道长城进行了测量。当时对这道长城进行测绘的情况，主持其事的屠寄谓：“光绪丁酉年（1897年），黑龙江测绘舆图，崔君祥奎测绘至此。”②其时“测绘四人，曰：崔祥奎、单士俊、张士元、刘鸿恩”。他们历经艰危，完成此事。屠寄说：“凡车马可通之地，则步步详测。虽车马难通，而人迹犹可至者，莫不穷幽凿险而探绘之。”③经过此次测绘出版的《黑龙江舆图》十分详尽，标注了这道长城的地理位置与走向，并旁及其沿线附近城堡，尤其是用非常醒目的重线将长城画出，并将其定名为“金源边堡”④，其文字分多段标注于地图中的长城线上。据此可知，屠寄认为此遗存为金代所修筑，故将其命名为“金源边堡”。

在20世纪20年代以后，这道长城逐渐为学术界所知，记录或研究者日众，但他们对它的认识很不一致，相差很大。1922年出版的《呼伦贝尔志略》称此长城为“兀术长城”⑤，认为它是金代的。1929年出版的《呼伦贝尔》一书认为这道长城是“拓跋鲜卑的国界”⑥，则它应为东晋南北朝时期的。1932年出版的《黑龙江志稿》在附图中将这道长城标注为“兀术长城”⑦，也认为它是金代修筑的。1941年出版的《历代长城考》

① 俄人克鲁泡特金探险调查材料原稿现存于黑龙江省博物馆。

② 屠寄：《蒙兀儿史记》卷二《成吉思可汗本纪》，北京：中华书局1964年11月版。

③ 屠寄：《黑龙江舆图》前记，光绪二十五年（1899年）版石印套色本。

④ 屠寄：《黑龙江舆图》第五册，光绪二十五年（1899年）版石印套色本，第七页、第八页、第九页。

⑤ 张家璠：《呼伦贝尔志略》，民国十一年（1922年）上海太平洋印刷公司版。

⑥ 阔尔马左夫：《呼伦贝尔》，民国十八年（1929年）东省铁路经济调查局版。

⑦ 张伯英：《黑龙江志稿》，民国二十一年（1932年）版。

在其所附地图中，将这道长城明确标示为“汉光禄城”，认为它是汉光禄卿徐自为所修的。即使不论光禄城是否为这种形式，单就其地理位置和走向讲，就不符合。因此，它不是“汉光禄城”，即它不应是汉代修筑的。但该书就在其标示的“汉光禄城”之后，又用括号注明“即成吉思汗城”①。这显然就更是问题了。既然已确认它是汉代的光禄城，怎么又会认为它是元代的成吉思汗城呢？自相矛盾。这说明其作者对这道长城尚未研究清楚。此外，前引俄国人包诺索夫1942年发表文章称：“满洲还有上文提及的两段边墙：‘成吉思汗边墙’。其中一段边墙，开始于兴安北省沃和库里村附近。”（按：沃和库里村，今称上库力村。）包诺索夫所说的这道长城，就是金代岭北长城，他称其为“成吉思汗边墙”，显然是受此前之说影响的结果。

如果说这些意见还比较早，可能不够准确，那么近年对这道长城的认识，又是如何的呢？从笔者所掌握的材料看，依然没有多大改变。我国1969年编绘的地图，在这道长城线上标注的是“成吉思汗长城”，据此，其时代被认为是元代。1976年编绘的陈巴尔虎旗地图，在此长城线上标注的是“成吉思汗边堡”，和前者所界定的文字虽不完全相同，但实质上是一样的，将其时代认定为元代。

学术界对这道长城年代的认识，至今仍有分歧，多数研究者认为它是辽代的，其时代考定得有些偏早。1979年孙秀仁在考证这道长城的年代时说：“我认为这条边墙既不是金代的‘金源边堡’‘兀术长城’，更不是俄人克鲁泡特金所认为的‘成吉思汗边墙’，而是辽朝在特定历史时期为巩固中部地区，防御属部羽厥、室韦、北阻卜等族窜犯而修筑的防御工程。修建时间及经过，《辽史》未载，似不应早于辽朝中叶。”② 这是明确指出这道长城不早于辽代中叶，是辽代中期以后修筑的。

1980年，夏恩训等人发表文章，认为这道长城的修筑者是塔塔儿人，将其定为“塔塔儿长城”。塔塔儿，始见于唐代，为突厥所部，突厥败亡后，塔塔儿强大，它能修筑长城，其时间当在辽金时期③。

后来，景爱等人发表他们对这道长城的研究意见，在一篇文章中说：“关于边壕的时代，众说纷纭，莫衷一是。笔者认为，这是辽代为防御乌古敌烈诸部的侵扰，保护克鲁伦河、哈拉哈河、海拉尔河流域的农业经济而修建的一道军防工程。”④他在另一篇文章中仍持这一观点，认为这道长城为辽代所建，“是防御乌古敌烈部以及阻卜的侵扰而修建的一道军事防御工程”⑤。

① 寿鹏飞：《历代长城考》，民国三十年（1941年）得天庐版。

② 孙秀仁：《黑龙江历史考古述论》（上），《社会科学战线》1979年第1期。

③ 夏恩训、李荣超：《草原上的口岸城市——满洲里》，《实践》1980年第8期。

④ 景爱：《关于呼伦贝尔古边壕的时代》，《社会科学战线》1982年第1期。

⑤ 景爱：《关于呼伦贝尔古边壕的探索》，《历史地理》第三辑，上海：上海人民出版社1983年11月版。

由于学术界对这道长城的关注，笔者也感到关于这道长城的研究还存在不少问题，有必要深入调查了解，得出符合实际的确切结论。因此，笔者于 1987 年 7 月赴呼伦贝尔盟，会同米文平等对这道长城进行考古调查。此次调查从额尔古纳右旗（今额尔古纳市）上库力村西南、库力河西岸长城东端起点开始，然后沿根河南岸草地西去，经旗政府驻地拉布达林镇，直到中俄界河额尔古纳河东岸的四卡，长城由此折而南去，沿额尔古纳河东岸至红山嘴后，越过额尔古纳河入今俄罗斯境内，此后长城仍在额尔古纳河北岸向西南行，经嘎普察嘎图镇到凯拉斯推西南十余公里处，离开河岸在山地上向西南延伸，到今满洲里市西北二十六里的 60 号界堆复入我国境内，经今新巴尔虎右旗，由 635 号界标出境，进入今蒙古国，终点止于今乌兰巴托之东约四百九十里与温都尔汗之北约二百八十里处，全长约一千四百里。

我们根据实地考古调查发现的它所处的地理位置与沿线山川的走向形势，采集的出土遗物的时代特点，分析古代民族的分布与活动范围，再结合文献记载，如拉斯特《史集》、元人《圣武亲征录》以及宋、明等时期的有关史料进行研究，认为这道长城是金代初年在这里修筑的，是为了防御蒙古，保护金国北方领土以及臣服于金的塔塔儿人，因此这道长城就“设在他们同蒙古之间，即克鲁伦河以北至额尔古纳河一线”[①]。这就是我们经过考古调查后所得出的关于岭北长城修筑年代的结论；详细论证，可参阅我们前已发表的文章《岭北长城考》，此不备述。

## （二）岭南长城修筑年代

关于岭南长城，前已论述过考古调查的发现，其线路有多道，是金东北路、西北路和西南路三路招讨司管辖的长城，情况复杂。由于这些长城的里程较长，存有多道，并出支线，又分布于不同地域的诸路辖区中，因而不可能是一次性或在短时期内修筑的，其修筑时间就有早晚不同。这些长城，有的见于记载，但所记是否为全线，也需要研究，而其他线路，恐怕很难见有文献依据，故我们只能对其现状进行探索性研讨，很难一次就得出完全正确的结论。

从研究的角度看，最早考证金长城修筑年代的，应该首推王国维先生，他在其著名的《金界壕考》中说：“塞外多风沙，以堙塞为患。故世宗朝屡遣使经画，卒不能决。章宗时边患益亟，乃决开壕之策，卒于承安三年成之。其壕堑起东北，讫西南，几三千里，此实近古史上之大工役。”[②] 承安是金章宗完颜璟的年号，章宗是金代十位皇帝中的第六位，承安三年为 1198 年，距金亡的 1234 年只有三十六年时间。王国维认为金长城之

① 米文平、冯永谦：《岭北长城考》，《辽海文物学刊》1990 年第 1 期。

② 王国维：《金界壕考》，《观堂集林》卷十五，北京：中华书局 1959 年 7 月版。

修筑，在章宗之前仅是“遣使经划，卒不能决”，只是到章宗时“边患益亟，乃决开壕之策”，是在承安三年（1198 年）修筑完成的。这一论点，显然时间偏晚。

现就从王国维先生提出的论点进行考察。《金史·地理志》开篇就说：“金之壤地封疆，东极吉里迷、兀的改诸野人之境，北自蒲与路之北三千余里火鲁火疃谋克地为边，右旋入泰州婆卢火所浚界壕而西，经临潢、金山，跨庆、桓、抚、昌、净州之北……”这里值得注意的是，史文明确地记载了“婆卢火所浚界壕”。既然婆卢火修筑了长城，则此长城的时代就不会过晚，因婆卢火是金太祖、太宗时人，当其死去以后就不可能再由他修筑长城了，因此修筑长城的时间就不可能晚过金太宗以后。《婆卢火传》称：太祖伐辽，长时间与辽军作战，攻城夺关，“大败辽兵”。天辅五年（1121 年），婆卢火奉命“屯田于泰州”，并且舍弃“旧居按出虎水，自是徙居泰州”。太宗时，由于“婆卢火守边屡有功，太宗赐衣一袭”。熙宗继位元年，婆卢火死于驻守乌古敌烈的任上，即东北路长城防务地区任上。因此，婆卢火所筑长城的时间，就应在金初，即最迟也应在太宗天会年间，即在太宗的继任者熙宗天眷元年（1138 年）他死于任所以前。由此可知，金代在岭南修筑长城，尽管不是一次性完成的，但在金初就应开始进行了，虽然还不能具体确定是在太宗天会哪一年，但也不会是如王国维在《金界壕考》中所指出的是在章宗时期修筑的。

由此我们知道，“右旋入泰州婆卢火所浚”的这道长城，在金朝初年就已经完成了。不过，婆卢火所修筑的这道长城在哪里，过去未见有人探讨，现在无成说可援，这里笔者只能提出个人的初步研究意见。

关于婆卢火修筑的长城，由于史文记载得过于简略，仅此数字而已，不仅修筑时间不具体，而且其修筑长城的地点更是茫然。笔者认为，婆卢火所筑长城，应是由今内蒙古莫力达瓦旗尼尔基镇后七家子村起，最后至今蒙古国止于贝尔湖（捕鱼儿海子）西南方的这道长城，即笔者所称的“北线长城”，亦即《中国文物地图集·内蒙古自治区分册》定为“北线西支”的这道长城（当然这个“北线西支”并不是笔者所说的“北线长城”全部，而只是笔者所说全线长城的西段）。

为什么说这道由今内蒙古莫力达瓦旗尼尔基镇后七家子村至今蒙古国贝尔湖的长城就是婆卢火所筑的长城呢？——当然，至今还没有任何一个人提出这种意见，笔者认为，这可从以下几个方面考虑确定：

第一，婆卢火的活动年代是在金朝初期，太祖、太宗时他被调去防边，驻守乌古迪列、泰州等地。这个时候，他所驻守地区的北方部族尚不强大，金朝的统治势力达于捕鱼儿海子（贝尔湖），其地虽然为金朝的统治范围，但为防守需要，修筑长城自然要修筑到那里，这样，才能做到有效防御。

第二，从金朝在这个地区统治势力的消长也可看出，只有在婆卢火任职内的金朝初年，金朝才能够把长城修到今贝尔湖（捕鱼儿海子）的地方。在婆卢火之后，蒙古族和该地区其他部族因势力强大起来而南下，并且已过贝尔湖，如果此时金朝想修长城，也已经无法修筑到那里了。这种情况文献材料多有记载，笔者不再引述，今天众多学术研究成果也能充分体现出这一点，如《中国历史地图集》第六册《宋·辽·金时期》第 42 ~ 43 页的《金、南宋时期全图（一）》[①]，它反映的是金天德二年（1142 年），婆卢火死后的第四年时的形势，此时今蒙古国贝尔湖（捕鱼儿海子）尚在金的控制范围之内，在此之前，如果为防止外族进入边地进行骚扰，于边境地区修筑长城，自然是为有远虑的防守者所应注意的，而这恰是有谋略的婆卢火驻守乌古迪烈、泰州防边时期，《金史·地理志》又明确记载他修筑了长城，这已成铁的事实，不容否认；再看《中国历史地图集》第六册《宋·辽·金时期》第 50 页金《北京路临潢府路》图，它反映的是金大定二十九年（1189 年）时的形势，可知此时金朝的辖境已经回缩，捕鱼儿海子（贝尔湖）已是境外——不仅捕鱼儿海子（贝尔湖）不归金朝管，就是它南面的很大区域也已不再是金朝的统治范围，这时金朝若修长城，如何能深入到至少并非自己有效管辖的地域？即使长城能这样修筑出来，在自己已不能控制的领土上的长城，军卒无法深入该地，于防守上还有何意义？再有，《中国历史地图集》第六册《宋·辽·金时期》第 44 ~ 45 页的《金、南宋时期全图（二）》，反映的是金泰和八年（1208 年）时的形势，其上今蒙古国贝尔湖（捕鱼儿海子）已是金边境之外较远之地，金朝的势力已达不到那里，金朝如何在那里修筑长城？

第三，这道金代“北线长城”的长度，由今内蒙古莫力达瓦旗尼尔基镇后七家子村至今蒙古国贝尔湖，为一千五百余里，恰在金朝早期东北路招讨司的防守范围内，作为当时这个地区的防守者，婆卢火有权也有力量完成这道长城。除此之外，金朝再没有更合适的人选，也更没有合适的时间来修筑这道长城了。

第四，《金史·地理志》明确说“右旋入泰州”，这是说这道长城的走势、方向。我们如果考察一下这道长城就会明白，从金朝的角度看，即从南向北看边境，由捕鱼儿海子（贝尔湖）向右，即东去，又微转而到泰州，这恰好是“右旋”；该长城从捕鱼儿海子（贝尔湖）到今内蒙古莫力达瓦旗尼尔基镇后七家子村，正是这种形态，并且从《金史·地理志》的行文顺序看，也只有这道长城最符合文意，其他别处的长城，都难当此任；与其相似的表述，《金史》中曾记载金朝所修南线长城是在“临潢左境北京路”，这说明它是由东向西修的——向西称“左境”，而不说“右旋”；可证“右旋”就是从捕鱼儿海子（贝尔湖）东去而到嫩江岸边的这道长城。

综上所述，根据这几个理由，笔者认为金代岭南长城中由今内蒙古莫力达瓦旗尼尔

① 谭其骧主编：《中国历史地图集》第六册《宋·辽·金时期》，北京：地图出版社 1982 年 10 月版。

基镇后七家子村至蒙古国贝尔湖的“北线长城”，就是婆卢火在驻守东北路时，即金太宗天会年间修筑的长城。

除了上述这道“北线长城”为笔者据《金史·地理志》所载婆卢火事迹，考证认为是在金太宗天会年间修筑的外，其余各线长城，此前曾见有探讨，但观点并不相同，故仍有深入研究的必要，笔者在此也愿意再谈些意见。

金代岭南长城的修筑时间，之所以出现问题，主要是过去的许多研究者不知道它有这么多的不同线路；现在虽然已经基本上查清了其分布，但仅根据历史文献有限的、并不是完整记载的零星材料，去指证多道线路极长、复杂而庞大的军事防御工程，而且还要具体确定某道长城为何时修筑或几次修筑，那显然是很困难的。因此，目前所见到的研究金长城时代的文章，一般多根据《金史》中的一些只言片语记载进行推论，而且也多为泛指，没有具体确定某道长城为何时所建。只是近年，在这方面情况有所改变。

贾洲杰说：“东北路泰州境内的长城修筑年代应在天眷元年（1138 年）以前，这与文献记载，在天会年间蒙古已与金发生冲突是可相印证的。……到了大定年间，修建戍堡、开壕筑垣之议不断提出。大定十一年宗叙北巡后表奏极言边防利害，十七年则有以两路招讨司及与古里石垒部族、临潢府、泰州等路分置戍堡、分段施工的诏令。较大规模的统一行动是在大定二十一年（1181 年），这年将东北、临潢两路自达里带石堡子起至鹤五河及临潢路内的一段参差不齐的戍堡，都取直了。”接着他又说：“至明昌初，自西北、西南路，沿临潢达泰州，以三万士卒连年施工，开筑壕堑。后完颜襄奏准‘用步卒穿壕筑障，起临潢左界北京路以为塞’，‘军民并役，又募饥民以佣即事’，并亲督其役五旬。这次各路工程大约到承安三年（1198 年）前后方告完成。”[①] 这篇文章只叙述了金代各时期长城的修筑时间，但还没有具体联系到所修的是现存哪一道金长城。

庞志国就其调查金长城的路段，谈了“关于临潢路、东北路壕堑边堡的修筑年代”，他认为：“大定初年，世宗就已在东北、临潢两路设置了边堡。‘（大定）五年正月……乙卯，诏泰州、临潢接境设边堡七十，驻兵万三千。’记载里只提边堡而没有提及壕堑，看来堡要早于壕。……直到大定二十一年，大理司直蒲察张家奴视察东北、临潢两路时‘皆取直列置堡戍’，为以后壕堑的建筑做了准备。”其后他接着分别说两路的修筑时间：“承安三年，完颜襄拜枢密使兼平章政事，率兵出临潢，请求用步卒穿壕筑障，起临潢路左界北京路以为阻塞。‘襄亲督视之，军民并役，又募饥民以佣即事，五旬而毕。’临潢路的修筑年（代）应在此时，亦即在 1198 年。金内族宗浩于承安元年至二年佩金虎符驻泰州，正在这时‘时惩北边不宁，议筑壕垒以备守戍，廷臣多异同。平章政事张万公言其不可，宗浩独谓便，乃命宗浩行省事，以督其役’。东北路的壕堑，可能就是这时即

① 贾洲杰：《金代长城》，《中国长城遗迹调查报告集》，北京：文物出版社 1981 年 2 月版。

1196 年至 1197 年左右修筑的。”[①] 这篇文章，关于金长城的修筑时间，开始接触实际，认为“临潢路”长城是完颜襄于承安三年（1198 年）修筑的，“东北路”长城是宗浩于承安二年至三年（1196—1197 年）修筑的；其修筑的具体线路，即是文章后面结尾时所指出的：“东北路、临潢路内蒙古段的界壕边堡，东北与黑龙江省东北路相通，西南与李文信先生所调查的临潢路相连。”据此可知，此处所指宗浩与完颜襄在承安元年至三年所修的长城，东北是黑龙江省博物馆 1959 年调查的金代岭南长城嫩江西岸起点段长城，西南是李文信先生 1939 年调查的金代岭南长城巴林左旗段长城。这道长城，即为笔者在本文中所厘定的金代岭南长城中的“南线长城”的东段。

“南线长城”的中、西段，因其在今内蒙古林西县统部镇凌家营子村分为在北的“主线”和南面的“内线”长城两道，它们也应是在不同时间分别建筑的。在北面的主线长城，修筑于今内蒙古自治区，而其内线长城，则分布在今内蒙古与河北省北部的几个县旗里。河北省调查境内的金长城后，也讨论了金长城的修筑年代问题，认为：“在天会至天眷元年之前就已经在东北路泰州境内修筑长城了。而大规模的筑城修堡是在大定二十一年至承安五年间进行的。在这七十余年中，金政权花费了巨大的人力、物力和财力，在东起嫩江，西至河套西曲之北的边疆沿线，修筑了长达万里的军事防御工程——长城。……河北境内的长城当为金长城的南线，归属西北路招讨司管辖。其修筑年代，《金史》中记载‘初，大定间修筑西北屯戍，西自坦舌，东至胡烈么（幺），几六百里。中间堡障，工役促迫，虽有墙隍，无女墙副堤’。‘初，明昌间，有司建议，自西南、西北路，沿临潢达泰州，开筑壕堑以备大兵，役者三万人，连年未就。御史台言：所开旋为风沙所平，无益于御侮，而徒劳民。上因旱灾，问万公所由致。万公对以：劳民之久，恐伤和气，宜从御史台所言，罢之为便。后丞相襄师还，卒为开筑，民甚苦之。’据此推测，河北境内的金长城最初修筑于大定年间，至明昌初年，尚未完工，且已筑毕的长城（壕堑）亦被风沙所平。几经朝廷议事，先罢后复，修筑工程继续进行。承安初年，西北路招讨使独吉思忠以‘各路边堡墙隍，向以起筑忽遽，并无女墙副堤’为由，要求增补，并于承安五年完工。”[②]这里边有几个问题，需要先说明一下。首先是河北省境内的金长城的修筑时间，没有如文章中所说的那么长，不可能从大定经明昌到承安。就修这段长城，尤其是我们应该知道，河北省内的这段金长城，仅是南线长城中的内线长城，是一道复线，根据调查，它的东、西两端又沿用了早期的燕长城与北魏长城，因此金朝不可能用了由世宗大定到章宗明昌、承安年这么长的时间去修这一段长城。如果在这个时间只修了今

① 庞志国：《金东北路、临潢路吉林省段界壕边堡调查》，《中国长城遗迹调查报告集》，北京：文物出版社 1981 年 2 月版。

② 刘建华：《河北省金长城》，《北方文物》1990 年第 4 期。

河北省内的这段长城，那么它北面的“南线”主线以及中线长城又是什么时候修筑的呢？能反过来比这个“内线”还要晚？这是可能的吗？其次，“大定间修筑西北屯戍，西自坦舌，东至胡烈么（幺），几六百里”记载的这段长城，不在今河北省境内，而是在今内蒙古自治区内，与河北省境内的金长城无关，因此，它的修筑年代不代表河北省内金长城的修筑年代。第三，明昌间“自西南、西北路，沿临潢达泰州，开壕堑以备大兵，役者三万人，连年未就”所指的这段长城，也不是河北省境内的金长城，而是指在今内蒙古自治区北面的长城；并且，所开长城“旋为风沙所平”的事，也不是发生在河北省段的金长城上。

内蒙古自治区调查金长城后说：“通过这次调查，初步探索了金承安年间挖掘的界壕南线，分别由各路兴筑的地段。《金史·内族襄传》记完颜襄于承安三年（1198年）时，‘因请就用步卒穿壕筑障，起临潢左界北京路以为阻塞。……襄亲督视之，军民并役，又募饥民以佣即事，五旬而毕。于是，西北、西南路亦治塞如所请。’现今界壕南线B段遗迹，自林西县凌家营子村至丰宁县森吉图以东地区，应即完颜襄主持开掘的‘起临潢左界北京路’的界壕，临潢府治所在今巴林左旗林东镇，北京路治所在今宁城县大明城，今河北隆化县以北地带均属金北京路管辖范围。这一地段界壕占地长度约四百公里，其中局部地段有所断缺，且有局部地段系利用燕北长城改造而成，因此只用短暂时间‘五旬而毕’。西北路在承安三年时仓促穿壕筑障，直到承安五年才补筑修缮完毕。《金史·章宗纪》记西北路界壕为：‘西自坦舌，东至胡烈幺（么），凡六百里。’胡烈幺又译作胡里幺，胡里幺在明昌元年时曾叛乱，占据临潢、北京之间，右丞相襄遣使招降。因此，完颜襄在挖掘界壕时，便设置在胡烈幺的北境。西北路兴筑的界壕，东端也就在胡烈幺，即东至滦河边，如以自丰宁县森克图以西算起，至商都县八股地乡冯家村南，总占地长度约三百公里，大致与‘凡六百里’相符。西南路所掘界壕，史籍未载明其起止点。《金史·仆散揆传》记仆散揆‘沿徼筑堡穿堑，连亘九百里’。如以自商都县八股地乡冯家村算起，至武川县上庙沟终点为止，总计约三百六十五公里，与‘连亘九百里’之数不相符，或是记载有些夸大，或是上庙沟并非终止点，现尚难于遽定。”随后又补充说：“在包头市东郊沙尔沁村的大青山南麓见有一段‘边墙’，北起自大青山南坡的石崖下，向南延伸经海岱村，至上官地村南河渠旁中断，再南即为黄河，计长约二点三公里；墙体为土石混筑，残高一米，下宽两米，判断其为金界壕遗迹。……这段‘边墙’位于万家沟之西约七十公里，万家沟溪水即自武川县庙沟乡南境自山谷中自下流来，穿越大青山地段约二十五公里，若其断代无误，则可定自庙沟乡上庙沟村至沙尔沁之间尚有九十五公里地段，大致可合‘连亘九百里’之数；但这段界壕尚缺其断代的可信遗物，且其万家沟至沙尔沁之间无遗迹可以证实。”[①]这里确定了如下几段长城：一是“起临潢左界北

① 李逸友：《中国北方长城考述》，《内蒙古文物考古》2001年第1期。

京路”长城，即今内蒙古林西县统部镇凌家营子村起，南行西转至丰宁县森吉图的长城，其长八百里，为完颜襄于承安三年（1198年）“五旬而毕”所修的长城，是“南线长城B段”，即笔者所谓南线长城的“内线长城”东段。二是西北路“坦舌至胡烈幺”长城，东至滦河边，由今丰宁县森吉图以西算起，至商都县八股地乡冯家村止，其长六百里，为承安三年完颜襄筑长城后“西北路亦治塞如所请”的长城，即笔者所定南线长城的“内线长城”西段。三是西南路“九百里”长城，即自商都县八股地乡冯家村起，西至武川县庙沟乡上庙沟村止的长城，为“西南亦治塞如所请”长城，亦即仆散揆“沿徼筑堡穿堑，连亘九百里”长城；但调查者说其长仅为七百三十里，与九百里还差一百七十里，因其里数不足，还需研究，同时又说据调查材料，在包头土默特左旗沙尔沁镇沙尔沁村还有一段被认为是金长城的遗迹，这里距武川县庙沟乡上庙沟村为一百九十里，果如此，则西南路段长城的长度恰为九百里，这样金长城西端就不是今武川县庙沟乡上庙沟村，而为包头土默特左旗沙尔沁镇的沙尔沁村了，不过目前尚无足够的考古发现材料可以证明，仍不能遽下定论。

对金长城修筑年代的研究，从目前状况看，还有未被论及的线路，小者如“南线长城”的“科尔沁旗”段，自然就更谈不到了，就是大者如“中线长城”以及“南线长城”主线等重大线段，都没见研究者论证过。因此，对这些尚未涉及的金长城，确实需要进行一些初步探讨，以求问题尽快解决。

笔者认为，金代之所以修筑这么多道长城，是与当时其国势强弱与北方部族的力量消长密切相关的。由于北族兴起，金朝统治者为防止其侵扰，就修筑长城加以防御，但北方部族的势力逐渐强大，南下进逼，金朝的有效管辖范围不得不后退，其势力逐渐达不到原来那些地方，无形中就逐渐放弃了原有的统治地域。可是，为了防守的需要，在后退之地范围的外缘，又修筑了另一道新的长城。这样逐次南退，逐次修筑，就形成了今天我们调查所见的多道长城。但这却不能反过来说，即这些金长城是由南逐渐向北推进、依次修筑的。因此，这些长城的修筑年代，总体上说，笔者认为，是北部的早，向南逐渐偏晚。这也是与金朝和北族势力的消长情况相适应的。并且，我们还应该看到，金朝在修筑长城这件事情上，是与其国祚相始终的。尽管《金史》中没有更多的记载，但由于金朝对北方统治力量的逐渐减弱，其管辖地域没有那么远，边地在事实上被逐渐放弃、回缩，对于这种“失地”，史文不可能都毫无遗漏地记录下来，因此不易为人所察觉；可是当我们看到保存到今天的这些金长城的分布状况时，就不能不令人想到这个问题，而且其过程也被保存到今天的这些长城表示得很清楚。长城的修筑，在金代实际上是持续进行的，分布在沿线众多的城堡自不必说，它们绝非一时之功，就是长城自身也需不断修缮才能保证其防守能力。我们如今看到的金长城“双墙双壕”现象，甚或是存在“一主墙主壕、外附二副墙副壕"的情况，就足以证明它们是多次增补拓筑的结果。因此，金长城的修筑，是从早至晚都在进行，并且是依次从北向南逐渐放弃边地、逐渐在其后的辖境边缘修筑完成的。

金代岭南长城的"中线长城"，即东起今内蒙古莫力达瓦旗尼尔基镇前七家子村，至今扎赉特旗巴彦乌兰苏木额尔吐村分线西去，中经东乌珠穆沁旗，入蒙古国，复入我国阿巴嘎旗，而后至武川县庙沟乡上庙沟的这道长城，此前还未见有研究者论及其修筑年代。根据金朝对北方的防守及其国力的实际情况分析，笔者认为，中线长城，可能是在海陵王前后时期修筑的。我们已确知，金代岭南长城的南线长城是在世宗大定年间已开始修筑的，中线长城要较南线长城的修筑时间为早，因此，不会晚到世宗以后。我们应该看到，金朝在世宗以前主要是对宋用兵，无暇顾及北方，但为巩固边地安全，防止北方部族的侵扰，在其统辖的相应地区修筑长城，以加强防守，应该是很自然的事。现存的多道长城，一方面反映的是金朝对北方统治力量的逐渐削弱，另一方面则反映出它加强防守的主观意图。但是这么多道长城的修筑，也不是在短时间内所能完成的，应该是经过了一段较长的时间。就以中线长城和南线长城来说，它们不可能都是世宗时期修筑的，在这么短的时间内，金朝管辖地不会有那么大的变化，即使向南后退，也没有退那么远，并且又修筑了另一道长城。只是我们现在还没有见到有关这方面的文献记载材料；但没有记载，不等于没修长城，今天长城就摆在那里，无法否认。这里笔者要申明一点：现在笔者确实不知道海陵王时期修没修过长城。但问题还需要这样看，因为不只是这道长城不见记载，就是比这道长城修筑时间还要早的"岭北长城"和岭南长城的"北线长城"等，也不见任何记载，而这些长城的存在却是事实！这种文献中关于金长城的记录零星而不完整的问题，当是由于元人修《金史》的历史原因造成的。当时金长城的作用主要是防蒙古，元人修金史时，有些话就不好说了。因此，元代成书的《金史》对金长城的记载，就不能最充分地表现出来。关于岭南长城的中线长城的修筑年代，新近出版的《中国文物地图集·内蒙古自治区分册》认为："金界壕北线（按：即笔者所定之中线长城），兴筑于金世宗大定年间。"[①]文字虽然很概括，没有细辨，但这却是结论性意见。笔者以为，它将这道长城考订为这个年代是否有些偏晚了，还是应该进行考虑的。

金代岭南"南线长城"的修筑，更有其较为复杂的情况。其东北端起点段，由于已有前面所说的北线长城、中线长城的相继兴筑、沿用，再加本线，就出现了三道长城同一走向的现象，这就要求研究者进行一些适当的辨别，以使其前后的修筑关系更加清楚。通过调查，在今内蒙古莫力达瓦旗尼尔基镇北嫩江西岸起点处的前七家子村、后七家子村，

① 国家文物局主编：《中国文物地图集·内蒙古自治区分册》上册，西安：西安地图出版社2003年11月版。

各有一道起点长城，西行三十里后两道长城合一，折转西南去，但此后的长城却出现“双墙双壕”结构。包诺索夫在调查后认为：“与第一道边墙相比，第二道边墙（指北面的那道——本文笔者注）建筑比较简单，没有马面，也没有前面的小城墙，只在边墙外面有一条壕沟。……据外表特征看，第二道边墙时代较早，但无可置疑，时间早晚只是相对的。众所周知，金代曾多次修复边墙，或许那些较早的部分是被遗弃的，那些时代稍晚的则是出于某种原因重修的。”①包诺索夫对起点处的两道长城的认识，因北面长城的城墙低矮、简单，就说其修筑时间要早，而南面的一道长城城墙高大，并有马面等，就说其时代要晚，两道长城是两次修筑的。两道长城是两次修筑的，他的这个意见是对的。起点处长城的这种不同，至今依然明显。黑龙江省博物馆近年调查所见：“界壕开始一段分为南北两支。北支起自尼尔基镇后七家子东北二点五公里的嫩江浅水沼泽中，半没于沼泽的段落，由于经年水浸，显得十分低矮，……南支在前七家子东北一百余米处，……但南支界壕的墙壕远比北支深阔高大。”②遗迹表现出来的这些差异，联系此后的长城在城墙外侧出现副墙、副壕，甚至有两道副墙、副壕的现象，显然其中有时间不同的多次修筑的问题。因此，关于其修筑年代，笔者认为，在起点段与其后两道长城共用的线段中，有婆卢火守边时于天会年间起筑的北线长城，也有海陵王时期修筑的中线长城，但在后来修筑南线长城时，对起点段也未放弃，仍在沿用，并对其进行了修缮，南线长城应当也利用了起点段长城。因南线长城的防守并未让金朝失去东北路，此时作为金代“三路”管辖长城体制中的三路之一的东北路仍在，故南线长城的起点也应是在嫩江西岸的今内蒙古莫力达瓦旗尼尔基镇前七家子村。南线长城的修筑时间，笔者以为，应在世宗大定至章宗明昌、承安年间，根据和理由如下：

修筑南线长城，见于《金史》记载的有：“初，大定间，修筑西北屯戍，西自坦舌，东至胡烈幺，几六百里。”③由此可见，世宗即位后就对南线长城的西段加以修筑。其时所修线段，当为今内蒙古自治区的镶黄旗、正镶白旗、正蓝旗、克什克腾旗到林西县这一道，即南线长城的西、中段，而南线长城东段，因原来已有北线长城、中线长城修筑的墙体，可以为本线长城所共用，现在只是衔接问题。当时在西北所筑长城“东至胡烈幺”。据《金史》记载，胡烈幺的活动地域在今内蒙古宁城县到巴林左旗一带，则此次所修西北长城的东端，当到今林西县，而这里已是金临潢府境内，至此，也可以说西北路长城已经和东北路长城相接了。在南线长城的西端，即本线所说的“坦舌”向西去，直至终点今武

① 包诺索夫：《北部乌尔科古代边墙》，《大陆科学院通报》第七卷第二期，1944 年 4 月，胡秀杰译，载吴文衔主编：《黑龙江考古民族资料译文集》第一辑，哈尔滨：北方文物杂志社 1991 年 9 月版。

② 黑龙江省博物馆：《金东北路界壕边堡调查》，《考古》1961 年第 5 期。

③ 脱脱等：《金史》卷九十三《独吉思忠传》，北京：中华书局 1975 年 7 月版，第 2064 页。

川县庙沟乡上庙沟，因早已修筑有北线长城、中线长城，其墙体也存在共用问题，因此，其修筑也就比较简单了。

关于南线长城东端线段的修筑情况，文献材料虽然未详载，但我们也可根据相关记述加以考知。下面略谈几事。

其一，史载世宗完颜雍于大定五年（1165 年）正月“乙卯，诏泰州、临潢接境设边堡七十，驻兵万三千”[①]。从这条记载看，此时其地应该已有长城。但曾有研究者认为：“记载里只提边堡而没有提及壕堑，看来堡要早于壕。”[②]笔者以为，此说法还应研究，因为一次设堡七十个是难于分布的，如果没有一道长城作为其“边线”依托，它们该如何排列？假如只修几座边堡，那根据需要还较易安排，若是同时修七十座边堡，那么它们该怎样定点？将它们建在哪里，两两之间的距离为多远有什么遵循？当时要建的这七十座边堡是军事防御工程，是边境防守的需要，既是如此，它们就一定要受一个落实建筑地点的制约，如果此时尚未修筑长城，也就是说当时金朝和北方部族并未有“界线”，无明显“界”的标志，那么这七十座边堡都该放在什么地方修筑就是一个问题。因此，笔者认为，当时在这一地区就应该已经有长城了。只有有了长城这个“边”，才有可能根据防守需要，同时沿“边”建七十座“边堡”。正因为有“边”，所以所修的城堡才叫“边堡”。并且我们还应该看到，到了世宗大定五年的时候，北部“防边”已经进行多年了，事实上在北面早已修筑了不同线路的长城，如果说“岭北长城”过远，可以不计，那么岭南由婆卢火在天会年间修筑的北线长城、海陵王时期修筑的中线长城早已存在，如何能认为此时还没有长城呢？再说，如果因此时修边堡没提到长城就没有长城，那么上述这几道长城，它们修筑的时间早、工程量大、所在地域艰险、修筑的惊动面广，就更应引起人们注意，受到重视，可是也都没见于文献记载，那能说没修这些长城吗？还有，这一线路的其他长城线段，其修筑情况也于史无征，未见记载，但它们确是城址。因此，虽然这段引文中没有提到长城，但也不能证明其地没有长城，倒是先有了长城才更便于修筑“边堡”。此外，引文中所说的“诏泰州、临潢接境设边堡七十”也是值得注意的。“接境”是什么意思？就是“靠近边境”。“接境设边堡”，就是靠近长城修筑边堡。如果在其外面没有长城，修史者也就不可能这么说了。尤其是在“泰州、临潢接境设边堡”，泰州、临潢长城都归东北路招讨司统辖，而东北路的长城早在婆卢火时代就已经修筑了，怎么能认为此时该地还没有长城呢？

其二，《金史·地理志》在论“边堡”时说：“大定二十一年三月，世宗以东北路

---

① 脱脱等：《金史》卷六《世宗本纪上》“大定五年”，北京：中华书局 1975 年 7 月版，第 135 页。

② 庞志国：《金东北路、临潢路吉林省段界壕边堡调查》，《中国长城遗迹调查报告集》，北京：文物出版社 1981 年 2 月版。

招讨司十九堡在泰州之境，及临潢路旧设二十四堡障，参差不齐，遣大理司直蒲察张家奴等，往视其处置。于是东北自达里带石堡子至鹤五河分地，临潢路自鹤五河堡子至撒里乃，皆取直列置堡戍。评事移剌敏言：‘东北及临潢所置，土塉樵绝，当今所徙之民姑逐水草以居，分遣丁壮营毕，开壕堑以备边。’上令：‘无水草地官为建屋……’上以年饥，权寝，姑令开壕为备。四月，遣吏部郎中奚胡失海经画壕堑，旋为沙雪堙塞，不足为御。乃言可筑二百五十堡，……可为边防久计。”[①]我们从这条记载里可以看到三个情况：

一是，在大定二十一年（1181年）时，世宗由于看到东北路在泰州境的十九堡与临潢路旧设二十四堡障参差不齐，命蒲察张家奴往视处置，于是取直列置堡。但这个“置堡”是怎样一个走向呢？结果是，取直的是自达里带石堡子至鹤五河再至撒里乃，而这一个线路，恰是我们现在所知的由嫩江西岸长城起点处的达里带石堡子西南行，再自今内蒙古扎赉特旗经科尔沁右翼前旗到巴林左旗的金代岭南长城的“南线长城”东段部分。我们不难想到，如果此时其地没有这样一道东北—西南走向的长城，就在茫茫大地中修筑边堡，那么当时的“边防”在哪里？根据什么取齐？怎样确定即将修筑边堡的地点？特别值得注意的是，为什么取直后的这些边堡——根据今天考古调查发现所见，均在该段长城内侧依次排列，其走向又恰是这道长城线路的经行位置？笔者以为，这里边没有别的原因，就是因为其地已经有了长城，就根据防守需要将边堡移近长城，对其位置进行了改变。《金史》中还有这样一条记载：移剌按答“入为兵部侍郎。徙西北、西南两路旧设堡戍迫近内地者，于极边安置，仍与泰州、临潢边堡相接”[②]。看来金代因防守需要而迁堡近边或说取直，是常有的情况。此处所记的西北、西南两路迁堡这件事，和泰州、临潢的边堡“取直”是一样的，都因其不近“边”，才将其移来到靠近长城处，以便于防守。由此可知，这不同的两地在“取直”和“迁堡”时，都应已经有长城存在了，因而才有此举。如果这个时候还没有长城这个“边”，就无所谓“距离远”或“不直”，其问题也就不明显了，自然也就想不到要移堡，就像当初未修长城时，没有“边”的意识，才将堡戍设在其地，如今有了长城，才发觉“旧设堡戍迫近内地”，才要迁堡让其靠近长城。据此可证，当时“堡戍取直”时其地是早已修筑了长城的。

二是，我们可以了解到，金代修筑长城是时时在进行，只是有的见于记载，而很多情况是没有任何记录的。此条是在“边堡”项中记载的，因其内涵原因，没有更多的记述，只是举大定二十一年之事为例。三月“令开壕为备”，四月奚胡失海即“经画壕堑”，但却“旋为沙雪堙塞”。这是在金朝廷群臣中最有争议的话题，因而此处备录。实际上

① 脱脱等：《金史》卷二十四《地理志上》“边堡”条，北京：中华书局1975年7月版，第563页。
② 脱脱等：《金史》卷九十一《移剌按答传》，北京：中华书局1975年7月版，第2023页。按答，世宗时人。

金代修筑长城的事颇多，散见于《金史》各纪、传中的就有不少，但《金史》的作者在此只讲此一事，可知他仅是将其作为举例说明而已。并且，从实际情况看，此时金东北路临潢段的长城早已修筑，如果此时有工程，也应是因堙塞或颓坏而进行复修。金长城全线如此之长，部分地段“沙雪堙塞”，亦当时有发生，包括长城自身墙体的毁坏，也是不可避免的，清淤沟补颓墙，对它们进行缮治，从历代长城的修筑情况来看都是这样，不只是金朝一代而已。因此，对于“经画壕堑”的记载，我们也不能将其视为完全就是新修。

第三，文后说，因堙塞“乃言筑二百五十堡，可为边防久计”。《金史》中的本条目主要是讲东北路“泰州、临潢路诸堡”及其地“经画壕堑”的事，没有涉及更远，但“筑二百五十堡”这句话，就不应该是这个范围内的事了。从这里我们可以看出，《金史》的作者在“边堡”条目中是将金代有关长城及其相关的防守城堡事都写到一块儿去了，有的当不是大定二十一年的事，有的也不只是临潢府的边堡。试看经过近年考古调查，黑龙江省博物馆对这道金长城起点段情况的记述：“在界壕内侧每隔等距便有一处小型土城的废址，即应是《金史》所指的边堡了。东北路北段共有边堡十九座，间距平均为十公里，都距界壕甚近，由几百米到一二百米不等。”[①]吉林省文物工作队调查的情况是:“实地踏查，沿着界壕边堡总共行程将近四百八十公里，调查了沿界壕的六十四座边堡和一个关隘。”文章在其后又说，大定五年正月“‘乙卯，诏泰州、临潢接境设边堡七十，驻兵万三千。’……在这次调查中，在临潢路与东北路的接境处即内蒙古段边堡共发现六十四座，虽然与文献上的七十座有六座之差，……但发现边堡的数字，基本上与文献记载相接近”[②]。齐齐哈尔段的调查情况是：“此种戍堡，沿主墙内侧排成一列，平均相距在二十华里。在五百里段内，共发现二十五座这样的城址。”[③]从上述几地的调查看，虽然调查人员不同，地域不同，但关于“边堡”的调查结果却完全一致，仅就其距离看，基本上都在二十里左右建一座，近者为十五里建一座。在其他地区的调查结果，也是如此。可见，金长城沿线堡城的距离基本相同。因此，“乃言筑二百五十堡，可为边防久计”中所说的建二百五十座堡城，绝不是指只在临潢路或泰州，如按堡城的距离为二十里计算，其分布长度是五千里，即使缩短些，就四千里，也远远超过泰州和临潢路沿边的长度，在其有限的地域内如何修筑这么多的堡城？由此可知，这条史料所记的内容，并非一时一地之事，而是将不同时间、不同地点、不同事件的诸多相关材料汇集到一起摘要来写，所以才有这种情况发生。

---

① 黑龙江省博物馆：《金东北路界壕边堡调查》，《考古》1961 年第 5 期。

② 庞志国：《金东北路、临潢路吉林省段界壕边堡调查》，《中国长城遗迹调查报告集》，北京：文物出版社 1981 年 2 月版。

③ 彭占杰：《略述家乡五百里段金长城——〈走出长城的误区〉读后》，《辽金契丹女真史研究》总第 34 期，2004 年。

上面笔者就金代岭南长城的“南线长城”研究中出现的问题，作了一些探讨。南线长城的修筑年代，笔者认为，是从世宗大定初年开始的，并且它基本上是在世宗时修筑完成的。但在《金史》里记录修筑长城事最多的，是在章宗朝，给人的印象好似章宗时修筑了大量的长城。实际上这是错觉。章宗时期朝廷议论最多，廷臣意见不同、反应也最为强烈，因而记在《金史》中的事就多了。尽管记载最多，实际上章宗时期修筑的长城，新辟的线路并不多，所修的都是南线长城，除了一些维修、补筑线段外，如果说修筑，最主要的是修筑南线长城中由今林西县统部镇凌家营子村至商都县八股地乡冯家村的“内线长城”。

《金史》中记载章宗时修筑长城的有多处，并较为具体。如史文所载，明昌间，由于北方部族的侵扰，金廷又议北讨，这次完颜襄出兵临潢，进屯沔移剌烈、乌满扫等山，“因请就用步卒穿壕筑障，起临潢左界北京路以为阻塞。……诏可。襄亲督视之，军民并役，又募饥民以佣即事，五旬而毕。于是西北、西南路亦治塞如所请”[①]。完颜襄此次所修的长城，其地在“临潢左界北京路”。金之临潢，即原辽上京临潢府，其地在今内蒙古巴林左旗政府驻地林东镇南二里古城址；金之北京，即原辽中京大定府，其地为今内蒙古宁城县大明城镇古城址。这两处地点非常明确，因此我们可知，完颜襄所修的长城应在此二地，即今内蒙古巴林左旗和宁城县的外面。考古调查在这一地区所发现的金长城，有从今林西县统部镇凌家营子村分线南去，经克什克腾旗、翁牛特旗、赤峰市松山区（原赤峰县），然后折向西去，进入今河北省围场县、丰宁县的这道长城。前面已经谈过，这道长城为金代岭南长城中的“内线长城”，据此则可确定，南线长城“内线”的东段，是章宗时完颜襄所修。

再如《金史》载宗浩事甚详，关于长城的记载有数条，其中之一说他在章宗朝，“时惩北边不宁，议筑壕垒，以备守戍，廷臣多异同，平章政事张万公力言其不可，宗浩独谓便，乃命宗浩行省事，以督其役，功毕，上赐诏褒赉甚厚”[②]。只是此事未记其所修长城的具体地点，时间是在宗浩徙西京留守、复为枢密使、进拜尚书右丞相之后，处于朝官之际，此时他当在京城，因此“北边不宁”中的这个北边，不会很偏西，也不应太偏东，故其很有可能是修南线长城的中段或“内线”部分。

在章宗时，仆散揆也修筑过长城。明昌四年（1193年）以后，仆散揆“复以战功，升西南路招讨使，兼天德军节度使。……复出御边，尝转战出塞七百里，至赤胡覩地而还，优诏褒谕。……会（其妻）韩国大长公主薨，揆来赴，上谕之曰：北边之事，非卿不能办，乃赐战马二，即日遣还。揆沿徼筑垒穿堑，连亘九百里，营栅相望，烽候相应，人得恣

① 脱脱等：《金史》卷九十四《内族襄传》，北京：中华书局1975年7月版，第2090页。

② 脱脱等：《金史》卷九十三《宗浩传》，北京：中华书局1975年7月版，第2074页。

田牧，北边遂宁”[①]。从这段记载中我们可以看到两点：一是仆散揆任职西南路后，“复出御边，尝转战出塞七百里”，这至少说明仆散揆出兵追敌之路上是有长城的。如果在他追敌路上没有“长城”，史文是不会写他“御边”和“出塞”的。这反映出在仆散揆未到西南路之前，在其地就已经有长城了。二是仆散揆“沿徼筑垒穿壕，连亘九百里”，说明他修了这样一道长城，其地点明确，在西南路，长达九百里。他在这里修筑的长城，不知是新开还是补旧，但此时已是章宗明昌时期，负责边防、管理长城的西南路招讨司已建有多年，是否在他任职西南路之前还没有修筑确保边地安全的长城？应当说是不会的，是早已修筑了长城的。尤其是说此次修筑长城是“沿徼”，这颇值得思考。“徼”者，边界也。颜师古注《汉书》说：“徼，犹塞也。”塞就是长城。此时西南路有怎样的“徼”让仆散揆“沿”呢？应当是该地有此前已修筑的长城，所以仆散揆才能“沿”。如果当时没有一个标志物，仆散揆在辽阔的地面上遵循什么，那将是很难“沿”的。如果是他新修长城，那还能称为“沿”吗？因此，笔者以为，仆散揆这次还是缮治西南路已有的长城，并不是开新线修筑。

章宗明昌年间修筑长城的记载，《张万公传》不能忽略：“初，明昌间，有司建议，自西南、西北路，沿临潢达泰州，开筑壕堑以备大兵，役者三万人，连年未就。御史台言：‘所开旋为风沙所平，无益于御侮，而徒劳民。’上因旱灾，问万公所由致。万公对以：‘劳民之久，恐伤和气，宜从御史台所言，罢之为便。’后丞相襄师还，卒为开筑，民甚苦之。”[②]在《张万公传》中，就反映出章宗明昌年间曾两次修筑长城：一次为“后丞相襄师还，卒为开筑”。它和前面在《金史·内族襄传》中说的“穿壕筑障，起临潢左界北京路以为阻塞”，应为同一事。另一次“役者三万人，连年未就”。很明确，这次是在完颜襄筑临潢左界北京路长城之前，是“自西南、西北路，沿临潢达泰州”。大规模修筑这么长路线的长城，未见他处记载，是谁修筑的也不得而知。可见，金代修筑长城是时时在进行，只是很少记载而已。

明昌间修筑长城，还有一处记载虽很简略、笼统，但亦很说明问题。孛术鲁德裕“监察御史，迁少府监丞。明昌末，修北边壕堑，立堡寨。以劳，进官三阶”[③]。这是见诸《金史》的又一次修筑长城之事，孛术鲁德裕的官职不高，事迹不显，却负有修筑长城之职责，并因此“进官三阶”。他所修的也是“北边”长城，虽然由于记载语焉不详，我们无法知其具体位置，但这反映了金长城是在不停地修筑之中，时在明昌末年。

章宗承安间，金朝仍在修筑长城。承安五年（1200 年）九月“尚书省奏：‘西北路招

① 脱脱等：《金史》卷九十三《仆散揆传》，北京：中华书局 1975 年 7 月版，第 2068 页。
② 脱脱等：《金史》卷九十五《张万公传》，北京：中华书局 1975 年 7 月版，第 2103 页。
③ 脱脱等：《金史》卷一百一《孛术鲁德裕传》，北京：中华书局 1975 年 7 月版，第 2237 页。

讨使独吉思忠言，各路边堡墙隍，西自坦舌，东至胡烈公，几六百里。向以起筑匆遽，并无女墙副堤。近令修完，计工七十五万，止役戍军，未尝动民，今已毕功。’上赐诏奖谕”[①]。《金史·独吉思忠传》对这件事也有记载：“初，大定间，修筑西北屯戍，西自坦舌，东至胡烈幺，几六百里。中间堡障，工役促迫，虽有墙隍，无女墙副堤。思忠增缮，用工七十五万，止用屯戍军卒，役不及民。上嘉其劳，赐诏奖谕。”[②]我们从史文记载独吉思忠修筑西北路长城事中至少可以知道两件事：其一，前面已经谈过，西北路早已修筑过长城，这两条史文中附带记出的“几六百里”长城的修筑，即不见记载，说明《金史》漏记长城之处甚多。金代防边将领认为修筑长城是防边的重要措施，因此，修筑长城就为有“远见”的防边将领所奉行，这样我们现在就不能完全按照必见史文方可确定是否修筑长城，倒是必须根据考古调查所发现的各道长城，从全线来考察是什么时期修筑的长城，这样得出的结论才是最可靠的。其二，金朝朝臣在修筑长城的问题上，一直认识不统一，反对修筑的人很多，朝臣们争论不休，但我们从考古调查的发现来看，实际上金代修筑的长城最多，多道存在，线路复杂，分布地域广阔，从南到北都有[③]。在中国历史上，找不出有哪一个王朝会像金朝这样修筑了这么多道长城。独吉思忠这次修长城，就是跟谁也没讲——既没向朝臣通报，也没向皇帝呈奏——就动工了，只是在修完了才告知尚书省。笔者以为，金代有许多段长城，就是这样在守边将领主持下修筑起来的，因此史书失载的也就很多，所以今天我们就看不到各道长城的具体修筑情况了。

章宗时修筑长城，还见于《张炜传》：“外除，炜出为同知镇西军节度使事，转同知西京转运使事。是时，大筑界墙，被行户工部牒主役事。”[④]由此可知，张炜调同知西京转运使事，恰逢当时大修长城，于是他又被派往主持其事。西京是今大同，因此，从地域看，张炜所修长城应该是西南路长城。但从史文中“是时，大筑界墙”这句话看，好似这个工程很大，不只是西南路的事，而张炜以西京官员身份参与，又是户工部委派，说明这次修长城是朝廷主持的。如果是这样，那么这次所修长城的线段可能较长，只是其他地方的长城修筑情况没见记载，不得而知。

金长城的修筑情况，由于史文不详，一时很难将它们都搞清楚，现在我们能够较全面地认识金长城，主要是因为考古调查的发现，才让研究者就其分布走向与修筑年代，大体上提出一些研究意见。笔者这里所讲，也仅是初步的，还需今后更深入地探求。

① 脱脱等：《金史》卷十一《章宗纪三》，北京：中华书局 1975 年 7 月版，第 254 页。

② 脱脱等：《金史》卷九十三《独吉思忠传》，北京：中华书局 1975 年 7 月版，第 2064 页。

③ 脱脱等《金史》卷二十五《地理志中》“唐州”条载：“大定二十八年，命规措界壕于唐、邓间。”（北京：中华书局 1975 年 7 月版，第 592 页）

④ 脱脱等：《金史》卷一百《张炜传》，北京：中华书局 1975 年 7 月版，第 2215 页。

## 四、金长城构造的传统形式与特点

在我国历代修筑的长城中，金长城占有十分重要的地位，它所构成的军事防御体系非常完整，是此前所没有的。因此，研究金长城，对深入了解我国古代这种伟大的军事防御工程，尤显重要。

我国从开始修筑长城，到金代已有一千多年的历史，修筑长城进行防御的思想在中华民族的传统文化中植根极深。女真族建立政权之后，为防止其他游牧民族的侵扰，也从中华民族传统文化中接受了修筑长城进行防御的思想，在其统辖区内，采用我国历代修筑长城早已成熟的方式和技法，修筑长城。

金长城当时分布在我国北方地区，部分线段今天已在境外，和我国历代长城相比，其最大的不同处是它大部分都建在草原、沙漠地带，成功地借鉴历史上修筑长城的经验，将内涵极其丰富的长城文化推向了游牧世界，使其历来以鞍马为家的风俗出现了新的变化，推动了当地社会的历史发展进程。

金长城处在历史视野中的“漠北”地区，因其僻远，远离居住区，人烟稀少，少有建置，所以修建长城与长城防守就都有不易克服的困难，但因防御需要，长城建成后，金朝便在其地相应地建设了其他辅助设施，用以支持长城防守，于是就形成一个完整的长城防御体系。这种做法对后来修筑长城与长城防守的影响很大，如在我国长城修筑的高峰期、也是集其大成的明代所修筑的长城及其相应设施、管理范围、职守划分等中，都可看到金长城的设计理念与防守思想。

作为一种军事防御建筑，长城最主要的特征就是有一道不封闭的长城墙。如果没有这样一道城墙，也就不存在什么长城了。因此，我们研究长城，首先要看构成长城最基本的要素，即有无这道较长而又不封闭的城墙。金代修筑的长城，和我国其他古代长城一样，也是修筑长城墙体。但过去常有一种误解，认为金代没有修筑长城墙体，而是采取挖沟的做法来限制北方游牧民族骑兵的进攻。实际上不是这样。通过考古调查发现，金长城也是修筑有城墙的，至今其遗迹还保存在当地，虽然至今已经过七百多年的风雨剥蚀和人为破坏，墙体颓坍，但有的地段城墙存高还有七八米，坍宽达十五米，除了遭到严重毁坏的外，一般城墙至今存高仍有一二米或三四米，这些遗存有目共睹。如果没有长城墙体存在，今天的考古调查也就很难发现其遗迹，也就无法确知金长城的分布与走向了。

作为一个防御体系，金长城外有长城墙体作线状走向，城墙外侧还接墙体增筑有马面，用以加强长城的防守；城墙内侧则在距长城最近处选择有利地势遍筑堡城，随长城屈曲分布，堡城间相距十余里或二十里，彼此呼应，利于防守；还有的城堡就修筑在长城墙体上，成为其内侧的贴壁小城，加强了长城的防御功能；在其后方距长城稍远处，还建有大型城堡，堡间距离加大；再往后则设有军镇，它们是长城防守的指挥机关；在长城远处，分布有州、县城；其间的交通道路，因修筑长城而得到发展，既为戍卒调动、进军出击所需，同时也加强了边境与内地的联系。

金代对长城全线防守区段的划分，和以前按行政建置地域进行管辖不同，完全是从军事防御的角度出发，明确提出职责防守区段，并由类似当今军区的招讨司专司防守，全线只分属东北路、西北路、西南路三路招讨司管辖，这三路长城构成金代边境防线。像这样以长城为主体形成的完整军事防御体系，在金代以前，我国历代的长城防御中，还没有哪一个王朝有如此完整的规制。金长城对后世的影响之大，显而易见；尤其是明代，这种影响无处不在。如对长城的称谓，明代都在效法。在有明一代的文献中，长城从来不叫“长城”，而是称“边”“墙”“边墙”“墙堡”“墙壕”[①]等，而且明代的长城防御，也是打破当时的行政建置区域，按区段进行划分的，从鸭绿江到嘉峪关，全线一万三千余里，共划为辽东镇、蓟镇等九镇，被称为九边；再如明长城也在城墙内侧设置了专司防守的堡城、所城，其后还有卫城，再往后即指挥中心等，和金代长城的设置完全一致。由此我们可以看出，明代修筑长城采取的这些措施和安排，和金代的长城防御体系有着颇为一致的共同特点。这是我们应该看到的，不应忽视。

金长城经过的地段，较大区域为草原、沙漠地带，也有线段修筑在山谷丘陵间，但不在非常高峻的山上修筑，因此，虽有相当地段因在山地为土石混筑，但其绝大部分城墙还是为土筑，石砌墙体很少。金代修筑长城，采取外边挖土、内侧筑墙的方法。在考古调查过程中，在一些可见城墙断面的地方，调查人员已见城墙采用夯筑的方法，夯层厚度为十到二十厘米，此前贾洲杰、庞志国、项春松、米文平以及笔者等人的考古调查报告，都有记录，这是确凿无疑的[②]。但也有调查人员在其报告中未谈夯筑问题，或称未见夯筑。这种情况，笔者认为当有两种可能：一种可能是，他们所见的金长城墙体没有经过夯筑，但还是“墙”。可是有的研究者却提出了，既然未经过夯打，那就不是墙，

① 见《明实录》《明史》及明人各种有关明边疆问题的奏章。

② 贾洲杰《金代长城》记：“墙高三米，宽四米左右。墙用板筑（每层夯土约十七到二十厘米）。”“所有属于金代的长城……多是以土垒或版筑（夯层厚至二十厘米）。”

庞志国《金东北路、临潢路吉林省段界壕边堡调查》记：“从墙与堑的断面上可以看出夯筑迹象。”（《中国长城遗迹调查报告集》，北京：文物出版社 1981 年 2 月版）

项春松：《赤峰地区金代边堡界壕考察》记：“所有地段的壕、墙均采用土筑夯打。”

米文平、冯永谦《岭北长城考》记：“修筑方法，系掘壕筑墙。墙残高一点二米，底宽七点二米，墙外壕沟现在深一米，沟宽三点五米。墙为夯土筑成，现可见清晰的四层夯土，每层厚十厘米。”（《辽海文物学刊》1990 年第 1 期）

金代当时主要是挖沟，用以拦马，土即“随便堆放”[①]，因此它不是长城。我们说金代修筑的长城，墙体未经夯打这种情况可能存在，但这还没得到考古学的完全证明，因其现在所见的都是地面调查，长城全线基本上都没有经过考古发掘，我们还不能了解其全部结构，因此，目前无法确认其城墙没有经过夯筑。笔者认为，即或金代修筑的长城有的地段城墙没有经过夯打，但也不是将挖出的土“随便堆放”的，而是将其修成能够抵御敌方进攻的军事防守工事的；如果确有这种城墙未进行夯筑的情况，恐怕也可能是某些段落的问题，而不是所有金长城都是如此修筑的。另一种可能是，此前的调查仅为地表观察，金代长城墙体因千百年的风雨剥蚀和人为破坏已经颓坍，上部墙土下泻成坡状，覆盖住下面未颓的墙体，调查人员所见的城墙均为已成丘垄状的遗存，调查时又未挖掘墙体，没看到其断面结构，因而没有发现夯层，这是很自然的。笔者历年来都在调查金长城时遇到这种情况，如在内蒙古巴林左旗、林西县以及额尔古纳右旗等地，当调查人员只在地表观察金长城时，就以为其城墙没经夯筑，后来偶然有机会在墙体残缺处看到城墙的断面，明确的夯层构造就摆在眼前，并且测量出了夯层的厚度，也较为准确地测知了城墙与壕沟的宽度与高（深）度，使人无法否定。谈到此，笔者注意到一个问题，即在过去的很多调查报告中，常将长城墙体写成“宽十余米”，甚或还要多些，令人感到有些不符合实际。难道当年修筑的城墙真有那么宽吗？其实现在地表调查所见墙体的宽度，不是当时修筑的长城墙体的宽度，因为今天已没有壁立如削的城墙，调查人员现在所看到的，都是原来较高的城墙经过风雨剥蚀已经颓坍后的状况，两侧坡土堆积得很远，墙根被掩埋，哪里还能见到城墙原来的宽度？较为准确的说法，应该是“坍宽多少米”；高度也是这样，应是“现存高多少米”，这样才较科学。尤其是我们还经常在一些调查报告中见到“城墙顶宽一米”或“城墙顶宽二米”等数据，这也是不准确的。城墙都已颓坍成丘垄状，顶面角边已颓下流失，如何还能量出原墙顶部的宽度？因此说“顶宽多少米”是没有依据的，它不是被夸大了就是被缩小了。

研究者大都指出过金长城和历代修筑长城的不同之处——它是在外边挖“壕沟”，主要是以“沟”的形式存在，即“掘地为沟堑以限戎马之足”[②]，这是金长城最大的特点。但实际情况如何呢？实际情况却不像某些研究者想象的那样。如果我们将历代长城的修

① 景爱《再说金边壕不是长城》（载《中国文物报》2004 年 4 月 2 日）说：“壕壁和长城的墙体在做法上完全不同。长城的墙体如以土或石为原料，必须夯筑，……边壕的壕壁则不同，它不是夯筑的，而是随便堆放的结果。”

② 王国维：《金界壕考》（载《观堂集林》卷十五，北京：中华书局 1959 年 7 月版）谓：“界壕者，掘地为沟堑以限戎马之足。”由此，研究金长城者，皆以界壕为掘沟以阻北族之骑兵，于是认为长城是以墙为标志，而界壕不是，因此界壕不同于长城。

筑方法都了解了，就会知道“挖沟”修长城是我国古代修筑长城的基本方法；除了修筑石城墙要在他处开山凿石用来砌墙不需挖土外，其余只要是修筑土城墙，并为避免远地运输以省时省力，就都要就地挖沟取土。我们在考古调查中所发现的历代长城，都是这种情况。早期战国、秦、汉长城的修筑，即是在外面挖沟的①。这样做除了方便，同时还形成了前有深沟、后有高墙的构造，加大了外侧地面与城墙的高差，更增加了长城的防守能力，使其能更加有效地阻止敌方的进攻。既然如此，那为什么战国、秦、汉长城没有被突出是以“沟”为特征的防御功能呢？这也恰是金长城遇到的问题。

金代修长城，要挖沟取土，但金长城处在我国最北部的草原、沙漠地带，在有的地段，取土挖出的沟常为“沙雪堙塞”，因而就在朝臣中出现争议，产生了修与不修的不同意见，反对者夸大了“堙塞”的情况，争议的结果，是突显了“沟”的作用，结果几百年后，在研究金长城的过程中就出现了是以“沟堑限戎马之足”的结论。

为什么战国、秦、汉长城没出现这个问题呢？一是文献上没有记载朝臣们对修筑长城的争论，研究者自然就没有注意到修长城的这种结构形式，同时文献中也没记录掘土产生的“沟壕”被堙埋的现象；二是这些早期长城外面的沟壕当年也和金长城外面的沟壕的遭遇一样，早已被风沙和地表流失水土填平了，我们今天调查早期长城时，无从得见长城外边的沟，只存长城的墙体，如何会产生像金长城是“沟”这样的研究结论呢？

金长城在防御上，较早期长城更为完备，除了长城墙体本身和向外突出的马面，更在长城内侧修筑了大量规格不等的屯驻戍卒的军事城堡，其数量之多，是此前长城所没有的。根据考古调查发现，这些城堡有大小、远近不同的区分，其中接壁小城，或方形或圆形，借用部分长城墙体，常设在城墙转折处，城周长一般较小，仅一百余米，是加强长城防守的措施；戍堡，一般距离长城较近，距离从几十米到数百米不等，选择优越地势修筑，多为方形，周长为一百多米至二三百米，城内有房屋建筑，是守军住所，各堡城间相距十余里至二十里，可以做到遥相呼应；军城，是在距离长城稍远处的城堡，

① 关于早期修筑长城在外侧挖沟问题，在考古调查中都有发现。例如：

项春松《昭乌达盟燕秦长城调查报告》（载《中国长城遗迹调查报告集》，北京：文物出版社 1981 年 2 月版）说：“这种在山坡上用土筑的长城，我们在调查中发现有一个明显的特点，就是筑墙取土均在北侧，南侧土岗（土岗指长城颓坍后形成的丘垅状土岗——本文笔者注）较高，北侧形成一道土壕痕迹。”

李庆发、张克举《辽西地区燕秦长城调查报告》（载《辽海文物学刊》1981 年第 2 期）载：“土筑长城，……其做法就是挖沟取土，板筑夯墙。墙外则成为沟壕，增强防御能力。”

李庆发、张克举《辽宁西部汉代长城调查报告》（载《北方文物》1987 年第 2 期）载：除石墙外“再一种是土墙，就地挖土筑墙，墙外有沟”。

可见，燕、秦、汉长城，经考古调查所发现的城墙，只要是土筑的，均为外侧挖沟取土筑城墙。金长城的修筑与此完全一致，并无区别和不同。

距离为二十到四十里，城堡基本方形，周长较大，在五六百米至一两千米，城间相距约一百里，具有一定的指挥能力；再远处就接近州、县城与边防指挥首脑机关了。此外，在关隘与河口分别都有相关建筑，用以加强防守。戍军城堡的出现，一方面，是因为长城远到草原深处，势必要有屯驻地点才能留下守军，又因城堡的分布疏密相间，可以互相策应支援，从而有利于防守，巩固边地安全；另一方面，由于屯军，戍卒耕垦[①]，有了定居的城堡，防边军士就能够长久居住下来，可以促进边地的生产发展，巩固了边疆。

由于金代将长城和与其相关的各种城堡修筑到原为游牧民族生活的草原地区，长城防守与各城堡间的联系所需的交通道路也随之形成，这样就可随时派军增援和出塞追击，传令即至，加快了长城防务的应变速度，保证了边地的安全。

总之，金长城的修筑，既采用了我国历代修筑长城的传统方法，又有新的发展，并对后世修筑长城有深刻的影响。

## 五、金长城的研究与定名

研究金长城的时间比较晚，直到20世纪中叶它才被学者注意到，而且此后的研究也不多，直到现在金代也是长城研究中最薄弱的一个朝代。因此，有很多问题需要进行探讨。笔者现仅就研究与定名问题，谈一点儿相关的意见。

金长城，过去很少这样称呼，不仅一般的群众对其较为陌生，知道它的人很少，就是学术界中比较了解者，也多不用“长城”一词。为什么金长城不用“长城”这个大家都熟悉的称谓？当是由于较早的研究者在对金代所筑长城的诸多称谓中，选择了“界壕”这个词语，之后习久相沿，“界壕”就成了金长城的名称。他没有想到的，这种情况影响了以后对金长城的认识，其发展的结果是，“界壕”变成了另类，成为有别于长城的事物，以至于最后甚至出现研究者明确提出“界壕不是长城”的论点，这自然就更为偏颇了。一词之不慎，影响极其深远，故今试为辨之。

---

① 李文信：《金临潢路界壕边堡址》（载《辽海引年集》，北京：北京和记印书馆1947年7月版）载：“此等堡址附近往往多有耕田痕迹，土人呼为‘老地影子’者，盖戍堡屯垦之遗迹也。”

孙秀仁、干志耿等调查金东北路长城（见黑龙江省博物馆：《金东北路界壕边堡调查》，《考古》1961年第5期），所发现的“遗物中有陶器、瓷器残片，铁镞、铁刀、石磨等，绝大多数的遗物，多出于古城、边堡之中”。

庞志国等人的调查（见《金东北路、临潢路吉林省段界壕边堡调查》，《中国长城遗迹调查报告集》，北京：文物出版社1981年2月版），发现遗物有兵器铁镞、铁甲片，生活用具陶瓷器（残片）、铁锅、铁锹、铁斧，农业生产与交通工具铁铧、铁车辖、铁马镫，还有唐宋时期的铜钱等。这些遗迹和遗物，完全可以反映出当时防守于长城的屯军戍卒的防守、生产与生活情况。

## （一）金长城的称谓与历代长城称谓完全一致

“长城”，在我国历史上从出现长城那天起，就不是这种军事防御工程唯一的名称，长时间以来人们对长城的称谓并不一致，它有许多名词。不过，我们今天对“长城”的概念渐趋统一，无论妇孺，只要提到长城，就知道它是一种什么事物，而如果说一些长城的其他称谓，许多人就感到茫然了。因此，采用易于理解、群众习惯的通称，是很必要的。但金长城却不是这种情况，它不称长城，而使用另一种叫法——“界壕”，因此它不易被人了解。这种情况应当改变。如不解决这个看似很小的问题，不仅对大众不便，就是对金长城的学术研究、以至于金长城保护等许多重大问题，都会产生影响。现在我们已经看到，因名称生出的歧误、出现的困惑，致使金长城被划入另册等，无论从哪方面看都是不利的。

金长城只能称“界壕”，果真如此吗？下面我们看一下金代当时的情况。在整个金代，长城也不是只称“界壕”的，其不同称谓有十余种之多，“界壕”一词只是其中的一种叫法而已，不能概括全部，并且其出现的次数不多，较其他叫法为少，并不具有代表性。现在我们不妨将金代对长城的称谓摘录下来，这样就可看出金代对长城称谓的情况：

（1）“界壕”。在《金史》中仅两见。《地理志》论金代疆域：“右旋入泰州婆卢火所浚界壕而西。”《地理志中》亦载：“大定二十八年，命规措界壕于唐、邓间。”

（2）“壕堑”。在《金史》中多见。《地理志上》载：“分遣丁壮营毕，开壕堑以备边。”同卷又载：“遣吏部郎中奚胡失海经画壕堑，旋为沙雪堙塞。”《张万公传》载：“有司建议，自西南、西北路沿临潢达泰州，开筑壕堑，以备大兵。”

（3）“濠堑”。在《金史》中多见（按：应与上引之“壕堑”同）。《纥石烈良弼传》载：“宗叙请置沿边濠堑，良弼曰：‘敌国果来伐，此岂可御哉。’”《孛术鲁德裕传》载：孛术鲁德裕“修北边濠堑，立堡寨”。《党怀英传》载：明昌三年，“议开边防濠堑。”

（4）“壕垒”。在《金史》中亦见。《内族宗浩传》载：“时惩北边不宁，议筑壕垒，以备守戍。”

（5）“垣垒”。在《金史》中亦见。《独吉思忠传》载：“搤边之要，正资守备，以靖翰藩，垣垒弗完，营屯未固。”

（6）“垒”或“垒堑”。在《金史》中亦见。《仆散揆传》载：“揆沿徼筑垒穿堑，连亘九百里。”

（7）“壕”或“壕障”。在《金史》中亦见。《章宗本纪一》载：“戊午，诏集百官议北边开壕事。……癸酉，罢北边开壕之役。”《内族襄传》载：“因请就用步卒穿壕筑障，起临潢左界北京路以为阻塞。”

（8）“濠墙”。在《金史》中亦见。《兵志》“禁军之制”载：“以重臣知兵者为使，列城堡濠墙戍守，为永制。”

（9）“界墙”。在《金史》中亦见。《张炜传》载：“是时，大筑界墙，（张炜）被行户工部牒，主役事。”

（10）“边”。《金史》中多见。《仆散揆传》载：“复出御边。”《地理志上》载：泰州“北至边四百里，南至懿州八百里”。《兵志》载：“泰和间，以去边尚三百里，宗浩乃命分司于金山。”

（11）“塞”。在《金史》中多见。《内族襄传》载：“襄亲督视之，军民并役，又募饥民以佣即事，五旬而毕。于是西北、西南路亦治塞。”同传还载：“起临潢左界北京路以为阻塞。”《内族宗浩传》载：“北部广吉剌者，尤桀骜，屡胁诸部入塞，宗浩请乘其春暮马弱击之。……撒里部长陁括里入塞，宗浩以兵追蹑。”《仆散揆传》载：“尝转战出塞七百里，至赤胡覩地而还。”《完颜安国传》载：“时并塞诸部降，谕使输贡如初。”

从上述称谓看，金代对长城的称谓竟有十余种之多，可见当时长城并没有专一的固定名称，这些称谓也都无误，均能代表长城。这是一种历史文化现象，也是我国传统文化的一种表现。如果我们将金长城和我国秦汉以来对长城的称谓作一比较的话，就会发现它们之间完全一致，并不能看出金长城的称谓有什么不同和特殊之处。

金代以前，历史上对长城的称谓，主要有如下多种：

（1）“城堑”。《史记·蒙恬传》载：“恬罪固当死矣，起临洮属之辽东，城堑万余里。”

（2）“长城亭障”。《史记·蒙恬传》载：“太史公曰：‘吾适北边，自直道归行观蒙恬所为秦筑长城亭障。’”

（3）“塞”。《史记·匈奴传》载：“复缮故秦时蒙恬所为塞。”《史记·朝鲜传》载：“复修辽东故塞。”“而东走出塞，渡浿水，居秦故空地上下鄣。”《水经》载：“大辽水，出塞外卫白平山，东南入塞。”

（4）“塞徼”。《汉书·匈奴传》载：“建塞徼，起亭隧，筑外城，设屯戍，以守之。”

（5）“塞垣”。《后汉书·乌桓传》载：“秦筑长城，汉起塞垣。”

（6）“长城塞”。《晋书·唐彬传》载：“遂开拓旧境，却地千里，复秦长城塞。”

（7）“长堑”。《北史·契丹传》载：“契丹犯塞，文宣帝亲戎北讨，至平州，遂西趣长堑。”

（8）“广长堑”。《水经注·鲍丘水》载：“水出县北广长堑南，太和中，据此以防北狄。”

（9）“长城障塞”。《通典·古冀州上》载：“密云县东北至长城障塞一百十里。”

以上是早期对长城的称谓，虽然名称不同，却也都是指长城，可见古代对这些不同时代的军事防御工程，并未专称其为长城，而是各种叫法都有。我们现在已将它们都统一叫做“长城”了，却没有人认为有何不妥，还都觉得更确切了。

金代以后，明代修筑的是“长城”，现在均无异议，并且认为那是“标准”的长城。可是，如果我们查一下明代的记载，就会出乎我们的意料，其中竟然无一处称其为“长城”——所有关于长城的记载，都属其他称谓，其行文按语意本应写“长城”二字，但就是不用而改用其他词语取代。即或这样，也没影响我们认为明代所修的是长城。下面我们摘引一些相关的史料记述：

（1）“边墙”。《明史·兵志》载：“请修宣、大边墙千余里。”同书《孙丕扬传》载：“增筑敌楼三百余所，筑边墙万余丈。”同书《翁万达传》载：“修大同西路、宣府东路边墙，凡八百里。”《明宪宗实录》“成化十三年二月”载：“命修筑辽东锦、义等边墙、壕堑、墩台。”

（2）“塞”。《明太宗实录》“永乐十一年九月”载：“自今非有御宝文书，不许出塞。”《明世宗实录》“嘉靖四十二年八月”载：“虏聚众辽东广宁塞外，总兵杨照率游击线补衮、郎得功等，选锐卒由镇夷堡出塞，分道掩之。”

（3）“边”。《明英宗实录》“正统八年九月”载：“达贼得都等欲来犯边，如遇近边，即相机剿杀。”“正统九年七月”载：“缘边关隘墩台，急为修整完固。”《明孝宗实录》“弘治十四年七月”载：“虏贼乘辽阳沙岭修边来寇。”《明世宗实录》“嘉靖二十五年四月”载：“本镇旧有修边余银三万余两。”同月又见：“发太仓银三万六百两于辽东修边。”

（4）“墙”。《明宪宗实录》“成化十三年四月”载：“提督不谨，以致虏贼拆墙入境，劫掠人畜。”《明孝宗实录》“弘治十六年三月”载：“准纳米收赎，每米一石，令筑墙五尺。”《明世宗实录》“嘉靖二十四年九月”载：“辽东长胜堡近边夷人百五十人，窃朵颜马畜逃匿，指挥王勋、孟儒等纵之，住牧墙内。”“嘉靖四十三年正月”载：土蛮“犯蓟东一片石、黄土岭，参将白文智据墙御之”。“嘉靖四十四年正月”载：“兵部言：宣、大、山西、辽东四镇，修墙设险，仅能御零贼，若大虏溃墙深入，地广备多，非墙可支。”

（5）“墙壁”。《明宪宗实录》“成化七年三月”载：“军人牧马，盖以备东、西二边官军征操之用。近者，官非其人，军多逃亡，马多耗损，徒俱墙壁而已。”

（6）“墙垣”。《明世宗实录》“正德十六年八月”载：“务浚筑之，使墙垣高厚，沟堑深广，墩台巩固，是为经久之计。”“嘉靖二十五年四月”载：朵颜部“据虹螺山，窥视剽掠，而我墙垣摧圮，茫无界线，是致警报绎骚”。

（7）“墙堡”。《明世宗实录》“正德十六年十一月”载：“兵部议辽东修筑墙堡，恐诸夷乘虚侵犯。”又李承勋言：“见辽东边备久弛，开原尤甚，兵籍存者十之一二，墙堡墩台颓圮殆尽。”

（8）“墙濠”。《明世宗实录》“嘉靖二十五年四月”载：“今拟南起铁场堡，北抵小虹螺山台止，所应修浚墙濠凡四万五千余丈。”

（9）“墙堑”：《明史·余子俊传》载：“寇扼于墙堑，散漫不得出。”

（10）“台墙”：《明世宗实录》“嘉靖四十一年四月”载：“急发户部修边银，令先修山海关东至广宁一路台墙。”

（11）“边垣”。《明世宗实录》“嘉靖二十二年十二月”载：“诏发太仓银八万四千八百两于辽东镇，修筑边垣。”“嘉靖二十四年六月”载：“辽东开原等处修筑边垣成，赏镇巡等官。”“嘉靖二十八年五月”载：“今宜外修边垣，内缮城堡，励士马以据要害。”

（12）“城垣”。《明世宗实录》“嘉靖二十七年三月”载：“请自今于蓟镇各隘口凡可通马步者，修筑城垣水门塞，其溪涧使虏无可窥之隙。”

（13）“夹道”：《明史·兵志》载：“内复堑山堙谷曰夹道。”

以上是明代对长城的称谓。明代修筑长城，是我国修筑长城的集大成，也是我国修筑长城的顶峰，今天被全世界所瞩目的，也是明代长城。可是，明代对其称谓就从未叫过长城，上引各种文献记载，竟无道及长城一次，但并未影响我们认为明代修筑的是长城。

如果这样，两相比较，可知金代对其所修筑长城的各种称谓，均没有超出其前代和后代对长城称谓的范围。金代和其前代以及其后的明代，对长城的称谓没有什么区别。

既然我们由考古调查发现和文献记载中知道，金代和其前代、后代在长城修筑上，从方法到名称都完全一致，那么还有什么理由要否认金代修筑的是“长城”呢？为什么一定要坚持说它是“界壕”以示区别呢？单独提出它是“界壕”有意义吗？

## （二）金长城被定名为“界壕”的原因

如果我们以《金史》为据，如前所引，能指代长城的词语不下十余种，“界壕”一词并不是最具代表性的，它只是当时众多关于长城称谓中的一种，使用哪一种称谓都是可以的，此前并无固定或专一的称谓。

将金长城称为“界壕”，是从王国维先生开始的。在王国维先生之前，金长城未见有人研究，因此对其称谓什么，也就没人在意了，用其中哪个称谓都没有问题。而此前散见的关于金长城的零星记载，多为只言片语，且又以称“长城”者为多，由于没有歧义，自然更无人去谈金长城该叫什么名字。但自七十多年前，王国维先生索引钩沉，将没人注意而又零散的金长城资料进行梳理，写出著名的《金界壕考》后，文章行世，为人所重，于是“金界壕”一词就为学术界所熟知，由此开始，“金界壕”也就成了金长城的唯一名称。

王国维先生在写该文之前，也知道金长城在历史上的称谓，如他在《金界壕考》的开篇中就说："后世记金界壕者，如赵珙《蒙鞑备录》《元史·速不台传》并谓之'长城'，然金世初无长城之称也。其见于史者，曰边堡，曰界壕。"据此可知，王国维在写《金界壕考》时，当是出于谨慎，没有采用宋、元以来的如《蒙鞑备录》《元史》以及《长春真人西游记》等书中将其记作"长城"的惯例，而是仅取《金史》中"曰边堡，曰界壕"的名目，写成《金界壕考》一文，将金长城定名为金界壕。我们如果细检《金史》，在其近一百万字的史文中，"界壕"只两见，而记长城其他称谓的，见于笔者上面的统计，则大大超过"界壕"记述的次数，如"壕堑"就远较"界壕"为多。假如当年王国维先生写一篇《金壕堑考》，恐怕今天流行的就不再是"界壕"了，大概就要称金长城为金"壕堑"吧！再说，"界壕"也并不是最典型的词语，只是众多指代金长城称谓中的一个而已。由于"界壕"这个词语被王国维先生首先用在研究金长城的文章上，产生了重大影响，遂为后世所沿用，我们不能将其看作一成不变，对最能反映其性质的"长城"一词不用，弃置其功能、作用不管，只瞄准"界壕"二字不放，将确实为"长城"的金长城，不称做长城，而只能称其为"界壕"，这实在是于理讲不通的，请研究者深思！

我们看到，从《金界壕考》问世后，以王国维先生国学大师的威望，并且这篇文章又写得非常精粹，深为学术界所推崇，成为此后研究金长城者必读的著作，其后史学大师金毓黻先生亦非常赞赏，在其《东北通史》中称"此真善于考索者也"。考古学兴起后，又有考古学家李文信先生对金"临潢"境内的金长城进行考古调查，所写文章也冠以"界壕边堡"名，为研究者所熟知。由于早年研究、探索金长城的，都是学术界德高望重的学者，因此，他们的定名，就为后世所遵循。我们可以清楚地看到，近年各地对金长城的考古调查以及相关的研究，无不沿用"界壕边堡"作题目，而鲜有称其为长城者，内文自然都是通篇"界壕边堡"相称，习久沿用，几乎成为学界共识。金长城被称为"界壕"就是这样使用并又流传开来的，其实"界壕"并非金长城固有和唯一的名称。

## （三）金长城因称"界壕"而被划入"另册"

在学术界，长时间以来都是将金长城称为"界壕"。界壕不是长城的观点，已经在不知不觉中逐渐渗透到研究者的心目中了。这种情况，不能不引起我们的注意。因其不符合实际，故进行一些探讨还是必要的。

为了说明问题，不必回避，笔者就其要者，举几个有权威性或者有影响的论著加以阐述，读者就会看出这个问题。

由夏鼐先生任编委会主任编撰的《中国大百科全书·考古学》卷，是权威性著作，但在对待长城的问题上，标准却是不一样的。我们知道，长城是我国古代的军事防御工程，只要是这种性质、又具有不封闭的较长墙体的事物，就应是长城，不管历史上它曾经叫过怎样的名称，在同一书中就应当一致，才不致使人迷惑。可是在《中国大百科全书·考古学》卷中情况却不是这样。比如在该书中，战国时期的长城，称“战国长城”（见该书第643页）；秦汉时期的长城，称“秦汉长城遗址”（见该书375页）；金代长城，则称“金代界壕遗址”（见该书第233页）。而它们的定语则是相同的。该书在“金界壕”下说：它是“金代在北方边境地带兴筑的军事防御工程”。这和该书对战国长城所下的定语“为防侵扰而修筑的军事设施”、对秦汉长城所下的定语“营建的军事防线”相比，从其性质、作用看，它们之间没有什么不同，但对金代长城就是避开“长城”二字，这就有些令人不解了。既然金代长城和历代长城有同样的性质和功能，为什么不能统一称之为“长城”呢？再说“界壕”又是什么事物呢？同样是这个问题，在《秦汉长城位置图》（见该书第376页）上，所画秦汉长城都是用公认的“齿牙状”标准长城代表符号绘制，而在《金代界壕位置示意图》（见该书第234页）上，金长城则用不典型的“连续指甲纹”图例进行标绘[①]。显然，这两种“图例”有区别，会给读者一种它们“不是同类性质”事物的印象，使人产生误解。

由谭其骧先生主编的《中国历史地图集》，是一部20世纪集大成的历史地理著作，但在对待“长城”“界壕”这件事的认识上，有明显的区别。该书对历代所建的这种“军事防御设施”都认为是“长城”，唯独金代建的这种“军事防御设施”就被定为“界壕”。这是为什么呢？这是表示它们不同，金代的“界壕”不是长城。如该书第六册《宋·辽·金时期》地图，各图幅上历代长城均被画为连续“齿牙状”的长城线，而金界壕则被画成连续“指甲纹”状的标示，明显表示它们不是性质相同的事物。尤其是该书在首页的“图例”中，相邻特设两种符号，“指甲纹”状者，标注为“界壕”，“齿牙状”者，标注为“长城”，从规定上就显示出两者的区别[②]，界壕是另类。

最近，由国家文物局主编的《中国文物地图集》出版。这套书是我国各省、自治区几十年来文物考古成果的集中反映，最为翔实准确，不可多得，具有极高的历史价值和学术价值。但其《内蒙古自治区分册》在长城问题的处理上，也有不一致之处，显然是矛盾的。如该书在分类“总说”中有《内蒙古自治区金代、明代长城遗存》一节，从这个标题看，似乎金代长城也是长城，但接下来文章开头就说：“内蒙古境内的金界壕和明长城遗址，……金王朝在其北部边境兴筑界壕和边堡，又称金长城，俗讹称成吉思汗边墙。”这样介绍，读者看了未免感到混乱。归根到底，它还是用两个标准去对待这种“军事防御设施”。如果在文中换过来说“金长城，又称界壕”，岂不更明确、统一吗？

① 中国大百科全书编委会：《中国大百科全书·考古学》，北京：中国大百科全书出版社1986年8月版。
② 谭其骧主编：《中国历史地图集》第六册《宋·辽·金时期》，北京：地图出版社1982年10月版。

但这样又何必呢？那么是否秦长城叫“城堑”，汉长城叫“塞垣”，北魏长城叫“长堑”，等等，有必要吗？同时，在地图绘制上，该书也是分别用两种不同“图标”来画的，战国、秦、汉、明长城等，都用历来惯用的“齿牙状”标准长城符号来画，线旁再用文字“燕北内长城”“燕北外长城”等分别注明；金长城则与此不同，采用细线条外加稀疏的小三角形来表示，线旁标注“金界壕岭北线”“金界壕南线西支线”等文字[①]。由此不难看出，在绘图者看来，金“界壕”不能算作长城，即或在文章中说了金界壕“又称金长城”，实际上它和其他长城还是有区别的，还不是真正意义上的完全肯定的长城。

上举这些事例，仅是颇有影响的权威性著作，还有其他一些论著，这方面存在的问题更多，让人更觉混乱，限于篇幅，于此就不再摘引说明了。

但在研究中，近年有研究者明确提出：金界壕不是长城！这和上述混乱概念就不同了，它是否定金代修筑过长城。对此，我们应更深入地研究，正本清源，还金长城的本来面目。

2004 年 1 月 30 日，《中国文物报》发表景爱《走出长城误区》的文章，他在该文中否认金界壕是长城，说：“在辽金时期，为了防御蒙古人以及其他游牧民族的侵掠，在北方草原上挖了好多条壕堑，以阻止骑兵的逾越”，“现在一些人竟把边壕称做长城”，“这种说法完全混淆了长城与边壕的界线”。他的观点随即在该报引起了热烈讨论，笔者写了《如何认识长城》一稿，参与其中，文稿经压缩后摘要在该报发表[②]。景爱当时连续发表五篇文章，尤其是 2004 年 4 月 2 日在《中国文物报》上发表的《再说金边壕不是长城》一文，认为：“边壕不是长城，最根本的原因是边壕与长城的构造完全不同。长城属于地面建筑，是在地上垒筑的绵长高大的墙体”，“边壕是在地下挖掘的深沟”，“高墙和深沟，在结构上、形态上完全不同”。笔者认为，这些论点是不符合实际的。前面已经说过，在我国从长城出现以来，凡是土筑长城，都是挖沟取土筑墙的，概莫能外；另一方面，如果去有金长城的地方调查，就会发现金长城是有城墙的，现在很多地段金长城的城墙仍保存很好，虽有颓坍，但从地面算起，除严重破坏之处外，一般城墙的存高都在两到三米，较好者存高可达六到七米，可见金长城并不是只挖沟，金长城有墙是不能否定的，各地的考古调查都证实了这一点。就以金东北路长城为例，在齐齐哈尔市碾子山区的丰荣村段、甘南县的音河水库段，都可看到雄伟壮观、远去天际的金长城，怎么能说金长城只是“地下挖掘的深沟”呢？城墙明显就保存在当地，看过之后谁也不会否

① 国家文物局主编：《中国文物地图集·内蒙古自治区分册》上册，西安：西安地图出版社 2003 年 11 月版。

②《中国文物报》开展的关于长城问题的讨论，进行的时间不长，论辩还没有结束，就突然停止了。笔者前后写了三篇文章，对此问题进行探讨，发表一篇，因不能陆续刊登，笔者将其合在一起，名为“界壕与长城论辨三题”，参加 2004 年中国辽金史学会第八届年会，后来刊于《辽金契丹女真史研究》总第 34 期（2004 年）。此文后发表于《东北史地》2005 年第 2 、3 期。

定。认为“界壕”就是挖沟，这恐怕是受王国维先生的影响：“界壕者，掘地为沟堑以限戎马之足。”可是我们知道，王国维先生的《金界壕考》是在七十多年前写的，那时没有人对金长城进行过调查，他仅是研究文献材料，根据“壕”“堑”等字的字义写出的认识。如果他能到现地看过这些至今仍还高大的城墙，我想他是不会说这种话的，从他在《金界壕考》中说的“然其可信与否，须由实地检验决之”一语，就完全可以看到这一点。这也证明了王国维先生是重视实践的，所以他说要“由实地检验决之”。可见他并没有武断和不尊重事实，他的话反映了他求实求是的学者精神。笔者可以肯定地说，假如当年王国维先生能去现地看到真实情况，是绝不会说只是“沟堑”，也不会不承认它是长城的。

笔者认为，我们现在应该加强对金长城进行考古调查，因为至今还有很多线段衔接不上，其走向不清，时代不详，结构不明，遗物不了解。我们只要从遗存上着手，积累田野资料，大力开展工作，深入进行研究，存在的问题也就容易解决了。现在正是因为研究不够深入，停留在浅层或表面上，所以才出现否定金代有长城的问题。

## （四）应给金长城正确定名

从现状看，对金长城的研究，如果从王国维先生算起，至今也不过七十多年，而各地对金长城进行考古调查，则是很晚近的事。因此，可以说研究金长城，目前还处在起步阶段，许多问题都还不甚清楚，需要从多方面去工作。不过现在比较好的是，金长城的研究已经引起有关部门的注意，逐渐投入力量开展调查和研究了。

研究金长城，目前要解决的问题中有一个是名称问题。经过实践，看到金长城的真实存在，现在已有学者注意到此事，经过审慎考虑，开始舍弃“界壕”不用，改而称其为“长城”——这样就较为符合实际了。

回顾历史，称金代长城为“长城”的，亦见记录。宋人赵珙《蒙鞑备录》说：金章宗时“乃筑新长城在净州之北”[①]。这里明确说的是金代新筑的长城。净州，在今内蒙古四子王旗政府驻地乌兰花镇北二十里城堡子村西之城址，这里有金代的长城，是宋人记录的。元人李志常《长春真人西游记》所记邱处机在去见成吉思汗的途中路过金长城，文中虽未直接称其为长城，但也未称之为“界壕”，而称其为“明昌界”，此中的“界”绝不是“界壕”的省称，而是“塞”或“边”的意思[②]。《元史·速不台传》载：“忽鲁

① 赵珙《蒙鞑备录》“征伐”条载：对鞑人“明昌间不令杀戮，以是鞑人稍稍还本国添丁长育。章宗璟又以为患，乃筑新长城在净州之北，以唐古乣人戍之”。

② 李志常《长春真人西游记》（《丛书集成初编》卷一，北京：中华书局 1985 年 1 月版）称之为“明昌界”，当是指金明昌间所筑之长城。显然邱处机一行去见成吉思汗时，路过明昌长城，其遗迹保存得还很好，途经其地时仍能引起他们的注意，并确定其为明昌时所筑，故写入记中。

浑以百户从帝与乃蛮部主战于长城之南。”[①]此处也未称其界壕。这些都是在历史上对金长城的称谓，他们不叫“界壕”，说明在他们眼中，“界壕”和“长城”是一回事，没有区别，而“长城”更容易为人所理解，更符合实际。

在研究者中，较早将金代这种“军事防御工程”称为“长城”的，是寿鹏飞，他著有《历代长城考》。关于金长城，他说得很明确：“金源崛起东北，奄有中国北部，……时有边患，乃于漠南大筑长城。”[②]寿鹏飞的目光是很敏锐的，在几十年前他就看清了事物的本质，直截了当地称其为长城，非常难得。

近年，有许多研究者已提出和使用“金长城”这一名称。1979 年七八月间，国家文物局在呼和浩特市召开了长城保护研究工作座谈会，会后文物出版社出版了一本《中国长城遗迹调查报告集》，其中收有贾洲杰的文章，题目就叫做《金长城》，甚为明了，通篇文字皆称长城，只有引文不改，颇为流畅自然。1990 年，笔者与米文平将此前调查额尔古纳河入俄罗斯与蒙古国的这道金长城的发现写成文章，定名为《岭北长城考》，也是将金代这道军事防御工程定为长城的。同年，刘建华发表河北省的考古调查资料，文章题目就作《河北省金长城》，亦是认为金代所修筑的是长城。1991 年 8 月，辽金史学会在山西大同召开国际学术讨论会，彭占杰的论文为《金长城初论》。以后他又连续写了多篇文章，主张不应称界壕，而应称为金长城。现在学术界已开始对这个问题有所认识，我们觉得还是以称“长城”为是。

我们不妨略为回顾一下，现在大家熟知的明代长城，历史上就从未叫过“长城”，遍查有明一代文献记载，都是称之为“边”“墙”“边墙”“墙垣”“墙壕”等，从未称过“长城”，可是我们今天谁用这些名称了？用“边墙”不行吗？可是谁都不这样做。每个时代都可能有其特定的叫法，假如都这样做，除了造成混乱，没有别的好处，所以历来都有归类统一的做法。因为历史上早已有“长城”这一称谓了，称明代长城为“长城”，既概括、形象，又为群众所熟知，已为中外所接受，这样做，一点儿都没有违背明代那些名称的定义，并且恰好反映了其本质。对明代的长城可以这样做，为什么对金代的长城就不可以呢？为什么一定要使用“界壕”这一名称呢？

还有一点，就是现在我们面临一个严峻的问题，即长城的保护问题。我国的长城，在世界上首屈一指，已被联合国教科文组织列入“世界文化遗产名录”中，这是国家的

① 宋濂等《元史》卷一百二十一《速不台传》载：速不台之兄“忽鲁浑以百户从帝与乃蛮部主战长城之南，忽鲁浑射却之，其众奔阔赤檀山而溃”。（北京：中华书局 1976 年 4 月版）关于阔赤檀山，中华书局 1976 年 4 月版《元史》校刊记注曰：“按《元朝秘史》有‘阔亦田地面’，《亲征录》作‘阙亦坛之野’。此蒙语名，义为‘寒’。《新元史》改‘赤’为‘亦’，疑是。”（按：阙亦坛与岭北长城为近，详见笔者《岭北长城考》一文。）

② 寿鹏飞：《历代长城考》，民国三十年（1941 年）得天庐版。

荣誉，人民的骄傲！但是，长城分布在祖国各地，上下两千年，纵横十万里，又都处在大地或山岭上，露天暴置，自然侵蚀与人为破坏时有发生。因此，保护长城这一巨大的历史文化遗产，是我们的当务之急。为了保护长城，国家制定了《长城保护条例》，现在已予以公布、实施。这是一部重要的法规，是事关历代长城保护的一个大事件。但是，循名责实，《长城保护条例》就是保护长城的。不言而喻，凡是长城，都要受到国家法律法规的保护。如果是长城，而不被确定为长城，岂不要被摈弃于法律保护之外？那将是一个多么严重的问题！难道金“界壕”面临的不就是这种情况吗？将金“界壕”划在哪里？划在长城圈里，你说“界壕”不是长城，不是长城，那么还保护不保护它？如要保护，那还要为“界壕”另立一个“法”吗？显然又不可能！因此，我们认为，概念就是要明确，不能含混不清，不能人为制造混乱。历史上多少个朝代不管叫什么名称、地上修筑的不封闭的“军事防御工程”都已被叫做“长城”了，唯独金代要叫“界壕”，显然于理说不通。事实上，多少个朝代的不同名称都可以统一叫做“长城”了，却只有金代要保留“界壕”称谓，这样做的结果，就是出现了无法明确界定长城内涵的基本问题，把本来简单明了的事，硬弄得复杂化了，可我们也看不出这样做有什么理由。最后，笔者还要再强调一句，金代界壕就是“长城”，只是历史上称谓不同而已，和历代长城没有本质区别！但是现在还达不到这种共识，这只说明我们目前对金长城的认识还只限于表面。这确实需要今后更加深入的研究来解决。

以上是笔者对金长城研究的一些粗浅认识和理解，提出来进行探讨，错误之处，希望得到批评指正。

2006 年 2 月 20 日初稿

2006 年 7 月 15 日修改

## 附　记

本文为 2006 年 8 月 1 日笔者参加由中国文物学会、中国长城学会与政协齐齐哈尔市委员会联合主办的“中国・齐齐哈尔金长城学术研讨会”时提交的论文，刊于《鹤城政协》2006 年第 4 期“金长城学术研讨会专号”上。以后《东北史地》将其拆分为三篇陆续发表，分别为:《金长城的考古与发现》, 2007 年第 3 期;《金长城修筑年代辨》, 2008 年第 3 期;《金长城的构造形式、特点与定名》，2009 年第 5 期。文中附有笔者在各地考古调查时拍摄的金长城照片三十一幅，绘制的金长城走向分布图一幅。本文后收入吉林文史出版社 2009 年 4 月版《金长城研究论集》中。

# 文十一
# 界壕与长城论辨三题

从 2004 年初开始，景爱同志在《中国文物报》上连续发表多篇关于“长城研究”的文章。由于其所阐述的观点于事实颇有出入，遂引起不同意见，该报为此开辟了专栏进行讨论。讨论开始不久，即非常热烈。笔者前后写了三篇文章参与其间，备陈拙见，略以求实。不料该报却在只发表了几篇不同意见的文章，大家畅谈未完之时，停止了讨论。笔者前后所写的讨论文稿，也就未能再刊。但是关于长城的研究，尤其是对金长城的研究，造成的问题却不能因该报停止讨论而解决，甚或会给以后的研究留下更大的麻烦。因此，笔者将三篇文稿集在一起，作了适当删改，并以金长城研究为中心，兼及其他某些相关问题，提出笔者对长城研究所出现的此类问题的不同意见，以就正于景爱同志和广大读者。

本文对金代长城的称谓，暂不变其旧称，仍用“界壕”一词，原因是本文系辨界壕为长城的问题，为了行文说明方便，于文内仍称之为“界壕”以证明其为长城，待辨识明确以后，将来再为文时，即用大家熟知的“长城”这一通称。在此特为说明如上。

## 第一题 如何认识长城？

2004 年 1 月 30 日《中国文物报》发表景爱同志的文章《走出长城的误区》，读过之后，感到有些问题确实需要研究。此前对这些问题，笔者还没有这种锐敏察觉，但拜读该文之后，笔者真的感到在我们对长城的认识上，确实还真的存在误区，而这又是一些长城研究中最基本的问题，如果不能很好地解决，势必影响对我国古代长城的深入研究。为此，笔者对该文所提出的一些观点，谈一点儿自己的意见。

### （一）金代界壕是长城不误

景爱同志在文章中说：“在辽金时期，为了防御蒙古人以及其他游牧民族的侵掠，在北方草原上挖掘了好多条壕堑，以阻止骑兵的逾越”，“现在一些人竟把边壕称做长城”，“这种说法完全混淆了长城与边壕的界限”。对此议题，笔者认为，这种提法是值得商榷的。

为了说明问题，笔者觉得首先应该把“长城”的概念弄清楚，即什么是长城？长城的作用是什么？只有先把这两个问题搞明白了，下面再说什么是长城也就容易谈了。其实这个问题也很简单，大家也都熟知，即长城是我国古代自春秋战国以来各诸侯国和以后直至明代的许多王朝都曾修筑过的一种军事防御工程。这种军事防御工程以一道不闭合的长墙为标志，有石墙，有土墙，有土石混筑之墙，也有其他不同质材而成之结构。土墙，则多为在其外侧取土筑成，因此在土墙之外侧留有深沟。这种做法在实践上增加了防御效果。这就是长城。

在我国过去近两千年的时间里，修筑了十余万里的长城，并且是不仅汉族修筑长城，而且少数民族也修筑长城。这个事实是无可怀疑的，它不仅有历史文献记载，而且直到今天还有大量的遗迹保存在我国辽阔的大地之上。因此，讨论这个问题应该说还是比较容易的，它不是看不见、摸不着的东西，无法进行。

既然长城是古代的一种军事防御工程，那么不管是诸侯国间的防御，还是中原地区农耕民族对边疆地区游牧民族的防御，它都是一道防线。前面我们说过，长城最主要的标志，就是一道较长而又不闭合的墙体。如果没有这个构造，有再多的其他建筑也不可能被称为长城。笔者在这里不给长城下定义，而是要说明我国古代军事思想对长城防御作用的认识与实际构建实施的观念是同一的，即他们认识到防御要有长城，因此修筑的也应是长城，不会想的是一种而做的却是另一种，也不会出现结构和性质相同的防御建筑，成为两个不同体系的东西，即有的是长城，有的就是界壕的情况。无论是从哪一个角度讲，这都是说不通的。作为体系，长城与界壕的结构是相同的，它们都有长而不闭合的墙体；其他防御设施也是相同的，它们都不是远离一切而单独存在的一条线，基本要素也都相同。长城之所以要形成体系，主要是因为它的任务是防御，如果它仅是一条线，孤立无援，没有后盾，那长城的防御是没有力量的。从军事学的角度讲，防御设施只有构成体系才是坚固的。从我们现在掌握的材料看，也确实是如此。无论是长城抑或是界壕，它们都是以构筑的墙体本身为标志，形成一个完整的防御体系。但是，其前提首先是要有长城。如果没有长城，这一切都无从谈起。作为一个防御系统，长城的组成有墙壕、马面或有接壁小城、城堡、传递信息报警的烽火台以及便利往来的交通道路等。长城防御体系不仅有明确的横向阻拦界线长城墙体，更有纵深的固守与增援设施。因此，从表面看，长城仅是一条线，如若深入研究，作为一个系统，它实际上包含着诸多实际内容，有它历久而积淀的文化传统，还形成了其自身特有的规律。从长城出现时起，人们就认识到它在“防守”上的重要作用，长城就是因这种思想而被传承下来。历代修筑的这种形式的军事防御工程都是长城，早期春秋、战国、秦、汉时代是如此，到后来也仍然未改，人们没有想到还要另创新法，修筑别的不是长城而又类似长城的巨大军事防御设施，实际上金朝、明朝亦概莫能外，他们修筑的也都是长城，虽然当时不叫“长城”这个名词——金称“界壕”，明为“边墙”，但它们实质上都是长城。

就金代修筑的长城来讲，虽然《金史》称其为“界壕”，我们却不能因此不承认其为长城，而将其视为有别于长城的另类什么构筑。假如不这样看，若有人就此反问一句：界壕是什么？它的作用和性质怎样？你该如何回答？长城是军事防御工程，是战争的产物，是抗击和阻止敌方进攻而不许轻易逾越的防线。景爱同志在文章中也是这样界定长城的功用的。既然是这样，那凡是具有此种功能的不也都应是长城吗？金代修筑的“界壕”，根据现在考古调查所见，外侧有深沟，内侧用土叠筑为墙，有的地段经解剖，断面也见有夯层，墙体并筑有马面，还有接壁小城，界壕内在不同距离上分布有规模不等的城堡，纵深则建有军镇或州、县城。金代界壕的结构特点和它所具有的防御功能，和我国历代长城并无差异，为什么它就不是长城？不能因为它当时不叫长城而称界壕，就不再是长城了。景爱同志在文章中说：“长城与边壕都属于边境地区的军防工程，其功用相同，但性质却不相同。”这话就讲不通了。功用相同，性质怎会不同？景爱同志在文章中自己就说了“长城与界壕”都是“阻止骑兵的逾越”的“军防工程”。“阻止骑兵逾越”，是其“功能”，而“军防工程”不就是它们的“性质”吗？这里有什么矛盾之处吗？因此，金代界壕就是长城，这是不应该有所怀疑的。再说，我国长城如讲里程，最长的是秦、汉及明代的长城，均超过万里，其次就是金代的“界壕”，其总长度也超过万里。如此巨大的军事防御工程，其功能和性质都与“长城”相同，怎么竟能说它不是长城呢？

## （二）不能因其当时未称“长城”就不是长城

景爱同志在文章中说：“在《金史》中明确地称之为壕、壕堑。在壕堑附近筑有城堡以屯军，由壕堑和城堡组成完整的边防体系。由于壕堑、城堡多在北方边远地区，故国学大师王国维称之为界壕、边堡。”笔者说，这种提法就不科学了。既然认为界壕是为“防御蒙古人以及其他游牧民族的侵掠”而修筑的，并且“由壕堑和城堡组成完整的边防体系”，那它不是长城是什么？是因其“多在北方边远地区”就不是长城而只能“为界壕、边堡”吗？难道长城还有地域限制，因其在“北方”就不是长城了？再者，是不是长城性质的防御建筑，能仅根据其当时叫什么名字来定吗？

我国从长城出现以来及在其以后的发展历程中，很多时候都没有叫它为“长城”，而是叫其他别的名称。虽然如此，却从来没有人否认其为长城。那么为什么唯独认为金代的“界壕”不是长城呢？《史记》在《秦本纪》《魏世家》《匈奴列传》等史文中记战国时期秦、魏、赵、燕诸国防御情况时，均记其“筑长城”，从无异议，现在我们也都承认其为长城。然而就在当时或其后，也并非都是称其为“长城”的。楚国修筑的长城被称为“方城”。《史记·蒙恬传》就说：“恬罪固当死矣，起临洮属之辽东，城堑万余里。”蒙恬自己说他所筑的长城为“城堑”，可见当时并非只有“长城”一词。堑者何也？《辞海》解作“掘也”“沟也”，《现代汉语词典》作“隔断交通之沟”，于此其义更明。这可证战国与秦时所修的长城，已经是在外侧挖沟、在内侧叠土筑墙（图2-11-1、图2-11-2）了，可知早在金代之前一千多年人们就是用这种做法修筑长城了，岂独为后世之金代界壕所用哉？汉代筑长城，也是大家公认的，但《后汉书·乌桓传》却说：“秦筑长城，汉起塞垣。”可见，不能因该书称其为“塞垣”而不承认汉代所筑的是长城。还有将长城叫做“长堑”的。《北史·契丹传》说：“契丹犯塞，文宣帝亲戎北讨至平州，遂西趣长堑。”如果仅从“长堑”的词义考虑，它应是一条很长的深沟，它的防御功能与长城是相同的。郦道元在《水经·鲍丘水注》中就说：“水出县北广长堑南，太和中掘此以防北狄。”这说的是北魏孝文帝所筑的长城。掘沟，必然出土，在一侧叠土筑城墙则是很自然的事。这道长城之筑法与金界壕有何异处？况且秦长城何尝无此做法？《史记·匈奴列传》就说蒙恬所筑长城也有“边山险，堑溪谷”的。李文信先生在《中国北部长城沿革考》中也认为：“秦蒙恬筑长城也是‘边山险，堑溪谷’，可知堑也是长城结构的一体。”[①]李文信先生早已认识到，“堑”也是长城。这确实是真知灼见！既然堑也是长城，“界壕”较其特征还要明显，那为何不是长城？况且金代修筑长城仅是挖沟吗？不是，它也筑有高大的城墙（图2-11-3、图2-11-4）。请问它们两者之间的区别何在？如果否认，这真就有些让人不明白了！如果说到明代，事例就更明显了。明长城的长度长达1万余里，是世界上名副其实的“万里长城”。今天为国内外瞩目的“万里长城”，也是指明长城而言，但明长城在明代却从未叫过“长城”，一般都叫“边墙”，或称“边”，其北方九个军镇所管辖的九段长城被称为“九边”。所谓“九边”，就是指明代的“万里长城”。“边墙”之称，如《明史·兵志》载：“请修筑宣、大边墙千余里。”这是说修宣府、大同段长城。又如《明史·孙丕扬传》载：“按行关隘，增置敌楼三百余所，筑边墙万余丈。”《明史·翁万达传》则称：“乃请帑银六十万两，修大同西路、宣府东路边墙，凡八百里。……万达精心计，善钩校，墙堞近远，濠堑深广，曲尽其宜。寇乃不敢轻犯。墙内戍者得以暇耕牧。”可见，《明史》作者不仅知道明代长城普遍被称做“边墙”，而且也知道明代长城的结构中也有“濠堑”。明代“九边”之首的辽东镇长城，也称“辽东边墙”，而其结构，经考古调查发现，有的地段也是外掘深沟而内为城墙的。明代长城还有其他名称，如《明史·兵志》称：“内复堑山堙谷曰夹道，……北人呼为橐驼城。”称明长城为“夹道”。《明史·余子俊传》载：

① 李文信：《中国北部长城沿革考》，《社会科学辑刊》1979年创刊号、第2期。

图 2-11-1　辽宁省阜新县平安地镇柳官印子村燕、秦、汉长城遗存的外沟内墙状况

图 2-11-2　辽宁阜新县阜新镇大坝营子村的燕、秦、汉长城遗存（新修南北向公路，北高南低，取土开道，于下挖土层中露出东西走向的长城壕沟的断面，箭头指处即是。如果是冲沟，那只能是南北向，水不能东西向流。现壕沟已被水土淤平。）

图 2-11-3　黑龙江省齐齐哈尔市甘南县长山乡向阳山村金长城遗存雄伟壮观的面貌

图 2-11-4　黑龙江省齐齐哈尔市碾子山区丰荣村金长城高大城墙坍后的遗存状况

“寇扼于墙堑，散漫不得出。”称长城为“墙堑”。这些明代称长城的叫法，与金代说长城为“界壕”不是一样的吗？诸如此类，不一而足。并且明代当时从未称其长城为长城，我们今天仍然把它叫做长城，这和称谓金代界壕为长城有什么两样？由此可见，不在于其叫什么名称，而是应该看其功能是什么。如果它是军事上的防御工程，那不管它是叫塞垣、长堑还是称界壕、夹道等不同名称，只要它性质相同，就都应是长城。除此之外，就此类巨大的土建工程的构筑讲，在我国古代还能有别的什么性质的而又不属于长城的军事防御设施吗？因此，金代的“界壕”就是长城，不能只看其所处地域是否偏北和当时叫什么名称就不承认它是长城！

## （三）长城并不都是“在地面上修筑的高墙”

景爱同志在文章中说：“长城与边壕在构造上是不同的，长城是在地面上修筑的高墙，或以土筑，或以石砌，以墙体阻挡骑兵前进；边壕是在地下挖掘的深沟，以壕堑阻止骑兵逾越。”笔者认为，这种说法是不符合实际的，这是没有亲自看到我国古代诸多不同的长城遗迹或真正了解长城结构的情况下，才可能得出的结论。其实，我国古代的长城，在很多时候就是挖掘深沟，以壕堑的形式进行构筑，用以阻止敌方逾越的。前边说过，秦代蒙恬所筑长城就有“边山险，堑溪谷”的，怎么能说没有沟壕结构的长城呢？

下面略谈几十年来笔者在调查长城时所见到的情况。从20世纪50年代初在东北文物工作队从事野外工作接触到长城时起，笔者就注意对各时代长城的调查和了解，得到许多相关资料，其中很重要的是关于长城的经行线路和结构的。就以东北地区早期长城的遗存来看，燕、秦、汉长城，在今河北省承德，内蒙古自治区赤峰，辽宁省朝阳、阜新、沈阳、铁岭等地，都有遗存发现，基本上可以说是连绵不断。这些长城遗迹，有的地段是石砌的城墙，但很多地段则为土筑，其所采用的方法，就是在外侧挖沟而在内侧叠土筑墙的。在上述长城分布的省、自治区，相关的文物考古部门都曾调查过，所见皆同，有的已经报道，读者可以查看。现就笔者调查所见，略谈一些新发现的情况。

近年根据国家文物局部署，辽宁省文化厅为编著《中国文物地图集·辽宁省分册》绘制长城分布图幅，笔者奉派主持辽宁省长城调查工作，对有早期燕、秦、汉长城分布的朝阳、阜新、沈阳、铁岭、抚顺、本溪、丹东七市及所辖各县进行了调查，最近笔者又受邀参加了由辽宁省长城学会组织的对过去长城调查尚未解决的地区进行深入了解的工作，收获很大，在长城结构上的认知也更加具体。燕、秦、汉长城，在内蒙古赤峰，辽宁朝阳、阜新等地，分为两道长城，其间相距数十公里不等，是不同时期修筑的，我们分别称之为“内线长城”与“外线长城”。内线长城在南，是燕国秦开破东胡后所筑的；外线长城在其北，是燕国后来拓地之后所修筑的，也是其后秦、汉两代所沿用的长城。

这些长城，今天考古调查所见，除了石墙外，其土筑地段是非常多的，保存状况可分为两种：一种是长城遗存保存较好的，土筑城墙结构还很清楚，如属于内线长城的辽宁省建平县北境的长城遗址，城墙虽已自然颓坍，但墙体仍隆起于地面很高，在其北侧则是深沟，能明显看出是外侧挖沟取土、内侧叠筑为墙而成的；我们在北票、阜新、彰武等县调查所发现的长城遗存，也多见这种情况（参见图 2–11–1）。另一种长城遗存保存状况不好的，地面已不见长城遗迹，一般不易被发现，调查时只能根据已发现的长城墙体寻找相衔接延伸的考古迹象，此外就要了解地面露出来的特殊事物。虽然当地群众未必都确切知道它们的内涵，但是他们对当地某些不是平常所能见到的或奇异的东西，却都有一个特殊的称谓，如对古代长城所残留的迹象，当地人常称之为“石龙”“土龙”“旱龙道”“老壕”“老坝堰子”等，这些称呼实际上都是古代长城遗存在不同地方的习惯性叫法。调查时，在当地村民的指引下，根据这些称谓准能发现所要调查的长城遗存。内线长城在辽宁北票生金沟村北沟屯，阜新嘎岔沟、胡头沟、南昌营子等地的遗存，外线长城在阜新套尺营子、牤牛西洼、陈家梁、下窑、北洼、西湾子、他本陶力改、夏杖子等地的遗存，就是这种情况。早年修筑的土筑城墙，由于风雨剥蚀和农田耕作，俱已被坍平，地表不见城墙隆起，但却可以在地面上见到极为特殊的“黑土线”，这就是长城遗迹！为什么会出现这种情况？这就是燕、秦、汉时期修筑长城时，采用挖沟取土叠筑城墙所导致的——城墙外侧的深沟渐为淤土填平（参见图 2–11–2），由于沟内腐朽的蒿草和被流水所带进去的大量腐殖土将沟淤平后，反映在地面上，就成了今天我们所见的、仅存于地面上的长城“黑土线”遗迹。我们在调查时，当地村民称其为“地龙”“黑土龙”等，尤其是在春天农民种完地的雨后去看，黑土线更为明显。这种黑土线有一道的，还有两道、三道并行的，这说明当时由于防御需要，构成长城的深沟与土墙，有一道、两道和三道的不同，构成防御上的主墙、壕与副墙、副壕。这些经考古调查所发现的长城遗迹，已被学术界确认为燕、秦、汉长城遗迹。由此可知其建筑方法和金界壕的结构没有什么不同，岂有这种构筑在燕、秦、汉时是长城，而在金代就不是长城了的，这能说得通吗？因此，不能机械地理解，凡是长城就必须是“地上筑墙”，地下挖沟筑墙就不可以了，实际情况是，在很多时候长城是挖土筑墙的。试想：在有山的地方，石砌城墙可以实现，因为在其附近就能开采和搬运石料；而在多数是土的地段，不就地挖沟取土，反而要从远处搬运泥土，这现实吗？并且挖沟之后即叠土筑墙，不仅省时、省力，减少叠筑城墙的难度，而且在实效上挖沟等于加高城墙，增强了防守能力，这些恐怕不会被真正的军事家所摒弃吧！金代界壕的构筑，正是采用我国古代修筑长城所常用的一种传统方法，虽然它当时被称为“界壕”，而实质上它是长城。

## （四）山险墙不是长城的组成部分吗？

景爱同志在文章中说："把长城加长再加长，其中，将天然山险列入长城最为常见。""把临近长城的天险也说成是长城的组成部分，那就没有道理了。""长城与天险有根本的区别，属性完全不同。为什么将自然实体列为长城的一部分呢？其目的是显而易见的，那就是增加长城的数量，使长城变得长之又长。"笔者认为，在提出这个问题之前，必须有足够的资料进行说明，否则就难以让人信服。

关于山险墙应不应该被列入长城中去，景爱同志在文章中尚未进行讨论、拿出充分证据，就指责将山险墙列入长城中去是为了"增加长城的数量"，从而使之"变得长之又长"这个"显而易见"的目的。笔者认为，话不可说得这么绝对和武断，必须在深入实际了解长城的结构情况，认真分析研究文献材料之后，才能作出结论。

由于长城是我国古代的一种军事防御工程，它的修建必然选在地理环境较为优越的地方，这样更便于防守。如果在它所经过的地区遇到山或河，因其险要，一定会加以利用，不会让其优越的地势为敌方所利用和占据，因此在长城的某些地段，如果恰有险峻山体不能为敌方所逾越，天然具有防御功效，就不必再在那里修筑城墙，只将两边城墙修抵险峻山体两侧，从而形成中间以险峻山体为城墙的结构形式，这样不但没有削弱长城的防御能力，而且节省了修筑时间和人力、物力、财力，这在很多时期和许多地方的长城上都曾存在过，如果我们去实地对长城进行考古调查，这种情况就常见了。我们将这种没修城墙，而是利用难以逾越的险峻山体做城墙的部分，称为"山险墙"，在古代也是这样称谓的，或称"山险无墙"，不过当时是把它放在长城结构中的，并没有将它从长城的线路上剔出去。

应该说，古代修筑长城时，设计者在当时就是把山险墙作为长城的组成部分来设计和建造的。而且被这样利用的山险，往往比长城墙体本身发挥的作用更大，因为它既无法跨越，也无法摧毁，防守功能更强大，所以在当时它是受到长城设计者的重视的。这样的实例，只要调查长城就能见到。这里举一个一般易于见到的例子来说明：明代蓟镇长城，由山海关往北去，至角山，再往北，就是高山，其东面非常陡峭，骑兵无法翻越，其北直至九门口，这段十余里的长城就没有修筑任何城墙，是典型的"山险墙"，但我们计算由锥子山至山海关南折段的蓟镇长城长度时，都是把这段山险墙长度计算在内的。而在整个长城线上，有这种山险墙的地段很多，如果都把它们去掉，会是什么情况？长城就变得断断续续，连接不起来了！景爱同志也同意这个观点：长城是连绵不断的墙体。如果把山险墙都去掉了，长城不再连绵不断，而是时有时无，那还是长城吗？我们这样议论或许没有说服力，那就看看古代是怎样对待山险墙的吧。

我们知道，古代长城防守是分区段的，假如某守将被分配防守一百里的长城，但在此段长城中有十里山险墙，如果这十里山险墙不算长城，请问对这位守将的汛地该如何计算？他防守的汛地是九十里？还是因这段山险墙不算，再给他另加十里，他实际应防守一百一十里？事实上这是不可能的。

司马迁在《史记》中所载“筑长城，因地形，用制险塞，起临洮，至辽东，延袤万余里”[①]中的“万余里”这个数字，绝不是去掉山险墙以后计算出来的长城长度，而是从长城这一端到另一端的长度，没有去掉山险墙部分，可见去掉山险墙不对。而且其文中明确说“用制险塞”，显然是把山险墙计算到长城里边了，不然不会称之为“险塞”，称之为“塞”不就可以了吗？

我们还是以明长城为例，因为它是绝无争议的、公认的标准长城，看看明人当时是如何记载的。辽东镇长城是明代“东起鸭绿，西抵嘉峪，绵亘万里，分地守御”（见《明史·兵志》）万里长城起始地段的长城，明代长城的重要组成部分，明代九边之首，肩负着防御建州女真和兀良哈三卫蒙古犯边的重任。由李辅等修、成书于嘉靖年间的《全辽志》，在卷二《边防志》中，将全长两千余里的辽东镇长城划分为十八段，自西向东一段接一段地详细记录了明代辽东镇长城各种结构的情况，读者从中可以明晰地看见明人是如何对待山险墙的。为了让大家了解，下面移录两段原文：

“障塞：铁场堡吾名口台起至锦川营小河口台止，共二万五千二百丈，土墙九千五百二十丈，石墙九千二百五十丈，木柞河口二千八百七十丈，山险无墙三千五百六十丈。”

从这段引文我们可以看到，该志不仅把“山险无墙”的长度包括在长城的长度内，而且还把“木柞河口”的长度也计算在长城的长度内。

接着该志依次叙述长城往东去一段：

“障塞：黑庄窠西古路口台起至椴木冲堡小虹螺山台止，共二万九千四百二十一丈，土墙一万一千二百三十丈，石墙八千九百六十五丈，木柞河口三千四百二十丈，险山无墙五千八百六丈。”

这段记载也没有把“山险无墙”的长度去掉，而是计算在长城的长度内的。

就这样，该志依次逐段地详细记载了往东的各段长城情况，直至鸭绿江边的最后一段：

“障塞：自孤山南界至江沿台西界止，木柞墙共六千八百一十七丈，虎牢柞四十一空，共五千四百七十三丈，石椺墙八空，共八百五丈。”

该志如此详细的记录，将各种结构的长城情况记录靡遗，不仅包括“山险无墙”，还包括“木柞河口”“木柞墙”“虎牢柞”等并非土石所筑的长城，它们都被视为长城

① 司马迁：《史记》卷八八《蒙恬列传》，北京：中华书局 1959 年 9 月版，第 2565 页。

的结构，其长度也被计算在长城的长度内，不是我们今天愿意去掉就可以去掉的。

因此，将山险墙计算在长城的长度内，并不是要“增加长城的数量，使长城变得长之又长”，而是尊重事实。如果不这样做，那倒有点儿不实事求是了。

### （五）广大人民群众真的对长城“恨之入骨”吗？

景爱同志在文章中说：“古代修筑长城，不知累死了多少人，可以说长城是用劳动人民的血肉和尸骨堆砌起来的，广大人民群众对长城恨之入骨。孟姜女哭倒万里长城的故事，即反映了这种心态。”笔者觉得，此立论是难以成立的。

景爱同志的这些话乍听起来好像很有道理，但如仔细分析，未免有些言过其实，甚或有点儿危言耸听！长城真是“用劳动人民的血肉和尸骨堆起来的”吗？孟姜女哭倒秦始皇万里长城这个民间故事，是真实的历史吗？能反映“广大人民群众对长城恨之入骨”这种心态吗？

《史记》说：“秦已并天下，乃使蒙恬将三十万众，北逐戎狄，收河南，筑长城，因地形，用制险塞，起临洮，至辽东，延袤万余里。”[①]这里说的三十万人是秦军，他们先“北逐戎狄，收河南”，此后才去筑长城，在逐戎狄的过程中，秦军战死应是自然的事，恐怕会死去不少人，因此，他们不会都是死于筑长城吧？而且在筑长城的过程中他们也不能都死了，如果他们都死了，秦长城最后还能修筑完成吗？即或他们都死了，也没有在秦国打败赵国的“长平之战”中，被俘的四十万赵军被活埋死的多吧！两者比较起来，哪一个更让人痛心？怎么能说因此“广大人民群众对长城恨之入骨”呢？这该是多大的仇恨啊！尤其是说孟姜女哭倒长城的故事是这种心态的反映，实在有点儿脱离历史，笔者以为未必如是。若认真思考一下，可能就不会得出这样的结论。

我们深入研究孟姜女及其故事产生的时代，就会发现孟姜女和长城的关系并不紧密，它们之间没有那种“恨之入骨”的天然联系。我国真正大事修筑长城，只有两个时期，一个是战国、秦、汉时期，一个是明代。然而，在这两个时期并没有产生孟姜女哭倒长城的故事，它的出现倒是在没有修筑长城的时代。我国史学大师顾颉刚先生早年对孟姜女的故事做过深入研究，出版过相关的专著。经他考证，孟姜女并未生活在秦始皇时代，而是早于秦朝几百年的春秋时期的齐国。在公元前549年齐庄公攻打莒国时，杞梁为先锋，不幸战死；杞梁有妻善哭，在齐国是有名的。随着时间的推移，故事的内容逐渐有了添加，说她的哭极为哀婉动人，以至于把城哭倒，把山哭崩。但这些事都发生在春秋时期的齐国，并且过了几百年，到秦朝时也没和长城发生什么瓜葛。据记载，到了后汉，杞梁和其妻的故事也还是限在齐国的范围内，她哭倒的仍是齐国的城。故事发生关键性的变化是在

① 司马迁：《史记》卷八八《蒙恬列传》，北京：中华书局1959年9月版，第2565页。

唐朝，而唐朝并没有大规模地修筑长城，因此可知其与长城无关。根据我们见到的资料，在唐朝初年孟姜女还没有与秦始皇挂上钩，在李善的笔下，此时的“孟姜女”叫孟姿。在讲这个故事的缘由时，作者先说齐庄公时杞梁战死，其妻“乃就其夫之尸于城下而哭之，内诚动人，道路过者，莫不为之挥涕，十日而城为之崩”，后来接着叙述此事，就有了孟姿在后园池中游戏，于水池中见人影，是其人藏于树上的倒影，遂“请为夫妻”。后杞梁死，《文选集注》接下去说：孟姿“至城下问尸首，乃见城，人之筑在城中，遂向所筑之城哭，城遂为之崩，城中骨乱，不可识之，乃泪滴之，变为血”。可见，到唐代时方略具“孟姜女哭倒长城”故事的雏形。到了唐末，有一个和尚叫贯休，他写了一首诗《杞梁妻》：“秦之无道兮四海枯，筑长城兮遮北胡。筑人筑土一万里，杞梁贞妇啼呜呜。……”于是从此之后，秦始皇就和杞梁夫妇结下了“不解之缘”。这为后来发展起来的家喻户晓“孟姜女哭倒长城”的故事奠定了基础。

由此我们可以清楚地知道，孟姜女和长城原本没有什么关系。并且我们还知道，孟姜女是在今山海关一带哭长城的，今天人们极为熟悉的“姜女坟”“姜女庙”就在这一带的陆上和海中。然而，秦长城并没有修在山海关一带，而是远在山海关之北数百里的今赤峰市的北面，当时山海关一带没有长城——既没有早年的秦长城，也没有后世的明长城。没有长城，孟姜女去哭什么呢？山海关一带真的有长城，是在其一千多年之后的明代，而孟姜女怎么会在两千年前到这里来哭明长城呢？显然，故事就是故事。这里面虽然包含了极其深刻、尖锐的社会矛盾，但故事本身绝不是真的因长城而发生。再说，唐代没有大举修筑长城，离大举修筑长城的时代已经过去了一千年。往事如烟，人们关心的是现实生活，谈不上对长城有“怨”。即使当年修长城真的是那种不堪忍受的艰难困苦，到了唐代，人们已经感觉模糊了，并且贯休对此没有亲身经历，已无修筑长城的切肤感受，即或他写了这首诗，包括后来演变成家喻户晓的“孟姜女哭倒长城”的故事，也不能证明“广大人民群众对长城恨之入骨”！秦始皇的骊山陵、阿房宫之役，其艰苦程度比长城逊色吗？而且两者性质完全不同。骊山陵、阿房宫是为秦始皇个人享用，尚且未受到指责，留千古骂名，而修筑长城是“国防建设”，是为保护边境地区的人民，也是保卫“国家”的安全，为何反遭大恨？保卫边疆，古今一理，从来都是慷慨赴难。请看唐代的边塞诗，就因其是为国，写得多豪迈：“大漠风尘日色昏，红旗半卷出辕门。”然而有艰苦：“饮马渡秋水，水寒风似刀。”“塞外征行无尽日，年年移帐雪中天。”有忧愁：“撩乱边愁弹不尽，高高秋月照长城。”也有闺怨：“少妇今春意，良人昨夜情。”“可怜无定河边骨，犹是春闺梦里人。”但边疆的官兵却还是豪气凌云：“孰知不向边庭苦，纵死犹闻侠骨香。”“少小虽非投笔吏，论功还欲请长缨。”“醉卧沙场君莫笑，古来征战几人回。”“愿将此身长报国，何须生入玉门关。”为国有所牺牲，在所难免，但却是不应该“恨”的。因此，我们就不可从表面看问题。笔者认为：在贯休的笔下，长城不过是借指的一个事物，一个隐喻，用以抒发其胸中的某些感慨。至于后来随着时间的推移，陆续添加内容而形成的流传极广的民间故事，和长城就更没有因果关系了，再以此认为真的是人民群众“恨”长城，恐怕是没有充足的理由！我们对民间故事要做分析，绝不能如此狭隘地去看待这个问题。因此，认为长城是历史上最“万恶滔天”的东西，“广大人民群众对长城恨之入骨”，这是不符合历史实际的。

修筑长城可能会死一些人，可历史上哪一次战争不死人？而且都不是小数量！在冷兵器时代，修筑的长城是起了一些作用的，阻挡了敌方的入侵，保卫了广大边境地区人民的生命、财产安全，这在战略乃至战术上，都是不容否定或忽视的。从古至今，没有一个时代不重视“国防建设”，除非是愚人治国才会置边境安全于不顾。另外，我们从文献记载中还可以看到，当年修筑长城，朝廷为保证筑城工程的进行以及筑城官兵的生活，是要支出相当的经费的。筑城之役当然会很艰苦，但也不能过于凭空想象。现在通过考古调查了解到，燕、秦时期的长城，不是修在高山上，大多是修在不高的山岗上或山坡下、平地上，艰巨程度相对要小一些。尤其是秦始皇的“长城”虽然号称“万里”，但并非都是创建，而是利用战国时期秦、赵、燕三国旧有的长城所修筑，由于其基础很好，故工程量不是特别大。在历史上，修筑长城最艰巨的时期是明代。明长城不仅长达一万多里，而且基本上都是新线路，同时它充分利用地形，不避山岭，所以有很多地段的长城是修筑在高山上的，城墙既高且厚，非常壮观，令人叹为观止，真可谓我国修筑长城之集大成者。但明代的史料很多，修筑长城的记载亦十分丰富，有关长城修筑的碑刻题字也很多，它们就留在长城上或其附近，我们调查时常有所见，但我们也没有看见已达到“长城是用劳动人民的血肉和尸骨堆起来的”的程度。因此，不可轻下“广大人民群众对长城恨之入骨”的结论，我们必须实事求是。

在封建社会里，真正使民不堪命的，绝不是修筑长城，更不能认为应该对长城“恨之入骨”，应该被恨之入骨的，是残酷的封建剥削制度和剥削压迫人民的统治者。长城在古代是直接保卫边疆地区人民的劳动生产和生命、财产安全的，它所发挥的作用不能抹杀。长城，我们今天说它是中华民族的骄傲，是勇敢、顽强、不可战胜精神的象征，是有道理的。笔者以为，无论是在古代还是在现代，人们对长城都是恨不起来的。孟姜女的故事，流传了千百年，大家也都知道，家喻户晓，可是一点儿也没影响人们对长城的热爱和赞美，这就是证明。长城不朽，历史的丰碑将永远存在于祖国大地之上，而“孟姜女哭倒长城”的故事，还会流传下去，人们会清楚这其中的原因的，但绝不是对长城的“恨”，这是不必再有什么怀疑的！

## （六）辽代未修“边壕”，明代也没筑“柳条边”

景爱同志在文章中说：“如果把古代的壕堑算作长城，那么，明代和清代的柳条边算不算长城呢？柳条边也是在地下挖掘的深沟，壕上植柳以保护壕堑，其构造与辽金边壕相同，实际上是辽金边壕的延续。既然辽金边壕可以叫做长城，明、清柳条边不也可以叫做长城吗？”在这段叙述里，不仅把概念弄混了，而且也把一些基本事实弄混了。

首先，辽代没有修筑边壕。如果不信，任谁都可以查找历史文献，看哪一部书中记载了辽代曾经修筑过“边壕”的事情。是景爱同志把它弄混了。辽代确实曾修筑过长城，《辽史·太祖本纪》就明确记载：太祖时“筑长城于镇东海口”。辽代修筑的是长城，这是千真万确的，但就是没见有辽代筑边壕的记载。辽代修筑的这道长城，过去一直没有考定，最近经笔者实地考古调查发现与考定，确址在今大连市金州之南黄海与渤海间的地岬处[①]，其长虽仅十五里，但确实是长城，不能称之为“边壕”。如果说辽代所筑长城也叫“边壕”，那就没有历史根据了。

其次，明代也没有修筑柳条边。明代修筑的是长城，这恐怕是人所尽知的。《明史·兵志》说：“东起鸭绿，西抵嘉峪，绵亘万里，分地守御。”但明代长城都被称为“边墙”，因此有明一代文献多用此词记录长城。作为明代北边防御的“九边”之首的辽东镇，其所筑长城被称为“辽东边墙”，这已习见于既往的各种文献记载和研究论著中，但却没有人说它是“柳条边”的。

修柳条边是清朝初年的事。当满族入主中原建立全国政权后，在康、乾时期，为保护其“龙兴之地”，禁止外族人到他们“老家”那里去挖参和樵采，以免破坏其“王气”，于是修筑了“柳条边”。柳条边的修筑虽然也是挖土叠墙，并在其上“插柳结绳”，但其功用和性质，与长城（界壕）阻止敌方进攻的防守作用不同。柳条边外边没有进攻的敌人，里边也没有大量防守的官兵，因此它不是军事防御工程。柳条边上设有“边门”，有人值守，但这仅是为了控制往来行人，不经批准，不许随便进入满族兴起的地区。出入柳条边的人，须获相关手续，才能在边门通过。由于其不具备军事性质，因此，柳条边不是长城。不过其工程量也不小，算做古代一个巨大的地上土建工程，是完全可以的，但它不能被归入“长城”中。如果在较全面的长城论著中附入“柳条边”，使读者了解这一个和长城有惊人相似的特殊遗迹，也未尝不可。然而，不能因此就将其看做长城，这是必须指出的。

由于柳条边有“老边”与“新边”之分——老边在盛京（今沈阳），新边向北延伸至今吉林，它们都有相应的称谓。因此，处在盛京（今沈阳）范围的柳条边，也曾被称为“盛京边墙”。后来有些研究者不察，没有区别出属于明代长城而习称的“辽东边墙”

---

① 冯永谦：《辽代“镇东海口”长城调查考略》，《阜新辽金史研究》（第五辑），北京：中国社会出版社2002年2月版。

与属于清代柳条边而别称的“盛京边墙”，就把根本不属于同一性质、而且是两个时代的两种东西弄混了，因而就会见到有的文章以此为彼或以彼为此，甚至此前出版的大部头专业“辞典”也出现了这种问题，这不能不说是一种遗憾！景爱同志在这里明确地说明代也筑有“柳条边”，这确实是从来未曾听闻的，比此前研究中出现的失误差得更远，因此就更无法令人信服了。

## 第二题 如何认识金界壕？

2004年4月2日，《中国文物报》发表景爱同志《再说金边壕不是长城》的文章，他认为金界壕不是长城。笔者感到对这种不同学术见解还需深入探讨，如果不能很好解决，恐怕在有金界壕（长城）遗存的省、自治区对此遗存的研究、保护和规划、开发上，都会出现问题。因此，笔者根据自己的研究心得，再次谈一些个人意见。

### （一）界壕与长城在结构上没有区别

景爱同志在文章中说：“边壕不是长城，最根本的原因是边壕与长城的构造完全不同。长城属于地面建筑，是在地上垒筑的绵长高大的墙体”，“边壕是在地下挖掘的深沟”，“高墙和深沟，在结构上、形态上完全不同”。笔者认为，这种说法是不对的，这是没有对我国古代长城进行深入调查和具体了解所造成的。

我国古代长城的修筑，并不都是在地面上筑高墙，有这种情况的不只是某些时期，而是在很多时候和许多地方修筑长城都是“地下挖掘深沟”筑墙的，这个问题已为此前许多考古调查发现所证实。笔者在前面的第一题中已经谈过了，此不重论。但为说明问题，现摘引一些其他调查成果，或可有助于读者了解此问题。

关于燕、秦、汉长城的修筑为外掘深沟、内叠土筑墙，与金界壕的构筑方法完全一致的考古调查发现，比比皆是，于此略举几例已发表的材料。如《中国长城遗迹调查报告集》载文说：

“这种在山坡上用土筑的长城，我们在调查中发现有一个明显的特点，就是筑墙取土均在北侧，南侧土岗较高，北侧形成一道土壕痕迹。”①

并见随文之图十八照片，沟壕形态十分明显。

李庆发等《辽西地区燕秦长城调查报告》说：

“土筑长城……其做法就是挖沟取土，板筑夯墙。墙外则成为壕沟，增强防御能力。”②

李庆发等《辽宁西部汉代长城调查报告》又说：

① 项春松：《昭乌达盟燕秦长城调查报告》，《中国长城遗迹调查报告集》，北京：文物出版社1981年2月版。
② 李庆发、张克举：《辽西地区燕秦长城调查报告》，《辽海文物学刊》1991年第2期。

除石墙外，“再一种是土墙，就地挖土筑墙，墙外有沟”[①]。

以上摘引的材料，都是各地文物考古工作者实地调查所见的情况，证明燕、秦、汉时期的长城土筑城墙，都是采用这种外侧掘沟、内侧叠土筑墙的方法。笔者多年考古调查长城所见，也是这种情况。

从以上对燕、秦、汉长城的考古调查发现看，能说这样构筑的军事防御工程是界壕而不是长城吗？金界壕的修筑与燕、秦、汉长城的修筑有何不同？它们的修筑方法和构造形式没有什么不同。既然都相同，为什么说金界壕不是长城呢？

这里需要指出的是，我们对金界壕的认识，不可产生偏颇。如果在这个问题上出现错误理解，肯定不会得出正确的结论。金界壕的修筑，主体是什么？这是一个至关重要的问题。以笔者个人的研究，认为金界壕的主体是掘土后在地上形成的墙体，而且我们今天考古调查所见的金界壕，也是这个墙体。因此，对这个结构不能视而不见。但认为“金界壕不是长城”的研究者不是这样看的，他们认为金界壕的主体是“沟”，所以始终强调说：“边壕是在地下挖掘的深沟。由于边壕多被风沙堙埋，其确切的深度和宽度，难以知其详。据实地考察所见，黑龙江西部的边壕深四到五米、宽二点五米；赤峰北面边壕深三到六米。其原始的深度和宽度不止如此。这样深阔的壕沟，完全可以阻止骑兵的跳跃，达到御敌的目的。”用深沟来阻止骑兵的跳跃，这只不过是今天某个人的想法，事实上不会是这样的，古代的军事家也不可能这样做。

回想一下，王国维先生作《金界壕考》时，那是在1927年，他没有到实地进行考古调查，没有亲眼看到金界壕遗迹是什么形态，别人的调查也没有，他能看到的就是记载中有限的那么一点儿文字，因此，他根据自己的理解，说：“界壕者，掘地为沟堑以限戎马之足。”先生所言，是七十多年前的情况，当时由于学术研究状况的限制，这是没有办法的事，不能苛求前人。然而，现在就不可以这样做了。现代科学的考古学已经发展到今天的水平，我们不仅有这方面的考古调查资料，甚或我们自己就曾亲自调查过金界壕，也了解各个历史时期和不同地域的长城，我们的研究应该是更科学了，结论也应该更正确了。因此，这就要求我们不可不看事实和着眼于实地遗存去考虑问题。

我们知道，中国是一个有修筑长城传统的国家，阻挡骑兵从来都是修筑城墙，边疆地区修长城，起因即由此，历史相沿，怎么到了金代，反而会是抛弃历来做法而仅挖一道土沟来御敌之骑兵呢？防守需要居高临下，长城本身就是一道明显的防线，进攻者在很远的地方就可以看见，不能长驱直入。若仅是地下挖的一条沟，那情况就完全变了，进攻者对前方的抵御设施什么也见不到，可以驱马直前，无形中鼓动起了冲锋的勇气，先声夺人。如果是墙体，防守官兵也有一个倚仗，可增其军威、壮其胆量，并且长城后

① 李庆发、张克举：《辽宁西部汉代长城调查报告》，《北方文物》1987年第2期。

面还可以隐蔽，不使军事部署暴露在进攻者的面前，以争取战斗的胜利。事态既是如此严峻，怎么能是仅挖一条沟来御敌呢？再说，只凭一条沟能挡住瞬息百里的骑兵吗？如果是仅挖一条沟，茫茫山野，处在防守位置上的金军应站在什么地方呢？对面是横冲直撞的骑兵，防守本来已处于劣势，再站在毫无遮拦的野地里，自身完全暴露，如何抵御进攻者？这会是一个军事家所应采取的做法吗？

金代修筑的界壕，因大多处在北方草原、沙漠地带，受地理条件的限制，修筑“界壕”这种结构最为适宜。阻止骑兵主要是靠墙体，但是需要取土筑墙，于是金朝就采用我国古代修筑长城的传统方法，就地在外侧挖沟取土，在内侧筑墙，于是就在城墙外面形成一条沟堑。实际上沟堑是修筑城墙的副产物。由于沟堑深入地下，也就相对地加高了城墙，更加提高了城墙防守的能力。因此，金朝就选择了有利于建造这种界壕的地段，全线采用这种方法。而这种做法，也正是战、汉时期在北方修筑长城所使用的方法。金代修筑的界壕，绝不仅是挖一条沟，土就“随便堆放”，舍弃不用了。事实不是这样。考古调查所见，金界壕的城墙非常规整，至今仍很高大，其直如砥，没有一点儿随便堆放的痕迹。那种认为金朝修界壕主要就是挖沟，对所挖出来的土不加利用，而是“随便堆放”丢弃的观点，是不对的（参见图 2–11–3）。实际上挖沟主要是为了取土，而取土则是为了叠筑城墙，用以阻挡进攻的骑兵。这种认识不能弄颠倒了，弄颠倒了就会得出错误的结论。

实际情况如何呢？考古调查给了我们最明确的回答。李文信先生调查金临潢路界壕时，所见“壕壁之厚度、高度亦均甚一致，大体厚约八到十二米，高存三到六米，堑沟多为沙壅塞，存最深处约一到一点五米上下”。同时还说：“每当沙地、涧口及多石处，则往往用自然石块包砌。”并且指出：“壕壁为界壕主体部分，壕壁外凿有断面稍近方形之深堑。”[①] 存在于地面上的“壕壁”是界壕之主体，李文信先生的认识是正确的。经过调查发现，金东北路界壕“土墙的根部断面底宽十四米，高四米余，顶宽两米”[②]。吉林省的调查结果：“壕堑主墙，上部残宽一般在一点五到二点五米左右，底现残宽六到十二米，残高在一点五到三米之间不等。”[③] 多年来笔者调查过许多地区的金界壕，所见情况与上述报告基本相同，都有遗迹存在，而且很多地段保存较好，就是遭到破坏的地方也还是有迹可寻。一般界壕墙体底部基宽八到十三米，顶部颓宽两米，存高两道五米，有的地方保存较好的存高可达六米。在黑龙江省齐齐哈尔市的龙江县与甘南县等地保存的金界壕就是这种情况。笔者在齐齐哈尔市碾子山区看到的金界壕，墙底部基宽

① 李文信：《金临潢路界壕边堡址》，《辽海引年集》，北京：北京和记印书馆 1947 年 7 月版。

② 黑龙江省博物馆：《金东北路界壕边堡调查》，《考古》1961 年第 5 期。

③ 庞志国：《金东北路、临潢路吉林省段界壕边堡调查》，《中国长城遗迹调查报告集》，北京：文物出版社 1981 年 2 月版。

十到十三米，顶部颓宽两米，存高两到五米，保存较好，一望无际地向远方延伸过去，颇具规模，很有气势（参见图 2-11-4）。我们今天看到的金界壕，是经过战争洗礼和七八百年风雨剥蚀的，实际上是劫后残余，但我们还能看到如此壮观的遗存，可以想见当年它是很高峻和坚固的。根据现存颓坍以后的高度仍有五米或六米估计，原来界壕土壁的高度可达八到九米，这是很了不得的城墙！即或城墙高五到六米，进攻者也无法轻易逾越，即可达到拒敌于长城之外的目的。这些是我们应该注意到的。据此，笔者认为金界壕是长城！

## （二）金界壕真就没有“夯筑”的吗?

景爱同志在文章中说：“壕壁和长城的墙体在做法上完全不同。长城的墙体如以土或石为原料，必须夯筑，……边壕的壕壁则不同，它不是夯筑的，而是随便堆放的结果。”笔者认为，这种说法是不符合实际的。

许多人对金代界壕的调查，所见情况与此完全不同。首先，修筑金界壕掘堑所挖出的土并不是“随便堆放的”。金代修界壕时挖沟堑所出的土是要用来筑墙的，并不“随便堆放”而废弃。对这一点，研究金界壕者必须有明确的认识，否则就会出现偏差。金界壕是一项巨大的军事防御工程，当时也是经过缜密筹划和部署的，比如界壕的墙体、马面、附壁城堡、边堡以及界壕里侧稍远处的军镇城等，无一不经过精心布置，界壕线路如何走向，马面之间距离多远，边堡在什么位置，河口、山崖怎样处理，关隘怎么设定，以及各个军城的管辖地域范围，今天所见，它们在构造、分布上都极有规律，从界壕到各种戍堡城址，从遗迹看其工程质量，当年的修筑并不草率，因而至今还大都保存很好，虽已颓坍，仍很高大壮观，十分坚固。这些情况，已见此前各地考古工作者的各种调查报告，怎么能说界壕的壕壁“是随便堆放的结果”呢？“随便堆放”的土必无规则，可以任意堆放，不受约束，甚至在沟堑两侧都可以堆放。因为是“随便堆放”，所以就没有定则了。可是我们今天看到的现存遗迹，完全不是这样，它们表现出非常完整的状态，而且其分布有规律。另外，这样大的一项军事防御工程，在其附近的大小各种城址，都修筑得非常好，唯独界壕本身的修筑，异常的草率，挖掘沟堑出的土根本不用，而是“随便堆放”，这能是古代军事家在规划和修筑极为重要的防御工程时所能采用的政策吗?

其次，界壕壕壁是“夯筑”的。此前我们对金界壕的了解，主要限于考古调查发现，即在地面看到的界壕存在的现状，很少进行发掘。由于它的墙与壕已经过七八百年的风雨剥蚀和人为破坏，早都颓坍淤填，因此调查者多不能见其内部结构，故对其夯筑的情况掌握不多。即使这样，其夯筑情况还是时见报道。贾洲杰《金代长城》一文说：“墙高三米，宽四米左右。墙用版筑（每层夯土约十七到二十厘米）。”又说：“所有属于金代的长城……多是以土垒或版筑（夯层厚至二十厘米）而成。”[①]同书载庞志国《金东北路、临潢路吉林省段界壕边堡调查》报告说：“从墙与堑的断面上可以看出夯筑迹象。”[②]还有项春松《赤峰地区金代边堡界壕考察》载：“所有地段的壕、墙均采用土筑夯打。”[③] 往年笔者和米文平调查呼伦贝尔金代长城时，在额尔古纳右旗拉布达林镇东被当地修公路取土掘断的界壕墙体的地层中，也见到有夯层，每层厚十厘米[④]。这些都说明，金代界壕壕壁也是有“夯筑”的，怎么能如此武断地加以否定，并作为确定其是否为长城的一个重要根据呢？

## （三）没有烽燧就不是长城吗？

景爱同志在文章中认为“金边壕不是长城”的四条理由之一并以其为题的“金代边壕没有烽燧”节中说：“在边壕的内外两侧，都没有发现烽燧。”对这个问题，笔者认为，不能只看一点而不看其他，更不能不看其实质。

对于金代界壕，也包括其他时代的军事防御工程，有没有烽燧，都不是确定其是不是长城的主要依据。确定其是不是长城，应由其主体本身，即有没有长城墙体来决定。只要有绵延不断的墙体，这就是长城；至于烽燧等长城附属设施，由于时代不同，地理环境不同，主持设计和修筑者的要求不同，这种军事防御体系的附属设施，也可能有一些变化，不会一成不变，千百年来完全相同。比如燕、汉长城多有烽燧，而金代则有“边堡”设施，这就是一种变化。另外，就是被确定是长城的，也不一定必须有烽燧。存在于黑龙江省牡丹江地区被认为是始建于渤海、后为东夏沿用的长城，就没有烽燧。在辽宁省大连地区的辽代长城，也没有烽燧。但谁能说它们不是长城呢？金代的传烽报警也许与前代不同，由于大量修筑边堡，驻有防守军队，边将又可以“便宜从事”（《金史·内族宗浩传》）、“得以便宜从事”（《金史·完颜安国传》）等朝廷制定的政策来保卫边防；又由于边堡接近界壕，有边将灵活掌握防守，无须远报传烽，故无烽燧也是可能的。但我们还是从《金史·仆散揆传》里了解到，金界壕是有烽燧的。《金史·仆散揆传》载：仆散揆被皇帝派还驻地，修筑长城，使长城“连亘九百里，营栅相望，烽候相应，人得恣田牧，北边遂宁”。其中的“营栅相望，烽候相应”是值得注意的记载。“营栅相望”，就是边堡军营相望，而“烽候相应”不是指烽燧又是指什么呢？也许金代烽燧的结构和

① 贾洲杰：《金代长城》，《中国长城遗迹调查报告集》，北京：文物出版社 1981 年 2 月版。

② 庞志国：《金东北路、临潢路吉林省段界壕边堡调查》，《中国长城遗迹调查报告集》，北京：文物出版社 1981 年 2 月版。

③ 项春松：《赤峰地区金代边堡界壕考察》，《辽金契丹女真史研究》1984 年第 3、4 期。

④ 米文平、冯永谦：《岭北长城考》，《辽海文物学刊》1990 年第 1 期。

燕、秦、汉时期的烽燧不同，没有被保存下来，因而至今没有被发现。但有一点必须指出，我国历代修筑的长城，如果仅因为没有烽燧就确定其不是长城，恐怕也是说不通的吧！

## （四）金人是如何认识"界壕"的？

景爱同志在文章中说："在《金史》的记载中，或称壕堑，或称界壕，或简称为壕，却没有把边壕称作（长）城的记载。这一点非常重要，它表明金代认定它是边壕，而不是什么长城。"这种说法是不准确的，是没有全面了解《金史》的记载而得出的片面结论。

研究长城的人都知道，对我国古代的这种军事防御工程，并非只有"长城"一个名称，而是有许多不同的叫法，其中最主要的一个是"塞"，因此历来有很多时候都用"塞"来称长城。如《史记·高祖本纪》载：高祖二年"缮治河上塞"。《史记·匈奴传》说："复缮故秦时蒙恬所为塞。"《史记·朝鲜传》说："复修辽东故塞。"《史记·晁错传》说："遣将吏发卒以治塞。"《汉书·匈奴传下》载侯应的话说："起塞以来，百有余年，非皆以土垣也。"《史记·匈奴传》又载文帝对匈奴说："长城以北引弓之国，受命单于，长城之内，冠带之国，朕亦制之。……匈奴无入塞，汉无出塞。"这里所说的"塞"，都是指"长城"而言。金代对此也是这样认识的。现简述如下几事，即可见金人是把界壕看做长城的，他们把修界壕认为是"治塞"，而不是看做有别于长城的其他什么军事防御设施。

《金史·内族襄传》说："因请就用步卒，穿壕筑障，……诏可。襄亲督视之。军民并役，又募饥民以佣即事，五旬而毕。于是西北、西南路亦治塞。""治塞"，即"修长城"。由此可知，金代当时也是将修界壕认为是修长城的。又《金史·内族宗浩传》说："北方有警，命宗浩佩金虎符，驻泰州，……北部广吉剌者，尤桀骜，屡胁诸部入塞，宗浩请乘其春暮马弱击之。……撒里部长陁括里入塞，宗浩以兵追蹑。""入塞"就是进入界壕。在金人眼中，界壕是"塞"，也就是长城。《金史·仆散揆传》说："复出御边，尝转战出塞七百里，至赤胡覩地而还。""出塞"就是出长城。汉、唐以来所称"入塞"或"出塞"，皆为入长城或出长城。金也承袭汉唐文化，也深知"塞"为何意。因此，"出塞"，实际是出界壕，这不是视界壕为长城吗？《金史·完颜安国传》载："时并塞诸部降，谕使输贡如初。"金代北边某些靠近界壕部族的这种情况，和战国、汉以来匈奴"愿保塞"、鲜卑"款塞"，即靠近长城不是完全相同吗！靠近界壕，称做"并塞"，塞即界壕，也就是长城，"并塞诸部"，就是靠近长城的各部。由此可见，界壕是长城——金人就是这样看的。还有，《金史·章宗本纪》载：承安五年（1200年）九月"尚书省奏，西北路招讨使独吉思忠言：'各路边堡墙隍，西自坦舌，东至胡烈公，几六百里，向以起筑匆遽，并无女墙副堤，近令修完，计工七十五万，止役戍军，未尝动民，今已毕功。'上赐诏奖谕"。此处记为"承安五年"，但《金史·独吉思忠传》记为"承安三年"。

章宗之赐诏奖谕有曰：“以靖翰藩，垣垒弗完，营屯未固，卿督兹事役，唯用戍兵，民不知劳。”这里记载了金代修筑界壕的一些情况，非常可贵。它把边堡界壕说成是“边堡墙隍”。墙，自不必说，谁都清楚它是什么结构、什么形态；隍，各种词典都释为“没有水的城壕，为隍”。此处又是墙，又是没水的城壕，这不是更形象地指出“界壕”就是长城吗？金人把界壕称做“墙隍”，这个墙隍“几六百里”。六百里长的“墙隍”是什么？再者，它又明确指出，过去修筑界壕时，“向以起筑忽遽，并无女墙副堤，近令修完”——过去因为起筑非常仓促，并没有修筑女墙、副堤，最近下令将其修完。女墙、副堤原本是城或长城顶部和其外侧的结构，“最近下令将其修完”，那我们还有什么理由说界壕不是长城呢？章宗诏谕中的“垣垒弗完”，说的也是“界壕（垣）、边堡（垒）未修筑完”，从中看不出修筑界壕就是挖条沟、并不筑墙的情况。同时我们还应注意到，史文说这道“几六百里”的墙隍过去“起筑”很仓促。“起筑”是什么意思？起筑就不是挖沟和“随便堆土”，表明“界壕”是要“筑起”来的，能“筑起”的不就是墙吗？我们再看一下《金史》有关记载。《金史·张万公传》说：“自西南、西北路，沿临潢、达泰州，开筑壕堑，以备大兵。……后丞相襄师还，卒为开筑。”将修“壕堑”称为“开筑”，那“壕堑”是什么形态和结构不就很清楚了吗？如果说“壕堑”就是一条长沟，怎么能说“开筑”？既然说“筑”，那就不是“随便堆土”，此事不言而明。因此说界壕是长城，还有什么可怀疑的？此外，在《金史》中也见有将修界壕说成是“修界墙”的。《金史·张炜传》载：在张炜转同知西京转运使事，“是时，大筑界墙，被行户工部牒主役事”。张炜被派去主持修西京的界壕，可是此处却用“界墙”一词，显然墙和“随便堆土”不同，最低要求它应该是“立得起来”的一道土造物。如果是随便堆的土，它就不能叫“墙”了。既然是墙，那就很可能经过夯打，不然也不会叫墙。而界壕被称做“界墙”，说它是长城不是毫无根据吧！上面已经谈过，经各地考古工作者的调查，在界壕遗址上已见有夯层，证实其城墙确实经过夯筑，如此，界壕就是长城，还有什么可疑惑之处吗？

这里笔者要说明一点，那就是如果金界壕不是长城，笔者硬要把它说成是长城，那笔者没有一点儿这个意思；但如果它是长城，为什么要说它不是长城呢？这就是笔者要申辩的理由。

长城，是我国极其宝贵的优秀历史文化遗产，世界闻名，即使在“世界文化遗产名录”当中，长城的名字也是很响亮的，吸引着全世界人的目光。但中国的长城，并不仅有秦长城和明长城，而是多种多样的，不同朝代、不同民族、不同地域、不同结构，形形色色的长城，构成内涵极其丰富的长城文化，我们现在对它发掘、研究得还很不够，甚至是刚起步，谈不上深入。因此，当前我们就应该加强对长城的研究。在我国，长城研究也是一个门类，因此应给它一个明确的概念界定，这样才能利于人们的研究工作。

长城遗址，也像其他遗址、墓葬一样。遗址有时代不同、大小不同，也有性质不同，如居住遗址、作坊遗址、村落遗址、农家遗址等，但不管它们如何不同，它们都是遗址。墓葬也是这样，不论它是新石器时代、商周、秦汉，还是魏晋、唐宋，抑或辽金、明清的，更不论它是大墓、小墓，还是竖穴墓、土洞墓、石墓、砖墓、瓮棺墓、崖墓，抑或是奴隶主墓、官员墓、豪强墓、地主墓、平民百姓墓，以至它是尸体葬、火化骨灰葬等，它都是墓葬。只要它是埋葬死人的一种结构设施，就没有理由将它界定为别的不是墓葬的东西。长城也是如此。当然，我们可以给长城规定出很多条，但有一点，笔者认为，只要是古代在地上修建的、不闭合的长墙式军事防御工程，那它就应是长城；如果没有这一条，再有其他几点它也不是长城。金界壕具有我国古代长城的各种构成要素，为什么一定要说它不是长城呢?

我们知道，当前长城还面临着极其严峻的保护问题，也面临着开发、利用问题。长城已是世界闻名的古代建筑，又经过现在大规模地深入宣传，尚且不时遭到各种人为破坏！界壕是什么？恐怕就没有多少人能真正了解了。就笔者所知道的，在很多有界壕遗存存在的地方，当地人却不知道那里有界壕遗存，虽然他们可以叫它各种名称，我们调查时告诉他“这是界壕遗存”，他们就不知道界壕是干什么的。如果你告诉他它和长城一样，它就是长城，他就会恍然大悟：“噢，原来是长城呀，那应该保护呀！”为什么?就因为长城是有名的，谁听了“长城”这个词都懂！这种不了解界壕的情况，不仅存在于一般群众那里，就是在有些政府官员中，也存在这种情况。长城要保护，界壕还要保护吗？由于对界壕不了解，不知道它也是长城，那就觉得它没有长城重要了，这如何有利于保护界壕呢？因此，我们看到，在界壕上取土修路，在界壕上植树，还有其他各种破坏，甚至有的是领导行为，这不能不说是严重的问题。在开发利用上，就更不乐观了。界壕是什么？国内、国外都不了解，它能有多大的吸引力？界壕，就是没有长城的名字响亮，用界壕这张牌，恐怕很难打造出怎样的辉煌！再说，在我国古代的军事防御工程中，除了长城以外，界壕还能再立一类什么防御工程吗？和它同类的东西还有什么呢？在一般情况下，我们总不能置相同性质的遗存于不顾，给一个单体事物另立一个什么类别吧！如果这样，长城在历代的不同叫法多着呢，那就各自叫它当时的名称吧。为什么要放着统一的叫法不用，而一定要人为制造混乱呢?

总之，金代界壕是长城，特别是从它完整的军事防御功能和性质来说，是无法否定的。不同的称谓，只不过是当时的历史习称而已。称长城，是军事防御工程；称界壕，也是军事防御工程。这只是我国语言文字内涵博大与丰富的表现，但这却不表明，因称谓有差异，界壕就是有别于长城的另类构筑。

## 第三题　如何界定长城？

《中国文物报》在 2004 年 2 月 13 日发表景爱同志《长城定义五要素》一文，随后该报又在 4 月 23 日发表景爱同志的另一篇文章《长城定义的思考》。在这两篇文章中，景爱同志均提出了一些问题，目的是界定长城。但他所提出的长城定义，与其前后所发表的其他一些文章，却有矛盾之处，尤其是对明确实为长城的，他又不承认其为长城。因此，对于他的某些说法和认识，笔者不敢苟同，存有疑义，故写将出来，以就正于作者。

### （一）长城是什么？

景爱同志在文章中对长城的定义，规定了很多条，说了很多话，这对我们界定长城很有参考价值。但是，给长城下定义必须是在全面了解我国古代长城的情况后才能得出结论，不然就可能达不到这个目的。这里就这方面的问题，笔者略谈几点意见。

第一，景爱同志在《长城定义五要素》中说："长城是连续性的高墙。"这本无可非议，但在此条件下，他对具体的历代长城却不一样对待，这就是问题了。符合这个"连续性的高墙"定义的秦、汉长城被他认为是长城，明长城也是长城，而金界壕就不是长城，显然这是不合适的。原因何在？

其一，金代不叫长城，而是叫"界壕"。可是秦称长城为"城堑"，汉称长城为"塞垣"，明叫长城为"边墙"，哪个又叫长城了呢？金代长城因其被称为"界壕"就不是长城了，虽然它也有"连续性的高墙"，却不适用此定义，这是为什么？各地考古工作者和笔者在实地调查所见，界壕遗迹一般底宽都在十二到十六米（也见稍窄的），顶面宽度在两米左右，存高为二到六米。这种情况不是金界壕的原貌，而是它经过七八百年的风雨剥蚀和人为破坏，已经颓坍之后保存下来的状况。我们今天还能见到这样高大的墙体遗迹，实在令人赞叹。由这样高大的墙体遗迹，我们可以想见它昔年之雄伟。这如何不是高墙？

其二，景爱同志在提出"长城是连续性的高墙"的同时，又提出泥土"必须采用木夹版，因此，夯筑又被称做夯土版筑"，而金界壕就不是这种情况，"它不是夯筑的，而是随便堆放的结果"。上面笔者已经讨论过了，金代界壕的修筑很有规模，并且是有夯筑的，仅地面调查所见，已在许多地段发现其遗存有夯层，怎么能说金代界壕没有夯筑呢？

其三，秦、汉和明代的长城都是"地面上修筑的高墙"，因此它们是长城，而"边壕与长城的结构完全不同，长城属于地面建筑"，"边壕是在地下挖掘的深沟"。殊不知这种地下挖掘深沟构筑长城的方法，早在战国、秦、汉时代，晚在明代，都在采用，现在都有考古发现的遗迹证实，这是我国古代修筑长城的传统方法之一，并非是金代独自发明而此前没有的构筑长城的方法，所以不应因此将金界壕从长城中排除出去。总之，在我国古代长城的构筑很复杂的情况下，我们所提出的长城定义不仅要准确，更要对彼对此都一致，不能人为造成某个是长城、某个不是长城的情况。只要符合相关条件，就都是长城。这就要求我们在给长城下定义时，要认真研究和了解我国古代长城的全部情况，这样所下定义才能准确，否则势必会影响对古代长城的科学界定。

第二，景爱同志提出的构成长城的定义中，在关于长城的长度上，他在文章中多次强调："长城是连续性的城墙，绵延数百里、数千里"，"长城的长度，多在数百里、数千里"。实际上我国古代长城的长度，很不一致，长短都有，长者超过万里，短者仅十余里。秦、汉、明长城都在一万里以上，而辽代长城仅十五里，黑龙江省牡丹江市的长城约一百里，吉林省珲春县境内的长城长度也为百里，这种情况在国内其他地方也存在。因此，界定长城不一定要规定出长度，首先是看它的性质，其次是看它的构造，墙体是否闭合是关键。如果墙体闭合，周长再长它也不是长城。虽然其里程较短，但它确实是长城结构和性质，那它就应该是长城。谈到这里，笔者又想到金界壕，其长度已超过万里，并且是军事防御工程，构筑也是用我国古代修筑长城的传统方法，按界定的要求，它都符合条件。既然如此，它为什么又不是长城呢？

第三，景爱同志在文章中又说："长城以土、石、砖垒筑。"这一定义的要旨，是说若确定其为长城，其墙体必须是以土、石或砖垒筑的，否则它就不是长城。其实这没有概括出长城的全部。长城的构筑是很复杂的，绝非仅用土、石、砖做材料。从战国、秦、汉时起，修筑长城就已经是除了土、石长城墙体外，还利用"中周虎落"，"或因山岩石、木柴僵落、溪谷水门，稍稍平之，卒徒筑治"（见《汉书》）。到了明代，作为我国古代修筑长城集大成之时，其构建的长城表现出最高水平，也是木柞虎牢、河口山险并用。明代辽东镇长城的墙体，有文献记载并经考古调查证实，除用土、石、砖修筑外，还有木板墙、木柞墙、劈山墙、劈土墙、山险墙等。如果用景爱同志文中所提出的这个定义去界定长城，那肯定会出问题。景爱同志已经提出山险墙不是长城的观点，前面已经讨论了这个问题。如果再把上述长城构造的这些内涵都去掉，那么长城的结构和长度就要大打折扣，我们就看不到完整的长城了。

此外，景爱同志在另一篇文章《长城定义的思考》中说："长城只是边防体系的一部分。古代的边防体系，是由城堡、烽燧、长城等许多军事设施组成的，长城只是边防体系的一个组成部分。在给长城下定义的时候，必须注意到这一点。"接着他又说："长城、城堡、烽燧等军事设施，各有不同的功用。长城以高大墙体阻止敌人（主要是骑兵）的前进。城堡（古称城郭，小城曰鄣）是驻兵的堡垒，烽燧是军事通讯报警系统。此外，还有天田等侦察设施。这些设施相互配合，组成完整的边防体系。"从这段叙述看，其意图是很清楚的。但在对金界壕进行认定时，他在《再说金边壕不是长城》一文的第四节“金代边壕没有烽燧”节中说：“赤峰北的边壕结构稍微复杂一些，在重要地方设有马面、瓮门，以加强防守。然而在边壕的内外两侧，都没有发现烽燧。”金界壕没有烽燧是“金边壕不是长城”的四个理由之一。但他在《长城定义的思考》一文中却又说：“现在有些人过分夸大长城的范围，把城堡烽燧都看成是长城的附属物，这是与史实不符的。”景爱同志在这里自相矛盾：确定汉、明长城时，他不强调烽燧，有无均是长城；当论及金界壕时，“边壕的内外两侧，都没有发现烽燧”就成为金界壕不是长城的一个依据，这有失科学，不能用两个标准来确定长城。

什么是长城？这里笔者不给它下定义，因本文不是具体讨论长城定义的。但确定什么是长城，笔者认为，首先必须有不封闭的墙体本身。如果没有这个基本前提，一切也就无从谈起，长城之说也就不存在了。至于它的构筑方式，可以说是多种多样，因地制宜，古代就是这样，各时期、各地段修筑时并不一致，因此不能规定很多项。规定的条款即使再多、再复杂，也并不一定能涵盖所有的构造内容，变化和不同总是有的。只要抓住主要特征，定义越精练越好。只要是为阻挡敌方进攻、具有防守功能而构筑的不封闭的长墙式军事防御设施，就应是长城。同时也不能以当时叫什么名称来确定其是不是长城。长城毕竟是我国古代的一种军事防御工程，在经历千百年的实际应战中，它形成了一个完整的军事防御体系，诸如城堡、烽燧以及交通道路等，共同构成一道具有实力而又坚固的防线。不过在这个防御体系中，长城本身是主要的，它是防守的最前沿，也是标志物。我们今天讨论长城，就是因为有它的存在，“长城”之名也是因它而起。如果没有这种不封闭的、能阻挡敌方进攻的军事防御性土建工程，那也就没有长城了。

## （二）金界壕符合长城“定义”条件，是长城

笔者认为，金界壕是长城，前面已经谈了许多意见，现在再就景爱同志在《长城定义的思考》一文中所提出的主要条件，说明几点看法。

首先，该文说“长城是连续性的高墙”。金界壕是这样的构造，其总长度超过万里，连绵不断，在我国古代长城中，没有多少个朝代的长城能达到这个长度，其里程可以和秦、汉与明长城并驾齐驱。我们今天所见界壕的墙体遗存，仍很高大雄伟。该文又说：“战车和骑兵的特点是机动性比较强，转移的速度比较快，特别是骑兵，在一日之内即可转移数百里。在这种情况下，只有连续性的长城才能阻止敌人的侵掠。”这是确定长城条件的具体内容，金界壕不就是在这种情况下和为阻止敌人的侵掠而修筑的吗？

其次，该文说“长城以土、石、砖垒筑”。“由于长城墙体是以泥土为主，用砖、石砌墙可以说是砌筑，以泥土筑墙是不能说砌筑的，故而使用‘垒筑’二字。用泥土垒墙，必须用木夯或石夯打实。”“泥土是易取的建筑材料，在平原地区可以就地取材，十分

方便。”这是该文确定长城的要素之一。金界壕绝大部分是土筑的，根据考古调查发现，它并非如该文中所说的“随便堆土”，实际上其墙体笔直规整，也见夯层，显然经过夯打，其构筑与长城没有区别，为何金界壕不是长城呢？

第三，该文说“长城属于御敌的军事工程”。具体化后，“长城是不可移动的军事设施，是为了保卫国土，防御敌人的侵掠而建，属于典型的防御性军事设施。”金界壕完全符合这个定义，不用再做任何其他解说，我们都会承认其为长城的。

景爱同志给长城下的定义，还有一些，因金界壕已具有它所要求的条件，故没有必要逐一讨论，此不再议。但有一个问题还须说明一下，那就是在《再说金边壕不是长城》一文中所说：“金边壕不是长城，这是考古学界早已解决了的问题。目前有人又将边壕称做长城，看来仍有讨论的必要。”其后该文又说：“经过半个多世纪众多人的共同努力，边壕不是长城已经取得了共识。《新中国的考古发现和研究》《中国大百科全书·考古学》卷，都有关于边壕的条目，说得非常明确。这两种书都是中国社会科学院考古研究所主编，具有权威性，是学术界所公认的。研究金代边壕的人，不妨找来看一看，或许能从中受到启发和收益。”对于这些意见，笔者可以直率地发表一点儿看法。

首先，金界壕不是长城的问题，在考古学界并没有解决。为什么这样说呢？我们可以回忆一下金界壕的研究历史。真正研究金界壕的学者，较早的只有两位：一位是王国维先生，写了一篇《金界壕考》，但他主要是根据文献、分析历史材料进行研究的，这还不能说是从现代的科学“考古学”上解决的问题。另一位是其后李文信先生，写了《金临潢路界壕边堡址》，这是根据实地调查写的一篇考古报告，但李文信先生在篇首开宗明义写了一段话，略称：“‘界壕’为金西北与蒙古邻接境界上之一大壕堑。其名虽殊，其用为最高防线则同。后世著录者多称为‘长城’或‘塞’，清人称为‘乌尔库’，蒙胞称为‘夫尔穆’，今日土人呼为‘边墙’。然金代当时实无此等名称。故本题不用雅称之‘长城’、俗称之‘边墙’等，而采用界壕边堡字，从史实也。”其下遂即引《金史》之《地理志》中“右旋入泰州婆卢火所浚界壕”等一大段史文，是为谋定其报告篇名之依据。读过这段话后，我们更加清楚了李文信先生的本意，界壕这个名称虽不一样，它的功用为“最高防线则同”，而其雅称为“长城”，俗称即“边墙”也，明代对长城即称为“边墙”。以上是中华人民共和国成立前，关于金界壕研究最重要和最有分量的文章。到了20世纪70年代以后，北方有关省、自治区的文物考古工作者，开始对金界壕进行调查，从他们所发表的考古报告或研究文章看，他们或用雅称“长城”，或用俗称“边墙”，或从史书记载称为“界壕”，直到现在还有自拟新名的，如景爱就叫它为“边壕”，更是“百花齐放”，何尝从“考古学界”解决了问题？也没见有“已经取得了共识”之处，反而更趋不一致了。我们看看《中国文物报》这段时间所发表的这么多讨论长城的文章，虽然讨论未完而半途戛然终止，但其出现热烈讨论之情况，正是这个问题没得到解决的反映！

其次，关于《中国大百科全书·考古学》卷等两部书的问题。一是两书"都有关于边壕的条目，说得非常明确"这件事。实际上两书中并没有"说得非常明确"，也没有辨界壕是不是长城问题，我们从书中看到的反而是界壕与长城性质相同，并无区别。下面就摘引《中国大百科全书·考古学》卷相关条目的原文来比较一下，就可知道它们的实际情况了：

"战国长城：战国时期楚、齐、燕、赵、中山、魏、秦为防御邻国进攻和东胡、匈奴侵扰而修筑的军事设施。"

"秦汉长城遗址：这是自秦统一以后至汉武帝太初年间，约120年间陆续营建的军事防线。"

"金代界壕遗址：金代在北方边境地带兴筑的军事防御工程。"

"明长城：明代北部地区的军事防御工程。亦称边墙。"

从上举《中国大百科全书·考古学》卷的记述来看，该书并未区别它们之间的异同，也没有"非常明确"地指出界壕不是长城，反倒有特别重要的一点是完全一致的，即它们都是"军事防御工程"。既然它们是同一类的军事防御设施，其构造、形体、长度与性质等都一致，怎么就能定战国、秦、汉、明代的都是长城，而金代的就不是长城？笔者要问："金代的不是长城又是什么呢？在我国古代还有另一类巨大的不属于长城的军事防御工程？"

此外，景爱同志说："研究金代边壕的人，不妨找（上面所说的这两本书）来看一看，或许能从中受到启发和收益。"笔者承认，景爱同志指出的这两本书"具有权威性"，但学术研究是以真理为标准，对权威性的著作也可以进行讨论，择善而从应该是治学的根本态度。比如《中国大百科全书·考古学》卷中的"金界壕"条目，在界定上亦有可商量之处，如它说："金代界壕遗迹，……俗称'成吉思汗边墙'。"这就有些不够妥当。人所共知，界壕是金代的，成吉思汗是元代的，怎么能将金代的建筑叫元代的名称？它究竟是金代的还是元代的？"金代界壕，俗称成吉思汗边墙"，这句话出现在这样一本"权威性"的书中，怎么讲也解释不通，可是该条目中未见任何解释，只作如此说明，让人如何理解？实际上根本不必说"金代界壕，俗称成吉思汗边墙"，因为它根本就是不存在的事！指出这种俗称是错误的，对于该书却是非常必要的。可是该书却什么都没有指出，只是平列出来，实际上是加以肯定，确认"金界壕，俗称成吉思汗边墙"是确定的。若在这种权威性的著作中作如此介绍，岂不会有误导之嫌？因此，我们对"长城"的认识，还应是以科学的态度去对待，不能意气用事，随心所欲。

笔者的研究心得，所阐释的见解，可能有不够准确甚或是错误的地方，但讨论问题本着实事求是的态度，把自己的理解写出来，并以此求得识者的批评指正。

## 附　记

本文原为笔者参加《中国文物报》2004年年初关于金长城的讨论而作。该报2004年3月26日只发表了笔者第一部分文稿的摘要，其后不久该报即停止讨论，宣布讨论结束，不再继续刊发相关文章。同年8月召开中国辽金及契丹女真史学会第八届年会，本文被收入会议论文集《辽金契丹女真史研究》总第34期上。后来《东北史地》分上、下两篇分别发表于2005年第2、3期中。

# 文十二
# 燕秦汉长城与金长城有区别吗?
## ——用考古发现的历代长城进行比较研究

今天，笔者想借这次应邀参加在齐齐哈尔市召开金长城学术讨论会的机会，将此前在金长城研究中出现的一些分歧意见，通过将对历史文献的正确理解同确凿的考古调查发现实例进行比较、研究，从而使问题得到解决。

应该说，历史发展到今天，很多事情都不是只局限于某种小范围，应该是很多人都知道、都能理解的，才是正确的。现在可以说，中国的东西不仅中国人熟悉，而且外国人也都知道了。在这种情况下，我们自己还说不准确，尤其是研究者尚且认识不清楚，更何况他人?笔者在这里想着重谈的，就是对金长城的定名问题。

在学术研究中，定名是很重要的，是基本前提。如果定名不准确，研究就无法深入下去。定名的原则，不仅应该是准确的，并且还应该是在此基础上力求通俗易懂，尤其是不应该给同一性质的事物分别冠以不同名称，将其人为地区分成两种不同性质的东西。在这种情况下，就需要将其称呼进行统一了。

按照文化传统和生活习惯，“长城”一词早已深入人心，它简明、形象和易于理解，是中外共知的，现在没有什么比它的名气更大了，真可以说是无人不晓!但在世界范围内，长城主要产生在我国古代，在历史发展中，不同的朝代、不同的民族都有修筑，就连少数民族建立的政权都修筑了长城，可见这是中华民族共有的文化传统。现在，我们说它是中华民族顽强和不可战胜精神的象征!这是多么崇高的赞誉!

但长城的本质是什么呢?实际上长城并不神秘，它只是我国古代各诸侯国或农业民族与游牧民族间的一道军事防御工程。从春秋战国时期到秦、汉王朝，都修筑了长城，晋、唐时期各族政权也修筑长城，后来辽、金、明等也修筑了长城。在我国历史上，长城修筑了近两千年，十余个王朝或政权以举国之力进行，十余个民族为巩固其统治也主持修筑，长城的总长度超过了十万里，无论是修筑时间之长还是里数之巨，恐怕都冠绝中外吧!今天，在世界上还有谁不知道中国的长城呢?

既然长城是这么响亮的名字，在我国古代那么多王朝、那么多民族修筑的这种“军事防御工程”都叫“长城”，按理不应再于其中有选择性地另立一种名称称之。但事情并非如此，金代修筑的规模巨大的“军事防御工程”就不叫长城，而是给它另外确立了一个名称——“界壕”，并说它有别于长城。这就很不应该了，是长城研究的歧途，应当纠正过来。

## 一、认为金代修筑的“界壕”与长城有别，不是长城

对金长城缺乏正确认识，已有较长时间了，并非始自今日，也并非只是某一个人有此想法，实际上认为金代修筑的“界壕”不是长城是多年以来很多研究者的共同看法。如果说近年有人明确提出，金代没有长城，有的只是“界壕”，那就表明这是我国学者在深入研究长城之后必然要出现的结果，因为如果在长城研究中有研究者认为金代修筑的是“长城”，那就有悖于传统的看法和认识，如果其后他又进一步说要统一这种称呼，那么此时自然就会有研究者站在原来的位置上加以反对，明确地说金代只有“界壕”，没有长城。这些问题出现之后，分歧由此开始。近几年来展开了一场较为广泛的金代界壕与长城的争辩，参与的人较多，争辩的时间也较长，但至今也没有完全结束。

我们说，把金代修筑的长城叫“界壕”的历史不是很长，只有八十多年的时间。这是在我国著名学者王国维先生于 1927 年写了一篇《金界壕考》后出现的。原因是王先生在学术界太有名气了，他的文章未可改易，他说金代修筑的是“界壕”，别人怎么可以说是“长城”呢？但是，在近年却偏偏有人说金代修筑的是“长城”，这，岂不有违规制？于是自然就会有人不同意这种说法，要维护原有的哪怕是不确切的名称。

我们先看一下王国维先生的提法。王先生在文章开头就说：“《金史·内族襄传》赞论北边界壕事，以元魏、北齐之筑长城拟之。后世记金界壕者，如赵珙《蒙鞑备录》《元史·速不台传》并谓之‘长城’，然金世初无长城之称也。其见于史者，曰边堡，曰界壕。界壕者，掘地为沟堑以限戎马之足；边堡者，于要害处筑城堡以居戍人。二者于防边各有短长：边堡之设，得择水草便利处置之，而参差不齐，无以御敌人之侵轶；壕堑足以御侵轶矣，而工役绝大，又塞外多风沙，以堙塞为患，故世宗朝屡遣使经画，卒不能决。章宗时，边患益亟，乃决开壕之策，卒于承安三年成之。其壕堑起东北讫西南，几三千里。此实近古史上之大工役。今其遗迹虽堙没，而见于载籍者，尚可参籍而得其概略。”[①] 王先生所处时代，考古尚无今日之发达，不能到现地进行调查，他没见到实物，不知其结构是什么样，以为“掘地为沟堑以限戎马之足”，又因“塞外多风沙，以堙塞为患”，认为当年修筑的这道防御工程“遗迹堙没”不存，故只可从“见于载籍者，尚可参藉而得其概略”，于是根据文献材料作《金界壕考》。

① 王国维：《金界壕考》，《观堂集林》卷十五，北京：中华书局 1959 年 7 月版。

自王国维先生的《金界壕考》问世之后，金代的这道军事防御工程明显于世，遂为世人所知，也为世人所重视。但自此之后，金代长城被叫做“界壕”也就被确定下来了，后来竟然逐渐衍变为金代没有“长城”。

界壕有别于长城。我们不用多举例子，只要看近年出版的几种重要著作，就可以看出这种情况。一是八卷本的《中国历史地图集》，在其第六册《宋·辽·金时期》开篇的地图“图例”上，就有“长城”“界壕”两种图标：一种为“界壕”二字，其后是用蓝色的连续指甲状纹表示；一种为“长城”二字，其后是用棕色的连续齿牙状纹、即地图常用的标示“长城”的图标表示[①]。这两种“图例”各自独立，明确地表示了“长城”和“界壕”是不同的，是两种事物。再一是《中国大百科全书》的《考古学》卷，在“金代界壕遗址”条目中说：“金代在北方边境地带兴筑的军事防御工程。称‘界壕’或‘壕堑’，俗称‘成吉思汗边墙’。”该书在所附的《金代界壕位置示意图》（在该书第234页）里所画的界壕，就是用连续指甲状纹来表示的，与同书中“秦汉长城位置图”（在该书第376页）里所画的长城就不相同，秦汉长城就是用一般地图上常见的齿牙状纹图标来表示的[②]，显然二者有别。还有《中国文物地图集》，在《内蒙古自治区分册》的“图例”中，“界壕”与“长城”的“图例”标示也是不同的，“界壕”是用细线上突出的三角状纹来表示，而“长城”则是用一般地图惯用的齿牙状纹来表示[③]，这也说明在此书中“界壕”与“长城”是有区别的，它们不是同一性质的事物。

金代没有“长城”，金代有的是“界壕”。最近景爱在《走出长城的误区》一文中说：“在辽金时期，为了防御蒙古人以及其他游牧民族的侵掠，在北方草原上挖掘了好多条壕堑，以阻止骑兵的逾越。”“现在一些人竟把边壕称做长城。”“这种说法完全混淆了长城与边壕的界限。”“在《金史》中明确地称之为壕、壕堑。在壕堑附近筑有城堡以屯军，由壕堑和城堡组成完整的边防体系。由于壕堑、城堡多在北方边远地区，故国学大师王国维称之为界壕、边堡。”“长城与边壕在构造上是不同的，长城是在地面上修筑的高墙，或以土筑，或以石砌，以墙体阻挡骑兵前进；边壕是在地下挖掘的深沟，以壕堑阻止骑兵逾越。”[④]其后作者又写出一篇《再说金边壕不是长城》的文章，标题就非常明确地表达出自己的观点，文中说：“边壕不是长城，最根本的原因是边壕与长城的构造完全不同。长城属于地面建筑，是在地上垒筑的绵长高大的墙体”，

① 谭其骧主编：《中国历史地图集》第六册《宋·辽·金时期》，北京：地图出版社1982年10版。

② 中国大百科全书考古学编辑委员会：《中国大百科全书·考古学》，北京：中国大百科全书出版社1986年8月版。

③ 国家文物局主编：《中国文物地图集·内蒙古自治区分册》，西安：西安地图出版社2003年11月版。

④ 景爱：《走出长城的误区》，《中国文物报》2004年1月30日。

"边壕是在地下挖掘的深沟"，"高墙和深沟，在结构上、形态上完全不同"。[①]

从上述引文中可以看出，界壕和长城是不同的，界壕不是长城；如果界壕是长城，那么无论是写文章还是画地图，都没有必要将其单独提出来。研究者不怕费事，还要另写另画，显而易见，只有二者不同，彼不是此，才会这样去做。

那么，金"界壕"到底是什么呢？金"界壕"有什么作用呢？

我们说，金"界壕"一点儿都不特殊，是人们久已习见的"长城"。如果把它看做其他什么事物，那就有失准确了。而其作用和性质，也是十分明确的——它是我国古代的一种军事防御工程。在我国传统文化中，用这种特定的形式和结构修筑起来的古代军事防御工程，在人们的生活习惯中，不管当年叫什么名称，由于它们是同一性质的事物，因此早已经统一称为"长城"了，不再人为地分成不同的名称。"长城"，以其形象，听了易懂，说了明白，已成为一个让人最好理解的词语，早已深入人心。不管在什么地方，只要看到这样一个地上建筑物，就知道是长城。这是何等简明啊！但为什么有的研究者不这样做呢？他们也可能会说出许多理由。

理由之一，是《金史》这样说的。但我们如果对《金史》进行深入研究就会发现，其实"界壕"一词在《金史》中出现的次数是很少的，全书只见两次，出现较多的是"壕堑"（或作"濠堑"），还有"壕垒""垣垒""濠墙""界墙""垒""壕""边""塞"等，这些都是当时对"长城"的习惯称呼，并非只有"界壕"这种唯一叫法。因此，金代并没有长城的专指名词，非叫它"界壕"不可。其实用其中的哪一个词来称长城都可以，只是在近代研究中第一次被使用的是"界壕"一词，并且是被一位有重要影响的学者所首先使用，于是就称金长城为界壕了。

理由之二，是"国学大师王国维称之为界壕"。我们说，王国维先生"称之为界壕"时并没有否定它是长城。王国维先生在《金界壕考》中还说："论北边界壕事，以元魏、北齐之筑长城拟之。后世记金界壕者，如赵珙《蒙鞑备录》《元史·速不台传》并谓之'长城'。"这里我们可以明显看出，王国维先生并未反对说它是长城，只是由于"金世初无长城之称也"，因此写这篇文章时，他当是考虑用"长城"一词恐有唐突，而"其见于史者，曰边堡，曰界壕"，于是就在《金史》关于长城的众多称呼中，选择了"界壕"作为题目。正像后来李文信先生调查金长城赤峰地区段后写《金临潢路界壕边堡址》时所说的那样："'界壕'为金西北与蒙古邻接境界上之一大壕堑。其名虽殊，其用为最高防线则同。后世著录者多称为'长城'或'塞'，清人称为'乌尔库'，蒙胞称为'夫尔穆'，今日土人呼为'边墙'。然金代当时实无此等名称。故本题不用雅称之'长城'，俗称之'边墙'等，而采用界壕边堡字，从史实也。"这些话，大概也是王国维先生所考虑的。虽有雅称"长城"也不用，还是用《金史》提到的"界壕"这一词语，

① 景爱：《再说金边壕不是长城》，《中国文物报》2004年4月2日。

尽管词语不同，但它们“用为最高防线则同”。长城与界壕，在人们的认识里是一样的，实无区别。除此之外，还有一点，那就是王国维先生所处时代，让他不能亲到现地进行考古调查，他没有看到“界壕”是什么样，是怎样一种结构，认为它是就地挖沟“以限戎马之足”。由于他没看到金长城高大的城墙，注意到的是“堑”字，而堑者“沟”也，这也会影响他的认识和判断。但他在文章中论说此事时，也曾指出要“目验”方可为准。如果他到现地看到金长城的实物遗存，恐怕也不会说它是挖沟“以限戎马之足”了。

上述这两点，在今天考古学已经如此发达，许多人都对金长城进行过调查，看到其遗迹高大雄伟、蜿蜒天际的情况下，谁都无法否认，它是名副其实的长城。绝不会像有的研究者所说那样：“现在一些人竟把边壕称做长城”，“这种说法完全混淆了长城与边壕的界限”，“长城与边壕在构造上是不同的，长城是在地面上修筑的高墙，或以土筑，或以石砌，以墙体阻挡骑兵前进；边壕是在地下挖掘的深沟，以壕堑阻止骑兵逾越”。从而得出结论说“边壕不是长城”。

为了说明这个问题，下面我们将无争议、被认为是长城的我国燕、秦、汉长城的考古调查发现与金代长城作以具体比较，就可知道金代修筑的地上大工程是不是长城了。

## 二、考古发现的燕、秦、汉长城是什么样?

经过20世纪中期以来的考古调查，至今关于燕、秦、汉长城已有大量的发现，积累了不同地域的长城的各种材料，或文字的，或绘图的，或照片的，无论怎么说，都使我们对历史上各个时期的长城，从过去不甚了解或知之甚少的状况，发展到不仅有形象认识，而且有实物证据，有了极大的改变。如果忽视了考古资料“证史、补史和创史”的功能，仍然在原地保持旧说，那么这个历史研究是无法深入下去的，也不会触及其本质，解决历史上的问题。为了说明金代修筑的是长城，我们可以先看看燕长城、秦长城、汉长城是什么样的，然后再看金长城是什么样的，我们从考古发现的真实遗迹看，它们的遗迹是相同的还是有何不同。

对燕、秦、汉长城的考古调查，在20世纪就开始了，现已获得许多非常重要的考古资料。下面，我们就其修筑方法、结构和我们看到的遗迹形态，对其进行观察、比较，结果就可一目了然了。如对燕、秦长城的调查，在今河北省的情况是：“关于上述三道长城之构造，可分为土石合筑、土筑等。一般为就地取材、因地制宜。燕长城多以石为基，上面土筑夯打，巧妙地利用地形。丰宁县大营子燕长城利用山势险要处挖成沟堑，然后再加一夯土垣相接。”① 在围场县的燕“外线长城”即被秦沿用的长城的结构，也

① 郑绍宗：《河北省战国、秦、汉时期古长城和城障遗址》，《中国长城遗迹调查报告集》，北京：文物出版社1981年2月版。

都是墙和壕沟的组成形式："从塔镇公社什巴克大队经灵阳宫沿伊玛图河北岸，向西延伸到燕格柏公社燕格柏沟门，全长三点七五公里。长城自此开始称'长壕'或'万里长壕'，均为低于地面的壕沟。此段壕沟宽八米、深一米，墙残高零点八米、宽五米、顶宽一米。""在牌楼公社六十棵大队西两间房后山坡上，长零点五公里。壕与墙已成为平台，但遗迹尚明显。""从城子公社十九号大队十七号村前梁开始，经过桃山公社……到西龙头公社干柴沟小滦河东岸。此段长城构筑在深山峻岭之间、密林深处，地势十分险要。全长三十五公里，保存完好。长壕上宽五米、底宽两米，壕、墙共宽十二米。""从西龙头公社甘沟口大队榆树林村西侧上夹心梁，经五道沟林场（又名沙坡地）越过石桌子梁山脉延伸到石桌子梁南，全长二十公里。此段长城工程艰巨，一般均构筑在山脊北侧密林中。壕墙宽十到十二米，沟墙残高零点六到零点八米，沟深零点四到零点六米，长壕上宽五米、底宽一点五到两米。"①内蒙古地区的长城，其考古调查报告说："这种在山坡上用土筑的长城，我们在调查中发现有一个明显的特点，就是筑墙取土均在北侧，南侧土岗较高，北侧形成一道土壕痕迹。"②在辽宁地区的长城，其考古调查报告也说："土筑长城，……其做法就是挖沟取土，版筑夯墙，墙外则成为沟壕，增强防御能力。"③对汉代长城的考古调查所见，除石墙外，"再一种是土墙，就地挖土筑墙，墙外有沟"④。从上述摘录的考古调查报告可见，各地考古调查所见的燕、秦、汉长城，除了石墙外，凡是土城墙者，均是外侧挖沟取土，于内侧筑墙，概莫能外。这些考古调查实例，是最有说服力的。

为了能对这种外侧挖沟、内侧筑墙的长城结构和我们今天看到的长城遗迹状况有所了解，下面将笔者在历年考古调查中所获得的资料，摘出几处进行说明，并附以实地拍摄的照片，或可有助于直观认识，便于进行研究。

土筑长城，经过当年战争的毁坏，又经过两千年来的风雨冲刷剥蚀，再加上历年耕种开垦，土地平整，有的地段现在城墙已经不存，地面已平，成为农田，我们能看到的则是另一种面貌，但这并不影响我们认识长城，这些迹象恰好反映出当年这些长城的结构形式。

当年修筑的长城是什么结构形式，是我们在考古调查中逐渐认识的。在长城保存较好的地段，我们还能看到高低、大小不等如土垄状的墙体，而在保存不好的地段，则墙体不存，出现当地群众所称之"土龙""黑土龙"或"黑地龙"等地表现象。在考古调查时，我们就是通过向当地群众询问这种现象，才找到长城遗迹的。原来当年修筑长城

① 布尼阿林：《河北省围场县燕秦长城调查报告》，《中国长城遗迹调查报告集》，北京：文物出版社1981年2月版。

② 项春松：《昭乌达盟燕秦长城调查报告》，《中国长城遗迹调查报告集》，北京：文物出版社1981年2月版。

③ 李庆发、张克举：《辽西地区燕秦长城调查报告》，《辽海文物学刊》1991年第2期。

④ 李庆发、张克举：《辽宁西部汉代长城调查报告》，《北方文物》1987年第2期。

挖的深沟，经千百年来随雨水流入沟内的地表土壤的淤积，逐渐被淤平后，因地表腐殖土颜色深黑，就在地面上出现一道“黑土条带”，于是当地群众就称之为“土龙”或“黑土龙”。

下面我们看几处燕、秦、汉长城的具体结构，就可看出它们与金长城修筑方法是一致的，没有什么不同。

先看燕国最早修筑的内线长城，它在后来被汉代沿用。这道长城虽然经过前后两个时代，但其修筑方法未变。经考古调查，这道长城在今辽宁省建平县境的北部东西通过，从下湾子至程家沟约一百公里的城墙，在其土筑线段且保存较好的地方，俱可清楚地看到长城的构建形式——在北面挖沟壕，在南侧筑城墙。由此往东，在北票市北塔子乡北沟村，我们看到更为明显的遗迹。这里是北高南低的坡地，长城东西横向通过，亦为挖沟取土筑墙。现在长城所处地段为耕地，城墙已经颓坍，壕沟也被淤平，但是当我们在调查中进入一道自北向南流的雨水冲刷出的深达四点五米的宽大季节性河沟时，在其西面断崖上看到了长城壕沟的断面（图 2–12–1），南侧的城墙已颓平，北面壕沟中的淤土一层一层，痕迹明显。该壕沟成坡状，底面平，现存沟深三点一米，上口宽十一点五米，由此可见当年修筑长城时挖沟取土筑墙的具体结构情况。由此再向东去，在北票市台吉营子乡他拉皋村北农田中，长城的遗迹也是一条“黑土线”，十分明显（图 2–12–2），

图 2–12–1　辽宁省北票市北塔子乡北沟村燕秦、汉长城沟堑遗存断面

图 2-12-2　辽宁省北票市吉营子乡他拉皋村燕、秦、汉长城沟堑的“黑土线”遗迹

说明当年修筑长城时也是挖沟取土筑墙。现在墙已颓坍，沟也被淤平，所以在地表上才出现“黑土线”现象。在阜新蒙古族自治县化石戈乡嘎岔沟村北，也可见此种长城的地面表现。这里的长城没有修石墙，为土筑，现在早已被开辟为农田，地面平整，只有一道“黑土线”存在于地表（图 2-12-3）。长城的西端抵于牤牛河东岸，河边地面未被耕种，长城墙体依然还在。河边还有一座烽燧址，保存较好，在其东长城又经胡头沟村南农田，一直延伸到东面最高的大山“鸡冠山”下，由山的西端坡地上山，到山顶因山崖险峻陡峭，很难攀登，即利用山险，没有修筑城墙，但长城在山的东端下坡，因其地为石质，即筑有石墙。在阜新县他本扎兰镇大坝营子村南，长城东西通过。该处的地势为北高南低，新修的由公官营子到八家子乡的公路由此北去，因要降低坡度以便车辆通行，所以挖开岗地南边的坡面，就在被挖开的公路侧面断崖上，露出了当年修长城时为了取土挖的壕沟，现在该沟已经被颓土淤平（图 2-12-4），土色深黑，异常明显。沟为圆底，上口宽十五点三米，中心深三点四米。同样的沟在其北面还有两道，中间一道距前沟十八点六米，其上口宽九点六米，深二点六米；最北一道距中间的沟十八米，其上口宽七点二米，深一点九米。

再看燕“外线长城”。此长城修筑于战国，为秦所沿用，即秦“万里长城”之一部分，是人们没有异议的长城。但这道长城现在是什么状态呢？其他结构暂不论，且看挖沟取土的这种长城。在阜新县于寺镇北洼村南山西坡，有两条并行的“黑土线”，这是由两道壕沟组成的长城遗迹（图 2-12-5），墙在里面，沟在外侧，即北面，两条并行的“黑

图 2-12-3　辽宁省阜新县化石戈乡嘎岔沟村燕、秦、汉长城沟堑的“黑土线”遗迹

图 2-12-4　辽宁省阜新县他本扎兰镇大坝落子村燕、秦、汉长城沟堑遗存断面

图 2-12-5　辽宁省阜新县于寺镇北洼村燕、秦、汉长城两条并行的“黑土线”遗迹

土线”说明有主墙、副墙与主壕、副壕结构，用以加强防御能力。在阜新县大五家子乡张吉营子村东农田地里，长城墙体已经颓坍，壕沟也被淤平，现在呈现为一条“黑土线”状遗迹（图 2-12-6），当地人称之为“黑土龙”。“黑土龙”是一个非常形象的称呼。在平整的田地里，出现一条黑土，两边的土色与之绝对不同，至于它是何时出现的，当地人并不清楚，只知道从儿童时就有，一眼望不到头，非常奇怪，于是认为它是“土龙”。对这种现象，当地人解释不清，但根据我们在调查中的所见所闻，凡有长城的地方，当地总是有各种非常形象的称呼，这些称呼所对应的，实际上都是历史遗迹。在阜新县平安地乡柳官印子村，燕、秦长城的结构保存得还较好，墙体处在岗地北面的缓坡上，这是为有利于防御北面而常选择的地势，因此长城亦即在北侧挖沟取土，在沟的南侧筑墙。千百年来的风雨剥蚀，导致城墙颓坍，壕沟壅淤，城墙南侧因挡住从岗坡上被水流冲下来的泥土，坡地被抬高，渐与墙顶持平，而沟中也被泥土淤满。柳官印子村燕秦长城的这种结构，是保存较好而又很难得的一处（图 2-12-7）。

我们再看后汉长城。后汉时期国势衰弱，北边失地较多，前代长城无法沿用，不得不另辟新线，但由于国力不足，修筑的长城也较简陋，大部分都是采用挖沟筑墙的方法。如河北省调查时所见的情况就是这样，时有城墙，时为墩台形式。此种情况在辽宁与其相接者亦如此：从邻近内蒙古喀喇沁旗的建平县西北部山根村起，东南行至炮手营子村，由五十二座墩台为特征构成的长城，即为沟壕形式——在墩台间挖沟，用以连接墩台，

图 2-12-6　辽宁省阜新县大五家子乡张吉营子村燕、秦、汉长城的“黑土线”遗迹

图 2-12-7　辽宁省阜新县平安地乡柳官印子村燕、秦、汉长城的外沟内墙遗存状况

沟的里侧为墙。现将笔者调查所见说明于下：这种结构在建平县普遍存在，如苏州营子村，墩台处在农田中，两墩台间挖的沟非常明显，在张家营子村亦仍可见；在七家子村，长城沟壕虽被已淤平，但在山水沟横断长城冲出的沟崖断面上，挖沟取土留下的沟壕遗迹仍十分清晰（图 2-12-8），从它可知这道长城的结构形式。

上述通过对燕、秦、汉长城的考古调查所获得的第一手资料，以实物证据揭示了长城的结构形式，这是无法否定的真实存在。金代长城也是采用这种方法进行修筑的，两者之间没有任何区别，因此，金代修筑的也是长城，无可怀疑。

## 三、考古发现的金代长城是什么样？

关于金代长城，有人认为只能叫它“界壕”，不能说是长城。其理由是：“边壕不是长城，最根本的原因是边壕与长城的构造完全不同。长城属于地面建筑，是在地上垒筑的绵长高大的墙体。”“边壕是在地下挖掘的深沟。”“高墙和深沟，在结构上、形态上完全不同。”接着又说：“壕壁和长城的墙体在做法上完全不同。长城的墙体如以土或石为原料，必须夯筑，……边壕的壕壁则不同，它不是夯筑的，而是随便堆放的结果。”①

认为金代没有长城的这种说法，在现阶段还确实带有普遍性。我们稍为注意一下就可以看出，对我国历史上无论是哪一朝代的长城，不管当时叫什么名称，写文章或是发

图 2-12-8　辽宁省建平县小塘镇七家子村东燕、秦、汉长城沟堑遗存断面

① 景爱：《再说金边壕不是长城》，《中国文物报》2004 年 4 月 2 日。

文件，都一律称为“长城”，独对金代长城，只称“界壕”，而没有将其称做“长城”。特别是明代所修筑的军事防御工程，当时从未有叫过“长城”，相互不同的名称至少有13种，其不称长城较金代尤甚，我们却偏都把它叫做“长城”。这就不够恰当了。两者相比，每逢讲到金长城时，就把它单独提出来，另眼看待，只能说它是“界壕”，不叫长城。这是非常不合适的。

其实有许多将金长城叫做“界壕”、不称“长城”的人，对金长城是不了解的，他们没有见过金长城是什么样，因而误信前说。如认为金长城是“地下挖掘的深沟”，挖出的土也不筑墙，“而是随便堆放”，这种认识就是对金长城太缺乏实地了解了。

为了解决这种认识问题，笔者举几处调查金长城所见到的高大城墙等实际情况，或可消除这种误解，还金长城以本来面目，恢复其本质。

金岭南三路长城的城墙虽经七八百年的风雨剥蚀和人为破坏，但至今见到的遗迹虽有颓坍残缺，仍让人倍感震惊，高大雄伟之墙体，一望无际，远达天际，丝毫没有仅是“挖沟”的感受，挖出的土更不是“随便堆放”的，而是筑出足以御敌的“长城”墙体，充分地体现了金人的智慧和魄力！

在黑龙江省甘南县中兴乡兴久村，处在丘陵岗地缓坡上的金代长城遗存还保持一定的自然状态，丛生的野草覆盖了城墙，城墙的两侧为耕地，墙体没有遭到破坏，保存较好。此地的长城是双墙双壕，里侧的主墙高大，副墙稍为低矮，墙体上有马面，其外侧是壕沟。壕沟与城墙宽达二十余米，墙体存高二到三米（图 2–12–9）。此处的城墙弯曲少，站在上面望向两端，雄伟壮观，没有边际。甘南县长山乡向阳村的金长城遗存保存尤好，城墙虽已颓坍，不是原貌，但墙体仍宽大、高耸，坍宽达十余米，存高约四米（图 2–12–10），气势雄伟，非常少见。就其现状论，即或其他时代的长城遗存，也很少能见到如此规模的。甘南县甘南镇后大河村的金长城遗存，在音河水库北面东西通过，城墙保存较好，现仍非常高大，坍宽达十余米，存高两米多，墙外附有马面（图 2–12–11），保存较好处，即未被植树或耕种的地方，可见两道副墙，各墙外侧均有壕沟，其总宽度可达三十米。在过音河处，长城还有涵洞与防御设置，可见金代长城的修筑并非随意而为，实是精心设计和施工的。在齐齐哈尔市碾子山区丰荣村，金长城遗存以规整见称，其墙体虽有颓坍，但无人为的外力毁坏，保存较好，城墙坍宽达十米，存高两米余（图 2–12–12），是金长城较典型的线段。

在今内蒙古自治区扎赉特旗岗岗屯西沟的金长城遗存，在连绵不断的山岗顶部随山势起伏，益显巍峨壮观。它是金长城遗存中保存最好的线段之一，十分完好。我们在调查中所见，城墙坍宽达二十余米，存高约五米（图 2–12–13），威严雄伟，气势非凡。我们在调查时，即使数人分别站在城墙的顶部、坡下等地方，实际上并未到达颓坍城墙的

图 2-12-9　黑龙江省齐齐哈尔市甘南县中兴乡兴久村的金岭南长城遗存（右侧突起处为马面遗存）

图 2-12-10　黑龙江省齐齐哈尔市甘南县长山乡向阳村西之金岭南长城遗存

图 2-12-11　黑龙江省齐齐哈尔市甘南县甘南镇后大河村的金岭南长城遗存

图 2-12-12　黑龙江省齐齐哈尔市碾子山区丰荣村的金岭南长城遗存

图 2-12-13　内蒙古扎赉特旗岗岗屯西沟金岭南长城遗存（从三位调查者所站位置可见金长城现存的高度）

底部，差距如此悬殊，仍未能反映城墙的高大巍峨，可见金长城在修筑当年该是何等壮观！在岗岗屯村旁公路边，被切断的长城墙体露出了夯层（图 2-12-14）。夯层呈水平状，厚度均匀，夯打结实，土层致密，至今外露之处无散落现象，相当坚固，可见金长城的修筑是颇为仔细认真的，它是精心设计、精心施工的军事防御工程。在今内蒙古科尔沁右翼前旗昆都冷村的金长城遗存保存较好。此地远处山岭绵亘，中间地势平坦，适宜牧放，金代长城遗存在平地上通过，主墙、主壕在南侧，墙外（北）侧还有马面，主壕的北面还有两道副墙、副壕，其结构明显清楚，其西端至昆都冷河河边，沿河东岸折而北去。现在在河岸颓塌的断崖前，可见长城主墙墙体的断面（图 2-12-15），露出的土层显示了当年长城修筑的情况：此地的长城墙体在首次修筑后曾经过重修，现在我们可以看到，断面中心区的早期城墙是第一次修筑的，北侧较陡直，南面坡度较缓，土色较浅，其后对城墙进行了补筑维修，墙体加厚增高，此次修缮之后仍是北侧临敌面较陡，南面坡度稍长，其用土颜色较重，为棕红色。从这个长城断面可以看出，金代修筑长城是严谨的，城墙陡直壁立，并无草率敷衍之处。

笔者调查获得的金长城材料还有很多，不再详述，如上所举已足可说明金代长城的修筑情况，至少可以证明金长城不是“在地下挖掘的深沟”，“以限戎马之足”，或“它不是夯筑的”，挖沟的土则是“随便堆放”。考古材料证明，这些意见显然不符合实际，

图 2-12-14　内蒙古扎赉特旗岗岗屯金岭南长城遗存的夯层结构

图 2-12-15　内蒙古科尔沁右翼前旗昆都冷村西昆都冷河崖边的金岭南长城遗存断面，可见重修时城墙加宽、加高的痕迹

无可怀疑。

## 四、金长城与燕、秦、汉长城有区别吗？

从上述考古发现的燕、秦、汉长城遗存，尤其是土筑长城遗存情况来看，我们对其已有了比较确切的了解，对其构造形式、具体修筑方法等的认识也更加深入了。

修筑长城最重要的一个特点，即是就地取材。土筑长城，历代奉行的方法都是在一边挖沟取土，在另一侧筑墙，挖沟在外面，即敌来之面，筑起墙后，沟深加墙高，无形中加强了长城的防守能力，增加了进攻者进攻的难度；墙与沟共同形成的高度，增强了防守者的信心，威慑了进攻者的气势。因此，古代修筑长城，在土筑城墙段，没有不挖沟取土筑墙的，这也是我国古代修筑长城的基本方法和规律。

即使是处在修筑长城初期阶段的燕、秦、汉，修筑长城时也是采用这种做法，挖沟取土筑墙，从其城墙的构造方法看，与其前和其后均完全相同。这种相同，不是偶然，而是军事家的共识，所以历代修筑长城都用此法。

那么，金长城的修筑和构造形式和燕、秦、汉长城相比较，有无差别呢？

我们通过对金长城的考古调查得知，金长城有岭北长城、岭南长城，都为土筑，修筑方法自然都是修筑长城的传统方法，即挖沟取土，修筑城墙。但金长城不似燕秦汉长城，不仅有土筑，而且还有石砌。金长城皆为土筑。因此《金史》在记修筑长城事时，都是记挖沟筑墙，于是就多录之为“沟堑”，结果给人的印象好似金代修筑长城就是“挖沟”，挖的沟就不是长城，以此推之，金代没有长城。

但我们考古调查所见，所有金代“界壕”并非只是“挖沟”，都是有城墙的，而且城墙是主要的，沟却是很少见，大概是被淤平了。经过七八百年的风雨剥蚀、颓坍、水土流失或人为毁坏，现存金代长城墙体依然明显可见。处处都有长城墙体存在，若再认为金长城就是挖沟，那就不符合历史事实了。

其实金长城和燕、秦、汉长城并无差异，也不逊色，甚或有过之而无不及。燕、秦、汉长城所有的特点，金长城也都具备——结构相同，也是军事防御工程，而且从防御系统来讲，金代长城防御系统更趋完善。既然如此，为何燕、秦、汉所修筑的是长城，独金代修筑的结构一致、性质相同的军事防御工程就不是长城呢？

## 五、应给金长城正名

既然金代长城这样明确，考古发现的遗迹真实存在，不容否认，而其性质、特点更无可辩驳，那为什么不能称金代长城为“长城”呢？

我们现在看到的情况是，在对待金长城的态度上，一是有人极力否认金代有长城，认为界壕不是长城，他们不顾事实存在，只一味在那里说金代修筑的长城是挖的沟，而另一种是无论写文章还是发文件，讲历代皆称之为“长城”，而独于金代要单提出来，另标为“界壕”，究竟是为何？实在令人费解。但现实就是这样，岂不奇怪？

有人说，金代自称“界壕”，在《金史》中没有称长城的，我们是用金代的叫法。其实金代的“界壕”也不是长城的标准名称，没有代表性。在《金史》中，有关长城的称谓至少有十一种，出现的次数达数十次之多，如“壕堑”“濠堑”“濠垒”“垣垒”“濠墙”等，其中“壕堑”等出现的次数较多，而称“界壕”的只有两次——严格来说只有一次，因另一次指在“唐、邓间”，地在中原，不是在金代北方的长城。

但在中国历史上，对于长城的记载，从来未有一致的称呼，同一时代都有不同，异代更有差别，见于秦汉以下的各朝，诸如称长城为“塞”“塞徼”“塞垣”“长堑”等，不一而足，它们皆是各个时代对长城的不同称谓。但我们今天已不管它们当时叫什么名字，皆统一称之为“长城”，而没有再依历代的不同叫法，用当时使用的名称去称呼长城。

为什么对金代长城不依此例而采用如此“严苛”的提法呢？议者说一定要坚持用当时的称谓，不能擅自更改，必须使用“界壕”一词方能符合历史实际。那么我们不妨看一下，我们对明代长城是如何认识和处理的！

明代二百七十七年历史，边防最重，修筑的长城规模也最大。明代所修是名副其实的长城，这没有异议。可是我们如果看明代对长城的称谓，遍查有明一代文献，没有一处记载称其为“长城”，如《明史》《明实录》这样的大书，更是不言“长城”，而用于记录的指代名称，据笔者粗略的统计，至少有十三种之多，如“边墙”“边”“墙”“墙壁”“墙堡”“墙垣”“墙濠”“墙堑”“边垣”“夹道”等，尤其是“墙濠”“墙堑”[①]这种对明长城的称呼，与《金史》中所记对金长城的称呼，何其相似乃尔，它们之间确有异曲同工之妙！请问：我们什么时候将明代所修筑的这道军事防御工程叫其他名称而不称为“长城”了？

如果我们看历史上对长城的称谓，那其名称更是多种多样，并不一致，历来如此。笔者初步了解，金代以前对长城的叫法，少说也有十余种。尤其有意思的是，《史记》中蒙恬就说自己筑“城堑万余里”，把秦长城称为“城堑”。竟然是这样一种叫法，不令人诧异吗？“堑”字何义？显然是挖的沟。但谁能拘泥于一词而说秦代蒙恬所修的不是“长城”呢？

---

①《明实录・世宗实录》“嘉靖二十五年四月”条载：“今拟南起铁场堡，北抵小虹螺山台止，所应修浚墙濠凡四万五余丈。”（北京：中华书局 1962 年 6 月版）

张廷玉等《明史》卷一七八《余子俊传》载：“寇扼于墙堑，散漫不得出。”（北京：中华书局 1974 年 4 月版，第 4736 页）

界壕有别于长城，这种认识无论如何也是说不通的。长城就是长城，尽管当时使用的名称不同，但只要是具有某些既定特征的古代军事防御工程，就应该是长城！我们今天实在没有必要将已趋向一致的简明称谓复杂化。本是相同性质的事物，却要对其进行区分，称某代为“长城”，某代为“界壕”，这有必要吗？并且我们更不能不顾事实，面对横亘眼前的高大城墙，依然盲目地坚持说金代修筑的不是长城，这就让人非常不理解了！同时我们还认为，事实上也没必要对此问题采用加注的办法去解决，如近时我们看到的是“金代长城（界壕）”这种方式来解决这个问题。假如真这样做，那需要加注的多着呢，如：秦长城（城堑）、汉长城（塞垣）、明长城（边墙）等，这么做还不如就叫当时的名称，何必后边再加上这个尾巴呢？如果不这样做，认为加注不好，那为什么却对金长城的称谓要注上“界壕”呢？为什么就不能理直气壮地直接称其为“长城”呢？

定名看似无足轻重，实际上是至关紧要的事。长城是世界文化遗产，是国家重点文物保护单位，归入“长城”，它的性质就有变化，价值就有极大提升。“界壕”不是长城，金代没有长城，这不是严重的问题吗？当前，在大力宣传保护长城的情况下，处于旷野之中的各代长城遗迹被破坏的还少吗？不时见诸报道的不令人吃惊吗？将金界壕排除在长城之外，认为界壕不是长城，那么对它的保护问题、开发利用问题，都会接踵而来。这是一个迫在眉睫的问题，我们不能忽视！

“长城”一词，因其形象、逼真，给人印象深刻，听了易懂，说了易让人明白，所以它已是一个深入人心的名词，不只中国人这样叫它，外国人也这样称呼它。因此，对我国古代同类的军事防御工程建筑，都应使用“长城”这一个让人最好理解的名称。

（原载《金长城研究论集》下册，吉林文史出版社 2009 年 4 月版）

# 文十三
# 绥中九门口长城发掘出土一批重要文物

辽宁省绥中县九门口段长城，属于明代蓟镇长城的东段部分。这一带山川奇秀，长城雄伟，附近文物古迹甚多；尤其是这段长城原来是在宽阔的九江河上通过的，上面是高峻的城墙，下部是一排九个巨大的城门，终年流水，形成我国长城建筑上少见的景观。

九门口长城，在“爱我中华，修我长城”的社会赞助活动中，辽宁省自 1986 年 4 月开始对其进行修缮。在施工过程中，由于事先未经考古发掘，不清楚它原来的形式和面貌，不知道在这处长城遗址中存在什么样的前所不知的建筑结构。为了有利于长城的修复，获得有关的考古资料，根据国家文物局的指示，由辽宁省文物考古研究所专业人员和绥中县文物工作者对这段长城进行考古调查和发掘。

经过三个月的田野工作，考古人员初步搞清了这段长城的布局——在长城之外有外墙、外壕，并且不止一道，同时还有哨楼、烽火台与腹里墩台，它们与长城本身以及墙体上的墙台、敌台一起，构成极为完整的军事防御系统。长城的各部分建筑都有特点，充分说明了我国古代劳动人民的聪明才智和创造精神。在发掘过程中，考古人员不仅发现了城桥的结构形式（图 2–13–1、图 2–13–2），而且还在长城遗址中出土了大量遗物：有筑长城用的石夯（图 2–13–3、图 2–13–4）、军士捣米用的石臼（图 2–13–5），还有铁炮（图 2–13–6）、石炮（图 2–13–7、图 2–13–8）、石雷（图 2–13–9）、铁弹丸、铁剑、铁镞和硫黄等武器弹药，其中消耗性武器的数量很大，石雷已出土数十个，铁弹丸也相当多，在清理九江河北岸的敌楼（自称为“围城”“圈城”）时，一次就出土了一百多斤，有各种大小不同的规格。日用器皿出土得也很多，各种青花瓷碗、碟，白釉黑花罐，粗瓷酱釉水瓶、罐类和大缸等。这些遗物在长城线上普遍存在。出土遗物对研究明代战争防御及守城军士的日常生活，都是很重要的实物资料。尤其是在长城遗址中出土的明万历十七年（1589 年）、万历四十三年（1615 年）和天启六年（1626 年）修筑长城所立的修城石碑（图 2–13–10），说明了长城屡经维修和增筑等情况，反映出有明一代对修筑长城一直是很重视的；还有其上写字的建筑材料（图 2–13–11）。这些文字材料的出土，

图 2-13-1　经过考古发掘在辽宁省绥中县九门口明长城遗址清理出唯一完整保存下来的过河城桥梭形桥墩

图 2-13-2　经考古发掘在九门口明长城遗址两桥墩间出土的塌落下来完整地保持原状的城桥拱券，为修复城桥提供了考古学依据

图 2-13-3　九门口明长城遗址出土的石夯

图 2-13-4　九门口明长城遗址出土的立式石夯

图 2-13-5　九门口明长城遗址出土的石臼

图 2-13-6　九门口明长城遗址出土的竹节式铁炮

图 2-13-7　九门口明长城遗址出土的石炮（前视图）

图 2-13-8　九门口明长城遗址出土的石炮（俯视图）

图 2-13-9　九门口明长城遗址出土的双联石雷

图 2-13-10　九门口明长城遗址出土的明万历十七年石碑拓片

图 2-13-11　九门口明长城遗址一片石下面砌石上书写的文字

对我们今天了解九门口长城的修筑、对我们修复九门口长城的南北“围城”“圈城”和过河城桥，都有一定的参考价值。

目前，九门口段长城的考古发掘工作还正在进行中。

〔原载《辽海文物学刊》1986 年第 2 期〕

# 文十四

# 失踪三百载　重见在今朝

## ——辽宁绥中一片石古战场发现记

因“一片石之战”而闻名于世的一片石，到底在什么地方？这是几百年来历史、地理学界的一个不解之谜。

据文献记载，1644 年 5 月，李自成率领农民起义军从北京出发，东攻山海关时，为防止明王朝原宁远总兵吴三桂东逃，割断吴与关外清军的联系，派部将唐通率轻骑二万，由一片石越关外，以图实现对山海关的全面包围。可惜，这时清军统帅多尔衮已在连山（原锦西县，今葫芦岛市）接到了吴三桂的告急密件，连夜挥师西进，“逾宁远，次沙河”，“一昼夜之间行二百里”，到了山海关附近地区，并在一片石和农民起义军展开激战，结果农民起义军失败。这促使了当时尚有一定实力而举棋未定的吴三桂投向清军，引清军入关。

上述事件，使明清之际的政治、军事形势，都发生了急剧的变化。农民起义军从此开始一蹶不振，亦为清王朝统治中原奠定了基础。可见，“一片石之战”的胜负，对于交战各方都是至关重要的。

不知什么原因，一片石很快便不见踪迹，留下的只是史籍中互相矛盾的记载，时至今日，仍然是众说纷纭，莫衷一是。综观各家之说，大致可分为一片石关内说、关外说两种，但都没有指出一片石的确切位置。

1986 年春，辽宁省各界赞助，拟修复绥中县九门口明长城。经国家文物局批准，辽宁省博物馆文物队考古工作者开始到九门口进行长城遗址考古发掘。同年 6 月，考古工作者在九门口所在的九江河河道明长城过河城桥废墟发掘时，意外地发现了刻有“九门一片石”的石碑残块。这使我们惊讶不已，因为从辽宁省博物馆所藏明嘉靖十三年（公元 1534 年）许论绘制的《九边图》上看，“片石关”不仅从九江河上通过，而且与九门口同为一地。《九边图》上的标注与石碑的记载竟完全吻合。这使我们敢于断定，一片石就在此地。

发掘进行不久，遗址中出土了明万历十七年（1589 年）、万历四十三年（1615 年）和天启六年（1626 年）修筑过河城桥的三方记事碑，这是非常重要的考古发现。

明万历四十三年记事碑碑文的内容是：

“石门路主兵原派修工军柒佰柒拾壹名，□修石黄一片石关等，头极冲河桥，自河南岸起，至北第三洞口中止，□□修贰洞尖，总计二十丈，贰券门肆丈，分水尖□□□陆丈一尺……”

而明天启六年记事碑碑文则记述：

“真定民兵营春防奉文派修一片石九门桥洞外面南北两角新创围城两座，每座三面，周围共长一十三丈，每丈议派军夫三十名，二座共长二十六丈，共用军夫七百二十名，真定民营兵五百名，同扬武营兵二百二十名伙修，高连垛口三丈二尺，底阔一丈五尺，收顶一丈，内炮洞七个。遵照原行下用条石十一层，上接条砖，纯用灰浆如式修完讫。”

无疑，这些碑文对修复九门口长城的记载，对我们认识和考证一片石，都提供了极为重要的文字资料。从碑文记载可以看出，一片石不但在九门口，而且和正在发掘的城桥遗址，很可能同为一地。

随着发掘工作的进展，我们又在遗址地表下一点五到五米的深处，发现了人工铺砌的连片条石。我们根据河床铺石的这一现象，确定这就应是一片石。但它的全貌究竟怎样，仍然不为人所知。为了早日解决这存疑了几百年的悬案，同时也是修复长城要达到恢复原貌的要求，发掘工作继续进行。城桥结构复杂，已知的文献记载多有矛盾，无法遵循，因此，遗址必须全面揭开，显露出过河城桥原来的结构和布局，才可对其进行维修，于是大规模的发掘在此后的时间里陆续展开。

我们的发掘工作一直没有停止，过了 1987 年元旦，在地下沉睡了几百年的一片石，终于全部展现在人们的面前。

所谓“一片石”，原来是指九门口地区长城跨越九江河（碑文称其为“极冲河”）城桥的巨大桥墩四周及其上下游铺砌的花岗岩条石。河面横宽一百余米，长七十米，面积达七千平方米，用条石一万两千余块。在桥墩四周及边缘，条石间还用银锭式铁扣绞起，以起到保护桥墩的作用——总计用了五到八公斤重的铁扣四千四百余块。整个铺石地面光滑平整，铺工精细，面积很大，一眼望去，非常壮观。凡到此见过这种河床铺石的人，都立刻会有“一片石”的感觉。

为防止洪水冲刷，在河床铺石的下面还做有地基，办法就是在河床铺石下面，打有长约一点五到五米的木桩，其间并以粗打的自然石块填充，灰浆浇灌，上部再放较厚一层白灰，然后还铺石，如此数层，石上再铺面石。尤其是在铺石的上、下游外缘，揭露出木桩三行，特别是上游的右侧，至今木桩保存得还相当完好，未见严重腐坏。

规模巨大的九门水口（即过河城桥），就修筑在一片石之上，把九江河南北两岸山上的长城墙体衔接起来，形成一个完整的防御体系。这是明万里长城线上现在所知唯一一个跨度超过百米的过河城桥。

桥的上部是高出水面达十米的长城，垛口、女墙俱在，而下部则有宽近六米的泄水孔洞九个，“九门口”这个名称即源于此，因此又称它为九门水口。每个孔洞都安装有可以开闭的双扇木质大门，根据需要进行开启或关闭，可以起到泄洪和防御的双重作用。

发掘结果表明：

一片石，是九门口地区长城跨越九江河城桥建筑的一种结构，它以城桥下的九江河道为中心，向其上、下游（也就是长城的里、外侧）各伸展约三十米，也可以说，一片石的具体位置就在长城下，即城桥的下方和两侧，具体位置应该说是在今辽宁省绥中县李家堡乡新堡子村新台子屯与河北省临榆县东贺庄乡九门口村之间（即辽宁、河北两省的交界处）的长城线上。所以，关于一片石所在，不论是关内说还是关外说，都是不符合实际的，应当予以澄清。

通过考古发掘，已经弄清楚一片石与九门口（九门水口）的关系：一片石是城桥下面河床上的铺石，而九门口则为城桥的九个泄水桥洞，它们不仅同属于一座明代长城过河城桥建筑，在同一地点，无法分离，而且在明代的时候，它们在叫法上也是连在一起的，一片石与九门口互相连称，这一点，已从出土的碑记中得到了证实。

后来，可能是为了口说和书写的方便，或是不了解情况，人们便把两者分了家，而且越分越离，由一而为二，成了两地。至今，这种现象仍然普遍存在，它们竟然被大多数写明清战事或李自成一片石失利等的书刊，记载成两个地方，出现了“由九门口越关，在一片石立营”的提法。

辞书应该是最准确的，但关于此条，在辞书上也有这种情况。如 1936 年商务印书馆印行的《中国古今地名大辞典》在“一片石”条下记述：“一片石，在河北临榆县北七十里。”而在“九门口”条下则写道：“九门口，在河北省临榆县东北三十里。”直至现在也未见改变，如1986年复旦大学地理研究所编著的《中国历史地名辞典》仍然记载：“一片石关，在今河北秦皇岛市东北九门口西。”诸如此类，皆有相似问题。

上述错误记载，应该予以纠正。

（原载《地名丛刊》1988 年第 2 期，冯永谦与薛景平合写）

# 文十五

# 万里长城　历史丰碑

## ——九门口长城丛谈

绥中县九门口段明长城，是辽宁省至今仍然保存较好的明万里长城线段之一。辽宁省文物考古研究所从 1986 年 6 月起，在这里进行了考古发掘，获得大量地下出土文物与遗迹，为九门口长城的修复提供了各种有关数据和结构资料。同时，这也是我国古代长城一次少见的大规模发掘。因此，我们已较为详尽地掌握了长城的修筑与军事防御设施的情况，这对我国古代长城的多学科研究无疑是一批难得的第一手考古资料。

## 一、我国古代长城和辽宁境内的古代长城

我国修筑长城，开始于春秋时期。到了战国时期，各诸侯国，尤其是北方接近游牧民族的秦、魏、赵与燕四国，都各在自己辖区的北部修筑起长城，以抵御游牧民族的侵扰掠夺。辽宁地区修筑长城，始于燕国。燕昭王时（公元前 331—公元前 279 年）名将秦开北击东胡，东胡向北退却一千余里。燕国在这新拓展的土地上，从造阳（今河北省北部独石口到滦河源一带）到辽东，筑起一道长城，并在这新拓展的边地设置五郡，其中右北平郡的一部分和辽西、辽东两郡的全部在今天辽宁境内。

秦始皇统一六国后，在秦、赵、燕三国北部长城的基础上，通过连接、加固和补修，完成西起临洮、东到辽东的我国历史上第一道万里长城，以防北方的匈奴。这就是有名的秦万里长城。燕、秦长城在今内蒙古自治区赤峰市的北面，东行经今内蒙古敖汉旗以及辽宁省的北票、阜新、彰武、法库、铁岭、抚顺、本溪到宽甸，然后过鸭绿江到朝鲜，这是我国古代长城的东端线路。到前汉时期，长城变化不大，大体因秦之旧，但修补缮治的工程仍很可观。后汉长城有较大改变。由于北族势力强大，后汉王朝放弃了北部的大片土地，郡县内徙或省并，如右北平郡和辽西郡，当时都有所缩小，长城向南移了很远，改修的线段其修筑规模也大不如前了。西晋以后，北齐、高句丽、辽、金、明、清等王

朝和地方政权，也都在辽宁地区修筑过长城和并非长城、只为限制通行的柳条边，不过其线路走向和规模不尽相同，有的为缮补前代长城，有的另筑新线，各有特点。只有明代，修筑长城工程浩大，成为举世奇观。

在辽宁境内不同时期所修筑的诸多长城中，明长城的规模较大，而且其保存状况也是较好的，现在人们通常所说的“万里长城”，也都是指明长城而言。过去人们对明长城的认识，多为“东起山海关，西到嘉峪关”，其实《明史》有明确记载：“终明之世，边防甚重。东起鸭绿，西抵嘉峪，绵亘万里，分地守御。”同时设辽东等九镇，又称九边。明代共修筑长城一万两千七百多里，设关口一千多处，而辽东镇就是这道举世闻名的明万里长城中的首镇，其地位十分重要。

明代长城，当时一般称边墙，因此辽东镇长城也被称为“辽东边墙”，它全长两千零八十余里，其行经线路是，从与蓟镇长城相接的铁厂堡吾名口台，即今辽宁省绥中县李家堡乡锥山沟村吾名口的锥子山起，向东北方向蜿蜒而去，经过绥中、兴城、锦西、锦县，然后北行，经义县，过大凌河，到阜新清河门，自此东行，沿阜新与北镇两县的交界线，延伸到黑山白土厂门，再由此折向东南，经台安、盘山，由三叉河过辽河，进入海城境，自此沿辽河东岸北上，经过辽阳、辽中、沈阳、铁岭、开原到昌图，然后再由开原东北的威远堡折而向南，复过铁岭到抚顺，直向东南行，经本溪清河城东转向东北，由碱厂继续前行，到凤城，由叆阳南去，沿凤城、宽甸两县交界线延伸，直到今丹东市东北鸭绿江畔之邦山台，即今宽甸县虎山乡虎山村虎山南麓止。这道曲折走向的辽东长城，整体形成一个“M”字形。在这两千余里的防线上，十里一堡，五里一台，雄关、隘口林立，烽火台、瞭望台星罗棋布，形成一道坚固的防线。沿线共有边堡九十八座，墩台八百四十九个，驻守官军九万五千三百六十九人。辽东长城在保卫边地安宁方面起了重大的作用，也是京师北京的屏障。

辽东长城，按地理位置和建筑年代，可分为三部分，即辽西长城、辽河流域长城、辽东东部长城。在这三部分长城中，辽河流域长城修筑最早，是在永乐年间（公元1403—1424年）修筑的。这段长城从广宁（今北镇）镇静堡（今黑山县西北白土厂门镇白土厂门村）起，至镇北堡（今开原市东北威远堡镇镇北堡村）止，长达七百余里。镇静堡关门遗址至今仍在，它有南、北两个关门，其平面布局和山海关、嘉峪关相同。这段长城线内凹，略成“U”字形，中间丢下了辽河河套一大片土地，将防守线路拉长，于军事上接应不力，故以后边将多次力陈，要将这段长城裁弯取直，但都没得到朝廷准许。这段长城多为土筑，以其取土方便之故。

辽西长城，是明正统七年（公元1442年）开始修筑的。当时王翱提督辽东军务，他举荐毕恭为指挥佥事。《辽东志》载：毕恭“图上方略，开设迤西边堡墙壕，增添烽堠，兵威大振”。这段辽西长城从山海关北（今辽宁省绥中县李家堡乡铁厂堡村吾名口锥子山）起，至广宁（今北镇市）镇静堡（今辽宁省黑山县西北白土厂门镇白土厂门村）止，长达八百七十里。据《明孝宗实录》记载，这段长城在辽“河西一带，随山起筑，多用石砌”。但实际上这段长城除了石砌城墙外，还有山险无墙及土墙。所谓山险无墙，就是因为险峻陡峭的高山岩壁让人无法攀缘而上，配合其两侧已筑的城墙，就可以起到防御作用，所以就不在那里修筑城墙，称之为山险无墙或山险墙。

辽东东部长城，是这三段长城中最后修筑完成的。《明宪宗实录》载：成化十五年（公元 1479 年）“修筑东路自开原抵鸭绿江边墙”。但沿边城堡则先于此时完成。这段长城由开原镇北关起，东南曲折而行，至鸭绿江边的邦山台址（今宽甸县虎山乡虎山村虎山南麓）止，长达三百八十余里。这段长城的修筑也为就地取材，有石墙、土墙，也有劈山墙，还有木柞墙。所谓劈山墙，就是在山岭上于其外侧一面加以人工劈凿，使之陡峭壁立成墙。这种做法省力省时。所谓木柞墙，就是编柞木为墙，形同栅栏，一样可以起到防御作用。

在今辽宁境内，明代万里长城除了辽东镇长城外，还有蓟镇长城的一部分。蓟镇长城在由今河北省抚宁县东去，在抵今辽宁省境处，由山神庙起，沿今绥中县加碑岩乡与抚宁县界东行，到锥子山后，离开两县界，完全进入今绥中县境，是为永安堡乡。当长城由西而来，到锥子山时，就在这个突兀壁立的锥子山南侧，向南径直修筑了直到山海关的这段长城。这段长城西侧是河北省抚宁县，东侧经今辽宁省绥中县李家堡乡的姜家沟、铁厂堡、九门口，向南去，由郑家湾屯西北 304 无名高地进入今河北省境，经在今河北省秦皇岛市的三道关、山海关，最后到老龙头渤海岸边止。蓟镇长城在辽宁境内计有九十二点六华里，并有敌楼一百一十四座、战台十六座、烽火台二十五座、哨楼四座。长城墙体与敌楼等都为石砌或砖石合筑，高大雄伟，又都建在高山顶上，而且大多保存较好，更显得气势不凡，体现出明代长城的雄浑风貌。在这一线上留下了许多重要关口，如九门口、山海关等，它们都是在自古以来的交通要道上，是兵家必争之地。今天辽宁省修复的九门口长城，即在这里。

## 二、九门口长城的历史和现状

九门口地区，位于辽宁省绥中县李家堡乡与河北省抚宁县东贺庄乡之间，即辽宁、河北两省的交界处。这里地处燕山余脉的东缘，倚高山，临平原，南距“天下第一关”仅三十华里，又有九江河经此处流向关外，历史上曾是东北进入中原的咽喉，地势非常险要，所以历来为兵家必争之地。九门口长城就修筑在这里九江河南北两岸的高山峻岭之间，并由高大雄伟的跨河城桥连成一体，是明万里长城线上的重要关隘，素有“京东首关”之称。这段长城属于明代蓟镇长城的最东段，为明代早期修筑。《明史》记载：洪武十四年（1381 年），朱元璋派大将军徐达改筑以山海关为起点到居庸关的长城。九门口长城当为这个时期所建。这个情况可以从这段长城用的砖及其修筑特点得到证实。

九门口长城，包括长城墙体、跨河城桥、关城、墙体两侧的烽火台以及城墙外侧的挡马墙、拦马沟（壕堑）、哨楼、营盘（哨所）等大规模的古代建筑群，形成了一个攻可前进、退可防守、纵深达十余里的完整军事防御体系。

九门口段长城，基本上呈西南至东北走向，西南端沿新台子南山（又名老牛山）山脊向东北直下，随山就势，蜿蜒起伏，沿着三座楼山山脊，再向山下伸展，至九江河岸边又折向东南，延伸约五十米与九江河过河城桥相衔接。长城墙体跨越九江河后，直上新台子北山，穿越绥中县李家堡乡、永安堡乡的雄伟群山，直至锥子山。在锥子山上长城向东、西、南三个方向延伸，呈“丁”字形，即此段长城与蓟镇长城、辽东镇长城东西走向的墙体相接。

九门口长城墙体，基本上为土石混筑，外面砌砖，外部两侧墙体底部以花岗岩条石为基础，上砌砖墙，中间以三合土混石充填，城墙顶部以方形青砖铺面，所以城墙墙体之坚固，是可想而知的。在两百多年的统治期间，明朝多次对这段长城进行增建和修补，历次使用的青砖并不一致，有由大逐渐变小的趋势。今天，我们在九门口长城竟发现有近二十种不同规格、型号的青砖，如铺顶方砖和各种特殊用途的封顶砖、射孔砖等，有的大型砖每块竟重达五十斤。

九门口长城由于城墙坚固，又位于人烟稀少的崇山峻岭之中，所以在明代万里长城中，它是保存较为完好的，直到民国初年都还没有遭到太大破坏，后经直奉战争和解放战争，才遭到较为严重的损毁。特别是在“十年浩劫”的“文化大革命”时期，在“破四旧”口号的煽动下，长城竟遭到有组织的公开大破坏，锹镐齐施，导致如今九门口长城顶部大都无存，只有部分保存较好，墙体存高仍有三到五米，一般城墙底宽四到六米，顶宽三到五米，在个别地方还保留有垛口和女墙、吐水嘴等，城墙顶面铺的方形青砖也依然存在。

九江河两岸的长城中间，由一座长一百一十米、高出水面近十米的过河城桥相连接，浑然一体。这座过河城桥的每座桥墩长二十三米有余，宽五点七米，高近八点五米，桥墩表面通体用花岗岩条石包砌，高大整齐，坚固奇伟。城桥两端各筑有边台一座，其上各有桥楼，边台的前面又各筑有一座围城（或称圈城）。

在八个桥墩与两岸边台之间，形成高八点五米、宽五点七米、顶为拱券式的门道九孔。这九个拱形门，就是城桥的泄水孔道。在券门中还装有双扇外开的巨型木门，起到既能泄水、又能防御的双重作用。桥上长城，桥下流水，十分壮观。城桥工程之浩大，修筑之奇特，都为明万里长城建筑中所仅见。据当地群众介绍，城桥于光绪末年被洪水冲毁，至今，经考古发掘后知，仅残存一、二号桥墩和其他桥墩的地下基础。

在九门口长城墙体上，还修建有敌楼（又叫战台）、城台（又叫马面）、桥楼、地堡、围城（圈城）等防御设施。敌楼有单层和双层两类，双层敌楼上层又分为砖木建筑铺房和露天两种不同的建筑结构。因为敌楼为驻军防守和储藏兵器之场所，所以其四周均设有射孔和瞭望口，以便进行观察和射击。城台的修筑特点是虽未高出长城墙体，但却凸出于墙体外壁，以便于守军从侧面进行射击，以加强长城的防守能力。地堡与敌楼的作用相同，其特点主要为修筑在长城的墙体内部。而桥楼和围城（圈城）的作用则主要在于保卫过河城桥。

这些修筑在长城墙体上的防御设施，根据地形的不同和防守的需要而相距不等。遇有战事，它们可以互相配合，加强了长城沿线的防守能力。如在一段长仅一千余米的长城线上，敌楼、城楼等建筑即达三十余座，可知其防御能力是相当强大的。

九门口长城内侧建有关城，其平面为长方形，南北向，南北长一百八十五米，东西宽一百三十五米，面积约二点五万平方米。

在关城的西南角又接筑一段城墙，向西伸展三百一十七米，然后曲折绕上北山，复迂回转向东，最后与山上长城墙体相接，从而在长方形关城的西北又形成一座外城。外城的面积较大，是关城的重要组成部分，既是驻戍兵丁之地，也是制造兵器的场所。关城墙体的建筑结构，基本上与长城墙体相同。至今，关城保存得还较为良好，城内布满民居，即为今之九门口村。

在九门口长城的内、外两侧，都建有外连边界、内通京师，或方形、或圆形的实心烽火台，它们的高度超过十米。遇有军事情况，驻守士卒便白日点烟、夜间举火，迅速向京师传递消息。因烽火台为实心，驻守士卒是在外部以随时可垂放的软梯上下的，所以至今有的保存相当完好。特别是绥中九门口新台子屯北山上的烽火台（当地群众称之为死道楼），虽已修筑五百余年，仍然完好无损，保持其原有风姿。

在九门口长城线外侧的制高点和要道路口，还修筑有双层哨楼，其建筑结构与敌楼相似，不同之处在于哨楼为远离长城墙体的哨所，有士卒驻戍，负有瞭望和防守的双重任务。如被当地群众称为“望海楼”的哨楼，就建在新台子北山东部的最高点上，近可以俯视前面宽广的开阔地，远可以观察到数十里之外渤海上的点点白帆，其选建的地点真可以说是远近皆宜。

在九门口长城线外侧的险要地区、易攻难守的薄弱点以及各个山头要冲，还修筑有拦马墙、拦马沟、营盘等防御性建筑，用来加强以长城线为主体的九门口长城的防御能力。

所谓拦马墙，亦可称为外墙，就是用块石砌筑的高两到三米、宽二到四米、长从几十米到上千米不等的石墙，有的用白灰勾缝，有的只为石砌。有的拦马墙相当规范，其上还筑有角台。这种拦马墙在九门口地区从距长城墙体外侧十几米至数里的山岭坡地上都有发现。

拦马沟，亦可称为护城沟，即在距长城墙体外侧几十米以内，基本上按长城走向挖掘的深两到三米、宽五到六米、长从几十米到几百米不等的深沟。

拦马墙和拦马沟主要都是防御骑兵的设施，阻挡或缓冲其直接攻城的能力。

营盘，就是用块石砌筑的高出地面一米左右的平台，形状有圆有方，面积从几十平方米到上百平方米不等。营盘实际上是一种简易哨所，它分布很广，在九门口长城墙体外侧的沟谷和山顶上几乎都有发现。

## 三、九门口明长城遗址考古发掘的重要收获

经过连续三年的考古发掘和实地调查，我们不但基本搞清了九门口段明长城的布局、建筑结构及其特点，而且出土了大量文物，有铁炮、石炮、石雷、铁弹丸、铁剑、铁链等兵器，还有各种青花瓷碗、碟，白釉黑花罐、缸等日用生活器皿以及铁甲片等，它们对研究明代武器的发展、使用以及守城军士的生活，都是很重要的实物资料。

在考古发掘中还出土了明万历十七年（1589 年）、万历四十三年（1615 年）和天启六年（1626 年）修筑过河城桥的记事碑各一方，其碑文记载了九门口段明长城屡经维修和增筑等情况，反映出有明一代对修筑长城一直都是很重视的。这些文字材料的出土，为我们修复九门口长城提供了极为宝贵的第一手资料。其中明万历四十三年（1615 年）记事碑碑文提到："石门路主兵原派修工军士柒佰柒拾壹名，□□修石黄一片石关头等……"而天启六年（1626 年）记事碑碑文则记述："真定民兵营春防奉文派修一片石九门桥洞外面南北两角新创围城二座，每座三面，周围共长一十三丈，每丈议派军夫三十名，二座共长二十六丈，共用军夫七百二十名，真定民兵营五百名，同扬武营兵二百二十名伙修，高连垛口三丈二尺。底阔一丈五尺，收顶一丈，内炮洞七个。遵着原行下用条石十一层，上接条砖，纯用灰浆如式修完讫。"从碑文记载可以看出，一片石不但在九门口，而且就和城桥遗址同为一地。

九江河过河城桥的发现，也是这次考古发掘的重大收获。经过三年的清理、研究，我们基本上掌握了这座过河城桥的规模、修筑年代及其建筑特点。这样一座长达一百一十米、高出水面近十米的过河城桥，不论其规模之宏伟，还是造型之奇特，都是明代万里长城线上所仅见的。

考古发掘还证实，这座城桥确实建有水门九孔，纠正了历史文献上"九门口有水门六座，另旱门三座，合之谓九门"的错误记载，为这次修复九门口明长城提供了可靠的考古依据。

在九江河河道明代长城过河城桥遗址中，我们意外地发现了刻有“九门一片石”的石碑，它与辽宁省博物馆所藏明嘉靖十三年（1534 年）许论绘制的《九边图》所记“片石关”“在九江河上”完全吻合，纠正了我国学术界长期以来存在的一片石与九门口为两地的错误提法，解决了明朝末年清军与李自成农民起义军大战的一片石战场的确切位置，即九门口长城段问题。

不久，我们又在遗址现地表下一点五到五米的深处，发现了人工铺砌的联片条石。笔者根据河床铺石的这一现象，确定这就是历史上所称的“一片石”。所谓“一片石”，原来是指九门口地区长城跨越九江河（碑文称之为极冲河）的城桥的巨大桥墩四周及其上下游铺砌的花岗岩条石，石面光滑，铺工精细，面积近七千平方米，用条石约一万两千余块。在桥墩四周及边缘，条石间还用银锭式铁扣绞起，以防止条石被河水冲走，总计用五到八公斤重的铁扣四千四百余个。

为防止洪水冲毁城桥，河床铺石下面还做了牢固的地基——在河床铺石下面向地下打入长约三点五到五米的木桩，其间以毛石填充，灰浆浇灌，上面再铺厚层白灰。尤其是在上、下游边缘处，打桩密集，在上游的右侧，至今保存得还相当完好。整个一片石下，都有密集的柞木桩。规模巨大的九门水口（即过河城桥），就修筑在精心构筑的一片石之上。

发掘结果说明，一片石是九门口地区长城跨越九江河城桥的建筑结构，并且以城桥下的九江河河道为中心，向其上、下游（也就是长城的里、外侧）各伸展了约三十米。

这些发现对修复九门口长城，对我们认识和考证一片石，无疑都提供了极为重要的考古资料。也可以说，一片石的具体位置，就在今辽宁省绥中县李家堡乡新堡子村新台子屯与河北省抚宁县东贺庄乡九门口村之间的长城线上。过去由于一片石被埋土下，人们不知其确切地点，导致争辩多年、莫衷一是。现今经发掘出土，使问题得到解决。这是又一个重要收获。

这次考古发掘的结果还说明，有明一代，曾在九江河上相距不过百米的两地，先后两次修筑过过河城桥。第一座城桥在第二座城桥之西面，为明代早期修建，可能是由于过水断面狭窄，被洪水冲毁，因此后来在其下游又修筑了我们这次发掘的第二座城桥。

伟大的长城是不朽的，它是历史的丰碑，承载着中华民族的智慧和创造。今天，在“四化”建设中，随着祖国的繁荣昌盛，炎黄子孙凭着自己的赤诚，为古老的长城焕发出青春的光彩。长城修复，是中华儿女在这座历史的丰碑上，又写下了光辉灿烂的篇章。

（原载《炎黄子孙的奉献》，辽宁省“爱我中华修我长城”赞助活动办公室 1989 年 12 月版）

# 文十六
# 九门口长城考古发掘记略

公元一九八六年，辽宁省各界赞助修复绥中县九门口段长城。为取得第一手科学资料，以恢复长城原貌，经国家文物局批准，由辽宁省文物考古研究所考古工作者对九门口长城遗址进行考古发掘。这是我国第一次大规模发掘长城遗址。从一九八六年六月起，至一九八九年十一月结束。初来时，九江河上沙石壅塞，积土成丘，野草丛生，一片废墟。考古发掘工作，异常艰巨。四年间，发掘面积达一万三千平方米，清除土石方计一万七千立方米。经发掘，在河道南侧出土城桥的第一、二号桥墩，其余桥墩的墩基也在地表下清理露出，其中二号桥墩保存完整，非常难得。颓土中，出有万历四十三年和天启六年石碑，对修筑跨越九江河的城桥与两岸围城作了详尽记载；而围城结构，在万里长城中，实属罕见。尤其是土石全部清除后，河床上露出铺敷面积达七千平方米的大片铺石，赫然在目，极为壮观；此即为见于文献记载并久已不为人所识的“一片石”。其下有厚一米余的砌石，再下是打入沙砾层中长达二米的柞木桩，密集排列，纵横成行，用以加固地基。一片石用铁锭绞起，以防止铺石被洪水冲毁损及城桥。经勘测，九江河底沙石层平均厚达六米，基础极不稳固，当年如此设计和施工，亦是十分科学。从发掘结果可以确认，九门口的总体建筑结构，是在九江河的南北两岸各建边台一座，其上建有桥楼，边台间为八座巨大的梭形桥墩，构成九孔长桥；桥上砌女墙、垛口，桥下建流水城门，并在河床上铺石以保护墩基；城桥两端连接南北山上城墙，浑然一体，宛若天成。如此规模巨大的城桥，在万里长城线上，无复有此宏伟之结构，巧思绝伦之建筑。另在城桥西部距五十米的上游山崖下，发现有洪武年间所筑早期城桥与水门；后被洪水冲毁，再建时移于今桥址。又经调查，长城内侧有关城，外侧有外墙、外壕、哨楼、烽火台与营盘等，或位于高山顶部，或处于要路隘口，形成纵深数里的军事防御体系，工程巨大，气势恢宏。发掘中还出土大量武器与日常生活用品等各类文物，生动地再现了古代防守长城军士的戍边与生活情景。现今九门口长城修复工程告竣，考古所得之成果一片石及二号桥墩，原状保留，不无感受，熏蒸夏暑，风雪冬寒，四载于兹，凡皆亲历，故敢告往游于九门口长城者，知其恢复之有所本，而非率意妄筑焉。因述考古调查与发掘事略，用存史实，昭示后世，故为之记。

冯永谦 薛景平 撰文 李仲元 书丹

公元一九八九年十一月十日

（原载《炎黄子孙的奉献》，辽宁省“爱我中华修我长城”

赞助活动办公室 1989 年 12 月版）

注：辽宁省绥中县九门口长城，因修复而进行考古发掘。始于 1986 年，历四寒暑，于 1989 年结束，长城修复工作也同时完成，遂建有修复长城纪念碑。考古发掘事关九门口长城修复，故亦撰有碑文，上述文字即为九门口长城修复纪念碑之考古发掘碑文。附有纪念碑照片四幅（图 1-16-1~ 图 1-16-4），以便读者了解。

图 2-16-1 辽宁省绥中县九门口明长城考古发掘后修复长城竣工建立的纪念碑

图 2-16-2　九门口明长城修复纪念碑碑身

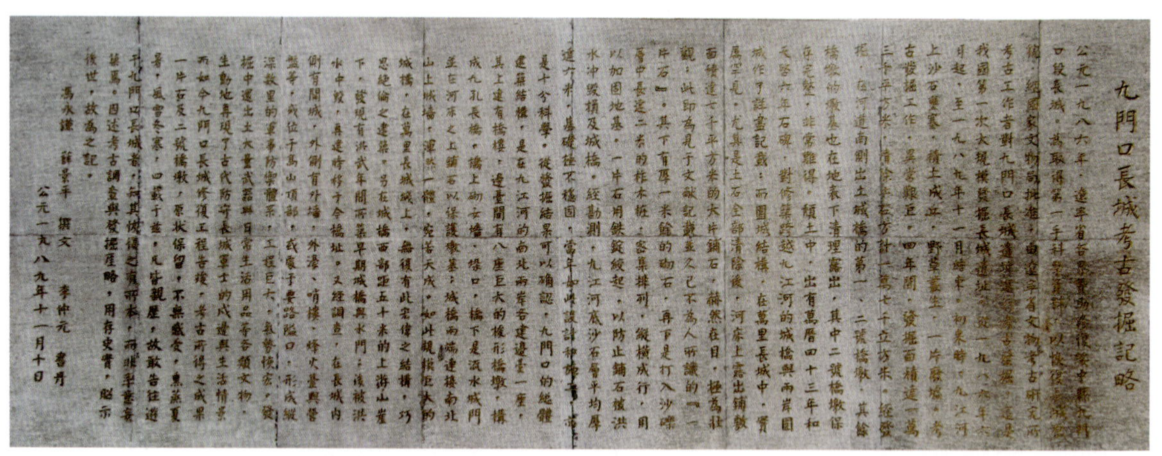


图 2-16-3　九门口明长城修复纪念碑上的考古发掘碑文

图 2-16-4　九门口明长城修复纪念碑上之赞助者捐款碑文

# 文十七

# 明万里长城九门口城桥与一片石考

## ——兼考明清之际“一片石之战”地点

1986年，为配合辽宁省各界赞助修复明万里长城九门口工程，经国家文物局批准，由笔者任领队，主持对九门口明长城遗址进行考古发掘。通过发掘，我们不仅清理出土大量遗物，而且还发现了前所未见的长城建筑结构，收获是巨大的。尤其是有两项重要发现，对解决历史上长期以来悬而未决的问题，提供了确凿的证据。

这两项发现，一是九门口城桥结构，另一为一片石所在位置。下面对此分别略作考述。

## 一、九门口城桥结构与名实辨误

九门口段明长城，位于今辽宁省绥中县西境李家堡乡新堡子村新台子屯西，东距绥中县城一百二十五里，西与河北省抚宁县东贺庄乡为邻，中间以长城为界。九门口所在的新台子一带，西为燕山山脉东缘，重峦叠嶂，形势险要，东为丘陵漫岗，地接平原。山间有九江河自西向东流去，谷地宽阔，是东西往来的重要通道。九门口的位置，恰好扼住东北通向北京的这条交通要道的谷口，因此，它素有“京东首关”之称。此地历来为兵家必争之地，许多次大战都是在这里进行的，可见其战略位置之重要（图2-17-1）。

明长城九门口段基本作南北走向，当中是九江河，两岸有山，城墙南端抵于老牛山峭壁上，往南因山势壁立如削，即依山险，未修城墙，越山之后复筑城墙，直抵山海关；北去则在跨过九江河后，逶迤爬上北山，在山上绵延不断，至锥子山后，与蓟镇长城和辽东镇长城作“丁”字形相接。明长城在此地跨越九江河时，并未“因河为塞”，而是在宽达一百余米的河道上架起规模巨大的城桥，以连接河两岸从山岗上延伸下来的长城墙体；这种气势恢宏的建筑结构，在明万里长城线上也是极少见的（图2-17-2），它不仅让长城更加雄伟壮观，在古代战争中也确实起到了防御的作用[①]。

① 《明史》多次记载女真人突破辽东长城而直抵九门口的事。

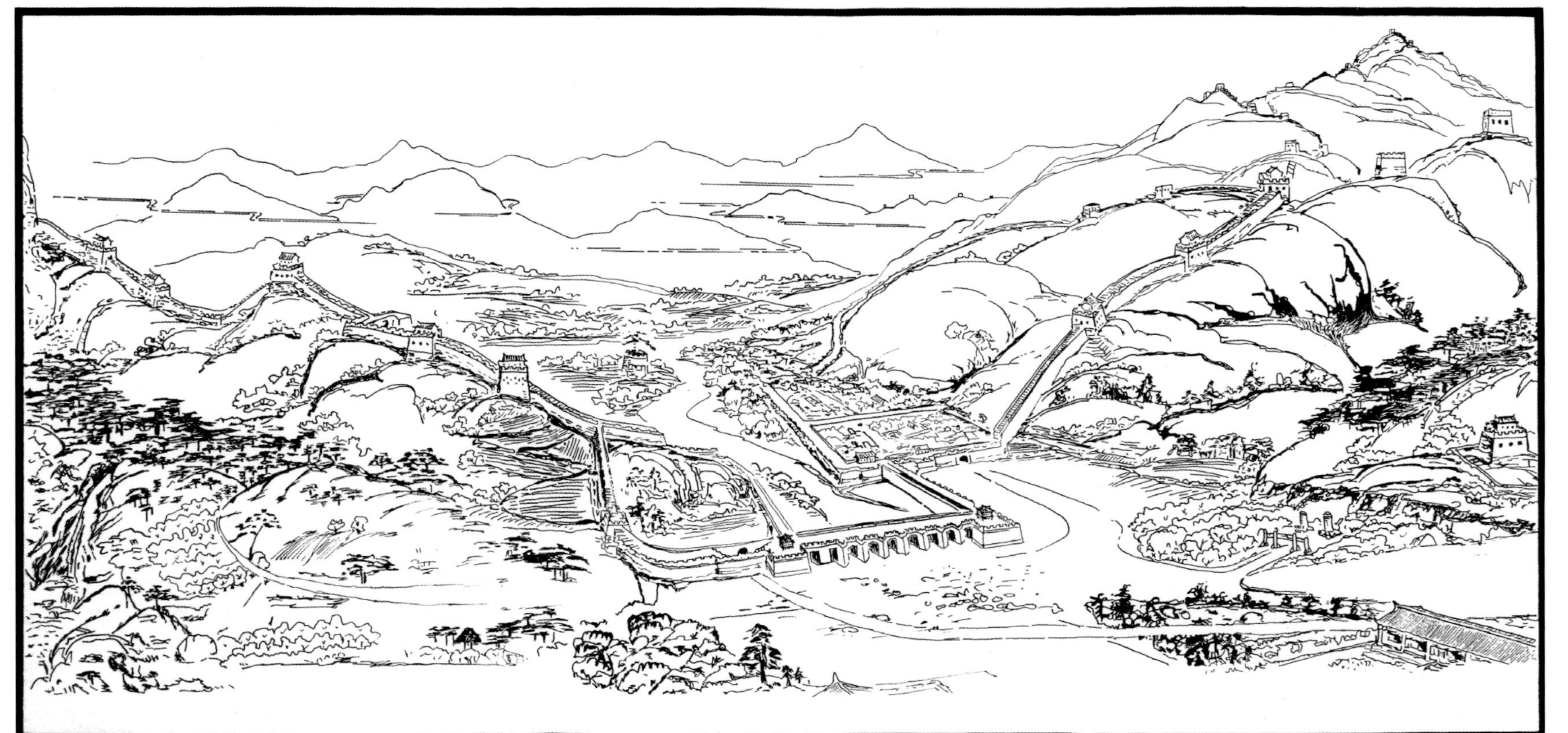

图2-17-1 九门口长城地理环境图

图 2-17-2　修复后的今辽宁省绥中县九门口长城

现在，要修复九门口长城，所遇到最大的一个问题，就是九门口长城的过河城桥应恢复几座水门。而实际情况是，城桥早已被河水冲毁，不见遗迹；河道上沙石壅塞，积土成丘，蒿草丛生，一片废墟；历史文献中也缺乏这方面的记载，唯一可见到的资料《临榆县志》在“九门口”条下说：

“一片石关，在临榆县东北三十里，一名九门口，东、西门各一，其西门额曰‘京东首关’，东门外为边城关，正东向。又折而东南，直抵角山之背。复设正关门六，以泄水。合之，凡九门云。”①

这段记载说得十分明确，所谓“以泄水”的“正关门六”，就是指这座建在九江河上的过河城桥有六座水门；若谓“九门”，则是合关城三门，才能成为九门。这种将不是同一建筑内涵的过河城桥上的水门与城堡的城门合在一起来作为对其地的称谓和命名，一般是不会有此做法的。并且在一百余米宽的河道上，若修筑六座水门，则桥券的跨度应该扩大，而城桥的高度也应增加，这将超过城墙墙体所要求的正常高度，并且在建筑技术上也会增加一定难度。要想使修复的城桥符合历史实际，并在原来的位置上准确修复，探明城桥原来的结构就是十分必要的。九门口明长城遗址的考古发掘，就是在此前提下进行的。

经过考古发掘，在大面积揭露后，于河床上发现有七千平方米的铺石，在铺石中间

① 高凌霨：《临榆县志》卷九《建置编·城池》，乾隆二十一年（1756 年）修，民国十八年（1929 年）续修版。

的地面上和土层下，保存有八座巨大的梭形桥墩，连同河岸两边各一座方形边台，恰好构成九座水门。至此，历来不能准确解释的“九门口”命名之由以及城桥水门之数，通过考古发掘，由地下出土的遗迹无可争辩地解决了。

九江河的河面较宽，而且河床由沙层构成，沙层的厚度，薄者四点五米，厚者七米余，在此条件下建桥，工程难度较大。经过发掘我们了解到，河两岸的边台平面为方形，每边长十二点五到十四点五米，三合土夯筑，外部包砌条石与青砖。桥墩除一号墩前尖后平外，其余平面皆为梭形，长二十三米余，宽五点七米，内白灰浆砌石，外面下部包砌花岗岩条石（图 2–17–3）。水门券洞宽五点七米、高八点五米。在九江河河床上，有七千平方米的铺石（图 2–17–4）。发掘后我们发现，在铺石的下面，仍然规整地平铺石块，石块间并用白灰、黏土夯实，再铺石块（图 2–17–5）。在基础石块的下边，还做有地基，其方法是打入柞木桩，纵横排列成行（图 2–17–6），桥墩基础下的柞木桩尤为密集，现在残存的柞木桩中，最长者三点零五米，最粗者直径二十五厘米。由此可见，九门口长城的城桥，不仅工程浩大、艰巨，而且设计亦极精确、周密。我们对九门口长城遗址的发掘，为人们了解我国古代长城建筑极其复杂的内涵，增添了新的实物资料。

通过考古调查，我们还比较明确地认识了九门口城桥旁的关城。它位于九江河北岸的长城内侧，是一座南北向的长方形接壁小城，其东城墙借用长城墙体，其他三面城墙

图 2–17–3　从九江河南侧颓土中发掘出土的一、二号桥墩

图 2-17-4　在九江河上发掘出土的七千平方米一片石铺石

图 2-17-5　在九江河河床上一片石铺石下面仍规整砌石以使地基牢固

图 2-17-6　铺石下面打入地下加固地基的柞木桩

为砖筑。它与我国历代修筑长城时所建的传统接壁小城一样，是长城防御体系中不可缺少的结构。该关城南北长一百八十五米，东西宽一百三十五米，墙体外部墙基由花岗岩条石砌筑，其上为砖面，内侧为石块垒砌，中间填充经夯打的三合土，墙的顶面铺方砖，两侧并有垛口墙和女墙。在东、西两城墙的中部，辟有城门；南城墙中间面向九江河留有一拱券式小便门，它应是城内向外流水的泄水门。在关城的西南角，向西接筑一道城墙，延展三百一十七米，曲转直上北山，在山上又复迂回向东，最后与北山上南北走向的长城墙体相接，从而在长方形关城的西北，又形成一座外城。这座外城的墙体全部由石块砌筑，随山就势，高下低昂，错落有致，在外城墙的西面近山根处，辟有城门，使之与关城的西门相通，其间有道路。关城是驻军衙署所在；外城是关城的重要构成部分，其面积较大，但主要是在山坡与山岗顶部，平地面积较小。我们在考古发掘时对城址进行了调查，得知在这座外城中有限的平地上，就发现保存至今的水井一百一十余眼，有的在一户农家宅院中就可见三眼水井。这么大的用水量，是应有特殊需要，不能不说这是一个奇特的现象。

据此可知，外城当是守军驻戍之地，也是制造兵器、火药的场所。

九门口关城，实有大小城门四座，若与城桥六座水门合起来，就不是九门，而是十门。

由此可见，发掘结果所见城桥本身为九门，是正确的，而不能与关城门合之凡九门云。文献材料记载有误，通过考古发掘使之澄清。

## 二、关于“一片石之战”的记载与研究状况

历史上，在九门口长城附近曾发生过多次战争，其中有一次战争是颇为有名的，并且在我国历史的发展进程中产生过重大影响，因此被显赫地载入史册。这次战争就是明末清初发生的“一片石之战”。

一片石之战，发生在明崇祯十七年(公元1644年)五月。

李自成在率领农民起义军攻占北京后不久，即率军进逼山海关，准备收降吴三桂，而清朝的军队也由多尔衮统率西进，驻扎于山海关外，双方都在争取吴三桂，以壮大自己的军事力量，巩固建立起来的政权。就在他们相持于山海关内外时，首先发生了“一片石之战”。在这一战中，农民起义军守将唐通败走，加上李自成进北京之后的政策失误——俘吴襄、掠陈圆圆等，导致吴三桂投降清军，与多尔衮合兵进击，在石河与农民起义军展开一场鏖战，结果农民起义军失利，损失惨重，败回北京，最后这次规模极大的农民起义被清王朝镇压下去。

从历史上看，对于农民起义军之失败与清军的入关，“一片石之战”不能不说是很重要的一仗。从“一片石之战”至今，已过去三百五十多年了，但自其发生后，一片石的所在位置即没有被准确定点过，现在学术界更是莫衷一是，言人人殊，在近年的史学论著中，各有所指，颇难统一。笔者以为，对这一问题应该求得解决。下面即将历来关于一片石定点的分歧意见略述于后。

谈迁为存明代史实，著《国榷》，在说到一片石之战时，他说：“贼虑三桂东走，又两万骑西出一片石，转东夹攻关外。”

这里“贼”是指李自成，说他怕吴三桂东去降清，派兵西出一片石。谈迁在书中虽未指出一片石的具体位置，但当时李自成农民起义军的驻地是在长城内侧石河一带，即在山海关西，农民起义军“西出一片石”，就不好理解——本已在西，如何再“西出”？而“转东夹攻关外”，关外就是东，又怎样“转东”？语意不清。根据此文意，一片石显然是在长城内侧，即在长城之西。他所说“夹攻关外”中的“关”，是指吴三桂所守的山海关，“关外”即山海关的东面。若到关外，则可与在石河的李自成本部形成对山海关的东西夹攻。

这种相似的记载，在明末钱士馨的《甲申传信录》中亦见（后引，此略）。

计六奇的《明季北略》称：“九王多谋，不肯先与自成轻战。十九丙子，使三桂为前锋，

与自成大战于关内一片石……"

此处所谓"九王"，是指多尔衮。计六奇明确地说"大战于关内一片石"，已不用解释，一片石就在山海关之西。这是明末清初人对一片石之所在的认识。

然而，几乎与此同时，也有另一种截然不同的说法。《清实录》就说："戊寅，师距山海关十里外，值贼首李自成率马步兵二十余万，……招三桂降，三桂不从，贼遂围山海关，是晚，即败贼总兵官唐通马步兵百人于一片石，斩百余人，贼兵遂遁。"[①]

这是清人的记述。师，是指清军。清军在进到山海关当晚，并未越过长城，而是把夹攻山海关的农民起义军总兵官唐通打败于一片石。据此可知，一片石在山海关东。

以上都是关于一片石较早的记载。关于一片石的位置，它们在当时就有分歧，而且它们没有指明一片石的具体地点，这就给以后的研究带来混乱，说法不一。

《中国古今地名大辞典》认为，一片石"在河北临榆县北七十里，有关城。明末李自成东攻吴三桂于山海关，以别将从一片石越关外，清兵来援，先败一片石之兵，遂入关，破自成"。[②]

此条释文亦有自相矛盾处，如它说农民起义军"从一片石越关外"，似一片石在关内；又说清军"先败一片石之兵，遂入关"，好似一片石又在关外，并且也未指明一片石在今的具体地点，不过却说明它在"临榆县北七十里"。临榆县在何处？即有该辞典自己的定位——"临榆县"条说："辽置迁民县，金废为迁民镇，明置山海卫，清改卫为临榆县。"（该书第 1293 页）"山海关"条又称："山海关为长城极东尽处，今京奉铁路通过之，自古视为要隘，有天下第一关之称，今亦筑有炮台。……明置山海卫于此，清废。"据此可知，一片石在今山海关之北七十里。

孟森《明清史讲义》说："三桂闻家口被掠，怒作书绝父，且急遣使至多尔衮军前乞师。多尔衮时尚在宁（本文笔者按：即今辽宁省兴城市），得书即进，途次复得三桂趣进之书，兼程而行，距关十里。自成以三桂抗不受诏，自将精锐二十万东击三桂（本文笔者按：此言李自成自北京东来山海关击吴三桂），又令唐通等前锋二万骑绕出关外夹攻。多尔衮遂击败唐通等于一片石。翌日，师至关，三桂出迎，大军入关。"[③] 这里讲得非常清楚：当时清军在山海关东（即关外），农民起义军前锋唐通绕到关外与李自成军夹攻吴三桂，而当天晚间清军在一片石将唐通打败，第二天吴三桂迎多尔衮军入山海关。显然，这里明指一片石在山海关东。

朱仲玉《吴三桂是怎样引清兵入关的》一文说："李自成亲自率领二十万大军在山

①《清实录》卷四《世祖实录》。

② 臧励和等：《中国古今地名大辞典》，上海：商务印书馆民国二十年（1931）年 5 月版。

③ 孟森：《明清史讲义》，北京：中华书局 1981 年 3 月版，第 391 页。

海关附近一片石地方讨伐吴三桂。两军摆开阵势，激烈战斗。战争刚开始，天气忽然大变，狂风骤起，飞沙满天，士兵们一个个睁不开眼；正在这时，满族贵族的精锐骑兵，从吴三桂军背后冲出来，直扑农民起义军。李自成大惊，农民起义军阵势动摇，大败。李自成急忙下令收兵，向北京退却。”[①] 此文未具体说明一片石在什么地方，只说“在山海关附近”，没有方向，不知在何处。同时此文还有一个误解，即将“一片石之战”和“石河之战”混为一谈——唐通是在一片石之战败北的，而李自成是在石河大战失利，退回北京的，二者前后时间不同，不在一个地点，也非一战。

智夫成《李自成农民起义》一书说：“十九日，农民起义军与吴三桂军大战于关内一片石地方。”[②] 这是明确指出一片石是在山海关西。

《中国古代史常识》说：“李自成得到吴三桂降清的消息后，便于四月十二日亲率数万大军向山海关进发。起义军与吴三桂在一片石发生战斗，满清的骑兵突然出现在阵前。在优势的敌军进攻下，起义军败退北京。”[③] 据此文，李自成自北京向山海关进发，最后驻军在关城西面，以后即与吴三桂军在一片石发生战斗。根据当时的军事形势，此文所称一片石当是在山海关西。

王戎笙《清代全史》说：吴三桂欲投降李自成大顺军，但“他骤然变卦，带领部下兵马直奔山海关，从背后对镇守关门的唐通部进攻。唐通的兵力大约只是吴三桂部的五分之一，加以事出意外，猝不及防，山海关遂被吴三桂占领。唐通率残部撤往距关门不远的一片石，大顺政权委任的其他官员也先后逃回”。[④]此书说唐通占据山海关，吴三桂将其打败，唐通撤到距山海关不远的一片石。这是他的臆说。但他对一片石所在的认识较为模糊，只说距关门不远；而且此书强调“镇守关门”“关门不远”，从文意看似指山海关西门。一片石的位置不明确，但就在山海关门的西面不远处。

戴逸《简明清史》说：“五月十八日，李自成亲自统率二十万农民起义军开赴山海关。二十四日，农民起义军三面包围了关内城镇——山海关，又出奇兵二万骑，从山海关西一片石北出口，东突外城，进抵关门，截断吴三桂军与关外的通道。吴三桂军处于被围的困境，战斗的态势对农民起义军是有利的。可是，到了二十六日，清军进距山海关外十里，击溃由唐通（明降将）率领的农民起义军于一片石地方。吴三桂乘机炮轰包围圈，从间道直驰清营，拜见多尔衮，剃发称臣。”[⑤]此书所述一片石位置有自相矛盾处。李自成由北京率军东进，其驻地是在山海关西面。“农民起义军三面包围了关内城镇——山

① 吴晗主编：《中国历史常识》第四册，北京：中国青年出版社 1963 年 8 月版，第 60 页。

② 智夫成：《李自成农民起义》，西安：陕西人民出版社 1975 年 9 月版，第 114 页。

③ 中国青年出版社编：《中国古代史常识·明清》分册，北京：中国青年出版社 1980 年 3 月版，第 186 页。

④ 王戎笙：《清代全史》第二卷，沈阳：辽宁人民出版社 1991 年 7 月版。

⑤ 戴逸主编：《简明清史》第一册，北京：人民出版社 1980 年 6 月版，第 104 页。

海关”，就是说农民起义军已兵临城下，派兵“从山海关西一片石北出口”，这“西”就到了农民起义军的背后去了，然后又如何“北出口”，实在令人费解！而多尔衮由宁远统军西进，其驻地是在山海关东面，并且“清军进距山海关外十里”，就“击溃唐通率领的农民起义军于一片石地方”，清军尚未入关，更未到“山海关西一片石”，即击溃唐通军于一片石，这个一片石又在何处呢？若说从“一片石北出口”后即“东突外城，进抵关门”，显然说明农民起义军是到了山海关东门外，此说也符合截断吴三桂与驻扎在“距山海关外十里”多尔衮军通道的军事部署，那这不是很明显地指一片石在山海关东吗？前说在西，后又指在东，忽西忽东未有准地，显见著者在心目中对一片石位置的认识是模糊的，因而才出现这种混乱。

娄曾泉等《明朝史话》说：“四月二十二日，大顺军在山海关一片石遭到吴三桂和清兵的优势兵力夹击，惨遭失败。四月二十六日，李自成败归北京。”[①]此书对一片石之所在的提法，更加混淆，“在山海关一片石”恐只能给人一种一片石在山海关的感觉了。

顾诚《明末农民战争史》说：“唐通被击败后，带着残兵驻于关城西北的一片石，派人向北京告急。”[②]不仅此处对一片石位置的提法——在山海关城西北有待商榷，而且明末清初李自成、吴三桂、多尔衮三者之间的这次战事，尤其是进军路线和战斗地点，作者也没有完全指清楚，因此提出农民起义军战败后的残兵驻于一片石，并向北京告急。其实唐通军是在一片石被打败的，并且李自成也不在北京，而是屯军在山海关西面的石河之上。唐通即使战败，因主帅就在附近，所以他根本不会向北京告急。（又按：“关城西北”说，亦即“关内说”，因若谓一片石在山海关西北，实则是在长城内侧，故亦应为关内。）

李治亭《清代历史故事》说：“李自成大军先于清兵到达山海关。……这时，清兵刚到达离山海关十里的沙河停下来，查看动静。吴三桂派人去清营报告说，李自成派唐通率军出关， 在一片石附近安营扎寨，严重威胁山海关。多尔衮立即传令诸王出战，将唐通所部义军击溃。”[③]这里说得也很明确，唐通率军出关，在一片石安营，接着清兵从沙河向山海关方向来，击溃唐通军，显然是置一片石于山海关东。

夏家馂《清朝史话》说：“清军进到离山海关只有十里的一片石，打败了唐通的守军，五月二十八日进抵山海关。吴三桂亲赴清营，与清军统帅多尔衮拜天誓盟，并薙发归顺。”[④]此书对一片石的位置说得十分清楚：“清军进到离山海关只有十里的一片石，打败了唐通的守军”，明确指出一片石在今山海关之东十里。关于一片石之所在，还有一些论述也均提及，但为了节省篇幅，就不一一列举了，并且由上述摘引即可见其一斑。

① 娄曾泉、颜章炮：《明朝史话》，北京：北京出版社 1984 年 9 月版，第 240 页。

② 顾诚：《明末农民战争史》，北京：中国社会科学出版社 1984 年 10 月版，第 260 页。

③ 李治亭：《清代历史故事》，长春：吉林人民出版社 1981 年 5 月版。

④ 夏家馂：《清朝史话》，北京：北京出版社 1985 年 4 月版，第 41 页。

在接触上述诸书的论点后，我们感到，关于一片石的所在，是颇有问题的，诸家各持一说，有的说在山海关西，也有的说在山海关东，还有的说在山海关西北，也有无明确位置或定点自相矛盾者。这说明研究者对一片石位置的认识是模糊不清的，因而缺乏肯定意见或明晰准确的描写文字。并且应该说这种叙述不清楚是自清初谈迁、计六奇以及《清实录》的作者们起就开始了的，以至于三百多年来诸说各异，莫衷一是。

## 三、一片石确切地点的发现

我们认识一片石之确切所在，是笔者在发掘绥中县九门口明长城遗址时，在大规模揭露出遗迹、获得许多珍贵文物后解决的。

1986 年 6 月，我们在清除九江河上长城过河城桥颓土的过程中，发现三方石碑，一为万历十七年（1589 年）修过河城桥碑，一为万历四十三年（1615 年）修筑长城的城桥碑，一为天启六年（1626 年）修筑长城的围城碑。两碑均提到一片石，因而启发了我们要解决一片石的位置问题。

万历十七年（1589 年）修筑城桥两端边城的情况："保定车营把总、武举官王度秋防管修，自把总于趼工接头起，至圈城西角止，修完边城长七丈六尺。万历十七年十月立。"

万历四十三年（1615 年）修筑长城在九江河上的过河城桥石碑载：

"万历肆拾叁年春防，石门路主兵原派修工、军士柒百柒拾壹名，□修石黄一片石关头等极冲河桥，自河南岸起，至北第三洞岸中止，应□修贰洞半，伍总计长贰拾丈，券门肆丈……"

此碑文告诉我们，"极冲河桥"，就是我们这次发掘出土的八个桥墩与两岸边台所组成的、有九个券门的过河城桥；进而我们知道，所谓"极冲河"应该是今九江河的明代名称；同时我们还可知，"一片石"与极冲河桥密不可分，应在一地；而处在今九江河北岸、长城内侧的连壁城堡，即应为一片石关的关城。在碑文后面的题名中，有"石门路中军指挥佥事阳和高范、石门路步校千总官秦应麟""黄土岭把总官李维馨"等；碑文"石黄一片石关"中的"石黄"，当指石门路与黄土岭城——九门口恰是石门路的管辖范围。发掘中我们曾前去石门路并调查黄土岭城。石门路，今称石门寨，是乡政府驻地，在九门口西三十里，有石砌城池；黄土岭城，今名黄土岭村，在九门口西北九里，至今石城仍存，墙体保存较好。

天启六年（1626 年）增筑过河城桥两岸边台围城的石碑载：

"真定民兵营春防，奉文派修一片石九门桥洞外面，南北两角新创围城二座，每座三面，周围共长一十三丈，每丈议派军士三十名，……每座……内炮洞七个……"

碑文中所记在考古发掘中均已获见。在城桥两端的边台处，贴壁接筑有前此未见的"围城”（或称“圈城”），每座围城（圈城）四周高墙，形式如城，故称“围城”或“圈城”，从上面有阶梯可下，内各有对外的炮洞七个，可证碑文不误。

此碑文中说“一片石九门桥”，据此可知一片石与九门桥实不可分，否则不会如此连称。在前面我们已经谈过，九江河上的长城因修筑的过河城桥下有九个水门，因此称桥为“九门桥”完全符合，后又衍化为九门口。通过发掘，我们还发现为保护过河城桥的桥墩基础，使其周围的沙土不会被河水淘刷冲走，而在河床表面敷设达七千平方米的大面积铺石。这是什么？它就是“一片石”。假若一片石不在此地，而是在他处，碑文中就绝不会说“一片石九门桥”。正因其上下实为一体——下为一片石，上即九门桥，故如此连称也就是极为自然的了。

那么一片石是什么样的呢？上述是我们从出土石碑碑文所得出的结论，这是一个方面，还不足以说服人，必须得有出土的遗迹为证。下面笔者就介绍一下考古发掘所见的遗迹情况以及附近考古调查所获得的其他记载材料。

当我们把九江河上长城过河城桥倾圮形成的数以万方计的颓土清理出去后，在南北宽达一百米的九江河河床上，发现有东西长近七十米的铺石，即满河床上皆有铺石，其面积达七千平方米。铺石均为巨大的花岗岩石条，长零点三八到二点四六米，宽零点三到零点六七米，厚零点二二到零点四二米（图 2–17–7）。这段河床上所用铺石总数计

图 2–17–7　九江河河床上铺砌的“一片石”结构

一万两千余块，其铺筑方法为平铺互错，在河床上铺石的边缘和在桥墩周围的石条间，均用重量为五到八公斤的“银锭”式铁扣绞起，从而把铺石联结成一体，以使其铺砌牢固，河道中的沙土不会被洪水冲起，以保证桥墩安全（图 2-17-8）。面积这么大的河床铺石是少见的，尤其是人为造成的景观，更易引起人们的注意，加上铺石打凿之光滑平整，设计之独特，铺砌之精细，占地面积之广大，更为古建中所罕见。

笔者在过去的读史中，知道明清之际有一片石之战的事，而且还知道史家对一片石的所在地点说法不一致，矛盾互生，长时间以来没有解决，因此，当我们将河床中全部铺石上的积土除掉并将其清扫出来之后，笔者立刻就有“这么大一片铺石”的感叹！这种感觉当时真的是下意识产生的，那种触动令我震憾！无论你是登上河两岸山头的长城俯视，或是站在河床铺石上放眼望去，或是在它的四周进行观察，其情其景，“一片石”的概念都会油然而生！凡是来此亲眼看到过这个遗迹的人,对它是“一片石”都不会怀疑！

在发掘过程中，我们还调查了葬于九门城桥外侧、九江河北岸山脚下平地上的清代耿国才墓园。该墓园西南距“一片石”铺石仅二十余米，至今仍存一通完好的龟趺座大型石碑，系建于清顺治八年（1651 年）。碑文称：

“先考华轩府君讳国才，幼通经籍，性豪迈，孝友嫺睦，著闻乡里，见辽事日非，乃决计不求仕进，挟重资入关游燕齐，任侠结客，不知者以为轻去其乡，而不知辽阳之变，

图 2-17-8　在九江河床上“一片石”上面铺石的下层仍规整砌石以使地基牢固

公早烛照而数计也，故卒免于难。嗣是，时事多艰，忧愤悒郁，疾日以痼，乃大散其财，诸戚友咸德之。重为殡殓，稾葬于一片石之麓……”

由耿国才墓的碑文，亦可见一片石的位置。“葬于一片石之麓”，即葬于一片石北面的山脚下。麓者，山脚也。“一片石之麓”，即一片石旁之山脚也。

清初，九门城桥尚未颓圯，一片石亦未因土埋而荒芜，仍明显可见，故当时当地的人还能较准确地记述，并亦知“一片石”之所指。因此，耿国才墓园保存的碑文，给我们提供了考证一片石位置的极为珍贵的材料。

## 四、一片石与九门口的关系

一片石是因明长城九江河城桥下的铺石而得名，其所在位置，通过考古发掘现在已经获得解决。但一片石与九门口是否确为一地，此前还存在很大分歧，于此还应进一步辨明。

臧励和等《中国古今地名大辞典》在“一片石”条下载：“一片石，在河北临榆县北七十里，有关城，明末李自成东攻吴三桂于山海关，以别将从一片石越关外。”而同书“九门口”条下又载：“九门口，在河北临榆县东北三十里。”该条同时又接着援引《临榆县志》关于九门口的记载：“大清河水自关外入，其水分九道而下，今名九门口。”该书关于一片石与九门口关系的描述，明显存在问题。一在“临榆县北七十里，有关城”，一在“临榆县东北三十里”，不仅里程不对，相差四十里，而且方位也不对，一在北，一在东北。该书释文本身也自相矛盾：认为一片石有关城，即一片石关，故清军“破一片石之兵，遂入关”，而九门口则是因“大清河水自关外入，其水分九道而下，今名九门口”。大清河说颇误。根据考古发现，九江河在明代修筑长城前，称极冲河；大约在明代中叶，很可能在万历年间修筑有九个水门的过河城桥后，改称九江河，清初已见此名；但未见有“大清河”之称，而且水也不自关外入，而是自长城内向外流，同时也没有“其水分九道而下”，实际上是在一条河上修了一座有九孔的桥而已，河水在桥之前为一条河，在流出桥洞后仍是一条河，并未见九股。因此，以为九门口得名是有九股水道流过的河，而不是因长城在河上通过的城桥有九个水门而得名，其说不确；并且，将一片石与九门口分置于两地，也是错误的。

顾祖禹《读史方舆纪要》在“一片石”条下谓：“（抚宁）县东七十里，董家口东第十二关口也，一名九门水口，有关城……由一片石南至山海关，凡历五关，曰寺儿谷、三道关、角山关、旱门关、北水关。三道关，南去山海关，北至一片石，各二十里……。”[①]

顾氏此处虽未明言一片石的具体位置，但从其叙述看，从一片石到山海关，皆系就

① 顾祖禹：《读史方舆纪要》卷十七《北直八》，北京：中华书局 2005 年 3 月版，第 767 页。

长城线一处接一处谈的，山海关、北水关、旱门关、角山关等以至一片石，前面所说之地点都在长城线上，岂能独一片石例外？经过我们考古调查，顾氏所说的各个地点，实际上都是长城本身结构，并没有脱离长城墙体。因此，一片石也是长城在其地的结构部分，发掘结果也完全证实了这一点。所以，一片石既不在山海关西，也不在山海关东，而是在山海关之北三十里，就在长城线上，并且是长城结构的一部分。

抚宁知县刘馨曾撰有《重修一片石九江口水门记》，其文云："距骊城百余里而遥，东北一带地多崇山峻岭，壤接荒服，俗习边□，马迹之所不至，屐齿之所未及，有名一片石者，雉堞鳞次，巍然其上者，长城也。城下有堑，名九江口，为水门九道，注众山之水于塞外者也。"①

此文较形象的描述，说出了一片石与九门城桥的位置和关系。"一片石者，雉堞鳞次，巍然其上者，长城也"，这不正是说城桥下面的铺石就是一片石吗？

修筑长城时，为保护桥墩基础而在城桥下的河床上大面积铺石，因其景观壮丽，遂产生"一片石"之名。于其近旁所建关城，亦即名为"一片石关"。一片石关要较长城修筑为晚，并为两期建成：长方形关城的东壁是借用长城墙体，不是一体砌成；关城的外城，又系另接关城西北角砌筑，其用材皆为石料，与关城不同，是又一期的建筑，而其时间又为晚后。

这座关城名为"一片石关"，据现在所知，还可见到明代的记载。首先应该提到的，是发现于 1949 年 2 月、现藏于辽宁省博物馆的明嘉靖十三年（1534 年）许论绘制的《九边图》，它是研究明长城的极好资料。九边，是明王朝在其北方建立的九个军镇的简称，当时每镇各分管其所辖的长城（图 2-17-9）。许论精于边务，其所绘《九边图》较完整地反映了明代北方九镇长城与边疆地区少数民族的分布情况，十分难得。在这幅图中，于蓟镇长城线上，由山海关北去，长经旱门关、南山驿、大安岭等关口，再往上便在长城线上见到一座方形城池，其内注有"片石关"三字（图 2-17-10）。按方位、里程来说，此"片石关"与顾祖禹《读史方舆纪要》中"一片石关"条所记述的情况完全相合。由此可知，"片石关"实即为"一片石关"的简称。并且我们还可知"一片石"和"一片石关"之名，至迟在明嘉靖十三年以前就已经确定下来了。同时顾氏在其书中所说的"九门水口"，也就是我们发掘的有九个泄水孔道的过河城桥，这是至为明确的。九门口即一片石，一片石亦即在九门口，二者实为一体，无法人为分开。

## 五、"一片石之战"的确切地点

根据以上的讨论，我们对一片石命名之由和它的位置、它与九门口的关系以及一片

① 史梦兰：《永平府志》卷三十三《建置志二》"城池下"，光绪二十三年（1897 年）重修版。

图 2-17-9　明朝许论所绘设色巨幅《九边图》中的九边之首——辽东镇长城图

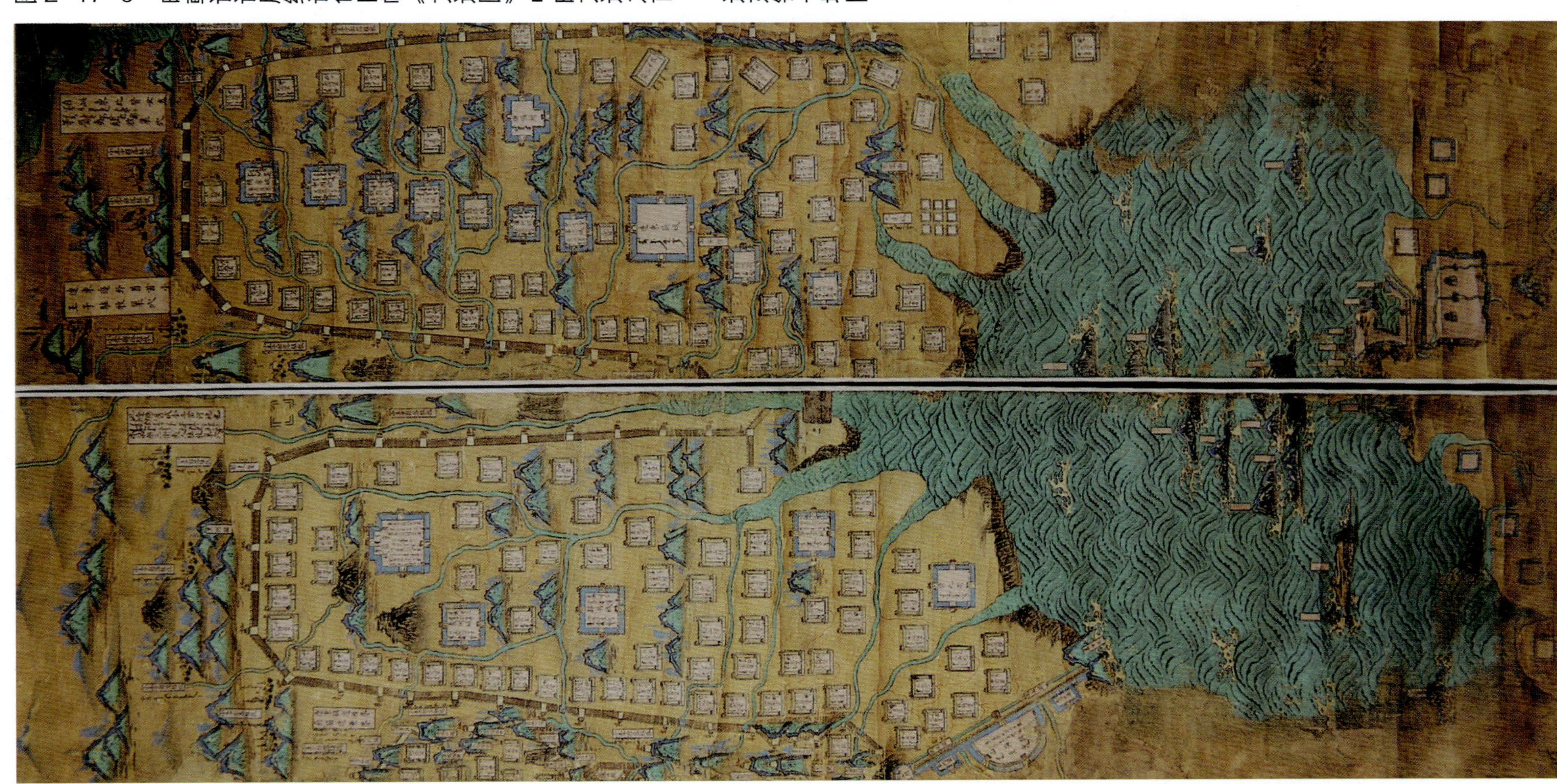

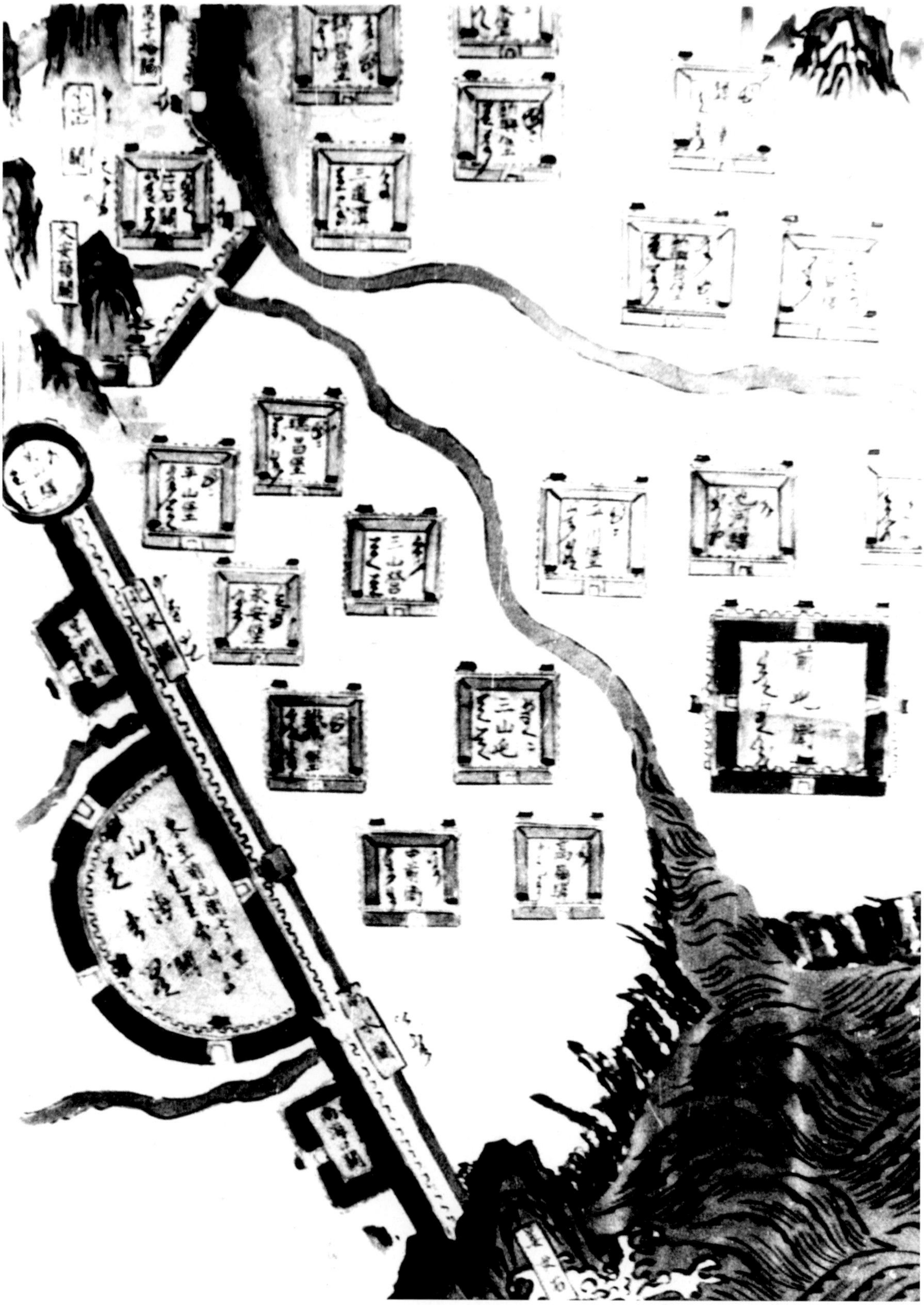

图 2-17-10　明朝许论所绘设色巨幅《九边图》中的“片石关”城位置

石关之所在等，都已完全搞清楚了。但现在还有一事，需要重申一下“一片石之战”的发生地点和多尔衮在此地的进军路线问题。

“一片石之战”，由于当时的记载不够明确，随着时间的推移，到现在过了三百五十余年之后再谈论起来，自然是扑朔迷离，更不容易弄清楚了。要解决这个问题，只有经过实地考察并结合文献记载论证，才可得其实。

“一片石之战”的发生，是在李自成屯兵山海关之西，多尔衮拥军山海关之东，双方都在争取吴三桂之时，当时李自成军是驻扎在石河之上，而一片石（九门口）在辽沈地区除山海关外，仅有的一条通向北京的重要交通道路上，其地又有长城，从军事防御上考虑，李自成必然要派兵扼守这处险要隘口，尤其是在吴三桂举棋不定、踌躇观望之际，所以他派唐通率精骑两万越一片石，从外面向山海关突进，以便实现对山海关的全面包围，截断吴三桂与清军的联系。《明史·李自成传》说“以别将从一片石越关外”，即是指此。而《明季北略》说：“自成夺外城，将外营老弱尽行杀死，长驱城下，围之数匝，又从门西一片石出口，东突外城。”此处所述，有欠详明，前后叙事不清，不足为据；然细绎此段文字，它所描述的似为农民起义军攻取“一片石关”的情况；一片石西部有外城，夺下后，从一片石东突出长城外面。但此事为唐通所为，而非李自成。

《甲申传信录》有段记录，描述清兵进军山海关、战于一片石的过程：“师夜发，逾宁远，次沙河（本文笔者按：沙河，今绥中县城西南沙河站镇）。明日，距山海关十里。三桂遣逻卒报自成将唐通出边立营。王遣兵攻之，战于一片石，通败走。”

从此文可知，唐通从一片石出长城后，即在关外立营。但当多尔衮派兵进攻时，它又说是战于一片石。唐通并未回军，那战于一片石，显然是说一片石在长城外。但确凿的是，一片石是指长城下九座水门下面河床上的铺石，则“战于一片石”就不好理解了。按正常情况说，当时是在五月，河仍枯水，有九个宽大水门的通道，对进军是有利的，而城门又是防守中的薄弱环节，无论是从战略上还是从战术上考虑，清军必然要夺取这一重要关口，于是就在一片石所在的九门城桥长城线上发生激战，最后清军突破长城，唐通败走，清军遂占领一片石关，此地即为清军西进的道路之一。当吴三桂降清后，多尔衮令其率军与农民起义军在石河展开大战，而战斗正酣之际，清军突然从九门口进军西下，到石河加入战斗，两下夹攻，致使李自成惨败，退回北京。这一战，应该说一片石（九门口）之失，清军实现突击，是导致农民起义军失败的原因之一。

根据我们在九门口考古发掘所见的出土遗迹、遗物，并进而在其附近开展较大范围的考古调查，结合文献记载，我们对一片石之所在与“一片石之战”的情况，有了更进一层的了解。

九门口一带的地理环境，从军事战略意义上考虑，是非常优越的。它是北京的门户，道路近便，被称为“京东首关”，附近山高谷深，隘口险要，长城坚固，易守难攻。农民起义军自然要占据这道防线，同时它也是李自成军石河老营防御清军的前沿阵地。清军攻打一片石，也是为了要打通这条进军的路线。双方发生的“一片石之战”的战场，不在别处，就在一片石（九门口）长城，一方在城关上御敌防守，一方在外面进攻，长城是其临界线。

一片石原本是铺在九江河上长城过河城桥桥墩上、下游两面并包括桥洞在内的河床上的大面积铺石，原系为保护桥墩基础而采取的技术措施；但由于长城这处险要隘口的存在，以其引人注目而又壮丽的人文景观，被称为“一片石”，进而衍化成地名。但一片石并不存在山海关西或山海关东之说，并且也不存在长城西或长城东之说，其本身就在长城线上。因此，历史上的“一片石之战”，也不存在山海关西或山海关东之说，它就是在一片石之上的九门城桥内外两侧以突破和守卫长城线而进行的。一片石的准确位置，是在山海关之北三十里，是长城线上因河而建城桥所形成的一个独立的险要关隘，现在衍化成地名，而通称为九门口。

（原载《葫芦岛文物》，葫芦岛市文广局、文管办 1996 年 1 月版）

# 文十八
# 明万里长城东端起点发现在宽甸虎山

明万里长城的东端起点，长时间以来存在着很大问题，国内外都流传着万里长城“东起山海关，西到嘉峪关”的说法。这实在是一种误解。事实上，辽东镇长城是明代“九边”之首，明长城“东起鸭绿”，史有明文。不过明长城东起于鸭绿江何处，未见记载，因而多年以来学术界对此有所忽略，也趋向于一般群众的传说，甚至包括《辞海》和中小学历史、语文教材，也都写作“东起山海关，西至嘉峪关”，其覆盖面之广，可以说达到了“家喻户晓”的程度。在长城研究中，虽有极少数人坚持确认明长城“东起鸭绿”，但在考虑其定点时，又意见分歧，而且出入很大，颇不一致——先后提出的有九连城说、老边墙说、虎山说、古楼子说等，长时间以来，这种分歧意见未能统一。因此，寻找和确定明万里长城东端起点，是研究我国长城的一个首先和必须解决的课题。

自 1990 年 2 月以来，为开发鸭绿江风景名胜区的旅游资源，丹东市文化局、旅游局和鸭绿江风景名胜区管理局邀请笔者，对明万里长城东端起点进行考古调查，以便确定其走向，加以修整和保护。参加这次考古调查的还有辽宁省文物考古研究所的薛景平，丹东市文物管理委员会办公室的王连春、任鸿魁，辽宁省长城赞助活动办公室的吉昌盛、金光远等。野外调查前后历时四个多月，行程达两千多公里。我们翻山越岭，反复寻找。因笔者过去提出，明万里长城东端起点在鸭绿江畔、虎山南麓，故这次调查由笔者主持，但我们不带任何倾向，仍然先从九连城起，依次调查老边墙、古楼子等地，东到宽甸县长甸、永甸、坦甸、赫甸等地，西到浪头以及东沟县，有的地点还开探沟进行了试掘，以便了解。在其他地点都被确认不是明万里长城东端起点后，我们最后到虎山地区进行调查。经过一番艰苦努力，我们终于在丹东市东北十五公里、今宽甸县虎山村南、鸭绿江边的虎山（图 2–18–1），发现结构清楚的明长城遗址（图 2–18–2）。

我们经考古调查得知，明万里长城东端起点段虽然被严重破坏，又被草掩土埋，但

图 2-18-1　辽宁省丹东市宽甸县虎山全貌（由北向南摄）

图 2-18-2　辽宁省丹东市宽甸县虎山南麓、鸭绿江边明长城东端起点之“邦山台”址（由西向东摄）

并非不见踪迹。这次我们的田野工作是这样进行的：一方面仔细认真地调查，寻找遗迹，一方面分析文献记载的线索，考虑地理环境因素，深入踏查，不轻易放弃所怀疑的任何一处地方。虎山南麓台址，笔者在 20 世纪 60 年代初曾经调查过，并提出了考证意见，但不为学术界所赞同。这次调查，在许多地点都没发现长城遗迹后，我们还是认为，虎山南麓、鸭绿江边的大型台址就是明万里长城东端起点的第一座墙台址（此次调查编为一号台址）（图 2-18-3）。在此前提下，我们由此台址向北，在当地群众为取地下石块所挖开的土层中寻找，果然发现了石墙，并与一号台址相衔接，当即认为这是长城墙体(图 2-18-4）。于是我们沿此石墙向虎山南坡寻去，钻树丛，攀陡崖，在荆棘杂草中发现断续的石块，当我们攀登到半山腰时，一处很平坦的地方引起了我们的注意，又经反复掘土寻找，我们终于发现了又一座墙台址（编为二号台址）。我们由此向虎山最高峰攀援，均有发现，有的地段利用山险，虽未修城墙，但陡峭的山坡石面都经过人为加工，凿出各种大小不等的蹬窝，或是为拴绳索而凿成不同形式的孔洞，石墙地段，则在土层下时见颓落的石块。山顶有一座十分明显的大型台址（编为三号台址），过去它只被人们认为是一座烽火台，实际上它是一座连接长城墙体的墙台。由山顶向西至第二个山峰的山洼间，有一段七十米长的城墙，初见时，在草丛下仅有零星石块，待我们试为除去草、树后，即露出整齐的石墙，尤其是在山洼保存最好，石墙壁立，存宽四米余，存高两米

图 2-18-3　明万里长城东端起点之“邦山台”址结构

图 2-18-4　辽宁省丹东市宽甸县虎山南麓明长城墙体（南北走向）下压高句丽城址石墙（东西走向）

（图 2-18-5）。由山顶的三号台址沿山的北坡往下，有石墙（图 2-18-6），也有山险墙，直至虎山北坡边缘陡崖下。下虎山后，山北面的山岗较低矮，长城墙体接虎山陡崖沿低矮山岗顶部往北去（图 2-18-7），直至虎山村越过今丹（东）宽（甸）公路。在此地段，我们发现了三座墙台遗址。过公路后，又有一座墙台址（近年已被拆毁），长城沿虎山村中的山梁顶部径直北去，转而至栗子园村东山，山岗顶部均有颓坍的石墙或残基，有许多石块上还有线刻花纹或文字。在黄家沟岗梁，长城墙体亦保存较好，存宽四米，存高一点八米。从虎山至此十余里的线路上，长城墙体不断，均有遗迹可寻，仅发现可确定为墙台址的，就有十一座。由此再往北去，经当地最高山峰茂气顶之后，再往北行即到老边墙村，长城由此再继续北去，遗迹均被发现。

调查中，我们在长城遗址上发现了许多遗物，有明代瓷片、灰色布纹瓦、大小规格不同的青砖、铁镞、铁刀、铁甲片及石臼等。此外，在这段长城沿线附近，我们在调查时还发现了一些与长城有关的遗迹、遗物。在栗子园村，我们发现一座大型台址，其上散布了很多明代遗物，还有一通明石碑，附近还有石碾。此台址当为江沿台堡所辖十二个台子之一。在老边墙和八家子等村，我们前后发现四通明石碑，分别为万历十六年（1588年）、三十年（1602年）、三十八年（1610年）和四十二年（1614年）所立。这些发现对明长城的研究都是很重要的。

图 2-18-5　辽宁省丹东市宽甸县虎山北麓山岗上的明长城遗存

图 2-18-6　辽宁省丹东市宽甸县虎山东部的山峰间发掘出土的明长城石砌墙遗存

图 2-18-7　辽宁省丹东市宽甸县虎山北麓较低山岗上在发掘中的明长城墙体遗存状况

虎山明万里长城东端起点段发现后，新华社发布了这一长城考古重大发现的消息，立即引起国内外的重视。许多国家的媒体不仅转发了这一消息，还提出来丹东考察或是摄制录像。国家文物局同意辽宁省文物管理委员会的申报，批准由笔者任领队，丹东市文物管理委员会办公室的王连春、任鸿魁组成虎山长城考古发掘队，进行考古发掘。考古发掘的结果证明，我们调查时的分析判断无误，并继续有新的重要发现。

明万里长城东端起点的确定，是我国长城考古上的一项重大发现和收获，具有很高的学术价值。它不仅廓清了曾流传于国内外的明长城"东起山海关"的错误提法，恢复了历史的本来面貌，同时也必将进一步推动我国长城学的深入研究。

**［附录一］**

# 我国长城考古的重大发现

——1990 年 12 月 26 日在辽宁省丹东市"明长城东端起点论证会"上的讲话

罗哲文

刚才冯先生（辽宁省文物考古研究所研究员冯永谦——整理者注）把虎山长城的发

现情况做了详细报告，他进行了许多细致的调查。单老（故宫博物院研究员单士元——整理者注）发表了很好的意见，肯定了这次发现。这次丹东市的领导，还有辽宁省里的领导、专家们，对丹东的长城这样重视，我作为一个长城爱好者，觉得非常兴奋。跟单老一样，我的确事情太多了，但听到这个发现，是无论如何也要来一趟。看见了明长城的起点很难得，的确很难得！

找这个明长城起点，我还是真下了功夫。我来过两次，第一次是（20世纪）50年代，第二次是（20世纪）60年代。当初修长城是在1952年、1953年，朱工（中国长城学会常务理事、研究员朱希元——整理者注）我们一块儿修长城。过去在我上小学的时候，长城就是“从山海关到嘉峪关”。这是一个误会。后来一接触到长城，我就知道历史上本来是很清楚的，（明长城）东起鸭绿、西至嘉峪。可是我两次来都没有找到具体地点，不过丹东是明长城的起点是肯定的。当时老边墙、虎山、九连城我都去过，只是因为来得匆促，没有把它确定下来。其他一些同志当然知道（明长城的起点）是丹东，但是具体地点也没有定下来。这次能够把它定下来，是很令人兴奋的。下面我想谈三个意见。

第一个意见，就是这个起点问题。大台子（按：指虎山南麓鸭绿江边的第一个墙台址）就是东端起点的位置嘛。我想，这个是应该肯定下来的。这次发现，我认为是长城考古调查的重大发现，也是文物考古工作的重大发现，因为长城是最大的文物，不仅在中国最大，在世界上也是最大的，上下两千多年，纵横十万余里。我觉得它是文物考古工作的重大发现。我认为这是很了不起的，具有重要的学术价值和现实意义。我的个人意见，对这次发现应是这么个评价。为什么这样说呢？过去多少年来很大的一个误解，在群众里头都是（长城从）山海关到嘉峪关。当然，历史学家和考古学家中有很多人是清楚的，（明长城的起点）不在山海关，是在辽东；但也有很大误会，不仅是在中国，在外国也是。恐怕最有影响的是《辞海》，绝大多数教学的、研究的都以《辞海》为准，《辞海》中写的就是“山海关至嘉峪关”。还有外国。我最近到日本，他们请我讲讲文物、古建筑，也讲了长城。他们就把这次发现的消息（按：指新华社记者在山海关首届长城学术研讨会上采访出席会议的冯永谦后而于1990年10月23日发布的报道）提供给我，说这是真正了不起的发现！外国的报纸上，报道了这个长城起点的发现。的确，外国人不知道。日本一位学者，可能他到中国来过，这次送我一本书，也是很难得的一本书，是一百年前的一本很厚的关于长城的书，中国长城，写的就是从山海关到嘉峪关。因此，很多外国专家、学者都知道山海关、嘉峪关，不知道鸭绿江。所以我要说这是长城考古调查的重大发现，就是它确定了明长城东端起点的具体位置，这是过去多年来专家学者都没解决的问题。

但是，提明长城的起点在丹东，我过去做了一些宣传，也是丹东为起点的，就在丹东的旁边，几十里地，这是很了不起的！我们拍了一个三十七集的电视片，是十省区电视台搞的，由长城学会协助，当时他们连东北这段就根本没有要，还是从山海关开始。他们找我当顾问，我说："找我当顾问，我不能不提这个意见，必须把这个辽东镇加进去。"（按：十省区电视台于是又聘请冯永谦为顾问，在该电视片中长城即从虎山开始）这次能把它肯定下来，我觉得是很了不起的工作，而且将来一定要建议，小学的课本也好，中学的课本也好，以及《辞海》也好，都要改正过来，要不然还是一个误会，明显的应该把它改正过来。过去近百年来，把这个事情误会了，现在就应该明确地确定，（明长城）东端起点就在丹东市东边的虎山。我看这是有根据的。冯先生做了许多工作，还有丹东市的同志、文物考古部门都做了很多工作。

另外，我建议要为它写个比较详细的报道，但也不能太详细，就是一个两三千字的报告。当然，将来还要做个详细的学术报告，把它的意义、具体情况报道一下，这样以正视听，很有意义。

第二个意见，我认为这段长城需要维修。前段（时间）丹东市、辽宁省的同志找了长城学会，我当时觉得应该维修。当然，还有不同的意见。但我个人认为，应该维修。为什么呢？我们现在对长城总的方针，经过国家文物局研究，很多中央领导研究，都认为是这样。国家文物局曾发布了新文件，叫"全面保护，重点维修"。因为你要是都维修，那不可能，也没这个必要，但是保护还是要保护的，因为你不保护，逐步都完了。但维修，是重点维修。重点维修的依据，就是它的价值，它的学术价值，它本身处的地位的价值，还有各方面，包括交通条件以及旅游、参观的需要，还有政治、经济等其他各方面，它本身的价值很重要。这个重点维修，（长城的）首尾，它的起点到终点是重点，肯定没有问题。另外，中间的重要关口也肯定是重点，要不然总体就显示不出来了。当然，这说的是明长城，还有其他许多长城。过去明长城的重点是山海关，虽然山海关不是起点，但它还是很重要的，因为山海关位置重要，还到海里头，但它毕竟是中段。长城中北京有好几个很重要的地方，还有像天津的黄崖关等，这些都很重要。但是，它的起点毕竟还是重要的地点。另外，它的交通也很方便，离丹东很近。而且对旅游开发来说，对参观、研究来说，也很重要。它是长城的重点之一，应该重点加以维修。特别是这个地方已经残破了，遗迹很少，如果不维修的话，它就没有了；如不加以保护，明长城的起点就没了。因此，应该维修。我为什么积极赞成维修？因为这样能真正把明长城东端的起点给保存下来，而且传之后世，让它不要湮没。历史上很多文物古迹，也是因为没有了，又重修了，之后能够保存下来，要不然，古迹就湮没了。所以这段位置肯定的长城，是很重要的发现，而且是真正的明长城东端起点，如不维修，肯定会湮没。那咱们研究长城，起码作为对长城有感情的人来说，我觉得是很大的损失。当然，省里、市里都有很高的积极性，（对此）我非常高兴，非常拥护，非常赞成。

第三个意见，我想谈谈维修的建议。

第一，我想应该做一个全面的规划。因为这一段长城要怎么修，特别是要修多少，应该有个全面的规划，叫“全面规划，分期实施”。规划不妨做得稍大一点儿，还得跟风景区、城市建设结合起来。刚才冯先生也谈了这个意见，我很赞成。规划搞完了之后，分期实施。全面规划我赞成稍微大一点儿，留有余地，但是涉及人力、物力、资金，还有各方面情况，要是弄得太大了，也可能会有困难，所以可以分期实施。

第二，需要进行进一步的勘察研究，拟定方案。现在有许多工作可以做：一是长城本身的考古调查，还要进一步。长城是个整体防御体系，包括丹东市、九连城、镇江城，还有江沿台堡，它的防线肯定是单独一点，所以还要进一步做勘察研究、调查工作。这是长城本身，也就是起点本身。另一个是和风景区规划、城市建设的规划结合起来。就明朝当时来说，这个地方是个很重要的边防城市，所以它的设施、布局，应是一个地区，而不是一个点。

第三，要做长城结构的调查。这个地方现在已经是遗址了，上面的主要墙体已经没了，如要恢复，必须参照别的地方的形式，恢复城墙，台子上面全部是石头的还是砖的？辽东长城我看到一些，看得不多，它的种类还是很多的。辽东长城，有石墙，有石垛墙，砖顶砖垛口，下面是石墙，上面是砖台子、砖垛口、砖房，有很多种形式。另外，还要参考文献资料，可以再收集一下。一是博物馆有一个图（朱希元先生插话：“《蓟镇长城图》。”——整理者注）。蓟镇长城，可以作参考。（朱希元插话：“像锥子山、九门口、蔓枝草，辽东长城和蓟镇长城有相当密切的关系。”——整理者注）在长城维修上，三方面的资料，考古发掘是第一手的，第二个是参考别的地方的一些形式，第三个是文献资料，包括文字的描写、图纸，这个该做得详细。我们这样做，为的就是把它修好。

第四，既然要修复，那就要把它修好。我们修复长城，不要让后人觉得你们这次修的，是马马虎虎完成的。第一，要坚持文物修复的原则；第二，工程不要草草率率。我记得 1952 年、1953 年修了八达岭和山海关，现在看来修得比较粗糙，后来又重新返工了。当时因马上要接待国家元首、外宾，比较仓促，所以修得比较粗糙。当时有当时的条件，后来修过多少次了，八达岭也修过好几次了。所以，要修得比较好一点儿，要有比较科学的设计，就是方案也好，测绘图纸也好，特别是施工，都要下功夫，这样，才能把它修好。

第五，就是给设计人员提供点儿建议。刚才冯先生提到了。既然我们要把这段长城做成一个标准，做成一个典型，让人家参观之后，能看出长城的结构，那它的形式就要有点儿代表性。所以，如果我们把每个台子都修成一个样式，那就不好了。比如有的是石墙，有的可以用砖垛口，上面有的是铺房，有的是墙台，有的是两层楼的，有的就是单层的。我说的是原则。究竟哪些地方是一个大台子，哪些地方是个单层台子，哪些地方是个墙台，让设计人员自己考虑，根据考古结果进行设计，要是几种主要的形式都能表现出来，将来研究也好，参观也好，都知道它不是十分简单的一种形式。一般来说，我看到的石墙，墙面的石料，有的地方是干插的，我看它起点的地方，墙面绝不会是很乱的，应该是很平整的，像黄崖关也好，绥中也好，里头是乱七八糟的石头，但它外面却是比较整齐的。所以我们在设计的时候，要参考一下，如比较毛毛草草，也不太似原来的面貌，还是要整齐一点儿。这个要调查一下，起码辽东镇的长城要调查一下。当时辽东镇长城的修筑都是一个统帅、那个总兵指挥的，肯定有他的一套规划设计，大体上是差不多的，所以我建议调查一下。

还有一个意见，就是新发现的起点遗址，从高句丽到辽、金，还有元，我觉得非常重要，这也是考古上的重大发现。我觉得应该把它保护起来，而且把它作为一个很有价值的古遗址保护起来。但是现在要在它上面修复明长城，我觉得有两种方式，冯先生那天提到："一是把下面修成空的，上面做成台面，下边即成为遗址博物馆，其上再修城楼；另一个就是，如果这样做有困难，可把长城的敌台位置往前稍挪一下，以利于保护高句丽遗址，这是又一种方式。"我觉得前一种方式可以考虑，就是这个台址的位置不动。因为一号台就是明长城的东端起点，嘉峪关那边也有一个台，在祁连山下，所以我想要是它的位置不挪，那就更好，也还是可以的。我想从工程结构的角度去解决它，就是在它的上面做一个钢筋混凝土的或其他结构的形式，把它保护起来，能够下去参观。这在国外也有很多，欧洲很多国家都有高楼，很高的，上面几十层楼，但它楼底下把原来希腊、罗马的古城墙，甚至于教堂，都留下来。我在捷克看到一个。捷克的一条大街，楼下你进去参观，都是当时希腊、罗马的一些建筑。我最近在瑞士看了一个教堂，那个教堂本身是12世纪的，地下室还有当时希腊、罗马的遗址。一个教堂，很小的，现在都保存下来了。就是花一点儿力量，做一个比较坚固且能够参观的文化设施性的结构，把它包起来，完了上面再修台。我想这很有意思，这可能要多花钱，也不一定多花，因为这个遗址你也要保护，保护也得花钱。当然，也可以把它埋起来。但那个地方距地表很深，也不好埋，埋了以后将来也不好参观。建议采取这种方式，就是原位不动，采取一些工程技术措施把它保护起来，将来也丰富这个地方的内容。这个意见提供给设计时参考。还有一个建议：从考古调查到设计维修，一直到将来修完了，这个过程应该有一个详细的记录、详细的报告，应该有一个比较科学完整的学术报告，将来要把它出版，传之后世。一方面在当地要树碑立传，一方面在文字上要留下一个记录。将来修好之后，我还有个建议，要作为重点文物保护单位进行保护。省里提出，将来作为全国重点文物保护单位，这起码可以考虑。我这个建议，还得省里头定。因为它是明长城的东端起点。长城现在有好几个全国重点文物保护单位了，嘉峪关没问题，北京也有几个了，山海关好像还没有。长城是重点保护文物，我希望将来它修好之后，申报一个全国重点文物保护单位。其他的春秋战国长城，因为它们是“祖代”的，已不好维修了，要修可能还只能是这个明长城，现在保存的主要是明长城。所以我想它修好后作为重点文物保护单位，就确定了，明确了，加上高句丽遗址，我想它够这个标准了。

另外，我还要建议，作为旅游开发，应考虑一些问题，就是要规划一下，不要直接在长城附近搞旅游设施。现在有个毛病，很多地方没有管理好，这也不单是旅游部门的事情，地方上有的时候很多单位往那儿挤，好多地方盖了很多房子，都不好办，要拆又费钱，很多旅游点都是这样。要做规划，要互相配合起来。文物要保护好，哪些地方要摆服务设施，哪些地方有些参观介绍，建一个博物馆我也赞成，但也不一定弄得很大，就是介绍这个长城，介绍这个地方的情况。再就是宣传品，还有旅游复制品。这些东西，建议将来加以考虑。总之，有一个规划之后，就好办了。

我就说这么几点，不一定对，仅供参考。不对的地方也请批评指正。

（录音：路明；整理：任鸿魁。路明、任鸿魁时任丹东市文物管理委员会办公室副主任）





**［附录二］**

## 明长城东端起点论证会纪要

1990 年 12 月 25 日至 27 日，辽宁省丹东市邀请部分学者、专家在丹东召开了“明长城东端起点论证会”。应邀参加会议的有：国家文物局专家组组长、中国长城学会副会长、高级古建筑专家罗哲文，中国长城学会常务理事、研究员朱希元，故宫博物院顾问，中国长城学会顾问、研究员单士元，北京市文物管理局副局长彭思齐，中央电视台军事部副主任、大型电视系列片《望长城》总编导、高级编辑刘效礼，辽宁省文化厅副厅长郭大顺，辽宁省文物考古研究所名誉所长、研究员孙守道，辽宁省文物考古研究所研究室副主任、研究员冯永谦同志。丹东市人民政府秘书长张伦基同志也参加了会议。与会的学者、专家亲自到虎山明长城遗址进行了实地考察，分析和研究了遗址和出土文物，听取了辽宁省文物考古研究所研究员、虎山长城遗址考古发掘队领队冯永谦同志所作的《关于虎山长城考古调查和发掘情况的报告》，并进行认真讨论，就以下问题取得了一致意见。

一、大家一致认为，现在考古发掘材料证明，明代万里长城东端起点在今辽宁省丹东市宽甸满族自治县虎山乡鸭绿江畔的虎山地段，即东经 124° 30′，北纬 40° 13′。会议认为，明长城东端起点的具体地段、位置、走向的认定，是我国长城考古上的一项重大发现和收获，廓清了曾流传于国内外明万里长城“东起山海关”的提法，恢复了历史的真实情况。因此，这一发现和收获不仅具有很高的学术价值，而且具有重要的现实意义。建议丹东市人民政府尽快公布为市级文物保护单位，以便于保护和今后提高文物保护单位的级别。

二、鉴于历史的原因，这一段长城毁坏比较严重，多已残破不全，如不及早修复保护，将使这一重大历史遗迹逐渐湮没不存。为了保护明万里长城在东端起点的这一重要遗迹，为了弘扬中华民族的伟大智慧和创造精神，对人民进行爱国主义教育，为了开发丹东地区的风景名胜资源，扩大丹东在国内外的知名度，根据对万里长城“全面保护，重点维修”的原则，重点修复这一段长城是完全必要的。

三、对于明长城东端起点遗址的抢救修复工作，学者、专家们提出了一些宝贵的建议：

第一，由于虎山一带地势地貌比较复杂，遗址毁坏比较严重，考古勘察工作仍需继续进行。对虎山地段的长城布局、墙体、墙台结构以及有关文献资料都要进行充分的调查、搜集和研究，使修复后的长城，既符合历史的原貌，又宏伟壮观，使江山增辉，世代长存。

第二，修复前先划定虎山段长城的保护范围和建设控制地带，全面规划，分步实施，结合丹东地区的风景、旅游和城市建设做出总体规划。规划的范围应大一些，留有余地。

第三，在修复明长城的同时，要注意保护已发现的其他时代的历史文物遗迹，使这一带逐步形成丹东的历史文物区。

四、会议认为，位于明长城东端起点的虎山段长城遗址是祖国万里长城的组成部分，它的修复、保护是一项很艰巨的工程，需要多方面的支持才能完成。与会同志一致表示，愿意在各自的岗位上，从不同方面，竭尽全力为修复这段长城做出应有的贡献。同时，希望国家，各兄弟省、市有关单位和个人给予支持。呼吁海外朋友鼎力资助。丹东市人民政府则表示，凡是对修复、保护这段长城做出贡献的人，都要载入史册，永志不忘。

国家文物局专家组组长、中国长城学会副会长、

高级古建筑专家　罗哲文（签字）

故宫博物院顾问，中国长城学会顾问、研究员　单士元（签字）

中国长城学会常务理事、研究员　朱希元（签字）

北京市文物管理局副局长　彭思齐（签字）

辽宁省文化厅副厅长　郭大顺（签字）

中央电视台军事部副主任、高级编辑　刘效礼（签字）

辽宁省文物考古研究所名誉所长、研究员　孙守道（签字）

辽宁省文物考古研究所研究室副主任、研究员　冯永谦（签字）

丹东市人民政府秘书长　张伦基（签字）

1990 年 12 月 27 日　于丹东

（原载《北方史地研究》，中州古籍出版社 1994 年 12 月版）

# 文十九
# 明万里长城东端起点的发现与研究

自1989年8月，历时四年，绥中县九门口明长城遗址考古发掘结束并修复完成。1990年，笔者受丹东市政府邀请，对明万里长城东端起点进行考古调查。

由于历史原因，过去关于明万里长城东端起点记载不详，多少年来对其所在何处的说法很多，又相差太远，故一直无法确定下来。这次笔者受邀为解决这个悬案进行调查，前后历时四个多月，行程达四千余里，最终将明长城东端起点遗址发现，确实在今丹东市宽甸县虎山乡（乡政府驻红石砬子村）虎山村的虎山南麓鸭绿江北岸江边！这一发现，新华社以“明长城东起丹东虎山”为题，发布了考古调查发现的消息：“我国长城考古又有新的重大发现：明万里长城东端起点在辽宁丹东鸭绿江畔的虎山。这一发现同史书记载相吻合，推翻了明万里长城‘东起山海关’的传统说法。”①

嗣后，经国家文物局批准，组成虎山明长城考古队，由笔者任领队，主持对虎山长城遗址进行考古发掘。我们从1990年10月开始，历时三个月，在当年12月底完成第一期考古发掘任务，将起点段五百延长米的长城遗址发掘出来，证明了明代万里长城东端起点确实在虎山南麓无误。我们还在明长城东端起点的一号墙台下面距现地表十五米深处，发掘出一处高句丽山城内的大型石砌建筑址，为过去所未见。

虎山长城起点的发现，在国内外引起强烈反响，中央电视台派人录制了电视片，日本、英国等国家也提出来丹东拍片，中央电视台和日本NHK电视台联合摄制的三十七集电视系列片《望长城》就收入了虎山明长城遗址考古发掘现场的镜头，从此扭转了人们对明万里长城东端起点的认识。

在第一年考古发掘结束的同时，丹东市政府组织召开了“明万里长城东端起点论证会”，国家文物局、国内研究长城的专家学者齐集丹东，到现场实地考察后，经过充分论证，大家一致同意虎山是明万里长城的东端起点。此后仍由笔者任虎山长城考古队发掘领队，前后共用五年时间，即从1990年至1994年，完成对虎山长城的考古发掘。在考古发掘

① 顾曰涛、屈维英：《明长城东起丹东虎山》，《光明日报》1990年10月24日。

的同时，丹东市经过筹备，并由全市人民进行赞助，根据考古发现的长城遗迹，笔者参与，由中国长城学会进行设计，将明长城东端起点段修建起来，恢复了明长城的昔日风貌。从此，明长城东端起点有了雄伟的标志，再不是以前那种起点模糊不清的状态。

明长城东端起点的确定，是我国长城考古上的一项重大发现和收获，廓清了曾流传于国内外明万里长城“东起山海关”的提法，恢复了历史的真实情况，不仅补充了历史文献记载的不足，而且必将进一步推动对我国长城学的深入研究。因此，这一发现和收获不仅具有很高的学术价值，而且有重要的现实意义。现在，经过修复的虎山长城，已成为丹东市著名的风景名胜区，对促进当地的经济、文化和旅游事业等的发展，都起到了很大的作用。

在我国两千多年的长城修筑史中，明代万里长城是规模最大、修筑时间最长、工程质量最高的一道长城，历史上任何王朝所修筑的长城都无法与之相比，而且它是修筑时间距今最近的一道长城。尽管是这样，关于明代万里长城东端起点的问题，反而是最不清楚的，出现了非常混乱的现象，以讹传讹，蔓延开去，影响了人们对明长城的认识。

下面，笔者将目前关于明长城东端起点问题的实际情况与此次考古调查发现及考证结果，分别叙述于后，以便读者了解长时间以来存在的误解。

## 一、一般皆以山海关为明长城东端起点

关于明长城东端起点的问题，国内外对其在山海关好似未有异议，并且众口一词，大有颇难更改之势。在此情况下，笔者认为这不能不影响人们对明长城全面完整的认识。

明长城“东起山海关”这一说法，是出现得很早的，并非始于今日。笔者以为，至迟在清初就已经形成这样的概念了。康熙时的杨宾就说：“长城东尽处曰大龙头，西尽处曰大龙尾，皆有石碑刻大字嵌城上。大龙头，土人呼为老龙头，上有望海楼。”[①]这里“大龙头”指的就是山海关南边入海长城老龙头。杨宾出山海关去宁古塔，过长城，亲自经历其地，他在那时对长城的描述，恐怕也不是他凭空想象出来的，而是当地人就是这么说的，包括杨宾也是这么认识的。到今天，过了几百年之后，对该问题应该有所澄清，谁知不但没有纠正过来，这个认识反而在社会上更为普遍地流传了。现在如果你问任何一个人：“万里长城从哪起？”他都会毫不迟疑地回答：“万里长城东起山海关，西到嘉峪关。”这一说法，可以说妇孺皆知。当你乘坐火车到山海关时，列车广播介绍历史名胜时也会这样告诉你：“山海关，是万里长城的起点！”尤其是当前随着旅游的兴起，每年到山海关的国内外游人达一百多万，他们到这里，主要就是游览长城，而接待单位的人士向每一位外地人介绍的，自始至终都贯穿着“山海关是万里长城起点”这样一种

① 杨宾：《柳边纪略》卷一，《辽海丛书》第一集，沈阳：辽沈书社 1985 年 3 月版。

说法。这种情况造成越来越多的人认为，“万里长城东起山海关，西到嘉峪关”这一认识是正确的。

对长城的起点，不仅在群众中是这样认识和这样讲的，而且一些很重要的或权威性的著作也持这种观点，甚至连学校使用的历史和语文教材中关于明长城的描述，也是这样的，无怪乎要改变人们的误解是很难的了。为了说明问题，下面略举几例。

中学《中国历史》教材说：

“为了防备蒙古骑兵的南下侵扰，从明朝初年起，明政府还先后用了将近二百年的时间，修筑了北边的长城。明长城东起山海关，西到嘉峪关，气魄雄伟，蜿蜒一万三千多里，大部分至今仍基本完好，成为世界上的伟大工程之一。”①

不仅历史教材是这样，在知识界享有极高声誉的《辞海》在“长城”条下，不仅附有长城走向地图，画出东端起处为山海关，而且其释文也是这样认定的：

“明代为了防御鞑靼、瓦剌的侵扰，自洪武至万历时，前后修筑长城达十八次，东起山海关，西至嘉峪关，称为‘边墙’。宣化、大同二镇之南，直隶山西界上，并筑有内长城，称为‘次边’。总长约六千七百公里。大部分至今仍基本完好。”②

《中国五千年的文化遗产》一书也说：

“濒临渤海的山海关是长城东端起点，由此到西端的终点嘉峪关，总长度约六千三百公里。”③

关于明长城东端起点的描述，上述权威著作中尚且如此，其他出版物也就可想而知了。兹再举几例，以见一斑。

张驭寰这样写道：

“嘉峪关城是明代长城西端的起点，建在酒泉西七十里通往新疆的大道上。……山海关是明代万里长城东端的终点，建在河北、辽宁两省的交界线上，西部是高山，东临大海，中间建立山海关城。”④

《中国文物之最》一书如是说：

“自明太祖朱元璋洪武元年（公元 1368 年）修建古北口到山海关一段长城开始，到孝宗朱祐樘弘治十三年（公元 1500 年）才将原来的土筑城墙部分改为砖石结构，西起甘

① 中小学通用教材历史编写组编：《中国历史》（全日制十年制学校初中课本）第二册，北京：人民教育出版社 1978 年 8 月第 1 版、1980 年 2 月第 3 版，第 89 页。

② 辞海编辑委员会：《辞海》上册，上海：上海辞书出版社 1989 年 9 月版，第 179 页。

③《世界遗迹大观》第九册《中国五千年的文化遗产》中的《长城》，台北：华园出版有限公司 1988 年 8 月版，第 68 页。

④ 张驭寰：《雄伟的万里长城》，载自然科学史研究所主编：《中国古代科技成就》，北京：中国青年出版社 1978 年 3 月版，第 522 ~ 554 页。

肃嘉峪关，东到河北山海关，全长一万两千七百多里，通称万里长城。”①

在《中国历史之最》一书中也有“长城”条目，它说：

“明代的长城，西起位于酒泉之西七十里、通往新疆大道上的嘉峪关，东到河北、辽宁交界的山海关，总长一万二千七百多里。”②

这样记述明长城起点，显然是错误的，而这些书的发行量都很大，因此其影响也就日趋广泛。至于在各有关地方出版的各种宣传、介绍长城的材料中，这种观点更比比皆是，为了节省篇幅，笔者于此就不一一列举了。

总之，对明长城“东起山海关”的说法，在社会上是带有普遍性的，绝大多数人都是如此认识，真可以说是家喻户晓，流传得十分广泛。

## 二、明长城东起鸭绿江，其定点颇有争议

事实上，明长城不是东起于山海关，明长城东起于山海关这个论点是错误的，应该纠正过来。历史文献有这方面的记载，并非言之无据。权威的文献“二十四史”中的《明史》就说：

“终明之世，边防甚重。东起鸭绿，西抵嘉峪，绵亘万里，分地守御。初设辽东、宣府、大同、延绥四镇，继设宁夏、甘肃、蓟州三镇，而太原总兵治偏头，三边制府驻固原，亦称二镇，是为九边。”③

记载皇帝当时言行的《明实录》也有相同记载，如：修筑已坍塌的“东路自开原直抵鸭绿江”边墙。④

这些记载都说明，明代万里长城东端起点不是在山海关，而是在鸭绿江。

但是，严格说起来，认为明长城“东起鸭绿江”这一论点的，仅在一个很小的范围内有此认识，并不如前面所说“东起山海关”的那种说法影响面广，而且主要是对长城有较深入的研究者才坚持这种意见。

不过，在明长城“东起鸭绿江”的论点中，也出现了种种不同情况，定点各自不同，分歧很大，始终未能得出一致意见，因而明长城东起于鸭绿江何处，还是无法确定下来（图2-19-1）。至今已形成下述各说。

其一为凤城说。

此说出现较早。清初林佶谓：“明时辽镇边墙，……东北自开原镇北堡起，至东南

① 邹建华：《中国文物之最》，北京：中国旅游出版社 1987 年 7 月版。

② 梁宗强：《中国历史之最》，北京：中国旅游出版社 1987 年月版。

③ 张廷玉等：《明史》卷九十一《兵志三》北京：中华书局 1974 年 4 月版。

④《明实录・宪宗实录》卷一五三《成化十五年》“六月甲辰”条，北京：中华书局 1962 年 6 月版。

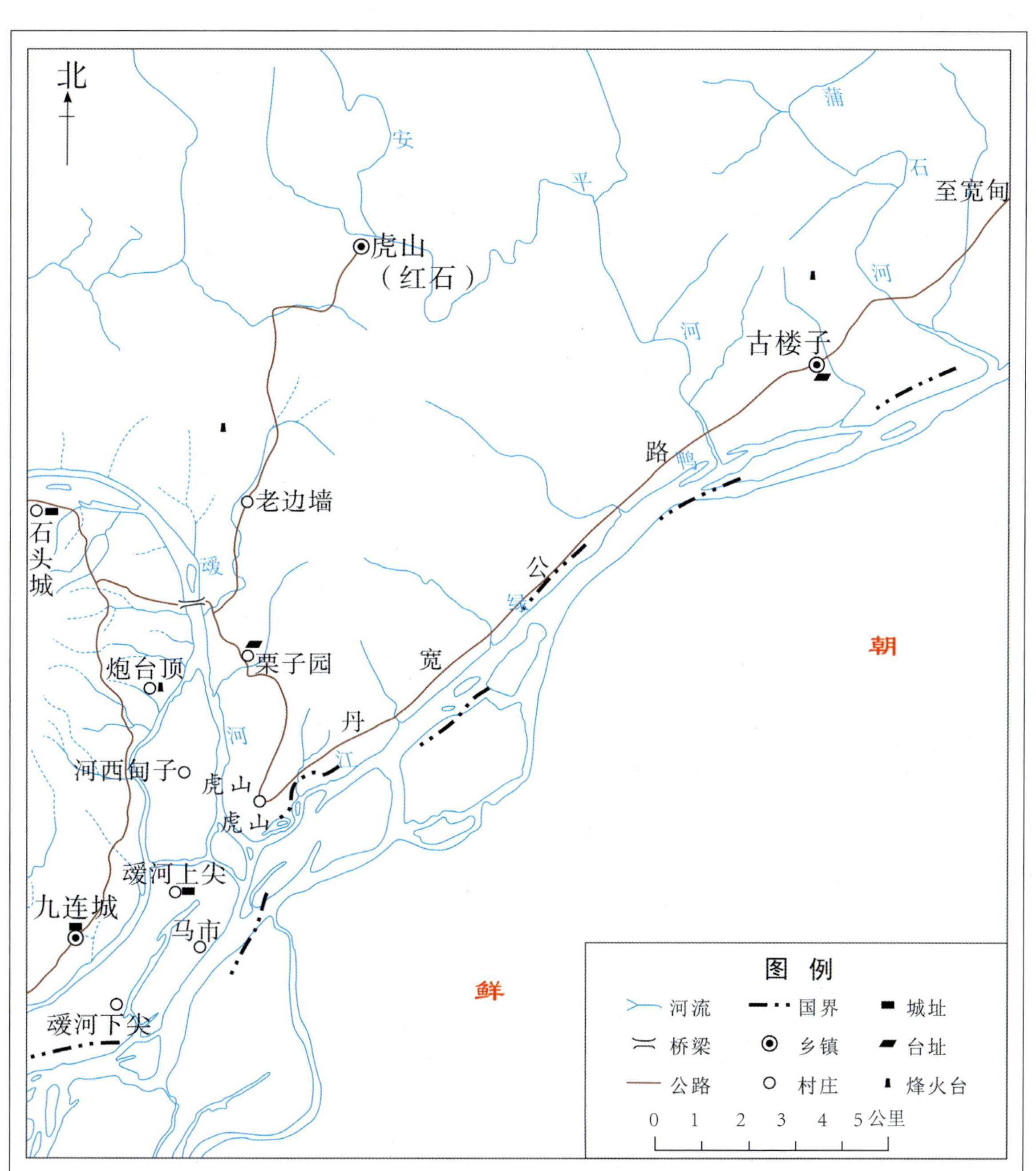


图 2-19-1 诸家之说确定的明万里长城东端起点的地理位置示意图

凤凰城堡止，共二十六堡，边长五百二十里。”[①]此说久湮，且因凤凰城与鸭绿江相差太远，不符事实，学术界多不采用。不过，至今仍有重提此说者。如谓：明代“当时分段进行防守。起初设立四大镇。辽东镇，设在辽宁省辽阳，管辖范围南起凤凰城，西达山海关，共长一千九百五十里”[②]。还有人也持此说：“明代长城又称边墙，九个军镇分段防御。辽东镇，镇治辽东（都）司，在今辽宁省辽阳市，管辖边墙，东起鸭绿江西岸凤凰城，西迄山海关，长约一千九百五十里。”[③]

其二为九连城说。

从研究的角度来说，这种说法的出现是在20世纪初，即1913年日本人岛叶岩吉在《明代辽东边墙》中提出来的。他说：辽东边墙属“险山堡所辖，从叆阳城以南，直抵鸭绿江边”，最南的一座堡城为江沿台堡，“江沿台堡在今九连城”，边墙的走向亦即“沿叆河右岸山脉（南）走而抵九连城的东北部”[④]。自此以后，辽东镇长城起于九连城似乎已成定论，一般都沿袭不改，此后的许多著述，都采用了这一观点。

较早重申这种观点的是《辽宁史迹资料》。该书说：长城“又西南至凤城后，复向东南伸展，直达安东市东鸭绿江上之九连城”[⑤]。由于此书系近年印行有关辽东镇长城的新著，又是文物考古部门出的专业性图书，可信性强，因此对外影响很大，明长城东起于九连城这一说法，也就为此后的很多人所接受，并写进其著作中。

《山海关长城志》说：“辽东边墙西接长城，……经本溪清河城、碱厂，又西南至凤城后，又向东南伸展，直达丹东市东鸭绿江上的九连城。”[⑥]

《东北地方史稿》对辽东长城的记述是：“到抚顺后转向东南，经本溪清河城、咸厂（应为“碱厂”），又西南至凤城后，复向东南伸展，直达丹东市东鸭绿江上之九连城。”[⑦]

《长城话古》记辽东长城：“至开原县威远堡，是为辽东长城的最北点，南折经抚顺、本溪、凤城、安东，终点在鸭绿江的九连城。”[⑧]

《明代东北》一书叙述长城时称：“由镇北堡南至抚顺，由抚顺又东南行，经本溪清

---

① 林佶：《全辽备考》卷上，《辽海丛书》第七集，沈阳：辽沈书社1985年3月版。

② 张驭寰：《雄伟的万里长城》，载自然科学史研究所主编：《中国古代科技成就》，北京：中国青年出版社1978年3月版，第552页。

③ 孔繁敏：《长城沿革史略》，载孔繁敏主编的《历代名人咏长城》，北京：北京大学出版社1990年9月版。

④ 白鸟库吉：《满洲历史地理》第二卷，1940年9月第二版，第517～519页。

⑤ 辽宁省博物馆编：《辽宁史迹资料》，辽宁省博物馆1962年1月印行。

⑥ 郭述祖：《山海关长城志》，河北省地名办公室1984年5月印行。

⑦ 张博泉：《东北地方史稿》，长春：吉林大学出版社1985年11月版。

⑧ 陆思贤：《长城话古》，呼和浩特：内蒙古人民出版社1986年5月版。

河城、碱场，又南行经凤凰城，又东南行直达今丹东市的九连城。这一段为辽东东部边墙。"[①]

《中国历史地理概论》则说："这一段行于辽东东部的边墙，由昌图、开原、铁岭、抚顺的东境南下，向东绕过新宾县西南的鸦鹘关，在本溪、凤城与宽甸之间南下，直至鸭绿江边丹东市东北九连城。"[②]

《〈中国历史地图集〉释文汇编·东北卷》说："辽东（东部）边墙——自开原镇北关至九连城江沿台堡。"[③]

《明代辽东都司》一书作者认为："边墙西北自长城界铁场堡起，至东北开原之镇北关，计长一千二百四十八里。又自镇北关起，到九连城江沿（台）堡止，计长五百二十里。""江沿台堡，今辽宁省丹东市东北'九连城'。……边墙东至九连城的最后一个边墙堡。"[④]

至此可见其说从者之众。

其三为老边墙说。

此说出现在20世纪30年代初，《安东县志》首倡其说："老边墙，在县治东北四十里，叆河北岸，……嘉靖二十五年，更为第二次拓边，置江沿台堡于今九连城，则老边墙之筑，必在此时。"[⑤]（按：江沿台堡不在九连城。）

最近也有文章和专著问世，更进一步申述这一观点："江沿台堡在丹东市楼房公社石城子大队的石城子，石城之东是老边墙，现有石墙二条。""由镇北关至老边墙也称河东段长城。""从镇北关到丹东江沿台的老边墙，即辽东长城河东段，修建较晚。"[⑥]也是说老边墙为明长城东端起点。

最近出版的专著《明辽东镇长城及防御考》中多处提到明长城东端起点："其东端，在今鸭绿江西岸的虎山下老边墙，其所属今丹东市宽甸县虎山乡老边墙村。"（第10页）"明辽东长城的东端起点，在鸭绿江西岸今丹东市宽甸县虎山公社老边墙大队的老边墙，也就是江沿台堡所属长城的东端。"（第23页）"河东段长城，北起开原路镇北关，东至鸭绿江西岸江沿台老边墙。"（第29页）"江沿台堡城，是辽东长城东端最后一堡。它位于今辽宁省丹东市郊区楼房公社石城子大队。"（第127页）"该堡下属的长城位于堡东一公里的老边墙生产队地方，中间隔着叆河，有渡口通向长城。"（第128页）[⑦]

该书关于明长城东端起点的论述，暂就摘录这些。不过，通读该书，它关于明长城

① 李健才：《明代东北》，沈阳：辽宁人民出版社1986年11月版。

② 王育民：《中国历史地理概论》下册，北京：人民教育出版社1988年9月版。

③ 谭其骧等：《〈中国历史地图集〉释文汇编·东北卷》，北京：中央民族学院出版社1988年9月版。

④ 杨暘：《明代辽东都司》，郑州：中州古籍出版社1988年12月版。

⑤ 于云峰：《安东县志》卷一《疆域志》"古迹"条，1931年6月版。

⑥ 刘谦：《辽东长城考查》，《辽宁大学学报·哲学社会科学版》1982年第5期。

⑦ 刘谦：《明辽东镇长城及防御考》，北京：文物出版社1989年2月版。

东端起点的定点论述，总给人一种扑朔迷离的感觉，忽而老边墙，忽而鸭绿江，似未定点，但仔细读过之后，终觉它对老边墙还是肯定的；然而这样行文，可能会让没有到过现地的人产生误解。笔者在这里不妨将该处的地理环境略作说明：最南面是基本呈东北至西南流向的鸭绿江，紧靠江岸的就是突起于平地上孤立的虎山，虎山东面为自北向南流来注入鸭绿江的叆河，虎山北面相隔约一公里为虎山村。从虎山村开始往北，山岭层叠，越往北山岭越高，至茂气顶为最高峰，至此群山连绵，逶迤北去。老边墙村在茂气顶之北数里之遥、高山西面一条南北走向的山谷中，其西隔叆河相望的是石城村。老边墙村在虎山村北十余里处，中间还隔着栗子园村，每个村均有数个自然屯，两者不相连属。但该书却说“其东端，在今鸭绿江西岸的虎山下老边墙”，这真是风马牛不相及的事，因为虎山村都不在“虎山下”，还在其北面，何来虎山下老边墙村？老边墙村在茂气顶的北面，并且老边墙村距离鸭绿江是很远的，也不像该书所叙述的那样。

其四是虎山说。

这一意见是笔者提出来的，是经过考古调查后得出的结论。笔者在早些年出版的《辽宁古长城》一书中说：辽东东部长城“从开原东北之威远堡再折而向南，过铁岭东境达于抚顺；又转向东南，经本溪清河城转向东北，过新宾三道关后，又折而南去，再到本溪，由碱厂继续南行，到凤城由叆阳南去，沿凤城、宽甸两县交界，直达丹东东北鸭绿江畔之江沿台，即今宽甸县虎山南麓止”，“鸭绿江右岸宽甸县南境虎山下的江沿台，就是明长城东端的起点”。[①]1986年10月，我国北方十省区电视台联合拍摄三十七集电视系列片《万里长城》时，曾聘笔者为顾问，其中关于明长城东端起点的位置就采纳了笔者的意见，定在虎山，并以它为起点进行拍摄。

其五是古楼子说。

这一说法是最近提出来的，认为明长城东端起点不可能在虎山，还应该东移到古楼子才合适。该文说：“笔者以为把长城东部起点定在虎山头，值得商榷。”“故推断虎山头不是长城的东部起点。”“我们还调查了其他几个地点，其中在宽甸县古楼子乡的古楼子村，发现一处古代建筑址。”“根据古楼子遗址的地理位置及其周围环境，此处必是江沿台堡所在地，长城东部起点则在此处以东的鸭绿江畔。”[②]

此外，还有一些论著，虽系根据文献记载也指出明长城“东起鸭绿江”，但没有具体定点。鸭绿江源流长千余里，不能具体定点，本文在这里就不去论述了。

不过，有的研究却出现了偏差，把两个不同时代的不同遗存弄混淆了，用清代柳条边代替明代辽东边墙（长城）。这种情况就不能不指出了。

---

① 冯永谦、何溥滢：《辽宁古长城》，沈阳：辽宁人民出版社1986年3月版。

② 武家昌、王德柱：《试探明代万里长城东部起点——兼考江沿台堡》，《北方文物》1990年第1期。

《中国古今地名大辞典》说："今之长城，西起甘肃安西县布隆吉尔城，东抵直隶临榆之山海关，长五千四百四十里，号万里长城。……辽东镇分守，自山海关迄鸭绿江口，即今山海关斜贯奉天境内之柳条边。"[①]

柳条边遗址，笔者也进行了考古调查，其东端终点在今丹东市的东港市窟窿山黄海岸边，但那里不是明长城东端起点，并且年代不同，柳条边是清代的，而《中国古今地名大辞典》编者既阐释明长城，忽又归结定义为柳条边，这是何等混乱！

日人《满洲发达史》也说："统观长城之历史，至三国第二期之时代，大体之基址已称确定，即其极东，至山海关附近为终点也，不谓明代于此，犹以为未足，于是柳条边墙又绵亘于辽河东西矣。"[②]

三国时期没有修筑过长城到山海关，而明代也未修过柳条边，真是荒唐到极点了！明长城与清柳条边，边墙与柳条边不分，这显然是错误的。怎么能将清代柳条边归于明辽东镇长城呢?

还有近年调查明长城取得很大成绩的华夏子，也曾对辽东镇长城进行过考察，但他对明长城东端的确切起点，未表达一定意见。他在其长城调查的专著中是这样说的："关于辽东镇长城的东端起点问题，今尚难定论，目前有两种说法：一为东端起于九连城说。无疑九连城曾是明朝设防重地，其是否为江沿台堡，尚有待新的考证。九连城附近今无长城遗址。另一种意见认为东端起于宽甸县虎山头。……这里不能排除为江沿台堡的可能。虎山南临鸭绿江，西频（濒）叆河，地势险要，但仅孤山一座，山上、山下无任何长城遗址。"[③]综上所述，对明长城东端起点的认识，诸说各异，出入颇大，无法落实，在此情况下，很难求得一致意见。因此，只好有赖于进行一次深入和细致认真的考古调查，发现长城遗址，才能解决这一久悬的问题。

## 三、明长城东端起点不是九连城、老边墙和古楼子

对于明长城东端起点诸说所指地点，经过我们反复调查，认为九连城、老边墙、古楼子是长城起点的说法，均不能成立。现辨析于后。

九连城古城址，位于丹东市东北振安区九连城镇北部。此城址始建于辽代，金时改为婆速府路，元代为婆娑府巡检司。由于城址互相衔接，其数有九，明代时已称其为九连城，至今城址中仍有辽、金、元各时期的遗物。明时在此九连城址的南边另建有一座城，名为镇江城，城址方形，墙为夯筑。经调查，这两处城址并不相互连接。关于镇江城，

① 谢寿昌等：《中国古今地名大辞典》"长城"条，北京：商务印书馆 1931 年 5 月版，第 555 页。

② 稻叶君山：《满洲发达史》，杨成能译，《东北丛刊》民国十九年（1930 年）第 8 期，第 9 页。

③ 华夏子：《明长城考实》，北京：档案出版社 1988 年 7 月版。

明《神宗实录》载：万历二十四年（1596年）“九月庚申，于九连城故址建立一城，名曰镇江”。首先，辽东东部长城建成于成化五年（1469年）以前，早于建镇江城一百多年，修长城时还没有建镇江城，怎么可以说将长城修到已经荒废的前代城址上呢？因此，明长城不可能修到九连城。其次，我们调查时，在九连城及其附近，没有发现任何长城遗迹，从考古发现看，说明明长城没有修到九连城。第三，九连城南至鸭绿江边还有五里，这里正是鸭绿江右岸冲积平地，如果在其南部开放这样一个大缺口而不修长城，留给女真人做通道，是为军事家所不取，有违防御本意。所以，根据上述各点，认为九连城是明长城起点之说是难以令人信服的。

老边墙村，属于丹东市东北宽甸县虎山乡（乡政府驻红石砬子村），它建在一条南北向的山谷中。我们仔细调查，发现在村中有东西横向石墙三道，将山谷切断。石墙是为加强防御而设，因东西两侧都为高山，所以石墙只修在两侧山麓石砬间。但经我们调查，长城墙体在村东山岭上，而被发现的长城墙体到此并未终止，不仅向北去有长城，而且向南即向虎山方向也有城墙。由老边墙村向南到虎山，还有二十华里的距离，并且从虎山到老边墙村山上有石砌城墙相连。因此，认为老边墙是明长城东端起点，其说自然就不能成立了。

古楼子村，位于宽甸县南部，是古楼子乡政府驻地。在该村东南部有一隆起高地，高出地表四米余，顶部有一台址，现已颓坍。村名古楼子，据我们向当地老年人了解，即因此建筑址而得名。为彻底弄清此台址究竟为何遗存，调查时我们进行了试掘，共开掘两条长探沟。试掘结果证明，它是一座孤立的方形台址，外面筑有围墙，南墙中间有门。根据其本身的结构特点与所处地理位置，我们认为它是一座路台，当是拓边修筑宽甸六堡后为便利往来通行而建的。同时在该台址附近我们没有发现长城遗迹，只在村北山上发现有一座烽火台，它是为传递消息而建的，在其周围也无长城。又，古楼子村的台址南距鸭绿江还有五里余，不在江边，这里正是鸭绿江冲积平地，若在江边留出可东西通行的五里宽空间，会使长城失去防御作用。因此，明长城的东端起点当不在古楼子。

总的来说，除了上面所述种种情况外，老边墙村远在虎山北面的山谷中，不是要冲，另外两个地点均处于临江平地上，南面距鸭绿江很远处，其间地势开阔，无险可守，其地理条件远不如虎山位置重要。虎山紧临鸭绿江边，山势高峻雄伟，陆路阻断东西交通，南控鸭绿江水路，具有极其重要的战略地位，历来为兵家必争之地；近代发生的几次战争，如1894年中日甲午战争、1904年日俄战争，防守与进攻也都是在虎山进行的，可见其地理位置与战略地位的重要。

通过调查我们可以得出结论，九连城、老边墙、古楼子三地，均不是明万里长城东端的起点。

## 四、考古调查最终在虎山发现长城遗址

由于对明长城东端起点的定点，各家意见不一，因此我们在这次考古调查中必须进行全面而细致的调查。调查时，我们不带任何观点，对诸说一样看待，如能发现，在什么地方就记录在什么地方，绝不能有微小疏漏。所以，调查的面就比较宽泛，西起浪头（因有人说明长城东端起点在浪头），东至宽甸县城，中间包括土城子、九连城、马市台、叆河尖、老边墙、八家子、栗子园、虎山、古楼子、长甸、永甸、坦甸等处，而且我们反复进行调查，并对古楼子的建筑遗址进行了试掘。从我们所开挖的探沟看，它是一座明代的路台。我们是在上述各个地点调查完之后才调查虎山的，最终在那里发现了长城遗址。因其他各处均未发现长城遗址，故下面就只记述虎山考古调查的发现情况。

虎山，是突起于鸭绿江与叆河交汇处平地上的一座孤山，它的东面有两个高耸的山峰，状似竖起的双耳，西面山岗较低平，远望似一昂首踞伏之卧虎，因此被称为虎山。虎山在丹东市东北方向，距市中心二十公里，南靠鸭绿江，西临叆河，北为宽甸县虎山乡（乡政府驻红石砬子村）虎山村（图 2-19-2）。

调查时，我们在虎山南麓近东端处发现一座大型台址，已经颓坍，东西宽达七十米，南北长约四十米，高出现地表二点五米。这个台址的中部被当地取石的群众从南北向挖开一条沟，使台址遭到一定程度的破坏。台址下部有一大型石质建筑结构，相当复杂，是另一时代的另一种遗存。我们将此台址编为一号台址。在此台址东北部因群众取石挖开的土层中，我们发现有石砌墙体，它与北面虎山山脚的岩石相接，在树丛杂草中可以窥见石墙残基由此向山上延伸，直至虎山最高峰。除一段以山险为墙外，在其他地段我们都发现有断续的石墙遗迹。在半山腰，我们发现一座墙台遗址，将其编为二号台址。在最高山峰顶部，还有一座大型台址，这是此前任何来虎山调查的人都能看到的，由于它比较明显，过去都称它为“烽火台”，实际上它是长城最高点的一座墙台，我们将其编为三号台址。由此台址向西，城墙存基础，但下坡不远，墙体作“人”字形分开，一向西去，一向北去。向西者是支墙，至第二座山峰，但在山洼处，石墙保存较好，经测量，存长七十米，近山洼的一段存高两米余，存宽仍有四米。向北者是长城主墙体，在下山峰的北坡岗顶为石墙，其下为山险墙，直至山的边缘断崖处。

长城下虎山后，在北面比较低矮的山岗上呈南北走向，直到虎山村中。在这道山岗上，我们也发现有长城墙体基石，其间还有两座墙台遗址，分别被编为四号台址和五号台址。又向北去，至丹（东）宽（甸）公路东侧的山岗上，这里有一座台址，当地人称之为“前台子”。经我们调查，它是长城外面的一座烽火台。我们从当地群众中了解到，此台址在四十多年前还保存较好，石砌，存高一米余。现在它颓坍成一处石堆，但其形迹仍然

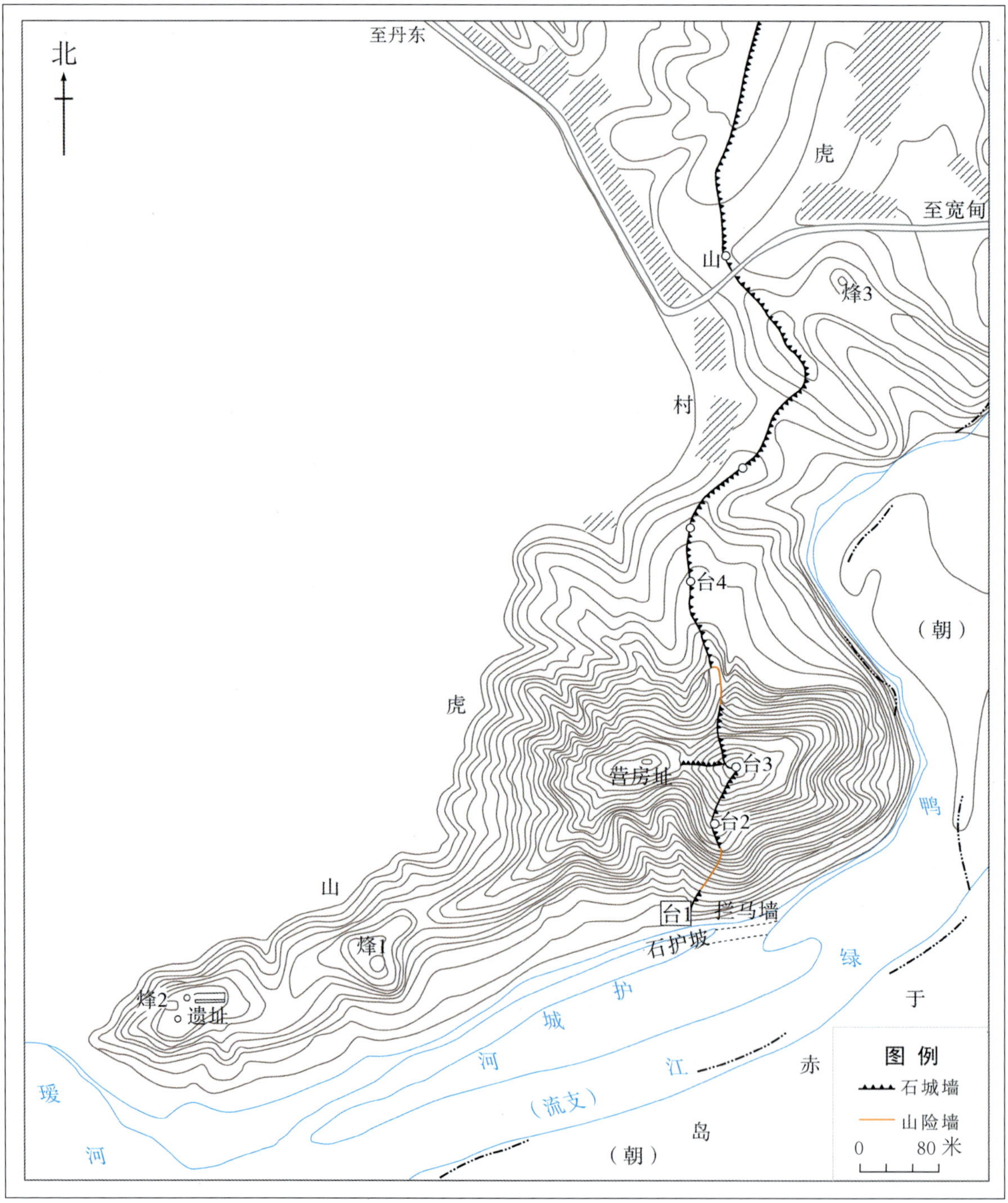

图 2-19-2　虎山长城地理位置示意图

可辨。在从虎山北麓至此长五百余米的线路上，都有断续的长城墙体遗迹存在。越过丹宽公路，长城沿虎山村中的山岗向北去。这里原有墙台一座，后被拆毁不存，而长城城墙也已被改成村中一条南北通行的车道。车道至村头终止，出村后，长城墙体未遭破坏，继续沿山岗顶部向北去。在接近村北的这一段长城墙体保存还较好，虽已颓坍，存宽仍有两米余，存高达零点八米。

长城由虎山村北山岗开始，即沿当地人所称的“青盖沟”西侧岗梁顶部向北延伸，至沟底即为与栗子园村“高力道沟”相会的岗梁，长城从此岗梁转到栗子园村东的山岭上，再向北去，至“黄家沟”岗梁，又向北转上村北的高山茂气顶。在从“青盖沟”西侧岗梁至此的十余里长城线上，有的城墙保存较好，有的可见墙体基础石块，而在黄家沟岗梁上，颓坍的城墙宽有四米，存高一点八米。在虎山村以北的这段长城线路上，我们发现了六座墙台遗址，其结构与前所发现者相同。由此再向北去十余里，就到达老边墙村。在老边墙村的山谷中，我们调查时于平地上共发现三道土筑墙，经过现场分析判断，由于它们是东西两端抵于山脚下，横断山谷的，因此它们实际上构成一座平地上的城址，是为加强此地防御的。长城在老边墙村东面山岭顶部，向北继续延伸过去。

以上这些遗迹的发现，非常具体，补充了文献记载的不足，同时也为确定明万里长城东端起点、经行线路与结构，提供了翔实可靠的第一手考古资料。

在考古调查过程中，我们除了发现上述明代长城遗迹外，还发现了许多遗物，计有明代瓷片、灰色布纹瓦片、大小不同规格的青砖、铁镞、铁刀、铁甲片以及石臼等。此外，在离开长城线的一些地方，我们还发现了与长城相关的遗迹、遗物。在长城内侧的栗子园村中，我们发现一座大型台址，保存仍较好，出有许多砖、瓦、石构件等，同时在台址上还出有一通明石碑，花岗岩制成，半圆形碑首，周边线刻花纹，下有碑座，碑身因风化较重，字迹残泐不清。在村边我们还发现有石碾等遗物。在老边墙村，我们也发现一通明石碑，题名中有“指挥倪仲克”等字，时间署“万历三十年岁次壬寅九月初一日”。在八家子村，我们发现三通明石碑，时间分别为“万历十六年”“万历三十八年”和“万历四十二年”。这些发现都很重要，对研究长城有很高的学术价值。

根据上述考古调查发现，确实有理由从诸家之说中，认定明万里长城东端起点，就在今丹东市宽甸县虎山乡虎山村南紧临鸭绿江的虎山南麓。

## 五、关于虎山明长城东端起点的考证

明万里长城东端起点，虽然已由考古调查发现的遗迹、遗物确定下来，在紧临鸭绿江的虎山南麓发现大型台址和石城墙，但为了进一步证实其确为明长城东端起点遗址，还需要通过历史文献材料进行考察。

前面所引《明宪宗实录》载：成化十五年六月修筑“东路自开原直抵鸭绿江”边墙；而《明史·兵志三》也说：明长城“东起鸭绿，西抵嘉峪”。两者完全一致，都说明了明代万里长城东端是起于鸭绿江的。有文献记载，不能否认。山海关属蓟镇管辖，蓟镇之东还有辽东镇，因此山海关不是长城起点；而辽东镇是明时北方边防九镇之首，本镇管辖有 2080 里的长城线①，这是不可忽略的。从明代舆图上的标绘我们也可以看到明长城的走向，这给探讨明万里长城东端起点提供了重要的线索和依据。嘉靖十三年（1534 年），精于边务的许论绘制了巨幅《九边图》②，它就是表现从东到西九镇所管辖的万里长城的，辽东镇长城是该图的前二幅，其中明长城东端起点，按图幅标示，就在鸭绿江边，而其位置大体就在今虎山一带。

我们根据各种材料考知，辽东东部长城应是在成化五年（公元 1469 年）就已经修筑完成了。在六十五年以后，许论绘《九边图》时，将长城较准确地标绘出来是完全办得到的，而且也是应该这样做的——有长城存在，如果他不画辽东镇长城，那倒是难以理解了，所以许论《九边图》上标绘的明长城东端起点是可信的。

再有，始于正统八年（1443 年）由毕恭等修并于嘉靖十六年（1537 年）重修的《辽东志》，在其《辽东河东地方总图》中所绘的长城，东端也起于鸭绿江边；其后于嘉靖四十四年（1565 年）由李辅续修而改称《全辽志》一书，在其《全辽总图》中，长城东端起点紧临鸭绿江。按这两本书的地图上所标长城起点位置，尽管没有辅以文字说明，但大体上也可看出，明长城东端起点在虎山一带是没有问题的。

另外，明朝的巡边使臣在论及边务时，一般都注意山川地理，其中有关长城者，亦颇不少，如果仔细研读，常可发现这些记载对我们探考长城，都是很重要的史料。

据文献记载，江沿台堡是明长城东端起点的第一座堡城③。巡抚都御史王之诰在《议处东南极边要害添设兵将控扼虏冲预防外患以永安重镇疏》中说：“江沿与朝鲜接壤，止隔鸭绿一江耳。臣近至江沿，观九连城，登马耳山，俯视彼之爱州，宛在目前。”④王之诰在这里所说的“江沿”，是指江沿台堡⑤。巡按御史李辅在《补议经略东方未尽事宜以安边境疏》中也说：“臣为踏勘江沿堡基，同分守道参将等官登马耳山，望见朝鲜爱州城，则人烟辏集，城郭森严。”⑥李辅此次是为寻找合适地点，准备迁新江沿台堡，去

① 此数字为笔者据《全辽志》所载辽东长城的全线修筑情况计算出来的，与前此多人研究的里数不同。

②《九边图》计十二大幅，高二点零八米，总宽五点六七米，现藏于辽宁省博物馆。

③ 李辅：《全辽志》卷二《边防志》，《辽海丛书》集二，沈阳：辽沈书社 1985 年 3 月版。

④ 李辅：《全辽志》卷五《艺文志上》，《辽海丛书》集二，沈阳：辽沈书社 1985 年 3 月版。

⑤ 江沿台堡有二，旧江沿台堡在今丹东市振安区九连城镇叆河上尖村，新江沿台堡在今丹东市振安区楼房镇石城子村，笔者撰有《明长城江沿台堡考——兼考十（石）岔口、短错江与康家哨》（见本书下卷文二十）。

⑥ 李辅：《全辽志》卷五《艺文志上》，《辽海丛书》集二，沈阳：辽沈书社 1985 年 3 月版。

的正是万里长城东端的第一个堡城。

我们从王之诰、李辅等到明长城的东端都不约而同地登马耳山的记载可知，马耳山上有长城。为什么这样说呢？因为他们是巡边，登山不是为观风景，而是为观察长城内外的地理环境，以便制定防守女真的策略。假如不是这样，他们此举就无法得到解释；如果长城离马耳山很远，那他们登马耳山便毫无意义。同时我们更应该看到，他们写的不是游记，而是巡边后给朝廷写的奏章，若登马耳山与防御宏旨无关，不是站在长城上看形势，他们怎么可能将游玩的地点写给朝廷？显然其地并非寻常。若长城远离马耳山，他们是不会都去登临的。但他们为什么不写登长城？因为长城不是地点，不如马耳山明确；马耳山上有长城，只要提马耳山，就十分明确了。从这种情况看，只有认为马耳山是长城的起点（即长城在马耳山上），无论谁巡边都必须到山上察看，自然也就将马耳山写进去，以阐明其边论，不然何以解释他们要不厌其烦地在奏章中屡次提到马耳山呢？不言而喻，其理是极为明显的。马耳山，后衍称为虎耳山，皆以其形似而称之，今又被简称为虎山。因此可知，明时之马耳山即今之虎山。我们在调查时，曾多次登上虎山，向南望去，隔鸭绿江就是朝鲜的义州（义州也就是明王之诰等所称之爱州），看得非常真切，确实是"宛在目前"，以其距离之近，又居高往下看，自然就产生"俯视"的感觉，可见上述奏章中描写的是其亲身经历的记录，极为准确。

至此，我们更可知九连城不是长城东端起点，在那里无法真切地看到爱州（即今朝鲜义州），更不会有"俯视"的感觉；而老边墙村还远在虎山北面，巡边自应过之，但因它没有起点的战略地位重要，故上述奏章中没有论及。若古楼子是明长城东端起点，从其地南望，隔江是重叠群山，爱州远在其西南二十余里的群山之中，根本看不见；如再进一步考虑，虎山在古楼子西边二十余里，是在长城线上，而古楼子没长城，王之诰等记巡边事就没有记到它。因此，这些材料也都证明了明长城东端起点在今虎山。

李辅在"补疏"中说："踏得近康家哨见有旧江沿台地方，土地肥美，堪以建立城堡。"又说："自短错江沿流而入，则犯九连城、江沿台东南等堡，而康家哨其要也，……唯有康家哨一处，乃在江沿台之左，而为边陲之末。"[①]笔者有另文考证旧江沿台堡即今叆河上尖村古城址[②]。该城址在叆河西岸，河向南流，康家哨是河上的哨口，就水流方向论，它确实在江沿台之左。由此我们可以确定，康家哨就是从今叆河上尖村东去栗子园、虎山村的叆河哨口。叆河就在虎山西端下面流过，康家哨与长城距离极近，十分重要，所以李辅说"犯九连城、江沿台东南等堡，而康家哨其要也"。据此可知，

① 李辅：《补议经略东方未尽事宜以安边境疏》，《全辽志》卷五《艺文志上》，《辽海丛书》集二，沈阳：辽沈书社 1985 年 3 月版。

② 冯永谦：《明长城江沿台堡考——兼考十（石）岔口、短错江与康家哨》（见本书下卷文二十）。

江沿台是女真人入长城抢掠的必攻之地，但必由短错江入——短错江即今叆河。在山区中，古今道路改变不大，今天由丹东市去长甸、永甸、宽甸等处，仍走江沿台（叆河上尖村）、过叆河（康家哨），经虎山而达长甸、永甸、宽甸等地，这正与女真人从宽甸、永甸、长甸方向而来，必越虎山长城，过叆河（康家哨）而到江沿台堡（叆河上尖村）是一致的。只是近年修筑了现代化公路和叆河大桥，为照顾去宽甸的北道交通，将公路与大桥北移数里，不走原线了。但现在一般群众由西往东去虎山等地，不愿向北绕走而图捷径省时，均涉水过叆河（即走"康家哨"，因叆河此处水浅，称为哨口），走原来的道路，亦即女真人去江沿台、九连城所走的道路，笔者在调查时也曾这样走过。

至于李辅所说"乃在江沿台之左，而为边陲之末"，恰好表明了其地理位置。江沿台之左，即边陲之末，也就是边的尽头，正是明长城东端起点的最好说明。这一点，我们从明长城东端起点虎山附近的自然地理环境看，也是完全符合的。金毓黻等《奉天通志》说："（安东县）境内山脉属长白山系，共分三支。一在叆河北岸，来自宽甸，自北塘入境，经老边墙、上岭路、栗子园、茂气顶，折而南至虎山村而止，突起为虎耳山。"① 经考古调查我们得知，自北塘南来，从老边墙、上岭路、栗子园、茂气顶至虎山村北的这一道高高山岭，正是长城走向，过虎山村往南无大山，皆系平地，只有近鸭绿江边处突起了高峻的虎山。调查中，我们在上述地方又都发现了长城遗迹。

至此，上述这些文献的记载，可以说明明代万里长城东端起点就在虎山南麓、鸭绿江边是确凿的。

此外，我们认为在虎山南麓经考古调查所发现的大型台址，就是江沿台堡所辖长城的第一个台址，按《全辽志》体例，据其列载顺序②，此台址应是万里长城东端起点的"邦山台"。

**（原载《丹东师专学报》1992 年第一期；《历史地理》第十辑，**

**上海人民出版社 1992 年 7 月版）**

---

① 王树楠、金毓黻等：《奉天通志》卷六十八《山川志二》"山系二"，沈阳：辽海出版社 2003 年 3 月版。

② 李辅《全辽志》卷二《边防志》（《辽海丛书》集二，沈阳：辽沈书社 1985 年 3 月版）记载辽东镇长城，其西端第一个堡城是铁场堡，该堡下辖八座台子，第一个台子为"吾名口台"，记述长城时："障塞，（从）铁场堡吾名口台起，……"

《全辽志》记载江沿台堡辖十二个台子，第一个台子为"邦山台"。依上例，明长城东端起点"障塞"就应是从江沿台堡邦山台起；此台址是我们这次考古调查在虎山南麓发现的第一座台址，故考定它为"邦山台"。

# 文二十
# 明长城江沿台堡考
## ——兼考十（石）岔口、短错江与康家哨

明代修筑长城，虽然是我国延续两千多年的长城修筑史的尾声，但却修筑了规模最大、质量最高、结构最完善的长城。由于其修筑时间距离现在较近，遗存保存得较好，因此今天人们谈论的长城，一般皆是指明长城而言。

长城是我国古代的一种重要军事防御系统，其修筑的时间越晚，其防御体系就发展得越完备。到了明代，长城的防御体系十分健全。从其组成来看，长城防御体系当然是要以不闭合的较长城墙为主。如果没有一道不闭合的较长城墙，那长城就无从谈起。但长城作为军事防御系统，除了城墙之外，还有烽火台等传烽报警设施。由于明代实行卫所制度，因此在明长城内侧还建有卫城和所城，而与长城、烽火台联系更为密切的，还有堡城。除了一些职能有专司的堡城之外，大量的堡城是靠近长城、专门驻扎防守长城官兵的城堡，是军事力量的据点。因此，从长城的防御体系这个意义来看，我们是应给予堡城一定的注意。

明长城东端起点，是明万里长城的重要组成部分，它位于鸭绿江北岸江边，雄踞在今丹东市宽甸县的虎山之上，明长城由此翻山越岭，逶迤北去，巍峨壮观。光从其地理位置来看，此地的长城就非常重要——它不仅是明长城东端起点的标志性建筑，而且面对正在兴起的女真族，它还负有真正意义上的防御任务和使命。因此，对这段明代东端起点长城相关问题作些探讨，还是很有必要的。

在今丹东地区的这段明长城东端起点长城，由于其遗存保存较差，长时间以来已无踪迹可寻，因此关于明长城东端起点之所在，产生了很多说法。为了解决这一问题，1990 年丹东市政府邀请笔者对明长城东端起点遗址进行考古调查，在发现、确定遗址后，对其进行了考古发掘，并在其遗址基础上修复了明长城东端起点段长城。

笔者在丹东连续用了五年时间，除了通过考古调查，发现、确定明长城东端起点遗址外，还主持进行了考古发掘，并在发掘出土的遗址基础上，协助丹东市进行明长城东

端起点段的修复。在考古调查、发掘期间，关于这段长城本身的研究，笔者写过关于明长城东端起点遗址发现情况及结合历史文献记载对其进行考证的文章①，而对其他一些问题，也曾根据现地所见进行过思考。笔者根据自己在考古发掘期间就一些问题的思考所得，陆续援成此稿。

## 一、江沿台旧、新两堡考

江沿台堡，是明长城东端起点段的第一座堡城，对于研究明长城东端起点段非常重要，因此弄清它的位置和修建时间很有必要。下面笔者试着探讨一下。

不过据明巡按御使李辅在其于嘉靖四十四年（1565 年）东巡之后所写的《补议经略东方未尽事宜以安边境疏》记载，江沿台堡有旧、新两座堡城，所以我们需弄清这两座堡城的位置和修建时间。

李辅在《补议经略东方未尽事宜以安边境疏》中说：

“臣东巡时，督同分守道参议张邦土、参将李成梁，踏得近康家哨，见有旧江沿台地方，土地肥美，堪以建立城堡，及查得汤站堡原因系在边堡分额，设官军五百员名，今既有险山兵将，则汤站为腹里地方，而兵马可以裁减矣。合无将，见今江沿台堡徙建于旧江沿台处所，而以汤站一半官军并入江沿，共七百余人，添设备御或提调一员以统驭之，单以防备康家哨，贼来必由冲口，则十岔口与短错江两边俱塞，虏必不能梯山而来矣。”②

从这段话中，我们不但可以知道江沿台堡有旧江沿台堡和今（新）江沿台堡两座堡城，而且知道旧江沿台堡所在地“近康家哨”——离康家哨近。据笔者考证，康家哨在今宽甸县虎山镇栗子园村之南、丹东市振安区九连城镇上瑷河尖村之东北（详考见后文）。

李辅在《补议经略东方未尽事宜以安边境疏》中还说：

“况江沿、汤站等处，逼近朝鲜疆域，又为入贡必由之路，臣为踏勘江沿堡基，同分守道、参将等官登马耳等山，望见朝鲜爱州城，则人烟辏集，城郭森严。”③

他说“江沿”台堡“逼近朝鲜疆域”，他“为踏勘江沿堡基，同分守道、参将等官登马耳等山，望见朝鲜爱州城”，说明江沿台堡既靠近鸭绿江，又在马耳山（今称虎山）

---

① 冯永谦：《明万里长城东端起点的发现与研究》，《历史地理》第十辑，上海：上海人民出版社 1992 年 7 月版。

冯永谦：《明万里长城东端起点发现在宽甸虎山》，《北方史地研究》，郑州：中州古籍出版社 1994 年 12 月版。

② 李辅：《补议经略东方未尽事宜以安边境疏》，《全辽志》卷五《艺文志上》，《辽海丛书》集二，沈阳：辽沈书社 1985 年 3 月版第一册，第 665 页。

③ 李辅：《补议经略东方未尽事宜以安边境疏》，《全辽志》卷五《艺文志上》，《辽海丛书》集二，沈阳：辽沈书社 1985 年 3 月版第一册，第 665 页。

附近。它若是离鸭绿江较远，他就不能说它“逼近朝鲜疆域”。如果马耳山（今虎山）（图 2-20-1）不在其旁，那么他就不能“为踏勘江沿堡基”而“登马耳等山，望见朝鲜爱州城”（爱州为今朝鲜义州，在虎山鸭绿江南面，今登上虎山仍然可见）。

在李辅于嘉靖四十四年（1565 年）完成续修的《全辽志》前面的《全辽总图》上，“江沿台堡”的位置在鸭绿江北岸不远处、一条河的南岸。

而明巡抚都御史王之诰在其《题为议处东南极边要害添设兵将控扼虏冲预防外患以永安重镇疏》中，将江沿台堡的位置讲得再清楚不过了：

“东虏之患如此，然臣犹有隐忧焉。由江沿而西抵辽阳，又朝鲜入贡必由之路。江沿与朝鲜接壤，止（只）隔鸭绿一江耳。臣近至江沿，观九连城，登马耳山，俯视彼之爱州，楼橹相望，宛在目前。”①

“江沿与朝鲜接壤，只隔鸭绿一江耳。”说明江沿台堡就在鸭绿江边，近得不能再近了。他“近至江沿，观九连城，登马耳山”，说明江沿台堡离九连城（遗址在今九连城镇）和马耳山（今虎山）都很近，只有这样他才可观、可登。实际上九连城在江沿台堡之西南，马耳山（今虎山）在江沿台堡之东北，距离均在三五里之间。

如果你曾去过丹东九连城和虎山的话，那么只要你看到这段文字就能明白，王之诰已经明确地告诉你江沿台堡在什么地方了——可以说这段文字已将江沿台堡的范围缩得

**图 2-20-1　丹东市宽甸县虎山，明代称马耳山，后称虎耳山，今称虎山**

① 王之诰：《题为议处东南极边要害添设兵将控扼虏冲预防外患以永安重镇疏》，《全辽志》卷五《艺文志上》，《辽海丛书》集二，沈阳：辽沈书社 1985 年 3 月版第一册，第 661 页。

很小，几乎不用再进行考证就知道其位置了。

笔者在从事文物考古工作的六十多年中，曾经对丹东地区进行过多次考古调查，尤其是在对虎山明长城东端起点遗址进行考古调查和发掘时，在那里待了五年时间，因此笔者对这一地区的文物古迹颇为熟悉。在这个地区，我们曾反复调查过，在虎山周围发现的明代城址只有三处——九连城镇的九连城村古城址、上叆河尖村古城址和楼房镇的石城村古城址。其中，九连城镇九连城村古城址是明朝接待朝鲜贡使的“镇江城”遗址，可以将其排除；楼房镇石城村古城址，在鸭绿江之北二十多里，不“逼近朝鲜疆域”，更不“与朝鲜接壤”，其侧也无虎山，所以不可能是江沿台堡遗址；只有九连城镇上叆河尖村古城址，最有可能是江沿台堡遗址。因不同朝代都曾在上叆河尖村建城，前后经历过多个时代，所以上叆河尖村古城址并非是一个时代的城址，情况较为复杂。

过去，外界都不知道上叆河尖村古城址。1961 年 8 月，辽宁省文物工作干部训练班实习时来此调查，才发现了它。该城址在今丹东市振安区九连城镇上叆河尖村中。那里地势平坦，叆河自北边流来，在此分成两股——东面一股是干流，西面一股为支流，它们均向南流，最后注入鸭绿江。在鸭绿江和两股叆河之间，形成一个面积很大的河心岛，其南北长十余里，东西宽七里多，目前上面建有河西甸子村、上叆河尖村、马市村、下叆河尖村以及套里村。古城址在上叆河尖村，面积很大，早年城墙保存较好，后遭破坏，多存基部。经挖探沟探查，发现存在于现地表下的城墙为石砌，同时在城址内发现了很厚的文化层，其中最下层为汉代文化层，往上依次是高句丽、辽、金以及明代文化层。在城址内采集的文物，也均属于汉、高句丽、辽、金以及明各时代。这说明它在汉代建成以后，高句丽、辽、金及明均曾沿用过，前后沿用的时间很长。

由于在该城址中发现有“安平乐未央”铭文灰陶圆瓦当和“安平城”划字灰陶盆口沿片等带文字的文物出土，而《汉书 · 地理志》载“马訾水……西南至西安平县入海”（马訾水为今鸭绿江，它向西南流至西安平县入海），因此考定上叆河尖村古城址最初所建之城，应为汉代辽东郡之“西安平县”城。

虽然这座城址建成年代较早，历时甚久，对考证历代建置非常重要，但因该城址发现较晚，此前未做深入研究，至今没有进行详尽考证，其明代城址的“身份”即被忽略。

不过有一点必须在此指出，那就是在上叆河尖村发现古城址后，考古人员曾挖探沟进行地层探查，当时发现在现地表下的城墙为石砌。这个发现很重要。根据自己多年调查古代城址了解的情况，笔者认为，尚未发现汉代城址用石块做墙基或砌石墙的，它们均为夯土筑墙；而在上叆河尖村古城址现地表下发现的石墙，从其用材、结构和砌筑方法来看，具有明代筑城的特点。因此，在上叆河尖村古城址所发现的石城墙，应该是明代所修筑的江沿台堡城墙。

从地理位置看，上叆河尖村古城址距离鸭绿江很近，其南边不远处就是鸭绿江，而且其北边、西边和东边离叆河也很近，这既符合《全辽总图》上所标的“江沿台堡”位置，又符合上述李辅“况江沿、汤站等处，逼近朝鲜疆域”和王之诰“江沿与朝鲜接壤，只隔鸭绿一江耳”对江沿台堡地理位置的确切描述。而九连城（遗址在今九连城镇）就在今九连城镇上叆河尖村西五里，而马耳山（今虎山）就在上叆河尖村东边不远处，所以才有李辅“为踏勘江沿堡基，同分守道、参将等官登马耳等山”，王之诰“近至江沿，观九连城，登马耳山”的事情发生。

综上所述，上叆河尖村古城址（图 2-20-2），应该就是明长城东端起点第一座堡城江沿台堡遗址。而上叆河尖村古城址在笔者考证的康家哨今地附近（在其西南），所以它是旧江沿台堡遗址。

旧江沿台堡遗址确定之后，我们再来看新江沿台堡在何地。虽然历史文献中缺乏明确记载，但它应该离虎山明长城东端起点不太远，因为其北面有其他堡城，而且它亦是明长城东端的第一座堡城。

前已说明，经考古调查得知，在虎山附近的明代城址只有三处，其中九连城村古城址为明镇江城遗址，上叆河尖村古城址为初建之江沿台堡城——旧江沿台堡遗址，剩下一处即今丹东市振安区楼房镇石城村的明代城址，就应为明长城新江沿台堡城址。

图 2-20-2　丹东市振安区九连城镇上叆河尖村古城址——明长城旧江沿台堡遗址省级文物保护单位标志碑

石城村古城址（图 2–20–3~ 图 2–20–5）位于叆河左转弯向东流之后的叆河南岸，即在叆河右岸，其南距上叆河尖村二十余里，城墙为石块砌筑，在城址内所见遗存皆属明代。因此，笔者考定石城村明代石城址，为明长城新江沿台堡遗址。

在确定了旧、新江沿台堡的位置之后，我们接下来探讨它们的修建时间。

曾经做过明朝兵部尚书的范鏓在他所写的《增建河东七堡记》中，将旧江沿台堡的修建时间说得较为清楚。在河东七堡增建之前，辽东东部地区的堡城相距过远，不利于防守，因此巡台御史张铎向朝廷提议“增筑辽东长城的七座堡城”以“安边保民”。该提议获得朝廷批准。在修筑七座堡城大功告成之日，范鏓撰写《增建河东七堡记》一文，记载了辽东长城防御史上的这一重大事件：

“嘉靖丙午，巡台御史南畿张秋渠先生铎，按治兹镇，首重大防，……自碱场历洒马吉、新安等处，而知虏从北古河台诸路而入也，于是有孤山堡之图焉。又出双岭历险山，而知虏自石岔口经索果直而来也，于是有险山堡之图焉。又自险山历江沿台，而知虏从打探峪入瓦子峪而来也，于是有江沿台堡之图焉。……七堡增，则河东自此可无虞矣。安边保民，莫此为大。……遂于岁之七月，经始分理，鸠工集事，……迄于九月，秩然报成，其城堑之高深，门营之严整，军容之壮饰，墩台之森布，雄视边陲，镇詟诸虏允矣。”[①]

图 2–20–3　丹东市振安区楼房镇石城村明长城新江沿台堡西城墙遗存

① 范鏓：《增建河东七堡记》，《全辽志》卷五《艺文志上》，《辽海丛书》集二，沈阳：辽沈书社 1985 年 3 月版第一册，第 652 页。

图 2-20-4　丹东市振安区楼房镇石城村明长城新江沿台堡北城墙遗存

图 2-20-5　丹东市振安区楼房镇石城村明长城新江沿台堡东北角城墙遗存

由此可知，经张铎筹划，河东七堡于嘉靖丙午（即嘉靖二十五年，1546 年）七月开始修筑，用了三个月时间，于同年九月修筑完成；在这次修筑的河东七堡中，就有江沿台堡——“又自险山至江沿台，而知虏从打探峪入瓦子峪而来也，于是有江沿台堡之图焉”，而在此之前，并无江沿台堡［在毕恭于正统八年（1443 年）始修的《辽东志》中的《辽东河东地方总图》上，还没有标注“江沿台堡”］，所以这次是始筑，即此江沿台堡城为旧江沿台堡，它的修筑时间为 1546 年，距明亡只有九十八年，不到一百年，应是明代中后期了。

关于明代在何时弃旧江沿台堡、建新江沿台堡，文献无征。据范鏓所记，江沿台堡初建，是在嘉靖二十五年（1546 年）七月。而李辅建议移建江沿台堡、复勘旧江沿台堡之地的时间，笔者推定是在他东巡之年——嘉靖四十四年（1565 年）。为何如此确定？因李辅所修《全辽志》是在嘉靖四十四年秋完成的[①]，而李辅的《补议经略东方未尽事宜以安边境疏》也被收入《全辽志》中，且其编次在其卷五《艺文志上》的后边，编完《全辽志》他就回北京了，因此他建议移建江沿台堡、复勘旧江沿台堡之地必在此之前完成。所以新江沿台堡的修筑时间在 1546—1565 年之间。

至于明朝弃旧江沿台堡、建新江沿台堡的原因，笔者认为，主要是因为当时旧江沿台堡是位置于防守不利，就像孤山堡移建一样。笔者推断，可能是在旧江沿台堡建成之后的某年，叆河河道发生改变，在旧江沿台堡西部又形成一条河道，导致其防守不便，所以将其向北迁移，在其北二十余里的今丹东市振安区楼房镇石城村另筑新堡，原建于今丹东市振安区九连城镇上叆河尖村的江沿台堡城被废弃。

旧江沿台堡向新江沿台堡迁移的时间，不可确知，大约是在其建成几年后，因故迁走。从张铎于嘉靖二十五年（1546 年）建堡，到李辅于嘉靖四十四年（1565 年）复勘江沿台堡旧址并建议复修、迁回，前后相距约二十年，因此，迁移的时间应该在这二十年之间。

人们不禁要问：“李辅为什么要将江沿台堡迁回原堡城？”我们在调查后得知，当江沿台堡城从旧堡城迁至新堡城之后，防守官兵渐渐发现，其新迁之址并非要冲，当女真人自虎山或康家哨过来犯边时，首当其冲的旧江沿台堡所在地防守空虚，无法抵御，远在其北的新江沿台堡官兵救援不及，常常让女真人“饱欲以归”，而将江沿台堡从新江沿台堡迁回旧江沿台堡，于防御女真人的侵扰有利。

在江沿台堡的问题解决之后，明长城东端起点段的十（石）岔口、短错江和康家哨的今地，也可以讨论一下，以进一步了解明长城东端起点段的地理环境及其所起的重大

① 王之诰在为李辅所修《全辽志》所写的《全辽志叙》中说：“（李辅）遂得以余力搜往牒、摭舆见，统紊昭晦，剔芜缀遗，历夏徂秋而志告成，以书来京师征余序，余取而读之。……嘉靖乙丑冬十二月……”（李辅：《全辽志》，《辽海丛书》集二，沈阳：辽沈书社 1985 年 3 月版，第 496 页）由此可知，《全辽志》完成于嘉靖四十四年（1565 年）秋。

防御作用。

明朝修筑辽东镇东部长城的一个重要目的，就是为了防御女真人的侵扰。这段长城修筑之后，在女真人的侵扰上起到了一定程度的作用，长城之内人民生命财产的安全，有了很大的保障。

但是，明朝修筑长城之后，并没有完全杜绝女真人对明朝边境的抢掠，他们经常犯边。由于明长城东端起点段所在的今丹东市宽甸县境内多山，尤其是在它的南北两面，山高坡陡，地势险峻，只有中部地区有基本为东西流向的较长河流，因此那里就成为宽甸的主要通道，处在今宽甸县东边的女真人犯边，也都是从东向西而来。今考索十（石）岔口、短错江和康家哨的今地，就是为了以点突出线，了解当年女真人犯边时是从哪进军的。而女真人犯边所经之地，在文献之中多有记载。笔者就从这些记载中来考索十（石）岔口、短错江和康家哨的今地。

## 二、十（石）岔口考

关于“十（石）岔口”通道，明代人的记录很多。范鏓在《增建河东七堡记》中说：“虏人外自石岔口出宽佃子而入险山，犯诸境，尤为要害。又东南而为汤站堡，虏自石岔口循短错江入，掠江沿台。”其后在该文议及设堡地点时他说：“又出双岭历险山，而知虏自石岔口经索果直而来也，于是有险山堡之图焉。”①

李辅在《补议经略东方未尽事宜以安边境疏》中说：“查得节年东虏入犯道路，止（只）有二处：一自十岔口踰山而入，则犯新安、凤凰西南等堡，而险山其要也。”其后他又说：“贼来必由冲口，则十岔口与短错江两边俱塞，虏必不能梯山而来矣。”②

从上述记载可知，十（石）岔口是女真人犯边的必经之地，女真人入境先经“十岔口”，然后才能越过长城到堡城所在之地抢掠，可见它非常重要。其可去之地有：

（一）“虏人外自石岔口出宽佃子而入险山，犯诸境”。自外（东）而来的女真人自石岔口出宽佃子进入险山。宽佃子，宽甸堡，遗址在今宽甸县城宽甸镇。险山，险山堡，遗址在今凤城市东汤镇民生村河西屯。由此可知，十（石）岔口在今宽甸县城宽甸镇之东。

由十（石）岔口验证女真人犯边的路线：当其由东而来，到十（石）岔口后，按“虏人外自石岔口出宽佃子而入险山”的记载，其行进路线为自十（石）岔口向西北去，就是宽佃子（遗址在今宽甸镇），由此经今青椅山乡、毛甸子乡、杨木川乡，出今宽甸县

① 范鏓：《增建河东七堡记》，《全辽志》卷五《艺文志上》，《辽海丛书》集二，沈阳：辽沈书社 1985 年 3 月版第一册，第 652 页。

② 李辅：《补议经略东方未尽事宜以安边境疏》，《全辽志》卷五《艺文志上》，《辽海丛书》集二，沈阳：辽沈书社 1985 年 3 月版第一册，第 665 页。

境时越过长城，进入险山堡（遗址在今凤城市东汤镇民生村河西屯）抢掠。

（二）“虏自石岔口循短错江入，掠江沿台”。女真人自石岔口来，沿短错江侵入而抢掠江沿台。这个路径很清晰。十（石）岔口在东，过了十（石）岔口向西去，无论怎么走，都会遇到短错江。此短错江就是今宽甸县大蒲石河（详考见后文）。沿江走，向西去，就到江沿台堡（遗址在今上叆河尖村。此时在今上叆河尖村的江沿台堡应已完成修筑，因为范鏓此文就是为张铎增筑包括江沿台堡在内的河东七堡完成而写的）。女真人所过的十（石）岔口，应在江沿台堡东面，甚至也经“宽佃子”而到短错江（今大蒲石河）。

按“虏自石岔口循短错江入，掠江沿台”的记载，由十（石）岔口西去，可抵短错江，即今大蒲石河，然后沿河一直向南去，到今古楼子镇，由此西去二十里路，先到马耳山（今虎山），越过长城，就是江沿台堡，遗址在今上叆河尖村。

（三）“一自十（石）岔口踰山而入，则犯新安、凤凰西南等堡，而险山其要也。”因犯边的女真人要抢掠的新安和凤凰两堡俱在十（石）岔口西北，路上要翻越山岭，所以说他们是从“十（石）岔口踰山而入”。这样一来，十（石）岔口的位置就比较清楚了。

按“自十（石）岔口踰山而入，则犯新安、凤凰西南等堡，而险山其要也”的记载，自十（石）岔口西去，经今宽甸县青椅山乡、毛甸子乡，向西南去，在今宽甸县西界越过长城，就到新安堡（遗址在今凤城市石城镇石城村），又向西南行，可达凤凰城堡（遗址在今凤城市驻地凤城镇）。

笔者在宽甸县调查长城时，曾调查红石砬子镇的长城遗存，去了许多村屯，对当地的交通道路、村屯的历史沿革等，都做了深入的了解。在我们走到中蒿子沟村调查时，当地村民向我们介绍了该村的沿革：“我们这里的上蒿子沟村，原来叫头道边壕村，现在改为上蒿子沟村了。中蒿子沟村，就是我们这村，过去叫十岔口村，因为这里有东西、南北两条道路通过，东西走、南北行都有路。也有人说叫石岔口。现在它改名为中蒿子沟了。”听完村民介绍，再看当地的交通道路，我们发现，在宽甸县较重要道路比较稀少的情况下，在中蒿子沟村确实却有东西与南北两条道路，因此它名“十岔口”倒也是名副其实的。

经过笔者的调查了解和考证，今宽甸县红石砬子镇十（石）岔口村（近年改为中蒿子沟村），处于女真人犯边所必经之地的位置上，符合明朝人对女真人犯边抢掠路径的记载，因此它就是明代的十（石）岔口。

## 三、短错江考

在明代巡边大臣关于女真人犯边的相关记载中，多见“短错江”，现摘录分析于下。

范鏓在《增建河东七堡记》中说：“虏自石岔口循短错江入，掠江沿台。”[①] 由此可知，女真人到江沿台抢掠，是从十（石）岔口沿着短错江往里走的。经笔者考证，从十（石）岔口（近年改为中蒿子沟村）向西去，就到了大蒲石河，沿此河走到今宽甸县古楼子乡古楼子村，其西二十余里就是明长城江沿台堡遗址所在地，今丹东市振安区九连城镇上瑷河尖村。这是女真人犯边去江沿台必走的路。因此，在十（石）岔口与江沿台之间流过的短错江，只能是今宽甸县的大蒲石河，舍此，其地无其他河流可以充当。

明臣李辅在《补议经略东方未尽事宜以安边境疏》中从另一个角度说：“东虏入犯道路，止（只）有二处：……一自短错江沿流而入，则犯九连城、江沿台东南等堡。”他又说：“贼来必由冲口，则十岔口与短错江两边俱塞，虏必不能梯山而来矣。”[②]

李辅说女真人犯边，“自短错江沿流而入，则犯九连城、江沿台”。这里值得注意的是女真人“沿流”而入。这说明女真人“犯九连城、江沿台”时，是沿短错江入侵的。今天前往九连城和江沿台的遗址所在地九连城镇和上瑷河尖村，傍大蒲石河“沿流”而行，恰是应当选择的道路。当走到宽甸县古楼子乡古楼子村时，离开大蒲石河向西走二十多里，就到了上瑷河尖村（江沿台堡遗址所在地），又西去五里，就到了九连城镇（九连城遗址所在地）。同时李辅还指出，当明军在十（石）岔口、短错江这条通道两边都堵住之后，女真人就无法通过，因为这条通道南北两面山高坡陡，女真骑兵肯定不能翻山越岭而来。这也正是当地地理环境的特点。

明巡按御史胡文举在《东南疆场》中也说：“且汤站堡所辖马耳山、虾泥沟等处，又系虏寇出没要路，频年争讼骚扰，边衅不息。”[③]女真人犯边出没的要道经过马耳山（即今虎山），而要走这条路，必从短错江（今大蒲石河）来。当他们沿短错江（今大蒲石河）走到今宽甸县古楼子乡古楼子村时，转向西走二十里就到马耳山（今称虎山），又向西即到江沿台堡（遗址在今上瑷河尖村）。

明臣张学颜在《条陈辽东善后事宜疏》中说得更为明白：

“险山等旧堡，自嘉靖四十二年添参将之后，缘地在腹里，去边甚远，建州环住夷酋，生齿繁多，丑类强悍，既据十岔口以为出入之路，又占宽佃子以为围猎之区。（明）兵马既不敢出边，丁夜亦不敢出哨。王杲等部肆掠于北，兀堂、阿住古准塔等部肆掠于东。如嘉靖四十四年十一月，从十岔口进入，攻陷洒马吉堡；四十五年二月，从十岔口进入，

① 范鏓：《增建河东七堡记》，《全辽志》卷五《艺文志上》，《辽海丛书》集二，沈阳：辽沈书社 1985 年 3 月版第一册，第 652 页。

② 李辅：《补议经略东方未尽事宜以安边境疏》，《全辽志》卷五《艺文志上》，《辽海丛书》集二，沈阳：辽沈书社 1985 年 3 月版第一册，第 665 页。

③ 胡汉举：《东南疆场》，《全辽志》卷五《艺文志上》，《辽海丛书》集二，沈阳：辽沈书社 1985 年 3 月版第一册，第 657 页。

抢围险山等堡；隆庆元年，从十岔口进入，抢掠叆阳等堡；四年八月，从大柞口进入，抢江沿等处，他如草河等堡，地方人畜，被其抢掠者，难以悉数。”①

女真人“据十岔口以为出入之路”，说明女真人犯边，必到十（石）岔口，然后由此去不同方向的堡城抢掠——上文所列举的女真人入侵路径就是明证。女真人“又占宽佃子以为围猎之区”，说明宽佃子距离十（石）岔口较近，这样女真人才可能将宽佃子作为抢掠途中打猎的地方。这可以从陈建、沈国元《皇明从信录》的记载中得到证明：“方修筑十岔口宽奠堡，巡抚张学颜按视……”②只有宽奠（甸）堡距离十（石）岔口很近，才能说“修筑十岔口宽奠堡”。实际情况如何？宽佃子，宽奠（甸）堡，遗址在今宽甸县城宽甸镇，十（石）岔口（遗址在今改为中蒿子沟村）在宽甸镇东南二十多里，有路相通。明朝增筑宽甸六堡时，在宽佃子筑宽甸堡，因其距离十（石）岔口不远，又因十（石）岔口很有名，明朝廷臣皆知，可以作为所在地域的代表性地点，因此陈建、沈国元在文中说“修筑十岔口宽甸堡”是完全说得通的。

明臣汪道昆在《辽东善后事宜疏》中说：

“臣阅辽阳迤东，据总兵官李成梁揭议移建六堡，其一为孤山堡，其五堡皆属险山。……出险山一百八十里，亦得沃地五区，曰宽佃子、曰长佃子、曰双墩儿、曰长哈、曰散等，皆为边冲。塞外地曰松子岭、曰乾滩子、曰短错江、曰十（石）岔口、曰青崖子、曰文大人营，曰锅儿听，皆虏冲也。……请仍以险山参将部军，移建宽佃子，以扼松子岭、乾滩子二冲，江沿台备御部军，移建长佃子，以扼短错江，仍以守堡官领军百名，应接朝鲜贡道，宁东堡军移建双堆儿，以扼十（石）岔口、青崖子、文大人营三冲。”③

在此奏章中，汪道昆说明了以下几个问题：

一是建宽甸六堡——除了孤山堡，宽佃子（宽甸堡，遗址在今宽甸县城宽甸镇）、长佃子（长甸堡，遗址在今长甸镇长甸村）、双墩儿（永甸堡，遗址在今永甸镇永甸城村）、长哈（新甸堡，遗址在今青椅山乡赫甸城村）以及散等（大甸堡，遗址在今永甸镇坦甸城村）“皆属险山”。它们“皆为边冲”，在防御女真人侵扰上可发挥重要作用。

① 张学颜：《条陈辽东善后事宜疏》，《明经世文编》卷第三六三《张心斋奏议》，北京：中华书局 1962 年版，第 3911 页。

② 陈建、沈国元：《皇明从信录》卷三十四，明刊本第三页（四库禁燬书丛刊编委会：《四库禁燬书丛刊》，北京大学图书馆藏本，第 565 页）载：“是年（万历元年），兵部侍郎汪道昆阅边，总戍李成梁请展筑宽奠等六堡，其地北界王杲，东邻兀堂，去叆阳二百里，方修筑十岔口、宽奠堡。巡抚张学颜按视，兀堂等数十酋环跪，称修堡塞道，不得围猎内地，愿质子，所在，易盐布。工竣，学颜疏请听市宽奠、永奠，谓东夷唯易米、布、猪、盐，无马匹、他违禁物。”

③ 汪道昆：《辽东善后事宜疏》，《明经世文编》卷三三七《汪司马大函集》，北京：中华书局 1962 年版，第 3617 页。

二是指出“塞外地……曰短错江、曰十岔口”。这对我们了解短错江和十（石）岔口之所在，非常重要——原来此二地不在别处，而是在“塞外”，即在明长城的东面。所以笔者通过考证，将“十（石）岔口”定在今改名为中篙子沟村［原称十（石）岔口村］、将“短错江”定为今大蒲石河，是完全正确的。

三是堡城建成后，在担负防御任务方面各有分工：

“江沿台备御部军，移建长佃子，以扼短错江”。长佃子即长甸堡，遗址在今长甸镇长甸村，在十（石）岔口之西南，由此堡向西去就是大蒲石河。将原江沿台备御部军移驻于此，恰可扼守住女真人经十（石）岔口走短错江这条通道，说明短错江在长甸堡的西面，而在此地的不是别的河流，正是大蒲石河。

“宁东堡军移建双堆儿，以扼十（石）岔口、青崖子、文大人营三冲。”双堆儿即永甸堡，遗址在今永甸镇永甸村，在十（石）岔口西南。如果守住此堡，女真人过十（石）岔口后，即不得西进，说明十（石）岔口在永甸堡东北方向，这样才能扼住女真人西去犯边的道路。

通过对上述文献材料的考证和对实地调查了解情况的分析，再从短错江是明长城外边的江来看，短错江只能是今宽甸县境内的大蒲石河，除此之外，无论从哪一方面考虑，都无法证明其他河流为短错江。

## 四、康家哨考

在明长城东端起点段，女真人犯边抢掠时常走的一处地点“康家哨”的今地，也有必要探讨一下。因笔者在此地进行明长城东端起点遗址的考古调查和发掘时，曾多次身至其地，有所体会，故将此地列个题目加以说明。

从文献记载看，李辅在《补议经略东方未尽事宜以安边境疏》中说：

“东虏入犯道路，止（只）有二处：……一自短错江沿流而入，则犯九连城、江沿台东南等堡，而康家哨其要也。今险山设立大兵，西南等堡无复虑矣。唯有康家哨一处，乃在江沿台之左，而为边陲之末，今年两次进犯，皆由此处出入，……臣东巡时，督同分守道参议张邦土、参将李成梁，踏得近康家哨，见有旧江沿台地方，土地肥美，堪以建立城堡。……而以汤站一半官军并入江沿，共七百余人，添设备御或提调一员以统驭之，单以防备康家哨，贼来必由冲口，则十岔口与短错江两边俱塞，虏必不能梯山而来矣。”①

李辅在其疏中四次提到“康家哨”，每次提到都能给我们提供思考的线索：

他第一次提到“康家哨”，是女真人犯边去九连城、江沿台东南等堡时，必走康家哨，因为它位于是他们去抢掠地点的必走要道上。

① 李辅：《补议经略东方未尽事宜以安边境疏》，《全辽志》卷五《艺文志上》，《辽海丛书》集二，沈阳：辽沈书社1985年3月版第一册，第665页。

他第二次提到“康家哨”，是说明康家哨的位置在“江沿台之左”（即在江沿台堡的东边），“边陲之末”（在当时明长城的尽头，边境的边缘）。

他第三次提到“康家哨”，也是说其所在地点——“近康家哨，见有旧江沿台地方”。在康家哨附近发现有旧江沿台堡城址，说明二者距离很近，即只要找到康家哨，就能找到旧江沿台堡，而找到旧江沿台堡，也就可以知道康家哨在什么地方。

他第四次提到“康家哨”，是建议增加江沿台堡驻军人数，专门用来防备女真人从康家哨过来进行抢掠。如果堵住了康家哨这处女真人进犯的“必由冲口”，则其无路可走，“必不能梯山而来矣”。这说明康家哨的重要性非比寻常。

那么康家哨在什么地方？在此笔者想先说明一下“康家哨”中的“哨”是什么意思。此事一般不见解释，字典中也无相关词条。但在民间，此口语颇为通俗流行。笔者在当地调查时，就听到过村民的普遍说法，那就是：哨，即哨口，河水浅的地方。在河流的某一段，因河床较高，河水较浅，河水流过时发出“哗哗”之声，犹似哨音，故称其为“哨口”。由于哨口水浅，人马均可由此涉水过河，因此它即是“哨”也。所谓“康家哨”，当是明代此处河水较浅，人马可涉水过河，又有康姓人家在其附近居住，故得名为“康家哨”。

至于康家哨在何地，我们来看李辅的描述。女真人犯边时由东面过来，过康家哨后就到江沿台、九连城，说明康家哨在江沿台、九连城的东面。再有康家哨在旧江沿台堡之左，也就是它的东边，范围进一步缩小。三是在康家哨附近，见有旧江沿台堡。四是加强江沿台堡的兵力，专防康家哨渡口。这些地理坐标非常明确，康家哨已经是呼之欲出了。

所谓“康家哨”，就是叆河的一处哨口。明代旧江台堡，遗址在今九连城镇上叆河尖村古城址。叆河哨口，在今宽甸县虎山镇栗子园村之南、丹东市振安区九连城镇上叆河尖村之北。这段叆河至今水位仍然较浅，他处都不可涉水过河，唯独此处人马均可以涉水过河。笔者在虎山进行明长城东端遗址的考古发掘期间，曾在去九连城或丹东市购买发掘用品时，为图路近便利，不耗时费力绕远走公路，常取道叆河哨口涉水过河，故对叆河哨口深有体会。不过今天因有高等级公路和现代化桥梁代替了历史上的村路土道，古代的康家哨通道已退出历史舞台，不再是当地的通行要道，一般情况下人们皆走公路，仅有个别人由此蹚水过河。但从考古研究的角度考虑，康家哨仍然是一个不能忽略、需要考证的历史遗迹。

由“康家哨”笔者想到另一个问题，那就是叆河分成东、西两条河道的问题：是原始状态即如此，还是后来形成的？若是后来形成的，那是在何时和怎样形成的？我们从丹东市区出来，从市区东边至虎山，这一带地处鸭绿江和叆河沿岸，除了在九连城见有丘陵岗地之外，其余皆为平川，在这样的地势，叆河在下游入江处一开始就是两条河道吗？笔者以为不是，原因有四：

一是从汉代所建辽东郡西安平县来看：西安平县是辽东郡首建之县，其选址一定是很慎重的。如果叆河当时就分成两股，那么西安平县是绝对不会选择建在河心岛的沙洲之上的。因此西边这股叆河在前汉建县时应该是没有的，西安平县城当时是建在只有一条河道的叆河西岸的平地处。

再有，将西安平县城建在叆河西岸，是符合当时的国力、社会状况与民族分布等情况的。西安平县的东面，当时就是东北少数民族的活动范围，他们经常骚扰、抢掠汉朝内地的人畜财物。而河流是天险。“以河为固”，将西安平县城建在叆河西岸，是符合当时建郡县城选址定点的防御要求的。由此我们可以确知，在县城后方，一定是通行无阻的坦途，没有河道，因此叆河的西支河道当时是不存在的。

三是虽然从后汉末期开始，经三国历西晋之后，辽东郡西安平县逐渐淡出中央王朝的行政建置，但至隋唐时期，它却为高句丽所有，其后亦为辽、金所据，延到明代，明朝又在历代城址之上建江沿台堡。在该城址考古调查所见之各时代文化层和采集的各时代文物，均证明其沿革明确，历代相承、延续年代不误。由此我们可以确知，历代以来，其地理环境应该没有发生太大的变化，叆河也无改道分支之事，因而才有从汉至明历代在此建城以居而不将其舍弃的事实。

四是现在我们所见叆河是分为东、西两股的，以东面一股为干流，西面一股为支流。我们在现地调查所见，东股叆河自北流来，河道笔直，河宽水深，直观即知其是干流，“康家哨”就在干流河道上。而西支叆河明显是从干流河道上分出来的，河道狭窄，河水亦浅，目视即可知其为支流。

叆河何时形成两条河道？笔者以为由以下几点分析，可解决这个问题，试为细辨之：

一是河道分成两支的时间，在明嘉靖二十五年（1546 年）张铎筑（旧）江沿台堡之后。在江沿台堡筑成后，于某年叆河发大水，因康家哨河床高，水流壅塞不畅，水力洪大，即在康家哨之北、今栗子园村西的叆河西岸，冲开一道决口，河水由此向西南流去，在今九连城村、套外村之东和上叆河尖村、套里村之西流过，最后注入鸭绿江，形成一条新的河道，于是就成为我们今日所见之叆河西支。

二是形成两条河道的时间，应该距今不会太远，应该是在明嘉靖年间，即嘉靖二十五年之后的三五年。也就是说，如果自明代中后期算起，该分支河道至今也就四百七十多年。笔者以为，此推测应是不误。

三是将江沿台堡从今上叆河尖村迁走，也应与叆河形成两支水道有关。江沿台堡经张铎在嘉靖二十五年（1546 年）建成后，某年大水，叆河决口，在西岸冲出一条新河道，于是江沿台堡北、东、西三面都为叆河所包夹，而其南边又为鸭绿江所阻挡，导致其四面为水所困，这样在防守应敌上就不方便，所以才有将堡城北迁二十余里，在今楼房镇石城村建新江沿台堡。叆河在今楼房镇石城村为自西向东流，新江沿台堡依然选址在叆河右（南）岸。不过江沿台堡迁到新建之堡后不久，守边将士就发现新江沿台堡存在问题：女真人犯边通道马耳山、康家哨均在其南二十多里处，防守极为不便，让女真人得以轻易入侵抢掠。因此，李辅于嘉靖四十四年（1565 年）东巡时，建议在旧江沿台堡址复建堡城，将新江沿台堡迁回其初建地，以加强防御。

## 五、简短的结语

本文所写，是笔者对明长城东端起点段几处地名的考证，其本身内涵对深入研究明长城，还是有参考价值的。

笔者以为，虽然在明长城的堡城和其他地点多得不可胜数的情况下，这几个地点算不了什么，但因明万里长城的东端起点容易引起人们关注，而这些建置和地名又是首先被注意到的，故将其提出来加以探索，谈些笔者见物思考的意见。因为这些地点看似简单，实则不然，若没有亲身经历，就不容易了解——笔者于此深有体会，而笔者都曾亲自去调查过，来自于亲身经历的所见所闻所思，对读者了解明万里长城的东端起点或有帮助，故写成本文以奉献给喜爱长城的读者。

# 文二十一

# 为历史负责

## ——长城专家考察虎山长城二期修复工程座谈会发言记录

**记录整理者按**：全国著名长城专家罗哲文、朱希元两位学界泰斗，在辽宁省文化厅文物处处长姜铁成、丹东市风景局局长刘焕友、丹东市文化局局长助理刘晓宇等人的陪同下，于2001年8月12日，用一天时间，对明万里长城东端起点虎山长城二期修复工程进行了全面深入的考察。虽然两位专家一位年近八十，一位刚刚出院，但考察时他们仍然顶着烈日，踏着乱石，一直登上山顶，对工程的许多细节都进行了详细的询问，其作风之深入，态度之认真，指点之详尽，以及敬业精神之强，都给我们留下了非常深刻的印象。晚上回来，两位前辈不顾疲劳，同经邀请特地从沈阳赶来刚到丹东的著名长城专家、辽宁省文物考古研究所研究员冯永谦一起，和我们进行了认真的座谈，他们都发表了诚挚的意见，对虎山长城二期修复工程给予了充分的肯定，对一些学术研究中提出的疑难问题作了科学的阐释，并对下一步工作提出了指导性意见。现将座谈记录整理如下：

**刘焕友**：今天一天，大家都很辛苦。两位专家和前辈工作很忙，来一次很不容易。明天省厅的姜处长要走。大家看了一天以后，对我们的工作有什么意见，对邦山台的位置，对现在这样的修法，还有什么话要说，请几位专家和省厅同志不吝赐教，把宝贵的意见留下来。

**罗哲文**：我先抛砖引玉。首先，感谢你们做了这么好的工作，争取到了这么大一块资金，把虎山长城二期修复工程搞起来了。我是搞文物的，我能够体会到你们组织这样大的一个工程，确实不容易。我个人非常高兴，这也是我几十年的心愿了。

我们早就想把明万里长城东端起点确定下来。20世纪50年代的时候，我有一篇稿子，推断明长城东端起点在九连城，现在看这不对了。冯老师（指冯永谦，下同——记录整理者注）经过多方考察、发掘，确定明长城东端起点在虎山，我们这些人都到丹东参加过当时的论证会，感到根据很充分，因此共同认定明长城东端起点就在虎山，而且大家都是签了名的。当时我有个发言，好像是讲了五六条意见，你们这里应该有。我们早就知道，明长城东端起点不是山海关，而在别的地方，但是没有证据。《明史》记载得清清楚楚：长城“东起鸭绿，西至嘉峪”。历史是不能改的。过去我虽然感到明长城东端起点在丹东是毫无疑问的，但具体在哪不清楚。冯老师经过现地发掘证明了，那件明代《九边图》也证明了，边界就在鸭绿江，明万里长城东端的起点就在虎山。所以，（20 世纪）90 年代初开会的时候，我就主张把虎山长城恢复起来，作为明长城东端起点的标志。明万里长城那么长，不是每个地方都要恢复，也没有那个必要，但东端起点必须恢复，不恢复就没有起点，就没有标志。

搞文物工作有三句话，其中两句是说要“有物可看，有事可说”。把虎山长城恢复起来，就是要做到“有物可看”。那次会议上我还有几个建议：第一个建议是，古代这里是个防御体系，不会只此一处，肯定还有别的，因此还要再查一下，周围的，山上的，都可以再查一查。第二个建议是，虎山长城要分期、分步骤地组织修复。一期工程做了好多工作，现在进入二期工程，规模更大，说明领导很重视。当时我有五六条建议，现在我仍然认为这些建议没有错。第三个建议是，要搞好遗址保护，特别要保护好那口大井。明万里长城东端起点在旅游上绝对是个拳头产品，在国内、国外肯定打得响。长城在国外的宣传最早大概在 16 世纪。国际上把中国的长城作为世界“七大奇迹”之一，可能就在 16 世纪。只是当时中国与外隔绝，我们自己不知道。把虎山长城作为明万里长城东端起点保护起来、恢复起来，是当代人了不起的功绩。没有长城这个文物，你这里的旅游就发展不起来，所以丹东应该比任何地方都更加珍惜虎山长城这份历史遗产。我不代表国家文物局，省里文化厅有姜处长在这儿，学术上的权威是冯老师，他带队发掘，最有发言权。我和朱老（指朱希元——记录整理者注）来，只是做点儿力所能及的工作，帮助看一看。记得当时我还提出一个问题，今天讲就是第四点建议，这里的规划一定要看得远一点儿，搞得大一点儿，小了不行。北京天坛评世界遗产时，外国专家提出的一个重要意见，就是周围一定要有三公里的保护地带。但现在附近的楼又不能统统扒掉，所以我们只好做出承诺和规定：五十年内只许拆楼，不许再建。长城也是世界遗产，将来这里总要评上世界遗产，所以现在就必须看得远一点儿，控制得严一点儿，周围的民居建筑要清理，而且不得再建。规划控制的范围一定要大一点儿。

关于修复工作，你们就这样搞下去。朝鲜那边到底有没有长城，请冯老师讲。我想说的是，虎山长城的修复一定要搞成精品工程，材料、工艺都要搞得好一点儿。古代的长城有好多修法。很险要的地方，就利用那里的地形，据险而守，不修城墙，这样的地方仍然是长城的一部分，叫山险墙。虎山南坡有几个地方很险，可以不修城墙，保留原来的山险墙遗址，这样还可以不破坏山体。八达岭最近开放了一段长城残墙，不加修复，就那么原样展示，但是用木头修个栈道式的通道，让游人上去看。建议你们也去八达岭看一看，学一学，把虎山这儿的山险墙保留下来，也修个木头通道把游览路线连接起来。那个高句丽遗址，特别是那个古井，太重要了，一定要保护下来，进行展示。邦山台夯土遗迹，修的时候也要保留下来，进行展示。杭州的雷峰塔要重修，大家都没有意见，但究竟怎么修，意见并不一致。开始的时候，多数人主张"修旧如旧"，就是按照倒塌前的样子，修一个残塔。征求杭州市民的意见，不少人也是赞成修一个残塔。但后来专家们研究论证，认为"修旧如旧"原则上是对的，但残塔没法修，而且修好了以后游人没法上去游览。所以最终决定还是修成残塔以前的全塔，也就是按照五代时期最初建成的塔来修。现在国家还有一个最大的古迹修复工程，就是故宫西花园。这个西花园是当年乾隆皇帝修得最好的一个花园，他把所有宝物都存放在这个花园里。民国建立以后，溥仪皇帝被赶出皇宫。他在走之前突然提出，要查一查乾隆皇帝的宝物是否都在。其实宫里的太监早就把一些宝物盗卖出去了，他们怕事情败露，所以一把火把西花园烧了。直到今天，这个西花园也还是个谜。最近香港有人捐资四千万元重修西花园，它的一期工程已经开始了。要恢复一个东西，一是要看它的遗址或照片，二是可以参考当时类似的东西和通行的做法。虎山长城一定要恢复，一定要保护好遗迹，一定要展示它。目前要搞一个好的规划，范围要大一点儿，要从评世界遗产的角度着眼。这个地方没有嘉峪关那么大，但可以参考，绥中那个地方的长城都可以参考。要做一点儿调查工作，工程质量要搞好一点儿。我是多年之前就想把明长城东端起点搞起来，我对它有深厚的感情。希望你们修复以后，（虎山长城）将来能被评为世界遗产——要按照这个目标工作。这是我的夙愿，也是大家的心愿。我就讲这些，大主意你们拿，省里的姜处长拿。

**朱希元**：我同意罗老的意见。这些年我来这里做过一些工作，规划、设计都搞过，但不是我一个人搞的，是和丹东的同志，还有省里的冯老师一起搞的。关键是冯老师的发掘考察提供了科学根据，我们才能有根有据地做出来。没有他提供的东西，我们做不出来。过去讲明长城东端起点在山海关，没有根据。历史上明代长城被称为九边，第一个就是辽东镇。（关于九边，罗哲文先生在考察时曾同我们这样说过：明朝长城都叫"边墙"，全国长城分成九段驻军把守，称为"九边"。包括虎山长城在内的"辽东边墙"，只是全国"九边"之一，并且统归辽东镇管辖。——记录整理者注）明长城起点不是在山海关，而是在虎山，过去的说法一定要推翻，要科学地推翻，要宣传明长城东端起点在虎山，要讲清楚为什么明长城东端起点在虎山。宣传工作上不去，不行。这是第一个意见。第二个意见，就是要继续调查。虎山这里既然是一个防御体系，它就一定会有很多东西，如闸门、水门、瓮城门，等等。不少防御体系都有，这里的防御体系也应该有，所以不能光看一个边墙，一定要继续调查。我在搞设计的时候就曾经想过，这么大的关口，怎么会没有城楼呢？第三个意见，就是环保工作要加强。环保工作现在做得不够。

假如宣传出去以后，人都来了，你这里的环境还是现在这样不行，山前长城旁边水塘里的水就不行。环保、环境问题，一定要做好。第四个意见，就是旅游工作要搞上去。没人来，收不到钱，投入那么多怎么办？八达岭一年收入好几个亿，居庸关重修后一年收入四千万元，投入一点二亿元，三年就收回来了。你们这里也要算账，看怎样把投入的钱收回来。景点要多，要有东西可看。购物也要有场地。如果游客来了只能看到一个长城，别的什么都没有，那就无聊了，长城到哪都能看。据我了解，金山岭年收入四百万元，九门口收入就很少。你们这里怎么样，也要及早做出全面考虑。关于规划问题，我同意罗老的意见，周围的民居建筑，只准出，不准进，一定要严格控制起来。规划设计只要有根据就可以搞，这样，什么时候有钱就什么时候干，不要临时抓。能不能借助承办奥运会的东风，让参加 2008 年北京奥运会的人，到中国长城东端起点来看一看？这个工作不是不可以做，时间还有的是。我就说这些意见。

**罗哲文：**宣传工作很重要，要叫得响，就是要打长城这面旗帜。要出书，从明长城东端起点的确定到规划设计，一直到修复工作的组织和竣工，都要搞出资料，搞出报告，搞出大事记。各种形式的宣传，各种媒体的宣传，都要搞，都要把它搞好。世界上有不少书都讲长城东端起点在山海关，现在要翻过来不容易。将来这个地方肯定是能拿得出去的，肯定能叫得响。中午吃饭的时候我和于市长讲过，丹东不要光抓大工厂，要抓高科技，抓第三产业，抓风景、文物、旅游。

**刘焕友：**从当年考古发掘的情况来看，明长城东端起点的具体位置到底在哪，说那个邦山台就是起点，根据充不充分，能不能请专家们谈得详细一点儿。

**冯永谦：**在中国，在世界，我们的长城都是最响亮的，没有人不知道。虎山又恰恰是明万里长城的东端起点，这就显得更加重要。我们现在一般谈长城，都是指明长城，是大家能够看到的长城，明长城是名副其实的万里长城。过去都讲长城“东起山海关，西至嘉峪关”，几乎没有人知道在虎山，这是一种误会。《明史》就明确地说，长城“东起鸭绿”，却被人们忽略了，没人提及东起鸭绿江。这是很不准确的，也是不对的。

但情况也不完全是这样。历年来，在学术界也有少数研究者提出过这个问题，认为明长城“东起鸭绿”，但具体地点在什么地方，却又不一致，有据可查、发表过文章的，前后出现了多种观点：最早的说法是在凤城，因其误差太大，学术界多不赞同，其说遂湮；后来又出现九连城说，即现今虎山之西的九连城镇；还有老边墙说，即在今虎山之北较远处的老边墙村；我以前曾提出来过，明长城东端起点在虎山，但也有人不同意这个意见，认为是在其东边的古楼子村；另外还有一种议论，说是明长城东端起点在浪头，其地在东港市，那就更远了。总之，关于明长城的东端起点，众说纷纭，莫衷一是。这五六种说法究竟以何者为是，当时实在是难以确定，无人能作出决断。在这种情况下，没有别的办法，只有通过考古调查，根据地下的发现来解决问题了。

为了找到证据，十余年前我和丹东的同志一起，进行了长达四个多月的考古调查，跑了两千多公里的路。明长城东端起点是我们调查的重心，是务必解决的问题，因此，凡是过去所有可能成为明长城东端起点的地方，浪头、九连城、古楼子、老边墙等，我们都反复去过，有的地方还进行过考古试掘，以探究竟，但是最后都没有任何有关明长城起点遗迹的发现，没有找到任何有价值的资料。后来，我们还是在虎山这里找到了充分的证据，发现了明长城起点的明确遗迹——紧临鸭绿江边有巨大的台址，该台址不仅巍然高出地面，而且夯层明显，长城墙体从起点台址沿南坡北上虎山，这段城墙保存有较好的基部，俱为石砌，呈“十”字叠压在一段东西走向的高句丽石墙之上，至山顶，过台址，长城墙体又从虎山北坡下山，其后在较低矮的山岗上北去，直到虎山村中，以及出村后北去，遗迹均较明显。在这段长城沿线的不同地段，我们发现有其他台址和相关长城颓残的墙体或基石，同时还发现砖、瓦等遗物，砖的规格有大有小，用途不同，说明虎山长城当年修筑是砖石结构，城上战台并建有使用砖瓦的铺房；这和明代其他地方长城的修筑方法是完全相同的。从考古发现所见，虎山是明朝防御任务非常重要的地段，因为短错江、十岔口是当时女真经常进袭的通道，从此突破进入明地。修复虎山长城，有考古发现的依据，同时历史文献记载也很多，所以这段长城修筑的工程质量是很好的。

经过调查，长城遗址从虎山南坡的第一个台址开始，经虎山山顶过山延伸至虎山村，一直到村北那一带的山脊上，都可以找到遗迹，找到墙基石头或墙体。就虎山讲，山顶上面有墙体、台址、山险墙，山险墙的山坡上面有开凿来专供人上下的脚蹬窝，还有为往返上下山的方便和安全，从上部垂绳用以攀援借力而于山体岩面凿出的系绳穿孔。从虎山往北去，在虎山村北到栗子园村的山岗顶部，我们不仅发现有长城墙体，还发现有石刻文字、棋盘。（罗哲文插话：“居庸关长城也有在石头上刻的棋盘，守城军士休息时也下棋。”——记录整理者注）由此再往北，长城的遗迹也都清楚可见。

经过发掘以后，虎山长城坍毁的墙体被从茂密的树丛、杂草与厚厚的覆土下揭露出来了，看得就更加清楚。南端一号台址，虽因近年虎山村人拆取高句丽大井石头搞其他建设，遭到很大破坏，但还剩有绝大部分，存有夯层，这是一个台址是没有问题的。它的外面，经过发掘，我们还发现有拦马墙和岸边的护坡等建筑结构，说明该台址处于长城的起点位置。该台址下面压着那口高句丽大井。经过同历史文献对照，我提出这个台址是史书上记载的“邦山台”，就是明万里长城东端起点的第一个台址。为什么这样说呢？因为明代成书的《全辽志》对明辽东镇长城记载得非常详细，它每一小段有多长，是什么结构，在某段建有多少城堡，多少台址（台址名称逐一罗列），以及各处驻军人数、如遇敌来于某处设伏和其他地方怎样派兵支援，等等，都记得很清楚。辽东镇长城，它

西从吾名口台即今辽宁省绥中县的锥子山下，往东分段记载，一直记到东端最后一个台址叫“邦山台”。这个台址，也就是今天我们所见到的虎山南麓的一号台址。最近有人写文章，认为这个台址应该叫“江沿台”，其实这不对。江沿台不是台址，江沿台是堡城，是明长城内驻军的堡城，并有新、旧之分，即有旧江沿台堡和新江沿台堡。这两个前后不同时期所建的旧、新“江沿台堡”，经我的考证，新江沿台堡就是今天可以看到的丹东市振安区石城村城址，旧江沿台堡是叆河上尖村城址，取名江沿台，因此堡地近鸭绿江边，故名“江沿”，这也是此堡最早得名的原因；叆河上尖村城址始建于汉代，是“西安平县”，属辽东郡，后为高句丽与辽、金所沿用，各时期都有人居住，至明为防守需要，又在其旧址上建起了江沿台堡。而“邦山台”，则是明万里长城东端的第一个台址。两者是不同的。这一点，我们从名字上也可以看出来：江沿台堡，是因其选址在鸭绿江边，当年该堡建成后，故名堡城为“江沿”；而邦山台建在虎山南麓，由于近山——经过发掘可知，一号台址不仅是近山，而且是紧傍山根，可以说就是贴山而建，称其为“邦山”——再也没有比这个词表达的意思更加准确的了，不只是形象，而且是非常贴切的。这些名字，都是因当时它们所处的地理位置和环境因素而取的，是名副其实的。

我们从考古发掘上已经得到证明，明万里长城东端起点在虎山南麓，即一号台址处。那么有没有可能明长城东端起点在别的地方呢？比如有人认为明长城东端起点在鸭绿江南岸。这个问题是不存在的，除了从上述考古发现得到确认外，从文献记载中也可以得到证明。在明朝那个时候，中朝两国的边界是在鸭绿江，这是今天史学家所公认的，那个时候的朝鲜，并不是中国的领土，并不是明朝的领土，所以长城就不能修到朝鲜去。《明史·兵志》明确记载：长城“东起鸭绿，西至嘉峪”。明朝的边界就在鸭绿江。如果在别处，比如在朝鲜，因为已经过江了，就不可再称“东起鸭绿”了，史书即不可能有“东起鸭绿”的记载。应该注意到，我们汉字的文义非常明确，古代学者的文字修养是很精深的，这些史书的撰写者都是当时的文史大家，为文用字非常考究，不会不明词义。如果长城已过江，他们就不能再说江是起点，而应该说长城起于某处，已过之地就不能再是起点，因“过”与“起”恰是一对相互“对立”的词，表示位置的含义明确，史家不可能用反。因此“东起鸭绿”，正好说明明长城东端起于鸭绿江边，这才是准确的。我们再看一点儿其他材料，它们也可以得到证明。明代精于边事的许论绘制的十二大幅《九边图》，现存于辽宁省博物馆，是画明代北边长城的全图，其中辽东镇长城东端起点，就画在现在的虎山处，而没有画在鸭绿江南面。这是明代人当时画的边界地图，非常重要，他所画的长城起点的地理位置不可动摇。在明朝辽东都司官员毕恭修的《辽东志》和其后明朝辽东巡抚李辅修的《全辽志》等书中，均附有相关的地图，它们也都是将明长城东端起点画在今虎山的位置。这不是后人画的，也不是不了解情况的人搞的，而主持修这些志书的人，恰恰是当时辽东都指挥使司内的主要官员，他们的职责就是守卫辽东镇长城内的领土与居民的安全，他们岂有不知道长城起点在什么地方的道理？既然他们都把长城起点定位在鸭绿江北岸，那么我们还有什么不信服的？再有，明朝官员王之诰巡边到过鸭绿江，并且写过一首诗，诗中说："对岸鸟鸣分异域，隔江人语戴同天。"这两句诗说明，朝鲜是又一个国家，其土地是异域，不是明朝的版图；虽然处在同一片蓝天下，对岸鸟鸣都可以听到，仅是"隔江"，但却"分"为"异域"，表明不是一个国家。我们从这里也可以看出，当时的边界究竟在哪里了。李辅到鸭绿江巡视边务时，也曾登上虎山，居高远望，看到隔江相对的朝鲜义州，"人烟辐辏，宛在目前"。距离虽然这么近，可就是不能过江去。为什么？就因为它是又一个国家。如果明长城修过鸭绿江，那李辅等人巡边，是一定要沿长城到鸭绿江南岸的，就不必站在虎山上看隔江相对的城市人烟密集了。再则，如果明长城真的修过鸭绿江，李辅等明朝官员巡边不到那里——长城所至的边地，深藏安全危机的地方，不从军事部署着眼，而是闲情观看，这能是巡边之人的作为吗？这些都只能说明，明长城的东端起点只能在鸭绿江北岸明朝自己的领土上，也就是在今虎山南麓的长城遗址处。通过现地发掘和文献记载，确定虎山南麓一号台址是明长城的东端起点，是有根据的，是可信的。

**罗哲文：**那个地方我去看过，确实是个台址，我还在那里照过相。

**姜铁成：**丹东修建虎山长城，我们是支持的。学术界有些争论，也是必然的。这次来看了一下，我有些小的意见，和风景局的刘局长随时都谈了。文物修复工作总的原则，是"修旧如旧"，是"三原"，即强调原结构、原材料和原工艺。修复工作要讲科学，要尊重历史。有照片的，要按照片修；没照片的，要参考当时的东西修。可以解剖一些东西，多搞些调查和研究。文物保护工作有自己的原则、要求和特殊性，不做文物工作不一定都知道，因此，文化局的同志要积极配合，看到问题要随时提出来，要对工作负责，对后人负责，对国家负责。山险墙那几个地方，能保留的要尽量保留下来，不要硬接上去。都是新的，没有旧的，就无法让人信服了。高句丽遗址那块，台基压着古井，重修的时候一定要注意，怎样做到既修复墩台又保护古井，不能破坏文物。还有一件非常重要的事情，就是罗老提出的，档案一定要整理齐全。全部工作，从始至终，资料和图片，包括各个阶段的报告，都要整理好、保管好，要尽量做到完整、准确、真实。

**刘焕友：**现在已经是夜里十点多了。大家特别是几位专家和前辈今天爬了一天山，本来都很辛苦和疲劳，但还这样负责任地留下了非常宝贵的意见和建议，并对我们的工作给予了肯定，寄予了厚望，确实使我们这些随行的同志，都受到了一次深刻的思想教育——既是敬业精神的教育，也是专业常识的教育，更是宏观指导的教育。我是受市领导的委托并代表他们来亲聆教诲和接受指示的。我一定把大家这些非常好的想法和建议，如实地向市领导汇报，并虚心地吸收到我们的工作指导中来。请各位专家和前辈放心，我们一定把虎山长城二期工程搞好，用实际行动回报各位专家和前辈对我们的一贯支持和厚爱。

天不早了，请大家休息。祝大家睡个好觉！

（丹东市风景局邱洪波根据记录整理，专家讲话均经本人审阅）

# 文二十二 长城在边疆民族和中原民族交流中的地位与作用

长城是中华民族在历史发展进程中创建的，它既是一项空前的艰巨工程，也是一项后无来者的巨大工程，举世罕见！长城以其雄伟、矫健的身躯，如巨龙一般，攀高山峻岭，经沙漠草地，跨丘陵平原，蟠行在祖国的大地之上。在时间上，长城由春秋时期开始，前后修筑了两千多年；在空间上，长城在我国从南到北、从东到西，到处都有其遗构，其总长度达十余万里。长城因此而冠绝古今！在我国如此浩瀚的历史时空上，修筑长城一个最突出之点，就是长城是由多民族共同完成的——不仅汉族修筑长城，而且还有很多少数民族也修筑长城。这样一来，长城除了具有长时间、大地域的特征外，还是构成中华民族的各族在不同历史时期修筑完成的，是中华民族共有的。长城作为历史遗迹，反映了当时社会发展、民族斗争与融合情况。同时，长城也是中华民族的精神财富，它深刻地反映了中华民族的聪明才智与勇敢顽强。长城是中华民族不可战胜的象征，是中华民族的骄傲。长城凝重而深厚地记载了中国既往的历史，也见证了中国古代各民族的发展。长城不仅是中国的，也是世界的。

长城在我国历史上的状况是怎样的，尤其是它对我国历史发展与民族关系的作用如何，都是需要深入探讨的。

## 一、早期长城是各诸侯国间修筑的军事防御工程

我国历来有筑“城”的传统。从新石器时代开始，我国就出现了城的最初建筑形式。今天在很多新石器时代居住遗址中，发现了在其四周由人工修筑的“环壕”，它是被用来进行防御的。其后随着历史的发展，筑城更趋制度化、定型化，到商周时期，筑城已很普遍。应该说，长城是在防御思想指导下，借鉴城的功能与修筑经验，修筑起来的军事防御设施。

长城是用来阻挡对方、使其不能轻易地进入自己领地的防御建筑，故其最基本的特征，

是城墙，但其墙不闭合。如果闭合，那就是既往已有的城了。因而，长城是一道不闭合的城墙。长城用土或石等不同材料构筑，在山区多用石砌成石墙，而在平地，则于外侧掘沟，内侧用掘出之土叠筑为墙，同时外侧的深沟也等于增加了墙的高度，提升了墙的防御能力。

长城的出现，是在我国的春秋时期，最早是在楚国出现的。楚是诸侯国之一，为了增强其防御能力，当时楚国在今河南省西南部的内乡、叶县、方城、泌阳等地，修筑了我国历史上最早的长城，称其为“方城”。其后，齐国、魏国、秦国、赵国、燕国、韩国、中山国等，也都在自己国内修筑了长城。这些长城，都是诸侯国之间的防御建筑，是一道军事设施。

## 二、北族兴起后长城成为中原民族的防御设施

作为诸侯国间的防御设施，在当时的冷兵器时代，从安全的角度看，长城在防守御敌方面确实起到了一些作用。因此，各国纷纷进行修筑，它成为诸侯国间的军事防线。

但到战国后期，在我国北方的游牧民族兴起，他们经常南下，进入中原地区抢掠，边于北族的秦、赵、燕等国，也在其北面修筑起了防御北族南下的长城。及至秦统一六国，建立起全国政权，北族仍不时南下侵扰，为防止其进入中原，秦将此前秦、赵、燕三国的北部长城连接起来，使其成为一道更完整的防御设施，遂成为有名的秦始皇修筑的“万里长城”。从此，长城作为中原农耕民族防御北方游牧民族的军事防御设施存在下来，成为农耕世界与游牧世界碰撞产生的火花，长时间闪耀在两个民族之间，并成为传统民族文化被发展与保存下来。

## 三、修筑长城是中华民族的传统文化表现

自春秋、战国以来，我国修筑长城就未停止过，直到明代，历时两千多年，而明长城则达到了我国长城修筑的顶峰，成为世界的奇迹。

纵观我国修筑长城的历史，不只汉族修筑长城，其他很多少数民族也修筑长城。汉族修筑的长城有春秋战国时期、秦、前汉、后汉、西晋、隋、明长城，少数民族修筑的长城有北魏、北齐、北周、高句丽、渤海、辽、金等长城。并且我们可以明显看出，少数民族进入中原后，接受了农耕民族的先进文化，也同样修筑长城进行防御，并且将修筑长城看作保护边地进行防御的必要手段，表现出了中华民族的传统文化思想。

## 四、长城是农耕世界与游牧世界的连接线

长城是军事防御线，不是国界。长城的两边不存在国内和国外的问题。过去国外曾

有人认为长城是中国的国界，那是错误的。这种意见，如果不是由于对历史的无知，就是出于不可告人的政治目的。

那么长城是什么？我们说，从它最初出现的时候起，长城就是军事防线，是各诸侯国为守卫自己的领地而修筑的军事防御工程；及至国家大一统后，长城转为农耕民族对游牧民族的防守；游牧民族进入中原后，也同样修筑长城，以保卫其政权。长城并不是某个民族所专有，许多民族都曾进行修筑。我们今天所能看到的最雄伟的长城，也只是我国两个生产方式和生活习惯不同的民族，一方为防止另一方的抢掠和骚扰而修筑的防御工事。长城实际上是我国生产生活方式不同的农耕世界与游牧世界间的一道划分线，只表明其两侧居住的是生产生活方式不同的民族。而长城的存在，却把两个民族的距离拉近了。

## 五、长城推进了民族的文化交流与民族融合

长城修筑以后，对中原农业定居民族与北方草原游牧民族，都产生了巨大影响。长城的存在，改变了各民族的心理状态，缩短了各民族间的距离，加强了各民族的联系，促进了各民族的经济与文化交流，加速了各民族的融合。

在没修筑长城以前，中原地区的居民因害怕游牧民的抢掠与侵扰，并不靠近边地居住，而游牧民族也在草原深处生活，亦不在农业经济区的边缘活动，两族之间相距甚远，中间留出很宽的空隙地带，任何一方也不去占有。这样一来，两个民族间除了发生北族旋进即退的抢掠外，缺乏经常接触，没有经济与文化的交流，阻碍了社会的发展进程。

长城修筑以后，一道“墙垣”虽然未对边地有什么更大的改变，但标志却是明显的，使中原地区的安全有了保障。尽管长城并不能真正解决北族侵扰的问题，但由于有戍军防守，就在近边处筑城，进行屯垦，进而设置郡县，大量迁入居民，将中原地区先进的农业生产技术和文化带到较远的边地，遂使北方地区得到了开发。

处在北方的游牧民族，在中原地区的北部出现修筑的长城以后，他们在心理上也发生了变化，产生了新的认识，即他们的活动范围向南延伸了，只要不越过长城，这些过去被空闲的地域，如今也成了他们的生活领地，不必再居住在遥远的北方，于是他们向长城方面靠近。历史文献记载，发生在北方少数民族身上的这种现象是很多的，无论是东胡、匈奴还是鲜卑等，都是如此，诸如“款塞”或“近边居住”等，就是明显的例证。这种情况，不仅发生在早期，就是在女真族建立金王朝之后，其北方的少数民族也“并塞”。可见，有了长城，原来在长城两边居住地相距很远的民族，现在可以居住得较近了。由于居住地域的拉近，两民族成了真正的“邻居”，民族关系就发生了潜移默化的变化。

长城的存在，使原本生活习俗不同的民族相互靠近，增加了他们相互接触的机会，尤其中原地区先进的汉文化，对游牧民族必不可免地会产生巨大的影响。思想文化与生

产技术远播草原地区，不仅增进了各民族的了解，而且也使北族产生了“南进”的思想，他们靠近长城，改善自己的生活条件，扩大了自己的活动范围。就在北方游牧民族向长城靠近的过程中，各民族经历了逐渐深入的文化交流，不断地增进相互认知，无形中产生的向心力，使北方游牧民族心向中原，从而推动了各民族的融合，使北方的少数民族在历史发展的进程中，融入中华民族的大家庭。他们多次进入中原地区，建立了各种不同形式的政权，在古代中国的政治舞台上，演出了一幕幕轰轰烈烈的历史正剧。他们的行动，构成了中国古代史的重要组成部分，但长城的作用不容低估。

## 六、结语

中国北部古代边疆地区的长城，本是农业民族为防御游牧民族的抢掠而修筑的一种军事防御设施。修筑长城虽然耗费大量资财与人力，但农业区域的政权为保护边地人民群众的生命、财产的安全修筑长城还是必要的。这是防御的需要，无可指责！并且我们更应该看到，修筑长城之后，当时在其两边的民族中间的这道标志突出的防线，在防御上的成效是显而易见的，虽然长城并未能完全阻挡住游牧民族的侵扰，但其原因也是多方面的。一个不可忽视的结果是，长城不仅不是界隔，反而将原来相距较远的民族拉近了。长城是民族团结的纽带，长城是民族融合的见证！

长城是中华民族的骄傲，长城是历史的丰碑，长城不朽！

（本文为笔者参加 2007 年 7 月 2 日在吉林大学召开的
“中国民族史学会第六届年会”时提交的论文）

# 后　记



当我在电脑上写完本书文稿的最后一个字时，不禁长长地嘘出一口气——大功告成，如释重负，立刻感到轻松不少，也有一种喜悦袭上心头，因为对我个人来说，这是完成了一个久藏心底的大工程。

我刚刚写完的这部《东北古代长城考古调查与研究》书稿，是我经过六十多年的积累所得。当初我关注长城，既是由于职业的原因，也有我个人的喜爱，尤其是初见长城时的那种震撼，让我不禁感叹："我们的先人太伟大了，竟完成如此艰巨的工程，世无其匹！"

自从开始关注长城，几十年来我未曾放松。现在思之，当初的随手记录，好似不经意间为之，实则是铢积寸累，这么多年下来，不觉之间竟至卷帙浩繁，俨然可以成书的样子。

但若要真的写书，还不那么容易。虽然在这本书未成本稿之前，我已写有一定的文字了，但要成书，还是需要通盘考虑，全书的篇章谋划与具体安排，都要进行仔细斟酌，为此我确实是花费了不少时间。

本书分为上、下两卷，上卷写我在考古调查中发现的东北古代的长城，下卷写我历年来研究长城发表的论文，各有侧重，可以互为表里——下卷也可以被看作是上卷中的发现的具体研究和补充。

上卷汇集了我所了解和调查发现东北古代长城最基础的资料，讲述的是我怎样经过考古调查发现古代长城遗迹的。这部分的写法，是简略地说明长城遗迹的发现经过，在今天的什么地点，然后用照片忠实记录长城形态——这可表明长城现在的保存状况，给人以直观的印象，没有展开叙述，而是说明我是怎样发现和确定其为长城遗迹的。即便这样安排，也写有几十万字的文字。如若展开一点儿写，恐怕又不知要写几十万字才能收笔。故此，为了不要让本书过分庞大，文字就尽量简明扼要一些，但不知我的这种想法适合读者要求否？这样一来，上卷的文字量还是很大的，即使分成两册出版也很厚重。

下卷收录了多年来我研究所发现的长城发表的论文，对东北地区的历代长城基本上都有论及，前后时间跨度很长——这说明我关注、研究长城是一个漫长的过程。但还有几篇研究长城的论文没有被收录进本书，各有原因，于此说明一下也就是了。

本书的写成，还有一个原因，也应说明，不然是写不成此书的。我虽然是做考古工作的，但我酷爱摄影。1954 年以来，我就在完成本职考古工作任务后，还兼任所在单位东北文物工作队发掘工地现场的摄影和室内整理文物的摄影。后来东北文物工作队与东北博物馆（后改名为辽宁省博物馆）合并后，改为东北博物馆文物工作队（现为辽宁省文物考古研究院），我又为博物馆摄影。因此，凡文物队各处考古发掘现场和博物馆展览所需照片，都是由我一人在业余时间里进行拍摄、冲洗和印放的。我这样持续工作了三十多年，几乎至退休。

关于长城的照片，我是拍摄了不少的，不过当时都存档了，现在我手中几乎无存，只有当时因拟写文章的需要，留下几张黑白照片，现在书中绝大多数照片都是彩色的，它们都是我退休后再调查长城时拍摄的。

1995 年 12 月 25 日退休之后，在二十多年的时间里，我没有停止外出，南到广东、云南，北到黑龙江、内蒙古，西到青海、陕西、山西，东到上海、浙江、江苏，中部湖南、湖北、河南、河北，还有辽宁和吉林。我这频繁地、不停地长时间外出，并不是游山玩水，而都是带着课题项目去的，因此我更注意我所需要的照片材料——当然，所摄并非都是长城，无论是文物古迹、民俗风情，还是人物、山水、风景、名胜，我都拍摄。退休后我就买了数码相机，到现在为止，我使用的已经是第四台数码相机了。

在退休之后这三十多年里，我已经拍摄了二十多万张照片，装了 2T 的移动硬盘数个，而且自己也会在电脑上使用 Photoshop 对照片进行剪裁与修饰等。正是有了这些条件，我才能撰写这本《东北古代长城考古调查与研究》。

本书的写作，到现在已经进行了一年多的时间。在这段时间里，我是夜以继日地进行，从未休息或做过其他事情，目的无非就是多用点儿时间将这本书写好，因我深知写本书绝对快不起来。虽然过去已有些文字，但若成书，那还是远远不够的，必须从头做起，而且还要认真比对各种材料，不计时间加以考核。尤其是本书不仅有很大的文字量，而且收录的照片数量更是巨大。因为我是要以照片证史、存史，所以照片的选择就更显重要，需要仔细进行，去掉许多不选用的。编到照片部分时，越在感到将要完成时我觉得越难以收尾，不光要从二十多万张照片中选出拟收录书中的照片，还要对每一张选出的照片进行处理，给它编写说明，然后根据文稿次序，编排照片的序号，再将照片序号标入文中，使文、图互相对应，便于阅览，因此颇为费时费力，一做就是半年多时间。因此，现在全书完稿，确实是在照片编选完成时结束的。

我写本书的时候，注意到这样一个问题，那就是以往出版的谈东北地区长城的著作，大都只记载有限的几个时代，如只说燕、秦、汉的长城，但其他还有什么时代的长城，则不予以说明。我认为这是很不完整的，觉得一定要加以区分，把隐藏、淹没在其他时代里的长城找出来，把那些没列出的长城写清楚，恢复历史的原来面貌，使其不缺环断链。这是很重要的事情。任何一个时代的长城都不应该被忽略，将某个时代的长城随意漏掉、置之不理，是不可以的。这是一个原则问题。因此，本书按照时代顺序，写出历史上各时期的长城。譬如在河北承德、内蒙古赤峰、辽宁建平等地发现的三道长城，一般就以燕、秦、汉时代论之，但这是不够全面的，没有细致而深入地区分，就是汉代也有不同时期。依据我的现地调察和深入研究，这三道长城其实不应该只经历了这三个时代，而应是多个历史时期的遗存，若只是简单以燕、秦、汉论定，则是不准确的！历史原貌应该是：战国时期的燕国北境有两个时期的长城，即燕昭王时“秦开却胡”第一次修筑的燕北内长城和拓边之后又修筑的燕北外长城，而燕北外长城还是秦始皇长城以及继承“秦制”的前汉初年的长城，燕北内长城在前汉武帝时期被沿用，也是前汉武帝长城；南面一道由墩台、城墙、壕堑构成的长城既是后汉长城，也是西晋长城，其西段还是北齐长城的一部分。如果把历史内涵这么丰富的长城只简化成燕、秦、汉时代，岂不是有点儿太过笼统了？因此，本书不漏掉任何一个时期在东北地区修筑的长城，力图恢复历史原有的面貌，并按时代顺序，依次说明和考证各个时期的长城。

光阴荏苒，开始于当年青春岁月的长城考古调查与研究工作，走到今天我已成一个白发老人，时间过得既是慢、长，然又很快！回想最初我自1956年接触长城，到如今已经过去六十多年了！几十年来，我真的是从心底里喜爱上了长城。那时我看到的，是长城久经风霜后的雄姿。虽然城墙残破，土坍石颓，但它仍然倔强地伫立在广漠的山野里，寂静地度过春风秋雨的日子，暑夏寒冬只有山花衰草陪伴。在它的身上，记录了横跨千载的历史风云。谁能细数，在它身旁发生了多少可歌所泣的历史故事？今天我走过高低不平的山岗，跨越粗犷崚嶒的岩石，在它的身边进行考古调查，详细记录各种数据，多角度拍摄遗存照片，有时几天也走不到头，往前一看，它仍然伸向远方，远到云天深处，所在之处山川秀丽，云烟飘渺，这是多么令人神往！长城最初给我的震撼，让我对它一直念念不忘，只要有机会，我就想看到它，了解它那些不为人知的神秘历史内涵。几十年过去，长城不老，令人怀念！

我至今还有不能忘怀的，就是在这几十年调查长城的岁月里，无论是在工作期间还是退休之后，我到各地调查长城，都得到当地朋友的全力支持。正是他们和我一起爬山涉水跑田野，不辞辛苦劳累尽力帮助，我才取得理想的材料。因此，在今天这本书里也凝聚了他们的辛勤汗水。当初和我一起调查过各地长城的同行朋友有黑龙江省文物考古研究所研究员张泰湘，齐齐哈尔市教育委员会研究员彭占杰，白城市博物馆馆长宋德辉，呼伦贝尔盟文物工作站站长米文平，吉林省委宣传部副部长张福有，大连市文物考古研究所研究员刘俊勇，营口市博物馆副研究员崔德文和崔艳茹，本溪市博物馆副馆长、研究员梁志龙，丹东市文物管理办公室主任任鸿魁，丹东市文物考古研究所所长王海，抚顺市博物馆馆长、研究员萧景全，铁岭市文物管理办公室主任蔡国庆，铁岭市博物馆副馆长许志国，沈阳市文物考古研究所研究员李晓钟，阜新市文物管理办公室主任刘葆华及其同事赵振生，阜新县城建局的罗显明，朝阳市博物馆的蔡强，建平县博物馆的李波，绥中县博物馆的王云刚，以及辽宁省文物考古研究所的薛景平、辽宁省长城学会秘书长吉昌盛及其同事金光远以及辽沈晚报社主任记者张松诸位，还有我女儿冯乃侠和女婿郭拥军协助我补拍了一些地点的长城遗迹。他们和我共同度过那些田野考古调查的难忘日子，我从各方面都得到了他们的热情帮助。今天书成，我要向他们表示感谢！也让读者知道他们的辛劳！

在我写此《后记》的过程中，我的思绪不断地回到当年考古调查长城的日子，往事难忘，犹如昨日，仍是那么清晰，历历在目！在心潮难平的回望中，我的脑海中闪现出一幕幕调查长城时的情景，因之得《晚岁长城书成忆昔调查时日》小诗二首，现录之于下，奉献给喜爱长城的读者：

多年考古终成书，回首仍如身在途。
山陡坡斜荒路径，村偏地僻问耕夫。
举机废垒频摄影，扯尺颓墙细测图。
每获遗存多幸喜，同行激越举拳呼！

八七岁月写专书，寸累铢积在始初。
奔走山乡行草莽，遍寻野老觅程途。
细心记录功夫拙，随手拍摄警惕粗。
卷帙编成完夙愿，详勘精校不得疏。

冯永谦

2021 年 11 月 5 日

于沈阳乐知堂 时年八十又七